ZHE JIANG DI SHUI
NIAN JIAN

浙江地税年鉴

2004

中华书局

浙江省地方税务局大楼

7月22日,国家税务总局局长谢旭人、总经济师王力等领导到省地税局视察指导工作,并听取了省局局长黄旭明所作的工作汇报;随后,谢旭人局长一行还到宁波、温州两地的税务部门进行了视察。

2月23日至25日,国家税务总局总经济师王力、所得税司副司长孙瑞标率有关人员共7人,在杭州分别召集我省杭州、温州、金华等6个市及浙江、江苏等6个省有关负责同志召开所得税座谈会。与会人员就个人所得税高收入监控及全员管理软件的开发应用,两个所得税的改革思路,收入预测分析等问题做了汇报和探讨。

2月下旬,国家税务总局总会计师宋兰一行在省局常务副局长黄旭明的陪同下对温州的地税征管改革和个体私营经济税收征管工作开展了调研。宋总会计师对温州市区地税实行“统一登记、集中数据、一级稽查”的征管改革模式给予了充分的肯定。

3月上旬,全国税务稽查工作会议在杭州召开,国家税务总局副局长崔俊慧就2003年整顿和规范税收秩序工作的总体要求及继续深入开展集贸市场税收专项治理工作作了讲话。省局副局长钱子辉参加了会议。

6月27日上午,省委副书记、省长吕祖善,省委常委、常务副省长章猛进等领导到省地税局视察指导工作,并听取了省局局长黄旭明代表省局机关所作的工作汇报。省局副局长单美娟、钱子辉及机关各处室负责人参加了汇报会。

4月3日上午,省人大常委会副主任叶荣宝和省人大财经委的领导一行到省局检查指导工作,听取了省局局长黄旭明代表省局机关所作的工作汇报。省局副局长单美娟、钱子辉及机关各处室负责人参加了汇报会。

1月9日,全省地税工作会议在萧山召开,省局常务副局长黄旭明在会上作了题为《认真贯彻党的十六大精神,全面推进我省地税事业持续发展》的主题报告。

12月中旬,全省税务学会和国际税收研究会秘书长会议在金华召开,省局局长黄旭明到会,并作重要讲话。

1 月 14 日,全省地税发票管理工作会议在嘉兴召开,省局常务副局长黄旭明到会并作了讲话。

2 月 20 日,2003 年省地税局机关处级干部会议在杭州召开,省局领导班子集体听取了机关各单位 2003 年工作计划汇报,省局常务副局长黄旭明作了讲话。

3月中旬,全省地税系统"两税一费"工作会议在丽水召开,省局副局长单美娟到会并作讲话。全省各市局税政处长和部分县(市)局税政科长参加了会议。

3月25日至27日,全省地税稽查工作会议在绍兴召开,会议回顾总结了2002年全省地税稽查工作成绩,通报表彰了稽查工作先进单位。省局副局长钱子辉到会并作了讲话。全省各市和部分县(市)地税稽查局长、省公安厅经侦总队等40多人参加了会议。

7月1日,省局机关隆重集会,庆祝中国共产党建党82周年,省财政厅党组书记、厅长兼省地税局局长、省局机关党委书记黄旭明在大会上讲话。

7月8日,全省省级税收收入专项检查工作会议在杭州召开,省局副局长钱子辉到会并作了讲话。全省各市局财政监督检查科、稽查局、计财科负责人及省财政厅预算处、省地税局各税政处、征管处、法规处、直属分局等部门负责人参加了会议。

7月16日至18日,全省地税收入分析会议在杭州召开,会议主要分析了上半年收入形势,对下半年收入趋势进行了预测,并研究探讨了抓好下一步组织收入工作的具体措施。省局副局长单美娟到会并作讲话。全省各市局及部分县(市)局计财科长参加了会议。

7月28日至31日,省地税局举办了机关处级干部学习贯彻"三个代表"重要思想读书会,期间,大家认真学习了胡锦涛总书记的"七·一"讲话精神,并结合工作实际,提出了贯彻落实"三个代表"重要思想的具体措施。局长黄旭明代表省局领导班子畅谈了学习体会,并对下步学习提出了要求。

10 月,全省地税法规工作会议在嘉善召开,会议重点布置落实全省税收执法检查工作,省局副局长单美娟到会并作讲话。全省各市地税局法规处长和部分县(市)法规科长参加了会议。

11 月中旬,全省地税系统监察工作会议在东阳召开,省局副局长钱子辉到会作了讲话。各市局和部分县(市)局监察室主任参加了这次会议。

12月12日,全省营业税政策业务工作会议在余杭召开,省局总会计师劳晓峰到会并作讲话。

12月30日,《浙江税务》杂志邀请了省委宣传部、省新闻出版局、省期刊协会、兄弟期刊、本刊编委、纳税人等系统内外40多人,在杭召开《浙江税务》创刊四周年暨公开发行座谈会,省局局长黄旭明、副局长单美娟到会并作了讲话。

“非典”时期,省财政厅厅长兼省地税局局长黄旭明等领导深入我省地税基层征管一线,看望慰问干部和指导工作。图为黄局长在杭州市局西湖征管局了解办税服务厅的防护措施。

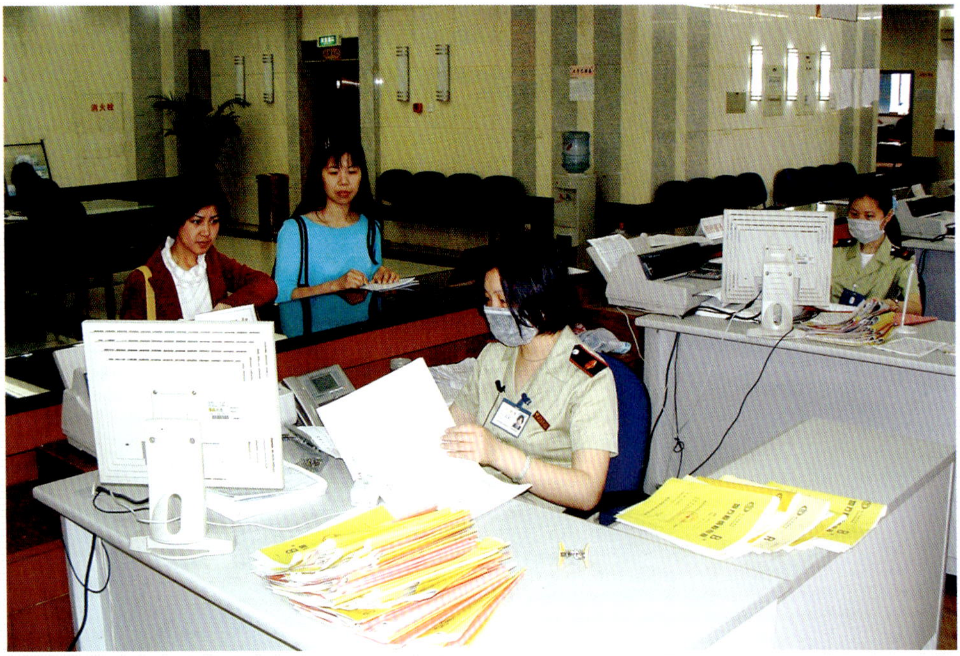

“非典”时期,全省各地税机关认真抓好办税服务厅的消毒防护工作,为纳税人营造安全、舒心的纳税环境。图为征期时的杭州市局江干征管局办税服务厅。

1月13日,省局常务副局长黄旭明率省局有关处室负责人赴绍兴市、新昌县进行工作慰问。图为常务副局长黄旭明在绍兴市局第一征管局慰问基层干部。

11月中下旬,省局副局长单美娟率省局有关处室负责人到杭州市局慰问并调研2004年地税工作思路。图为副局长单美娟在杭州市局领导陪同下,到办税服务厅慰问地税干部。

11月3日至11月29日,省局副局长钱子辉赴湖州等地税机关调研。在调研中,召开了基层征管局和县级局中层干部等一线干部座谈会,主要针对地税工作中亟需解决的具体问题展开调研。

11月中旬,省局总会计师劳晓峰到温州、台州、绍兴等地税机关调研。调研期间,召开了专题座谈会,就当前地税工作面临形势、存在问题、2004年工作思路等进行了讨论和交流,并征求了各地的意见和建议。

11 月 25 日至 28 日省财政厅、省地税局联合举办了浙江省财政地税系统 2003 年乒乓球赛，来自全省各地的 14 支财税代表队的 84 名运动员参加了角逐，比赛赛出了水平，赛出了风格，展现了财税干部良好的精神风貌。

浙江省地方税务局主要负责人简介

省地税局局长黄旭明

黄旭明同志简历：

黄旭明，男，汉族，1955 年 11 月出生，浙江诸暨人，1984 年 9 月加入中国共产党，1978 年 1 月参加工作，中央党校函授本科经济管理专业毕业，会计师。现任浙江省财政厅党组副书记、浙江省地方税务局常务副局长。1976 年 2 月—1978 年 2 月，在浙江省诸暨县胜利学校、楼许初中、王家井中心学校担任民办教师。1978 年 3 月—1980 年 2 月，在浙江财政学校财政专业毕业。1980 年 2 月—1984 年 7 月，在浙江省税务局税政一科工作，任办事员、副科长。1984 年 7 月—1994 年 8 月，任浙江省税务局副局长。1994 年 8 月—1997 年 7 月，任浙江省地方税务局副局长。1996 年 1 月—2000 年 4 月，任浙江省财政厅党组成员。1997 年 8 月-2003 年 3 月，任浙江省地方税务局常务副局长。2000 年 4 月-2003 年 2 月，任浙江省财政厅党组副书记。2003 年 2 月至现在任浙江省财政厅党组书记、财政厅厅长。2003 年 3 月至现在，兼任浙江省地方税务局局长。

省地税局副局长单美娟

单美娟同志简历：

单美娟，女，汉族，1955 年 6 月出生，浙江绍兴人，1980 年 1 月加入中国共产党，1972 年 1 月参加工作，中央团校首届大专班毕业。现任浙江省财政厅党组成员、浙江省地方税务局副局长。1972 年 1 月—1980 年 1 月，在杭州钢铁厂超耐分厂工作，任超耐分厂团总支书记。1980 年 1 月—1983 年 7 月，任杭州钢铁厂团委副书记。1983 年 7 月—1985 年 7 月，参加中央团校首届大专班学习。1985 年 7 月—1987 年 5 月，任杭州钢铁厂团委书记。1987 年 5 月—1991 年 12 月，任共青团浙江省委常委、青工部长。1991 年 12 月—1994 年 1 月，任浙江省税务局基层工作处处长。1994 年 1 月—1997 年 6 月，任浙江省税务局直属一分局局长。1997 年 6 月至现在，任浙江省财政厅党组成员、浙江省地方税务局副局长。

省地税局副局长钱子辉

钱子辉同志简历:

钱子辉,男,汉族,1950年9月出生,浙江慈溪人,1979年6月加入中国共产党,大专学历。现任浙江省财政厅党组成员、浙江省地方税务局副局长。1969年8月—1970年8月,在浙江省慈溪第三农机厂工作。1970年8月—1972年10月,在慈溪县小安乡插队。1972年10月—1985年8月,在浙江省慈溪县商业局工作,历任五金交电公司职工、党支部副书记、商业局副局长、党组成员等职。1985年9月—1986年4月,任慈溪县财办主任、党组书记。1986年4月—1987年3月任慈溪县财政、地税局局长。1987年3月—1997年9月,在浙江省奉化市委、市府工作,历任市委常委、副市长,市委副书记、市长,市委书记等职。1997年9月至现在,任浙江省财政厅党组成员、浙江省地方税务局副局长。

省地税局总会计师劳晓峰

劳晓峰同志简历:

劳晓峰,男,汉族,1963年5月出生,1985年6月加入中国共产党,经济学硕士。1983年8月大学毕业后到浙江省税务局工作,1985年7月—1987年7月在湖州市财税二分局挂职锻炼,任副股长、副局长,1987年6月—1997年8月在浙江省税务局工作,历任副科长、副处长、处长,1997年8月任浙江省税务局税政三处处长,2003年10月任浙江省地方税务局总会计师、省财政厅党组成员。

编辑说明

《浙江地税年鉴》是由浙江省地方税务局主办的大型文献资料。《浙江地税年鉴》全面系统地记述了浙江省地方税收工作的基本情况，刊载了浙江地方税收的方针、政策、法律规定、信息资料和统计数字以及税务部门的工作情况，为社会主义现代化建设和改革开放服务，为科学研究服务，也为存史、修志积累资料。

《浙江地税年鉴》2004年卷主要反映2003年全省地方税收工作情况，共分八编：

第一编　重要文献。主要收集省委、省政府和国家税务总局领导有关我省税收工作的报告、讲话，以及省地方税务局领导的讲话。

第二编　地方税收法规选编。主要按照税种类别及时间顺序对2003年度发布的税收业务法规及文件有重点地选编。

第三编　省地方税务局工作。主要由省地方税务局各处室（分局、中心）供稿，综述全年各项税收工作开展的基本情况。内容包括：全省地方税收工作综述、办公室工作、人事管理、基层建设、教育培训、税收法制建设、税政管理、涉外税收、规费管理、税收征管、税务稽查、税收信息化工程建设、计财工作、纪检监察、机关党建及工团妇工作、直属一分局、直属二分局、票证管理中心、《浙江税务》杂志社、税务培训中心（中瑞大厦）等工作。

第四编　市、县（市、区）地方税收工作。主要由各市、县（市、区）地方税务局供稿，按照省政府行政区划的统一规定编列。主要内容包括：组织各项税收情况、各项工作的开展情况。其中有些税收统计数字与省地方税务局统计数字有出入，凡不一致的地方，以省地方税务局统计数字为准。

第五编　机构和人员情况。由省地方税务局人事处供稿。主要内容包括：省地方税务局处以上领导名单；各市、县（市、区）地方税务局领导名单。以上机构人员情况和领导名单均截至2003年12月31日。

第六编 税收统计资料。由省地方税务局计财处供稿。主要内容包括：2003年全省各级地税机关组织收入分税种、分企业类型情况；全省地税部门组织各项收入分市县、分税种统计情况等。

第七编　优秀科研论文选。主要由省税务协会、省地方税务局办公室、法规处、杂志社供稿，主要收集了2003年全省地税系统税收科研成果和优秀学术论文等。

第八编　附录。主要内容是2003年浙江省税务学会及表彰先进单位和先进个人等情况。

本卷年鉴在编辑出版过程中得到了全省各级地税领导和有关部门的重视和支持，各撰稿人收集资料、编写稿件、提供照片等付出了辛勤的劳动，在此表示衷心的感谢！

前　言

2003年我省地税部门在省委、省政府和国家税务总局的正确领导下，深入学习贯彻“三个代表”重要思想，牢固树立大局意识、机遇意识和创新意识，紧紧抓住我省经济新一轮增长带来的良好机遇，努力发挥“八个优势”、推进“八项举措”，较好地克服了“非典”、缺电、干旱等带来的不利影响，圆满完成年度各项组织收入任务，地税收入在上年高基数、快增长的基础上实现新跨越。

2003年，全省地税系统组织各项收入突破800亿元，达830.30亿元，增长26.88%，增收175.92亿元，其中：税收收入突破500亿元，达554.85亿元，增长27.28%，增收118.90亿元，完成年度计划的114.17%;社会保险费收入突破200亿元，养老保险费153.58亿元,增长26.20%；医疗保险费45.94亿元,增长65.76%。不含宁波，全省共组织各项收入659.01亿元，增长26.24%，增收137.00亿元，其中：税收收入437.03亿元，增长27.23%，增收93.55亿元，完成年度计划的114.11%。省级税收收入37.65亿元，增长27.93%，按上年同口径增长34.55%；养老保险费132.00亿元,增长26.25%；医疗保险费35.32亿元，增长58.78%。

2003年我省地税部门紧紧依托经济运行速度加快、质量提高、活力增强、效益提升的良好局面，大力组织收入，充分发挥税收调控经济和调节分配的作用，在更高层次、更深程度实现税收与经济的融合。首先，税收收入占GDP比重进一步提升。据统计部门测算，2003年我省GDP达9050亿元，按可比价格计算，增幅达13.5%，为近8年来的最高点；2003年我省地税部门组织的税收收入占GDP的比重首次超过6%，达6.13%，比上年提升0.45个百分点，地税聚财能力又有新的提高。其次是税收增长与经济增长的协调性进一步增强。2003年我省GDP按现价计算，增幅达18%，税收收入增幅27.28%，税收收入弹性系数为1.52,进入了合理的弹性系数区间,税收增长与经济增长更趋协调。再次,税收亮点与经济热点的关联度进一步提高。2003年我省经济热点与税收亮点共同演绎精彩篇章,基础设施建设加速、房地产供需两旺、银行信贷快速扩张以及工业经济增长强劲,显示了我省经济开始进入新的增长周期;民营经济、混合经济、涉外经济的加速发展,不断激发我省经济的内在活力;经济热点带来税收亮点,2003年我省建筑业、房地产业、金融业和制造业四大行业税收占全部税收比重超过60%,非公有制经济税收占全部税收比重也超过60%。

一是地税系统圆满完成了基层建设、信息化建设和征管新框架等三个方面的三年规划,信息化水平进一步提高,税收征收管理向更高阶段迈进。

2003年我省地税系统圆满完成了基层建设、信息化建设和征管新框架等三个方面的三年规划,税收征收管理向更高阶段迈进。一是税收征缴方式改革稳步推进。税收缴库方式改革取得了新的突破,推动了办税服务进一步从“一站”服务向“无站”服务转变;浙江地税数据应急处理中心顺利建成,初步实现了税收征管基础业务数据的实时上行;以网上报税为重点的多元化申报纳税体系不断完善,在降低纳税人纳税成本的同时也提高了税收征收效率。二是税源管理力度不断增强。大力推进从重点税源监控向全面税源监控转变,大部分县市重点税源监控面已达60%以上;加大对重点行业高收入阶层的跟踪管理力度,逐步推行个人所得税全员管理;加强对地方小税种的税源调研,逐步实现小税种的源泉控管;因地制宜推广“义乌经验”,积极参与社会保险扩面工作。2003年我省地税征管向更高阶段迈进的显著标志是地税收入中税费之间、税种之间、季度之间呈现全面、均衡的增长态势。2003年全省税收收入增长27.28%,费基金收入增长26.10%;营业税、企业所得税、个人所得税和城建税四大主税种平均增长27.16%,其他地方小税种平均增长29.34%;各季度税收收入总量均在120亿元以上,季度税收收入增幅均在20%以上。

合理确定了营业税起征点,加强了分行业管理。试点应用个人所得税全员管理信息系统收到了明显成效,依托信息化深化个人所得税征管的做法得到了国家税务总局领导的充分肯定。制发了个人独资、合伙企业个人所得税税前扣除办法,促进了税负公平。认真做好企业所得税减免、总机构管理费计提、技改国产设备投资抵免等审核审批工作。落实好资源税税目注释和税额调整工作。加强部门配合,推广先进县市的征管经验,提高了车船使用税源泉管理水平。加强了土地增值税征管,土地增值税增长171.3%,入库税款处于全国第4位。向省政府提出了调整我省城镇土地使用税税额标准和征税范围的建议。充实了地方小税种的基础数据库,增强了信息化对地方税管理的依托作用。探索开展纳税评估,认真落实总局统一部署的发票打假、集贸市场整治和加强货运征管等工作,征管基础得到新的加强。

认真落实《浙江省职工基本养老保险条例》,坚持依法治费,进一步完善社保费征缴程序。在全省因地制宜地进一步推广义乌市“税银联网、税保挂钩”的经验,积极参与社会保险扩面工作。推进社保费征管信息化,创新社保费征管办法,完善社保费征缴制度。加大社保费征管力度,强化目标考核,采取欠费公告等措施大力开展欠费清理。还积极做好《浙江省社会保险费征缴管理办法》的代拟工作,为筑牢“安全网”贡献智慧和力量。

税源监控的广度、深度、力度增强,大部分市县地税局对重点税源监控面已达60%以上。各地上报省局的重点税源监控户数已达1700户，比上年增加近800户，增长了88.89%，其中上报国家税务总局的重点税源企业500户，比上年增加380户。全省已有1万户以上的重点企业纳入各级重点税源管理网络，涉及税收收入约占全省税收收入的60%。

完成了浙江地税数据应急处理中心建设，初步实现了税收征管基础业务数据的实时上行。具有统计分析、质量考核、报表管理、信息交互、日常业务等功能的管理层软件成功开发并通过测试，强化了决策和监控的技术手段。以通过金融清算中心扣缴为标志的新型缴库方式改革在杭州市局和省局直属一分局试点工作进展顺利，适合当地的税银库联网缴库模式改革在其他市县也得到了积极开展，推动了办税服务进一步从“一站”服务向“无站”服务转变，办税服务厅的否定之否定稳步推进。按照国务院信息办的部署，杭州市局与工商、国税、质监部门开展了企业基础信息交换试点工作，部门协作共享信息取得了实质性突破。基本完成了信息化建设三年规划确定的各项任务，构建了现代征管新框架。省局信息化建设得到省信息化工作领导小组的表彰，被评为浙江省信息化建设先进集体。

以应用网上申报为重点推进多元化申报纳税体系，截止2003年底，已有32500家企业应用了网上申报，已有4000多户超定额个体户采用了电话申报；“12366”受话达56731人次，社会反响良好。完成了ISO9000质量管理体系的全面导入工作，初步建立了地税质量管理标准体系，制定了《浙江地税系统ISO9000质量管理体系考核暂行办法》，以保证该质量管理体系有效实施和持续改进。地税管理从规范化走向标准化，为实现地税管理整体水平的又一次历史性飞跃迈出了重要一步。

二是税收优惠政策得到有效贯彻落实，稽查工作进一步强化和规范，宣传水平不断提高，进一步规范了地税政策执行、征管秩序和执法行为。

2003年，我省地税部门加强调研、深化改革、求真务实，积极贯彻落实全面、协调、可持续的科学发展观，坚持在依法治税、规范管理的前提下，努力实现我省地税收入的可持续增长。不折不扣地落实好各项税收政策。认真落实促进下岗再就业税收优惠政策，强化个人所得税征管和社会保险基金征缴，推动就业、收入分配和社会保障制度的完善。

全省地税系统继续不折不扣地落实好税费优惠政策，重点抓好两项工作：一是认真及时做好促进下岗失业人员再就业税收政策的贯彻落实工作。为确保优惠政策落实到位，省局派人到有关市、县进行实地调研和督促落实，并会同国税、财政、社保等部门就落实优惠政策的难点和重点提出若干具体意见。同时，制定《下岗失业人员再就业有关税收减免程序具体操作意见》，以便于各地具体操作并规范减免税管理。二是迅速落实扶持部分受“非典”影响较大的行业的税费政策。为减轻“非典”疫情给我省部分行业生产经营所带来的影响，帮助企业渡过难关，根据财政部、国家税务总局和省政府的有关规定，及时明确部分行业享受税费优惠政策的具体操作办法。2003年，执行“非典”税费优惠政策减免税费2.6亿元、下岗再就业税收政策减免税收2011万元。

修订、完善了责成自查、重大税务案件审理等制度办法，加大了对涉税大要案的查处、移送和曝光力度。2003年，全省各级地税机关共查补收入20.73亿元，比上年增长13.91%；共受理涉税举报案件2799件；共查处涉税金额50万元以上大要案251起，查处金额3.16亿元；移送公安机关涉税案件137件,比上年增加57件;全省共有187件涉税违法典型案件通过新闻媒体公开曝光,比上年增加100件,充分发挥了稽查威慑作用。组织开展了省级税收收入等专项检查,共检查纳税户5053户,查补省级税收收入3.31亿元,非省级税收收入1.04亿元,有力地促进了全省省级税收收入的征缴入库工作,稽查工作的效率和质量得到了进一步提高。

开展了以税收优惠政策落实情况、省级税收收入专项检查情况、重大税务案件审理办法执行情况、稽查案件查处情况为重点的执法检查,进一步规范了地税政策执行、征管秩序和执法行为。深化地税执法责任制试点工作,积极探索并试行执法过错责任追究制,取得了初步成效。依法认真做好税务行政复议、应诉工作,切实保护纳税人合法权益。完成地税法规库建设,开展网上法规服务,拓宽了税法宣传渠道。围绕"依法诚信纳税、共建小康社会"主题,组织开展了丰富多彩的税收宣传月活动,"寻找地税之最,共建小康社会"等两项活动被评为全国税务系统税收宣传月创新项目。国际税收情报交换和税收协定执行工作有了新的突破。

三是基层建设三年规划圆满完成,进一步深化干部人事制度改革,基层两个文明建设取得实效, 教育培训工作和党风廉正建设继续加强,地税干部队伍建设进一步优化。

全省地税系统不断深化征管改革,继续做好基层征管机构的设置、调整及编制精减工作。2003年撤并基层征收机构87个, 使全省地税基层征管由原来的360个减少到273个。制定《基层三年建设的考核验收办法》,把基层建设的目标逐项分解、细化,实行百分制考核验收。全省地税系统已有23个县(市、区)局所辖的106个基层单位提前全面完成了三年规划建设任务,242个基层单位已完成、45个基层单位即将完成办公用房建设,占规划数的95.5%。普遍添置了办公装备,基层工作条件进一步改善。

进一步深化干部人事制度改革。加强制度建设, 从三个层面规范干部管理和改善人员结构。一是规范干部考核考察和任免工作。2003年共考察任命市地税局正副局长7名、助理调研员2名;批复任命县地税局正副局长26名,批复市、县地税局领导免职共29人。二是引进竞争激励机制,实施竞争上岗,提高中层干部综合素质。省局调整任命了处级干部7名、科级干部10名;对3名试用期满的副处级干部进行考核,并予以按期转正。三是公开招考急需专业人才,改善队伍结构。2003年各市、县地税局公开向社会招考法律、计算机、外语等急需专业人才120人。

加强各级地税局领导班子建设。完成对市、县局领导班子、领导干部的年度考核,完善后备干部队伍。针对考核中发现的问题及时向被考核的领导班子及其成员进行了反馈,并对后备干部进行了民主推荐和测评。选拔一批具有开拓进取精神、既精通业务知识又有较强综合协调能力的年轻同志走上领导岗位,进一步加强了地税系统领导班子的组织建设。顺利通过省委组织部对我局贯彻《干部选拔任用工作条例》情况的检查,我局在民主推荐、干部考察、任职公示、讨论决定、试用期制等干部选拔的各个环节都能认真按照《条例》的要求执行,得到了省委组织部的充分肯定。

党风廉政建设进一步加强。修订和完善《浙江省地税系统党风廉政建设责任制实施办法》及其《考核办法》;加大监督检查的力度,对各地落实党风廉政建设制情况进行专项考核验收。通过抓"关口"教育、典型教育、"两个务必"和"艰苦奋斗、廉洁从政"主题教育活动、廉洁从政知识测试活动，深入开展党风廉政建设教育。2003 年，全省地税系统受党纪政纪处分 11 人，违纪案件发生率继续保持在历史最低水平。积极参加地方党政、人大组织的行风评议活动，进入前三名、企业满意单位等次的单位越来越多。省地税局机关连续第四年被省政府评为目标责任制考核优秀单位。

不断强化对税收执法权和行政管理权的监督制约。一方面加大监督检查力度，指导各级地税机关认真贯彻落实好省局《关于加强对全省地税系统税收执法权和行政管理权监督制约的实施办法》。另一方面组织全省地税监察系统广泛、深入地开展了以强化"两权"监督为主要内容的调研活动。将政务公开工作与"两权"监督制约工作紧密结合起来，认真贯彻落实《浙江省反腐倡廉防范体系实施意见(试行)》。

深入开展精神文明创建活动。制定了《全省地税系统公务员公共服务行为准则》，深入开展从政道德教育和爱岗敬业、公正执法、诚信服务、廉洁公正为主要内容的职业道德教育，不断提高地税干部道德素养。台州市局王剑瑛、浦江县局黄心莲被全国总工会授予"五一"劳动奖章，杭州市萧山经济技术开发区征管局等 4 个单位被授予全国税务系统文明单位称号，东阳市吴宁征管局张军南等 4 位同志被评为全国税务系统先进工作者，涌现出 68 家省级文明单位、26 家青年文明号，表彰了 6 名省级优秀税务工作者。

教育培训工作取得新的成效。省局在省级机关率先开展了全系统电子政(商)务全员培训，举办了全系统 150 名新录用公务员为期 1 个月的上岗培训，按照总局的统一部署组织了征管法及其实施细则的抽考，初步选拔了 100 名征管专业人才，与省财政厅共同对 49 名 2002 年以来新任的市、县局长进行了任职培训。选派干部参加各类研修班，培养专门人才。继续实施现代远程学历教育计划，组织了两期远程教学，提高全系统干部学历层次。

以上这些，在《浙江地税年鉴》2004 年卷里都有详尽反映，希望广大读者能够从中了解 2003 年浙江地方税收工作的总体情况，并有所收益。

浙江地税年鉴编审委员会

编审委员会办公室

特约撰稿人名单

一、省地方税务局（按姓氏笔划排列）

方　俊　毛圣波　卢　军　朱岁良　朱建军　许忠民
邬烈民　沈一娇　张夏琴　李晓丽　陈伟军　杜肖苓
周仕雅　林　森　杨文清　金一星　武时品　洪筱箐
柳世和　徐世颖　倪逸城　唐光权　黄子凯　黄　群
傅白水　楼芳芳　熊慧歆　蔡于革　戴　静

二、各市、县（市、区）地方税务局、计划单列市

（按姓氏笔划排列）

王　立　王　靖　王圣洁　王国文　方　晓　方加舜
方伟英　方荣良　仇昌兴　仇德龙　毛立波　孔华强
叶圣华　卢金彩　刘兴平　刘克华　刘小明　刘学文
刘化明　刘发顺　朱崇胜　朱　华　许　宾　许晓斐
江全明　吕根宣　孙华阳　汪正华　陆　巍　陈天舒
陈文俊　陈青友　陈家志　陈毓莉　陈洪升　陈　静
吴林辉　沈从书　沈富春　李建纲　李再定　张芝清
张伟龙　应建武　范莹珠　宓贤勇　林　川　林　坚
林孝昭　周晓军　周士光　周水龙　杨　岚　杨一斐
杨建忠　郑主华　郑成岗　胡巧男　胡志利　胡永光
胡继武　胡瑞雪　俞文斌　赵海滨　赵春峰　柳小平
姚建海　袁绍红　徐永辉　徐志凯　徐丹微　徐志震
倪华丰　柴建明　黄小明　黄君畅　章晓琳　章文有
盛杰星　曹旭文　程安群　斯　魏　斯丽红　董志成
曾宪道　谢丽丽　裘立周　蓝　海　缪健健　缪永永
樊有明　潘方军　潘成方　潘剑亮

ZHEJIANG DISHUI NIANJIAN

目　录

目录

MU LU

第一编 重要文献

第二编 地方税收法规选编

税收法律法规规章类

税收法制类

综合性税收政策类

营业税类

企业所得税类

个人所得税类

涉外税收类

其他地方税类

规费类

征收管理类

稽查类

计财类

附录

第三编 省地方税务局工作

第四编 市、县(市、区)地方税收工作

第五编 机构和人员情况

第六编 税收统计资料

第七编 优秀科研论文选

第八编 附 录

ZHEJIANG DISHUI NIANJIAN

第一编

重要文献

政府工作报告

（2003年1月16日浙江省第十届人民代表大会第一次会议通过）

浙江省代省长 习近平

各位代表：

浙江省第十届人民代表大会第一次会议，今天隆重开幕了。这是一次深入贯彻中国共产党第十六次全国代表大会和中共浙江省第十一次代表大会精神的盛会，是一次认真筹划加快全面建设小康社会、提前基本实现现代化大计的盛会，是一次承前启后、继往开来的盛会。现在，我代表省人民政府向大会报告工作，请予审议，并请参加大会的省政协各位委员和其它列席人员充分发表意见。

一、过去五年的基本回顾

省第九届人民代表大会第一次会议以来的五年，是全省人民高举邓小平理论伟大旗帜，深入贯彻"三个代表"重要思想，解放思想，与时俱进，开拓进取，艰苦创业，不断把社会主义现代化建设事业推向前进的五年。这五年，省政府牢牢把握发展机遇，认真落实向省九届人民代表大会历次会议作出的庄严承诺，围绕培育发展新优势，进行了一系列积极的探索和实践。

大力推进改革。多形式发展公有制经济和非公有制经济。全面深化企业产权制度改革和劳动关系改革，推进国有大中型企业改革和脱困工作，进行国有资产管理体制改革探索。实施粮食购销市场化改革和农村税费改革。进行投融资体制改革。开展行政管理体制改革。建立健全社会保障制度，推进最低生活保障由城镇向农村延伸。深化改革，进一步增强了经济和社会发展的内在活力。

不断加大对外开放力度。积极推进出口主体、产品、市场和方式的多元化，强化外贸出口优势。加强对外招商，多形式扩大利用外资。实施"走出去"战略，灵活多样地开展对外经济技术交流与合作。修改和完善涉外法规和政策，着手建立应对反倾销等预警机制。扩大对外开放，有效地促进了浙江经济与世界经济的融合。

积极调整经济结构。优化区域布局，建设各类特色园区，加大对欠发达地区发展的扶持。减粮扩经，增加养殖，发展农产品流通业和加工业，推进农业产业化经营。鼓励企业加强技术改造，改造传统产业，发展高新技术产业。打破垄断，推广各类新型经营业态，加快发展服务业。调整和优化经济结构，有力地推动了经济发展由量的扩张为主向质的提高为主转变。

不失时机地全面推进城市化。制定城市化发展纲要和城镇体系规划。调整和扩大杭州、宁波、温州等城市和中心城镇的行政区划范围。改革户籍管理制度，降低入城门槛。进行小城镇管理体制改革试点。全面加强城市和中心镇建设。城市化水平年均上升近两个百分点。推进城市化，极大地强化了城市在区域发展中的辐射带动作用。

积极推进科教强省和文化大省建设。深化科研院所改革，实行技术等生产要素参与分配，建设区域科技创新体系。鼓励社会力量参与办学，调整中小学布局，兴建高教园区。推进文化体制改革，发展文化事业和文化产业，多形式开展群众性精神文明创建活动，广泛倡导"自强不息、坚韧不拔、勇于创新、讲求实效"的浙江精神。建设科教强省和文化大省，使科技、教育、文化对全省发展的支撑作用更为显著。

努力改善发展环境。一手抓改善"硬"环境，实施"六个一千"工程，加强信息化和生态环境建设，加快改变我省基础设施滞后的局面。一手抓改善"软"环境，依法规范行政行为，推进审批制度改革，实行政务公开，整顿和规范市场经济秩序，着手建立社会信用体系。改善发展环境，对内创造了良好的发展条件，对外增强了我省的吸引力。

过去五年,全省上下心齐、气顺、劲足、实干,胜利完成了省第九届人民代表大会历次会议确定的各项目标任务。我省已实现了由温饱向小康的历史性跨越,浙江大地呈现出一派蓬勃发展的生机。

经济实力大为增强。国内生产总值由4638亿元增加到7670亿元,财政总收入由341亿元增加到1167亿元,按可比口径计算,平均每年分别增长10.8%和12.7%,其中2002年比上年分别增长12.3%和13.2%。经济结构显著改善。效益农业取得可喜成绩,经济作物、养殖业在农林牧渔业产值中占的比重分别由20.3%和26.3%提高到35%和33.5%;工业以及建筑业发展水平明显提高,传统产业竞争力进一步增强,高新技术产业有了较快的发展,规模以上工业企业实现利润增幅连续四年超过20%;第三产业进入快速发展阶段,在国内生产总值中占的比重由32.2%提高到40%,商贸、金融、房地产、旅游和现代物流、信息咨询等服务业对经济发展的促进作用与日俱增。经济的外向度不断扩大。进出口总额由142.8亿美元增加到419.6亿美元,其中出口由101.1亿美元增加到294.2亿美元,平均每年增长23.8%。一般贸易出口跃居全国第一位。利用外资大幅度上升,五年实际利用外资165.4亿美元,占全省历年累计实际利用外资额的60%,其中去年实际利用外商直接投资31.6亿美元,比上年增长40.1%。

社会事业蓬勃发展。科技综合实力明显增强,产学研合作进一步密切,民营科技企业已成为推动经济增长的重要力量,科技进步在发展中的地位越来越突出。教育事业开辟出一派崭新局面,义务教育质量和办学水平不断提高,高中段教育快速发展,职业技术教育规模进一步扩大,高等教育取得突破性发展,普通高考录取率由31.8%提高到73%,高等教育毛入学率从7.9%提高到20%,我省已经进入高等教育大众化阶段。文化事业日趋繁荣,文化产业蓬勃发展,先进文化对经济社会的渗透力和影响力明显增强。计划生育、资源保护、环境治理和生态建设等工作取得新的进步,人口出生率始终保持较低水平,耕地连续实现占补平衡,环境恶化趋势初步得到遏制。卫生、体育等事业发展步伐加快,人民健康水平不断提高,男女人均预期寿命已分别达到72.8岁和77.1岁。民主法制建设不断加强,依法治省进一步深入,先后向省人大常委会提请审议地方法规议案39件,制定政府规章63件,依法行政和依法接受监督逐步向着规范化方向推进,在全省各级政府初步建立了政务公开制度。严打整治斗争和社会治安综合治理取得明显成效。反腐倡廉不断深入,党风廉政建设责任制进一步完善,行风建设有了新的加强,依法查处了一批大案要案。

基础设施条件显著改善。累计建成高标准海塘1280公里,高标准江堤1070公里,城市防洪堤967公里。建成高等级公路2927公里,其中高速公路1139公里;建成铁路新线和复线310公里;建成万吨级以上深水泊位25个,全省主要港口去年货物吞吐量达到2.5亿吨,集装箱吞吐量达到207.7万标箱;形成1450万人次的空港年吞吐能力。开工建设电力装机容量1000万千瓦,其中已建成并投入发电702万千瓦,新建成110千伏以上线路3000公里,基本完成了陆域范围内的农村电网改造。建成长途光缆线路1.33万公里,新增程控电话交换机1175万门。建成标准农田1018万亩。为全省人民瞩目的"六个一千"工程建设任务已全面完成或超额完成,杭州至其他中心城市的四小时公路交通圈已如期建成。

人民生活不断提高。城镇居民年人均可支配收入由7359元增加到12100元,农村居民年人均纯收入由3684元增加到4940元。城乡居民储蓄存款余额由2294亿元增加到5234亿元。城镇居民和农村居民人均住房使用面积分别由16.3平方米和37.3平方米增加到20.7平方米和49.5平方米。城乡固定电话普及率由每百人15.6部增加到45.9部,移动电话普及率由每百人2部增加到31.4部,互联网上网用户已达到315万户。居民家庭用于教育、文化、保健和休闲旅游等方面的支出逐年增加,精神文化生活进一步丰富。就业与再就业工作取得明显成效,城乡低收入居民和特困家庭生活保障水平逐步提高,"百乡扶贫攻坚计划"基本完成,遍布城乡的扶贫帮困网络已初步形成。

过去五年成就来之不易。这是在中共中央、国务院及中共浙江省委正确领导下,全省人民共同奋斗的结果。在此,请允许我代表省人民政府,向全省工人、农民、知识分子,向驻浙人民解放军、武警部队官兵,向各民主党派及工商联、各人民团体和其它社会各界人士，向中央各部门和兄弟省市区，向香港和澳门特别行政区同胞、台湾同胞以及广大侨胞，向所有关心和支持我省现代化建设的海内外朋友们，表示衷心的感谢，并致以崇高的敬意！

在充分肯定成绩的同时，我们也应清醒地看到，发展中还存在不少矛盾和问题，政府工作中还存在着许多不足。调整经济结构、提高经济增长质量的任务还很艰巨，农业产业化经营水平和农民组织化程度不高，工业技术创新能力不够强，服务业在经济中所占的比重还比较低，利用外资仍然是发展中的一条短腿。平原河网和大气污染还比较严重，土地资源紧缺与集约利用程度不高并存，人才、资金、能源等对经济发展的制约仍不同程度地存在。欠发达地区与发达地区之间差距拉大的状况还未得到有效扭转，就业和再就业形势不容乐观，农民增收难度加大，部分城乡居民生活还比较困难。一些地方和企业信用意识不强，劳动用工问题比较多，市场经济秩序有待继续整顿和规范。社会治安和安全生产尚存在着不少问题。政府职能转变还不能适应市场经济和对外开放的需要，作风建设有待进一步加强，一些地方和单位官僚主义、形式主义以及铺张浪费等行为还严重存在，腐败现象仍比较突出。我们一定要认真研究分析这些问题，在今后工作中，努力解决这些问题。

二、今后五年的发展目标和指导原则

跨入二十一世纪，我们进入全面建设小康社会，加快推进社会主义现代化的新的发展阶段。纵观全局，二十一世纪头二十年，对我们来说，是一个必须紧紧抓住并且可以大有作为的重要战略机遇期。根据党的十六大和省十一次党代会作出的战略部署，省委十一届二次全体(扩大)会议进一步明确的新世纪新阶段奋斗目标，按照发展要有新思路、改革要有新突破、开放要有新局面、各项工作要有新举措的要求，今后五年，要高举邓小平理论伟大旗帜，坚持以"三个代表"重要思想统领各项工作，全面加强社会主义经济、政治和文化建设，积极推进工业化、城市化、信息化、市场化和国际化进程，统筹城乡经济社会发展，加快全面建设小康社会，为我省提前基本实现现代化奠定坚实基础。

——经济发展再上新台阶，质量和水平明显提高。确保到2005年近三分之一市县人均国内生产总值超过3000美元，争取到2007年全省国内生产总值突破10000亿元，人均国内生产总值接近3000美元，财政总收入超过1500亿元。三次产业结构进一步优化，高技术产业增加值占国内生产总值比重超过10%。

——民主法制建设不断加强。科学决策、民主决策机制进一步完善，基层民主进一步扩大，人民群众的政治、经济和文化权益得到更好的尊重和保障，参与社会管理的渠道不断拓宽。依法治省方针得到深入贯彻，立法、执法水平不断提高，法律监督体系和法律服务援助体系日趋完善，全社会法律意识普遍增强。

——社会全面发展和可持续发展能力进一步提高。科技综合实力不断增强，基本普及从学前三年到高中段的十五年教育，高等教育毛入学率达到30%，文化卫生体育等事业取得明显进步，初步形成较为完善的现代国民教育体系、科技和文化创新体系、全民健身和医疗卫生体系。城乡一体化程度不断提高，城市化水平接近60%，非农从业人员占全社会从业人员的比重达到70%。防灾减灾能力显著增强，生态环境总体质量居全国领先水平，资源利用效率进一步提高。

——城乡居民收入不断增加，生活质量明显改善。到2007年，城镇居民年人均可支配收入超过20000元，农村居民年人均纯收入接近7000元。居住条件和生活环境明显改善，物质消费水平不断提高，精神文化生活更为充实。社会保障体系进一步健全，社会就业比较充分，困难群众基本生活得到有效保障。

总结浙江这些年来发展的成功实践，今后五年，在工作指导原则上，我们要始终坚持解放思想、实事求是、与时俱进、开拓创新，充分尊重和发挥人民群众的首创精神，勤于学习，善于总结，不断探索改革开放和发展的新路子。要始终突出发展这个执政兴国第一要务，加快转变经济增长方式，走新型工业化道路，以信息化带动工业化，以工业化促进信息化，在提高质量和效益的基础上，实现量的新扩张。要始终注重发展的协调性，努力实现经济、政治、文化的全面发展，实现区域之间、城乡之间的协调发展,实现人与自然相和谐的可持续发展。要始终把维护和实现最广大人民群众根本利益作为一切工作的出发点和落脚点,正确把握改革力度、发展速度和社会可承受程度三者之间的关系,确保随着改革开放和发展的不断推进,人民群众生活获得不断改善和提高。

从现阶段发展特点出发,今后五年,我们必须不失时机地把加快全面建设小康社会、提前基本实现现代化的着力点放在提高综合实力和国际竞争力上。综合实力是国际竞争力的重要基础,国际竞争力是综合实力的集中体现。不断调整和优化经济结构,加速资金、技术和人力资本的积累,提高社会文明程度,全面提高综合实力和国际竞争力,这是应对国际国内各类挑战的需要,是进一步增强我省经济和社会发展活力的需要。

围绕提高综合实力和国际竞争力,今后五年,全面实施"五大百亿"工程,即"百亿基础设施建设"工程、"百亿信息化建设"工程、"百亿科教文化设施建设"工程、"百亿生态环境建设"工程、"百亿帮扶致富建设"工程;继续培育"五个一批"企业,即一批大企业集团、一批小型巨人企业、一批高新技术企业、一批名牌产品企业、一批外向型企业。通过重点实施"五大百亿"工程和培育"五个一批"企业,进一步提升企业和产业整体水平,全面改善发展环境,为我省提高综合实力和国际竞争力,加快全面建设小康社会,提前基本实现现代化创造良好条件。

三、加快推动经济结构战略性调整

提高综合实力和国际竞争力,必须花大力气调整和优化经济结构,加快促进产业优化升级,促进区域生产力合理布局,促进城乡之间、地区之间协调发展。

把解决好农业、农村和农民问题作为工作的重中之重,以农业增效、农民增收为目标,推进农业产业化经营为突破口,不断拓展效益农业的发展途径,积极建设现代农业。支持农民按市场需求不断调整种养业结构,改良品种,提高品质,加快推进农产品的专业化生产和区域化布局。大力发展农产品加工业和流通业,重点扶持一批带动性强、覆盖面广的农业龙头企业,延长农业生产经营产业链,提高农产品的附加值。完善政府对农业的支持保护机制,加快建设农业科技服务体系、粮食安全体系、农产品质量安全体系。

把发展第二产业的重点放在培育和建设先进制造业基地上。有重点地建设一批开发区和特色工业园区,推动企业加大技术改造和技术创新力度,大力发展高新技术产业,积极运用高新技术和先进适用技术改造传统产业,进一步强化制造业的特色优势,促进企业、产业的相对集中布局。在此基础上,加快形成若干个由核心区块或核心企业带动的,市场占有率高、技术装备先进、研究开发能力强且面向世界的制造业基地。继续积极发展建筑等产业。

紧紧围绕为生产生活服务,大力发展现代服务业,不断提升服务业的发展水平。统筹规划发展现代物流,加快建设现代物流市场体系、设施网络体系和信息服务体系。积极推广连锁经营、电子商务、物流配送等新型经营形式和流通业态,加快改造提高商贸等传统服务业。切实整合旅游资源,加强设施建设,增添文化内涵,拓展旅游市场。继续发展金融、信息咨询、中介服务、房地产等产业。优化配置社区服务设施,大力发展各类便民、利民的社区服务业。

多层次推进城市化。完善城市规划,严格按规划建设和管理城市,优化城市空间布局,突出城市个性,提高城市品位;加强新型社区建设,积极解决农民向市民转化过程中出现的各类问题,特别是失土农民的就业和社会保障问题;大力培育城市产业,完善城市功能,进一步增强中心城市特别是杭甬温等大城市的辐射带动作用。以培育中小城市和中心镇为依托,放手支持经济强县加快发展,以经济强县承接和传递中心城市的辐射作用,不断为区域经济发展注入新的活力,进而带动和促进农村的工业化和现代化。把建设各类开发区、园区作为推进城市化的重要一环,科学规划,有序建设,切实解决分布过散、水平不高等问题,进一步完善与产业、与城市发展相适应的各类功能。

优化区域布局,必须充分发挥我省海域辽阔、山区广袤的优势。合理保护、深度开发海洋和山区资源,拓展海洋经济和山区经济的发展途径。加强交通、能源、通信等基础设施建设,抓好滩坑电站、舟山大陆连岛等重大工程项目建设,加快沿海渔民的转产转业,努力为山区和海岛地区创造更多的发展机遇和条件。把欠发达地区作为新的经济增长点来加以培育。完善财政转移支付制度,不断增加财政对欠发达地区特别是革命老区、少数民族地区、边远山区和困难海岛的资金支持。深入开展“山海协作工程”活动,积极推动发达地区多形式参与欠发达地区开发,加快欠发达地区劳动力向发达地区的有序转移。建立和实行发达地区干部、教师和医务工作者到欠发达地区任职工作制度,多形式为欠发达地区提供智力支持。加大扶贫力度,真扶贫,扶真贫,把帮扶工作做到村、做到户,推进易地脱贫,全面实施欠发达乡镇奔小康工程。

四、积极推进改革开放

今后五年,面对经济全球化,面对加入世贸组织的机遇和挑战,面对市场竞争的进一步加剧,提高综合实力和国际竞争力,我们要充分发挥我省的区位优势、体制机制优势、产业特色优势以及海外侨胞众多的优势,坚持“引进来”与“走出去”并举,以更积极、更主动、更切实有效的措施推进对外开放,以开放促改革,以大开放促进大发展。

把扩大利用外资作为新一轮扩大对外开放的突破口来抓。实现利用外资与引进技术、管理、人才的有机结合,与调整经济结构、培育先进制造业基地有机结合,引导外资改造提升传统产业,发展高新技术产业,参与农业产业化经营和城乡基础设施建设,积极推进金融、信息服务、商贸、旅游、中介服务和教育、医疗卫生等领域的对外开放,多形式吸引跨国公司,积极推进证券化融资和跨国并购。加强对外招商,把市场化招商和政府推动结合起来,充分发挥企业以及国内外各类中介机构在招商引资中的作用。认真办好现有外商投资企业和各类开发区,加强对外商投资企业的服务,充分发挥现有外资企业的“以外引外”作用和各类开发区在招商引资中的示范作用。

更积极地推动企业参与国际竞争。扩大外贸出口,强化我省在外贸出口上的多元化优势,壮大外贸经营主体,巩固传统出口市场,开拓新兴市场。加强进口工作,重视引进先进技术和关键设备。完善对外贸易预警机制,不断提高企业和我省经济抗御国际市场风险的能力。积极实施“走出去”战略,多形式推动有条件的企业尤其是非公有制企业到境外设立研发机构,兴办贸易机构、商品市场及加工企业,从事工程承包和劳务输出,增强企业跨国经营能力,努力提高我省对外经济技术交流与合作的整体水平。

加强与全国各省市自治区的交流与合作。以杭州湾地区为先导,主动接轨上海,从基础设施和信息化建设、产业分工、能源开发利用、环境保护等多方面进行合作,积极推进长江三角洲地区经济一体化发展。更深入地参与西部大开发,搞好对口帮扶工作,把政府鼓励和市场导向结合好。进一步深化与香港、澳门特别行政区的经济技术合作,实现优势互补、共同发展。扩大浙台两地交流,积极引进台资,为促进祖国统一作出贡献。

进一步创造有利于多种所有制经济共同发展的条件,深化投融资体制改革,破除市场准入上的各种不公平限制,鼓励各类经济成分、各类组织形式的企业充分展开竞争,不断强化市场主体的竞争活力。引导企业适应竞争需要,积极改造内部治理结构,重点是完善国有和国有控股企业,包括集体企业的法人治理结构,着力解决企业股权设置不合理、内部激励和制约机制不健全的问题。基本建立起管资产和管人、管事相结合的国有资产管理体制,积极探索有效的国有资产经营体制和方式,确保实现国有资产保值增值。在坚持土地承包等农村基本政策长期稳定的前提下,在巩固和扩大粮食购销市场化改革成果的同时,把农村改革的重点放在提高农民进入市场的组织化程度上,引导农业龙头企业与农民建立稳定的利益联结关系,培育和发展农民专业合作经济组织和行业协会,在有条件的地区按照依法、自愿、有偿的原则推进土地承包经营权流转,努力解决小生产与大市场之间的矛盾,有效提高农民的市场竞争能力。继续推进农村税费改革,依法规范政府、农村基层组织与农民的利益关系,切实减轻农民负担。

加强市场体系建设。规范管理,完善服务,积极运用现代流通方式改造商品市场,特别是各类专业批发市场。大力培育资金、技术、人才与劳动力、土地等要素市场。支持国有独资商业银行加快改革,支持符合条件的民间资本参与改组改造地方性金融机构,支持外资金融机构到我省设立分支机构,全面推进农村信用社改革。培育地方信托市场,探索建立产业投资基金,规范和发展产权交易市场,积极鼓励和支持企业上市融资。

完善社会保障制度。重点是加强城镇养老、失业、医疗等社会保险制度建设和城乡最低生活保障制度建设。逐步实现社会养老统筹基金与个人账户资金的分账管理,依法扩大社会养老保险和失业保险的覆盖面,严格规范缴费制度,不断提高养老和失业保险基金的支付能力。深入进行城镇职工基本医疗保险制度、医疗卫生体制和药品生产流通体制改革,逐步完善医疗费用的分担机制、医疗机构的竞争机制和药品流通的市场运行机制。加快建设和推广以大病统筹为主的新型农村合作医疗制度和医疗救助制度。规范城乡最低生活保障制度,健全分级负担机制,完善配套救助措施,加强动态管理,提高保障水平,实现应保尽保。深入探索筹措社会保障资金的有效途径,健全监督和管理机制,确保社会保障资金保值增值。高度重视就业和再就业问题。加强对失业人员的职业培训和就业指导,促进就业观念转变,提高失业人员的再就业能力。充分发挥劳动力市场的作用,鼓励失业人员自谋职业、灵活择业、竞争就业。积极开展再就业援助,多形式为最困难的群众提供和创造就业岗位。依法加强劳动用工管理,保障劳动者的合法权益。

五、优先发展科技教育和开发人力资源

提高综合实力和国际竞争力,科技是关键,教育是基础,人才是根本。继续实施科教强省战略,加强人才的培养和引进,不断完善适应现代化建设需要的区域科技创新体系、现代教育体系和人才支持体系。

强化科技对经济社会发展的支撑作用。深化科技体制改革,不断增强企业、高等学校、科研院所推动科技进步和创新的动力,尤其是要充分发挥浙江大学等高等学校在我省科技创新中的作用。坚持自主创新和引进、消化、吸收并举,继续支持有条件的企业建立各类研发中心,大力发展民营科技企业,鼓励企业多形式开展与高等学校、科研单位的合作。组织协调各方面力量,积极实施制造业信息化、服务业电子化、生物技术示范、纳米技术应用等工程,有效解决区域经济发展中的各类重大共性技术和关键技术难题,大力加强标准化建设和检验检测体系建设。完善科技项目管理,加强网上技术市场建设,充分发挥市场机制在配置科技资源中的作用。进一步落实党政领导科技进步目标责任制。坚持社会科学和自然科学并重,加强对重大现实问题的研究,充分发挥哲学和社会科学在经济社会发展中的重要作用。普及科学知识,弘扬科学精神,不断提高全民的科学素养。

努力提高教育质量和办学水平。坚持教育创新,深化教育改革,优化教育结构,全面推进素质教育。完善学前教育体系。高标准、高质量地普及九年义务教育和高中段教育。大力发展高等教育,完善省部共建浙江大学机制,加强对省属重点高校的扶持力度,全面建成六大高教园区,着力建设一批具有国际国内先进水平的重点专业和学科,促进高等教育质量不断提高。积极发展职业技术教育,加强对在职劳动者的专业技术和岗位技能培训,多形式培养各类高素质的劳动者和实用人才。发展继续教育,完善终身教育体系,努力构建学习型社会。继续鼓励社会力量以多种形式参与办学,不断完善政府为主、公办民办相结合的办学格局。进一步强化地方政府负责,分级管理、以县为主的基础教育管理体制。适应推进城市化和对外开放需要,全面实现外来民工子女就地入学,切实办好杭州等地为外籍人员子女服务的国际学校。完善资助贫困学生的政策和制度,确保不让一个孩子因贫不能接受九年义务教育,不让一个大学生因贫不能就学或辍学。加强师资培训,努力建设高水平的师资队伍。

紧紧抓住培养人才、吸引人才、用好人才三个环节,大力开发人力资源。面向国际国内,以多种方式吸引各类高层次人才和急需紧缺人才。打破人才的部门、地区和所有制壁垒,打通各类人才队伍之间的交流渠道,建立和完善开放灵活的人才流动机制。尊重劳动、尊重知识、尊重人才、尊重创造,深化人事制度改革,健全竞争择优选拔机制,不断营造有利于各类人才脱颖而出、充分发挥聪明才智的良好环境。

六、大力发展先进文化

文化是一个国家、地区、民族的根系。先进文化代表着人类前进的方向,是发展的重要源泉和动力。提高综合实力和国际竞争力,必须把大力发展先进文化,建设文化大省,放在更为突出的位置。

发展先进文化,就是要大力建设面向现代化、面向世界、面向未来的,民族的科学的大众的社会主义文化。坚持不懈地开展马克思主义思想理论教育，尤其是要深入宣传邓小平理论和“三个代表”重要思想。把弘扬和培育民族精神纳入国民教育全过程，纳入精神文明建设全过程，深入发掘深厚的历史文化底蕴，积极吸收世界各国的优秀文明成果，及时总结广大人民群众的生动实践，不断赋予“浙江精神”以新的时代内涵。把加强社会主义思想道德建设作为文化发展的中心环节，大力弘扬爱国主义、集体主义、社会主义和艰苦创业的精神，全面推进社会公德、职业道德和家庭美德建设，努力培养有理想、有道德、有文化、有纪律的社会主义公民。

发展先进文化重在建设，重在创新。充分调动广大宣传文化工作者的积极性，创作和生产一批反映时代风貌、群众喜闻乐见的优秀精神产品，进一步培育和发展生动体现我省优秀人文精神的浙江文化。深入开展群众性精神文明创建工作，加强基层文化建设，多形式开展群众性文化活动，努力增强文化的感召力和吸引力。合理配置文化资源，重点加强基层文化设施建设，有效管理和使用好科技馆、文化馆、图书馆、博物馆、档案馆等各类公益性文化设施。切实加强对历史文化遗产的保护、管理、开发和利用。

大力推进文化体制改革。分层次、分阶段推进文化企事业单位改革，完成对文化企业的公司制改革，把具有面向市场能力的文化事业单位逐步改制为企业，引导和督促公益性文化事业单位进一步加强管理、改进服务、提高效益。改革文化发展的管理体制和领导方式，实行政企、政事分开，依法规范管理，促进文化市场繁荣。积极鼓励社会力量投资文化产业，参与发展文化事业。调整优化报业、出版、广播影视、演艺、文化旅游、印刷、会展等产业结构，打造一批具有竞争优势的文化企业集团和文化产品。促进文化与经济的有机融合，积极培育和开发经济发展中的文化资源，提高经济发展中的文化含量和经济效益中的文化附加值。

积极发展卫生、体育等事业。推进卫生体制改革，优化卫生资源配置，扶持中医药发展，加强社区卫生服务，着力改善农村医疗卫生条件，加强对各类地方病、传染病的防治，不断提高城乡的医疗服务质量和公共卫生水平。进一步增强竞技体育综合实力，广泛开展全民健身活动，加快发展体育产业。加强妇女和未成年人、残疾人等工作，创造公平参与社会生活的条件，切实维护妇女和未成年人、残疾人的合法权益。重视人口老龄化趋势，认真关心老年人，不断改善和提高老年人的生活质量。

七、进一步改善发展环境

良好的环境，是经济和社会发展的必要条件。环境关乎形象，关乎企业和产业的生存与发展。现代市场竞争，已经越来越多地表现在国与国之间、地区与地区之间的环境竞争上。提高综合实力和国际竞争力，必须下大力气改善发展环境。

加强信用浙江建设。重点是强化信用意识，规范市场主体信用行为，充分发挥政府在完善信用制度、改善信用环境中的作用。坚持以法制规范社会信用，以道德文化引导和提升社会信用，以监督管理保障和促进社会信用，充分发挥企业征信系统在规范市场主体行为中的作用。整顿规范市场秩序，坚决制止各类不正当竞争，打破各种形式的地方保护和行政壁垒，加强知识产权保护，依法打击制售假冒伪劣商品等严重危害市场秩序的行为。努力在全社会倡导和培养诚实守信的价值取向和行为规范。

数字浙江是全面推进我省国民经济和社会信息化、以信息化带动工业化的基础性工程。推进数字浙江建设应以网络系统和数据库建设为基础，应用系统建设为重点，数字城市建设为支撑。加快建设数字浙江支撑平台，积极运用数字化、网络化、智能化等信息处理技术，深度开发经济、社会等各类信息资源，逐步形成面向城乡、以中心城市为基本单位的信息资源集成、应用与共享系统。切实加强应用系统建设，推进企业信息化，推进电子商务和电子政务，加快建成全省信息应用体系主体框架。

以营造绿色环境、发展绿色经济为主要内容，加强生态省建设为主要载体，全面建设绿色浙江。积极推广生态农业技术，发展无公害农产品、绿色农产品和有机农产品生产；推广清洁生产，降低工业能耗，培育资源节约型、生态环保型产业，发展循环经济。立足资源永续利用，坚持依法保护和合理开发利用土地、森林、海洋、河流、矿产等资源，扩大推广资源有偿使用制度，坚决制止各类“圈地”和滥占耕地等严重浪费资源的行为。加大对区域性污染的防治力度,突出治理水污染、大气污染、农业面源污染,提高垃圾处理率。基本建成食品安全质量控制体系,有效消除"餐桌污染"。稳定低生育水平,重点抓好农村和流动人口的计划生育工作,优生优育,不断提高人口素质。

全面提升城乡基础设施的网络化程度、现代化水平和综合服务能力,加强防灾减灾体系建设。把交通建设的主攻方向放在城际以及省际骨干网建设上,再建成1000公里高速公路,新建成铁路和铁路复线以及电气化改造铁路1000公里,抓好杭州湾跨海大桥和杭州地铁等工程建设,同时完成改造通村公路4000公里。进一步完善以宁波、舟山为重点的沿海港口体系,新建一批集装箱、原油等深水泊位,着手建设国际仓储基地。切实解决电力供给上新出现的瓶颈制约,建成1000万千瓦发电机组、2000公里500千伏输变电线路;开工建设西气东输、东海油气田上岸浙江主干网和城市用气管网,实现向部分大中城市供气。完善信息传输系统和网络,加快推广宽带技术,建成一批电信光缆传输网、数据接入网和中心城市宽带城域网等骨干项目。进一步提高水利防洪能力和城乡水环境质量,综合整治10000公里河道,加固1000座水库,综合治理100条小流域,积极研究解决部分地区存在的饮用水与农田灌溉用水困难。扩大城镇供水排水管网、公交线网、信息网络向农村的延伸,广泛开展村镇环境整治活动,再建500万亩标准农田,进一步改善农村的生产生活条件。

切实保持城乡社会的稳定和安全。这是全面建设小康社会,加快推进社会主义现代化的重要前提和保证。正确处理新形势下的人民内部矛盾,认真做好人民来信来访工作,加强基层基础建设,及时排查和调处各类社会矛盾,努力把各类社会矛盾解决在萌芽状态。改进对流动人口的管理,维护外来民工的合法权益。严格安全生产责任制,加强管理和整治,切实防止和减少各类事故的发生。大力推进社会治安综合治理,深入开展基层安全文明创建活动,群防群治,不断健全长效防控机制。实现严打、严治、严管、严防有机结合,依法严厉打击各类刑事犯罪和经济犯罪活动,防范和惩治邪教组织的犯罪活动,坚决扫除"黄、赌、毒"等社会丑恶现象。

大力支持驻浙人民解放军和武警部队建设。广泛开展"拥军优属"和创建"双拥模范城"活动,认真做好转业退伍军人安置工作。多形式开展国防教育,健全国防动员体系,建设人民防空体系,不断加强人民武装和国防后备力量建设。

八、切实加强政府自身建设

全面建设小康社会,加快推进社会主义现代化,对政府工作提出了新的更高的要求。今后五年,我们要紧紧围绕执政为民,切实改进政府工作,大力倡导谦虚谨慎、不骄不躁的作风,艰苦奋斗的作风,不断提高政府管理社会、促进发展、服务人民的能力,努力把政府建设成为开拓、务实、高效、廉洁的政府,全心全意为人民服务的政府。

加快转变政府职能。深化行政管理体制改革,合理调整机构设置,转变管理方式,减少审批事项,规范审批程序和行为,完善审批责任和监督制度,加快构建与政府职能相适应的公共财政框架。改进公务员管理制度,加强培训,优化结构,努力提高公务员队伍的政治和业务素质。按照政事分开的原则,积极推进事业单位改革。规范商会、行业协会等社会中介组织行为,强化自立、自主和自律机制,充分发挥各类中介组织在经济和社会发展中的作用。不断理顺政府与企业、市场和社会的关系,推动政府职能加快转移到经济调节、市场监管、社会管理和公共服务上来。

积极推进依法行政。完善程序和工作方式,进一步提高政府草拟地方法规议案和制定行政规章的质量。理顺行政执法体制,逐步在城市开展相对集中行政处罚权工作,创造条件开展相对集中行政许可权工作,着力解决职责交叉、多头执法、重复处罚、执法扰民等问题。强化行政执法监督,严格行政执法责任制和评议考核制度,完善行政复议制度,规范行政执法行为。广泛开展法制宣传教育活动,提高全社会的法律素质,切实增强政府工作人员特别是领导干部和执法人员依法行政的自觉性。

进一步促进民主政治建设的制度化、规范化、程序化。自觉接受中共浙江省委的领导,坚决贯彻和落实省委作出的各项决策。依法接受人大及其常委会的监督,及时报告工作,落实各项决议、决定。积极支持人民政协履行政治协商、民主监督、参政议政的职能,主动听取各民主党派、工商联及各人民团体的建议和意见。认真办好人大代表建议和政协提案。推进决策科学化、民主化，建立重大事项社会公示制度和社会听证制度，完善专家咨询制度，多形式扩大公民有序的政治参与。不断加强和扩大基层民主，积极推进政务公开、厂务公开和村务公开，完善村民自治和城市居民自治，完善职工代表大会和其它形式的企事业民主管理制度，确保广大人民群众依法进行民主选举、民主决策、民主管理、民主监督，切实维护人民群众当家作主的权利。全面贯彻党的民族、宗教政策和侨务政策，促进民族地区发展和各民族团结，引导宗教与社会主义社会相适应，充分发挥海外侨胞在现代化建设中的作用。

全面加强作风建设。在认真学习上下功夫。加强对学习的引导和督促检查，鼓励和组织广大干部认真学习政治、经济、文化、科技、法律等方面的最新知识和理论，尤其是要深入系统地学习邓小平理论和“三个代表”重要思想，不断增强解放思想、实事求是、与时俱进的自觉性，提高解决问题、做好实际工作的能力。在求真务实上下功夫。大兴调查研究之风，狠抓工作落实，探索建立选派高素质干部到基层到农村任职制度，促进管理重心下移。坚决克服各种官僚主义、形式主义以及虚夸浮躁、急功近利的行为。在关心群众生活上下功夫。进一步强化各级政府及其领导人的责任，切实维护人民群众的根本利益，及时帮助群众排忧解难。特别是要认真关心城乡困难群众生活，确保困难群众无饥寒。在反腐倡廉上下功夫。从改革完善体制、机制和制度入手，进一步规范事权、财权和人事权，加强行政服务中心、会计核算中心、招投标中心和经济发展环境投诉中心建设，加强廉政和效能监察，强化审计监督，加快建设结构合理、配置科学、程序严密、制约有效的权力运行机制。强化党风廉政建设责任制，严格领导干部廉洁自律制度，坚决惩治各类腐败分子，切实加强行风建设，狠□讲排场、比阔气、铺张浪费等奢靡之风。

各位代表，千里之行，始于足下，实现今后五年各项发展目标和任务，首先必须做好2003年工作。今年是全面贯彻党的十六大精神的第一年，也是新一届政府的开局之年，全省经济和社会发展的主要调控预期目标是：国内生产总值增长10%以上，其中第一产业增长3%，第二产业增长11%，第三产业增长11%；全社会固定资产投资增长13%左右；社会消费品零售总额增长11%左右；外贸出口增长10%以上；地方财政收入增长12%；人口自然增长率控制在5.37‰以内；增城镇就业岗位50万个左右，城镇登记失业率控制在4.5%左右。

按照中共浙江省委提出的“高举旗帜、加快发展、推进创新、狠抓落实”的要求，今年，要广泛深入地做好党的十六大精神的宣传贯彻工作，坚持理论与实际的紧密结合，以十六大精神统一认识、凝聚人心、指导实践，把“三个代表”重要思想贯穿于物质文明、政治文明、精神文明建设的全过程。要坚决贯彻扩大内需的方针和积极的财政政策、稳健的货币政策，紧紧抓住推进结构调整和扩大对外开放两个环节，进一步增强企业发展活力，进一步调动民间投资积极性，进一步提高政府办事效率，努力保持经济持续快速健康发展。要坚持与时俱进、开拓创新，在大好形势面前保持清醒头脑，充分认识差距所在、困难所在、挑战所在、机遇所在，自觉增强政治意识、大局意识、忧患意识和责任意识，深入研究新情况，解决新问题，不断推进理论创新、制度创新、科技创新、文化创新以及其它各方面的创新。要狠抓工作落实，明确责任，完善措施，注意突出工作重点，集中财力办大事，确保各项目标和任务的圆满完成。

今年，第七届中国艺术节将在我省隆重举行。我们一定要精心组织，高标准、高质量地办好中国艺术节，向全国、全世界充分展示浙江改革开放的成果，展示浙江人民热情好客、昂扬向上的精神风貌。

各位代表，今后五年，将是浙江全面走向世界、走向现代化的五年。前途光明，任重道远。让我们在以胡锦涛同志为总书记的党中央领导下，高举邓小平理论伟大旗帜，全面贯彻“三个代表”重要思想，与时俱进，开拓进取，扎实工作，为加快全面建设小康社会，提前基本实现现代化而努力奋斗！

关于2002年全省和省级预算执行情况及2003年全省和省级预算草案的报告

(2003年1月17日浙江省第十届人民代表大会第一次会议通过)

浙江省财政厅厅长　翁礼华

一、关于2002年全省和省级预算执行情况

2002年,全省上下以党的十六大精神和"三个代表"重要思想为指导,围绕省第十一次党代会提出的各项任务,认真贯彻落实省委、省政府的一系列重大战略部署,全省国民经济继续保持强劲增长势头,经济效益持续改善,投资、消费和出口三大需求同步快速增长,经济社会发展协调性进一步增强,是近年来我省经济发展态势最好的时期。在此基础上,2002年全省和省级财政预算执行情况良好,财政收入超额完成了年初省人代会通过的收入预算指标;财政支出在政策性增支因素多、增支压力大的情况下,通过积极调整支出结构,保证了事关改革、发展和稳定的资金需要,为促进经济建设和各项社会事业发展提供了财力保障。

2002年全省地方财政收入汇总预算为464.30亿元,执行数为566.85亿元,完成预算的122.1%,比上年收入实际数500.69亿元增长13.2%,调整所得税收入分享改革因素后增长35.5%,按可比口径计算比上年增长13.7%,高于全省国内生产总值增长幅度。其中主要收入项目的完成情况是:1. 增值税25%部分129.72亿元,完成预算的114.1%,比上年增长26.7%;2.营业税收入171.69亿元,完成预算的126.1%,比上年增长37.5%;3. 企业所得税50%部分108.10亿元,完成预算的93.1%,比上年实际数175.28亿元下降38.3%,调整所得税收入分享改革因素后下降2.3%;4. 个人所得税50%部分43.55亿元,完成预算的116.6%,比上年实际数51.69亿元下降15.7%,调整所得税收入分享改革因素后增长28.2%;5. 城市维护建设税收入36.33亿元,完成预算的116.1%,比上年增长27.5%;6. 农业四税收入48.24亿元,完成预算的182.0%,比上年增长52.7%;7.行政性收费收入13.56亿元,完成预算的165.8%,比上年增长79.0%;8.罚没收入27.75亿元,完成预算的138.7%,比上年增长49.3%;9. 教育费附加收入15.81亿元,完成预算的112.1%,比上年增长23.0%。

2002年全省财政支出汇总预算为643.50亿元,执行数为749.46亿元,完成预算的116.5%,比上年增长25.5%,按可比口径计算,比上年增长12.4%。其中主要支出项目的完成情况是:1. 基本建设支出55.97亿元,完成预算的138.3%,比上年增长25.4%;2.企业挖潜改造支出46.96亿元,完成预算的119.7%,比上年增长8.1%;3. 科技支出22.17亿元,完成预算的114.4%,比上年增长26.5%;4.支农支出50.47亿元,完成预算的111.4%,比上年增长25.5%;5.文教卫事业费支出196.37亿元,完成预算的110.2%,比上年增长23.9%,其中教育事业费支出136.88亿元,完成预算的111.9%,比上年增长26.4%;6. 行政管理费支出83.40亿元,完成预算的118.5%,比上年增长28.5%;7. 公检法司武警支出62.23亿元,完成预算的115.8%,比上年增长27.8%;8. 城市维护费支出51.37亿元,完成预算的108.6%,比上年增长17.2%;9.教育费附加支出13.99亿元,完成预算的111.4%,比上年增长22.0%。

2002年,全省财政总收入达到1166.58亿元,比上年实际数855.82亿元增长36.3%,调整所得税收入分享改革因素后增长27.1%,按可比口径计算增长13.2%。全省财政收入占GDP的比重约为15.2%,比2001年提高2.4个百分点。

按照现行分税制财政体制和国家有关政策规定计算，2002年全省地方财政收入加上预计的中央税收净返还和中央各项补助，以及调入部分预算外资金、结转下年支出款项等，预计2002年全省财政收支平衡、略有结余。由于2002年中央与省之间的财力结算有一个过程，全省最后平衡结果待决算汇审后再专题向省人大常委会报告。

为便于各位代表审查和批准省级预算执行情况，下面，我把2002年省级财政预算执行情况报告如下：

2002年省级地方财政收入预算为62.93亿元，预计执行数为71.02亿元，完成预算的112.9%，比上年收入实际数57.01亿元增长24.6%，调整所得税收入分享改革因素后增长24.5%，按可比口径计算，比上年增长13.3%。其中主要收入项目的完成情况是：1.增值税25%部分8.94亿元，完成预算的110.9%，比上年增长19.9%；2.营业税收入21.33亿元，完成预算的101.6%，比上年增长11.7%；3.企业所得税50%部分25.07亿元，完成预算的107.6%，比上年收入实际数21.00亿元增长19.4%，调整所得税收入分享改革因素后增长14.2%；4.行政性收费和罚没收入12.53亿元，完成预算的171.6%，比上年增长82.4%；5.教育费附加收入3.39亿元，完成预算的113.1%，比上年增长23.3%。

2002年省级财政支出预算为94.60亿元，执行数为105.35亿元，为预算的111.4%，比上年增长17.2%，按可比口径计算，比上年增长11.0%。其中主要支出项目的完成情况是：1.基本建设支出10.78亿元，完成预算的147.1%，比上年增长34.7%；2.企业挖潜改造支出7.43亿元，完成预算的101.8%，比上年下降22.2%；3.科技支出6.45亿元，完成预算的111.5%，比上年增长25.8%；4.支农支出7.08亿元，完成预算的109.3%，比上年增长23.3%；5.文教卫事业费支出29.45亿元，完成预算的104.7%，比上年增长18.1%，其中：教育事业费支出16.98亿元，完成预算的102.3%，比上年增长15.4%；6.行政管理费支出5.23亿元，完成预算的120.0%，比上年增长32.2%；7.公检法司武警支出12.32亿元，完成预算的108.3%，比上年增长19.7%；8.教育费附加支出2.40亿元，完成预算的108.3%，比上年增长17.0%。

按现行财政体制计算，2002年省级地方财政收入加上预计的中央税收净返还、中央各项补助和市、县(市)净上交，以及调入部分预算外资金、动用上年结转款项，预计2002年省级财政收支平衡。由于2002年中央与省、省与市、县(市)间财力结算尚在进行中，省级最后平衡结果待决算编审完成后再向省人大常委会专题报告。

关于2002年全省和省级政府性基金收支计划的执行情况及2003年的收支计划(草案)，我们书面向各位代表报告。

2002年，是我省“十五”计划全面实施的第二年。一年来，我们在省委的领导和省人大常委会的监督指导下，按照省九届人大五次会议关于财政预算报告决议精神，与时俱进，开拓创新，圆满完成了各项预算收支任务。

(一)加强税收征管，依法组织财政收入

这一年，我们认真贯彻落实国务院增收节支工作会议精神，努力抓好增收节支的各项工作。坚持依法治税，进一步推进税收征管改革。严格欠、缓缴税款管理，从源头上防止税收流失；依托网络科技手段，强化对重点税源的监控，大力清欠挖潜；进行集贸市场和加油站税收专项整治，维护市场税收征管秩序；加大税收稽查力度，通过建立市、县(市)两级综合选案办法和分级审理制度，使税收案件结案率、查补税款入库率均达到98%。打击偷、逃税犯罪。规范企业所得税和个人所得税征管，开展个人应税收入全员管理试点，加强对高收入者个人所得税管理；坚持“抓大不放小”，强化分行业分税种管理，继续强化建筑业、交通运输业营业税征管，规范文化体育业、电信业营业税政策执行。同时，积极抓好预算外收入管理，将其逐步纳入财政专户管理和国库管理。

(二)调整和优化财政支出结构，保证重点支出

一是落实行政、政法机关履行职能所需经费，保证其正常运转。到2002年底，我省已连续10年实现对公务员工资的足额按时发放。二是认真贯彻“科教兴省”发展战略，加快建设“文化大省”。确保教育、科技两个部门经费按法定比例增长。安排振兴教育专项资金7000万元；筹措并安排教育费附加等省级教育专项经费，保证高教园区建设、浙大共建、“211工程”等重点项目资金需要。完善经济困难学生的资助机制，省财政从2002年起每年安排700万元设立省政

府奖学金,资助3000名经济困难的优秀学生。争取中央教育专项补助资金8600万元,并落实地方配套资金,用于中小学布局调整、中央与地方共建高校、改善基础教育办学条件、中小学危房改造奖励性补助。加大对科技的投入,筹措安排9500万元高新技术产业发展专项等重点项目的建设资金,调整对省级科研单位的财政支持方式,削减事业费补助比例,"变养人为办事业";专项经费逐步实行项目制、课题制管理。加大对宣传文化事业的投入力度,筹措安排文化发展专项资金1.40亿元,支持宣传文化企业建设和发展。三是加大对农业的财政投入,确保预算内支农支出按法定比例增长。2002年全省预算内支农支出预计执行数为50.47亿元,比上年增长25.5%。高于法定比例(12.8%)约13个百分点。加大对以水利为重点的农业基础设施建设和效益农业、生态农业、农业科研与推广、农业产业化、渔民转产转业、农业社会化服务体系建设的投入力度,支持全省"三个一千"工程、3000万亩生态公益林、10个省级农业高新技术示范区、100个优质高效农业示范基地和全省农村经济信息网建设。落实农业综合开发项目省以上财政资金4.60亿元,改造低产田81.20万亩,建设节水农业示范和农业生态工程项目20万亩,扶持多种经营项目69个,新建科技示范项目2个;筹措省级财政扶贫资金和移民扶持资金1.77亿元,使近10万人实现了脱贫。

(三)加大对社会保障投入,支持各项改革,维护社会稳定

一是巩固"两个确保"成果,积极落实资金,确保了企业离退休人员基本养老金和国有企业下岗职工基本生活保障费的按时足额发放。2000年至2003年省财政共筹措安排了省级社会保障专项资金12.50亿元。二是继续加大对最低生活保障财政投入力度。从2002年起,省财政每年对低保资金的转移支付补助增加到5000万元,对市县低保补助采取在预算内单列专项的形式予以保障。同时将促进就业专项资金列入财政预算,努力做到每年增长比例不低于当地财政经常性支出的增长比例。三是落实资金,完善制度,深化医疗保险制度改革。

(四)支持经济发展,强化地方财源建设

一年来,我们认真贯彻积极财政政策,2002年向中央争取国债项目98个,国债专项资金16.05亿元,并落实配套资金,投入杭州七格污水处理工程、湖州环湖大堤、东西苕溪防洪工程、甬台温高速公路等重点工程建设,加强对国债专项资金使用过程的跟踪问效。继续运用财政贴息政策,四两拨千斤,支持经济发展。2002年,全省各级财政安排财政贴息资金11.20亿元,重点支持了企业技术改造、经济结构调整、生态环境保护和多种所有制经济共同发展。认真贯彻扶持外贸出口的财政政策,落实外贸出口专项资金,支持扩大外贸出口。积极利用国际金融组织贷款和外国政府贷款,支持杭金衢高速公路、桐柏抽水蓄能电站等一批重点工程的建设。积极筹措资金,支持山区、海岛等欠发达地区加快发展。不断加大对城市建设、旅游、交通、环保、信息化工程等事业发展的资金投入,改善投资环境,提高人民群众的生活质量,增强我省的综合实力。

进一步加大地方财源建设力度,完善和执行好现行的财政体制及财政政策。初步统计,2002年全省财政总收入上亿元的县(市)预计达到57个,比2001年增加了3个,他们是文成县和云和县和嵊泗县,其中:上10亿元的县(市)16个。2002年地方财政收入上亿元的县(市)预计达到48个,比2001年增加了3个,他们是常山县、开化县和岱山县,其中:2002年地方财政收入4亿元以上的县(市)达到17个。2002年,我们对全省有累计赤字的26个市、县(市)下达了消化累计赤字指标4616万元。通过"两保两挂"、"两保两联"财政政策的实施,绝大部分市、县(市)能够做到当年收支平衡和消化赤字指标任务,预计可得省财政兑现的"两保两挂"补助和奖励29.17亿元,"两保两联"补助和奖励2.63亿元。此外,实行"三保三联(挂)"政策的杭州市和其他地级市可得城市化建设资金补助4.06亿元,可得城市维护建设税超收返还补助2.70亿元。

(五)深化财政管理改革,规范财政支出管理

一是部门预算改革稳步推进。2002年,省级部门预算编制范围由上年的5个部门扩大到12个部门,其中5个部门的预算向省九届人大五次会议作了报告。对16所高校的经费预算按"生均定额法"编制。早编细编了部门预算。对所有省级部门试编了政府采购预算。二是加快我省国库集中收付制度改革试点。制定了省级基建项目支出管理办法和省级政府采购预算管理办法,对省级基建项目资金和政府采购资金试

行财政直接拨付管理。进一步扩大省级会计集中核算单位范围,完善省级机关会计集中核算管理制度。三是扩大政府采购改革成果。2002年,政府采购预算总规模约为55亿元,比上年增长约三成,比预算节约资金约8亿元,资金节约率10%以上。省本级采购范围扩展到省级大部分预算单位。建立和完善政府采购制度,进一步规范政府采购行为,强化对全省政府采购工作的监管,全省政府采购网络初步形成。

(六)全面推行农村税费改革

在总结试点工作经验的基础上,按照中央确定的“多予、少取、放活”的方针,因地制宜地制订了我省农村税费改革“减调改稳、合理负担、转移支付、配套进行”的政策及10个相关配套办法,并从2002年7月1日起在全省全面展开。我省的农村税费改革保留了农业税和村提留,取消了屠宰税,在农业税计税土地上生产的农特产品只征农业税,不再征农业特产税,并取消五项乡统筹费和农村劳动积累工和义务工,为全省农民减负20多亿元,农民人均减负63%左右。原由农民承担的农村五项社会事业支出列入乡镇财政预算,所需必要开支由省、市、县财政转移支付,2002年省财政安排转移支付资金6.34亿元。这项改革使公共财政覆盖和延伸到我省广大农村,进一步缩小城乡二元差距。目前全省各地的农村税费改革工作正在按照省批准的方案组织实施。

(七)不断加大财税监督力度

继续深化预算外资金“收支两条线”管理改革,做好收支脱钩和收缴分离工作。将公安、法院、工商、环保、计划生育等五个部门的预算外收入全部纳入财政预算管理,对已经实行部门预算的12个单位和建设、卫生等13个部门的行政事业性收费和其它预算外收入实行收支脱钩。加大综合财政预算改革的力度,完善以票款分离为主的非税收入征管办法。继续开展了对部分会计师事务所和资产评估机构执业质量的专项检查,对违规机构进行了处理,规范了经济鉴证类中介机构的执业行为。稳步推行国有企业财务总监委派制、事业单位会计机构负责人委派制、行政单位“会计核算(财务结算)中心”统一核算管理制,切实加强对被委派单位的资产财务管理。初步统计,到2002年底,全省各地市开展会计委派制试点的单位达2600多家,委派并已到位的会计人员近3000人。加大对全省乡镇财政工作的指导力度,推进乡镇财政建设。按照“抓制度、重基础、促改革、强管理”的指导思想,以“三层次”国资营运体系为核心,不断深化和完善国资营运机构机制建设。

在肯定成绩的同时,也要看到存在的问题与困难:地区间收支差距依然存在,财政收入增长结构不尽合理,可用财力减少,支出刚性强,部分市县收支矛盾突出;预算约束软化,支出控制还不够严,花钱大手大脚、铺张浪费的问题还比较突出;地税征管税(费)种类多,征收面广,税源分散,征管难度大,等等。所有这些,我们都将采取有效措施,逐步加以解决。

二、关于2003年全省和省级财政预算草案

根据国际经济新动态和国内发展的需要,2003年中央财政将继续实施积极的财政政策,加快经济结构调整,积极推进各项财政改革,加快构建公共财政体制的步伐,使经济和财政保持持续稳定发展。综合考虑国内外经济发展环境和我省自身条件,我们预计,2003年我省经济仍将保持稳定增长的态势,我省财政收入也将继续保持较快增长。与此同时,2003年财政收支中还存在着一些不利因素,主要是:从收入方面看,国有、集体企业经营机制转换还需要一个过程,供给结构远不能适应经济发展和市场需求变化的要求,同时,农民增收难度越来越大,城镇低收入人群扩大,有效需求不足的矛盾近期仍难根本解决,这些都将会影响财源建设基础;所得税分享比例从2002年中央与地方“五·五”分成调整为“六·四”分成,加上其它一些不确定因素,都会对我省地方财力增长产生不利影响。从支出方面看,保障各级政权建设、调整机关事业单位职工工资及待遇、支持“科教兴省”战略、建设“文化大省”、加大社会保障投入力度、解决就业和再就业问题、实施农村卫生保障、全面实施农村税费改革、加快农业经济结构调整、大力推进新型工业化等都需要增加不少支出,财政收支矛盾将十分尖锐。我们要增强忧患意识,趋利避害,努力增收节支,确保完成预算收支任务。

根据对2003年财政经济形势的分析,按照中央和省委、省政府关于2003年经济工作的总体要求,确定我省2003年财政预算安排的指导思想是:以邓小平理论和“三个代表”重要思想为指导,贯彻落实党的十六大、省第十一次党代会、省委十一届二次全会精神,继续按照“以人为本,四两拨千斤,建立理财新机制”的理财思路,发挥以“两保两挂”等政策为核心的符合浙江实际的理财制度的优越性,坚持依法理财、依法治税,加强税收征管,大力开展增收节支;调整和优化财政支出结构,保证重点支出,集中财力办大事;加大财政管理改革力度,严格财政收支管理,确保完成全年的预算收支任务,促进我省国民经济持续健康发展和社会政治稳定。按照上述指导思想,同时考虑到2002年财政收支执行数中含有部分不可比因素以及2003年所得税收入分享比例调整等政策性因素,我们对2002年的有关收支执行数进行了调整。据此,2003年的预算收支(草案)编列如下:

2003年全省地方财政汇总预算收入为601.00亿元,比调整后上年执行数增长12.0%。其中主要项目的安排情况是:1.增值税25%部分143.40亿元,比上年执行数增长10.5%;2.营业税收入192.60亿元,比上年执行数增长12.2%;3. 企业所得税40%部分90.80亿元,比调整后上年预计数增长5.0%;4.个人所得税40%部分40.10亿元,比调整后上年执行数增长15.1%;5.城市维护建设税收入40.70亿元,比上年执行数增长12.0%;6.农业四税收入49.25亿元,比上年执行数增长2.1%;7. 行政性收费收入15.93亿元,比上年执行数增长17.5%;8.罚没收入31.46亿元,比上年执行数增长13.4%;9. 教育费附加收入17.70亿元,比上年执行数增长11.9%。

按照现行分税制财政体制计算,2003年全省地方财政预算收入加上预计的中央税收净返还和中央各项补助,以及调入部分预算外资金、动用上年结转款项,预计2003年当年全省地方财政可用资金为805.80亿元。据此,拟安排2003年全省财政支出汇总预算为805.80亿元,比调整后的上年执行数增长9.5%。2003年全省财政收支平衡。其中主要项目的安排情况是:1.基本建设支出50.56亿元,比调整后上年执行数增长2.0%;2. 企业挖潜改造支出40.00亿元,比调整后上年执行数增长1.0%;3.科技支出25.01亿元,比上年执行数增长12.8%;4.支农支出56.93亿元,比上年执行数增长12.8%;5. 文教卫事业费支出219.13亿元,比调整后上年执行数增长12.5%,其中:教育事业费支出153.39亿元,比调整后上年执行数增长12.8%;6.行政管理费支出90.07亿元,比上年执行数增长8.0%;7.公检法司武警支出69.05亿元,比调整后上年执行数增长10.5%;8.城市维护费支出55.48亿元,比上年执行数增长8.0%;9. 教育费附加支出15.32亿元,比上年执行数增长9.5%。

为便于各位代表审查和批准省级财政收支预算,下面再将2003年省级财政收支预算报告如下:

2003年省级财政收支预算草案如下:拟安排2003年省级财政预算收入为73.60亿元,比调整后上年执行数增长12.0%。其中主要项目的安排情况是:1.增值税25%部分9.93亿元,比上年执行数增长11.1%;2.营业税收入22.83亿元,比上年执行数增长7.0%;3.企业所得税40%部分21.01亿元,比调整后上年执行数增长4.8%;4. 行政性收费和罚没收入14.85亿元,比上年执行数增长18.5%;5. 教育费附加收入3.78亿元,比上年执行数增长11.4%。按照现行财政体制计算,2003年省级财政预算收入加上预计的中央税收净返还、中央各项补助和市县净上交,以及动用上年结转款项,预计2003年省级财政可用财力为109.76亿元。据此,拟安排2003年省级财政支出预算为109.76亿元,比调整后的上年执行数增长9.5%。2003年省级财政收支平衡。其中主要支出项目的安排情况是:1.基本建设支出7.48亿元,比调整后上年执行数增长2.0%;2.企业挖潜改造支出4.98亿元,比调整后上年执行数增长1.0%;3.科技支出7.28亿元,比上年执行数增长12.8%;4. 支农支出7.99亿元,比上年执行数增长12.8%;5. 文教卫事业费支出32.21亿元,比调整后上年执行数增长12.8%,其中教育事业费支出18.14亿元,比调整后上年执行数增长12.8%;6.行政管理费支出5.67亿元,比上年执行数增长8.5%;7.公检法司武警支出13.90亿元,比调整后上年执行数增长10.5%;8. 教育费附加支出2.59亿元,比上年执行数增长8.0%。

三、关于2003年财政工作的主要任务

2003年是全面贯彻落实党的十六大精神,开创中国特色社会主义事业新局面的重要一年,我省发展的环境和基础要好于2002年,但制约和不确定因素也比较多。根据省委、省政府关于经济工作的总体要求,我们要着重抓好以下几项工作。

(一)增收节支保重点,实现当年财政收支平衡

要进一步深化税收征管改革,不断完善“以申报

纳税和优化服务为基础，以计算机网络为依托，集中征收，重点稽查”的税收征管新模式。实行税源、征管、执法全程监控和质量考核，为纳税人提供多元化申报和网络化缴库的一体化服务，在全省逐步推行个人所得税全员管理。坚持依法治税，加大稽查力度，坚决打击各种偷、逃税行为。该收的钱一定要收上来。高度重视所得税收入分享改革和深化“收支两条线”管理改革的落实情况，保证所得税和预算外收入的稳定增长。

财政支出要始终坚持“一要吃饭、二要建设”的理财原则，量入为出、量力而行，有所为、有所不为。“统筹兼顾，突出重点”，在调整和优化财政支出结构的基础上，重点保证国家政权建设、科技、农业、教育、文化、卫生、社会保障、环保等领域的支出需要。继续建立和完善社会保障制度，按照“两个确保”要求，积极筹措资金，加大对社会保障的投入。各级财政都要将再就业专项资金列入财政预算，每年增长比例不低于当地财政经常性支出的增长比例。省财政每年安排5000万元促进就业专项资金，主要用于促进省属企业职工再就业工作以及对经济欠发达地区的补助。省财政安排5000万元最低生活保障转移支付资金。继续认真贯彻“科教兴省”发展战略，大力支持建设“文化大省”。2003～2005年安排3.30亿元用于扶持民营科技企业的发展，其中2003年安排1亿元。省财政要按照区别对待、分类补助的原则，认真做好全省农村税费改革转移支付工作。各级财政要在年初预算中足额安排配套资金，特别是要保证对农村义务教育投入，不留缺口。要严格控制一般性支出，推进事业单位改革，进一步规范财政供给范围，挤出钱来，办好政府应办的事。继续强化支出管理，堵塞开支漏洞，大力弘扬艰苦奋斗、勤俭建国的精神，坚决反对铺张浪费、大手大脚的奢侈之风，不该花的钱一个也不能花，提高财政资金使用效益。

（二）支持经济发展，努力培植财源，实现财政收入持续增长

贯彻落实好积极财政政策，运用好中央国债专项资金支持地方经济建设。继续运用财政贴息杠杆，支持经济和各项事业发展，同时积极探索财政贴息资金支出新路。大力支持推进我省工业化、城市化、信息化、市场化、国际化的进程。支持以水利为重点的农业基础设施建设，支持农业综合开发和效益农业、生态农业、农业科技项目和外向型农业，提高农业的整体素质和提高农产品市场竞争力。大力支持外贸发展，加大对山区、海岛特色经济发展的扶持力度，促进欠发达地区实现跨越式发展。积极、合理、有效地利用国际金融组织和外国政府贷款，支持我省经济发展。

加大财源建设步伐，使基础型财源得到巩固，资源型财源得到挖掘，效益型财源得到开拓，后续型财源得到涵养，形成阶梯式的财源结构。一是培育县域经济，充分调动各地特别是经济强县（市）发展经济的积极性，形成基础财源；二是支持非国有经济健康发展，不断扩大财源基础，形成财源多元化；三是以专业市场为依托，发展块状特色经济，形成新的效益财源；四是积极培育省“五个一批”重点企业和若干个主导产业，形成骨干财源；五是大力发展效益工业，发展高新技术产业，不断推进城市化进程，促进金融、信息、旅游等新兴第三产业发展，形成后续财源。认真分析研究深化分税制财政体制改革趋势和动向，以及对浙江经济的影响，采取积极的应对措施。继续大力支持欠发达地区经济发展，进一步完善“两保两挂”等财政政策，规范省对市县转移支付制度，形成持续稳定增长的财源。

（三）不断深化财政管理改革，加快公共财政构建步伐

一是稳步推进部门预算制度改革，抓好省教育厅等18个部门的部门预算编制工作，提高预算编制工作质量，继续研究、测算、制定分类定员、定额标准，并逐步按“零基法”编制预算。二是加快财政国库管理制度改革试点工作，逐步扩大财政直接拨付范围。发挥财政投资评审工作的技术优势，为部门预算编制、国库管理制度和政府工程采购等改革提供准确的决策依据。强化财政专项资金的监督管理，探索建立财政支出效益评价体系。三是认真贯彻《政府采购法》，推进政府采购制度改革，积极培育政府采购中介市场，扩大政府采购的规模和范围，实行政府采购计划编审制度，理顺工作关系，强化对采购单位的监管。四是深化“收支两条线”改革，加大综合财政预算改革的力度，完善以票款分离为主的非税收入征管办法。五是加强对农村税费改革的指导，妥善处理改革中出现的困难和问题，特别是要关注农村义务教育投入、乡村

两级机构正常运转、农业税据实征收和各项配套改革等问题,全面落实改革的各项政策,确保农民负担不反弹。六是进一步完善我省现行各项财政体制,规范省对市、县(市)的财政转移支付制度。

(四)坚持依法理财治税,规范财税监督和管理

进一步增强法制意识和预算意识,硬化预算约束,实行依法理财。严格按照《预算法》、《税收征管法》等财政税收法律法规的规定和人大批准的预算办事,杜绝预算管理和收入征管上的随意性,维护财政预算的权威性和严肃性。通过完善财政监督机制,特别是预算监督机制,依法加强对财政收支活动的审核和监查,增强预算管理的规范性和科学性,努力推进依法理财。完善政府外债监控体系,防范财政风险。进一步加强财税法规制度建设,强化财税内部监管。继续开展会计信息质量检查,加大对会计信息虚假和会计师事务所等经济鉴证类中介机构违规执业的打击力度,促进会计信息质量的逐步提高。以深化完善和强化管理为目标,着力抓好国有资产管理体制和营运、监管机制的建设。进一步健全和完善出资人制度、授权经营责任制度和法人治理结构,推进授权经营集团体制改革,形成合理的所有者制衡机制,积极探索股权多元化的改革试点,推进国有企业的战略性改组。

认真贯彻党的十六大精神 全面推进我省地税事业持续发展

——黄旭明同志在全省地税工作会议上的讲话

（2003年1月9日）

同志们：

这次会议的主要任务是：以“三个代表”重要思想为指导，认真学习贯彻党的十六大和省第十一次党代会精神，总结2002年地税工作及税务机构进一步分设以来的成就与体会，部署2003年地税工作，努力推动地税事业持续发展，为加快全面建设小康社会、提前基本实现现代化作出新的贡献。

一、2002年地税工作及税务机构进一步分设以来的成就与体会

2002年，全省地税系统在省委、省政府和国家税务总局的正确领导下，在地方各级党政领导和各有关部门的大力支持帮助下，深入学习贯彻省第十一次党代会精神，坚持稳中求进的原则，扎实工作，顽强拼搏，地税工作又上新台阶。

（一）采取有效措施，地税征管秩序和执法环境进一步优化

全省地税系统以入世为契机，对内提升依法征税，对外促进依法纳税，大力推进依法治税，为建设“信用浙江”发挥了应有作用。

地税法制建设切实加强。省局制定了《关于进一步加强税收法制建设，切实推进依法治税的意见》，各地按照省局的意见大力加强法制机构建设，积极开展法制工作。根据世贸组织的统一性原则和透明度原则，认真开展税收政策法规清理工作，对不符合国家统一规定的政策措施予以修改和废止，保证执法依据合法。深化审批制度改革，省局审批事项削减35.71%、审批时限再提速20%。开展以地方性税收政策法规清理工作情况、税收优惠政策贯彻落实情况及执法行为规范性为重点内容的执法检查，重点检查面达到45%，共查出有问题的涉税文件34件，比上年减少61件，减幅为64%，查出的问题已经或正在整改中。通过执法检查，进一步增强了地税法制意识，规范了地税执法行为。

有效贯彻落实新征管法及其实施细则。制订计划，讲求实效，开展新征管法及其实施细则的学习、宣传、落实工作。规范缓缴税款的审批手续，认真执行滞纳金、处罚下限、案件移送等基本规定。积极参与制订新征管法及其实施细则的配套规范性文件和具体征管制度。及时调整税收征管规程、文书和相关模块。健全税收征管岗责体系，进一步明确征收、管理、稽查岗位人员职责及相互关系。依法加强与工商等部门的协作，不断强化税务登记管理。规范全省地税发票印制管理和保险业专用发票，在饮食业、宾馆业、出租车等服务行业逐步推广税控器具。

积极落实税收优惠政策，大力促进地方经济发展。迅速贯彻省委省政府经济强县发展战略，扩大经济强县地方税收管理权限，促进经济强县更快更好发展。进一步落实好下岗职工再就业、国产设备投资、鼓励软件产业和集成电路产业发展等税收优惠政策，认真贯彻国际税收协定及有关外税政策，停征兵役义务费等措施，减免2001年度企业所得税17.66亿元、财产损失税前扣除额10.19亿元，减免营业税6.82亿元，为促进地方经济发展发挥应有作用。

地税稽查进一步强化和规范。加大对大要案的查处力度，查处涉税金额10万元以上大要案727起，移送公安机关涉税案件80件。组织开展全省税收专项检查，重点检查建筑安装房地产行业、出售出租加油

站的单位和个人,以及烟草、电信、移动、广告、经纪人等高收入行业和个人,共查补税近2亿元。在全省实行一级稽查,全面推行综合选案和案件分级审理的外分离工作。对1368件稽查案件进行复查,促进办案质量的不断提高。下查一级案件57件,查补金额3483万元。全省稽查部门查补税(费、基金)及罚款、滞纳金总计9.71亿元,入库率、结案率均在99%以上,继续在全国地税系统名列前茅。

市场税收秩序更趋规范。根据国家税务总局的统一部署,开展集贸市场地方税收专项整治,与有关部门联合督查集贸市场专项整治工作进展情况。对1026个集贸市场175513个经营户进行检查,查补税款、滞纳金、罚款合计6095万元。调整个体工商户定期定额147862户,其中调高定额136607户,平均调高幅度达19.63%,全年增收定额税款8190万元;全省清理出税收漏征漏管户12117户,查补税款、滞纳金、罚款合计达742.72万元。完善"双定"管理办法,分类制定市场税收管理办法。

税收宣传与纳税服务不断优化。紧紧围绕"诚信纳税,利国利民"主题,以纳税人为关注焦点,以创新的精神坚持"喜闻乐见,降低成本,持之以恒,讲求实效"原则,把税收宣传工作做得更好,对营造诚信纳税氛围、展示浙江地税风采等方面发挥了重要作用。省局与省青年联合会等单位举办的"诚信纳税·信用浙江"主题"青峰论坛"(浙江青年企业家峰会论坛),在浙江电台经济台推出的百集系列广播小品《发生在税务局里的故事》被评为全国税收宣传月优秀项目。省局还与省教育厅联合编写了作为正式课外读本的《小学生税收知识漫画》。各地也围绕主题因地制宜开展了形式多样的宣传活动,如金华市局的"诚信纳税光荣"系列宣传、绍兴县局的"税收与诚信"电视辩论赛、富阳市局的"三课一评"倡导诚信纳税等活动都取得了良好效果。《浙江税务》杂志坚持"面向基层,面向纳税人",继续发挥税收法规宣传主渠道的作用,办刊质量不断提高,2002年6月经国家新闻出版署批准为全国公开发行刊物。建成提供纳税信用查询服务的"信用浙江网"地税子系统,增强"浙江地税"因特网站的法规服务功能,受国家税务总局委托省级首家试点"12366"纳税服务热线,为纳税人服务水平有了新的提高。

(二)依法加强征管,地税收入保持可持续增长

2002年,全省地税系统以奋发有为的精神和求真务实的作风,埋头苦干,挖掘潜力,税费并举,加强征管,组织各项收入突破600亿元,达654.38亿元,比上年增长33.69%,增收164.90亿元;其中:税收收入突破400亿元,达435.95亿元,增长16.30%,增收61.10亿元;养老保险费和医疗保险费入库149.42亿元,增长69.22%。不含宁波,共组织各项收入522.01亿元,比上年增长35.11%,增收135.66亿元;其中:税收收入343.49亿元,增长16.54%,增收48.74亿元;养老保险费和医疗保险费入库126.79亿元,增长77.33%。

所得税征管更加规范。严格所得税收入分享改革后的企业所得税政策执行和征收管理,规范所得税税前扣除办法,与有关部门协商解决征管范围划分问题。2002年(不含宁波)入库企业所得税101.99亿元,18个县(市、区)完成去年实绩数。国家税务总局在对北京、上海、江苏、浙江、福建、山东、广东等7个地区的个人所得税政策执行和征管情况的检查通报中,对浙江给予了表扬。依托《浙江地税信息系统》2000版对高收入者进行重点监控。提出通过和相关部门联网实现信息共享,通过网络进行申报,使个人所得税征管量化到人,实行个人所得税全员管理的思路,在萧山等地的试点已取得积极成果,省局组织开发的功能更加完善的个人所得税全员管理软件已基本完成。我省依托信息化强化个人所得税控管的工作得到了国家税务总局领导的高度评价。

坚持抓大不放小,小税种征管不断加强。从行业入手加强营业税政策管理,明确文化体育业、电信业等行业的营业税政策,防止税款流失。继续加强建筑业、交通运输业等重点行业的营业税征管。针对房屋出租房产税管理方面出现的新情况,制定了《规范房产税若干政策问题的意见》,强化和规范房产税的征收管理。制订了加强印花税征收管理的办法,在五个行业试行印花税征缴方式改革。调研确定了城镇土地使用税税额调整预案。我省试行"浙江地税地理信息系统"等依靠科技加管理、努力深化地方税征管的做法受到了国家税务总局领导的充分肯定,并在"全国地方税管理座谈会"上作了典型介绍。认真做好国际税收情报的核查工作,加强涉外企业税收征管。

社保费征管办法进一步完善。全省各地根据省局统一部署,结合实际积极推广"义乌经验",进一步完善社保费统计分析和目标责任制考核等办法,主动加强与社保、财政、银行等部门的联系,社保费征管取得了高征收率、高增长率。全省养老保险费征收率达95%以上,医疗保险费征收率达96%以上,圆满完成了省政府的考核目标。在搞好税银联网的基础上,省局在金华组织开发了地税、社保和银行三家联网系统,将所有养老保险参保个人纳入联网系统征收,实现缴费人在地税部门指定的银行网点实时缴纳养老保险费,既方便了广大缴费人,又减轻了地税部门的征收压力,还方便了社保部门的工作。台州市局实行"地税先征缴,社保后登记"的工作新机制,把工作重点放在非公有制企业上,既把扩面任务落实到位,又保证社保费的及时、足额入库。我们还积极参与了《浙江省职工基本养老保险条例》的修改工作,修改后的条例进一步明确了地税部门的养老保险费征收主体地位,赋予地税部门相应的执法权,强化缴费人的法律责任,必将有力地促进养老保险费征收工作。

重点税源监控逐步向全面税源监控转变。一是扩面监控。将重点税源原始数据采集纳入《浙江地税信息系统》2000版,依托信息化,进一步扩大监控面,2002年大部分地区重点税源监控面已超过60%。二是分级监控。建立了从征管局、县(市)局、市局到省局的四级重点税源监控网络,加强纳税行为的微观监管和税源结构、规模的分析工作。三是多元监控。通过应征数监控、稽核评税选案、行业税负比较、税源大户跟踪,多角度监控纳税人涉税行为,有效提高地税部门征收效率。

(三)增强信息化的依托作用,深化地税征管改革

全省地税系统以信息化推进地税征管改革的深化,不断迈向地税管理的规范化、现代化,为建设"数字浙江"作出了积极努力。

信息系统一体化工作积极实施。《浙江地税信息系统》2000版顺利运转。《公文处理系统》在全省地税系统应用到位后完成升级,受国家税务总局委托完成《公文处理系统》用户手册和系统管理员手册的重新编写工作,并在全国税务系统印发使用。档案管理系统在各市局和34个县(市、区)局应用,办公自动化应用领域不断拓展。对9家小型机应用单位开展技术培训,制定数据迁移方案,完成《浙江地税信息系统》2000版从PC服务器平台到小型机平台的应用迁移。对地税征管业务应用系统、行政管理系统、外部信息管理应用系统等子系统进行功能整合。组织实施开发管理层软件,以推动应用层次的提高。

多元化申报纳税方式稳步推进。自主开发、试运行网上申报系统取得成功,各地已选择部分有条件的企业采用网上申报方式进行申报纳税。依托《浙江地税信息系统》2000版和税银库联网,规范实时扣缴税款业务的规程和流程,改进税款缴库方式,启用税收转帐专用完税证,实现银行开票、扣款、缴库。到2002年底,全省共有74万户双定户被"请出"办税服务厅,在全省基本实现了双定户不进办税服务厅纳税申报的目标。

ISO9000质量管理体系试运行取得成功。制定实施《全省地税系统导入ISO9000质量管理体系的质量方针、质量目标和推广方式的具体意见》,公开招标《ISO9001:2000质量管理体系标准要求》咨询项目咨询机构,编写完成《浙江地税系统全面导入ISO9000质量管理体系规范性大纲》。12家第一批试运行单位成功通过体系认证,为在全省全面推行开了好头。

信息化安全体系建设不断加强。组织信息安全员技术培训,提高计算机技术人员的安全意识和防范能力。开展信息化安全建设专项检查,督促各地认真落实浙江地税数据信息安全应用与管理责任制和信息化安全管理规章制度。成立信息化安全组织机构,制订安全紧急处置措施。

(四)以"两年"活动为契机,地税干部队伍建设进一步加强

在2001年整顿省局机关作风和市、县局开展"三个代表"重要思想学教活动取得明显成效的基础上,2002年在全系统深入开展"转变作风年"和"调查研究年"活动,并以此为契机,着重加强基层建设,地税队伍建设取得新进步。

转变作风年和调查研究年活动扎实开展。按照"当好三个代表,坚持以德治队,保证干净干事","建设精品迭出、讲求效率、规范有序、崇尚文明地税新形象"的"两年"活动总要求,各地都成立专门机构,加强组织领导,采取有效形式,查问题、抓整改,社会满意度又有显著提高。全系统51个县级以上地税机关参

与当地政府部门组织的行风评议，获前三名、优秀单位、企业满意单位等档次的达89%，比2001年提高20个百分点。按照“四个促进”要求，深入基层调查研究。各地围绕省局部署的“加入WTO后浙江地税的应对工作”总课题开展了广泛调研，调研成果发挥了对上为领导决策提供参考、对内为指导地税工作提供依据、对外宣传地税工作成绩和形象的综合效应。

基层两个文明建设取得实效。各级地税机关以转变作风为动力，进一步面向基层，服务基层，抓紧抓好基层建设三年规划的落实。在全省342个基层单位中(含71个稽查局)，2002年新完工18.5%，累计已有52.4%的基层单位完成办公用房建设。金华市本级、富阳市、临安市、桐庐县、海盐县、龙泉市、玉环县、黄岩区、路桥区等9个地税局做到领导重视、工作得力，已经提前完成基层办公用房建设三年规划。继续在全系统开展“基层文明单位”、“青年文明号”等群众性精神文明创建活动，命名表彰省级基层文明单位56个、省级青年文明号23个，涌现出国家级青年文明号4个、省优秀青年岗位能手2名以及省“巾帼建功”先进协调单位1个、先进工作者2名、文明示范岗14个，基层两个文明建设不断加强。

系统人事管理更加规范。规范干部考核考察和任免工作，加强各级领导班子建设。转发了《浙江省人事厅关于省以下垂直管理系统国家公务员管理有关问题的通知》，逐步理顺地税系统公务员管理。做好对市、县局机构改革的指导和协调工作，明确必要的机构设置和人员编制比例。按照“精简、统一、效能”的原则和深化征管改革的要求，做好基层征管机构设置、调整及编制精简工作。在人员不超编的前提下，向社会公开招考法律、计算机、文秘、外语等急需专业人才，促进了队伍结构的改善。

教育培训工作继续加强。根据国家税务总局关于税务人员执法资格与执法能级认证的要求，组织全省地税系统公务员参加执法资格统一考试。举办征管局长综合素质提高班，对全省征管局长轮训一遍，促进基层领导班子建设的加强。适应入世对干部素质的新要求，广泛组织开展WTO知识培训。开展以现代远程教学为主的学历教育，拓展复合型人才培养途径。省局还对市县局的骨干进行培训，促进了专业知识更新。

党风廉政建设再创佳绩。继续落实和完善党风廉政建设责任制，对落实党风廉政建设责任制情况进行专项考核验收。通过抓“关口”、抓典型、抓“从政十德”主题教育等有效形式，深入开展党风廉政教育。制定“两权”监督实施办法，强化对税收执法权和行政管理权的监督，加大从源头上预防和治理腐败的力度。2002年全系统受党纪政纪处分人数11人，比上年减少15%。

上述成绩是我省税务机构进一步分设以来地税工作取得长足进步的最新体现。这五年来，我们在省委省政府和国家税务总局的领导下，争取有关部门的支持，紧紧依靠全省地税系统干部职工同心同德谋求事业发展，团结一致搞好队伍建设，圆满完成了各项任务：

——在组织地方税收收入和社保费等非税收入方面，取得了历史性的巨大的成绩；

——信息化建设和征管改革在全国地税系统处于领先地位；

——依法治税尤其是规范执法、优化服务、文明收税不断取得显著成绩，营造了前所未有的良好的执法环境和征管秩序；

——地税系统各级领导和广大干部的两个素质明显提高，读书的人包括读双学历(学位)的人大幅度增加，犯错误的人连年大幅度减少；

——各级地税机关的社会满意度不断提高，省局机关在2000年、2001年连续两年被省政府评为目标责任制考核优秀单位。

这些成就的取得，弥足艰辛，弥足珍贵。我们引为自豪和感到欣慰的是，我们浙江地税人为全省的经济建设和社会事业发展作出了应有的贡献！值此之际，我谨代表省局领导班子向全省广大地税干部及其家属表示亲切的慰问和崇高的敬意！向多年来关心、支持地税工作的各级领导和各界朋友表示衷心的感谢！

回顾过去，我们深刻地体会到，做好地税工作，必须认真贯彻“三个代表”要求，不断增强对形势发展和地税工作的前瞻性，努力把握规律性，并通过创造性地开展工作，不断落实和转化为行动上的先进性：

坚持围绕和服务于省委省政府的中心工作，切实增强政治意识、大局意识、责任意识。税收是国家存在的经济表现，税收问题本质上是一个政治问题。“不谋全局者不足以谋一域，不谋万世者不足以谋一时”，大局就是全局，就是大势，我们只有把地税工作放到全省经济社会发展的背景和趋势中去思考和把握，才能工作得有意义、有章法、有作为。政治意识、大局意识最终都要通过责任意识得以体现、落实，责任意识是角色意识，还是一种精神状态，我们必须有一点精神，珍惜机遇，恪尽职守，不负众望。这些年来，我们不计名利，勇挑征收社保基金重担，为构建我省社会保障“安全网”提供可靠的资金来源；审时度势，2001年地税收入在依法治税和规范管理前提下实现历史性突破，为我省经济社会发展和财政体制作出了历史性的巨大贡献；自省自励，自觉整改机关作风并延展到整个系统，为密切党同人民群众的血肉联系作出自己的努力；深入调研，做到“四个促进”，充分发挥职能作用，把发展这个执政兴国的第一要务落到实处。切实增强政治意识、大局意识、责任意识，是对每一个地税干部尤其是领导干部的要求，必须始终不渝地坚持。

坚持正确的经济税收观，保持地税收入在依法治税、规范管理前提下的可持续增长。组织税收收入始终是税务部门最主要、第一位的职责。我们不但要按照税法规定把税收收入规范、高效地征收上来，而且要越收越多。我们及时提出了正确的指导组织收入原则并使其转化为广大地税干部的自觉行动，经受了风浪的考验，取得了卓越的成效，得到党政领导和各界朋友的赞誉。努力做到税收征管“抓大不放小”，推进重点税源监控向全面税源监控转变，强化分税种分行业管理，并把收入结构多元化作为长期的努力方向，有效建立了税收收入风险的防范机制；税费并举，坚持象抓税收收入一样抓好社保费的征管，地税部门作为地方政府收入的征收主体地位不断加强。1997年至2002年我省地税部门累计组织各项收入2016.67亿元，年均增长35.11%；其中：税收收入1505.77亿元，年均增长27.72%；地方费（基金）收入510.90亿元，年均增长66.54%。我们要进一步做好这些工作，努力保持和促进税收与经济的良性循环。

坚持“以人为本、依法治税，规范管理”的工作思路，追求整体工作水平的提高。做好地税工作，依法治税是灵魂和永恒主题，以信息化为依托的规范管理是基础，以人为本是保障。我们每年开展既检查有无擅自开税收政策口子情况、又检查税收优惠政策是否贯彻落实到位的执法检查，促进税负公平和经济发展；坚持“喜闻乐见、降低成本、持之以恒、讲求实效”的税收宣传要求，对纳税人和用税人持续进行温馨宣传；提出“责成自查与重点稽查相结合”的税收检查原则，每年集中力量规范若干行业、税种的征管，逐步全面规范税收秩序，促进我省市场经济秩序的进一步规范和社会主义市场经济体制的完善。这些年来，全省各级党委政府开税收口子很少很少，并且越来越少，凡省局发文要求纠正的无一例外及时纠正；纳税人依法纳税自觉性越来越高，没有发生税务干部在征税中被殴打的事件。我们较早地认识到信息化对于依法治税、组织收入和队伍建设的突破性、根本性的重大带动作用，提出以信息化解决税务管理中的信息不对称问题，采取“以我为主，专业公司为辅，软件开发与人才培养相结合”的原则开发、应用、维护、升级全省统一的征管软件，建立了“以纳税申报为基础，以《浙江地税信息系统》为依托，以新组织体系和社会化保障网络为保证，集中办税、优质服务、科学管理、重点稽查相结合”的地税征管新模式；在全国税务系统和全省首家全系统开展导入ISO9000质量管理体系工作，努力形成“全员参与”谋划发展地税事业，“持续改进”努力做好地税工作的新机制。我们坚持一靠教育，二靠制度，三靠领导以身作则，突出抓好机关作风建设、基层的软硬件建设，较早提出并坚持“创建学习型税务组织”和“以德治队”，使地税干部的思想政治素质和文化业务素质每年有所提高。我们要追求地税整体工作水平的不断提高，深入落实这个工作思路，融会贯通地做好各方面的工作。

坚持开拓创新、与时俱进，在实现地税事业持续发展的进程中推动社会文明进步。这些年来地税工作之所以取得了堪称辉煌的成就，许多工作在全国领先，社会满意度不断提高，很重要的一条原因是，我们对工作在不断增强前瞻性、把握规律性的前提下，密切结合实际，以敢为人先的精神，提出了许多创见，并通过创造性地开展工作，实现地税事业持续发展，对社会文明进步发挥了积极作用。譬如目前在全国地税系统领先的信息化工作，当初就有人认为，信息技术作用的发挥依赖于整个社会的网络化，因此把信息技术应用到税务管理领域还为时过早。我们认为，这种看法有道理但不正确,社会进步总是需要有人走在前列,这样社会才可能进步,人群也因此而有先后之分,浙江地税部门作为社会的一分子,作为具有"浙江精神"的人群,理所当然要为整个社会文明进步贡献自己的力量,并且,社会文明进步又必将在更高层次上促进地税事业的发展。正是基于这种认识,我们在推进信息化建设的进程中始终一往无前,毫不动摇,取得了令人瞩目的成绩,成为走在时代前列、推动社会进步的人。如,依托信息化的办税服务厅提供集中办理涉税事务的"一站服务",开了全省公开、公平、公正地集中办事的风气之先,发挥信息化规模效应的征管改革精简了基层征管机构,促进了城市化。当然,我们必须始终保持清醒的头脑,成绩只是阶段性的,而事业是无止境的,形势逼人,不进则退,甚至进得慢了也是退。如,我们正在积极推行电子申报纳税的"无站服务",将逐步使办税服务厅实现从无到有、从有到好、从好到消失的螺旋式上升的"否定之否定"。需要反复强调的是,开拓创新决不是急躁、冒进,而必须与稳中求进有机地结合起来,才能真正做到与时俱进。如,我们成功地避免了机构的"三分离"。因此,我们决不能自满自足、固步自封,决不能贸然行动、急于求成,一定要居安思危、再接再厉,按照事物内在发展规律,循序渐进地推进各项工作。要通过调查研究、分析论证以至比较试点,有计划、有步骤、有保障地积极稳妥地推进,确保工作的必要性和可行性经得起推敲,确保工作的效应和成果能得到公认。

必须清醒地看到,我们工作中还存在不少问题。部分地税干部的综合素质还不能完全适应新形势、新阶段、新任务的要求;把握组织收入原则的意识、能力还有待进一步提高;税收执法监督工作有待进一步增强;个别地方对基层建设重视不足、关心不够,工作力度没有达到基层建设三年规划的要求。我们必须高度重视存在的问题,认真采取有力措施加以解决。

二、认真学习贯彻党的十六大精神,为全面建设小康社会服务

党的十六大是我们党在新世纪召开的第一次代表大会,也是我们党在开始实施社会主义现代化建设第三步战略部署的新形势下召开的一次十分重要的代表大会。江泽民同志的报告,全面分析我们党面临的国际国内形势,科学总结党的十三届四中全会以来的基本经验,进一步阐明贯彻"三个代表"重要思想的根本要求,鲜明地回答了在新世纪新阶段我们党举什么旗、走什么路、实现什么目标的重大问题,对我国改革开放和社会主义现代化建设作出了全面部署,是我们党在新世纪新阶段的政治宣言,是全面建设小康社会、加快推进社会主义现代化的行动纲领,是一篇马克思主义的纲领性文献。十六大把"三个代表"重要思想作为我们党必须长期坚持的指导思想写入党章,这对于保证我们党统一思想、统一行动,团结和带领全国各族人民实现新世纪三大历史任务,在中国特色社会主义道路上实现中华民族伟大复兴,具有重大而深远的意义。十六大精神完全符合浙江实际,充分体现了浙江人民的愿望,为浙江加快发展,全面建设小康社会,提前基本实现现代化,指明了前进方向,注入了强大动力,创造了更好环境,提供了新的发展机遇。省第十一次党代会提出了今后一个时期全省的奋斗目标和主要任务,完全符合十六大精神。

认真学习贯彻十六大精神,是我们党当前和今后一个时期的首要政治任务,同样也是全省地税部门的根本任务。这一方面是由税收的地位、性质和职能作用决定的;另一方面,十六大报告直接或间接地对税收工作提出了新的更高的要求。首先,我国在本世纪头二十年要集中力量全面建设小康社会,到2020年国内生产总值比2000年翻两番。实现这个宏伟目标,必须促进税收与经济的协调发展,保持税收收入持续稳定增长,为社会主义现代化建设提供强大的财力保障。其次,要充分发挥税收宏观调控和调节分配作用,推动经济结构战略性调整,促进经济发展。报告明确提出,在税收方面采取措施,营造公平竞争的环境,促进各种所有制经济共同发展。完善国家计划和财政政策、货币政策等相互配合的宏观体系,发挥经济杠杆的调节作用;深化税收体制改革;完善预算决策和管理制度,加强对财政收支的监督,强化税收征管。调整和规范国家、企业和个人的分配关系;加强政府对收入分配的调节职能,调节差距过大的收入;建立健全同经济发展水平相适应的社会保障体系。完善有关税收制度,促进对外贸易发展。对外商投资实行国民待遇,改善投资环境。对提供新就业岗位和吸纳下岗失业人员再就业的企业给予政策支持。第三,报告提出,坚持有法可依、有法必依、执法必严、违法必究。加强对执法活动的监督，推进依法行政，维护司法公正，提高执法水平。拓展和规范法律服务，加强法制宣传教育。这对推进依法治税提出了明确的目标和任务。第四，报告就深化行政管理体制改革和干部人事制度改革，加强对权力的制约和监督，切实加强思想道德建设，加强和改进党的建设，特别是加强和改进党的作风建设，深入开展反腐败斗争，作了全面、系统的部署，对税务干部队伍建设具有重要的指导意义。第五，报告要求，优先发展信息产业，在经济和社会领域广泛应用信息技术，并明确提出了推行电子政务的要求。这必将有力地促进税收信息化建设。十六大对税收工作提出的要求，是全面建设小康社会的重要组成部分；税收工作应当并且能够为全面建设小康社会发挥重要作用。

全面建设小康社会是实现现代化建设第三步战略目标的必经阶段。社会主义现代化建设要取得成功，归根到底取决于生产力的不断发展，物质文明建设的不断进步。这离不开政治文明提供的政治动力和政治保障，离不开精神文明提供的精神动力和智力支持。社会主义社会是物质文明、政治文明和精神文明全面发展的社会，实现现代化的过程是包括经济、政治、文化发展在内的社会不断全面进步的过程。

税收作为宏观调控经济和调节收入分配的重要杠杆，是生产关系的组成部分，必须适应生产力发展要求。完善税收制度，理顺分配关系，强化税收征管，保证税收法律、法规的贯彻执行，都必须把促进生产力发展作为基点，为先进生产力创造更加适宜的发展环境，积极推进社会主义物质文明建设。税收工作要代表中国先进文化的前进方向，必须大力扶持和弘扬先进文化，限制和抵制不良文化，积极推进社会主义精神文明建设。税收法律、法规代表着中国最广大人民的根本利益，税务机关必须坚持依法治税，既要认真落实税收优惠政策，促进经济社会发展，又要坚决纠正违法违规行为，促进税收负担公平，切实保护最广大人民的根本利益，积极推进社会主义政治文明建设。

我们每天都在享受文明的成果，也应当为社会文明进步作出自己的贡献。全省地税系统要在十六大精神的指引下，全面贯彻“三个代表”重要思想，认真落实省委《关于认真贯彻落实党的十六大精神，加快全面建设小康社会，提前基本实现现代化的决定》，脚踏实地，奋发有为，为全面建设小康社会、推进社会文明进步作出更大的贡献。

第一，地税工作必须牢牢把握加入世贸组织、国民经济和社会信息化、政治体制改革的新形势，坚决推进依法治税，努力促进社会主义政治文明建设。要加强税收规范性文件的制定和修改工作，确保与法律、法规相一致，努力与社会主义市场经济相适应、与国际惯例相衔接，更加符合浙江实际。提供及时、完整、准确、便利的法规服务，扩大税务公开的范围、内容，深入开展税收宣传教育，增强纳税人的依法纳税意识，提高征税人的依法征税能力，增进用税人的税收法制观念。加强对税收执法活动的监督，不断完善执法检查、执法责任制、特邀监察员制度等有效的内外监督形式，注重监督实效，保证税法统一和税负公平。通过提高数据集中度、信息对称度和把纳税人“请出”办税服务厅，逐步实现内部和对外的“扁平化”管理，积极推进电子税务，进一步转变地税管理的职能、方式，提高税收执法的效率、质量，更好地为纳税人服务。

第二，地税工作必须牢牢把握发展这个执政兴国的第一要务，充分发挥职能作用，努力促进社会主义物质文明建设。要强化税收征收管理，确保完成收入任务。落实扩大内需的税收政策，发挥经济杠杆的调节作用。毫不动摇地鼓励、支持和引导非公有制经济发展，进一步发挥个体、私营经济等非公有制经济优势。根据“效率优先、兼顾公平”的原则，调节差距过大的收入，促进公平分配。加快税收信用体系建设，促进“信用浙江”建设。依法加强社保基金征收工作，为健全社会保障体系作出努力。落实扩大就业和再就业的税收优惠政策，促进经济稳定增长和社会稳定发展。

第三，地税工作必须牢牢把握解放思想、实事求是、与时俱进的时代精神，深入推进以德治队，努力促进社会主义精神文明建设。要从政治高度认真学习、深刻领会、积极贯彻十六大精神，切实增强政治意识、大局意识、责任意识。加强思想政治工作，深化精神文明创建活动，大力弘扬民族精神和浙江精神，切实加强思想道德建设。十六大报告把“形成全民学习、终身学习的学习型社会，促进人的全面发展”作为全面建设小康社会的目标之一，我们要在2001年5月16日倡导“争创学习型税务组织,争当学习型税务干部”以来已取得成绩的基础上,进一步深化这一活动,使班子成为学习型班子、领导成为学习型领导、干部成为学习型干部,形成全员学习、终身学习的学习型税务组织,促进地税干部全面发展和地税事业持续发展。

党的十六大奏响了全面建设小康社会、开创中国特色社会主义事业新局面的伟大进军曲,省第十一次党代会描绘了全面推进我省社会主义现代化建设的宏伟蓝图,为税收工作指明了方向。全省地税系统要在党的十六大精神指引下,在省委、省政府领导下,努力完成今后五年地税事业发展的主要任务和目标:

——建立稳定、可靠的税收收入可持续增长机制。在依法治税和规范管理的前提下,保持税收收入与经济同步增长或略快于经济增长,提高税收收入占GDP的比重,从而为我省全面建设小康社会提供坚实的财力基础。

——全面推进依法治税。按照“内外并举,重在治内,以内促外”的指导方针,积极推行税收执法责任制,建立健全税收执法监督机制,提高执法水平;转变服务理念,创新服务手段,改善服务方式,提升服务水平;完善部门配合,加强税收宣传,增强诚信纳税意识,健全协税护税组织体系,优化执法环境,为浙江地税再创辉煌奠定良好的法制基础。

——以信息化为依托,基本实现地税管理现代化。在全省实现数据集中处理,完善操作层应用,加强管理层应用,争取2005年前实现第二次升级,建立比较成熟的包括征收管理、行政管理、外部信息和决策支持四大子系统的《浙江地税信息系统》;在全省实现多元化申报和网络化缴库申报纳税方式,基本完成办税服务厅的否定之否定进程;实现全省地税管理质量的标准化,并与信息化互相促进;构建电子税务,推进电子政务,基本实现地税管理现代化,为我省提前基本实现现代化作出贡献。

——建设一支牢固树立三个意识、知识复合型、团结、廉洁的具有较高综合素质的地税干部队伍。不断加强人力资源能力建设,形成全员学习、终身学习的学习型税务组织;努力把各级地税机关和所有基层单位建设成为“精品迭出、讲求效率、规范有序、崇尚文明”的机关楷模;全面加强党风廉政建设,职务违纪违规的人越来越少,为我省地税事业的持续发展提供坚强的组织保证。

三、做好2003年工作,全面推进我省地税事业持续发展

当前,世界经济出现了一些复苏迹象,但还有很大的不确定性。从国内看,经济发展的总体形势是好的。十六大的胜利召开,进一步激发了全国人民建设中国特色社会主义的热情。我国抓住加入世贸组织这一机遇,主动应对挑战,积极效应逐渐显现。继成功申办奥运会之后,最近又成功申办世博会。中央确定继续坚持扩大内需的方针,实施积极的财政政策和稳健的货币政策,政策稳,人心定。从我省的情况看,经济运行进入新的增长平台,经济增长的内生机制逐步增强,经济增长质量和效益进一步提高,区域经济协调发展。2003年是全面贯彻落实党的十六大精神的第一年,是按照省第十一次党代会部署,全面推进我省现代化建设的关键一年,做好地税工作意义重大。

2003年全省地税工作的总体要求是:以邓小平理论和“三个代表”重要思想为指导,认真贯彻党的十六大、省第十一次党代会精神,认真落实省委十一届二次全会和全国税务工作会议精神,巩固成绩,狠抓落实,聚精会神加强依法治税和以德治队,努力保持地税收入可持续增长,进一步依托信息化全面推进地税管理现代化,圆满完成各项地税工作任务,一心一意确保地税事业全面持续发展,为我省加快全面建设小康社会、提前基本实现现代化作出新的贡献。

(一)推进依法治税,优化发展环境

税收信用是诚信征税和诚信纳税的统一,是依法治税的本质要求。我们要按照十六大提出的“健全现代市场经济的社会信用体系”的要求,坚持“内外并举,重在治内,以内促外”,确保诚信征税,促进诚信纳税,健全现代市场经济的税收信用体系,进一步推进“信用浙江”建设和发展环境优化。

深入贯彻新税收征管法及其实施细则。严格贯彻税收征管法是规范税收执法、保证诚信征税的核心。要继续抓好新税收征管法及其实施细则的学习、宣传、贯彻工作。加强与有关部门的协作,健全和落实配套的各项管理制度。突出抓好滞纳金、处罚率、司法移送工作,积极稳妥地推广应用税控装置,学习、宣传、贯彻新发票管理办法及其实施细则,改进和完善地税发票管理体系,切实加强征管基础,有力促进地税征管秩序和执法环境的进一步改善。完善纳税信誉等级评定管理办法与模块，推进税收信用体系建设。

更加优化为纳税人服务。在全省开通12366纳税服务热线，以此为契机，在全系统显著提升为纳税人服务的思想认识，真心诚意地更好地为纳税人服务。全面落实省政府关于审批制度改革的各项措施，提高办事效率。搞好地税法规库建设，实行税收政策的网上公告。继续把落实税收优惠政策作为服务纳税人的重要方面，贯彻好近几年中央出台的应对通货紧缩的税收政策和新实施的各项税收政策措施，特别要做好促进下岗失业人员再就业税收优惠政策的落实工作，维护和加固“民生之本”。认真做好税务行政复议和税务行政应诉工作，切实保护纳税人的合法权益。

进一步提高稽查效能。完善责成自查与重点稽查相结合的工作方法，规范综合选案和案件分级审理工作制度，进一步提高稽查工作效率。加强“五率一面”考核，不断提高稽查工作质量。充分运用新征管法及其实施细则赋予的执法手段，加大案件查处力度，重点查处群众关心的热点、难点行业以及利用假发票做假账、两套账和账外经营偷逃税款的重大违法案件。进一步落实大要案上报制度，加大司法移送力度。继续加大下查一级力度，深入开展对重点企业所得税、个人所得税、普通发票的专项检查，进一步促进税收征管的加强和征管办法的完善。

进一步加强执法监督。认真贯彻落实国家税务总局《关于全面加强税收执法监督的决定》和省局《关于进一步加强税收法制建设，切实推进依法治税的意见》精神，增强执法监督效果。巩固和发展入世后税收政策法规清理工作成果，动态地确保执法依据合法。确保扩大经济强县地税管理权限落到实处，促进经济强县更快更好发展。健全税收执法考核体系，在桐乡市局执法责任制试点的基础上，扩大地税执法责任制试点范围，积累经验，稳步推行。完善案件分级审理的工作机制，更加规范重大税务案件审理工作。继续开展地方税收的执法检查工作，着重抓好对税务稽查案件的复查、执行税收政策情况的检查和征收管理行为是否符合规定的检查，以执法检查工作为抓手，进一步规范执法行为，切实提高执法水平。

努力营造“诚信”的税收舆论环境。在互联网络等宣传媒介更加丰富的新形势下，进一步加强税收新闻宣传管理。在开展多形式、多层次、全方位税收宣传活动的同时，抓住主渠道、打好主动仗、唱响主旋律，十分注重引导形成正确的社会舆论。在全社会深入倡导纳税人诚信纳税，扎实开展纳税信誉等级评定工作，同时积极宣传征税人诚信征税，进一步树立地税机关“诚信服务，奉献社会”的良好形象，为进一步强化政府信用，提升企业信用和个人信用，营造我省良好的信用环境作出贡献。

（二）加强征管，确保完成收入任务

根据我省经济发展形势和地方财政预算安排，2003年全省（不含宁波）地税税收收入计划为383亿元，比上年实绩增长11.5%。应当看到，完成这一计划具备不少有利条件。今年我省经济增长预期目标在10%以上，将为税收收入增长奠定坚实的经济税源基础。虽然通过加强征管增加税收的难度越来越大，但潜力依然存在。同时，今年组织收入工作中也存在一些不利因素，特别是税收政策上不仅没有新的增收因素，而且有新的较大的减收因素，如中央进一步加大鼓励下岗失业人员再就业的税收政策支持力度，新办企业所得税不在地税缴纳。我们相信，经过努力，今年税收收入计划任务是可以完成的。各级地税机关要切实采取各种有效措施，确保税收收入任务的圆满完成。

进一步推进税源监控从重点监控向全面监控转变。税收收入管理向前拓展到税源管理，是税收工作发展到一定阶段后的必然要求。坚持把全面的税源监控作为新征管模式下税源管理的目标，以重点税源监控为基础，依托信息化，实现逐步扩面、批量处理、动态监控。2003年省局监控的重点税源企业规模将扩大至年纳税额100万元以上企业，各地根据实际也要相应扩面。省局将进一步完善浙江地税信息系统重点税源监控模块，强化税收数据的批量处理和测算分析功能，充分发挥重点税源监控在税收预测、稽查选案、税政分析等方面的决策支持作用。实行对税源产生到税收入库的动态监控，包括应纳、减免、入库和欠缴等各环节的监控，以及潜在税源的估算分析。

强化所得税管理。今年中央与地方的所得税收入分享比例调整为60:40。要切实解决所得税收入分享体制改革后征管工作中遇到的问题，力争企业所得税收入稳定增长。强化对个人独资及合伙企业、足球俱乐部、高等院校、中介机构、金融、证券、保险等高收入行业以及演出、广告市场演职人员等高收入者的个人所得税征管。积极推行"人员全覆盖、管理全过程、联网全方位"的个人所得税全员管理。这不仅能增加收入,而且对调节收入分配、加强市场税收征管等具有综合的促进作用。

深化营业税管理。切实加强营业税税源管理,搞好营业税纳税人税收资料调查工作,及时分析和测算营业税税源、税负及入库情况。深入开展行业性政策管理调查研究,对新兴行业和新的经营行为、经营方式进行及时调研,把握工作的主动权。抓好行业性的营业税政策管理工作,重点是完善房地产业的营业税管理措施,研究营利性与非营利性医疗机构相关营业税管理办法。根据财政部、国家税务总局提高营业税起征点规定,研究确定全省统一的营业税起征点的具体金额。

加强小税种和涉外税收管理。根据总局部署,做好资源税税目注释和税额调整工作,加强部门配合,努力提高车船使用税源泉管理水平。总结房产税、印花税征管措施实行情况,适时调整我省城镇土地使用税税额标准。充实地方小税种的基础数据库,增强信息化对地方税管理的依托作用。加强对跨国纳税人的税收监管,继续做好国际税收情报交换工作。

进一步加强社保费等规费的征管。做好社会保险费征收工作,事关改革发展稳定大局,具有重大的政治意义。要认真落实新修改的《浙江省职工基本养老保险条例》和国家税务总局有关社保费征收工作的指导意见,按照省政府的要求,在全省进一步推广"义乌经验",积极探索行之有效的社保费征缴管理办法,积极推进社保费征收管理信息化;继续加强部门协作,形成工作合力,努力扩大社保覆盖面,加大征缴力度,增强社会保障功能。做好水利资金、教育费附加和农村教育事业费附加等其他规费的征管工作,调研存在的问题,研究应对的措施,促使这些费种的征管及其依据更加合理、规范。

搞好税收收入分析和预测。及时做好税收政策调整和征管方式变化的收入效应、经济效应的统计分析工作,加强税收政策、征管经验的研究,加强组织收入的预见能力。重点做好促进下岗失业人员再就业税收优惠的政策效应和收入影响的跟踪调研工作,牢牢把握组织收入的主动权。

(三)进一步以信息化为依托,全面推进地税管理现代化

今年是浙江地税信息化建设三年规划和建立新世纪之初地税征管新框架的最后一年,是深化地税信息化建设,全面推进地税管理现代化的关键一年。我们务必坚持以信息化带动地税管理现代化,以地税管理现代化促进信息化,全面完成数据集中、更好地支持管理层的应用需求、进一步解放纳税人的"人身依附"等各项任务,积极推进电子税务,把地税管理现代化提高到一个新水平。

建成浙江地税数据应急处理中心。提高数据集中度是保障信息安全的根本措施,是利用海量信息加强监控、支持决策的重要前提,是金税三期关于"逐步实现数据信息在总局和省局两级集中处理" 的必然要求。今年要完成浙江地税数据应急处理中心建设,实现全省税收业务数据的集中备份存储,为推行"扁平化"的先进管理组织形式和促进"信用浙江网"建设奠定基础。

开发应用管理层软件。提高信息资源开发利用水平,是地税信息化建设的核心。要遵循信息化建设层次从操作层向管理层转移,功能从事务型向决策型转移,重点从基层向机关转移的思路,全面"盘活"存量信息,即时利用增量信息,强化信息增值应用,在更大范围、更高层次、更深程度实现既为机关领导决策服务,又为对基层征管行为和执法行为监控服务。要进一步提高公文处理的效率和质量,进一步把会议管理等办公管理纳入办公自动化,不断拓展办公自动化应用领域。

推广多元化申报和网络化缴库一体化服务方式。在地税、银行、国库联网和《浙江地税信息系统》2000版电子申报功能的支持下,推行以定期定额户委托银行实时扣税、超定额个体户电话申报纳税、帐证健全的企业单位网上申报纳税为主体,邮寄申报、上门申报方式为补充的多种申报纳税模式,使纳税人不用到办税服务厅即可履行纳税义务;推进税款缴库方式进一步改革,提高税款征收工作效率,保证国家税款及时入库,在地税、银行、国库联网的基础上试点推行一联电子缴税完税凭证,真正实现纳税申报到税收缴库全程"无纸化",为进一步解放和发展生产力服务。

全面导入ISO9000质量管理体系。要在总结12家首批试运行单位试点经验的基础上，确定导入ISO9000质量管理体系规范性大纲；并以此为应用范本稳步推行，在确保质量的前提下争取年底前全面完成导入工作，初步形成现代地税管理质量标准体系。更加重视信息化与标准化互相促进的关系，对内推动行政管理现代化，对外推动征收管理现代化。

进一步加强信息化安全体系建设。要切实把信息安全作为信息化建设的生命线，保障信息化的依托作用。省局将根据2002年全省地税信息化安全建设专项检查情况，制定浙江地税信息化安全体系建设规划，并狠抓落实。省局将每年开展信息化安全建设专项检查工作，各级地税机关务必更加重视，全面强化信息安全。

（四）以学习贯彻十六大精神为动力，深化基层建设和学习型税务组织建设，促进地税干部的全面发展

今年还是基层建设三年规划的最后一年。全省地税系统要以深入学习贯彻十六大精神为动力，坚持以德治队，把基层建设提高到新水平，深化学习型税务组织建设，不断提高地税队伍的综合素质。

把学习贯彻党的十六大精神不断引向深入。全省地税系统要以十六大报告和胡锦涛同志在十六届一中全会上的重要讲话为重点，紧紧围绕主题，牢牢把握灵魂，始终抓住精髓，通过对一系列重大理论问题和重要观点的反复学习和深刻领会，切实把思想统一起来，把力量凝聚起来，提高队伍的政治素质。全省地税干部要通过学习十六大精神和省第十一次党代会精神，增强使命感、责任感，增强努力工作、刻苦学习的自觉性。一方面要为实现十六大和省第十一次党代会提出的奋斗目标作出应有的贡献，一方面要为适应日新月异的新形势要求而不断显著提升自己的综合素质。尤其是各级领导干部要带头学习好、领会好、贯彻好十六大精神，勤奋学习、善于思考，解放思想、与时俱进，勇于实践、锐意创新，努力成为学习和实践“三个代表”重要思想的模范。

总结和巩固“两年”活动成果，确保基层建设三年规划实现。深入落实“八个坚持、八个反对”的要求，进一步转变作风。广泛开展“两个务必”的教育，促进党风、政风和社会风气的进一步好转。各级地税机关要进一步增强面向基层、服务基层的意识，加大对基层建设的支持力度，切实帮助基层解决实际问题，把“两年”活动成果落到实处。今年一季度，省局将对基层办公用房建设搞得较好的单位给予一定的奖励补助，主要用于基层生活及工作的设备购置。各地要进一步加强财务管理，积极筹集资金，推进基层建设。年底前，省局还将研究制定基层建设考核验收办法，实施基层建设三年规划达标验收工作，兑现奖惩措施，确保基层软硬件建设取得实效。

全面加强思想道德建设，广泛开展精神文明创建活动。继续认真贯彻公民道德建设实施纲要和浙江省公民道德规范，弘扬民族精神和浙江精神；深入开展从政道德教育和以爱岗敬业、公正执法、诚信服务、廉洁奉公为基本内容的税务人员职业道德教育，提高队伍的道德素质。组织开展有益身心的文体活动，丰富和活跃系统业余文化生活。今年省局在表彰文明单位和优秀税务工作者的同时，将采取多种形式对获得省级以上荣誉称号的单位加大宣传力度，更好地发挥先进单位的示范作用。

深化学习型税务组织建设。结合2001年以来开展学习型税务组织建设的实际，认真学习十六大报告提出的形成学习型社会的要求，不断提高对学习型组织基本内容和重要意义的认识，根据国家税务总局的部署深入开展学习型组织建设，尤其要坚持以全员培训和继续教育加快培养复合型人才，提高队伍的文化业务素质，提高人力资源能力，从而把各级地税机关建设成为具有与时俱进理念与能力的学习型税务组织。

深入开展党风廉政建设。认真落实廉洁从政各项规定，不断增强廉洁自律意识。坚持标本兼治、着力治本、立足教育、着眼防范，建立健全适应税收工作需要的监督制约机制，进一步落实党风廉政建设责任制，进一步强化“两权”监督制约，加大从源头上预防和治理腐败的力度。

同志们，在我省进入全面建设小康社会、加快推进社会主义现代化事业的新阶段，地税工作任务更加繁重。让我们全面贯彻“三个代表”重要思想，巩固和发扬成绩，继承和发展经验，扎实工作，与时俱进，圆满完成各项工作任务，努力推动地税事业持续发展，为我省经济持续快速健康发展和社会文明进步作出应有的贡献！

全面导入ISO9000质量管理体系为实现我省地税管理的现代化而努力

——黄旭明同志在全省地税系统全面导入ISO9000质量管理体系动员大会上的讲话

(2003年1月20日)

同志们:

按全省地税系统全面导入ISO9000质量管理体系的工作部署,今天我们在这里召开全省地税系统全面导入ISO9000质量管理体系动员大会。55家基层单位将在省局的统一部署下在今年分三批完成导入任务。我们期盼通过ISO9000质量管理体系在税务管理中的导入,能够推动全省地税管理现代化和规范化建设的进程;能够向管理要出全新的税务形象、向管理要出显著提升的行政效率、向管理要出良好的队伍素质,促进我省地税管理水平的全面提高,迎来继文明所千分制考核制度实施和《浙江地税信息系统》开发应用后的第三次飞跃!把2000版ISO9000标准导入全省地税系统,是一项充满希望和挑战的朝阳事业,虽是前无可鉴的空白,但在无路可循之间,我们已经迈出了坚实的第一步!前年的8家先期试点单位都已顺利通过了贯标认证;去年的12家试点单位认真贯彻落实省局统一规范的导入意图,均已顺利通过一次性现场认证,全面导入工作已经取得了阶段性成果。实践已经告诉我们:作为国际上先进的管理理念,ISO9000标准不仅可以而且完全能够在税务管理领域成功实践。今天的动员大会,标志着这种实践已从点上的探索进展到面上的铺开,标志着全面导入工作已经进入到能否如期保质完成预期的导入目标、能否再创地税事业辉煌的关键阶段。下面我谈两点意见。

一、全面导入ISO9000质量管理体系前期工作的回顾

随着经济、科技、法制建设的迅速发展,经济全球化、社会信息化进程的进一步加快,新问题、新要求、新矛盾不断出现,形势对税务部门的行政管理方式、办事效率、工作作风提出了更高更新的要求。关注管理的质量与效率,向管理要质量,已是税务事业面对新世纪挑战的历史命题。党的十六大提出了"发展要有新思路、改革要有新突破、开放要有新局面、各项工作要有新举措"的四新要求,回顾浙江地税近几年来的各项工作之所以取得显著成绩,究其原因,就是其中始终贯穿着一条"求新求发展"的思想主线。要巩固以往的改革成果并永立潮头,要实现各级党政领导、社会各界、特别是纳税人希望地税部门在规范、透明、效率、质量等方面继续走在前列的要求,我们只有快马加鞭,不能有丝毫松懈!将ISO9000标准导入到税务管理中来,就是我们面对新世纪挑战的一项重大的新举措!

从2000年初省局在全省地税工作会议上首次提出要将ISO9000标准全面导入到我省地税系统税务管理中开始,导入工作就作为一项促进依法治税、优化纳税服务、强化地税机关内部管理、全面提升税务管理质量的基础性工程在各级税务机关得到积极的研究和实践。2001年省局选择的湖州市菱湖分局、金华江北分局、绍兴县局、绍兴市稽查局、萧山、温岭、平湖、拱墅等8家先期试点单位通过贯标成功提升质量标准和意识,为我们在全系统导入质量管理体系坚定了信心:作为一个新的管理理念,我们要把它灌输到全系统所有同志中去,我们要追求的不是个别单位,而是全系统的所有单位,我们要追求的不是局部过程的规范化管理,而是税务管理全过程的规范化管理。在对8家先期试点单位充分调研、对比分析的基础上,我们确定了"三个统一"的全面导入工作方案,并在去年年初正式启动了全面导入工作。通过两年来的努力，无论是先期8家试点单位还是去年12家试点单位，自涵盖税收征管全过程的质量管理体系运行以来，征管质量、税收执法、涉税服务及机关管理等方面都取得了显著成效：通过流程再造，使各环节的接口更加规范衔接，运行机制更加科学合理；全员参与，责任到人，充分调动了干部的责任心及工作主动性，杜绝了扯皮推诿现象；科学编制的作业指导书，大大提高了工作的准确性与有效性，减少了过错；持续改进机制，使税务机关形成了追求卓越的工作目标的氛围；内审机制，培养了一批懂得运用现代管理理论、方法和专业知识的人才。我们导入ISO9000，初衷是与时俱进，使全省地税管理水平有一个崭新的突破；目的是用国际先进的管理理念与管理方法，来转变干部的思想观念，树立质量意识和管理理念；期盼的是在管理上迎来第三次飞跃！我们已经看到：通过ISO9000的导入，许许多多干部在管理理念上已经得到升华，培训锻炼一批干部的目标已经初见成效，这些都是不可多得的精神财富！

前期导入工作之所以富有成效，很重要的一点是有一个好的工作方案作保证。有条不紊实施的“三个统一”已经独树一帜，成为我们的鲜明特色。第一个统一是进行公开招标、统一咨询单位。去年2月省局在《中国税务报》、《浙江日报》、新浪网等全国性媒体和浙江地税网站上公开发布招标公告，成功举行开标大会，在对参加投标的20家来自全国各地和新加坡的咨询公司进行评标后选择了深圳市玖仟标准实业发展有限公司作为中标单位。针对今年导入工作全面启动，导入单位数量多的客观情况，省局又及时聘请了入围的另外两家国内实力雄厚、咨询经验丰富的咨询公司一起来负责咨询工作。

第二个统一是编写规范性大纲、统一质量管理标准。这个统一是全面导入工作的核心环节，质量管理体系文件是否适宜、充分、有效，直接关系到质量管理体系运行的好坏。之所以编写全省统一的规范性大纲，一是为全省地税系统建立质量管理体系构架一个平台，更好地贯彻全省统一规范管理的意图；二是作为质量管理体系建设的指导性文件，便于各地在导入时对一些共性的东西直接参照，不必再在共性的问题上浪费大量的人力、物力和精力。全省各地对这个统一给予了满腔的热情与关注，从去年5月份开始，各基层单位不讲条件，全力支持，克服了基层任务繁重的压力，派出了20多名业务骨干配合省局以半军事化管理的形式，参加近三个月的规范性大纲（指导稿）的编写工作，在编写中，各基层单位又通过各种形式提出了大量富有价值的好意见、好建议。尤其在去年8月试点工作启动以来，12家试点单位以高度的责任心、强烈的进取心对大纲（指导稿）进行了实践检验，并在遵循规范性大纲（指导稿）的前提下，不是对大纲（指导稿）进行照抄照搬，而是密切结合实际，高标准、严要求，通过周密策划、流程再造，处理好了省局在试点工作开始时就格外强调的“共性问题上的高度统一与个性问题上的充分灵活”的关系，体现了创新与提高，编制出了适合当地实际又能体现自身特色的适宜、充分、有效的质量管理体系文件。一方面在共性问题上走向了统一，如省局直属一分局、嵊泗县局、丽水市局调整和优化了内设机构的职责与权限，上虞市局统一了内设机构的称谓；另一方面在个性问题上又充分体现了自身特色，如浦江县局对信息中心和办公室分别提出了“数据备份率、文书处理及时率”两项质量目标；丽水和湖州市局从明确各部门内部岗位和职能设置的角度出发，编制了部门管理职责控制程序文件；淳安县局增加了《绿色通道作业指导书》，湖州市局增加了《A、B岗工作移交作业指导书》和《纳税评估作业指导书》等等。经过试点单位的实践检验，省局对大纲（指导稿）进行了再次修订，同时采纳了试点单位一些好的做法与经验，如简化了部分记录要求、分解了质量目标、确定了满意度测算方法等等，使整个大纲更加科学严谨、协调相容，并最终形成了被我们的项目顾问、国务院参事、全国著名质量专家郎志正教授称之为“可做全国范本”的规范性大纲（定稿），这是我们全面导入工作的第一个硕果，这个硕果包含了各基层单位对管理现代化、规范化建设的期盼与希望；凝聚了12家试点单位最高管理者、管理者代表和领导班子成员以及全体干部职工的心血与智慧，是大家尤其是12家试点单位通过了近一年辛勤劳动的结果！这个硕果的取得，还标志着全省地税系统质量管理体系平台的初步搭就。在此，我谨代表省局领导班子衷心感谢大家，感谢你们的艰苦劳动，感谢你们积极而又富有创造性的探索，向你们为全省地税事业在新世纪赢来新飞跃的进程中已经作出的努力和贡献致以崇高的敬意！同时我还要特别强调地指出，55家推广应用单位要真正共享这个硕果，就必须像试点单位一样，在遵循规范性大纲(定稿)的前提下，处理好“共性问题上的高度统一与个性问题上的充分灵活”的关系，要结合当地实际进行个性化处理，不能现在怎么做就怎么写，要坚持高标准、严要求，并加以创新与提高，这是实现全面导入工作目标的核心与关键！

第三个统一是选择认证单位、统一组织评审认证。省局在去年12月通过举办评选会的形式，邀请了国内外知名认证机构参与评选，省局ISO9000贯标工作领导小组和各市局分管税收的副局长共同以公开、公正的方式选择确定了负责全省认证工作的单位。

回顾导入的前期工作，使我们更加认识到：在税务管理领域导入ISO9000是一项涉及面广、连续性强、标准要求高、需要协调配合的系统工程。12家试点单位根据省局统一部署，坚持“质量与进度并举”，自觉地不因自身的问题而影响全省导入工作的进度安排；也不因为时间紧、为赶时间而忽视质量，切实把握好了导入进度，确保了全省导入工作的协调一致、整体推进，努力营造出了“全省导入工作一盘棋”的合力效应。

回顾过去一年的导入工作，许多同志埋头苦干，作出了极大贡献，留下了许许多多感人的事迹。不少同志一心一意为了导入工作连续作战，连轴运转。导入工作起步较晚的瑞安市局，为了跟上全省去年10月份的试运行阶段，全体编写人员放弃了国庆长假的七天休息时间。这样为地税事业干实事、求实效、无私奉献的好事例举不胜举，充分体现了浙江地税人“特别讲大局、特别讲纪律、特别能战斗”的精神面貌和时代风采！我相信，只要有了这“三个特别”，我们就一定能众志成城，可以预期今年的每一批申请认证的单位获得认证，都将在前一批已获得认证单位的基础上得以巩固和提高！

二、积极借鉴试点单位经验，确保圆满完成各项导入任务

试点单位的导入工作已经给我们做出了很好的示范作用，积极借鉴试点单位的经验和做法，将有助于我们少走弯路，使导入工作顺利进行！结合试点单位的经验做法，提出如下要求。

(一)领导重视、科学决策是取得成功的关键

将ISO9000导入税务管理中是新的事物，是一个管理理念的创新，这种创新将直接带来税务机关管理思想、管理机制和管理方法的改革与完善，带来管理过程的优化。但同时因为这种创新连续性强、标准要求高，而且涉及到税务机关的各个部门和全体人员，涉及到税收征管的各个环节，势必要受许多主客观因素的影响，试点单位之所以能突破这种影响并取得成功，最关键的一点就在于领导重视，做导入工作积极的促进派、坚强的领导者和忠实的执行者。他们能率先垂范，带头学习掌握ISO9000标准的基本内容，理出清晰的适合当地实际的导入工作思路；亲自参与，带头遵守体系文件的规定，充分调动全体人员的积极性，将质量理念、质量意识落到了实处。今天参加会议的都是各单位主管税收的副局长和导入项目主管部门的负责人，这次会议结束后，就要担负起组织导入的各项工作，你们思想重视不重视，不仅直接关系到本单位导入质量的高低，还直接影响我们为之奋斗已整整两年，并将全面提升税务管理质量的这项基础性工程的整体效果！因此，你们一定要做积极的促进派、要做坚强的领导者和忠实的执行者！不仅要积极为导入工作提供人力、物力上的充足保障；还要在决策时跳出“就征管论征管”的视野，能站在税收工作的全局做出符合全省统一导入意图的正确决策。还希望你们在从事这项事关全局具有深远影响和现实意义的大事中牢牢树立精品意识，把这项工作作为向管理要效益的一个品牌精心打造！

(二)全员参与是取得成功的保证

ISO9000标准强调“过程管理”，要做好税收管理全过程的有机衔接就需要团体的协作，一个完整的质量管理体系就像一艘赛艇，如果每个队员都齐心协力，整齐划一地向前划艇，就有可能取得胜利。否则，不仅不能取得胜利，还可能因为大家用力不一致而在原地打转。因此，只有充分发动每一位干部，让大家都清楚自己在整个质量活动中所承担的工作任务和职责，都认识到自己在税收质量管理体系中的地位和作用，并自觉地付之于行动，质量管理体系才能取得良好的实际效果。质量管理始于教育、终于教育，全员参与要取得实效就必须坚持不懈地进行有计划的、有针对性的质量教育与培训。今年55家推广应用单位要不失时机，抓早、抓紧、抓好ISO9000标准和省局规范

性大纲(定稿)的培训工作,这个过程不仅是文字上的熟悉,更要有观念上的更新,要通过培训让全体干部明确导入的目的、方法、要求,从心灵深处自觉树立起质量意识、责任意识,从而充分调动各层次人员的积极性,激励他们不断改进工作。

(三)统一思想认识是取得成功的前提

在导入工作的初期,在干部对ISO9000标准的了解还有限的情况下,有各种各样的理解是很正常的事情。因为一种旧的管理思想、方法的破除和新思想、新办法的确立,要克服以往种种习惯势力的影响,历来就要经过一个曲折的过程,要做出艰苦努力。在试点单位导入工作中,有部分同志认为导入ISO9000后工作是规范了,但却繁琐了,约束了人的创造性和主观能动性。在这里我要强调的是规范与创新不是对立的,而是统一的。导入ISO9000本身就是管理方法、管理理念的创新,其目的是质量意识的牢固树立,因此两者并不矛盾。写你所策划的、做你所写的、记你所做的、查你所记的,强调对记录的管理就是过程控制原则的一个具体体现。在现实生活中,人们往往将发散性思维说成是创造性思维。所谓发散性思维是指脱离制度,游离于制度之外的思维;而创造性思维是在遵守制度的前提下进行的创新思维。税务机关是履行为国聚财宏观调控职责的国家行政机关,工作必须在遵循法律、法规、各项政策制度这一根本前提下开展。在这个前提下进行的开拓创新,更是真素质、真水平!今年省局还将进一步依托浙江地税信息系统,启用质量管理模块应用软件,努力追求地税工作规范与效率相并举,制度创新与科技进步相结合,在更加科学和完整的意义上,积极实践“科技加管理”的要求,并努力将之形成全面导入工作的又一个鲜明特色!同时我们还要注意防止把贯标、得到证书作为一种炫耀、一种摆设,获证后就高枕无忧,不注重持续改进的错误认识,ISO9000标准的精髓是“持续改进”,导入ISO9000就是要让大家与时俱进,始终坚持“持续改进”这样一种不断自我超越的思想理念。取得认证证书仅仅代表着税务机关拿到了规范管理的“入场券”,不足以作为管理水平的衡量尺度和实力的象征而值得炫耀,因为取得证书与能否达到质量管理体系的有效性和高效率不能等同,在去年试点单位的动员大会上,我曾引用了武术界的一句行话:“没有无敌的拳术,只有无敌的功夫”,意思是异派纷呈的拳术,人人可学,至于学后能否克敌制胜则不是所学拳术能决定的,而是看你是否功夫上身,是否把拳术变成了自己的本领。不树立质量管理只有起点、没有终点的意识,就不可能做到功夫上身。大家要切记:质量改进无止境,持续的质量改进是挖掘机关潜力、调动一切积极因素、适应经济形势和税收政策变化的无穷源泉。解决干部思想认识上的误区,统一导入的思想认识,这是一项“磨刀不误砍柴工、事半而功倍”的工作,各推广应用单位必须向干部讲深讲透,认真做好。

(四)尊重专家、甘当学生是取得成功的基础

今年省局共聘请了三家咨询公司负责全面导入的咨询工作,这三家咨询公司都是真心实意与我们一起做好工作的,也明确表示要将我们全省导入这个大项目打造成一个“精品”。三家咨询公司派遣的咨询老师个个都有丰富的税务咨询经验,而且在给大家做指导前,省局还请郎志正教授给所有咨询老师培训规范性大纲(定稿)的要求和省局统一导入的工作意图,以确保咨询老师的工作质量,使全省统一规范的导入意图得到贯彻落实。因此在咨询老师给大家培训授课、做指导工作时,希望大家能充分尊重咨询老师,甘当学生,认真上好每一堂课,认真不仅体现在认真地听,更体现在工作中认真地思考、认真地探讨、认真地处理好“共性问题上的高度统一与个性问题上的充分灵活”的关系,还希望大家不要满足于“不求甚解”,要做到“不仅知其然,还要知其所以然”,多虚心听取咨询老师的指导与意见,对不太清楚、比较模糊的地方一定要主动向咨询老师请教。对同一问题有不同理解的,对导入工作中个性化问题如何处理,如何体现当地特色的,一定要尊重权威又不迷信权威、广开言路、充分探讨、达成共识。当然在导入工作中,还要主动、详细地向专家介绍我们的情况,包括我们的体制、税务管理的流程特点等等,要通过干部间、干部与专家间的良好沟通,形成默契,达到最佳效果。这不仅是全省统一导入工作意图得以贯彻落实的需要,也是我们实现良好合作的基础。

(五)积极借鉴试点单位的好经验要成为自觉行动

任何一项新的工作,首创精神都会在基层得到淋漓尽致地体现,新鲜经验都会在基层的积极性中得以

创造。12家试点单位在导入工作中,在思想重视的同时又注重方法的稳妥,创造出了如何做好导入工作的丰富经验。如淳安县局通过编制程序文件和作业指导书流程图的形式,客观形象地反映了作业方法;浦江县局将体系文件的有关内容列入干部能级考核,有效促进了全员参与的自觉性、积极性,还将体系文件所涉及的所有支持性文件进行了搜集并编印成册,有效提高了导入功效;海盐县局将质量目标分解到每个部门和岗位,做到质量目标人人有份、人人有责,充分调动了大家的工作积极性和主动性;丽水市局在抽调骨干力量成立工作组时,就明确工作组成员在贯标期间直接接受组长领导,全力以赴做好导入工作。此外,不少试点单位还在处理导入工作与其它工作的关系和充分发挥ISO9000标准效用上做了积极探索,像上虞市局提出了"系统问题系统抓"、"贴近实际有效抓"的导入理念,将导入工作纳入干部岗位目标责任制,将考核结果与奖惩挂钩,建立了业绩评价机制;瑞安市局在建立质量管理体系的同时,建立了与体系文件相适应的干部执法过错、绩效考核、干部激励机制等配套措施,提高了体系运行的整体效果。这么多好的做法,都是试点单位创新的成果。积极借鉴这些好的做法,对拓展导入工作思路、做好导入的各项具体工作,无疑是有启示意义的。他山之石,可以攻玉,各单位要将积极借鉴试点单位在导入工作中创造出来的好的方法变成自觉行动,并在借鉴经验做法的基础上,立足全局、全力以赴,将导入工作与以深化干部人事制度改革为重点的班子建设、与以建设学习型组织为重点的素质建设、与以优化服务为重点的作风建设,与以深化两权监督为重点的廉政建设相结合,将质量管理体系策划设计与本单位的全面管理工作的策划同步进行,对导入工作中的困难想多一些,对工作部署想深一些,对具体工作想细一些,通过方法的创新力求方法稳妥,认认真真做好ISO9000质量管理体系的学习、推广和贯标工作,从总体上提高税收质量管理效果。同时省局仍将继续在主干网设置"导入进度跟踪调查表",对各推广应用单位的导入实施进度进行跟踪调查,随时了解各地的导入实施情况,并及时进行通报,确保同批次中的各推广应用单位导入进度协调一致,如期保质完成导入工作。各推广应用单位也要确定专门联络员,及时向省局报送"导入进度跟踪调查表",反映导入实施的进度、存在的问题和困难、实施过程中产生的建议及经验教训和咨询人员的咨询工作质量、履行合同能力和遵守职业道德情况等。同时8家试点单位也要在通过认证起的两年时间内,通过持续改进,将质量管理体系向全省规范性大纲靠拢,以落实省局规范统一的导入意图。

同志们,我曾在多个场合反复强调:税务部门的天职是收税,并且要依法收税,在税收收入上我们不与兄弟省市区争先进,况且总体税收收入受当地的经济发展水平所制约;但在管理水平上我们就是要努力争先进,要积极地与管理水平好的兄弟单位比。在全省地税系统全面导入ISO9000标准,我们是开了全国之先河,更是充分体现了我们追求管理现代化、规范化的信心与决心!

同志们,这些年我们做了不少前人乃至旁人未曾做过的事情。我们的信息化建设走在全国的前列;我们的征管改革取得了突破性的成果;我们的税收收入保持了持续高幅增长的良好势头,这一切的取得,是靠学习、靠探索、靠全省地税干部勤勤恳恳的努力和对税收事业的热爱!而这一切又为我们全力以赴做好导入ISO9000质量管理体系工作创造了条件、奠定了基础!随着今年55家推广应用单位导入工作的全面推进,在全系统的导入工作已到了关键阶段。我相信:只要我们扎扎实实、认认真真地搞好ISO9000标准在税务管理中的导入工作,我们一定能取得全面成功!一定能在认真贯彻落实十六大精神的行动中取得新的成绩,为浙江的经济发展和社会主义事业发展作出新的贡献,为全国税务系统管理的现代化、规范化建设作出应有的贡献!

认真贯彻党的十六大精神
进一步加强人事教育和基层工作

——黄旭明同志在全省地税系统人事教育基层工作会议上的讲话

（2003年4月16日）

同志们：

这次全省地税系统人教基层工作会议的主要任务是：总结2002年人教基层工作，征求《浙江省地税系统全面建设学习型税务组织实施意见》和《浙江省地税系统人事教育基层工作规程》的意见，讨论《浙江省地税系统公务员行为规范》和《浙江省地税系统道德规范》，研究和部署2003年人教和基层工作，努力促进人教基层工作的进一步规范，全面加强地税干部队伍建设。

一、2002年人事教育和基层工作回顾

2002年，全省地税系统的人事教育和基层工作，在各级人教部门的努力下，紧紧围绕地税中心工作，突出抓好干部人事管理、教育培训、基层建设和系统“两个年”活动等大事，扎实工作，规范管理，开拓进取，干部队伍素质又上新台阶，为全省地税工作的顺利开展提供了强有力的保障。

（一）干部人事管理工作更趋规范

以贯彻落实《党政领导干部选拔任用工作条例》为契机，进一步规范了干部考核考察和任免工作，加强各级领导班子建设；转发了《浙江省人事厅关于省以下垂直管理系统国家公务员管理有关问题的通知》，逐步理顺地税系统公务员管理；各市、县局严格按照省局的统一要求，出色完成地税机关机构改革工作，在改革的过程中，各级人教部门不辞辛劳、不懈努力，落实了必要的机构设置和人员编制，为地税事业的长足发展打下了坚实的基础。丽水市局是市、县地税局机构改革的试点单位，工作出色，带了好头。嘉兴、湖州市局，努力争取地方政府的支持，单独批复地税局“三定”方案，在内设机构、人员编制等方面取得了较大优势；按照“精简、统一、效能”的原则和深化征管改革的要求，扎实做好基层征管机构设置、调整及基层编制精简工作（在全省基层编制统一精简20%的前提下，经过省局的努力，地税基层公务员编制实际精简5%，有力地稳定了地税干部队伍）；在人员不超编的前提下，全系统向社会公开招考法律、计算机、文秘、外语等急需专业人才166人，缓解了专业人才紧缺的矛盾，促进队伍结构的改善。

（二）干部人事制度改革进一步深化

全省各级地税机关深入贯彻执行《党政领导干部选拔任用工作条例》，在切实加强干部选拔任用工作的制度建设和推进进人、用人制度改革上，取得了新的成绩。各级地税机关在干部选拔任用工作中，全面试行任前公示制和试用期制，逐步推行公开招考、双向选择、竞争上岗等有利于优秀人才脱颖而出的用人机制，提拔了一大批政治素质好、业务能力强，懂管理、作风硬的领导干部。如台州、绍兴、衢州等市，严格按照“公开、公平、竞争、择优”的原则，在机关中层干部中全面推行了竞争上岗，兑现“能者上，庸者下”。杭州和温州市局结合“大市区、大征管”改革，不断加大干部交流的力度，通过双向选择，实现干部在机关与基层、内部岗位之间的全面交流。通过不断深化干部人事制度改革，广大干部进一步树立了正确的竞争观念，增强了危机感，激发了工作热情。在加强对后备干部的培养、管理方面，各市、县局也都是不遗余力，措施层出不穷。如湖州市局，组织开展了中青年干部学习培训班，提高了骨干力量的综合素质；台州市局实施了后备干部“上挂下派”挂职锻炼制度,促进了后备干部队伍的建设,取得明显成效。

(三)教育培训工作有了新的突破

一是根据国家税务总局关于税务人员执法资格与执法能级认证的要求,组织开展全省地税系统公务员执法资格认证。8256位地税干部参加了全国执法资格统一考试(不含宁波),其中,8198人成绩合格,通过率达99.17%。通过开展执法资格认证,进一步提高了地税执法队伍素质和执法水平,促进依法行政。二是加强对基层领导的培训,提高管理水平。去年省局成功举办了两期征管局长综合素质提高班,提高地税系统征管局长的综合素质。两期培训班共有261位征管局长参加了脱产学习。提高班的组织上,注重内容的针对性和师资的高层次。在内容上,主要安排了行政管理理论与实践、政治理论和税收理论与业务三部分,还组织了基层队伍建设和加强征管的专题讨论。在师资上,专门邀请了全国知名专家学者,以及浙江大学、财经学院有关教授专家来授课。通过学习和研讨,征管局长们开阔了视野,更新了观念,交流了经验;同时,增强了事业心,振奋了精神,提高了思想理论水平,探索和解决了一些在实际工作中和认识上迫切需要解决的问题。三是适应入世对干部素质的新要求,广泛组织开展WTO等知识的专题培训。继续开展以现代远程教学为主的学历教育,拓展复合型人才培养途径。

(四)基层建设取得实效

各级地税机关对基层建设都高度重视,认真贯彻落实全省地税系统基层建设工作会议精神,按照《关于加强全省地税系统基层建设工作的意见》精神,以改进求加强,以创新求发展,逐项落实好基层“六大建设”。在全省342个基层单位中(含71个稽查局),2002年办公办税用房新完工18.5%,累计已有52.4%的基层单位完成办公用房建设。金华市本级、富阳市、临安市、桐庐县、海盐县、龙泉市、玉环县、黄岩区、路桥区等9个地税局做到领导重视、工作得力,已经提前完成基层办公用房建设三年规划。继续在全系统深入开展“基层文明单位”、“青年文明号”等群众性精神文明创建活动。修改完善了文明单位考核评选办法,促进文明创建工作健康开展。2002年度,共命名表彰了省级基层文明单位56个、省级青年文明号23个,同时还涌现出国家级青年文明号4个、省优秀青年岗位能手2名以及省巾帼建功文明示范岗14个,基层两个文明建设不断加强。

(五)系统作风建设成效明显

在2001年整顿省局机关作风和市、县局开展“三个代表”重要思想学教活动取得明显成效的基础上,2002年在全系统深入开展“转变作风年”和“调查研究年”活动,又取得了显著成效。按照“当好三个代表,坚持以德治队,保证干净干事”,“建设精品迭出、讲求效率、规范有序、崇尚文明地税新形象”的总要求,各地都成立专门机构,加强组织领导,采取有效形式,查问题、抓整改,社会满意度又有显著提高。全系统51个县级以上地税机关参与当地政府部门组织的行风评议,获前三名、优秀单位、企业满意单位等档次的达89%,比2001年提高20个百分点。按照“四个促进”要求,深入基层调查研究。各地围绕省局部署的“加入WTO后浙江地税的应对工作"总课题开展了广泛调研,调研成果发挥了对上为领导决策提供参考、对内为指导地税工作提供依据、对外宣传地税工作成绩和形象的综合效应。其中,舟山市地税系统去年共完成95个调研课题,并将调研成果作为年度考核的重要依据;衢州市局开展了“走村夜访”活动,局领导分头带领干部到基层乡村蹲点调研,切实为基层解决实际问题和困难。

(六)人教干部自身建设得到加强

去年举办了自国地税机构进一步分设以来的首期全省地税系统人教科(处)长培训班。全省82位人教科(处)长参加了学习。主要目的和内容一是学习贯彻《党政领导干部选拔任用工作条例》,使主管干部人事工作的科(处)长们熟悉并掌握其精神实质;二是邀请省委组织部、省人事厅的有关同志介绍《干部任用工作条例》、干部考察、公务员制度以及编制管理等规定,以便大家今后更好地实施规范管理;三是结合地税部门的实际,讨论研究如何进一步做好干部人事工作。通过培训,提高了人教干部业务水平,进一步拓宽了人教工作思路。

在肯定工作的同时,我们也应清醒地看到,我们工作中还存在不少问题。人教工作的规范性、工作的效率和管理水平以及人教干部自身队伍素质等方面还不能完全适应新形势、新阶段、新任务的要求，我们必须高度重视，采取有力措施逐步加以解决。

二、做好2003年工作，全面加强干部队伍建设

省局在年初召开的全省地税工作会议上，已明确了2003年全省地税工作重点及今后五年地税事业发展的主要任务和目标。人教与基层工作要紧紧围绕这个中心，重点抓好干部素质建设、基层建设和学习型税务组织建设。

（一）以学习贯彻十六大精神为动力，进一步加强干部素质建设

党的十六大是我们党在新世纪召开的第一次代表大会，也是我们党在开始实施社会主义现代化建设第三步战略部署的新形势下召开的一次十分重要的代表大会。江泽民同志的报告，全面分析我们党面临的国际国内形势，科学总结党的十三届四中全会以来的基本经验，进一步阐明贯彻“三个代表”重要思想的根本要求，鲜明地回答了在新世纪新阶段我们党举什么旗、走什么路、实现什么目标的重大问题，对我国改革开放和社会主义现代化建设作出了全面部署，是我们党在新世纪新阶段的政治宣言，是全面建设小康社会、加快推进社会主义现代化的行动纲领，是一篇马克思主义的纲领性文献。十六大把“三个代表”重要思想作为我们党必须长期坚持的指导思想写入党章，这对于保证我们党统一思想、统一行动，团结和带领全国各族人民实现新世纪三大历史任务，在中国特色社会主义道路上实现中华民族伟大复兴，具有重大而深远的意义。十六大精神完全符合浙江实际，充分体现了浙江人民的愿望，为浙江加快发展，全面建设小康社会，提前基本实现现代化，指明了前进方向，注入了强大动力，创造了更好环境，提供了新的发展机遇。省第十一次党代会提出了今后一个时期全省的奋斗目标和主要任务，完全符合十六大精神。学习贯彻十六大精神是各级地税机关当前和今后一段时期的首要政治任务。

一要把学习贯彻党的十六大精神不断引向深入。全省地税系统要以十六大报告和胡锦涛同志在十六届一中全会上的重要讲话为重点，紧紧围绕主题，牢牢把握灵魂，始终抓住精髓，通过对一系列重大理论问题和重要观点的反复学习和深刻领会，切实把思想统一起来，把力量凝聚起来，提高队伍的政治素质。全省地税干部要通过学习十六大精神和省第十一次党代会精神，增强使命感、责任感，增强努力工作、刻苦学习的自觉性。一方面要为实现十六大和省第十一次党代会提出的奋斗目标作出应有的贡献，另一方面要为适应日新月异的新形势要求而不断显著提升自己的综合素质。尤其是人教干部要带头学习好、领会好、贯彻好十六大精神，解放思想、与时俱进，勇于实践、锐意创新，努力成为学习和实践“三个代表”重要思想的模范。

二要全面加强思想道德建设，提高干部道德素质。要继续认真贯彻《公民道德建设实施纲要》和浙江省公民道德规范，弘扬民主精神和浙江精神。省局将结合浙江地税工作的实际，制定浙江省地税系统国家公务员行为规范和浙江省地税系统道德规范，在全系统广泛开展从政道德教育和爱岗敬业、廉洁奉公、公正执法、诚信服务为主要内容的职业道德教育以及社会公德和家庭美德教育，不断提高干部队伍的道德素质。

三要广泛开展精神文明创建活动，树典型、扬正气。继续在全系统开展行之有效的文明创建活动，与时俱进，不断修改完善文明单位创建标准，以适应不断发展变化的形势和要求。以开展评比表彰各级文明单位、青年文明号、优秀税务工作者、人民满意公务员集体和人民满意公务员为载体，树立先进典型，大力宣传先进事迹，营造一个崇尚文明、争创先进的良好氛围。同时，组织开展有益身心的文体活动，丰富和活跃系统业余文化生活，使地税系统更具凝聚力。

（二）以巩固“两个年”活动成果为新起点，扎实推进基层建设

一是持之以恒，进一步转变作风。全系统的“转变作风年”和“调查研究年”活动虽然已取得阶段性成果，但“两个年”活动的时间毕竟是有限的，而作风建设是一项长期的任务，它应该贯穿于我们事业的全过程。我们不可能寄希望于通过一两次活动就能彻底解决干部中存在全部的作风问题，而要把作风建设作为永恒的课题，常抓不懈、常抓常新，在发现问题中解决问题，在解决问题中寻求新的进步。要把作风建设的

总体要求同阶段性目标结合起来,深入落实"八个坚持、八个反对"的要求,做到学习持之以恒,改进持之以恒。今年,在系统内要广泛开展"两个务必"的教育,即务必保持谦虚、谨慎、不骄、不躁的作风,务必保持艰苦奋斗的作风。促进党风、政风和社会风气的进一步好转。

二是真抓实干,争取基层建设三年规划全面实现。今年是"基层建设"三年规划的最后一年,是最为关键的一年。各级地税机关要进一步增强面向基层、服务基层的意识,加大对基层建设的支持力度,切实帮助基层解决实际问题,把"两个年"活动成果落到实处。各级人教(基层)部门要切实负起总牵头这一职责,抓好"六大建设"的全面落实。

各地要严格按照《关于加强全省地税系统基层建设工作的意见》精神和基层建设三年规划的具体标准,逐项落实好基层"六大建设"。"硬件"建设尤其是办税用房建设要积极筹集资金,尤其要争取当地政府的支持。要严格按照经省局审核的《基层单位办税用房建设三年规划》稳步实施,确保质量。今年一季度,省局将对基层办公用房建设搞得较好的单位给予一定的奖励补助,主要用于基层生活及工作的设备购置;基层领导班子建设的重心是要进一步拓宽用人渠道,大力培养和选拔优秀年轻干部,引进竞争激励机制,对不符合要求的干部坚决予以调整;制度建设以全面导入ISO9000质量管理体系为龙头,实施规范管理。要在总结去年12家首批试运行单位试点经验的基础上,确定导入ISO9000质量管理体系规范性大纲,并以此为应用范本稳步推行,在确保质量的前提下争取年底前全面完成导入工作,初步形成现代地税管理质量标准体系。对内推动行政管理现代化,对外推动征收管理现代化;素质建设主要抓好教育培训,要充分利用网络资源,依托系统广域网和因特网,抓好远程学历教育培训,努力实现教育手段现代化,争取到今年年底,45岁以下基层干部全部达到大专以上学历。作风建设以巩固"两个年"活动成果为新起点,进一步抓好作风的转变、提高。党风廉政建设继续以强化"两权"监督为重点,推行执法责任制,进一步规范"两权"运作,确保干净干事。

省局已制定了基层建设三年规划的考核验收办法,今年将对提前完成"六大建设"的单位实施考核验收,验收合格的,给予一定的奖励。明年一季度,组织全面的验收工作,根据各单位的建设情况,分别评定为地税系统基层建设示范单位、达标单位和不达标单位,兑现奖惩措施,确保基层建设取得实效。

(三)深化学习型税务组织建设,推动地税事业持续发展

十六大报告把"形成全民学习、终身学习的学习型社会,促进人的全面发展"作为全面建设小康社会的目标之一,我省地税系统在2001年5月就已经开始倡导"争创学习型税务组织,争当学习型税务干部"。经过近两年的努力,学习型组织已初步建立,主要标志为读书的人越来越多,人人学习、时时学习、处处学习的良好氛围已经基本形成。到2002年底,全系统正式干部达到大专以上学历7426人,占正式干部总数68.2%,目前,全系统有四分之一以上的干部正在攻读更高层次的学历或双学历。

我们要总结2001年以来开展学习型税务组织建设的经验,认真学习十六大报告提出的形成学习型社会的要求,进一步提高对学习型组织基本内容和重要意义的认识,根据国家税务总局的部署继续深入开展学习型组织建设,尤其要坚持以全员培训和继续教育加快培养复合型人才,提高队伍的文化业务素质,提高人力资源能力,助推自我超越;以全心全意为基层服务、全心全意为干部职工服务、全心全意为纳税人服务为取向,改善心智模式;以共同的奋斗目标凝聚人、激励人;让干部在团队学习中相互促进;以系统观点思考工作,努力提高整体效能,使领导成为学习型领导,干部成为学习型干部,从而把各级地税机关建设成为具有与时俱进理念与能力的学习型税务组织,促进地税干部全面发展和地税事业持续发展。今年,省局将统一举办系统新录用公务员初任培训、新任局长任职培训,组织开展地税系统电子商(政)务培训和征管法实施细则培训。同时,还要加强培训教材的建设,逐步建立符合浙江地税实际的教材体系。

三、做好人教和基层工作的几点要求

一是进一步加强规范管理。在去年的人教基层工作会议和科(处)长培训班上,我们都反复强调规范。确实,规范是人教工作必须遵循的准则,是全部工作

的立足点。《党政领导干部选拔任用工作条例》的颁布和实施，实现了干部工作的科学化、民主化、制度化。为了进一步规范我省地税系统干部人事教育工作，省局根据《条例》的精神，结合地税系统实际，制订了全省地税系统人教基层工作规程(草案)，对干部的考核考察、任免，人员录用、调动，机构、编制管理，教育培训、文明创建等工作的规范程序作了明确规定，这对今后全省人教工作的规范化管理必将产生积极而深远的影响。在会议讨论时间，各位代表可以充分发表意见，进一步修改完善《工作规程》，使其更符合浙江地税实际，更具可操作性。制定《工作规程》只是实现规范管理的第一步，提供了一个可依照、可执行的制度。但这仅仅只是基础，更重要的是执行，这是关键。制度的生命在于执行，有了制度不执行，最好的制度也只能是一纸空文。各级人教部门今后要严格按照操作程序办事，切实执行好各项制度，实现全省人教工作的规范化管理。

二是坚持与时俱进，勇于开拓创新。浙江是改革开放和社会主义市场经济的前沿地区，经济发展快，形势变化大，干部的思想也很活跃。如果我们的工作不注意汲取群众创造的新鲜经验，不尊重客观规律；习惯于单凭老方式老办法想问题、做工作，习惯于凭主观意志办事，盲目蛮干，工作势必会遭到阻力，遭到始料未及的挫折。这要求我们坚持解放思想与实事求是的统一，对出现的新事物，要积极应对，切不能回避问题，墨守成规，必须开拓进取，求真务实，在工作机制上，在管理制度上进行创新。需要反复强调的是，开拓创新决不是急躁、冒进，而必须建立在规范管理的基础上，必须与稳中求进有机地结合起来，才能真正做到与时俱进。比如，在深化干部人事制度改革方面，要把群众在干部工作中的知情权、参与权、选择权和监督权落实到实处，坚持和完善民主推荐、民主测评、民主评议等制度，不断推进干部人事工作的科学化、民主化和制度化。对《干部任用条例》已作出明确规定的，要认真贯彻执行；对《干部任用条例》已作出原则规定，实践工作证明行之有效的改革措施，要及时总结经验，用制度固定下来；对工作中遇到的新情况、新问题，而《干部任用条例》又没有具体规定的，要按照《干部任用条例》确定的指导思想和原则要求，加强研究，积极探索，努力寻找解决问题的新办法、新措施，从而真正做到与时俱进，在创新中得到新的进步。又如，随着改革开放的深入和社会主义市场经济快速发展，带来了经济基础和上层建筑诸多领域的深刻变革，社会环境、人们的生活方式和思想道德观念也发生了巨大变化，思想政治工作已面临许多新的课题和挑战。只有在继承优良传统的基础上，不断改进创新，探索适应形势发展需要的新方法，思想政治工作才能创造出新的活力。这一切都要求我们每一位人教干部都应具有与时俱进、开拓创新的态度，进而具备与时俱进、开拓创新的素质和能力。

三是切实加强人教部门的自身建设。人教部门是作为地税系统管人、用人、育人的部门，工作的政治性、政策性很强，人教处(科)长则是局领导抓队伍建设的参谋长，任重而道远。加强人教部门的自身建设关系地税事业的全局。每位人教干部要增强三个意识(政治意识，大局意识、责任意识)，人教工作本身的性质决定了人教干部必须具有很强的政治意识，要有政治敏锐性和政治鉴别力，要自觉实践党的宗旨，全心全意为干部群众服务。大局就是全局，“不谋全局者不足以谋一域”，只有跳出一己一地的局限，将自己所从事的工作放到整个事业中去思考，胸怀全局，才能工作得有意义、有章法；大局就是大势，“不谋万世者不足以谋一时”，只有跳出一时一事的局限，将自己所从事的工作放到整个形势中去把握，审时度势，才能工作得有方向、有作为。上础治队政治意识、大局意识最终都要通过责任意识得以体现、落实，责任意识是角色意识，还是一种精神状态，我们必须恪尽职守，乐于奉献，淡泊名利，甘当人梯。要加强学习，改善知识结构，不断提高工作水平。我们所处的时代，是经济、科技迅猛发展的时代。我们的工作对象，思想活跃，知识面宽。因此，除了要精通人教工作的基本功外，还要加强新知识的学习，不断拓宽自己的知识领域，更新知识结构。一是要认真学习邓小平理论、“三个代表”重要思想和党的十六大会议精神，不断提高自身的政治素质，在具体工作中不断实践“三个代表”。二是要加强马克思主义哲学的学习，掌握辩证法，坚持两点论，防止思想方法和工作方法上的片面性、简单化和绝对化。比如，我们强调推荐、选拔干部要充分发扬民主，注重群众公认，但同时也要防止简单的以票取人;强调加大干部交流力度，但又要防止干部岗位变动过快,影响工作的连续性和稳定性等等。三是要广泛学习掌握当代的新理论、新知识和新技能,努力拓宽我们的知识面,使我们始终站在社会发展和科学进步的前沿,与时俱进,不断以新的知识充实自己,争做爱学习、会学习和终身学习的楷模。

同志们,新的一年人教基层工作的目标、任务和要求都已明确,我们一定要紧紧围绕全省地税的中心工作,勤政务实,真抓实干,探索创新,开拓进取,为全面提高全省地税干部队伍整体素质,推进地税事业持续发展发挥我们应有的贡献!为我省加快全面建设小康社会、提前基本实现现代化作出新的贡献!

谢谢!

从实践三个代表高度 进一步统一思想 提高认识 扎实工作 全面提升执法监督水平工作新局面

——单美娟同志在全省法规处长会议上的讲话

(2003年10月)

同志们:

今天，我们在这里召开各市法规处长和部分县(市）法规科长会议，研究部署下一阶段全省法规工作。重点布置落实全省税收执法检查工作。我想借此机会讲两方面问题:

一、近年来,全省地税系统法制工作取得重大进展

1997年全省税务机构进一步分设以来，全省地税系统在省委、省政府和国家税务总局的领导下,始终把依法治税作为统领各项工作的灵魂和永恒主题,一以贯之地坚持"以人为本,规范管理,强化执法"的工作思路,各项工作取得了令人瞩目的成绩。2001年全国、全省依法治税工作会议相继召开之后,我省各级地税机关在建立执法监督机构、健全执法监督机制等方面作了卓有成效的工作,全省地税系统法制工作取得了重大进展。

(一)狠抓地税法制机构队伍建设,基本完成执法监督队伍的组织架构

依法治国,必须要有一套完备的法律制度、一个好的法律运行机制、一支好的执法队伍和一个好的监督机制。2001年,国家税务总局在全国依法治税工作会议上提出"建立健全严密的内部执法监督机制"的目标,省局把建立一支统一的执法监督队伍作为建立健全执法监督机制最首要、最紧迫的工作来抓。在随即召开的全省依法治税工作会议上,省局提出全省地税法制机构必须单设的硬任务。在全省各级地税机关的共同努力下,经过两年时间,全省地税法制机构由原来的机构合署、人员缺位,发展为百分之九十以上市、县局单独设立法规机构、百分之百单位配备专职人员,部分单位将税政、征管、稽查等税收专业人员以及法律专业人员充实到法制工作岗位,为法制机构切实履行执法监督职责打下扎实基础。我省法制机构队伍的建设在全国处于领先,这充分说明了全省各级地税机关对依法治税思想和当前目标任务的深刻认识,为全省地税系统依法治税工作不断深化提供了重要保障。

(二)明确工作职责,初步建立全省地税系统法规工作体系

由于全国、全省税务系统的法制工作体系正处于逐步建设之中,全省依法治税工作会议后,省局就"法规工作职责是什么、如何开展法制工作"等问题赴部

分市县开展了深入调查研究工作面，并召开了全省地税系统法制工作会议，研究进一步加强税收法制建设，推进依法治税工作的意见和措施。会后，省局印发了《浙江省地方税务局关于进一步加强税收法制建设切实推进依法治税的意见》，结合我省实际全面贯彻落实了国家税务总局《关于全面加强税收执法监督工作的决定》、《关于全面推行税收执法责任制的意见》和《重大税务案件审理办法（试行）》等文件精神，明确了我省地税法制工作职责，提出了大力加强系统法制机构建设，建立贯穿事前、事中、事后各环节的全面税收执法监督机制的任务和具体措施。目前，全省地税系统法制工作体系已经初步形成。

（三）突出重点环节，基本建立执法监督机制

1、健全规范性文件的会签和备案备查制度。加强规范性文件的管理是强化事前监督的重要手段。切实做好税收规范性文件的会签工作，各级地税局制定的、凡对征纳双方具有普遍约束力的税收规范性文件在出台之前，必须经过法制部门会签。同时，各级地税局还进一步落实了系统税收规范性文件的备案审查工作，包括向政府法制部门报备规范性文件。这些制度措施的落实，从源头上确保税收执法依据和税收执法文书的合法性，确保税收执法的质量。

2、严格执行重大税务案件审理制度。随着专管员制度的取消，征管信息化工作的推进，税务稽查成为权力相对集中部门，税务稽查环节实行外分离是十分必要的。为此，国家税务总局出台了《重大税务案件审理办法》。根据总局审理办法要求，2002年，我局及时调整充实案件审理委员会成员，制定了《浙江省地税系统重大税务案件审理暂行办法》。各级地税局根据省局办法的要求，都及时将案审从税务稽查部门调整到法制部门，并重新调整了案审办成员，进一步理顺重大税务案件审理工作管理机制，规范程序，强化监督，从机制上有效提高税务案件审理质量。这是加强事中监督的一项重要举措。

3、扎实有效开展地方税收执法检查工作。税收执法检查是规范税收执法行为，提高税收执法水平，进一步加强内部执法监督的有效手段之一。省局已经连续五年在全省地税系统开展执法检查工作，各级地税局也各自开展了相应的执法检查。通过市县局自查和省局抽调人员重点检查的方式，就税收政策贯彻执行情况和执法行为合法性、规范性问题进行检查，对于查处的问题由省局下达处理决定，及时予以纠正。这几年，我省税收收入保持持续、快速增长，主要有两个因素：一是经济因素，二是加强税收征管。加强征管，确切地说就是加强依法治税，切除了很多人情、面子因素对日常征管的不利影响。五年来，执法检查工作有效地保障了各项税收法规、政策在我省的贯彻执行，促进了地税机关依法行政水平的提高，较好地维护了地方税收的正常秩序，从而保障了税收收入的持续增长。税收收入的持续增长与税收执法监督工作的开展密不可分，尤其是执法检查工作，功不可没。随着执法监督工作的不断深化，执法检查工作通过全面检查与重点检查相结合、日常检查与专项检查相结合，并逐步趋向日常化，成为实施事后监督的重要抓手。

此外，各级法规部门在为纳税人提供法律援助、政策法规服务，开展政策调研、优惠政策跟踪问效，以及税收秩序整顿和地方法规清理等方面，做了大量富有成效的工作。总之，近两年来，全省地税法制系统紧密围绕依法治税这个永恒主题，结合我省实际，认真贯彻落实依法治税基本工作方针，成果累累。各级地税机关，特别是从事法制工作的同志们为此付出了艰苦的努力，成绩来之不易。当然，在看到成绩的同时，更应该看到存在的不足。从全省来看，法制工作的开展情况还很不均衡，既定的政策措施还需要加强落实，工作中出现的新问题、新情况还需要不断地研究，探索解决途径。

二、从实践三个代表高度，进一步统一思想，提高认识，扎实工作，全面提升执法监督水平

"三个代表"重要思想反映了我国最广大人民的共同意愿，是全党全国人民在新世纪新阶段继续团结奋斗的共同思想基础。对于"三个代表"重要思想，作为每一个干部，一是要提高认识，二是要实践三个代表。实践是关键。党的十六大把社会主义民主更加完善，社会主义法制更加完备，依法治国基本方略得到全面落实，作为全面建设小康社会的一个重要目标。贯彻落实依法治国基本方略，具体到税收工作就是要坚持依法治税；要结合深化税制改革和征管改革，将税收工作重心转向法治导向型；要以建立健全内部执法监督机制为突破点，进一步规范税收执法行为，提升依法治税水平。税务部门要坚持立法为民、执法为

民,一定要减少部门痕迹。良好的服务态度、优良的服务环境只是问题的一个方面。税务部门更为重要的是要研究怎样使纳税人充分了解政策制度规定,享有一个明确、便利的办事程序,真正享受阳光服务。

当前,我们系统中仍有不少人,包括有些领导干部,对为什么省局一再强调单独设立法制机构不理解,对法制机构单设后干什么认识不清。因此,从落实党的十六大确定的目标任务要求出发,以“三个代表”重要思想为指针,统一认识,指导实践,衡量工作成效,进一步强化地税内部执法监督工作,推进依法治税,是十分必要的。

(一)加强执法监督,是加强社会主义法制建设的必然要求

依法治国是一项庞大的系统工程,包括立法、执法、司法和普法等多个方面。一方面,要建立适应社会经济发展需要、代表人民意志和利益的法律体系,使国家的政治、经济和社会生活的方方面面都能有法可依;另一方面,要坚持法律面前人人平等,加强对执法活动的监督,推进依法行政,维护司法公正,提高执法水平,确保法律的严格实施。监督是一个重要环节。作为政府部门,要自觉接受党委、人大的监督,政协民主监督和司法监督,以及社会舆论和群众监督;同时,必须加强行政系统内部的层级监督和专项监督。我们法规系统实施的执法监督就属于后者,是税收法律体系的重要组成部分。

(二)建立健全内部执法监督机制,是深入推进依法治税的重点

依法治税是税收工作的灵魂,是长期坚持的税收工作基本方针。依法治税思想在税收实践中不断得以发展。自1988年总局提出“以法治税”思想以来,通过不断完善税收法律制度,改革税收征管模式,强化税收稽查,提高干部队伍素质,依法治税工作逐年推进,取得突出成就。随着依法治国基本方略不断落实,依法治税工作在面临千载难逢机遇的同时,我们应该充分认识新时期推进依法治税的紧迫性。税收工作如何适应经济社会发展新变化、新要求,如何适应新时期法治工作的需要,如何在税收工作中体现人民群众的根本利益,这些问题的解决,要求我们必须转变治税思想、治税观念、治税方式,全面推进依法治税。面对新的要求,总局确定了“内外并举、重在治内、以内促外”的依法治税工作指导方针,提出重点建立和完善立法机制、征管机制、考核管理机制和内部执法监督机制目标要求。立法机制的建立完善更大程度上取决于整个国家法制建设的完善;以信息化为基础的现代税收征管机制的进一步提升需要依托全社会的信息化水准;考核管理机制与公务员的管理体制紧密相联。如果说以上三个机制的建立和完善需要内因、外因相互促进而形成,那么内部执法监督机制更多地归属于内部因素,是依法治税水平能够进一步深化的重要内因之一。建立健全严密的内部执法监督机制是整体提升税务系统法治工作水平的重点环节,是现阶段的一个重要突破口。怎样建立监督机制,建立一个怎样的监督机制,是我们各级法规部门面临的一个重大课题,有大量的工作要做。

(三)严密的执法监督,是执政为民的有效体现

针对税收执法行为的各个环节建立统一的事前、事中、事后的日常监督制度,在机制上确保税收执法行为的合法、合理、合情,从本质上讲这是立党为公、执政为民思想在税收工作中的有效体现。新征管法在进一步强化和丰富税务机关执法权利的同时,增加了大量保护纳税人权益和规范税务机关职责的规定,充分体现了这一思想内涵。立党为公、执政为民的思想一定要落实到各级税务干部,特别是领导干部的思想和行动中去,落实到各项政策、措施中去。这一思想的落实,光靠政策制定者、执行者自觉履行是不够的,必须要从制度上、机制上予以保障。各级机关、各个部门一定要自觉接受监督,建立健全监督机制,包括内部的和外部的。

执法监督工作任重而道远。如何加快建立健全地税系统内部执法监督机制,提高执法监督水平是一项长期而艰巨的任务。法规部门如何找准位子,从本职出发扎实工作,勇于创新,充分发挥政策法规部门应有的职能作用,对于全面提高我省税收工作的法治水平有着积极的促进作用。

首先,必须牢固树立法律面前人人平等的意识。在税收领域,税务部门是执法者;在整个社会经济领域,税务部门同时是一个守法者。法规部门承担着税务行政复议和应诉工作。在受理、处理税务纠纷和税务争议过程中,法规部门只有充分认识到这一点,严格执行税法及相关法律法规,才能真正做到依法办

事、客观公正。在有效维护税法的同时，真正做到尊重、维护纳税人的合法权益。法规部门在这方面应该作出表率。

第二，要认真学习法律知识。法规部门同志要认真学习税收法律知识，更为重要的是认真研究相关行政法律法规知识，乃至相关的刑法、民法知识。要认真研究税收执法行为各个环节所涉及的相关法律问题，这是我们法规部门的重点，是履行执法监督的基础。总局要求税收规范性文件须经法规部门会签，就是为了确保税收政策与相关法律法规的一致性，当然，还要解决不同业务口子制定的税收政策的一致性问题。

第三，要积极开展调查研究。法规部门对于税收政策问题也要积极的开展调查研究，要善于在日常执法监督工作中发现问题、提出问题，特别是一些与相关法律法规的衔接问题，并积极提出建议和意见，研究解决问题的方式方法，为领导决策做好参谋。

第四，要认真做好协作和协调工作。法规部门是一个综合性部门，法规处的工作与各个税收业务处室的工作有着紧密的联系，需要依靠相关职能处室的大力支持和配合，比如执法检查工作、税务重大案审理工作、优惠政策的跟踪问效工作、人大政府的会稿工作等等。法规部门要正确处理好与相关部门的关系，协调合作，形成合力，共同为推进依法治税作出努力。

最后，要防止几种错误思想认识。一是认为税务系统一贯坚持依法治税，法规机构可有可无，对建立内部执法监督体制缺乏足够的认识，担心设立法规机构后无事可干。有这种想法的不多，但还是存在。二是认为设立法规机构后，法规部门可以“包打天下”了。这是对法规机构定位的认识不清，混淆了内部监督部门与政策执行部门的职责。三是对法规部门开展政策跟踪问效工作不理解。事实上，政策跟踪问效工作是掌握政策贯彻执行情况的一个很好途径，只是我们在具体工作方式方法上可以进一步改进，通过部门协作，发挥部门合力，避免重复劳动。

同志们，当前全党上下都在学习“三个代表”重要思想，积极贯彻落实党的十六大确定的各项目标任务。我们税收工作，特别是税收法制工作面临的任务是十分艰巨的。希望大家进一步统一认识，理清工作思路，锐意进取，开拓创新，扎实工作，全面落实执法监督各项工作任务，提高执法监督工作水平，为开创我省地税系统税收法制工作新局面作出自己的贡献。

认真学习贯彻党的十六大精神
不断开创营业税 资源税 文化事业建设费
工作新局面

——单美娟同志在全省“两税一费”工作会议上的讲话

（2003年3月11日）

同志们：

这次会议的主要任务是，回顾总结2002年全省营业税、资源税、文化事业建设费（以下简称“两税一费”）工作，认真分析“两税一费”工作面临的形势和任务，部署今年“两税一费”工作，动员税政干部深入学习贯彻党的十六大精神，认清形势，积极进取，开拓创新，不断开创“两税一费”工作新局面。下面，我讲几点意见：

一、2002年工作简要回顾

一年来，全省各级地税干部认真学习贯彻党的十六大精神，围绕地方税收工作大局，服从和服务于经济建设和社会发展这个中心，规范税种（行业）管理和审批事项管理,努力提高政策执行、税源监控、政策研究水平,“两税一费”工作取得了可喜的成绩,为全省经济、地税的改革发展全局作出了应有的贡献。

(一)“两税一费”收入继续保持可持续增长

2002年全省营业税收入累计完成171.7亿元,比上年同期增长37.5%。从增幅来看,高出全部地税收入增幅21.2个百分点.从增加额来看,占了全部地税收入增加额的76.6%;资源税收入累计完成4242万元,比上年同期增长53.2%;文化事业建设费累计收入为11408万元,比上年同期增长8.8%。“两税一费”的持续增长,为我省经济发展和社会稳定提供了强大的财力保障。这是我省经济持续、健康发展的结果,也是全省各级地税机关积极采取有效措施加强征管、加大税收宣传力度的结果。

(二)“两税一费”征管工作进一步加强

一年来,全省先后在继续强化征管上采取了一系列有效措施:一是加强税源调查工作,摸清税源的分布及结构变化情况。各地圆满完成了2001年度营业税税收资料调查及收入情况分析工作。绍兴市局牢牢抓住建筑业、房地产、服务业等重点税源大户,经常性进行分析和研究,掌握重点税源的生产经营及纳税情况,为加强管理打好基础;嵊泗县局在分管局长的带领下,经常深入上海宝钢在该县的马迹山矿石中转码头工地,了解施工进度,仅该项工程营业税就比上年同期增加300多万元;苍南县局与建设规划局建立了安装企业的施工资料传递机制,工程施工项目营业税税源得到了有效监控。二是强化重点行业的税收征管。杭州市局通过调查研究,制定了加强托运业务、组织展览、展销业务、代办会议业务的营业税征管措施,并对不动产捐赠、不动产交换、拍卖不动产等营业税管理问题进行了规范。湖州市局修订完善了建筑行业税收管理办法,从行业的资质、发票管理等源头进行控管,收到了良好的效果,2002年度该市建筑业营业税比上年同期增长76.1%。丽水市局针对企业改制、转制、破产情况频繁的情况,争取房管部门的配合,企业在办理房地产过户手续时,委托房管部门代征税款,保证了税款及时足额入库。金华市局根据社会中介机构涉税鉴证业务管理较为混乱的状况,制订实施了《社会中介机构涉税鉴证业务资格管理办法》。三是进一步加强了资源税管理。衢州市局从抓资源税重点矿产品—石灰石入手,在详细测算水泥生产单位的石灰石耗电量基础上,认真查验“资源税管理证明”,促使企业扣缴其资源税税款,取得了良好的效果。

(三)“两税一费”宏观调控作用进一步发挥

一方面配合实施积极的财政、税收政策,认真落实了国家制订的一系列重大优惠政策:包括房地产业、技术转让和开发、教育、安置转业军人和随军家属、中小企业担保、机关后勤服务中心、金融保险业应收未收利息抵扣营业额等方面的优惠政策。2002年全省(不包括宁波)共减免营业税6.82亿元,其中个人销售房屋减免17639.98万元,销售空置房2773.26万元,“四技”业务减免17117.97万元,教育劳务减免11040.3万元,高校后勤服务减免982.43万元,医疗卫生服务减免3223万元。这些措施对促进科教事业发展、刺激消费、拉动内需、促进经济增长、防范金融风险、维护社会稳定起到了重要作用。对各项优惠政策,各地均在操作上、管理上作了规范,并建立了跟踪反馈制度。温州市局设置了税政减免税和涉税审批流程,对该市的减免税作了统一规范;丽水市局将减免税的跟踪管理作为一项重点工作来抓,并建立了减免税审批领导小组。另一方面,通过规范营业税政策管理,为经济发展创造公平、有序的税制环境。如通过对企业转让产权征收营业税政策问题的落实,促进了企业改制、转制的顺利进行。对非金融机构统借统还贷款业务征税问题的贯彻,有利于企业加强内部管理和核算。对保险公司营销服务部纳税地点的明确,促进了保险营销业务的发展。

(四)“两税一费”调查研究工作进一步深入

一年来,各级地税部门继续深入开展娱乐业、文化体育业、电信业和高校后勤服务化改革等方面涉及营业税问题的调查研究,摸清了很多问题,提出了许多有益的建议.最近总局陆续出台的一系列营业税政策,大多数问题我们都参与了调查研究,并提出了我省的意见和建议。同时,2002年我们还承接并完成了总局流转税管理司3个调研课题:一是适应WTO规则,深入开展银行营业税制的调研。省局税政一处布置了部分市、县局就银行的业务、运作程序,入世后银行业面临的形势及其营业税政策如何调整等问题进行了全面的调研,撰写了15000字的调研报告。二是对代理业务营业税问题的调研。包括对代理业的科学界定，营业额的具体确定等问题，我们的调研成果引起了总局的重视。三是对分包业务的调研。为加强源泉控管，总局提出了对营业税所有税目引入分包的概念。即对纳税人将所从事的营业税劳务一部分包给他人的业务，规定一律由总包人扣缴营业税。省局税政一处最终将我省的调研情况向总局作了反映，目前总局正在深入研究该政策出台的可行性。

（五）营业税信息化建设有了新的进展

这项工作总局流转税司已从去年下半年已开始，我省基本都参与了金税工程三期营业税业务需求的编制。去年年底，总局流转税管理司布置9省3个组开展营业税业务需求编制工作。浙江、江西、贵州3省为一个组，我省为牵头单位。杭州市局、温州市局、嘉兴市局、台州市局在去年12月底至今年1月初分别参与了业务需求的编写。今年1月初，上述四个单位参与编写的同志赴贵州省向总局营业税处同志及江西、贵州的同志汇报编写成果，受到了总局及兄弟省局流转税处同志的充分肯定。上个月的中旬，我省又受总局委托，由温州市局税政处的同志帮助制定了全国性纳税评估管理办法，目前已完成初稿报送总局。

总之，上述成绩的取得，与当地党政领导的正确领导和有关部门的大力支持、配合是分不开的，与各级地税部门广大税务干部认真落实省局的工作部署，开拓进取、扎实工作是分不开的。这里浸透着广大税政干部的心血和汗水。在此我向与会代表表示衷心的感谢！

二、认真学习贯彻十六大精神，明确税政工作的方向

认真贯彻党的十六大精神是全省地税系统当前和今后一个时期的首要任务。学习贯彻党的十六大精神，关键要紧密结合税政工作实际，在以下几个方面提高认识：

（一）认真学习和贯彻发展这一执政兴国的第一要务，促进税政工作一心一意谋发展

发展是硬道理。党的十六大指出：党要承担起推动中国社会进步的历史任务，必须紧紧抓住发展这一执政兴国的第一要务。同时发展必须坚持以经济建设为中心。经济是税收的基础和源泉，离开经济的发展，税收就会成为无源之水，无本之木。税政干部要坚持经济税收观，将经济发展作为税政工作的立足点，多考虑税收政策对经济的促进作用。因此税政工作要在围绕经济发展、促进经济发展方面做好文章，严格执行各项税收政策，落实好优惠政策，充分发挥税收调控的经济职能作用，使税政工作不断取得新成绩。

（二）认真学习和贯彻与时俱进这一时代精神，促进税政工作进一步解放思想探索前进

党的十六大指出：必须使全党始终保持与时俱进的精神状态。与时俱进就是党的全部理论和工作要体现时代性，把握规律性，富有创造性。税政工作要按照党的十六大提出的要求，与时俱进，解放思想，开动脑筋，积极探索税政工作的新路子。例如，经济发展了，有哪些新的税源，如何向经济新领域的拓宽要税收；再如，如何改善税政部门的工作，向通过规范政策管理、操作管理要税收，向优化服务要税收。

（三）认真学习和贯彻优先发展信息化这一现代化手段，促进税政工作信息化建设

党的十六大明确提出了优先发展信息产业，在经济和社会领域广泛应用信息技术。过去的一年，全省各级地税机关以信息化推进地税征管改革的深化，在地税管理的规范化、现代化方面有了明显的进步。今年是浙江地税信息化建设三年规划和建立新世纪之初地税征管新框架的最后一年，税政部门要积极参与我省的地税信息化建设，利用税收政策业务熟悉的优势，认真提出各税、费（基金）的业务需求，为我省地税管理现代化迈上一个新水平作出积极努力。

（四）认真学习和贯彻开拓创新、实事求是这一民族灵魂，促进税政工作加强调查研究创造新鲜经验

党的十六大强调，一定要坚持实事求是，适应实践的发展，以实践检验一切。经济运行必然会出现一些新情况、新问题，税政部门要在严格执行国家制定的税收政策、维护税法严肃性和统一性的同时，积极开展调查研究。在调查情况时要深入企业，摸实情、说实话，提出切实可行的措施；在研究过程中对掌握的情况要进行客观评价，不唯上级意图；在调研结果上要对材料进行深入分析，科学加工，做到有思想，有观点，有内涵，从而解决新问题，总结新经验，推动制度创新和工作创新。

（五）认真学习和贯彻依法治国这一基本方针，促进税政工作规范化管理

党的十六大报告明确提出“强化税收征管”。依法

治税是依法治国、依法行政思想的重要组成部分,是依法治国、依法行政在税收领域的具体体现。地税机关作为重要的执法部门,必须坚持依法治税的指导思想。税收政策作为国家组织收入、调节分配、宏观调控、资源配置的重要手段,一征一免均涉及到纳税人的切身利益和国家的整体利益,必须严格依法办事。各地在执行中发现政策上存在的问题,要及时反映,不能凭着自身的理解随意变通政策。

(六)认真学习和贯彻全心全意为人民服务这一宗旨,促进税政工作为纳税人更好服务

全心全意为纳税人服务是税务机关坚持立党为公、执政为民,全面落实"三个代表"重要思想的具体体现。纳税人是税务机关的服务对象,是国家税收的提供者。我们要彻底转变过去"以我为主"的管理理念,要经常换位思考,牢固树立为纳税人服务的思想,将为纳税人服务作为一个根本点,以满足纳税人各种需求为出发点,运用信息化等先进手段,为纳税人提供方便、快捷、文明的服务。税政干部是税收业务的骨干队伍,要加强思想道德、职业道德建设,切实提高办事效率,做广大纳税人满意的公仆。

三、认清形势,与时俱进,扎扎实实做好2003年度"两税一费"工作

从我省经济发展的情况来看,在经过了两年多稳中略升后,2002年增长速度出现了加快之势,实现国内总产值7670亿元,比上年增长12.3%,增速比前三年平均高出1.8个百分点,是1996年以来的最高水平。其中与营业税收入密切相关的第三产业增加值为3065万元,增长13.4%,占GDP的比重首次超过40%。省委十一届二次全体(扩大)会议确定了今年的工作重点,浙江经济增长的内生机制已逐步形成,杭州湾跨海大桥、沿海火电、西气东输浙江配套工程和城市道路、供排水管道等一批城市基础设施建设项目的开工建设,将为浙江经济发展创造条件。金融部门对经济发展的支持力度将进一步加大,企业对宏观经济环境和生产经营前景进一步看好。今年是全面贯彻落实党的十六大精神的第一年,做好"两税一费"工作,具有重要意义。

2003年"两税一费"工作的中心任务是:认真学习和贯彻党的十六大精神,紧紧围绕全省地税工作中心,加强"两税一费"征收管理,保证各项政策落实到位,积极推进信息化建设,坚持依法治税,维护公平竞争的外部环境,为我省加快全面建设小康社会、提前基本实现现代化作出应有的贡献。

(一)清醒有为,保持收入可持续增长

今年小浙江的营业税计划是156.5亿元,比上年实绩增长12%。应当看到,完成这一计划具备了不少条件。今年我省预期实现国内生产总值8040亿元,比上年增长10%以上,经济发展将为今年的收入增长提供比较充分的税源。当然,我们必须清醒地看到今年组织收入将面临着的困难:一是从全省经济运行情况来看,我省企业在国内市场低价无序竞争现象比较普遍,以前我省产品低成本的价格竞争优势正在减弱,部分传统行业和企业经营困难;二是营业税收入结构中存在着一些深层次的问题。如2002年度小浙江房地产业营业税增幅达79.6%,与之相关连的建筑业增幅也达到47.5%。这2个行业的营业税收入规模已达到70亿元,分列营业税各大税目的第一位、第二位,首次超过了服务业税目,占了营业税总收入的50.1%。对房地产业、建筑业营业税高幅增长的态势,今年及以后几年是否维持下去,尚难预测;三是新出台的税收政策对收入带来一定的影响。从营业税来看,起征点的提高、下岗失业人员再就业优惠政策的出台、买卖不动产按差额征税、融资租赁业务和广告业务营业额扣除范围扩大、金融业纳税义务发生时间的调整等等,这些政策将会减少营业税收入,必须在实际执行中予以密切关注。

1、进一步强化税收征管的基础工作,加强税源监控

完善纳税人户管资料管理制度,通过部门配合,实现信息共享。建立健全与工商、银行、建管等部门的信息传递制度,及时掌握纳税人涉税事项的变化。进一步推进税源监控从重点监控向全面监控转变,要依托信息化,逐步实现税源全方位监控。对税源产生到税收入库进行动态监控,包括应交、减免、入库和欠缴等各环节的监控以及潜在税源的估算分析。

2、搞好收入结构分析,增强组织收入的预见性

密切注意经济形势的变化对收入的影响,尤其要关注房地产业的发展状况。积极培育好营业税征税项目的增长点,认真做好挖潜的基础性工作,把握好工作的主动权。加强对税收政策调整和征管方式变化所

带来收入变化的分析，为组织收入提供政策服务。一如既往地搞好今年的税收资料调查工作，要利用调查资料，对营业税的税源、税负、入库情况，分行业、分地区、分经济类型进行分析和测算，为领导决策服务。

3、强化行业管理，规范税种征管

营业税涉及的行业各有不同特点，要从抓好行业性税收征管着手，带动营业税征管整体水平的提高。税政部门要发挥政策熟悉的优势，在充分调查研究和论证分析的基础上，结合行业特点和当地的实际情况，制定切实可行的行业性征管措施和办法。今年省局行业性管理工作重点是研究制定卫生医疗机构营业税政策管理措施，希望各地配合省局切实将这项工作做好。各地也要根据营业税行业性管理中的薄弱环节，找准切入点，完善相应的对策措施和办法。

4、抓大不放小，加强资源税、文化事业建设费征管

资源税税源我省虽然总量较少，但对合理开发资源，调节资源级差收入有着一定的意义。各地不能因收入少而疏于管理，对列入资源税征收范围的要坚决照章征收。今年资源税管理的重点是继续落实和完善好代扣代缴管理办法，将查验“资源税管理证明单”作为管理的关键环节，对矿产品收购单位要督促其建立代扣代缴制度，规范扣缴登记帐薄管理。文化事业建设费开征的目的是为了加强社会主义精神文明建设，促进文化事业的健康发展，从2002年度的征收情况来看，总体是好的，但有极个别的县入库数空白，对这种情况今年一定要予以纠正，否则省局将通报批评。各地要认真做好征收工作，提高政策执行的到位率。

（二）坚持依法征税，优化税收环境

依法治税是依法治国的必然要求。只有大力推进依法治税，严格规范税收执法，才能更好地充分发挥税收的职能作用，为经济发展创造良好的外部环境。

1、认真贯彻好税收政策，促进地方经济发展

对国家出台的税收政策，不但要考虑如何贯彻落实，更要考虑做好执行情况的跟踪反馈工作。近期出台的《财政部、国家税务总局关于营业税若干政策问题的通知》（财税〔2003〕16号）文件，涉及许多政策业务问题，这是1994年税改以来营业税政策的最大调整。各地务必要把握好具体政策界限，同时要做好跟踪管理工作，对执行中存在的问题，这次会议将作进一步研究，会后省局将拿出我省的贯彻意见，便于基层操作。

要继续认真落实好近几年国家出台的税收优惠政策，在此基础上贯彻好新出台的税收优惠政策措施，尤其是下岗失业人员再就业税收优惠政策。关于营业税起征点具体操作问题，省局将尽快发文明确；要建立该优惠政策落实情况的反馈制度，定期向省局报送政策效应、存在的问题。

2、加强内部协调，规范执法行为

一是协调与征管部门的关系。征收管理是税收政策得以贯彻落实的保证，税政部门在拟定行业税收管理办法时，要充分考虑到征管的质量，要注重与征管部门的协调效果。同时还要加强对基层征管局（地税所）税收政策执行的监督、管理和指导。二是协调与稽查部门的关系。要支持与配合稽查部门工作，应当说在政策管理中遇到的很大部分问题来自于稽查，对稽查中反映的政策问题，一定要慎重处理。对税政部门来说，要善于归纳和总结各类稽查问题，及时明确各项政策规定。三是协调与法规部门的关系。配合法规部门搞好执法检查和政策清理工作，对违反税法规定的，要及时提出处理意见。四是协调与计财部门的关系。对一些政策调整和征管方式变化对收入的影响，要及时分析，并将分析结果提交给计财部门。

3、全面贯彻新《税收征管法》及其《实施细则》

新《税收征管法》及其《实施细则》公布实施，对税收工作影响深远。税政干部要认真学习和掌握各项条款。对原先制定征管办法但与新《税收征管法》及其《实施细则》不符的要清理。对现行税收政策与新《税收征管法》及其《实施细则》有抵触的，要及时向省局反映。

（三）深入调查研究，为完善税收政策献计献策

调查研究是积极发挥税收职能作用，做好税政工作的前提和基础。当前税收政策中存在许多问题，需要在深入调查研究的基础上，进一步加以完善。因此，希望各地能够大兴调查研究之风，为完善税制献计献策。今年总局确定的营业税调研课题很多：包括扩大“转让无形资产”税目范围的调研、营业税计税依据的调研、文化体育业调研、承包租赁营业税纳税人调研、雇员认定条件的调研、境内外劳务划分的调研、软件征收营业税的调研等等。对总局的调研课题，我们要

积极参与,尽可能高质量地完成,以便今后出台的政策符合我省实际。

对省局布置的调研,省局税政一处已确定了两个课题:一是完善营业税制的调研。二是关于下岗失业人员再就业税收优惠政策落实情况的调研。对这两个调研课题,省局今年将确定有关县、市局重点调研。此外,对金融保险业、房地产业、物流企业、土地储备中心等营业税征税情况进行调研。

(四)转变观念,做好推进信息化建设、地税管理现代化各项工作

目前总局正在推进金税工程三期建设。流转税管理司已完成了营业税业务需求的初稿,其内容包括了纳税申报、管理(对纳税人管理、业务管理)、重点税源监控和纳税评估等四大类需求。近期总局将就《营业税纳税人评估管理办法》、《营业税纳税申报管理办法》专门召开座谈会,我们要做好相关的准备工作。

我省地税信息化建设一直走在全面前列,并多次得到了省委、省政府和国家税务总局的表扬。税政部门在研究制定单个税种征管办法时,要充分考虑《浙江地税信息系统》2000版管理的可行性。要配合征管部门、信息中心,根据政策调整情况,及时提供新的业务需求。另一方面,对《浙江地税信息系统》2000版运行中存在的问题,要及时提出政策、征管上的意见。

搞好全面导入ISO9000质量管理体系各项工作。税政干部要加强学习和调查研究,增强对质量管理理论、标准、技术和地税管理实际的了解,按照"持续改进"管理原则的要求,切实做好税政规范化管理的各项工作。

继续做好"12366"纳税服务热线的相关工作。税政部门要提升为纳税人服务的思想认识,真心诚意地为纳税人提供更好的服务。一方面要为纳税服务热线及时、完整、全面地提出税收政策。另一方面对纳税人的电话问讯,对照现行政策,认真做好政策的解释和答复工作,努力开创征纳双方的双赢局面。

(五)以人为本,努力建立高素质的税政干部队伍

我们要深入学习贯彻党的十六大的精神和胡锦涛总书记在西柏坡学习考察时的重要讲话,牢记"两个务必",要清醒地看到我们肩负的任务的艰巨性和复杂性,增强忧患意识,居安思危,奋发努力,圆满完成各项工作任务。

一是关于政治素质方面。结合工作实际,学习好、领会好、掌握好、贯彻好党的十六大精神,切实把思想统一起来,把力量凝聚起来,不断提高科学判断形势的能力、应对复杂局面的能力。要强化法制意识和全局意识,坚持依法治税,牢固树立经济税收观,充分发挥税收杠杆作用。建立健全各项工作制度,加大廉政建设力度,有效遏止违法乱纪和腐败行为的发生。加强思想道德建设,提高税政干部职业道德,提倡敬业爱岗、无私奉献的精神,强化服务意识,改进服务态度,努力实践"三个代表"重要思想,当好干净干事的人民公仆。

二是关于业务素质方面。经济形势的变化和经济全球化、计算机网络的飞速发展对税收征管工作提出了强有力的挑战,如何加强税收控管则是个全新的课题。这就要求我们必须加强学习,在学习知识这方面一定要有紧迫感,不学习就会落伍,就会被淘汰。要针对营业税覆盖面广,政策性强,相关行业核算复杂等特点,适时开展多种形式的培训。去年台州市局组织了全市地税系统税政干部就《浙江地税信息系统》2000版涉税文书模块运用能力及《企业会计制度(2001)》、《新编企业会计准则》等知识举办了为期一周的培训,我认为这种形式值得各地推广。

同志们,让我们紧密团结在以胡锦涛为总书记的党中央周围,高举邓小平理论的伟大旗帜,努力实践"三个代表"重要思想,增强政治意识、大局意识、责任意识,胸怀全局,以"谦虚、务实、协调"的精神风貌,与时俱进,开拓创新,圆满完成各项工作任务,为我省的经济发展作出新的更大的贡献。

服务大局 扎实工作 不断创新
把我省地税计财工作提高到一个新的水平

——单美娟同志在全省地税计财工作会议上的讲话

（2003年11月19日）

同志们：

今天我们在临海市召开全省地税计财工作会议，主题是回顾与展望，回顾近一年来的计财工作，展望下一年的计财工作。在年终将至的时候召集各市及部分县(市)计财科(处)长来开这个会，除了日常的工作布置之外，还希望能听到各位关于我省地税计财工作发展思路更多的真知灼见，使计财工作能更好地服务地税工作大局，更好地发挥综合部门优势，通过共同努力，把我省地税计财工作提高到一个新的水平。下面，我就当前及下一步计财工作谈几点看法，先开个头，希望能听到大家更多、更精彩的发言。

一、1～10月全省地税组织收入情况

1～10月我省地税部门共组织各项收入701.68亿元，同比增长32.74%，其中：税收收入481.17亿元，同比增长28.09%，增收105.52亿元，完成年度计划的99.01%；养老保险基金125.60亿元，同比增长31.13%；医疗保险基金37.44亿元，同比增长74.44%。不含宁波，全省共组织各项收入554.79亿元，同比增长30.76%，其中：税收收入378.42亿元，同比增长27.72%，增收82.14亿元，完成年度计划的98.80%；养老保险基金107.99亿元，同比增长31.87%；医疗保险基金28.78亿元，同比增长65.34%。1–10月我省地税收入主要呈现四大特点：

一是"抓大不放小"征管举措促进税收收入全面增长。主体税种仍是增收主力，1～10月全省入库营业税、企业所得税和个人所得税185.56亿元、151.45亿元和82.63亿元，同比分别增长23.88%、28.40%和43.11%，三大主体税种共入库税收419.64亿元，占全部税收收入的87.21%，共增收94.16亿元，占全部税收增收额的89.23%。小税种增收潜力进一步挖掘，除暂停征收的固定资产投资方向调节税外，其他地方小税种均快于经济增速增长，其中土地增值税和印花税增势迅猛，同比分别增长127.88%和54.75%。

二是"体制新优势"内在动力促进税收来源趋向多元。非公有经济税收继续保持快速增长，1～10月全省私营企业、股份公司、涉外企业和个体经营户分别入库税收68.14亿元、190.64亿元、21.01亿元和30.97亿元，同比分别增长47.18%、42.11%、26.89%和24.94%。随着公有制实现形式的日趋多元化，传统的公有经济企业类型税收增长相对缓慢，1–10月全省国有企业和集体企业分别入库税收107.29亿元和59.91亿元，同比分别增长14.52%和2.70%。

三是"投资主导型"经济增长促进税收行业格局变化。1～10月全省第三产业入库税收289.07亿元，同比增长27.48%，占全部税收的60.08%，主要行业房地产业和金融保险业分别入库税收79.65亿元和39.85亿元，同比分别增长45.36%和29.32%。第二产业入库税收191.88亿元，同比增长28.99%，占全部税收的39.88%，主要行业制造业和建筑业分别入库税收113.24亿元和66.87亿元，同比分别增长27.09%和31.92%。房地产业已成为仅次于制造业的第二大税源，占税收收入的比重达16.55%，而增收额则居各行业之首，占税收收入总增收额的23.55%，全省税收近四分之一的增收额来自房地产业。

四是"税收经济观"牢固树立促进税收杠杆作用

发挥。我省地税部门认真贯彻落实再就业税收优惠政策已初见成效,截止9月底,全省(不含宁波)符合文件规定的四类企业累计吸纳国有企业下岗失业人员4280人,减免税额868万元;免收从事个体经营的下岗失业人员税务登记证工本费461550元,享受该政策的下岗失业人员共11564人。为促进受非典影响较为严重的行业尽快复苏,我省地税部门根据上级有关文件及时出台了相关税收优惠政策,截止9月底,全省(不含宁波)旅游业、餐饮业、旅店业和交通运输业累计减免税收2.48亿元,减免费1.36亿元。

尽管有非典和高温不利因素影响,但由于我省经济回升速度迅猛,以及我省地税部门认真贯彻落实省委、省政府增收节支会议精神,加强税收征管和税收稽查,今年全省提前超额完成税收任务已成定局。在全省税收收入保持较快增长的同时,我省各级地税部门多方协作、多管齐下努力做大省级收入"蛋糕",使省级收入"短腿"变长,1~10月全省入库省级税收35.73亿元,按可比口径增长29.71%,比上半年提升11.03个百分点,达到了省领导提出的按可比口径增长25%的目标。

在前10月良好的收入形势下,做好今年后两个月及明年组织收入工作要把握好两点:一要夯实基础。就是要坚持国家税务总局提出的"依法征税,应收尽收,坚决不收过头税,坚持制止和防止越权减免"的组织收入原则,采取措施进一步加强对税收管理薄弱环节的弥补和加强,不能因收入形势好而放松征管;完成收入任务缺口较大的地区,要严把政策关,不得利用各种方式虚增收入或调节税种收入结构,同时要及时向政府汇报税源和税收情况,争取政府理解,实事求是地收税,保证税收收入质量。二要未雨绸缪。2004年是全面贯彻落实十六届三中全会精神的第一年,也是税收工作深入开展的重要一年,各地要对组织收入工作面临的经济环境、政策环境和征管环境进行全面的审视,在更大的背景中去定位组织收入工作。要加强对支柱行业、重点行业的经济税源调研,结合当地主要经济指标安排情况,综合考虑税源发展和政策性因素的影响,客观、科学地编报税收计划建议数。

二、始终树立以组织收入为中心的观念

始终树立以组织收入为中心的观念,就是要求我们想问题、定政策都要从服务组织收入大局出发,不仅短期内收入要实现均衡增长,长期内收入也要保持稳定增长,总体来说,就是要建立一种长期稳定的收入增长机制。建立稳定的收入增长机制是我们努力的方向和目标,现有的税收法律、法规是其政策框架,我们只能在既定的框架格局下去做工作,即依法治税和规范管理是必须遵守的前提。经济因素、政策因素和征管因素是影响税收收入变动的三大主要因素,同时也为我们观察下一步税收收入趋势提供了三个视角。

第一,经济增长是税收增长最重要的基础。今年以来,我省经济发展呈现速度与结构、质量、效益相统一的良好势头,据有关部门预测,全年全省GDP增长在13%以上,全社会固定资产投资增长40%,外贸出口总额增长40%,这既是近几年中央实施积极财政政策和稳健的货币政策累积效应的进一步显现,也是我省主动接轨上海和积极参与长三角合作与交流、组织实施"五大百亿"工程、推进先进制造业基地等方面采取的一系列举措的结果。但是也应该看到,当前经济增长主要靠投资和出口拉动,随着存款准备金率的提高以及银行信贷的缩紧,社会投资的后续资金将趋于紧张,同时随着建筑材料价格的大幅上涨,居高不下的投资成本将加大投资风险;出口退税政策调整对出口的负面影响不可忽视,尤其对我省服装、棉纺、机电等产品出口将产生较大影响。投资和出口的变动对房地产业、建筑业、金融保险业和制造业影响巨大,并且还会通过连锁反应对其他行业产生影响。由于上述几大行业均为我省地税收入的重点税源行业,税收与经济的关联程度相当高,一旦经济出现波动,税收波动也将不可避免。

第二,财税体制调整将直接影响税收结构。十六届三中全会通过的《中共中央关于完善社会主义市场经济体制若干问题的决定》提出要分步实施税收制度改革。按照简税制、宽税基、低税率、严征管的原则,稳步推进税收改革。从改革内容看,地税主要税种均有涉及,同时还涉及地方税管理权限问题,尽管相关改革措施从制定到出台仍需一定周期,但税收改革的路径已经明确,税收政策调整的广度和深度将有新的突破,地税收入结构长期调整已成必然。今年10月份我

省出台了完善财政体制方案，方案的制定坚持市场化改革方向和公共财政的发展方向，如取消按企业隶属关系进行征税和进行财政分配，根据事权与财权结合的原则确定省级和市、县财政分成。方案对组织收入的积极影响主要体现在两方面：一是进一步调动市、县增收的积极性。二是进一步规范税收征管秩序。为确保新体制的正常运行，各级地税部门要及时加强调研，及时做好税收征收入库工作，夯实税收征管和税务稽查基础，实现省级收入和市县收入的同步增长。

第三，税收征管潜力激发税收增长潜力。近年来，我省地税部门认真贯彻落实国家税务总局《关于深化税收征管改革的方案》文件精神，积极推进信息化加专业化，加强税收征管，取得了可喜的成效，税收征管潜力进一步释放，税收收入连年保持快于GDP的增速增长。在面上改革基本到位之后，要进一步挖掘税收增收潜力，"挖深"基础无疑是一条重要出路，最近国家税务总局对加强税收征管基础工作进行了一系列部署，我省地税部门也将采取切实措施抓好落实，进一步健全税收征管基础制度，强化税源监控管理，强化纳税服务工作，提高税收征管信息应用水平，加强部门协作配合、推进社会综合治税，随着征管潜力的挖掘，我省税收增收空间必将有新的拓展。

三、牢牢把握计财工作的两个基本点

加强管理和加强分析是做好计财工作的两个基本点。从管理的角度看，计财部门一方面是政策的需求者和实践者，即要认真贯彻落实上级部门的有关政策措施，向上级部门提供一些好的工作经验；另一方面也是政策的供给者和创造者，即要在合法守规的前提下，开展创造性的工作，出台一些符合实际需要的新政策、新措施和新办法。从分析的角度看，计财分析不仅包括税收收入分析，还包括重点税源分析、税收会计分析、税收统计分析、税收经费成本分析、税收票证用量分析，应该涵盖计财工作全过程。

加强计财管理工作，对内要进行有效监督。要及时发现工作中存在的问题，并把问题产生的负面影响降到最低，同时尽最大可能做到事前监督和控制，努力达到防微杜渐的成效。近年来我省地税计财部门在监督检查方面花了很大力气，如每年一次的全省性税收票款检查、税收会计核算检查、税收经费管理检查等监督检查机制已经建立并运转良好，对检查中发现的问题，均及时下达整改通知，并做好整改后的跟踪调查，还对涉及制度层面的事项，通过完善制度加以有效解决。

加强计财管理工作，对外要立足服务纳税人。计财部门建立的重点税源监控体系，可通过开展同行业企业税负比较来推动均衡税负的产生，为企业竞争提供更加公平的税负环境。计财部门可通过缴库电子网络化推动申报电子网络化，最大程度方便纳税人，不断降低纳税成本，提高纳税效率。计财部门要适时推进税收票证改革，方便税票传递，满足纳税人及时、便捷索取纳税凭证的需求。

加强计财分析工作，要求计财人员具备职业敏感性。计财部门搞分析与其他部门搞分析，最大的区别是计财分析工作是经常性的、连续性的，可以说是一项专业，因此计财人员必须具备一定的职业敏感性。计财部门要发挥领导决策参谋作用，计财人员必须站在更高层次去看待本业务领域内的问题，多想一些领导关心、重视的问题，多做一些深入、细致的分析，不一定面面俱到，但一定要有的放矢，把精力用在刀刃上。

加强计财分析工作，要求计财人员具备高度责任心。分析工作是一项艰苦的工作，是一个永无止境的过程，没有最好，只有更好。如果计财人员没有精益求精的责任心，是很难出精品的，而分析工作关键在于质量而非数量，所以责任心对搞好分析工作十分关键。当然，责任心和事业心是连在一起的，为激发计财人员工作的积极性，各级地税部门应该为计财人员多营造一些发展的环境，多创造一些培训的机会、多给予一些生活的关心，相信感情留人，事业更会留人。

同志们，在经济社会发展加速推进的今天，我们深感税收工作的压力与日俱增，只有适应形势，不断努力，才能赢得更新、更快、更多的发展，一年来我们计财系统取得的成绩有目共睹，但下一步的任务也将更加艰巨，希望我们能携手共进，在新的起点把计财工作做得更好，为我省地税事业的进步作出更大贡献！

抓住机遇 严格管理 努力建设一支高素质的稽查干部队伍

——钱子辉同志在2003年全省地税稽查工作会议上的讲话

(2003年3月26日)

同志们:

全省地税稽查工作会议今天召开了,此次会议的主要任务是:根据省局黄旭明局长在全省地税工作会议上的要求,传达贯彻全国税务稽查工作会议精神,总结、部署全省地税稽查工作。可以说,2002年全省地税稽查工作又上了一个新台阶,取得的成绩是有目共睹的,这是全体稽查干部共同努力的结果。在此,我代表省局向大家,并通过大家向战斗在稽查第一线的全体地税稽查干部一年来的辛勤工作表示衷心的感谢!下面,我就当前我省地税稽查工作现状,讲几点意见。

一、目前地税稽查工作面临的形势

(一)目前全省的经济形势

改革开放20多年来,我省社会经济发生了翻天覆地的变化,尤其是近些年,呈现出一种加速发展的势头,整个经济形势向着一个好的方向在发展,如:全省固定资产投资势头很强劲,2001年,全省新增固定资产投资510亿元,2002年,全省新增固定资产投资681亿元。房地产业虽然有一定不同的反响,但总的态势还是好的。从前两年的几个经济指标来看,我省经济也处于上升阶段,如:2001年,全省新增GDP712亿元,2002年,全省新增GDP922亿元,估计到2007年,全省GDP要达到一万个亿;2001年,全省新增财政收入198亿元,2002年,全省新增财政311个亿。这无疑为我们面向新世纪新阶段的发展打下了良好的基础,我们有充分的信心,浙江人代会提出的2003年财政税收目标一定会实现。

(二)目前全省地税收入形势

随着经济结构调整的不断推进,我省已逐步由经济大省向经济强省迈进,企业运行质量提高,企业效益及居民收入大幅增加,城市化进程不断推进,第三产业发展迅猛,带来了丰富的地税税源。自2002年以来,我省地税部门顺应入世以及贯彻新征管法及其实施细则的要求,切实整顿和规范地税税收秩序,加强对重点行业、重点税种和高收入者的征管,优化纳税环境等各项措施也在今年继续产生后续增收效应,国民经济开局良好,各项经济指标快速增长,为地税收入的快速增长奠定了基础。去年我省地税收入全年绝对额增长是61个亿,今年前两个月我省税收增长的绝对额已超过去年的50%,一月份,全省地税收入列全国第二位。随着全省地税管理现代化的全面推进,将为全省今年的地税征管工作带来新局面和新举措,预计后期税收收入仍将在经济和征管的双重作用下继续保持较快增长。

(三)征管体制进一步清晰和完善,稽查工作取得较大成绩

近几年来,全省地税系统以入世为契机,对内提升依法征税,对外促进依法纳税,大力推进依法治税,使地税征管环境和执法环境进一步优化,税收征纳秩序更趋规范,地税征管体制和模式进一步清晰,稽查与相关部门的职责更加明确,全省地税稽查工作取得了较大成绩,主要表现在:稽查队伍素质有了较大的改善和提高,稽查管理水平每年上一个台阶,稽查管理和运行机制已趋完善,在规范稽查工作方面也做了大量工作,稽查工作实绩得到了充分体现,以查促管作用明显,稽查各项工作指标每年名列全国前茅,每

年都得到总局的通报表扬。五年多来，全省稽查部门查补税（费、基金）、滞纳金、罚款等金额共计40.37亿元，查处单位偷税数额50万元以上的案件584件，查补税款合计达6.92亿元，移送司法机关处理案件266件，其中有89人被依法追究刑事责任。几年来全省地税稽查队伍中涌现出大批先进单位和先进个人，一批地税稽查机构被当地政府和上级机关授予了“执法先进单位”、“青年文明号”、“文明稽查局” 等荣誉称号，如：乐清市稽查局、黄岩区稽查局已连续5年被评为省级稽查工作“先进集体”，富阳市稽查局的胡涛同志也连续4年被评为省级“查帐能手”，金华市、诸暨市稽查局的徐雨光、余龙凡等3人被省里评选为“杰出青年卫士”和“青年卫士”。总之，通过全体稽查干部的艰辛努力，省局在1997年底组建全省地税稽查队伍时，提出建立一支“政治过硬、业务熟炼、作风良好、装备精良、打击有力的队伍”的目标已基本实现，这一切都为今后我省地税稽查工作的开展打下了良好的基础。

二、当前我省地税稽查工作的主要任务

（一）全面贯彻落实稽查各项工作制度

制度建设是稽查系统管理的一项主要工作，建立起一整套完备又符合实际情况的制度体系，对于规范执法行为具有重要意义。自我省地税稽查队伍组建以来，省局出台了不少稽查工作制度，为了更好发挥这些工作制度在强化稽查工作中的作用，各级稽查部门要采取有效措施，使全体稽查人员认真领会和掌握已有的各项制度，深刻理解出台这些制度办法的原因和目的，将各项制度贯彻到稽查执法活动中。但从目前情况来看，一些地方对制度的落实工作抓得不深不严，以执行大要案上报制度为例，去年全省稽查部门共查处50万元以上大要案计197件，但实际上报省局的只有90件，上报比例只有45.69%。这不是业务素质问题，说得轻一点是责任心不强，重一点是职业道德问题，今后新的征管法实施以后，纳税人法律意识增强后，如果还是这种业务素质和这种工作态度，首先当被告的就是稽查部门，因此大家要明白，做好制度执行工作是整个稽查工作的前提和基础，今后如果因制度执行不好而败诉，要追究有关人员的责任。

（二）要继续不断完善稽查工作机制和制度

实践证明，一级稽查模式是依法治税的客观需要，是稽查模式改革的必然趋势，符合我省征管改革的总体方向，是实现税收征管专业化的必然选择，是体现稽查局作为执法主体的一种体制模式。从各地上报情况来看，到2002年底止，全省所有地税机关均已在全域实施了一级稽查，但在具体实施过程中，一些地方还没有真正到位，如：一些地方表面是一级稽查，实际上却不是，未能按照一级稽查要求设立相关的内设机构，在实际工作上还未能达到省局提出的一级稽查标准。随着征管改革的深入，征收大厅将越来越小，但稽查队伍还是要壮大，稽查工作还是要加强，稽查人员的数量和质量也必须保证，要真正做到一级稽查机构到位、人员到位、工作职责到位、稽查经费到位，真正达到提高稽查效率，减轻基层和纳税人负担的目的。

今年全省地税系统将全面导入ISO9000管理体系。ISO9000是企业质量管理的流程，但行政部门要将这种管理理念要引入。在具体实施过程中，要结合实际而不图形式，要注重实施而不搞花架子。此外，各地应加强稽查信息化工作的领导，主要是要提高税友2000“稽查子系统”的应用水平，真正发挥该系统对稽查工作管理的监督、规范作用。这里，我要强调一点：每个稽查案件必须实时、全过程进入该系统运转，要防止“案件查处结束后再进系统去流转一下”这种现象，否则，就是自欺欺人，达不到运转“稽查子系统”的真正目的。

（三）把学习型组织真正落实到稽查组织中，并取得成效

自1997年税务机构进一步分设以来，我省地税稽查队伍经历了一个从无到有、从弱到强、从无序到有序的过程，到2002年底，全省地税稽查干部人数有2433人，比1997年增加937人，增长比例达62.63%。从这两年来查办大要案的情况来看，从我们对案件复查和案件评比的情况来看，仅仅依靠增加稽查队伍的人员数量是行不通的，也是不可能的，关键是要提高稽查人员的业务素质，要把学习型组织真正落实到稽查组织中，并取得成效。因此，各级稽查部门的领导一定要有清醒的头脑，要认识到培养和造就一批稽查精英是迫在眉睫的工作，要根据省局黄局长的要求，在稽查组织中要深入开展学习型组织建设，提高人力资源能力，从而把各级稽查部门建设成为具有与时俱进

理念与能力的学习型稽查组织。

各级地税机关要适当调整现有稽查人员的结构，将素质高、业务精、能力强的同志调配到稽查部门，要将计算机、法律等专业人才充实到稽查部门。同时在稽查部门或整个地税系统中挑选一批业务尖子，通过2-3年努力，在全省地税稽查部门培养出一批懂税收法律法规、行政法律、税收知识、查帐技巧、能查铁案的稽查精英分子，再由这些人带动其他稽查干部来提高业务素质，其中：每个县(市、区)至少有1-2名，每个市至少有3-5名，省里定期对他们进行重点培训，做到人员严进严出，工作岗位相对稳定，福利待遇从优，在同等条件下，这些稽查骨干可优先评为高一级技术职称。使他们成为稽查部门的“宪兵”。今年省局将组织一批稽查业务骨干到扬州税务学院进行为期两个月的培训，

(四)在查处涉税大要案上要有新的突破

查处涉税案件是稽查部门的基本工作任务，而大案要案的查处则是稽查工作的重点，我们绝不能偏离这个方向。地税与国税相比，大要案相对会少一点，但也不是没有，关键是一个决心的问题，如何把握的问题，如何选案的问题，只有通过对大要案的查处，才能充分发挥稽查的威慑作用，才能起到“杀一儆百”的效果，才能最大限度地遏制重大涉税案件的发生，确实起到“以查促管”的作用。当前案件查处的重点：

一是及时发现并查处做假账开假发票的偷逃税行为。各级稽查部门在各类税收检查过程中，要注意发现线索，加大查处利用做假账、两套账和账外经营授受假发票等手段偷逃税款的力度，引导纳税人遵纪守法，建立诚信纳税的良好税收环境。

二是对重点行业重点案件的检查。去年在对建筑安装、房地产行业重点检查中，查处了不少大案要案，2003年除继续做好上述行业的检查外，要重点在一些近年来牟取暴利、社会效益不明显的行业中查处一些大案要案，并把检查重点放在企业所得税的检查上，真正做到查深、查透、查实，要防止做表面文章。

三是要在高收入行业和高收入个人中查处一些大案要案。去年，总局组织查处的刘晓庆偷税案在社会上引起了很大反响，对高收入群体的自觉纳税意识起到了极大的促进作用，效果很好。在今年的全国人大会议中，“二高”问题仍是社会热点问题，各级稽查部门要在对高收入行业和高收入个人的检查上下力气，查处一批大案要案，并把它们办成“铁案”。

(五)要做好强化系统管理这篇文章

作为地税机关的主要对外执法队伍，各级稽查局分别受上一级稽查局和本级地税局的双重管理。各级税务稽查部门除主要负责案件查处工作以外，还承担着税务稽查管理这个重任。因此，市一级稽查部门要建立与县(市、区)稽查部门的信息交流机制，定期召开稽查工作例会(每年至少1-2次)，加强各级稽查部门之间的经验交流，准确把握稽查工作方向，及时掌握稽查工作动态，对基层稽查部门的工作做到“心中有数”。同时，各级稽查部门应该防止二个倾向：一是要防止只重视案件查处工作，而忽视稽查管理工作，把稽查局变成了检查局，尤其是市一级稽查部门，应进一步加强对所属县(市、区)稽查工作的指导管理力度；二是要防止大包大揽现象的产生，不能把征管部门的一些工作(如：对漏征漏管户、无证户等的日常稽核工作)作为稽查部门的职责范围。在这里，我要表扬嘉兴市、台州市局稽查局，他们对所属县(市、区)的稽查工作敢抓敢管，通过下查一级、业务培训、交叉检查等方式，带动了整个地区稽查工作的开展，使整个地区形成一盘棋，稽查工作开展得有声有色，发挥了整体作战的效能。

三、当前地税稽查工作中应注意的几个问题

(一)关于稽查定位问题

新征管法实施细则规定：“稽查局专司偷税、逃避追缴欠税、骗税、抗税案件的查处。国家税务总局应当明确划分税务局和稽查局的职责，避免职责交叉。”目前有个别地方在走回头路，个别稽查局在逐渐演变成“征管局”，个别征管局逐渐演变成“稽查局”，主要表现在：一些征管部门扩大了稽核的时限范围和内容，并用稽查方法实施日常稽核，混淆了稽查与稽核的职责。一些稽查局以抓收入为主，放松了对大要案的查处，这是征管改革的退步。为了科学合理地确定稽查局和其他税务机构的职责，目前国家税务总局正在组织相关人员调查论证具体方案，在总局没有统一明确之前，各级稽查局现行职责不变，主要为：稽查业务管理、税务检查和税收违法案件查处；凡需要对纳税人、扣缴义务人进行账证检查或者调查取证，并对其税收违法行为进行税务行政处理(处罚)的执法行动，仍应

由各级稽查局负责。在具体实施过程中,各级稽查部门应做好与征管、法规等部门的协调配合工作,防止职能错位。

(二)关于稽查综合选案问题

在综合选案这个问题上,一些稽查干部还存在一定的消极抵触情绪,表现在具体工作上,要么认为选案工作"事不关已,高高挂起",对选案工作漠不关心;要么对选案工作持不合作态度,未能把稽查发现的案源线索和稽查结果及时提供、反馈给选案部门。究其原因,我认为还是功利心态在作祟,偏面地认为选案是一种权利,是一种做"好人"的手段,而未能从加强执法监督这个角度去分析、考虑问题,其最终结果就使稽查工作处于一种被动应付的状态,重点打击作用得不到充分发挥。对于综合选案这个问题,省局的态度是十分明确的,即:稽查选案是各个部门参与的,而且稽查部门是其中一个重要部门,稽查部门提供的线索应作为确定稽查对象时主要参考因素之一,因为稽查部门是案件检查的最终实施者,选案准确与否,对稽查工作质量和效率将会产生直接影响。因此,在综合选案过程中,稽查部门应及时向选案部门提供有关案源线索,积极参与相关工作,敢于和善于发表意见,努力争取稽查工作的主动权,充分发挥以查促管的作用。

(三)关于稽查案件审理问题

对大要案实行分级审理是规范稽查执法行为的一个重要举措,省局对具体的操作办法也曾作出规定,但一些地方的分级审理工作还未真正实施到位,一些稽查部门与案审委办公室(法规部门)的协作协调配合还存在问题,对提交案件的质量把关不严,证据材料提取、文书制作等基础性工作有待完善。因此,针对目前法规力量相对薄弱的现状,稽查部门应积极与法规部门配合,做好沟通协调工作,对法规部门指出的问题,应虚心接受,及时改进。一方面,要管好由稽查局负责审理的案件,另一方面对移交案审委审理的案件,严格按有关程序办理,在案审委审理具体案件过程中,稽查局要积极配合,及时给予支持。省局于近日下发了《浙江省地税系统重大税务案件审理暂行办法》,对大要案审理工作作了详细规定,各地务必切实履行。

(四)关于涉税犯罪案件移送问题

新《刑法》和国务院、高法院下发的有关制度文件对税务机关应移送案件的条件作了比较明显的界定,但不少税务干部甚至包括一些地税局、稽查局领导在内,对这一问题认识还比较模糊,对该移送的案件未能及时移送,导致工作上的被动局面。根据省公安厅提供的数据,2002 年全省公安经侦部门共受理涉嫌危害税收征管罪案件 1258 起,其中:税务部门移送的案件有 677 起,而我们地税系统去年移送公安机关的案件仅为 80 件,占税务部门移送案件数的比例仅为 11.82%。客观上讲,国税部门移送的案件基本上为增值税方面的案件,数量相应会多一些,但 2002 年全省地税稽查部门查处的 10 万元以上的案件有 899 件,如果剔除"偷税数额占应纳税额的 10%"这个因素,再加上因抗税及非法印制(复制)、倒卖发票等因素需移送的案件,相信这个数字应该还要大得多。

2003 年,省稽查局将对各级稽查部门下达大要案查处、案件移送和新闻曝光的指导性指标,其目的是为了在对大要案查处、涉税案件移送和新闻曝光工作上有一个新的突破。各级稽查部门要继续加强与公安部门的密切配合,在查处重大涉税案件时,要有充分的认识,这叫做有为才有位,有位才有威。要想办法去寻大案,去查大案,要适时提请公安部门介入,进行联合查办和督办,尽最大可能挽回税款损失。对达到涉税犯罪移送标准的案件应坚决移送,千万不要主动去做"好人",要相信司法机关也是依法办事的,要正确处理好依法行政与发展地方经济的关系。同时,各地要选择有典型意义的案件,通过新闻媒体予以曝光,以达到社会效果,这就是稽查威慑力体现的根本所在。

(五)关于责成自查制度执行问题

省局出台"责成自查与重点检查相结合的办法",其主要目的是为了加大税法宣传力度,以有限的稽查力量适当地扩大检查面,在责成纳税人自查的基础上,提高重点稽查的力度,使稽查工作做到有的放矢。自从我省实施责成自查办法以来,效果是明显的,各地的执行也是可以的,总局、省局领导对此项工作给予了肯定。但有一些地方错误地理解了这个办法,在具体执行上也走偏了方向,有的地方只强调责成自查,弱化了重点稽查,使得重点稽查的面过窄或力度过小,把责成自查变成了"放水养鱼"的办法,变成了原来的“税务财务大检查”,使自查工作流于形式,而忽视了责成自查也是重点检查的一个组成部分,二者相辅相承,不能孤立对待,案件检查才是我们稽查工作的主要内容,决不能只自查而不重点检查或重点检查力度不足。如:2002年某稽查局检查总户数有3510户,其中责成自查户数为3291户,占检查总户数的比例达93.76%,责成自查后转重点稽查户数为186户,重点检查面仅为5.52%,重点检查查补税款占查补税款总额的比例仅为4.96%,其余均通过责成自查手段入库。为此,各地在实施过程中,一定要还责成自查的本来面目,认识到责成自查是给企业一个自查自纠的机会,是解决人少事多矛盾的一个方法,也是了解企业纳税情况的一个手段,决不能把把责成自查作为查补收入的主要手段,不能只注重责成自查而忽视了重点稽查,更不能把稽查局变成第二个征管局。要牢记稽查部门的主要职责就是“打击和惩处”四个字,就是要严格执法,做好案件查处工作,就是要做“恶人”,而不能做“好人”。二是对已实施税务稽查的企业,必须顶住各方面的压力,绝不能再转为责成自查对象,如有此类情况,应及时向省稽查局报告。三是对上级部门交办、有关部门转办、群众举报、信息交换的案件,不得列入责成自查范围。四是要注意分析责成自查与重点稽查的界限,稽查部门一般不应到自查单位就具体问题进行鉴别辅导。五是防止责成自查工作流于形式或“走过场”,在责成自查结束后转作重点稽查的面一般不得少于30%。

(六)关于稽查队伍廉政建设问题

提高政治素质和加强廉政建设是一个不容忽视的问题。近几年来,稽查干部占地税部门干部的违法违纪发案率始终比较高,如:2001年全省地税系统发生违纪违法案件13件,其中稽查干部占5件,占全省案件发生数的38.46%。而2002年全省地税系统发生违纪违法案件15件,其中稽查干部占7人,占全省案件发生数的46.67%,违纪违法件数和比例比去年都有所增长。客观原因是稽查干部处于查处打击偷、欠、抗税的第一线,与纳税人直接接触比较多,但究其实质,还是由于我们对干部管理不够严,监督制约措施不够有效,对现有的廉政监督机制没有贯彻落实到位。为此,各级稽查部门,尤其是每位稽查局的领导干部,必须做到清正廉洁,在市场经济大潮的冲击下,要耐得住清贫,要树立终身“为人民服务”的高尚情操,做到“常在河边走,就是不湿鞋”。当然,在严格加强管理的同时,各地也要关心稽查干部的生活,解决稽查干部的后顾之忧。

同志们,在全省地税系统不断推进信息化建设和征管改革过程中,摆在我们面前的任务十分艰巨,也十分光荣,机遇和挑战并存,全体稽查干部一定要齐心协力,同心同德,始终牢记党和人民的重托,保持艰苦奋斗的作风,殚精竭虑,奋发进取,共同为我省地税事业作出新贡献!

ZHEJIANG DISHUI NIANJIAN

第二编

地方税收法规选编

税收法律法规规章类

企业债务重组业务所得税处理办法

国家税务总局令

第 6 号

现发《企业债务重组业务所得税处理办法》,自 2003 年 3 月 1 起施行。

国家税务总局局长 **金人庆**

2003 年 1 月 23 日

企业债务重组业务所得税处理办法

第一条 为加强对企业债务重组业务的所得税管理,防止税收流失,根据《中华人民共和国企业所得税暂行条例》及其实施细则的规定,制定本办法。

第二条 本办法所称债务重组是指债权人(企业)与债务人(企业)之间发生的涉及债务条件修改的所有事项。

第三条 债务重组包括以下方式:

(一)以低于债务计税成本的现金清偿债务;

(二)以非现金资产清偿债务;

(三)债务转换为资本,包括国有企业债转股;

(四)修改其他债务条件,如延长债务偿还期限、延长债务偿还期限并加收利息、延长债务偿还期限并减少债务本金或债务利息等;

(五)以上述两种或者两种以上方式组合进行的混合重组。

第四条 债务人(企业)以非现金资产清偿债务,除企业改组或者清算另有规定外,应当分解为按公允价值转让非现金资产,再以与非现金资产公允价值相当的金额偿还债务两项经济业务进行所得税处理,债务人(企业)应当确认有关资产的转让所得(或损失);债权人(企业)取得的非现金资产,应当按照该有关资产的公允价值(包括与转让资产有关的税费)确定其计税成本,据以计算可以在企业所得税前扣除的固定资产折旧费用、无形资产摊销费用或者结转商品销售成本等。

第五条 在以债务转换为资本方式进行的债务重组中,除企业改组或者清算另有规定外,债务人(企业)应当将重组债务的帐面价值与债权人因放弃债权而享有的股权的公允价值的差额,确认为债务重组所得,计入当期应纳税所得;债权人(企业)应当将享有的股权的公允价值确认为该项投资的计税成本。

第六条 债务重组业务中债权人对债务人的让步,包括以低于债务计税成本的现金、非现金资产偿还债务等,债务人应当将重组债务的计税成本与支付的现金金额或者非现金资产的公允价值(包括与转让非现金资产相关的税费)的差额,确认为债务重组所得,计入企业当期的应纳税所得额中;债权人应当将重组债权的计税成本与收到的现金或者非现金资产的公允价值之间的差额,确认为当期的债务重组损失,冲减应纳税所得。

第七条 以修改其他债务条件进行债务重组的,债务人应当将重组债务的计税成本减记至将来应付金额,减记的金额确认为当期的债务重组所得;债权人应当将债权的计税成本减记至将来的应收金额,减记的金额确认为当期的债务重组损失。

第八条 企业在债务重组业务中因以非现金资产抵债或因债权人的让步而确认的资产转让所得或债务重组所得,如果数额较大,一次性纳税确有困难的,经主管税务机关核准,可以在不超过5个纳税年度的期间内均匀计入各年度的应纳税所得额。

第九条 关联方之间发生的含有一方向另一方转移利润的让步条款的债务重组,有合理的经营需要,并符合以下条件之一的,经主管税务机关核准,可以分别按照本办法第四条至第八条的规定处理:

(一)经法院裁决同意的;

(二)有全体债权人同意的协议;

(三)经批准的国有企业债转股。

第十条 不符合本办法第九条规定条件的关联方之间的含有让步条款的债务重组,原则上债权人不得确认重组损失,而应当视为捐赠,债务人应当确认捐赠收入;如果债务人是债权人的股东,债权人所作的让步应当推定为企业对股东的分配,按照《国家税务总局关于企业股权投资业务若干所得税问题的通知》(国税发〔2000〕118号)第一条第(二)项的规定处理。

第十一条 本办法所称公允价值是指独立企业之间业务往来的公平成交价值。

第十二条 本办法自2003年3月1日起施行。

税务登记管理办法

国家税务总局令

第7号

《税务登记管理办法》已经2003年11月20日第6次局务会议审议通过,现予公布,自2004年2月1日起施行。

国家税务总局局长:**谢旭人**

2003年12月17日

第一章 总 则

第一条 为了规范税务登记管理,加强税源监控,根据《中华人民共和国税收征收管理法》(以下简称《税收征管法》)以及《中华人民共和国税收征收管理法实施细则》(以下简称《实施细则》)的规定,制定本办法。

第二条 企业,企业在外地设立的分支机构和从事生产、经营的场所,个体工商户和从事生产、经营的事业单位,均应当按照《税收征管法》及《实施细则》和本办法的规定办理税务登记。

前款规定以外的纳税人,除国家机关、个人和无固定生产、经营场所的流动性农村小商贩外,也应当按照《税收征管法》及《实施细则》和本办法的规定办理税务登记。

根据税收法律、行政法规的规定负有扣缴税款义务的扣缴义务人(国家机关除外),应当按照《税收征管法》及《实施细则》和本办法的规定办理扣缴税款登记。

第三条 县以上(含本级,下同)国家税务局(分局)、地方税务局(分局)是税务登记的主管税务机关,负责税务登记的设立登记、变更登记、注销登记和税务登记证验证、换证以及非正常户处理、报验登记等有关事项。

第四条 税务登记证件包括税务登记证及其副本、临时税务登记证及其副本。

扣缴税款登记证件包括扣缴税款登记证及其副本。

第五条 国家税务局(分局)、地方税务局(分局)按照国务院规定的税收征收管理范围，实施属地管理，采取联合登记或分别登记的方式办理税务登记。有条件的城市,国家税务局(分局)、地方税务局(分局)可以按照"各区分散受理、全市集中处理"的原则办理税务登记。

国家税务局(分局)、地方税务局(分局)联合办理税务登记的,应当对同一纳税人核发同一份加盖国家税务局(分局)、地方税务局(分局)印章的税务登记证。

第六条 国家税务局(分局)、地方税务局(分局)之间对纳税人税务登记的主管税务机关发生争议的,由其上一级国家税务局、地方税务局共同协商解决。

第七条 国家税务局(分局)、地方税务局(分局)执行统一税务登记代码。税务登记代码由省级国家税务局、地方税务局联合编制,统一下发各地执行。

已领取组织机构代码的纳税人税务登记代码为:区域码+国家技术监督部门设定的组织机构代码;个体工商户税务登记代码为其居民身份证号码;从事生产、经营的外籍、港、澳、台人员税务登记代码为:区域码+相应的有效证件(如护照,香港、澳门、台湾居民往来大陆通行证等)号码。

第八条 国家税务局(分局)、地方税务局(分局)应定期相互通报税务登记情况,相互及时提供纳税人的登记信息,加强税务登记管理。

第九条 纳税人办理下列事项时，必须提供税务登记证件:

(一)开立银行帐户;

(二)领购发票。

纳税人办理其他税务事项时,应当出示税务登记证件,经税务机关核准相关信息后办理手续。

第二章 设立登记

第十条 企业，企业在外地设立的分支机构和从事生产、经营的场所,个体工商户和从事生产、经营的事业单位(以下统称从事生产、经营的纳税人),向生产、经营所在地税务机关申报办理税务登记:

(一)从事生产、经营的纳税人领取工商营业执照(含临时工商营业执照)的,应当自领取工商营业执照之日起 30 日内申报办理税务登记，税务机关核发税务登记证及副本(纳税人领取临时工商营业执照的,税务机关核发临时税务登记证及副本);

(二)从事生产、经营的纳税人未办理工商营业执照但经有关部门批准设立的,应当自有关部门批准设立之日起 30 日内申报办理税务登记，税务机关核发税务登记证及副本;

(三)从事生产、经营的纳税人未办理工商营业执照也未经有关部门批准设立的,应当自纳税义务发生之日起 30 日内申报办理税务登记，税务机关核发临时税务登记证及副本;

(四)有独立的生产经营权、在财务上独立核算并定期向发包人或者出租人上交承包费或租金的承包承租人,应当自承包承租合同签订之日起 30 日内,向其承包承租业务发生地税务机关申报办理税务登记,税务机关核发临时税务登记证及副本;

(五)从事生产、经营的纳税人外出经营,自其在同一县(市)实际经营或提供劳务之日起,在连续的 12 个月内累计超过 180 天的,应当自期满之日起 30 日内,向生产、经营所在地税务机关申报办理税务登记,税务机关核发临时税务登记证及副本;

(六)境外企业在中国境内承包建筑、安装、装配、勘探工程和提供劳务的,应当自项目合同或协议签订之日起 30 日内，向项目所在地税务机关申报办理税务登记,税务机关核发临时税务登记证及副本。

第十一条 本办法第十条规定以外的其他纳税人,除国家机关、个人和无固定生产、经营场所的流动性农村小商贩外，均应当自纳税义务发生之日起 30 日内，向纳税义务发生地税务机关申报办理税务登记,税务机关核发税务登记证及副本。

第十二条 税务机关对纳税人税务登记地点发生争议的,由其共同的上级税务机关指定管辖。国家税务局(分局)、地方税务局(分局)之间对纳税人的税务登记发生争议的,依照本办法第六条的规定处理。

第十三条 纳税人在申报办理税务登记时，应当根据不同情况向税务机关如实提供以下证件和资料:

(一)工商营业执照或其他核准执业证件;

(二)有关合同、章程、协议书;

(三)组织机构统一代码证书;

(四)法定代表人或负责人或业主的居民身份证、护照或者其他合法证件。

其他需要提供的有关证件、资料,由省、自治区、直辖市税务机关确定。

第十四条 纳税人在申报办理税务登记时,应当如实填写税务登记表。

税务登记表的主要内容包括:

(一)单位名称、法定代表人或者业主姓名及其居民身份证、护照或者其他合法证件的号码;

(二)住所、经营地点;

(三)登记类型;

(四)核算方式;

(五)生产经营方式;

(六)生产经营范围;

(七)注册资金(资本)、投资总额;

(八)生产经营期限;

(九)财务负责人、联系电话;

(十)国家税务总局确定的其他有关事项。

第十五条 纳税人提交的证件和资料齐全且税务登记表的填写内容符合规定的,税务机关应及时发放税务登记证件。纳税人提交的证件和资料不齐全或税务登记表的填写内容不符合规定的,税务机关应当场通知其补正或重新填报。纳税人提交的证件和资料明显有疑点的,税务机关应进行实地调查,核实后予以发放税务登记证件。

第十六条 税务登记证件的主要内容包括:纳税人名称、税务登记代码、法定代表人或负责人、生产经营地址、登记类型、核算方式、生产经营范围(主营、兼营)、发证日期、证件有效期等。

第十七条 已办理税务登记的扣缴义务人应当自扣缴义务发生之日起 30 日内,向税务登记地税务机关申报办理扣缴税款登记。税务机关在其税务登记证件上登记扣缴税款事项,税务机关不再发给扣缴税款登记证件。

根据税收法律、行政法规的规定可不办理税务登记的扣缴义务人,应当自扣缴义务发生之日起 30 日内,向机构所在地税务机关申报办理扣缴税款登记。税务机关核发扣缴税款登记证件。

第三章 变更登记

第十八条 纳税人税务登记内容发生变化的,应当向原税务登记机关申报办理变更税务登记。

第十九条 纳税人已在工商行政管理机关办理变更登记的,应当自工商行政管理机关变更登记之日起 30 日内,向原税务登记机关如实提供下列证件、资料,申报办理变更税务登记:

(一)工商登记变更表及工商营业执照;

(二)纳税人变更登记内容的有关证明文件;

(三)税务机关发放的原税务登记证件(登记证正、副本和登记表等);

(四)其他有关资料。

第二十条 纳税人按照规定不需要在工商行政管理机关办理变更登记,或者其变更登记的内容与工商登记内容无关的,应当自税务登记内容实际发生变化之日起 30 日内,或者自有关机关批准或者宣布变更之日起 30 日内,持下列证件到原税务登记机关申报办理变更税务登记:

(一)纳税人变更登记内容的有关证明文件;

(二)税务机关发放的原税务登记证件(登记证正、副本和税务登记表等);

(三)其他有关资料。

第二十一条 纳税人提交的有关变更登记的证件、资料齐全的,应如实填写税务登记变更表,经税务机关审核,符合规定的,税务机关应予以受理;不符合规定的,税务机关应通知其补正。

第二十二条 税务机关应当自受理之日起 30 日内,审核办理变更税务登记。纳税人税务登记表和税务登记证中的内容都发生变更的,税务机关按变更后的内容重新核发税务登记证件;纳税人税务登记表的内容发生变更而税务登记证中的内容未发生变更的,税务机关不重新核发税务登记证件。

第四章 停业、复业登记

第二十三条 实行定期定额征收方式的个体工商户需要停业的,应当在停业前向税务机关申报办理停业登记。纳税人的停业期限不得超过一年。

第二十四条 纳税人在申报办理停业登记时，应如实填写停业申请登记表，说明停业理由、停业期限、停业前的纳税情况和发票的领、用、存情况，并结清应纳税款、滞纳金、罚款。税务机关应收存其税务登记证件及副本、发票领购簿、未使用完的发票和其他税务证件。

第二十五条 纳税人在停业期间发生纳税义务的，应当按照税收法律、行政法规的规定申报缴纳税款。

第二十六条 纳税人应当于恢复生产经营之前，向税务机关申报办理复业登记，如实填写《停、复业报告书》，领回并启用税务登记证件、发票领购簿及其停业前领购的发票。

第二十七条 纳税人停业期满不能及时恢复生产经营的，应当在停业期满前向税务机关提出延长停业登记申请，并如实填写《停、复业报告书》。

第五章 注销登记

第二十八条 纳税人发生解散、破产、撤销以及其他情形，依法终止纳税义务的，应当在向工商行政管理机关或者其他机关办理注销登记前，持有关证件和资料向原税务登记机关申报办理注销税务登记；按规定不需要在工商行政管理机关或者其他机关办理注册登记的，应当自有关机关批准或者宣告终止之日起 15 日内，持有关证件和资料向原税务登记机关申报办理注销税务登记。

纳税人被工商行政管理机关吊销营业执照或者被其他机关予以撤销登记的，应当自营业执照被吊销或者被撤销登记之日起 15 日内，向原税务登记机关申报办理注销税务登记。

第二十九条 纳税人因住所、经营地点变动，涉及改变税务登记机关的，应当在向工商行政管理机关或者其他机关申请办理变更、注销登记前，或者住所、经营地点变动前，持有关证件和资料，向原税务登记机关申报办理注销税务登记，并自注销税务登记之日起 30 日内向迁达地税务机关申报办理税务登记。

第三十条 境外企业在中国境内承包建筑、安装、装配、勘探工程和提供劳务的，应当在项目完工、离开中国前 15 日内，持有关证件和资料，向原税务登记机关申报办理注销税务登记。

第三十一条 纳税人办理注销税务登记前，应当向税务机关提交相关证明文件和资料，结清应纳税款、多退（免）税款、滞纳金和罚款，缴销发票、税务登记证件和其他税务证件，经税务机关核准后，办理注销税务登记手续。

第六章 外出经营报验登记

第三十二条 纳税人到外县（市）临时从事生产经营活动的，应当在外出生产经营以前，持税务登记证向主管税务机关申请开具《外出经营活动税收管理证明》（以下简称《外管证》）。

第三十三条 税务机关按照一地一证的原则，核发《外管证》，《外管证》的有效期限一般为 30 日，最长不得超过 180 天。

第三十四条 纳税人应当在《外管证》注明地进行生产经营前向当地税务机关报验登记，并提交下列证件、资料：

（一）税务登记证件副本；

（二）《外管证》。

纳税人在《外管证》注明地销售货物的，除提交以上证件、资料外，应如实填写《外出经营货物报验单》，申报查验货物。

第三十五条 纳税人外出经营活动结束，应当向经营地税务机关填报《外出经营活动情况申报表》，并结清税款、缴销发票。

第三十六条 纳税人应当在《外管证》有效期届满后 10 日内，持《外管证》回原税务登记地税务机关办理《外管证》缴销手续。

第七章 证照管理

第三十七条 税务机关应当加强税务登记证件的管理，采取实地调查、上门验证等方法，或者结合税务部门和工商部门之间，以及国家税务局（分局）、地方税务局（分局）之间的信息交换比对进行税务登记证件的管理。

第三十八条 税务登记证式样改变，需统一换发税务登记证的，由国家税务总局确定。

第三十九条 纳税人、扣缴义务人遗失税务登记证件的,应当自遗失税务登记证件之日起 15 日内,书面报告主管税务机关,如实填写《税务登记证件遗失报告表》,并将纳税人的名称、税务登记证件名称、税务登记证件号码、税务登记证件有效期、发证机关名称在税务机关认可的报刊上作遗失声明,凭报刊上刊登的遗失声明向主管税务机关申请补办税务登记证件。

第八章 非正常户处理

第四十条 已办理税务登记的纳税人未按照规定的期限申报纳税,在税务机关责令其限期改正后,逾期不改正的,税务机关应当派员实地检查,查无下落并且无法强制其履行纳税义务的,由检查人员制作非正常户认定书,存入纳税人档案,税务机关暂停其税务登记证件、发票领购簿和发票的使用。

第四十一条 纳税人被列入非正常户超过三个月的,税务机关可以宣布其税务登记证件失效,其应纳税款的追征仍按《税收征管法》及其《实施细则》的规定执行。

第九章 法律责任

第四十二条 纳税人未按照规定期限申报办理税务登记、变更或者注销登记的,税务机关应当自发现之日起 3 日内责令其限期改正,并依照《税收征管法》第六十条第一款的规定处罚。

纳税人不办理税务登记的,税务机关应当自发现之日起 3 日内责令其限期改正;逾期不改正的,依照《税收征管法》第六十条第一款和第二款的规定处罚。

第四十三条 纳税人未按照规定使用税务登记证件,或者转借、涂改、损毁、买卖、伪造税务登记证件的,依照《税收征管法》第六十条第三款的规定处罚。

第四十四条 纳税人通过提供虚假的证明资料等手段,骗取税务登记证的,处 2000 元以下的罚款;情节严重的,处 2000 元以上 10000 元以下的罚款。纳税人涉嫌其他违法行为的,按有关法律、行政法规的规定处理。

第四十五条 扣缴义务人未按照规定办理扣缴税款登记的,税务机关应当自发现之日起 3 日内责令其限期改正,并可处以 2000 元以下的罚款。

第四十六条 纳税人、扣缴义务人违反本办法规定,拒不接受税务机关处理的,税务机关可以收缴其发票或者停止向其发售发票。

第四十七条 税务人员徇私舞弊或者玩忽职守,违反本办法规定为纳税人办理税务登记相关手续,或者滥用职权,故意刁难纳税人、扣缴义务人的,调离工作岗位,并依法给予行政处分。

第十章 附 则

第四十八条 本办法涉及的标识、戳记和文书式样,由国家税务总局确定。

第四十九条 本办法由国家税务总局负责解释。各省、自治区、直辖市和计划单列市国家税务局、地方税务局可根据本办法制定具体的实施办法。

第五十条 本办法自 2004 年 2 月 1 日起施行。

税收法制类

国务院关于取消第二批行政审批项目和改变一批行政审批项目管理方式的决定

2003年2月27日　国发【2003】5号

各省、自治区、直辖市人民政府，国务院各部委、各直属机构：

国务院决定取消第一批行政审批项目后，国务院行政审批制度改革工作领导小组继续对国务院部门其余的行政审批项目进行了严格的审核和论证。经研究，国务院决定第二批取消406项行政审批项目，另将82项行政审批项目作改变管理方式处理，移交行业组织或社会中介机构管理。各地区、各部门要认真做好行政审批项目取消和调整后有关后续监管和衔接等工作，防止出现管理脱节。要按照社会主义市场经济体制的要求，将行政审批制度改革与政府机构改革、财政管理体制改革、电子政务建设、相对集中行政处罚权和综合行政执法试点等工作紧密结合起来，进一步转变政府职能，深化行政管理体制改革，促进依法行政，加强行政管理，提高行政效能。

附件：1、国务院决定取消的第二批行政审批项目目录（406项）

2、国务院决定改变管理方式的行政审批项目目录（82项）（略）

附件1

国务院决定取消的第二批行政审批项目目录（406项，涉税部分）

部门	序号	项目名称	设定依据　　备注
税务总局	159	城市维护建设税审批	《财政部关于城市维护建设税几个具体业务问题的补充规定》（【1985】财税字第143号）
	160	指定中国免税品公司出境口岸免税店经销国产品退税审批	《国家税务总局关于出境口岸免税店经营国产品试行退（免）税办法的通知》（国税发【1996】182号）；《海关总署、国家税务总局关于对出境口岸免税店经销国产品试行退税政策有关事宜的通知》（署监【1997】416号）；《国家税务总局关于下发新增中国免税品公司统一经营管理的出境口岸免税店名单的通知》（国税函【1997】457号）
	161	城乡信用社固定资产修理费列支审批	《国家税务总局关于加强城乡信用社财务管理若干问题的通知》（国税发【1996】128号）

附件1

国务院决定取消的第二批行政审批项目目录(406项,涉税部分)

部门	序号	项目名称	设定依据	备注
税务总局	162	城市商业银行税前列支奖金比例的审批	《国家税务总局关于城市商业银行所得税几个业务问题的通知》(国税发【1999】227号)	
	163	外商投资企业列支福利费的审核	《中华人民共和国外商投资企业和外国企业所得税法实施细则》(国务院令第85号)	
	164	外商投资企业和外国企业计提坏账准备金的审批	《中华人民共和国外商投资企业和外国企业所得税法实施细则》(国务院令第85号)	
	165	中外合作经营企业固定资产按经营期限计提折旧审批	《中华人民共和国外商投资企业和外国企业所得税法实施细则》(国务院令第85号)	
	166	外商投资企业固定资产少留或不留残值的核准	《中华人民共和国外商投资企业和外国企业所得税法实施细则》(国务院令第85号)	
	167	产品出口企业当年减半缴纳企业所得税的核准	《中华人民共和国外商投资企业和外国企业所得税法实施细则》(国务院令第85号)	
	168	外商投资企业财产转让收益分期计入应纳税所得额的核准	《财政部、国家税务总局关于外商投资企业从事投资业务若干税收问题的通知》(【1994】财税字第083号)	
	169	外商投资企业技术开发费加计扣除的核准	《国家税务总局关于外商投资企业技术开发费抵扣应纳税所得额有关问题的通知》(国税发【1999】173号)	
	170	企业接受捐赠的大额非货币资产在不超过5年的时间内平均计入应纳税所得额的核准	《国家税务总局关于外商投资企业和外国企业接受捐赠税务处理的通知》(国税发【1999】195号)	
	171	外商投资企业和外国企业雇员境外社会保险费免征个人所得税的核准	《国家税务总局关于外商投资企业和外国企业的雇员的境外保险费有关所得税处理问题的通知》(国税发【1998】101号)	
	172	饲料产品需检测品种的确定	《财政部、国家税务总局关于饲料产品免征增值税问题的通知》(财税【2001】121号)	
	173	对生产发票防伪专用品的企业资格认定(增值税专用发票除外)	《中华人民共和国发票管理办法》(1993年12月23日财政部令第6号)	

浙江省地方税务局关于公布削减和保留行政审批项目目录的通知

2003年5月19日 浙地税发【2003】65号

各市、县(市、区)地方税务局(不发宁波),省地方税务局直属一分局、直属二分局、外税分局、稽查局:

按照《浙江省人民政府关于深化省级行政审批制度改革的意见》(浙政发【2002】3号)要求,省局2002年在《浙江省省级政府部门审批事项减少和保留目录》(浙政发【2000】274号)的基础上,结合我省地税工作实际,进一步加大行政审批制度改革力度,削减幅度为35.71%,审批时限提速率为33.33%,达到了省政府的目标要求。根据《浙江省人民政府关于公布省级政府部门削减和保留行政审批项目目录的通知》(浙政发【2003】5号)的规定,目前省局保留审批事项19项,其中审批10项、审核7项、核准1项、备案1项。现将省局削减和保留的行政审批项目通知如下:

一、削减项目

(一)取消项目

1、兵役义务费减免;

2、个别建制镇暂缓开征房产税:

3、教育费附加减免(丝绸、纺织特困企业)。

(二)下放项目

1、银行呆、坏帐损失的营业税抵扣;

2、就业服务企业所得税减免;

3、轻工集体企业主管部门管理费计提;

4、土地增值税减免;

5、教育劳务营业税减免;

6、城市房地产税减免。

(三)不列入审批项目

下岗职工从事社区居民服务业营业税免税项目。

二、保留项目

(一)审批项目

1、年减免税额20万元以上受灾企业所得税减免;

2、属同一地区(总机构和分摊管理费的多数企业同在一省并跨市县)且金额在1000万元以下的总机构管理费计提;

3、同一省范围内集团公司技术开发费计提;

4、当年应缴水利建设专项资金3万元以上(含3万元)需减免的;

5、年减免税额10万元以下(不含10万元)的城镇土地使用税减免;

6、工矿区开征房产税;

7、一个县范围或一种车船的车船使用税减免;

8、工矿区开征土地使用税;

9、行业房产减免房产税;

10、延期缴纳税款(2000年以后国家新设定的行政审批项目)。

(二)审核项目

1、外国企业、外籍个人技术转让等收入免征营业税;

2、提高广告费税前扣除计提比例;

3、汇总缴纳企业所得税;

4、跨省且金额在1000万元以上(含1000万元)的总机构管理费计提;

5、跨省集团公司技术开发费计提;

6、年减免税额10万元以上(含10万元)的城镇土地使用税减免;

7、缩短折旧年限或采取加速折旧。

(三)核准项目

项目总投资4000万元以上的技术改造国产设备投资抵免企业所得税。

(四)备案项目

土地使用税适用税额标准。

以上各调整事项,请各地做好衔接工作,确保改革措施落到实处。

国家税务总局关于稽查局有关执法权限的批复

2003年5月26日　国税函【2003】561号

青岛市国家税务局:

你局《关于稽查局有关执法权限的请示》(青国税发【2003】101号)收悉。经研究,现批复如下:

《中华人民共和国税收征收管理法》及其实施细则中规定应当经县以上税务局(分局)局长批准后实施的各项权力,各级税务局所属的稽查局局长无权批准。

国家税务总局关于贯彻落实《国务院办公厅关于加快推进再就业工作的通知》的通知

2003年6月25日　国税发【2003】65号

各省、自治区、直辖市和计划单列市国家税务局、地方税务局:

为贯彻落实《国务院办公厅关于加快推进再就业工作的通知》(国办发〔2003〕40号)精神,加快推进再就业税收优惠政策的贯彻落实,现将有关事项通知如下:

一、提高认识,加强领导,加快推进再就业税收优惠政策的贯彻落实

加快推进再就业工作是当前党中央、国务院为促进经济发展、维护社会稳定的重要部署。各级税务机关要认真学习文件精神,切实提高认识,要把促进下岗失业人员再就业、维护社会稳定作为税务部门贯彻落实"三个代表"重要思想的重要举措,把贯彻落实好再就业税收优惠政策作为当前税收工作的重点工作来抓。各级税务机关主要领导要亲自负责,认真布置,全面和稳步地推进有关再就业税收优惠政策的贯彻落实工作。

二、严格执行再就业税收优惠政策,强化减免税政策落实情况的考核

各级税务部门要严格执行再就业税收优惠政策,要把再就业税收优惠政策落实情况列入考核内容,各地不得以完成税收征收任务为由对落实再就业税收优惠政策打折扣。对因按政策减免而影响的税收收入,可以相应抵减基层部门税收收入的任务指标。抵减收入任务指标的具体办法,按《国家税务总局关于落实再就业税收优惠政策减少税收收入有关问题的通知》(国税发〔2003〕62号)执行。

三、积极配合劳动保障部门,加强对《再就业优惠证》的规范管理

《再就业优惠证》是下岗失业人员享受税收优惠政策的必要条件,各级税务部门要积极配合同级劳动保障部门,规范对《再就业优惠证》的管理。各级税务机关在为下岗失业人员办理税收减免手续前,要认真核对《再就业优惠证》,对发现持有假证或一证重用等问题的,应及时通报同级劳动保障部门。同时应与劳动保障部门建立《再就业优惠证》的联合年审制度,严格《再就业优惠证》的使用和管理。

四、做好再就业税收优惠政策贯彻落实情况的跟踪问效工作

各级税务部门要建立再就业税收优惠政策减免税台账,强化减免税管理,按季上报各项再就业税收优惠政策的实施效果、减免税额、安置下岗失业人员、富余人员的人数等情况。各地应在每季度结束后10日内将再就业减免政策实施效果及统计表格(详见附表）上报总局（统计软件及表格在总局 ftp 服务器下“/local/ 政策法规司”下载，统计数据应在规定时间内上传至总局 ftp 服务器下“/centre/ 法规司”）。

五、加强对再就业税收优惠政策贯彻落实工作的监督检查

省一级税务机关要在 7 月底前对本地区再就业税收优惠政策的贯彻落实情况进行自查，并将自查情况报告总局。总局将在第三季度适时进行抽查。

对再就业税收优惠政策执行中出现的问题，各地应及时向总局报告（联系单位：政策法规司；电话：63417692；传真：63417971）。

附件：1.再就业税收优惠政策落实情况统计表格式样（编者略）

2.提高增值税、营业税起征点有关情况统计表式样（编者略）

浙江省地方税务局关于认真贯彻落实再就业税收政策强化跟踪问效工作的通知

2003 年 7 月 15 日　浙地税函【2003】282 号

各市、县（市、区）地方税务局（不发宁波），省地方税务局直属一分局、直属二分局、外税分局：

为贯彻落实《国务院办公厅关于加快推进再就业工作的通知》（国办发【2003】40 号）精神，财政部、国家税务总局出台了若干加快推进再就业税收优惠政策。现就认真贯彻落实再就业税收政策，强化税收政策的跟踪问效工作有关事项通知如下：

一、提高认识，加强领导，加快推进再就业税收优惠政策的贯彻落实

加快推进再就业工作是当前党中央、国务院为促进经济发展、维护社会稳定的重要部署。各级地税机关要认真学习文件精神，切实提高认识，要把促进下岗失业人员再就业、维护社会稳定作为地税部门贯彻落实"三个代表"重要思想的重要举措，把贯彻落实好再就业税收优惠政策作为当前税收工作的重点工作来抓。各级地税机关主要领导要亲自负责，认真布置，全面和稳步地推进有关再就业税收优惠政策的贯彻落实工作。

二、严格执行再就业税收优惠政策，积极配合劳动保障部门，加强对《再就业优惠证》的规范管理

《再就业优惠证》是下岗失业人员享受税收优惠政策的必要条件，各级税务部门要积极配合同级劳动保障部门，规范对《再就业优惠证》的管理。各级地税机关在为下岗失业人员办理税收减免手续前，要认真核对《再就业优惠证》，对发现持有假证或一证重用等问题的，应及时通报同级劳动保障部门。同时应与劳动保障部门建立《再就业优惠证》的联合年审制度，严格《再就业优惠证》的使用和管理。

三、做好再就业税收优惠政策贯彻落实情况的跟踪问效工作

根据《国家税务总局关于贯彻落实＜国务院办公厅关于加快推进再就业工作的通知＞的通知》（国税发【2003】65 号）的要求，各级地税部门要加强税收政策的跟踪问效工作。省局在《浙江省地方税务局关于印发＜下岗失业人员再就业有关税收减免程序具体操作意见＞的通知》（浙地税发【2003】50 号，以下简称《意见》）中，对再就业政策的跟踪问效工作作了布置。各级地税局在按照《意见》要求上报贯彻落实情况的同时，还应按照总局的要求按季上报《再就业税收优惠政策落实情况统计表》（附件一）及执行情况，同时填报《提高增值税、营业税起征点有关情况统计表》（附件二）。

各县（市、区）局应将《再就业税收优惠政策落实情况统计表》及执行情况报告上报市局，经市局汇总后上报省局。首次上报省局截至日期为 7 月 20 日，以后每季度终了 10 日内上报。提高营业税起征点统计情况请于 7 月 20 日前一并上报省局。为了提高工作效率，各市局应将有关材料的电子文档先行通过 FTP 发送至“省局政策法规处 / 再就业跟踪问效”。

附件：1、再就业税收优惠政策落实情况统计表（略）

2、提高增值税、营业税起征点有关情况统计表（略）

浙江省地方税务局关于转发《国家税务总局关于进一步做好税收政策落实工作的通知》的通知

2003年9月30日　浙地税发【2003】123号

各市、县(市、区)地方税务局(不发宁波),省地方税务局直属一分局、直属二分局、外税分局、稽查局:

现将《国家税务总局关于进一步做好税收政策落实工作的通知》(国税发【2003】109号,以下简称《通知》)转发给你们,并提出如下贯彻意见,希一并认真贯彻落实。

一、各地要及时组织广大税务人员认真学习《通知》内容,深刻领会《通知》精神,切实提高对做好再就业税收优惠政策贯彻落实工作重要性的认识,全面准确地掌握促进再就业的各项税收优惠政策。

二、利用各种有效途径和方法,积极做好各项税收优惠政策的宣传工作。特别要广泛开展送政策活动,要深入到居民社区、劳动职业介绍所、企业等地,宣传、解答有关政策,切实帮助企业和下岗失业人员用足用好现有的税收优惠政策,送去党和政府的关怀。

三、要因地制宜、因时制宜,加强部门内和部门间的协调和合作,采取切实有效措施,不折不扣地认真贯彻落实好各项税收优惠政策。

四、各地在2003年年底前把学习政策、宣传政策、落实政策促进下岗失业人员再就业工作的具体情况书面报告省局。对贯彻落实中出现的新情况、新问题要及时向省局反映。

国家税务总局关于进一步做好税收政策落实工作的通知

2003年9月19日　国税发【2003】109号

各省、自治区、直辖市和计划单列市国家税务局、地方税务局,局内各单位:

2003年以来,各级税务机关按照总局和各级地方政府的工作部署,坚持依法治税,不断加强征管,狠抓基层建设,有力地促进了各项税收工作的发展,税收收入实现了稳步增长。但是,一些地区在贯彻税收政策方面,不同程度地存在着认识不端正、落实不到位、执行打折扣的问题,个别地区甚至收“过头税”;同时,还有少数地区存在着擅自越权减免税收的问题。为全面准确地贯彻党中央、国务院确定的方针政策,确保税收职能作用的正常发挥,按照全国税务系统基层建设工作会议要求,现就进一步做好税收政策落实工作通知如下:

一、提高认识,加强领导

为了实现促进社会稳定、支持各项改革、加快经济结构调整、促进区域经济协调发展等社会经济政策目标,近一时期,国家先后出台了一系列税收优惠政策,如再就业税收政策、西部大开发税收政策、减轻农民负担的税收政策、支持高新技术产业发展的税收政策等。各级税务机关要全面准确地落实各项税收政策,做到执行中不偏离、不走样、不打折扣,不随意扩大政策界限,不越权减免税,保障各项税收政策真正落实到位,努力实现国家宏观调控的预期目标。

依法组织收入和贯彻执行国家税收政策是税务机关的基本职能,各级税务机关和广大税务干部,特别是各级领导干部要正确处理组织收入与落实税收政策的辨证关系。一方面,要坚持“依法治税、应收尽收、坚决不收过头税”的基本原则,另一方面,要全面、依法贯彻落实国家税收政策,不落实国家税收政策也是收“过头税”。因此,各级税务机关必须做到“两个坚决”,即坚决防止和制止弄虚作假、收“过头税”,坚决防止和制止越权减免税,切实维护好税法的统一性和严肃性。

广大税务干部应当充分认识到,国家出台的一系列税收优惠政策是在税收领域贯彻党中央、国务院有关大政方针、实施国家发展战略的重要步骤。各地、各级税务机关和广大税务干部一定要把认识提高到实践“三个代表”重要思想的高度上来,把思想统一到党中央、国务院确定的方针政策上来。各级税务机关的领导干部要把依法落实好税收政策作为一项重大的政治任务抓紧抓好。要带头学习、掌握好各项政策要点,精心组织、周密筹划系统内外的贯彻方案,对政策落实效果要加强督促检查,确保毫不动摇、不受干扰地坚持依法治税,严格依照法定权限和程序执行税收法律法规和政策。同时,各级领导干部要按照贴近实际、贴近生活、贴近群众的要求,针对新情况、新问题,加强税收立法和政策调研,及时提出完善现行税收政策的意见与建议。

二、突出重点,坚决贯彻好再就业税收政策

再就业问题是我国当前经济和社会生活中的一个重大问题,全面准确地落实好再就业各项税收优惠政策,是当前摆在我们面前的一项突出任务。各级税务机关和广大税务干部要从讲政治的高度,从维护改革发展稳定的大局出发,以人民利益为重,饱含对下岗失业人员的深厚感情,深入细致地做好这项政策的落实工作。当前,要重点抓好以下几个环节:

(一)进一步加大政策宣传力度

各级税务机关要同时做好对税务干部和对下岗失业人员两个方面的政策宣传工作;要广泛开展到社区、劳动职业介绍所、企业送税收政策活动,把国家制定的有关税收优惠政策的具体内容与申请办理减免税的资格条件、程序步骤予以公示,推行“阳光作业”;要针对不同对象,采取各种有效形式,突出政策宣传的效果。为方便各级税务机关宣传再就业税收优惠政策,总局编写了国家税务总局有关负责人就再就业税收优惠政策问题答记者问(见附件),各地要认真学习、贯彻,指导本地开展再就业税收政策宣传工作。各地可在此基础上进一步细化政策宣传的内容,以更加切合本地的实际情况。

(二)深入细致地做好纳税服务工作

各级税务机关要根据工作需要,创造性地开展纳税服务工作。如:可在办税服务厅设立下岗失业人员再就业办税专用窗口;可为下岗失业人员和吸纳下岗失业人员的企业开辟“再就业减免税审批工作绿色通道”,提供“一站式”、“一条龙”服务。各地还可根据实际情况,适当简化审核审批程序,提高工作效率,保证下岗失业人员和吸纳下岗失业人员的企业能在最短的时间内享受到国家规定的税收优惠政策。

(三)着力建立有效的监督制约机制

各级税务机关要坚持在服务中执法,将公正执法作为对纳税人最好的服务。要大力推行税收执法责任制,建立有效的考核、监督办法,使再就业税收政策的落实在机制上得到保障。要建立执行过错追究制度,对拒不落实再就业税收政策或者落实不到位的,对擅自扩大政策执行范围或未按政策规定擅自越权减免税的,要坚决予以纠正,并严格追究有关责任人的责任。

三、明确要求,确保各项税收任务圆满完成

各级税务机关在落实各项税收政策的过程中要充分发挥主动性和积极性,加强内部协调,争取外部合作。凡是税务机关自己能够做到的,一定要想方设法,尽力尽快地完成;凡是涉及税务机关不同部门的,一定要加强协调,密切合作,决不能因为内部协调不畅而导致政策落实不到位;凡是需要与其他部门配合才能完成的,税务机关要主动寻求合作,积极与有关部门配合,齐心协力地落实好各项税收政策。

为了减轻基层税务机关的压力,对于因依法落实税收政策而影响完成税收计划的,各级税务机关应当实事求是地逐级上报,由总局核减税收计划。对由于主观原因,应当依法减免税收却未减免而导致 2003 年后期税收收入偏高的,总局在编制 2004 年税收计划时将不考虑翘尾因素。

各级税务机关要在全面落实各项税收政策的同时,不断加强税收征管,发现薄弱环节,挖掘征管潜力;要严格控制新欠,有计划地清理陈欠,防止收入起伏过大;要坚决防止和纠正各种越权减免税行为,维护税法的严肃性和统一性。同时,要坚决防止和纠正收“过头税”行为,梳理历史积淀的收入“包袱”,根据收入情况,逐步予以消化,以夯实收入基础,实现税收收入的可持续稳定增长。

附件：

学习政策　宣传政策　落实政策 积极促进下岗失业人员再就业

——国家税务总局有关负责人就再就业税收优惠政策问题答记者问

今年8月，中央召开再就业座谈会。根据此次会议精神，9月初，经国务院批准，《财政部、劳动部、国家税务总局关于促进下岗失业人员再就业税收优惠及其他相关政策的补充通知》(以下简称《通知》)下发执行，记者就如何理解再就业税收优惠政策以及政策落实等问题采访了国家税务总局有关负责人。

记者：去年9月，党中央、国务院召开了全国再就业工作会议，今年8月，中央又召开了全国再就业座谈会，在短短一年的时间内，中央连续召开两次再就业会议，您认为其重要意义是什么？

有关负责人：就业和再就业是当前和今后一个较长时期我国经济和社会发展中的一个突出问题，解决得好与否，直接关系到国民经济和社会发展的全局。党中央、国务院对此一直高度重视，短短一年时间内，连续召开两次会议，对促进就业和再就业工作作出全面部署，充分体现了新一届中央领导集体对这项工作的高度重视，体现了对广大人民群众切身利益的极端关切。积极促进下岗失业人员再就业，是摆在各级政府部门面前的一项重大而紧迫的政治任务，税务部门要从贯彻落实"三个代表"重要思想和十六大精神的战略高度，充分认识到做好这项工作的极端重要性，充分发挥税收的职能作用，为国分忧，积极为促进就业和再就业做出力所能及的贡献。

记者：在促进就业和再就业的各项政策措施中，税收政策是其中的重要内容，您认为税收可以发挥什么作用？

有关负责人：促进就业和再就业，是税务部门的重要工作内容，也是税务部门义不容辞的责任。正如您所言，税收是国家促进就业和再就业的一个重要政策手段。在这方面，税收政策有其自身的优势，它具有受益面广，受益直接以及受益快等特点，能够有力地促进就业与再就业，政策效果较为明显，党中央、国务院也对我们税务部门寄予厚望。就以中央最近召开的再就业工作座谈会为例，会议明确的三条政策界限以及四个在执行中需要进一步明确的政策问题，其中共有四项涉及到税收政策。我们今天颁布实施的《通知》就是为了贯彻落实此次会议精神，积极会同有关部门研究制定的。自去年再就业工作会议以来，我们陆续出台了一系列的税收优惠政策，现在正在发挥出积极的效果。据统计，截止目前，已经享受再就业税收优惠政策的下岗失业人员累计达到37.6万多人，减免税收19.99亿元。我们相信，《通知》的颁布实施，必将进一步促进就业与再就业。

记者：在已有的税收优惠政策的基础上，《通知》在哪些方面做了进一步的完善、调整或明确？

有关负责人：结合税收工作实际，《通知》主要对三个方面的政策问题进一步作了规定：一是延长了再就业税收政策的执行期限，原来政策规定优惠期限最长截至到2005年底，现在明确凡是2005年底之前符合优惠条件规定的，从事个体经营的下岗失业人员、吸纳下岗失业人员再就业的企业和国有大中型企业通过主辅分离、辅业改制所兴办的经济实体，都可享受最长期限为三年的税收优惠，直至期满为止。二是将税收优惠政策放宽到劳动就业服务企业中的加工型企业和街道社区具有加工性质的小型企业实体，只要他们安置下岗失业人员并签订一年以上期限劳动合同的，经认定审核，自2003年1月1日起，可以享受企业所得税2000元定额税收扣减优惠。三是对符合税收优惠条件的企业，其与下岗失业人员签订劳动合同的期限由原来的3年以上期限调整为1年以上期限(含1年),并享受相应期限的优惠政策。这三条政策是中央根据再就业工作面临的新情况作出的重大决策,它的颁布实施使现有的再就业税收优惠政策更加符合再就业工作的实际,政策环境更为宽松,并更具可操作性,适应了进一步促进再就业工作的迫切需要。税务部门还将抓紧会同劳动保障部门制定下发具体的操作办法,以利政策的执行。

记者:包括《通知》在内,税务部门已经出台了一系列的税收优惠政策,您能否简要介绍所有这些税收优惠政策的主要内容?

有关负责人:《通知》进一步完善了我们现行的税收优惠政策。现在,我们已经初步形成了一个结构合理、覆盖广泛、多层次的再就业税收优惠政策体系。归纳起来,主要有三类:一是鼓励和扶持下岗失业人员自谋职业和自主创业的税收优惠政策。目前,我们对下岗失业人员从事个体经营(国家限制的行业除外)的给予了税收优惠。国家还较大幅度地提高了增值税、营业税的起征点,减轻了他们的税费负担。二是鼓励企业积极吸纳下岗失业人员的税收优惠政策。我们对符合条件的服务型、商业零售企业以及劳动服务企业中的加工型企业和街道社区具有加工性质的小型企业实体,在所得税、营业税等方面都给予了相应的优惠政策。三是鼓励国有大中型企业主辅分离安置富余人员的税收优惠政策,对因此而兴办的经济实体(国家限制的行业除外),凡符合条件的,3年内免征企业所得税。

记者:在鼓励和扶持下岗失业人员自谋职业和自主创业方面,都有那些具体的税收优惠政策规定?

负责人:自谋职业和自主创业是下岗失业人员再就业的重要方式。目前,在已经实现再就业的下岗失业人员中,约有30%是自谋职业。为了鼓励扶持更多的下岗失业人员从事个体经营,减轻他们的负担,国家规定对下岗失业人员从事个体经营(国家限制的行业除外)的,3年内免征营业税、城市维护建设税、教育费附加和个人所得税,并且免收税务登记证工本费。而且,自2003年1月1日起,国家还较大幅度地提高了增值税、营业税的起征点,自谋职业的下岗失业人员3年免税期满,如果达不到规定的起征点,可以免缴个体经营的增值税、营业税。

记者:在鼓励企业积极吸纳下岗失业人员方面,有那些具体的税收优惠政策规定?

负责人:服务型企业、商业零售企业就业容量大,而劳动服务企业中的加工型企业以及街道社区具有加工性质的小型企业实体,则具有适应下岗失业再就业的特点,为了鼓励这些企业吸纳更多的下岗失业人员,国家给予了相应的减免税收优惠。

新办企业是新增就业岗位的主要渠道。国家对此给予了较大力度的优惠:在2005年底前,对新办的服务型企业(国家限制的行业除外),吸纳下岗失业人员达到企业职工总数30%(含)以上的,给予3年免征营业税、城市维护建设税、教育费附加和企业所得税的优惠;对吸纳比例不足30%的,按吸纳下岗失业人员占企业职工总数比例的倍数给予减免企业所得税的优惠,即每吸纳1%,减免2%的企业所得税;对新办的商业零售企业只从事零售业务的,按同样的规定条件可以享受除营业税以外的政策优惠(因为商业企业不纳营业税)。

对于现有企业扩大生产规模,吸纳下岗失业人员再就业,国家同样给予税收优惠:对于现有服务型企业以及只从事零售业务的商业零售企业,在2005年底前,如果其新增岗位中吸纳下岗失业人员达到企业职工总数30%(含)以上的,可以在3年内,每年享受减征30%企业所得税的优惠;对于兼营批发业务的商业零售企业(不论新办企业还是现有企业),以及劳动服务企业中的加工型企业以及街道社区具有加工性质的小型企业实体,在2005年底前,每吸纳一个下岗失业人员再就业,即可按每人每年2000元的标准扣减企业所得税。当年企业所得税不足扣减的,还可结转下一年继续扣减,但连续扣减不得超过两年。

记者:在鼓励国有大中型企业主辅分离安置富余人员方面,有那些具体的税收优惠政策规定?

有关负责人:国有大中型企业通过实行主辅分离和辅业改制,发挥内部潜力分流安置富余人员,有利于保持企业和社会稳定。因此,国家对去年中央12号文件下发后这类辅业改制兴办的经济实体(国家限制的行业除外),规定只要符合以下四个条件,就可以享受3年内免征企业所得税的优惠:(1)利用原企业的非主业资产、闲置资产或关闭破产企业的有效资产;(2)独立核算、产权清晰并逐步实现产权主体多元化;

(3)吸纳原企业富余人员达到本企业职工总数30%(含)以上;(4)与安置的富余人员变更或签订新的劳动合同。

记者:据我们了解,现有的再就业税收优惠政策多数是在去年中央12号文件下发后出台的,也有一些是在此之前制定的,现在《通知》又作出了一些新规定。请问,这些新老政策如何衔接,在政策执行中应注意哪些问题?

有关负责人:去年中央12号文件下发前,我们已经出台了一些有关就业和再就业方面的税收优惠政策,如鼓励第三产业的新办企业、安置城镇待业人员的劳动就业服务企业、鼓励下岗职工为社区居民提供各种社会服务、鼓励国有企业下岗职工自谋职业等。在新的再就业政策出台后,上述老的政策仍然有效。企业可根据自身的实际情况选择适用最优惠的政策,但不能累加执行。

关于政策的执行期限问题,每个政策还有一些差别。比如,去年新出台的鼓励下岗失业人员再就业的税收优惠政策有明确的截止时间,即在2005年以前符合条件的,才能享受三年的优惠政策至期满为止,2006年以后再符合条件的,就不能享受。而1994年出台的劳服企业安置城镇待业人员的税收政策没有截止时间,不论是什么时候新办,只要安置了60%以上的城镇待业人员经认定后,都可享受三年免征企业所得税的优惠。还有第三产业中符合国家产业政策的新办企业,只要符合产业政策,不论什么时候新办,也可自开办之日可享受一年免税的政策。

记者:通过您的介绍,我们感到再就业税收优惠政策的内容已经比较丰富了。现在,大家关心的问题是,如何保证这些税收优惠政策真正落实到位?

负责人:促进再就业,关键在落实。针对全国各地不同程度存在的税收优惠政策落实难的问题,国家税务总局决定从以下四个方面入手,改进各项工作,切实保障各项税收优惠政策落实到位。

一是切实加强对落实再就业税收优惠政策的领导,不折不扣地落实执行。各级税务机关要充分认识到不及时落实税收优惠政策也是收"过头税"。要正确理解落实促进下岗失业人员再就业税收优惠政策与扶持税源的辨证关系,决不能怕税收减收而打折扣。因落实促进下岗失业人员再就业税收优惠政策影响完成税收计划的,国家税务总局将予核减税收计划。确保各项税收优惠政策在执行中不偏离、不走样、不折扣。

二是要广泛开展送政策活动,进一步加大政策宣传力度。各级税务部门要深入到居民社区、劳动职业介绍所、企业等地,宣传政策、解释政策,切实帮助企业和下岗失业人员用足用好现有的税收优惠政策,送去党和政府的关怀。要充分利用大众媒体,积极采取群众喜闻乐见的形式,切实加大税收优惠政策宣传力度。不仅让企业和下岗失业人员,包括税务人员都能了解优惠政策的内容,还了解掌握办理优惠政策的具体程序。

三是要切实提高服务意识和服务水平,做好对下岗失业人员的服务工作。要在办税服务厅设立专门窗口,指定专人为下岗失业人员和企业提供政策咨询、承办减免税等事宜。开辟"再就业减免税审批工作绿色通道",做到"专人负责、优先受理、优先审核、优先审批"。简化减免税申请审核审批手续,限定审核审批时间,提高工作效率,使下岗失业人员和相关企业及时享受到税收优惠政策。

四是要建立有效的工作机制,确保各项政策落实到位。税务部门能做的工作,一定要尽快做到位;凡是需要其他部门合作的,要通过协调机制,主动沟通,积极协调配合。在税务部门内部,要大力推进依法治税,积极推行执法责任制,将再就业政策的落实确定到具体的税收执法环节中去,并通过实行过错追究,对不落实再就业税收政策或落实不到位的,以及擅自扩大政策执行范围或未按政策规定擅自审批减免税的,坚决予以纠正并追究有关人员的责任。税务部门还要建立经常性的监督检查机制,加强对再就业税收政策落实情况的督促检查。

做好下岗失业人员再就业工作意义重大,税务部门任重道远。我们要在以胡锦涛同志为总书记的党中央的坚强领导下,深入实践"三个代表"重要思想,全面贯彻全国再就业工作会议和再就业工作座谈会精神,坚决落实好促进下岗失业人员再就业的各项税收优惠政策,充分发挥税收职能作用,为推动实现就业与再就业工作目标、促进国民经济和社会发展作出新的更大的贡献。

综合性税收政策类

国家税务总局关于纳税人通过中国光彩事业促进会的公益救济性捐赠税前扣除问题的通知

2003年2月13日 国税函【2003】78号

各省、自治区、直辖市和计划单列市国家税务局、地方税务局：

中国光彩事业促进会是在民政部注册的非盈利性社团法人组织，以"先富帮后富，共同富裕"为宗旨，推动以社会扶贫为主要内容的光彩事业，其中向中西部地区和贫困地区捐款和捐建光彩小学是光彩事业的主要扶贫方式之一。根据现行企业所得税和个人所得税有关公益救济性捐赠税前扣除的规定精神，对纳税人通过中国光彩事业促进会的公益救济性捐赠，企业所得税纳税人在应纳税所得额3%以内的部分，个人所得税纳税人在应纳税所得额30%以内的部分，允许在缴纳所得税前扣除。

浙江省国家税务局 浙江省地方税务局 浙江省劳动和社会保障厅 关于促进下岗失业人员再就业税收政策若干意见的通知

2003年4月2日 浙国税所【2003】11号

各市、县国家税务局、地方税务局（不发宁波）、省国家税务局直属征收分局、省地方税务局直属一分局、二分局、各市、县（市、区）劳动（人事劳动）保障局：

为贯彻落实《中共中央、国务院关于进一步做好下岗失业人员再就业工作的通知》（中发【2002】12号）、《财政部、国家税务总局关于下岗失业人员再就业有关税收政策问题的通知》（财税【2002】208号）、《国家税务总局、劳动和社会保障部关于促进下岗失业人员再就业税收政策具体实施意见的通知》（国税发【2002】160号）、劳动和社会保障部等十一个部委《关于贯彻落实中共中央国务院关于进一步做好下岗失业人员再就业工作的通知若干问题的意见》（劳社部发【2002】20号）和国家经济贸易委员会等八部委《关于国有大中型企业主辅分离辅业改制分流安置富余人员的实施办法》（国经贸企【2002】859号）的有关精神，结合我省实际情况，制定以下具体规定，请认真贯彻执行。

一、可享受税收优惠政策的人员对象

(一)国有企业的下岗职工。

(二)国有企业的失业人员。

(三)国有企业关闭破产需要安置的人员。

(四)享受最低生活保障并且失业一年以上的城镇其他失业人员。

(五)国有大中型企业通过主辅分离和输业改制分流本企业的富余人员。

享受税收优惠政策的下岗失业人员应持有浙江省劳动和社会保障厅统一编号并加盖有“可享受税收优惠政策”印章的《再就业优惠证》。

二、可享受税收优惠政策的范围

(一)新办的服务型企业(广告业、桑拿、按摩、网吧、氧吧除外人)。

(二)新办商贸企业(从事批发、批零兼营以及其他非零售业务的商贸企业除外)。

(三)实现新增岗位的、招用下岗失业人员达到规定比例的现有服务型企业(广告业、桑拿、按摩、网吧、氧吧除外)和现有商贸企业(从事批发、批零兼营以及其他非零售业务的商贸企业除外)。

(四)下岗失业人员从事个体经营(除建筑业、娱乐业以及广告业、桑拿、按摩、网吧、氧吧外)的。

(五)对国有大中型企业通过主辅分离和辅业改制分流安置本企业富余人员兴办的经济实体(以下除外:金融保险业、邮电通讯业、建筑业、娱乐业以及销售不动产、转让土地使用权,服务型企业中的广告业、桑拿、按摩、网吧、氧吧,商贸企业中从事批发、批零兼营以及其他非零售业务的企业)(以下简称经济实体)。

上述新办服务型企业和新办商贸企业是指《中共中央国务院关于进一步做好下岗失业人员再就业工作的通知》(中发【2002」12号)下发之日【2002年9月30日(含)」后新组建的企业。原有的企业合并、分立、改制、改组、扩建、搬迁、转产以及吸收新成员、改变领导(或隶属)关系、改变企业名称的,不能视为新办企业。2002年9月30日前已领取营业执照的个体工商户,注销后重新办理营业执照的,不能享受税收优惠政策。

服务型企业是指从事现行营业税“服务业”税目规定的经营活动的企业。

三、可享受税收优惠政策企业的申请认定

(一)对新办服务型企业、新办商贸企业、现有服务型企业和现有商贸企业认定工作由县以上劳动保障部门认定,经济实体由主管财政部门、经贸部门和劳动保障部门认定。

(二)新办服务型企业、新办商贸企业、现有服务型企业和现有商贸企业申请认定需上报下列材料并附进相应复印件一套:

1、营业执照副本;

2、税务登记证副本;

3、下岗失业人员《再就业优惠证》;

4、新办服务型企业和新办商贸企业报职工花名册(企业盖章),现有服务型企业和现有商贸企业报企业上年底职工花名册及本年度花名册(企业盖章);

5、企业与新招用的下岗失业人员签订的劳动合同(副本);

6、企业为职工缴纳的社会保险费记录;

7、企业工资支付凭证(工资表);

8、劳动保障部门要求的其他材料。

(三)经济实体的申请认定应符合下列条件:

1、利用原企业的非主业资产、闲置资产或政策性破产关闭企业的有效资产(以下简称“三类资产”);

2、独立核算,产权清晰并逐步实现产权主体多元化;

3、吸纳原企业富余人员占职工总数达到30%以上(含30%);

4、与安置的职工变更或签订新的劳动合同。

其中,地方企业“三类资产”的认定由财政部门出具证明;主辅分离、辅业改制的认定及其产权多元化的认定由经贸部门出具证明;富余人员的认定、签订劳动合同以及安置比例由劳动保障部门出具证明。中央企业需出具国家经贸委、财政部、劳动和社会保障部联合批复意见和集团公司(总公司)的认定证明,具体办法按国家经贸委等八部门联合下发的《关于国有大中型企业主辅分离输业改制分流安置富余人员的实施办法》(国经贸企改【2002】859号)执行。

(四)认定办法

1、对新办服务型企业、新办商贸企业、现有服务型企业和现有商贸企业认定办法。

(1)核查材料

县级以上劳动保障部门接到企业报送的材料后,

重点核查下列材料:一是核查企业当年新招用的人员是否属于《财政部、国家税务总局关于下岗失业人员再就业有关税收政策问题的通知》(财税【2002】208号)中规定的享受税收扶持政策对象;二是核查企业新招用的下岗失业人员占企业职工总数的比例;三是核查企业是否与下岗失业人员签订了三年以上期限的劳动合同;四是核查企业为新招用的下岗失业人员缴纳社会保险费的记录。必要时,应深入企业进行现场核实。

(2)计算下岗失业人员比例

新办服务型企业、新办商贸企业人员比例计算公式为:

当年新招用下岗失业人员占职工总数的比例=(当年新招用下岗失业人员年末人数/职工年末总数)×100%。

新办企业经核查,符合条件的,由劳动保障部门核发《新办服务型企业(或新办商贸企业)吸纳下岗失业人员认定证明》。

现有服务型企业和现有商贸企业比例计算公式为:

当年新招用下岗失业人员占职工总数的比例=当年新招用下岗失业人员年末人数/职工年末总数(上年年底职工总数+当年净增人员年末人数)×100%。

经核查,符合条件的,由劳动保障部门核发《现有服务型企业(或现有商贸型企业)吸纳下岗失业人员认定证明》。

2、经济实体的认定办法。

(1)核查材料

主管税务机关接到经济实体报送的材料后,重点核查下列材料:一是由经贸部门出具的主辅分离或辅业改制的证明和《产权结构证明》(或《产权变更证明》);二是由财政部门出具的国有企业的《"三类资产"认定证明》;三是由劳动保障部门出具的《经济实体安置富余人员认定证明》,具体包括:经济实体安置的富余人员是否属于《通知》中规定的享受税收扶持政策对象;经济实体安置的富余人员占企业职工总数的比例;经济实体是否与安置的富余人员签订了新的劳动合同;经济实体为安置的富余人员缴纳社会保险费的记录。必要时,应深入经济实体进行现场核实。

(2)计算下岗失业人员比例

经济实体当年安置本企业富余人员比例的计算公式为:

当年安置本企业富余人员占职工总数的比例=当年安置本企业富余人员年末人数/企业职工年末总数(上年年底职工总数+当年净增人员年末人数)×100%。

四、可享受税收优惠的具体政策

(一)新办服务型企业

当年新招用下岗失业人员达到职工总数30%(含30%)以上的,3年内免征企业应缴纳的营业税、城市维护建设税、教育费附加和企业所得税。

(二)新办商贸型企业

当年新招用下岗失业人员达到职工总数30%(含30%)以上的,3年内免征企业应缴纳的城市维护建设税、教育费附加和企业所得税;

新办服务型企业和新办商贸型企业当年新招用下岗失业人员不足职工总数30%的,3年内按计算的减征比例减征企业所得税。减征比例=(企业当年新招用的下岗失业人员年末人数/企业职工年末总数×100%)×2。

(三)现有服务型企业和现有商贸型企业

当年新招用下岗失业人员达到职工总数30%(含30%)以上的,3年内对年度应缴的企业所得税额减征30%。

(四)经济实体

符合条件并吸纳原企业富余人员占职工总数达到30%(含30%)以上,3年内免征企业应缴纳的企业所得税。

(五)下岗失业人员从事个体经营

对下岗失业人员从事个体经营的,自领取税务登记证之日起,3年内免征应缴纳的营业税、城市维护建设税、教育费附加和个人所得税。

(六)现行有关劳动就业服务企业的税收优惠政策以及其他扶持就业的税收优惠政策,仍按原规定执行。如果企业既适用以上优惠政策,又适用原有的优惠政策,企业可选择最优惠的政策,但不能累加执行。

税收优惠政策的减免税具体操作程序,由浙江省国家税务局和浙江省地方税务局另行下发。

五、其他税收优惠政策

提高增值税起征点：从2003年1月1日起提高增值税的起征点，销售货物的起征点由现行月销售额600－2000元提高到2000－5000元；提供应税劳务的起征点由现行月销售额200－800元提高到1500－3000元；将按次纳税的起征点由现行每次(日)销售额50－80元提高到150－200元。各地区适用的起征点由各市地国家税务局根据实际情况在规定的幅度内确定，并报浙江省国家税务局备案。

提高营业税起征点：从2003年1月1日起将按期纳税的起征点由现行月营业额400元提高到1000－5000元；将按次纳税的起征点由现行每次(日)营业额50元提高到每次(日)营业额100元。我省营业税起征点的具体规定由浙江省地方税务局另行下发。

六、符合可享受税收优惠政策条件的企业或下岗失业人员从事个体经营的，应向当地主管税务机关报送的相关材料

(一)新办服务型企业和新办商贸型企业

具有《新办服务型企业(或新办商贸企业)吸纳下岗失业人员认定证明》的企业申请减免税的，应向其当地主管税务机关报送下列材料：

1、减免税申请表；

2、营业执照副本；

3、税务登记证副本；

4、《新办服务型企业(或新办商贸企业)吸纳下岗失业人员认定证明》；

5、资产负债表；

6、企业工资支付凭证(工资表)；

7、主管税务机关要求的其他材料。

(二)现有服务型企业和现有商贸型企业

具有《现有服务型企业(或现有商贸企业)吸纳下岗失业人员认定证明》的企业申请减免税的，应向其当地主管税务机关报送下列材料：

1、减免税申请表；

2、营业执照副本；

3、税务登记证副本；

4、《现有服务型企业(或现有商贸企业)吸纳下岗失业人员认定证明》；

5、企业财务报表；

6、企业工资支付凭证(工资表)；

7、主管税务机关要求的其他材料。

(三)经济实体

符合条件的经济实体申请减免税，应向其当地主管税务机关报送下列材料：

1、营业执照副本；

2、税务登记证副本；

3、由财政部门出具的《"三类资产"认定证明》；

4、由经贸部门出具的主辅分离或辅业改制的证明；

5、由经贸部门出具的《产权结构证明》(或《产权变更证明》)；

对中央企业兴办的经济实体，上述3、4、5项是指由国家经贸委、财政部、劳动和社会保障部联合出具的批复意见和集团公司(总公司)出具的认定证明。

6、由劳动保障部门出具《经济实体安置富余人员认定证明》；

7、经济实体职工花名册；

8、原企业与安置的富余人员劳动关系的变更协议及经济实体与富余人员签订的新的劳动合同(副本)；

9、经济实体工资支付凭证(工资表)；

10、经济实体为所安置的富余人员个人缴纳社会保险费的记录；

11、主管税务机关要求的其他材料。

(四)下岗失业人员从事个体经营申请减免税的，应向当地主管税务机关报送下列材料：

1、营业执照副本；

2、税务登记副本；

3、下岗失业人员《再就业优惠证》；

4、主管税务机关要求的其他材料。

七、税收优惠政策的执行期限

各项税收优惠政策执行期限为2003年1月1日至2005年12月31日。

对于《中共中央国务院关于进一步做好下岗失业人员再就业工作的通知》(中发【2002】12号)文件下发之日(2002年9月30日<含>)以后组建的，并通过劳动保障部门认定和税务机关审核的企业，从通过税务机关审核之日至2005年12月31日享受该政策，其中所得税从审核年度起至2005年12月31日享受该政策。

下岗失业人员从事个体经营的，如在2002年9月30日以后至2002年12月31日领取税务登记证的，其税收优惠政策执行期间为2003年1月1日至2005年12月31日，如在2003年1月1日(含)后领取税务登记证的，经税务机关审核同意，自领取税务登记证之日至2005年12月31日享受该政策。

八、监督管理

(一)建立健全年度检查制度

各市、县劳动保障部门、税务部门共同负责本地区年检工作。年检的主要目的是检查企业和个人是否符合国家规定，具备享受扶持政策的条件，防止和杜绝骗税、逃税情况的发生，凡经年检合格的，由税务部门核准继续给予企业或个人享受相关减免税待遇。

1、企业要按照年检内容和工作要求，首先做好自查自检。

2、参加年检的企业应向当地的劳动保障部门递交下列材料（一式两份）：

(1)《新办服务型企业吸纳下岗失业人员认定证明》、《新办商贸企业吸纳下岗失业人员认定证明X现有服务型企业吸纳下岗失业人员认定证明》、《现有商贸企业吸纳下岗失业人员认定证明》或《经济实体安置富余人员认定证明》；

(2)新招用下岗失业人员的《再就业优惠证》；

(3)填写《年度检查报告书》(一式四份)；

(4)上年度及本年度上半年财务报表；

(5)职工花名册；

(6)工资报表；

(7)与吸纳的下岗失业人员或被安置的富余人员签订的劳动合同；

(8)社会保险缴费记录。

各级劳动保障部门、税务部门对企业报送的年检材料要及时认真审查。对不符合要求的，要尽快通知企业限期进行整改；对限期整改后，仍达不到要求的，不得继续享受减免税优惠政策，并追缴已减免税款。

对年检合格的企业，由劳动保障部门在《认定证明》上加盖“年检合格”印戳。

3、对从事个体经营的下岗失业人员，申请继续享受税收扶持政策的，应持有经县以上劳动保障部门年检的《再就业优惠证》。

4、年检工作结束后，各级劳动保障部门、税务部门应将年检资料装订成册，分别归档备查。

不参加年检的企业和个人不得继续享受税收优惠政策。

在年检中发现弄虚作假，伪造《认定证明》和骗取税收扶持政策的，应缴销《认定证明》、追缴所骗税款，情节严重的，应移交司法部门处理。

各市地劳动保障部门、税务部门应根据本地区的实际情况，联合做好重点抽查工作。每年抽查企业不得少于各类应享受税收优惠政策企业的15%。

(二)加强《认定证明》的管理

1、《认定证明》由浙江省劳动和保障厅统一制定式样，负责印制，统一编号备案。

2、企业关闭破产或改变其性质时，发证机关应及时收回《认定证明》。

3、任何单位或个人不得伪造、涂改、转让《认定证明》，违者将依法予以惩处。

财政部 国家税务总局关于自主择业的军队转业干部有关税收政策问题的通知

2003年4月9日 财税【2003】26号

各省、自治区、直辖市、计划单列市财政厅(局)、地方税务局、国家税务局：

为促进军队转业干部自主择业，现将与自主择业的军队转业干部有关的税收政策通知如下：

一、从事个体经营的军队转业干部，经主管税务机关批准，自领取税务登记证之日起，3年内免征营业税和个人所得税。

二、为安置自主择业的军队转业干部就业而新开办的企业,凡安置自主择业的军队转业干部占企业总人数60 %(含60 %)以上的,经主管税务机关批准,自领取税务登记证之日起,3年内免征营业税和企业所得税。

三、自主择业的军队转业干部必须持有师以上部队颁发的转业证件。

四、本通知自2003年5月1日起执行。

本通知生效前,已经从事个体经营的军队转业干部和符合本通知规定条件的企业,如果已经按【2001】国转联8号文件的规定,享受了税收优惠政策,可以继续执行到期满为止;如果没有享受上述文件规定的税收优惠政策,可自本通知生效之日起,3年内免征营业税、个人所得税、企业所得税。

请遵照执行。

浙江省地方税务局关于印发《下岗失业人员再就业有关税收减免程序具体操作意见》的通知

2003年4月20日 浙地税发【2003】50号

各市、县(市、区)地方税务局(不发宁波),省地方税务局直属一分局、直属二分局、稽查局:

为进一步贯彻落实《财政部 国家税务总局关于下岗失业人员再就业有关税收政策问题的通知》(财税【2002】208号)、《国家税务总局 劳动和社会保障部关于促进下岗失业人员再就业税收政策具体实施意见的通知》(国税发【2002】160号)等文件精神,省局制定了《下岗失业人员再就业有关税收减免程序具体操作意见》,现印发给你们,希贯彻执行,执行中有什么问题,请及时向省局报告。

附件:《下岗失业人员再就业有关税收减免程序具体操作意见》

下岗失业人员再就业有关税收减免程序具体操作意见

为保证下岗失业人员再就业有关税收优惠政策在我省能够顺利实施,并进一步规范、完善相应的减免税审批行为,现对下岗失业人员有关税收减免程序,提出如下具体操作意见:

一、对符合减免税条件的企业或下岗失业人员从事个体经营的(以下称“再就业税收优惠对象”),其具体减免程序如下:

(一)再就业税收优惠对象需要减免营业税、城市维护建设税、教育费附加或企业(个人)所得税(以下简称营业税、所得税等税收)的,应向其主管地征管局或税务所申请并报送《浙江省国家税务局、浙江省地方税务局、浙江省劳动和社会保障厅关于促进下岗失业人员再就业税收政策若干意见的通知》(浙国税所【2003】11号)中规定的相关资料。

(二)征管局或税务所对申请内容逐项核实,并提出初审意见上报主管地方税务局。

(三)主管地税局对于征管局或税务所上报的减锡税申请进行复核,符合条件的,批准3年内减免营业税、所得税等税收。

(四)再就业税收优惠对象应接受劳动和社会保障部门与国税、地税部门共同组织的年度检查工作。凡经年检合格的,由其主管地税局核准继续享受税收优惠政策。

营业税、所得税等税收的其他报批程序《浙江省地方税务局关于印发〈减免税、费、基金审批管理暂行办法〉的通知》(浙地税发【2001】54 号)文件的有关规定执行。

二、各级地税部门要建立税收优惠政策落实情况跟踪反馈制度,包括执行中存在的问题、效果、减免税户数、享受优惠政策的下岗失业人数、减免税金额等等。各县(市)地税局应分别于当年 7 月 15 日和次年 1 月 15 日之将本县(市)的落实情况报送到各市地税局,各市地税局汇总后,分别于当年 7 月 20 日和次年 1 月 20 日前将本地区的落实情况上报省地税局相关处室。

三、本意见自 2003 年 1 月 1 日起执行。凡此前规定与本意见不一致的,一律以本意见为准。此前涉及营业税、城市维护建设税及教育费附加政策,因与本意见规定不一致而已征的税款应予退还,未征税款应予补征。

浙江省地方税务局关于认真贯彻落实对部分受“非典”疫情影响行业实施税费优惠政策的紧急通知

2003 年 5 月 24 日　浙地税发【2003】72 号

各市、县(市、区)地方税务局(不发宁波),省地方税务局直属一分局、外税分局、稽查局:

为减轻“非典”疫情给我省部分行业的生产经营所带来的影响,帮助企业渡过难关,根据《财政部、国家税务总局关于调整部分行业在“非典”疫情期间税收政策的紧急通知》(财税【2003】113 号)精神,省政府于 2003 年 5 月 14 日印发了《浙江省人民政府关于防治“非典”期间对部分行业采取扶持政策的通知》(浙政发【2003】15 号)。为了切实贯彻落实财政部、国家税务总局及省政府有关规定,现就对部分行业在 2003 年 5 月 1 日至 9 月 30 日期间实施税、费优惠政策的具体操作办法明确如下:

一、以下优惠政策,应经各主管地方税务局按照财政部、国家税务总局及省政府统一规定的条件核准实施:

(一)对民航的旅客运输业务和旅游业免征营业税、城市维护建设税、教育费附加,并减半征收水利建设专项资金;

(二)对娱乐业免征文化事业建设费、减半征收水利建设专项资金、教育费附加;

(三)对饮食、旅店、民航(除旅客运输)、公路客运、水路客运、出租汽车等行业减半征收水利建设专项资金、教育费附加。

二、以下优惠政策,经各市人民政府视当地“非典”疫情影响情况,结合当地的承受能力自行确定后,纳税人需减征、免征或者缓征税、费的,经主管地方税务局核准实施:

(一)对饮食业、旅店业以及出租汽车公司和城市公共交通运输公司减征、免征或者缓征营业税、城市维护建设税。

各地无论采取减征、免征或者缓征营业税的优惠政策,这些行业和单位的教育费附加一律按照本通知第一条中的有关规定减半征收。

(二)对出租车司机免征个人所得税或者降低征收定额。各出租车公司应将享受优惠政策的出租车司机名单上报主管税务机关。

省地方税务局直属一分局可在省政府文件规定的范围内,报经省地方税务局同意后,另行下达受“非典”疫情影响行业的税、费优惠政策。

三、社保费的缓缴按省政府浙政发【2003】15 号文件执行。

四、各级地税机关一定要认真贯彻落实各项税费优惠政策，同时加强对各项税费优惠政策的跟踪管理，认真做好政策执行情况的统计分析工作，及时填报《部分受“非典”疫情影响行业减免税、费政策执行情况统计表》、《部分受“非典”疫情影响行业缓征税、费政策执行情况统计表》。税政、规费、征管、计财和法规等部门各司其职，密切配合。

政策执行情况统计表及分析说明每半月一报。各市地方税务局将所属县(市)局的执行情况汇总后，于每月15日、30日报省地方税务局政策法规处。

五、各市地方税务局应及时将当地政府确定的具体政策报省地方税务局备案。除上述政策外，任何部门不得以防治“非典”为由擅自出台税收优惠政策。

附件：1.部分受“非典”疫情影响行业减免税、费政策执行情况统计表(略)

2.部分受“非典”疫情影响行业缓征税、费政策执行情况统计表(略)

浙江省地方税务局关于对部分受“非典”疫情影响的企业实施税费优惠政策的批复

2003年6月4日　浙地税函【2003】234号

省地方税务局直属一分局、涉外税征收管理分局：

两局《关于对部分受“非典”疫情影响的企业实施税费优惠政策的请示》(浙地税直【2003】136号)收悉。经研究，现批复如下：

一、对饮食业、旅店业和出租汽车公司免征营业税、城市维护建设税；

二、对出租车司机免征个人所得税；

三、免税期限及其他相关税、费的减免政策按《浙江省地方税务局关于认真贯彻落实对部分受“非典”疫情影响行业实施税费优惠政策的紧急通知》(浙地税发【2003】72号)规定执行；

四、上述政策由纳税人报经你局核准后实施。

财政部　国家税务总局关于下岗失业人员再就业税收政策的补充通知

2003年6月12日　财税【2003】133号

各省、自治区、直辖市、计划单列市财政厅(局)、国家税务局、地方税务局，新疆生产建设兵团财务局：

为进一步落实下岗失业人员再就业税收优惠政策，保证再就业工作的顺利进行，现就《财政部国家税务总局关于下岗失业人员再就业有关税收政策问题的通知》(财税【2002】208号)中有关商贸企业税收优惠政策问题补充通知如下：

一、财税【2002】208号文件中的“商贸企业”界定为商业零售企业。商业零售企业是指设有商品营业场所、柜名不自产商品、直接面向最终消费者的商业零售企业，包括直接从事综合商品销售的百货商场、超级市场、零售商店等。

二、对于只从事商品零售业务的商业零售企业（商品批发、批零兼营的企业除外），继续按照财税【2002】208号文件中规定的按比例计算的税收优惠办法执行。

三、对于从事商品零售兼营批发业务的商业零售企业，采用定额税收优惠办法，即凡安置下岗失业人员并签订三年以上期限劳动合同的，经劳动保障部门认定，税务机关审核，在2005年底前可享受定额税收扣减优惠。

税收优惠按安置下岗失业人员数量核定，并一律从企业应缴纳的企业所得税税额中扣减，当年扣减不足的结转至下一年继续扣减，扣减年限截止至2005年底。

具体扣减数额一企业安置下岗失业人员数量×2000元/年

四、财税部门应严格按照税收扣减办法核定企业所得税扣减额，执行中不得超过政策规定的扣减范围和标准。

五、请各地遵照上述规定执行，一律不得自行制定新的税收优惠政策。

财政部 劳动保障部 国家税务总局
关于促进下岗失业人员再就业税收优惠
及其他相关政策的补充通知

2003年9月15日 财税【2003】192号

各省、自治区、直辖市、计划单列市财政厅（局）、劳动保障厅（局）、国家税务局、地方税务局，新疆生产建设兵团财务局：

为贯彻落实全国再就业工作座谈会精神，保证再就业工作的顺利进行，经国务院同意，现就促进下岗失业人员再就业有关税收优惠及其他相关政策问题补充通知如下：

一、对劳动就业服务企业中的加工型企业和街道社区具有加工性质的小型企业实体，凡安置下岗失业人员并签订一年以上期限劳动合同的，经劳动保障部门认定，税务机关审核，自2003年1月1日起，每吸纳1名下岗失业人员，每年可享受企业所得税2000元定额税收扣减优惠。当年不足扣减的，可结转至下一年继续扣减，但结转期不能超过两年。具体办法由国家税务总局、劳动保障部另行制定。

二、对财税【2002】208号、财税【2003】133号和财社【2002】107号及其他相关文件规定享受有关税收优惠政策和社会保险补贴的服务型企业、商贸企业与下岗失业人员签订劳动合同的期限由现行3年以上调整为1年以上（含1年），并享受相应期限政策优惠。

三、凡在2005年底之前，符合中发【2002】12号文件优惠政策条件规定的，从事个体经营的下岗失业人员、吸纳下岗失业人员的企业和国有大中型企业主辅分离、辅业改制所兴办的经济实体，可按有关规定享受最长期限为3年的税收优惠和社会保险补贴，直至期满为止；凡在2005年底之前从事个体经营的下岗失业人员（除国家限制的行业外），可按有关规定享受最长期限为3年的免收登记类、证照类、管理类行政事业性收费优惠，直至期满为止。

请遵照执行。

国家税务总局关于进一步明确若干再就业税收政策问题的通知

2003年10月24日　国税发【2003】119号

各省、自治区、直辖市和计划单列市国家税务局、地方税务局,局内各单位:

《财政部、国家税务总局关于下岗失业人员再就业税收政策问题的通知》(财税【2002】208号)和《国家税务总局、劳动和社会保障部关于落实下岗失业人员再就业税收政策具体意见的通知》(国税发【2002】160号)下发后,各地反映一些征管问题需要进一步明确,现将有关问题通知如下:

一、关于下岗失业人员持同一《再就业优惠证》申请税收减免的问题

对下岗失业人员持同一《再就业优惠证》开办多个有营业执照的经营项目,如连锁经营门店或门市部。该类下岗失业人员只能选择其中一个营业执照的经营项目申请减免税,其他具有营业执照的经营项目不得重复享受税收优惠政策。

二、关于从事增值税应税项目的个体经营活动如何适用税收优惠政策问题

下岗失业人员从事增值税应税项目的个体经营活动,按照财税【2002】208号文件的规定,免征城市维护建设税、教育费附加和个人所得税,照章征收增值税。

三、关于个人独资企业和个人合伙企业税收优惠政策的适用问题

个人独资企业和个人合伙企业吸纳下岗失业人员达到规定比例,并符合财税【2002】208号文件规定的其他条件的,执行财税【2002】208号文件第一条、第二条的政策,但不包括个人所得税。

四、关于下岗失业人员从事个体经营享受减免税的期限问题

财税【2002】208号文件第五条中"自领取税务登记证之日起,3年内免征营业税、城市维护建设税、教育费附加和个人所得税"是指,符合条件的个体经营者,自领取税务登记证之日起,可向税务机关提出减免税申请,对经主管税务机关审核批准的,其免税的起始时间自领取税务登记证之日起计算。

五、关于服务型企业兼营桑拿、按摩等项目适用政策问题

对服务型企业兼营桑拿、按摩等不予免税项目的,企业应当将不予免税项目与免税项目收入分别核算,不能分别核算的,免税项目收入不得享受税收优惠政策。

六、关于企业吸纳下岗失业人员比例的计算问题

企业(经济实体)吸纳下岗失业人员(富余人员)比例,在企业申请享受减免税资格时,以主管税务机关核实的人员比例作为预缴(预免)企业所得税的依据。在汇算清缴时,以每一纳税年度内企业(经济实体)各月实际吸纳下岗失业人员(富余人员)的平均比例作为适用政策的依据,不足一年的,按实际月数计算。

计算公式中的职工总数包括与企业签订一年以上用工合同的临时工、合同工等,但不应包括本企业的离退休人员。

七、关于外商投资企业是否适用再就业税收优惠政策的问题

财税【2002】208号和国税发【2002】160号等文件中规定的再就业优惠政策中,有关营业税的优惠政策适用外商投资企业,企业所得税政策不适用外商投资企业。

以上通知,请遵照执行。

营业税类

国家税务总局关于进一步做好金融保险业营业税申报管理工作的通知

2003年1月13日 国税函【2003】13号

各省、自治区、直辖市和计划单列市地方税务局，北京市国家税务局：

2002年2月，国家税务总局颁发了《金融保险业营业税申报管理办法》(国税发【2002】9号，以下简称《办法》)，要求金融保险业营业税实行电子化申报办法。目前，从全国的情况看，多数地区税务机关认真落实总局的要求，结合本地区实际，采取坚决有力的措施，全面推进本地区的金融保险业营业税申报管理工作。但也有个别地区推行此项工作的态度不坚决，措施不得力，致使本地区的金融保险业申报管理工作落后于其他地区，已影响到该项工作在全国的推行进度。为扭转个别地区工作落后的局面，进一步做好金融保险业营业税申报管理工作，现通知如下：

一、各地要把金融保险业营业税申报管理作为加强信息化建设，推进税收管理现代化的重要内容，采取坚决有力措施做好金融保险业营业税申报工作。进一步加强对本地区金融保险业营业税申报管理工作的领导，督促纳税人按照《办法》要求依法申报，依法纳税，全面推进本地区的金融保险业营业税申报管理工作。

二、各地要按照总局要求的时间进度开展工作，金融保险企业从2003年1季度起必须按《办法》的要求实行电子化申报。

三、各地要对本省、自治区、直辖市和计划单列市范围内实行金融保险业营业税申报管理情况进行一次检查。重点检查各基层征收机关和纳税人落实《办法》的情况，督促税务征收机关和纳税人不折不扣地执行好《办法》。总局将在适当的时候对各地贯彻执行情况进行检查和通报。

四、各省、自治区、直辖市和计划单列市要将本地区落实《办法》以及贯彻本通知的情况以书面形式于2003年1月30日前报告总局(流转税管理司)。

财政部 国家税务总局 关于营业税若干政策问题的通知

2003年1月20日 财税【2003】16号

各省、自治区、直辖市、计划单列市财政厅(局)、地方税务局,新疆生产建设兵团财务局:

经研究,现对营业税若干业务问题明确如下:

一、关于征收范围问题

(一)燃气公司和生产、销售货物或提供增值税应税劳务的单位,在销售货物或提供增值税应税劳务时,代有关部门向购买方收取的集资费(包括管道煤气集资款<初装费>)、手续费、代收款等,属于增值税价外收费,应征收增值税,不征收营业税。

(二)保险企业取得的追偿款不征收营业税。

以上所称追偿款,是指发生保险事故后,保险公司按照保险合同的约定向被保险人支付赔款,并从被保险人处取得对保险标的价款进行追偿的权利而追回的价款。

(三)《财政部、国家税务总局关于福利彩票有关税收问题的通知》(财税【2002】59号)规定,"福利彩票机构发行销售福利彩票取得的收入不征收营业税",其中的"福利彩票机构"包括福利彩票销售管理机构和与销售管理机构签有电脑福利彩票投注站代理销售协议书,并直接接受福利彩票销售管理机构的监督、管理的电脑福利彩票投注点。

(四)《财政部、国家税务总局关于对中国出口信用保险公司办理的出口信用保险业务不征收营业税的通知》(财税【2002】157号)规定,"对中国出口信用保险公司办理的出口信用保险业务不征收营业税",这里的"出口信用保险业务"包括出口信用保险业务和出口信用担保业务。

以上所称出口信用担保业务,是指与出口信用保险相关的信用担保业务,包括融资担保(如设计融资担保、项目融资担保、贸易融资担保等)和非融资担保(如投标担保、履约担保、预付款担保等)。

(五)随汽车销售提供的汽车按揭服务和代办服务业务征收增值税,单独提供按揭、代办服务业务,并不销售汽车的,应征收营业税。

二、关于适用税目问题

(一)电影发行单位以出租电影拷贝形式将电影拷贝播映权在一定限期内转让给电影放映单位的行为按"转让无形资产"税目征收营业税。

(二)单位和个人从事快递业务按"邮电通信业"税目征收营业税。

(三)单位和个人在旅游景点经营索道取得的收入按"服务业"税目"旅游业"项目征收营业税。

(四)单位和个人开办"网吧"取得的收入,按"娱乐业"税目征收营业税。

(五)电信单位(指电信企业和经电信行政管理部门批准从事电信业务的单位,下同)提供的电信业务(包括基础电信业务和增值电信业务,下同)按"邮电通信业"税目征收营业税。

以上所称基础电信业务是指提供公共网络基础设施、公共数据传送和基本语音通信服务的业务,具体包括固定网国内长途及本地电话业务、移动通信业务、卫星通信业务、因特网及其它数据传送业务、网络元素出租出售业务、电信设备及电路的出租业务、网络接入及网络托管业务,国际通信基础设施国际电信业务、无线寻呼业务和转售的基础电信业务。

以上所称增值电信业务是指利用公共网络基础设施提供的电信与信息服务的业务,具体包括固定电话网增值电信业务、移动电话网增值电信业务、卫星网增值电信业务、因特网增值电信业务、其他数据传送网络增值电信业务等服务。

(六)双方签订承包、租赁合同(协议,下同),将企业或企业部分资产出包、租赁,出包、出租者向承包、承租方收取的承包费、租赁费(承租费,下同)按"服务业"税目征收营业税。出包方收取的承包费凡同时符合以下三个条件的,属于企业内部分配行为不征收营业税:

1、承包方以出包方名义对外经营,由出包方承担相关的法律责任;

2、承包方的经营收支全部纳入出包方的财务会计核算;

3、出包方与承包方的利益分配是以出包方的利润为基础。

(七)单位和个人转让在建项目时,不管是否办理立项人和土地使用人的更名手续,其实质是发生了转让不动产所有权或土地使用权的行为。对于转让在建项目行为应按以下办法征收营业税:

1、转让已完成土地前期开发或正在进行土地前期开发,但尚未进入施工阶段的在建项目,按"转让无形资产"税目中"转让土地使用权"项目征收营业税。

2、转让已进入建筑物施工阶段的在建项目,按"销售不动产"税目征收营业税。

在建项目是指立项建设但尚未完工的房地产项目或其它建设项目。

(八)土地整理储备供应中心(包括土地交易中心)转让土地使用权取得的收入按"转让无形资产"税目中"转让土地使用权"项目征收营业税。

三、关于营业额问题

(一)单位和个人提供营业税应税劳务、转让无形资产和销售不动产发生退款,凡该项退款已征收过营业税的,允许退还已征税款,也可以从纳税人以后的营业额中减除。

(二)单位和个人在提供营业税应税劳务、转让无形资产、销售不动产时,如果将价款与折扣额在同一张发票上注明的,以折扣后的价款为营业额;如果将折扣额另开发票的,不论其在财务上如何处理,均不得从营业额中减除。

电信单位销售的各种有价电话卡,由于其计费系统只能按有价电话卡面值出账并按有价电话卡面值确认收入,不能直接在销售发票上注明折扣折让额,以按面值确认的收入减去当期财务会计上体现的销售折扣折让后的余额为营业额。

(三)单位和个人提供应税劳务、转让无形资产和销售不动产时,因受让方违约而从受让方取得的赔偿金收入,应并入营业额中征收营业税。

(四)单位和个人因财务会计核算办法改变将已缴纳过营业税的预收性质的价款逐期转为营业收入时,允许从营业额中减除。

(五)保险企业已征收过营业税的应收未收保费,凡在财务会计制度规定的核算期限内未收回的,允许从营业额中减除。在会计核算期限以后收回的已冲减的应收未收保费,再并入当期营业额中。

(六)保险企业开展无赔偿奖励业务的,以向投保人实际收取的保费为营业额。

(七)中华人民共和国境内的保险人将其承保的以境内标的物为保险标的的保险业务向境外再保险人办理分保的,以全部保费收入减去分保保费后的余额为营业额。

境外再保险人应就其分保收入承担营业税纳税义务,并由境内保险人扣缴境外再保险人应缴纳的营业税税款。

(八)金融企业(包括银行和非银行金融机构,下同)从事股票、债券买卖业务以股票、债券的卖出价减去买入价后的余额为营业额。买入价依照财务会计制度规定,以股票、债券的购入价减去股票、债券持有期间取得的股票、债券红利收入的余额确定。

(九)金融企业买卖金融商品(包括股票、债券、外汇及其他金融商品,下同),可在同一会计年度末,将不同纳税期出现的正差和负差按同一会计年度汇总的方式计算并缴纳营业税,如果汇总计算应缴的营业税税额小于本年已缴纳的营业税税额,可以向税务机关申请办理退税,但不得将一个会计年度内汇总后仍为负差的部分结转下一会计年度。

(十)金融企业从事受托收款业务,如代收电话费、水电煤气费、信息费、学杂费、寻呼费、社保统筹费、交通违章罚款、税款等,以全部收入减去支付给委托方价款后的余额为营业额。

(十一)经中国人民银行、外经贸部和国家经贸委批准经营融资租赁业务的单位从事融资租赁业务的,以其向承租者收取的全部价款和价外费用(包括残值)减除出租方承担的出租货物的实际成本后的余额为营业额。

以上所称出租货物的实际成本,包括由出租方承担的货物的购入价、关税、增值税、消费税、运杂费、安装费、保险费和贷款的利息(包括外汇借款和人民币借款利息)。

(十二)劳务公司接受用工单位的委托,为其安排劳动力,凡用工单位将其应支付给劳动力的工资和为劳动力上交的社会保险(包括养老保险金、医疗保险、失业保险、工伤保险等,下同)以及住房公积金统一交给劳务公司代为发放或办理的,以劳务公司从用工单位收取的全部价款减去代收转付给劳动力的工资和为劳动力办理社会保险及住房公积金后的余额为营业额。

(十三)通信线路工程和输送管道工程所使用的电缆、光缆和构成管道工程主体的防腐管段、管件(弯头、三通、冷弯管、绝缘接头)、清管器、收发球筒、机泵、加热炉、金属容器等物品均属于设备,其价值不包括在工程的计税营业额中。

其他建筑安装工程的计税营业额也不应包括设备价值,具体设备名单可由省级地方税务机关根据各自实际情况列举。

(十四)邮政电信单位与其他单位合作,共同为用户提供邮政电信业务及其他服务并由邮政电信单位统一收取价款的,以全部收入减去支付给合作方价款后的余额为营业额。

(十五)中国移动通信集团公司通过手机短信公益特服号"8858"为中国儿童少年基金会接受捐款业务,以全部收入减去支付给中国儿童少年基金会的价款后的余额为营业额。

(十六)经地方税务机关批准使用运输企业发票,按"交通运输业"税目征收营业税的单位将承担的运输业务分给其他运输企业并由其统一收取价款的,以其取得的全部收入减去支付给其他运输企业的运费后的余额为营业额。

(十七)旅游企业组织旅游团在中国境内旅游的,以收取的全部旅游费减去替旅游者支付给其他单位的房费、餐费、交通、门票或支付给其他接团旅游企业的旅游费后的余额为营业额。

(十八)从事广告代理业务的,以其全部收入减去支付给其他广告公司或广告发布者(包括媒体、载体)的广告发布费后的余额为营业额。

(十九)从事物业管理的单位,以与物业管理有关的全部收入减去代业主支付的水、电、燃气以及代承租者支付的水、电、燃气、房屋租金的价款后的余额为营业额。

(二十)单位和个人销售或转让其购置的不动产或受让的土地使用权,以全部收入减去不动产或土地使用权的购置或受让原价后的余额为营业额。

单位和个人销售或转让抵债所得的不动产、土地使用权的,以全部收入减去抵债时该项不动产或土地使用权作价后的余额为营业额。

四、关于营业额减除项目凭证管理问题

营业额减除项目支付款项发生在境内的,该减除项目支付款项凭证必须是发票或合法有效凭证;支付给境外的,该减除项目支付款项凭证必须是外汇付汇凭证、外方公司的签收单据或出具的公证证明。

五、关于纳税义务发生时间问题

单位和个人提供应税劳务、转让专利权、非专利技术、商标权、著作权和商誉时,向对方收取的预收性质的价款(包括预收款、预付款、预存费用、预收定金等,下同),其营业税纳税义务发生时间以按照财务会计制度的规定,该项预收性质的价款被确认为收入的时间为准。

六、关于纳税地点问题

(一)单位和个人出租土地使用权、不动产的营业税纳税地点为土地、不动产所在地;单位和个人出租物品、设备等动产的营业税纳税地点为出租单位机构所在地或个人居住地。

(二)在中华人民共和国境内的电信单位提供电信业务的营业税纳税地点为电信单位机构所在地。

(三)在中华人民共和国境内的单位提供的设计(包括在开展设计时进行的勘探、测量等业务,下同)、工程监理、调试和咨询等应税劳务的,其营业税纳税地点为单位机构所在地。

(四)在中华人民共和国境内的单位通过网络为其他单位和个人提供培训、信息和远程调试、检测等服务的,其营业税纳税地点为单位机构所在地。

本通知自2003年1月1日起执行。凡在此之前的规定与本通知不一致的,一律以本通知为准。此前因与本通知规定不一致而已征的税款不再退还,未征税款不再补征。

浙江省地方税务局
关于杭州湾跨海大桥工程纳税地点问题的批复

2003年2月11日 浙地税函【2003】57号

海盐县地方税务局:

你局《关于杭州湾跨海大桥工程纳税地点问题的请示》(浙盐地税政【2002】77号)收悉。经研究,现批复如下:

根据《中华人民共和国营业税暂行条例》第十二条第一款"纳税人提供应税劳务,应当向应税劳务发生地主管税务机关申报纳税"的规定,杭州湾跨海大桥工程在海盐县内发生的建筑业劳务,其营业税应在海盐县征缴。在海盐县内海上建筑业劳务的确认,按杭州湾跨海大桥在海盐县所建跨海大桥长度占整个跨海大桥长度的比例划分。

财政部 国家税务总局关于下岗失业人员
再就业有关税收政策问题的补充通知

2003年2月13日 财税【2003】12号

各省、自治区、直辖市、计划单列市财政厅(局)、国家税务局、地方税务局,新疆生产建设兵团财务局:

《财政部、国家税务总局关于下岗失业人员再就业有关税收政策问题的通知》(财税【2002】208号)下发后,一些地方询问提高营业税和增值税起征点的适用范围和执行时间问题。经研究,现补充通知如下:

《财政部、国家税务总局关于下岗失业人员再就业有关税收政策问题的通知》(财税【2002】208号)第六条关于提高营业税和增值税起征点的规定,适用于所有个人,自2003年1月1日起执行。执行期限不受上述通知第八条关于截止日期的限制。

请遵照执行。

浙江省地方税务局关于我省部分中小企业信用担保、再担保机构从事担保业务收入免征营业税问题的通知

2003年3月28日　浙地税函【2003】122号

各市、县(市、区)地方税务局(不发宁波)、省地方税务局直属一分局、直属二分局、稽查局:

根据《国家税务总局关于中小企业信用担保、再担保机构免征营业税的通知》(国税发【2001】37号)文件精神和省政府办公厅2001年12月7日(浙办第97号)抄告单精神,经研究,决定对我省(不含宁波)下列经国家经贸委批准列入第三批全国中小企业信用担保体系试点范围的非营利性中小企业信用担保、再担保机构从事担保业务收入免征营业税3年。有关免税事项的具体规定按《浙江省地方税务局关于明确中小企业信用担保、再担保机构免征营业税问题的通知》(浙地税发【2001】160号)文件执行。

1、杭州市上城区中小企业信用担保中心
2、富阳市农信担保有限责任公司
3、浙江平安担保有限公司
4、杭州市下城区中小企业信用担保中心
5、杭州西子担保有限公司
6、杭州余杭工信担保有限公司
7、桐庐县中小企业担保有限公司
8、温州市中小企业信用担保有限公司
9、温州市银信企业贷款担保有限公司
10、嘉兴市兢业担保有限责任公司
11、嘉兴市秀洲区工业企业担保有限责任公司
12、湖州誉华担保有限公司
13、长兴县诚信中小企业担保有限责任公司
14、常山县中小企业贷款担保有限公司
15、衢州市柯城区中小企业信用担保有限公司
16、龙泉市中小企业贷款担保有限公司
17、缙云县中小企业贷款担保有限公司
18、台州双赢担保服务有限公司
19、台州市路桥名实担保服务有限公司
20、温岭市箬横中小企业担保有限公司
21、舟山市中小企业担保有限责任公司

浙江省地方税务局关于提高营业税起征点的通知

2003年4月1日　浙地税发【2003】42号

各市、县(市、区)地方税务局,省地方税务局直属一分局、直属二分局、稽查局、外税分局:

根据《财政部、国家税务总局关于下岗失业人员再就业有关税收政策问题的通知》(财税【2002】208号)第六条规定和《财政部、国家税务总局关于下岗失业人员再就业有关税收政策问题的补充通知》(财税

【2003】12号)文件精神,结合我省实际,经研究,现对我省营业税起征点有关问题通知如下:

一、将按期纳税的起征点由现行月营业额400元提高到2000元。各市、县需再提高起征点的,应由市、县地税局提出具体数额,报经省地税局批准后执行。

二、将按次纳税的起征点由现行的每次(日)营业额50元提高到每次(日)营业额100元。

三、上述起征点的规定,适用于所有个人。这里所称个人,是指个体工商户及其他有经营行为的个人。

四、本通知自2003年1月1日起执行。本通知下达前因与本通知规定不一致而多征的税款应予退还。

浙江省地方税务局
关于明确营业税若干政策业务问题的通知

2003年4月16日 浙地税函【2003】162号

各市、县(市、区)地方税务局(不发宁波),省地方税务局直属一分局、直属二分局、外税分局、稽查局:

为统一税收政策,经研究,现将有关营业税若干政策业务问题明确如下:

一、对省电信实业集团公司及其所属企业从事电信线路代维修及代办电信业务,暂按"邮电通信业"税目征收营业税。从事其他业务应根据其业务属性按营业税有关规定确定适用税目征收营业税。

二、电信单位销售各种有价电话卡,其营业税纳税义务发生时间按照财务会计制度的规定,以电话卡的价款被确定为收入的时间为准。

三、对财政部、国家税务总局政策规定中未列举按"娱乐业"税目征税的经营项目,应根据其业务属性按营业税有关规定确定适用税目征收营业税。

四、根据《国家税务总局关于中央各部门机关后勤体制改革有关税收政策具体问题的通知》(国税发【2002】32号)文件精神,对省、市、县级各部门机关所属的宾馆招待所,凡承接国家财政全额拨付行政办公经费的单位举办的会议而取得的收入,其暂免征收营业税、城市维护建设税、教育费附加的优惠政策可执行至2005年底。

五、单位和个人经营游览场所的业务,应按"文化体育业"税目征收营业税。其所售的门票均应按具名发票管理规定由地税机关负责监制。

六、在举办各类活动过程中,单位和个人放置广告牌、宣传标语等带有广告宣传效应的行为而取得的"占地费"、"广告费"、"赞助费"或"租用费"等收入,应按"服务业-广告业"税目征收营业税;仅提供场地(或空间)给其它单位或个人从事各类活动而取得的收入,则按"服务业-租赁业"税目征收营业税。

七、对政府及其有关主管部门批准的纪念馆、文化馆、美术馆、展览馆、书(画)院、图书馆、文物保护单位,在自己的场所举办的属于文化体育业税目征税范围的文化活动,其销售的第一道门票的收入,免征营业税。

八、对律师事务所受法律援助中心指派,为经济困难或特殊案件的当事人提供免收费用的法律服务而向法律援助中心取得的法律援助补贴,不征收营业税。

九、本通知自发文之日起执行。凡在此之前的规定与本通知不一致的,一律按本通知规定执行。

浙江省地方税务局关于铁路局内局间收付收费项目征收营业税问题的通知

2003年4月24日　浙地税发【2003】51号

各市、县地方税务局(不发宁波),省地方税务局直属一分局、直属二分局、稽查局:

近接部分地方反映,要求明确《国家税务总局关于中央铁路征收营业税问题的通知》(国税发【2002】44号)中“铁路局内、局间因财务改革产生的其他收付费项目”不征收营业税的具体范围。经研究,在国家税务总局未明确之前,对下列铁路内部单位之间的收付费项目,由主管地税机关核实后,暂不征收营业税。

一、铁路专项工程收入:铁路线桥工程(包括平面改立交)收入,水电工程收入,绿化工程收入,铁路房建工程收入,电务工程收入,通信信息工程收入。

二、铁路运营配合服务收入:人工劳务费收入,集装箱使用费收入,蓬布使用费收入,运输、装卸服务收入,委托装卸组织服务收入。

三、铁路国有资产租赁、使用费及养护、维护费收入:机车、车辆、线路、土地、房屋、设备、管道、设施、网络等出租、使用费、维护费收入,铁路线路养护费收入,线路绿化养护费收入。

四、铁路其他服务收入:仓储收入,设计费收入,运输广告宣传收入,运营用房开发收入。

浙江省地方税务局关于要求提高营业税起征点问题的批复

2003年5月7日　浙地税函【2003】190号

杭州市地方税务局:

你局《关于要求提高营业税起征点的请示》(杭地税一【2003】125号)收悉。经研究,同意你市市区(包括萧山区、余杭区)提高按期纳税的营业税起征点,即月营业额提高至5000元。

此复。

浙江省地方税务局关于要求提高营业税起征点问题的批复

2003年5月13日　浙地税函【2003】198号

宁波市地方税务局:

你局《关于提高营业税起征点的报告》(甬地税二【2003】88号)收悉。经研究,同意你市(含所属各县、市)提高按期纳税的营业税起征点,即月营业额提高至3000元。

此复。

浙江省地方税务局
关于提高营业税起征点问题的批复

2003年5月14日　浙地税函【2003】202号

温州市地方税务局：

你局《关于提高营业税起征点的请示》（温地税政【2003】66号）收悉。经研究，同意你市市区（包括鹿城区、瓯海区、龙湾区、经济技术开发区）提高按期纳税的营业税起征点，即月营业额提高至4000元。

此复。

浙江省地方税务局
关于提高营业税起征点问题的批复

2003年5月29日　浙地税函【2003】222号

富阳市地方税务局：

你局《关于提高营业税起征点的请示》（富地税政字【2003】67号）收悉。经研究，同意你市提高按期纳税的营业税起征点，即月营业额提高至3000元。

此复。

国家税务总局关于代理业营业额问题的通知

2003年6月18日　国税发【2003】69号

各省、自治区、直辖市和计划单列市地方税务局：

近接部分地区反映，服务性单位接受机关团体企事业单位的委托，将记载有金额的就餐卡提供给委托方的职工，持卡者到服务性单位指定的餐饮企业消费。服务性单位负责将委托方预付的餐费转付给餐饮企业，并向委托方和餐饮企业收取服务费。对服务性单位如何征收营业税问题，现通知如下：

服务性单位从事的是餐饮中介服务，应按“服务业”税目“代理业”项目征收营业税。根据《国家税务总局关于营业税若干问题的通知》（国税发【1995】076号）有关代理业的营业额为纳税人从事代理业务实际取得的报酬金的规定，服务性单位从事餐饮中介服务的营业额为向委托方和餐饮企业实际收取的中介服务费，不包括其代委托方转付的就餐费用。

请遵照执行。

财政部 国家税务总局
关于出版物增值税和营业税政策的补充通知

2003年7月1日 财税【2003】90号

财政部驻各省、自治区、直辖市、计划单列市财政监察专员办事处,各省、自治区、直辖市、计划单列市财政厅(局)、国家税务局、地方税务局:

根据有关部门和地区反映的情况,经研究,现对《财政部、国家税务总局关于出版物和电影拷贝增值税及电影发行营业税政策的通知》(财税【2001】88号)中的有关问题明确如下:

一、关于科技图书的划分标准。根据新闻出版总署《关于实施〈中国标准书号〉等5项国家标准的通知》(新出印【2002】443号)的规定,自2002年8月1日起《中国标准书号》(GB5795-86)废止,图书出版行业执行新的《中国标准书号》(GB/T5795-2002)和《图书在版编目数据》(GB/T12451-2001)。为此,对财税【2001】88号文中有关科技图书的划分标准作如下调整:2002年8月1日后出版的科技图书,是指正式出版的列有《图书在版编目数据》(GB/TIZ451-2001)规定的图书在版编目数据第三部分中的“分类号”A(马列主义、列宁主义、毛泽东思想)、B(哲学)、D(政治、法律)、E(军事)、F(经济)、K(历史、地理)、N(自然科学总论)、O(数理科学和化学)、P(天文学,地球科学)、Q(生物科学)、R(医药、卫生)、S(农业、林业)、T(工业技术总论)、U(交通运输)、V(航空、宇宙飞行)、X(环境科学)的图书,以及少数民族文字图书和盲文图书,分类号不止一个时,以第一个分类号为准。2002年8月1日以后销售此前出版的科技图书,仍按财税【2001】88号文第一条第七项关于科技图书分类的规定执行。

二、对报社和出版社根据文章篇幅、作者名气等向作者收取的“版面费”收入,按照“服务业”税目中的广告业征收营业税。

本通知第二条自2003年7月1日起执行。

浙江省地方税务局
转发国家税务总局关于加强货物运输业税收征收管理若干文件的通知

2003年11月11日 浙地税函【2003】402号

各市、县地方税务局(不发宁波),省地方税务局直属一分局、直属二分局、外税分局、稽查局:

现将《国家税务总局关于印发〈国家税务总局关于加强货物运输业税收管理及运输发票增值税抵扣管理的公告〉的通知》(国税发【2003】120号)和《国家税务总局关于加强货物运输业税收征收管理的通知》(国税发【2003】121号)转发给你们。为认真贯彻落实国家税务总局制定的《货物运输业营业税征收管理试行办法》、《运费发票增值税抵扣管理试行办法》、《货物运输业营业税纳税人认定和年审试行办法》和《货物运输业发票管理流程实施方案》(以下简称"三个办法和一个方案"),根据我省的实际作如下补充,请一并贯彻执行。

一、执行"三个办法和一个方案"是整顿税收秩序、推进依法治税、加强营业税征收管理、规范增值税抵扣的重大举措，各级地税部门的领导要高度重视，统一思想,加强对此项工作的领导。各地接到本通知后要认真学习,研究贯彻执行的具体操作办法,召开专门会议,布置此项工作,做好宣传工作,加强对有关税务人员和纳税人的培训,保证将"三个办法和一个方案"执行到位。

二、各地必须于2003年12月底前完成货物运输业自开票、代开票纳税人的认定工作。认定过程中涉及到的《货物运输业自开票纳税人认定表》、《货物运输业代开票纳税人认定表》、《货物运输业营业税自开票纳税人认定证书》、《货物运输业营业税代开票纳税人认定证书》、《年审表》、年审合格标识、"自开票纳税人"、"已取消自开票纳税人资格"专用章等认定资料，由省局统一制发，请各地于2003年11月15日前向省局票证管理中心上报需用量，并于11月底前后领用。

三、从2003年12月1日起,由代开票单位(包括中介机构）向代开票纳税人代开的货物运输业发票，一律启用《浙江省货物运输业代开统一发票》(票样见附件七)，各地原有库存和依法收回的旧版货物运输业发票不再用于代开票业务使用。请各地于2003年11月20日前将《浙江省货物运输业代开统一发票》的需用量上报省局票证管理中心(截止使用期限最长至2004年6月底)。

四、在国家税务总局制定下发全国统一的货物运输业发票样式之前,各地的旧版货物运输业发票可以继续发放给自开票纳税人使用。但在全国统一票样启用之前原有库存用完需要印制货物运输业发票的,一律启用全省统一格式的《浙江省货物运输业统一发票》(票样见附件八)。自开票纳税人开具给增值税一般纳税人的旧版货物运输业发票,该增值税一般纳税人的纳税人识别号暂统一填写在票头左上方"举报电话"下方的空白处(电脑打印的发票,其纳税人识别号用手写填入上述相应位置也有效)。

五、各地地方税务局将原已委托给其他部门发售、代开的货物运输业发票依法收回后,需要委托中介机构代开货物运输业发票的,各地推荐的中介机构应报经省地方税务局批准,在省局未批准之前,可暂时委托本辖区内经年检合格的税务师事务所代征税款并代开货物运输业发票。

主管地方税务机关要加强对委托代开发票的中介机构业务培训、指导和监督检查工作,确保代开发票业务的顺利开展和代征税款的及时足额入库。

六、信息传递方式:市、县(市、区)局采集纳税人数据后用FTP传递到省局,省局汇总后将数据传送给省国税局。省局FTP地址为:ftp//1441616101/Taxfriend/Upload/货物运输业发票/相对应的年月。省局将把总局软件的功能集成到《税友2000》操作层和《因特网办税服务系统》中,在集成工作未完成前,先使用总局软件。

七、各地要对库存和依法收回的货物运输业发票进行盘库清查,分门别类登记造册;同时将统计的库存量(份数)和预计使用期限于2003年11月20日前上报省局征管处(报表格式见附件九)。

八、各县(市、区)要将本地区贯彻落实情况于2003年12月15日前上报各市局，各市局汇总后于12月20日前书面上报省局，省局将对各地执行情况进行通报。

九、各地在执行中如有问题,请及时报告省局。

附件1:

国家税务总局关于印发《国家税务总局关于加强货物运输业税收管理及运输发票增值税抵扣管理的公告》的通知

2003年10月22日　国税发【2003】120号

各省、自治区、直辖市和计划单列市国家税务局、地方税务局:

现将《国家税务总局关于加强货物运输业税收管理及运输发票增值税抵扣管理的公告》(以下简称《公告》)印发给你们,请切实做好《公告》的印制和发放工作,并通知各级税务征收机关将《公告》张贴于所有办税服务厅。

《公告》同时作为税务部门致纳税人的一封信。

(请各地速向下转发)

国家税务总局关于加强货物运输业税收管理及运输发票增值税抵扣管理的公告

为了进一步贯彻国务院关于整顿市场经济秩序的决定,国家税务总局发布了《货物运输业营业税征收管理试行办法》、《运费发票增值税抵扣管理试行办法》和《货物运输业营业税纳税人认定和年审试行办法》,决定对货物运输业的税收秩序进行整顿,以加强货物运输业营业税税收管理,规范货物运输业发票增值税抵扣。现就有关涉及纳税人的主要事项公告如下:

一、从2003年11月1日起,公路、内河货物运输业(以下简称货物运输业)发票的印制、领购、开具、取得、保管、缴销均由地方税务局管理和监督。凡已委托给其他部门管理的,必须依法收回。

税务局将对公路、内河货物运输业发票进行一次清理。从2003年11月1日起,提供货物运输劳务的纳税人必须经主管地方税务局认定方可开具货物运输业发票。凡未经地方税务局认定的纳税人开具的货物运输业发票不得作为记帐凭证和增值税抵扣凭证。

纳税人必须于2003年10月31日前向主管地方税务局缴回已经领购的货物运输业发票,经税务机关审核界定为自开票纳税人的再返还其继续使用;未缴回的货物运输业发票不得开具和使用,也不得作为记帐凭证和增值税抵扣凭证。

二、从2003年12月1日起,国家税务局将对增值税一般纳税人申请抵扣的所有运输发票与营业税纳税人开具的货物运输业发票进行比对。凡比对不符的,一律不予抵扣。对比对异常情况进行核查,并对违反有关法律法规开具或取得货物运输业发票的单位进行处罚。

三、从2003年12月1日起经地方税务局认定的自开票纳税人在申报缴纳营业税时应向主管地方税务局报送《自开票纳税人货物运输发票清单》纸制文件和电子信息。

增值税一般纳税人在申报抵扣2003年11月1日起取得的运输发票增值税进项税额时，应向主管国家税务局填报《增值税运输发票抵扣清单》纸制文件及电子信息，未报送的其进项税额不得抵扣。

对《自开票纳税人货物运输发票清单》、《增值税运输发票抵扣清单》的电子信息采集软件，由国家税务总局统一开发，并免费提供使用。纳税人可从国家税务总局网站(http://chinatax.gov.cn)下载。

四、纳税人取得的2003年10月31日以后开具的运输发票，应当自开票之日起90天内向主管国家税务局申报抵扣，超过90天的不得予以抵扣。纳税人取得的2003年10月31日以前开具的运输发票，必须在2004年1月31日前抵扣完毕，逾期不再抵扣。纳税人办理时，应附抵扣发票清单(清单式样附后)。

特此公告。

附件：清单式样3份(略)

附件2：

国家税务总局关于加强货物运输业税收征收管理的通知

2003年10月22日　国税发〔2003〕121号

各省、自治区、直辖市和计划单列市国家税务局、地方税务局：

为了进一步贯彻国务院关于整顿市场经济秩序的决定，加强对货物运输业的税收管理，总局制定了《货物运输业营业税征收管理试行办法》、《运费发票增值税抵扣管理试行办法》、《货物运输业营业税纳税人认定和年审试行办法》和《货物运输业发票管理流程实施方案》(以下简称“三个办法和一个方案”)，现印发给你们，请你们按照以下要求认真贯彻执行。

一、执行“三个办法和一个方案”是整顿税收秩序、推进依法治税、加强营业税征收管理、规范增值税抵扣的重大举措。各级税务部门的领导要高度重视，统一思想，加强对此项工作的领导。

二、各级税务机关接到通知后要认真学习“三个办法和一个方案”的内容，研究贯彻执行的具体操作办法。具体工作方案由各省税务机关部署，各级税务机关要从全局的利益出发，认真负责，相互配合，通力协作，按照各自工作范围积极稳妥地贯彻落实“三个办法和一个方案”，全面做好加强货物运输业税收征收管理的各项工作。凡相互推诿，不执行“三个办法和一个方案”或执行不到位的，一律按规定追究相关单位和有关人员的责任。

三、各地接到本通知后，要召开专门会议，布置此项工作，做好宣传工作，加强对有关税务人员和纳税人的培训，要按照“三个办法和一个方案”的要求结合本地实际制定相关配套措施，保证将“三个办法和一个方案”执行到位。

四、各地要将本地区贯彻落实情况于2003年12月31日前书面报告总局(5份)，总局将对各地执行本通知情况进行通报。

(请各地速向下转发)

附件：

1、货物运输业营业税征收管理试行办法

2、运输发票增值税抵扣管理试行办法

3、货物运输业营业税纳税人认定和年审试行办法

4、货物运输发票管理流程实施方案

附件1:

货物运输业营业税征收管理试行办法

第一条 为了进一步贯彻国务院关于整顿市场经济秩序的决定，加强对货物运输业营业税的征收管理,根据《中华人民共和国税收征收管理法》及其实施细则、《中华人民共和国营业税暂行条例》及其实施细则、《中华人民共和国发票管理办法》以及其他相关的法律、法规的规定,特制定本办法。

第二条 在中华人民共和国境内提供公路、内河货物运输劳务(以下简称货物运输劳务)的单位和个人均适用本办法。

第三条 在中华人民共和国境内提供货物运输劳务的单位和个人,属于"交通运输业"营业税纳税义务人。

以上所称个人,是指个体工商户及其他有经营行为的个人。

实行承包、承租、挂靠方式提供货物运输劳务凡同时具备以下条件的,以出包方、出租方、被挂靠方为营业税纳税义务人;不同时具备以下条件的,以承包人、承租人、挂靠人为营业税纳税义务人(以下简称"承包人"、"承租人"、"挂靠人"):

(一)以出包方、出租方、被挂靠方的名义对外经营,由出包方、出租方、被挂靠方承担相关的法律责任;

(二)经营收支全部纳入出包方、出租方、被挂靠方的财务会计核算;

(三)利益分配以出包方、出租方、被挂靠方的利润为基础。

第四条 提供货物运输劳务的单位和个人，根据其开具货物运输业发票的方式,分为自开票纳税人和代开票纳税人。

自开票纳税人,是指符合规定条件,向主管地方税务局申请领购并自行开具货物运输业发票的纳税人。

自开票纳税人不包括个人、承包人、承租人以及挂靠人。

代开票纳税人,是指除自开票纳税人以外的需由代开票单位代开货物运输业发票的单位和个人。

以上所称代开票单位是指主管地方税务局。

经省级地方税务局批准也可以委托中介机构代开货物运输业发票。

第五条 第四条所称符合规定条件，是指同时具备以下条件:

(一)具有工商行政管理部门核发的营业执照,地方税务局核发的税务登记证。交通管理部门核发的道路运输经营许可证、水路运输许可证;

(二)年提供货物运输劳务金额在20万元以上(新办企业除外);

(三)具有固定的办公场所。如是租用办公场所,则租期必须1年以上;

(四)在银行开设结算帐户;

(五)具有自备运输工具,并提供货物运输劳务;

(六)帐簿设置齐全,能按发票管理办法规定妥善保管、使用发票及其他单证等资料,能按财务会计制度和税务局的要求正确核算营业收入、营业成本、税金、营业利润并能按规定向主管地方税务局正常进行纳税申报和缴纳各项税款。

第六条 自开票纳税人应按照发票管理办法及相关的法律、法规的规定,如实填开货物运输业发票,加盖财务印章和开票人专章(见附件一)。

自开票纳税人对下列情况不得开具货物运输业发票:

(一)未提供货物运输劳务;

(二)非货物运输劳务;

(三)由其他纳税人(包括承包人、承租人及挂靠人)提供的货物运输劳务。

第七条 代开票纳税人提供货物运输劳务，凡需开具货物运输业发票的，提供以下资料并缴纳税款后，由代开票单位代开货物运输业发票：

（一）《代开票纳税人资格认定证书》；

（二）所承运货物同货主签订的承运货物合同或其他有效证明。

代开票单位为承包人、承租人以及挂靠人代开发票时，统一使用出包方、出租方以及被挂靠方的单位名称和纳税人识别号。

代开票单位对代开的货物运输业发票应按发票所注承运单位逐户建立货物运输收入台账，逐笔登记代开发票数量、发票号码、开具金额，并将代征的税款按法律、法规的规定及时解缴入库。

第八条 除自开票纳税人和代开票单位以外，其他任何单位和个人均不得开具货物运输业发票。

第九条 货物运输业必须使用全国统一的发票，发票的样式和内容由国家税务总局另行制定。

铁路运输、航空运输、海洋运输的货物运输业发票应按照国家税务总局统一规定的格式、内容印制和使用。

第十条 自开票纳税人和代开票单位必须按照规定逐栏、如实填开货物运输业发票。凡开具给增值税一般纳税人的货物运输业发票，必须填写该增值税一般纳税人的名称和纳税人识别号。

第十一条 货物运输业发票的印制、领购、开具、取得、保管、缴销均由地方税务局管理和监督。凡已经委托给其他部门管理的，必须依法收回。

第十二条 在全国实行新的由税控器具开具货物运输业发票以前，货物运输业发票清单汇总、传递方法如下：

（一）地方税务局代开货物运输业发票时要先征收税款后再开具货物运输业发票，并将代开的货物运输业发票填写《地税局代开货物运输业发票清单》（见附件二）。

自开票纳税人在申报缴纳营业税时，除报送营业税申报表外，必须向主管地方税务局报送《自开票纳税人货物运输业发票清单》（见附件三）的纸制文件和电子信息。

纳税人每月申报缴纳营业税的计税营业额，不得小于每月发票开具金额。

代开票中介机构代开货物运输业发票时要先代征税款后再开具货物运输业发票。代开票中介机构在解缴代征税款后，必须按主管地方税务局规定的申报期限向主管地方税务局报送《中介机构代开货物运输业发票清单》（见附件四）的纸制文件和电子信息。

（二）《地税局代开货物运输业发票清单》、《自开票纳税人货物运输业发票清单》和《中介机构代开货物运输业发票清单》必须是电子信息，软件由国家税务总局统一制作（见《货物运输业发票管理流程实施方案》）。

（三）县（市）级地方税务局应将《地税局代开货物运输业发票清单》和《自开票纳税人货物运输业发票清单》、《中介机构代开货物运输业发票清单》进行汇总，并将汇总后的电子信息于每月20日前送同级国家税务局。

凡具备网络条件的地方税务局，可由县（市）级地方税务局将《地税局代开货物运输业发票清单》、《自开票纳税人货物运输业发票清单》、《中介机构代开货物运输业发票清单》汇总后的电子信息上报地（市）或省级地方税务局，由地（市）或省级地方税务局将本级汇总后的电子信息于每月22日前送同级国家税务局。

第十三条 对自开票纳税人实行查账征收方法。对自开票纳税人开具的货物运输业发票注明的运费和其他价外收费，一律按“交通运输业”税目征收营业税。

第十四条 对自开票纳税人的联运业务，以其向货主收取的运费及其他价外收费减去付给其他联运合作方运费后的余额为营业额计算征收营业税。

以上所称联运必须同时符合以下条件：

（一）自开票纳税人必须参与该项货物运输业务；

（二）联运合作方向自开票纳税人开具货物运输业发票；

（三）自开票纳税人必须将其接受的货物运输业发票作为原始计帐凭证，妥善保管，以备税务机关检查。

第十五条 对代开票纳税人实行定期定额征收方法。代开票单位代开发票时，按代开的货物运输业发票注明的运费和其他价外收费即时征收营业税、所得税及附加，年终时对“双定”户按以下方法进行清算：

(一)开票金额大于定额的,以开票金额数为依据征收税款,并作为下一年度核定定期定额的依据。如定期定额税款已征,可将按期征收的定期定额税款退还纳税人或抵顶下期税款;

(二)开票金额小于定额的,按定额数征收税款。如定期定额税款已征,可将代开发票时征收的税款数额退还纳税人或抵顶下期税款。

第十六条 代开票纳税人是承包人、承租人以及挂靠人的,其"双定"税款可由主管地税局委托出包方、出租方以及挂靠方统一代征。年终以出包方、出租方以及挂靠方为单位进行统一清算,清算及下一年度核定方法按本办法第十五条的规定执行。

第十七条 符合营业税法规规定的减免条件的自开票纳税人,应向主管地方税务局报送有关资料,并经主管地方税务局认定后才能享受减免营业税优惠。

符合营业税法规规定减免条件的代开票纳税人,必须提供主管地方税务局批准的减免税文书,其由代开票单位代开的货物运输业发票的营业额,才能享受减免营业税优惠。

省级地方税务局要制定加强对营业税减税免税的管理办法。

第十八条 提供货物运输劳务的单位向其机构所在地主管地方税务局申报缴纳营业税。

第十九条 提供货物运输劳务的承包人、承租人或挂靠人,向其发包、出租或所挂靠单位机构所在地主管地方税务局申报缴纳营业税。

除本条第一款规定者外,其他提供货物运输劳务的个人向其运营车辆的车籍所在地主管地方税务局申报缴纳营业税。

第二十条 凡委托中介机构代开货物运输业发票的,省级地方税务局要制定对中介机构的管理办法,保证税款及时足额入库。

第二十一条 地方税务局要按规定向委托代征税款单位支付代征税款手续费。

第二十二条 提供货物运输劳务的单位和个人应向主管地方税务局申请认定为自开票纳税人或代开票纳税人,并实行年审。具体认定和年审办法由国家税务总局另行制定。

第二十三条 自开票纳税人、代开票纳税人和代开票单位应严格执行本办法和其他相关法律、法规的有关规定,违者按照有关规定处理。

第二十四条 本办法由国家税务总局负责解释。

第二十五条 本办法自2003年11月1日起执行。

附件1:

印章式样

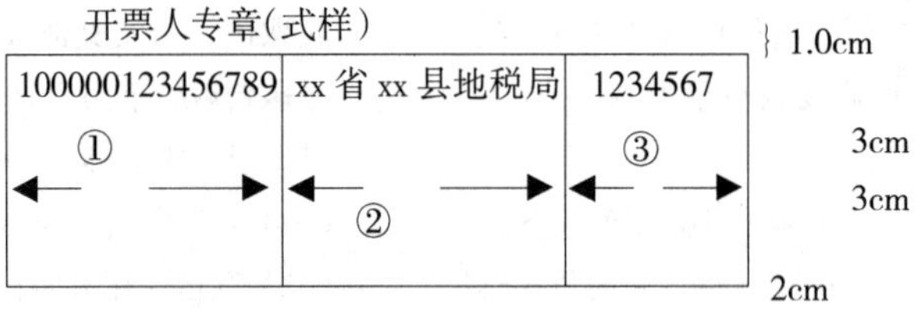

注:1、①为自开票纳税人识别号,②为自开票纳税人主管税务局名称,③为自开票纳税人主管地税局代码。

2、开票人专章由自开票纳税人自行刻制,印模报主管地税局备案。

3、开票人专章加盖在运费发票下方正中央。

附件2：

地税局代开货物运输业发票清单

主管地方税务局名称：　　　　　　　　　　　　　　主管地方税务局代码：

序号	开票日期	发票号码	开票金额	承运单位名称	承运单位识别号	取得运输发票单位名称	取得运输发票单位识别号	备注
合计	——	——						

注：1、本汇总清单由会税局每月汇总一式二份。

2、"承运单位名称及识别号"是为了统计承运单位所属的承包人、承租人、挂靠人等"双定"税款与开票征收税款的年终清算。

3、"取得运输发票单位名称及识别号"栏，如是增值税一般纳税人则必须填，否则增值税一般纳税人取得的运费发票不能作为增值税进项抵扣凭证。

附件3:

自开票纳税人货物运输业发票清单

自开票纳税人名称: 纳税人识别码号:

主管地方税务局名称: 主管地方税务局代码:

序号	开票日期	发票号码	开票金额	取得运输发票单位名称	取得运输发票单位识别号	备注
合计	——	——				

注:1、本汇总清单由自开票纳税人每月汇总一式三份,一份留底,二份在申报纳税时报送主管地方税务局。

2、"主管地方税务局名称及代码"是指提供货物运输劳务的单位和个人的主管地方税务局的名称及代码。

3、"取得运输发票单位名称及识别号"栏,如是增值税一般纳税人则必须填,否则增值税一般纳税人取得的运费发票不能作为增值税进项抵扣凭证。

附件 4：

中介机构代开货物运输业发票清单

中介机构名称： 中介机构代码：

序号	开票日期	发票号码	开票金额	承运单位识别号	主管地税局名称	主管地税局代号	取得运输发票单位名称	取得运输发票单位识别号	备注
合计	——	——							

注：1、本汇总清单由代开票中介机构每月汇总一式三份，一份留底，二份在解缴代征税款后，在规定的期限内报送主管地方税务局。

2、“承运单位名称及识别号”是为了统计承运单位所属的承包人、承租人、挂靠人等“双定”税款与开票征收税款的年终清算。

3、“主管地方税务局名称及代码”是指提供货物运输劳务的单位和个人的主管地方税务局的名称及代码。

4、“取得运输发票单位名称及识别号”栏，如是增值税一般纳税人则必须填，否则增值税一般纳税人取得的运费发票不能作为增值税进项抵扣凭证。

附件 2:

运输发票增值税抵扣管理试行办法

第一条 为了进一步加强增值税有关运输发票抵扣凭证的管理,堵塞税收漏洞,特制定本办法。

第二条 凡增值税一般纳税人(以下简称“纳税人”)取得运输发票并应计算抵扣进项税额的,均适用本办法。

本条所称取得运输发票是指:

(一)纳税人外购货物(固定资产除外)支付运输费用而取得的运费结算单据;

(二)纳税人销售应税货物而支付运输费用所取得的运费结算单据(《中华人民共和国增值税暂行条例实施细则》第十二条所规定的不并入销售额的代垫运费除外)。

第三条 运输单位提供运输劳务自行开具的运输发票,运输单位主管地方税务局及省级地方税务局委托的代开发票中介机构为运输单位和个人代开的运输发票准予抵扣。其他单位代运输单位和个人开具的运输发票一律不得抵扣。

第四条 纳税人取得所有需计算抵扣增值税进项税额的运输发票,应根据相关运输发票逐票填写《增值税运输发票抵扣清单》(见本办法附件),在进行增值税纳税申报时,除按现行规定申报报表资料外,增加报送《增值税运输发票抵扣清单》。纳税人除报送清单纸质资料外,还需同时报送《增值税运输发票抵扣清单》的电子信息。未单独报送《增值税运输发票抵扣清单》纸质资料及电子信息的,其运输发票进项税额不得抵扣。如果纳税人未按规定要求填写《增值税运输发票抵扣清单》或者填写内容不全的,该张运输发票不得计算抵扣进项税额。

增值税运输发票抵扣清单信息采集软件由国家税务总局统一开发,主管国税局免费提供给纳税人。如果纳税人无使用信息采集软件的条件,可委托中介机构代为采集。

第五条 纳税人取得的 2003 年 10 月 31 日以后开具的运输发票,应当自开票之日起 90 天内向主管国税局申报抵扣,超过 90 天的不得予以抵扣。纳税人取得的 2003 年 10 月 31 日以前开具的运输发票,必须在 2004 年 1 月 31 日前抵扣完毕,逾期不再准予抵扣。

第六条 主管国税局在纳税申报期内受理申报时,应对《增值税纳税申报表附列资料(表二)》中第 8 栏“7%扣除率”的“金额、税额”项数据与《增值税运输发票抵扣清单》中“合计”栏“允许计算抵扣的运费金额、计算抵扣的进项税额”项数据进行核对,如不一致,退纳税人重新申报。

第七条 纳税申报期结束后,各地县(市)级国税局应将当期《增值税运输发票抵扣清单》汇总电子信息通过网络传递给上级税务机关。

运输发票信息的采集、传递、清分与比对等具体要求详见《货物运输发票管理流程实施方案》。

第八条 对比对不符的先由稽查部门进行稽查,经查实后确有问题的按有关规定进行处理。稽查部门应将稽查、处理结果及时反馈管理部门。

第九条 本办法自 2003 年 11 月 1 日起执行。

附件 3:

货物运输业营业税纳税人认定和年审试行办法

第一条 根据国家税务总局《货物运输业营业税征收管理试行办法》的规定,对公路、内河货物运输业自开票、代开票纳税人(以下简称自开票、代开票纳税人)实行认定和年审制度,特制定本办法。

第二条 提供公路、内河货物运输劳务(以下简称货物运输劳务)的单位需申请自开票纳税人的,应向主管地方税务局办理认定手续。

第三条 提供货物运输劳务的单位同时符合下列条件的，可向其主管地方税务局申请认定为自开票纳税人：

（一）具有工商行政管理部门核发的营业执照，地方税务局核发的税务登记证，交通管理部门核发的道路运输经营许可证、水路运输许可证；

（二）年提供货物运输劳务金额在20万元以上（新办企业除外）；

（三）具有固定的经营场所。如是租用办公场所，则承租期必须1年以上；

（四）在银行开设结算帐户；

（五）具有自备运输工具，并提供货物运输劳务；

（六）帐簿设置齐全，能按发票管理办法规定妥善保管、使用发票及其他单证等资料，能按税务机关和财务会计制度的要求正确核算营业收入、营业成本、税金和营业利润，并能按规定向税务机关进行纳税申报和缴纳各项税款。

第四条 以下纳税人不能认定为自开票纳税人：

（一）不同时具备本办法第三条规定条件的单位；

（二）不同时具备以下条件的承包人、承租人以及挂靠人（属代开票人，其"双定"税款可由主管税务机关委托出包方、出租方以及挂靠方统一代征）；

1、以出包方、出租方、被挂靠方的名义对外经营，由出包方、出租方、被挂靠方承担相关的法律责任；

2、经营收支全部纳入出包方、出租方、被挂靠方的财务会计核算；

3、利益分配以出包方、出租方、被挂靠方的利润为基础。

（三）拥有运输工具的个人。

第五条 申请办理自开票纳税人认定的单位，应提供或出示下列有关证件和资料：

（一）单位申请报告；

（二）货物运输业自开票纳税人认定表；

（三）营业执照复印件；

（四）税务登记证副本；

（五）车辆道路运输证、船舶营业运输证复印件；

（六）自有房屋产权证或房屋租赁合同复印件；

（七）购置自有运输工具购买发票复印件；

（八）地方税务局要求提供的其他有关证件、资料。

第六条 申请办理自开票纳税人认定手续的程序

（一）对现有的提供货物运输劳务的单位，应按以下程序办理认定手续：

1、申请程序。提供货物运输劳务的单位应向主管地方税务局提交申请报告，如实填写《货物运输业自开票纳税人认定表》及认定所需资料。

2、审批程序和审批机关。自开票纳税人由县级或县级以上税务机关认定。对单位提出的申请报告和有关资料，负责审批的税务机关应在收到之日起30日内审核完毕。对符合自开票纳税人条件的，发给《货物运输业营业税自开票纳税人认定证书》，并在其税务登记证副本首页上方和《发票领购簿》上加盖"自开票纳税人"确认专用章，作为领购货物运输发票的证件。

（二）对新办提供公路、内河货物运输劳务的单位

新办的提供货物运输劳务的单位，凡符合自开票纳税人条件，注册资金在30万元以上的，可在办理税务登记的同时申请办理自开票纳税人认定手续。

新办提供货物运输劳务的单位申请人，办理自开票纳税人认定手续的程序，按本办法第六条第一款规定办理。

第七条 除自开票纳税人以外的其他提供货物运输劳务的单位和个人，同时符合下列条件的，可向其主管地方税务局申请认定代开票纳税人：

（一）有工商行政管理部门核发的营业执照，地税局核发的税务登记证；

（二）有自备或承包、承租的车、船等运输工具的证明。

第八条 单位和个人申请办理代开票纳税人认定手续，应提供下列有关证件和资料：

（一）单位和个人申请报告；

（二）货物运输业代开票纳税人认定表；

（三）营业执照复印件；

（四）税务登记证复印件；

（五）车辆道路运输证、船舶营业运输证复印件；

（六）承包、承租或挂靠车辆应提供出包、出承租或所挂靠方的税务登记证复印件、纳税人识别码及承包、承租或挂靠合同复印件；

（七）地方税务局要求提供的其他有关证件、资料。

第九条 申请办理代开票纳税人认定手续的程序

(一)对现有提供货物运输劳务的单位和个人,应按以下程序办理认定手续。

1、申请程序

单位和个人应提交申请报告,如实填写《货物运输业代开票纳税人认定表》及地方税务局要求提供的其他资料。

2、审批程序和审批机关

代开票纳税人认定的审批权限在县级或县级以上地方税务局。对单位和个人提出的申请报告和有关资料,负责审批的地方税务局应在收到之日起30日内审核完毕。符合代开票纳税人条件的,发给《货物运输业营业税代开票纳税人认定证书》。纳税人凭《货物运输业营业税代开票纳税人认定证书》及同货主签定的承运货物合同、托运单及地方税务局要求提供的其他有效证明到代开票单位代开货物运输业发票。

(二)对新办提供货物运输劳务的单位和个人

新办提供货物运输劳务的单位和个人需认定为代开票纳税人的,凡符合代开票纳税人条件的,可在办理税务登记的同时申请办理代开票纳税人认定手续。

第十条 代开票纳税人达到自开票纳税人条件的,可以按本办法第六条第一款规定申请办理自开票纳税人认定手续。

第十一条 地方税务局应按年度对自开票、代开票纳税人进行资格审验和确认。

第十二条 年审的范围

地方税务局应对原已认定为自开票、代开票纳税人实行年度审验制度(以下简称年审)。

第十三条 年审的时间

自开票、代开票纳税人的年审从每年11月起至12月底结束,具体期限由省级地方税务局确定。

第十四条 年审的内容

(一)自开票纳税人

1、基本情况。包括纳税人名称、经营地址、经济性质、经营范围、开户银行及帐号、车辆、船舶等运输工具状况、联系电话等。

2、纳税情况。包括本年度实现的营业额、营业成本、应纳税额、实缴税额和欠缴税额等。

3、财务核算情况。包括会计人员配备、帐簿设置、财务核算状况等。

4、货物运输发票管理情况。包括货物运输业发票领购、使用、结存、保管、缴销及违章情况。

(二)代开票纳税人

1、基本情况。包括纳税人名称、经营地址、经济性质、经营范围、开户银行及帐号、车辆、船舶等运输工具状况、联系电话等。

2、纳税情况。包括年审本年度实现的营业额、营业成本、应纳税额、实缴税额和欠缴税额等。

第十五条 年审的程序

(一)按照年审规定的时间要求,自开票、代开票纳税人应到主管地方税务局领取《自开票、代开票纳税人年审申请审核表》(以下简称《年审表》),填写盖章后连同工商营业执照副本、道路、水上运输经营许可证复印件、税务登记证副本、《发票领购簿》、年度财务报表及税务机关要求提供的其他资料,一并报主管地方税务局。

(二)主管地税局接到自开票、代开票纳税人申报的《年审表》及有关资料后30日内进行初审,并签署初审意见,逐级报送上级审批机关,审批机关应在30日内作出年审结论。年审审批机关是指有批准认定自开票、代开票纳税人资格的县级或县级以上的地方税务局。

第十六条 年审的结果

(一)自开票纳税人

1、年审合格的处理

对年审合格的自开票纳税人,在《货物运输业营业税自开票纳税人认定证书》及《发票领购簿》上加贴自开票纳税人年审合格标识。

2、年审不合格的处理

达不到自开票纳税人资格的纳税人,暂缓通过年审,在3个月内进行整改,整改期间不得自行开具货物运输业发票,如需开具货物运输业发票的由主管地方税务局代开。在规定的期限内,整改合格的按年审合格办法处理,整改不合格的取消其自开票纳税人资格,清缴货物运输发票,并在其税务登记证副本首页右上方和《发票领购簿》上加盖"已取消自开票纳税人资格"专用章,并收回《货物运输业营业税自开票纳税人认定证书》。

(二)代开票纳税人

1、年审合格的处理。

对年审合格的代开票纳税人,在《货物运输业营业税代开票纳税人认定证书》上加贴代开票纳税人年审合格标识。

2、年审不合格的处理

达不到代开票纳税人资格的纳税人,暂缓通过年审,在3个月内进行整改,整改期间主管地方税务局不得为其开具货物运输业发票。在规定的期限内,整改合格的按年审合格的办法处理,整改不合格取消其代开票纳税人的资格,并收回《货物运输业营业税代开票纳税人认定证书》。

第十七条 对已具有自开票纳税人资格的提供货物运输劳务单位,一旦发现有下列情形之一的,经主管地方税务局审定,可取消其自开票纳税人的资格,收回《货物运输业营业税自开票纳税人认定证书》和停止其使用货物运输业发票。

(一)没有按地方税务局的要求正确核算货物运输和非货物运输的营业收入、营业成本、税金、营业利润的;

(二)不能按规定向税务机关进行正常纳税申报和缴纳各项税款的;

(三)有偷税、抗税行为的;

(四)不能妥善保管、使用货物运输业发票造成严重后果的;

(五)违反规定,对货物运输和非货物运输业务都开具货物运输业发票的;

(六)违反规定,为其他纳税人开具货物运输业发票的。

第十八条 对已具有代开票纳税人资格提供货物运输劳务的单位和个人,凡有下列情形之一的,经主管地方税务局审定,可取消其代开票纳税人的资格,并收回《货物运输业营业税代开票纳税人认定证书》。

(一)没有按地方税务局的要求准确核算货物运输和非货物运输的营业收入、税金的;

(二)不按规定向税务机关进行纳税申报和缴纳各项税款的;

(三)有偷税、抗税行为的;

(四)有伪造承运货物合同等有效证明的。

第十九条 纳税人必须在规定的期限内向地方税务局办理年审手续,在规定期限内未办理年审手续的按年审不合格处理。

第二十条《年审表》填报不实、数据不准确的,随同《年审表》报送其他资料不齐全,以及其他未按规定办理年审手续的,地方税务局应责令其在年审规定期内如实申报和补报。如仍不如实申报和补报的,则按年审不合格处理。

第二十一条 凡被取消自开票、代开票纳税人资格的纳税人,一年内不得再重新申请认定自开票、代开票纳税人。

第二十二条 自开票、代开票纳税人年审,由省级地方税务局统一组织,年审的具体工作,由具有批准认定自开票纳税人资格的各级地方税务局负责实施。

第二十三条 《货物运输业自开票纳税人认定表》、《货物运输业代开票纳税人认定表》、《货物运输业营业税自开票纳税人认定证书》、《货物运输业营业税代开票纳税人认定证书》、《年审表》、年审合格标识、“自开票纳税人”、“已取消自开票纳税人资格”专用章由省级地方税务局统一制定下发。

第二十四条 本办法由国家税务总局负责解释。

第二十五条 本办法自2003年11月1日起实行。

附件4:

货物运输发票管理流程实施方案

根据国家税务总局的《货物运输业营业税征收管理试行办法》、《运费发票增值税抵扣管理办法》的规定,现制定公路、内河货物运输发票(以下简称:货物运输发票)管理的流程与实施方案。

一、概述

实施货物运输发票管理的基本思路是“手工采集、网络传输、电脑比对”。由于货物运输发票票量较大,各级税务机关应当积极运用信息化的手段,以方便纳税人,提高工作效率。使用信息化手段辅助管理的原则为"从实际出发,分步实施"。

(一)国税局、地税局主管税务机关采集

地税局主管税务机关负责《地税机关代开货物运输发票汇总清单》的录入,接收自开票纳税人报送的《自开票纳税人货物运输发票汇总清单》和代开票中介机构报送的《代开票中介货物运输发票汇总清单》。汇总货物运输发票信息,并按规定时间做好数据传递工作。

国税局主管税务机关负责接收增值税一般纳税人报送的《增值税运输发票抵扣清单》的电子信息,并按规定时间做好数据上传工作。

各地采集的发票信息,无论是在税务局端还是在纳税人端,其格式必须满足总局规定的接口标准。

(二)数据传输

1、国税局、地税局同级信息交换

地方税务局根据自身网络分布和数据集中情况,在货物运输发票清单信息的汇总与传输时,可选择以下三种基本模式。一是全省无统一网络,或是有统一的网络,但是数据(包括货物运输发票清单采集的数据)采集和处理集中在区县处理,流程示意图见附图1,简称模式一;二是地市级有统一的网络,而且数据(包括货物运输发票采集的数据)采集和处理直接集中在地市级处理,流程示意图见附图2,简称模式二;三是全省(或直辖市、计划单列市)网络条件较好,而且数据(包括货物运输发票采集的数据)采集和处理直接集中在省级(或直辖市、计划单列市)处理,流程示意图见附图3,简称模式三。对于数据还未集中到区县的情况,各地应将采集的数据先自行集中到区县,再视同数据在区　县的情况传输数据。

各省级地方税务局应结合自身网络和数据分布状况,与省级国家税务局协商确定省内信息交换的对应双方单位,并上报总局备案。原则上,各省国税局、地税局信息交换地层级应选择附图所示的三种模式之一。这种传输对应关系确定后,不能随意更改。有条件的省市,应尽量提高传输层级。

对于国税局、地税局在区县级同级交换信息的情况,每月20日前,由地方税务局将汇总的货物运输发票清单的信息传递给国家税务局。

对于国税局、地税局在地市级同级交换信息的情况,每月22日前,由地方税务局将汇总的货物运输发票清单的信息传递给国家税务局。

对于国税局、地税局在省级同级交换信息的情况,每月22日前,由地方税务局将汇总的货物运输发票清单的信息传递给国家税务局。

2、国税局数据上传

区县级国家税务局将地方税务局传来的货物运输发票汇总清单和汇总的增值税运输发票抵扣清单在当月22日前直接上传至省级国家税务局,并将该区县级税务局名称和上传时间等信息报地市级国家税务局备查。

对于国税局、地税局在地市级交换信息的情况,地市级国家税务局将地方税务局传来的货物运输发票汇总清单和汇总的增值税运输发票抵扣清单在当月22日前上传至省级国家税务局。

省级国家税务局于每月23日开始对各地上传数据进行提取、清分,并将跨省增值税运输发票抵扣清单和货物运输发票汇总清单数据上传总局。

(三)省级国家税务局和总局进行比对

省级国家税务局每月进行本省发票的比对。总局每月进行全国发票信息的比对。

(四)比对结果处理

总局比对结果相符和不符的发票信息,按照上传路径回传到相应的省级国税局(具体传输规则另行制订)。

各省级国家税务局在省级存储的申请抵扣的运输发票的比对结果(包括总局下发的比对相符和不符的发票信息),各单位可以按照权限查询或下载。凡属比对不符的,由主管国税局追回抵扣税款。凡接收地税局发票信息的省、市、县级国税局均应将相应的信息用递送软盘或网络传输方式回传到相应的地税局。

在总局比对结果不符的发票信息,由总局稽查局查处。省内比对结果不符的申请抵扣的发票信息由省级国税局稽查局查处;同时省级国家税务局将不符申请报税的发票信息传递给省级地方税务局,由省级地税局稽查局查处。

(五)为便于各地抓好落实工作,对上述各环节各部门的工作任务进行了归纳整理,制订了《货物运输发票管理流程工作一览表》(见附表)。

二、发票信息采集

在运输发票信息的采集、传输、比对的流程中，采集是整个流程的开始。信息采集的数据质量直接关系到整个运输发票管理工作的质量，同时由于信息的采集还涉及到对纳税人的要求，因此，运输发票数据采集工作必须要在加强管理的基础上，借助信息化手段，并针对不同的情况采用不同的采集方式才能达到加强管理的目的，为后期的传输、比对处理做好准备。各国税局、地税局主管税务机关应辅导并督促纳税人按照总局相关办法的规定如实填写相关表证单书。

对于运输发票的开具方和抵扣方的数据采集，总局提供货物运输发票信息录入软件。各地可以在总局技术支持网站（http://130.9.1.248）和总局因特网站（http://chinatax.gov.cn）下载使用。

信息采集主要分为如下两类：

（一）货物运输发票汇总清单信息采集

该信息由货物运输发票开具方完成信息采集工作，依据不同的开具方式分为如下三种。

1、自开票的公路、内河货物运输业纳税人

纳税人应根据开具的相关运输发票逐票填写《自开票纳税人货物运输业发票汇总清单》，同时使用“货物运输发票信息采集软件（自开票企业版）”将清单信息逐条采集到系统中并生成清单的电子信息。在进行营业税纳税申报时随同相关报表一并报送。

2、由主管地方税务局代开票的公路、内河货物运输业纳税人

主管地方税务局应根据代为开具的相关运输发票逐票填写《地税局代开货物运输业发票汇总清单》，同时使用“货物运输发票信息采集软件（地税局版）”将清单信息逐条采集到系统中并生成清单的电子信息。

3、由中介机构代开票的公路、内河货物运输业纳税人

代开票中介机构应根据代为开具的相关运输发票逐票填写《代开票中介货物运输业发票汇总清单》，同时使用“货物运输发票信息采集软件（地税中介版）”将清单信息逐条采集到系统中并生成清单的电子信息，报送至主管地方税务局。

（二）增值税运输发票抵扣清单信息采集

取得货物运输发票的增值税一般纳税人应完成信息采集工作，依据不同的采集对象分为如下二种。

1、增值税一般纳税人取得所有需计算抵扣增值税进项税额的运输发票，应根据相关运输发票逐票填写《增值税运输发票抵扣清单》，同时使用“货物运输发票信息采集软件（一般纳税人版）”将清单信息逐条采集到系统中并生成清单的电子信息，在进行增值税纳税申报时随同相关报表一并报送。

2、由中介机构代理的增值税一般纳税人取得所有需计算抵扣增值税进项税额的运输发票，受托中介机构应根据相关运输发票逐票填写《增值税运输发票抵扣清单》。同时使用“货物运输发票信息采集软件（国税中介版）”将清单信息逐条采集到系统中并生成清单的电子信息。增值税一般纳税人在进行增值税纳税申报时随同相关报表一并报送。

三、发票信息传输

在地方税务局采集的货物运输发票清单信息的传输路径为：主管地方税务局－同级国家税务局－省级国家税务局（清分比对后）－总局；在国家税务局采集的增值税运输发票抵扣清单信息的传输路径为：主管国家税务局－省级国家税务局（清分比对后）－总局。其中，国家税务局在接收到货物运输发票清单信息后应和增值税运输发票抵扣清单信息一起向省级传输，直至总局。区县级国家税务局除向省级国家税务局传递信息外，同时向地市级国税局报送上传税务机关名称和上传时间等信息。

（一）发票信息汇总软件

对于货物运输发票清单的数据汇总，总局提供货物运输发票信息汇总软件。各地可以在总局技术支持网站（http://130.9.1.248）和总局网站（http://chinatax.gov.cn）下载使用。

（二）地方税务局数据汇总与传输流程

1.采用国税局、地税局区县级同级传输模式

区县级地方税务局应使用“货物运输发票信息汇总软件”及时将货物运输发票清单信息汇总，并将汇总接口文件在规定的时间内通过软盘、网络或其它方式传递给同级的区县级国家税务局。

2.采用国税局、地税局地市级同级传输模式

货物运输发票信息直接集中到地市级地方税务局后，地市级地方税务局应及时将信息汇总，按标准生成总局规定的接口文件，并在规定的时间内通过软盘、光盘、网络或其它方式传递给同级的地市级国家

税务局。

3、采用国税局、地税局省级同级传输模式

货物运输发票信息直接集中到省级地方税务局后，省级地方税务局应及时将信息汇总，按标准生成总局规定的接口文件，并在规定的时间内通过软盘、光盘、网络或其它方式传递给同级的省级国家税务局。

（三）地方税务局向同级国税局传输流程

作为数据传输源头的各地方税务局应保证数据文件的内容正确，格式符合总局规定的标准。各地应根据国税局、地税局协商结果选择数据传递的介质和途径。

各级国家税务局与地方税务局在同级信息传递时，对于汇总与传递的时间、操作人员、文件名、文件大小、记录的发票数等情况，双方均应有详细记录备查。

（四）国家税务局数据汇总与传输流程

1、区县级国家税务局数据汇总

（1）接收地方税务局传来开具方货物运输发票

国家税务局在规定的时间，接收地方税务局传递的货物运输发票汇总清单数据，并妥善保管介质。

（2）汇总增值税一般纳税人货物运输发票抵扣信息

增值税一般纳税人报送的增值税运输发票抵扣清单信息由区县级国家税务局使用“货物运输发票信息汇总软件”将信息汇总，生成总局规定的接口文件。

2、向省级国家税务局传输数据

在运行的初期，为方便快捷，传输数据采用FTP方式。区县级国家税务局在规定的时间内通过广域网采用FTP方式将增值税运输发票抵扣清单数据和货物运输发票汇总清单数据同时汇总传递给省级国家税务局，并将该区县级税务局名称和上传时间等信息报地市级国家税务局备查。

各省级国家税务局应及时设置并向下公布FTP服务器的地址和用户名，保证FTP服务器的正常运行。

3、省级国家税务局向总局传输数据

省级国家税务局应及时清分、汇总各地上传的跨省增值税运输发票抵扣清单数据和货物运输发票清单数据，按规定的时间要求上传数据。

附表:

货物运输发票管理流程工作一览表

级别	环节	地税局	国税局	时间要求	备注
区县级	录入数据	1.负责录入《地税局代开货物运输发票汇总清单》。		每月20日前完成	地税局使用《货物运输发票信息采集软件(地税局版)》等软件进行录入
	汇总数据	1. 接收自开票纳税人报送的《自开票纳税人货物运输发票汇总清单》的电子信息; 2. 接收代开票中介机构报送的《代开票中介货物运输发票汇总清单》的电子信息; 3.将本区县《自开票纳税人货物运输发票汇总清单》、《地税机关代开货物运输发票汇总清单》、《代开票中介货物运输发票汇总清单》的电子信息汇总;① 4. 将汇总的货物运输发票汇总清单电子信息传递给区县级国税局。①	1.接收增值税一般纳税人报送的《增值税运输发票抵扣清单》的电子信息; 2.接收代开票中介机构报送的《增值税运输发票抵扣清单》的电子信息; 3.将本区县《增值税运输发票抵扣清单》的电子信息汇总; 4.将汇总的《增值税运输发票抵扣清单》电子信息直接上传至省级国税局,并将税务机关名称和上报时间等信息报地市级国家税务局; 5.将区县级地方税务局传来的货物运输发票汇总清单电子信息直接上传至省级国税局。①	地税部门每月20日前完成 国税部门每月22日前完成	自开票纳税人使用《货物运输发票信息采集软件(自开票企业版)》等软件进行录入 代开票中介机构使用《货物运输发票信息采集软件(地税中介版)》等软件进行录入 增值税一般纳税人使用《货物运输发票信息采集软件(一般纳税人版)》等软件进行录入 代开票中介机构使用《货物运输发票信息采集软件(国税中介版)》等软件进行录入 税务机关采用《货物运输发票信息汇总软件》等软件进行汇总

附表:

货物运输发票管理流程工作一览表

级别	环节	地税局	国税局	时间要求	备注
地市级	汇总数据	1.将本地市《自开票纳税人货物运输发票汇总清单》、《地税局代开货物运输发票汇总清单》、《代开票中介货物运输发票汇总清单》的电子信息汇总;② 2. 将汇总的货物运输发票汇总清单电子信息传递给地市级国税局。②	1.将地市级地方税务局传来的货物运输发票汇总清单电子信息上传至省级国税局。②	地税部门每月20日前完成 国税部门每月22日前完成	税务机关采用《货物运输发票信息汇总软件》等软件进行汇总
	催报数据	1. 对未及时上报或上报有错误的区县级地方税务局进行催报。	1.对未及时上报或上报有错误的区县级国家税务局进行催报。		
省级	汇总数据	1.将本省《自开票纳税人货物运输发票汇总清单》、《地税局代开货物运输发票汇总清单》、《代开票中介货物运输发票汇总清单》的电子信息汇总;③ 2. 将汇总的货物运输发票汇总清单电子信息传递给省级国税局。③	1.接收省级地方税务局传来的货物运输发票汇总清单;③ 2. 将本省区县级上报的《增值税运输发票抵扣清单》的电子信息汇总。		税务机关采用《货物运输发票信息汇总软件》等软件进行汇总
	催报数据	1. 对未及时上报或上报有错误的区县级地方税务局通过地市级地方税务局进行催报。	1.对未及时上报或上报有错误的区县级国家税务局通过地市级国家税务局进行催报。		

附表:

货物运输发票管理流程工作一览表

级别	环节	地 税 局	国 税 局	时间要求	备 注
	数据清分比对		1. 对本省汇总的货物运输发票汇总清单和增值税运输发票抵扣清单进行清分; 2. 将全部货运发票清单以及跨省的增值税运输发票抵扣清单信息上报总局; 3. 对省内发票进行比对处理; 4. 省内比对的不符信息由稽查局处理; 5. 从总局接收跨省发票的比对结果信息; 6. 提供本省发票的稽核结果信息的查询和下载。	每月23日开始进行数据清分比对	使用《货物运输发票信息稽查系统》软件进行清分比对
总局	数据比对		1. 接收各省上报的全部货运发票清单以及跨省的增值税运输发票抵扣清单信息; 2. 对跨省发票进行比对处理; 3. 比对的不符信息由稽查局处理; 4. 下发总局的比对结果信息。		

注:表中①、②、③分别代表模式一、模式二、模式三,每个省(自治区、直辖市、计划单列市)只能从中选择一种模式。

增值税运输发票抵扣清单

纳税人名称：　　　　纳税人识别号：

金额单位:元至角分

序号	发票种类		发票号码	开票日期	运输单位名称	运输单位纳税人识别号	运输单位主管地方税务局名称	运输单位主管地方税务局代码	运费金额	允许计算抵扣的运费金额	计算抵扣的进项税额
一	铁路运输		—	—	—	—	—	—			
二	航空运输		—	—	—	—	—	—			
三	管道运输		—	—	—	—	—	—			
四	海洋运输		—	—	—	—	—	—			
五	公路运输	1									
		2									
		3									
		4									
		5									
		6									
		7									
		小计	—	—	—	—	—	—			
六	内河运输	1									
		2									
		3									
		4									
		5									
		6									
		7									
		小计	—	—	—	—	—	—			
合计			—	—	—	—	—	—			

说明:铁路运输、航空运输、管道运输、海洋运输栏填写汇总数,公路运输和内河运输按发票分别填写。

浙江省地方税务局关于房地产开发企业销售商品房代收维修基金征收营业税问题的批复

2003年11月12日 浙地税函【2003】399号

台州市地方税务局：

你局《关于房地产开发企业销售商品房代收维修基金征收营业税的请示》（台地税发【2003】37号）收悉。经研究，现批复如下：

根据《营业税暂行条例》第五条“纳税人的营业额为纳税人提供应税劳务、转让无形资产或者销售不动产向对方收取的全部价款和价外费用”和《营业税暂行条例实施细则》第十四条“条例第五条所称价外费用，包括向对方收取的手续费、基金、集资费、代收款项、代垫款项及其他各种性质的价外收费。凡价外费用，无论会计制度规定如何核算，均应并入营业额计算应纳税额”的规定，房地产开发企业销售商品房时向购房者收取的维修基金，不论是否计入住宅销售收入，均应并入计税营业额征收营业税。

浙江省地方税务局关于转发国家税务总局关于货物运输业税收管理问题的通知

2003年11月28日 浙地税发【2003】133号

各市、县（市、区）地方税务局（不发宁波）、省地方税务局直属一分局、直属二分局、稽查局、外税分局：

现将《国家税务总局关于货物运输业税收管理问题的通知》（国税发明电【2003】51号）转发给你们，请遵照执行。

附件：

国家税务总局关于货物运输业税收管理问题的通知

2003年11月13日 国税发明电【2003】51号

各省、自治区、直辖市和计划单列市国家税务局、地方税务局：

为了加强对货物运输业的税收征收管理，今年10月17日总局下发了《国家税务总局关于加强货物运输业税收征收管理的通知》(国税发【2003】121号),为了加强对此项工作的领导,总局于10月24日又召开了《全国加强货物运输业税收征管工作电视电话会议》,钱冠林、许善达副局长进行了动员和部署。当前各地正在进入全面落实总局领导的讲话精神,认真实施"三个办法和一个方案"的关键阶段,为了进一步做好这项工作,切实加强对货物运输业税收的征收管理,特作如下通知:

一、各地要深刻认识加强货物运输业税收管理的重大意义,高度重视这项工作,要克服一切困难并采取坚决有力的措施加快此项工作进度,使"三个办法和一个方案"尽早启动起来并得到全面落实,总局对落实"三个办法和一个方案"已经提出了具体的时间要求,各地要按照总局的要求积极开展工作。

二、地方税务局要加快对货物运输业营业税自开票纳税人的认定工作,凡已经认定为自开票纳税人的应当尽快向其提供货物运输业发票,并辅导其填开,不要等本地区所有自开票纳税人都认定完成后再向自开票纳税人提供货物运输业发票,认定一户提供一户。

货物运输业营业税自开票纳税人认定工作迟缓的地区要采取措施,加速认定工作。

三、在认定工作未完成以前,地方税务局要及时为提供货物运输劳务但还未认定的纳税人代开货物运输发票,同时征收税款,并作好各项服务工作。

四、地方税务局在进行纳税人认定工作时,凡发现被认定为代开票纳税人未进行税务登记的,都必须依法进行税务登记。

五、地方税务局要加强对代开票中介机构的管理,不得随意放宽代开票中介机构的条件和范围。接受委托代开货物运输业发票的中介机构必须按照《货物运输业营业税征收管理试行办法》中的有关规定开具发票,代征和解缴税款并按期向主管地方税务局报送《中介机构代开货物运输业发票清单》。

六、地方税务局不得违反总局规定将承包人、承租人、挂靠人和个体运输户认定为自开票纳税人,凡已认定的必须纠正。

七、国家税务局、地方税务局要认真做好对税务人员和纳税人的宣传培圳辅导工作,掌握纳税人对办法的了解程度以及对《增值税运输发票抵扣清单》、《地方税务机关代开货物运输业发票清单》、《自开票纳税人货物运输业发票清单》、《中介机构代开货物运输业发票清单》电子信息采集软件的下载和使用情况。对尚未下载软件或操作软件有问题的纳税人,税务机关应当主动帮助其解决困难。

八、地方税务局要按照有关规定的要求,将自开票纳税人和地方税务局、代开票中介机构开具的货物运输业发票的有关信息及时传送给国家税务局,国家税务局和地方税务局要建立密切、畅通的信息交换制度,切实落实好"三个办法和一个方案"。

九、增值税一般纳税人在2004年1月31日前取得2003年10月31日以前开具的运输发票,在填报《增值税运输发票抵扣清单》时可暂不填报"运输单位主管税务机关名称"和"运输单位主管税务机关代码"栏。

十、各级税务机关从2003年12月1日起务必确保网络畅通,以利传输、清分、比对工作的顺利进行。

十一、各省级地方税务局与国家税务局务必于2003年11月20日前将所确定的信息交换模式上报总局备案,具体详见《国家税务总局关于加强货物运输业税收管理的通知》(国税发【2003】121号)附件4。

十二、省级地方税务局要将自开票纳税人的申请户数和实际已认定的户数在2004年2月以前于每月1日和15日向总局(5份)书面报告一次,2004年2月以后于当年6月30日和12月31日向总局书面报告一次自开票纳税人的总数、增加数。

十三、为了便于各地征询"三个办法和一个方案"的有关情况,请省级税务机关向以下处室及有关人员询问和报告有关情况:

(一)有关增值税税收政策问题 流转税管司增值税处 林枫:63417706 刘浩:63417705

(二)有关增值税稽核比对问题 流转税管司稽核评估处 张维华:63417733 王永红:63417794

(三)有关营业税税政及管理问题 流转税管理司营业税处 张卫:63417712 蔡长城:63417113

(四)有关货物运输业发票问题 征收管理司发票处 翁泉惠:63417825

(五)有关信息技术支持问题 信息中心应用系统管理处 姚琴:63417676 袁立炫:63417690

特此通知,请遵照执行。

浙江省地方税务局关于明确货物运输业税收管理若干问题的紧急通知

2003年11月28日 浙地税函【2003】422号

各市、县地方税务局(不发宁波),省地方税务局直属一分局、直属二分局,外税分局、稽查局:

针对各地在贯彻落实《国家税务总局关于加强货物运输业税收征收管理的通知》(国税发【2003】121号)及相关文件过程中反映的一些问题,经研究,现明确如下,请遵照执行:

一、代开货物运输发票的中介机构不得因代开货物运输业发票而向纳税人收取费用。

二、纳税人提供的一项货物运输劳务中,如果既涉及公路、内河货物运输劳务又涉及海洋运输等其他运输劳务的,其营业税征收管理,按《国家税务总局关于加强货物运输业税收征收管理的通知》(国税发【2003】121号)的规定执行。

三、各级地税局或中介机构在代开货物运输业发票时,必须先征收或代征税款后再开具货物运输业发票。对实行定期定额征收方法的代开票纳税人,在次月征收定期定额税款时可按以下办法操作:

(一)开票金额大于定额的,定期定额税款不再重复征收;

(二)开票金额小于定额的,按定额数减去开票金额后的余额作为依据征收税款。

四、凡不同时具备《货物运输业营业税征收管理试行办法》第三条规定条件的以承包、承租、挂靠方式提供货物运输劳务的纳税人,其代开货物运输业发票问题,暂按《国家税务总局关于货物运输业税收管理问题的通知》(国税发明电【2003】51号)第三条的规定执行。

五、在《税友2000》操作层v4.0.01版软件中,省局已增加了下述功能,请各级地税局下载使用:

(一)增加“浙江省货物运输代开统一发票和浙江省货物运输统一发票”的统一编码;

(二)【发票管理】模块增加代开“货物运输统一代开发票”功能;

(三)【税务登记】模块增加“货物运输业发票开具方式认定”功能。

六、各级地方税务局机关代码,各地可到《税友2000》维护中心下载使用。

七、《浙江省货物运输代开统一发票》的“代开单位盖章”栏,如代开单位为地税局的,则加盖带有地税机关代码(6位数代码前加“2”)的“×××地方税务局票证开具专用章”;如代开单位为中介机构的,则加盖中介机构的发票专用章。

自开票纳税人开具货物运输业发票时,应清晰加盖蓝色印泥的开票人专用章。

八、《货物运输业营业税自开票纳税人认定证书》、《货物运输业营业税代开票纳税人认定证书》有效期暂定为3年。

九、从事联运业务的纳税人,应一律使用新版发票,原《全国联运行业货运统一发票》停止使用。

十、新版的《浙江省货物运输统一发票》、《浙江省货物运输代开统一发票》均为电脑打印专用发票,自开票纳税人和代开票的中介机构使用的开票软件由省局统一组织开发,开发完成后,将及时通知各地,免费提供给自开票纳税人和代开票中介机构使用。

十一、地税机关为货物运输业营业税纳税人代开发票,自2003年12月1日起,一律启用《浙江省货物运输代开统一发票》。中介机构为货物运输业营业税纳税人代开发票,允许各市县地方税务局根据实际情况适当推迟启用《浙江省货物运输代开统一发票》,但最迟不得超过2003年12月31日。

十二、各市地税局、省地税局直属一分局于每月12日和28日通过FTP传输方式向省局(税政管理一处、办公室)报告下列情况:

(一)各地贯彻落实的工作进度;

(二)货物运输业营业税自开票纳税人、代开票人纳税人的申请户数和实际已认定的户数;

(三)其他情况。

各市地税局可按本市实际情况确定所属县(市、区)地税局的上报时间。

十三、为便于各地征询有关情况,请各地向省局以下处室及有关人员询问和报告有关情况:

(一)营业税税政及管理问题

税政管理一处 陈伟军:87917565

郑靖: 87918854

(二)有关货物运输业发票问题及其他综合性问题

征收管理处 徐建: 87034738

费国炎:87016297

(三)有关信息技术支持问题

信息中心 张雄伟:87912646

洪兴: 87910695

十四、加强货物运输业税收管理是当前的一项重要工作,各级地税局领导必须引起高度重视,亲自挂帅,认真组织贯彻落实。各地要及时向纳税人做好宣传和服务工作,在贯彻落实的过程中,对存在的问题要及时解决。各级地税局要将"平稳过渡"作为首要任务,防止一切影响社会稳定和发展的事件发生。对贯彻落实中遇到的紧要问题,要立即向省局报告。

浙江省地方税务局转发国家税务总局关于加强货物运输业税收征收管理有关问题的紧急通知

2003年12月18日 浙地税发【2003】144号

各市、县(市、区)地方税务局(不发宁波),省地方税务局直属一分局、直属二分局、外税分局、稽查局:

现将《国家税务总局关于加强货物运输业税收征收管理有关问题的通知》(国税发明电【2003】55号)转发给你们,根据我省实际作如下补充,希一并贯彻执行:

一、关于自开票纳税人以外的其他提供货物运输劳务的单位和个人如何办理税务登记问题,分三种情况处理:

(一)有营业执照的,应提供营业执照及相关资料办理税务登记;

(二)对不同时具备《货物运输营业税征收管理试行办法》第三条规定三个条件的承包人、承租人、挂靠人,应提供出包方、出租方、被挂靠方单位的营业执照复印件及相关资料办理税务登记。"纳税人名称"栏用括号注明承包人、承租人、挂靠人姓名,"纳税人识别号"使用承包人、承租人、挂靠人的居民身份证号码;

(三)对上述情形以外的其他提供货物运输劳务的单位和个人,凭居民身份证或其他有效证件及相关资料可单独办理税务登记。

单位纳税人必须提供组织机构代码。

二、对跨省、市、县(区)设立的独立核算分支机构提供货物运输劳务的单位,可凭总机构出具的车辆道路运输证、船舶营业运输证复印件办理自开票纳税人或代开票纳税人的认定工作。

三、各级地方税务局可按法律法规的规定向提供货物运输劳务的单位和个人收取税务登记证工本费和发票工本费，但暂不向其收取认定证书和年审合格标志工本费。

各级地方税务局委托中介机构代开货物运输业发票的，可由中介机构按规定向代开票纳税人收取发票工本费。

四、对代开票纳税人，在代开票时按开具的货物运输业发票注明的运费和其他价外费用征收营业税、所得税及附加。其营业税、城市维护建设税及教育费附加，按3.3%的征收率征收，其中营业税的税率为3%，城市维护建设税的税率为7%，教育费附加的费率为3%。其所得税的征收率由省地方税务局会同省国家税务局商定后另行通知。

对代开票纳税人实行按月结算定额税款与代开票税款。

因城市维护建设税等税费征收率的调整，对各级地方税务局和代开票中介机构目前通过《税友2000》操作层进行开票的操作系统部分，省局将作统一修改，修改完成后，将在《税友2000》维护中心及时发布。

五、地方税务局发票专用章的式样、规格附后。

六、按国家税务总局文件要求，省局需在每月22日前向省国家税务局传递有关货物运输业发票采集信息，这是关系到国家税务总局关于货物运输业税收管理新体系能否及时贯彻到位、增值税一般纳税人税款能否及时抵扣的大事，为此各级地方税务局应立即将《地税局代开货物运输业发票清单》、《自开票纳税人货物运输业发票清单》、《中介机构代开货物运输业发票清单》进行汇总，务必将汇总后的电子信息按规定时间上报省地方税务局。对本月不能按时上报的，届时要由局领导向省局作出解释

省局FTP地址重申如下：

ftp://144.16.16.101/TaxFriend/Upload/货物运输业发票/相应的年月的用户和密码均为ysfp(小写)。

七、从当前我省情况来看，各地对货物运输业纳税人的认定工作进度很不平衡。按照国税发明电【2003】55号规定的要求，我省对货物运输业纳税人的认定工作必须于2003年12月29日前结束，请各地务必抓紧办理，确保按时完成。为掌握各地进度，请各市地方税务局于2003年12月25日通过FTP传输方式将本级及所属县市的认定情况上报省局(税政管理一处)一次，12月28日再将全部认定情况上报一次。

八、凡以前规定与本通知有抵触的，一律以本通知为准。

附件：1、国家税务总局关于加强货物运输业税收征收管理有关问题的通知

2、地方税务局发票专用章式样

附件1：

国家税务总局关于加强货物运输业税收征收管理有关问题的通知

2003年12月12日 国税发明电【2003】55号

各省、自治区、直辖市和计划单列市国家税务局、地方税务局：

近来，各地就加强货物运输业税收征收管理提出一些问题，要求总局进一步给予明确。经研究，现明确如下：

一、除自开票纳税人以外的其他提供货物运输劳务的单位和个人，不论其是否有工商管理部门核发的营业执照和车辆道路运输证、船舶营业运输证复印件，均可办理税务登记。凭税务登记和自备或承包、承租的车船等运输工具的证明办理代开票纳税人认定手续。

因有中国邮政专用标志的邮政运输车辆不需要由交通部门核发车辆道路运输证(或称道路运输经营许可证，下同)，因此在对邮政部门认定自开票纳税人时对有中国邮政专用标志的邮政运输车辆不需要车辆道路运输证。

二、对跨省、市、县(区)设立非独立核算分支机构提供货物运输劳务的单位,可凭总机构出具的车辆道路运输证、船舶营业运输证复印件办理自开票纳税人或代开票纳税人的认定工作。

三、地方税务局可按法律法规的规定向提供货物运输劳务的单位和个人收取税务登记证工本费和发票工本费。

凡向提供货物运输劳务的单位和个人收取认定证书和年审合格标志工本费的,由省级地方税务局按法律法规规定的程序向有关部门报批。

四、按照《货物运输业营业税征收管理办法》第十五条规定,对代开票纳税人实行定期定额征收办法。为避免在代开票时按票征税发生重复征税,对代开票纳税人可采取以下征收方法:

(一)在代开票时按开具的货物运输业发票注明的运费和其他价外收费征收营业税、所得税及附加。其营业税及城建税、教育费附加,按3.3%的征收率征收。其所得税(企业所得税和个人所得税)的征收率,由国家税务总局另行通知。

在代开票时按开具的货物运输业发票注明的运费和其他价外收费征收营业税、所得税及附加应当为营业税及城建税、教育费附加的征收率(即3.3%的征收率)和省级国家税务局、地方税务局联合确定的所得税征收率。

省级国家税务局、地方税务局联合确定的所得税征收率不得低于国家税务总局规定的所得税征收率标准。

(二)对代开票纳税人按月或按季结算。代开票纳税人在缴纳定额税款时,地方税务局应按其在代开票时取得的税收完税凭证为依据,如完税凭证上注明的税款大于定额的,以开票时缴纳的税款为谁,不再征收定额的税款;如完税凭证上注明的税款小于定额的,则补缴定额与完税凭证上注明的税款差额部分。

(三)对代开票纳税人采取按月还是按季结算,由省级地方税务局确定。

五、地方税务局代开货运发票时,应加盖代开票地方税务局发票专用章,专用章要有代开票地方税务局名称和地方税务局代码。

中介机构代开发票时,要加盖中介机构开票人专章(式样附后)。

地方税务局发票专用章的式样、规格国家税务总局不作统一规定,由省级地方税务局制定。

六、地方税务局应将地方税务局、自开票纳税人和中介机构开具的所有货物运输业发票负责汇总,并按省级地方税务局确定的级次送国家税务局,国家税务局应按有关规定将电子信息逐级上报上级国家税务局。

地方税务局、自开票纳税人和中介机构填写货物运输业发票清单应当包括其开具的所有货物运输业发票,而不仅是开具给增值税一般纳税人的货物运输业发票部分。

七、对2002年以后新办的货物运输单位的所得税,由代开票单位在代开货物运输业发票时统一代征,由地方税务局统一入库。

八、增值税一般纳税人取得税务机关认定为自开票纳税人的联运单位和物流单位开具的货物运输业发票准予计算抵扣进项税额。

九、准予抵扣的货物运费金额是指自开票纳税人和代开票单位为代开票纳税人开具的货票上注明的运费、建设基金和现行规定允许抵扣的其他货物运输费用,装卸费、保险费和其他杂费不予抵扣。货运发票应当分别注明运费和杂费,对未分别注明,而合并注明为运杂费的不予抵扣。

十、增值税一般纳税人取得的货物运输业发票,可以在自发票开具日90天后的第一个纳税申报期结束以前申报抵扣。

十一、增值税一般纳税人取得的2003年12月31日以前开具的货物运输业发票,在填报《增值税运输发票抵扣清单》时暂不填写"运输单位主管地方税务局名称"和"运输单位主管税务局代码"栏,取得2004年1月1日后开具的货物运输业发票,必须按照《增值税运输发票抵扣清单》的要求填写全都内容。

十二、增值税一般纳税人当期没有货物运输业发票申报抵扣的,可不报送《增值税运输发票抵扣清单》。

十三、抵扣清单信息采集软件"发票号码"字段宽度为10位。货物运输业发票号码长于10位的,在全国货物运输业发票统一式样之前,暂只采集其最后10位。

十四、货物运输业发票汇总软件主要用于实现各级国家税务局、地方税务局进行采集数据的汇总导出和对导入文件的可靠性检验两个功能,为了满足各级国家税务局、地方税务局的业务操作要求,提供如下解决方法;

(一)对于增值税一般纳税人采集信息的准确性通过与原CTAIS或各省征管软件进行"一窗式"比对来实现。具体方法是:纳税人申报数据的核查通过采集数据与增值税申报附表2中7%抵扣项进行"一窗式"表间对比来完成。该功能由征管软件读取采集信息进行审核,在审核无误后计算汇总数据与附表2中7%抵扣进行比对对。比对无误后才能进行数据的汇总。国家税务总局现已基本完成原CTAiS软件的接口和纳税人采集数据检查软件,并已在国家税务总局技术支持网站(130.9.1.248)上发布。

对于使用自行开发的征管软件进行货物运输业发票数据处理的单位,国家税务总局提供接口数据标准,已放在国家税务总局技术支持网站(130. 9. 1. 248)上。各单位可自行修改其征管软件,满足"一窗式"比对要求。

(二)对于营业税纳税人采集信息的准确性,是通过提供纳税人采集数据检查软件;检查数据项的采集是否满足要求,显示纳税人基本信息及发票汇总清单的金额合计和数最合计,以方便使用,该软件现已在国家税务总局技术支持网站(130. 9. 1. 248)发布。

(三)对于采集汇总信息的查询、统计等数据挖掘要求,将在省级国家税务局数据入库后,使用数据库软件的数据处理能力来实现,即在数据稽核软件中使用浏览器平台提供数据共享、多维查询、统计报表等功能。

十五、国家税务总局领导要求:"货运业纳税人认定工作,争取在今年十一月底以前全部完成。"从当前全国情况看,有的地区认定工作已基本结束,有的地区还在加速认定工作中,各地工作进度不平衡。总局要求各地对货运业纳税人认定工作应当于今年12月29日前结束。凡在此前不能完成的,应当由省级地方税务局局长或分管局长于12月30日到总局专题汇报原因。

十六、本通知自2003年12月1日起执行,凡与本通知有抵触的,一律以本通知为准。

特此通知,请遵照执行。

附件2:

印章式样

中介机构开票人专章(式样)

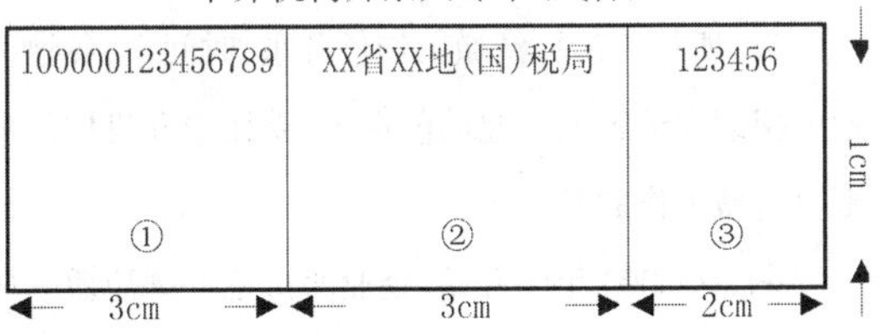

注:1、①为中介机构纳税人识别号;②为中介机构主管税务局名称;③为中介机构主管税务局代码:

2、开票人专章由中介机构自行刻制,印模报主管税务局备案;

3、开票人专章加盖在货物运输业发票下方下中央。

地方税务局发票专用章式样

注:地方税务局发票专用章规格、式样全省统一,由各地自行刻制。形状为椭圆形,规格长轴4厘米,短轴3厘米,边宽0.1厘米。上环①刻制地税机关名称,中间②刻制地税机关代码。字体为宋体,字体大小不限。

企业所得税类

浙江省地方税务局关于所得税若干问题的通知

2003年2月14日　浙地税发【2003】24号

各市、县(市、区)地方税务局(不发宁波),省地方税务局直属一分局、直属二分局、稽查局:

为进一步加强所得税管理,做好2002年度所得税汇算清缴工作,现将所得税有关问题通知如下,请各地贯彻执行。

一、根据省政府行政审批制度改革有关文件精神,劳动就业服务(安置)企业有关减免所得税事项,下放由各主管地税局进行审批(包括2002年度应予审批的减免税事项)。

二、《浙江省地方税务局关于企业所得税若干政策问题的通知》(浙地税二【2001】3号)第五条:企业从出让土地使用权取得的补偿收入扣除相关的成本、费用、税金和损失的余额,报经主管地税机关审核批准,暂免征收企业所得税的规定,自2002年度起停止执行。

三、根据《国家税务总局关于中央各部门机关后勤体制改革有关税收政策具体问题的通知》(国税发【2002】32号)精神,省级各部门机关所属的宾馆招待所等(名单见浙地税发【2001】148号)为机关内部提供服务取得的收入,凡能够分别核算的,在2002年度暂免征收企业所得税,不能够分别核算的,不得享受企业所得税优惠政策,各地已进行机关后勤体制改革的,可比照执行。

四、对不符合查帐征收条件的纳税人,各地在核定征收时要严格按照《国家税务总局关于印发〈核定征收企业所得税暂行办法〉的通知》(国税发【2000】38号)的有关规定执行,对实行查帐征收的纳税人,年终必须按规定进行汇算清缴。

五、所得税汇算清缴工作任务重,时间紧,各地可积极探索在纳税人自愿的前提下,委托中介机构代理汇算清缴工作的新路子。

六、从2003年度开始,企业所得税汇算清缴一律采用新修订的《企业所得税年度纳税申报表》。各地应做好有关培训、辅导工作,保证新申报表的全面铺开使用。届时《税友2000》将不再使用老的《企业所得税汇算清缴纳税申报表》。

财政部 国家税务总局
关于连锁经营企业有关税收问题的通知

2003年3月10日 财税【2003】1号

各省、自治区、直辖市、计划单列市财政厅(局)、国家税务局、地方税务局:

为贯彻落实《国务院办公厅转发国务院体改办、国家经贸委关于促进连锁经营发展若干意见的通知》(国办发【2002】49号)的精神,支持连锁经营的发展,现将连锁经营企业实行统一缴纳增值税、所得税的有关问题进一步明确如下:

一、在省、自治区、直辖市、计划单列市内跨区域经营的统一核算的连锁企业,需要实行由总机构向其所在地主管税务机关统一申报缴纳增值税的,按照财政部、国家税务总局《关于连锁经营企业增值税纳税地点问题的通知》(财税字【1997】97号)的有关规定办理。

二、根据《中华人民共和国企业所得税暂行条例》和《中华人民共和国企业所得税暂行条例实施细则》的有关规定,对内资连锁企业省内跨区域设立的直营门店,凡在总部领导下统一经营、与总部微机联网、并由总部实行统一采购配送、统一核算、统一规范化管理,并且不设银行结算账户、不编制财务报表和账簿的,由总部向其所在地主管税务机关统一缴纳企业所得税。依照《中华人民共和国外商投资和外国企业所得税法》和《中华人民共和国外商投资和外国企业所得税法实施细则》的有关规定,对从事跨区域连锁经营的外商投资企业,由总机构向其所在地主管税务机关统一缴纳企业所得税。

三、上述跨区域经营的连锁企业实行统一缴纳增值税、所得税后,各级财政部门要认真贯彻执行国办发【2002】49号文件的精神,及时制定统一纳税后所属地区间财政利益调整办法,妥善处理好各级财政利益分配关系,以确保连锁企业门店所在地的财政利益在纳税地点变化后不受影响,以利于连锁经营的发展。

国家税务总局关于所得税收入
分享体制改革后税收征管范围的补充通知

2003年6月25日 国税发【2003】76号

各省、自治区、直辖市和计划单列市国家税务局、地方税务局,局内各单位:

根据《国务院关于印发所得税收入分享改革方案的通知》(国发【2001】37号)精神,国家税务总局下发了《国家税务总局关于所得税收入分享体制改革后税收征管范围的通知》(国税发【2002】8号),规定了所得税收入分享体制改革后国家税务局、地方税务局的具体征管范围。新征管范围的规定执行一年多来,各级国家税务局、地方税务局顾全大局,在划分征管范围的工作中加强协调配合,保证了所得税收入分享体制改革的顺利进行。但是随着企业改革不断深化,企业改组改制形式日趋多样,出现了一些新的情况,给所得税征管工作带来了新的问题,为了切实贯彻落实依法治税原则,堵塞征管漏洞,需要进一步明确企业改组改制以及经营形式发生变化后的企业所得税征管范围。为此,在国税发【2002】8号文件规定精神的基础上,现就企业所得税征管范围问题补充通知如下:

一、原有企业凡属下列情况者,即使办理了设立(开业)登记,其企业所得税仍由原征管机关征管:

(一)原有企业整体转让出售(拍卖),原有企业仍继续存在并具备独立纳税人资格的。但如原有企业整体转让出售(拍卖)后成为收购企业的全资子公司,且纳入收购企业合并纳税范围的,则整体转让出售(拍卖)企业的所得税应当由负责收购企业的所得税征管的税务机关征管。

(二)企业采用吸收合并方式合并其他企业(被合并企业注销)而存续的。

(三)合伙企业改组为有限责任公司或股份有限公司,且改组时没有吸收外来投资的。

(四)按国家工商行政管理总局的规定应当办理变更登记的,如企业扩建、改变领导(隶属)关系、企业名称、企业类型、经济性质、经营范围、经营期限、经营方式、法定代表人、股东、股东或公司发起人姓名(名称)、注册资本、增设或撤销分支机构以及住所、经营场所变更等有关事项的。

二、原有内资企业改组改制为外商投资企业,并按规定征收外商投资企业和外国企业所得税的,不论企业办理何种工商登记,应当一律按照《国务院办公厅转发〈国家税务总局关于调整国家税务局、地方税务局税收征管范围的意见〉的通知》(国办发【1996】4号)中关于外商投资企业和外国企业所得税管理权限的规定确定征管范围。

三、事业单位、社会团体的征管范围,按照国家税务总局国税发【2002】8号文件和上述规定精神执行。

四、各级国家税务局、地方税务局在所得税征管范围划分中,要进一步加强配合,在执行企业所得税各项政策、核定征收企业所得税等方面加强联系、协调和沟通,并严格按照企业所得税减免税政策规定执行,保证税法的统一性和严肃性。

五、本规定自2003年7月1日起执行。为了保持征管秩序稳定,7月1日之前已由国家税务局或地方税务局实际征管的内资企业,征管范围与本通知不符的,也不再调整。

浙江省国家税务局 浙江省地方税务局 转发国家税务总局关于执行《企业会计制度》需要明确有关所得税问题的通知

2003年10月21日 浙国税所【2003】45号

各市、县(市、区)国家税务局、地方税务局(不发宁波)、省国家税务局直属征收分局、稽查局、省地方税务局直属一分局、直属二分局、稽查局:

现将国家税务总局《关于执行〈企业会计制度〉需要明确的有关问题的通知》(国税发【2003】45号,以下简称《通知》)转发给你们,并作补充规定如下,请一并贯彻执行。

一、关于企业投资的借款费用

(一)纳税人为对外投资而发生的借款费用,除关联方借款另有规定外,符合《中华人民共和国企业所得税暂行条例》第六条规定的,可以直接扣除,不需要资本化计入有关投资的成本。

(二)纳税人为对外投资而从关联方借入资金,其发生的借款费用,按《企业所得税税前扣除办法》(国税发【2000】84号)第三十六条规定执行。

二、关于企业捐赠

（一）企业将存货、固定资产、无形资产或有价证券等用于捐赠，应分解为按公允价值视同对外销售和捐赠两项业务进行所得税处理。

（二）《通知》第二条第三款"入帐价值"按《企业会计制度》确认标准执行，接受方以入帐价值扣除由接受方式承担的相关税费后的余额确认捐赠收入，并入当期应纳税所得额，依法缴纳企业所得税。

（三）企业接受捐赠的存货、固定资产、无形资产和有价证券等，在经营中使用或将来销售（转让）处置时，可按税法规定结转存货销售成本、有价证券转让成本（以入帐价值为限或扣除固定资产折旧、无形资产摊销额）。

三、关于企业提取的准备金

（一）《通知》第三条第（二）款"企业已提取减值、跌价或坏帐准备的资产，如果申报纳税时已调整应纳税所得，因价值恢复或转让处置有关资产而冲销的准备应允许企业做相反的纳税调整"，企业在年终申报做上述纳税调减时，一般应出具中国注册税务师或注册会计师的审核证明，上报主管税务机关审核。

（二）企业年终纳税申报前（年度终了后 45 日内）发生的资产负债表日后事项，所涉及的应纳所得税调整，应作为会计报告年度的纳税调整；企业年终纳税申报后（年度终了 45 日）发生的资产负债表日后事项，所涉及的应纳所得税调整，应作为本年度的纳税调整。

四、关于企业资产永久或实质性伤害

（一）企业的各项资产当有确证据证明已发生永久或实质性损害，应于资产处置后，扣除变价收入、可收回的金额以及责任和保险赔偿后，在处置当年上报主管税务机关审核批准，确认为财产损失在税前扣除。企业的各项资产，包括资金资产、非现金资产（存货、固定资产、无形资产、投资资产、在建工程等）。

因财产损失税前扣除引起的应纳所得额负数，可以作为年度亏损，用企业下一年度的应纳税所得额弥补。

（二）对企业发生的永久或实质性损害资产金额较大，或损害的金额难以确定，企业在报经税务机关审核时，应出具虽国注册税务师或注册会计师等中介机构的审核证明。对永久或实质性损害资产金额较大的具体界定标准，由县（市）主管税务机关根据当地实际确定。

五、企业按省政府《关于建立统一的企业职工基本养老保险制度的通知》（浙政【1997】15 号）及《浙江省劳动和社会保障厅、浙江省财政厅关于建立企业补充医疗保险的意见》（浙劳社【2002】149 号）规定为全体雇员缴纳补充养老保险、补充医疗保险，补充养老保险在不超过本企业工资总额 5%的范围内、补充医疗保险在不超过本企业工资总额的 4%的范围内，据实在税前扣除。上述工资总额的计算应与基本养老保险、基本医疗保险计算基数一致。

六、《通知》第七条第（二）款，区分融资租赁与经济租赁标准按《企业会计制度》执行。即：企业在对租赁进行分类时，应全面考虑租赁期届满时租赁资产所有权是否转移给承租人、承租人是否有购买租赁资产的选择权、租赁期占租赁资产尚可使用年限的比例等各种因素。满足以下一项或数项标准的租赁，应当认定为融资租赁：

1、在租赁期届满时，租赁资产的所有权转移给承租人。

2、承租人有购买租赁资产的选择权，所订立的购价预计将远低于行使选择权时租赁资产的公允价值，因而在租赁开始日就可以合理确定承租人将会行使这种选择权。

3、租赁期占租赁资产尚可使用年限的大部分。但是，如果租赁资产在开始租赁前已使用年限超过该资产全新时可使用年限的大部分，则该项标准不适用。

4、就承租人而言，租赁开始日最低租赁付款额的现值几乎等于租赁开始日租赁资产的帐面价值；就出租人而言，租赁开始日最低租赁收款额的现值几乎相当于租赁开始日租赁资产原帐面价值。但是，如果租赁资产在开始租赁前已使用年限超过该资产全新可使用年限的大部分，则该标准不适用。

5、租赁资产性质特殊，如果不作较大修改，只有承担人才能使用。

七、《通知》第八条，允许企业计提坏帐准备金的范围按《企业会计制度》的规定执行。即：企业应当在期末分析各项应收款项的可收回性，并预计可能产生的坏帐损失。对预计可能发生的坏帐损失，计提坏帐准备。计提坏帐准备的范围包括包括应收帐款和其他应收款。预付帐款和应收票据转入"其他应收款"和

“应收帐款”科目后计提坏帐准备,向职工个人的垫付款项不得计提坏帐准备。

八、企业发给停止实物分房以前参加工作的未享受福利分房待遇老职工的一次性住房补贴资金,按当地县(市)人民政府规定的标准,根据国家税务总局国税发【2001】39号第五条规定,经主管税务机关审核在不少于3年的期间内均匀扣除。

九、企业发生的销货退回,销货方应提供由购货方企业主管税务机关开具的“企业进货退回及索取折让证明单”等适当证明,可冲销退货当期的销售收入。

十、企业发给职工与取得应纳税收入有关的办公通讯费用,按照企业主要负责人在每人每月500元、其他人员在每人每月300元的额度内,据实在税前扣除。通讯费发放的形式包括现金补贴和凭票报销等,通讯费不计入企业计税工资总额。年终纳税申报前,企业应将通讯费发放形式、企业主要负责人名单、实际发放(报销)金额等情况报主管税务机关审核。

十一、对职工防暑降温补贴问题。根据浙江省劳动和社会保障厅、浙江省财政厅《关于认真做好企业夏季防暑降温工作的通知》(浙劳社劳薪【2001】178号)精神,适当提高职工夏季清凉饮料费的发放标准。高温作业工人每人每月95元;非高温作业工人每人每月85元;一般工作人员每人每月80元。发放时间为4个月。企业职工防暑降温补贴可在上述标准内,在税前据实扣除。今后浙江省劳动和社会保障厅、浙江省财政厅如对防暑降温补贴发放标准进行调整,按调整标准执行。

十二、商品流通企业(包括外贸商品流通企业)提取的网点建设资金(简易建设资金或外贸风险实业基金),其所得税处理按《企业所得税税前扣除办法》(国税发【2000】84号)相关规定执行,不得在税前扣除。原浙国税发【1994】219号、浙地税发【1994】247号第五条第十一款规定;原浙国税二【1995】108号、浙地税二【1995】222号第十条规定予以废止。

国家税务总局关于新办企业所得税优惠执行口径的批复

2003年11月21日　国税函【2003】1239号

北京市国家税务局:

你局《关于对企业减免所得税起始日期的请示》(京国税发〔2003〕240号)收悉,经研究,批复如下:

《国家税务总局关于企业所得税若干业务问题的通知》(国税发【1997】191号)执行以来,各地对新办企业、单位生产经营之日理解不一,为便于各地具体执行和掌握,对新办企业、单位开业之日的执行口径统一为纳税人取得营业执照上标明的设立日期。企业取得的营业执照标明的设立日期在6月30日之前的,应以当年作为一个纳税年度,享受定期减免税优惠;在6月30日之后的,可向主管税务机关提出书面申请选择就当年所得缴纳企业所得税,其享受定期减征、免征企业所得税的执行期限,可推延至下一个年度起计算。如果企业已选择该办法后次年度发生亏损,其上一年度已纳税款,不予退还,亏损年度应计算为减免税执行期限;其亏损额可按规定用以后年度的所得弥补。

另外,鉴于企业所得税是按年计算征收的,税务机关应按年审批减免企业所得税。

浙江省地方税务局　浙江省国家税务局转发国家税务总局关于房地产开发有关企业所得税问题的通知

2003年11月27日　浙地税发【2003】132号

各市、县(市、区)地方税务局、国家税务局(不发宁波),省地方税务局直属一分局、直属二分局、稽查局,省国家税务局直属分局、稽查局:

现将《国家税务总局关于房地产开发有关企业所得税问题的通知》(国税发【2003】83号,以下简称《通知》)转发给你们,并结合我省实际,作出如下补充规定,请一并贯彻执行。

一、关于开发产品销售收入与预售收入的划分标准问题

对《通知》第一条开发产品销售收入与第二条开发产品预售收入两者之间如何界定，除另有规定外，一般应以是否开具销售发票为准。对开发产品已交付并开具销售发票的,应作为销售收入的实现进行所得税处理,否则按开发产品预售收入进行所得税处理。

二、关于待售开发产品临时租赁与经营性租赁或融资性租赁的认定问题

房地产开发企业租赁待售开发产品,其租赁方式的认定标准,即租赁是属于临时租赁还是经营性租赁或融资性租赁,按企业是否将待售开发产品转作经营性资产并作为"固定资产"入账为前提。对企业将待售开发产品转作经营性资产并入账后的租赁行为,应认定为经营性租赁或融资性租赁，不符合上述条件的,按临时租赁对待。租赁方式认定后的所得税处理,按《通知》第一条第(五)款规定执行。

三、关于开发产品预售收入确认时间的执行口径及应纳税所得额的计算问题

1、房地产开发企业开发产品预售收入的确认时间。纳税人采取预售方式(包括预收定金)销售开发产品的,其预售收入的确认时间为收到预收款的当期。

2、房地产开发企业当期应纳税所得额的计算:

企业当期应纳税所得额 = 收入总额 - 准予扣除项目金额 + 本期新增预计营业利润额 - 已结转本期销售的以前期预计营业利润额。

本期新增预计营业利润额 = 本期新增预售开发产品收入 × 利润率。

已结转本期销售的以前期预计营业利润额 = 以前期预售转为本期销售对应的预售开发产品收入 × 利润率。

四、关于自建自用房产的界定标准及所得税政策问题

对房地产开发企业不以营利为目的,自行开发建设并作为办公等用房的房产，可不视为视同销售行为,也不确认其应税收入。上述自建自用房产的界定,以企业开发建设前的立项为准。

五、关于开发产品共用部位、共用设施设备维修费扣除问题

房地产开发企业按照有关法律、法规或合同的规定,上交给房屋主管部门或转移支付给物业管理单位的已售开发产品共用部位、共用设施设备维修费,经主管税务机关审核,允许税前扣除。支付超出规定标准的部分或预提的维修基金,不得税前扣除。

六、关于广告费、业务宣传费和业务招待费扣除问题

1、原有房地产开发企业在未取得开发产品销售收入前发生的,与建造、销售开发产品相关的广告费和业务宣传费支出,比照《通知》第五条第(七)款规定执行。

2、房地产开发企业发生的与其经营业务直接相关的业务招待费，按照《企业所得税税前扣除办法》(国税发【2000】84号)的规定执行。

3、上述作为计算房地产开发企业广告费、业务宣传费和业务招待费税前扣除限额依据的销售(营业)收入,不包括企业开发产品的预售收入。

七、关于预售收入确认应税收入的执行口径问题

房地产开发企业采取预售方式销售开发产品,其在2003年7月1日后取得的预售收入,应按《通知》第二条的规定计算预计营业利润额,且并入当期应纳税所得额,依法缴纳企业所得税;此前发生的预售收入,暂不按上述规定确认应税收入,待其按规定结转销售收入时,计算缴纳企业所得税。

八、关于《通知》和本补充规定执行时间问题

《通知》及本补充规定自2003年7月1日起执行。以前规定与《通知》及本补充规定不符的,一律以《通知》及本补充规定为准。

国家税务总局关于房地产开发有关企业所得税问题的通知

2003年7月9日　国税发【2003】83号

各省、自治区、直辖市和计划单列市国家税务局、地方税务局,局内各单位:

为了加强房地产开发企业所得税的征收管理,规范房地产开发企业的纳税行为,根据《中华人民共和国企业所得税暂行条例》及其实施细则、《中华人民共和国税收征收管理法》等有关法律、法规规定,结合房地产开发企业的经营特点,现就房地产开发企业征收所得税有关问题通知如下:

一、关于开发产品销售收入确认问题

房地产开发企业开发、建造的以后用于出售的住宅、商业用房、以及其他建筑物、附着物、配套设施等应根据收入来源的性质和销售方式,按下列原则分别确认收入的实现:

(一)采取一次性全额收款方式销售开发产品的,应于实际收讫价款或取得了索取价款的凭据(权利)时,确认收入的实现。

(二)采取分期付款方式销售开发产品的,应按销售合同或协议约定付款日确认收入的实现。付款方提前付款的,在实际付款日确认收入的实现。

(三)采取银行按揭方式销售开发产品的,其首付款应于实际收到日确认收入的实现,余款在银行按揭贷款办理转账之日确认收入的实现。

(四)采取委托方式销售开发产品的,应按以下原则确认收入的实现:

1、采取支付手续费方式委托销售开发产品的,应按实际销售额于收到代销单位代销清单时确认收入的实现。

2、采取视同买断方式委托销售开发产品的,应按合同或协议规定的价格于收到代销单位代销清单时确认收入的实现。

3、采取包销方式委托销售开发产品的,应按包销合同或协议约定的价格于付款日确认收入的实现。包销方提前付款的,在实际付款日确认收入的实现。

4、采取基价(保底价)并实行超过基价双方分成方式委托销售开发产品的,应按基价加按超基价分成比例计算的价格于收到代销单位代销清单时确认收入的实现。

委托方和接受委托方应按月或按季为结算期,定期结清已销开发产品的清单。已销开发产品清单应载明售出开发产品的名称、地理位置、编号、数量、单价、金额、手续费等。

(五)将开发产品先出租再出售的,应按以下原则确认收入的实现:

1、将待售开发产品转作经营性资产,先以经营性租赁方式租出或以融资租赁方式租出以后再出售的，租赁期间取得的价款应按租金确认收入的实现，出售时再按销售资产确认收入的实现。

2、将待售开发产品以临时租赁方式租出的，租赁期间取得的价款应按租金确认收入的实现，出售时再按销售开发产品确认收入的实现。

（六）以非货币性资产分成形式取得收入的，应于分得开发产品时确认收入的实现。

二、关于开发产品预售收入确认问题

房地产开发企业采取预售方式销售开发产品的，其当期取得的预售收入先按规定的利润率计算出预计营业利润额，再并入当期应纳税所得额统一计算缴纳企业所得税，待开发产品完工时再进行结算调整。

预计营业利润额 = 预售开发产品收入 × 利润率

预售收入的利润率不得低于 15%（含 15%），由主管税务机关结合本地实际情况，按公平、公正、公开的原则分类(或分项)确定。

预售开发产品完工后，企业应及时按本通知第一条规定计算已实现的销售收入，同时按规定结转其对应的销售成本，计算出已实现的利润（或亏损）额，经纳税调整后再计算出其与该项开发产品全部预计营业利润额之间的差额，再将此差额并入当期应纳税所得额。

三、关于开发产品视同销售行为的收入确认问题

（一）下列行为应视同销售确认收入

1、将开发产品用于本企业自用、捐赠、赞助、广告、样品、职工福利、奖励等；

2、将开发产品转作经营性资产；

3、将开发产品用作对外投资以及分配给股东或投资者；

4、以开发产品抵偿债务；

5、以开发产品换取其他企事业单位、个人的非货币性资产。

（二）视同销售行为的收入确认时限

视同销售行为应于开发产品所有权或使用权转移，或于实际取得利益权利时确认收入的实现。

（三）视同销售行为收入确认的方法和顺序

1、按本企业近期或本年度最近月份同类开发产品市场销售价格确定；

2、由主管税务机关参照同类开发产品市场公允价值确定；

3、按成本利润率确定，其中，开发产品的成本利润率不得低于 15%(含 15%)，具体由主管税务机关确定。

四、关于代建工程和提供劳务的收入确认问题

房地产开发企业代建工程和提供劳务不超过 12 个月的，可按合同约定的价款结算日或在合同完工之日确认收入的实现；持续时间超过 12 个月的，可采用完工百分比法按季确认收入的实现。

完工百分比法是根据合同完工进度确认收入和费用的方法。完工进度可按累计实际发生的合同成本占合同预计总成本的比例，已经完成的合同工作量占合同预计总工作量的比例，测量已完成合同工作量等方法确定。

房地产开发企业在代建工程、提供劳务过程中节省的材料、下脚料、报废工程或产品的残料等，如按合同规定留归房地产开发企业所有的，应于实际取得时按市场公平成交价确认收入的实现。

五、关于成本和费用的扣除问题

房地产开发企业在进行成本和费用扣除时，必须按规定区分期间费用和成本、开发产品建造成本和销售成本的界限。期间费用和开发产品销售成本可以按规定在当期直接扣除。

开发产品的建造成本是指开发产品完工前发生的各项支出，包括：土地征用及拆迁补偿费、前期工程费、基础设施建设费、建筑安装工程费、公共设施配套费、开发的间接费用、借款费用及其他费用等。

房地产开发企业必须将开发产品的建造成本合理划分为直接成本和间接成本。直接成本可根据有关会计凭证、记录直接计入成本对象中。间接成本能分清负担成本对象的，直接计入有关成本对象中；因多个项目同时开发或先后滚动开发而不能分清负担对象的，则应根据配比的原则按各项目占地面积、建筑面积或工程概算等方法配比计入有关开发项目的成本。

下列项目按以下规定进行扣除：

(一)销售成本。房地产开发企业发生的当期准予扣除的开发产品销售成本，是指已实现销售的开发产品的成本，按当期已实现销售的可售面积和可售面积单位工程成本确认。可售面积单位工程成本和销售成本按下列公式计算确定：

可售面积单位工程成本＝成本对象总成本÷总可售面积

销售成本＝已实现销售的可售面积×可售面积单位工程成本

(二)土地征用及拆迁补偿费、公共设施配套费。房地产开发企业实际发生的土地征用及拆迁补偿费、公共设施配套费，应按成本对象进行归集和分配，并按规定在税前进行扣除。

1、属于成本对象完工前实际发生的，直接摊入相应的成本对象。

2、属于成本对象完工后实际发生的，首先应按规定在已完工成本对象和未完工成本对象之间进行分摊，再将应由已完工成本对象负担的部分，在已实现销售的可售面积和未实现销售的可售面积之间进行分摊，其中，应由已实现销售的可售面积分摊的部分，准予在当期扣除。

(三)借款费用。房地产开发企业为建造开发产品借入资金而发生的借款费用，如属于成本对象完工前发生的，应按其实际发生的费用配比计入成本对象中；如属于成本对象完工后发生的，应作为财务费用直接在税前扣除。

(四)开发产品共用部位、共用设施设备维修费。房地产开发企业按照有关法律、法规或合同的规定，因对已售开发产品共用部位、共用设施设备承担维护、保养、修理、更换等责任而发生的费用，可按实际发生额进行扣除，提取的维修基金不得扣除。

(五)土地闲置费。房地产开发企业以出让方式取得土地使用权进行房地产开发的，必须按照土地使用权出让合同约定的土地用途、动工开发期限开发土地。因超过出让合同约定的动工开发日期而缴纳的土地闲置费，计入成本对象的施工成本；因国家无偿收回土地使用权而形成的损失，可作为财产损失按规定进行扣除。

(六)成本对象报废或毁损损失。成本对象在建造过程中如发生单项或单位工程报废或毁损，减去残料价值和过失人或保险公司赔偿后的净损失，计入继续施工的工程成本；如成本对象整体报废或毁损，其净损失可作为财产损失按规定直接在当期扣除。

(七)广告费和业务宣传费。新办房地产开发企业在取得第一笔开发产品销售收入之前发生的，与建造、销售开发产品相关的广告费和业务宣传费，可无限期结转以后年度，按规定的标准扣除。

(八)折旧。房地产开发企业将待售开发产品按规定转作经营性资产，可以按规定提取折旧并准予在税前扣除；未按规定转作本企业经营性资产和临时出租的待售开发产品，不得在税前扣除折旧费用。

六、关于本通知适用范围和执行时间问题

本通知适用于各种经济性质的内资房地产开发企业，以及从事房地产开发业务的其他内资企业。

本通知自2003年7月1日起执行。此前发生的尚未进行税务处理的事项，也按本通知执行。

浙江省地方税务局
关于企业原始凭证税前扣除有关问题的批复

2003年12月8日　浙地税函【2003】432号

台州市地方税务局：

你局《关于企业原始凭证税前扣除有关问题的请示》(台地税发【2003】38号)悉。经研究，现对有关问题批复如下：

一、企业在生产经营过程中自制或取得的“白条”等不合法原始凭证，在计算企业所得税应纳税所得额时，不能作为税前扣除的依据。

二、偷税应按《中华人民共和国征收管理法》及其实施细则的规定进行认定。

浙江省地方税务局 浙江省国家税务局关于对货物运输业代开发票纳税人确定所得税征收率问题的通知

2003年12月22日 浙地税发【2003】145号

各市、县(市、区)地方税务局、国家税务局(不发宁波)，省地方税务局直属一分局、直属二分局、稽查局、外税分局，省国家税务局直属分局、稽查局：

根据国家税务总局《关于加强对货物运输业代开发票纳税人所得税征收管理的通知》(国税明电【2003】56号)精神，结合我省实际，经研究，确定纳税人代开货物运输业发票即时征收企业所得税或个人所得税的征收率全省统一为3.3%。

各地在具体实施中如有问题请及时上报省局。

个人所得税类

浙江省地方税务局关于旧城改造征用居民住房发放的搬迁补偿奖励费免征个人所得税的批复

2003年5月16日 浙地税函【2003】201号

杭州市地方税务局：

你局《关于旧城改造征用居民房屋个人取得搬迁补偿的奖励费免征个人所得税的请示》(杭地税二【2003】129号)收悉。关于搬迁补偿的奖励费是否征收个人所得税问题，依据市政开发部门的解释，提前搬迁奖励费实质上是拆迁单位对被拆迁户提前搬迁造成的损失及临时安置期间实际需要的部分费用给予的一次性补偿。鉴于上述情况，根据国家税务总局国税函【1998】428号文规定，拆迁户取得的上述补偿性质的收入，可免予征收个人所得税。

此复。

浙江省地方税务局关于缴纳增值税的定期定额户有关税收政策的批复

2003年5月22日　浙地税发【2003】66号

舟山市普陀区地方税务局：

你局《关于要求明确缴纳增值税的定期定额户有关税收政策的请示》(舟普地税征【2003】27号)悉。经研究，现批复如下：

一、根据《国家税务总局关于印发<个体工商户建帐管理暂行办法>和<个体工商户定期定额管理暂行办法>的通知》(国税发【1997】101号)的有关规定，缴纳增值税、消费税的定期定额户的应纳税经营额由国家税务局负责核定。

二、从事生产、经营的个体工商户纳税人，其个人所得税按《中华人民共和国个人所得税法》及其有关规定计征；从事生产、经营的纳税义务人未提供完整、准确的纳税资料，不能准确计算应纳税所得额的，由主管税务机关核定其应纳税所得额。

财政部　国家税务总局关于农村税费改革试点地区个人取得农业特产所得免征个人所得税问题的通知

2003年7月11日　财税【2003】157号

各省、自治区、直辖市、计划单列市财政厅(局)、地方税务局，新疆生产建设兵团财务局：

为减轻农民税费负担，农村税费改革试点地区对部分农业特产品停止征收农业特产税，改征农业税。近来，一些地区税务机关反映，要求对改征农业税后个人生产农业特产品的所得是否征收个人所得税问题予以明确。经研究，现通知如下：

一、农村税费改革试点地区停止征收农业特产税，改为征收农业税后，对个体户或个人取得的农业特产所得，按照财政部、国家税务总局《关于个人所得税若干政策问题的通知》(财税字【1994】020号)的有关规定，不再征收个人所得税。

二、各级财政和税务机关要认真落实本通知的有关规定，向广大农民宣传国家税收政策，采取有效措施，切实减轻农民负担，积极推进全国农村税费改革试点工作。

浙江省地方税务局关于印发《个人独资 合伙企业税前扣除管理办法》的通知

2003年10月23日 浙地税函【2003】378号

各市、县(市、区)地方税务局(不发宁波),省局直属一分局、直属二分局、稽查局:

为进一步规范对个人独资、合伙企业税前扣除的管理,强化个人独资、合伙企业个人所得税征管,现制订下发《个人独资、合伙企业税前扣除管理办法》,请遵照执行,各地在具体贯彻实施中发现的问题,请及时报省局。

个人独资企业、合伙企业个人所得税税前扣除办法

第一章:总则

第一条 根据《中华人民共和国税收征收管理法》及其实施细则、《中华人民共和国个人所得税税法》及其实施条例和国家税务总局的有关规定,制定本办法。

第二条 个人独资企业每一纳税年度的收入总额减去准予扣除项目后的余额为应纳税所得额。其计算公式如下:

应纳税所得额 = 收入总额 - 准予扣除项目金额

合伙企业的投资者按照合伙企业的全部生产经营所得和合伙协议约定的分配比例确定应纳税所得额,合伙协议没有约定分配比例的,以全部生产经营所得和合伙人数量平均计算每个投资者的应纳税所得额。

准予扣除项目是企业每一纳税年度发生的与取得应纳税收入有关的所有必要和正常的成本、费用、税金和损失。

本条所称的"收入总额"是指企业从事生产经营收入以及其它各项收入;包括:商品(产品)销售收入、营运收入、劳务服务收入、工程价款收入、财产出租和转让收入、特许权使用费收入、股息收入、利息收入、接受捐赠收入、营业外收入和其它收入。

第三条 企业申报的扣除项目和金额必须真实、合法。真实是指能提供有关支出确属已实际发生的有效凭证;合法是指符合税法及国家其它有关税收政策法规的规定。

第四条 除税法或其它税收法规另有规定以外,税前扣除的确认,一般应遵循以下原则:

1、权责发生制原则:即企业应在费用发生时而不是实际支付时确认扣除。

2、配比原则:即企业发生的费用应在费用应配比或应分配的当期申报扣除。企业某一纳税年度应申报的可扣除费用不得提前或滞后申报扣除。

3、相关性原则:即企业可扣除的费用,从性质和根源上必须与取得应税收入相关。

4、确定性原则:即企业可扣除的费用不论何时支付,其金额必须是确定的。

5、合理性原则:即企业可扣除费用的计算和分配方法应符合一般的经营常规和会计惯例。

第五条 企业发生的费用支出必须严格区分经营性支出和资本性支出。资本性支出不得在发生当期直

接扣除,必须计入有关投资的成本按税法及其它税收法规规定进行分期折旧或摊销。

第六条 企业的存货、固定资产、无形资产和投资等各项资产成本的确定应遵循历史成本原则。企业发生合并、分立和资本结构调整等改组活动,有关资产隐含的增值或损失在税收上已确认实现的,可按经评估确认后的价值确定有关资产的成本。

第七条 企业在计算应纳税所得额时,下列支出不得扣除:

1、资本性支出(包括为该项资本性支出而发生的筹资费用)和对外投资支出。

2、无形资产的受让和开发支出。

3、违法经营的罚款和被没收财物的损失。

4、各种税收的滞纳金、罚金和罚款。

5、贿赂等非法支出。

6、自然灾害或意外事故损失有赔偿的部分。

7、各种赞助支出以及超过国家规定允许扣除的公益、救济性的捐赠,以及非公益、救济性捐赠。

8、分配给投资者的股息、红利。

9、用于个人和家庭生活的支出。

10、与生产经营无关的支出和税务机关规定不得扣除的支出。

第八条 本办法所列准予扣除项目的扣除,除税法及税收其它相关法规有规定的外,均应按实际发生额予以扣除。

第二章 成本、费用

第九条 企业各项存货的发出或领用的成本计价方法,可采用个别计价法、先进先出法、加权平均法、移动平均法、计划成本法或零售价法等。如果纳税人正在使用的存货实物流程与后进先出法相一致,也可采用后进先出法确定发出或领用存货的成本。采用计划成本法或零售价法计价的,应在纳税申报前按正确的方法及时结转成本差异或商品进销差价。

第十条 企业的成本计算方法、间接费用的分配方法和存货的计价方法一经确定,不得随意改变。如确需改变,应在下一纳税年度开始前报主管税务机关批准。否则,对应纳税所得额造成影响的,税务机关有权调整。

第十一条 成本、费用、损失是指企业为从事生产经营而发生的各项直接计入的成本和分配计入的间接成本以及营业(销售)费用、管理费用和财务费用等。损失指是企业在生产经营过程中发生的各项营业外支出。

第十二条 企业直接计入成本的费用和分配计入成本的间接费用是企业在生产、经营过程中实际消耗的各种原材料、辅助材料、备品备件、外购半成品、燃料动力、包装物、租赁费(不包括融资租赁费)、折旧费、修理费、水电费、差旅费等。

企业为采购上述材料(商品、物资)而发生运输费、装卸费、委托加工费、仓储费、保险费、挑选整理费以及运输途中的合理损耗等,应计入相应的材料(商品物资)成本中。

第十三条 销售费用是指企业在销售产品(商品、物资)和提供劳务(服务)过程中发生的各项费用。主要包括:运输费、装卸费、包装费、委托代销手续费、广告费、展览费、售后服务费以及其他销售费用等。

第十四条 管理费用是指企业为管理和组织生产经营活动而发生的各项费用,主要包括:劳动保险费(非国家规定的除外)、咨询费、诉讼费、审计费、土地使用费、低值易耗品摊销、无形资产摊销、开办费摊销、业务招待费、印花税等税金、无法收回的帐款(坏帐损失),国家和省政府规定缴纳的其他规费以及其它管理费用。

第十五条 财务费用是指企业为筹集生产经营资金而发生的各项费用,包括:利息净支出、汇兑净损失、金融机构手续费以及在筹资过程中的其它费用。

第十六条 营业外支出(损失)是指企业发生的与其生产经营活动无直接关系的各项支出,包括:固定资产的盘亏、报废、毁损和出售的净损失,处置无形资产的净损失,自然灾害或者意外事故损失,公益救济性捐赠,赔偿金、违约金等。

第十七条 企业参加财产保险和运输保险,按规定交纳的保险费用准予扣除。保险公司给予企业的无赔款优待,应计入当年应纳税所得额。

第十八条 企业自申请营业执照之日起至开始生产经营之日止,所发生的一切相关费用,除为取得固定资产、无形资产而发生的支出外以及应计入资产价值的汇兑损益、利息支出外,可作为开办费用,并自开始生产经营之日起在不短于5年的期限内分期均额扣除。具体扣除年限由企业报经主管税务机关核准。

第十九条 企业研究开发新产品、新技术、新工艺所发生的开发费用,以及为研究开发新产品、新技术而购置单台价值在5万元以下的测试仪器和试验性装置的购置费准予扣除;单台价值在5万元以上的测试仪器和试验性装置,其购置费按固定资产管理,不得在当期扣除。

第二十条 企业发生的生产经营费用与投资者家庭及亲友的生活费用混合并且难以划分的,全部视为投资者个人及其家庭发生的生活费用,不允许在税前扣除。

第三章 工资、薪金及社会保险费

第二十一条 企业雇员的工资按企业所得税计税工资标准准予扣除。国家另有规定的除外。

投资者的工资不得扣除。

投资者的费用扣除标准按个人所得税法的“工资、薪金所得”项目的扣除标准扣除,即每月扣除800元。

投资者在两家或两家以上的企业有投资,其费用只能选择在其中一家企业扣除,且选定费用扣除的企业后不得随意变更。

第二十二条 企业为雇员按国家的规定向税务机关、劳动社会保障部门或其它指定机构缴纳的基本养老保险费、基本医疗保险费、基本失业保险费、按省政府规定的标准范围内缴纳的残疾人就业保障金、按国家规定的为特殊工种支付的法定人身安全保险,准予扣除。

企业为全体雇员按省人民政府制定的标准为本企业职工缴纳的补充养老保险费、补充医疗保险费,准予扣除。

第二十三条 企业为投资者和雇员向商业保险机构投保的人寿保险费和财产保险费等,不得扣除。

第二十四条 企业实际发生的工会经费、职工福利费、职工教育经费分别在其计税工资总额的2%、14%、1.5%的标准内据实扣除。

第二十五条 企业支付给解除劳动合同职工的一次性补偿费用,准予扣除。如一次性扣除数额较大,应分期摊销,具体摊销年限由各县(区)税务机关确定。

第二十六条 企业在夏季给职工发放的防暑降温补贴按有关规定准予扣除,冬季取暖补贴不得扣除。

第四章 固定资产折旧、无形资产和修理费的摊销

第二十七条 企业生产经营过程中使用年限超过一年且单位价值在1000元以上的房屋、建筑物、机器、设备、运输工具及其它与生产经营有关的设备、工、器具等为固定资产。

第二十八条 固定资产按以下方式计价:

1、购入的,按实际支付的买价、包装费、运杂费、安装费、调试费等合并计价。

2、自行建造的,按建造过程中发生的全部支出计价。

3、实物投资的,按评估确认价或合同协议约定的价值计价。

4、在原有的固定资产基础上进行改建、扩建的,按帐面原价减去改、扩建工程中发生的变价收入加上改、扩建的支出计价。

5、盘盈的,按同类固定资产的重置完全价值计价。

6、融资租入的,按租赁协议或合同确定的租赁费加运费、保险费、安装调试费等计价。

7、接受赠与的,按发票所列金额加上由企业负担的运费、保险费、安装调试费等计价,无发票的按同类设备的市场价确定。

8、建设单位交付完工的,根据建设单位交付使用的财产清册中所确定的价值计价。

第二十九条 企业购买计算机所附带的软件未单独计价的,应并入计算机作为固定资产管理;单独计价的软件应作为无形资产管理。

第三十条 企业在生产经营过程中长期使用但是没有实物形态的资产为无形资产,包括:专利权、非专利技术、商标权、商誉、著作权、土地使用权等。无形资产的计价,应当按照取得时的实际成本为准。具体是:

1、投资者投入的无形资产,以协议、合同确定的价格为原价。

2、购入的无形资产以实际支付的价款为原价。

3、接受捐赠的无形资产,按所附单据或参照同类无形资产的市场价格经法定评估机构评估确认为原价。

4、自行研制开发的无形资产,应按实际支付的开发、研制费用确定为原价。

5、非专利技术和商誉的计价应经法定的评估机构评估后确定。

第三十一条 企业的无形资产从开始使用之日起,在有效使用期内分期均额扣除。

投资者投入或受让的无形资产,在法律、合同和协议中规定了使用年限的可按使用年限分期扣除;没有规定使用年限或是自行开发的无形资产扣除期限不得少于10年。

企业自制或外购的商誉不得摊销。

第三十二条 企业的固定资产修理支出不符合改良支出条件可在发生当期直接扣除。

企业的固定资产改良支出,如有关固定资产尚未提足折旧,可增加固定资产价值;如已提足折旧,可作为递延费用,在不短于5年的期限内平均摊销。

符合下列条件之一的固定资产修理,应视为固定资产改良支出:

1、发生的修理支出达到固定资产原值20%以上;

2、经过修理后有关资产的经济使用寿命延长两年以上;

3、经过修理后的固定资产被用于新的或不同的用途。

第三十三条 企业按规定计提的固定资产折旧准予扣除。企业的固定资产在计算折旧前,应当估计残值,从固定资产原值中减除。残值按固定资产原值的5%以内确定。

除另有规定外,固定资产计提折旧的最低年限如下:

1、房屋、建筑物为二十年;

2、轮船、机器、机械和其它生产设备为十年;

3、电子设备和轮船以外的运输工具以及与生产经营有关的器具、工具、家具等为五年。

对促进科技进步、环境保护和国家鼓励投资的关键设备以及由于特殊原因需要缩短折旧年限的,如受酸、碱等强烈腐蚀和简易或常年处于震撼、颤动状态的机器设备、房屋确需缩短折旧年限或采取加速折旧方法的,由企业提出申请、经当地主管地税机关审核后,报省地税局审批。

第三十四条 企业固定资产折旧按平均年限法和工作量法计算计提。

1、平均年限法折旧的计算公式如下:

固定资产年折旧率 =【1- 残值率】÷折旧年限×100%

月折旧率 = 年折旧率÷12

月折旧额 = 固定资产原值×月折旧率

2、工作量法折旧的计算公式如下:

每单位里程(每工作小时)折旧额 = (原值 - 残值)÷总行驶里程(总工作小时)

第三十五条 下列固定资产应当计提折旧:

1、房屋、建筑物;

2、在用的各种机器、机械设备、仪器仪表各种工具、器具,各种运输工具;

3、季节性停用和因修理停用的各种机器、设备;

4、以经营方式租出的固定资产;

5、以融资方式租入并投入使用的固定资产;

6、接受捐赠的固定资产;

7、财政、税务部门规定的其它应当计提折旧的固定资产。

第三十六条 下列固定资产不得计提折旧

1、土地;

2、除房屋、建筑物以外的未使用、不需用的固定资产

3、以经营方式租入的固定资产;

4、已提足折旧但仍在继续使用的固定资产;

5、已在成本中列支而形成的固定资产;

6、破产、关、停业企业的固定资产;

7、提前报废的固定资产;

8、固定资产评估增值的部分。

第三十七条 企业为投资者本人、家庭成员及其相关人员购买汽车、住房等财产性支出,视为企业对个人投资者的利润分配,并入投资者个人的生产经营所得计征个人所得税。企业的生产经营和投资者及其家庭生活共用的固定资产,难以划分的,由主管税务机关根据企业生产经营的类型、规模等具体情况,核定准予扣除的折旧数额或比例。

第三十八条 企业为取得土地使用权而支付的土地出让(转让)价款应作为无形资产核算,并在不短于合同规定的使用期间内平均摊销。

第五章 借款费用和租金

第三十九条 企业因生产经营(包括对外投资)的需要向金融机构借款的借款利息 和手续费支出按实际发生数扣除。向非金融机构的借款利息,包括向企业和个人的借款利息支出, 经主管税务机关核定,其

不高于按金融机构的同期同类贷款利率计算的数额部分,准予扣除。

第四十条 企业在生产经营过程中发生的以外币结算的往来款项增减变动时,由于汇率变动而发生的折合人民币的差额,作为汇兑损益计入当期所得或在当期扣除。

第四十一条 企业为取得固定资产、无形资产而发生相关的利息支出,在有关资产尚未交付使用前发生的,应计入相关的资产价值;资产交付使用后发生的利息支出,可在发生当期扣除。

企业未指明借款用途的,其利息和手续费支出应按经营性借款和资本性借款占总借款的比例分别计入相应的资产和当期扣除的数额。

第四十二条 企业从关联方取得借款(包括对外投资借款)金额超过其注册资本50%的,超过部分的利息不得扣除。

第四十三条 企业以融资租赁方式从出租方取得固定资产,其租金支出不得扣除。融资租赁的条件按会计制度的有关规定执行。

第六章 财产报损、坏账、捐赠、其它

第四十四条 企业实际缴纳的消费税、营业税、城市建设维护税、资源税、土地使用税、土地增值税、房产税、车船使用税、印花税、耕地占用税以及教育费附加等,准予扣除。

第四十五条 企业实际发生的资产盘亏、报废的净损失、减除责任人的赔偿和保险赔偿后的余额,经税务机关审核批准后准予扣除。

第四十六条 企业发生与生产经营有关的无法收回的帐款,能提供有效证明的,可确认为坏账,并报经主管税务机关审核批准后,据实扣除。前述已予扣除的帐款,在以后年度收回时,应作为收入处理。

第四十七条 企业符合下列条件之一的应收帐款,可作为坏帐处理:

1、债务人被依法宣告破产、撤销,其剩余财产确实不足清偿的应收帐款;

2、债务人死亡或依法宣告死亡、失踪,其财产或遗产确实不足清偿的应收帐款;

3、债务人遭受重大自然灾害或意外事故损失巨大,以其财产(包括保险赔款等)确实无法清偿的应收帐款;

4、债务人逾期未履行偿债义务,经法院裁决,确实无法清偿的应收帐款;

5、逾期三年以上仍未收回的应收帐款。

第四十八条 企业发生的非购销活动的应收债权和关联方之间的任何往来帐款,除经法院判决确认以外,不得确认为坏帐,不得扣除。

第四十九条 企业计提的各种准备金不得扣除。

第五十条 除国家另有规定者外,企业通过中国境内的社会团体、国家机关等向教育和其它社会公益事业以及遭受严重自然灾害地区、贫困地区的捐赠,其捐赠额不超过其应纳税所得额30%的部分,可以据实扣除。

第五十一条 投资者来源于中国境外的生产经营所得,可以在应纳税额中按照个人所得税法的有关规定计算扣除已在境外缴纳的所得税。

第五十二条 企业进行清算时,投资者应在注销工商登记之前,向主管税务机关结清有关税务事宜。企业的清算所得应当视为年度生产经营所得,按规定缴纳个人所得税。

前款所称清算所得,是指企业对其全部资产或者财产扣除各项清算费用、损失、负债、以前年度留存的利润后,超过实缴资本的部分。

第五十三条 企业与其关联企业之间的业务往来,应当按照独立企业之间的业务往来收取或者支付价款、费用。不按照独立企业之间的业务往来收取或者支付价款、费用,而减少其应纳税所得额的,主管税务机关有权进行合理调整。

第五十四条 企业实际发生的劳动保护支出,准予扣除。劳动保护标准按有关规定执行。

第五十五条 企业在经营活动中按照经济合同约定支付的违约金(包括银行罚息)、赔偿款和诉讼费,准予扣除。

第七章 广告费、业务招待费

第五十六条 企业每一纳税年度发生的广告和业务宣传费用不超过当年销售(营业)收入2%的部分,可据实扣除,超过部分可无限期向以后纳税年度结转。

从事制药、食品(包括保健品、饮料)、日化、家电、通信、软件开发、集成电路、房地产开发、体育文化和家具建材商城等行业的个人独资、合伙企业,其每一纳税年度可在销售(营业)收入8%的比例内据实扣除广告支出,超过比例部分的广告支出可无限期向以后纳税年度结转。

粮食类白酒广告费、业务宣传费不得在税前扣除。

第五十七条 企业每一纳税年度发生的与其生产经营业务直接相关的业务招待费在以下规定比例范围内,据实扣除。全年销售(营业)收入净额在1500万元及其以下的,不超过销售(营业)收入净额的5‰;全年销售(营业)收入净额超过1500万元的,不超过该部分的3‰。

第五十八条 企业申报扣除的广告费和业务宣传费支出应与赞助支出严格区分。广告费和业务宣传费支出,必须符合下列条件:

1、广告是通过经工商部门批准的专门机构制作的;

2、费用已实际支付,并已取得相应发票。

第五十九条 企业支付的业务招待费,应提供能证明其真实性的足够的有效凭证或资料。不能提供的不得扣除。

第八章 附则

第六十条 本办法贯彻实施后,如有新的规定与本办法不一致的,按新规定。

第六十一条 本办法所称的"企业"是指:

1、依照《中华人民共和国个人独资企业法》和《中华人民共和国合伙企业法》登记成立的独资企业、合伙企业。

2、依照《中华人民共和国私营企业暂行条例》登记成立的独资、合伙性质的私营企业。

3、依照《中华人民共和国律师法》登记成立的合伙制律师事务所。

4、经政府有关部门依照法律法规批准成立的负无限责任和无限连带责任的其它个人独资、合伙性质的机构或组织。

第六十二条 本办法所称的"关联企业"的认定条件及税务机关调整其价款、费用的方法,按照《中华人民共和国税收征收管理法》及其实施细则的有关规定执行。

第六十三条 本办法从2003年1月1日起执。

涉外税收类

国家税务总局
关于外商投资企业和外国企业从事金融资产处置业务有关税收问题的通知

2003年1月7日 国税发【2003】3号

各省、自治区、直辖市和计划单列市国家税务局、地方税务局:

根据《中华人民共和国外商投资企业和外国企业所得税法》及其实施细则、《中华人民共和国营业税暂行条例》及其实施细则的有关规定,现对外商投资企业和外国企业从事我国金融资产处置业务有关税务

处理问题,通知如下:

一、外商投资企业和外国企业(以下简称企业)从事我国金融资产处置业务所取得的收入,应按税法及本通知的有关规定申报缴纳增值税、营业税和企业所得税。

二、金融资产处置业务是指企业通过购买、吸收入股等方式,从我国境内金融资产管理公司取得我国境内其他企业的股权、债权、实物资产以及由上述资产组合的整体资产(以下简称重置资产),再将上述重置资产进行转让、收回、置换和出售等形式的处置,并取得相应的回报。

企业处置金融资产包括以下方式:

(一)企业收回或转让债权;

(二)企业所持有的债权转为股权;

(三)企业处置拥有支配权的实物资产;

(四)企业所持有的股权出售或转让;

(五)企业重置资产的退回;

(六)其他方式处置重置资产。

三、企业取得重置资产,以购买时实际支出或吸收入股时的作价为原价。重置资产的归类以取得时的作价标的为准,可以是单独作价的一家企业的一项股权、债权或实物资产的单项资产,也可以是多项资产捆绑后统一作价的组合资产。

企业对取得的部分或全部重置资产进行重新分类组合,可以按重新分类组合后确定单项或组合重置资产的原价,但重新分类组合后的重置资产原价,不得超过企业重置资产取得时的原价。

四、企业处置重置资产,按以下规定征免营业税、增值税:

(一)企业处置债权重置资产,不予征收营业税。

(二)企业处置股权重置资产(包括债转股方式处置)所取得的收入,不予征收营业税;

(三)企业处置其所拥有的实物重置资产所取得的收入,该项资产属于不动产的,征收营业税;属于货物的,应当按照增值税条例及有关规定征收增值税。

五、企业处置重置资产取得的收入,扣除有关资产的原价、费用及损失后的净收益,应当计算缴纳企业所得税。

企业分期或分批处置重置资产的,应当在其资产处置收入超过该单项或该组合资产重置资产原价时,就超过原价的部分,计入企业当期应纳税所得额,计算征收企业所得税。

企业处置单项或组合重置资产发生的损失,可以从企业当期应纳税所得额中扣除。组合资产应当在该组合资产全部处置完成后计算损失。

六、在我国境内未设立机构、场所的外国企业,应当由其自行或者委托其在我国境内的代理人,申报缴纳其应纳税款。其应纳的企业所得税可以选择在其一项重置资产所属企业所在地缴纳;其应纳的营业税或增值税按有关规定确定纳税地点。

浙江省地方税务局关于摩托罗拉(中国)电子有限公司在浙江省汇总申报缴纳营业税问题的批复

2003 年 3 月 27 日 浙地税函【2003】117 号

摩托罗拉(中国)电子有限公司:

你公司《关于在浙江省汇总申报缴纳营业税的申请》悉。摩托罗拉(中国)电子有限公司提供的电信安装服务,应在劳务发生地申报缴纳营业税,但鉴于你公司在我省提供的服务地点分散、工期短、税额小等实际情况,在应税劳务发生地申报缴纳营业税确有一定困难,经研究,同意你公司所述的在浙江省境内(不含宁波市)提供的电信安装服务集中在浙江省地方税务局涉外税征收管理分局申报缴纳营业税。具体事项请与浙江省地方税务局涉外税征收管理分局联系。

国家税务总局
关于外国投资者出资比例低于25%的
外商投资企业税务处理问题的通知

2003年4月23日　国税函【2003】422号

各省、自治区、直辖市和计划单列市国家税务局、地方税务局：

为便于各地准确理解和贯彻落实对外贸易经济合作部、国家税务总局、国家工商行政管理总局、国家外汇管理局《关于加强外商投资企业审批、登记、外汇及税收管理有关问题的通知》(外经贸法发【2002】575号)，现就外国投资者实际出资比例低于25%的新办外商投资企业(以下简称外资低于25%企业)有关税务处理问题明确如下：

一、关于适用税制问题。外资低于25%企业适用税制一律按照内资企业处理，不得享受外商投资企业税收待遇。但国务院另有特别规定的除外。

二、关于税务登记问题。外资低于25%企业办理税务登记一律按照内资企业处理。但国务院另有特别规定的除外。

以上，请遵照执行。

国家税务总局关于外国投资者
并购境内企业股权有关税收问题的通知

2003年5月28日　国税发【2003】60号

各省、自治区、直辖市和计划单列市国家税务局、地方税务局：

为了促进和规范外国投资者来华投资，引进国外先进技术和管理经验，提高我国利用外资水平，实现资源合理配置，原对外贸易经济合作部、国家工商管理总局、国家外汇管理局和国家税务总局于2003年3月联合发布了《外国投资者并购境内企业暂行规定》(【2003】第3号令，以下简称《暂行规定》)，允许外国投资者并购我国境内非外商投资企业(以下简称境内企业)的股权。关于外国投资者并购境内企业股权所涉及的有关税收问题，现通知如下：

一、外国投资者按照《暂行规定》的有关规定并购境内企业股东的股权，或者认购境内企业增资(以下简称股权并购)，使境内企业变更设立为外商投资企业。凡变更设立的企业的外国投资者的股权比例超过25%的，可以依照外商投资企业所适用的税收法律、法规缴纳各项税收。

二、外国投资者通过股权并购变更设立的外商投资企业，如符合《中华人民共和国外商投资企业和外国企业所得税法》（以下简称税法）及其实施细则等有关规定条件的，可享受税法及其有关规定所制定的各项企业所得税税收优惠政策。在计算享受企业所得税优惠政策时，有关衔接问题按以下规定执行：

（一）经营期开始及经营期。国家工商行政管理部门批准颁发变更营业执照之日，为变更设立的外商投资企业经营期开始，至工商变更登记确定的经营年限终止日，为变更设立的外商投资企业的经营期。

（二）前期亏损处理。变更设立前企业累计发生的尚未弥补的经营亏损，可在税法第十一条规定的亏损弥补年限的剩余年限内，由变更设立的外商投资企业延续弥补。

（三）获利年度的确定。变更设立的外商投资企业变更当年度取得经营利润，扣除以前年度允许弥补的亏损后仍有利润的，为其获利年度。获利年度当年实际生产经营期不足6个月的，可以按照税法实施细则第七十七条的规定，由企业选择确定减免税期的起始年度。

三、本通知自2003年1月1日起执行。本通知发布前变更设立的外商投资企业，凡符合《暂行规定》及本通知规定条件的，也按本通知的规定执行。

国家税务总局关于取消外商投资企业和外国企业所得税若干审批项目后续管理有关问题的通知

2003年10月24日　国税发【2003】127号

各省、自治区、直辖市和计划单列市国家税务局、地方税务局，局内各单位：

根据国务院行政审批制度改革工作领导小组《关于搞好已调整行政审批项目后续工作的意见》（国审改发〔2003〕1号）的通知，为贯彻执行《国务院关于取消第二批行政审批项目和改变一批行政审批项目管理方式的决定》（国发〔2003〕5号）的规定，现就国务院决定取消的外商投资企业和外国企业（以下简称企业）所得税若干行政审批项目的后续管理工作通知如下：

一、取消企业列支职工工资、福利费标准审核的后续管理

根据《中华人民共和国外商投资企业和外国企业所得税法实施细则》（以下简称税法实施细则）第二十四条的规定，企业支付给职工的工资、福利费，应当报送其支付标准和所依据的文件及有关资料，经当地税务机关审核同意后，准予列支。取消上述审核后，企业在向主管税务机关报送年度企业所得税申报表时，应该同时报送其所支付的工资、福利标准和所依据的文件等有关资料备案。以后年度工资、福利费支付标准没有发生变化的，可以不再重复报送；支付标准发生变化的，应在办理年度所得税申报时将标准变化情况报主管税务机关备案。

当地主管税务机关在审核企业工资、福利费时，应对企业报送的资料，进行认真审核。其中对福利费的列支标准，应按照《国家税务总局关于外商投资企业和外国企业为其雇员提存医疗保险等三项基金以外的职工福利类费用税务处理问题的通知》（国税函〔1999〕709号）规定的标准执行。

二、取消企业计提坏账准备金批准的后续管理

根据税法实施细则第二十五条的规定，从事信贷、租赁行业的企业，可以根据实际需要，报经当地税务机关批准后，按照年末放款余额（不包括银行间拆借），或者年末应收账款、应收票据等应收款项的余

额,计提不超过3%的坏账准备,从该企业的应纳税所得额中扣除。取消上述审批后,上述行业可以按照规定提取坏账准备。各地税务机关要对上述行业的企业报送的年度所得税申报资料、会计报表中的"放款余额"、"应收账款"、"应收票据"等应收款项的科目,进行认真审查,确认坏账准备。对信贷、租赁行业以外的其他企业,一般情况下不得计提坏账准备,对那些应收账款余额比较大的企业,需要计提坏账准备的,仍按《国家税务局关于贯彻执行外商投资企业和外国企业所得税法若干业务处理问题的通知》(国税发〔1991〕165号)第九条的规定执行。

三、取消中外合作经营企业固定资产加速折旧审批的后续管理

根据税法实施细则第四十条第二款第(三)项规定,凡中外合作经营企业合作经营期限比税法实施细则第三十五条规定的折旧年限短,且合作期满后归中方所有的固定资产,可以按照经营期限计提折旧。取消上述审批后,对中外合作企业购置投入使用的固定资产,凡企业合作年限比税法实施细则第三十五条规定的折旧年限短,且合作期满后归中方所有的,可以按合作期限,或者剩余的合作期限计提折旧。企业应就上述固定资产的购置价格、购置时间、投入使用情况、折旧计提情况等做出说明,报送主管税务机关备案。

四、取消企业固定资产少留或不留残值审批的后续管理

根据税法实施细则第三十三条规定,企业的各类固定资产在计算折旧前,应该估计残值,从固定资产原价减除。残值应当不低于原价的10%;需要少留或不留残值的,须经当地税务机关批准。取消上述审批后,对企业新购置投入使用的固定资产,在计提折旧前,其残值暂统一确定为10%。对一些固定资产凡能预见在其使用年限结束后无法变卖、或者没有变卖价值的,可不留残值。

五、取消产品出口企业当年减半缴纳企业所得税审批的后续管理

根据税法实施细则第七十五条第七项的规定,外商投资举办的产品出口企业,在依照税法规定免征、减征企业所得税期满后,凡企业当年出口产品产值达到当年产品产值70%以上的,应当提交审核确认部门出具的有关证明文件,由当地税务机关审核批准后,可以减半征收企业所得税。取消上述审批后,凡符合规定,享受上述税收优惠的企业,在报送年度所得税申报表时,必须同时报送以下证明资料:

(一)主管部门出具的当年度该企业为产品出口企业的有效证书;

(二)审核确认机关出具其出口产品产值超过当年产值70%的证明资料。

主管税务机关应就企业当年产值及出口产值进行严格认定,积极与有关部门配合,建立信息交换制度,加强协调,统一口径。

六、取消外商投资企业非货币资产投资收益审批的后续管理

根据《财政部国家税务总局关于外商投资企业从事投资业务若干税收问题的通知》(〔94〕财税字第083号)第二条规定,外商投资企业以实物或无形资产以及其他非货币资产向其他企业投资的,其资产投资认定的价格超过原账面净值之间的差额,应为财产转让收益,计入当期应纳税所得额。如净收益数额较大,企业当期纳税有困难的,经企业申请,当地税务机关批准,可在不超过五年的期限内平均分期转为应纳税所得额计算纳税。取消上述审批后,企业取得上述收益,如果净收益数额较大,可由企业自行选择确定,在不超过五年的期限内,平均转为企业应纳税所得额计算纳税,并应在相应期间的年度所得税申报中对有关收益额及分期结转额的情况做出说明。企业一经确定结转年限后,不得变更。

七、取消外商投资企业技术开发费加计扣除审批的后续管理

根据《国家税务总局关于外商投资企业技术开发费抵扣应纳税所得额有关问题的通知》(国税发〔1999〕173号)的规定,外商投资企业当年发生的技术开发费比上年度增长10%以上的,经税务机关审核批准,对其发生的技术开发费允许再按50%抵扣当年度的应纳税所得额。取消上述审批后,外商投资企业在享受上述优惠政策时,在申报年度企业所得税申报表

时,应同时报送以下资料:

(一)外商投资企业当年度编制的技术开发计划和费用预算方案;

(二)外商投资企业技术研究人员情况;

(三)外商投资企业技术开发费发生情况;

(四)外商投资企业上年度技术开发费发生情况。

(五)税务机关需要的其它资料。

主管税务机关在审核企业报送的上述资料时,应按照国税发〔1999〕173号及其补充规定的要求,严格审核。凡不符合规定要求及没有提供上述资料的,其所发生的技术开发费不得进行加计扣除。

八、取消企业接受捐赠的大额非货币资产在不超过五年的时间内平均计入应纳税所得额核准的后续管理

根据《国家税务总局关于外商投资企业和外国企业接受捐赠税务处理的通知》(国税发〔1999〕195号)的规定,企业接受非货币资产捐赠,应按合理价格估价计入有关资产项目,同时应作为当年收益计算缴纳企业所得税。若接受的非货币资产数额较大,企业一次性纳税有困难的,经企业申请,当地税务机关批准后,可平均分五年计入企业应纳税所得额计算纳税。取消上述审批后,企业取得上述收益,如果数额较大,可由企业自行选择确定,在不超过五年的期限内,平均转为企业应纳税所得额计算纳税,并应在相应期间的年度所得税申报中对有关收益额及分期结转额的情况做出说明。企业一经确定结转年限后,不得变更。

九、取消外商投资企业和外国企业雇员境外社会保险费免征个人所得税核准的后续管理

根据《国家税务总局关于外商投资企业和外国企业的雇员的境外保险费有关所得税处理问题的通知》(国税发〔1998〕101号)的规定,由企业支付的但不在企业应纳税所得额中扣除的中国境内工作雇员的境外保险费,对其中确属于按照有关国家法律规定应由雇主负担的社会保障性质的费用,经当地税务机关核准后,可不计入雇员个人的应纳税所得额。取消上述核准后,凡发生上述情况的,企业在向当地主管税务机关报送上述个人所得税代扣代缴税款报告表时,应同时报送其居民身份和所在国法律规定应由雇主负担的社会保障性质费用的法律文件复印件。当地税务机关应对企业所报送的上述资料进行审核,凡符合规定要求的,可不计入雇员个人的应纳税所得额。

十、本通知自2003年1月1日起执行。

国家税务总局关于印发《内地和澳门特别行政区关于对所得避免双重征税和防止偷漏税的安排》文本并生效执行的通知

2003年12月31日国税发【2003】154号

各省、自治区、直辖市和计划单列市国家税务局、地方税务局:

《内地和澳门特别行政区关于对所得避免双重征税和防止偷漏税的安排》(以下简称《安排》),已于2003年12月27日在澳门正式签署,并经双方分别于2003年12月27日和2003年12月30日互致书面通知,确认已完成《安排》生效所必需的法律程序。根据《安排》第二十七条的规定,《安排》应自2003年12月30日起生效,并适用于2004年1月1日或以后开始的纳税年度中取得的所得,现将该《安排》文本印发给你们,请遵照执行。

附件:内地和澳门特别行政区关于对所得避免双重征税和防止偷漏税的安排。

附件

内地和澳门特别行政区
关于对所得避免双重征税和防止偷漏税的安排

内地和澳门特别行政区,为避免对所得的双重征税和防止偷漏税,达成协议如下:

第一条 人的范围

本安排适用于一方或者同时为双方居民的人。

第二条 税种范围

一、本安排适用于由一方或其地方当局对所得征收的所有税收,不论其征收方式如何。

二、对全部所得或某项所得征收的税收,包括对来自转让动产或不动产的收益征收的税收以及对资本增值征收的税收,应视为对所得征收的税收。

三、本安排特别适用的现行税种是:

(一)在内地:

1、个人所得税;

2、外商投资企业和外国企业所得税;

3、地方所得税。

(以下简称"内地税收")

(二)在澳门:

1、职业税;

2、所得补充税;

3、凭单印花税;

4、房屋税。

(以下简称"澳门税收")

四、本安排也适用于本安排签订之日后征收的属于增加或者代替现行税种的相同或者实质相似的税收。双方主管当局应将各自税法所做出的实质性变动,在其变动后的适当时间内通知对方。

第三条 一般定义

一、在本安排中,除上下文另有解释的以外:

(一)"一方"和"另一方"的用语,按照上下文,是指内地或者澳门特别行政区;

(二)"税收"一语按照上下文,是指内地税收或者澳门税收;

(三)"人"一语包括个人、公司和其它团体;

(四)"公司"一语是指法人团体或者在税收上视同法人团体的实体;

(五)"一方企业"和"另一方企业",分别指一方居民经营的企业和另一方居民经营的企业;

(六)"海运、空运和陆运"一语是指一方企业以船舶、飞机或陆运车辆经营的运输,不包括仅在另一方各地之间以船舶、飞机或陆运车辆经营的运输;

(七)"主管当局"一语,在内地是指国家税务总局或其授权的代表;在澳门特别行政区是指经济财政司司长或其授权的代表。

二、一方在实施本安排时,对于未经本安排明确定义的用语,除上下文另有解释的以外,应当具有该一方适用于本安排的税种的法律所规定的含义。

第四条 居民

一、在本安排中,"一方居民"一语是指按照该一方法律,由于住所、居所、总机构或实际管理机构所在地,或者其它类似的标准,在该一方负有纳税义务的人。但是,该用语不包括仅由于来源于该一方的所得,在该一方负有纳税义务的人。

二、由于第一款的规定,同时为双方居民的个人,其身份应按以下规则确定:

(一)应认为是其有永久性住所所在一方的居民;如果在双方同时有永久性住所,应认为是与其个人和经济关系更密切(重要利益中心)所在一方的居民;

(二)如果其重要利益中心所在一方无法确定,或者在任何一方都没有永久性住所,应认为是其有习惯性居处所在一方的居民;

(三)如果其在双方都有,或者都没有习惯性居处,双方主管当局应通过协商解决。

三、由于第一款的规定,除个人以外,同时为双方居民的人,应认为是其总机构或实际管理机构所在一方的居民。然而,如果这个人在一方设有实际管理机构,在另一方设有总机构,双方主管当局应相互协商确定其居民身份。

第五条 常设机构

一、在本安排中,"常设机构"一语是指企业进行全部或部分营业的固定营业场所。

二、"常设机构"一语特别包括:

(一)管理场所;

(二)分支机构;

(三)办事处;

(四)工厂;

(五)作业场所;

(六)矿场、油井或气井、采石场或者其它开采自然资源的场所。

三、"常设机构"一语还包括:

(一)建筑工地,建筑、装配或安装工程,或者与其有关的监督管理活动,但仅以该工地、工程或活动连续六个月以上的为限;

(二)一方企业通过雇员或者雇用的其它人员,在另一方为同一个项目或者相关联的项目提供的劳务,包括咨询劳务,仅以在任何十二个月中连续或累计超过六个月的为限。

四、虽有本条上述规定,"常设机构"一语应认为不包括:

(一)专为储存、陈列或者交付本企业货物或者商品的目的而使用的设施;

(二)专为储存、陈列或者交付的目的而保存本企业货物或者商品的库存;

(三)专为另一企业加工的目的而保存本企业货物或者商品的库存;

(四)专为本企业采购货物或者商品,或者搜集情报的目的所设的固定营业场所;

(五)专为本企业进行其它准备性或辅助性活动的目的所设的固定营业场所;

(六)专为本款第(一)项至第(五)项活动的结合所设的固定营业场所,如果由于这种结合使该固定营业场所的全部活动属于准备性质或辅助性质。

五、虽有第一款和第二款的规定,当一个人(除适用第六款规定的独立代理人以外)在一方代表另一方的企业进行活动,有权并经常行使这种权力以该企业的名义签订合同,这个人为该企业进行的任何活动,应认为该企业在该一方设有常设机构。除非这个人通过固定营业场所进行的活动限于第四款的规定,按照该款规定,不应认为该固定营业场所是常设机构。

六、一方企业仅通过按常规经营本身业务的经纪人、一般佣金代理人或者任何其它独立代理人在另一方进行营业,不应认为在该另一方设有常设机构。但如果这个代理人的活动全部或几乎全部代表该企业,不应认为是本款所指的独立代理人。

七、一方居民公司,控制或被控制于另一方居民公司或者在该另一方进行营业的公司(不论是否通过常设机构),此项事实不能据以使任何一方公司构成另一方公司的常设机构。

第六条 不动产所得

一、一方居民从位于另一方的不动产取得的所得(包括农业或林业所得),可以在该另一方征税。

二、"不动产"一语应当具有财产所在地的一方的法律所规定的含义。该用语在任何情况下应包括附属于不动产的财产,农业和林业所使用的牲畜和设备,有关地产的一般法律规定所适用的权利,不动产的用益权以及由于开采或有权开采矿藏、水源和其它自然资源取得的不固定或固定收入的权利。船舶和飞机不应视为不动产。

三、第一款的规定应适用于从直接使用、出租或者任何其它形式使用不动产取得的所得。

四、第一款和第三款的规定也适用于企业的不动产所得和用于进行独立个人劳务的不动产所得。

第七条　营业利润

一、一方企业的利润应仅在该一方征税,但该企业通过设在另一方的常设机构在该另一方进行营业的除外。如果该企业通过设在该另一方的常设机构在该另一方进行营业,其利润可以在该另一方征税,但应仅以属于该常设机构的利润为限。

二、除适用第三款的规定以外,一方企业通过设在另一方的常设机构在该另一方进行营业,应将该常设机构视同在相同或类似情况下从事相同或类似活动的独立分设企业,并同该常设机构所隶属的企业完全独立处理,该常设机构可能得到的利润在各方应归属于该常设机构。

三、在确定常设机构的利润时,应当允许扣除其进行营业发生的各项费用,包括行政和一般管理费用,不论其发生于该常设机构所在一方或者其它任何地方。但是,常设机构使用专利或者其它权利支付给企业总机构或该企业其它办事处的特许权使用费、报酬或其它类似款项,具体服务或管理的佣金,以及向其借款所支付的利息,银行企业除外,都不得作任何扣除(属于偿还代垫实际发生的费用除外)。同样,在确定常设机构的利润时,也不考虑该常设机构从企业总机构或该企业其它办事处取得的专利和其它权利的特许权使用费、报酬或其它类似款项,具体服务或管理的佣金,以及贷款给该企业总机构或该企业其它办事处所取得的利息,银行企业除外(属于偿还代垫实际发生的费用除外)。

四、如果一方习惯于以企业总利润按一定比例分配给所属各单位的方法来确定常设机构的利润,则第二款规定并不妨碍该一方按这种习惯分配方法确定其应纳税的利润。但是,采用的分配方法所得到的结果,应与本条所规定的原则一致。

五、不应仅由于常设机构为企业采购货物或商品,将利润归属于该常设机构。

六、在上述各款中,除有适当的和充分的理由需要变动外,每年应采用相同的方法确定属于常设机构的利润。

七、利润中如果包括本安排其它各条单独规定的所得项目时,本条规定不应影响其它各条的规定。

第八条　海运、空运和陆运

一、一方企业在另一方以船舶、飞机或陆运车辆经营的运输业务所取得的收入和利润,该另一方应予免税。

二、第一款的规定也适用于参加合伙经营、联合经营或者参加国际经营机构取得的收入和利润。

第九条　联属企业

一、当:

(一)一方企业直接或者间接参与另一方企业的管理、控制或资本,或者

(二)同一人直接或者间接参与一方企业和另一方企业的管理、控制或资本,

在上述任何一种情况下,两个企业之间的商业或财务关系不同于独立企业之间的关系,因此,本应由其中一个企业取得,但由于这些情况而没有取得的利润,可以计入该企业的利润,并据以征税。

二、一方将另一方已征税的企业利润,而这部分利润本应由该一方企业取得的,包括在该一方企业的利润内,并且加以征税时,如果这两个企业之间的关系是独立企业之间的关系,该另一方应对这部分利润所征收的税额加以调整。在确定上述调整时,应对本安排其它规定予以注意,如有必要,双方主管当局应相互协商。

第十条　股息

一、一方居民公司支付给另一方居民的股息,可以在该另一方征税。

二、然而,这些股息也可以在支付股息的公司是其居民的一方,按照该一方法律征税。但是,如果收款人是股息受益所有人,则所征税款不应超过股息总额的百分之十。双方主管当局应协商确定实施该限制税率的方式。

本款不应影响对该公司支付股息前的利润所征收的公司利润税。

三、本条"股息"一语是指从股份或者非债权关系分享利润的权利取得的所得,以及按照分配利润的公司是其居民的一方的法律,视同股份所得同样征税的

其它公司权利取得的所得。

四、如果股息受益所有人是一方居民,在支付股息的公司是其居民的另一方,通过设在该另一方的常设机构进行营业或者通过设在该另一方的固定基地从事独立个人劳务,据以支付股息的股份与该常设机构或固定基地有实际联系的,不适用第一款和第二款的规定。在这种情况下,应视具体情况适用第七条或第十四条的规定。

五、一方居民公司从另一方取得利润或所得,该另一方不得对该公司支付的股息征收任何税收。但支付给该另一方居民的股息或者据以支付股息的股份与设在另一方的常设机构或固定基地有实际联系的除外。对于该公司的未分配的利润,即使支付的股息或未分配的利润全部或部分是发生于该另一方的利润或所得,该另一方也不得征收任何税收。

第十一条 利息

一、发生于一方而支付给另一方居民的利息,可以在该另一方征税。

二、然而,这些利息也可以在该利息发生的一方,按照该一方的法律征税。但是,如果收款人是该利息受益所有人,则所征税收不应超过:

(一)对银行或金融机构取得的利息,为利息总额的百分之七;

(二)在所有其它情况下,为利息总额的百分之十。

双方主管当局应通过相互协商确定实施上述限制的方式。

三、虽有第二款的规定,发生于一方而为另一方政府、地方当局或者完全为其政府所有的金融机构或由双方主管当局取得协议认同的其它金融机构取得的利息;或者为该另一方居民取得的利息,其债权是由该另一方政府、地方当局或者完全为其政府拥有的金融机构或由双方主管当局取得协议认同的其它金融机构间接提供资金的,应在该一方免税。

四、本条"利息"一语是指从各种债权取得的所得,不论其有无抵押担保或者是否有权分享债务人的利润;特别是从公债、债券或者信用债券取得的所得,包括其溢价和奖金。由于延期支付的罚款,不应视为本条所规定的利息。

五、如果利息受益所有人是一方居民,在利息发生的另一方,通过设在该另一方的常设机构进行营业或者通过设在该另一方的固定基地从事独立个人劳务,据以支付该利息的债权与该常设机构或者固定基地有实际联系的,不适用第一款、第二款和第三款的规定。在这种情况下,应视具体情况适用第七条或第十四条的规定。

六、如果支付利息的人为一方政府、地方当局或该一方居民,应认为该利息发生在该一方。然而,当支付利息的人不论是否为一方居民,在一方设有常设机构或者固定基地,支付该利息的债务与该常设机构或者固定基地有联系,并由其负担利息,上述利息应认为发生于该常设机构或固定基地所在的一方。

七、由于支付利息的人与受益所有人之间或者他们与其它人之间的特殊关系,就有关债权所支付的利息数额超出支付人与受益所有人没有上述关系所能同意的数额时,本条规定应仅适用于后来提及的数额。在这种情况下,对该支付款项的超出部分,仍应按各方的法律征税,但应对本安排其它规定予以适当注意。

第十二条 特许权使用费

一、发生于一方而支付给另一方居民的特许权使用费,可以在该另一方征税。

二、然而,这些特许权使用费也可以在其发生的一方,按照该一方的法律征税。但是,如果收款人是特许权使用费受益所有人,则所征税款不应超过特许权使用费总额的百分之十。双方主管当局应协商确定实施该限制税率的方式。

三、本条"特许权使用费"一语是指使用或有权使用文学、艺术或科学著作,包括电影影片、无线电或电视广播使用的胶片、磁带的版权,专利、商标、设计或模型、图纸、秘密配方或秘密程序所支付的作为报酬的各种款项,或者使用或有权使用工业、商业、科学设备或有关工业、商业、科学经验的情报所支付的作为报酬的各种款项。

四、如果特许权使用费受益所有人是一方居民,在特许权使用费发生的另一方,通过设在该另一方的常设机构进行营业或者通过设在该另一方的固定基地从事独立个人劳务,据以支付该特许权使用费的权利或财产与该常设机构或固定基地有实际联系的,不适用第一款和第二款的规定。在这种情况下,应视具体情况适用第七条或第十四条的规定。

五、如果支付特许权使用费的人是一方政府、地方当局或该一方居民,应认为该特许权使用费发生在该一方。然而,当支付特许权使用费的人不论是否为一方居民,在一方设有常设机构或者固定基地,支付该特许权使用费的义务与该常设机构或者固定基地有联系,并由其负担这种特许权使用费,上述特许权使用费应认为发生于该常设机构或者固定基地所在的一方。

六、由于支付特许权使用费的人与受益所有人之间或他们与其它人之间的特殊关系,就有关使用、权利或情报支付的特许权使用费数额超出支付人与受益所有人没有上述关系所能同意的数额时,本条规定应仅适用于后来提及的数额。在这种情况下,对该支付款项的超出部分,仍应按各方的法律征税,但应对本安排其它规定予以适当注意。

第十三条　财产收益

一、一方居民转让第六条所述位于另一方的不动产取得的收益,可以在该另一方征税。

二、转让一方企业在另一方的常设机构营业财产部分的动产,或者一方居民在另一方从事独立个人劳务的固定基地的动产取得的收益,包括转让常设机构(单独或者随同整个企业)或者固定基地取得的收益,可以在该另一方征税。

三、转让从事运输的船舶、飞机或陆运车辆,或者转让属于经营上述船舶、飞机、陆运车辆的动产取得的收益,应仅在该企业总机构或实际管理机构所在的一方征税。

四、转让一个公司财产股份的股票取得的收益,该公司的财产又主要直接或者间接由位于一方的不动产所组成,可以在该一方征税。

五、转让第四款所述以外的其它股票取得的收益,该项股票又相当于一方居民公司至少百分之二十五的股权,可以在该一方征税。

六、转让第一款至第五款所述财产以外的其它财产取得的收益,应仅在转让者为其居民的一方征税。

第十四条　独立个人劳务

一、一方居民由于专业性劳务或者其它独立性活动取得的所得,应仅在该一方征税。但具有以下情况之一的,可以在另一方征税:

(一)在另一方为从事上述活动设有经常使用的固定基地。在这种情况下,该另一方可以仅对属于该固定基地的所得征税;

(二)在有关纳税年度开始或终了的任何十二个月中,在另一方停留连续或累计达到或超过一百八十三天。在这种情况下,该另一方可以仅对在该另一方进行活动取得的所得征税。

二、"专业性劳务"一语特别包括独立的科学、文学、艺术、教育或教学活动,以及医师、律师、工程师、建筑师、牙医师和会计师的独立活动。

第十五条　非独立个人劳务

一、除适用第十六条、第十八条、第十九条、第二十条和第二十一条的规定以外,一方居民因受雇取得的薪金、工资和其它类似报酬,除在另一方从事受雇的活动以外,应仅在该一方征税。在另一方从事受雇的活动取得的报酬,可以在该另一方征税。

二、虽有第一款的规定,一方居民因在另一方从事受雇的活动取得的报酬,同时具有以下三个条件的,应仅在该一方征税:

(一)收款人在有关纳税年度开始或终了的任何十二个月中在另一方停留连续或累计不超过一百八十三天;

(二)该项报酬由并非另一方居民的雇主支付或代表该雇主支付;

(三)该项报酬不是由雇主设在另一方的常设机构或固定基地所负担。

三、虽有本条上述规定,在一方企业经营运输的船舶、飞机或陆运车辆上从事受雇的活动取得的报酬,应仅在该企业总机构或实际管理机构所在的一方征税。

第十六条　董事费

虽有第十四条和第十五条的规定,一方居民作为另一方居民公司的董事会成员取得的董事费和其它类似款项,可以在另一方征税。

第十七条　艺术家和运动员

一、虽有第十四条和第十五条的规定,一方居民,作为表演家,如戏剧、电影、广播或电视艺术家、音乐家或作为运动员,在另一方从事其个人活动取得的所得,可以在该另一方征税。

二、虽有第七条、第十四条和第十五条的规定,表演家或运动员从事其个人活动取得的所得,并非归属表演家或运动员本人,而是归属于其它人,可以在该表演家或运动员从事其活动的一方征税。

三、虽有本条上述规定,作为一方居民的表演家或运动员在另一方按照双方政府的文化交流计划进行活动取得的所得,在该另一方应予免税。

第十八条　退休金

一、除适用第十九条第二款的规定以外,因以前的雇佣关系支付给一方居民的退休金和其它类似报酬,应仅在该一方征税。

二、虽有第一款的规定,一方政府或地方当局按社会保险制度的公共福利计划支付的退休金和其它类似款项,应仅在该一方征税。

第十九条　政府服务

一、(一)一方政府或地方当局对履行政府职责向其提供服务的个人支付退休金以外的报酬,应仅在该一方征税。

(二)但是,如果该项服务是在另一方提供,而且提供服务的个人是该另一方居民,并且该居民不是仅由于提供该项服务而成为该另一方的居民,该项报酬,应仅在该另一方征税。

二、(一)一方政府或地方当局支付或者从其建立的基金中支付给向其提供服务的个人的退休金,应仅在该一方征税。

(二)但是,如果提供服务的个人是另一方居民,该项退休金应仅在该另一方征税。

三、第十五条、第十六条、第十七条和第十八条的规定,应适用于向一方政府或地方当局举办的事业提供服务取得的报酬和退休金。

第二十条　教师和研究人员

一、任何个人是、或者在紧接前往一方之前曾是另一方居民,主要是为了在该一方的大学、学院、学校或为该一方政府承认的教育机构和科研机构从事教学、讲学或研究的目的,停留在该一方,对其由于教学、讲学或研究取得的报酬,该一方应自其第一次到达之日起,三年内免予征税。

二、本条第一款的规定不适用于不是为了公共利益而主要是为某个人或某些人的私利从事研究取得的所得。

第二十一条　学生和实习人员

一、学生、企业学徒或实习生是、或者在紧接前往一方之前曾是另一方居民,仅由于接受教育或培训的目的,停留在该一方,对其为了维持生活、接受教育或培训的目的收到的来源于该一方以外的款项,该一方应免予征税。

二、第一款所述学生、企业学徒或实习生取得的不包括在第一款内的赠款、奖学金和劳务报酬,在接受教育或培训期间,应与其所停留一方居民享受同样的免税、优惠或减税。

第二十二条　其它所得

一、一方居民取得的各项所得,不论发生在什么地方,凡本安排上述各条未作规定的,应仅在该一方征税。

二、第六条第二款规定的不动产所得以外的其它所得,如果所得收款人为一方居民,通过设在另一方的常设机构在该另一方进行营业,或者通过设在该另一方的固定基地在该另一方从事独立个人劳务,据以支付所得的权利或财产与该常设机构或固定基地有实际联系的,不适用第一款的规定。在这种情况下,应视具体情况分别适用第七条或第十四条的规定。

第二十三条　消除双重征税方法

一、在内地,消除双重征税如下:

内地居民从澳门特别行政区取得的所得,按照本安排规定在澳门特别行政区缴纳的税额,允许在对该居民征收的内地税收中抵免。但是,抵免额不应超过对该项所得按照内地税法和规章计算的内地税收数额。

二、在澳门特别行政区,消除双重征税如下:

(一)澳门特别行政区居民取得的所得,根据本安排规定可以在内地征税时,除第(二)项规定的以外,该所得在澳门特别行政区免予征税。

(二)澳门特别行政区居民取得的各项所得,根据第十条、第十一条和第十二条的规定,可以在内地征税的,澳门特别行政区应允许在对该居民的所得征收的税收中扣除在内地缴纳的税额。但是,该项扣除额不应超过属于在内地征税的那部分所得应纳的所得税额。

第二十四条　无差别待遇

一、一方企业在另一方的常设机构的税收负担,不应高于该另一方对其本地进行同样活动的企业。本规定不应理解为一方由于民事地位、家庭负担而给予该一方居民的任何扣除、优惠和减免也必须给予该另一方居民。

二、除适用第九条第一款、第十一条第七款或第十二条第六款的规定外,一方企业支付给另一方居民的利息、特许权使用费和其它款项,在确定该企业应纳税利润时,应与在同样情况下支付给该一方居民同样予以扣除。

三、一方企业的资本全部或部分,直接或间接为另一方一个或一个以上的居民拥有或控制,该企业在该一方负担的税收或者有关条件,不应与该一方其它同类企业的负担或可能负担的税收或者有关条件不同或比其更重。

第二十五条　相互协商程序

一、当一个人认为,一方或者双方所采取的措施,导致或将导致对其不符合本安排规定的征税时,可以不考虑各自内部法律的补救办法,将案情提交本人为其居民的主管当局。该项案情必须在不符合本安排规定的征税措施第一次通知之日起,三年内提出。

二、上述主管当局如果认为所提意见合理,又不能单方面圆满解决时,应设法同另一方主管当局相互协商解决,以避免不符合本安排的征税。达成的协议应予执行,而不受各自内部法律的时间限制。

三、双方主管当局应通过协议设法解决在解释或实施本安排时所发生的困难或疑义,也可以对本安排未作规定的消除双重征税问题进行协商。

四、双方主管当局为达成第二款和第三款的协议,可以相互直接联系。为有助于达成协议,双方主管当局的代表可以进行会谈,口头交换意见。

第二十六条　情报交换

一、双方主管当局应交换为实施本安排的规定所需要的情报,或双方关于本安排所涉及的税种的各自内部法律的规定所需要的情报(以根据这些法律征税与本安排不相抵触为限),特别是防止偷漏税的情报。情报交换不受第一条和第二条的限制。一方收到的情报应作密件处理,仅应告知与本安排所含税种有关的查定、征收、执行、起诉或裁决上诉的有关人员或当局(包括法院和行政管理部门)。上述人员或当局应仅为上述目的使用该情报,但可以在公开法庭的诉讼程序或法庭判决中公开有关情报。

二、第一款的规定在任何情况下,不应被理解为一方有以下义务:

(一)采取与该一方或另一方法律和行政惯例相违背的行政措施;

(二)提供按照该一方或另一方法律或正常行政渠道不能得到的情报;

(三)提供泄露任何贸易、经营、工业、商业或专业秘密或贸易过程的情报。

第二十七条　生效

本安排应在各自履行必要的批准程序,互相书面通知后,自最后一方发出通知之日起生效。本安排将适用于在安排生效年度的次年一月一日或以后开始的纳税年度中取得的所得。

第二十八条　终止

本安排应长期有效。但一方可以在本安排生效之日起满五年后任何历年六月三十日或以前,书面通知另一方终止本安排。在这种情况下,本安排对终止通知发出年度的次年一月一日或以后开始的纳税年度中取得的所得停止有效。

下列代表,经正式授权,已在本安排上签字为证。

本安排一式两份,每份都用中文写成。

国家税务总局
谢旭人(签字)
二〇〇三年十二月二十七日
于澳门

澳门特别行政区政府
何厚铧(签字)
二〇〇三年十二月二十七日
于澳门

其他地方税类

浙江省地方税务局 关于停止执行房产税有关政策的通知

2003年6月2日 浙地税函【2003】233号

各市、县(市、区)地方税务局(不发宁波),省地方税务直属一分局、直属二分局、稽查局:

根据《浙江省审计厅〈关于浙江省地方税务局2002年度税收收入计划执行和税收征管情况的审计决定〉》(浙审财决【2003】7号),对《浙江省地方税务局关于规范房产税若干政策问题的通知》(浙地税函【2002】257号)第四点第二款中“企业、事业、机关、团体等单位出租房产以及个人出租营业用房应纳的房产税,可按税收管理体制报经批准后,参照财政部、国家税务总局财税【2000】125号文件给予照顾。”的规定,自文到之日起停止执行。特此通知。

财政部 国家税务总局 关于调整铁路系统房产税 城镇土地使用税政策的通知

2003年7月11日 财税【2003】149号

各省、自治区、直辖市、计划单列市财政厅(局)、国家税务局、地方税务局、新疆生产建设兵团财务局:

根据铁路运输体制改革和铁路系统的实际情况,经国务院批准,现对铁路系统有关房产税、城镇土地使用税税收政策通知如下:

一、铁道部所属铁路运输企业自用的房产、土地继续免征房产税和城镇土地使用税。

二、对铁路运输体制改革后,从铁路系统分离出来并实行独立核算、自负盈亏的企业,包括铁道部所属原执行经济承包方案的工业、供销、建筑施工企业;中国铁路工程总公司、中国铁道建筑工程总公司、中国铁路通信信号总公司、中国土木建筑工程总公司、中国北方机车车辆工业集团公司、中国南方机车车辆工业集团公司;以及铁道部所属自行解决工交事业费的单位,自2003年1月1日起恢复征收房产税、城镇土地使用税。

三、铁道部所属其他企业、单位的房产和土地,继续按税法规定征收房产税和城镇土地使用税。

国家税务总局关于房产税城镇土地使用税有关政策规定的通知

2003年7月22日　国税发【2003】89号

各省、自治区、直辖市和计划单列市地方税务局,局内各单位:

随着我国房地产市场的迅猛发展,涉及房地产税收的政策问题日益增多,经调查研究和广泛听取各方面的意见,现对房产税、城镇土地使用税有关政策问题明确如下:

一、关于房地产开发企业开发的商品房征免房产税问题

鉴于房地产开发企业开发的商品房在出售前,对房地产开发企业而言是一种产品,因此,对房地产开发企业建造的商品房,在售出前,不征收房产税;但对售出前房地产开发企业已使用或出租、出借的商品房应按规定征收房产税。

二、关于确定房产税、城镇土地使用税纳税义务发生时间问题

(一)购置新建商品房,自房屋交付使用之次月起计征房产税和城镇土地使用税。

(二)购置存量房,自办理房屋权属转移、变更登记手续,房地产权属登记机关签发房屋权属证书之次月起计征房产税和城镇土地使用税。

(三)出租、出借房产,自交付出租、出借房产之次月起计征房产税和城镇土地使用税。

(四)房地产开发企业自用、出租、出借本企业建造的商品房,自房屋使用或交付之次月起计征房产税和城镇土地使用税。

浙江省地方税务局 浙江省财政厅转发财政部 国家税务总局关于调整石灰石 大理石和花岗石资源税适用税额的通知

2003年8月22日　浙地税发【2003】107号

各市、县(市、区)地方税务局、财政局,省地方税务局直属一分局、直属二分局、外税分局、稽查局:

现将《财政部、国家税务总局关于调整石灰石、大理石和花岗石资源税适用税额的通知》(财税【2003】119号)转发给你们,并就有关问题作如下补充,请遵照执行。

我省石灰石、大理石和花岗石资源税适用税额仍按现行适用税额标准执行,即石灰石资源税适用税额每吨2元,大理石和花岗石资源税适用税额每立方米3元。

财政部　国家税务总局关于调整石灰石　大理石和花岗石资源税适用税额的通知

2003 年 6 月 9 日　财税【2003】119 号

各省、自治区、直辖市、计划单列市财政厅(局)、地方税务局,新疆生产建设兵团财务局:

近年来,一些地区反映,现行石灰石、大理石和花岗石资源税适用税额标准不尽合理,建议作适当调整。经研究,现就有关调整事项通知如下:

一、石灰石资源税适用税额由每吨 2 元调整为每吨 0. 5 元至 3 元;大理石和花岗石资源税适用税额由每立方米 3 元调整为每立方米 3 元至 10 元。

二、各省、自治区、直辖市财政厅(局)、地方税务局可在上述幅度内确定适用税额标准。

三、本通知自 2003 年 7 月 1 日起执行。请各地根据本地区的实际情况,制定具体的调整方案,并报财政部、国家税务总局备案。

财政部 国家税务总局关于做好取消城市维护建设税审批项目后续管理工作的通知

2003 年 11 月 14 日　财税【2003】230 号

各省、自治区、直辖市、计划单列市财政厅(局)、地方税务局、新疆生产建设兵团财务局:

为贯彻落实国务院关于行政审批制度改革工作的各项要求,现就国务院已取消的城市维护建设税行政审批项目的后续管理问题通知如下:

财政部《关于城市维护建设税几个具体业务问题的补充规定》(财税字【1985】143 号,编者注:即【85】财税字第 143 号)中有关“对个别纳税确有困难的,可由省、自治区、直辖市人民政府酌情予以减免税照顾”的规定,在国务院第二批取消的行政审批项目中已被取消(见国发【2003】5 号)。

取消此项减免税规定后,各省、自治区、直辖市人民政府不再享有城市维护建设税困难减免税的审批权。除国务院另有规定,或财政部、国家税务总局根据国务院的指示精神确定的减免税外,各级财政、税务机构也不得自行审批决定减免城市维护建设税。

此项规定纳入国家税务总局执法检查的范围。

浙江省地方税务局关于加强车船使用税征收管理工作的通知

2003 年 11 月 24 日　浙地税函【2003】412 号

各市、县(市)地方税务局(不发宁波),省地方税务局直属一分局:

近几年来,在各级地税部门的努力下,各地在加强车船使用税征收管理和组织收入方面采取了多方面的措施和办法,并取得了显著成效,从1998年征收入库数的4955万元增加到2002年征收入库的10724万元,增长116.31%;2003年1-10月份征收入库11959万元,同比增长28.77%。随着经济的发展,企事业单位拥有车辆数增长较快,而随着个人生活水平的提高和生活条件的改善,个人购车也迅速增长,带动了车船使用税税源的不断增加。但目前各地收入很不平衡,征管力度也有一定的差异,为加强全省车船使用税的征收管理,确保车船使用税收入的逐年稳步增长,经研究,现提出如下几点意见,希各地遵照执行。

一、各级地税部门领导干部要从思想上提高对加强车船使用税征收管理工作的认识,切实贯彻"抓大不放小"的工作原则,依法征税,应收尽收。加强小税种的管理,全面体现税收的公平原则,维护纳税秩序,把加强车船使用税征管作为一项重要任务来抓。

二、认真研究政策,做好对车船使用税征管工作的调查研究,要切实掌握本地区车船使用税税源情况,了解掌握车船的数量和车船分类的归口管理部门,掌握各部门的管理环节和相关管理情况,为加强车船使用税的征收管理打下良好基础。

三、各地应根据车船使用税征收管理上的特点,加强与有关部门和单位的联系,积极与公安、交通等部门的配合,努力采取社会化征收方式,切实加强源头控管,提高车船使用税的源泉管理水平。

四、加强对车船使用税的宣传工作,提高纳税人的纳税意识。各地可采取报纸、电视、印发资料等形式,并充分利用税法宣传月,开展多层面的宣传活动,加大宣传力度,使纳税人不断增进对车船使用税政策的了解。

五、要加大对车船使用税纳税情况的检查力度,在进行地税检查时,要把车船使用税纳税情况作为一项检查内容,发现偷税行为的,要严格按《税收征管法》的有关规定进行处罚,以营造公平纳税的环境。

财政部 国家税务总局
关于企业改制过程中有关印花税政策的通知

2003年12月11日　财税【2003】183号

各省、自治区、直辖市、计划单列市财政厅(局)、地方税务局,新疆生产建设兵团财务局:

为贯彻落实国务院关于支持企业改制的指示精神,规范企业改制过程中有关税收政策,现就经县级以上人民政府及企业主管部门批准改制的企业,在改制过程中涉及的印花税政策通知如下:

一、关于资金账簿的印花税

(一)实行公司制改造的企业在改制过程中成立的新企业(重新办理法人登记的),其新启用的资金账簿记载的资金或因企业建立资本纽带关系而增加的资金,凡原已贴花的部分可不再贴花,未贴花的部分和以后新增加的资金按规定贴花。

公司制改造包括国有企业依《公司法》整体改造成国有独资有限责任公司;企业通过增资扩股或者转让部分产权,实现他人对企业的参股,将企业改造成有限责任公司或股份有限公司;企业以其部分财产和相应债务与他人组建新公司;企业将债务留在原企业,而以其优质财产与他人组建的新公司。

(二)以合并或分立方式成立的新企业,其新启用的资金账簿记载的资金,凡原已贴花的部分可不再贴花,未贴花的部分和以后新增加的资金按规定贴花。

合并包括吸收合并和新设合并。分立包括存续分立和新设分立。

(三)企业债权转股权新增加的资金按规定贴花。

(四)企业改制中经评估增加的资金按规定贴花。

(五)企业其他会计科目记载的资金转为实收资

本或资本公积的资金按规定贴花。

二、关于各类应税合同的印花税

企业改制前签订但尚未履行完的各类应税合同，改制后需要变更执行主体的，对仅改变执行主体、其余条款未作变动且改制前已贴花的，不再贴花。

三、关于产权转移书据的印花税

企业因改制签订的产权转移书据免予贴花。

规费类

劳动和社会保障部关于调整基本养老保险个人缴费比例的通知

2003 年 3 月 11 日 劳社部发【2003】6 号

各省、自治区、直辖市劳动和社会保障厅(局)：

《国务院关于建立统一的企业职工基本养老保险制度的决定》(国发【1997】26 号)规定：个人缴纳基本养老保险费的比例，1997 年不得低于本人缴费工资的 4%，1998 年起每两年提高 1 个百分点，有条件的地区和工资增长较快的年份，个人缴费比例提高的速度应适当加快。

近几年，职工平均工资增长较快，许多地区基本养老保险个人缴费比例已达到 8%。为进一步规范企业职工基本养老保险制度，目前个人费率尚未全部达到 8%的地区，劳动保障部门应尽快研究提出调整方案，报省级政府审定后组织实施。

调整企业职工个人缴纳基本养老保险费比例，关系到职工切身利益，各地劳动保障部门要高度重视，做好职工思想工作，保证这项工作顺利到位，维护社会稳定。

浙江省地方税务局 浙江省财政厅 浙江省教育厅 中国人民银行杭州中心支行关于废止丝绸 纺织特困企业教育费附加减免政策的通知

2003 年 3 月 11 日 浙地税发【2003】20 号

各市、县(市、区)地方税务局、财政局、教育局，人民银行省内各市中心支行、各县(市)支行、国家金库、杭州市区各代理支库，省地方税务局直属一分局(不发宁波)：

为进一步规范教育费附加的征管工作，根据省委、省政府及国家税务总局关于清理地方性法规、政府规章和其他政策措施的要求，对丝绸、纺织特困企业教育费附加减免问题，作出如下规定：

一、浙江省教育委员会、浙江省财政厅、中国人民银行浙江省分行、浙江省地方税务局《关于提高城镇教育费附加计征率及调整分成办法的通知》(【96】浙教计155号、【96】财预74号、【96】浙银发567号)中第一点第二款“丝绸、纺织特困企业，按规定上缴教育费附加有困难的，报经同级财税部门批准后，给予适当减免”的规定，予以废止。

二、本通知从2003年3月1日起执行。

劳动和社会保障部
关于调整原行业统筹企业基本养老保险
缴费比例的通知

2003年3月20日　劳社部发【2003】7号

各省、自治区、直辖市劳动保障厅(局)、财政厅(局)：

自1999年以来，各省、自治区、直辖市按照劳动保障部和财政部的统一要求，每年报批原行业统筹企业基本养老保险缴费比例，并严格按两部批复的缴费比例执行，保证了原行业统筹企业缴费比例的平稳过渡。

按照《国务院关于实行企业职工基本养老保险省级统筹和行业统筹移交地方管理有关问题的通知》(国发【1998】28号)和《国务院关于建立统一的企业职工基本养老保险制度的决定》(国发【1997】26号)的规定，自2003年1月1日起，各地原行业统筹企业缴纳基本养老保险费的比例，统一调整为按附表所列缴费比例执行。

附件：

原行业统筹企业基本养老保险缴费比例表

地区	缴费比例(%)	地区	缴费比例(%)
北京	20	黑龙江	20
天津	20	上海	22.50
河北	20	江苏	20
山西	20	浙江	20
内蒙古	20	安徽	20
辽宁	20	福建	20
吉林	20	江西	20
		山东	20

浙江省按比例安排残疾人就业办法

浙江省人民政府令

第 155 号

《浙江省按比例安排残疾人就业办法》已经省人民政府第7次常务会议审议通过,现予公布,自2003年7月1日起施行。

浙江省省长 **吕祖善**

2003年6月10日

浙江省按比例安排残疾人就业办法

第一条 为保障残疾人的劳动权利，促进残疾人就业,根据《中华人民共和国残疾人保障法》和《浙江省实施〈中华人民共和国残疾人保障法〉办法》等法律法规的规定,结合本省实际,制定本办法。

第二条 本省符合法定就业年龄、有一定劳动能力、自愿要求就业的无业残疾人,依照本办法规定安排就业。

第三条 各级人民政府应当加强对按比例安排残疾人就业工作的领导,保障残疾人的就业权利。

县级以上残疾人联合会(以下简称残联)受本级政府委托负责本行政区域内按比例安排残疾人就业工作。有关残疾人就业登记、能力评估、职业培训、就业指导、职业介绍等具体业务工作,由残疾人就业服务机构负责办理。

劳动保障、人事、财政、民政、地税、统计、工商行政管理等部门在各自职责范围做好残疾人就业工作。

第四条 本省行政区域内的机关、团体、企业事业单位、民办非企业单位等各类用人单位(包括中央部属、外省市驻浙单位,以下统称用人单位),均须按照本单位在职在岗职工总数1.5%的比例安排残疾人就业。

鼓励、支持集中安排残疾人就业和用人单位超比例安排残疾人就业。

第五条 按比例安排残疾人就业工作按照下列规定组织实施:

(一)省残联负责省属、中央部属及外省市驻浙单位的安排残疾人就业工作，也可以委托所在地的县(市、区)残联负责办理;

(二)市残联负责市属单位的安排残疾人就业工作;

(三)县(市、区)残联负责实施县属及以下所属单位的安排残疾人就业工作。

第六条 各级人民政府应当为农村残疾人参加种植、养殖业和家庭手工业等多种形式的生产劳动创造条件。

村民委员会、村经济合作社应当帮助农村残疾人解决生产中的困难；根据残疾人的条件和当地的实际,帮助安排其力所能及的工作。

第七条 用人单位安排残疾人就业，应当与残疾职工依法签订一年以上劳动合同,并办理养老、医疗、失业等社会保险;依法订立或解除劳动合同,应当报送经办的残疾人就业服务机构备案。

第八条 用人单位应当根据残疾职工的残疾程度、技能、特长等情况安排合适的工种和岗位。

残疾职工的工资定级、晋级、劳动报酬、生活福利和社会保险,与其他职工同等待遇。

第九条 残疾人就业服务机构应当协助用人单位加强对残疾职工的技术培训和跟踪服务。

第十条 实行缴纳残疾人就业保障金制度。用人单位未达到规定比例安排残疾人就业的,每少安排1名残疾人,应当按统计部门公布的本地区上年度职工年平均工资的100%缴纳残疾人就业保障金。

残疾人就业保障金交纳的计算公式为:(单位在职在岗职工总数X1. 5%—单位已安排残疾职工数)X(本地区上年度职工平均工资X100%)=应交纳残疾人就业保障金。

第十一条 用人单位应当在每年3月底前,依照本办法第五条规定,将本单位上年度在职在岗职工总数、残疾职工名册等有关资料递送当地残联,用于核对安排和缴纳情况。

第十二条 残疾人就业服务机构应当在每年6月底前,对用人单位职工人数、残疾职工、应缴纳残疾人就业保障金等予以核定,并将核定结果抄送财政、地税部门。

第十三条 残疾人就业保障金统一由地税部门代为征收。有条件的地方,财政拨款单位应缴残疾人就业保障金,可以由同级财政直接划转。

残疾人就业保障金征收时间为每年7月份。

在杭省属、中央部属和外省市驻浙单位的残疾人就业保障金纳入省财政预算管理。残疾人就业保障金具体征收和管理办法,由省财政、地税部门会同省残联另行制定,报省人民政府备案。

第十四条 市、县(市、区)征收的残疾人就业保障金,按年收取总额的5%上解,建立省专项调剂金,用于全省残疾人保障事业的统筹调剂。

第十五条 因自然灾害、政策性亏损等原因缴纳残疾人就业保障金确有困难的单位,应当在每年5月底前,依照本办法第五条规定向残联提交书面申请和上年度财务报表等相关资料,经残联和财政部门审核批准后可以减免。

第十六条 用人单位应当按时足额缴纳残疾人就业保障金,未经批准逾期不缴纳残疾人就业保障金的,自滞纳之日起按日加收万分之五滞纳金,滞纳金并入残疾人就业保障金。

第十七条 残疾人就业保障金属政府性基金,统一纳入财政预算管理,专项用于下列开支,不得挪作他用:

(一)补助残疾人参加职业培训和教育;

(二)扶持残疾人从事工商业;

(三)扶持农村残疾人从事种养业生产;

(四)补贴困难残疾人社会保障费用;

(五)经同级财政部门批准,适当补助残疾人就业服务机构经费开支和奖励安排残疾人就业工作做出显著成绩的单位。

残疾人就业服务机构应当严格执行残疾人就业保障金财务管理制度。

各级财政和审计部门应当加强对残疾人就业保障金管理、使用情况的监督和审计。

残疾人就业保障金的收支和使用情况,应当按年度分辖区向社会公布,接受社会监督。

第十八条 对拒不执行按比例安排残疾人就业规定的单位,由残联予以通报,责令限期改正;情节严重影响工作正常开展的,依照管理权限对主管人员或直接负责人依法给予行政处分或纪律处分。

逾期拒不缴纳残疾人就业保障金的,由征收部门依法申请人民法院强制征缴。

各单位执行按比例安排残疾人就业规定的情况,应当在信用信息查询系统予以公布。

第十九条 各级残联及所属残疾人就业服务机构、政府有关部门的工作人员有下列行为之一的,按照管理权限给予行政处分;构成犯罪的,依法追究刑事责任:

(一)违反本办法第十二条规定,未适当履行核定职责的;

(二)审核减免残疾人就业保障金中,违规违章、弄虚作假、营私舞弊的;

(三)违反本办法第十七条规定,挪用残疾人就业保障金的;

(四)其他违反残疾人就业保障金征收和管理规定的行为。

第二十条 本办法自2003年7月1日起施行。

浙江省地方税务局
关于进一步加强社会保险费征管工作的通知

2003 年 06 月 13 日 浙地税函【2003】242 号

各市地方税务局(不发宁波)、省局直属一分局:

在全省地税干部的共同努力下,今年我省社会保险费收入呈现快速、稳定增长的良好态势。1-5 月全省(不含宁波,下同)共组织社会保险费收入 65.11 亿元,其中养老保险费 52.08 亿元,同比增长 39.4%,医疗保险费 13.03 亿元,同比增长 79.5%。自 4 月下旬以来,"非典" 疫情给我省经济带来了一定的负面影响,目前主要体现在第三产业,对外贸和工业的影响正在逐步显现, 将会影响我省社会保险费的收入组织工作。为进一步加强社会保险费的征管,省局提出以下意见,请各地认真贯彻执行:

一、加强领导,采取措施,把"非典"对社会保险费收入造成的负面影响降到最低程度

全省各级地税部门要充分估计和考虑可能出现的各种困难和问题,提前做好工作预案,因地制宜积极探索行之有效的征管措施,加大社会保险费宣传力度,继续积极参与社会保险费扩面工作,继续加强与社会保障、财政、银行等部门的联系和配合,切实加强征管,把"非典"对社会保险费收入造成的负面影响降到最低程度。

二、密切注意收入进度,及时报送收入和征管工作情况

为加强情况沟通与交流,各地要严格按照《浙江省地方税务局关于建立社会保险费征管情况定期报送制度的通知》(浙地税函【2003】127 号)的要求,全面、准确、及时地向省局报送社会保险费收入及征管工作情况,特别是以下几方面的内容:

(一)收入增加幅度异常或有减收情形的,并附原因分析;

(二)根据"非典"对当地经济和社会保险费的中长期影响进行分析,并针对当地经济结构和重点行业的实际情况进行重点分析,提出相应的对策建议;

(三)为消除"非典"疫情对社保费收入的影响,当地政府出台的政策和地税部门在日常征管中采取的具体措施。

浙江省财政厅 浙江省地方税务局
浙江省残疾人联合会 中国人民银行杭州中心支行
关于印发《浙江省残疾人就业保障金征收管理办法》的通知

2003 年 12 月 29 日 浙财社字【2003】134 号

各市、县(市、区)财政局、地税局、残联,人民银行各市中心支行、县(市)支行,省(部)属各单位:

为全面贯彻落实《浙江省实施〈中华人民共和国残疾人保障法〉办法》和《浙江省按比例安排残疾人就业办法》中关于征收管理残疾人就业保障金的有关规定,我们联合制定了《浙江省残疾人就业保障金征收管理办法》,现印发给你们,请遵照执行。

附件：

浙江省残疾人就业保障金征收管理办法

为规范残疾人就业保障金（以下简称保障金）的征收和管理，根据《浙江省实施〈中华人民共和国残疾人保障法〉办法》和《浙江省按比例安排残疾人就业办法》的有关规定，制定本办法。

一、征收范围

在本省行政区域内的机关、团体、企业事业单位、民办非企业单位、个体工商经济组织等各类用人单位（包括中央部属、外省市驻浙单位），均须按本单位在职职工总数1.5%的比例安排残疾人就业，安排未达比例的，依法缴纳保障金。

二、征收标准

(一)各用人单位每少安排1名残疾人就业，应按统计部门公布的本地区上年度职工平均工资的100%缴纳保障金。按规定就业比例安排残疾人不足1人的单位，根据实际差额比例缴纳保障金。

保障金计算公式为：(单位在职职工总数×1.5%-单位已安排残疾职工数)×本地区上年度职工平均工资×100%=应缴纳保障金。

(二)个体工商经济组织缴纳保障金的标准可适当降低，具体由各市、县(市)根据本地区经济发展水平和残疾人事业发展状况确定，原则上应不低于本地区上年度职工平均工资的60%。

(三)保障金计算缴纳涉及的基本概念界定为：

1、单位在职职工：指在单位生产或工作并取得劳动报酬的各类人员，包括在岗职工和其他从业人员等。纳税单位的在职职工总数可参照其计税工资人数核定；其他单位可参照相关政府部门的统计数据核定。

2、残疾职工：指在国家法定劳动年龄内，持有县级残联核发的《中华人民共和国残疾人证》，与用人单位签定一年以上劳动合同，依法享有平等工资待遇和基本社会保险的职工。

3、本地区上年度职工平均工资：根据市或县(市)统计部门公布的数据，各级残疾人就业服务机构在每年按比例就业工作开始后予以通告。

三、审核认定

(一)各级残疾人就业服务机构负责用人单位残疾人按比例就业情况的核定。

(二)用人单位应在每年3月底前(实行按月征收保障金的地方在规定时间内)，向同级残疾人就业服务机构递送本单位在职职工总数、残疾职工名册、残疾人证、残疾职工劳动合同签订与社会基本保险缴纳情况等相关资料。逾期拒不递送相关资料的，视作未安排残疾人就业。

(三)各级残疾人就业服务机构可以通过地税部门了解纳税单位的基本情况，用于核定，地税部门应予配合。

四、征收办法

(一)保障金实行按年或按月征收，逐步向按月征收方式过渡。

(二)保障金征收的基本程序为：

1、各级残疾人就业服务机构在每年6月15日前(实行按月征收的地方在每月25日前)，完成用人单位在职职工、残疾职工、应缴纳保障金数额的核定，并抄送地税部门。

2、地税部门根据残疾人就业服务机构提供的相关数据，向用人单位征收保障金；各用人单位应在7月10日前（实行按月征收的地方在每月10日前)缴纳完毕。

3、地税部门在8月15日前(实行按月征收的地方在每月15日前)将用人单位保障金缴纳、补缴、欠缴等情况反馈给残疾人就业服务机构。

(三)地税部门征收的保障金统一缴入国库,其开具的凭证比照地税部门征收税、费款开具票据的有关规定办理。

(四)因遭受自然灾害、政策性亏损等,虽不构成本办法第六节第一条保障金减免规定,但按期缴纳保障金确有困难,或当期资金周转出现严重困难的用人单位,经向地税部门申请同意后,可以缓缴保障金;缓缴期最长不得超过3个月,期满后须如数补缴。

(五)纳税单位按规定标准缴纳的保障金,可在征收企业所得税前扣除。

(六)一个市所辖各个区的保障金征收工作,应统一标准、统一办法,也可由市统一操作。

(七)各相关业务部门应推进计算机互联网络建设,实现信息、资源共享和工作流程一体化。

五、基金管理

(一)保障金属政府性基金,纳入同级财政预算管理。在杭省属、中央部属和外省市驻浙单位缴纳的保障金统一纳入省财政预算管理;非在杭省属、中央部属和外省市驻浙单位除省垂直操作的以外,其缴纳的保障金纳入所在地市、县(市)财政预算管理。

(二)各市、县(市)缴纳的保障金按总额的5%上解,建立省专项调剂金,用于全省残疾人保障事业的统筹调剂。

(三)人民银行国库增设"870401残疾人就业保障金收入"、"870402省专项调剂金收入"科目,分别反映缴入国库的保障金收入和上解的5%省专项调剂金收入;并做好对账工作。

六、基金减免

(一)《浙江省按比例安排残疾人就业办法》规定的因严重自然灾害、政策性亏损等原因缴纳保障金确有困难的用人单位,须在每年5月底前(实行按月征收的地方地规定时间内),凭书面申请和上年度财务报告,送经办的残疾人就业服务机构审核,报同级残联、地税和财政批准后,酌情予以减免。

(二)未经批准逾期拒不缴纳保障金的,按日加收万分之五滞纳金,滞纳金并入保障金。

七、监督检查

(一)各级财政、残联应切实加强对保障金的管理,定期或不定期组织保障金专项检查,并接受审计部门的监督。

(二)各级地税部门应按规定及时、足额征收保障金,对未及时缴纳保障金的用人单位要做好催缴工作。

(三)各级残疾人就业服务机构应建立健全财务会计制度和内部审计制度;按年度分辖区向社会公布保障金征收使用情况,接受社会监督。

(四)各相关业务部门及其工作人员违反保障金征收和管理规定,随意少征、漏征保障金,或在管理中违规违章、弄虚作假、营私舞弊的,依照《浙江省按比例安排残疾人就业办法》等有关规定,严肃处理。

八、保障金征收管理工作经费及目标考核奖励办法另行规定。

九、本办法自2004年1月1日起实施。

省相关业务部门过去制定下发的关于保障金征收管理的规范性文件,与本办法不一致的,以本办法为准。

征收管理类

浙江省地方税务局关于批准2003年度全省地税发票定点印刷企业的通知

2003年1月8日　浙地税发【2003】5号

各市、县(市、区)地方税务局,省地方税务局直属一分局、直属二分局、外税分局:

根据《中华人民共和国发票管理办法》第七条、第九条的规定，结合全省2002年度地税发票定点印刷企业年检年审工作的有关情况,经审核批准,浙江圣地票证印制中心等33家企业为我省2003年度地税系统发票定点印刷企业。现就有关事项通知如下:

一、各级地税机关要加强对辖区内发票定点印刷企业的日常监督和管理,督促其建立健全并认真贯彻落实发票印制管理规章制度,确保发票印制的质量和安全。

二、经批准具有2003年度地税发票定点印刷资格的企业，应于2004年1月底前向省地税局征管处申领2003年度的《发票准印证》。未被批准2003年度地税发票定点承印资格的原定点印刷企业,由其所在地的主管地方税务局清理收缴其2002年度的《发票准印证》、发票监制章，其结存的发票防伪专用水印纸、发票防伪专用油墨、发票半成品等可按不高于成本价的协议价格转让给邻近的2003年度地税发票定点印刷企业使用或者由主管地方税务局监督销毁。

三、各地的发票定点印刷企业应建立健全发票防伪专用品的领用登记制度,切实加强发票防伪专用品的使用管理和安全管理工作,严禁私自出售、转让或者挪作它用。

附件:

2003年度全省地税发票定点印刷企业名单

2003年度全省地税发票定点印刷企业名单

序号	企业名称
1	浙江圣地票证印制中心
2	浙江省邮电印刷厂
3	杭州天峰印刷厂
4	临安市人民印刷有限公司
5	浙江茉织华印刷有限公司
6	嘉兴市超能印业有限公司
7	海宁市财通印刷有限责任公司

2003年度全省地税发票定点印刷企业名单

序号	企业名称
8	桐乡市印刷有限公司
9	湖州市红延印刷厂
10	安吉双剑纸业有限公司
11	长兴县振兴票证印刷厂
12	绍兴市财税印刷厂
13	浙江立信印刷有限公司
14	绍兴县财税印刷厂
15	诸暨市财税印刷厂
16	杭州豪波印务有限公司金华分公司
17	金华市交通彩印厂
18	金华久源印刷有限公司
19	义乌市育人印刷有限公司
20	衢州市人民印刷厂
21	浙江杜山集团华昌印刷有限公司
22	温州市财税劳动服务公司
23	温州市人民印刷厂
24	洞头县北岙实美印刷厂
25	丽水市三元票据印务有限公司
26	玉环县教育印刷厂
27	台州印刷厂
28	浙江省天台国力印刷有限公司
29	舟山市金融印刷厂
30	嵊泗县合力印刷包装有限公司
31	浙江德邦印务有限公司
32	余姚港舜现代印务有限公司
33	宁波凯利票据印务有限公司

浙江省地方税务局
关于规范邮政物流业务发票使用和管理工作的通知

2003年5月24日　浙地税发【2003】73号

各市、县(市、区)地方税务局(不发宁波),省地方税务局直属一分局、直属二分局:

为支持和促进我省邮政事业的快速发展，经研究,决定对全省从事邮政物流业务的邮政企业(以下简称为邮政物流企业)的发票使用和管理工作进行统一和规范,现将有关事项通知如下:

一、邮政物流企业提供交通运输业务,可按规定向主管地方税务机关申请领购《全国联运行业货运统一发票》或者其他交通运输业发票;邮政物流企业取得交通运输业务收入,应当向付款方开具交通运输业发票,并不得以其他凭证代替交通运输业发票使用。

二、邮政物流企业应建立健全发票管理制度,指定专人负责发票管理事务，并按规定领购、使用、保管、缴销发票。

浙江省地方税务局关于转发国家税务总局贯彻《中华人民共和国税收征收管理法》及其实施细则若干具体问题的通知

2003年7月22日　浙地税发【2003】91号

各市、县(市、区)地方税务局(不发宁波),省地方税务局直属一分局、直属二分局、稽查局、外税分局:

现将《国家税务总局关于贯彻<中华人民共和国税收征收管理法>及其实施细则若干具体问题的通知》(国税发【2003】47号)转发给你们,并结合我省实际提出以下补充意见,请一并贯彻执行。执行过程中遇有问题,请及时报告省局。

一、关于纳税人外出经营活动的管理问题

(一)到外县(市、区)从事生产、经营的纳税人,其不独立经济核算的分支机构在同一县(市、区)实际经营或提供劳务连续12个月内累计超过180天的,应当在营业地办理注册税务登记手续;12个月内累计不超过180天的，应向营业地税务机关办理报验登记。

(二)对纳税人报验登记所持《外出经营活动税收管理证明》标明的经营期限,超过180天的,即可办理税务登记或注册税务登记手续；未超过180天的,先办理报验登记，在实际经营期连续12个月内累计超过180天后,再办理税务登记或注册税务登记。

(三)各地的征管局受理外来经营户报验登记后,应将登记情况上报县(市、区)地税局备查。

(四)对跨县(市、区)从事生产、经营的非独立核算分支机构，无论是办理报验登记还是办理注册登记,均需持有《外出经营活动税收管理证明》。

二、关于纳税申报的管理问题

对以数据电文方式办理纳税申报的纳税人、扣缴义务人,其相应的纸质申报资料的报送期限由主管税务机关确定。但主管税务机关根据征管工作的需要

(如注销前和实施稽查前等),可以责成纳税人在规定的纸质申报资料报送期限前,提前报送本年度已报的数据电文所对应的纸质申报资料,以防电子数据不正确而造成责任不明。

三、关于简易申报、简并征期问题

(一)"银税联网或银税库联网、实时扣税,并在征期内扣税成功视同已申报"的"简易申报"方式,是当前我省双定纳税人的主要纳税申报方式,也是双定纳税人征管的发展方向。对尚未实行"简易申报"方式的双定纳税人(包括有些委托代征户),各地要创造条件抓紧到位。

对偏远的山区、海岛以及农村的双定纳税人(包括委托代征和已实行"简易申报"方式的双定纳税人),经由县或县以上地税机关批准,可以实行简并征期。简并征期的纳税期限,各地可以结合本地实际,由县或县以上地税机关自行确定,并报省局备案。

(二)对实行简易申报的双定纳税人,其银行存款不足以扣缴全部税款的,应先就存款余额扣缴部分税款,不足部分再通知申报。

(三)原则上不要求简易申报的双定纳税人报送纸质申报资料,但超定额电话申报的纳税人,其相对应的纸质申报资料的报送期限和管理方式,同数据电文纳税申报管理。

四、其他问题

(一)纳税人拒绝代扣、代收税款的,扣缴义务人应当向税务机关书面报告。在第一时间内难以书面报告的,应在采用其他方式报告后一日内向主管税务机关补报书面报告。

(二)税务机关认可的税务登记证件遗失声明所刊登的报刊,须是县级以上公开发行的报刊。

国家税务总局
关于贯彻《中华人民共和国税收征收管理法》
及其实施细则若干具体问题的通知

2003年5月7日 国税发【2003】47号

各省、自治区、直辖市和计划单列市国家税务局、地方税务局:

为了保证《中华人民共和国税收征收管理法》(以下简称征管法)及《中华人民共和国税收征收管理法实施细则》(以下简称实施细则)的贯彻实施,进一步增强征管法及其实施细则的可操作性,现将有关问题规定如下:

一、关于税务登记代码问题

实施细则第十条所称"同一代码"是指国家税务局、地方税务局在发放税务登记证件时,对同一个纳税人赋予同一个税务登记代码。为确保税务登记代码的同一性和唯一性,单位纳税人(含个体加油站)的税务登记代码由十五位数组成,其中前六位为区域码,由省、自治区、直辖市国家税务局、地方税务局共同编排联合下发(开发区、新技术园区等未赋予行政区域码的可重新赋码,其他的按行政区域码编排),后九位为国家质量监督检验检疫总局赋予的组织机构统一代码。市(州)以下国家税务局、地方税务局根据省、自治区、直辖市国家税务局、地方税务局制订的编码编制税务登记代码。

二、关于扣缴义务人扣缴税款问题

负有代扣代缴义务的单位和个人,在支付款项时应按照征管法及其实施细则的规定,将取得款项的纳税人应缴纳的税款代为扣缴,对纳税人拒绝扣缴税款的,扣缴义务人应暂停支付相当于纳税人应纳税款的款项,并在一日之内报告主管税务机关。

负有代收代缴义务的单位和个人,在收取款项时应按照征管法及其实施细则的规定,将支付款项的纳税人应缴纳的税款代为收缴,对纳税人拒绝给付的,扣缴义务人应在一日之内报告主管税务机关。

扣缴义务人违反征管法及其实施细则规定应扣未扣、应收未收税款的,税务机关除按征管法及其实施细则的有关规定对其给予处罚外,应当责成扣缴义务人限期将应扣未扣、应收未收的税款补扣或补收。

三、关于纳税人外出经营活动管理问题

纳税人离开其办理税务登记所在地到外县(市)从事经营活动、提供应税劳务的,应该在发生外出经营活动以前向其登记所在地的主管税务机关申请办理《外出经营活动税收管理证明》,并向经营地或提供劳务地税务机关报验登记。

实施细则第二十一条所称"从事生产、经营的纳税人外出经营,在同一地累计超过180天的",应当是以纳税人在同一县(市)实际经营或提供劳务之日起,在连续的12个月内累计超过180天。

四、关于纳税申报的管理问题

经税务机关批准,纳税人、扣缴义务人采取数据电文方式办理纳税申报的,其申报日期以税务机关计算机网络系统收到该数据电文的时间为准。采取数据电文方式办理纳税申报的纳税人、扣缴义务人,其与数据电文相对应的纸质申报资料的报送期限由主管税务机关确定。

五、关于滞纳金的计算期限问题

对纳税人未按照法律、行政法规规定的期限或者未按照税务机关依照法律、行政法规的规定确定的期限向税务机关缴纳的税款,滞纳金的计算从纳税人应缴纳税款的期限届满之次日起至实际缴纳税款之日止。

六、关于滞纳金的强制执行问题

根据征管法第四十条规定"税务机关在采取强制执行措施时,对纳税人未缴纳的滞纳金同时强制执行"的立法精神,对纳税人已缴纳税款,但拒不缴纳滞纳金的,税务机关可以单独对纳税人应缴未缴的滞纳金采取强制执行措施。

七、关于税款优先的时间确定问题

征管法第四十五条规定"纳税人欠缴的税款发生在纳税人以其财产设定抵押、质押或者纳税人的财产被留置之前的,税收应当先于抵押权、质权、留置权执行",欠缴的税款是纳税人发生纳税义务,但未按照法律、行政法规规定的期限或者未按照税务机关依照法律、行政法规的规定确定的期限向税务机关申报缴纳的税款或者少缴的税款,纳税人应缴纳税款的期限届满之次日即是纳税人欠缴税款的发生时间。

八、关于减免税管理问题

除法律、行政法规规定不需要经税务机关审批的减免税外,纳税人享受减税、免税的应当向主管税务机关提出书面申请,并按照主管税务机关的要求附送有关资料,经税务机关审核,按照减免税的审批程序经由法律、行政法规授权的机关批准后,方可享受减税、免税。

九、关于税务登记证件遗失问题

遗失税务登记证件的纳税人应当自遗失税务登记证件之日起15日内,将纳税人的名称、遗失税务登记证件名称、税务登记号码、发证机关名称、发证有效期在税务机关认可的报刊上作遗失声明,凭报刊上刊登的遗失声明向主管税务机关申请补办税务登记证件。

十、关于税收违法案件举报奖励问题

在国家税务总局和财政部联合制定的举报奖励办法未出台前,对税收违法案件举报奖励的对象、标准暂按《国家税务总局关于印发〈税务违法案件举报奖励办法〉的通知》(国税发【1998】211号)的有关规定执行。

十一、关于账簿凭证的检查问题

征管法第五十四条第六款规定:"税务机关在调查税收违法案件时,经设区的市、自治州以上税务局(分局)局长批准,可以查询案件涉嫌人员的储蓄存款";实施细则第八十六条规定:"有特殊情况的,经设区的市、自治州以上税务局局长批准,税务机关可以将纳税人、扣缴义务人当年的账簿、记账凭证、报表和其他有关资料调回检查"。这里所称的"经设区的市、自治州以上税务局局长"包括地(市)一级(含直辖市下设区)的税务局局长。这里所称的"特殊情况"是指纳税人有下列情形之一:(一)涉及增值税专用发票检查的;(二)纳税人涉嫌税收违法行为情节严重的;(三)纳税人及其他当事人可能毁灭、藏匿、转移帐簿等证据资料的;(四)税务机关认为其他需要调回检查的情况。

十二、关于关联企业间业务往来的追溯调整期限问题

实施细则第五十六条规定:"有特殊情况的,可以自该业务往来发生的纳税年度起10年内进行调整”。该条所称“特殊情况”是指纳税人有下列情形之一：(一)纳税人在以前年度与其关联企业间的业务往来累计达到或超过10万元人民币的；(二)经税务机关案头审计分析，纳税人在以前年度与其关联企业间的业务往来，预计需调增其应纳税收入或所得额达到或超过50万元人民币的；(三)纳税人在以前年度与设在避税地的关联企业有业务往来的；(四)纳税人在以前年度未按规定进行关联企业间业务往来年度申报，或者经税务机关审查核实，关联企业间业务往来年度申报内容不实，以及不履行提供有关价格、费用标准等资料义务的。

十三、简易申报、简并征期问题

实施细则第三十六条规定：“实行定期定额缴纳税款的纳税人，可以实行简易申报、简并征期等申报纳税方式”，这里所称“简易申报”是指实行定期定额缴纳税款的纳税人在法律、行政法规规定的期限或者在税务机关依照法律、行政法规的规定确定的期限内缴纳税款的，税务机关可以视同申报；“简并征期”是指实行定期定额缴纳税款的纳税人，经税务机关批准，可以采取将纳税期限合并为按季、半年、年的方式缴纳税款，具体期限由省级税务机关根据具体情况确定。

十四、关于税款核定征收条款的适用对象问题

征管法第三十五条、实施细则第四十七条关于核定应纳税款的规定，适用于单位纳税人和个人纳税人。对个人纳税人的核定征收办法，国家税务总局将另行制定。

十五、关于外商投资企业、外国企业的会计记录文字问题

会计法第二十二条规定：“会计记录的文字应当使用中文”。对于外商投资企业、外国企业的会计记录不使用中文的，按照征管法第六十条第二款“未按照规定设置、保管账簿或者保管记账凭证和有关资料”的规定处理。

十六、关于对采用电算化会计系统的纳税人实施电算化税务检查的问题

对采用电算化会计系统的纳税人，税务机关有权对其会计电算化系统进行查验；对纳税人会计电算化系统处理、储存的会计记录以及其他有关的纳税资料，税务机关有权进入其电算化系统进行检查，并可复制与纳税有关的电子数据作为证据。

税务机关进入纳税人电算化系统进行检查时，有责任保证纳税人会计电算化系统的安全性，并保守纳税人的商业秘密。

浙江省地方税务局
关于账外经营收入逾期申报问题的批复

2003年8月4日 浙地税函【2003】309号

温岭市地方税务局：

你局《对自行申报应否鉴定为偷税的请示》收悉。经研究，现批复如下：

你局管辖的纳税人(温岭市太平路菜市场)采用账外设账方式设立会计账簿，申报纳税时，仅就部分账簿记录进行申报纳税，该行为属“进行虚假的纳税申报”，违反了《中华人民共和国税收征收管理法》要求纳税人如实申报纳税的规定；但该纳税人慑于法律的威严，在税务部门立案检查之前，对账外经营收入进行了申报纳税，因此，未形成不缴或者少缴应纳税款的结果。根据《中华人民共和国税收征收管理法》第六十三条对偷税必须同时具备行为违法和结果违法的规定，该纳税人上述行为未构成偷税。对此违法行为，你局应根据《中华人民共和国税收征收管理法》第六十四条第一款的规定，责令该纳税人限期改正，并处五万元以下的罚款。

此复。

浙江省地方税务局
关于同意增设移动多媒体自助服务系统
专用发票的批复

2003年11月24日　浙地税发【2003】131号

浙江移动通信有限责任公司：

你公司《关于申请印制多功能自助服务终端专用发票的报告》悉。经研究，同意增设《浙江移动××分公司多媒体自助服务系统专用发票》(以下简称《移动多媒体发票》)。

《移动多媒体发票》为滚筒连打式计算机专用发票，规格76mm×155mm，供移动公司多功能自助服务终端打印使用。

《移动多媒体发票》由省地方税务局集中统一印制。移动公司暂参照移动通信服务业务发票的有关规定办理《移动多媒体发票》的印制申请审批手续，经逐级汇总后上报省地税局印制。

各级地税机关要加强对移动公司所领用发票的监督和管理，督促其建立健全发票领、用、存管理制度，指定专人负责发票管理事务，并按规定领购、使用、保管、缴销发票。

浙江省地方税务局
关于股权转让收入使用发票问题的批复

2003年12月18日　浙地税发【2003】43号

诸暨市地方税务局：

你局《关于对股权转让收入应当开具何种票据的请示》(诸地税征〔2003〕76号)悉。经研究，现批复如下：

一、根据《浙江省地方税务局关于印发〈浙江省地税发票样本〉的通知》(浙地税征〔1998〕59号)规定，单位和个人取得非经营性款项收入，应当使用《浙江省统一收款收据》。

二、临时从事经营业务和临时取得收入的单位或个人向地税机关申请填开发票时，应使用《浙江省××市(地)地方税务局临时经营通用发票》。

稽查类

浙江省地方税务局关于下发《浙江省地税系统稽查责成自查工作操作办法》的通知

2003年8月7日　浙地税发【2003】108号

各市、县(市、区)地方税务局(不发宁波),省地方税务局直属一分局、直属二分局、稽查局:

现将《浙江省地税系统稽查责成自查工作操作办法》下发给你们,希认真贯彻落实,遵照执行。

浙江省地税系统稽查责成自查工作操作办法

根据《浙江省地税系统稽查责成自查工作制度》(试行)规定,结合当前工作实际,为进一步做好稽查责成自查工作,现制订操作办法如下:

一、责成自查对象的确定

(一)责成自查工作由各级地税局稽查局负责实施,必须与重点稽查配合使用,由稽查局长组织召开内设科(股、室)负责人会议研究,从以下几方面确定责成自查对象:

1、地税局"选案委员会"选定的日常检查对象。

2、行业性专项检查确定的纳税人。

3、生产经营规模较大,财务会计制度健全,纳税信用较好的纳税人。

有纳税异常和税务违章嫌疑的纳税人,也可先期实施责成自查。

(二)上级部门交办、有关部门转办、群众举报、信息交换等反映纳税人有税务违章嫌疑的案源,一般不得列入责成自查范围,但属于一个行业、一个市场等群体共性案源,也可实施责成自查。对已实施重点税务稽查的对象不得转入责成自查。

二、责成自查的管理

责成自查案件应进入《浙江地税信息系统》2000版税务稽查管理子系统责成自查模块运作,纳入税务稽查工作统一管理。

三、责成自查的实施

(一)稽查局综合科(股)应在责成自查名单确定后三个工作日内,下达责成自查任务指标给检查科(股),由检查科(股)负责制作送达《责成自查通知书》,对自查单位具体实施责成自查。

(二)为提高责成自查质量,稽查局在告知自查单位时,可集中对其作适当的税务辅导,告知其纳税相关的税收法律、法规、政策和自查提要,告知责成自查的处理程序和政策,但不得到自查单位作具体问题的审核鉴别。

(三)纳税人自查阶段原则上在10天内完成,如有特殊情况,经稽查局局长同意,可适当延长自查天数。

(四)自查结束后,纳税人应填写《自查情况报告表》、《税收、基金(费)自查汇总表》,同时应附列《企业年度会计报告》和有关税务违章事实的证明(证据)材料,经单位法人签名盖章并加盖单位公章后,按规定时间上报稽查局检查科(股)。

四、责成自查的审核与重点检查

(一)检查科(股)根据自查单位上报的自查材料作分类、汇总,并进行审核,对反映涉税问题不清、材料不全的,可责令纳税人说明和补证,但一般不作直接取证。检查科(股)审核完毕后,提出对自查单位自查情况的分析、评估意见。

(二)对责成自查材料审核后存在下列问题的单位,经稽查局局务会议研究,应列入重点稽查对象:

1、责成自查后,仍未能消除其税务违章嫌疑的纳税人。

2、责成自查后,税负率仍明显低于同行业平均水平的纳税人。

3、对自查态度不认真,无故不上报或超时上报《自查情况报告表》和相关材料的纳税人。

4、被责成自查二次以上,且没有实施过重点检查的纳税人。为保证责成自查质量,发挥稽查威慑作用,对责成自查后转入重点稽查的纳税人数量应保持一定的比例,一般不得少于责成自查单位数的百分之三十。

五、责成自查的处理

(一)对自查认真,所反映问题又能消除其税务违法嫌疑的纳税人,经稽查局局长批准,由案审科拟订责成自查审核结论文书,针对自查反映的涉税问题,作出审核结论,并制作限期缴纳税款通知书,由执行科执行税款入库,同时必须加收滞纳金。

(二)对责成自查后纳入重点稽查的纳税人,其责成自查反映的涉税问题应在重点实施检查前处理完毕。在实施重点检查时,应按《税务稽查工作规程》实施全面检查,对检查发现的税务违法事实,必须追缴税款、加收滞纳金、并予以罚款,处罚比例原则上不得低于所偷税款的一倍,对情节严重涉嫌犯罪的,应及时移送公安机关侦处。

六、责成自查材料保存

责成自查结案后,由稽查局有关职能科(股、室)将有关材料整理存档;对列入重点稽查的案件,应与查处案件材料一并整理存档。在对纳税人责成自查过程中,稽查局有关职能科(股、室)必须建立详细的违纪违法处理情况台账,并作为被查纳税人户管资料妥为保存,为加强地税征收管理服务。

七、责成自查的适用

本办法自文到之日起执行。原《浙江省地税系统责成自查工作制度》(试行)(浙地税稽【2000】13号)与本办法相抵触的,以本办法为准。

计财类

浙江省地方税务局转发国家税务总局关于应退税款抵扣欠缴税款有关问题的通知

2003年2月21日　浙地税发【2003】34号

各市、县(市、区)地方税务局(不发宁波),省地方税务局直属一分局、直属二分局:

现将《国家税务总局关于应退税款抵扣欠缴税款有关问题的通知》(国税发〔2002〕150号)转发给你们,并结合我省实际,提出以下意见,请一并遵照执行。

当抵扣的应退税款和欠缴税款属于不同款、项级预算科目时,应由县或县以上税务机关的计财部门根据《应退税款抵扣欠缴税款通知书》填开一式三联《更正通知书》,并在《更正通知书》的"备注"栏填列"应退税款抵扣欠缴税款"字样,以区分调库和国库更正,不再增加其他调库凭证。税收会计以《应退税款抵扣欠缴税款通知书》和《更正通知书》作为视同退税业务的会计核算凭证。

附件:国家税务总局关于应退税款抵扣欠缴税款有关问题的通知

国家税务总局关于应退税款抵扣欠缴税款有关问题的通知

2002年11月28日 国税发【2002】150号

各省、自治区、直辖市和计划单列市国家税务局、地方税务局:

根据新颁布实施的《中华人民共和国税收征收管理法》及其实施细则的有关规定,现将应退税款抵扣欠缴税款的有关问题明确如下:

一、可以抵扣的应退税款为2001年5月1日后征收并已经确认应退的下列各项税金:

(一)减免(包括"先征后退")应退税款;

(二)依法预缴税款形成的汇算和结算应退税款;

(三)误收应退税款、滞纳金、罚款及没收非法所得(简称罚没款,以下同);

(四)其他应退税款、滞纳金和罚没款;

(五)误收和其他应退税款的应退利息。

二、可以抵扣的欠缴税款为2001年5月1日后发生的下列各项欠缴税金:

(一)欠税;

(二)欠税应缴未缴的滞纳金;

(三)税务机关作出行政处罚决定,纳税人逾期不申请行政复议、不提起行政诉讼,又不履行的应缴未缴税收罚没款;纳税人要求抵扣应退税金的应缴未缴罚没款。

三、国家税务局与地方税务局分别征退的税款、滞纳金和罚没款,相互之间不得抵扣;由税务机关征退的农业税及教育费附加、社保费、文化事业建设费等非税收入不得与税收收入相互抵扣。

抵扣欠缴税款时,应按欠缴税款的发生时间逐笔抵扣,先发生的先抵扣。

四、关于抵扣凭证的使用及抵扣金额的确定

(一)当纳税人既有应退税款又有欠缴税款需要抵扣的,应由县或县以上税务机关填开《应退税款抵扣欠缴税款通知书》(式样见附件1)通知纳税人,并根据实际抵扣金额开具完税凭证。

(二)确定实际抵扣金额时,按填开《应退税款抵扣欠缴税款通知书》的日期作为计算应退税款的应付利息的截止期,计算应付利息金额及应退税款总额;按填开《应退税款抵扣欠缴税款通知书》的日期作为计算欠缴税款的滞纳金的截止期,计算应缴未缴滞纳金金额及欠缴税款总额。若应退总额大于欠缴总额,按欠缴总额确定实际抵扣金额;若应退总额小于欠缴总额,按应退总额确定实际抵扣金额。

五、关于抵扣业务的税收会计账务处理

(一)当抵扣的应退税款和欠缴税款属于同一款、项级预算科目时,税收会计以《应退税款抵扣欠缴税款通知书》作抵扣业务的账务处理。由于目前应缴未缴滞纳金在账外核算,应先根据实际抵扣的滞纳金,借记"待征"类科目,贷记"应征"类科目;再根据实际抵扣的税款、滞纳金及罚没款,借记"多缴税金"、"提退税金"或"减免税金"科目,贷记"待征"类科目。

(二)当抵扣的应退税款和欠缴税款属于不同款、项级预算科目时,应视同退税进行管理,并按以下方

法办理:

1、在实际抵扣时,应由县或县以上税务机关的计会部门根据《应退税款抵扣欠缴税款通知书》填开一式三联《调库通知书》(具体式样由各地参照科目更正通知书商当地国库制定)。第一联税务机关留存备查;第二、第三联送国库审核后,第二联由国库作调库凭证;第三联由国库签章后随收入日报表退送税务机关,作为税务机关入库税金调账的会计凭证。

2、税收会计以《应退税款抵扣欠缴税款通知书》和《调库通知书》作抵扣业务的账务处理(实务举例见附件2):

(1)根据实际抵扣的滞纳金,借记"待征"类科日,贷记"应征"类科目;

(2)根据实际抵扣的欠税、应缴未缴滞纳金、应缴未缴罚没款所对应的入库科目和级次借记"入库"类科目,同时根据抵扣的应退税款、应退滞纳金、应退罚没款及应付利息所对应的退库科目和级次贷记"入库"类科目;

(3)按照说际抵扣的税款、滞纳金、罚没款,借记"多缴税金"、"提退税金"或"减免税金"科目,贷记"待征"类科目。

附件:1、《应退税款抵扣欠缴税款通知书》

2、实务举例

附件1:

应退税款抵扣欠缴税款通知书

________税 字( )第　　号

________:

你(单位)至____年____月____日止,欠缴税款总额为______元,应退税款总额为______元。根据《中华人民共和国税收征收管理法实施细则》第七十九条规定,现将你(单位)应退税款抵扣欠缴税款_________元(附应退税款抵扣欠缴税款明细表)。特此通知

××税务局

××年××月××日

应退税款抵扣欠缴税款明细表

金额单位:元

<table>
<tr><td rowspan="6">应退
税款</td><td>种类</td><td>应退原因</td><td>缴纳日期</td><td>应退金额</td><td>应退利息</td><td colspan="2">应退总额</td></tr>
<tr><td>税</td><td></td><td></td><td></td><td></td><td colspan="2"></td></tr>
<tr><td>税</td><td></td><td></td><td></td><td></td><td colspan="2"></td></tr>
<tr><td>滞纳金</td><td></td><td></td><td></td><td>------</td><td colspan="2"></td></tr>
<tr><td>罚没款</td><td></td><td></td><td></td><td>------</td><td colspan="2"></td></tr>
<tr><td>合计</td><td>------</td><td>------</td><td></td><td></td><td colspan="2"></td></tr>
<tr><td rowspan="5">欠缴
税款</td><td>种类</td><td>品目名称</td><td>所属时期</td><td>欠缴金额</td><td>应缴滞纳金</td><td colspan="2">欠缴总额</td></tr>
<tr><td>税</td><td></td><td></td><td></td><td></td><td colspan="2"></td></tr>
<tr><td>税</td><td></td><td></td><td></td><td></td><td colspan="2"></td></tr>
<tr><td>罚没款</td><td></td><td></td><td></td><td>------</td><td colspan="2"></td></tr>
<tr><td>合计</td><td>------</td><td>------</td><td></td><td></td><td colspan="2"></td></tr>
<tr><td rowspan="7">实际
抵扣
税款</td><td rowspan="2">种类</td><td colspan="3">应退总额大于欠缴总额</td><td colspan="3">应退总额小于欠缴总额</td></tr>
<tr><td>抵扣应退金额</td><td>抵扣应退利息</td><td>抵扣应退总额</td><td>抵扣欠缴金额</td><td>抵扣滞纳金</td><td>抵扣欠缴总额</td></tr>
<tr><td>税</td><td></td><td></td><td></td><td></td><td></td><td></td></tr>
<tr><td>税</td><td></td><td></td><td></td><td></td><td></td><td></td></tr>
<tr><td>滞纳金</td><td></td><td></td><td></td><td></td><td>-----</td><td></td></tr>
<tr><td>罚没款</td><td></td><td></td><td></td><td></td><td>-----</td><td></td></tr>
<tr><td>合计</td><td></td><td></td><td></td><td></td><td></td><td></td></tr>
<tr><td>余额
情况</td><td colspan="7">尚余应退金额　　　　　　　　元(不含其应付利息)
尚余欠缴金额　　　　　　　　元(不含应缴滞纳金)</td></tr>
<tr><td>备注</td><td colspan="7">本表计算应退税款及应付利息、欠缴税款及应缴滞纳金的截止期为填开《应退税款抵扣欠缴税款通知书》的日期。</td></tr>
</table>

填表说明:

1.本表规格为16开竖式;本表一式两份,纳税人、税务机关各一份。

2.若应退总额大于欠缴总额,"实际抵扣税款"栏填写抵扣的应退税款及其相应的应付利息金额;若应退总额小于欠缴总额,"实际抵扣税款"栏填写抵扣的欠税及其相应的应缴滞纳金金额。

附件 2:实务举例

例 1:某纳税人 2001 年 5 月 5 日误缴增值税 9 万元、2002 年 3 月 8 日误缴消费税 10 万元;同时该纳税人市欠所得税 8 万元(所属期为 2001 年一季度,纳税期限为 2001 年 4 月 15 日)、增值税 5 万元(所属期为 2002 年 3 月,纳税期限为 2002 年 4 月 10 日)。主管税务机关于 2002 年 5 月 11 日办理应退税款抵扣欠缴税款手续。

假定 2001 年和 2002 年同期银行活期存款年利率为 0.72%。

1 、计算应退总额

应退增值税 9 万元的应付利息 = 90 000 × 371 ÷ 365 × 0.72% = 658.65 元;

应退消费税 10 万元的应付利息 = 100 000 × 64 ÷ 365 × 0.72% = 126.25 元;

应退总额 = 90000 + 658.65 + 100000 + 126.25 = 190784.90 元。

2 、计算欠缴总额

欠缴所得税 8 万元的应缴滞纳金 = 80000 × (15 × 2‰ + 376 × 0.5‰) = 17440 元;

欠缴增值税 5 万元的应缴滞纳金 = 50000 × 31 × 0.5‰ = 775 元;

欠缴总额 = 80000 + 17440 + 50000 + 775 = 148 215 元。

3 、因应退总额大于欠缴总额,故实际抵扣金额等于欠缴总额,为 148215 元。用于抵扣的应退增值税及应付利息为 90000 + 658.65 = 90658.65 元;用于抵扣的应退消费税及应付利息为 148215 – 90658.65= 57 556.35 元,其中用于抵扣的应退消费税为 57556.35/(1 + 64 ÷ 365 × 0.72%)=57483.78 元,用于抵扣的应退消费税 57483.78 元的应付利息为 57556.35 – 57 483.78 = 72.57 元。应退消费税余额为 100000 – 57 483.78 = 42516.22 元。

4 、税务机关根据以上计算结果填开《应退税款抵扣欠缴税款通知书》(略)及明细表如下:(见附件表 1)

根据以上《应退税款抵扣欠缴税款通知书》及明细表开具《调库通知书》通知国库调库。(应退税款抵扣欠缴税款明细表)附件 2 表。

5、税收会计根据相关凭证作如下会计分录:

(1)借:待征税收——××户——增值税　775
　　　　　　　　　　——企业所得税　17440
　　贷:应征税收——增值税　775
　　　　　　　　——企业所得税　17440

(2)借:入库税收——增值税　50775
　　　　　　　　——企业所得税　97440
　　贷:入库税收——增值税　90658.65
　　　　　　　　——消费税　57556.35

(3)借:多缴税金　147483.78
　　提退税金——增值税——其他退税　658.65
　　　　　　——消费税——其他退税　72.57
　　贷:待征税收——××户——增值税　50775
　　　　　　　　　　——企业所得税　97440

例 2:上例中若误缴增值税为 2 万元,误缴消费税为 3 万元,其他条件不变。

1、计算应退总额

应退增值税 2 万元的应付利息 =20000×371 ÷ 365×0.72%=146.37 元;

应退消费税 3 万元的应付利息 =30000×64 ÷ 365×0.72%=37.87 元;

应退总额 =20000+146.37+30000+37.87=50184.24 元。

2、计算欠缴总额

欠缴总额 =80000+17440+50000+775=148215 元。

3、因应退总额小于欠缴总额,故实际抵扣金额等于应退总额,为 50184.24 元。根据所属期先抵扣欠缴的所得税及应缴滞纳金 50184.24 元,其中抵扣欠缴所得税 =50184.24/【1+(15×2‰+376×0.5‰)】=41202.17 元,抵扣欠缴所得税 41202.17 元的应缴滞纳金 =50184.24–41202.17=8982.07 元。尚欠所得税 80000–41202.17=38797.83 元,尚欠增值税 50000 元,欠缴税款余额为 50000+38797.83=88797.83 元。

4、税务机关根据以上计算结果填开《应退税款抵扣欠缴税款通知书》(略)及明细表如下:(见附件表 2)

5、税收会计根据相关凭证作如下会计分录:

(1)借:待征税收——××户——企业所得税　8982.07
　　贷:应征税收——企业所得税　8982.07

(2)借:入库税收——企业所得税　　50184.24
　　贷:入库税收——增值税　　20146.37
　　　　——消费税　　30037.87
(3)借:多缴税金　　50000

提退税金——税值税——其他退税 146.37
　　——消费税——其他退税 37.87
贷:待征税收——××户——企业所得税
　　50184.24

附件表 1:

应退税款抵扣欠缴税款明细表

金额单位:元

<table>
<tr><td rowspan="6">应退税款</td><td>种类</td><td>应退原因</td><td>缴纳日期</td><td>应退金额</td><td>应退利息</td><td>应退总额</td></tr>
<tr><td>增值税</td><td>误收退税</td><td>2001年5月5日</td><td>90000</td><td>658.65</td><td>90658.65</td></tr>
<tr><td>消费税</td><td>误收退税</td><td>2002年3月8日</td><td>100000</td><td>126.25</td><td>100126.25</td></tr>
<tr><td>滞纳金</td><td></td><td></td><td></td><td>------</td><td></td></tr>
<tr><td>罚没款</td><td></td><td></td><td></td><td>------</td><td></td></tr>
<tr><td>合计</td><td>------</td><td>------</td><td>190000</td><td>784.90</td><td>190784.90</td></tr>
<tr><td rowspan="5">欠缴税款</td><td>种类</td><td>品目名称</td><td>所属时期</td><td>欠缴金额</td><td>应缴滞纳金</td><td>欠缴总额</td></tr>
<tr><td>所得税</td><td></td><td>2001年一季度</td><td>80000</td><td>17440</td><td>97440</td></tr>
<tr><td>增值税</td><td></td><td>2002年3月</td><td>50000</td><td>775</td><td>50775</td></tr>
<tr><td>罚没款</td><td></td><td></td><td></td><td></td><td></td></tr>
<tr><td>合计</td><td>------</td><td>------</td><td>130000</td><td>18215</td><td>148215</td></tr>
</table>

<table>
<tr><td rowspan="7">实际抵扣税款</td><td rowspan="2">种类</td><td colspan="3">应退总额大于欠缴总额</td><td colspan="3">应退总额小于欠缴总额</td></tr>
<tr><td>抵扣应退金额</td><td>抵扣应退利息</td><td>抵扣应退总额</td><td>抵扣欠缴金额</td><td>抵扣滞纳金</td><td>抵扣欠缴总额</td></tr>
<tr><td>增值税</td><td>90000</td><td>658.65</td><td>90658.65</td><td></td><td></td><td></td></tr>
<tr><td>消费税</td><td>57483.78</td><td>72.57</td><td>57556.35</td><td></td><td></td><td></td></tr>
<tr><td>滞纳金</td><td></td><td></td><td></td><td></td><td>-----</td><td></td></tr>
<tr><td>罚没款</td><td></td><td></td><td></td><td></td><td>-----</td><td></td></tr>
<tr><td>合计</td><td>147483.78</td><td>731.22</td><td>148215</td><td></td><td></td><td></td></tr>
<tr><td>余额情况</td><td colspan="7">尚余应退金额　42516.22　元(不含其应付利息)
尚余欠缴金额　　元(不含应缴滞纳金)</td></tr>
<tr><td>备注</td><td colspan="7">本表计算应退税款及应付利息、欠缴税款及应缴滞纳金的截止期为填开《应退税款抵扣欠缴税款通知书》的日期。</td></tr>
</table>

应退税款抵扣欠缴税款明细表

金额单位:元

<table>
<tr><td rowspan="6">应退税款</td><td>种类</td><td colspan="2">应退原因</td><td colspan="2">缴纳日期</td><td>应退金额</td><td>应退利息</td><td>应退总额</td></tr>
<tr><td>增值税</td><td colspan="2">误收退税</td><td colspan="2">2001年5月5日</td><td>20000</td><td>146.37</td><td>20146.37</td></tr>
<tr><td>消费税</td><td colspan="2">误收退税</td><td colspan="2">2002年3月8日</td><td>30000</td><td>37.87</td><td>30037.87</td></tr>
<tr><td>滞纳金</td><td colspan="2"></td><td colspan="2"></td><td></td><td>------</td><td></td></tr>
<tr><td>罚没款</td><td colspan="2"></td><td colspan="2"></td><td></td><td>------</td><td></td></tr>
<tr><td>合计</td><td colspan="2">-------</td><td colspan="2">-------</td><td>50000</td><td>184.24</td><td>50184.24</td></tr>
<tr><td rowspan="5">欠缴税款</td><td>种类</td><td colspan="2">品目名称</td><td colspan="2">所属时期</td><td>欠缴金额</td><td>应缴滞纳金</td><td>欠缴总额</td></tr>
<tr><td>所得税</td><td colspan="2"></td><td colspan="2">2001年一季度</td><td>80000</td><td>17440</td><td>97440</td></tr>
<tr><td>增值税</td><td colspan="2"></td><td colspan="2">2002年3月</td><td>50000</td><td>775</td><td>50775</td></tr>
<tr><td>罚没款</td><td colspan="2"></td><td colspan="2"></td><td></td><td></td><td></td></tr>
<tr><td>合计</td><td colspan="2">------</td><td colspan="2">------</td><td>130000</td><td>18215</td><td>148215</td></tr>
<tr><td rowspan="7">实际抵扣税款</td><td rowspan="2">种类</td><td colspan="3">应退总额大于欠缴总额</td><td colspan="3">应退总额小于欠缴总额</td></tr>
<tr><td>抵扣应退金额</td><td>抵扣应退利息</td><td>抵扣应退总额</td><td>抵扣欠缴金额</td><td>抵扣滞纳金</td><td>抵扣欠缴总额</td></tr>
<tr><td>增值税</td><td></td><td></td><td></td><td>41202.17</td><td>8982.07</td><td>50184.24</td></tr>
<tr><td>消费税</td><td></td><td></td><td></td><td></td><td></td><td></td></tr>
<tr><td>滞纳金</td><td></td><td></td><td></td><td></td><td>-----</td><td></td></tr>
<tr><td>罚没款</td><td></td><td></td><td></td><td></td><td>-----</td><td></td></tr>
<tr><td>合计</td><td></td><td></td><td></td><td>41202.17</td><td>8982.07</td><td>50184.24</td></tr>
<tr><td>余额情况</td><td colspan="7">尚余应退金额 元(不含其应付利息)
尚余欠缴金额 88797.83 元(不含应缴滞纳金)</td></tr>
<tr><td>备注</td><td colspan="7">本表计算应退税款及应付利息、欠缴税款及应缴滞纳金的截止期为填开《应退税款抵扣欠缴税款通知书》的日期。</td></tr>
</table>

根据以上《应退税款抵扣欠缴税款通知书》及明细表开具《调库通知书》通知国库调库。

浙江省地方税务局转发国家税务总局关于电子缴税完税凭证有关问题的通知

2003年3月18日 浙地税发【2003】36号

各市、县(市、区)地方税务局(不发宁波),省地方税务局直属一分局、直属二分局:

现将《国家税务总局关于电子缴税完税凭证有关问题的通知》(国税发〔2002〕155号)转发给你们,并结合我省地税征管实际提出以下补充意见,请一并贯彻执行。

一、关于电子缴税完税凭证的使用问题

(一)凡应用《税友2000》征管软件并实行银税库联网电子扣缴税款的,且税款征缴的数据信息能严格按国家有关规定进行档案管理的各级地方税务局,可使用电子缴税完税凭证(一联式或两联式,样张附后)作为纳税人的完税证明。税收会计核算税款征缴情况的原始凭证可使用电子数据。

(二)采用联网电子扣税方式扣缴的税款必须扣入"待结算财政款项"专户,具备条件的,应当直接扣入国库,严禁设立"税款过渡户"中转。

(三)电子信息的发送要求,仍按浙地税函〔2002〕202号通知规定执行。

二、电子缴税完税凭证的开具问题

采用总局第二种完税凭证开具方法的,银行划转(扣取)税款后,由银行向纳税人开具收款票据,交纳税人用作税款支付凭证;税务机关还应根据银行扣缴税款成功后的信息,由税务征收机关及时通过《税友2000》系统,批量打印企业纳税人("双定户"除外)的电子缴税完税凭证,并由税务征收机关盖章后,通过办税服务厅的企业纳税人回单箱或其他便捷方式交企业纳税人作完税证明。非企业纳税人或"双定户"需要完税证明的,可凭银行扣缴税款凭证到税务机关换开或者加开电子缴税完税凭证,加开电子缴税完税凭证的,税务机关必须在扣缴税款凭证相应位置加盖"已开完税凭证"章戳。由税务部门填开的电子缴税完税凭证,在"收款银行"和"收款银行(盖章)"两栏不需要填写和盖章。

除此以外的其他方式缴纳税款后的完税凭证开具方法,仍按原规定执行。

三、我省现用税收转账专用完税证(通用版,两联式),可比照电子缴税完税凭证继续使用。同时,各地可根据本单位银税联网和电子数据档案管理条件的具备程度来确定启用税收电子转账专用完税凭证及选择一联式或两联式,并提前报告省局和市局,以便做好征收章戳的刻制、税票的印发等各项准备工作。

四、采用联网电子扣税方式扣缴税款,对提高税款征收工作效率,保证国家税款安全及时入库具有重要作用。同时也对地税部门基础管理工作质量、信息化数据档案管理及安全管理等方面提出了更高的要求。各级地税机关要加强与有关部门的联系与协调,根据有关管理条件具备的程度,逐步、稳妥地推进,并严格执行总局和省局关于电子缴税完税凭证(税收转账专用完税证)使用等有关规定,建立健全有关规章制度,确保各项税款的及时、足额入库和各项数据的安全、完整。

附件:国家税务总局关于电子缴税完税凭证有关问题的通知

国家税务总局
关于电子缴税完税凭证有关问题的通知

2002年12月13日　国税发【2002】155号

各省、自治区、直辖市和计划单列市国家税务局、地方税务局：

近年来，随着税务和金融部门信息化的发展，许多地区利用计算机和网络通讯技术，对税款缴库方式进行改革。有的依托当地人民银行同城电子清算系统或税务银行国库专门开发的联网系统实现电子缴税，有的通过税务银行或税务邮政单边联网实现电子缴税。对已实现税银库联网或税银、税邮联网电子缴税，并且当地税务部门与国库部门已商定取消税收缴款书的，其完税凭证如何开具，各地要求予以明确。为推动税款缴库方式的改革，提高税款征收工作效率，保证国家税款及时入库，现将已取消税收缴款书并实现联网电子缴税的完税凭证有关问题明确如下：

一、关于电子缴税的完税凭证使用问题

(一)凡当地的税银库联网或税银、税邮联网电子缴税系统已与税收征管信息系统互联，税收征管信息系统具有完整规范的税收会计核算功能，且会计核算系统是由地市级(含)以上税务机关开发并维护，税款的征收和会计核算电子数据由县级(含)以上税务机关集中存贮处理并按国家有关规定严格进行档案管理的地区，依据电子数据从纳税人的银行(邮局)存款账户中划转税款，可以使用一联式完税凭证(式样见附件)，作为纳税人的完税证明。税收会计核算税款征收情况的原始凭证可使用电子数据。

(二)凡联网电子缴税不符合上述条件的，仍按原规定使用和开具税收通用完税证或定额完税证。

二、关于一联式完税凭证的开具问题

一联式完税凭证可采用以下方式开具：

(一)税务机关将完税凭证发给纳税人各开户银行(邮局)，委托各开户银行(邮局)代开。

(二)银行(邮局)划转税款时开具银行(邮局)内部的收款票据，交纳税人作税款支付凭据，纳税人需要正式完税凭证的，再由税务机关开具。

(三)税务机关通过票据自动打印封装设备定期集中打印完税凭证寄发纳税人。

各地可根据本地实际情况，自行选择与电子缴税方式相适应的开票方法。为明确责任和规范管理，一个征收机关只能选择上述一种开票方法，不能同时采取多种方式。

为提高开票效率，一联式完税凭证可套印省级税务机关"征税专用章"，并且一个纳税人缴纳不同税种的税款和不同所属时期的税款可以合填一张完税凭证。

三、关于出口货物税收专用缴款书问题

实行电子缴税并取消税收缴款书的地区，由于缴纳出口货物税款仍须将出口货物税收专用缴款书第二联(收据乙)转交购货企业，因此，国税机关必须在电子缴税后及时给纳税人开具出口货物税收专用缴款书，将第一联(收据甲)和第二联(收据乙)交纳税人，由纳税人到其开户银行加盖银行"转讫"章，第五、六联由开票税务机关留存备查，原由银行和国库使用的第三、四联由开票税务机关留存并定期销毁。

四、税银、税邮联网委托银行或邮局代收的现金税款或征收的异地税款，仍按原规定使用和开具税收通用完税证或定额完税证

各地在执行中，如遇有问题，应及时报告总局。

附件：《中华人民共和国税收电子转账专用完税证》(略)

浙江省地方税务局
关于2004年重点税源监管工作的通知

2003年12月23日 浙地税函【2003】454号

各市、县(市)地方税务局(不发宁波)、省地方税务局直属一分局、直属二分局:

根据国家税务总局的要求和我省进一步加强重点税源监管工作的需求,省局对重点税源监管工作的若干要求进行了修订。现将修订事项及2004年工作要求布置如下:

一、修订2004年重点税源监管企业报表指标

根据国家税务总局《关于修订2004年重点税源监管企业报表指标体系的通知》(国税函〔2003〕1235号文),2004年我省重点税源企业表和项目表指标做相应修改,主要变动项目如下:

1、增加指标:一是调整增值税税基指标,与新的增值税纳税申报表保持一致;二是充实消费税相关指标,增列消费税税基指标和减免税指标。

2、减少项目:一是将原各主要税种下的代扣代缴税款指标删除,合并到本期应纳税调整额项目中。二是增值税适用4%和6%征收率的应交税额指标合并。

修改后,重点税源企业报表企业表仍为100项指标,货物劳务表(产品表)增至29项指标。自2004年起,凡达到监管标准并上报总局的重点税源监管企业均应按照新的报表表式上报企业数据。

二、2004年重点税源企业监管范围

2004年重点税源监管标准与2003年一致,上报省局的重点税源户标准为:企业年实缴的地税收入(包括个人所得税代扣代缴)100万元以上的企业,无达到标准的市县必须上报本地区税收收入前10位的企业。凡达到监管标准的企业均应上报省局。省以下监管标准:各市县可以在满足上级税务机关的要求的前提下,根据本地的经济、税收结构及特点,制定本地区的重点税源企业的划分标准。原则上要求各地重点税源监控户监控面达到当地全部地税收入的60%以上。要求兼顾行业分布,同时可注重对新的税收增长点和潜在税源的监控。

为了摸清2004年重点税源监控企业达标数量,请各地在2004年1月20日前,将确定的达标企业上报省局审定备案(详见附表)。2003年各地上报省局的重点税源企业除破产消亡外一般不得删除,如有删减请在上报名单表后注明。

三、取消2003年年度报表的报送。

自2003年起,重点税源年度报表不再报送。

四、重点企业税收税源情况月报表报送时间:

市局为月后22日,县(市)局为月后20日;上报地址:上报省局\计划\2 004年上报\2 004年重点税源\重点税源数据

五、2004年重点税源报表

EXCEL电子表以及适用于"SDMS"软件的2003年重点税源监控基层任务参数已放于FTP省局通知下,请各地区根据需要自行下载。各地在数据采集方式上应逐步改变手工输入的落后采集方式,尽量利用各种电子化手段采集数据,并注意做好历史数据的保存工作。

"SDMS"软件数据应用分析测算参数将在年初下发,请各地关注FTP及计财网页,及时下载使用。

附件:1. 2004年重点税源户名单上报表

2. 2004年重点企业税源状况月报表(企业表)填表

3. 2004年重点企业税源状况月报表(劳务货物表)(略)

附件 1:

2004 年重点税源户名单上报表

编制单位:　　　　　　　　　　　　　　　　　　　　　　　　　　单位:万元

所属地区	企业主代码	企业名称	2003 年实缴地税收入	其中:营业税	企业所得税	城建税	个人所得税

注:1、由市局汇总所属县市局名单以 EXCEL 文件在 1 月 20 日前上报

2、上报地址:FTP:上报省局 / 计划 /2003 年重点税源户名单

3、表内实缴地税收入指电月报口径的“税收收入”

4、原 2003 年上报省局重点企业除破产、消亡外不得删除,如有删除,请在上报表中注明被删除企业

附件 2:

2004 年重点企业税源状况月报表(企业表)

填　报　项　目	行次	数额	填　表　说　明
一、主营业务收入净额	1		反映企业扣除销货退回、折让及折扣后的销售收入净额,应根据企业利润表的第 3 行“主营业务收入净额”当期数填写。
主营业务成本	2		根据企业利润表的第 4 行“主营业务成本”当月数填写。
主营业务税金及附加	3		根据企业利润表的第 5 行“主营业务税金及附加”的本月数计算填写。
二、主营业务利润(4=1-2-3)	4		根据企业利润表第 10 行“主营业务利润”项目填写。
其他业务利润(含代购代销收入)	5		根据利润表第 11 行“其他业务利润”的数据填写。
营业费用	6		按照利润表第 14 行“营业费用”当月数填写。
管理费用	7		按照利润表第 15 行“管理费用”当月数填写。

填报项目	行次	数额	填表说明
财务费用(含汇兑损失)	8		按照利润表第16行“财务费用”当月数填写。
三、营业利润(9=4+5-6-7-8)	9		按照利润表第18行“营业利润”当月数填写。
投资收益	10		根据利润表第19行“投资收益”行本月发生数填写。
补贴收入	11		根据利润表第22行“补贴收入”行本月发生数填写。
营业外收入	12		应根据利润表第23行“营业外收入”本月发生数填写。
营业外支出	13		应根据利润表第24行“营业外支出”本月发生数填写。
四、利润总额(14=9+10+11+12-13)	14		应以企业财务报表利润表第27行“利润总额”当月实现数据实填写。
所得税前调整增加的计税所得额	15		按所得税申报表中“纳税调整增加额”填写,未按期进行此项内容申报,填零。
所得税前调整减少的计税所得额	16		按所得税申报表中“纳税调整减少额”填写,未按期进行此项内容申报,填零。
其中:弥补前期亏损的利润	17		按照主管税务机关计算企业所得税时核定的、准予用税前利润弥补前期亏损的数额填写。对填表时尚未进行所得税汇算的企业,本行指标数据应填“0”。
五、计税所得额(18=14+15-16>=0)	18		18=14+15-16,计算结果为负数时填零。
适用税率(%)	19		按申报表对应项目填写,一般指法定适用税率。
期初未缴企业所得税	20		指企业月初应缴未缴的企业所得税税额,包括欠税额。按申报表对应项目填。
按税率计算应纳企业所得税	21		21=18×19,定额或预征征收企业所得税的企业,按税务主管机关核定额填写。
本期减免企业所得税	22		指经主管税务机关根据有关政策规定核定的本期所得税减免的税额。凡经批准比按税收法规规定的适用税率(包括按计税所得额大小适用的27%和18%税率)计算少交纳的所得税额,均应作为减免所得税。
本期应纳企业所得税调整额	23		指汇算清缴企业所得税、查补企业所得税多退省补的的调整数额,按照主管税务关确认的实际调整数填写。查补税款填正数,以应交税款抵退税填负税。
本期已缴企业所得税	24		按企业会计核算期间实际缴纳的税款数额填写。
期末未缴企业所得税(25=20+21-22+23-24)	25		25=20+21-22+23-24
六、适用税率征税货物及劳务销售额	26		按增值税纳税申报表对应项目(第1行)本月数填写。
按简易征收办法征税货物销售额	27		按增值税纳税申报表对应项目(第5行)本月数填写。
免、抵、退办法出口货物销售额	28		按增值税纳税申报表对应项目(第7行)本月数填写。
免税货物及劳务销售额	29		按增值税纳税申报表对应项目(第8行)本月数填写。
本期销项税额(30=31&34)	30		按增值税纳税申报表对应项目(第11行)本月数填写。
其中:适用17%税率的销项税额	31		按增值税纳税申报表附列资料表一对应项目(第7行)本月数填写。

填　报　项　目	行次	数额	填　表　说　明
适用13%税率的销项税额	32		按增值税纳税申报表附列资料表一对应项目(第7行)本月数填写。
适用4、5、6%征收率的应交税额	33		按增值税纳税申报表附列资料表一对应项目(第14行)本月数填写。
适用其他计征方式计算应交税额	34		反映个别行业一般纳税人采取特殊预征办法计算的应纳税额,根据主管税务机关审核确认的税额据实填写。
本期进项税额(35=36&40)	35		按增值税纳税申报表对应项目(第12行)本月数填写。
其中:适用17%税率的进项税额	36		按增值税纳税申报表附列资料表二对应项目(第5行)本月数填写。
适用13%税率的进项税额	37		按增值税纳税申报表附列资料表二对应项目(第6行)本月数填写。
适用10%扣除率的进项税额	38		按增值税纳税申报表附列资料表二对应项目(第7行)本月数填写
适用7%扣除率的进项税额	39		按增值税纳税申报表附列资料表二对应项目(第8行)本月数填写。
适用4、5、6%征收率的进项税额	40		按增值税纳税申报表附列资料表二对应项目(第9、10行)本月数填写。
上期留抵税额	41		按增值税纳税申报表对应项目(第13行)本月数填写。
本期进项税转出额	42		按增值税纳税申报表对应项目(第14行)本月数填写。
免抵退货物已退税额	43		按增值税纳税申报表对应项目(第15行)本月数填写。
本期应抵扣税额合计(4=35+41-42-43)	44		按增值税纳税申报表对应项目(第17行)本月数填写。
本期实际抵扣的税额	45		按增值税纳税申报表对应项目(第18行)本月数填写。
本期应纳增值税额(46=30-45)	46		按增值税纳税申报表对应项目(第19行)本月数填写。
本期应纳增值税调整额	47		反映各种情况造成企业增值税多缴或少缴而多退少补的调整数额,按照主管税务机关确认的实际调整数填写。补缴税款填正数,以应交税款抵退税填负税。
期初未缴增值税	48		按增值税纳税申报表对应项目(第25行)本月数填写。
本期已缴增值税	49		按企业会计核算期间实际缴纳的税款数额填写。
期末未缴增值税(50=46+47+48-49)	50		按增值税纳税申报表对应项目(第32行)本月数填写。
本期查补增值税抵顶留抵税额	51		反映本基本税务查补中,查补税额按规定抵减的留抵税额,应根据税务检查处理决定书和有关帐务处理分析填写。
期末留抵进项税额(52=44-45-51)	52		按增值税纳税申报表对应项目(第20行)本月数填写。
本期其他政策减免退增值税	53		企业减免税是先征后退、财政返还、即征即退等何种形式,不管是财政机关操作还是税务机关操作,均应尽量反映在该项目内。该指标应按主管税务机关审核确认后的数据填写。
七、内销货物计征消费税产品销售额	54		按消费税纳税申报表对应项目(第3栏)"应税销售额"本月数填写。从量征收的消费税产品,按计征增值税额填写。
内销货物免征消费税产品销售额	55		指纳税人内销货物按规定免征消费税的销售额,按纳税申报表的有关项目填写。
出口货物免征消费税产品销售额	56		指纳税人出口货物按规定免征消费税的销售额,按纳税申报表的有关项目填写。
期初未缴消费税	57		反映企业前期应交未交的消费税。应按"应交税金——应交消费税"的期初贷方余额填写。如余额在借方,则以"-"号在本项目反映。可参考消费税纳税申报表对应项目(第20栏)填写。

填　报　项　目	行次	数额	填　表　说　明
			按消费税纳税申报表对应项目(第15栏)“应纳消费税”本期数填写。
按税率(税额)计算应纳消费税	58		指纳税人按规定减征的消费税额。
按政策规定减征的消费税额	59		反映各种情况造成企业消费税多缴或少缴而多退省补的调整数额,按照主管税务机关确认的实际调整数填写。
本期应纳消费税调整额	60		补缴税款填正数,以应交税款抵退税填负税。
本期应纳消费税额(61=58-59+60)	61		61=58-59+60
本期已缴消费税	62		按企业会计核算期间实际缴纳的税款数额填写。
期末未缴消费税(63=57+61-62)	63		63=57+61-62
八、计征营业税的收入	64		是指按税法规定应缴纳营业税的收入,即营业税的计税依据。
免征营业税的收入	65		是指根据《营业税暂行条例》列举的减免税规定即可免征营业税的收入。该指标可根据企业主营业务收入和其他业务收入中经主管□税务机关核定免税收入填写。应单独核算。
期初未缴营业税	66		反映企业前期应交未交的营业税。应按“应交税金——应交营业税”的期初贷方余额填写。如余额在借方,则以“-”号在本项目反映。
本期应纳营业税	67		的根据企业“主营业务税金及附加”、和“其他业务支出”账户中核算的“应交税金——应交营业税”明细帐户贷方本期累计发生额分析计算填写。
本期应纳营业税调整额	68		反映各种情况造成企业营业税多缴或少缴而多退少补的调整数额,包括查补数按照主管税务机关确认的实际数填写。补缴税款填正数,以应交税款抵退税填负税。
本期已缴营业税	69		按企业会计核算期间实际缴纳的税款的数额填写。
期末未缴营业税(70=66+67+68-69)	70		70=66+67+68-69
九、期初未缴资源税	71		反映企业前期应交未交的资源税。应按“应交税金——应交资源税”的期初贷方余额填写。如余额在借方,则以“-”号在本项目反映。
本期应纳资源税	72		按资源税纳税申报表对应项目“应纳税款”本期合计数填写。
本期应纳资源税调整额	73		反映各种情况造成企业资源税多缴或少缴而多退少补的调整数额,包括查补数按照主管税务机关确认的实际调整数填写。补缴税款填正数,以应交税务局款抵退税填负税。
本期已缴资源税	74		近企业会计核算期间实际缴纳的税款数额填写。
期末未缴资源税(75=71+72+73-74)	75		75=71+72+73-74
十、期初未缴城市维护建设税	76		反映企业前期应交未交的城市维护建设税。应按“应交税金——应交城市维护建设税”的期初贷方余额填写。如余额在借方,则以“-”号在本项目反映。
本期应纳城市维护建设税	77		按城市维护建设税纳税申报表对应项目(第4栏)“应纳税额”

填报项目	行次	数额	填表说明
			本期合计数填写。
本期应纳城市维护建设税调整额	78		反映各种情况造成企业城市维护建设税多缴或少缴而多退少补的调整数额，包括查补数按照主管税务机关确认的实际调整数填写。补缴税款填正数,以应交税款抵退税填负税。
本期已缴城市维护建设税	79		按企业会计核算期间实际缴纳的税款数额填写。
期末未缴城市维护建设(80=76+77+78-79)	80		80=76+77+78-79
十一、本期实缴其他税货(81<=82&86+88+89)	81		81=82+83+84+85+86+88+89
其中:实交土地增值税	82		按企业会计核算期间实际缴纳的税款数额填写。
实交房产税(城市房地产税)	83		按企业会计核算期间实际缴纳的税款数额填写。
实交车船使用税(车船使用牌照税)	84		按企业会计核算期间实际缴纳的税款数额填写。
实交城镇土地使用税	85		按企业会计核算期间实际缴纳的税款数额填写。
实交印花税	86		按企业会计核算期间实际缴纳的税款数额填写。
其中:代扣代缴证券交易印花税	87		按企业会计核算期间实际缴纳的税款数额填写。
代扣代缴个人所得税	88		按企业会计核算期间实际缴纳的税款数额填写。
实交各种行政事业性收费	89		反映企业按规定向乡镇(含乡镇)以上政府缴纳的各种行政事业性收费，但不包括企业代收代扣的收费以及企业因违规违章或污染环境等支出的罚没性款项，也不包括企业应交的养老、医疗和行业保险费。可根据企业“管理费用”下相应的“其他应交款”等明细科目借方本期发生额填写。
其中:教育费附加	90		按企业会计核算期间实际缴纳的税款数额填写。
文化事业建设费	91		可根据企业“管理费用”下明细账户“其他应交款——应交文化事业建设费”借方本期发生额填写。
十二、期末企业资产总额(92=96+97)	92		应根据企业资产负债表“资产总计”行“期末数”填写。
其中:本期折旧	93		应根据企业本月内计提的折旧额填列。
应收帐款	94		根据企业资产负债表“流动资产”下的“应收账款”行“期末数”填写。
银行存款	95		根据企业资产负债表“流动资产”下的“银行存款”行“期末数”填写。
期末企业负债总额	96		根据企业资产负债表“流动负债合计”和“长期负债合计”两行的“期末数”填写。
期末企业所有者权益	97		应根据企业资产负债表“所有者权益合计”行“期末数”填写。
十三、企业全部从业人员平均人数	98		根据上报统计局的B202报表《工业企业主要经济指标》相应的口径填写。
本期工资总额	99		应按企业“应付工资”账户本月贷方发生额合计数填写。
十四、滞纳金	100		企业因欠税、查补前期税款而缴纳的滞纳金,应根据企业“其他应交款——滞纳金”明细账借方发生额填写。

附 录

中华人民共和国行政许可法

中华人民共和国主席令

第七号

《中华人民共和国行政许可法》已由中华人民共和国第十届全国人民代表大会常务委员会第四次会议于2003年8月27日通过，现予公布，自2004年7月1日起施行。

中华人民共和国主席 **胡锦涛**

2003年8月27日

中华人民共和国行政许可法

（2003年8月27日第十届全国人民代表大会常务委员会第四次会议通过）

第一章 总则

第一条 为了规范行政许可的设定和实施，保护公民、法人和其他组织的合法权益，维护公共利益和社会秩序，保障和监督行政机关有效实施行政管理，根据宪法，制定本法。

第二条 本法所称行政许可，是指行政机关根据公民、法人或者其他组织的申请，经依法审查，准予其从事特定活动的行为。

第三条 行政许可的设定和实施，适用本法。

有关行政机关对其他机关或者对其直接管理的事业单位的人事、财务、外事等事项的审批，不适用本法。

第四条 设定和实施行政许可，应当依照法定的权限、范围、条件和程序。

第五条 设定和实施行政许可，应当遵循公开、公平、公正的原则。

有关行政许可的规定应当公布；未经公布的，不得作为实施行政许可的依据。行政许可的实施和结果，除涉及国家秘密、商业秘密或者个人隐私的外，应当公开。

符合法定条件、标准的，申请人有依法取得行政许可的平等权利，行政机关不得歧视。

第六条 实施行政许可，应当遵循便民的原则，提高办事效率，提供优质服务。

第七条 公民、法人或者其他组织对行政机关实施行政许可，享有陈述权、申辩权；有权依法申请行政复议或者提起行政诉讼;其合法权益因行政机关违法实施行政许可受到损害的,有权依法要求赔偿。

第八条 公民、法人或者其他组织依法取得的行政许可受法律保护,行政机关不得擅自改变已经生效的行政许可。

行政许可所依据的法律、法规、规章修改或者废止,或者准予行政许可所依据的客观情况发生重大变化的,为了公共利益的需要,行政机关可以依法变更或者撤回已经生效的行政许可。由此给公民、法人或者其他组织造成财产损失的,行政机关应当依法给予补偿。

第九条 依法取得的行政许可,除法律、法规规定依照法定条件和程序可以转让的外,不得转让。

第十条 县级以上人民政府应当建立健全对行政机关实施行政许可的监督制度,加强对行政机关实施行政许可的监督检查。

行政机关应当对公民、法人或者其他组织从事行政许可事项的活动实施有效监督。

第二章 行政许可的设定

第十一条 设定行政许可,应当遵循经济和社会发展规律,有利于发挥公民、法人或者其他组织的积极性、主动性,维护公共利益和社会秩序,促进经济、社会和生态环境协调发展。

第十二条 下列事项可以设定行政许可:

(一)直接涉及国家安全、公共安全、经济宏观调控、生态环境保护以及直接关系人身健康、生命财产安全等特定活动,需要按照法定条件予以批准的事项;

(二)有限自然资源开发利用、公共资源配置以及直接关系公共利益的特定行业的市场准入等,需要赋予特定权利的事项;

(三)提供公众服务并且直接关系公共利益的职业、行业,需要确定具备特殊信誉、特殊条件或者特殊技能等资格、资质的事项;

(四)直接关系公共安全、人身健康、生命财产安全的重要设备、设施、产品、物品,需要按照技术标准、技术规范,通过检验、检测、检疫等方式进行审定的事项;

(五)企业或者其他组织的设立等,需要确定主体资格的事项;

(六)法律、行政法规规定可以设定行政许可的其他事项。

第十三条 本法第十二条所列事项,通过下列方式能够予以规范的,可以不设行政许可:

(一)公民、法人或者其他组织能够自主决定的;

(二)市场竞争机制能够有效调节的;

(三)行业组织或者中介机构能够自律管理的;

(四)行政机关采用事后监督等其他行政管理方式能够解决的。

第十四条 本法第十二条所列事项,法律可以设定行政许可。尚未制定法律的,行政法规可以设定行政许可。

必要时,国务院可以采用发布决定的方式设定行政许可。实施后,除临时性行政许可事项外,国务院应当及时提请全国人民代表大会及其常务委员会制定法律,或者自行制定行政法规。

第十五条 本法第十二条所列事项,尚未制定法律、行政法规的,地方性法规可以设定行政许可;尚未制定法律、行政法规和地方性法规的,因行政管理的需要,确需立即实施行政许可的,省、自治区、直辖市人民政府规章可以设定临时性的行政许可。临时性的行政许可实施满一年需要继续实施的,应当提请本级人民代表大会及其常务委员会制定地方性法规。

地方性法规和省、自治区、直辖市人民政府规章,不得设定应当由国家统一确定的公民、法人或者其他组织的资格、资质的行政许可;不得设定企业或者其他组织的设立登记及其前置性行政许可。其设定的行政许可,不得限制其他地区的个人或者企业到本地区从事生产经营和提供服务,不得限制其他地区的商品进入本地区市场。

第十六条 行政法规可以在法律设定的行政许可事项范围内,对实施该行政许可作出具体规定。

地方性法规可以在法律、行政法规设定的行政许可事项范围内,对实施该行政许可作出具体规定。

规章可以在上位法设定的行政许可事项范围内,对实施该行政许可作出具体规定。

法规、规章对实施上位法设定的行政许可作出的具体规定，不得增设行政许可；对行政许可条件作出的具体规定，不得增设违反上位法的其他条件。

第十七条 除本法第十四条、第十五条规定的外，其他规范性文件一律不得设定行政许可。

第十八条 设定行政许可，应当规定行政许可的实施机关、条件、程序、期限。

第十九条 起草法律草案、法规草案和省、自治区、直辖市人民政府规章草案，拟设定行政许可的，起草单位应当采取听证会、论证会等形式听取意见，并向制定机关说明设定该行政许可的必要性、对经济和社会可能产生的影响以及听取和采纳意见的情况。

第二十条 行政许可的设定机关应当定期对其设定的行政许可进行评价；对已设定的行政许可，认为通过本法第十三条所列方式能够解决的，应当对设定该行政许可的规定及时予以修改或者废止。

行政许可的实施机关可以对已设定的行政许可的实施情况及存在的必要性适时进行评价，并将意见报告该行政许可的设定机关。

公民、法人或者其他组织可以向行政许可的设定机关和实施机关就行政许可的设定和实施提出意见和建议。

第二十一条 省、自治区、直辖市人民政府对行政法规设定的有关经济事务的行政许可，根据本行政区域经济和社会发展情况，认为通过本法第十三条所列方式能够解决的，报国务院批准后，可以在本行政区域内停止实施该行政许可。

第三章 行政许可的实施机关

第二十二条 行政许可由具有行政许可权的行政机关在其法定职权范围内实施。

第二十三条 法律、法规授权的具有管理公共事务职能的组织，在法定授权范围内，以自己的名义实施行政许可。被授权的组织适用本法有关行政机关的规定。

第二十四条 行政机关在其法定职权范围内，依照法律、法规、规章的规定，可以委托其他行政机关实施行政许可。委托机关应当将受委托行政机关和受委托实施行政许可的内容予以公告。

委托行政机关对受委托行政机关实施行政许可的行为应当负责监督，并对该行为的后果承担法律责任。

受委托行政机关在委托范围内，以委托行政机关名义实施行政许可；不得再委托其他组织或者个人实施行政许可。

第二十五条 经国务院批准，省、自治区、直辖市人民政府根据精简、统一、效能的原则，可以决定一个行政机关行使有关行政机关的行政许可权。

第二十六条 行政许可需要行政机关内设的多个机构办理的，该行政机关应当确定一个机构统一受理行政许可申请，统一送达行政许可决定。

行政许可依法由地方人民政府两个以上部门分别实施的，本级人民政府可以确定一个部门受理行政许可申请并转告有关部门分别提出意见后统一办理，或者组织有关部门联合办理、集中办理。

第二十七条 行政机关实施行政许可，不得向申请人提出购买指定商品、接受有偿服务等不正当要求。

行政机关工作人员办理行政许可，不得索取或者收受申请人的财物，不得谋取其他利益。

第二十八条 对直接关系公共安全、人身健康、生命财产安全的设备、设施、产品、物品的检验、检测、检疫，除法律、行政法规规定由行政机关实施的外，应当逐步由符合法定条件的专业技术组织实施。专业技术组织及其有关人员对所实施的检验、检测、检疫结论承担法律责任。

第四章 行政许可的实施程序

第一节 申请与受理

第二十九条 公民、法人或者其他组织从事特定活动，依法需要取得行政许可的，应当向行政机关提出申请。申请书需要采用格式文本的，行政机关应当向申请人提供行政许可申请书格式文本。申请书格式文本中不得包含与申请行政许可事项没有直接关系的内容。

申请人可以委托代理人提出行政许可申请。但是,依法应当由申请人到行政机关办公场所提出行政许可申请的除外。

行政许可申请可以通过信函、电报、电传、传真、电子数据交换和电子邮件等方式提出。

第三十条 行政机关应当将法律、法规、规章规定的有关行政许可的事项、依据、条件、数量、程序、期限以及需要提交的全部材料的目录和申请书示范文本等在办公场所公示。

申请人要求行政机关对公示内容予以说明、解释的,行政机关应当说明、解释,提供准确、可靠的信息。

第三十一条 申请人申请行政许可,应当如实向行政机关提交有关材料和反映真实情况,并对其申请材料实质内容的真实性负责。行政机关不得要求申请人提交与其申请的行政许可事项无关的技术资料和其他材料。

第三十二条 行政机关对申请人提出的行政许可申请,应当根据下列情况分别作出处理:

(一)申请事项依法不需要取得行政许可的,应当即时告知申请人不受理;

(二)申请事项依法不属于本行政机关职权范围的,应当即时作出不予受理的决定,并告知申请人向有关行政机关申请;

(三)申请材料存在可以当场更正的错误的,应当允许申请人当场更正;

(四)申请材料不齐全或者不符合法定形式的,应当当场或者在五日内一次告知申请人需要补正的全部内容,逾期不告知的,自收到申请材料之日起即为受理;

(五)申请事项属于本行政机关职权范围,申请材料齐全、符合法定形式,或者申请人按照本行政机关的要求提交全部补正申请材料的,应当受理行政许可申请。

行政机关受理或者不予受理行政许可申请,应当出具加盖本行政机关专用印章和注明日期的书面凭证。

第三十三条 行政机关应当建立和完善有关制度,推行电子政务,在行政机关的网站上公布行政许可事项,方便申请人采取数据电文等方式提出行政许可申请;应当与其他行政机关共享有关行政许可信息,提高办事效率。

第二节 审查与决定

第三十四条 行政机关应当对申请人提交的申请材料进行审查。

申请人提交的申请材料齐全、符合法定形式,行政机关能够当场作出决定的,应当当场作出书面的行政许可决定。

根据法定条件和程序,需要对申请材料的实质内容进行核实的,行政机关应当指派两名以上工作人员进行核查。

第三十五条 依法应当先经下级行政机关审查后报上级行政机关决定的行政许可,下级行政机关应当在法定期限内将初步审查意见和全部申请材料直接报送上级行政机关。上级行政机关不得要求申请人重复提供申请材料。

第三十六条 行政机关对行政许可申请进行审查时,发现行政许可事项直接关系他人重大利益的,应当告知该利害关系人。申请人、利害关系人有权进行陈述和申辩。行政机关应当听取申请人、利害关系人的意见。

第三十七条 行政机关对行政许可申请进行审查后,除当场作出行政许可决定的外,应当在法定期限内按照规定程序作出行政许可决定。

第三十八条 申请人的申请符合法定条件、标准的,行政机关应当依法作出准予行政许可的书面决定。

行政机关依法作出不予行政许可的书面决定的,应当说明理由,并告知申请人享有依法申请行政复议或者提起行政诉讼的权利。

第三十九条 行政机关作出准予行政许可的决定,需要颁发行政许可证件的,应当向申请人颁发加盖本行政机关印章的下列行政许可证件:

(一)许可证、执照或者其他许可证书;

(二)资格证、资质证或者其他合格证书;

(三)行政机关的批准文件或者证明文件;

(四)法律、法规规定的其他行政许可证件。

行政机关实施检验、检测、检疫的,可以在检验、检测、检疫合格的设备、设施、产品、物品上加贴标签或者加盖检验、检测、检疫印章。

第四十条 行政机关作出的准予行政许可决定,

应当予以公开，公众有权查阅。

第四十一条 法律、行政法规设定的行政许可，其适用范围没有地域限制的，申请人取得的行政许可在全国范围内有效。

第三节 期限

第四十二条 除可以当场作出行政许可决定的外，行政机关应当自受理行政许可申请之日起二十日内作出行政许可决定。二十日内不能作出决定的，经本行政机关负责人批准，可以延长十日，并应当将延长期限的理由告知申请人。但是，法律、法规另有规定的，依照其规定。

依照本法第二十六条的规定，行政许可采取统一办理或者联合办理、集中办理的，办理的时间不得超过四十五日；四十五日内不能办结的，经本级人民政府负责人批准，可以延长十五日，并应当将延长期限的理由告知申请人。

第四十三条 依法应当先经下级行政机关审查后报上级行政机关决定的行政许可，下级行政机关应当自其受理行政许可申请之日起二十日内审查完毕。但是，法律、法规另有规定的，依照其规定。

第四十四条 行政机关作出准予行政许可的决定，应当自作出决定之日起十日内向申请人颁发、送达行政许可证件，或者加贴标签、加盖检验、检测、检疫印章。

第四十五条 行政机关作出行政许可决定，依法需要听证、招标、拍卖、检验、检测、检疫、鉴定和专家评审的，所需时间不计算在本节规定的期限内。行政机关应当将所需时间书面告知申请人。

第四节 听证

第四十六条 法律、法规、规章规定实施行政许可应当听证的事项，或者行政机关认为需要听证的其他涉及公共利益的重大行政许可事项，行政机关应当向社会公告，并举行听证。

第四十七条 行政许可直接涉及申请人与他人之间重大利益关系的，行政机关在作出行政许可决定前，应当告知申请人、利害关系人享有要求听证的权利；申请人、利害关系人在被告知听证权利之日起五日内提出听证申请的，行政机关应当在二十日内组织听证。

申请人、利害关系人不承担行政机关组织听证的费用。

第四十八条 听证按照下列程序进行：

（一）行政机关应当于举行听证的七日前将举行听证的时间、地点通知申请人、利害关系人，必要时予以公告；

（二）听证应当公开举行；

（三）行政机关应当指定审查该行政许可申请的工作人员以外的人员为听证主持人，申请人、利害关系人认为主持人与该行政许可事项有直接利害关系的，有权申请回避；

（四）举行听证时，审查该行政许可申请的工作人员应当提供审查意见的证据、理由，申请人、利害关系人可以提出证据，并进行申辩和质证；

（五）听证应当制作笔录，听证笔录应当交听证参加人确认无误后签字或者盖章。

行政机关应当根据听证笔录，作出行政许可决定。

第五节 变更与延续

第四十九条 被许可人要求变更行政许可事项的，应当向作出行政许可决定的行政机关提出申请；符合法定条件、标准的，行政机关应当依法办理变更手续。

第五十条 被许可人需要延续依法取得的行政许可的有效期的，应当在该行政许可有效期届满三十日前向作出行政许可决定的行政机关提出申请。但是，法律、法规、规章另有规定的，依照其规定。

行政机关应当根据被许可人的申请，在该行政许可有效期届满前作出是否准予延续的决定；逾期未作决定的，视为准予延续。

第六节 特别规定

第五十一条 实施行政许可的程序，本节有规定的，适用本节规定；本节没有规定的，适用本章其他有关规定。

第五十二条 国务院实施行政许可的程序，适用有关法律、行政法规的规定。

第五十三条 实施本法第十二条第二项所列事项的行政许可的，行政机关应当通过招标、拍卖等公平竞争的方式作出决定。但是，法律、行政法规另有规定的，依照其规定。

行政机关通过招标、拍卖等方式作出行政许可决定的具体程序,依照有关法律、行政法规的规定。

行政机关按照招标、拍卖程序确定中标人、买受人后,应当作出准予行政许可的决定,并依法向中标人、买受人颁发行政许可证件。

行政机关违反本条规定,不采用招标、拍卖方式,或者违反招标、拍卖程序,损害申请人合法权益的,申请人可以依法申请行政复议或者提起行政诉讼。

第五十四条 实施本法第十二条第三项所列事项的行政许可,赋予公民特定资格,依法应当举行国家考试的,行政机关根据考试成绩和其他法定条件作出行政许可决定;赋予法人或者其他组织特定的资格、资质的,行政机关根据申请人的专业人员构成、技术条件、经营业绩和管理水平等的考核结果作出行政许可决定。但是,法律、行政法规另有规定的,依照其规定。

公民特定资格的考试依法由行政机关或者行业组织实施,公开举行。行政机关或者行业组织应当事先公布资格考试的报名条件、报考办法、考试科目以及考试大纲。但是,不得组织强制性的资格考试的考前培训,不得指定教材或者其他助考材料。

第五十五条 实施本法第十二条第四项所列事项的行政许可的,应当按照技术标准、技术规范依法进行检验、检测、检疫,行政机关根据检验、检测、检疫的结果作出行政许可决定。

行政机关实施检验、检测、检疫,应当自受理申请之日起五日内指派两名以上工作人员按照技术标准、技术规范进行检验、检测、检疫。不需要对检验、检测、检疫结果作进一步技术分析即可认定设备、设施、产品、物品是否符合技术标准、技术规范的,行政机关应当当场作出行政许可决定。

行政机关根据检验、检测、检疫结果,作出不予行政许可决定的,应当书面说明不予行政许可所依据的技术标准、技术规范。

第五十六条 实施本法第十二条第五项所列事项的行政许可,申请人提交的申请材料齐全、符合法定形式的,行政机关应当当场予以登记。需要对申请材料的实质内容进行核实的,行政机关依照本法第三十四条第三款的规定办理。

第五十七条 有数量限制的行政许可,两个或者两个以上申请人的申请均符合法定条件、标准的,行政机关应当根据受理行政许可申请的先后顺序作出准予行政许可的决定。但是,法律、行政法规另有规定的,依照其规定。

第五章 行政许可的费用

第五十八条 行政机关实施行政许可和对行政许可事项进行监督检查,不得收取任何费用。但是,法律、行政法规另有规定的,依照其规定。

行政机关提供行政许可申请书格式文本,不得收费。

行政机关实施行政许可所需经费应当列入本行政机关的预算,由本级财政予以保障,按照批准的预算予以核拨。

第五十九条 行政机关实施行政许可,依照法律、行政法规收取费用的,应当按照公布的法定项目和标准收费;所收取的费用必须全部上缴国库,任何机关或者个人不得以任何形式截留、挪用、私分或者变相私分。财政部门不得以任何形式向行政机关返还或者变相返还实施行政许可所收取的费用。

第六章 监督检查

第六十条 上级行政机关应当加强对下级行政机关实施行政许可的监督检查,及时纠正行政许可实施中的违法行为。

第六十一条 行政机关应当建立健全监督制度,通过核查反映被许可人从事行政许可事项活动情况的有关材料,履行监督责任。

行政机关依法对被许可人从事行政许可事项的活动进行监督检查时,应当将监督检查的情况和处理结果予以记录,由监督检查人员签字后归档。公众有权查阅行政机关监督检查记录。

行政机关应当创造条件,实现与被许可人、其他有关行政机关的计算机档案系统互联,核查被许可人从事行政许可事项活动情况。

第六十二条 行政机关可以对被许可人生产经营的产品依法进行抽样检查、检验、检测,对其生产经营场所依法进行实地检查。检查时，行政机关可以依法查阅或者要求被许可人报送有关材料；被许可人应当如实提供有关情况和材料。

行政机关根据法律、行政法规的规定，对直接关系公共安全、人身健康、生命财产安全的重要设备、设施进行定期检验。对检验合格的，行政机关应当发给相应的证明文件。

第六十三条 行政机关实施监督检查，不得妨碍被许可人正常的生产经营活动，不得索取或者收受被许可人的财物，不得谋取其他利益。

第六十四条 被许可人在作出行政许可决定的行政机关管辖区域外违法从事行政许可事项活动的，违法行为发生地的行政机关应当依法将被许可人的违法事实、处理结果抄告作出行政许可决定的行政机关。

第六十五条 个人和组织发现违法从事行政许可事项的活动，有权向行政机关举报，行政机关应当及时核实、处理。

第六十六条 被许可人未依法履行开发利用自然资源义务或者未依法履行利用公共资源义务的，行政机关应当责令限期改正；被许可人在规定期限内不改正的，行政机关应当依照有关法律、行政法规的规定予以处理。

第六十七条 取得直接关系公共利益的特定行业的市场准入行政许可的被许可人，应当按照国家规定的服务标准、资费标准和行政机关依法规定的条件，向用户提供安全、方便、稳定和价格合理的服务，并履行普遍服务的义务；未经作出行政许可决定的行政机关批准，不得擅自停业、歇业。

被许可人不履行前款规定的义务的，行政机关应当责令限期改正，或者依法采取有效措施督促其履行义务。

第六十八条 对直接关系公共安全、人身健康、生命财产安全的重要设备、设施，行政机关应当督促设计、建造、安装和使用单位建立相应的自检制度。

行政机关在监督检查时，发现直接关系公共安全、人身健康、生命财产安全的重要设备、设施存在安全隐患的，应当责令停止建造、安装和使用，并责令设计、建造、安装和使用单位立即改正。

第六十九条 有下列情形之一的，作出行政许可决定的行政机关或者其上级行政机关，根据利害关系人的请求或者依据职权，可以撤销行政许可：

(一)行政机关工作人员滥用职权、玩忽职守作出准予行政许可决定的；

(二)超越法定职权作出准予行政许可决定的；

(三)违反法定程序作出准予行政许可决定的；

(四)对不具备申请资格或者不符合法定条件的申请人准予行政许可的；

(五)依法可以撤销行政许可的其他情形。

被许可人以欺骗、贿赂等不正当手段取得行政许可的，应当予以撤销。

依照前两款的规定撤销行政许可，可能对公共利益造成重大损害的，不予撤销。

依照本条第一款的规定撤销行政许可，被许可人的合法权益受到损害的，行政机关应当依法给予赔偿。依照本条第二款的规定撤销行政许可的，被许可人基于行政许可取得的利益不受保护。

第七十条 有下列情形之一的，行政机关应当依法办理有关行政许可的注销手续：

(一)行政许可有效期届满未延续的；

(二)赋予公民特定资格的行政许可，该公民死亡或者丧失行为能力的；

(三)法人或者其他组织依法终止的；

(四)行政许可依法被撤销、撤回，或者行政许可证件依法被吊销的；

(五)因不可抗力导致行政许可事项无法实施的；

(六)法律、法规规定的应当注销行政许可的其他情形。

第七章 法律责任

第七十一条 违反本法第十七条规定设定的行政许可，有关机关应当责令设定该行政许可的机关改正，或者依法予以撤销。

第七十二条 行政机关及其工作人员违反本法的规定，有下列情形之一的，由其上级行政机关或者监察机关责令改正；情节严重的，对直接负责的主管人员和其他直接责任人员依法给予行政处分：

(一)对符合法定条件的行政许可申请不予受理的;

(二)不在办公场所公示依法应当公示的材料的;

(三)在受理、审查、决定行政许可过程中,未向申请人、利害关系人履行法定告知义务的;

(四)申请人提交的申请材料不齐全、不符合法定形式,不一次告知申请人必须补正的全部内容的;

(五)未依法说明不受理行政许可申请或者不予行政许可的理由的;

(六)依法应当举行听证而不举行听证的。

第七十三条 行政机关工作人员办理行政许可、实施监督检查,索取或者收受他人财物或者谋取其他利益,构成犯罪的,依法追究刑事责任;尚不构成犯罪的,依法给予行政处分。

第七十四条 行政机关实施行政许可,有下列情形之一的,由其上级行政机关或者监察机关责令改正,对直接负责的主管人员和其他直接责任人员依法给予行政处分;构成犯罪的,依法追究刑事责任:

(一)对不符合法定条件的申请人准予行政许可或者超越法定职权作出准予行政许可决定的;

(二)对符合法定条件的申请人不予行政许可或者不在法定期限内作出准予行政许可决定的;

(三)依法应当根据招标、拍卖结果或者考试成绩择优作出准予行政许可决定,未经招标、拍卖或者考试,或者不根据招标、拍卖结果或者考试成绩择优作出准予行政许可决定的。

第七十五条 行政机关实施行政许可,擅自收费或者不按照法定项目和标准收费的,由其上级行政机关或者监察机关责令退还非法收取的费用;对直接负责的主管人员和其他直接责任人员依法给予行政处分。

截留、挪用、私分或者变相私分实施行政许可依法收取的费用的,予以追缴;对直接负责的主管人员和其他直接责任人员依法给予行政处分;构成犯罪的,依法追究刑事责任。

第七十六条 行政机关违法实施行政许可,给当事人的合法权益造成损害的,应当依照国家赔偿法的规定给予赔偿。

第七十七条 行政机关不依法履行监督职责或者监督不力,造成严重后果的,由其上级行政机关或者监察机关责令改正,对直接负责的主管人员和其他直接责任人员依法给予行政处分;构成犯罪的,依法追究刑事责任。

第七十八条 行政许可申请人隐瞒有关情况或者提供虚假材料申请行政许可的,行政机关不予受理或者不予行政许可,并给予警告;行政许可申请属于直接关系公共安全、人身健康、生命财产安全事项的,申请人在一年内不得再次申请该行政许可。

第七十九条 被许可人以欺骗、贿赂等不正当手段取得行政许可的,行政机关应当依法给予行政处罚;取得的行政许可属于直接关系公共安全、人身健康、生命财产安全事项的,申请人在三年内不得再次申请该行政许可;构成犯罪的,依法追究刑事责任。

第八十条 被许可人有下列行为之一的,行政机关应当依法给予行政处罚;构成犯罪的,依法追究刑事责任:

(一)涂改、倒卖、出租、出借行政许可证件,或者以其他形式非法转让行政许可的;

(二)超越行政许可范围进行活动的;

(三)向负责监督检查的行政机关隐瞒有关情况、提供虚假材料或者拒绝提供反映其活动情况的真实材料的;

(四)法律、法规、规章规定的其他违法行为。

第八十一条 公民、法人或者其他组织未经行政许可,擅自从事依法应当取得行政许可的活动的,行政机关应当依法采取措施予以制止,并依法给予行政处罚;构成犯罪的,依法追究刑事责任。

第八章 附则

第八十二条 本法规定的行政机关实施行政许可的期限以工作日计算,不含法定节假日。

第八十三条 本法自2004年7月1日起施行。

本法施行前有关行政许可的规定,制定机关应当依照本法规定予以清理;不符合本法规定的,自本法施行之日起停止执行。

中共中央 国务院关于进一步做好下岗失业人员再就业工作的通知

2003年9月30日　中发【2002】12号

各省、自治区、直辖市党委和人民政府，各大军区党委，中央和国家机关各部委，军委各总部、各军兵种党委，各人民团体：

1998年以来，按照党中央、国务院的部署和要求，各级党委、政府坚决贯彻执行“鼓励兼并、规范破产、下岗分流、减员增效、实施再就业工程”和建立国有企业下岗职工基本生活保障制度、失业保险制度、城市居民最低生活保障制度“三条保障线”等政策措施，确保了绝大多数下岗职工的基本生活，并使一大批下岗职工通过多种途径实现了再就业。实践证明，这些政策措施是完全正确的，必须继续全面贯彻执行。当前和今后一个较长时期内，我国就业形势仍十分严峻。我国就业方面的主要矛盾，是劳动者充分就业的需求与劳动力总量过大、素质不相适应之间的矛盾。当前，主要表现在劳动力供求总量矛盾和就业结构性矛盾同时并存，城镇就业压力加大和农村富余劳动力向非农领域转移速度加快同时出现，新成长劳动力就业和失业人员再就业问题相互交织。焦点集中在下岗失业人员再就业上。这已经成为一个带有全局性影响的重大经济和社会问题。为了确保社会稳定，为深化改革和促进发展奠定更好的基础，必须采取切实有效的措施，进一步做好就业工作特别是下岗失业人员再就业工作。现就有关问题通知如下：

一、统一认识，加强领导，明确再就业工作目标和责任

(一)各级党委、政府和各有关部门必须充分认识就业和再就业工作的极端重要性。要从维护改革发展稳定大局，实现国家长治久安的高度，将就业和再就业工作作为一项长期的战略任务和重大的政治任务，作为全面贯彻“三个代表”要求的重要措施，着眼长远，立足当前，统筹兼顾，坚持不懈地抓好。要坚持通过发展和改革的办法促进就业和再就业，正确处理发展经济、经济结构调整、深化改革、城乡经济协调发展、完善社会保障体系与扩大就业的关系，逐步走出一条既能充分促进就业，又能保证经济持续快速健康发展的路子。要坚持市场导向的就业机制，实施积极的就业政策，多渠道开发就业岗位，努力改善就业环境，支持劳动者自谋职业和自主创业，鼓励企业更多吸纳就业，帮助困难群体就业。当前和今后一个时期，要在进一步巩固“两个确保”，逐步完善社会保障体系的基础上，重点做好有劳动能力和就业愿望的下岗失业人员再就业工作。

(二)各级党委、政府对本地区就业工作负主要责任。要把控制失业率和增加就业岗位作为宏观调控的重要指标，纳入国民经济和社会发展计划。把净增就业岗位、落实再就业政策、强化再就业服务、加大再就业资金投入和帮助困难群体就业作为具体工作目标，层层分解，督促落实，并作为政绩考核的重要内容，定期进行检查。对落实好的予以表扬，对落实不好的予以批评，对因工作不力造成严重后果的要追究领导责任。

各级劳动保障、计划、经贸、教育、民政、财政、建设、税务、工商、银行、物价等部门要切实履行职责，加强协调配合。要充分发挥各民主党派、工商联和工会、共青团、妇联等人民团体的作用，群策群力，共同做好就业特别是下岗失业人员再就业工作。

(三)充分发挥基层党组织和思想政治工作在促进就业和再就业工作中的作用。在实施企业改制重组、关闭破产、下岗分流和再就业工作过程中，必须把保障群众生活、促进就业和维护社会稳定作为基层党组织的主要任务。要动员全社会都来关心和支持就业工作特别是下岗失业人员的再就业工作。充分发挥党的思想政治工作优势，大力宣传党和政府的有关方针政策，用再就业的典型事例，帮助下岗失业人员理解和支持企业改革，转变观念，自强自立，自觉维护社会稳定，在国家政策扶持和社会帮助下，依靠自身努力实现再就业。

二、努力开辟就业门路，积极创造就业岗位

(四)坚持扩大内需的方针，保持国民经济必要增长速度，积极调整经济结构，千方百计扩大就业。在制定涉及全局的经济社会政策和确定建设项目时，要在注重提高竞争力的同时，把扩大就业作为重要因素考虑。积极发展具有比较优势的劳动密集型产业和企业，提高经济增长对就业的拉动能力。

(五)努力开辟就业和再就业的门路。

大力发展第三产业，继续拓展商贸、餐饮等传统服务业领域的就业渠道，努力发展旅游业增加就业，尤其要积极开发社区服务业的就业岗位，重点开发面向社区居民生活服务、机关企事业单位后勤保障和社区公共管理的就业岗位以及清洁、绿化、社区保安、公共设施养护等公益性岗位。

鼓励发展个体、私营、外商投资、股份合作等多种所有制经济扩大就业，积极发展有市场需求的劳动密集型中小企业，继续发展劳动就业服务企业，更多吸纳下岗失业人员。

促进跨地区的劳务协作和对外劳务输出。鼓励就业压力大的地区特别是资源开采型城市和独立工矿区，按市场需求发展接续性产业，组织下岗失业人员到有劳务需求的地区就业，到农村承包荒山、荒地，从事种植业和养殖业。

鼓励有条件的国有大中型企业在进行结构调整、重组改制和主辅分离中，利用非主业资产和闲置资产，通过多种方式分流和安置企业富余人员，对破产企业要利用其有效资产安置职工。

鼓励下岗失业人员通过非全日制、临时性、季节性、弹性工作等灵活多样形式实现就业。通过发展劳务派遣、就业基地等组织形式，为他们灵活就业提供服务和帮助。

三、完善和落实促进再就业的扶持政策

(六)实施再就业扶持政策的对象范围是有劳动能力和就业愿望的下列人员(以下简称下岗失业人员)：

1、国有企业的下岗职工；

2、国有企业的失业人员；

3、国有企业关闭破产需要安置的人员；

4、享受最低生活保障并且失业一年以上的城镇其他失业人员。

(七)鼓励下岗失业人员自谋职业和自主创业。

1、对下岗失业人员从事个体经营(国家限制的行业除外)的，3年内免征营业税、城市维护建设税、教育费附加和所得税，并免收属于管理类、登记类和证照类的所有各项行政事业性收费。国务院有关部门和省级人民政府要明确免收的项目，并向社会公布。严禁各种形式的集资、摊派和乱收费。各类中介机构对下岗失业人员从事个体经营涉及的各种服务性收费，要按照最低标准收取，严禁强制服务和强行收费。

2、各省、自治区、直辖市和地级以上城市要建立下岗失业人员贷款担保基金，所需资金主要由同级财政筹集，担保机构由当地政府确定。为下岗失业人员自谋职业和自主创业提供的小额贷款，按照个人自愿申请、社区推荐、劳动保障服务机构审查、担保机构承诺担保、商业银行核贷的程序进行，贷款额度一般掌握在2万元左右。贷款期限最长不超过2年，到期确需延长的，可申请展期1次。贷款利息按照中国人民银行公布的贷款利率确定，对从事微利项目的，由中央财政据实全额贴息，展期不贴息。担保最高限额为担保基金的5倍，期限与贷款期限相同。各国有商业银行、股份制商业银行、城市商业银行和有条件的城市信用社，都要开办此项贷款业务，并且要简化手续，提供开户和结算便利。

对下岗失业人员合伙经营和组织起来就业的，可根据人数和经营项目扩大贷款规模。

3、各级政府和有关部门要切实转变职能，改革行政审批程序，简化下岗失业人员开业的相关手续，提高服务效率。根据需要，有条件的地方应设立专门窗口，由有关行政审批部门参加，提供"一条龙"服务。

4、各级政府在城市规划建设和整顿市容时，要统筹解决好下岗失业人员自谋职业和自主创业的经营场地问题。有条件的地方，可安排相对集中的生产经营培育性场所。

5、对下岗失业人员以非全日制、临时性和弹性工作等灵活形式就业的，要适应其特点，抓紧制定劳动关系形式、工资支付方式和社会保险等方面的配套办法,保障他们的合法权益。

(八)鼓励服务型企业吸纳下岗失业人员。

1、对现有的服务型企业(国家限制的行业除外)新增加的岗位,当年新招用下岗失业人员达到职工总数30%以上,并与其签订3年以上期限劳动合同的,经劳动保障部门认定,税务机关审核,3年内根据招用人数按年度应缴所得税额的一定比例减征企业所得税。

2、对新办的服务型企业(国家限制的行业除外)当年新招用下岗失业人员达到职工总数30%以上,并与其签订3年以上期限劳动合同的,经劳动保障部门认定,税务机关审核,3年内免征企业应缴纳的营业税、城市维护建设税、教育费附加和企业所得税。当年新招用下岗失业人员不足30%的,根据招用人数,按应缴所得税额的一定比例减征企业所得税。

3、对各类服务型企业(包括商贸、餐饮、服务业企业,国家限制的行业除外)新增岗位新招用国有企业下岗失业人员,并与其签订3年以上期限劳动合同的,经劳动保障部门审核后,从再就业资金中按招用人数提供为期3年的社会保险补贴。补贴标准按单位应为所招人员缴纳的养老保险费和失业保险费之和计算,个人应缴的养老保险费和失业保险费仍由本人负担。

(九)对国有大中型企业通过主辅分离和辅业改制分流安置本企业富余人员兴办的经济实体(国家限制的行业除外),凡符合以下条件的,经有关部门认定,税务机关审核,3年内免征企业所得税。

1、利用原企业的非主业资产、闲置资产或关闭破产企业的有效资产;

2、独立核算、产权清晰并逐步实现产权主体多元化;

3、吸纳原企业富余人员达到30%以上;

4、与安置的职工变更或签订新的劳动合同。

(十)上述有关社会保险补贴和减免税费的政策暂定执行到2005年底。

(十一)适当提高营业税和增值税的起征点。具体办法由财政部、国家税务总局制定。

(十二)各级政府要把有劳动能力和就业愿望的男性50周岁以上,女性40周岁以上,就业困难的下岗失业人员作为再就业援助的主要对象(以下简称大龄就业困难对象),提供即时岗位援助等多种帮助。由政府投资开发的公益性岗位要优先安排大龄就业困难对象。在社区开发的公益性岗位安排原属国有企业大龄就业困难对象就业、从再就业资金中给予社会保险补贴。补贴标准按单位应为所招人员缴纳的养老保险费和失业保险费之和计算,个人应缴的养老保险费和失业保险费仍由本人负担。同时,各地可根据实际提供适当比例的岗位补贴,补贴标准由当地政府确定,资金由地方财政解决。

(十三)各级政府要调整财政支出结构,加大再就业资金投入,将促进再就业资金列入财政预算。在《政府预算收支科目》中增设"就业补助"款级科目,以反映各级财政用于社会保险补贴、岗位补贴、小额贷款担保和贴息、再就业培训补贴、职业介绍补贴等项支出。各级财政还要安排资金,用于社区劳动和社会保障工作经费与劳动力市场信息网络建设。

各级财政原来安排用于国有企业下岗职工基本生活保障的资金规模不减,在确保下岗职工基本生活的前提下,根据当地工作需要,安排一部分用于促进再就业。

对中西部地区和老工业基地,中央财政将在原国有企业下岗职工基本生活保障专项转移支付资金项下,增加再就业补助资金,支持地方促进再就业工作,严禁挪作他用。

中央财政增加的再就业补助资金,主要用于补助:(1)小额贷款贴息的全部资金;(2)社会保险补贴的部分资金;(3)职业介绍和再就业培训补贴的部分资金。

(十四)各级党委和政府要采取有力措施,认真抓好再就业扶持政策的落实。要组织劳动保障、监察、计划、经贸、公安、财政、建设、文化、卫生、税务、工商、银行、物价等部门和工会每年对再就业扶持政策的落实情况进行专项检查,并充分发挥社会监督和群众监督的作用,使再就业扶持政策真正落实到基层单位和下岗失业人员身上。

(十五)各地要严格掌握扶持政策的对象范围。各级劳动保障部门负责为符合条件人员免费核发《再就业优惠证》,作为享受扶持政策的凭证。要依托街道和企业审核认定下岗失业人员,对证件发放和使用进行严格的管理和监督。对出租、转让和伪造《再就业优惠证》的行为,依法严肃处理。对采取各种形式骗取国家资金和优惠政策的企业和个人,要严肃查处,情节严重的依法追究刑事责任。

四、改进就业服务,强化再就业培训

(十六)各级政府要建立公共就业服务制度,对城镇登记失业人员和国有企业下岗职工,提供免费职业介绍,对城镇就业转失业人员和国有企业下岗职工提供免费再就业培训,所需经费主要由地方财政承担,中央财政对困难地方给予适当补助。要建立再就业援助制度,为就业困难对象提供专门的帮助和服务。在各级公共职业介绍机构中,要实行求职登记、职业指导、职业介绍、培训申请、鉴定申报、档案管理、社会保险关系接续"一站式"就业服务。要加快就业服务信息化建设,健全劳动力市场信息网及其公开发布系统,提供及时、便捷的就业信息服务。

要根据劳动力市场变化和产业结构调整的需要,大力加强职业教育和再就业培训。各地要充分利用全社会现有的教育资源,组织开展多层次、多形式的再就业培训,提高下岗失业人员的就业能力。对从事技术性工作的劳动者开展的技能培训,应与推行和规范国家职业资格证书制度相结合。对有开业条件的人员开展的创业培训和开业指导,应提供项目咨询、跟踪扶持等服务,加快培养一批创业带头人。

各级政府可在资质认定的基础上,委托社会各类职业培训机构和职业中介机构为下岗失业人员提供职业培训和就业服务,由政府给予资金补贴的免费培训和服务项目,要进行严格、科学的效果评估。

(十七)城乡基层组织要承担起做好下岗失业人员再就业和企事业单位退休人员的管理、服务工作的责任。街道和工作任务重的乡镇,可设立或确定负责劳动保障事务的机构,具体由各地党委、政府根据实际情况决定。要充分发挥社区在就业和社会保障方面的服务功能,街道劳动保障工作机构要在社区聘用专门的服务人员,并提供工作经费,建立统一的社会保障和劳动就业工作体系。

(十八)规范劳动力市场秩序,加强对各类职业中介行为的监管,严厉打击非法职业中介和各类欺诈行为。加大劳动保障执法监察力度,规范执法监察行为,对各类企业招聘人员不签订劳动合同、滥用试用期、随意压低和克扣工资、拒缴社会保险费等违法行为,要依法查处。根据工作需要,充实劳动保障执法监察队伍的人员,保证工作经费。

五、坚持统筹兼顾,搞好就业的宏观调控

(十九)正确处理深化国有企业改革与扩大就业的关系,既要坚持国有企业改革方向,推进企业减员增效,又要切实加强对关闭破产企业职工安置和正常生产经营企业裁员的指导。实施政策性关闭破产的企业,职工安置方案必须经职工代表大会讨论通过,并报当地政府企业兼并破产和职工再就业工作协调小组审核批准。凡职工安置方案和社会保障办法不明确、资金不到位的,不得进入关闭破产程序。正常生产经营企业成规模裁减人员,人员裁减方案要经企业职工代表大会讨论。凡不能依法支付解除劳动合同的经济补偿金并妥善解决企业拖欠职工债务的,不得裁减人员。国有大型企业一次性减员超过一定数量和比例的,要事前向当地政府报告。

各地要按属地管理原则,将中央企业的再就业纳入当地的再就业工作规划,统筹安排落实。中央企业集团公司(总公司)也要切实负起责任,配合地方共同做好下属企业的再就业工作。中央企业关闭破产,由地方与中央有关单位组成联合工作班子,负责协调离退休人员管理、企业办社会职能移交、职工安置等工作。

(二十)建立城镇劳动力抽样调查制度,定期开展全国城镇劳动力抽样调查,及时反映全国及各地的就业和失业动态变化。建立失业预警机制,在下岗失业总量接近或超过警戒线时,各级政府要及时采取措施缓解矛盾。

(二十一)在重点做好下岗失业人员再就业工作的同时,要统筹兼顾城镇新成长劳动力的就业和农村富余劳动力的转移工作。对城镇新成长的劳动力,要引导和帮助他们参与市场竞争就业,对城镇未能继续升学的初、高中毕业生普遍实行劳动预备制度,加强职业教育和培训,延缓就业压力。对农村劳动力进城就业要公平对待,合理引导,完善管理,搞好服务,认真清理不合理的限制政策,切实保障他们的合法权益。各类企业招用农民工,应签订劳动合同,必须依法缴纳社会保险费。

六、巩固"两个确保",完善社会保障体系

(二十二)各级政府要继续按照"三三制"原则落实下岗职工基本生活保障资金,努力扩大社会保险覆盖范围，加强社会保险费的征缴，进一步巩固“两个确保”，不得发生新的拖欠。中央财政对中西部地区和老工业基地，继续通过专项转移支付的方式给予支持。

积极稳妥地做好下岗职工出中心向失业保险并轨工作。完善社会保障体系的省级试点目前只在辽宁进行，其它地方要从实际出发，在确保稳定的前提下，因地制宜、分类指导、分别处理，积极探索下岗职工出中心向失业保险并轨的办法和途径。对企业新裁减人员和出中心的下岗职工，要按规定及时提供失业保险，符合条件的，纳入城市居民最低生活保障。对协议期满暂时无法解除劳动关系的下岗职工，各级政府和企业要继续运用现有各类资金渠道筹措的资金保障其基本生活。

加强城市居民最低生活保障工作。将所有符合条件的城市贫困居民都纳入保障范围，做到“应保尽保”。对特殊困难群体的最低生活保障情况进行检查，帮助解决他们在生活保障以及医疗、住房、取暖、子女入学、水电煤气等方面遇到的问题。

(二十三)完善下岗失业人员的社会保险关系接续办法，做好接续服务。下岗失业人员离开企业时，其过去的社会保险缴费年限和个人帐户继续保留，企业和个人欠缴的社会保险费要一次性补缴。下岗失业人员由企业招用再就业的，应由新的用人单位和职工个人按规定继续缴纳社会保险费；自谋职业和灵活就业的，可以按照个体工商户参保办法参加养老保险。继续参加养老保险并按规定缴费的，其前后缴费年限合并计算；未继续参加养老保险中断缴费的，达到退休年龄后按实际缴费年限计发基本养老金。对接近内部退养年龄的下岗职工，经企业与职工协商一致，在解除劳动关系时，可以签订社会保险缴费协议，按规定缴纳社会保险费。

社会保险经办机构要开设专门窗口，方便下岗失业人员继续参保缴费，并积极探索适合下岗失业人员从事个体经营和灵活就业的社会保险办法。对尚未纳入基本医疗保险范围的下岗失业人员，实施社会医疗救助。

各地区、各有关部门要结合实际，抓紧研究制定贯彻本《通知》的具体办法和实施细则，确保本《通知》精神落到实处。

国务院办公厅转发国务院行政审批制度改革工作领导小组办公室关于进一步推进省级政府行政审批制度改革意见的通知

2003 年 10 月 6 日　国办发【2003】84 号

各省、自治区、直辖市人民政府，国务院各部委、各直属机构：

国务院行政审批制度改革工作领导小组办公室《关于进一步推进省级政府行政审批制度改革的意见》已经国务院同意，现转发给你们，请认真贯彻执行。

关于进一步推进省级政府行政审批制度改革的意见

(国务院行政审批制度改革工作领导小组办公室2003年9月18日)

近年来,各地区、各部门按照国务院的部署,相继开展了行政审批制度改革,取得了明显成效。省级政府是实施行政审批的重要机关,搞好省级政府行政审批制度改革,有利于国务院部门的改革与地方的改革相衔接,巩固和深化改革成果,增强改革的整体效应,促进政府职能转变,推动形成行为规范、运转协调、公正透明、廉洁高效的行政管理体制。为推动行政审批制度改革不断取得新的成效,现就进一步推进省级政府行政审批制度改革提出以下意见:

一、正确把握有关政策和要求,进一步对现行行政审批项目作出处理

为推动行政审批制度改革,国务院和国务院行政审批制度改革工作领导小组近年来制定了一系列政策,提出了明确的要求,这些政策和要求是指导改革的基本依据。各地要对照有关规定和要求,对前一阶段改革工作进行认真总结,查找并解决存在的问题,进一步对行政审批项目作出处理。要把握行政审批行为的本质特征,准确界定行政审批项目,合理划分行政审批的类和项。

(一)既要考虑审批项目的现行设定依据,又要把握社会主义市场经济对行政管理改革的新要求,处理好行政审批制度改革的合法原则与合理原则的关系。当审批项目符合合法原则而不符合合理原则时,也要相应作出处理。

(二)既要着眼长远发展需要,又要立足当前现实情况。对应当取消也能够取消的审批项目,要坚决取消;对应当取消但一时条件不具备的审批项目,要依照《中华人民共和国行政许可法》的规定处理。

(三)既要加快改革进度,又要确保工作质量。要严格按照初核、协商、论证、审定等步骤,规范审批项目审核和处理工作程序。要集中多方面的智慧和力量,对审批项目进行充分的研究论证,确保审批项目处理工作的质量。

二、搞好工作衔接,确保国务院取消和调整行政审批项目决定的落实

国务院部门要对本部门每一项取消和调整的审批项目提出明确具体的上下衔接意见。各省、自治区、直辖市要根据不同情况对有关审批项目作出相应处理。要从审批部门、审批对象、审批依据、审批内容等方面,全面对照核对。审批项目名称与国务院决定取消和调整的项目不完全一致,但审批内容相同或相近的,要作出相应处理;将多项审批合并为一项的,要对照国务院决定取消和调整的审批项目目录,分解为具体事项,分别作出处理。

(一)国务院决定取消的审批项目,国务院部门和地方各级人民政府都不得再行审批,国务院各部门不得要求地方人民政府及其部门继续审批或变相审批。如果省级人民政府及其部门也设定有相应审批项目,原则上要取消,个别因情况特殊确需保留的,要根据《中华人民共和国行政许可法》的有关规定,通过制定地方性法规或地方人民政府规章予以设定,但地方性法规和地方人民政府规章不得设定应当由国家统一确定的公民、法人或者其他组织的资格、资质的行政许可;不得设定企业或者其他组织的设立登记及其前置性行政许可。其设定的行政许可,不得限制其他地区的个人或者企业到本地区从事生产经营和提供服务,不得限制其他地区的商品进入本地区市场。对银行业、证券业、保险业中实行垂直管理的事项,地方性法规、地方人民政府规章都不得设定行政审批,已经设定的,要依法取消。

(二)根据《中华人民共和国行政许可法》的有关规定,并考虑现实情况,对现由国务院部门及其内设机构设定、由地方人民政府实施的行政审批,各地要作如下处理:由国务院部门内设机构文件设定的行政审批,一律取消;由部门行政规章和部门文件设定的行政审批,在与国务院部门协商一致后作出处理,并由省、自治区、直辖市行政审批制度改革工作领导小组将结果统一报国务院行政审批制度改革工作领导小组办公室。

(三)国务院决定改变管理方式的审批项目,各地要参照国务院部门的处理办法,移交给相应的行业组织或社会中介机构。暂不具备移交条件的,可设定过渡期,过渡期内继续按原办法审批,过渡期结束即进行移交。国务院部门下放的审批项目,省级人民政府及其部门要做好接收工作。

三、加强已取消和改变管理方式的行政审批事项的后续监管

对取消后还需通过其他方式监管的审批事项,要制订并落实后续监管的措施和办法,防止管理脱节;对改变管理方式的审批事项,要做好向行业组织或社会中介机构的移交工作。要进一步培育行业组织和社会中介机构,指导并规范其行为,加强管理和监督。对有额度和指标限制或公共资源配置、有限自然资源的开发利用等事项,要充分发挥市场机制的作用,通过招标、拍卖等方式运作,努力营造公开、公平、公正的市场竞争环境。招标代理等市场中介机构,要做到与政府主管部门机构分立、职能分离、人员分开、财务分账。认真落实经营性土地使用权招标拍卖挂牌出让制度,规范和限制协议出让行为;加快产权交易市场建设,全面实行产权交易进入市场制度;认真执行《中华人民共和国招标投标法》、《中华人民共和国政府采购法》,严格规范政府采购行为。

四、认真清理并依法妥善处理拟取消和改变管理方式的行政审批项目的设定依据

要根据法律、法规和政府规章是否有直接、具体和明确的条款或表述,确定行政审批项目设定的依据。法律、法规和政府规章对某一事项只作了原则的管理规定,但没有明示进行行政审批的,不得作为设定依据。要根据设定依据的效力等级等情况分别对拟取消和改变管理方式的审批项目作出处理。

(一)以地方性法规为设定依据的,由省、自治区、直辖市行政审批制度改革工作领导小组提出处理建议,按法定程序由省级人大及其常委会修改有关地方性法规。

(二)以省、自治区、直辖市党委文件为设定依据的,省、自治区、直辖市行政审批制度改革工作领导小组提出处理建议,按程序报省、自治区、直辖市党委决定。

(三)以政府规章为设定依据的,省、自治区、直辖市人民政府要及时调整、修订有关规章。

(四)对没有合法依据但符合合理原则,确需保留的行政审批项目,由省、自治区、直辖市人民政府组织有关部门,起草有关地方性法规或政府规章,按法定程序报省级人大及其常委会或政府决定。

五、严格规范行政审批行为,促进依法行政

要按照建立结构合理、配置科学、程序严密、制约有效的权力运行机制的要求,严格规范审批行为。要结合政务公开工作,健全审批公示制度,提高审批的公开性和透明度。除涉及党和国家秘密、商业秘密或者个人隐私的外,审批项目的名称、依据、申请条件、审批程序、审批期限、收费标准、审批结果等都要向社会公开。对关系国计民生和社会公众利益等重大审批事项,要积极推行社会听证制度;对专业性和技术性较强的审批事项,要进行咨询论证。要按照便民、及时、高效的原则,根据审批事项的性质、特点和内容,建立部门和部门内设机构之间的协调机制,制定相应的审批操作规程,减少审批环节,简化审批手续,改进审批方式,提高审批效率。对拟保留的审批项目要逐项进行研究,查找容易产生问题的部位和环节,通过实行审批机关层级监督及部门内外分权等制度,最大限度地减少审批人的自由裁量权和审批随意性。要按照责权统一原则,建立和完善行政审批责任追究制度和信息反馈机制,主动接受人大、政协、司法机关以及舆论和人民群众的监督。

六、深入推动行政审批制度创新

要加强行政审批制度改革理论研究,深入探索行政审批制度改革的特点和规律,通过理论创新推动制度创新。要研究政府履行行政审批职能的方法和手段,积极运用信息、网络等技术手段,发展电子政务,推行网上审批、窗口式办文。按照精简、统一、效能的原则和决策、执行、监督相协调的要求,将政策制定、审查审批与监督检查、实施处罚等相对分开,不断完善政府的经济调节、市场监管、社会管理和公共服务职能。

行政审批制度改革与经济管理体制、社会管理体制以及其他方面的改革密切相关,要注意将相关改革紧密结合、整体推进。要结合机构改革,通过部门职能的调整和重新定位,理顺部门之间的审批职能;要与财政管理制度改革、实行“收支两条线”管理相结合,规范行政事业性收费行为;要与国有资产管理体制改革相结合,推动政府的社会管理和公共服务职能与国有资产出资人职能分开,探索国有资产管理的有效模式和途径;要与投融资体制改革相结合,明确政府和其他市场主体在投融资领域的责权利关系;要从行政管理体制创新和政府职能转变入手,把相对集中行政处罚权、综合行政执法同行政审批制度改革结合起来,积极探索适应新形势需要的综合执法体制和运行机制。

七、加强组织领导和督促检查

各地区、各部门要进一步增强政治责任感,树立大局观念,加强领导,积极主动地做好工作。要充实和加强行政审批制度改革领导机构和工作机构,搞好组织协调,充分调动各方面积极性,形成整体合力。要加强督促检查。国务院行政审批制度改革工作领导小组拟于2003年第四季度对省级人民政府行政审批制度改革工作情况进行检查。各地也要认真组织一次“回头看”,重点检查所属各部门行政审批项目的清理是否彻底、审批项目的审核和处理是否科学合理、已调整审批项目的后续工作是否到位、执行审批项目处理的决定是否严格规范等。要严明纪律。对有令不行、有禁不止,变相审批、违规审批的,以及借故推卸责任、影响审批项目处理决定落实的,要坚决纠正并严肃追究有关人员的责任。

ZHEJIANG DISHUI NIANJIAN

第三编

省地方税务局工作

全省地税工作综述

【概况】2003年,全省地税系统组织各项收入突破800亿元，达830.30亿元，增长26.88%，增收175.92亿元,其中:税收收入突破500亿元,达554.85亿元,增长27.28%,增收118.90亿元,完成年度计划的114.17%;社会保险费收入突破200亿元,养老保险费153.58亿元,增长26.20%;医疗保险费45.94亿元,增长65.76%。不含宁波,全省共组织各项收入659.01亿元,增长26.24%,增收137.00亿元,其中:税收收入437.03亿元,增长27.23%,增收93.55亿元,完成年度计划的114.11%。省级税收收入37.65亿元，增长27.93%，按上年同口径增长34.55%；养老保险费132.00亿元,增长26.25%;医疗保险费35.32亿元,增长58.78%。

【税源监控】税源监控的广度、深度、力度增强。大部分市县地税局对重点税源监控面已达60%以上。各地上报省局的重点税源监控户数已达1700户,比上年增加近800户,增长了88.89%,其中上报国家税务总局的重点税源企业500户，比上年增加380户。全省已有1万户以上的重点企业纳入各级重点税源管理网络,涉及税收收入约占全省税收收入的60%。

【地税征管】合理确定了营业税起征点，加强了分行业管理。试点应用个人所得税全员管理信息系统收到了明显成效,依托信息化深化个人所得税征管的做法得到了国家税务总局领导的充分肯定。制发了个人独资、合伙企业个人所得税税前扣除办法,促进了税负公平。认真做好企业所得税减免、总机构管理费计提、技改国产设备投资抵免等审核审批工作。落实好资源税税目注释和税额调整工作。加强部门配合,推广先进县市的征管经验,提高了车船使用税源泉管理水平。加强了土地增值税征管，土地增值税增长171.3%,入库税款处于全国第4位。向省政府提出了调整我省城镇土地使用税税额标准和征税范围的建议。充实了地方小税种的基础数据库,增强了信息化对地方税管理的依托作用。

【社保费征管】认真落实《浙江省职工基本养老保险条例》,坚持依法治费,进一步完善社保费征缴程序。在全省因地制宜地进一步推广义乌市"税银联网、税保挂钩"的经验,积极参与社会保险扩面工作。推进社保费征管信息化,创新社保费征管办法,完善社保费征缴制度。加大社保费征管力度,强化目标考核,采取欠费公告等措施大力开展欠费清理。还积极做好《浙江省社会保险费征缴管理办法》的代拟工作,为筑牢"安全网"贡献智慧和力量。

【信息化建设】完成了浙江地税数据应急处理中心建设,初步实现了税收征管基础业务数据的实时上行。具有统计分析、质量考核、报表管理、信息交互、日常业务等功能的管理层软件成功开发并通过测试,强化了决策和监控的技术手段。以通过金融清算中心扣缴为标志的新型缴库方式改革在杭州市局和省局直属一分局试点工作进展顺利,适合当地的税银库联网缴库模式改革在其他市县也得到了积极开展,推动了办税服务进一步从"一站"服务向"无站"服务转变,办税服务厅的否定之否定稳步推进。按照国务院信息办的部署,杭州市局与工商、国税、质监部门开展了企业基础信息交换试点工作,部门协作共享信息取得了实质性突破。基本完成了信息化建设三年规划确定的各项任务,构建了现代征管新框架。省局信息化建设得到省信息化工作领导小组的表彰,被评为浙江省信息化建设先进集体。

【征管改革】以应用网上申报为重点推进多元化申报纳税体系,截止2003年底,已有32500家企业应用了网上申报，已有4000多户超定额个体户采用了电话申报;"12366"受话达56731人次，社会反响良好。完成了ISO9000质量管理体系的全面导入工作,初步建立了地税质量管理标准体系,地税管理从规范化走向标准化,为实现地税管理整体水平的又一次历史性飞跃迈出了重要一步。制定了《浙江地税系统ISO9000质量管理体系考核暂行办法》,以保证该质量管理体系有效实施和持续改进。探索开展纳税评估,认真落实总局统一部署的发票打假、集贸市场整治和加强货运征管等工作,征管基础得到新的加强。

【落实优惠政策】全省地税系统继续不折不扣地落实好税费优惠政策,重点抓好两项工作:一是认真及时做好下岗失业人员再就业税收政策的贯彻落实工作。为确保优惠政策落实到位,省局派人到有关市、县进行实地调研和督促落实,并会同国税、财政、社保等部门就落实优惠政策的难点和重点提出若干具体意见。同时,制定《下岗失业人员再就业有关税收减免程序具体操作意见》,以便于各地具体操作并规范减免税管理。二是迅速落实扶持部分受"非典"影响较大的行业的税费政策。为减轻"非典"疫情给我省部分行业生产经营所带来的影响,帮助企业渡过难关,根据财政部、国家税务总局和省政府的有关规定,及时明确部分行业享受税费优惠政策的具体操作办法。2003年,执行"非典"税费优惠政策减免税费2.6亿元、下岗再就业税收政策减免税收2011万元。

【税务稽查】修订、完善了责成自查、重大税务案件审理等制度办法,加大了对涉税大要案的查处、移送和曝光力度。2003年,全省各级地税机关共查补收入20.73亿元,比上年增长13.91%;共受理涉税举报案件2799件;共查处涉税金额50万元以上大要案251起,查处金额3.16亿元;移送公安机关涉税案件137件,比上年增加57件;全省共有187件涉税违法典型案件通过新闻媒体公开曝光,比上年增加100件,充分发挥了稽查威慑作用。组织开展了省级税收收入等专项检查,共检查纳税户5053户,查补省级税收收入3.31亿元,非省级税收收入1.04亿元,有力地促进了全省省级税收收入的征缴入库工作,稽查工作的效率和质量得到了进一步提高。

【地税法制和宣传】开展了以税收优惠政策落实情况、省级税收收入专项检查情况、重大税务案件审理办法执行情况、稽查案件查处情况为重点的执法检查,进一步规范了地税政策执行、征管秩序和执法行为。深化地税执法责任制试点工作,积极探索并试行执法过错责任追究制,取得了初步成效。依法认真做好税务行政复议、应诉工作,切实保护纳税人合法权益。完成地税法规库建设,开展网上法规服务,拓宽了税法宣传渠道。围绕"依法诚信纳税、共建小康社会"主题,组织开展了丰富多彩的税收宣传月活动,"寻找地税之最,共建小康社会"等两项活动被评为全国税务系统税收宣传月创新项目。国际税收情报交换和税收协定执行工作有了新的突破。

【基层建设】全省地税系统不断深化征管改革,继续做好基层征管机构的设置、调整及编制精减工作。2003年撤并基层征收机构87个,使全省地税基层征管由原来的360个减少到273个。制定《基层三年建设的考核验收办法》,把基层建设的目标逐项分解、细化,实行百分制考核验收。全省地税系统已有23个县(市、区)局所辖的106个基层单位提前全面完成了三年规划建设任务,242个基层单位已完成、45个基层单位即将完成办公用房建设,占规划数的95.5%。普遍添置了办公装备,基层工作条件进一步改善。

【队伍建设】进一步深化干部人事制度改革。加强制度建设,从三个层面规范干部管理和改善人员结构。一是规范干部考核考察和任免工作。2003年共考察任命市地税局正副局长7名、助理调研员2名;批复任命县地税局正副局长26名,批复市、县地税局领导免职共29人。二是引进竞争激励机制,实施竞争上岗,提高中层干部综合素质。省局调整任命了处级干部7名、科级干部10名;对3名试用期满的副处级干部进行考核,并予以按期转正。三是公开招考急需专业人才,改善队伍结构。2003年各市、县地税局公开向社会招考法律、计算机、外语等急需专业人才120人。

加强各级地税局领导班子建设。完成对市、县局领导班子、领导干部的年度考核,完善后备干部队伍。针对考核中发现的问题及时向被考核的领导班子及其成员进行了反馈,并对后备干部进行了民主推荐和测评。选拔一批具有开拓进取精神、既精通业务知识又有较强综合协调能力的年轻同志走上领导岗位,进一步加强了地税系统领导班子的组织建设。顺利通过省委组织部对我局贯彻《干部选拔任用工作条例》情况的检查,我局在民主推荐、干部考察、任职公示、讨论决定、试用期制等干部选拔的各个环节都能认真按照《条例》的要求执行,得到了省委组织部的充分肯定。

党风廉政建设进一步加强。修订和完善《浙江省地税系统党风廉政建设责任制实施办法》及其《考核办法》;加大监督检查的力度,对各地落实党风廉政建设制情况进行专项考核验收。通过抓"关口"教育、典型教育、"两个务必"和"艰苦奋斗、廉洁从政"主题教育活动、廉洁从政知识测试活动,深入开展党风廉政建设教育。2003年,全省地税系统受党纪政纪处分11人,违纪案件发生率继续保持在历史最低水平。积极参加地方党政、人大组织的行风评议活动,进入前三名、企业满意单位等次的单位越来越多。省地税局机关连续第四年被省政府评为目标责任制考核优秀单位。

不断强化对税收执法权和行政管理权的监督制约。一方面加大监督检查力度，指导各级地税机关认真贯彻落实好省局《关于加强对全省地税系统税收执法权和行政管理权监督制约的实施办法》。另一方面组织全省地税监察系统广泛、深入地开展了以强化“两权”监督为主要内容的调研活动。将政务公开工作与“两权”监督制约工作紧密结合起来，认真贯彻落实《浙江省反腐倡廉防范体系实施意见(试行)》。

深入开展精神文明创建活动。制定了《全省地税系统公务员公共服务行为准则》，深入开展从政道德教育和爱岗敬业、公正执法、诚信服务、廉洁公正为主要内容的职业道德教育，不断提高地税干部道德素养。台州市局王剑瑛、浦江县局黄心莲被全国总工会授予“五一”劳动奖章，杭州市萧山经济技术开发区征管局等4个单位被授予全国税务系统文明单位称号，东阳市吴宁征管局张军南等4位同志被评为全国税务系统先进工作者，涌现出68家省级文明单位、26家“青年文明号”，表彰了6名省级优秀税务工作者。

教育培训工作取得新的成效。省局在省级机关率先开展了全系统电子政(商)务全员培训，举办了全系统150名新录用公务员为期1个月的上岗培训，按照总局的统一部署组织了征管法及其实施细则的抽考，初步选拔了100名征管专业人才，与省财政厅共同对49名2002年以来新任的市、县局长进行了任职培训。选派干部参加各类研修班，培养专门人才。继续实施现代远程学历教育计划，组织了两期远程教学，提高全系统干部学历层次。

办公室工作

【税收宣传】2003年制定出台了《全省地税系统税收宣传管理规定》，并修订了《全省地税机关新闻宣传考核评比办法》，在总结浙江地税宣传工作经验的基础上对全省税收宣传的指导思想、工作体系、归口管理和基本要要求进行了规范，形成了全员参与、持续改进税收宣传工作的新局面。

组织开展“依法诚信纳税，共建小康社会”为主题的税收宣传月活动，并积极开展税收宣传进社区活动、制作《周末地税时间》新闻广播节目、组队参加全国小学生税法知识竞赛等活动。其中，“十路学子看地税”社会实践活动和“寻找地税之最，共建小康社会”活动两个项目被国家税务总局评为税收宣传月活动优秀项目。

加强浙江地税内外网站建设，增强内网对地税干部学习交流、辅助工作的作用。对浙江地税外网进行第三次改版，使网站界面更加友好、内容更加丰富、栏目更加合理；并专门设置税法宣传栏目，为纳税人提供及时、完整、准确、动态、便捷的政策服务。

【信息工作】完善信息工作制度建设，不断提高信息质量，加强上下联系，努力保证信息的快捷性、真实性和实用性。2003年，办公室共收到系统内各单位报送的信息3200余篇，共编辑浙江地税信息90余期，参阅信息30余期，向省委省政府和国家税务总局报送各类信息近400篇，被省委、省政府和国家税务总局录用170余条。除做好日常的信息编辑工作以外，办公室还修改完善《全省地税信息稿费、补助和奖励办法》、《全省地税信息工作考核办法》，继续加强对信息专报工作的指导，要求全省各级地税机关向省局，省局向省委、省政府、国家税务总局等上级机关及时、全面、准确地报送信息；加大《参阅信息》的编辑力度，将各地反映的地税工作中存在的问题以及难点和热点及时刊出，供局领导和局内各单位参阅，推动相关问题的解决，开发完成并运行网上信息通报与统计模块。2003年，省局分别被省委、省政府和国家税务总局评为信息工作先进单位。

【规范管理】进一步取消了仅在系统内部流通和适用的通知、办法等纸质文件，明确全省地税系统内部电子公文单轨运行的范围、效力、格式、职责，并加强公文远程收发的联系和管理；根据整体规划、重点突破、稳步推进、讲求实效的原则，研究制定进一步推动办公自动化的整体性规划。

修订完善公文处理办法，进一步提升公文处理的规范化、标准化水平。结合实际，编写完成《税务人员办公实务与艺术》一书，囊括公文处理、公文写作、后勤管理、税收宣传、会议接待等一系列符合全省地税工作实际的办公实务，为提高税务人员的办公水平和办公艺术进行了有益的探索。

【调查研究】一是建立全省地税系统调研工作制度,为进一步转变工作作风,提高科学决策水平,制定了《全省地税系统调查研究工作规则》,对调研的指导原则、工作要求、程序、方法、队伍建设、组织协调、交流评审、转化应用等作了具体、详细的规定,不断推进全系统调查研究工作的经常化、制度化、规范化和科学化。二是在浙江地税内网上设立调研报告模块,并将系统内报送的调研报告及时上网交流探讨,同时还开辟了讨论区,实现调研成果在全省地税系统的共享和推广应用,更好地为地税中心工作服务。三是加强与省委政策研究室、省政府研究室和国家税务总局办公厅的联系,及时报送我局撰拟的调研报告,供上级领导决策参考。四是总结全省税务机构进一步分设五年多来全省地税系统的优秀调研成果,汇编优秀调研报告集,并与浙江大学出版社联系后以《浙江地税事业发展的实践探索与理性思考》为题出版,全省地税系统干部人手一册。五是在年初就印发在全省地税系统深入开展调查研究的通知,明确本年度调研工作的要求和工作重点,并认真组织落实。2003年度,省局共收到全省各级地税机关报送的调研报告191篇,经专家小组评审和局领导审定,共评出一等奖8篇、二等奖12篇、三等奖20篇、鼓励奖20篇。

【目标考核】一是认真做好省政府对省局的目标责任制考核工作。汇总整理省局工作目标,同省政府督查室保持经常性的联系;按时报送省局目标分解落实情况,按照省政府目标考核的要求起草目标完成情况的汇报材料,收集、整理、修改局内各单位提供的材料,汇总后及时送交省政府督查室。在全系统广大地税干部的共同努力下,圆满完成了省政府下达的各项目标,省局被评为2003年度省政府目标责任制考核优秀单位。二是做好局机关目标责任制考核工作。汇总局内各单位意见,按照局目标责任制考核领导小组会议的要求,修改公共部分考核项目,进一步完善《2003年度局机关工作目标责任制考核办法》和《2003年度局机关综合目标》、《2003年度局内各单位目标》,经局长办公会议审定后印发执行。按时审核局内各单位每季度报送的工作总结及工作计划。汇总局内各单位报送的目标完成情况材料,按照考核办法的要求,整理局内各单位提出扣分、加分意见和建议,提交局目标考核领导小组会议审定,经局长办公会议通过后发文表彰。2003年度,省局局内各单位中共有7个单位被确定为目标责任制考核优胜单位、9个单位被确定为目标责任制考核达标单位。

【建议提案办理】不断完善建议提案办理工作制度,为提高办理面商率、问题解决率和代表委员反馈满意率提供了制度保证。2003年度,省局共承办建议提案13件,其中主办4件,会办9件。省局领导高度重视,把办理工作作为一件大事来抓,落实专职人员办理,强化督促检查和调查研究。按时办结所有建议提案并按规定寄送代表和委员们及各有关单位。代表和委员们对我局主办或独办的答复件,都表示"满意"或"非常满意"。其中,陈妙林代表提出"给民营企业同等国民待遇,为经济建设作贡献"的建议,我局从多个政策角度给予了全面答复,建议得到了高度重视和落实,被省人大、省政府、省政协办公厅评为"最满意承办件"。

【档案管理】一是做好档案资料的收集整理工作。2003年共归档文书档案1233件,其中永久档案14件、长期档案238件、短期档案981件。另外还收集光盘档案1张、声象档案6卷。二是开展档案管理现代化建设。我省已运用档案管理软件进行电子化管理的单位达到50家,占全部被调查单位的71.42%,运行情况良好。三是规范各项档案管理制度。转发了省委、省政府办公厅《关于加强新时期档案工作的意见》、《中共浙江省保密委关于严禁用计算机上国际互联网的通知》等文件,并根据我省地税工作实际,提出了切实可行的要求。四是有序地开展目标管理活动。2003年全省共有杭州市局稽查二局、上虞市局两家单位通过省一级达标验收,金华市局等16家单位通过省二级达标验收,金华市局汤溪征管局等两家单位通过省三级达标验收。

【行政后勤】严格标准,优化管理,提高税务服装制作质量,搞好税务制服的制发,保证基层的实际工作需要。热情、认真地做好行政接待、会务保障及后勤服务工作。加强学习交流,调动积极性,进一步提高机关食堂服务质量。加强对驾驶员、保安员的安全教育、检查,提高安全意识和业务技能,确保安全。搞好办公楼的卫生管理,保证机关整洁有序。特别是在2003年上半年抗击突如其来的"非典"疫情和下半年的高温干旱中，全体后勤人员立足各自的岗位做好各项工作,有力地保证了机关工作正常有序地进行。

【房产物业】 切实做好局机关新办公楼建造工作。办公室有关人员经常上施工现场了解施工进展情况,就大楼工程建设进度及工程质量进行监管,做好与施工单位的协调配合,大楼已完成立体结构17层;积极做好地下停车库、幕墙、钢结构、塑钢窗等配套工程的招标工作;组织专家对前来参加室内装饰设计投标的5个方案进行论证,最终确定最佳方案为中标单位,并进行室内装饰施工图设计;做好大楼弱电及计算机机房设计招标前期工作和大楼设备、材料的选定工作。提前开展搞好新办公大楼日常管理的考察、调研，想方设法使管理工作和服务人员素质适应新情况、新要求。

做好局机关办公楼及干部宿舍的日常维修工作。定期对办公楼内部的水、电、空调、厨房、消防等设施进行巡视检查,发现问题及时处理,确保办公楼的所有设施能正常运行。认真做好局机关干部、职工宿舍的维修保养工作,解决干部、职工在生活中的后顾之忧。同时与省房改办保持不断联系,时刻了解房改新政策，做好局机关22名干部职工购买政苑小区经济适用房资格审核及申报工作。

【财务工作】 认真落实财务管理的相关规定,进一步加强局机关各项财务管理，严把各项费用开支关。建立健全财务会计账册,积极配合各级审计机关对省局的审计工作。认真做好经费的决策和预算工作。认真做好政府采购编报工作。继续对局内各单位实行经费包干制度,严格落实开支定额标准。

人事管理

【干部人事管理】 加强系统领导班子组织建设。省局对全省10个市地税局领导班子、领导干部2002年度工作进行了考核,针对考核发现的问题及时向被考核班子及其成员进行反馈。在省局的指导下,各市局对64个县(市、区)局领导班子及其成员年度工作进行了考核。在考核的过程中,对市、县局后备干部进行了民主推荐和测评,确定市局正职后备干部17名,副职后备干部27名;县(市、区)局后备干部共133人。按照干部管理条例,做好各级地税局领导班子成员配备和考察任免工作,进一步加强了地税系统领导班子的组织建设。2003年共考察任命市地税局正副局长7名、助理调研员2名;批复任命县地税局正副局长26名。另外,批复市、县地税局领导免职共29人。

加强系统人事工作指导,规范人事管理。指导系统做好公务员招考录用工作,充实地税干部队伍。按省人事厅的统一要求，在控制人员不超编的前提下，2003年各市、县地税局公开向社会招考法律、计算机、外语等急需专业人才120人,以补充地税干部队伍新生力量。四是继续做好系统内干部岗位交流的审核批复工作。进一步理顺了地税系统机构和人员、编制的管理。开展人事、教育、基层工作的目标管理。根据年度工作要求,对各市地税局的人教、基层工作进行认真考核,评选出5个市地税局人教(基层)工作优胜单位和6个人事统计工作先进单位。

加强省局机关干部队伍建设。2003年,根据省局工作需要，调整任命了处级干部7名、科级干部10名;对3名试用期满的副处级干部进行考核,并予以按期转正,进一步加强了省局机关职能部门的领导力量。为进一步充实局机关干部队伍,今年公开招考录用了3名应届大学生、1名应届硕士研究生。加强对局机关干部职工年度工作考核。2003年共有17位同志考核确定为优秀,84位同志确定为称职。

组团出国培训,学习借鉴先进管理经验。2003年省局成功组织了赴北欧“个体、私营企业所得税征收管理”的培训工作,并向国家税务总局等有关部门积极争取出国培训机会，全年共组织30余名省局及部分市、县局的领导干部出国培训。为促进我省地税系统征管改革,提高税收执法水平起到了重要作用。

贯彻《干部选拔任用工作条例》。省局认真贯彻《干部选拔任用工作条例》,在民主推荐、干部考察、任职公示、讨论决定、试用期制等干部选拔的各个环节都严格按照《条例》的要求执行。今年6月份,省委组织部对省直机关及部分市贯彻执行《干部选拔任用工作条例》情况实施了检查。省局学习贯彻执行《条例》情况得到了肯定并获得通报表彰。

按照省人事厅统一要求,省局对全省地税系统贯彻执行国家公务员制度十年来的情况进行全面回顾，积极组织系统干部参加“公务员风采”征文活动，获得了优秀组织奖。

【作风建设】 在抗击“非典”时期，倡导开展“打基础、练内功、抓完善”活动，奋力夺取防治“非典”和圆满完成工作任务的双胜利。一方面加强学习。先后组织了省局机关全体人员学习党的十六大知识测试、《党政领导干部选拔任用工作条例》知识竞赛、新《征管法》及实施细则等税收业务知识系列学习考试活动，不断提高了干部综合素质。另一方面进一步理清思路，完善制度，规范管理。先后制定了《全省地税系统非领导职务管理意见》、《关于加强机关干部监督的实施意见》、《全省地税系统人教基层工作规程》，整理收集自国、地税分设以来现行有效的干部人事、教育培训、基层工作等方面的文件，汇编成册。

【教育培训】 我省地税系统近几年教育培训工作因措施得力，效果明显，教育培训工作经验在 2004 年全国税务系统第 8 次教育工作会议上作了大会交流。

局长培训。为提高市县财政局、地税局新任局长的管理水平，增强行政决策与执行能力、组织管理能力，促进依法行政，省局与财政厅共同举办了一期全省财政、地税系统市县局新任局长岗位培训班，共有 49 位市县财政局、地税局新任局长参加了这次岗位培训。这次培训，以财政、地税业务为主要内容，省财政厅、地税局各处室负责人在培训班上作了相关业务讲解。同时，还邀请了高培勇教授作“有关完善财税体制改革若干重大问题”和应松年教授作“行政许可法”的讲座。通过培训，局长们全面系统地了解了财政、地税业务，这对他们尽快适应新的领导岗位，增强工作的责任心、使命感具有重要意义。

专门业务培训。开展全员电子商政务培训，提高干部使用现代网络技术水平，促进无纸化办公在全系统的深入推广。省局在全系统部署并组织实施了全员电子商政务培训，并对培训的组织工作进行创新，实现了网上培训、练习，网上考试、阅卷。省局机关电子商政务培训工作在所有省级机关中率先完成，并创新培训方式，获得公务员培训组织部门省人事厅的好评并作了专题报道。选派干部参加各类研修班，培养专门人才。2003 年省局选派 30 名干部参加总局和省人事厅组织的各类研修班、培训班。

初任培训。组织全省地税系统 2002 年度新录用公务员为期一个月的初任培训，两期培训班近 150 名新录用的地税公务员参加了学习。在内容上，重点安排了公务员行为规范、税务人员职业道德、各项地方税收业务政策以及财务会计知识等各个方面的系统培训。在师资上，主要由省局各处室负责人授课，同时还邀请了中国人民大学、浙江大学的有关专家教授作专题讲座。通过培训，青年公务员们熟悉了履行岗位职责所必备的知识和技能。期间，还组织了军训，公务员宣誓，培养了新公务员们吃苦耐劳、顽强拼搏的精神，确立为人民服务的宗旨。

法制培训。为切实提高干部业务水平和执法能力，根据税务总局统一部署，组织开展了全省征管法业务在岗培训、考试。各市县地税局严格按照省局的要求，做好组织落实工作。普遍做到了领导重视，组织有序，保障有力，新征管法及其实施细则的全员培训工作已取得明显成效，达到了预期的目标。在全员培训的基础上，省局从每个市抽取 10 人参加由国家税务总局统一命题、统一考试时间的征管法业务知识抽考，全省 100 名参考人员，全部通过测试，平均成绩 77.12 分。

学历教育。继续实施现代远程学历教育计划，提高系统干部学历层次。2003 年组织了两期远程教学以及考前辅导，提高地税干部职工的文化素质；指导各级人教部门认真做好有关考场安排以及考务管理等配合工作，顺利完成了远程教育第三、第四次考试。

【思想政治工作】 开展党的十六大精神主题教育活动，掀起学习贯彻“三个代表”重要思想新高潮。通过各种行之有效的载体和丰富多彩的学习活动，使广大干部始终把运用十六大精神来指导实际工作，使教育活动取得实效。整个活动做到了部署周密、载体丰富、认真实践，取得预期成效。

贯彻公民道德建设实施纲要和浙江省公民道德建设规范，制定《浙江省地税系统公务员公共服务行为准则》，深入开展从政道德教育和爱岗敬业、公正执法、诚信服务、廉洁公正为主要内容的职业道德教育，不断提高地税干部道德素养。

【基层建设】 加强基层建设是全省地税系统面向新世纪，全面推进地税各项事业发展的一项宏大系统工程，是实现地税管理现代化的重大战略举措。为了巩固“两个年”活动成果，督促基层建设三年规划的落实。省局制定下发了《基层三年建设的考核验收办法》，把“六大建设”的目标逐项分解、细化，实行百分制考核验收。将根据考核验收情况，分别评定地税系统基层建设示范单位、达标单位和不达标单位，兑现奖惩措施，确保基层建设取得实效。截止 2003 年底，已有 14 个县（市、区）局所辖的 70 个基层单位全面完成了三年规划建设。

在 2003 年 8 月召开的全国税务系统基层建设工作会议上，我省地税系统基层建设工作经验作了交流。

【文明创建】为加强基层精神文明建设，树立典型，弘扬正气，以更好地发挥先进典型的示范带动作用，展示地税干部队伍的良好形象，围绕政治强、业务精、作风正的要求，根据自下而上评比推荐和考核检查，命名表彰了 26 个地税系统省级“青年文明号”；命名表彰了 69 个省级基层文明单位。我省地税系统还涌现出 5 个全国税务系统“青年文明号”。同时，大力宣传基层单位富有时代特色的先进经验和事迹。

【文化建设】开展丰富多彩的文体活动，建设积极健康的机关文化。为进一步加强全系统精神文明建设和机关文化建设，活跃干部职工文化生活，成功举办了浙江省财政地税系统 2003 年乒乓球赛和书画摄影大赛。

浙江省财政地税系统 2003 年乒乓球赛是我省国、地税机构进一步分设以来举办的第一次全系统体育竞技比赛，全系统共有 14 支代表队、近百名运动员参赛。这次乒乓球赛的成功举办，是对全省财政、地税系统干部职工精神风貌的一次集中展示和检验，极大的激发了广大干部职工热爱财税事业，奉献财税事业的热情，既是一次振奋精神、凝聚力量、鼓舞斗志的“誓师会”，也是一次展现财税风采、体现财税风貌的“展示会”。

广大干部职工踊跃参加系统书画摄影大赛，大赛收到各类作品 400 余幅，经我省书画摄影名家组成的评委会评选，共评出优秀作品 102 件，并编印出版了一部具有较强欣赏和珍藏价值的《浙江省财政地税系统 2003 年书画摄影大赛作品集》。活动的成果充分反映了系统广大干部职工积极向上的精神风貌。

税收法制建设

2003 年，全省地税政策法规工作以邓小平理论和“三个代表”重要思想为指导，认真贯彻全省地税工作会议精神，围绕“依法治税”主题，坚持“内外并举、重在治内、以内促外”的依法治税方针，进一步促进全省地税系统法制机构建设，建立和健全执法监督机制，制定和完善制度措施，积极开展地方税收执法监督，规范税收执法行为，努力提高地税干部行政执法水平。

一、认真做好“非典”和下岗再就业税收优惠政策的贯彻落实工作并及时进行跟踪问效

2003 年我国部分地区发生了非典型肺炎疫情，给广大人民群众的身体健康和生命安全造成了极大损害，同时，也给我国经济运行带来了一些不利影响，特别是旅游、餐饮、交通运输、商贸流通等服务业受到较大冲击。根据财政部、国家税务总局和省政府的文件精神及省局领导的要求，法规处会同有关处室及时做好“非典”税收政策的贯彻落实工作，并做好《2002 年税收政策减免税执行情况统计表》、《再就业税收优惠政策落实情况统计表》和《部分受“非典”疫情影响行业减免（缓）税、费政策执行情况统计表》的统计分析、跟踪问效工作。据统计，2003 年“非典”税费优惠政策实际减免税金 2.48 亿元，其中营业税 2.20 亿元、城建税 1385 万元、个人所得税 526 万元、房产税 854 万元；减免费 1356 万元，其中教育费附加 877 万元、文化事业建设费 220 万元、水利建设资金 260 万元。同时，认真做好下岗再就业税收优惠政策的贯彻落实和跟踪问效工作，并将《再就业税收优惠政策贯彻落实情况的汇报》分别上报国家税务总局和中央再就业督察组。

二、继续牢牢抓住执法检查这个抓手，强化执法监督，规范执法行为

2003 年是我省地税系统连续第 6 年开展执法检查，在前几年检查的基础上，2003 年我们把执法检查的重点转向税收优惠政策的落实和规范内部执法上，制定了《关于开展 2003 年税收执法检查的通知》，确定2003年执法检查的主要内容是:(一)各级地税部门税收优惠政策的贯彻落实情况。重点是下岗失业人员再就业税收优惠政策执行情况,“非典”期间税费优惠政策的执行情况,民营科技企业税收政策落实情况;(二)《浙江省地税系统重大税务案件审理暂行办法》的贯彻落实情况;(三)各级地税稽查部门稽查案件的查处情况;(四)省级税收收入专项检查开展情况。

各地根据省局《通知》要求认真开展了自查和重点检查。在各地自查和重点检查的基础上,省局抽调了有关市、县局征管、税政、计财、稽查和法规部门骨干50余人,组成五个重点执法检查小组,由省局处长带队于10月14~23日分别对杭州、温州、台州、丽水、金华五个市局及杭州市拱墅局、桐庐县局、温州市鹿城局、乐清市局、台州市黄岩局、临海市局、丽水市云和县局、金华市浦江县局进行了重点检查。并对查出的问题逐一下达了整改意见书。同时,法规处还积极指导各市县局法规部门开展税收专项检查和日常检查。

三、加强税收规范性文件的会签、会审和备案审查工作

一是按照《浙江省行政规范性文件备查备案审查规定》,按季度认真整理省局规范性文件的目录报省政府法制办进行备案审查。二是按照《浙江省地税系统税收规范性文件备查备案制度》的规定,下发《浙江省地方税务局关于进一步落实税收规范性文件备查备案制度的通知》(浙地税函【2003】105号),要求各地认真做好2002年规范性文件的备案审查工作,并对2003年以来的规范性文件按季进行备案。三是对局内各处室会经法规处的税收规范性文件,都认真进行了会签。四是积极开展有关规范性文件会签和备案工作调研,为明年制定和完善相关办法做准备。

四、完善重大案件审理办法,做好重大税务案件审理工作

经过2002年大量的调研工作,并在泛征求局内各部门和各地意见的基础上,2003年3月份,《浙江省地税系统重大税务案件审理暂行办法》经局长签发下达各地。各地根据省局《办法》分别制定具体贯彻意见和措施并严格执行重大税务案件由各级地税局案件审理委员会进行审理的规定。有效规范了我省地税系统重大税务案件审理程序,提高了重大税务案件审理质量。

五、依法认真做好税务行政复议、应诉工作

根据《行政复议法》和《行政诉讼法》的精神和规定,认真做好省局本级税务案件复议申请的受理和审理工作,妥善处理行政复议案件。认真指导全省地税系统的税务行政复议和应诉工作,保护纳税人的合法权益,维护税务机关依法行政的职权,并认真做好税务行政复议的统计报告工作。2003年我省各级地税机关共收到申请复议案件9件,经审查后受理了8件,不予受理1件。

六、积极开展税收科研调研工作

根据总局科研所、总局法规司和我局2003年科研调研工作的安排,法规处承担了《浙江省地税收入状况及增长趋势研究》、《现阶段鼓励我国私人投资的税收政策研究》和《关于我省地税执法责任制试点情况调查》三个调研课题,分别成立课题组,确定课题组负责人和课题组成员,落实好课题调研的时间进度等具体工作,顺利完成了各项课题,并多次受到嘉奖。其中,《浙江省地税收入状况及增长趋势研究》获浙江省2003年度税收优秀学术研究成果评选特别奖;《鼓励私人投资的税收政策研究》获2002-2003年度浙江省党政系统优秀调研成果三等奖、浙江省2003年度税收优秀学术研究成果评选一等奖;《关于我省地税执法责任制试点情况调查》获浙江省2003年度税收优秀学术研究成果评选佳作奖。

七、积极稳妥地开展地税行政执法责任制试点工作

根据国家税务总局要求,继续做好桐乡市局地税执法责任制试点工作,该局在定岗定责、制定工作规程和考核办法的基础上,继续深化,积极探索并试行税收执法过错责任追究制,取得初步成效。

八、《浙江省地方税务局法规库》开发完成并投入应用

省局《法规库》开发工作自2002年立项后,由法规处负责提供业务需求和政策法规内容,信息中心负责进行技术协调,共同委托电脑公司进行开发。经过各方数月的努力,在2002年底完成了软件的功能开发工作。2003年我们在多次以书面形式征求局内有关处室意见的基础上,重点对《法规库》的功能进行了完善优化和对数据库的内容进行了校对,并制定了

《浙江省地方税务局政策法规库操作管理办法》，确保《法规库》的安全运行。目前，省地税法规库已放置在省地税局内、外网上，供广大地税干部和纳税人查阅，进一步提升了省地税局税收政策服务品质。

税政管理一处

2003年度，营业税、资源税、文化事业建设费(以下简称"两税一费")工作，以党的十六大精神为指导，紧紧围绕全省地税工作中心，加强"两税一费"征收管理，保证各项政策落实到位，积极参与推进信息化建设，坚持依法治税，维护公平竞争的外部环境，及时、高效地完成了各项工作任务。全省(不含宁波)共入库营业税178.75亿元，同比增长27.89%，绝对额增收38.99亿元；入库资源税6178万元，同比增长49.99%，绝对额增收2059万元；入库文化事业建设费1.13亿元，同比增长24.89%，绝对额增收2260万元。

一、抓好税源管理，确保收入可持续增长

(一)开展金融保险业营业税收入情况的调查。金融保险业营业税主要为省级收入，也是营业税的重点税源之一。2月份，布置各地对2002年金融保险业营业税进行了调查，就经济发展现状、居民储蓄存款、金融保险业本身的业务开展情况、政策变化等方面作了分析，并对2003年的收入趋势作了预测(包括增收因素和减收因素)，同时还对调查中发现的现行金融保险业的政策、征管问题，提出了改进意见。

(二)按月向总局报送营业税、资源税收入情况分析。为及时了解营业税收入情况，总局布置部分省、市地税局在每月5日前报送收入情况和分析。我们从经济发展指标、征管措施、政策变化几个方面，对营业税收入情况及其增减原因作了认真的分析，园满地完成了该项任务，受到了总局对口部门的好评。

(三)做好提高营业税起征点后收入影响的测算工作。年初，总局出台了将按期纳税的营业税提高到1000元至5000元。为落实好此项政策，我们分别就起征点提高至1000元、2000元、3000元、4000元、5000元对我省收入的影响作了测算，为确定我省营业税起征点具体金额提供科学依据。

(四)测算"非典"疫情及实施营业税优惠政策对相关行业营业税的影响。"非典"疫情发生后，总局下发了"非典"期间税收优惠政策，我们及时对受"非典"疫情冲击大的航空运输业、旅游业、饮食业、旅店业、公共交通业、娱乐业营业税收入情况进行了分析和测算，增强了工作的主动性，保证了上述行业"非典"疫情期间生产经营活动正常进行。

(五)调查测算农村信用社税率调低后对我省收入的影响。2003年6月，国务院下发了关于印发深化农村信用社改革试点方案的通知。文中规定对试点地区所有农村信用社的营业税由5%的税率下调至3%。对此，我们一方面向省信用协会就农村信用社问题作了了解，另一方面，运用有关数据测算出了此项政策将影响我省收入，出台了营业税优惠税率，有力地支持农村信用社的改革。

(六)搞好2002年度营业税纳税人税收资料调查工作。根据国家税务总局、财政部关于开展2002年度税收资料调查工作的部署和要求，全省列入2002年度的调查企业户数共1157户，比2001年增加130户。1157户调查企业实际缴纳的营业税为33.09亿元，占2002年度全省(不含宁波)营业税实际入库数139.77亿元的23.67%。2003年3月，我们对2002年度纳税人税收资料调查工作作了布置。各市、县地税局克服"非典"疫情期间种种困难，于5月底前完成了调查数据的录入、审核、修改、合并工作。6月份，省局对各上报的调查资料进行严格审核、修改和调整，并上报财政部和税务总局。三季度，根据调查上报的数据，对营业税的税源情况、税收负担情况、入库情况、减免税情况等分行业、经济性质、地区进行测算分析，并将测算材料上报财政部、国家税务总局。

二、结合我省实际，落实好上级部门出台的各项政策

(一)认真贯彻执行财税【2003】16号文件。2003年1月财政部、国家税务总局下发了《关于营业税若干政策问题的通知》(财税【2003】16号)，该文件政策涉及面广，调整力度大。共有39类政策问题，涉及到营业税制各要素的调整，包括征收范围、营业额、纳税地点等。但是由于政策出台与实际情况变化相适应需要一定条件和过程，文中存在许多难以操作的问题，加之该文件的执行时间为2003年1月1日，时间紧迫。对此,我们先翻印了文件,同时拟定了贯彻该文件的征求意见稿下发各地,请基层将执行该文件可能出现的问题反馈上来。根据反馈意见,及时召开了全省税政工作会议,进行专题研究讨论。最后达成了如何执行好该文件的共识。目前该文件在我省的执行情况比较平稳。9月份,布置各地就执行16号文件后影响收入情况、存在的问题进行调研,就调研中发现的问题均作了一一的落实。

(二)认真贯彻落实营业税优惠政策。影响面最广的是下岗失业人员再就业营业税优惠政策。涉及营业税政策的有三个方面:一是提高营业税起征点政策;二是新办的服务型企业(国家限制的行业除外)当年安置新招用下岗失业人员达到职工总数30%以上的,免征营业税;三是下岗失业人员从事个体经营(国家限制的行业除外),免征营业税。对营业税的起征点,在深入调研的基础上,提出了贯彻意见,即我省起征点为2000元,各地需要提高的,报经省局批准。最终该政策在我省作了顺利落实。如杭州市营业税起征点报经省局批准提高至5000元。对新办的服务型企业如何确定免税资格问题,包括30%比例的确定,合伙企业、独资企业的优惠主体资格等等问题,经认真研究后作了明确。对下岗失业人员从事个体经营的,对其优惠主体、执行期间均作了详细规定。同时,还拟发了下岗失业人员再就业的具体操作程序,便于基层地税部门操作。

此外,还对经国家经贸委批准列入全国中小企业信用担保体系试点范围的非营利性中小企业信用担保、再担保机构从事担保业务收入,拟发了免征营业税3年的名单;同时还认真落实好自主择业的军队转业干部有关营业税政策等等。

三、强化行业性管理,规范税种管理

(一)根据营业税涉及行业不同的特点,不同的营业税政策,指导全省坚持从抓好行业性税收征收管理着手,带动营业税征管整体水平的提高。在年初的全省税政工作会议上强调:税政部门要发挥政策熟悉的优势,在充分调查研究和论证分析的基础上,结合行业特点和当地的实际情况,制定切实可行的行业性征管措施和办法。从而促使各地普遍加强了建筑业、服务业等重点税源行业的税收征管。

(二)加强全省的金融保险业营业税管理。通过布置调研,了解当前全省对该行业的营业税征管情况,进一步加强了该行业的营业税征管。4月,在局领导的带领下赴金华市对部分金融保险企业纳税情况进行检查,对检查中发现的政策问题,进行了认真的梳理,对照现行税法规定,一一作了明确。对各地在对金融保险业营业税专项检查中查出的政策性问题,对照政策及时予以明确。

(三)加强文化体育业营业税管理。在2002年开展全省性调研的基础上,拟发了政策管理意见,具体内容包括:为加强税收管理,重申对纳税人经营游览场所的业务,其所售的门票必须由地税部门监制;对举办演出业务、体育活动过程中,放置广告牌等应税行为,明确了适用营业税的具体税目,统一了政策;对纪念馆、文化馆、美术馆、展览馆等单位从事文化体育活动取得的收入,在具体免征营业税的范围上作了进一步界定。

四、深入调查研究,为完善税制献计献策

(一)开展建筑安装工程所用设备具体范围的调研。2003年1月,国家税务总局下发文件,调整了建筑安装工程的计税营业额政策,即明确计税营业额不包括设备产值。具体名单由省级地税局根据各自实际情况列举。对此,开展了认真的研究,在全省税政工作会议上,首先对设备的大致范围作了明确。为使省局列举的设备名单更科学、更有操作性,布置各地进行调研,并对调研情况进行汇总,为统一下发设备名单作好准备。

(二)开展土地储备中心运作及相关税收政策的调研。2003年1月,国家税务总局下发文件,规定土地储备中心转让土地使用权取得的收入按"转让无形资产"税目中"转让土地使用权"项目征收营业税。为了解我省各地土地储备中心实际运作情况,开展了全省性的调查,并将有关情况汇总,提交全省税政工作会议上讨论,最终统一了全省的掌握口径。

(三)开展完善现行营业税制的调研。作为2003年度省局的调研课题。4月初,布置了部分市、县开展现行营业税制执行情况的调研。具体内容包括:现行营业税制在地方税制中的地位和作用;现行营业税政策上存在的问题(具体分为纳税人问题、征收范围问题、营业额问题、税率问题、纳税时间和扣缴时间问题、纳税期限问题、纳税地点问题)、营业税征管上存在的问题等等。8月初，根据调查情况在温州市召开了营业税业务会议，对调查情况进行汇总。

（四）开展“四技”业务政策执行情况的调研。为进一步完善技术转让、技术开发业务和与之相关的技术咨询、技术服务业务营业税政策，2003年6月，布置各市局对“四技”业务营业税政策执行情况进行调查。具体调查内容包括“四技”业务范围、免征营业税的审批程序、“四技” 业务与增值税的划分及其征管等问题。通过调查，对“四技”业务政策存在的问题，作了认真研究，并明确相关政策。

（五）开展石灰石、大理石、花岗石等矿产品资源税适用税额有关情况的调研。2003年6月，国家税务总局下发了文件，对石灰石、大理石、花岗石等矿产品资源税适用税额作了调整。为合理确定我省的具体适用税额，布置各地就资源税适用税额调整对收入的影响、矿产品的售价、矿产企业的经营情况进行调查。8月份，省财政厅、省地税局联合发文，明确了这些矿产品的我省具体适用税额。

（六）开展铁矿石资源税等级划分情况的调研。为进一步做好资源税管理，促进矿山企业平等竞争和资源的合理开发利用，根据总局的布署，组织各地对年产10万吨以上（含10万吨）的矿山经济条件、地质情况、开采情况、“三废”处理、生产经营和税收负担情况，进行调查，并于年底前将调查报告报送国家税务总局。

五、转变观念，积极配合相关部门做好推进信息化建设工作

（一）积极参与总局金税工程三期建设，认真完成营业税业务需求的制定工作。总局提出了“以纳税评估为核心，以纳税申报为重点，建立对纳税人和税务机关营业税业务管理系统、税负监测系统和重点税源监控系统，实现营业税信息化”的工作思路。关于营业税具体业务需求，我省被点名参与此项工作，于2003年年初保质保量完成了此项工作，得到了总局同志的充分肯定。年初在黑龙江省召开的全国部分省、市营业税政策业务会议上，向与会代表汇报了浙江省此项工作的开展情况。2003年3月，受总局委托，完成了《营业税纳税人评估管理办法》，并将书面材料报送给总局。

（二）积极参与我省地税信息化建设，认真提出TF2000的管理层业务需求，并进行修改。对“非典”疫情期间的营业税优惠政策，信息中心在TF2000系统中增加了相关功能，我们按信息中心的要求，从营业税政策角度作了确认。

六、积极稳妥、扎实有效地抓好货运业税收管理工作

（一）切实贯彻落实好总局关于《货物运输业营业税征收管理试行办法》、《运费发票增值税抵扣管理试行办法》、《货物运输业营业税纳税人认定和年审试行办法》和《货物运输业发票管理流程实施方案》（以下简称“三个办法和一个方案”），会同征管处、信息中心等部门以高度负责的态度，潜心研究我省的具体实施方案。有条不紊地推进此项工作。为“三个办法和一个方案”的平稳过渡打下扎实的基础。

（二）配合总局做好发票信息汇总软件的测试工作。11月底，总局流转税司、征管司、信息中心的同志来萧山进行发票信息汇总软件测试。我们与征管处、信息中心以及萧山区局的同志组织地税局及交通运输业营业税纳税人尽心尽力做好配合工作，为总局顺利完成此项工作提供有力的保障。

（三）及时明确相关政策和管理问题。由于“三个办法和一个方案”是一个全新的管理措施，各地在执行过程遇到了不少问题。对这些问题，凡省里能明确，及时给予解答，决不拖逶。凡需要总局明确的，及时向总局反映。遇到总局一时不能解答的问题，我们均能认真研究，提出实事求的处理意见。

（四）建立贯彻落实情况报送制度。根据总局要求，布置各地就加强货物运输业税收管理落实情况每15天向省局报送工作进度、自开票、代开票纳税人申请、认定户数以及需要上级部门解决的问题。汇总后报送总局。

七、其它工作

一是认真做好审计接待和审计意见征询工作；二是配合稽查部门搞好涉税案件的政策认定工作；三是撰写2002年度我省税收年鉴中涉及我处业务的政策管理工作；四是对办公室、法规处、征管处送审的大量会签、会稿文件提出处理意见；五是配合法规处进一步搞好减免税的审批制度改革；六是撰写《浙江税务》杂志中的“税政热线”栏目中的相关文章；七是完成局领导交办的其它工作。

税政管理二处

2003年度，税政二处在国家税务总局和局领导的正确领导下，坚持党的十六大精神和“三个代表”重要思想原则，努力工作，圆满完成了各项工作任务。

一、采取有效措施，积极组织收入

今年以来，虽然我们遭受了“非典”疫情和高温缺电的影响，给完成所得税收入计划增加了难度，但三季度后，我省经济回升速度迅猛，企业经济效益明显改善，为所得税收入奠定了经济基础，我们积极贯彻落实省局年初确定的工作目标，加强所得税规范化管理，较好地完成了今年的地税收入计划，2003全年，全省(不含宁波)累计入库企业所得税124.75亿元，完成年度计划的116.49%，比去年同期增长22.32%；累计入库个人所得税76.11亿元，完成年度计划的116.37%，比去年同期增长39.65%。

二、认真贯彻落实新出台的优惠政策

(一)今年上半年，由于“非典”的袭击，国家相继出台了《财政部、国家税务总局关于调整部分行业“非典”疫情期间税收政策的紧急通知》(财税【2003】113号)、《财政部、国家税务总局关于纳税人向防治非典型肺炎事业捐赠税前扣除问题的通知》(财税【2003】106号)和《财政部、国家税务总局关于非典型肺炎疫情发生期间个人取得的特殊临时性工作补助等所得免征个人所得税问题的通知》(财税【2003】101号)等政策，对这些政策，我们都迅速认真加以研究，并结合我省实际提出贯彻实施意见，保证了中央抗击“非典”措施的贯彻落实，截止9月底(注：“非典”所得税优惠政策至9月底基本执行完毕)，全省共有2.7万人次的出租车司机享受减免个人所得税525.86万元，有效维护了社会稳定，并为最终战胜“非典”疫情作出了贡献。

(二)加快推进再就业工作是当前党中央、国务院为促进经济发展、维护社会稳定的重要部署。为贯彻落实中发【2002】12号文件精神，总局会同有关部门联合制定了《财政部、国家税务总局关于下岗失业人员再就业有关税收政策的通知》(财税字【2002】208号)、《国家税务总局、劳动和社会保障部关于促进下岗失业人员再就业税收政策具体实施意见的通知》(国税发【2002】160号)等政策文件，下半年，又陆续下发了几个补充通知。根据党中央、国务院和省委、省政府关于促进就业和再就业工作的指示及工作部署，我们结合实际，认真扎实地开展了一系列工作，确保国家促进下岗再就业税收优惠政策在我省得以及时、有效实施，鼓励和支持更多的下岗失业人员实现再就业。

首先，考虑到促进下岗失业人员再就业税收优惠政策的社会影响十分重大，同时具体的操作办法还需与有关部门共同研究落实，因此，我们先及时转发总局有关文件，并要求各地认真做好政策的宣传、解释工作，并结合当地实际先按文件精神予以执行。同时在系统内部组织有关人员学习领会政策精神，并就具体问题展开讨论。我们还赴杭州萧山、金华等地进行实地调研，为进一步解决再就业优惠政策的贯彻落实打下良好的基础。

其次，做好部门协调，对再就业税收优惠政策的难点和重点问题提出若干具体意见。下岗失业人员再就业工程涉及面广，问题复杂，为此，我们积极与局有关处室加强与有关部门的协调工作，共同做好我省的再就业工程。我们与省国税局、省财政厅、省劳动和社会保障厅等部门多次召开联席会议，就贯彻意见的具体细节问题、难点问题进行了研究和讨论，达成了共识，并制定了《浙江省国家税务局、浙江省地方税务局、浙江省劳动和社会保障厅关于促进下岗失业人员再就业税收政策的若干意见的通知》(浙国税所【2003】11号)，下发各地及时贯彻执行。《浙江省国家税务局、浙江省地方税务局、浙江省劳动和社会保障厅关于转发促进下岗失业人员再就业税收优惠及其他相关政策补充的通知》也正在制定中。我们还制定了《下岗失业人员再就业有关税收减免程序具体操作意见》(浙地税发【2003】50号)，便于各地具体操作并规范减免税管理。

三、结合我省实际，完善相关政策

(一)在个人所得税方面，这几年来，从规范管理出发，结合我省实际情况，我们通过大量的调研、测算，陆陆续续出台了一些政策规定。为规范个人独资、合伙企业个人所得税的管理，制定下发了《个人独资、合伙企业个人所得税税前扣除办法》等等。这些政策规定的贯彻落实对于当前如何结合实际，完善个人所得税的管理具有重要意义。如：通讯费补贴规定是为了在一定程度解决我省个人所得税税前扣除额过低的问题；独资、合伙企业税前扣除办法，在很多方面，把独资、合伙企业的税前扣除标准与企业所得税相统一，使政策相对平衡。

（二）今年，除上述“非典”时期的优惠政策和再就业税收优惠政策外，总局还陆续下发了几个影响较大的文件，如《国家税务总局关于执行〈企业会计制度〉需要明确的有关所得税问题的通知》（国税发【2003】45 号）、《国家税务总局关于房地产开发有关企业所得税问题的通知》（国税发【2003】83 号）、《关于所得税收入分享体制改革后税收征管范围的补充通知》（国税发【2003】76 号）等。为贯彻好这些政策文件，统一政策执行口径，我们及时加强与省国税局的协调和沟通，在做了大量的基础性工作的基础上，两家多次专门召开讨论座谈会，共同制定了有关房地产开发、执行企业会计制度等企业所得税政策的补充规定，下发各地贯彻实施。

四、积极采取措施，加强所得税征管

（一）部署、指导全省各级地税部门开展 2002 年度企业所得税汇算清缴工作。年初，组织召开全省所得税工作会议，研究落实汇算清缴的相关政策，并制定了《浙江省地方税务局关于所得税若干政策问题的通知》。为按时、保质保量完成我省企业所得税汇算清缴工作任务，对企业所得税汇算清缴工作进行了认真的分析和总结，汇总了有关税源报表，上报国家税务总局。同时，认真做好企业所得税减免税，总机构管理费计提、技改国产设备投资抵免等审核审批工作。2002 年度全省共减免企业所得税 30 亿元；技改国产设备投资抵免企业所得税 5.3 亿元。

（二）为进一步加强个人所得税的征收管理，我们于年初组织开发了个人所得税全员管理信息系统，并在 6 月份对金华、萧山等 6 个首批试点应用单位实施了系统应用的前期培训，目前，各试点单位系统的试点应用正在逐步推开。从金华市本级应用情况看，成效显著，2003 年 1-10 月，纳入系统管理的 2820 户企业入库个人所得税 8465 万元，同比增长 73%；金华市本级到 10 月份已组织入库个人所得税 1.80 亿元，同比增长 72%，提前 4 个月完成全年个人所得税收入任务。在金华市试点成功的基础上，我们积极扩大推广运用范围，目前已在金华、嘉兴、萧山、长兴、瑞安、淳安运用，都取得了较好的效果。

作为个人所得税征管工作做得较好的省份，在 11 月底海南召开的全国个人所得税工作会议上，我们做了题为《依托信息化，积极探索个人所得税全员管理》的经验介绍，并在会上作了个人所得税全员管理信息系统的演示，得到总局领导和各兄弟省市的充分肯定。

五、加强与国税部门的沟通

由于 2002 年 1 月 1 日以后的新办企业所得税由国税部门负责征收，不少地方因为对总局文件理解的不一致，使地税国税部门对具体企业的征管范围存在一定程度的矛盾，同时，对总局所得税政策的具体贯彻落实解释意见的不一致，使地税国税分别征管的企业在执行政策中的不统一造成企业苦乐不均。我们积极与国税部门协调，力求做到征管范围、政策贯彻的解释一致。国家税务总局关于征管范围的补充通知下发后，我们就与省国税局联系，提出如有补充意见，两家及时协商解决，凡涉及到地税、国税征管范围的补充以联合发文为准，尽可能把主要问题解决在省局层次。同时，今年在贯彻总局关于执行《企业会计制度》需要明确的有关所得税问题、房地产开发有关企业所得税问题、下岗失业人员再就业税收优惠政策的补充通知、固定资产加速折旧问题等规定时均采用了联合发文方式或事先与国税部门进行了沟通，保证了政策执行口径的统一。

六、开展广泛的调查研究

在不远的今后一个时期，个人所得税税制改革将提上议事日程，所以开展调查研究工作，做好税制改革的应对措施预案也是个人所得税的一个工作重点。今年，根据总局的布置，我们开展了对个人所得税计税工资的调查测算，并提出我省根据调查情况得出的意见和建议，为总局进一步规范、调整个人所得税政策提供真实、可靠的依据。同时，我们还在全省范围开展了统一差旅费津贴税前扣除的调研测算，为下一步个人所得税政策的有序调整做好预案。

七、其他

（一）配合财政厅做好并如期完成 2002 年度企业所得税税源普查工作。

(二)负责起草《浙江省地方税务局关于审计署征求审计意见的情况汇报》,并多次与审计部门进行沟通,争取其支持。

(三)积极向国家税务总局等上级部门请示政策问题,提建议,按时完成交办事项。主要有《关于现行企业所得税计税工资存在的问题及建议》、《现行企业所得税制与我省民营企业的发展》及企业所得税收入计划情况分析等。在全国所得税工作会议上,作为企业所得税管理先进集体,作了题为"坚持规范化、依托信息化、强化企业所得税征管"的发言,受到总局好评。

(四)积极配合信息中心做好企业所得税网上申报业务需求编写工作,并多次进行沟通。

(五)做好企业所得税政策协调、解释工作。主要有:认真及时做好人大代表,政协委员就企业所得税政策有关提案的解释、答复工作;参加省政府及各有关职能部门召集的会议,对诸如事业(文化)单位改制、资源综合利用、发展我省高科技、建立先进制造业基地、高校后勤改革等涉及税收政策问题,做好解释、会稿工作。

(六)按时完成领导交办的其他工作。

税政管理三处

一、加强学习,不断提高综合素质

坚持以邓小平理论和"三个代表"重要思想为指导,认真学习贯彻党的十六大与十六届三中全会精神。按照局机关党委、人教处的要求,认真组织学习、讨论有关的学习内容:《两种价值观》、"两个务必"、《学习郑培民同志的事迹》、《学习黄小堂同志事迹》、"七一"讲话精神、十六届三中全会精神等等,通过学习讨论加深了对党的路线、方针、政策的理解,坚定了对党的信念,牢固树立正确的人生观、价值观,立足努力做好本职工作。

二、加强税种管理,不断提升地方税管理水平

(一)根据总局地方税司2003年工作要点中加强对车船使用税管理的要求,对各地今年提高车船使用税管理水平提出了要求。我们在年初税政处长会议上,就加强全省车船使用税提出了要求,在此基础上我们对车船使用税征收工作做得好的温岭市局进行调研,并到太平地税征管分局、温岭公管服务中心进行了解座谈,帮助温岭市局总结征管经验。为加强全省车船使用税征收收管理,我们下发了《浙江省地方税务局转发温岭市地方税务局关于加强车船使用税征收管理经验材料的通知》。

我们还在全省十个市县进行了车船使用税征管情况调研,从调研情况看,今年以来各地结合当地实际采取了不少措施,加强了征管,增加了收入。针对各地收入不平衡,征管力度有一定差异的情况。为加强全省车船使用税的征收管理,确保车船使用税收入的逐年稳定增长,我处下发了《关于加强车船使用税征收管理的通知》的文件,以推动全省车船使用税的征收管理工作。

(二)根据省政府抓好经济,增加税收收入的精神,为配合我省城市化建设的步伐,促进土地资源的合理使用,我们在近两年充分调研的基础上,向省政府上报《关于调整城镇土地使用税适用税额标准有关问题请示》。使我省城镇土地使用税的等级划分和适用税额规定与现阶段经济发展相适应,与周边地区税负相平衡,增加地方税收入。省政府已将有关厅局和法制办的意见返还我处,我处在征求相关部门意见后,听取了全省各市税政会议上税政部门的意见和建议,并按省政府的要求正式行文上报,目前已报省政府有关部门。

三、掌握地方税收入,完成"地方六税"收入分析工作

(一)做好总局布置的上半年地方"十税一费"收入分析工作,认真做好全省"地方六税"收入增减情况进行了分析工作,特别对增减幅度较大的税种进行重点分析,并分析清楚引起增减的原因。在总局关于地方税收入分析报送情况的通报中,我省为收入分析内容比较全面,重点较为突出,文字质量比较好的表扬单位之一。

(二)贯彻落实总局《关于加强地方"八税一费"收入分析工作》的通知,从5月份起,增加了对每月据情报告城建税、房产税、城镇土地使用税、车船使用税、印花税等收入分析的工作制度,为做好这项工作,我们专门下发了《关于加强地方"十税一费"收入分析工作的通知》,要求各地深入贯彻落实党中央提出的一手抓“非典”,一手抓经济建设的指示精神,加强地方“十税一费”收入分析工作,我们还及时了解基层情况,掌握全省每月地方税的增减变化情况,分析其增减变化原因,按总局上报的要求及时上报我省的地方税收入情况。同时还调查报告了对受“非典”疫情影响的行业税收优惠政策、下岗再就业税收优惠政策情况,此项工作,受到总局的通报表扬。

(三)九月份,我们参加了全国部分省市地方“十税一费”收入分析研讨会,邀请的是地方“十税一费”收入分析工作做得好的九个省市,会上介绍了我省开展这项工作的经验体会,这是对我省加强地方税收入分析工作的充分肯定。

四、陪同总局地方税司领导,调研我省地方税管理工作

(一)总局地方税司司长一行三人对我省就加强地方税管理工作进行调研,我们陪同赵兴玉司长一行先后在一瑞安市、温州市、绍兴县等地进行调研,并召开了四个座谈会。先后听取了温州市局、绍兴市局、瑞安市局、上虞市局、诸暨市局、富阳市局、萧山局等十个单位的情况汇报。同时还听取了省局就全省加强地方税管理方面所做的工作,以及加强地方税管理方面的意见和建议。在我省调研期间,赵司长一行高度评价了我省的地方税管理工作取得的成绩,充分肯定了我省在地方税管理中的一些探索性做法。

(二)在总局关于进一步加强地方税管理,对地方税工作重心转移到管理上的要求,以及地方税司《关于调研地方税管理有关问题的通知》的精神,我们就调研的有关内容进行了认真调研,并总结了近几年我省加强地方税管理工作情况和取得的成绩,以及我省对加强地方税管理提出了意见和建议。在总局关于加强地方税管理调研材料报送情况通报中,被列入通报表扬之中。

五、加强“地方六税”税源管理,在全国地方税管理工作专业会议作经验介绍

近几年我们在地方税税源管理上采取了一系列措施,加强了“地方六税”的征收管理,提升了我省“地方六税”税源管理水平,受到了总局的肯定。在今年七月份召开的全国地方税管理工作专业会议上,我省应邀在作了《抓好定期收入分析,强化地方税税源管理》的经验介绍。会后兄弟省市的同志还和我们进行了个别交流。

六、开展“土地增值税征管情况”的调研工作

今年我们开展了土地增值税征收情况的调研工作,在全省布置有代表性的市县进行调研,召开会议布置调研的相关工作并提出要求,在有关市县调研的基础上,专门召集有关调研人员听取对土地增值税征收的调研和加强土地增值税征收工作的意见和建议,在此基础上,我们就部分市县对土地增值税征收的调研情况进行汇总,形成了土地增值税征管情况的调研报告,送领导阅示。

七、完成城镇土地使用税税源普查数据库维护更新工作

根据总局关于做好开展城镇土地使用税税源普查数据库维护更新工作的要求,我们指导各市县认真做好城镇土地使用税税源普查数据库维护更新工作,解答各地在普查工作中的问题,并将各市地城镇土地使用税税源普查数据进行汇总,及时发现和纠正汇总中的错误,按总局的要求及时上报,较好地完成我省城镇土地使用税税源普查数据库的维护工作。

八、配合省财政厅做好财政部布置的“做大蛋糕,壮大地方财力”课题调研工作

九月份配合省财政厅做好财政部布置的“做大蛋糕,壮大地方财力”课题调研工作,根据课题研究的有关要求,我们布置有关市县税政部门人员,对调研课题的内容进行分工撰写,在完成初稿的同时进行集中研究讨论,完成了《关于对建立和完善地方税体系的意见》的调研报告,充分反映了我省对地方税税制改革的意见和建议。

九、布置各地做好清理政策法规工作

为深入贯彻新《征管法》及《征管法实施细则》,进一步提高“地方六税”依法治税水平,在年初我们就“地方六税”的有关政策法规问题提出意见,要求各地认真清理政策法规,对有矛盾的地方,要求及时纠正与规范;对有不够完善的地方,进行补充与改进;对可以运用的方式与手段,进行运用与实施。

十、完成其它各项工作

(一)处有关人员参加国家税务总局地方税司在哈尔滨召开的关于听取房产税、城镇土地使用税税收政策调研情况汇报会议。汇报我省开展房产税、城镇土地使用税政策调研情况以及对现行房产税和城镇土地使用税的意见和建议。

(二)针对“非典”期间的经济与税收形势,按照局领导的工作要求,我们及时提出《税政三处贯彻意见和建议》的材料,提出有关地方税收入、政策、减免等情况的意见和建议,供领导决策参考。

(三)根据省政府、国家税务总局一手抓防止“非典”,一手抓经济的精神,全局开展了“非典”对全省经济和地税的影响及对策的调查研究工作,在 5 月底前,我们提供了我处分管地方税税种在近期“非典”影响及对策的分析材料。

涉外税收

2003 年全省涉外税收工作思路是:以入世后国际税收管理模式和机制调整为背景,以依法治税为指针,以组织收入为中心,积极贯彻国际税收协定及有关税收政策,重点做好国际税收工作,加强国际税收情报交换管理,积极探索涉外地税反避税内容,规范管理,优化服务。

一、努力组织涉外税收收入,做到应收尽收,保持收入可持续增长

每季编制收入执行情况表,对收入执行情况进行统计、分析、监控,及时掌握因政策变化、管理方式变化对收入的影响,定期编制重点税源调查表、涉外企业税务登记情况统计表,进一步加强经济税源调查,重点对全省涉外地方税收 50 万元以上重点税源户以及定期对市地组织收入情况进行监控、统计、分析,及时掌握存在问题,做到收入均衡入库、稳步增长。据统计,2003 年度,全省累计入库涉外税收 19.58 亿元,同比增长 36%。其中营业税入库 10.26 亿元,增长 17%;个人所得税入库 7.24 亿元,增长 77%。

二、严格管理,积极贯彻国家有关外税政策

一是继续密切关注新形势、新情况、新问题下相关涉外税收政策的调整,有重点地做好对涉外企业的宣传、落实工作,如贯彻规范国际运输税收管理、贯彻落实国务院决定取消外商投资企业和外国企业若干税收行政审批项目的后续管理和外国投资者出资比例低于 25%的外商投资企业税务处理等涉外税收政策。二是切实落实外国企业、外籍个人技术转让收入免征营业税等优惠政策,严格审核技术转让费、商标使用费及其他费用是否符合优惠条件,向总局报送了美国杜邦公司等 14 户外国企业的免税申请;对各地批复了美国源泉技术有限责任公司等 10 户外国企业的免税申请。三是积极贯彻总局关于加强对外国企业常驻代表机构税收管理的通知精神,进一步规范采取按经费支出换算收入、按实征税的征管方法,调整适用范围。四是做好非贸易及部分资本项目项下售付汇开具税务凭证的业务管理,尤其是对境外费用支出、境外劳务扣除等项目加强了审核和监控。

三、加大税收协定的执行工作力度,拓展协定执行和运用深度

贯彻落实我国政府和印度尼西亚共和国政府签署的关于对所得避免双重征税和防止偷漏税的协定等 2003 年生效和签署的国际税收协定。对税收协定进行宣传、学习和消化,在继续做好协定在外商承包工程、提供劳务、取得临时收入、税收情报交换等方面运用的同时,努力排除协定运用障碍,在国际税收合作方面取得一定进展。根据中德税收协定第二十条、第二十六条有关规定,我处与杭州市局通力合作,通过国家税务总局启用两国税务当局协商解决的程序,为纳税人退还德国税务机关多征的税款近 2 万欧元。

四、大力加强税收情报交换工作,自动情报工作取得突破

2003 年,情报交换工作有两项特点:一是核查的情报数量大大增加,二是自动情报首次实现双向交换。我处对情报交换、核查工作注重抓好规范管理,各地严格执行情报交换管理规程、情报交换保密规程,提升情报核查能力,情报核查质量和效果均有所提高。2003 年,我省累计收到来自日本、韩国、德国等国的税收情报 68 份(上年度为 25 份),各相关市县经过走访有关部门和人员,认真核查有关资料,或是对被查人员是否构成税收意义上的居民进行判定,或是核查有关人员在华纳税情况,或是对有关情报内容真实性进行判断。通过核查工作的开展,不仅履行了国际税收协定规定的义务,同时也发现了一些征管漏洞,查补了一部分税收,如杭州市通过情报核查查补税收及滞纳金 34 万元;新昌县查补税收近 19 万元、嘉善县查补涉及跨省纳税人税收近 19 万元等。2003 年是我省制作、发送自动情报的第一年,通过各市的仔细筛选、认真审核、严格把关,我处共制作了 90 份自动情报,通过总局发往日本、韩国进行核查,成为首批通过总局向韩、日两国税务当局提供自动情报的省份之一。我处对即将实施的使用电子方式与美国、日本、韩国进行税收情报交换也制定了相关规定。

五、加强非居民个人所得税管理

全面贯彻落实《关于加强对外籍人员个人所得税征管的若干问题的通知》的各项制度措施,对部分重点外籍个人试行个人所得税审计制度和个人申报制度,把非居民个人所得税纳入个人所得税全员申报范围,加强与出入境管理、劳动就业管理等部门的联系,掌握基础信息,加强源泉控管。加强非居民个人所得税管理的各项制度措施的实施,促进了涉外个人所得税收入的快速增长。

六、积极开展调查研究,初步尝试开展反避税工作

针对总局对地税反避税工作的要求,我省下达了2003年度反避税工作要点;各地组织开展了对外商投资企业、外国企业以及外籍个人避税现状的调查工作。经过初步了解我省外商投资企业、外国企业和非居民的避税概况,分析梳理避税条件、原因和方式,我处在此基础上完成调研报告《地方税收的国际避税与反避税初探》,提出了加强地方税收反避税的立法和政策建设、建立全国性的价格工资信息库、加强反避税工作的国际合作等反避税措施和建议。该报告在2003年度全省地税系统调研报告评审中获二等奖。

规费管理

2003年,在省委、省政府和地方各级党委政府的领导下,在各兄弟部门的支持与配合下,全省各级地税部门特别是基层征收单位忠诚实践“三个代表”重要思想,牢固树立经济发展观,始终坚持大局意识和创新意识,按照“强基础—抓改革—促规范”这一主线,紧紧抓住我省经济新一轮增长带来的良好契机,以组织规费收入为中心,狠抓管理、提高认识、克服困难,进一步发扬埋头苦干、知难而进的优良传统,切实加强规费征管,把“非典”疫情、干旱和缺电等对规费收入特别是社保费收入组织工作造成的负面影响降到最低限度,使规费征管工作取得了很大成绩,促进了我省经济和社会全面发展。2003年全省地税部门(含宁波)共征收入库社保费203.74亿元,比去年同期增长34.32 %,其中基本养老保险费153.58亿元,比去年同期增长26.20%,征收率达95%;基本医疗保险费45.94亿元,比去年同期增长152.17%。教育费附加19.15亿元,比去年同期增长21.13%;农村教育事业费附加24.44亿元,比去年同期增长20.63%;水利建设专项资金16.03亿元,比去年同期增长31.61%。不含宁波,全省共征缴社会保险费168.78亿元,比去年同期增长32.82%,其中基本养老保险费127.08亿元,比去年同期增长26.25%,征收率达到95%以上;基本医疗保险费35.32亿元,比去年同期增长58.78%,征收率达95%。教育费附加14.70亿元,比去年同期增长21.51%;农村教育事业费附加16.32亿元,比去年同期增长16.82%;水利建设专项资金12.40亿元,比去年同期增长24.89%。

【社会保险费征管】2003年,全省各级地税部门在人手少、工作量大的情况下,高度重视和加强对社保费征收工作的领导,投入了大量精力狠抓社保费的征收工作,确保实现了省政府的考核目标,得到了省委、省政府领导的高度肯定。省委副书记、省长吕祖善同志在2003年6月到省地税局视察工作时指出,地税部门承担了征收社保费的重任,积极与社保部门配合,开拓创新,加强征管,使得社保费收入连年成倍增长,为政府在支付水平提高的情况下不断提高支付能力奠定了基础,为我省社会保障体系的完善作出了重大贡献。浙江省地税部门社保费征管工作也得到了国家税务总局的多次表扬。8月份在辽宁召开的全国税务机关社会保险费征收管理座谈会上,浙江省地税局介绍了经验,国家税务总局王力总经济师在会上也肯定了浙江的做法。

(一)进一步总结完善和推广社保费征管先进经验,创新社保费征管办法,提高全省地税部门社保费征管水平。一是做好全省社保费征管先进经验的总结。12月省局在余杭召开了全省社保费征管工作会议,会议由劳晓峰总会计师主持,省局单美娟副局长在会上作了社保费征管工作报告,各市、县(市、区)地税局长和规费(税政)处(科)长参加了会议,杭州市、湖州市地税局等6个单位在会上作了经验介绍。二是建立考核激励机制,在全省进一步推广先进征管经验。在省局领导的高度重视下,省局建立考核激励机制，要求全省各地因地制宜积极推广义乌市地税局“税银联网、税保挂钩”的社保费征管先进经验。省局规费管理局专门组织人员对各地推广“义乌经验”情况进行了专项考核检查，同时针对各地出现的情况和问题，及时加以引导，指导各地规范社保费征管办法。2003年“义乌经验"已在全省39个市、县(市、区)推广，大大提高了地税部门对社保费的征管水平。各地在实际工作中创造性地推广“义乌经验”，极大地丰富了“义乌经验”的内涵，赋予“义乌经验”更新的涵义，充分发挥地税部门的优势，积极主动地参与社保扩面和社保费应征数核实工作，并根据浙江实际把非公有制企业作为扩面工作的重点，努力推进社保覆盖面工作，推动了我省社保体系的建设。如杭州市地税局在2002年12月始借鉴“义乌经验”，全面实行养老保险费的征管改革，改市本级企业(用人单位)的缴费基数由原来的缴费工资之和为企业职工工资总额，并且改原来全部由社保部门核定应缴费额为由地税部门核定企业统筹部分应缴费额和由社保部门核定个人应缴费额相结合。实践证明，杭州市的社保费征管改革是成功的，2003年在调低费率的情况下，收入还保持比较高的增长。湖州市地税局审时度势，在市政府领导下，实行企业缴费与个人缴费相分离的征缴办法，即企业缴费由原来社保部门提供应征数改由地税部门按用人单位当年全部职工工资总额为基数征收；职工个人以市社保办核准后的上年全部收入为基数征收。嵊州市地税局也从2003年6月份开始也实行企业缴费与个人缴费相分离的征缴办法，企业缴费由原来社保部门提供应征数改由地税按用人单位上月全部职工工资总额为征收基数，按规定比例按月征收。这些改革，改变了地税部门征收社保费的被动局面，使地税部门能够充分发挥自身的征管优势，掌握社保费征收的主动权，确保收入的快速增长。

(二)积极采取措施，加大欠费清缴力度。采取多种措施，加大清欠力度，大力压缩欠费，2003年全年全省地税部门(不含宁波)共清缴养老保险费历年陈欠2.99亿元。金华市地税局在《金华日报》上将所有欠费单位和个人进行了公告催缴，并对欠缴的基本养老保险费加收滞纳金，取得了明显成效。嘉善县地税局对关、停、破产企业在转制、出让时，与财政部门的积极配合下，从企业资产处置、土地出让的收益中直接扣除企业欠缴的养老保险费。

(三)积极推进社保法制建设，创造良好的社保费征缴法制环境。一是积极做好《浙江省社会保险费征缴管理办法》(代拟稿)起草工作。《浙江省社会保险费征缴管理办法》被省政府列入2003年度立法计划。省局领导高度重视这一工作，成立了以局领导为组长，规费管理局、法规处和征管处等相关处室人员组成的起草工作小组，并从有关市、县抽调业务骨干，在4月份完成了初稿。初稿先在局内征求了各处室的意见，后又征求了省劳动和社会保障厅、省财政厅、人民银行杭州中心支行、省总工会、省工商管理局等相关厅局的意见。8月，省局规费管理局和法规处一起，赴绍兴召开由基层税务工作同志和企业代表参加的座谈会，就《浙江省社保费征缴管理办法》(征求意见稿)征求他们的意见。在广泛征求意见的基础上，完成了《浙江省社会保险费征缴管理办法》(代拟稿)，于9月上报给了省政府。二是多次参加省政府和省人大组织的《浙江省失业保险条例》修订讨论会，并组织全省各地地税部门进行讨论，对修订《浙江省失业保险条例》提出了很多建设性意见，使得《浙江省失业保险条例》在2003年9月4日被浙江省第十届人大常委会第五次会议顺利通过，推进了我省社保法制建设。同时多次参加省政府召开的座谈会，积极与有关部门一起参与了省政府制订有关贯彻实施《浙江省失业保险条例》有关文件的讨论工作，为《浙江省人民政府贯彻执行〈浙江省失业保险条例〉有关问题的通知》(浙政发【2003】49号)顺利出台做出了努力。三是积极做好有关工伤保险立法工作。国务院《工伤保险条例》将于2004年1月1日起施行，省政府为做好《工伤保险条例》贯彻落实工作，多次召集有关部门召开座谈会，省局根据浙江实际情况，提出了很多建设性意见。《浙江省人民政府关于贯彻执行〈工伤保险条例〉有关事项的通知》(浙政发【2003】52号)中吸收了省局的有关建议。

(四)进一步健全有关制度，完善社保费征管机制。一是进一步完善考核激励机制。省局根据实际情况，完善了对全省征管先进单位的考核指标，与省劳动和社会保障厅联合对全省各地2002年养老保险费征管工作进行了评比，对杭州市等26个养老保险费征管先进单位进行了表彰。12月，省局与省劳动和社会保障厅联合在杭州召开了2002年度基本养老保险费征管先进表彰会。副省长陈加元专门给会议发来贺信，省局黄旭明局长和省劳动保障厅潘忠弟副厅长分别在会上作了重要讲话。省局单美娟副局长和劳晓峰总会计师出席了这次会议，各市、县、区地税局长和规费(税政)处(科)长及受表彰的各劳动保障局局长参加了会议，会议还邀请了省财政厅和省审计厅的有关同志参加，金华市地税局和杭州市劳动和社会保障局分别作为征管先进单位代表在会上发言。二是根据国家税务总局《关于定期报送社会保险费收入及征管情况的通知》(国税函【2003】97号)的要求，结合浙江实际，省局下发了《浙江省地方税务局关于建立社会保险费定期报送制度的通知》，建立了社会保险费征管情况定期报送制度，以便及时掌握分析各地的收入进度和增减原因，发掘和推广各地行之有效的征管办法，指导督促各地做好征收工作。省局及时向国税总局报送每个季度收入情况、征管措施，由于报送及时，内容详细，受到国税总局的表扬。各地也进一步建立健全了有关社保费征管资料管理制度、重点费源监控制度、宣传和信息反馈制度等。

(五)主动加强部门协调，相互配合，共同做好社保费征收工作。社保费的征收涉及地税、社保、财政、银行等部门，需要环环相扣，密切配合，我局进一步加强与各部门的联系，相互配合，经常交流工作、交流信息，讨论有关规费征收工作中存在的问题，研究解决问题的对策措施。全省大多数地方地税与社保部门能做到互相通气、互相尊重，在实际工作中已做到四个共同：征缴措施共同研究，政策培训共同组织，工作矛盾共同协调，社保业务共同办理。在地税局内部，积极取得计会、征管、稽查和有关业务处室及信息中心等有关处室的支持与配合，形成合力，共同做好规费的征收和管理工作。

(六)加强培训，提高相关人员社保费征收政策业务水平。一是做好《社会保险费征缴业务手册》的编写印发工作。社保费征收工作对地税部门来说还是一项崭新的工作，而且社保费征收工作涉及的方方面面与税收有很大不同，广大地税干部迫切需要一本有关社保费征收的业务手册。规费管理局今年挤出时间，组织了有关同志着手编印了《社会保险费征管业务手册》，努力为基层征收做好服务。二是省局在2002年成功举办一次培训班的基础上，又举办了一次全省规费处(科)长社会保险业务培训班。全省各级地税部门在社会保险业务培训方面做了许多工作。如金华市地税局为提高各基层征管分局工作人员的养老保险法制意识，举办了两期基本养老保险知识培训班，就养老保险登记、申报、缴费、发放知识请社保处干部进行了讲解，使全体税务干部准确把握养老保险政策和征缴程序，加强了税务干部基本养老保险知识储备。嘉善县地税局在召开全体中层干部以及地税征管一线各工作站、厅负责人参加的养老保险扩覆专题会议上，邀请了县社保中心主任作养老保险知识的讲座，为地税部门在征收过程中解答纳税人的问题、顺利完成扩面任务作好准备。通过培训和教育，我们的地税队伍素质不断提高。

(七)加强宣传，营造社保费征收的良好氛围。为进一步增强公民依法缴纳社会保险费的意识，营造全社会理解、支持地税机关征收社保费工作的良好氛围，省局结合浙江实际认真贯彻落实《国家税务总局关于加强税务机关征收社会保险费宣传工作的通知》(国税函【2003】408号)，要求各地：一要加强领导，保证社保费宣传工作的经常化。二要统筹安排，推进社保费宣传工作的规范化。三要把握重点，增强社保费宣传工作的实效性。要求全省各级地税机关重点宣传征缴社会保险费的重要意义和政策法规、各地党政领导的有关指示精神、地税部门征收社会保险费工作的措施和成效、征缴社会保险费的先进典型和事迹等，利用报刊、电视、广播等新闻媒介和办税服务厅、12366纳税服务热线、网站、报刊、广告等阵地开展社保费宣传工作，不断探索创新。

【其他规费的管理】(一)积极做好残疾人就业保障金由地税代征工作。自《浙江省按比例安排残疾人就业办法》(省政府【2003】155号令)公布并实施以来，全省已有许多地方的地税部门接手残疾人就业保障金的征收工作。为规范统一全省的残疾人就业保障金的征收管理，省局与省残联、财政、人行等有关部门进行了多次讨论，并在系统内部广泛征求意见，在此基础上与有关部门一道出台了《关于印发〈浙江省残疾人就业保障金征收管理办法〉的通知》(浙财社【2003】134 号)文件,明确了我省残疾人就业保障金的征收范围、征收标准及征收程序,规范了基金管理、减免及监督检查,使地税部门做好残疾人就业保障金代征工作有章可循。

(二)加强对水利建设专项资金征管工作,做好减免审批工作。一方面切实加强水利建设专项资金的征收工作,为我省水利建设事业筹集资金。另一方面认真贯彻落实有关政策,对一些确有困难或为水利事业作出重大贡献的企业做好水利建设专项资金的减免审批工作。同时做好水利建设专项资金征收的政策解释工作,注意归纳各地反映上来的在征收过程中暴露的各种问题,加强调研,及时向局领导反映。

(三)做好教育费附加和农村教育事业费附加征收工作。一是根据浙江实际,出台了《浙江省地方税务局、浙江省财政厅、浙江省教育厅、中国人民银行杭州中心支行关于废止丝绸、纺织特困企业教育费附加减免政策的通知》(浙地税发〔2003〕20 号),废止丝绸、纺织特困企业的教育费附加减免政策。二是省局规费管理局就我省教育费附加和农村教育费附加征收中存在问题进行了专题调研,对两个费种的收入作了详细的了解和测算,并会同省财政厅税政处就目前我省的实际情况对统一两种教育费附加征收政策提出了意见,积极促进城乡教育费附加政策的统一,以使这些规费的征收工作更好地服务于浙江社会经济的全面发展。

【调研工作和其他工作】(一)加强规费工作。一方面,省局加强了下基层调研的工作力度。省局领导和规费管理局领导多次带队深入基层征管一线调研有关规费征管情况。另一方面加强对全省地税系统规费调研工作的指导。为认真贯彻落实省局对"调查研究年"活动的要求,省局在年初专门开会和下发通知要求各相关地方高度重视规费调研工作,并提出了"社保费征管办法探讨"、"五费合一的探讨"、"民营企业的参保问题研究"等几个参考调研题目为各地调研指出方向。全省各级地税部门十分重视规费调研工作,2003 年底各地有 33 篇调研报告上报到省局规费管理局。绍兴市地税局专门对所属各县(市)的调研报告进行了评比,并在《绍兴财税》上出版了专辑。省局规费管理局调研组的《我省非公有制经济养老保险参保及缴费情况调查及思考》、台州市地税局课题组的《探索社会保障"五费合一"的实践与思考》被评为全省地税系统 2003 年度优秀调研报告一等奖。

(二)做好其他相关工作。做好与兄弟省市的经验交流工作。三月初,接待了广东省地税局鲁兰桂副局长为团长的广东省地税局考察团。双方交流了目前社保费征缴工作中亟待解决的问题和各自的一些有效的做法,以及下一步的工作思路。考察团还听杭州市地税局同志介绍的以职工工资总额为养老保险费缴费基数的征缴办法。接着,我局同志又陪同广东考察团考察了绍兴、舟山、温州等地的经济发展和社保费征缴情况。积极配合相关处室工作。如在财政部、国家税务总局关于"非典"时期相关行业税费优惠政策的文件出台后,认真分析"非典"对我省相关行业有关规费的影响,配合法规处出台我省"非典"时期相关行业税费优惠政策的操作性文件。做好总局布置的其他工作。如按总局要求,派业务骨干两次到广东和河北参加国家税务总局所组织的金税工程三期社保费模块业务需求讨论会。

税收征管

【征管改革】自 2002 年 12 家试点单位成功导入 ISO9000 质量管理体系后,2003 年 1 月份召开了全省动员大会,对全面导入工作进行了部署。各单位按照省局批复的批次,群策群力,参照《全省地税系统全面导入 ISO9000 质量管理体系规范性大纲》、《12 家试点单位的总结经验材料》,紧密结合本地实际,紧张而有序地导入了 ISO9000 质量管理体系。到 2003 年底,全省地税系统圆满完成 ISO9000 质量管理体系的导入任务。

各地进一步推进因特网申报软件、电话申报软件、邮寄申报管理办法的应用工作,多元化纳税申报方式点面结合得到有效推广。截止 2003 年底,全省有 32500 户纳税人采取因特网申报方式,有 4000 多户纳税人使用电话申报方式, 有 1500 户左右纳税人采取邮寄申报方式。

自2002年11月全省开通“12366”以来，系统软件运行稳定。各级地税机关十分重视此项工作，及时答复纳税人的咨询，保证了语音服务工作的效率，纳税人和社会各界反响良好。2003年，全省12366语音服务中心共受理了56731人次的咨询，其中，人工受理14301人次，系统自动受理42430人次。为规范服务行为和业务操作程序，调研制订了“职业道德规范”、“人工话务操作规则”等19个制度。同时，策划统一对外服务的形象。全省地税系统初步构建了“由12366语音特服系统、《浙江地税网站》和传统的办税服务厅（站、点）构成的开放的立体式的纳税服务体系”。各级地税机关积极主动为纳税人提供优质服务，征纳双方关系日趋融洽。全省的纳税服务工作也因之得到了总局的肯定，做法和经验作为典型材料在全国税务系统进行了交流。中央电视台教育频道“向纳税人报告”栏目对浙江地税12366语音服务情况作了专题报道。

积极配合信息中心做好地税管理层软件的业务需求分析和软件的测试、修改工作。试点（温州）工作正在进行中，下一步将针对试点发现的问题，予以完善，再逐步推广应用。

国务院信息办确定杭州市为工商、国税、地税、技术监督四部门企业基础信息交换的试点单位，省局积极参与、指导试点任务。部门协作、信息共享取得实质性突破。试点工作圆满结束后，省局及时总结试点的成功经验，起草了《关于开展企业基础信息交换应用工作的报告》，向省政府建议在全省范围建立企业基础信息交换应用平台，从广度上推进部门间的信息交换与共享。此报告与国务院信息办将浙江全省确定为部门企业基础信息交换的试点单位不谋而合，表明了国务院信息办对杭州试点工作的充分肯定。

【税收征管】继续宣传、贯彻新《征管法》及其实施细则，研究、解决新《征管法》及其实施细则在执行过程中的问题。及时转发了总局《关于贯彻〈中华人民共和国税收征收管理法〉及其实施细则的若干具体问题的通知》，明确了省局的贯彻意见。

为加强地方税收信用体系建设，规范纳税信用等级评定管理，根据总局《纳税信用等级评定管理试行办法》，结合《浙江地税纳税人分类管理办法》的实践情况，制订了《浙江地税纳税人纳税信用等级评定实施办法》，拟进一步征求意见后下发执行。

加强纳税评估工作，推进征纳双方沟通与理解。为进一步强化税收征管，提高税收征管水平，及时转变日常征管工作重心，组织各地开展纳税评估工作。并积极总结各地的评估工作实践，组织制订了《浙江省地方税务局纳税评估工作暂行办法》，拟进一步征求意见后下发执行。

组织了全省范围内的税收征管工作交叉检查。通过检查，系统地了解到当前征管工作的薄弱环节、主要问题及其成因，有针对性地提出了落实、解决的措施，明确了下一阶段的征管工作重点。从而，有力地促进了新《征管法》及其实施细则的贯彻落实，有力地推动了各地有的放矢地强化税收征管工作、提升征管工作质量和效率。

研究解决个体税收征管工作中的新情况、新问题，组织召开“《浙江地税信息系统》双定管理模块存在的问题及解决方案”专题研讨会，整理出33条建议，为进一步修改和完善“双定管理模块”提供了建设性意见。根据总局要求，2003年继续组织开展集贸市场地方税收专项整治工作并取得了预期效果。全省共抽调干部4018人次，组织了671个检查组，对784个集贸市场内的147932户纳税户进行了专项检查，查补税款、滞纳金、罚款合计2178万元；同时，各级地税机关将专项检查与定额调整、清理漏征漏管户等项工作有机地结合起来，全省累计调整个体工商户定期定额117801户，其中调高定额103484户，月调增税款514万元，调低定额14318户，月调减税额83万元，2003年全省增收定额税款5172万元；全省共清理出税收漏征漏管户7456户，查补税款、滞纳金、罚款合计达386万元。组织开展了全省2002年度个体税收“五单”工程质量考评工作。通过自评及交叉检查，科学、合理地确定了各地2002年度个体税收“五单”工程质量的考评得分并下发执行，继续激励各地加强个体税收管理工作。

组织全省地税征管系统开展调研活动，调研重点是如何建立健全纳税服务体系、如何更好地贯彻落实新《征管法》及其实施细则、如何科学、有效地开展有奖发票活动等。全处同志深入实际，积极开展调查研究，针对当前世界各国积极开展纳税服务的趋势，结合我省实际，形成了《完善新型纳税服务体系提升纳税服务水平》的课题报告;针对营业税起征点政策,组织开展"提高营业税、增值税起征点对个体、市场税收征管工作影响"的专题调研活动,完成了《关于提高增值税、营业税起征点后我省个体、市场税收征管工作情况的报告》,供领导决策参考。

【发票管理】积极研究深化发票管理改革的方案。组织召开了全省地税发票管理工作会议,对加强发票管理、深化发票管理改革进行了研究和部署。

2003年1月中旬至2月中旬,根据总局要求,组织对全省33家发票定点印刷企业和各主要城市、县城的500多个车站、码头、宾馆、娱乐场所、非发票定点印刷企业等集散地和公共场所进行发票打假专项清查工作。共查处非法兜售发票人员15人,查获非法兜售的地税发票8种共347份,查处未按规定使用、保管发票的单位114家,发票打假专项清查工作达到了预期的效果。

及时组织贯彻实施总局关于加强货物运输业税收征管的"三个办法和一个方案",确保国家通过发票管理加强货物运输业税收征管的政策在我省得到全面正确贯彻落实。

【税务代理】认真做好了2003年度全国注册税务师资格考试的宣传、考生的资格审查、教材征订以及考试成绩公布等工作。根据总局规定,结合我省实际,2003年7~9月对全省执业注册税务师(523名)和税务师事务所(65家)开展了年检工作。通过年检基本掌握了全省税务代理的现状、特点和存在的主要问题,为下一步提高注册税务师执业水平、规范税务师事务所行为提供了工作方向。为加强执业注册税务师的后续教育,提高税务代理从业人员的执业水平。2003年11月中旬举办了全省执业注册税务师后续教育培训班。共有229名执业注册税务师参加了培训。本次培训师资力量强,内容丰富,紧密结合当前税务代理工作的难点、热点问题,参加培训人员普遍反映受益匪浅。在全省各税务师事务所中组织开展了调研论文评比活动,提高了税务代理从业人员开展理论研讨的积极性。积极做好《税务咨询通讯》等刊物在我省的发行工作,同时编发《浙江税务师之友》反映注册税务师管理活动动态,介绍部分税务代理机构的工作经验。

税务稽查

2003年,全省各级地税稽查部门在国家税务总局及各级地税局的正确领导下,在各有关部门的支持和配合下,以"规范执法、加大力度、强化管理"为重点,以新《征管法》及其实施细则的实施为契机,以整顿和规范税收秩序为主线,以大要案查处为中心,认真扎实地开展各项稽查工作,稽查队伍的整体素质、稽查信息化水平、稽查案件的质量等都有了明显的提高。稽查各项工作在强化中得到发展,在发展中得到规范,在规范中得到提高。

一、组织做好案件查处工作,充分发挥稽查威慑作用

(一)做好案件查处工作。2003年,全省各级地税稽查部门(不含宁波)共检查纳税户25189户,占正常性纳税户的7.0%,查补税款7.99亿元,罚款2.03亿元,加收滞纳金5843万元,查补费(基金)2862万元,查补金额总计10.89亿元,比上年增收1.39亿元,增长14.7%。2003年全省地税系统查处涉税金额10万元以上的大要案总计有1443件,占已立案件的18.9%,查处金额5.77亿元,其中:50万元以上的大要案223件,查处金额3.10亿元,500万元以上的大要案7件,查处金额8028万元,1000万元以上的大要案2件,查处金额4769万元,移送公安机关案件137件,比去年同期增长71.3%。已有21人受到了法律的制裁。大要案的查处,有力的打击了犯罪分子的嚣张气焰,震慑了涉税违法犯罪,教育了广大纳税人,在社会上引起较大的震动和反响,起到了"查处一个、教育一批、治理一片"的作用。

(二)认真组织实施全省税收专项检查工作。根据省局下发的《2003年全省税收专项检查计划》,全省各级稽查部门从2003年4月份开始,先后开展了对建筑安装、房地产、大型餐饮业、工业制造、中介机构、普通发票、个人所得税以及金融保险业的省级收入等多个行业开展了专项检查,共检查纳税户12624户,查补金额7.79亿元。查处大要案40件,移送公安机关19件,有力地维护了税法的统一和尊严,有力地整顿和规范了行业的税收征管秩序。为全面规范省级税收收入征缴入库工作，全省稽查部门克服了任务重、时间紧等困难，经过为期9个月的艰苦紧张工作，在全省范围内开展了对省级税收收入专项检查工作，共检查纳税户5053户，查补省级税收收入3.31亿元，非省级税收收入1.04亿元，两项查补收入合计达4.35亿元。通过专项检查，有力地整顿和规范了金融保险业等省级企业的税收秩序，保证了省级税收收入的持续、快速、稳定的增长。2003年全省共入库省级税收收入37.65亿元，与去年同口径相比增长34.55%。

（三）认真做好全省涉税举报案件的查处工作。2003年，全省各级举报中心共受理各类举报案件2799起，其中已查结2312起，结案率为83%；查补税款1.48亿元，已入库1.44亿元，入库率为97.65%，加收滞纳金1391万元，罚款4723万元、平均处罚率为32%。根据举报案件的实际情况，向举报人发放奖金41.05万元，有效打击了税收违法行为。其中省局举报中心共受理各类举报案件248件，均及时转各地举报中心并已查结。

（四）认真做好整顿和规范税收秩序工作。2003年，全省共有187件涉税违法典型案件通过新闻媒体公开曝光，比去年增加100件。认真贯彻落实《浙江省公安经侦和税务稽查部门联络协作暂行规定》，2003年，全省地税机关共移送公安机关的涉税案件达137件，比去年增加57件，增长71.3%。

二、强化稽查管理职能，规范稽查执法行为

（一）进一步规范责成自查工作。根据各地责成自查工作的开展情况，省局在原有基础上出台了《稽查责成自查工作操作办法》，使责成自查这项制度更具科学性和操作性。同时省局明确，凡是责成自查的企业必须进入税友2000稽查子系统运作，凡是已立案稽查的案件不得再实施责成自查。2003年，全省各级稽查部门共责成自查企业13452户，责成自查占总检查户数的53.4%，责成自查后转入重点检查3500户，重点检查占责成自查的比例为26.0%，较去年有所增长。

（二）加强对大要案上报工作的管理。根据2002年重新下发的《全省地税系统税务违法违章大案要案报告制度》，为及时掌握全省涉税大要案查处情况和促进各地对大要案查处的积极性，稽查局加大对大要案上报工作的考核力度，使各地更加重视大要案的查处和报送工作。2003年，各地上报省稽查局大要案128件，比去年增加38件，增长42.2%。

（三）配合做好ISO9000质量管理体系的导入工作。省稽查局要求各级稽查部门把ISO9000质量管理体系导入工作作为一件大事来抓，由稽查局主要负责人领导，指定专人负责，积极配合有关部门，做好税务稽查管理模块作业指导书的讨论、修改工作，成效明显。截止2003年11月，全省共有66个稽查局通过ISO9000质量管理体系认证，通过率达到91.66%。

（四）继续推行“下查一级”办法，加大稽查管理力度。2003年，全省稽查部门通过“下查一级”的方法，共查处案件313件，查补金额总计8309万元，平均每个案件查补金额达26.55万元。通过这一办法的推行，提高了稽查部门的执法权威，加大了涉税案件的查处力度。

（五）积极开展稽查业务交流，练好稽查内功，提高案件质量。2003年初，省稽查局根据参加全省案件评比的37个案件中存在的问题，将有关情况通报各地，为各地稽查工作起到了一定的借鉴作用。2003年，全省共有300多个案件参加了省、市、县不同层次的评比，全省稽查案件质量得到进一步提高。

三、规范稽查内部工作，提高稽查工作质量

（一）继续推行“阳光工程”。根据省局要求，各级稽查部门继续完善税务行政处罚听证制度、税务违法案件公告制度、地税稽查工作公示制度，对稽查有关的工作制度、办法、程序、权限、责任等，原则上都要上墙进行公示，以增加稽查工作的透明度，使稽查部门的执法行为接受被稽查纳税人和社会舆论的监督。2003年，全省各级稽查部门共公告案件5936件，案件公告率达78%。

（二）进一步做好税友2000稽查子系统的修订、完善工作。税友2000稽查子系统在全省地税稽查系统全面推广应用后，各级稽查局在实际工作中不断探索，提出新的业务需求并及时反馈给信息中心，省局在2003年年底举行了稽查子系统运行座谈会，召集各市稽查业务骨干进行讨论、修改，进一步增强该软件的实用性，提高稽查工作效率。

（三）积极开展案件复查工作。为提高全省地税稽查办案质量，严格依法行政，省稽查局在年初将稽查案件复查率作为稽查考核指标之一。2003年全省共复查稽查案件1429件,案件复查率达9.4%,高出年初考核指标4.4个百分点。通过案件复查,使稽查部门的办案质量,执法水平有了明显提高。

(四)认真做好稽查报表汇总上报工作。2003年,省局稽查局进一步加大对各地稽查工作“五率一面”执行情况的考核力度,强化报表人员的业务培训,做好稽查数据的统计、分析、上报工作,使我省地税稽查各项指标均名列全国前茅。在总局对稽查部门的统计工作考核中,我省得到了满分,得到了总局的通报表扬。全省六项指标分别为检查面7.0%,案件罚款率68.9%,入库率100.1%,复查率9.4%,公告率78.2%。

(五)做好税务检查证的发放、管理工作。2003年,继续扩大检查证发放范围,到目前已累计发放检查证6872本,占基层地税干部的比例达到74%。基本满足了基层地税人员执行公务的需要。

四、以人为本,从严治队,狠抓稽查队伍建设

(一)做好稽查人员学习资料的编写工作。为适应新形势下稽查工作的需要和规范稽查干部的执法行为及提高稽查系统的整体性,省局牵头完成修订《稽查工作制度汇编》的前期工作。同时还完成了省局人教处牵头的《标准题库集》(稽查部分)的修订工作。

(二)做好省级稽查人才库建设的前期工作。会同省局人教处做好建立全省地税系统省级稽查人才库的前期准备工作,于8月22日以省局名义下发了《关于建立省级地税稽查骨干人才库的通知》,通知对人才库的培养目标、选拔范围、名额分配、选拔条件等都作了详细的规定,要求各地按分配的名额推荐业务骨干人才作为候选人。经过各地的精心挑选,全省共报送省局省级稽查人才库候选人员159名。这些推荐人员已于2004年3月16日参加了省局组织的全省统一考试。

(三)做好稽查业务培训工作。省稽查局与省厅监督检查局联合举办一期省级收入查前业务培训班,邀请审计厅、财政厅、省局有关处长给业务骨干授课,保证了省级收入检查工作的圆满完成。各级稽查部门根据当地实际,也举办了形式多样的稽查业务培训班,据统计,2003年全省各级稽查部门共举办各类培训班156个(次),参训稽查人员达6000余人(次),得到了总局稽查局的表扬。

(四)进一步加强稽查队伍廉政建设。各级稽查部门认真贯彻落实总局和省局下发的有关廉政建设制度,领导干部做到以身作则,加强廉政学习,认真执行《廉政准则》,自觉遵守重大事项报告制度,教育保护好地税稽查干部,树立地税稽查干部的良好形象。进一步强化内部管理体制,继续实施“案件回访”、“廉政监督卡”等廉政监督制度,使廉政建设情况得到较大改进。2003年,全省稽查干部违纪人员仅1人,违纪人员数较去年明显减少。

(五)转变工作作风,深入开展调查研究工作。配合做好总局的有关调研工作,与总局稽查局制度处同志一起,赴省内有关市、县,做好《税务稽查条例》(征求意见稿)的调研工作,并及时上报有关调研结果。2003年4月中下旬,由省局钱子辉副局长带队,到金华市对金融保险业税收情况进行了专题调研,为全省省级税收收入专项检查工作做好了基础性工作。另外为部署2004年工作,省局稽查局组织人员赴有关市、县稽查局进行工作调研。

税收信息化工程建设

2003年是实施《浙江地税信息化建设三年规划》的最后一年,信息中心紧紧围绕全省地税工作中心,按照局里提出的建设“精品迭出、讲求效率、规范有序、崇尚文明”机关楷模的要求,齐心协力、迎难而上,圆满地完成了年初制定的工作任务。

一、完成省局数据应急处理中心建设,初步实现税收征管基础业务数据的实时上行,为《税友2000》管理层应用及实现管理“扁平化”奠定了基础

(一)组织省局信息化专家顾问委员会的有关专家对数据应急处理中心技术方案进行论证,并赴总局汇报数据应急处理中心建设工作,听取总局信息中心有关同志对技术方案的意见。

(二)报经局领导审定后,通过省政府采购中心完成数据应急处理中心IBM P690小型机、EMC8830存储系统、ORACLE数据库、BEA TUXEDO中间件系统软件及各地DELL 2600前置服务器的采购,并完成在省局端和各市、县局端的安装。

（三）协助办公室完成省局数据应急处理中心机房的建设。

（四）制定《税友2000》数据清理方案，组织各地做好数据清理工作，同时举办两期数据应急处理中心技术培训班。

（五）完成数据上行汇集软件的开发，制定数据上行方案的实地测试计划，组织完成数据上行软件在杭州市的三个县（市）局的实地测试运行工作，并成功实现了部分市、县（市）局税收业务数据的实时上行。

（六）年底前完成了全省各市、县（市、区）地税局截至2003年12月25日的税收业务数据集中汇集到省局的工作。

二、成功开发《税友2000》管理层软件，为实现层次从操作层向管理层、功能从事务型向决策型的飞跃奠定技术基础

经过6个月的封闭式集中开发，于今年4月底完成《税友2000》管理层软件的开发；组织完成管理层软件在温州市局的整体测试工作，根据整体测试情况和省局各业务处室的反馈对软件进一步进行了修改完善；举办两期《税友2000》管理层应用软件师资培训班，为在全省推广应用做好准备。《税友2000》管理层应用软件在《税友2000》操作层软件的税源监控功能基础上，以全面税源监控为重点，依托省局数据应急处理中心，利用数据仓库技术，提供日常业务、统计分析、质量考核、报表管理、信息交互等功能，从而全面盘活存量信息、即时利用增量信息、挖掘信息增值效能，在更大范围、更高层次、更深程度实现既为管理、决策服务，又为征管行为和执法行为监控服务。

三、为进一步推进多元化申报和网络缴库一体化服务方式做好技术准备

（一）完成因特网申报系统省局端因特网专线接入的扩容改造工作，增加了电信、网通各一条独享10M的光纤电路专用于因特网申报，并采用了负载均衡设备，向纳税人提供更好的涉税服务；进一步完善因特网申报系统软件，针对应用中出现的问题，完善了系统体系结构，设立了8个镜像站点，建立征期运行监控机制，并及时将运行情况报局领导。截止11月30日，全省共有32000多户企业通过因特网进行申报纳税。

（二）考察上海银行、第九城市软件运行情况，制定因特网申报系统升级方案，于今年9月完成新版《浙江地税因特网办税服务系统》的开发，并通过在金华市局的试点应用，为2004年全省推广应用做好技术准备。

四、进一步强化全省地税系统信息安全体系建设

（一）针对2002年信息化安全建设专项检查情况，对10个市局和29个县（市、区）局提出书面整改意见，以进一步促进各地信息化安全建设工作。

（二）制定省局局机关网络与信息安全建设技术需求并提交省政府采购中心采购。

（三）完成2003年度全省地税系统信息化安全建设专项检查，共对10个市局和10个县（市、区）局进行了安全专项检查。2003年2月，按照总局的要求做好省局局机关网络与信息安全自查工作，同时组织各地开展安全自查，并将自查结果及时上报总局。

（四）做好各地数据备份系统和反病毒系统应用问题调查与汇总工作，组织全省地税系统反病毒系统和数据备份系统巡检，现场解决各地应用中出现的问题，确保数据、网络和应用系统的安全。

（五）根据实际应用的需求和反病毒技术的发展，及时制定新的全省地税系统反病毒系统方案，通过省政府采购中心完成采购。组织编写全省地税反病毒系统安装与配置指南，并于12月15日开始统一对全省地税反病毒系统进行升级。

（六）2003年4月，公安部在全国四省两部委进行信息安全等级测评试点工作，我局作为浙江省唯一的试点单位认真做好试点评测工作，为建立科学的国家信息安全等级体系提供第一手参考资料。

五、加强外部联网，提高信息共享度

在强化与银行、国库、社保等联网的基础上，在省局端积极主动做好与工商、国税的联网工作，多次与省工商局、省国税局联系，并制定了相关联网接口标准，同时组织杭州市局做好与工商、国税、质检、银行、社保等部门的联网工作。

六、完成人事教育信息管理系统、个人所得税管理软件、固定资产软件、企业税务清算中心国库联网程序的开发，并积极配合做好软件的推广应用工作

七、不断巩固现有应用成果，认真做好现有各项应用的技术支持工作

认真做好《税友2000》征管软件的应用维护工作，

从2月份开始,维护中心共收到1316个问题,已解决1241个,解决率94%,还有75个问题未解决。认真做好《公文处理系统》、《档案管理系统》的维护和全省技术支持工作,完成《公文处理系统》通信服务器和《档案管理系统》的升级,认真做好与总局《公文处理系统》的远程收发文测试工作。继续做好全省网络系统、邮件系统的维护工作,确保全省地税系统广域主干网通畅、稳定,并及时对与总局互联的Lotus Notes邮件系统软件进行了升级。认真做好省局内外网网站的运行维护工作,于2003年2月启用新版内网网站。12月,配合法规处将法规库移植到外网网站,以进一步推进税法宣传、提供更优的纳税咨询服务。

八、落实省局关于加强调查研究的要求,深入开展调研工作

积极落实省局关于加强调查研究的精神,深入了解《税友2000》征管软件的应用情况。2003年9月,《税友2000》管理层应用软件在温州市局整体测试期间,中心人员深入基层了解一线人员的意见和建议,11月,分两次召集全省各市、县(市、区)局的技术骨干开专题调研会,进一步了解《税友2000》应用情况,最终完成了《关于〈税友2000〉操作层软件应用情况的调研报告》。同时,年初向各市局信息中心布置了调研任务并公布了调研题目,12月16日在信息中心主任会议上各市局交流了调研报告,内容涉及《税友2000》应用、信息化人力资源管理、提高数据质量、完善纳税服务体系、电子政务应用、信息共享等方面。

九、协助办公室做好局机关新办公大楼的弱电系统设计工作,完成局机关新大楼机房的需求设计和技术方案制定

十、认真、按时、保质完成上级布置的各项工作任务

(一)三次派人参加总局金税三期、税务系统信息化标准与规范、税务系统信息化安全建设的需求分析和总体方案设计,并获得总局的好评。

(二)认真做好一年两次的全省地税系统计算机应用情况统计表汇总工作,并按时上报总局。

(三)按要求,将浙江地税2002年信息化建设工作总结和2003年工作计划报省信息化工作领导小组办公室,为全省信息化规划与建设提供参考。

(四)积极、主动地参与"数字浙江"、"信息浙江"的建设,配合省企业信息发布查询系统的应用,实现了全省地税系统的数据抽取、汇总、文书批复和发送功能,并准时、按要求发布相关企业应用数据。

十一、积极提供技术支持和业务咨询,指导各地信息化建设

派人参加丽水市局、衢州市局、绍兴市局、义乌市局网络与信息安全系统评标工作,指导当地信息化安全建设。

2003年3月,浙江地税的计算机应用情况统计表考核工作被总局通报表扬。2003年8月,信息中心被浙江省信息化工作领导小组评为"浙江省信息化建设先进集体"。2003年12月,被总局信息化工作办公室确定为省级"全国税务系统信息化建设先进单位"的侯选单位。

计财工作

2003年是极不平凡的一年,我国的政治、经济、社会生态正经历着新的、重大的变革,"立党为公、执政为民"的民本主义思想不断深入人心,"全面、协调、可持续"的科学发展观正成为新的主政方针。日新月异的社会经济发展,不仅为地税事业提供了广阔的舞台,同时也对地税工作提出了更高的要求。一年来,计财部门始终坚持大局意识、服务意识和创新意识,努力成为我省地税事业不断向前发展的见证者、实践者和推动者。

一、2003年我省地税收入情况分析

2003年,全省地税部门在省委、省政府和国家税务总局的正确领导下,紧紧抓住新一轮经济增长带来的良好机遇,努力克服"非典"和高温缺电造成的不利影响,努力发挥八项优势,推进八项举措,把握全局、狠抓落实、不断创新,地税收入在上年高基数、快增长的基础上又取得了新的成绩。截止11月底,全省税收收入及分税种收入均已提前完成年度收入任务,全省税收收入首次突破500亿元,其中营业税收入首次突破200亿元。截至12月15日止,全省已完成税收收入;营业税;企业所得税;个人所得税;预计全年全省地税组织各项收入将突破800亿元,税收收入将超过540亿元。

1~11月全省地税部门共组织各项收入756.11亿

元,同比增长31.44%,其中:税收收入512.71亿元,同比增长26.83%,增收108.47亿元,完成年度计划的105.50%;养老保险基金138.47亿元,同比增长28.68%;医疗保险基金41.55亿元,同比增长70.40%。不含宁波,全省共组织各项收入598.62亿元,同比增长29.53%,其中:税收收入403.96亿元,同比增长26.66%,增收85.03亿元,完成年度计划的104.78%;省级税收收入35.66亿元,同比增长24.27%,同口径增长30.12%;养老保险基金118.89亿元,同比增长29.08%;医疗保险基金31.91亿元,同比增长62.27%。

今年以来,全省经济相继战胜了"非典"疫情、供电紧张和高温干旱等不利因素的影响,总体保持了较高增长平台上继续攀升的态势。省统计局资料显示,全省国内生产总值一季度增长13.3%,二季度回落至12.7%,三季度恢复到13.2%,全年预计增长13.5%,比去年提高1个百分点,处于1996年以来的最高水平。我省经济的新一轮增长启动,从外部环境看,得益于世界经济的温和复苏和国内经济的全面增长;从内生动力看,得益于省委、省政府打造先进制造业基地、建设"五大百亿"工程、推进生态省建设、大力发展民营经济等重大举措的出台和实施。全省经济新一轮增长奠定了地税收入增长新平台,基础设施建设加速、房地产开发高涨、银行信贷扩张以及工业经济增长强劲形成了具有明显支撑作用的行业税源基础,民营经济、混合经济、涉外经济的加速发展构筑了充满活力的微观税源基础,如1~11月全省建筑业、房地产业、金融业和制造业四大行业税收占全部税收比重已超过60%,非公有制经济税收占全部税收比重也已超过60%。

全省地税部门依托良好的经济发展环境,以抓税源管理和省级收入为突破口,不断做大地税收入"蛋糕",努力促进地税收入全面增长。如大力推进从重点税源监控向全面税源监控转变,大部分县市重点税源监控面已达60%以上;加大对重点行业高收入者跟踪管理力度,逐步推行个人所得税全员管理;加强对地方小税种的税源调研,逐步实现小税种的源泉控管。一方面,全省地税零散税源和小税种收入保持了较快增长态势,"抓大不放小"征管措施成效显著,1~11月全省个人所得税增长40.99%,个体经营户税收增长25.21%,土地增值税增长1.48倍,印花税增长51.71%,资源税增长37.71%,车船使用税增长25.43%。另一方面,全省各地不断规范省级税收收入征管,从下半年起开展了全省范围的省级收入专项检查工作,进一步明晰了省级税收税源底数,全省查补省级税收收入超过3亿元,省级清理入库欠税和压缩缓缴税款增收近亿元,极大地推动了省级收入的增长。

二、与时俱进,完善计财管理四大体系

随着组织收入工作的深入发展,三大因素促进计财管理实现三大转变:一是信息化的发展。信息化使计财管理从传统的手工做账过渡到计算机的智能化处理,要求计财管理从"事务型"向"决策型"转变。二是税收量的扩大。随着我省经济的快速发展,地税税源数量、形态、规模都发生了剧烈变化,要求计财管理从"经验型"向"科学型"转变。三是收税观的转变。在税务系统深入学习贯彻"三个代表"的过程中,"聚财为国,执法为民"观念已被确立,"人性化管理"逐步深入人心,为提供更优质、更及时的对内、对外服务,要求计财管理从"固定型"向"灵活型"转变。为适应三大转变,2003年我处着力完善计财管理四大体系。

一是建立动态的税收收入预测体系。随着税收计划"指令性"色彩的逐渐淡去,税收预测的重要性愈显突出。建立动态的税收收入预测体系,就是建立一个从年初到年终,从税收计划下达到税收计划完成全过程的一个不断调整、变化的税收收入预测体系,及时性和准确性是确保预测体系正常运转的基本要求,我处采取的具体措施有:年初对各地税收计划落实情况、人代会税收计划安排情况进行跟踪调查,按季预测税收收入完成情况,定期召开税收收入分析会议,12月起报送税收五日报预测全年税收收入完成情况。

二是建立多层的重点税源监控体系。2003年,按照省局重点税源监控向整体税源监控推进的目标,我省各级重点税源监控网进一步扩面,大部分县市重点税源监控面已达60%以上,省级监控面进一步扩大,各地上报省局的重点税源监控户数已达1700户,比上年增加近800户,其中上报总局的重点税源企业500户,比上年增加380户。在分级监控的同时,分级培训工作也稳步推开,2003年省局完成了到市、县的重点税源监控培训工作,部分市、县相继开展了到税务分局的重点税源监控培训工作,税务分局对企业重点税源报表填报的培训工作也在广泛开展。

三是建立完善的税收会统指标体系。根据税源变化、征收范围调整等,及时完善税收会统指标体系,更加及时、准确、全面地反映组织收入成果,为税收分析提供基础资料。召开了2002年度税收会统年报会审会议,做好税收会统报表的技术性、逻辑性和政策性审核,为编制好我省2002年税收统计年鉴奠定了坚实基础。继续做好2003年税收会统月报的编报工作,密切与省局信息中心联系,不断修改完善软件,确保税收报表数据源头的准确性,加强对各地上报报表的审核工作,及时发现问题,并做好反馈调整工作。

四是建立有效的税务经费内审体系。加强税务经费内部审计是规范税务经费管理的一条重要途径,在财政资金管理"四统一"的大背景下,管好、用好这来之不易的税务经费是计财部门的重要职责。税务经费内审体系包括两部分,对同级内设部门的审计和对下级单位的审计。2003年,我处在加强省局机关内部经费审计的同时,也加大了对市、县级审计的力度,对各市地税局(除舟山市地税局)及温岭市、临安市、义乌市、苍南县、青田县、常山县地税局2002年税务经费管理制度执行情况和税务经费电算化核算管理情况进行了系统内部审计。

三、服务全局,突出抓好三项重点工作

基层工作和基础工作是税收工作"金字塔"的两大支柱,服务好基层、服务好纳税人是实践"三个代表"重要思想最直接的体现,抓基础工作的决心和成效是检验一个部门是否真抓实干的"试金石"。因此,服务全局、突出重点,就是要为基层和纳税人服务好,把基础工作抓好。从计财部门的角度看,抓好"两基"工作,要求从税务经费安排上向基层倾斜,促进基层办税大厅和办公用房的建设,要求解决与纳税人直接相关的税收票证问题,解决与基层业务人员直接相关的税收缴库、税收票证管理和税收会计核算问题。综合以上任务,2003年我处抓了三项重点工作:支持与督促基层办公用房建设三年规划的最后落实,开展全省范围税收会计核算和税收票款检查,稳步推进税收缴库方式的改革。

一是支持与督促基层办公用房建设三年规划的最后落实。2003年是基层建设三年规划实施的最后一年,根据年初省局工作要求,我处对全省规划2003年完工和规划2003年开工的基层单位建设项目落实情况进行了一次调查。全省列入今年基建项目的有142个,占规划任务的47.7%,其中:规划今年完工的项目为88个,规划今年开工的项目为54个。从调查实施情况来看,预计至年底能达到完工项目86个,开工项目45个,共131个,占今年计划完成项目的92.3%。2003年省局对基层建设、办公的经费支持力度进一步加大,多次拨补基层建房专项经费支持基层办公用房建设,拨补电脑等设备经费充实基层装备。

二是开展全省范围税收会计核算和税收票款检查。为进一步夯实税收会计核算基础,提高核算质量和效率,加强税收票款管理,确保税收票证和国家税款的安全完整,我处布置从2003年3月中旬至10月上旬,采取以基层征管单位(税务所,下同)自查为主,县(市、区)局复查,市局抽查,省局重点检查的方法,在全省范围组织开展了税收会计核算和税收票款检查工作。全省基层征管单位自查面达到90%以上,市、县(市、区)局复查面达到50%以上。省局重点检查了10个县(市、区)局、10个基层征管单位、25个代征单位,56名税务人员、67名协税人员的税收会计核算和税收票款管理情况。检查结束后,我处还召开了总结会议,并及时进行通报和制度完善工作。

三是稳步推进税收缴库方式改革。依托人民银行电子清算系统而推出的税款委托扣缴方式是国家税务总局确定的税款缴库目标模式,我处积极支持杭州市地税局和省直属一分局按总局确定的目标模式进行税款缴库方式的改革,目前试点工作进展顺利,年底前有望进入应用阶段。

纪检监察

2003年,全省地税系统各级纪检监察部门坚持以邓小平理论和"三个代表"重要思想为指针,认真贯彻党的十六大的精神,严格按照国家税务总局、省纪委和省直机关纪工委对党风廉政建设和反腐败工作的统一部署和要求,紧密结合我省地税实际,牢牢把握"教育在先、防范为主"的指导思想和工作思路,以进一步落实党风廉政建设责任制，完善政务公开内容，强化税收执法权、行政管理权监督制约工作为重点，不断加大从源头上预防和治理腐败的力度，全面落实党风廉政建设和反腐败斗争各项工作任务，促进了干部队伍素质的不断提高，保障了地税任务的圆满完成，各项工作都取得了新的成绩。

一、认真贯彻落实党风廉政建设责任制，不断推进党风廉政建设

一年来，我局领导和领导班子特别是"第一责任人"高度重视党风廉政建设和反腐败工作，始终把党风廉政建设和反腐败工作作为地税工作的一项大事来抓，摆上重要议事日程。年初下发工作要点，年中监督检查，年终进行总结，做到有计划、有监督、有总结。经常分析党风廉政建设情况，主动听取汇报，及时研究和解决工作中存在的问题。根据形势发展和任务要求，结合地税工作实际，不断修订和完善党风廉政建设责任制及其实施细则和考核办法，并认真抓好落实，以确保党风廉政建设和反腐败斗争深入健康发展。

二、深入推进领导干部廉洁自律各项工作

一是根据国家税务总局、省纪委、省直机关纪工委等上级机关的统一部署和要求，加大监督检查力度，认真抓好礼金、礼券、礼卡、住房等各项专项清理工作。全省地税系统共上交礼金、礼券、礼卡，计金额69.59万元。二是认真开展从政道德教育、党纪政纪条规教育和警示教育等多种形式的廉政教育，提高广大干部廉洁自律的自觉性，增强拒腐防变的能力。三是继续严格对领导干部的管理，进一步贯彻落实好党组织民主生活各项制度和廉洁从政各项规定。全省地税系统科级以上干部参加民主生活会820人，自查自纠794人，按规定报告个人重大事项260人。

三、继续抓好行风建设工作

紧紧围绕"依法办税、规范管理、完善服务"这一行风建设总目标，在抓巩固、抓深化、抓提高上下功夫，根据上级机关的统一部署和要求，把行风建设工作与开展"两权"监督制约工作、政务公开工作和导入ISO9000质量管理体系紧密地结合起来，不断加大从源头上治理腐败和纠正不正之风的力度，有力地推动了系统行风建设工作再上一个新的台阶，2003年，全省18个县级以上税务机关参与接受当地人大、政府、纪委部门组织的各类评议，获前三名、优秀单位等档次的有13个(有些市县正在开展，还没有评选结果)。市地局中，金华市局获"投资者满意部门"评选第一名。

四、认真做好违纪案件防范和查处工作

省局领导一贯高度重视干部违纪案件的防范和转化工作，针对今年上半年全省地税系统干部违纪案件有所上升和反弹的情况，加强调查研究，认真分析情况，并针对存在的问题，及时起草印发了《关于进一步强化党风廉政建设积极做好案件防范工作的通知》，以引起各级领导重视，增强责任感和紧迫感，采取有力措施，努力降低违纪案件发生率。同时，加大对干部违法违纪案件的查处力度，增强威慑力。2003年度，全省地税系统各级纪检监察部门共受理来信、来访、来电举报97件(次)，立案9件，结案9件，结案率达100%，在结案中，共处分11人。

五、强化对税收执法权和行政管理权的监督制约

一方面加大监督检查力度，指导各级地税机关认真贯彻落实好省局《关于加强对全省地税系统税收执法权和行政管理权监督制约的实施办法》。另一方面组织全省地税监察系统广泛、深入地开展了以强化"两权"监督为主要内容的调研活动。为搞好调研活动，确保取得优秀成果，省局专门下发了调研文件，确定了5个调研课题，提出搞好调研的具体要求，并于11月份召开调研成果交流会，对优秀论文进行了表彰。同时，认真贯彻落实《浙江省反腐倡廉防范体系实施意见(试行)》，以"两权"监督、政务公开、党风廉政建设责任制三项工作为主线，着力构造反腐倡廉防范体系，努力从源头上预防和治理腐败。

六、继续深化政务公开工作

按照省政务公开办的要求，结合形势发展和工作需要，对全省地税系统政务公开内容进行了修改和完善，报经省政务公开办同意后，将完善后的政务公开内容以网站发布、编印小册子等多种形式予以公布和宣传，并认真抓好贯彻落实。同时，将政务公开工作与"两权"监督制约工作紧密结合起来，促使政务公开工作深入健康发展。

七、大力开展执法监察工作

2003年度，全省各级地税纪检监察部门紧紧围绕地税中心任务，坚持全面监督，突出重点的原则，着重针对"两权"运行过程中容易发生问题的税收稽查和处罚的部位和环节，大力开展税务执法监察。据统计，

2003 年各级地税机关纪检监察部门执法监察立项 72 项,提出监察建议 138 条。通过执法监察,对加强干部队伍建设、促进依法治税、完成税收工作任务发挥了监察的重要职能作用。

八、认真抓好纪检监察干部队伍建设

一年来,全省地税系统各级纪检监察部门组织广大纪检监察干部认真学习中央领导关于党风廉政建设和反腐败斗争的一系列重要讲话精神,采取举办培训班,组织考察学习等多种形式,努力提高纪检监察干部的政治素质、地税业务素质、纪检监察业务素质、思想道德水准和实际工作能力。注重加强调查研究,增强对搞好纪检监察工作的预见性、针对性、有效性。省局根据监察干部队伍现状和工作需要,举办了全省地税系统案件管理报表人员培训班和监察干部骨干培训班。

机关党建及工、团、妇工作

2003 年,省地税局机关党委在省直机关工委和厅党组的领导下,以邓小平理论和"三个代表"重要思想为指导,深入学习贯彻党的十六大和省第十一次党代会精神,坚持党要管党、从严治党的方针,以保持党的先进性为重点,切实提高机关党的领导水平和执政能力。坚持解放思想、实事求是,与时俱进、开拓创新,不断增强基层党组织的创造力、凝聚力和战斗力。坚持紧紧围绕全党工作大局和省局机关的中心工作,全面推进机关党的思想、组织、作风和制度建设,努力建设一流队伍、培育一流作风、创造一流业绩。大力加强机关的思想政治工作,积极开展丰富多彩的文体活动,确保各项工作任务的圆满完成。

一、认真学习贯彻党的十六大精神和"三个代表"重要思想,着力提高干部职工的政治理论水平

在 2002 年对"三个代表"重要思想进行初学的基础上,今年来,我们紧扣学习十六大精神这一主题,在省局机关迅速掀起学习贯彻"三个代表"重要思想的新高潮。教育中,我们紧紧围绕中心、牢牢把握灵魂、始终抓住精髓,通过各种行之有效的载体和丰富多彩的学习活动,使广大党员、干部完整准确地领会十六大提出的战略任务、奋斗目标和"三个代表"重要思想的科学内涵、精神实质。在组织学习过程中,各党支部(处室)思想重视,组织有力,效果比较明显,突出表现在以下四个方面:

一是落实内容,学习比较自觉。各党支部(处室)都能结合工作实际,采取了集中学习与分散自学相结合的方法,对十六大精神、三个代表重要思想、十届全国人大一次会议和浙江省十届人大一次会议精神等内容进行再学习、再讨论,在学习、讨论中统一思想,提高认识。为了搞好理论学习,机关党委为干部职工及时购买了有关学习资料,做好保障工作。

二是定位明确,学习层次鲜明。省局在开展十六大精神主题教育过程中,针对不同的学习对象,分层次、有重点地组织学习教育。首先,局领导参加财政厅党组中心组学习,进行专题学习和研讨。其次,及时举办了十六大精神和"三个代表"重要思想学习培训班,集中各党支部书记及全体处级干部进行专题学习,以十六大精神和"三个代表"重要思想为指导,结合地税工作实际,研究明确工作思路。通过学习,省局机关的骨干力量振奋精神、凝聚力量,把思想高度统一到全省地税事业的发展上来。第三,精心策划全体党员、干部学习活动,通过读原文、听报告、学理论、重实践等形式,树立良好的学风,努力使广大党员、干部成为具有较高理想抱负和科学精神的人,使实践"三个代表"成为省地税局机关干部的自觉行动。

三是载体丰富,教育生动有效。为营造浓厚的学习氛围、提高学习效果,扎实推进主题教育活动,机关党委积极创建各种学习载体,开展生动活泼、喜闻乐见的学习活动,增强主题教育的吸引力和感染力,使学习活动和过程吸引人、振奋人、鼓舞人。先后组织了十六大报告、"三个代表"重要思想和抗击"非典"等学习考试,进一步增强学习效果;开展"十六大精神学习体会"征文比赛,要求每位干部职工结合工作实际,撰写学习体会文章,提高政治理论水平。干部的学习体会文章经外请专家、学者评审后,进行了表彰并将汇编成册供大家学习交流;在《浙江税务》杂志上开辟宣传园地,报道系统干部模范实践"三个代表"的先进事迹;组队参加全省机关十六大知识竞赛活动。

四是注重实效,认真贯彻落实。学习理论的根本目的是为了以先进的理论武装干部的思想,以学习促进工作，真正做到发展要有新思路，改革要有新突破，开放要有新局面，各项工作要有新举措。立足浙江地税工作实际，紧紧围绕“发展”这个第一要务，与时俱进，开拓创新，扎扎实实把十六大精神贯彻到地税各项具体工作中去。

二、积极抓好抗“非典”工作，努力保证机关工作的正常运转

省局机关在抗击突如其来的“非典”疫情中，反应迅速，措施得力，具体做到了“四个到位”：

一是学习落实到位。自党中央、国务院和省委、省政府对抗击非典型肺炎的斗争作出了战略决策和工作部署后。省局机关及时召开专门工作会议，学习贯彻中央和省委的指示精神，研究部署我局的防治工作。

二是组织落实到位。为了加强对防治“非典”工作的领导，我局迅速成立了由黄旭明局长为组长、单美娟、钱子辉副局长为副组长的预防非典型肺炎领导小组及办公室，具体负责防治“非典”工作。

三是预防落实到位。积极采取有效措施，加大预防非典型肺炎力度：印发《如何预防非典型肺炎》宣传资料，加强防治宣传；统一为干部职工提供口罩、温度计、预防药物等防护用品；加强对机关食堂员工、保安人员和驾驶员等后勤服务人员进行预防“非典”的安全教育；每天对机关大楼进行三次安全消毒等。同时，省局还向全系统下发防非典“慰问信”，鼓舞士气；组织机关干部职工捐款，为全社会抗击“非典”工作贡献一份力量。

四是工作部署到位。根据中央和省委关于一手抓抗击非典、一手抓经济工作和国家税务总局关于及时调整税收“优惠”政策的指示精神，我们及时研究分析了“非典”对税收的影响和冲击，明确工作目标；下发通知指导全省地税系统认真搞好防治“非典”的专题调研工作，进一步理清工作思路，落实有关政策，确保全年收入任务的完成。

三、努力抓好组织建设，“两个作用”发挥明显

2003年以来，省局机关继续深入贯彻《中国共产党党和国家机关基层组织工作条例》和省委下发的《实施意见》，突出抓好党建工作责任制的落实，继续做好机关党支部目标管理工作，使机关党支部工作进一步科学化、规范化。继续加强党支部的自身建设，党支部的战斗堡垒作用、共产党员的先锋模范作用得到了充分发挥，较好地保证省局机关各项工作任务的顺利完成；认真搞好机关党支部的换届选举工作，15名支部书记已于“七一”前夕批复到位；继续强化党内监督，加强对党员领导干部的管理监督。省局领导都能自觉参加厅党组和局机关各党支部的组织生活制度，自觉接受群众监督，以普通党员身份参加支部活动，这既过了组织生活，又密切了群众关系，表率作用发挥比较明显。今年7月份，省局机关党委对省局领导过组织生活情况进行了认真检查，并将过组织生活的情况，向群众进行了公示，向省直机关工委进行了报告；积极做好党员的发展工作。按照“坚持标准、保证质量、改善结构、慎重发展”的工作方针，大力加强对入党积极分子的考察、培养，做到成熟一个发展一个。工作中，我们严格履行发展手续，自觉做到“没有经过培训不发展，没有政审材料不发展，群众威信低的不发展，公示时发现有问题的不发展”。今年发展的8名新党员，群众反映普遍较好。

为了进一步提高党务人员的业务技能，我们为每一名党委成员、党支部书记购买了《机关党的基层组织工作手册》、《机关党支部工作手册》、《中共浙江党史》等120多本业务书籍，为他们做好机关党建工作提供了条件。

四、认真开展民主评议党员活动，一批先进党支部、优秀共产党员和优秀党务工作者受到表彰

从2002年12月到2003年3月底，局机关党委根据省直机关工委的要求，认真开展了民主评议党员活动。在这一活动中，各党支部都能严格按照机关党委的工作要求，本着对同志负责，对事业负责的态度，积极开展批评和自我批评。通过民主评议活动，使广大党员在思想上受到了一次洗礼，政治信念更为坚定。经评议，省局机关全体党员全部合格。

5月中旬，在民主评议党员的基础上，经各支部评比推荐，办公室、法规处、编辑部、工会党支部，人教处（基层处）党支部，计财处、信息中心党支部，直属一、二分局党支部等4个支部被评为先进党支部，徐辉等15名同志被评为优秀党员，许小青等4位同志被评为优秀党务工作者，唐玉兰同志被推荐为省直机关优秀党员，武时品同志被推荐为省直机关优秀党务工作者。在这次受到表彰的同志中，既有率先垂范、求真务实、勤政善政的处级领导干部,也有爱岗敬业、任劳任怨、默默奉献的普通党员干部。在他们身上,生动体现了省局机关长期以来形成的优良传统和作风,集中反映了省局机关党员干部良好的精神风貌。通过表彰先进,使局机关广大干部职工学有榜样,赶有方向,效果比较明显。

五、大力加强思想政治工作,干部职工的思想政治素质和党风廉政意识明显提高

认真抓好时事政治教育。今年以来,在主动抓好"三个代表" 重要思想和省委十一届四次全会精神学习的同时,积极组织了省局机关处级干部听取了由中央党校党建教研室副主任王长江教授作的"全面推进党的建设新的伟大工程"的形势报告会和郑培民先进事迹报告会;组织干部职工收看中央电视台播出的电视连续剧《忠诚卫士》和中央纪委、中央电视台联合举办的反腐倡廉主题晚会"正气满乾坤";组织党员干部观看《领袖家风——纪念毛泽东同志诞辰110周年》大型展览;召开庆祝建党82周年纪念大会,组织新党员进行宣誓。通过学理论、听报告、看电视、观展览、开大会等系列活动,干部职工更加热爱我们党,更加热爱社会主义,更加热爱地税事业。

深入做好思想政治工作。今年以来,机关党、工、团、妇分两个组分别深入到部分处室和基层单位了解干部职工的思想情况,并将18名同志所提的28条意见和建议归纳整理成8个方面,形成书面材料向局领导进行了汇报,得到了局领导高度重视。这对有针对性地做好机关干部职工的思想政治工作,打下了良好基础。

切实转变机关的思想作风、工作作风。今年来,局机关先后两次"非典"对税收的影响、明年的工作思路)组织工作组,由局领导带队、有关处室负责同志参加,分别深入基层进行调研,指导工作。务实的工作作风,得到基层干部职工的好评。认真抓好"从政道德"教育,牢固树立正确的世界观、人生观和价值观,确保干部职工廉洁奉公,干净干事。

六、机关党工团妇形成合力,主动做好机关服务工作

在机关党委的统一领导下,党、工、团、妇按照各自的职能,形成合力,主动做好机关的服务工作,进一步活跃机关生活。先后组织了2003年新春联欢会等群众性娱乐活动;组织干部职工扶贫济困捐款捐物,还专门赴长兴对结队扶贫的三个困难户进行了慰问等公益活动;组织向抗"非典"和受灾地区捐款73000元、捐物171件的献爱心活动;组织女同志参加省直机关"十六大"精神知识竞赛,获得二等奖;参加工委党建研究论文比赛,我们获得优秀奖;为机关干部职工维修自行车165辆;组织春游和秋游活动,进一步增强干部职工的身心健康;认真组织局机关第五届乒乓球比赛,进一步丰富和活跃机关的文化生活;组队参加全省地税系统乒乓球赛,经过努力拼搏,局机关获得了团体第七名和女子单打第七名的好成绩。通过这些活动,进一步树立了地税干部的形象,扩大了地税干部的影响,展示了地税干部的风采。

丰富多彩的文体活动,对加强机关的"两个文明"建设、稳定干部职工思想,调动干部职工积极性,增强机关凝聚力等方面,发挥了重要作用。

直属一分局

税收概况【任务完成情况】2003年,我们根据省局的统一部署,积极以组织收入为中心,狠抓收入,全年共组织各项收入59.13亿元,增收11.22亿元,同比增长23.42%,其中:税收收入34.46亿元,同比增长37.70%,增收9.44亿元,完成年度计划的131.28%,税收收入实现了历史性突破,为省级收入的可持续增长做出了重大贡献。

【税收特点】一是税收总收入和增收额均实现历史性突破,同比增收9.44亿元,增长37.7%。二是税收、税种结构进一步优化,个人所得税、企业所得税比重日益提高。从2002年的48.22%提高至今年的50.90%,所得税地位日益突出。三是分产业看,第三产业对税收贡献强劲。来自第三产业的税收已经占绝对主导地位,入库26.79亿元,同比增收6.78亿元,增长33.88%。此外,养老保险基金和医保基金收入与税收并驾齐驱,两类基金征收已步入正轨,两金总额已占总收入的39.02%。

【税源分析】1、营业税收入快速增长。全年累计入库13.54亿元,完成年度计划的126.52%,超过年度计划 26.52 个百分点,完成进度仅次于企业所得税,与去年同期相比增长 28.16%,增收 2.98 亿元。

增收因素:一是来自金融保险业的营业税继续保持良好增收态势。全年入库 6.55 亿元,占全部营业税的 48.36%,增收 1.71 亿元,同比增长 35.24%。也正是由于金融保险业营业税的所占比重、增幅较大,才使我局营业税并没有因为 SARS 影响而下降,仍然能够整体保持较高增长态势。金融业营业税大幅增长首先得益于全国宏观经济的稳定和我省金融运行稳定,金融资产质量继续提高;其次得益于房地产、汽车消费的增长,以及大量市政工程项目的建设和金融保险企业的增加等。最近几年来,杭州市房地产销售势头良好,带动了房贷业务和各商业银行贷款业务的大幅增长;而随着汽车销量日益火爆,汽车消费贷款成为各商业银行新的贷款增长点;固定资产投资的持续高涨带来了银行贷款业务量的持续增长。保险业保费收入快速增长。首先,国民经济的持续稳定发展和社会保障制度的深化为保险业发展提供了良好的外部环境;其次,各保险企业在保险产品上不断创新、改进服务,不断推出适合广大市民需求的新型的分红、投资型的保险产品,是保险业务高速增长的根本原因。二是来自建筑业营业税不断攀高。全年共入库 1.70 亿元,增收 7182 万元, 同比增长 73.33%。建筑业税源快速增长,主要受杭州市房地产业投资快速增长和市政工程的大幅增加的推动,同时在我省经济稳步增长和投资快速增长的拉动下,建筑业不管在生产规模、工程招投标率、经济效益以及生产效率均有所提高。三是邮电通信业营业税虽占比重不大但一直保持较快增长。由于当前通信业仍是价格需求弹性较大的行业,随着通信服务多元化、各种套餐推出及通信资费的实际下调,业务量非但不降反而快速上升。

减收因素:一是房地产业营业税一度是我局的重要税源, 但目前该行业的税收增长显得后劲不足,增幅回落较大,近期开始呈下降态势。全年来自房地产业的营业税 2.37 亿元, 增收 1756 万元, 同比增长 7.99%,但其中有 3076 万元营业税为审计查补的以前年度税款。因此,剔除这一因素,全年实际营业税同比下降 6.01%,减收 1320 万元。二是为照顾受 SARS 冲击行业,根据浙地税直【2003】137 号文件规定,对这些受影响的行业营业税实行全额减免,5~12 月共减免营业税 1800 万元。

2、企业所得税增长较快。全年累计入库 13.66 亿元,完成年度计划的 142.80%,是三个主体税种中完成进度最快、增幅最高的税种,较去年同期增收 4.41 亿元,增长 47.61%。

增长因素: 一是省级企业体制改革的进一步深化,活力增强。特别是省级外贸企业继续保持了强劲的发展势头。二是根据《国家税务总局关于房地产开发有关企业所得税问题的通知》(国税发【2003】83 号)文件规定, 房地产企业采取预售方式销售开发产品的,其当期取得的预售收入先按规定的利润率计算出预计营业利润额,再并入当期应纳税所得额统一计算缴纳企业所得税, 待开发产品完工时再进行结算调整。所以这一政策使房地产企业企业所得税改变了以往只在楼盘完工时一次缴纳的方式,所以房地产企业所得税在三季度增幅较大。三是固定资产投资规模扩大,钢铁行业的利润大幅增长,2003 年度杭钢股份入库企业所得税 2.10 亿元。四是积极做好 2002 年度企业所得税汇算清缴工作,同时逐步完善了税款清缴制度和重点税源企业监控制度,促使税款及时、足额入库。

3、个人所得税稳步增长。全年累计入库 3.88 亿元,完成年度计划的 119.48%,超过计划任务 19.48 个百分点,增收 1.07 亿元,同比增长 37.91%。

增收因素:一是省属企事业单位工薪收入继续保持较快增长。目前,工薪所得在个人所得税收入结构中居重要地位,全年工薪项目入库 3.16 亿元,同比增收 1.02 亿元,增长 47.64%。二是由于 2002 年省属股份制企业业绩良好,股东股息红利收入较高,2003 年入库利息股息红利所得 5449 万元,同比增长 5.29%。据我局调查今年企业分红所得同比均有所增长,已经成为个人所得税的新的增长点。三是进一步加强对高收入行业人员的监控,成效初显。

4、建立对高收入行业、人员的收入及纳税情况监控体系成效初显。如东方集团股份、联通浙江分公司等的中层以上管理人员都纳入个人所得税税源监控范围。其中东方集团股份全年个人所得税共入库 2426 万元(其中 464 万元为自查入库),去年同期入库只有 775 万元;联通浙江分公司全年个人所得税入库 966 万元,去年同期入库只有 404 万元,同比增长

139.11%。

各项工作情况【征收管理】认真执行国家的税收政策,坚持依法治税,规范管理,一方面加强征收力度,做到应收尽收;另一方面按规定做好减免税工作,促进省级经济的持续发展。主要做法:一是规范收入计划管理。积极开展收入测算,组织调查研究,重视税源建设,确保收入持续增长。进一步完善监控机制,依托 TF2000 重点税源监控模块,实现税源网络化监控。二是加强税收征收,规范行业税收征收管理。调查分析和总结省局下发的关于加强印花税征收管理暂行办法后纳税人所反映的问题,根据我局的实际情况,制定了具体的操作办法,使印花税的管理落到实处。根据国家税务总局的文件精神,加强对货物运输企业的营业税和房地产开发企业的企业所得税的征管。三是加大代扣代缴工作力度,规范所得税征管。制定并实施企业所得税核定征收管理办法,对部分从事中介服务的纳税户实行核定征收企业所得税,确保所得税收入。加大对高收入单位和个人代扣代缴个人所得税的管理力度,实行个人所得税代扣代缴重点税源户管理。四是认真落实各项税收优惠政策。贯彻执行国家税务总局下发的关于下岗失业人员再就业优惠政策,受理并及时审批安置下岗失业人员的新办服务型企业的减免税。认真落实"非典"疫情期间对部分行业的减免税政策;认真落实营业税、企业所得税、房产税、城镇土地使用税、个人所得税及水利建设资金的减免优惠政策,按规定做好审批、审核上报工作,支持企业的持续发展。

【征管改革】以科技加管理为依托,实现征收社会化,管理科学化,稽查专业化,依靠现代化技术手段,走科技兴税的路子。积极与银行、工商、社保等部门信息资料库进行联网协作,资料相互拷贝,信息共享,实现征收社会化。借助科技力量,开展非接触式申报纳税方式,通过建立纳税人自行申报纳税制度,改革转换申报征收方式,实行税银联网,在上门申报纳税的基础上,推行互联网电子申报征收方式,实现税款无纸化征收。

【社会保障基金征收】一是做好行业养老金的征收工作。行业养老金的征收工作牵涉到全省铁路、电力、金融保险、通信等七大行业 22.8 万在职职工的缴费问题,涉及面广、周期长、征收难度大。我们在深入行业单位进行调研的基础上,多次召开行业单位养老金征缴工作座谈会,与缴费单位充分沟通,彼此建立了良好的互相信任的协作关系,通过双方的共同努力,圆满完成了年度的征收任务。二是继续做好基本医疗保险费的征收工作。三是认真做好离休干部的离休费、医疗费的征收工作。

【质量管理体系持续改进】以纳税人为关注焦点,开展纳税人满意度调查,通过问卷调查、走访了解、请纳税人座谈、广泛收集意见建议等方式,对纳税人满意度进行调查。对调查结果形成报告,为优质服务反馈了信息,为持续改进提供了依据。同时积极做好每季度体系运行情况的内部检查工作,对发现的不合格项及时采取措施予以纠正,对潜在的不合格因素采取预防措施,防止不合格项的出现。认真完善程序文件和作业指导书,确保我局 ISO9001 质量管理体系的运行的有效性和充分性。根据体系的要求,我们严格按标准做好内部审核工作,并按要求组织管理评审。经过审核,分局全年的质量目标基本完成,对纳税人的服务承诺基本兑现,整个质量体系是适宜的,运行是有效的,并顺利通过体系的年度审核。

【优质服务长抓不懈】积极为广大纳税人提供优质服务,树立良好的地税形象。今年我局多次召开税收工作座谈会,邀请各行业主管部门和重点税源企业的财务负责人参加座谈,一方面听取他们对我局工作的意见和建议,另一方面向他们宣传解释新的税收政策,税企双方进行了广泛有效的沟通。从教育入手,组织引导工作人员学习政治经济理论、税收征管业务,逐步提高政治水平和业务技能。加强职业道德教育,牢固树立全局意识、服务意识,严格按照"科学管理、优质服务"的质量目标,进一步规范和完善办税服务厅的对外服务工作。

【调查研究】根据省局要求,做好营业税、企业所得税和城镇土地使用税的税收资料调查工作,及时汇总上报省局,并通过了省局的验收。对 2002 年度金融保险企业营业税的收入情况作了分析,并对 2003 年度的收入情况进行了预测。对营业税和增值税交叉征税的几种情况进行了调查,并提出了解决问题的办法。做好税收征管范围调整前的准备工作,根据省政府关于进一步调整省级财政体制的文件精神,对省本级的具体税收征管范围提出了初步方案。

【税务稽查】推行责成自查与重点检查相结合的办法,全面实施主协查员制度,加大对大要案的查处力度,严厉打击偷税行为,实现税务稽查由收入型向执法型、随意型向计划型转变,实现稽查的规范化和制度化。一是积极开展责成企业自查工作。我局在查前制定了责成企业自查的实施方案,整理出相关税收政策,分税种编印了《税收自查提纲》,细化印花税自查表格,搞好查前辅导,提高了责成自查的效果。今年5~9月,我局分两次布置所辖1836户企业对2000年至2002年度的地方税费缴纳情况进行了自查,自查有问题企业1137户,占已自查企业的62%,自查补缴税费9069万元,自查入库率为100%。二是抓好税收专项检查工作。今年在省稽查局的支持下,我们对6户企业实施了专项检查,查补税费526万元,加收滞纳金113万元,处以罚款248万元。2003年度重点检查企业59户,查补税款1516万元,加收滞纳金392万元,调减亏损额1371万元。三是认真做好涉税举报案件的查处工作。全年共检查举报案件20件,已提交审理19件,查补税费242万元,加收滞纳金176万元。案件复查4件,查补税费37万元,加收滞纳金26万元。做好举报人回复工作,发放举报奖金4259元。四是加强案件的处罚和执行力度。全年共执行案件113件,入库税款、滞纳金、罚款4148万元,比去年同期增长94.3%。结案率、入库率为100%,罚款率为65.52%。为了提高案件审理的质量和效率,我局成立了案审委员会,加强对大要案的审理。今年提请案审委员会审理案件1件,涉税金额128万元。五是对一些典型的税务违法案件实施公告。今年对56户企业的涉税违法案件陆续在办税服务厅予以公告曝光,充分发挥了税务稽查的震慑力。

队伍建设【教育培训】加强政治理论学习和业务学习,努力提高干部的政治素质。认真学习党的十六届三中全会精神和"三个代表"重要思想。坚持分局政治业务学习制度,积极参加省局组织的各类培训班、形势报告会以及党课教育,积极参加国家公务员资格考试和税收执法资格考试。鼓励干部参加"双学位"、学历升级学习。

【岗位责任制考核】搞好岗位责任制考核,规范内部管理。今年我局在规范内部管理上狠下功夫,制定了工作责任制考核目标,要求各科结合工作实际分解落实,并对目标任务完成情况定期进行考核。年终对政治业务学习、优质服务、廉政建设、公文传阅、内部检查、质量目标、劳动纪律、安全管理、完成领导交办任务等9项目标进行了综合考核,进一步提高了我局的服务质量和水平,增强广大干部的事业心和责任感。

【廉政建设】加强廉政建设,促进廉政勤政。我局继续与各科签订《党风廉政建设责任书》。实行"廉政执法反馈意见单"制度,使廉政教育经常化、制度化,防止和杜绝腐败现象的发生。

直属二分局

经济概况 2003年,纳入分局企业所得税征管的在甬省属企业共实现销售(营业)收入19亿元,同比增加11.76%。其中:盈利企业实现销售(营业)收入17亿元,同比增加6.25%,实现利润总额2834万元,同比增加61%。亏损企业实现销售(营业)收入1亿元,亏损总额497万元,同比减亏870万元,同比减少63.64%。由分局负责征收营业税及教育费附加的杭甬高速公路宁波管理处2003年实现通行费收入4.20亿元,同比增加8.80%。

税收概况【任务完成情况】2003年,分局共组织收入2990万元,比上年增加19.8%。其中:营业税收入(含教育费附加)2313万元,比上年增加8.90%,企业所得税收入677万元,比上年增加124.17%。完成省局下达收入任务2650万元的112.83%,继续保持良好的增长趋势。

【税源分析】杭甬高速公路营业税及教育费附加入库2313万元,同比增长8.80%,绝对额增收189万元。其增长主要原因:一是投资带动交通发展。长三角经济圈的确立、宁波的城市东扩战略使宁波特别是北仑、大榭开发区成为国内外的投资热土,带动宁波交通事业快速发展,作为经济大动脉的杭甬高速公路其通行费收入也同步增加。二是港口优势向内地辐射。北仑港货物吞吐量连年高速增长,特别是集装箱吞吐量的成培增加促进杭甬高速公路集装箱运输量同幅上升。三是生活质量提高引起社会车辆激增。近年来社会车辆特别是私家车拥有量的攀升,使驾车外出旅游休闲成为时尚,以致杭甬高速公路的车流量不断增加。分局企业所得税收入677万元,同比增长124.17%,绝对额增收375万元。其中:国有企业入库518万元,同比增长106.37%,绝对额增收267万元;股份制企业入库159万元,同比增长200%,绝对额增收106万元。其增收的主要原因:一是经改组改制后的企业,随着宏观经济环境改善,效益明显好转。股份制企业所得税大幅上升200%。二是固定资产投资增长带动建筑企业效益增加。如浙江省二建建设集团有限公司今年入库所得税218万元,比去年同期增收138万元。三是企业核算方式的改变使原企业的效益得到体现。如浙江省盐业公司宁波经营部由去年的调拨收管理费改为直接经营,其经济效益明显体现,全年入库所得税119万元。四是随着汽车进入家庭学车热的升温,学车培训费收入成为新的亮点。如浙江万里驾驶学校2003年学车培训费收入883万元,比去年同期增长70%,全年入库所得税64万元,同比增长357%。

各项工作情况【征收管理】加强征管,重点加强税收户籍管理和税源监控,保持税收收入可持续增长。主要工作:一是加强税源分析,完善对重点税源企业的监控。选择了15家企业进行重点税源的监控,加强税收计划进度分析与预测,密切关注税源变化,每月准确、及时、完整编报各类税收会统报表。二是加强纳税辅导,提高办税质量。"非典"期间,采取信函与培训相结合的形式对办税人员进行业务知识辅导,定期印发税收政策宣传资料和不定期下企业进行纳税辅导。12月份举办了在甬省属企业企业所得税政策业务培训班,帮助企业财务(办税)人员一步掌握企业所得税有关法规政策。三是搞好企业所得税汇算清缴工作。及时将有关政策、要求印发至各有关企业,召开汇算清激工作进行座谈会,开展纳税辅导。加强对企业税前扣除项目的审批和申报表的审核,狠抓汇算清缴税款的入库工作。四是完善征管基础工作。按照省局《税收征管档案管理办法》规定,加强对征管资料的收集、整理和归档工作,逐年分类装订,做到一户一档,规范管理。由于征管到位,分局的申报率、入库率均达到100%,欠税率为零。

【信息化建设】提高《浙江地税信息系统》2000版的应用水平,确保TF2000高效有序地运作及网络畅通与数据安全,是分局今年贯彻落实省局提出的"以信息化为依托,基本实现地税管理现代化"的核心内容。根据分局税收征管实际,专门邀请了省局信息中心对软件的有关程序进行修改,加快了其功能的顺利运行。配备了信息安全管理员,明确安全职责,增强信息化安全管理工作,确保计算机网络畅通与数据安全,准确、及时地完成省局布置的数据上报任务。

【发票管理】为规范发票管理,加强发票的审核和检查,逐步完善发票保管制度。一是加强对杭甬高速公路通行费发票的监管,认真审核通行费发票月报表,根据通行费发票用量及时领购发放并对其结存情况进行检查。二是加强对收款收据的管理,定期对各单位收款收据的使用情况进行抽查。三是加强对建筑企业外出经营证的管理,严格按规定开具外出经营证。

【税务稽查】依法治税、规范程序是做好税务稽查工作的根本。在开展企业所得税专项检查工作中,注重稽查程序的规范,实行"责成自查"与"重点稽查"相结合的稽查方法。一是开展责成自查。专门派人深入企业进行自查辅导,为企业提供查前纳税辅导服务,帮助企业正确掌握税收政策法规,提高依法纳税水平和企业自查质量。54户企业通过自查,共查增企业所得税计税所得额27万元,补缴企业所得税10万元,自查面达100%。二是开展重点稽查。在自查的基础上,对12家省属企业开展重点稽查。稽查中严格执行税务稽查的各项工作制度。实行查前告知制度,保障纳税人的知情权。对稽查发现的问题,依据新《征管法》及其实施细则的有关规定,客观公正地进行处理,并及时公告税务违法案件的处理结果。通过专项检查,共查增企业所得税计税所得额107万元,补缴企业所得税23.2万元,罚款12.7万元,滞纳金1.1万元。

【协调工作】分局地处宁波计划单列市,远离省局机关,要做好分局工作,除主动密切与省局机关处室的联系外,与当地政府部门的协调与联系显得尤为重要。一直以来,分局重视与相关部门的联系。一是加强与当地财政、地税、国税部门的联系。为了把省局的税收政策正确及时地贯彻到位,必须了解企业所在地相关的税收政策。尤其涉及到所辖企业改制时,我们主动与当地地税、国税征管部门进行联系,维护国家税收政策的统一性，理顺省级税收收入征管秩序。二是加强与金融部门的联系。在宁波市人民银行国库处的配合下，定期仔细核对税款入库情况，确保税款及时、足额入库，规范省级预算收入管理。三是加强与其他部门的联系。分局是一个小社会。分局除做好所辖企业税收征管工作以外，还涉及到社区、派出所等部门的工作。为确保一方平安，分局主动与有关部门做好协调与配合工作，搞好本单位的社会治安综合治理工作，确保值班保卫、临时工以及发票、税票、档案室等万无一失。

【队伍建设】坚持“以人为本”，鼓励干部学理论、学业务、强能力，以提高干部的综合素质。分局除税收工作外，还担负着对驻甬省属企业的财务和国有资产监管职能，需要熟悉和了解相应的财务知识。为此，分局把提高干部综合素质作为队伍建设的首要任务和工作来抓。采取的主要措施：一是建立经常性的学习制度，抓好岗位培训和理论学习。坚持每周学习理论知识，重点学习了《“三个代表”重要思想学习纲要》和党的十六届三中全会精神。二是抓好岗位练兵，提高岗位技能。如开展税收重点稽查工作时，要求分局人员全体参加检查工作，通过检查来提高稽查业务能力。三是以考促训，促进新知识的学习。参加了《征管法》及实施细则、税政业务、规费业务、电子商务(政务)等专题考试，系统地学习了新的地税业务政策和技能。四是抓好队伍的思想建设和职业道德和廉政教育。在文化素质方面，通过自学，分局同志的文化程度全部达到本科学历。分局同志还积极参加省局机关党委和人教处布置的各项学习活动，在学习上，做到“学习不缺席，思想不缺位”，使全局上下形成了一个团结、奋进、务实、创新的局面。

票证管理中心

2003年票证管理中心以党的十六大、十六届三中全会精神和“三个代表”重要思想为指导，坚持“以人为本，规范管理，安全运作，优化服务”的十六字工作方针和“产品质量无差错，安全生产无差错，客户服务无投诉”的零缺陷目标，紧紧围绕省地税局的中心工作，扎扎实实地做好票证印制管理和服务工作。在省局领导的关怀重视和局机关各处(室)大力支持下，通过全体员工的共同努力，圆满地完成了全年各项工作任务。2003年票证管理中心妇委会、团支部分别获得省“巾帼文明示范岗”、省局机关先进团支部，所属票证印制中心还被评为杭州市文明印刷示范单位和社会治安综合治理先进集体。

一、加强票证印制管理和服务，圆满完成全年各项工作任务

(一)克服各种困难，扎扎实实地做好票证印制管理和鉴定工作。按照省地税局授权的职能，全面做好票证印制计划汇总、统计、批印工作，安全、有序、快捷地保障票证实物流转，从源头上加强地税票证管理，促进以票管税。全年累计印制手工发票230万本，电脑发票1.7亿份。票证管理中心服务对象点多面广，突发性、应急性的任务时有发生，为了保质保量按时完成工作任务，经常需要延长工作时间，加班加点，双休日、节假日也不例外。2003年，员工累计加班2247个工作日，平均每人加班57个工作日。2003年11月份，根据国家税务总局和省地税局的要求，全省货运发票全面改版，并规定2003年12月1日前必须到位使用。接到这个紧急任务后，票证管理中心马上进行了调度和安排，一方面催报汇总各地的印制计划；另一方面紧急采购原材料，集中人力、物力，克服各种困难，充分做好各项准备工作，各班组、各机台人员也紧密配合，相互支持，通过全天24小时满负荷运转和加班加点，保质保量按时完成了新版货运发票的印制、发送等各项任务。2003年，票证管理中心先后为上虞、上海、厦门等税务和公安部门进行发票真伪鉴定，共计10多个批次，为公安机关追查制售假发票者提供了证据。

(二)采取有力措施，切实做好质量管理工作。2003年票证管理中心按照“精益求精、尽善尽美、防微杜渐、力争上游”的质量方针，采取各种有力措施，切实做好质量管理工作。一是制定并落实了各部门质量目标，建立质量管理责任制；二是对部分审核员、质检员进行了培训和资格认定，加强质量管理力量；三是定期召开质量分析会，及时预防和纠正质量问题；四是开展客户满意度调查，了解客户需求，不断提高服务质量;五是对ISO9001质量管理体系文件进行修订和升级换版,做到持续改进。2003年7月,票证管理中心顺利地通过了万泰认证中心的年度审核。

(三)优化职能设置,完成部门重组和流程再造。2003年票证管理中心根据管理需要,将原来的四个部门(即业务部、财务部、劳资部、办公室)调整为六部门(即综合业务部、计划财务部、人力资源部、行政管理部、质量管理部、信息技术部)。重新明确了各部门的工作职责,制订了新的工作流程。部门重组和流程再造,突出了以员工素质培养为重点的人力资源管理,充分体现了票证管理科技加管理,以计算机为依托,以员工素质为支点的发展思路,理顺了各部门工作职责,优化了内部职能配置,规范了工作流程,做到明确分工,紧密配合,协调运转。

(四)围绕省局中心工作做好各项后勤服务保障工作。2003年票证管理中心坚持"一切围绕省局,一切服从省局,一切服务省局"的指导思想,做到"有事必应,随叫随到,急事急办,全力以赴"。全年为省局机关印制各类文件和会议材料100多批次;为省局各处(室)完成各类杂志、书刊的排版、校对、印刷、运送工作,数量达233932册;协助办公室、信息中心、《浙江税务》杂志社做好文档录入工作;为省局机关提供各类用车服务23次,行程10800多公里。

特别值得一提的是2003年上半年"非典"期间,票证管理中心全体员工坚守岗位,集中精力做好"防非典、保生产"工作,一方面采取各种预防措施,预防非典在内部发生,确保了员工队伍的稳定;另一方面,想方设法完成票证印制任务。"非典"期间,面对对外送货的难题,采取应急措施,克服困难,将全省各市、县所需的税票、发票安全、及时地送达,确保了全省地税票证的供应和周转。

二、采取各种有效措施,切实做好安全保密工作

票证管理中心作为省地税局票证印制管理的一个职能部门,承担着全省地税发票、税票等有价票证的印制管理任务,安全、保密和质量责任特别重大。工作中始终坚持以确保安全为第一要务,倡导稳中求进的发展思路。采取各种有效措施,切实做好安全保密工作。一是建立安全保密责任人制度,将安全保密工作列入部门和每位员工的考核目标;二是开展安全保密知识培训,强化员工安全保密意识;三是完善各类安全保密设施,严格检查制度。定期专人负责电路、电器、设备检修,按期对消防设施、厂区通道等各项基础设施和工作环境进行检查,做好车辆每日安全检查,并做好检查记录,防患于未然;四是严格发票防伪专用品的领购手续和支票、现金管理规定,加强发票防伪专用品的管理。2003年票证管理中心票证、财务、消防、保密、生产、行车、人身安全无事故。

三、加强硬件和软件建设,确保全面、协调和可持续发展

(一)按照规范、廉洁的要求,切实做好厂房基建工程的立项报批和各项管理工作。2003年票证管理中心在省局办公室和监察室的指导下,按照规范、廉洁的要求,办理了《规划许可证》和《土地使用证》;完成了厂房迁建工程勘察任务;完成了厂房设计方案的选定和会审工作;完成了施工图报批和消防报批工作;完成了基建工程施工招投标和合同签订工作;通过广泛的市场调查,反复论证,拟订了设备引进的初步方案。

(二)开展创建学习型组织活动,全面提高员工综合素质。2003年票证管理中心在员工中积极开展创建学习型组织活动,在强化员工业务技能培训的同时,还注重提高员工的文化水平和道德素质,促进员工的全面发展。一是票证中心自编《质量差错案例》作为培训教材,组织员工进行了讨论、分析,增强了员工的预防差错质量意识;二是组织员工参加职业技能等级培训考试,通过培训和考核全部取得了由省职业技能鉴定中心颁发的《印刷职业资格证书》,能够在两个以上岗位熟练工作的员工占总人数的80%以上,真正做到了一专多能。三是举办员工礼仪、礼节培训,增强员工文明服务的意识。四是继续支持员工参加各类学以致用的业余学历教育。2003年票证管理中心已有10名员工经过自己的努力,通过成人高考,被各大专院校录取。

(三)充分发挥党、工、团、妇职能作用,积极开展思想政治工作,搞好两个文明建设。票证管理中心以贯彻党的十六大和十六届三中全会精神为动力,充分发挥党、工、团、妇职能作用,加强员工职业道德教育和思想政治工作。一是组织员工学习十六届三中全会精神和《中共中央关于完善社会主义市场经济体制若干问题的决定》,举办"三个代表"重要思想知识竞赛,通过学习和活动增强了员工对党的知识的了解,促进员工树立正确的人生观、世界观,增强了员工干好工作的责任感和使命感;二是利用与员工续签《劳动合同》之际,开展与员工谈心和思想交流,组织召开班组长座谈会,了解员工思想动态,切实解决员工工作和生活中遇到的实际困难,确保员工思想稳定;三是开展每月评选一名"圣地之星"活动,树立榜样、弘扬正气;四是开展向困难和生病职工送温暖活动,切实为员工排扰解难;五是加强党、工、团、妇的组织建设,积极开展各类有益活动,组织员工外出参观学习;六是建立党员联系人制度,积极开展党员发展工作;七是办好宣传窗和员工活动室,丰富了员工业余文化生活,增强了员工凝聚力和团队精神。

《浙江税务》杂志社

2003 年,是《浙江税务》杂志社公开发行的第一年。一年来,在省局领导的关心重视和机关各处室的大力支持下,在省新闻出版部门的指导和全省各级地税机关、特别是各级办公室的帮助下,杂志社全体工作人员始终遵循"立足税收,面向社会,宣传税法,服务经济"的办刊宗旨,坚持"面向基层、面向纳税人"的指导思想,紧密围绕省局中心工作,扎扎实实地做好编辑业务,在发行数量和刊物质量上都有较大的提高,为全省地税宣传作出了一定的贡献。

一是圆满完成了年度工作任务。2003 年,杂志社除了正常编发 12 期《浙江税务》外,还增编了 3 期《理论研究》专辑,共编发稿件 1000 多篇,字数达 120 万左右。此外,还完成了《浙江地税年鉴》(2002 年卷)的编纂出版和 2003 年卷的资料收集工作。

二是提高了组稿质量,刊物品位得以提升。杂志公开发行后,杂志社专门召开了由省委宣传部、省新闻出版局、省期刊协会等上级有关领导和纳税人参加的座谈会,征求意见,倾听建议,并通过调整栏目设置、搞好重点策划、改进美术设计、提高文章质量等措施,提升了刊物的品位,增强了刊物的可读性,受到广大读者、特别是纳税人的好评。

三是突出了税收法规宣传,增强了宣传效果。在省局法规处等有关处室的大力支持下,杂志社每期把上月的税收法规政策汇编成册,免费赠送给纳税人,并在税政处室的支持和指导下,做好有关税收政策的解释辅导,很受纳税人的欢迎,较好地发挥了税收法规宣传主渠道的作用。

四是扩大了刊物的知名度,取得了良好的社会效益。《浙江税务》创刊五年来,特别是在 2003 年公开发行后,在省局领导的重视和机关各处室的支持下,从内部资料到全国公开发行,发行数量逐年增加,刊物质量不断提高,取得了良好的社会效益。2003 年,《浙江税务》不仅在省内期刊中受到上级有关部门重视和赞扬,而且在全国税务刊物中也得到同行的好评。

在具体工作中,杂志社主要注意抓好"四个坚持",做好"四个服务":

一是始终坚持把贯彻落实"三个代表"重要思想、党的十六大和十六届三中全会精神作为刊物宣传的主旋律,努力为党的中心任务服务。《浙江税务》虽然是省地税局主办的税收业务刊物,但是作为公开发行的出版物,在舆论导向上必须严格遵守党的宣传工作纪律,坚持"以科学的理论武装人,以正确的舆论引导人,以高尚的精神塑造人,以优秀的作品鼓舞人"。为此,2003 年杂志社结合省局领导的有关要求和局机关党委的布置,在宣传贯彻"三个代表"重要思想和党的十六大、十六届三中全会精神发挥了积极的作用,并结合税收工作实际组织相关文章,及时报道全省地税系统学习贯彻十六大精神的动态和经验,为系统的学习贯彻提供正确的舆论导向。同时,对一些自由来稿严格把关,对不利于稳定发展和不符合上级精神的文章坚决不刊用,确保舆论导向上不出问题,确保在政策法规和文字上不出大的错误。

二是始终坚持把促进全省地税工作改革创新发展作为刊物宣传的中心任务,努力为省局中心工作服务。杂志社全体工作人员在工作中一直坚持这样一条采编原则,即密切关注省局各个时期的工作部署和省局领导的有关意图,紧密配合省局中心工作,有的放矢地组织稿件,充分发挥刊物在系统内的指导、交流、沟通作用,推动系统各项工作的顺利开展。2003 年是落实基层建设、征管改革和信息化建设三年规划的最后一年,杂志社围绕这些中心工作,先后组织了以反映全省地税征管改革成果和信息化建设成果的"与时俱进看办税”稿件;以反映全省各级地税部门依法治税、规范管理的前提下保持地税收入可持续增长、地税收入首次突破600亿大关、“实现经济发展与地税征管‘双轮驱动’”稿件;以反映浙江省地税系统征收社保基金成果的“浙江地税构筑社保安全‘大堤’稿件”;以反映全省地税夯实个税征管基础、强化科技加管理、个税收入高幅增长的“浙江个税正扬帆前行”稿件;以及以反映全省地税干部职工众志成城、抗击非典的“风雨过后是彩虹”等10多篇重点稿件,较系统地宣传了近几年来全省地税系统在组织收入、征管改革、信息化建设、干部队伍建设等方面的成果,较好地配合了全省地税中心工作的开展。

三是始终坚持把基层干部职工和纳税人是否满意作为衡量刊物宣传效果的重要标准,努力为基层干部职工和广大纳税人服务。“面向基层,面向纳税人”,是2000年局领导对刊物提出的要求,杂志社也一直以此为指导思想,并将这一指导思想具体落实到2003年的日常编辑活动中去。首先,在选编稿件时,内容上求实用、生动、鲜活,篇幅上尽量短小精悍,文章信息量比去年大大增加,尤其是反映税务基层一线的工作以及工作者、反映纳税人风采的内容所占比重明显上升。其次,在栏目设置上,注重增加对纳税人政策性、指导性较强的栏目。一是根据省局领导指示和纳税人要求,每期把上月的税收政策法规政策汇编成册,免费赠送给纳税人;二是考虑到订阅本刊的大部分是财会人员,专门开辟了《财会实务》栏目,作为财会人员学习交流的园地;三是与税政处室一起,继续办好《税博士信箱》、《纳税指南》、《税政热线》等栏目,为纳税人解疑释惑。第三,为了把刊物办得更加贴近纳税人,专门设计了征求意见表,征求读者的意见,并在此基础上作了改进。同时,根据各个时期的中心工作,突出了诚信纳税、优质服务等典型事迹的宣传,先后采写了“我们眼里的‘诚信’与‘小康’”、“把纳税服务做到纳税人的心坎上”等稿件。总局基层工作会议召开后,还集中报道了受到国家税务总局表彰的四个文明单位和四个先进个人的典型事迹。

四是始终坚持把关注税收热点、活跃学术风气作为刊物宣传的着力点,努力为系统创建学习型组织服务。关注经济和税收热点,以独特的视角进行剖析和透视,帮助系统干部职工开阔眼界,活跃思维,增加知识,一直是《浙江税务》努力的方向。2003年以来,先后组织和撰写了“对按摩人员征税引起的风波”、“喧嚣中丢失了真问题”、“电子商务‘全省总动员’”、“非典之疫难挡浙江经济快车”、“汽车业:生机勃勃的冒险家乐园”等一批稿件,在系统内外引起了较大的反响。针对近几年来全省地税系统学习研究的风气越来越浓,探讨税制改革、财会理论方面的文章越来越多的新气象,每期刊登3—4篇理论研究文章外,还专门出了三期专辑,刊登调研成果。积极营造系统的学习研究风气,推动系统学习型组织的建设。

税务培训中心(中瑞大厦)

2003年,在大厦管委会的直接领导下,在两局机关处(室)的大力支持下,大厦全体员工忠于职守,勤奋工作,团结协作,开拓进取,较好地完成了年初制定的目标任务。全年共实现营业收入947.7万元,其中客房收入473.5万元,餐饮收入458.6万元,娱乐收入15.6万元,完成计划数的99%。全年客房出租率为76.6%,平均房价202.6元/天.间,都比去年略有增长。回顾一年来的工作,主要有以下几个方面:

一、众志成城抗击“非典”,齐心协力渡过难关

今年二季度,因遭遇历史罕见的“非典”疫情,政府一度规定,停止入境游和国内游,宾馆饭店业受此影响,大都门庭冷落。大厦很多原先预订的会议、团队、婚宴也都被迫取消,营业状况一落千丈。大厦积极响应管委会“宁可少赚钱,也不容一例非典病例流入”的要求,采取了一系列预防“非典”的措施:成立了以总经理为组长的卫生管理小组,制定了《防治“非典”卫生管理制度》,防“非典”工作落实情况纳入质检范围;餐厅用餐使用一次性餐具,并实行分餐制;每天对客房、电梯、公用通道进行消毒处理;停用空调,楼层全方位通风;对每一位入住的客人实行先测体温,后入住;大厦内部发放口罩、体温表、中药和各类防“非典”资料。整个“非典”期间大厦投入的经费约1万余元。各个部门也都积极行动起来,投入到抗击“非典”战役中。房务部坚持做到客房一天一消毒、一客一消毒,公共区域一天消毒三次,对入住的客人每天测量体温，对重点疫区来的客人每天测体温两次；餐饮部专门配来了中药，利用厨房现有条件，每天煎给客人和员工饮用。通过全体员工的共同努力，大厦将预防"非典"工作一直坚持到了疫情结束。

二、积极参与市场竞争，不断促进经济效益的增长

"非典"过后，总经理室提出了一句口号"全力以赴抓营销，把"非典"损失补回来"，各部门纷纷开动脑筋，献计献策。销售部利用空余时间对所有协议单位的资料进行了分类，对部分重点客户进行了上门拜访。针对两局机关是服务的重点，销售部和餐饮部一起，经常不定期的对两局各处室进行回访，征求意见，将得到的信息及时反馈给相关部门，保持与各处室的良好关系，使税务系统的综合消费能力保持在去年的水平上。今年国税稽查近两个月的会议用房，将大厦的销售业绩推向了高峰。销售部还抓住国庆黄金周及西博会期间杭城宾馆用房相对紧张的时机，预先控房，抬高团队报价，合理安排了用房比例，使国庆用房达到了一个小高潮，在保障两局用房的前提下，做到了房价和房量双丰收。餐饮部根据以往的经验，举办了一系列形式多样的美食节，大大提高了中瑞餐饮在社会上的知名度。他们还分批派人到外地进行学习考察，取长补短，通过各种渠道寻找有利于发展的途径。针对五月份受"非典"影响，许多婚宴将推迟至十月份举行的情况，餐饮部及时在婚宴促销上做足功夫，使营业额飞速回升。今年圣诞节，销售部和餐饮部共同策划了圣诞平安夜大餐活动。餐饮部一改以往在多功能厅举办平安夜活动的形式，将活动安排在了餐厅。在节目安排、菜肴品种、场地布置、奖品种类上都作了创新，让宾客在享受丰盛美食的同时，还有钢琴伴奏和小品助兴。整个平安夜活动比较顺利，宾客反映也不错。这次活动不仅比去年节省了开支，而且还比去年增加了1万余元的营业额。

其他各部门也都能积极围绕销售中心，同心协力做好各项服务保障工作。房务部全年共完成客房服务24571间，接待服务会议487场，13179人次。特别是9、10月份的国税稽查会议服务，房务部事先召开有关人员碰头会，强调服务重点。由于大家的共同努力，会议接待任务顺利完成，与会代表也非常满意。为提高服务质量，各楼层做到霉雨季节后，翻晒所有的棉织品，确保卫生要求达到标准；工程部积极抓好设施设备的维护工作，确保了整个大厦的正常运转；人事部严把人员进出关；办公室及时把领导的意图贯彻到涉及的部门，做好部门之间的协调；财务部加强财务核算，严格经费预算，做到核算工作更加细致、精确、严谨。

三、调整策略，强化管理，不断提高服务水平

（一）"非典"期间，为了便于管理和操作，总经理室及时调整策略，将前厅划入了房务部管理；又根据以往在多功能厅开会老是出现或大或小的服务不到位，经常遭投诉的情况，把多功能厅会议服务工作划到了房务部；11月份，为了使采购工作迈入统一化管理，总经理室将采供部从财务部划出，由副总经理直接管理。

（二）提高员工的服务水平，关键在于提高员工的综合素质。为此，今年大厦专门安排了6次有关消防安全知识、礼仪礼节、仪表仪容等方面的全员培训，聘请了专业老师来上课，参加培训人数达到了90%以上，起到了很好的效果，员工普遍反映不错。各部门在大厦安排的培训内容之外，针对本部门自身特点，也举行了形式多样的培训课。房务部完成了对全体员工职业道德教育及案例分析，在采供部的配合下，请了辰龙、新竹厂家来大厦对洗衣房洗涤剂的用量及正确使用方法进行了培训；保安部在上半年和下半年各进行了一次由各部门派人参加的消防知识理论培训和试卷答题，教员工如何利用缓降器逃生、如何疏散人员以及如何正确使用消防水带、灭火器。今年，由于大厦治安防火工作突出，被上城区委区政府评为区级社会治安综合治理先进集体。

（三）质检工作长抓不懈。今年的质检工作，对查到的问题不是以扣分为主，而是强调对问题的处理结果。

四、挖潜增效，开源节流，做好成本费用控制工作

控制成本，节约费用仍然作为一项长期工作在抓。各部门也都能想方设法挖潜增效。房务部考虑到在"非典"期间，客房利用率不高，人员富余，在不减员的情况下，按实际工作量进行了合理排班，减少了员工的实际工作日，降低了工资成本，仅四至六月份就节约工资支出1.5万元。今年，房务部还将客房一次性消耗品从有外壳包装改为简易装，按全年计算，可节约近2万元。工程部对仓库进行了认真的清理,对材料进行了分类,做到能利用的零件决不浪费。配电房、锅炉房根据气温的变化和客房入住率,灵活对运行方式进行调整,努力降低成本。尽管今年用电超支11万度,但三季度高温比往年多用电27万度,除高温特定因素外,应该说还节余用电16万度。财务部认真做好仓库物资的领用、回收,部分物资申购、登记工作,及时反映库存物资存量,控制补货量,定期对库存物资进行盘点、核对,减少不必要的浪费和物料积压。11月份,对棉织品仓库进行了大规模的清理,把以前客房更换下来的旧棉织品、旧棉被和各部门更换下来的工作服进行了整理、分类,把部分可利用的衣物挑选出来捐赠给民政部门,既解决了仓库多年的积压,腾出了库位,又向社会献了爱心,避免了浪费。

五、扎扎实实做好党、团、工、妇工作

今年上半年,中瑞大厦党支部被省地税局机关党委评为优秀党支部,陆国平同志还被评为优秀共产党员。支部本着积极、慎重的态度,今年共发展了两名新党员。为纪念建党82周年,6月底大厦举行了唱革命歌曲比赛,这次活动取得了较好的效果。“非典”期间,为丰富员工业余生活,增强员工体质,调动员工参加体育锻炼的积极性,大厦专门购买了羽毛球和乒乓球,供员工业余时锻炼。还组织了转呼拉圈比赛,员工们都积极参与。

ZHEJIANG DISHUI NIANJIAN

第四编

市、县(市、区)地方税收工作

杭州市地方税务工作概述

局长 陈锦梅

经济概况 2003年，杭州市克服了"非典"、高温和缺电等不利影响，经济社会发展保持了良好态势，全市国内生产总值达到2092亿元，比上年增长15%，为"九五"以来的最高水平，经济总量在全国大中城市中继续保持领先地位。人均GDP（按户籍人口计算）3.27万元，折合3950美元，列全省第一。第一、二、三产业结构比例为6.1:51.6:42.3。全市财政总收入达329.71亿元，其中，地方财政收入150.39亿元，分别比上年增长28.2%和31.3%。消费品价格指数持续保持基本稳定。都市型农业步伐加快，全市实现农业增加值127亿元，比上年增长7.5%；工业生产持续快速增长，全市实现工业增加值935亿元，比上年增长19.9%，工业经济总量继续保持全省领先，增幅高于全省平均水平；第三产业全面发展，经济结构优化升级，全市实现第三产业增加值884亿元，比上年增长12.2%；固定资产投资增势强劲，全市全社会固定资产投资达到1006.18亿元，比上年增长30.7%；积极实施开放带动战略，全市新批合同利用外资金额20.01亿美元，比上年增长106.9%；实际利用外资10.09亿美元，增长93.3%。城乡居民生活水平不断提高，市区居民人均可支配收入达到12898元，农村居民人均纯收入5740元，均比上年增长9.5%。

税收概况 **【任务完成情况】** 2003年，全市地税部门共组织各项收入181.54亿元，同比增收42.82亿元，增长30.87%。其中：税收收入118.77亿元，同比增收27.06亿元，增长29.50%，完成全年计划的115.84%；其他收入62.77亿元，同比增收15.76亿元，增长33.53%。

【税收特点】 1、克服"非典"、高温、缺电等不利因素影响，税收收入与"两金"齐头并进。其中税收收入比年初计划超收15.84个百分点，提前两个月完成全年任务，医疗基金的增收比例高达65.21%，在全国18大城市地税收入完成情况统计比较中名列前茅。

2、分单位情况看，市区（为计划的116.14%）总体进度好于县（市）（为计划的115.33），萧山和余杭增收潜力巨大，就市区而言，区级收入不论从征收现状还是增长潜力上都远好于市级，区级收入完成年度计划的127.93%，同比增长43.67%，而市级收入则分别为104.7%和15.4%。

3、从产业分布情况看，第三产业在全部税收中的占比为63.12%，二、三产业的增长并驾齐驱，分别为30.03%和29.21%，杭州在"工业兴市"和"环境立市"的良性互动中，在走新型工业化的道路上，城区和县（市）都先后进入"退二（产）进三（产）"、"优二进三"的新历史阶段。

4、地方税收体系呈现多元化格局，非公有制经济税收无论在总量还是增量上都远远超过公有制经济，全市非公有制经济入库税收83.66亿元，在全部税收收入中的占比为70.44%，比去年同期上升5.21个百分点，其中表现突出的个私经济入库税收18.64亿元，同比增长41.56%，占比提高了1.33个百分点。

5、经济技术开发区成为新的收入增长点，之江、高新、下沙三个开发区入库收入8.39亿元，同比增长59.37%，随着临平和江东工业园区的成立，税收贡献将进一步加大。

【税源分析】 1、营业税入库50.06亿元，同比增收13.97亿元，增长38.71%，完成年度计划的

122.86%,其中:

房地产业入库 14.60 亿元, 同比增收 5.32 亿元,增长 57.37%,占营业税增收比例的 38.09%,其原因:(1)目前杭城房地产依然为买方市场,得天独厚的居住环境是房产持续升温的最大平台,市场供求决定杭州楼市继八年增长后依然红火,房地产业投资规模继续扩大。仅浙江野风现代城房地产开发有限公司因朝晖现代城的热销就增收 4125 万元;(2)行业辐射范围不断加大,各县(市)税收增幅均在 50%以上,余杭甚至高达 176.2%,萧山的众安房产、万向房产和绿都房产三家企业增收额达 2740 万元;(3)市政府大力推行居者有其屋等一系列住房政策,加大对房地产行业整顿力度,使经济适用房、二手房的销售更加规范,杭州东河建设开发公司因开发东园小区增收 2395 万元,农税征收管理局增收 1830 万元;(4)招商引资显出成效,浙江国都房产集团有限公司自去年下半年预算级次调整后因销售风起都市花园净增 3580 万元;(5)强化稽查,以查促收,如杭州广宇房地产集团有限公司因去年出售空置房、扩面房补征入库 1400 万元。

建筑业入库 12.04 亿元, 同比增收 3.61 亿元,增长 42.76%,原因有(1)房地产业的红火带动了建筑业的发展,企业规模效应发挥作用,杭州建工集团同比增收 1019 万元, 杭州二建建设有限公司增收 498 万元;(2)随着城市化进程的加快,在继续加大对电力等城市基础设施建设投入的同时丰富了税源,浙江省送变电工程公司增收 505 万元;(3) 加强对外地进杭建筑企业的管理,在扩大税基、跟踪税源采取了一些行之有效的办法使得杭州建筑企业管理站同比增加入库 7059 万元。

交通运输业入库 2.13 亿元,同比增收 4953 万元,增长 30.32%,这是在消化了"非典"影响前提下取得的。在"非典"席卷杭城的一个多月时间里,该行业整体滑坡,5、6 两个月均出现负增长。疫情过去后,行业运营状况逐步转暖,再加上"十一"黄金周的刺激,旅游等消费都出现反弹式消费。2003 年春运提前启动,铁路、公路、航空等各部门客流量均有不同程度增加,预计民航的春运客流将首次突破 1000 万人次, 达到 1050 万人次, 铁路杭州站旅客发送数量也将同比增长 8.3%,行业税收将会有进一步增量。

2、企业所得税入库 27.59 亿元, 同比增长 10.81%, 为年度计划的 106.04%, 收入特点表现为:(1)不同经济性质企业税收贡献差距悬殊,其中股份制企业占了半数以上,入库比例和增收比例分别高达 59.23%和 12.07%,其次为国有企业(17.54%、11.67%)和私营企业(14.22%、11.78%),集体企业收入地位不断削弱。一批股份制企业在激烈的市场竞争中以现代的管理模式、先进的经营理念,不但在其行业领域站稳脚跟,而且日益成熟壮大,如浙江银泰百货有限公司自 99 年以来,每年销售额均保持在 50%以上增幅,全年入库 1860 万元,增收 568 万元,杭州市轻工工艺纺织品进出口有限公司增收 1140 万元。(2)私营企业前景广阔,"长三角"的民营经济发展令人瞩目,浙江更是走在前列。杭州的个体、私营企业数量从 1984 年的 6000 多家增加到现在的 60000 多家, 利润总额从 1000 多万元增加到 71 亿元, 个私经济在发展地方经济、促进就业等方面发挥了积极的作用,税收贡献也不可小觑, 如杭州利群经贸有限公司增收了 244 万元。(3)行业增收集中,房地产业入库 4.76 亿元,同比增收 1.35 亿元,如杭州国商地产投资有限公司、浙江新都房地产开发有限公司和杭州宋都房地产有限公司等三家房地产企业结转收入增加入库 5831 万元,萧山原野房产、开元房产和泰和房产同比净增 3157 万元。(4)改变征收方式促进增收,对部分税源大户改变以前按季申报的方式,采用按月申报缴纳,如杭氧股份有限公司和杭州日报社分别增收 4452 万元和 221 万元。(5)查补入库收入增加,如杭州居住区发展中心补缴以前年度股权转让收入所得税 2326 万元,浙江教育报社入库 1187 万元也为查补税款。(6)"非典"疫情带来部分行业效益提升,其中医药行业最具代表性,如杭州民生药业集团有限公司本身就具备良好的市场基础,在"非典"期间,21 金维他更是供不应求,1-6 月实现利润 8000 万元而去年同期为 1450 万元,增加所得税 1059 万元。(7)核定征收增加入库,全市为 1450 万元左右。

3、个人所得税入库 23.69 亿元,同比增长51.6%,为年度计划的 125.91%,是进度最快也是增长最为稳定的一个税种,原因有:(1)城乡居民收入水平继续提高。(2)将利息股息红利所得作为新的税收增长点加强管理,UT 斯达康通讯有限公司和伊博电源(杭州)有限公司两家企业股权转让入库个人所得税 1.21 亿元。(3)彩票事业蓬勃发展,单月体育彩票销量首次突破1500万元大关,浙江省体育彩票管理中心增收个人所得税1232万元。(4)对高收入行业、人员监控体系日渐完善,如浙江移动通信有限公司将发给下属各单位负责人的奖金集中扣缴个人所得税,增收1027万元其中有该因素影响。(5)员工收入随着企业效益增强而相应提高,如杭州娃哈哈集团公司和杭州民生药业集团公司分别增收844万元和1066万元。(6)一次性增收因素,如杭州联华华商集团因职工股权溢价转让增收1808万元,胡庆余堂药业有限公司因企业合资,职工股权转让收入入库835万元,萧山克瓦纳发电设备有限公司被兼并后其外籍员工工资清算入库个人所得税1271万元。(7)政策性增收,个私独资、合伙企业改征个人所得税增收2638万元。

各项工作情况 **【税收法制建设】** 在全市范围内组织开展了税收执法检查和稽查案件复查,着重对2002年以来的税收优惠政策落实、税收政策把关、税收执法规范性、重大税务案件审理、稽查案件查处和以前年度税收执法检查问题的整改落实情况等,进行全面自查和组织开展重点检查;组织开展了省级税收收入专项检查,着重对2000~2001年省级税收收入进行清理鉴别,对金融保险业、电力企业以及其他省级企业地方税收进行责成自查和重点稽查,严格按入库级次规范操作;组织开展了税收政策执行情况检查,及时按月按季做好"非典"和下岗再就业税收优惠政策执行情况跟踪问效工作。从总体上看,税收执法情况良好,各项税收优惠政策得到全面贯彻落实,重大税务案件审理工作基本按规范操作,稽查选案、检查、审理、执行四环节已规范分离到位。省地税局重点检查组对杭州市的税收执法工作予以了充分肯定。

【征管改革】 在全市地税系统全面开展了ISO9000质量管理体系导入工作,市局系统经过6个月的精心策划、周密部署、全员培训、反复内审和不断修改完善,9月底顺利通过ISO9000贯标认证。各区、县(市)局也根据各地实际,成功地进行了贯标认证。杭州市地税系统已初步建立了全面规范、持续改进的管理机制,日常管理工作已按照ISO9000质量管理体系要求进行规范操作。

【征收管理】 各级地税部门十分重视所得税收入分享改革后征管工作所遇到的问题,进一步强化所得税征管工作,拓宽了对事业单位、社会团体企业所得税的征管范围;组织开展了营业税征收管理情况调查和涉外税收年缴纳地税50万元以上企业情况调查,加强了对房地产业、建筑业、交通运输业、宾馆餐饮业等营业税重点行业的税收管理;全面落实货物运输业税收征管"三个办法"和"一个方案",进一步加强和规范了货物运输业税收征管;积极开展稽核评税工作,建立和完善征收管理机制。强化税源控管。按照"条块结合、分片管理"的原则,2003年对市级重点税源监控企业数据库名单进行了重新确认,监控户数由上年的446户扩大到695户,监控比例达到50%以上;全市各县(市)局、局属各征管单位分别对前100名高收入者实行了建档管理,对部分高收入行业进行了重点监管,并充分利用与工商部门联网的优势,加强对"非正常户"的认定工作。杭州市平均税务登记率达98.34%,纳税申报率达98.95%,入库率达98.35%,滞纳金加收率达99.35%。

【信息化建设】 各级地税部门坚持"科技兴税",依托信息化网络系统,积极创建新型服务平台,努力在创新创效、"服务、优质、高效"上下功夫,进一步完善了税收征管体系,优化了税收环境。作为全国四个试点城市之一,率先通过了国家信息办、国家税务总局、国家工商总局、国家质检总局组织的企业基础信息交换试点验收,为政务信息化发展的可操作性和跨部门之间的信息交换提供了示范,对严格企业监管、杜绝漏管户作用明显;杭州财税网站正式对外开通,第一时间向纳税人发布最新财税动态,提供政策咨询、纳税辅导、办事指南、举报投诉、异地数据查询等服务,在全市43个政府门户网站中点击率名列前茅;杭州地税网上社区同期开通,网上申报大厅、地税论坛、建议咨询、公告之窗、网上调查、举报投诉、专家访谈、资料下载、财会之家等模块,基本满足了纳税人的各种涉税需求,拓宽和构架了纳税人与税务部门之间联系的桥梁;市区税款缴库电子化改革试点工作进展顺利,首月扣款缴库成功率达到97.73%,多元化纳税申报方式逐步形成,全市有2000多户企业进行了网上申报试点;推广使用的"12366"语音特服系统,为纳税人提供了便利快捷的涉税咨询、申报纳税、投诉举报、异地数据查询等服务;TF2000新版征管软件全面启用,实现了"税友"软件升级换代,自行开发应用"滞纳金计算一点通"软件,加快了计算机技术在稽查的应用。

【社会保障基金征收】切实加强对非税收入和地方规费的征管,进一步促进基本养老保险和基本医疗保险两费的稳定增长和扩面工作的稳步推进。全年共征集基本养老保险基金37.36亿元,征集率达98.98%,其中杭州市区征集26.33亿元,征集率达99.06%;征集基本医疗保险基金12.24亿元,征集率达98.48%,其中杭州市区征集10.34亿元,征集率达98.71%。

【税务稽查】坚持以加强系统化管理平台为重点,以整顿和规范税收秩序为主线,进一步加大对大案要案和涉税举报案件的查处工作,严厉打击偷抗税犯罪行为,增强稽查威慑力。全年对5176户企事业单位、个体工商户开展了税收检查,查补税、费(基金)、滞纳金、罚款2.91亿元,比上年增长60%,处罚率69%,入库率101%,向公安机关移送各类涉嫌税务犯罪案件54件。

【税收宣传】结合税收宣传月,在全市范围内组织开展了"税法宣传进社区"系列活动;在各征管局组织开展了"走访纳税大户,了解企业需求"活动。市局组织的"税法宣传进社区"活动和桐庐县局组织的"地税杯"民间剪纸大赛现场表演活动分别被省局评为全省税收宣传最佳组织奖和最佳项目奖。同时,还通过召开地方税费贡献大户表彰会暨配套服务政策新闻发布会、印发《最新财税政策汇编》、制作扶持家政业VCD片和《杭州财税十年》画册、在《杭州日报》《杭州商报》进行跨版宣传等,进一步强化财税政策法规宣传服务,营造良好的依法理财治税氛围。

队伍建设【思想教育】以《"三个代表"重要思想学习纲要》和胡锦涛同志"七一"重要讲话为主要内容,按照"学习要有新进步,认识要有新提高,工作要有新成效"的"三新"要求,在市局系统全面兴起学习贯彻"三个代表"重要思想新高潮,组织开展了系列主题教育活动:在局属5个单位7个支部中,开展保持共产党员先进性教育活动试点;组织局系统各基层党委、支部书记和助调以上干部,赴钱江新城和"三个代表"新典型浙江梅林爱迪尔集团公司参观学习;举办直属单位党委、支部书记"三个代表"重要思想专题读书班;开展"实践'三个代表'重要思想,做大财政蛋糕"大讨论;举行党的十六大知识和"三个代表"重要思想知识竞赛;开展"七一"党庆活动,邀请范匡夫少将给全体党员作"党员领导干部如何带头实践'三个代表'重要思想"的主题报告;召开部门负责人会议,聚焦地税难点热点问题,进一步探讨2004年地税工作思路。

【干部选拔】在上级部门的高度重视下,局班子力量得到了充实,先后有3名中层正职被提拔为副局级领导;结合地方政府换届,通过民主推荐、民主测评、组织考察、任前公示、党委研究等程序,选拔任命了县(市)局地税局长2名,副局长4名;对竞争上岗考察期满一年的20名中层副职按期进行了考察转正,并结合民主测评情况对部分缺岗中层正职进行了补缺定位,有3名主持工作的中层副职被转为正职;制定派出机构正副科长竞争上岗办法,市局系统竞争上岗正副科长44人;积极稳妥地做好处级非领导职务竞争上岗和科级非领导职务确定工作,通过民主推荐、民主测评和局党委研究等程序确定了22名副处级调研员,根据任职资格和条件确定了主任科员112名、副主任科员120名、科员2名。

【党工团建设】根据机构设置和人员变动情况,进一步重视和加强了党工团建设,不断扩大党的工作覆盖面,增强党组织的凝聚力和战斗力。重新改选产生了新一届机关党委,加强了党建网络建设;围绕"五有"目标,深化党建带团建工作,市局系统共推优入党23名,推干荐才8名;重视发挥工会、团委和妇女组织的作用,通过举办机关运动会、书画摄影大奖赛、演讲比赛,承办全省财政地税系统乒乓球大赛等,丰富了干部群众的文化生活,增强了队伍的凝聚力;组织开展"春风行动"和特困家庭结对子活动,局系统党员干部和五个保先教育试点单位共捐款29.7万元,捐赠衣被824件,班子成员与困难和特困家庭结对子3户。

【教育培训】按照"统一领导、归口管理、分级负责、协调配合"的管理体制,进一步加强了干部教育培训工作,通过多种培训方式和渠道,推进干部教育培训工作从普及型向专业提高型转变,支持和鼓励干部利用业余时间参加紧缺专业的学历教育,促进了复合型人才的培养。全年共组织各类培训班149个,培训人数达5490人次。其中,干部初任培训4班次,37人次;任职培训6班次,54人次;专业培训60班次,2146人次;更新知识培训7班次,1207人次;电子商政务培训69班次,1840人次;组织参加省以上各类培训班130人次。目前,在全市2169名地税干部中,达到大专以上学历的有1654人,占76.3%。市局系统达到大专以上学历的有773人,占82.6%。

【党风廉政建设】 重视加强廉政制度建设,层层签订廉政建设责任状,强化领导责任意识,一级抓一级,层层抓落实;重视抓纪检网络体系建设,建立健全干部廉政档案,落实监督制约机制,强化对财税执法权和行政管理权的监督制约;重视加强对党员干部的勤政廉政、党风党纪教育,组织开展了正反典型系列教育活动,进一步增强干部廉洁自律意识,自觉恪守行为准则和道德规范。

【争创满意单位】 以"承诺是金,服务为本"、"人人是服务窗口,个个是投资环境"为争创理念,提出了"服务零距离、流程零障碍、培训零收费、办税零差错、工作零投诉"的"五个零"承诺服务争创目标,进一步修订完善了争创满意单位活动规划和内部延伸评比考核办法。在争创活动中,确定了"机关为基层服务,窗口单位为群众服务"两个重点,对窗口单位和机关处室(中心)分两个层面进行测评,推出窗口单位11个,在社会开展"请群众评判,让人民满意"活动。同时,重视抓好日常督促检查工作,基本做到一月一抽查,一季一汇总,半年一小结,对日常检查发现的问题及时督促整改。通过争创活动的开展,广大干部职工的宗旨观念、责任意识、服务意识有了明显增强,办事效率和工作质量明显提高,地税部门的形象得到了进一步提升。

(杭州市地方税务局供稿 陈毓莉 孔华强撰写)

杭州市萧山地方税务工作概述

局长 贺放炼

经济概况 2003年,萧山区实现国内生产总值410亿元,增长22%,实现财政总收入43.68亿元,其中地方财政收入20.83亿元,分别增长31.6%和42.9%。完成工业总产值1308.43亿元,增长27.3%;农业总产值45.02亿元,增长11.6%;第三产业增加值133.2亿元,增长22.2%;社会消费品零售总额82.11亿元,增长16.8%。合同利用外资3.66亿美元,增长87.1%,实际到位1.99亿美元,增长45.4%。完成自营出口额17.65亿美元,增长36.9%。

税收概况 **【任务完成情况】** 2003年,全区地税系统共组织各项收入24.94亿元,增长36.2%,其中:税收收入15.96亿元,增长32.9%,完成省局计划的118.27%。省级税收入库8790万元,增长63.2%。

【税收特点】 1、税收收入增幅表现为前中低后回稳。1~3月,由于年初经济增长和上年底缓缴税款入库,增幅分别为25.3%、56.9%、72.4%;4~6月,受"非典"疫情影响,增幅逐月回落,为64.1%、59.3%和54.2%;7~10月,由于高温期间供电不足、"非典"减免税政策的兑现和政策性退库,增幅继续拉低,分别为55.9%、49.1%、39.0%、32.6%;11~12月税收增幅开始平稳,为32.8%和32.9%。

2、主体税种全面增长,营业税和个人所得税增幅较高,分别增长45.4%和89.7%。除企业所得税增幅甚微、房产税略有下降外,其余税种均有较大增长。

3、城市化建设构筑了税源集聚新的平台。以城镇、大型基建项目为依托地区,税收增幅均在30%以上,而缺少经济增长点的地区税收增幅明显逊色。

4、民营经济税收继续强劲增长，涉外税收增幅最大。民营经济中股份制和私营企业优势较强，税收增长38.2%，增幅较大，其所占税收总额的比重为69.6%，比上年增加2.7个百分点。港澳台和外商投资企业税收总量不大，只占税收总额的6.8%，但增幅达94.1%，超过其他各经济类型，成为税收增长的亮点。国有企业税收增长26.4%，集体企业税收日趋萎缩，同比下降8.7%。

5、房地产业和建筑业税收继续领涨，制造业税收总量列各行业之首。房地产业和建筑业税收增幅最大，分别为76.4%和51.5%，比重为18.9%、18.6%，分别增加4.7和2.3个百分点。制造业税收总量仍然占居首位，所占比重为27.3%，同比下降5.1个百分点。

【税源分析】 1、营业税入库7.18亿元，同比增长45.4%。其中：房地产业占30.3%，增长50.5%；建筑安装业占29.1%，增长52.0%；金融保险业占15.4%，增长52.1%；交通运输业占4.4%，增长75.2%；住宿和餐饮业占3.6%，下降19.9%。增收因素：一是城市化进程加快，固定资产投资增长，使建筑业税收大增；房地产市场持续供求两旺，商品房预售总量增长，房价攀升，房地产业营业税高涨；金融机构存贷余额分别达到42.9%和59.7%，加上4家新增金融企业，金融业增收营业税571万元。二是上年底批准的营业税缓缴税款在本年入库，比上年增加3699万元。三是新增企业增加了税收。四是加强对外来建筑安装企业的税收检查和管理，门征开票入库数有较大增长。减收因素：一是受“非典”影响，第三产业服务性行业遭受重创，加上扶持性税收减免政策使收入受到影响。全年住宿、餐饮、旅游、娱乐业营业税同比下降24.6%。二是营业税起征点提高影响收入约190万元。

2、企业所得税入库4.29亿元，同比增长1.9%，其中：国有企业4639万元，增长18.6%；股份制企业2.29亿元，增长6.4%；集体企业2655万元，下降36.0%；私营企业1.27亿元，增长1.4%。由于2003年退税较多，影响了该税增幅，若剔除退税因素，实际征收数增长21.6%。增收因素：一是经济总量快速增长，运行质量进一步提高，投入产出效益增加，企业利润普遍增长。二是地税部门进一步规范征收方式，严格减免税审批，加强行业税收管理和汇算清缴工作，促进税收增长。三是一些大型楼盘结盘后利润结转集中，年初房地产企业缴纳的企业所得税大幅增加。全年房地产企业所得税增收5336万元，增长473.5%。减收因素：一是从年初起，对已登记的原征收企业所得税的个人、私营独资和合伙企业改征个人所得税，减少企业所得税3796万元；二是消化本年和上年部分民政福利企业退税，加上扶持再就业政策性减免退税，使企业所得税减免退税比上年增加8592万元；三是上年企业有自查入库1788万元。

3、个人所得入库2.75亿元，同比增长89.7%，其中：工资薪金所得1.5亿元，增长66.6%；个体工商户生产、经营所得6691万元，增长114.5%；利息、股息、红利所得4011万元，增长147.6%；企事业单位承包承租经营所得341万元，增长77.6%；偶然所得161万元，增长15%；滞纳金、罚款895万元，增长504.7%。增收因素：一是宏观经济形势持续向好，个体私营业主、工薪阶层收入普遍提高。二是对高收入行业和个人重点税源进行全方位监控，扣缴和自查补缴入库额有较大增长。三是原征收企业所得税的个人和私营独资及合伙企业改征个人所得税，增加3796万元。四是港澳台和外资企业扣缴的个人所得税入库数增长显著。五是加大了日常征管和稽查力度，使个人所得税滞纳金、罚款收入比上年同期有高幅增长。

4、城建税入库1.29亿元，增长19.8%。本期增值税增长20.4%，营业税增长45.4%，二税的增长是城建税增长的基础。但城建税的增幅明显低于营业税。剔除上年底批准在本年入库的缓缴营业税5331万，比上年增加3699万（随此税附征的城建税已在上年入库），营业税的实际增幅为39.2%，与城建税的差距实际要小一些。

5、其他各税收入。房产税入库1517万元，同比下降0.4%，印花税、车船使用税、土地使用税分别入库1886万元、683万元和318万元，同比增长64.0%、30.6%和171.8%。由于对受“非典”影响企业实行税收减免，使本年房产税减免退税较多，收入下降。经济的增长，住房、汽车消费等的膨胀，促成了印花税和车船使用税的增收。地税部门重视和强化对小税种的征收管理，通过税源清查、催报催缴等手段，挖掘增收潜力，取得了明显成效。

各项工作情况 **【征收管理】** 1、税务登记。2003年底，登记纳税人42942户。其中国有企业583户，集体企业 1188 户，股份合作企业 53 户，联营企业 20 户，有限责任公司 2184 户，股份有限公司 161 户，私营企业 9388 户，港澳台商投资企业 301 户，外商投资企业 334 户，外国企业 5 户，个体纳税户 28725 户。

2、优惠政策执行。把依法落实国家各项税收优惠政策，作为依法治税的重要内容，一是认真落实对部分受“非典”影响行业的税费优惠政策，全年共受理报批企业 152 户，减免税收 1500 万元。二是积极贯彻落实下岗职工再就业税收政策，及时制定下发了《下岗职工再就业有关税收政策的具体实施意见》，明确了政策与操作，推动再就业工作的开展。三是加快优惠政策的承办速度，全年民政福利企业等政策性税收减免均落实到位，支持了企业发展。

3、调高营业税起征点。认真做好营业税起征点调整工作，对国地税共管户，通过与国税部门沟通联系，进一步完善共同评税的运作机制，逐步统一营业额评定；对定期定额户及时开展清理检查，属“工业性”劳务的重新进行资质认定，原营业额偏低搞好适当微调；对起征点以下的加强日常监督和管理力度，确保达到起征点时及时纳入征收范围。从 5 月 1 日起，该区营业税应缴税个体经营户由原 19723 户降至 9692 户，保证了个体工商户税收负担的合理化。

4、货物运输业管理。切实加强货物运输行业税收征管，认真开展货物运输业自开票、代开票纳税人的认定工作，至 2003 年底，共有 213 户企业取得自开票资格，59 户企业取得代开票资格。是年 12 月 1 日起，对代开货物运输业发票的，统一启用《浙江省货物运输业代开统一发票》，进一步规范了市场经济秩序。

5、税源监控。在税源监控和管理上做到三个并重：一是固定税源和流动税源并重，在加强常驻企业、常规税源监控管理的同时，切实加强外来施工企业流动税源管理，增加了税收收入；二是单户税源与行业税源并重，一方面将 439 户企业列入区以上重点监控范围，每月进行数据分析，强化监控力度；另一方面加强化纤、建筑、化工、印染、蔬菜等行业税收管理，对低于平均税负企业及时采取约谈、纳税评估等措施，强化税收动态管理。三是结果与过程控管并重，加强日常征管情况的信息采集和应用，加强对企业成本利润的核算分析，及时发现税收、财务异常情况，提高了税源监控的前瞻性。

【信息化建设】以创新为先导，加快现代科技在税收征管领域的应用。组织开发了“纳税评估及重点行业监控管理”软件，进一步提高纳税评估和行业监控水平。大力推进电子申报，从 10 月 1 日起，全面推行个体双定户无纸化征收，既节约了征纳成本，又提高了征纳双方效率。

【社会保障基金征收】在社保金征收中，对内明确责任、强化考核，对外做好与当地政府和有关部门的沟通协调，积极完善服务方式，努力提升服务质量，全年共征收社保金 4.92 亿元，其中养老保险金 4.24 亿元。

【税务稽查】切实加大稽查力度。全年追缴企业欠税 620 万元；稽查纳税人 1160 户，立案 491 户，结案 491 户，追缴税费及滞纳金罚款 3075 万元；查处大要案 10 起，移送司法部门 8 起，打击了涉税违法犯罪行为，有效发挥了稽查对征管的保障作用。

【税收宣传】认真开展税收宣传月活动。举办了“老外谈税收”电台访谈节目，组织了税收宣传进公园活动和 1000 人参加的税法百题知识竞赛。开通了 12366 纳税服务热线和财税对外网站，加快与纳税人的信息沟通。“非典”疫情发生后，把宣传的主渠道放在局网站和“12366”热线上，对外公开 14 路咨询电话。，充分利用报纸、电视、电台等媒体加强对税收法规、税务信息的宣传，确保了非常时期的宣传需要。

队伍建设【教育培训】2003 年，以“身心健康教育年”活动为主题，切实加强干部队伍建设，修改完善了《内部管理制度》、《党风廉政建设责任制》，细化各项管理制度和考核要求，进一步规范内部管理。加大了教育培训力度，提高了专业技术和依法行政的水平。

（杭州市萧山地方税务局供稿　陆魏撰写）

杭州市余杭地方税务工作概述

局长 孙炳松

经济概况 2003年，余杭区实现国内生产总值204亿元，增长16.3%。其中第一产业增加值21.5亿元，增长6.1%；第二产业增加值110.5亿元，增长18.0%；第三产业增加值72亿元，增长17.1%。第一、二、三产业结构比例由上年的11.6:53.3:35.1调整为10.5:54.2:35.3。全年完成工业增加值99.5亿元，增长18.3%。完成现价工业总产值577.6亿元（老口径），450.0亿元(新口径)，分别增长35.4%、28.5%。全年实现社会消费品零售额43.0亿元，增长14.9%；完成固定资产投资135.5亿元，增长67.7%；完成外贸出口交货值92.1亿人民币，增长29.8%。主要经济指标呈现快速增长，经济效益和运行质量显著提高。全年工业企业实现利税40.8亿元，其中利润23.9亿元，分别增长30.9%、36.6%。国民经济保持持续快速增长势头，财政收入快速增长。全年财政总收入23.21亿元，增长34.91%。其中地方财政收入12.41亿元，增长44.3%。全年财政支出完成13.61亿元，比上年增长37.71%。

税收概况 【任务完成情况】 2003年，全区地税系统共组织各项收入13.54亿元，同比增收3.34亿元，增长32.78%；其中税收收入9.73亿元，增长35.63%，完成计划的118.50%。

【税收特点】 一是税收收入继续保持较快的增长势态。2002、2003年分别增长14.19%、35.63%。二是四大税种增减明显。2003年，企业所得税比重为28.86%，下降7.6%；营业税比重为46.80%，上升6.85%；个人所得税比重为14.42%，上升2.25%；城建税比重为6.93%，下降0.76%。三是房地产及建筑业税收增长迅猛。房地产业入库税收2.62亿元，同比增收1.47亿元，增长127.49%，占税收的比重为26.87%。房地产业的快速发展带动了建筑业的发展。2003年，余杭区房地产业和建筑业共入库4.45亿元，占税收的比重为45.7%。

【税源分析】 1、营业税入库4.56亿元，同比增收1.75亿元，增长62.28%。作为地税主体税种之一的营业税增幅较大，主要增长点是房地产业和建筑业。增长主要因素：一是房地产市场保持供销两旺的状况，新开工楼盘大量进入预售期及房价大幅上涨。入库营业税1.92亿元，同比增收1.22亿元，增长176.18%。二是建筑业入库营业税1.34亿元，同比增收4381万元，增长的48.67%。2003年度房地产业继续高速发展，固定资产更新改造投入大幅增加，工程量增加。与此同时，地税部门加强了对外来施工企业、企业在建工程、分包工程的跟踪管理，如供水集团工程项目、中都广场工程项目、绕城公路、桂花城等大型工程项目，使建筑业税收呈现快速增长的势态。三是金融保险业入库营业税4545万元，同比增收723万元，增长18.92%。

2、企业所得税入库2.81亿元，同比增收1560万元，增长5.88%。增长因素：一是余杭经济的发展环境不断优化，规模企业快速发展，企业效益增长较快，带动所得税的增长。如服装、纺织、烟草等行业效益增长较快。二是严格征管，做好2002年度所得税汇算清缴工作。加强纳税辅导，通过事前宣传、事后审核的有效措施，确保企业所得税的及时、足额入库。减收因素主要有：浙江余杭高速公路有限责任公司入库1042万元，同比减收1459万元，下降58%，原因是：(1)下沙大道的开通，许多往宁波方向去的车子绕道下沙大道，造成高速公路收费减少，同比减少收入6000万元。(2)全年费用支出增加3000万元。

3、个人所得税入库1.4亿元，同比增收5181万元,增长58.52%。增长主要因素:一是入库工资、薪金所得6396万元,同比增长79.27%。工资、薪金占个人所得税收入的比重为45.57%。工资、薪金所得入库数大幅增长的主要原因为公务员数次加薪,普通职工工资收入增长较快,该税种的税基不断延伸和扩大。同时,加强代扣代缴力度,特别是对行政事业单位职工及外资企业的员工工资收入的扣缴力度,在代扣代缴的广度和深度上有了较大的突破。进一步规范个人所得税的征管，加强高收入行业和高收入者的税源管理,对法人代表和企业负责人进行有针对性的督促申报,减少个人所得税的漏洞。二是个体工商户的生产、经营所得入库4271万元，同比增长24.59%。继续实行"抓大不放小"的原则,调整定额,加强对集贸市场和个体工商户的管理力度,是集贸税收增长的主要原因。三是利息、股息、红利所得入库2195万元,同比增长82.90%。主要是加强对股份制企业分红等应税行为的监控。

4、城建税入库6750万元,同比增收1156万元,增长20.66%。增长原因:一是余杭经济的高速增长、营业税62.28%的增长和增值税19%的增长。

各项工作情况 **【税收法制建设】**严格依法行政,努力做到公正、公平、公开。建立和健全法规科机构和职能,认真开展执法检查,加大日常执法监督力度,纠正不规范的执法行为。

【征管改革】紧紧围绕ISO9000质量管理体系,抓管理,促规范,提高工作效率,认真开展ISO9000质量管理体系内部检查和管理评审,不断改进和完善管理体系,并顺利通过了第三方外审,有效促进了地税各项工作的顺利实施。积极推行多种申报方式并存的纳税制度。积极推行电子申报方式,并制定了电子申报管理暂行办法,全区已有902户企业实现了电子申报方式纳税。在此基础上,11月份开始网上申报试点工作,取得了较好的效果。在省局的统一部署下,开通了12366语音特服系统，服务内容包括税法宣传、税务咨询、涉税举报等方面。开通以来,共收到了各类电话78个。

【征收管理】规范和明确房产税、水利建设基金等有关税费减免审核、审批工作制度,减少人为因素的干扰,切实维护纳税人的合法权益。加强对房地产等重点行业的税收征管，规范二手房交易税收管理，制定出台了《关于进一步加强房地产二级市场税收管理的通知》,以及对房地产企业开展辅导和自查工作;加强与城建部门协作，对重点工程税源实施全程监控,防止外来建筑业的税收流失;研究出台拍卖行业税收管理办法,堵塞拍卖行业税收管理漏洞。8月份,对电话催缴催报系统、个体户超定额电话申报系统进行开发试点，到11月份试点成功，大大方便了纳税人,提高了工作效率。定期与工商、国税部门联系,加强税务登记的信息沟通工作，防止漏征漏管户的产生,提高税务登记率。根据2002年企业纳税情况,确定2003年重点税源监控名单,及时掌握、分析税收收入变化的重大因素。全区共有221户企业纳入重点税源监控,其中:国家税务总局监控33户、省局监控40户、局级监控148户,监控税款4.58亿元,监控比重达64%。

【信息化建设】自从3月份开始升级程序，安装前置机,上传了数据库中的表单,组织协调了各征管局、稽查局参加数据应急中心建设的测试工作,完成了按照省局统一布置的本地数据应急中心建设的相关工作。在按照省局的统一安排,完成了数据应急中心建设在余杭的相关工作。按照地税信息化发展要求,实现了与人民银行的联网。申请了专门的光纤链路,在网络设备和防火墙上进行了相关的设置,确保了网络的安全性。

【社会保障基金征收】把握主动,积极与社保、镇乡协调,做好社保基金扩面工作。随着养老基金覆盖面的扩大,企业征缴人数金额增加较大,为了加强养老保险基金征收管理,余杭地税局围绕征缴率这个核心，采取多种有效措施确保养老基金的及时入库,如参与制定目标责任考核制度等。全年共征收基本养老保险基金2.12亿元，同比增收4490万元，增长263.91%;医疗保险基金4612万元,同比增收2588万元,增长127.87%。

【发票管理】加强对对行政事业单位、村级财务等部门的发票检查;加大保险业、货物运输业发票进行清理、整顿力度,对不符合规定的企业限期整改。通过刊登公告、发放资料等形式进行宣传,加强全区货物运输业发票管理,完成了自开票和代开票纳税人认定工作。

【税务稽查】改进和完善综合选案办法,试行全年一次性选案,着重考虑选案的量化标准,减少选案的盲目性,增强公平性和透明度。全面推行"稽查责成自查制度",强化查前辅导,给企业提供一个自查自纠的机会,2003年共发放自查表255份,自查补税358万元。细化稽查处罚标准,做到依情节轻重酌情处罚,减少自由裁量权。进一步发挥税务稽查作用,加大打击力度。全年共对781家纳税户开展检查,查补税费、罚款、滞纳金1321万元,处罚率64%,入库率95%,公告案件472件,公告率70%。同时,加强与公安等部门合作,全年移送司法案件6起,涉税金额94万元,判刑3人,取保候审2人。

【税收宣传】开展以"依法诚信纳税、共建小康社会"为主题的税法宣传,组织税法进社区活动,并通过《余杭日报》等宣传媒体对二手房交易、契税、货物运输税收管理等政策进行宣传;做好两会期间的税收法制宣传。免费发放各类财税政策宣传资料,全年共计发放6000余份,使广大人民群众及时了解国家出台的各项政策法规,切实提高广大人民群众的税收意识。

队伍建设 【教育培训】加强干部思想道德建设,不断提高干部的思想道德和科学文化素质。编印下发《"三个代表"重要思想学习纲要》,在全局兴起学习贯彻"三个代表"重要思想的新高潮。组织开展地税业务、质量管理体系、电子商(政)务等一系列学习活动,增强业务技能,提高服务水平。组织实施中层干部竞争上岗工作,新提拔18人,原岗位续聘29人,轮岗交流15人,轮岗交流面达24%;实施了一般干部双向选择轮岗交流工作,全系统轮岗交流37人,交流面达20%,促进人员的合理流动,实现人力资源的优化配置,激发工作热情,提高工作效率。

【廉政建设】开展经常性的党风、党纪、政纪教育,不定期组织全体干部观看《激浊扬清》、《扭曲的一生》等多部反腐倡廉教育片,以反面典型案例警示人、教育人,促使干部自觉筑起反腐倡廉的心理防线。严格执行监察工作制度,做到警钟长鸣、防微杜渐,确保广大干部的政治"安全"。

【创建文明单位】积极组织开展各项精神文明单位的创建工作,以满意不满意单位评比活动为契机,进一步优化服务,推动地税事业的发展。2003年,局系统获得余杭区满意不满意评比窗口单位第二名、杭州市经文卫先进单位等。局机关通过余杭区文明单位的复评。与此同时,各基层单位在精神文明创建方面也取得了较好成绩,临平、塘栖、余杭、瓶窑、良渚五个税务分局都通过余杭区文明单位的复评工作;良渚税务分局、余杭税务分局分别通过省级、市级地税系统文明单位考核。

(杭州市余杭地方税务局供稿 朱华撰写)

富阳市地方税务工作概述

局长 孙柏平

经济概况 2003年,富阳市实现国内生产总值151.6亿元,比上年增长19.4%,人均国内生产总值突破2万元,达到24458元,增长19.4%。全市地方财政决算收入8.22亿元,完成预算的102.8%,比上年实绩增长40.1%,加上上划中央收入9.35亿元,全市财政总收入完成17.57亿元,完成预算101.7%,比上年实绩增长30%。全市财政总支出为9.89亿元,比上年增长17.5%。全市收支相抵滚存结余1.70亿元,专项结转1.65亿元;净结余502万元,全市财政收支平衡、略有结余。

税收概况 **【任务完成情况】**2003年，全市地税系统共组织各项收入9.70亿元,比上年增长44.57%,增收2.99亿元；其中税收收入7.02亿元，同比增长27.8%;增收1.53亿元,完成年计划的113.78%。

【税收特点】一是营业税依然是第一大税种,且增幅超过31%，该税种的高额增长主要来自房地产业、建筑业和金融保险业的增长,体现第二、三产业的繁荣。二是企业所得税由于受新办企业所得税归国税征收及不同比退库等因素的影响，增长幅度不大,所占比重也从去年28.64%下降到24.56%。三是个人所得税的增幅也达到28.2%，增长额为3620.5万元,为历年最高。四是其它小税种的增幅也不容忽视,同比增长200.4%,增长额达3808.4万元,小税种的增长原因主要是土地增值税征收方式变化,全年土地增值税增长额达2144.9万元,同比增长292.4%。

【税源分析】1、营业税收入快速增长。全年实现收入2.43亿元,同比增收5745.9万元,增长31%,完成省局下达计划的119.1%。营业税增长主要来自于房地产业、建筑业、金融业以及邮政业和信息传输业。增收因素:(1)房地产业入库9170.7万元,占全市入库营业税37.79%,同比增长44.55%。各房产开发商充分利用富阳与杭城的便利交通,纷纷开发排屋、别墅等高档楼盘,开发呈现多元化,使房地产购销两旺。(2)建筑业入库5735.9万元,占全市营业税收入23.64%,同比增长33.34%。房地产业的发展也拉动了建筑业的增长,同时还加强了对外来建筑安装企业的税收检查和管理。(3)金融保险业入库2957.1万元,占全市营业税收入12.19%,同比增长26.49%。主要是银行扩大了贷款规模,增加了利息收入,另外各家银行加快开展各项中间业务,减少了不良贷款,也促进了税收收入的增长。

2、企业所得税收入1.72亿元,同比增收1508万元,增长9.6%,完成省局下达计划的99.6%。企业所得税主要来自于制造业、建筑业、批发零售业和房地产业,分别入库7010万元、1603万元、3229万元和2918万元,占全市企业所得税收入85.6%。增收因素:通信器材和造纸业是构成制造业企业所得税的主要来源,全年分别入库1844万元和3323万元,占制造业企业所得税的73%,占全市企业所得税的30%。是全市两大工业的支柱行业特别是造纸及纸制品行业全年需求旺盛,形势较好,同比增收463万元,增长16.1%。减收因素:(1)批发零售企业所得税同比略有减收,下降8%。(2)往年由于审批程序的制约,均在次年年初办结退税，而2003年在年底前办理了减免退税1834.8万元。

3、个人所得税继续稳步增长。全年共入库1.65亿元,同比增收3620.5万元,增长28.2%,完成省局下达计划的106.8%，其增长额度及增长比例仅次于营业税。增收因素:(1)个体私营业主、工薪阶层收入普遍得到提高。2003年,全市城镇居民人均可支配收入增长10.1%,农民人均收入增长9%。(2)加强个人所得税的征管和企业会计人员的考核,自觉按期申报的行政事业单位和企业越来越多。(3)加强专项稽查力度,仅金融业个人所得税同比增长了267.9万元。

4、城建税和其它小税种增长较快。全年共入库1.22亿元,同比增收5174万元,增长73.5%,完成省局下达计划的142.1%。城建税入库6503万元，同比增收1365.3万元,增长26.6%。土地增值税入库2879万元,同比增收2145,增长291.7%。房产税入库1913万元,同比增收596万元,增长45.25%。印花税入库421万元,同比增收135万元,增长47.2%。增收因素:土地增值税改变征收方式为预征,加上房地产业的红火带来该小税种的大幅度增长。房产税主要是新增企业600余户,扩大了房产税征收范围,同时加强了房产税的税源监控，仅个体出租房房产税征收就增长了120.2万元。印花税征收代扣工作日趋规范。

各项工作情况 **【税收法制建设】**成立法制科,配备专职人员,明确工作职责。根据“内外并举,重在治内、以内促外”的工作方针,制定出台了《富阳市地方税务局税收执法过错责任追究办法》及《实施细则》,开展税收执法监督检查、稽查案件复查和落实重大税务案件审理工作。成立局重大税务案件审理委员会,明确案件审理标准和程序,统一规范文书要求,做好规范性文件的审核把关工作。整顿和规范税收秩序,先后开展了农贸市场、装潢市场、餐饮业、房地产业等专项检查,税收整治工作取得了明显成效。

【征管改革】以学习贯彻新征管法及实施细则为契机,全面导入ISO9000质量管理体系,进一步完善诚信纳税机制,加强纳税人类别管理,经年审和日常认定重新确认ABC类企业。规范征收入库方式,做好应收尽收工作,严格缓缴税和退税的管理,大力清缴欠税。加强对重点税源的监控,加强对高收入行业及高收入者个人所得税的调查和管理,加强对房产税税源的监控管理,仅个体出租房房产税增长120.2万元。加强税收的日常稽核和专项稽核工作,对280余户造纸企业稽核评税管理办法实施情况进行跟踪管理,在去年提出按用电量进行预缴税款的基础上,进一步完善造纸行业的税收征管。试行网上申报,推行地税专邮,为纳税人提供全方位、多元化的纳税申报手段,服务于纳税人。布置开展ISO9000质量管理体系贯标工作,历时6个月,抽调20多名内审员先后制发了23个程序文件,89个作业指导书,对内审员进行了培训发证,开展了两次内审,一次管理评审,并作了一次文件修改,于9月底顺利通过了中国方圆标志认证中心审核,取得证书。

【征收管理】 一是积极开展税源调查,切实做好重点企业税源监控工作。建立健全监控机制,定期进行税源分析,为组织收入奠定良好的基础。二是大力开展清理欠税工作。对历年欠税进行全面清查,掌握欠税户的基本情况,制定入库计划,将压欠任务分解落实到各单位,责任到人,累计压缩欠税370户共2532.7万元。三是进一步深化行业税收管理和小税种征收,完善造纸企业稽核评税管理办法,开展房产税清理整顿工作,深入千家万户进行定额核定,确保税款及时入库。四是规范货物运输业税收征管工作,克服时间紧、任务重的困难,完成了货物运输业发票的清理、营业税纳税人的认定等工作,实现了平稳有序过渡。五是导入ISO9000质量管理体系,努力提升征管水平。将ISO9000质量管理体系要求与地税实际工作相结合、将规范管理与简化办事程序、提高办事效率相结合,最大限度地方便纳税人,进一步规范内部管理,明确岗位职责、公开办税程序、提高工作效率,地税征管逐步从规范化向标准化转变。六是完善税收政策。积极贯彻落实促进下岗失业人员再就业,减少传染性非典型肺炎所造成影响的税收优惠政策。进一步完善印花税的代征方法,解决房产税的纳税人、计税依据、纳税时间等问题。提高营业税起征点,从5月1日起,将按期纳税的起征点从400元提高到3000元;按次(日)纳税的起征点从每次(日)营业额50元提高到每次(日)营业额100元。七是做好2003年度个人所得税汇算清缴和高收入人群重点监控工作,加强对个人独资、合伙企业投资者个人所得税的征收管理和高收入者的个人所得税监控。加强外籍人员个人所得税的征收管理工作,实行外籍人员个人所得税的分项管理,建立和完善外籍人员个人所得税登记制度、档案管理。

【信息化建设】 快速推进地税信息化建设。积极采用现代化的申报方式,参加新版网上申报的试点。与电信局合作试点推出了"地税'家家E'电话短信服务"。浙江地税信息系统已从年初的3.2.06版升级到4.0.02版,"非典"时期企业的税收减免调整在TF2000中统一进行操作。同时,还做好每月社保数据、医保数据、残保数据的接收和传送工作。此外,积极向省局申请参加新版网上申报的试点,首批试行拨号上网申报成功。

【社会保障基金征收】 开展预征养老保险费工作,强化基本养老保险费的征缴,确保征集率。加强与社保部门、各乡镇(街道)的联系,制订联席会议制度,做到每月定期交流,稳妥有序地将参保企业纳入征收,当发现部分企业出现退保现象时,及时出台了"停一补一"的政策,特别是适时地推出了"先预征、后登记"的办法,基本完成了省政府下达的养老保险全覆盖任务。全年共征收养老金2.06亿元,比上年增收8155万元,增长65.5%。

【税务稽查】 加大税收稽查力度,增强执法刚性。坚持专项检查与责成自查相结合的稽查工作新路子,进一步完善责成自查、查前辅导及约谈机制,既保证了稽查质量,也提高了工作效率。加强征管与稽查的联系,以查促管,充分发挥整体合力。完善《税收执法过错责任追究办法》,规范重大案件审理工作。成功导入ISO9000契机,进一步加强TF2000稽查子系统的应用,完善责成自查、查前辅导约谈机制,有效地提高稽查工作效率和稽查威慑力。重点开展了造纸业、专卖店、汽车销售业、金融保险业及个人所得税的专项检查工作,在稽查中坚持依法行政,全年共检查纳税户271户,共查补税费罚款和滞纳金1016万元,入库1015万元,入库率99.9%,结案率100%,案件处罚率86.34%,公告率62.34%,复查率11.8%,稽查面8.4%。共查处大要案8起,移送司法机关6起。

【税收宣传】 一是以全国第12个税收宣传月为抓手,充分利用有关媒体,刊发(播)《个所税成为大税种》、《市地税局纳税人类别年审动真格》等稿件,增强全社会“依法诚信纳税、共建小康社会”的意识。有关稿件在国家级媒体见稿4条,省级媒体见稿30条,在富阳市级见稿24条。二是利用税务例会,每月向企业老总和办税员宣传新的税收法规,并对办税员进行一些税法知识考试。三是开通“12366”纳税咨询电话,全年来电238个,办结率100%。在130多户企业中率先安装“家家e”服务平台,向企业单发或群发税收知识及接受税务咨询。四是在市图书馆建立税法宣传阁,在乡镇大院建立税法宣传黑板报,在市区制作龙门架式户外税收宣传广告牌,开拓税收宣传阵地。五是利用办税服务厅放置税收宣传资料、电子触摸屏及每日导税服务的值班长等,向纳税人进行政策法规宣传。

队伍建设 **【教育培训】** 组织干部职工深入学习党的十六大精神和“三个代表”重要思想;重视干部知识更新培训,举办全局212人参加的电子商务培训班;引导和组织干部职工参加各类学历教育,做好全局144名干部湖南大学远程教育工作。

【廉政建设】 修订和完善“党风廉政建设责任制”,签订“行风廉政建设责任书”。以“抓教育、刹三风、树正气、促发展”主题教育为契机,组织收看《领导干部腐败案件警示录》电教片。同时,聘请社会知名人士担任局行风廉政监督员。

【人事制度改革】 做好新一轮中层干部竞聘工作,共有5名中层副职被聘为中层正职,9名一般干部被聘为中层副职,原中层正职和副职各有1名落聘。根据市委市政府关于事业单位机构改革要求,开展局属事业单位机构改革、人员分流工作。撤销国债服务部、发票所、驻京办事处等三个机构,分流7名事业单位工作人员。

(富阳市地方税务局供稿 刘学文撰写)

建德市地方税务工作概述

局长 滕明湘

经济概况 2003年,建德市实现国内生产总值达90.9亿元,同比增长12.7%。其中第一产业增加值为13.1亿元,同比增长10.0%,第二产业增加值为49.2亿元,同比增长12.0%,第三产业增加值为28.6亿元,同比增长15.6%,一、二、三产业占国内生产总值的比重为14.4%、54.2%、31.4%%。全社会固定资产投资额为32.23亿元,同比增长39.2%,完成社会消费品零售总额15亿元,同比增长12.7%。全市规模以上工业企业实现利税达到了5.61亿元,增幅位居杭州市地区7市县区第2位。外贸出口能力进一步增强,全年完成全社会外贸出口商品供货总值43.93亿元,同比增长48.8%。完成招商引资项目162个,协议引资25.32亿元,实际到位资金7.3亿元,比上年同期增长42%。城市化进程明显加快,全年城市建设总投资超过3亿元。2003年,受国民经济持续快速发展的拉动,全市财政收入稳步增长,全市完成财政总收入7.19亿元,比上年实绩增长29.09%,其中地方财政收入完成3.59亿元,为预算的110.05%,比上年实绩增长42.63%;上划中央税收收入完成3.61亿元,比上年实绩增长18%。全市财政支出5.2亿元,比上年实际支出增长26.3%,完成计划的95.3%。

税收概况 **【任务完成情况】** 2003年,全市地税系统共组织各项收入3.90亿元,同比增收7849万元,增长25.19%,其中:税收收入首次突破三个亿,累计入库3.14亿元,同比增收7130万元,增长29.41%,完成省局计划任务数2.72亿元的115.51%。其他基金、费累计入库7636万元,同比增收718万元,增长

10.38%。其中教育费附加费入库1071万元,同比增收116万元,增长12.05%;养老保险基金入库360万元,同比增收356万元,增长10.95%;农村教育费附加入库1687万元,同比增收412万元,增长32.36%;残疾人保障金入库413万元,同比增收104万元,增长68.18%。

【税收特点】一是三大主要税种齐头并进,增幅喜人,托盘作用明显。营业税累计入库1.13亿元,企业所得税累计入库1.01亿元,个人所得税累计入库5453万元,分别增长了30.52%,26.61%,35.6%。三大主要税种在收入总量中所占的比重达85.86%,增收贡献率达到87.17%。二是非公有制经济增长势头强劲。本年度非公有制企业入库税收2.28亿元,比上年同期增长38.01%,税收比重也比上年同期上升4.41个百分点。三是第二产业和第三产业比重结构有所变化。第三产业在收入中所占的比重上升了3.41个百分点,而同时第二产业则下降了3.38个百分点,增幅较大的税源相对集中在房地产业和批发零售业,增幅分别为116.42%和41.4%。四是小税种收入增长较快。特别是资源税和印花税增长明显,资源税入库562万元,同比增长536.28%、印花税入库229.85万元,同比增长60.38%。

【税源分析】1、营业税收入快速增长。全年实现收入1.13亿元,完成年度计划1.05亿元的108.25%,同比增收2651万元,增长30.52%,占增收总额的37%,成为2003年税收增收的主要来源。

2、企业所得税继续较快增长。全年实现收入1.01亿元,完成年度计划8400万元的120%,同比增收2132.67万元,增长26.61%,增收额占总增收额的比重为30%。

3、个人所得税继续稳步增长。全年实现收入5452万元,完成年度计划4850的112%,同比增收1431万元,增长35.6%,增收额占总增收额的比重为20%。

4、各小税种增长较快。资源税和印花税成为小税种增收的两大亮点。全年入库资源税562万元,同比增长536.28%,印花税229.85万元,同比增长60.38%。

增收因素:一是经济增长拉动税收增长。经济运行质量和企业效益明显提高,是税收收入的增长主要因素,房地产业发展迅速、商品流通、邮电通信金融保险等服务业快速发展,既为税收增长奠定了坚实基础,更为企业所得税的增长开宽了空间。二是汇算清缴工作早布置、早落实,清缴税款及时入库。通过加强纳税宣传辅导、审核等有效措施,严格审核所得税的申报,全年清缴企业所得税入库1433万元,同比增收846万元。三是认真开展专项整治工作,查漏补缺。整顿和规范房地产而进行的房地产行业自查和专项检查,在规范秩序的同时,强化税收管理,加大征收力度,使其健康有序发展。2003年房地产行业查补税收入库573万元,占房地产行业税收入库数5238万元的11%。四是加大小税种征管力度。调整资源税的征管方式,采用公安部门源头代征控管,印花税按照省局和杭州市局的要求,在加强日常管理的同时,实行年度汇算清缴。

减收因素:一是杭金衢高速公路的建成通车使我市320国道车流量急剧减少,税收收入明显下降。本期建通公路有限公司入库税收868万元,比上年同期1888万元减少1020万元,其中营业税入库369万元,同比减少330万元,企业所得税入库472万元,同比减少335万元。二是本期各类税退库1157万元,比上年同期增加515万元,其中落实民政福利企业等减免政策退库445万元,同比增加333万元,汇算清缴退税606万元,同比增加160万元。三是其他政策性因素带来的减收。如:受"非典"影响较大的相关行业落实相关税费优惠;调整营业税起征点造成的税收减收;安置下岗职工再就业优惠政策相应减少税收。

各项工作情况 **【税收法制建设】**严格依法治税。全面检查执法责任制执行情况,开展稽查案件复查,进一步规范税收执法行为;采取组织法制讲座、法律培训等形式,进行系统性的法制教育;严格按照有关法律规定,开展税务听证等工作,维持纳税人合法权益;及时对符合条件的下岗失业人员从事个体经营享受税收优惠政策和非典期间受疫情影响的纳税人落实相关优惠政策。

【征管改革】积极开展导入ISO质量管理体系工作。依据体系要求进行科室职能和下属机构设置的调整,再造征管流程,ISO9000质量管理体系的成功导入使"预防为主、过程控制、全员参与、持续改进"的理念在征管全过程中得到体现,为规范征管打下了扎实基础;推行稽核评税管理办法,以行业盈利监控线为重点,建立税收指标异常警示制度,根据警示责成纳税人作出说明并适时调整或采取相应征管措施,对纳税人由事后管理向事前管理转移。2003年共对266户企业进行稽核,经稽核评税应补缴各税399.3万元,直接入库税收达281.7万元,较好地促进了查账征收企业财务核算水平的提高,提高了日常税收管理水平;全面推行“四查四看一通报”制度,即一查已入TF2000管理系统管户的日常征管情况,二查网外的漏征漏管户,三查欠税管理,四查办税透明度,一通报是指对各征管局的征管质量情况按季进行通报,通过建立健全考核、检查、督促机制,切实提高了征管质量。

【征收管理】一是加强收入计划管理。深入调查研究,制定科学的税收收入计划,加强税收收入分析工作,密切关注收入增长态势,准确把握税收增减收原因,预测税源变动趋势,建立分析档案,对经常性收入进行分析,对一些较大的预期因素作效应分析,增强了组织收入的预见性和主动性。二是以全面导入ISO9000质量管理体系为契机,以服务于纳税人为宗旨,充分发挥TF2000的信息资源优势,积极推行网上申报,推进税款缴库方式改革,直接推动了征管质量和效率的提高。三是加强对小税种的征管。宣传贯彻落实印花税管理办法,及时出台资源税源头控管的征管措施,收到明显效果。四是大力加强漏征漏管户清理整顿工作。继续完善与工商、国税的联协制度,全面掌握企业登记、分布和经营情况,从源头上控制漏征漏管户的发生。五是加强纳税户的申报管理,及时进行催报催缴,对申报率、入库率低的单位责成分析检查和整改,以提高申报率、入库率。六是加大清理欠税力度,努力杜绝当年新欠,确保税款足额入库。全年清理陈欠入库162万元,新欠压缩至最低限度,同比下降51万元。七是强化税源监控。税源监控面达到60%以上,强化动态监控和结果的综合应用,每月将71户监控企业的税收实现情况和入库情况印发市四套班子领导和各相关部门,“监控一片、反映全面”,为指导组织收入、制定征管措施及领导决策提供重要的依据。

【信息化建设】重视计算机技术依托作用的发挥。选择部分企业进行电子申报试运行,对现代申报方式进行有益探索;对“双定户”全面采用批量扣款、连续开票的操作方式,极大地方便了前台操作,提高了工作效率;根据货物运输发票管理的要求,自行开发中介机构代开票管理软件,具有与总局的汇总程序接口、与定额开票数据的比对功能,货物运输行业税收征管行为更为规范。

【票证管理】票证管理方面有所突破。将票审的重点从单纯的审核填票质量转移到审核征收人员是否依法办事、依率计征上来,进行不定期的检查,检查内容包括纳税登记时行业、预算级次鉴定、纳税申报、票证填开等各环节原始资料,并按ISO质量管理体系要求形成检查报告,被查单位提出改进措施,做到检查一点,规范一面,收到了良好的效果。依托现代化的管理手段,充分运用TF2000的信息平台,进行税收票证管理,从市局到各基层征管局的票证领用、入库、发放、结报均运用TF2000票证管理模块进行操作,并顺利生成报表,不仅规范了票证管理行为,而且提高了工作效率。有针对地开展专项发票稽查和整顿,每季开展代征单位发票使用情况的核查,加强管理、堵塞漏洞。区别纳税人经营规模、财务核算水平以及发票需求量等情况,实行发票分类管理。根据省、杭州市局规范货物运输税收管理的要求,做好自开票纳税人资格认定,对委托代征单位的票证进行全面清理,共认定自开票纳税人11户,代开票纳税人415户,代开票委托中介机构实施。

【社会保障基金征收】强化内部考核机制,定期通报各征管单位征集率,大力开展清欠,确保基金征缴顺利进行。继续开展政策宣传,配合做好扩面工作,提高群众参保意识。加强与社保等部门协调配合,每月定期进行应征数据传递和入库数据对账。经常深入企业调查了解情况,督促做好养老金征收工作。全市2003年养老保险金入库3608.93万元,征集率99.67%,比上年同期增长11.06%。残疾人保障金征收入库412.4万元,比上年净增104.9万元。

【税务稽查】加强稽查力度。按照ISO9000质量管理的要求调整了稽查机构设置,将原以区域设置的四个派出机构-稽查中队撤销,内设六个职能股室:稽查一股、稽查二股、稽查三股、综合股、案审股、执行股,规范了稽查程序。实施了两批责成自查和两批日常检查,适时开展以建筑安装、房地产、旅游业、省级收入为重点的四批专项检查,在广泛调查研究的基础上,采取约谈的方式与企业沟通,并积极做好查前辅导工作,全年累计检查318户,结案298户,累计查补税款997万元,入库807万元。加大了对涉税案件的公示曝光力度,达到了威慑作用,优化了纳税环境。

【税收宣传】“坚持长效、注重基础,广泛深入开展税收宣传月活动”的原则,以增强公民依法纳税意识和对税务工作的理解与支持,积极营造良好的依法治税环境。一是继续在《建德日报》及建德电视台同步开展每月一期的税法专题宣传,并配套进行有奖竞答活动。二是积极参与社会公益事业,与贫困学生结对助学。三是围绕税收宣传月活动主题,邀请市文化局、婺剧团以财税工作在经济、社会发展中地位、作用为题材,创作文艺作品,举办下乡巡回演出。四是以纳税辅导网络为平台,加强对企业法人、财会人员和个体工商户的税收法律法规和政策的宣传教育,提高他们依法履行纳税义务的自觉性和正确性。五是召开重点税源企业座谈会,介绍地税工作,听取他们对地税工作的建议和意见。六是开展面对面送法活动,继续运用“百名税务干部联系百家纳税户”的形式,上门访谈,面对面宣传解释税收法规、政策,了解纳税人的状况,及时反映纳税人的要求。

队伍建设 **【教育培训】** 2003年以涉税程序法培训为龙头,积极组织WTO基本知识、电子商务、计算机、地税业务知识的培训,参加培训人员达886人次,培训做到计划明确、组织严密,为检查人员到位情况和学习效果,学习采用签到制,并对培训内容进行考核考试。鼓励干部参加各种形式的学历提高教育,2003年,共有80余名干部参加本科、专科学习,营造了较为浓厚的学习气氛,提高了全体干部的综合素质。

【党风廉政建设】 局党委、各支部“一把手”切实担负起廉政建设和作风建设“第一责任人”的职责,在抓好业务工作的同时,切实抓好责任范围内的党风廉政建设和作风建设。把党风廉政建设和作风建设的情况作为年度岗位目标考核、工作总结的重要内容,做到工作实绩考核与廉政、作风建设考核同步,与干部待遇相挂钩。继续聘请行风监督员,对党员干部的廉政建设情况进行督促和检查。2003年度,建德市局又一次被评为建德市纪检监察先进单位。

【创建文明单位】 深入开展文明创建工作,加强对干部、职工的作风纪律和职业道德教育,树立服务至上意识。2003年,寿昌征管局被杭州市人民政府评为杭州市文明单位。直属征管局、梅城征管局分别被评为2003年度地税系统基层文明单位。

(建德市地方税务局供稿　袁绍红撰写)

桐庐县地方税务工作概述

局长　俞谷

经济概况 2003年,桐庐县实现国内生产总值78.3亿元,按可比价计算增长14.5%,比全省平均增幅高出0.5个百分点。其中,第一产业增加值8.95亿元,增长7.5%;第二产业增加值48.92亿元,增长18.5%;第三产业增加值20.43亿元,增长8.9%。从构成看,第一、二、三次产业占全部生产总值比重由上年的12.3:60.3:27.4调整为11.4:62.5:26.1。完成工业总产值211.48亿元,增长24.7%;实现社会消费品零售总额20.93亿元,增长12.9%;完成全社会固定资产投资额40.56亿元,增长45.1%;完成出口交货总值70.05亿元,增长39%,其中自营出口完成2.39亿美元,增长52.9%。主要经济指标呈现较快增长,经济效益和运行质量显著提高。全县实现工业销售产值206.46亿元,增长25%;工业产品产销率为97.6%。在国民经济持续快速增长的基础上,财政收入增长较快,全县实现财政总收入7.38亿元,增长34.1%,绝对额增加1.88亿元。其中:上划中央财政收入3.77亿元;地方财政收入 3.61 亿元,增长 44.3%。全年财政总支出 4.69 亿元,增长 21.3%。

税收概况 【任务完成情况】 2003 年,全县地税系统共组织税收收入 2.60 亿元,比上年同期增收 4936 万元,同比增长 23.5%,完成年初省局下达计划的 107.7%,保持了收入增长的良好势头。

【税收特点】 一是税收在高基数、高增长的基础上继续保持快速增长。2003 年税收收入增幅达 23.5%。二是主体税种和小税种保持齐头并进的增长态势。主体税种中的营业税增幅高达 47.64%,所占税收收入的比重也由 2002 年的 35%上升到 40%;各小税种均有不同幅度增长,其中土地增值税、城建税、房产税增收最明显,分别增收 340 万元、287 万元、222 万元,增幅分别为 121.76%、23.15%、30.18%。三是税收收入的经济结构发生较大的变化。集体经济税收比重明显下降,由 2002 年的 9.9%下降到 7.46%,下降 2.44 个百分点;非国有经济税收增幅大。股份制、私营、个体经济的税收收入呈明显上升趋势,股份制经济由 2002 年的 26.22%上升到 29.43%,上升 3.21 个百分点;私营、个体经济由 2002 年的 38.92%上升到 40.07%,上升 1.15 个百分点。四是建筑业、房地产业税收呈高幅增长。今年建筑业税收征收 6327 万元,占税收总额的 24.37%,同比增长 65.37%;房地产业税收征收 4697 万元,占税收总额的 18.09%,同比增长 70.66%。

【税源分析】 1、营业税收入快速增长。全年实现收入 1.09 亿元,占地方税收总收入的 42%,同比绝对额增收 3517.95 万元,增长 47.64%。

(1)建筑业入库 3513 万元,同比增收 1437 万元,同比增长 69.22%。建筑业增收因素:一是近年来房地产行业发展迅猛,带动了建筑业的发展。二是县重点工程项目全面建设。05、16 省道建设、县城城防工程建设、县城公用设施的新建扩建、新旅游项目的开发和建设都促进了建筑业的发展,使一些投标中标的建筑企业业务量大增,直接增加了营业税。三是完善建筑业税收的征收管理办法,完善建筑项目登记制度。制定下发《桐庐县建筑行业税收征管办法》,通过与城建等相关部门建立定期联系制度,了解工程项目进展情况。各征管局建立了建筑项目登记制度,及时跟踪了解各项工程项目的完成及结算情况。四是开展建筑业发票专项检查工作。通过加强税收征管,建筑业税款做到了应收尽收,将以前年度未缴纳的税款全部征缴入库。

(2)房地产业入库 3300 万元,同比增收 1593 万元,增长 93.32%。房地产业增收因素:一是本着规范化管理的要求,严格执行《浙江省房地产业营业税征收管理办法》,加强对预收账款的管理,督促企业及时申报、足额入库。二是销售不动产增收。由于旧城改造和居民改善住房条件而引发的购买需求,使房地产销售异常火爆,带来了销售不动产营业税的大幅增长。结合实际情况,制定了《房产交易税收征收管理办法》,对房产交易税收实行源头控管。三是加大对外来企业的税收监控力度。

2、企业所得税收入有所下降。全年收入 5634 万元,同比减收 1173 万元,减少 17.24%,其中国有企业入库 1654 万元,同比增长 16.15%;而集体、私营、股份制企业分别入库 710 万元、1551 万元、1712 万元,同比分别下降 16.07%、6.5%、40.51%。增收因素:一是进一步规范小水电行业、社会中介机构等行业所得税的征收管理。相应制定下发《关于对我县小水电企业征收所得税有关问题的通知》、《关于对社会中介机构等实行核定征收企业(个人)所得税办法的通知》,对小水电企业、社会中介机构等行业的所得税征收方式的鉴定和应税所得率进行规定。二是加大对重点税源企业监控力度。及时掌握全县企业所得税税源状况,促使税款及时入库。三是做好 2002 年度企业所得税汇算清缴工作。全县完成对 260 户企业汇算清缴工作。四是严把税前扣除项目审批关。严格按企业财产损失税前扣除办法、弥补亏损管理办法操作,确保政策规范运作。减收因素:一是部分传统行业生产不理想。原有的一些企业日渐萎缩,造成企业效益下降,直接影响企业所得税。二是税收政策变化使企业所得税收入减少。①所得税分享改革后,新办企业所得税由国税征收,加上部分企业受利益等原因趋动,重新登记后所得税转由国税部门管理,造成地税税源日益减少。②随着国家对技术改造扶持力度的进一步加大,技术改造使用国产设备抵免所得税的额度逐年增加。

3、个人所得税入库 5762 万元,同比增收 1484 万元,增长 34.71%。主要增收因素:一是认真落实企业单位个人所得税代扣代缴制度,扩大代扣代缴面。二是加强对高收入行业、人员税收征管。三是加强行政事业单位个人所得税的扣缴工作。2003 年,全县行政事业单位共入库工资、薪金个人所得税 1450 万元。四是加强个体工商户漏征漏管户的清理工作,并积极做好个人所得税重点检查工作。全年共查补入库个人所得税 71 万元。

4、城建税累计入库 1525 万元,同比增收 286 万元,增长 23.15%。主要是随着流转税的增长而相应增长。

5、其他小税种入库 2135 万元,同比增收 820 万元,增长 62.32%。主要原因是加强对小税种的征管,做到抓大不放小。一是加强了对房产税税源的调查、核实工作。全年入库房产税 959 万元,同比增长 30.18%。二是强化细化印花税管理。认真贯彻执行《加强印花税收管理试行办法》,对所有金融、保险、房地产企业建立完善了代扣代缴制度。全年入库印花税 285 万元,同比增长 144.17%。

各项工作情况 **【税收法制建设】** 结合全局人员变动情况,及时调整税务案件审理委员会及办公室成员。严格执行重大案件审理制度,进一步理顺重大案件审理工作的管理机制,规范程序、强化监督;认真开展以税收政策执行和征收管理行为是否符合规定为重点的日常税收执法检查工作;接受省局税收执法检查组的检查;做好税收政策的宣传和干部的法制教育培训工作。

【征管改革】 1、积极推进现代化纳税申报方式的建立。在继续做好个体税收简易申报征收工作的基础上,在全县范围内推广应用"银税联网、自动扣缴"的简易申报征收办法。通过与金融机构的协调,到 6 月份,全局的定期定额户已全部纳入该申报系统;对企业单位试行电子申报纳税办法,到 2003 年底,城关征管局已有 166 户企业试用了网上申报方式。

2、做好 ISO9000 质量管理体系的导入工作。作为全省第二批导入单位,县地税局经过 6 个多月的努力,现已初步建立 ISO9000 质量管理体系并通过认证。该体系的运行将全面提升税收执法服务水平,规范内部管理,是实现制度创新的又一次质的飞跃。

3、做好货物运输行业税收征管改革工作。经与桐庐县公路运输管理所、桐庐方圆税务师事务所有限公司多次协商,出台《关于加强货物运输业税收征管的通知》,对原征管体制进行改革,同时编印宣传小册子,开展好自开票纳税人和代开票纳税人的认定工作。

【征收管理】 1、规范收入计划管理。积极开展收入测算,组织调查研究,重视税源建设,确保收入持续增长。经筛选,全局共确定重点监控企业 182 户,以 2002 年入库税收为依据计算,重点税源监控额占税收总额的 64.51%。在收入分析方面,主要是按月做好税收增减收入因素、税收增减结构分析和定期对税收执行情况和有增收潜力的税种及税源项目进行专题调研工作。

2、规范行业税收征管。根据全县小水电企业较多,财务制度普遍不够健全,但收入能确定的特点,制定小水电企业所得税征管办法;贯彻落实 2003 年 1 月 1 日起施行的建筑业税收征管办法。

3、强化主体税种征管。一是做好企业所得税征收的相关工作。在企业所得税汇算清缴工作中,继续推行纳税人自核自缴,自行申报或社会中介服务机构代理申报和税务机关严格稽查相结合的所得税汇算清缴新机制;做好税前扣除项目的审批工作,共审批 26 户企业在税前列支财产损失 763 万元,税前弥补以前年度亏损 20 户,计 484 万元。二是提高个人所得税的管理水平。在国家税务总局列举的高收入行业和高收入个人范围的基础上,结合实际,确定 100 个重点控管对象,并对高收入个人试行年度申报,计划把个人所得税管理重点逐步从以扣缴义务人为对象的单向管理转向以纳税人和扣缴义务人为对象的双向管理。三是做好营业税征管工作。完善房产交易税收征管办法,做好营业税普查工作;落实好提高营业税起征点的相关工作。

4、落实税收优惠政策。加强减免税、费、基金的管理。及时做好促进下岗失业人员再就业及非典期间税收优惠政策的宣传落实工作;做好民政福利企业年检工作,为实施税收优惠政策打好基础;做好技术改造国产设备投资抵免所得税审核工作。2003 年,全县共有 9 户企业享受技术改造国产设备投资抵免企业所得税政策,抵免企业所得税税额 685 万元。

【信息化建设】 从提高工作效率,推进办公自动化建设步伐的角度出发,注重以科技促管理,以规范促效率,不断提高地税系统现代化征管水平。重点抓好四项工作：一是配合做好网上申报的试点工作；二是因营业税起征点提高和定期定额征收户“非典”优惠政策的实施，对TF2000进行相应处理；三是做好TF2000行政处罚模块的启用工作；四是继续充实局内部网站内容，完成了区域性广域网内部网络安全、服务器安全、病毒防范、备份设备等方面的安全规划。

【社会保障基金征收】 由于职工基本养老保险基金征集标准有大幅提高，各企业在扩面过程中职工参保率不均衡、企业转制未到位等原因，加大了2003年养老保险金的征集难度。县地税局加大宣传力度，提高群众参保意识。在桐庐广播电台、《桐庐报》等媒体刊登系列知识问答，在县城主要街道悬挂宣传横幅，印发相应的宣传小册子。同时加大对欠缴户的清理力度。深入欠费户了解情况，并针对所掌握的欠费原因做好催缴工作；对经催缴仍不缴纳的，则在《桐庐报》上予以曝光。2003年，职工基本养老保险金的征缴工作成效明显，全县共入库养老金6120万元，征集率达99%以上。

【税务稽查】 围绕“日常、专项、专案”三大稽查重点，积极有效地开展系列工作，保质保量完成日常稽查。2003年，选案委员会共下达日常稽查任务106户，查补各类税费178万元，加收滞纳金17万元，罚款105万元；有的放矢开展专项稽查，通过开展房地产企业税收专项检查、省级税收收入专项检查、打击制售假发票和建筑安装企业偷税等涉税违法犯罪专项行动，共查补地方税(费)、罚款合计113万元；集中力量开展专案稽查，在举报案子的办案思路上体现“准、快、深、狠”四个字，全年共受理各类举报19件，已全部结案，追缴地方税(费)滞纳金13万元，罚款13万元。加强与公安、国税、检察等部门的协作，经集中商讨，联合下发《开展打击制售假发票和建筑安装企业偷税等涉税违法犯罪专项行动实施方案》，合力打击涉税违法犯罪行动。

【税收宣传】 紧紧围绕“依法诚信纳税，共建小康社会”的主题积极开展税法宣传活动。一是开展“以面为主”的宣传。在桐庐电视台的《桐庐新闻》中推出“诚信企业话税收”新闻系列报道；在桐庐广播电台推出《地税广角》栏目；在《桐庐报》开设地税专版；在城区各交通要道制作大型宣传牌，悬挂税收宣传标语，邀请军乐队上街宣传；推出《2002税案启示录》图片巡回展等。二是开展“从面到线”的宣传。在校园，成立“青少年税收辅导站”；组织参观城关征管局办税服务厅；上“税收与生活”税法宣传课；开展以“我与税收”为题的征文比赛；举办“爸爸妈妈你纳税了吗”主题班会。在社区，召开社区负责人座谈会；开设税收知识宣传橱窗；放映带有税收宣传片的露天电影。在企业，赠送税收法律法规读本；宣传相关税收政策。在农村，与各地乡镇广播站联办《地税之声》栏目；做好送税法上门活动。三是开展“从线到点”的宣传。在桐庐中心广场举办“地税杯”桐庐县民间剪纸大赛暨现场表演活动。该活动获2003年全省地税系统税收宣传月活动创新项目“最佳项目”奖。

队伍建设 【教育培训】 加强政治理论学习。开展以“三个代表”重要思想、党的十六大和十六届三中全会精神为主要内容的思想政治教育工作。从7月开始，全体财税干部通过开展理论学习会、党员民主生活会等形式，对胡锦涛总书记在“三个代表”重要思想理论研讨会上的重要讲话进行深入学习和热烈讨论，掀起了理论学习新高潮。以打造“学习型”机关为契机，强化教育培训工作。组织全体干部职工认真学习贯彻《预算法》、《会计法》、《政府采购法》、《税收征管法》和征管法实施细则等财税法律法规；组织地税干部参加《征管法》及其实施细则的全国统考，并组队参加杭州市地税系统《征管法》及其实施细则知识竞赛，获团体二等奖；鼓励干部职工积极参加各类学历教育和培训学习。2003年，全局共有17名干部大专毕业，55名干部本科在读，干部学历整体水平比2002年度提高了15%左右。

【党风廉政建设】 加强党建工作，进一步落实党风廉政建设责任制。从贯彻“三个代表”重要思想的政治高度，及时制定并下发《桐庐县财政(地税)局党风廉政建设责任制实施意见》，并与各单位负责人签订党风廉政建设责任书。为确保党风廉政建设各项工作的顺利实现，修订了《党政班子议事规则》、制定下发《桐庐县财政(地税)局执行“三不准”有关规定》、全面导入ISO9000质量管理体系、积极开展内部税收执法检查、实行重大税务案件集体审理制度等，完善和加强防腐保廉的各项内部管理措施，有效地避免和防止腐败行为在执法过程中产生。2003年被评为桐庐县纪检监察系统先进集体。

【创建文明单位】将再创满意单位活动和行风建设活动相结合,树立地税新形象。广泛开展"服务为先"、"创新服务"等系列活动。进一步简化行政审批事项,及时将税务变更登记、会计从业资格证书等事项纳入县行政审批中心办理;认真办理"两会"议案和提案;向企业免费赠送金碟 2000XP 财务软件等。2003年,县地税局被评为纠风工作先进单位,在工作业绩和领导班子综合考核中被评为优秀单位,并继 2001、2002 年之后,连续第 3 年被评为群众满意率较高单位。 (桐庐县地方税务局供稿 章晓琳撰写)

临安市地方税务工作概述

局长 罗石荣

经济概况 2003 年,临安市实现国内生产总值 112.73 亿元,比上年增长 14.8%;全市规模以上工业总产值 115.90 亿元,增长 34.1%;实现社会消费零售总额 24.85 亿元,增长 14.7%;完成全社会固定资产投资 46.38 亿元,增长 62.3%;完成出口交货值 41 亿元,增长 33%。主要经济指标呈现较快增长,经济效益和运行质量显著提高。全市实现工业销售产值 270.03 亿元,增长 27.6%;工业利润达到 10.36 亿元,增长 29.3%;工业产品销售率 97.5%。在国民经济持续快速增长的基础上,财政收入呈现高速增长,全市实现财政总收入 8.03 亿元,比上年增长 28.3%。其中,上划中央四税收入 4.09 亿元,增长 17.1%;地方财政收入 3.94 亿元,增长 43.2%;全市财政完成一般预算支出 5.24 亿元,比上年增长 22.9%。

税收概况 【任务完成情况】2003 年,全市地税系统共组织各项收入 5.22 亿元,比上年增收 1.04 亿元,增长 24.8%;其中税收收入 3.57 亿元,增收 6171.5 万元,增长 20.9%,完成年度计划的 108%,保持了收入增长的良好势头。

【税收特点】一是税收在高基数、高增长的基础上继续保持快速增长。2003 年税收收入增幅在前三年平均增长 30%的基础上仍达到 20.9%,同比增收 6171.5 万元。二是主体税种增幅不一。小税种城市维护建设税、土地增值税、印花税增长速度较快。三大主税种营业税快速增长,同比增长 30%;企业所得税和个人所得税继续稳步增长,同比分别增长 14.5%和 13.6%。三是非国有经济税收增幅大。私营企业和股份制企业的增长幅度列各经济类型收入前列,增幅分别为 35.9%和 21.9%,两者的增收额合计占税收总增收额的 70.5%。

【税源分析】1、营业税收入快速增长。全年实现收入 1.38 亿元,同比增收 3176 万元,增长 29.9%,占增收总额 51.5%,是 2003 年增收的重要来源。增收因素:一是加强建筑业和房地产税收管理。受旧城改造、杭昱高速公路建设、华光潭水库、浙江林学院工程等共同的影响,全市入库建筑业营业税 4688.1 万元,增收 1648.1 万元,同比增长 54.2%;加大对房地产业销售不动产预收款申报纳税管理,使销售不动产入库 3307.4 万元,同比增收 503.1 万元,增长 17.9%,确保了营业税收入及时足额入库。二是规范第三产业税收管理。上半年由于受"非典"疫情及相关税收优惠政策的出台,影响了第三产业的税收入库,但得益于临安市旅游二次创业和第二届"全国森林资源博览会"效应,使大服务业税收入库 2455.8 万元,同比增收 297.8 万元,增长 13.8%。三是整顿各类专业市场税收。重点做好货物运输业的税收征管,加强货物运输发票管理,推广运用《临安市公路运输发票税控软件》,规范货物运输市场。通过清理整顿,全年货物运输企业共入库税收2460.1万元,同比增收716万元,增长41.1%。

2、企业所得税收入稳步增长。全年入库1.02亿元,同比增收1288.7万元,增长14.5%。增收因素:一是加强税收征管,严肃税收政策。做好2002年度企业所得税汇算清缴工作,完成全市305户企业汇算清缴工作,清缴入库企业所得税7369.6万元;继续贯彻实施《关于进一步明确2003年度企业所得税征收方式认定有关问题的通知》,使全市企业所得税征收管理更加合理、规范;完善税款清缴制度和重点税源企业监控制度,确保重点企业税收及时足额入库,全市前50名企业全年入库税收1.90亿元,占税收总额的53.3%,同比增收3507.1万元,增长22.6%;规范所得税核定征收制度,明确对达不到应税所得率的企业作为所得税汇缴重点,确保企业申报的真实性;严格执行《临安市减免税、费、基金暂行办法》,把好所得税减免和税前扣除项目审批关,确保政策规范运作。二是经济的增长和企业效益的好转带动所得税的增长。从分项目来看,制造业、房地产业和批零餐饮业依然是所得税的主要来源,三者分别入库3399.2万元、2532.4万元和2020万元,三者合计占总税收的78.3%;从增长比例来看,建筑业和服务业最为明显,两者分别入库999.9万元和463.2万元,同比分别增长207.2%和90.8%。

3、个人所得税继续稳步增长。全年共入库7137.5万元,同比增收853.6万元,增长13.6%。增收因素:一是加强个人所得税源头控管。进一步完善企事业单位代扣代缴制度和自行申报制度,对高收入者个人所得税实行重点监控,使工资、薪金所得和利息、股息、红利所得分别入库3507万元和544.1万元,同比分别增长29.7%和21.1%,从"源头"上保证了个人所得税税款的及时足额入库。二是加强个体工商户"双定"管理。调整个体双定营业定额标准,并采取切实有效措施加强对个体私营经济的税收征管,全年入库税收1.63亿元,完成年计划1.50亿元的108.6%,同比增收2755万元,增长20.3%。三是整顿规范个人所得税税收秩序。开展落实承包、承租、挂靠经营的专项检查工作,堵塞漏洞,个人所得税收入稳步增长;同时加强对漏征漏管户的清理和规范乡镇建筑业开票行为,使乡镇个体零散税收全年入库4616.5万元,同比增收1143.1万元,增长32.9%。

4、各小税种增长较快。城市维护建设税、土地增值税、印花税等税种增收比例较大。全年城市维护建设税累计入库2442.2万元,同比增长22.8%;印花税累计入库515.6万元,同比增长53.5%;土地增值税和资源税,由于规范征收管理,分别入库211.1万元和125.9万元。增收因素:在征收管理中贯彻地税无小税原则,使可征税源不断扩大;增值税和营业税的增长,使得城市维护建设税相应增长;印花税由于采取工业企业等七大行业按销售(营业)收入额带征,随着经济效益的好转,带动了印花税的大幅增长。

各项工作情况 **【税收法制建设】** 以规范税收执法行为、保障纳税人合法权益为目的,在全市范围内组织开展了税收执法检查和稽查,着重对2002年以来的税收优惠政策落实、税收政策把关、税收执法规范性、重大税务案件审理、稽查案件查处和以前年度税收执法检查问题的整改落实情况等,进行全面自查和组织开展重点检查;组织开展税收政策执行情况检查,及时按月按季做好"非典"和下岗再就业税收优惠政策执行情况跟踪问效工作;出台《临安市地方税务局税收执法过错责任追究办法》,规范税收执法行为。

【征管改革】 以信息化建设为依托,与时俱进,深化税收征管改革。为实现税收管理科学化、现代化、规范化,用先进的理念指导各项税收工作,3月份在全市地税系统导入ISO9000质量管理体系,编写了包括1本质量手册、23个程序文件、94个作业指导书、448份表证单书在内切合临安地税实际的质量管理体系文件,6月份进入试运行阶段,9月份顺利通过中国质量协会质量保证中心的认证并取得了证书。通过导入ISO9000质量管理体系,明确了全市地税系统各职能部门的权限;规范了税务机关在征收、管理、执法、检查、服务等环节的行为;提高了税务机关的办事效率和透明度;树立了"以纳税人为中心"的服务理念。充分运用和完善TF2000操作系统,运用现代信息系统,积极实施网上申报工作,至2003年底,已有273户企业实现网上申报,同时开展邮寄申报的试点,加快了地税征管的信息化建设。加大税源监控力度,在对全市"5818"企业、30家"小强人"和缴纳地税前50名企业进行监控的基础上,继续扩大监控范围,增加了对

33家房地产行业、五金工具行业和供电、电信等高收入行业92名高收入者的重点监控，使监控企业的税收收入达到地税收入的60%以上。积极开展稽核评税工作，对纳税人由事后管理向事前管理转移，实现管理科学化。不断强化服务意识，推行全程服务制度，简化办事程序，方便纳税人，提高纳税人办事效率。

【征收管理】 在深化征管改革的同时，坚持依法治税、规范管理，切实提高地税征管的质量和效率。全面落实国家税务总局制定的《货物运输业营业税征收管理试行办法》、《运费发票增值税抵扣管理试行办法》、《货物运输业营业税纳税人认定和年审试行办法》和《货物运输业发票管理流程实施方案》；推广应用《临安市公路运输发票税控软件》，在对相关运输单位进行业务培训的基础上，6月1日起在全市启用了电脑版《公路货物运输专用发票》，取消了手工版运输发票，有效遏制了制售和购买假发票的违法行为，进一步加强和规范了货物运输业的税收征管。重点开展了对临安市锦城街道私房租赁市场的税收征管，制定了《关于加强锦城街道房屋租赁市场的税收征管的通知》，对房屋租赁业税收征管范围、征管办法、实施时间、步骤和要求都作了明确规定，完成了对4000多户房屋出租户、6000多间营业房的调查摸底、清理造册、核定征收等基础性工作。进一步加强对个体门征税收的征管，自国、地税分设以来首次与国税局联手，采取共同规范门征发票的管理、在全市各乡镇(街道)推广电脑版门征发票、委托国税局代征门征地税税收等三条措施，有效规范个体门征税收的征管。

【信息化建设】 积极推进地税信息化建设步伐，初步形成以“科技加管理”为核心的地税征管新体系，以科技促管理、以规范促效果，不断提高地税系统现代化征管水平。2003年10月实现征管多元化申报纳税——互联网电子申报，至2003年底，全市共有273户企业实行网上申报。配合省地税局成功完成“数据应急中心”在临安的试点工作。依据ISO9000质量管理体系的要求，完善的计算机管理制度，计算机机房管理制度和网络安全管理制度，同时配合省局搞好安全网络反病毒软件使用的调查工作，加强网络安全的检查工作。

【社会保障基金征收】 加强信息传递网络建设，强化内部考核机制，大力开展清欠行动，确保基金征缴顺利。继续加大宣传力度，提高群众参保意识，在临安电视台、《临安日报》等媒体上进行宣传，在全市范围内悬挂宣传横幅，印发基本养老保险知识小册子500多份，分送给缴费单位和个人。群众申报缴纳意识有所提高，征缴工作取得了明显成效。全市征收养老保险基金8331万元，征集率达到97%，清欠养老金187万元；征收医保金2541.8万元，征集率达到95%，清欠医保金124.1万元。

【发票管理】 加强对发票定点印刷企业的监督、管理。开发《乡镇通用发票电脑版开票软件》和货物运输开票系统，启用电脑版临时通用发票和公路货物运输发票，加强了对门征税收和货物运输业税收的监管，堵塞了税收征管漏洞。

【税务稽查】 坚持以加强系统化管理平台为重点，以整顿和规范税收秩序为主线，进一步加大对重案要案和涉税举报案件的查处工作，严厉打击偷抗税犯罪行为，增强稽查威慑力。全年共对449户企事业单位开展了税收检查，查补入库税款883万元，罚款185万元；对38家行政事业单位开展了以个人所得税为主的税收专项检查，查补税款142.6万元；向公安机关移送各类涉嫌税务犯罪案件6件。

【税收宣传】 在全国第12个税法宣传活动中紧紧围绕“依法诚信纳税、共建小康社会”这一主题，开展了形式多样的税法宣传活动。在《临安日报》上刊登了《致全市纳税人的一封公开信》，拉开税收宣传月序幕；在全市范围内悬挂百条税收宣传横幅和近千条宣传标语，建造一块近百平方米的大型税收宣传广告牌；举办了税法百题知识竞赛和“财税杯”征文竞赛，广泛发动机关、企业、学校参加竞赛活动；开展地税五年成就图片展、印发税收宣传小册子、上街提供税收咨询等。

队伍建设 **【教育培训】** 按照局党委“一抓队伍，二抓任务”的要求，以人本教育为主导，倡导终身教育的理念，开展形式多样的教育培训，组织全体税务干部参加了WTO知识，ISO9000质量管理体系，电子商(政)务，远程电子公文传输，《税收征管法》及其《实施细则》等培训或考试，并积极鼓励干部参加学历教育，大专以上学历人数比上年增长23%，通过学习和教育，干部的整体素质明显提高。

【廉政建设】 一是落实班子成员廉政责任，明确了廉政建设的工作目标和工作内容，签订廉政建设责任状；二是开展廉政警示教育活动，通过正反两面的案例剖析教育，帮助全体干部树立正确的世界观、人生观、价值观；三是落实干部谈话诫勉制度，及早解决思想症结，把不良苗头消灭在萌芽状态。通过建章立制，长效管理，狠抓落实，工作作风明显转变，社会评价显著提高。

（临安市地方税务局供稿 程安群撰写）

淳安县地方税务工作概述

局长 翁江涛

经济概况 2003年，淳安县实现国内生产总值47.6亿元，同比增长14.7%，其中，一、二、三产业增加值分别为10.6亿元、17.6亿元、19.4亿元，分别比上年增长8.7%、16.1%、19.4%。全年完成工业销售产值58.6亿元，比上年增长35%；实现社会消费品零售总额12亿元，比上年增长13.2%；完成全社会固定资产投资17.8亿元，比上年增长41.3%。主要经济指标呈稳定增长态势，经济效益和运行质量稳步提高。在国民经济持续稳定增长的基础上，全年实现财政总收入3.11亿元，增长26.4%，其中：地方财政收入1.83亿元，同口径比上年增长39.6%，上划“中央四税”1.28亿元，比上年增长11.4%。全县财政完成一般预算支出4.53亿元，比上年增长21.4%。

税收概况 【任务完成情况】 2003年，全县地税系统共组织各项收入2.29亿元，比上年增长26%，其中：税收收入完成1.49亿元，比上年增长15%；社保费完成7244万元，比上年增长59%，其他基金、费累计入库785万元。

【税收特点】 从总体看，2003年税收收入呈稳定增长态势，但税收增量出现结构性失衡，70%以上的增量来自于房地产行业。从分税种看，各税种增减参差不齐，营业税全年完成7450万元，比上年增长33%，占全部地方税收收入的43.6%，成为第一大税种；企业所得税因受政策影响后续税源不足，收入比上年同期略有下降；个人所得税保持上年收入水平，主要来源于工资、薪金及个体工商户生产经营所得。

各项工作情况 【税收法制建设】 开展了税收执法检查，对税收政策的落实情况、税收减免审批程序、稽查案件查处情况等进行了重点检查，进一步规范了税收执法行为。首次组织了税务行政处罚听证会，有效地保护了纳税人的合法权益。积极贯彻落实再就业等各项税收优惠政策，适时提高了营业税起征点，对受“非典”疫情影响较大的餐饮、旅游、交通等行业按政策给予了税收减免。

【征管改革】 深化税收征管改革，按照征管现代化的要求，改革农村税收征管模式，借助信用社的计算机网络建立覆盖农村的税收征管网络，将定额税款征收、定额发票发售、门征开票等税务服务项目延伸到乡镇信用社窗口办理。推进纳税申报方式多元化，对难以通过信用社代理的服务项目，通过推行邮寄申报等方式解决。全面导入ISO质量管理体系。积极开展体系文件的应用工作，进一步完善各项管理制度，按照持续改进的要求，根据实际工作需要，对部分体系文件进行修改，并根据税收业务需要增加了作业指导书，确保ISO体系文件的适用性，提高管理水平。

【征收管理】 一是加大税源监管力度，适时调整了重点税源监控范围，2003年重点税源监控企业共入库税收收入8180万元，同比增长28.6%，占全部税收收入比重达到了55%。二是试行个人所得税全员申报管理。三是加强房地产、建筑安装、交通运输等重点行业税收征管，进一步完善建筑安装行业税收征管办法,落实货运业税收征管的有关办法和规定,加强对交通运输业发票管理。四是制定了土地增值税征管办法,对从事房地产开发的企业实行土地增值税预征制度,当年新征土地增值税346万元。五是规范印花税管理,对部分行业实行按收入预征。六是完善"定期定额户"定额评定办法,重新核定定额,加强个体税收管理。

【社会保障基金征收】 在抓好养老保险费征收的基础上,2003年又接受了工伤、女工生育和医疗等保险费的征收工作。加大社保费征收力度,实行"税保挂钩"征收办法,强化目标考核,加大催收力度,大力清理欠费,对欠费单位进行公告。

【税务稽查】 加大稽查力度,增强稽查威慑力,稽查工作效率和质量进一步提高。认真落实稽查选案、责成自查等稽查工作制度,开展了房地产、建筑安装行业和个人所得税、省级税收收入等专项检查。推行"自查+辅导"制度,在责成纳税人自查的同时,加强对纳税人的税收政策辅导,降低纳税人不必要的税收成本。继续推行责成企业自查制度和主、协查制度,在保证程序合法的同时,加强了对证据合法性的复核,扩大稽查案件的复查面。全年共检查税收案件157件,查补税费款及罚款300余万元。

【税收宣传和税收服务】 开辟地税服务绿色通道,建立税务咨询台账,推行电话预约服务、上门服务和全程服务等服务制度,急事急办,特事特办,为纳税人提供方便。以少年税校为载体,通过开展上好一堂课、组织好一次活动、开展一次税收宣传作品评奖、举办一次竞赛等活动,提高中小学生税收意识。切实搞好税收宣传月活动,围绕"依法诚信纳税,共建小康社会"主题,与国税联合举办大型税法咨询活动,发放征管法实施细则等宣传资料。加强办税员队伍的管理,举办了两期办税员培训班,增强办税员对税收法律法规的了解,提高其依法办税的意识和水平。

队伍建设 **【教育培训】** 切实加强干部思想政治教育和业务培训,坚持执行政治理论学习制度,组织全体干部职工进行了电子政务知识培训与考试,鼓励干部参加各种形式的学历教育和业务培训。按照公开、公平、公正的原则和严密的程序,在局系统范围内公开选拔中层职位领导,进一步优化了中层干部队伍结构。

【党风廉政建设】 加强党风廉政建设,坚持教育为先,预防为主的原则,认真组织开展干部职业道德教育和廉政警示教育,提高干部防腐拒变的能力。建立中层干部廉政档案,实施廉政回访制度等,促进地税系统行风廉政建设,杜绝吃拿卡要等不正之风。

【创建文明单位】 认真开展以争创满意单位为载体的创建活动,在2003年县级机关事业单位满意单位评选中,我局位列第九名。

(淳安县地方税务局供稿　胡继武撰写)

宁波市地方税务工作概述

局长　宋越舜

经济概况 2003年,宁波市经济建设和社会发展取得了显著成效,全市实现国内生产总值1769.90亿元,按可比价格计算,比上年增长15.3%,增长速度为近6年以来最高。人均GDP超过3400美元。第一产业增加值112.0亿元,比上年增长4.0%;第二产业增加值1007.2亿元,增长18.0%;第三产业增加值650.9亿元,增长13.3%。全市经济总量在全国副省级城市中居第6位。全社会固定资产投资837.6亿元,增长39.3%。全市自营进出口总额188.1亿美元,比上年增长53.3%。其中:出口120.7亿美元,进口67.4亿美元,分别增长47.9%和63.9%。港口货物吞吐量1.85亿吨,其中集装箱276万标箱,增长49%;协议利用外资34.44亿美元,增长18.9%,实际利用外资17.27亿美元,增长59.3%;全年实现社会消费品零售总额521.5亿元,比上年增长12.7%。城镇居民人均可支配收入14277元,农民人均纯收入6221元,分别增长10.1%和7.9%。2003年,宁波市财政收入继续保持了高速增长。全市财政一般预算收入突破300亿元大关,达到325亿元,比上年增长25.8%。其中:中央财政收入185.59亿元,比上年增长21.2%;地方财政收入139.42亿元,为预算的118.2%,比上年增长32.4%。全市地方财政一般预算支出180.25亿元,增长24.3%。按现行财政体制结算,全市财政实现收支平衡,并略有节余。

税收概况 **【任务完成情况】**2003年,全市地税系统共组织各项收入171.29亿元,比上年增长29.4%。其中地税收入达到117.8亿元,完成计划的114.4%,比上年增长27.4%。地税收入首次突破100亿大关。

【税收特点】1、税收收入总量大、增幅高。2003年地方税收完成117.8亿元,首次突破了百亿大关,实现了历史性的跨越,比2002年增收25.35亿元,月均增量超过2亿元,比2002年增长27.4%,在全国副省级城市地税收入完成情况统计比较中名列第四。

2、税种结构趋于优化,营业税跃居入库绝对值首位,个人所得税成为增幅最大的主体税种。2003年全市四大主体税种呈现稳定增长态势,四税合计达到111.72亿元,营业税、企业所得税、个人所得税、城建税分别入库41.32亿元、39.44亿元、21.57亿元、9.4亿元,所占地方税收比重分别为35.1%、33.5%、18.3%、8.0%,合计占94.9%,四税增收23.89亿元,占地方税收总增收额的94.2%。

3、民营经济快速发展,有力地推动地方税收的增长步伐。私营经济和股份制经济已成为推动税收快速增长的关键成分。私营企业和股份制企业分别入库地方税收32.11亿元和28.94亿元,已远远超过国有经济23.9亿元而占主导地位。三者所占税收比重分别为27.3%、24.6%、20.3%,增幅分别为52.2%、42.3%、20.7%。另外涉外经济入库税收5.53亿元,增幅为20%。

4、经济快速增长、税收征管效率不断提高,化解了“非典”疫情影响和落实减免税政策造成因素,从而确保了税收任务的圆满完成。

【税源分析】1、营业税成为第一大税种。全年入库41.32亿元,同比增收9.39亿元,增长29.4%,占地方税收增收额的37%。其中房地产、建筑业分别入库11.94亿元和11.31亿元,同比分别增长46.5%和40.7%,金融保险、交通运输、服务业分别入库5.26亿元、3.11亿元和7.71亿元,同比分别增长21.2%、44.9%、6.8%。从重点企业发展情况来看,金融业、交通运输业趋于稳步上升阶段,建筑业和房地产业受投资拉动影响增长迅猛,未来几年房地产市场能否持续健康发展,直接影响全市投资总量,从而影响到全市经济的可持续发展,因此,房地产市场亟需引导和规范。服务业中的住宿、餐饮、旅游、娱乐由于受上半年“非典”冲击,出现负增长,随着疫情得到有效控制,第三季度迅速走出低谷,恢复正常。由于5~9月实施税收减免政策,增幅仍不大,但“十一”黄金周的火爆消费,以及优惠政策到期,第四季度服务业营业税快速回升。

2、企业所得税稳步增长。全年入库39.44亿元,同比增收6.79亿元,增长20.8%。全市经济快速增长,国内生产总值稳步上升,主导产业拉动作用明显,工业企业、房地产企业效益增幅加大,流通中消费市场持续升温,对企业所得税的增长起决定性作用。入库额列前两位的私营企业和股份制企业分别入库13.55亿元、12.8亿元,同比分别增长36.3%和33.2%;国有企业入库5.2亿元,同比增长8.6%;集体企业入库7.84亿元,同比下降5.2%。分行业来看,制造业、批零贸易和餐饮、房地产、建筑业、交通运输和仓储及邮电通信业等企业分别入库13亿元、11.12亿元、5.17亿元、3.37亿元和2.28亿元,同比分别增长11.6%、13.4%、45.9%、18.1%、35.1%。其中制造业增势有所回升,房地产业和交通运输、仓储及邮政业处于强劲升势。

3、个人所得税增势迅猛。全年入库21.57亿元,同比增收6.55亿元,增长43.6%。是近年以来一直保持高位增长的主体税种,城镇居民人均可支配收入的不断提高,是其最重要、最关键的增长因素。从主要税目入库情况看,工资薪金、个体工商户生产经营所得、利息股息红利所得分别入库个人所得税9.27亿元、7.62亿元、4.1亿元,同比分别增长46.4%、50.3%和35.8%。机关公务员、企事业单位职工工资增加及纳税意识增强、征管质量的提高是个人所得税增长的主要原因;个人独资和私营合伙企业所得税改征收个人所得税以及核定所得率提高等,使个体工商户生产经营所得个人所得税也保持良好的税收来源;一些公司由于经营效益逐年提高,每年利息、股息、红利也保持一定增长比例在发放,使利息、股息、红利、个人所得税也保持良好的税收来源。

4、城市维护建设税入库9.4亿元,同比增收1.16亿元,增长14.1%。其中市本级入库3.37亿元,增长4%。从收入情况看,城建税收入总体仍保持较快增长,全年城建税应征数达到10.23亿元,比去年同期增长22.4%。而从入库情况看,石化、电力、烟草等行业的重点税源企业以及列入营业税重点税源监控企业仍是城建税收入的主要来源。

5、其他地方各税种保持较快增长。其他地方各税入库6.1亿元,同比增长31.8%。其中房产税入库3.35亿元,同比增长13.1%;印花税入库1.36亿元,同比增长35.9%;土地增值税入库0.68亿元,同比增长615.2%。

各项工作情况 **【税收法制建设】**严格依法治税,结合行政许可法颁布,认真做好相应准备工作,举办了行政许可法培训班,对照《行政许可法》布置落实规范性文件清理工作,做好了规范性文件管理情况检查工作。组织开展税收执法检查,规范执法行为。

【征收管理】一是完善征管质量考核,夯实征管工作基础。修改印发《税收征管质量考核实施办法》,进一步明确了考核办法、考核方式以及征管考核报表的报送方式,修正了部分考核指标,对下一步如何提高征管质量和工作效率提出了具体要求。召开市本级协税护税座谈会,推动协税护税工作向纵深发展。二是借鉴北京、上海等地发票有奖管理的经验,提出全市推行发票有奖管理的实施方案,草拟《宁波市地方税务局发票有奖管理试行办法》,12月份在全市餐饮,娱乐业试行有奖发票。三是加强调查研究,建立纳税人信誉等级管理体系评定办法,健全和规范欠税公告制度及税务违法案件公告制度。根据国家税务总局关于加强货物运输业税收管理“三个办法一个方案”的文件精神,密切与国税部门配合,加强货物运输业营业税征管,取得了初步成效。

积极地开展纳税服务建设,进一步明确加强全市纳税服务工作的若干规定。税收服务工作不断加强。实行文明办税“八公开”制度、服务承诺制、首问责任制、征期值班长制、AB岗责任制,开通12366纳税服务热线,为纳税人提供多样化服务。自2月18日开通以来,至年底,共接听咨询电话24343个,其中人工接听7541个。

【信息化建设】进一步整合信息化资源,继续完善三级网络系统,提高网络带宽,形成安全、畅通的计算机网络;根据国家税务总局关于“金税工程”的总体部署,积极开展地税部分的应用开发,开发网上征管服务系统,按照新的征管业务规程要求,全面深化应用税典中的各功能模块,统一开发网上征管服务系统、发票真伪系统、审核评税软件。组织与协调项目开发单位与征管服务系统试点单位的合作,选择条件适当的基层单位进行试点。继续完善、推行电话报税和各种类型的税控装置。所属大部分县市区地税部门建立因特网主页,市局外网被评为宁波市政府系统“十佳网站”。继续引进计算机人才,充实信息化队伍,加强专业技术人员的专业技能培训。

【税务稽查】以查促管工作继续加强,征管秩序进一步规范。税收征管与稽查紧密协作,查管联动,推进了稽查工作向执法型转变,运用多种形式的稽查方式,做到日常性税务稽查和专项稽查相结合,探索企业自查方法,开展重点行业的税收专项整治,尤其是加大了对交通运输业虚开发票和假发票的打击力度,严厉打击重大涉税违法行为,加大了涉税违法案件曝光力度,营造依法治税的良好氛围,取得了较好的成效。全年查补税款、加收滞纳金3118万元。加强税收执法检查,进一步规范了执法行为。

【税收宣传】加大税法宣传力度,及时提供税收政策辅导服务。紧紧围绕“依法诚信纳税,共建小康社会”的宣传主题,开展了内容丰富、形式新颖,注重实效的税收宣传活动。

队伍建设 **【基层建设】**基层工作和队伍建设不断加强。认真贯彻全国税务系统基层建设工作会议精神,召开全市基层建设工作会议,提出了基层建设的五年规划。以创“素质优良、征管优化、服务优质”为目标,切实加强基层领导班子建设、干部队伍建设、征管基础建设、信息化建设、精神文明建设和党风廉政建设,大力提高全市地税基层建设水平。

【干部队伍建设】 一是机关工作作风进一步改进。以民主评议机关工作为契机,市局开展了以"依法行政、规范办事、优质服务"为主题的作风建设活动,规范内部工作流程,提高办事效率,机关作风有了进一步改善。二是贯彻落实《党政领导干部选拔任用工作条例》,加强和规范干部管理工作,对部分中层干部岗位实行竞争上岗。

【教育培训】 深入学习贯彻"三个代表"重要思想、党的十六大和十六届三中全会精神。各级领导带头学习,采取个人自学、党委中心组学习和处级干部脱产培训相结合,以武装思想和解决实际问题相结合,努力做到学以致用、学用相长。组织了计算机、税收征管法和公务员行政法律知识等一系列教育培训。

【党风廉政建设】 党风廉政建设深入开展。市局根据领导人员变动情况,重新落实了党风廉政建设责任分工,完善了廉政建设网络。制定《税务干部廉洁从政八要八不准规定》,运用典型案例,开展富有成效的党风廉政教育活动。认真做好信访件的查处,切实制止行业不正之风。落实反腐败三项工作,推进了源头治理工作向纵深发展。

【创建文明单位】 精神文明创建取得了丰硕成果,涌现出象山丹城分局和余姚马渚分局局长方国庆等一大批先进典型。

(宁波市地方税务局供稿 俞文斌撰写)

宁波市海曙区地方税务工作概述

局长 金波

经济概况 2003年,海曙区国内生产总值28.40亿元,比上年增长17.1%。其中第一产业增加值0.27亿元,同比减少6.0%;第二产业增加值8.04亿元,同比增长12.1%;第三产业增加值20.09亿元,同比增长18.0%。一、二、三产业比重为1.0:28.3:70.7。社会固定资产投资额16.01亿元,增长32.4%。外贸自营出口值2.13亿美元,比上年增长120.8%。社会消费品零售总额71.33亿元,增长39.8%。居民人均可支配收入和农民人均纯收入分别为14277元和7638元,分别比上年增长10.1%和10.3%。财政一般预算收入91521万元,完成调整预算的102%,比上年增长40%,其中地方级财政收入5.55亿元,比上年增长48%,中央级财政收入完成3.60亿元,比上年增长29%;全年一般预算支出7.67亿元,比上年增长41%。

税收概况 【任务完成情况】 2003年,全区地税系统共组织地税收入5.02亿元,比去年增收5105万元,增长11.3%,超额完成了年初计划。

【税收特点】 1、主体税种增长不一,营业税出现负增长。2003年企业所得税增长17%,个人所得税增长29%,作为共享税的所得税在地税收入增收中已扮演主要角色;2003年出现了营业税负增长,减收0.6%。

2、重点税源作用更显突出。重点企业"龙头"作用明显,撑起税收半壁江山,这些企业当年实现税收约2.4亿元,占全区地税收入比重44.6%,区财政对重点税源依赖性较强。

3、城市中心商业区成为一个新的税收增长点。天一广场商业圈的形成,税收占全区地税收入的4%,已经成为海曙区税收的一个新增长点。

【税源分析】 1、房地产业、商品贸易业和投资型综合企业三个行业齐头并进,餐饮服务业、工业建筑业为两翼的区域经济格局正在形成。2003年,房地产业缴纳地税1.23亿元,商品贸易业缴纳地税7073万元,投资综合行业缴纳地税 8169 万元,三个行业税收是区地方税收的重要支撑。

2、建筑业税收比重不断提高,经济总量大幅提升,是 2003 年税收持续增长的有力保证。

3、"引进、提升、拓展"经济工作方针的贯彻实施,进一步调动了各部门招商引资的积极性、主动性,引进力度加大,引进质量提高。

各项工作情况 **【征管改革和征收管理】** 贯彻落实国务院提出的"加强征管、堵塞漏洞、惩治腐败、清缴欠税"的工作方针,克服"非典"影响,做到应收尽收。狠抓欠税入库和税务稽查,努力挖掘增收潜力。抓住经济结构优化与财源建设不放松,加快招商引资,培植重点企业和大型商业圈。强化税收征管,坚持依法治税,大力组织收入,坚决打击涉税违法犯罪行为,确保税收持续增长,推动经济协调发展。

1、加强税收征管,坚持应收尽收。贯彻落实"非典"时期税收优惠政策;落实国有企业下岗职工的减免税以及营业税起征点调整政策;开发发票稽核系统,加强了用票户纳税监控;做好有奖发票宣传、发售、兑奖等各项基础工作,保证有奖发票顺利推行;开发审核评税软件,进一步发挥税典管理决策功能。

营业税本年累计入库 2.12 亿元,比去年同期减收 0.6%。减收主要原因:销售不动产营业税较去年减少。企业所得税本年累计入库 1.61 亿元,比上年同期增长 16.6%。增长原因:一是不可比因素增收 2779 万元。二是工业企业入库企业所得税增收。三是投资型企业利润较好,缴纳所得税较多。四是建筑业入库企业所得税同比增收 218 万元。

2、夯实征管基础工作。以征管"十率"考核要求为参照,对部分经营企业、建筑安装企业等纳税申报进行了改进,提高申报质量;重点对带票失踪企业进行追查;建立 12366 税务咨询服务台,落实 12366 联动网络考核责任制;做好发票领购、入库、销售、核销等工作,对房产中介行业发票核销进行抽查,对各街道代征点票证使用情况进行检查清理,努力做好以票管税工作;积极开发实时扣税系统,方便纳税人税款缴纳。

3、开展税源调查。对经济的预测分析,组织对广场经营企业和个体工商户进行实地走访调查,并对经营户的经营、纳税情况进行了分析,全面掌握税源第一手资料;对重点税源建立台账,开辟重点企业绿色通道,对重点企业进行全面监控;分析"非典"疫情对区经济的影响以及给税收收入带来的冲击,采取应对措施确保收入增长;转变服务观念,变被动服务为主动的上门服务,解决纳税人在执行税收政策中遇到的困难,随时反馈企业的经营状况,掌握企业税源的动态变化。

4、定额征收管理。对婚纱、休闲等行业进行了摸底调查,并进行了定额调整,实施了定额监控机制;对涉及速递、服务、商业等行业存在的同一行业适应不同应税所得率的情况予以改变,进一步公平税负;对社会反映强烈的农贸市场定额予以调整,促使纳税人诚信守法纳税,营造公平合理的税收法制环境。

5、个税征管。(1)完善电话报税系统,开发应用电话进行催报催缴,进一步提高了工作效率。顺利完成美家居、友邦家私等七个新市场的开征工作。(2)进一步完善协税护税网络,定期开展协税护税网络业务辅导,提高协税员队伍素质。(3)开展绿色服务通道,为残疾人、困难户、退伍军人提供上门服务,帮助有困难群体办理税务事宜。2003 年,在个体所大厅前设置了残疾人服务专用通道。

个人所得税累计入库 7206 万元,比去年同期增长 29%。增收的主要因素:一是利息红利所得个人所得税比去年同期增收 23%。二是工资薪金所得个人所得税比去年同期增收 35%。三是个体工商户个人所得税比去年同期增收 22%。;四是中小企业按收入核定/附征个人所得税比去年同期增收 617 万元。

【税务稽查】 1、完善稽查制度,修订了《关于进一步规范稽查行为、严肃工作纪律的通知》、《税务稽查工作报告制度暂行办法》等规定,实施税务违法案件公告制度、重大案件会审制度,逐步建立了比较全面的稽查制度。

2、以举报案件查处为突破口展开检查。将账户稽查、到户查核和外调内查等多种形式有机结合起来,对部分企业进行了检查,确保稽查质量和深度。

3、开展了以乡镇村的租赁收入、高收入者个人所得税为主的自查自纠。结合日常检查,开展楼宇企业、广告企业专项检查。

全年共检查 248 户,补罚税款 1019.2 万元。稽查确保了税收征管,营造了良好的纳税环境。

【税收宣传】 开展税法宣传,做好第十二个税收宣传月活动前期准备工作,制订方案。推出了“依法诚信纳税,海曙大步奔小康”系列税法宣传及步行街广场税宣活动,税收宣传效果明显。推出纳税人向纳税人宣传的方式,改变过去单一的税务机关宣传形式,邀请一批依法诚信纳税的企业人士“以身说税”。利用新的载体进行税收宣传,利用触摸屏查询系统进行税法宣传,通过播放教育电影和幻灯片、利用新闻媒体等进行税收宣传。动员街道社区的力量开展了一系列群众喜闻乐见、集娱乐与税宣为一体、贴近百姓生活的税宣项目。在本次活动中,“依法诚信纳税,海曙大步奔小康”系列活动被评为全市税收宣传优秀活动项目。

队伍建设 **【教育培训】**开展“树优良作风、创优质服务、做优秀公仆”主题活动,加强学习,完善制度,规范管理。一是加强政治思想教育。制定党的十六大精神主题教育计划,开展十六大精神主题教育,在全局掀起学习十六大、十六届三中全会精神,贯彻十六大精神的热潮;以系统学习与专题学习、集中学习与个人学习相结合的方式进行学习;掀起向先进看齐学习热潮,组织开展学习郑培民、谷文昌、李玉国等先进事迹学教活动。二是开展业务培训。组织业务学习和培训,内容涉及会计实务、财税知识、计算机操作、英语300句等。如征管科利用税法宣传进行培训;稽查局专门组织稽查人员有针对性地进行了业务辅导,并进行业务测试;一所对电脑协税员和市场协税员进行集中培训并测试等。

【廉政建设】局一把手与各科所负责人签定执法责任状,明确科室负责人责任;观看廉政教育警示片,召开党风廉政座谈会,增强干部职工廉政意识,安排观看了李真贪污受贿案剖析《扭曲的人生》等;定期召开行风建设义务监督会,以民主评议、设置咨询电话、开设现场咨询台等接受外部监督,听取外部建议,形成内外部监督制约机制。安排干部职工学习《税收征管法》、国家监察制度、行政复议法、行政诉讼法等,增强依法行政能力。

【创建文明单位】加大政务公开力度,推进机关作风建设。深入开展创建“青年文明号”活动,落实“青年文明号”岗位考核制;继续推进政务公开,开发了局触摸屏查询系统,公开办税程序和税收法律法规;完善内部管理制度,制订实施了《电脑使用管理办法》等内部规章制度。发挥党群组织在地税工作中的积极作用,开展“慈善一日捐”、“扶贫济困送温暖”、“捐赠幸福工程,帮助贫困母亲”等活动。

(宁波市海曙区地方税务局供稿 曾宪道撰写)

宁波市江东区地方税务工作概述

局长 张立权

经济概况 2003年,江东区实现国内生产总值27.92亿元,比上年增长16.60%,其中:第一产业增加值0.32亿元,第二产业增加值12.62亿元,第三产业增加值14.98亿元,一、二、三产业增加值占生产总值的比重分别由上年的1.4:45.6:53.0调整为1.1:45.2:53.7;完成区域固定资产投资30.64亿元,其中区属固定资产投资15.66亿元,比上年增长44.65%;外贸自营出口3.16亿美元,比上年增长60.24%;区域消费品零售总额43.60亿元,比上年增长38.76%;实现财政一般预算收入7.80亿元,比上年增长40.54%,增幅列全市第二,其中上划中央“四税”收入3.20亿元,比上年增长36.04%,地方级收入4.60亿元,比上年增长43.85%;全区一般预算支出6.02亿元,比上年增长

34.26%。

税收概况 **【任务完成情况】** 2003年，全区地税系统共组织各项收入4.72亿元，比上年增收1.08亿元，增长29.7%；其中税收收入3.32亿元，完成年度计划的106.99%，比上年增收7054万元，增长27.01%。

【税收特点】 一是税收收入总体呈稳步增长势态，但各个季度又有明显差异。其中一季度税收收入9329万元，比上年增收1852万元，增长24.77%；二季度税收收入7350万元，比上年减收15万元，下降0.21%，呈下降趋势；三季度税收收入7686万元，比上年增收2802万元，增长57.39%，增幅为当年最大；四季度税收收入8803万元，比上年增收2415万元，增长37.81%。

【税源分析】 2003年企业所得税、营业税、个人所得税、城建税等四大主体税种继续稳定增长，四税合计达到3.16亿元，占地方总税收的95.34%，同比增收7005万元，占总增收额的99%。

1、企业所得税全年实现收入9578万元，同比增收1934万元，增长25.31%，完成年度计划的95.78%，这是由于福利企业退税所致。增收因素：一是房地产业、租赁业和商务服务业、批发零售业等发展迅速，尤其是批发零售业税收达到3213万元，同比增收1128万元；二是重点企业销售态势良好，如浙江野马电池有限公司收入1356.5万元，同比增长242.00%，宁波宁家超市有限公司收入732.4万元，同比增长86.7%。减收因素：一是新办企业所得税归属国税征收，使企业所得税税源减少；二是福利企业直接享受了本年度的减免税，其中：退税1154万元，缓缴转减免税款195万元。

2、自2002年营业税收入首破亿元大关，大大超过企业所得税的入库金额后，2003年营业税收入又创新高，全年实现收入1.33亿元，同比增收2580万元，增长23.97%。增收因素：一是认真贯彻市局精神，大力压缩欠缓缴税款，全年共清理压缩各类欠缓缴税款1306万元，同比增收336万元；二是得益于房地产企业的迅猛发展，2003年江东区房地产企业营业税累计达到3747万元，同比增长74.85%，成为营业税的增长亮点；三是餐饮业继续保持稳定的发展势头，在遭受“非典”影响的情况下，2003年餐饮业营业税收入依然达到2547万元。减收因素：受“非典”影响，对餐饮业营业税累计减免550万元，直接影响税收收入超过150万元。

3、个人所得税收入高速增长，全年实现收入6192万元，同比增收1904万元，增长44.39%，为税收总体增长作出了贡献。增收因素：一是税收征管力度进一步加强，全年个体工商户收入1460万元，同比增长33.58%；二是工资薪金部分个人所得税收入1471万元，同比增长68.31%，其中房地产企业、集团公司等纳税大户及行政事业单位成为工资薪金个所税收入的主力军；三是股份制形式企业大量增加，股东分红形式被市场普遍接受，全年股息红利收入722万元，同比增长19.93%；四是企业带征及附征部分收入773万元，同比增长61.38%；私营独资合伙部分收入1343万元，同比增长28.39%。

4、城建税全年实现收入2507万元，同比增收587万元，增长30.55%。增收因素：2003年流转税收入大幅增长，使城建税收入相应增加；地方小税中印花税收入510万元，同比增长42.21%。

各项工作情况 **【征管改革】** 坚持科学、合理、高效的原则，进一步做好征管基础性工作，税务登记管理更趋规范、税务协管网络进一步完善、基础征管资料逐步健全、征管质量考核不断进步；推广、完善电话报税系统，截至2003年底，全区已有3900多户个体工商户通过电话报税。

【征收管理】 以组织收入为中心，加强税源分析，做好对重点税源的监控、预测和分析工作；完善税企联系制度，及时掌握税源动态，使重点税源监控工作在新的税收征管模式下发挥积极的作用；进一步做好日常的催报催缴和闭歇户管理，全年共清理闭歇户433户，清缴税款107万元；加强欠缓税管理，大力清理压缩欠税，全年共清理压缩各类欠税695万元，加上缓缴入库718万，共计1413万元；加大个人所得税征管力度，制定个人所得税核定征收具体管理办法，落实重点纳税人个人所得税征收管理办法，对80户企业的重点纳税人做好建档管理工作；规范和加强个体市场税收征管，加大对集贸市场、个体工商户的税收征管力度，加强对户管工作的清理检查力度，清理漏征漏管户，遏制零星税收流失，全年个体税收收入达1994万元，同比增长33.41%。

【信息化建设】 完善局信息分控系统主页和税典

功能模块,税典数据库统一集中到市局,实现办公自动化系统的升级,做好金财工程前期准备工作,完成主机房改造工程和网络布线的改造。

【税务稽查】 继续做好整顿和规范市场秩序工作,加大税务稽查力度,开展有针对性的税收稽查工作,以查促管,查管联动,严厉打击偷逃税行为,有效防止税款流失。在全区范围内开展房屋出租纳税情况、电信行业等税收专项检查,确保应收尽收。全年共检查各类企业115户,查补入库税款43.39万元。

【税收宣传】 围绕“依法诚信纳税,共建小康社会”这一主题,开展税收宣传月活动,联合区有关部门举行“下岗失业人员再就业税收服务社区行”活动,围绕再就业税收优惠政策等热点问题,开展税收宣传活动,取得了良好的宣传效果,被市局评为“宁波市税收宣传月优秀活动项目”;加强对纳税人的日常税法宣传和业务辅导,提高纳税人的纳税意识和业务水平,全年共举行16次税收政策辅导会。

队伍建设 【教育培训】 进一步加大对干部的教育培训力度,加强学习型机关建设。根据区委、区政府的统一部署和要求,在全体干部中认真开展“环境建设年”活动、党的十六大精神主题教育活动,使全体干部牢固树立发展意识、大局意识和服务意识。组织干部参加各类业务培训和专业教育,提高干部的业务素质和执法水平,全年共组织业务培训10次。

【廉政建设】 以完善落实党风廉政建设责任制为抓手,坚持不懈地抓好党风廉政和纪检监察工作。按照上级业务部门和区纪委的工作部署,紧紧围绕税收工作中心,坚持标本兼治,注重源头治理;运用典型案例,开展富有成效的党风廉政警示教育;从教育、制度、监督三方面入手,切实推进党风廉政建设向纵深发展;狠抓各项廉政制度的落实,杜绝各种不廉洁行为的产生。

【创建工作】 狠抓窗口建设,做好“青年文明号”和“巾帼文明示范岗”的创建工作,在坚持严格执法的同时,不断提高服务质量,为纳税人和服务对象提供优质服务;认真开展政务督查工作,制定落实相应的工作流程,切实提高政务效率。

(宁波市江东区地方税务局供稿 谢丽丽撰写)

宁波市江北区地方税务工作概述

局长 范国伟

经济概况 2003年,江北区实现国内生产总值35.21亿元,比2002年增长16.6%。第一、二、三产业增加值分别为2.97亿元、19.39亿元、12.85亿元,增幅分别为-5.6%、19.7%、18.9%。完成工业总产值87.98亿元,比上年增长28.7%,其中全区规模以上工业总产值68.80亿元,比上年增长48.6%。实现工业销售产值66.73亿元,比上年增长48.96%,工业产品销售率96.99%。实现社会消费品零售总额19.54亿元,比上年增长25.7%。实现全社会固定资产投资18.41亿元,比上年增长124.5%。完成出口交货值23.37亿元,比上年增长34.3%,其中自营出口额2.03亿美元,比上年增长105.3%。主要经济指标呈现较快增长,经济效益和运行质量显著提高。在国民经济持续快速增长的基础上,财政收入呈现高速增长,全区实现财政总收入8.23亿元,比2002年增长38.54%。财政一般预算收入8.08亿元,比上年增长38.61%,其中中央级财政收入完成4.02亿元,增长34.08%,地方级财政收入完成4.05亿元,增长43.42%。全区财政一般预算支出

5.82亿元,增长21.9%。

税收概况 【**任务完成情况**】2003年,全区地税系统共组织各项收入5.08亿元,比上年增长29%。其中税收收入3.38亿元,比上年增长21%,完成年度计划的105%,保持了快速增长的良好势头。

【**税收特点**】一是主体税种继续保持稳定增长。营业税、企业所得税、个人所得税、城建税四大税种,分别入库1.09亿元、1.17亿元、6203万元、3156万元,总量达到3.20亿元,占税收收入的95%,同比分别增长19%、7%、51%、39%。其中营业税首次突破亿元大关,个人所得税连续三年增幅达到50%以上。二是民营经济税收增幅大。集体企业、私营企业、各类股份公司和有限责任公司、个体企业分别入库税收9878万元、1.29亿元、8240万元和1704万元,占当年税收收入的29%、38%、24%、5%,其中集体企业所占份额比上年下降17%,私营企业、股份公司和有限责任公司、个体企业同比分别上升2%、15%、2%。三是从收入地区分布来看,各街道、镇和区本级税收收入均有较大幅度增长。其中四个镇共计入库税收收入1.39亿元,同比增收2478万元,增长21.7%,占总收入的41%;四个街道共计入库6847万元,同比增收2451万元,增长55.8%,占总收入的21%;区本级入库1.30亿元,增收1002万元,增长8%,占总收入的38%。四是从分行业税收入库情况看,收入规模最大的依然为工业,收入总量达到9401万元,同比增收420万元,增长5%。第三产业发展迅速,商业、房地产、建筑安装业、旅游饮食服务业分别入库5857万元、5504万元、3943万元、3049万元,分别增长57%、16%、55%、14%。

【**税源分析**】1、营业税全年入库1.09亿元,同比增收1714万元,增长19%,首次突破亿元大关。其中,交通运输业、建筑业、金融业、服务业、销售不动产和其他分别入库816万元、3175万元、347万元、3201万元、2141万元、1215万元,同比分别增收249万元、1015万元、-143万元、718万元、-428万元、302万元。根据以上数据分析,增长最快的是建筑业和服务业,这主要得益于工业园区和城乡开发建设力度加大,以及由此带来的第三产业快速发展,金融业和销售不动产出现负增长主要是年度调节收入数额的差异。

2、企业所得税在消除了福利企业退库及其他政策因素的基础上,继续保持了高位持续增长,全年共入库1.17亿元,同比增收726万元,增长7%。收入主要来源于制造业、商业、房地产业、社会服务业和建筑业,分别入库3075万元、3375万元、3481万元、1766万元、509万元,同比分别增收-1625万元、1440万元、1636万元、730万元、86万元。从征收方式来看,查账征收企业和核定征收企业分别入库7197万元和4520万元,2002年分别为7087和3904万元。

3、个人所得税在年年高速增长的基础上继续以51%的增速排名各税种增幅之首,全年共计入库6203万元,同比增收2100万元。从项目看,主要来源于工资薪金所得、个体生产经营所得和利息股息红利所得,分别入库2303万元、2531万元、1009万元,同比分别增收1337万元、1840万元、595万元。

4、城建税全年入库3156万元,同比增收889万元,增长39%。全区经济的高速发展带动流转税的快速上扬是城建税增收的主要原因,重点企业的税收入库也是城建税增长的重要原因,其中38家重点企业全年共计入库965万元,增收467万元,增长94%。此外,缓欠缴税款入库、稽查查补收入也增加了城建税收入。

5、其他税收全年共计完成1764万元,同比增收502万元,增长40%。其中车船税入库56万元,增长24%;房产税和土地使用税由于新企业的引进和原有企业的纳税底册清理工作,分别入库1055万元和142万元,同比分别增长25%和51%;印花税通过加强对代征代售单位的管理,入库417万元,同比增长48%;土地增值税属今年新征收的税种,主要目的是为了通过税收杠杆作用调节规范房地产市场,全年共组织收入94万元。

各项工作情况 【**税收法制建设**】开展了城镇土地使用税税源、营业税普查工作和房产税有关政策问题的调研,对进一步完善有关税收政策提出了相应建议。认真做好营业税起征点调整的有关工作,进一步加强了营业税定额管理,涉及纳税户1400户。调整房地产企业所得税应纳税所得率和企业综合基金征收比例,规范税后利润征收股息红利个人所得税政策,落实了房地产开发企业土地增值税自查工作和货物运输业税收管理政策辅导工作。

【**征收管理**】一是加强重点税源监控。对38家重点骨干企业、11家年纳营业税100万元以上的营业税大户实行重点监控,加强税源的预测分析,确保重点税源税收及时、足额入库。二是进一步加大征管力度,确保税收应收尽收。正确预测、分解、落实税收计划,针对"非典"疫情,做好"非典"对各行业税收影响的调研分析工作。强化对主体税种的征收管理,营业税、企业所得税、个人所得税等主体税种继续保持了一定增幅,房产税、印花税、土地使用税等小税种也保持了稳定增长的态势。契税、耕地占用税成为新的税收增长点,其中耕地占用税增幅达358%。

【征管基础建设】一是加强税务登记管理。顺利完成与宁波市税务登记管理分局的户管清理,加强税务登记协管网络建设,各协管网络登记率均达到95%以上。二是加强征管质量考核。根据宁波市地税局《税收征管质量考核办法》要求,制订了按月考核办法,并落实专人负责,通过对征管质量考核指标的分析,发现问题及时研究落实整改措施,提高了征管质量。三是加强发票管理。推进"以票管税"工作,对个体工商户的纯营业税户和非正规就业组织领购发票实行了定额加发票等管理方法,充分利用计算机发票管理模块,加强发票稽核,提高发票管理质量。同时全面开展了有奖发票推行工作,确保顺利实施。

【信息化建设】完成与江北区行政服务中心、江北区政府的联网和办公自动化OA改版。进一步完善了征管文书和档案电子化管理。结合营业税起征点调整、工伤生育保险金开征等工作,对税典征管软件进行了一系列扩充和完善。在宁波市财税局支持下,将税务数据库移植到市局小型机系统,提升了系统性能和数据安全性,为今后实现财税信息数据的集中化管理和应用奠定了良好基础。从7月份开始推行了简易报税工作,已推行3300户,简易报税覆盖面占个体工商户(双定户)的50%。

【社会保障基金征收】积极参与医保、社保等改革事业,做好医疗保险、养老保险、失业保险等基金征缴工作,2003年五大社保基金入库1.19亿元,其中社保基金入库6363万元,医保基金入库4742万元,失业保险费完成652万元,工伤保险费完成127万元,生育保险费完成54万元。

【税务稽查】继续以计算机选案为切入点,提高选案的针对性和准确性。成立重大税务违法案件审理委员会,提高案件查处质量。进一步强化处罚力度,对查出的违法案件按规定加收滞纳金并予以处罚。认真做好税收专项、专案检查工作。开展有针对性的行业稽查,共实施稽查141户,查补税费、滞纳金和罚款257万元。

【税收宣传】紧紧围绕"依法诚信纳税,共建小康社会"税收宣传主题,开展了形式多样的税收宣传活动。区局被宁波市地税局评为2003年度税收宣传月活动先进单位,庄桥所"小小税法宣传基地"项目被评为优秀活动项目,并被推荐到国家税务总局参加优秀宣传项目评选。

队伍建设 【教育培训】一是着力提升干部队伍综合素质。以争创"学习型机关,学习型干部"活动为载体,通过组织青年读书会等多种形式,激发干部学习积极性。认真开展了党的十六大主题教育和"学习郑培民,勤政廉政促发展"学教活动,使全局干部进一步增强了立党为公、执政为民意识。继续有计划地落实干部培训工作,保证了政治教育和业务培训的齐头并进。

【干部管理】做好高学历人才引进工作,2003年共引进硕士研究生4名并充实到基层干部队伍。积极参与区管干部和区管后备干部选拔工作,继续落实中层干部竞聘制度,推进一般干部岗位轮换工作,在全局范围内进行了岗位轮换,涉及干部17人。

【行风廉政建设】以民主评议活动为契机,进一步加强作风建设。通过广泛发放征求意见表,分批走访街道社区,召开行政村座谈会和行风廉政督导员会议,听取来自社会各界的意见建议,自觉接受社会监督,并落实相应整改措施,民主评议取得较好成绩。继续落实领导干部廉洁自律各项规定,发挥预防职务犯罪联席会议制度的积极作用,进一步健全廉政监督网络。

(宁波市江北区地方税务局供稿 陈天舒撰写)

宁波市鄞州区地方税务工作概述

局长 张世华

经济概况 2003年，鄞州区实现国内生产总值230.8亿元,同比增长15.6%。其中,第一产业增加值13.9亿元、第二产业增加值160.6亿元、第三产业增加值56.3亿元,分别增长8.6%、17.2%和13.1%。一、二、三产业增加值占国内生产总值的比重分别由上年的6.7:68.1:25.2调整为6:69.6:24.4。人均国内产生总值达3725美元,比上年增加573美元。工业经济快速增长,经济效益继续提高。工业增加值148.9亿元，按可比价计算,增长16.8%。规模以上企业完成产值、销售、利润460.9亿元、458亿元和42.7亿元，分别增长24.7%、28.8%和18.3%。工业经济效益综合得分217.9分，产销率97.6%、资产负债率55.1%，成本费用率10.2%,全员劳动生产率53617元/人、年流动资金周转次数2.1次。全年实现社会消费品零售总额55.6亿元,同比增长11.4%。外向型经济保持较高的增幅,全年新签外资项目206个，合同利用外资5.73亿美元，实际利用外资2.81亿美元,增长125%,合同利用外资和实际利用外资总额均居全省首位。全年自营进出口24.7亿美元，增长50.9%，其中自营进口6.3亿美元,自营出口18.4亿美元,分别比上年增长87.4%和41.4%。完成全社会固定资产投资总额131.2亿元,比上年增长40.3%。2003年,全区地方财政收入17.13亿元，比上年增长50.9%，完成一般预算支出21.55亿元,增长35.4%。

税收概况 **【任务完成情况】** 2003年，全区地税系统共组织各项地税收入12.52亿元，比上年增收3.21亿元,增长34.52%,完成年初计划的116.40%。

【税收特点】 1、税收收入继续高幅增长。营业税、个人所得税、城建税、印花税、车船使用税的入库额分别为4.88亿元、2.74亿元、6804万元、1119万元、370万元，同比分别增长54.64%、39.04%、34.89%、52.22%、60.02%,增幅均超过30%。三大主体税种的增量达到6.15亿元,其中营业税、个人所得税分别增收1.72亿元、7707万元,为拉高地税税收增幅,扩大收入规模奠定扎实基础。

2、私营企业税收地位进一步提升。2003年私营企业入库税收3.68亿元,集体企业3.73亿元,国有企业2、32亿元,分别占税收总收入的29.41%、29.78%、18.54%。私营企业税收首次超过国有企业接近集体企业税收收入，居第二位。私营企业税收增幅达到49.64%。

3、重点企业税收的快速稳定增长成为全区税收大幅度增长的主要因素。120户重点骨干企业共完成税收收入5.16亿元,比上年增长35.08%,占总收入的41.20%。

4、加大清欠力度为税收快速增长创造有利条件。2003年各级税务部门特别是基层征管分局严格执行《征管法》及其实施细则,克服种种困难,运用各种合法有效手段确保欠税及早入库,经统计,入库历年陈欠6850万元,入库呆账税金2172万元。

5、各税种间的不平衡性依然突出。个人所得税同比增长39.04%，城建税同比增长34.89%，另外营业税、印花税的增幅还超过了50%,但企业所得税的增势趋缓,同比只增9.16%。

【税源分析】 1、营业税入库4.88亿元,占入库税收比重38.97%,同比增收1.72亿元,增长54.64%。(1)建筑业增收因素:一是鄞州新城区建设步伐进一步加快、宁波城市辐射效应加剧、企业生产经营用房和商品房等开发建设的大规模展开,促进了我区建筑业税收增长。二是完善建筑业营业税的征收管理办法,加强与鄞州区建筑工程管理处、鄞州区交通工程建设管理处、鄞州区房管处等单位的横向联系,通过代征税收的办法,全面掌握建筑企业的税源动态,确保建筑业税收的及时足额入库。2003 年入库建筑业营业税 1.68 亿元,同比增收 3831 万元,增长 29.49%。(2)房地产业增收因素:一是加强对房地产业税收的管理,明确预售商品房的预售账款并计营业收入征收营业税的规定,确保房地产业税收的及时足额入库。二是随着高中档商品房的不断开发和房价的持续上扬,促进了本区所属房地产企业商品房销售额的上升,使销售不动产营业税稳步增长。2003 年入库房地产业营业税 2.03 亿元,同比增收 1.25 亿元,增长 160.14%。(3)金融、保险业增收因素:金融企业拓宽理财思路,扩大信贷规模,特别是个人房产、汽车等消费按揭业务剧增,带动金融业营业税收入不断增长。(4)服务业增收因素:一是随着商品房价格的上升,房产出租租金也相应提高,导致租赁业营业税的增长。二是随着人民生活水平的进一步提高及宁波市旅游行业的兴起,餐饮业营业税有所增长,本年度服务业营业税入库 4707 万元,同比增长 14.55%。

2、企业所得税入库 3.65 亿元,占入库税收比重为 29.21%,同比增收 3071 万元,增长 9.16%。其中国有企业所得税入库 6215 万元,同比增收 1152 万元,增长 22.75%;集体企业所得税入库 1.12 亿元,同比减收 4581 万元,减少 28.86%;股份企业所得税入库 4854 万元,同比增收 1110 万元,增长 29.64%;私营企业所得税入库 1.31 亿元,同比增收 3315 万元,增长 33.39%。企业所得税增长的主要原因:一是全区经济的发展,企业生产、销售形势进一步好转,利润比去年明显增长。据对重点税源企业的调查统计,全区入库企业所得税 100 万元以上的企业有 59 户,同比增加 4 户。其中:宁波三星科技股份有限公司入库企业所得税 4090 万元,浙江烟草公司入库企业所得税 2956 万元。二是认真贯彻执行《征管法》,规范校福企业的税收征管,本年度校福企业入库企业所得税有较大幅度增长。三是进一步加强企业所得税汇算清缴工作,改进工作方法,彻底改变往年企业汇算清缴与税务稽查相挂钩的传统做法,对企业纳税情况实行统一结算,使汇算清缴与政策辅导相结合,与财务知识培训相结合。提高了结算所得税的准确性,使所得税应收尽收。

3、个人所得税入库 2.74 亿元,占入库税收比重 21.91%,同比增收 7707 万元,增长 39.04%。其中工资薪金所得同比增收 5542 万元,增长 10.62%;个体生产经营所得同比增收 1.72 亿元,增长 60.65%;财产转让所得同比增收 71 万元,增长 197%。个人所得税增长的因素有:一是机关公务员、企事业单位职工工资增加及纳税意识增强、征管质量的提高是工资、薪金所得增长的主要原因。二是私营独资、私营合伙企业应纳税所得率提高,工业由原来 6%提高到 7%、商业由原来 3%提高到 7%。三是私营独资、私营合伙企业发展迅速,扩大了个体生产经营所得个人所得税的税基。本年度实际入库个体生产经营所得个人所得税 1.72 亿元,同比增收 6518 万元,增长 60.65%。四是一些重点骨干企业利息、股息、红利所得个人所得税增长。2003 年宁波盛达发展公司、华茂集团分别入库利息、股息、红利所得个人所得税为 586 万元、343 万元。五是加强个人所得税的征收管理,规范行政事业单位工资、薪金个人所得税的代扣代缴工作,做到个人所得税应收尽收。

4、城建税入库 6804 万元,同比增收 1760 万元,增长 34.89%。城建税增长的因素是:工业、建筑业、房地产销售收入大增,随着流转税的增长而增长。

5、其它各税入库 5604 万元,同比增收 2693 万元,增长 192.51%。增长的主要原因是:一是加强对房产税、印花税等小税种的征收管理和监控力度。本年度房产税、印花税同比分别增长 17.18%、52.22%。二是加强与代征单位的配合与协调,通过区车管所代征加强对车船税的征收,确保车船税稳步增长。

各项工作情况 **【征管改革】** 一是突出抓好以税务登记率、税收入库率为重点的“征管六率“考核,在清理漏征漏管户的基础上,着重抓税务登记考核,建立与工商部门定期交流登记数据,通报情况,努力使税务登记与工商登记保持一致。严格执行滞纳金制度,提高税收入库率。二是纳税申报多样化。全面推行了税银电子联网缴税方式、PC 报税和电话报税,方便纳税人,提高了征管效率。2003年全区有10600户个体工商户实行了电话报税,100多家企业使用了PC机报税,12000户私营以上纳税户应用了税银联网电子缴税方式。三是夯实征管基础,运用计算机加强对税务发票领、发、存管理,规范记账、领发手续。

【征收管理】 1、企业所得税征管。一是抓好企业所得税汇算清缴。全区汇缴1018户,调整应纳税所得额738万元,补征所得税和其他税收合计94万元。二是对全区144家校办企业和130家福利企业进行了年检,取消了53家校办企业和4家福利企业,对6家福利企业提出了限期整改意见,8家福利企业内部警告,经市福利企业年检小组复查有2家企业限期整改,在整改警告期内不享受税收优惠。

2、个人所得税征管。进一步完善《个人所得税专项考核办法》,要求全区行政、事业单位按月申报扣缴个人所得税,无扣缴税款的要进行零申报,逐步规范全区行政、事业单位代扣代缴个人所得税申报工作。加大对个人独资企业和合伙企业的个人所得税的征管工作力度,对辖区347户独资企业、合伙企业进行个人所得税汇算清缴。加强对个体工商户的个人所得税征收管理,继续推行个体工商户建账建制工作。

【信息化建设】 按照"科技+管理"的指导方针,大力推进税收信息化进程,以网络建设和系统管理为基础,不断深化完善财税信息综控系统、税典管理系统、办公自动化系统的应用。一是适应有关税收政策的调整需要,对税典相应运行程序进行修改完善,计算机网络技术在税收征管查各个环节应用得到深化。二是开发试行评税软件。三是逐步实现了收文管理、公文流转、文件办阅电子化和无纸化,促进行政办公效率的全面提高。

【社会保障基金征收】 为提高收缴率,认真分析收缴难原因,落实欠缴企业责任,及时与主管部门沟通,理顺关系,要求主管部门积极配合,对欠缴大户采取必要的强制措施。全区征收养老保险金(包括大病工伤、失业、生育)9.54亿元,征缴率99%。鄞州区地税局被评为2003年省级养老保险金征收先进单位。

【税务稽查】 实行税务一级稽查,成立税务违法案件举报中心和审理委员会,实行检查预告制、回访制、错案责任追究制度,坚决打击偷、抗税等各种涉税违法犯罪活动,全年补税罚款347万元。开展建筑安装业和交通运输业、企业所得税和个人所得税专项稽查,共查181户,补税罚款274万元。全年查处群众举报涉税案件44件,追缴税款71万元。开展"优秀税务案例"评选活动,提高稽查工作质量。

【税收宣传】 在税收宣传月活动中,区局、分局充分运用各种媒体,召开税收政策通报会、税企座谈会等形式,开展了"依法诚信纳税,共建小康社会"为主题的税收宣传月活动,广泛运用报刊、电视台、鄞州财税外网、各镇(乡)有线电视、广播等传媒,普及税收知识,表彰诚信纳税典型,营造全社会依法纳税的良好氛围。推广应用全国税务系统特服电话"12366",为纳税人释疑解惑。下应分局的税收宣传妙语征集活动获国家税务总局创新项目奖;集仕港分局的"从小树立诚信纳税,长大共建小康社会"税宣活动,被宁波市局评为税收宣传优秀项目。

队伍建设 **【教育培训】** 一是加强干部思想教育。组织干部重点学习了邓小平理论、"三个代表"重要思想、胡锦涛总书记"七一"重要讲话、党的十六大、十六届三中全会精神。各单位认真落实政治学习制度,树立理论联系实际的学风,不断提高干部的政治理论素质。二是狠抓干部的专门业务培训。年初区局制定干部业务培训计划,先后组织了《征管法》实施细则、所得税、营业税、税务稽查等6期培训,各分局组织了如每周一题、每周一课等形式多样的业务学习培训,充实干部的专业知识。

【行风廉政建设】 抓好党风廉政建设的责任落实,用制度规范约束干部行为,把行风廉政建设与完成各项工作任务相结合,与党的建设、精神文明建设相结合,与局岗位责任制考核相结合。开展了"双评议"活动,把财税工作的评议权和财税干部的监督权交给群众,确保了干部对组织负责和对人民群众负责有机地结合起来,增强了干部为民服务意识,改进了工作作风,提高了办事效率。坚持把纠风工作摆上重要议程,切实加强了党风廉政建设,落实"一把手"负总责,"一岗双责"、"一票否决"等党风廉政责任制。邀请熊建业检察长作《预防职务犯罪》专题报告,发动党员干部积极参加区纪委组织开展的廉政建设征文活动,参观《梁祝杯中国廉政漫画》巡回展。引导干部树立正确的世界观、人生观和价值观，提高勤政廉政意识。区局在7月1日的《鄞州日报》上刊登了《鄞州区财税局工作作风征求意见表》，向广大纳税人及服务对象征询进一步加强财税行风建设的好的做法和建议。共收到征求意见反馈表1440份，回收率81.5%。从反馈的情况来看，有98%的纳税人和服务对象对我局的行风建设表示满意。

【创建文明单位】 深入地开展文明示范窗口、文明单位、"青年文明号"、"巾帼文明示范岗" 等精神文明创建活动，普遍建立了首问责任制、服务承诺制、午间工作制、推行文明礼貌用语、增强窗口咨询等优质服务措施，公开服务承诺内容，公布举报电话，设置意见箱、意见簿，开展请纳税人直接投票评选"服务明星"等活动，受到了广大群众的好评。地税行业作风得到了进一步改善。在全区"千名群众评机关"的民主评议活动中，鄞州区划地税局综合得分居政府部门序列第四名。2003年，有5个市(省)级文明单位，8个分局被评为区级文明单位，直属分局获得全国"巾帼文明示范岗"和宁波市"十佳品牌"服务示范岗荣誉，下应、直属分局被团市委、市局评为市级"青年文明号"。

（宁波市鄞州区地方税务局供稿　潘剑亮撰写）

宁波市镇海区地方税务工作概述

局长　周雅珍

经济概况 2003年，镇海区实现区属国内生产总值58.52亿元，比上年增长16.8%。其中，第一产业增加值3.28亿元，增长4.3%；第二产业增加值33.24亿元，增长22.9%；第三产业增加值22.00亿元，增长10.7%。消费品市场销售稳定增长，全年累计实现社会消费品零售总额22.32亿元，增长15.0%。投资需求增长迅速，区属固定资产投资达到40.35亿元，同比增长59.9%。外贸出口保持良好的增长势头，全区外贸进出口总额首次突破10亿美元，达10.86亿美元，比上年增长73.5%，其中，出口4.15亿美元，同比增长72.7%。在国民经济快速健康发展的基础上，财政收入继续保持快速增长态势，全年实现财政一般预算收入11.53亿元，比上年增长29.7%。其中：中央财政收入完成6.08亿元，同比增长23.0%；地方财政收入完成5.45亿元，同比增长38.1%。全区一般预算支出7.13亿元，比上年增长28.9%。

税收概况 【任务完成情况】 2003年，全区地方税务系统共组织各项收入7.18亿元，同比增收1.28亿元，增长21.7%。其中税收收入完成4.77亿元，同比增收6283万元，增长15.2%；其他各项基金费附加收入完成2.41亿万元，同比增收6529万元，增长37.2%。

【税收特点】 一是税收收入稳步增长。营业税、个人所得税、城建税和其他各税增长较快，分别比上年同期增长23.9%、40.9%、21.4%和26.3%。二是个私经济税收增势强劲。个私经济税收完成1.63亿元，同比增收5178万元，增长46.6%。个私经济税收占税收收入比重为34.1%，同比上升7.3个百分点，个私经济税收增收额占税收收入增收总额的82.4%。三是重点税源企业两税增长趋缓。营业税或企业所得税入库在50万元以上的102户重点税源企业两税入库1.79亿元，同比增收2231万元，增长14.3%。营业税54户，主要分布在金融、房地产和建筑安装三大行业，2003年入库8514万元，同比增收734万元，增长9.4%。2003

年以来由于无较大楼盘上马,使房地产业重点税源企业入库营业税同比减少44.8%,影响营业税重点税源企业的增幅。企业所得税48户,入库9349万元,同比增收1497万元,增长19.1%。四是第三产业税收增长较快。第三产业税收完成2.39亿元,同比增收3684万元,增长18.2%,第三产业税收占税收收入比重为50.0%,比上年同期上升1.3个百分点。

【税源分析】 1、营业税完成1.69亿元,同比增收3264万元,增长23.9%。其中金融保险业完成2899万元,同比增收501万元,增长20.9%;交通运输业完成1358万元,同比增收236万元,增长21.0%;建筑业完成6749万元,同比增收2704万元,增长66.9%;租赁和商务服务业完成2239万元,同比增收301万元,增长15.5%;房地产业完成1830万元,同比减收648万元,减少26.1%;信息传输和计算计服务业完成856万元,同比增收94万元,增长12.3%;其他行业完成958万元,同比增收75万元,增长8.5%。增收的主要因素是城市化推进及大工程单位基建投入拉动了相关行业税收增收。

2、企业所得税完成1.51亿元,同比减收720万元,减少4.6%。其中国有企业完成3290万元,同比增收411万元,增长14.3%;集体企业完成3101万元,同比减收4303万元,减少58.1%;私营企业完成7030万元,同比增收3262万元,增长86.6%;股份公司完成1546万元,同比增收9万元,增长0.6%;联营企业完成105万元,同比减收99万元。

3、个人所得税完成7847万元,同比增收2277万元,增长40.9%,。其中工资薪金所得完成2838万元,同比增收1063万元,增长59.9%;个体工商户生产、经营所得完成3510万元,同比增收674万元,增长23.8%;利息、股息、红利所得完成1325万元,同比增收410万元,增长44.8%。增收的主要因素是随着个人所得税宣传和征管力度的加大,公民纳税和单位代扣代缴意识进一步增强,以及各股份公司效益好转,股息红利派发增多,使工资薪金所得以及利息股息红利所得个人所得税有较大幅度的增长。

4、城建税完成5980万元,同比增收1055万元,增长21.4%。其中市返城建税入库3754万元,同比增收696万元,增长22.8%;区本级城建税完成2226万元,同比增收359万元,增长19.2%。

5、其他各税完成1955万元,同比增收407万元,增长26.3%。主要是印花税、房产税增收。

各项工作情况 **【征收管理】** 2003年,区地税部门努力克服非典疫情、高温干旱及电力不足带来的困难,采取扎实有效措施,保障税收收入任务圆满完成。一是加强税收分析预测,强化税源监控。二是切实抓好征管基础工作,加强税务登记和发票管理,强化以票管税。三是结合货物运输业税收政策的调整,对公路、内河货物运输业发票进行清理,加强了对运输发票领购、开具等环节的管理。四是根据镇海实际,研究制定有关税收政策在本地贯彻实施的具体办法,切实加强对外来建筑安装企业、医疗机构和货运业的税收征管,调整车船使用税征收办法。五是开展企业所得税和个人所得税专项检查,充分挖掘政策增收潜力,做好社会保险费征收工作,确保各项税费及时足额入库。

【信息化建设】 不断拓展计算机在税收征管领域中的应用功能,组织完成涉及税收数据图表分析的决策支持模块,完善外网接入设备,并根据内外网物理隔离的要求,实施了外网接入方案,完成办公自动化系统服务器硬盘和服务器端操作系统及OA软件的三步升级。按计划有步骤地推进电话报税工作,2003年通过电话报税系统进行报税的纳税人已达5000余户。信息化工作取得显著成绩,被评为全国税务系统信息化建设先进单位。

【税务稽查】 加大税务稽查力度,加强部门之间工作联系,沟通信息,堵塞漏洞,以查促管。通过定期公告税务违法案件、编发《地税稽查动态》等方式,加强与纳税人的沟通联系,拉近征纳之间的距离。认真组织日常稽查、专项稽查和专案稽查工作,努力整顿和规范税收秩序,严厉打击各类涉税违法行为。全年累计稽查入库税收405万元。

【税收宣传】 广泛深入地开展以"依法诚信纳税,共建小康社会"为主题的税收宣传月活动,会同有关部门举办"地税之光"大型广场直播、制作电视系列片、召开民营企业现场咨询会等多种形式的税收宣传活动,大力营造依法诚信纳税的良好氛围。税收宣传电视系列片《大林纳税记》被国家税务总局评为税收宣传月活动创新项目。积极推行税法宣传进企业、进社区、进乡村,有效利用税法咨询热线、财税网站进行税法宣传和咨询解答,开通“12366”电话咨询服务台,进一步拓宽为纳税人服务的渠道。以税收宣传月活动为契机,不断强化服务理念,创新服务形式,拓展服务内涵,完善税收服务措施,有效提升税务部门服务经济、服务基层、服务群众的良好形象。

队伍建设 **【教育培训】** 深入学习党的十六大精神,采取多种形式,加强干部政治理论学习和思想道德教育,增强干部学习教育的针对性和实效性。开展”学周边、找差距、转变观念谋发展”大讨论,兴起学习贯彻”三个代表”重要思想新高潮。加强地税业务知识学习培训,开展岗位练兵,举办首届青工技术比武活动,地税干部专业技术水平不断提高。

【作风建设】 加强领导,统一思想,精心组织,结合地税工作特点,开展信用建设活动,树立地税良好形象。通过各种形式,广泛征求意见,本着”从群众满意的事做起、从群众不满意的事改起”,查摆分析存在问题,狠抓整改落实。2003年,在全区基层评议机关活动中名列前茅。

【党风廉政建设】 修订完善党风廉政建设相关制度,认真落实党风廉政责任制,定期召开党风廉政建设监督员会议,通报情况,听取意见。注重抓好党风廉政建设的经常性教育管理与监督防范,切实履行干部个人重大事项报告制度,促进干部廉洁自律意识的不断增强。

【创建文明单位】 通盘计划,分类指导,健全机制,开拓创新,深入开展各类创建活动,精神文明建设整体推进。2003年区地方税务局相继被评为区文明单位、区社会治安综合治理先进集体、区”十佳”敬老好单位等,局下属四个分局分别获得宁波市地方税务系统文明单位、“青年文明号”等荣誉称号。

(宁波市镇海区地方税务局供稿 胡志利撰写)

宁波市北仑区地方税务工作概述

局长 杨建民

经济概况 2003年,是北仑区和宁波经济技术开发区合并,新的管理体制运行的第一年,共实现国内生产总值165.70亿元,比上年增长17.7%,第一、二、三产业增加值分别为6.30亿元、124.28亿元、35.12亿元,增幅分别为4.0%、17.2%、17.2%,三支产业占GDP的比重调整为3.8:75.0:21.2;实现社会消费品零售总额30.9亿元,比上年增长13%;完成全社会固定资产投资121.10亿元,比上年增长116.4%。全年共引进外资项目235个,项目总投资33.76亿美元,比上年增长82.0%;协议利用外资9.01亿美元,比上年增长51.0%;实际利用外资5.3亿美元,比上年增长73.6%;实现外贸进出口总额35.13亿美元,比上年增长55.6%,其中实现外贸自营出口18.49亿美元,比上年增长47.5%。在国民经济持续快速增长的基础上,财政收入呈现高速增长,全区实现财政总收入32.12亿元,比上年增长27.9%,其中:开发区完成21.10亿元,比上年增长25.39%;原北仑区完成11.02亿元,比上年增长32.97%。全区财政完成一般预算支出18.12亿元,比上年增长15.78%。其中:开发区完成11.09亿元,比上年增长8.06%;原北仑区完成7.80亿元,比上年增长30.51%。

税收概况 **【任务完成情况】** 2003年,全区地税系统共组织各项收入16.75亿元,其中税收收入12.80亿元,同比增收3.47亿元,增长37.2%,完成年计划的117.3%。

【税收特点】一是税收收入在高基数、高增长的基础上继续保持高位增长态势,且各季税收收入保持均衡增长。二是各主体税种增幅均衡,企业所得税、营业税在税收收入中地位相当。企业所得税、营业税、个人所得税分别占总税收收入的36.5%、32.6%、17.6%。三是股份企业仍居首位、私营企业异军突起。股份、私营经济牢牢占据税收收入半壁江山,国有、集体经济所占比重有所下降,而“三资企业”贡献率日增。四是批发零售业在地方税收收入中作出较大贡献,房地产业、建筑业地位稳步上升。五是重点税源企业税收支撑作用日益明显。

【税源分析】1、营业税收入快速增长。全年实现4.67亿元,同比增收1.36亿元,增长41.1%。增收因素:一是加大代扣税款宣传力度,加强代征单位管理。北仑区域按照“二次创业”的发展需要,扩大城市发展空间,加大基础建设投入。加强同代征单位的联系,严格建筑施工企业的税源监控。代征单位代征入库营业税1.09亿元,占总营业税的23.4%。二是新区建设发展带动房地产业发展,新楼盘不断推出,另一方面房价不断攀升,使得房地产企业营业额和毛利额增大,出现了一批纳税大户。入库销售不动产营业税1.48亿元,同比增收3547万元,增长31.59%。三是进一步完善行业管理制度,拓宽行业管理的范围、充实行业管理的内容。四是集装箱运输发展势头强劲。主要得益于北仑港得天独厚的地理优势,加大了港口的辐射能力,进一步吸引内地的箱源,同时带动水路、公路、集装箱运输业的发展,但由于缺乏大型运输企业,绝对收入在营业税收入中所占比例较小。五是新办企业较好的业务量带动了金融保险业的稳步增长,同时金融机构特别是一些股份制银行积极开拓金融市场,带来银行业利息收入和投资效益的增加。六是强化以票管税,在餐饮、娱乐行业中试行有奖发票。

2、企业所得税入库4.17亿元,同比增收1.08亿元,增长34.8%。增收因素:一是在新的管理体制下,北仑区域优势进一步强化,投资环境进一步优化,各行业企业在投资、生产、获利等方面不断呈现良性发展态势,所得税增长占税收增长的31.0%,为全年税收的增收提供了有力支持。二是做好企业所得税汇算清缴工作,加强企业财产损失税前扣除的审批管理、完善企业亏损弥补登记工作,使企业所得税在户数减少的情况下实现了一定幅度的增长。减收因素:一是“非典”疫情、持续高温、缺水缺电等一系列困难对我区经济带来一定冲击,部分行业出现负增长,但在各方面的共同努力下,影响金额较小。二是原材料价格上涨、新办企业缴入国税、内资转外资流失税源、企业注销等等,大大减少了企业所得税税源,使得未来几年的企业所得税形势不容乐观。

3、个人所得税入库2.25亿元,同比增收6588万元,增长为41.3%,增收因素:一是城乡居民收入水平不断提高,部分大企业建成投产,不断补充了个人所得税税源。行政事业单位及部分经济效益好的大企业单位缴纳情况较好。其中工资薪金所得入库9297万元,同比增收2724万元,增长41.4%。二是切实抓好对私营企业税后剩余利润征收个人所得税工作,特别是做好1999~2001年度私营企业税后剩余利润个人所得税的征收,使得股息、红利个人所得税有较大幅度增长。三是采取积极有效的措施,不断加强对高收入者、集资利息、股权分红等个人所得税的征收管理,堵塞了征管漏洞,促进了收入的增加。

4、各小税种增长较快。城建税、印花税和土地增值税等税种增收比例较大。全年城建税累计入库1.06亿元,同比增长19.1%;印花税累计入库2382万元,同比增长84.9%;土地增值税累计入库168万元。

各项工作情况 **【税收法制建设】**严格依法治税,根据行政审批制度改革的要求,对现行政策法规进行了全面的清理。认真组织开展税收执法检查,规范税收执法行为。

【征收管理】一是以组织收入为中心,进一步提高税收征管质量。加强经济税源监控,建立健全税源监控网络,强化征管质量考核。做好税收源头控管,堵塞征管漏洞。二是在部分基层所试行营业税行业管理办法,实行税源动态管理。开展对十大行业近百户企业的税源调研,加强土地增值税、房产税、土地使用税等地方小税的政策调研,对两区合并后城建税、水利建设专项基金等税费标准和操作办法的差异进行调研和统一,力求规范操作,促进公平竞争,努力实现应收尽收。三是根据北仑区域管理体制改革和新征收管理模式的要求,结合税源分布现状,对基层单位的机构设置进行了改革,撤销了柴桥所和大矸所。四是认真落实各项税收政策。为减轻“非典”疫情带来的影响,帮助企业共渡难关,对受影响较大的八大行业减免部分税费,涉及金额约500万元。贯彻落实下岗失业人员的税收扶持政策,开征生育保险费、工伤保险基金,做好自由职业者的养老保险金征收工作。五是统一水利建设专项资金、机关事业单位个人所得税、私营企业税后利润等的操作办法。与北仑、开发区国税等协商,统一了区内各行业的应税所得率。制定减免税管理办法,统一减免税的上报程序和审批权限。六是在餐饮、娱乐行业试行有奖发票,强化以票管税。加强货物运输业征管,堵塞征管漏洞。

【信息化建设】按照科技加管理的思路,加快税收信息化建设。二月份完成两局办公自动化系统合并。三月底初步建成并开通北仑新区财政税务局外网网站,拟定外网信息发布制度。不断完善稳定电话报税系统,丰富申报手段,提高征管效率,方便纳税人。积极实施网络报税的试点工作。

【税务稽查】加大稽查力度,整顿和规范税收秩序。按照新《征管法》和实施细则的要求,狠抓规范执法,做到五个转变,即收入型稽查向执法型稽查的转变、普遍型检查向重点型检查转变、手工操作型向应用高科技手段转变、业务技能一般化向专业化转变、孤军作战向联合办案转变,并做到日常稽查、专项稽查、专案稽查相结合。全年共选案251件,查结217户,共查补入库797.04万元,其中:税费462.88万元,滞纳金169.43万元,罚款164.73万元。鼓励广大群众积极举报,加大涉税违法案件曝光力度。

【税务宣传】深入开展税收宣传。注重日常宣传和重点宣传相结合,大张旗鼓地开展以“依法诚信纳税,共建小康社会”为主题的第十二个税收宣传月活动,努力提高纳税人的依法纳税意识,营造依法纳税的良好社会氛围。把抓好纳税服务放在重要位置,开通“12366”税收咨询服务电话,拓宽税收宣传辅导的渠道。

队伍建设 **【教育培训】**以人为本,通过开展党的十六大精神和“建设滨海新城区、服务开放再创业”等主题教育活动,把全体干部的思想、行动统一到党的十六大精神上来,并贯彻于财税工作实际,全面推进“二次创业”。采用电化教育形式,学习领导干部的优秀代表——郑培民、实践“三个代表”重要思想的好税官——全国“模范公务员”李玉国的先进事迹,牢固树立“为人民服务”思想。进一步抓好税务业务知识培训,力求在形式不断创新,在地税系统形成一种积极向上的氛围。

【作风建设】大力加强制度建设,在继续推行首问人责任制,服务承诺制,值班长制等服务举措的同时,制订了AB岗工作制、财政工作承诺制、文明办税“八公开”制度等,自觉接受约束和监督。修改制订岗位责任制考核办法和实施细则,及时将目标考核工作分解细化到各责任科室,努力把工作落到实处,充分调动干部的积极性和主观能动性。

【廉政建设】认真贯彻落实《党政领导干部选拔任用工作条例》,继续推行竞争上岗,完善干部考察制度,“庸者下,能者上”。严格执行拒贿却礼登记上报制度和个人重大事项报告制度,强化防范,进一步提高干部廉洁自律。全年拒贿却礼28人次,折合人民币约45000元。

【创建文明单位】充分发挥党工团妇的先锋模范作用,进一步增干部职工的凝聚力和战斗力,倡导“幸福工程”、防“非典”捐款等公益活动,鼓励干部职工扶贫帮困,结对助学,回报社会。积极开展局机关争创文明机关,基层单位争创文明单位、“青年文明号”等各种创建活动,切实提高服务水平,树立地税新形象。

(宁波市北仑区地方税务局供稿 潘成方撰写)

宁波市大榭开发区地方税务工作概述

局长　吴子富

经济概况　2003年,大榭开发区实现国内生产总值60.5亿元,同比增长14.2%,其中,第二产业增加值16.11亿元,同比增长119%。社会固定资产投资总额27.61亿元,同比增长24.8%。外贸进出口总额8.08亿美元,同比增长33.4%。合同利用外资6364万美元,同比增长4.8%,实际利用外资2371万美元,同比下降27%。港口吞吐量2351.4万吨,同比增长320%。全区实现财政总收入12.53亿元,同比增长15.1%,其中,中央财政收入6.93亿元,同比增长18.4%;地方财政收入5.6亿元,同比增长11.3%;全区财政完成一般预算支出7.14亿元,同比增长5.2%。

税收概况　**【任务完成情况】**2003年,全区地税系统共组织各项收入7.65亿元,比上年增长14.3%,其中地方税收收入6.98亿元,同比增长12%,完成年计划的115%,保持了收入的稳定增长。

【税收特点】一是全区地方税收收入继续保持稳步增长。2003年税收收入累计比上年增长12%,完成年度计划6.06亿元的115%,完成市局下达计划6.00亿元的116%,剔除非正常性因素(缓交税款),比上年同期增长6%。二是主体税种占税收的主导地位没有改变,但主体税种结构相应有所变化。企业所得税、个人所得税、营业税、城建税等四大主体税种仍占了98%的份额。其中企业所得税占了税收收入的61.68%,所占比重与上年基本持平,已经成为全区地方税收的主要来源;营业税所占比重呈逐年下降趋势,2003年营业税比重又下降到了17%;本年度个人所得税首次超过了1个亿,比上年增长22%,所占比重达到了14.56%,个人所得税已成为当前一个不容忽视的主体税种;受营业税和增值税的影响,城建税比上年减少了27%,未能摆脱所占比重连年下降的趋势,只占了4.3%。三是地方小税种的增幅也较为明显。2003年只有印花税比上年略为有所下降,其他各地方小税种均有不同程度的增长。

【税源分析】1、营业税。全年累计收入1.21亿元,比上年同期减少10%,剔除缓交因素,比上年同期1.27亿元减少5%。其中增收的行业是金融保险、交通运输、建筑业、服务业,减收的行业是房地产业。金融保险业比上年同期增收169万元,同比增长46%;交通运输业比上年同期增收543万元,同比增长59%;建筑业比上年同期增收515万元,增长22%;服务业比上年增收134万元,增长7%;房地产业比上年同期减收2068万元,减少29%。增收的因素为:一是金融保险业随着存款的大幅度上升、信贷规模和保险业务的扩大而大幅度增收税款;二是加强交通运输业代征代扣税款的管理,促使代征税款及时入库;三是房地产的迅猛发展和基础设施建设规模的扩大促进了建筑业的发展。四是从源头上加强对外来施工企业管理,规范完善外来施工企业税收管理;五是强化税收征管力度,努力实现应收尽收,确保税款及时足额入库。减收的因素是房地产业的一些楼盘因处在收尾阶段而萎缩减收。

2、企业所得税。全年累计入库4.30亿元,比上年增收4776万元,增长12%。增收的因素是:一是加强征收管理,强化企业所得税的汇算清缴工作;二是经济持续增长和重点骨干企业经济效益不断提高带动所得税增长;三是改进企业扶持办法,增强与企业的联系和沟通,激发企业的纳税积极性;四是对重点税源户进行税收跟踪、调查和走访,加大税企交流力度,积极参与招商引资工作。

3、个人所得税。全年累计收入1.02亿元,比上年同期增长96%,其中工资薪金收入2208万元,比上年增收227万元,增长11%;股息红利收入7756万元,比上年增收5002万元,增长182%(剔除一次性增长因素后增长44%),个体生产经营所得收入168万元,比上年减收185万元,减少52%。增收的因素:一是个人股息、红利所得大幅度增长,导致收入迅速增长;二是大力开展个人所得税专项检查和重点检查工作,强化行政事业单位个人所得税的征收管理。

4、城建税。全年累计收入3011万元,比上年同期减收1140万元,减少27%,剔除缓交因素减少16%。除2月份外,2003年城建税均明显低于2002年,下半年城建税稍有回升,但仍未能完成年初的计划数。减收因素在于:虽然增值税今年累计比上年同期增长5%,但剔除利万石化(三资企业)8007万元仍减少5883万元,下降15%,营业税也减少10%,所以,城建税的减收在所难免。

5、其他各税。收入情况良好,除印花税比上年下降7%外,其他各税种均有不同程度的增长,印花税累计734万元,比上年减少7%,其中购销合同印花税累计424万元,比上年减少9%,借款合同印花税累计25万元,减少19%,营业账簿印花税累计51万元,增长34%;房产税累计649万元,比上年同期增收279万元,增长75%。

各项工作情况 **【税收法制建设】** 认真开展税收执法检查,规范执法程序,加强执法监督,既保证税收执法本身的合法性,又保证开展执法活动的效果。学习《税收征管法》和《征管法实施细则》及总局和市局发布的各项税收政策,提高广大税务人员的执法业务水平,抓好执法和服务教育,使广大税务人员牢固树立执法意识和服务意识,加强对税务干部开展法制培训,进一步提高了干部的法制观念和执法水平。

【征收管理】 一是加强对外来施工企业的征收管理,严格建筑业发票管理;二是大力加强非主体税种的征管,完善了印花税具体征收办法;三是认真落实国家税务总局关于货物运输业税收管理及运输发票管理的规定,并开展联托运企业发票专项检查;四是积极开展企业所得税汇算清缴工作,派出工作组对相关企业进行汇算清缴辅导;五是继续加强协税护税网络建设,增强信息共享,加强对委托代征单位的管理,提供必要的业务指导;六是全面贯彻《征管法》及实施细则,严格执行滞纳金制度和催报催缴制度,确保税款及时足额入库。在征管质量考核中,税务登记率达98%,申报率96.5%,征收入库率100%,欠税增减率0%,滞纳金加收率100%,处罚率100%,全部达到市地税局的要求。

【信息化建设】 2003年,区局进一步完善信息建设各项规章制度,加快了信息化建设步伐。为培植税源,加强税源监控,建立了后备税源管理模块,并纳入"税典"管理系统;制定网站内容日常维护制度,加强系统及网络的安全工作,完善区局网站;实现税银联网,实施实时扣税;继续深化"税典"应用,规范岗位业务操作流程;完善信息分控系统部分版面,充实了其中功能,初步完成财税局外网网站建设并投入正常运行;下半年开始实行网上发文。

【税务稽查】 加强税收征管与稽查的联系协作,坚持以查促管,对于在税务稽查过程中发现的问题,稽查部门及时与征管部门通报联系,加强管理。在当前大力优化开发区投资软环境的大形势下,努力探索多种形式的稽查工作方法,对上年度已在国税办结注销手续的企业情况进行整理分析,对尚未到地税机关办理注销手续的企业分类加以清理。开展货物运输业发票专项检查、交通运输业和建筑安装业营业税专项检查,整顿与规范行业税收秩序,有效防止税款流失。全年共检查企业238户,查补税费罚滞947万元,比上年增长7.6%,其中清算监督入库833万元,比上年增长61%。

【税收宣传】 区局始终把税收宣传作为加强税收征管的重要环节,精心策划税收宣传月各项活动,活动内容丰富多彩,如组织区局的"青年志愿者"利用自己的专业知识,进行税收政策宣传、纳税辅导;利用每月一期的《财税信息》编辑"税收宣传月"特刊;制作FLASH税收宣传片,在网上宣传税法;积极开展"红领巾义务宣传员"上街上门宣传税法活动;积极组织干部参加总局及司法部举办的"税法百题知识竞赛";设立户外大幅广告牌进行税收宣传等等,取得了良好效果。其中,青春服务税收–"青年志愿者"税收宣传月特别服务活动项目被宁波市地税局评为优秀活动项目。

队伍建设 【教育培训】兼顾政治和业务学习，制订详细的学习计划并重抓落实。定期组织政治和业务学习，集体学习胡锦涛总书记“七·一”讲话、党的十六届三中全会精神等国家领导人重要讲话及国家方针政策，学习郑培民的先进事迹，组织新《征管法》及《征管法实施细则》学习、考试，学习新的财政、税务政策及规定，努力提高依法行政水平。继续支持学历教育，对参加学历教育的人员在时间和教育经费方面给予照顾，不断提高干部的政治业务综合素质。

【廉政建设】坚持教育为先、预防为主的原则，抓好党风廉政和纪检监察工作。按照“一级抓一级，下级对上级负责”的要求，局班子和各内设机构负责人签订了《党风廉政建设责任状》，切实加强各项廉政制度建设和干部职业道德教育。积极开展预防职务犯罪活动，多次组织干部观看警示片，警钟长鸣，增强干部反腐拒变能力，使广大干部始终固守防腐之堤，努力营造一个勤政、廉政、干净、干事的良好氛围。

【创建文明单位】党、团支部、工会密切配合，大力开展争先创优活动，提高窗口服务质量，完善服务承诺制，扩大承诺事项，严格履行承诺时限，优化服务软环境，改善窗口硬件条件，树立文明窗口形象；以团组织为依托，组建青年志愿者服务小组开展志愿服务活动，积极开展扶贫帮困活动，设立扶贫帮困基金，坚持做好结对助学和结对帮助困难户工作。为纳税人提供优质服务，上门进行纳税辅导，办好地税宣传刊物，积极筹建财税互联网站并及时进行信息更新，开通了12366税务咨询热线，为纳税人提供更多信息，解答涉税疑难问题。密切配合管委会有关部门开展工作，如派专人到拆迁安置现场办公，积极参与征地拆迁工作等。2003年，局机关被评为区级先进集体，局党支部被区党工委评为优秀基层党组织，局团支部获市级优秀团支部、大榭地税局征管分局荣获市级“青年文明号”称号。

（宁波市大榭开发区地方税务局供稿　沈从书　王靖撰写）

慈溪市地方税务工作概述

局长　黄柏寿

经济概况　2003年，慈溪市实现国内生产总值245.04亿元，按可比价格计算，比上年增长15.60%；完成工业总产值1002.84亿元，比上年增长26.3%；实现社会消费品零售总额106.96亿元，增长12.80%；完成全社会固定资产投资122.74亿元，增长48.10%；实现外贸交货值172.80亿元，增长16.70%，其中自营出口16.38亿美元，增长51%。主要经济指标增长较快，经济效益和运行质量显著提高，综合实力和基本竞争力分别在全国百强县(市)中排名第16位和第9位。在国民经济持续快速增长的基础上，财政收入继续保持高速增长，全市实现财政一般预算收入35.01亿元，增长31.60%，其中：中央级收入18.19亿元，增长22.52%，地方级收入16.82亿元，增长43.06%；全市财政完成一般预算支出19.69亿元，比上年增长30.80%。

税收概况 【任务完成情况】2003年，全市地税系统共组织各项收入18.72亿元，比上年增收5.14亿元，增长37.80%。其中，地方税收入库13.52亿元，比上年增收4.19亿元，增长44.85%，继续保持了收入增长的良好势头。

【税收特点】 1、第二、三产业税收均取得高位增长。据统计,全年来自第二、三产业的地方税收分别为6.42亿元、7.10亿元,比上年分别增长39.70%和49.90%,第三产业税收收入增幅高出第二产业10.2个百分点,来源于第三产业的地方税收已占地方税收总额的52.50%。第三产业中的房地产及建筑安装业在增收中起到关键作用,建筑安装业入库地方税收1.96亿元,比上年增长71.10%,房地产业入库2.84亿元,同比增长117.80%,两个行业共入库4.80亿元,占地税总额的35.50%,同比增收2.34亿元,占地税总增收额55.80%。

2、各税种实现了全面增长。地方主体税种增势强劲,营业税、企业所得税、个人所得税3个主体税种分别入库5.10亿元、4.38亿元、2.67亿元,同比分别增长58.20%、29.20%、55.10%;其他地方小税收入取得了突破性进展,土地增值税、车船使用税和印花税同比分别增长428.07%、86.32%、83.08%。

3、个私税收比重持续上升。共组织入库8.63亿元,在前几年连续高速增长的基础上又实现增长58%,占地方税收总额达到63.80%,比上年又提高5.3个百分点。

【税源分析】 1、营业税入库5.10亿元,比上年增长58.24%。营业税的增收主要来自房产行业的销势强劲,同时建筑业的旺盛也是营业税增收的主要因素之一。增收的项目是:房地产业比上年增收9711万元,其中销售不动产项目增收9537万元;建筑业增收6591万元,金融、保险业增收1667万元,交通运输业增收840万元。减少的项目是租赁行业减收105万元。

2、企业所得税入库4.38亿元,比上年增长29.22%。2003年尽管受到“非典”疫情及水电供应紧缺等不利因素的影响,但企业所得税仍取得了稳健增长。从经济角度分析,企业所得税的增长的主要因素有:一是国民经济全面持续稳定增长是税收收入增长的基础。2003年全市实现工业总量突破1000亿元,完成1002.80亿元,同比增长24.80%,经济运行质量不断提高,经济效益稳定增长,500万元以上工业企业2003年实现利润17.45亿元,同比增长23.40%,仅此增加企业所得税1.14亿元。二是调整了核定所得率,使中小企业的税负有所提高。三是加强征管,打防结合,以防为主,重点加强了审核评税工作,对利润率较低企业加强了所得税监控,进一步规范企业财务核算。

3、个人所得税入库2.67亿元,比上年增长55.10%。增收的主要因素:一是政策调整。根据国家税务总局和宁波市地税局文件精神,及时调整了应纳税所得率和个人所得税带征率;二是加强征管,不断完善征管办法和措施,特别是对外来个体运输户规定在经营地税务机关办理临时税务登记,采取公路运输部门代征的方法,对行政事业单位实施了分次预征、年终结算的办法,加强了源头控管。增减的主要项目是:个体工商户生产经营所得项目增收8565万元,利息、股息、红利所得项目增收42万元,工资薪金所得项目增收1608万元,企事业单位承包、承租所得项目减收2035万元。

4、其他地方税收增势强劲。继续贯彻“抓小管大”的治税工作方针,努力做到应收尽收,地方小税的增幅很大,特别是土地增值税、车船使用税和印花税比上年分别增长428.07%、86.32%、83.08%。增收因素:一是依靠各征收单位转变观念,加强地方小税日常管理,不断优化收入结构;二是密切部门配合,通过公管、银行等部门,做好车船使用税、印花税等征收工作,加强小税种源头控管;三是调整城镇建成区征收范围,严格做好房产税、土地使用税、城建税的征管工作;四是对房地产企业及二级市场实行预征和查账征收土地增值税相结合,确保了征税的及时性,实现了收入快速增长。

各项工作情况 **【征管改革】** 为了更合理有效地组织税收收入,突出“强化管理”的要求,2003年对基层单位的征收计划、税源监控、审核评税各组室职能进行了重新调整,进一步优化和重组税收业务,科学设计业务流程,制定了《基层税务单位税收征管业务操作规程(试行)》,明确职责分工,加强协调配合,建立了完善的、操作性强的岗责体系,进一步完善了“四位一体”税收征管模式。

【征收管理】 夯实征管基础,加强税务登记源头管理。建立与工商部门登记信息定期交流、通报制度,正常户管由年初25037户上升到年底的33938户;严格征管质量考核,征期申报率、滞纳金加收率、入库率等主要指标分别达到97.27%、99.56%、99.65%,征管质量比上年有明显的提高;加强税源监控,组织开展税源调查、分析,及时掌握收入增减变动因素,增强组织收入的预见性,同时开展了纳税人申报销售国地税核对工作;实行源头控管,增强征管力度,对行政事业单位个人所得税实施分次预征、年终结算的办法,加强与房管、土管、城投办等部门的联系,对房地产交易实行代征,对房地产交易价格实施委托中介机构评估办法,仅契税因计税价格提高增加670万元,比上年同期增长64%,调整应税所得率,开征土地增值税,努力增加财政收入。

【信息化建设】 按照"科技加管理"的方针,以提高征管质量和效率为目的,依托网络加快信息化步伐,逐步实现服务形式多样化、申报方式多元化、缴纳方式简便化,信息化建设取得了突破性进展。2003年继续推广应用"税银联网、自动扣缴"系统,至年底有12000个定期定额户通过该系统申报缴纳税款,解放了大量的征管人力资源,同时方便了纳税人;积极组织Pc机报软件开发和试点工作,有1000多户纳税人应用Pc机进行申报,纳税人足不出户就可完成纳税申报、开具税票、银行划款,在无域化征收上有了新的突破。

【发票管理】 实施货物运输征管方式重大改革,认真做好了货物运输业营业税纳税人认定和年审工作,完善运输发票和门征发票开具办法,做好了有奖发票推广工作;开展发票专项检查,重点抽查了房地产、建筑、广告等行业发票使用情况,加强内部管理,与浙江大学合作开发了电子开票系统,率先在城区部分房地产企业投入使用,减少了纳税户手工开具发票产生的各种弊端,提高了"以票管税"的水平。

【税务稽查】 认真查处群众举报案件,加大了涉税违法行为的打击力度,全年共检查企业196户,补罚地方税费及罚款1632.86万元。稽查工作继续加强内部规范,强化法治意识,加强稽查选案管理,进一步落实了各项稽查制度,深化案件集体会审制度,促进规范执法;对外加强与征管的联系、协调,着力解决征管中的漏洞和薄弱环节,进一步服务于征管,分行业、区域开展专项稽查,重点开展了建筑安装企业专项税收检查,查补地方税费及罚款887.32万元,在一定程度上整顿了建筑安装行业的税收秩序。加大税务案件公告力度,严格执行税务案件司法移送制度,通过一系列的税务稽查工作,广大纳税人的纳税意识进一步提高,税收环境更加规范有序。

【税收宣传】 紧紧围绕国家税务总局确定的"依法诚信纳税、共建小康社会"的宣传主题,以税收专题文艺演出、举办税企座谈会、演讲赛、税收论坛等多种形式,大张旗鼓地开展了一系列宣传活动,取得了明显的效果;深化文明办税"八公开",配合宁波市局开通了12366税收服务热线电话,加大了政务公开力度,通过集中宣讲、送政策上门、登报公告等形式,把税收政策及时、准确地送到企业,做到税收政策的透明化和效能最大化。

队伍建设 【教育培训】 深化爱岗敬业财税职业道德教育,组织编写了王惠萍等13位本系统爱岗敬业先进事迹材料,组织了两次专场演讲,用身边先进人物的先进事迹树典型弘正气,认真开展"艰苦奋斗、勤政为民"主题教育活动,紧密联系本系统干部职工思想实际,上下联动,内外结合,以民主评议为抓手,强化督查,落实整改,有效解决了干部队伍中存在的作风不实、责任淡化、进取性不强等问题;开展各种警示教育活动,组织干部参观黄湖监狱,观看警示教育录像,教育干部职工算好经济账、政治账、家庭账。通过正反两方面的教育,全体干部职工进一步树立了爱岗敬业意识;学以致用,不断提高干部队伍整体素质。以培养复合型人才、打造学习型组织作为干部素质教育的战略目标,从更新理念教育、岗位技能培训、业务能级考评、学历职称提升四方面入手,学以致用,全面提升干部职工的综合素质。完成了稽查、财务、文秘、计算机、征管五个系列的能级考评工作,全系统有23人次获得一级,362人次获得二级,228人次获得三级称号,业务能级考评办法的实施产生了多方面的效应,激发了干部注重学习提高业务水平的自觉性;实施岗位技能培训,组织了二期行政执法培训班,有177人通过考试获得了行政执法证书,进一步提高了干部依法行政水平;鼓励参加各类学历、职称的学习考试,学习调研风气日益浓厚。至2003年底,全局具有大专学历的干部154人,占总人数的45%,大学学历84人,占23%,研究生学历1人。另外,有138人正参加不同形式的专升本学习,14人参加研究生进修,学历层次在整体上有了质的提升。

【廉政建设】 深入开展了行风廉政建设月专题教

育,组织召开基层“一把手”行风廉政建设工作责任座谈会,明确一岗双职;狠抓党风廉政责任制的落实,组织开展责任制廉政谈话,共对27名中层干部、150多名一般干部进行了以廉政询问为主要内容的责任谈话,与市检察院共同建立预防职务犯罪工作联系制度,加强联系和配合,积极预防财税人员贪污贿赂、渎职等职务犯罪行为的发生,做到关口前移,防患于未然;制定了《财税工作责任追究试行办法》,率先在稽查工作和基本建设管理岗位试行工作责任追究,明确岗位职责,加大奖惩力度,促使工作人员自觉依法办事。

【创建文明单位】 切实转变工作作风,重视地税“窗口”形象建设,以精神文明创建为载体,努力打造优质服务的部门形象;认真落实行政审批制度改革,削减审批事项,进一步简化审批程序和手续,缩短审批时限,加大了政务公开力度,通过集中宣讲、送政策上门、登报公告等形式,把扶持企业技改、促进招商引资等财税扶持政策及时、准确地送到企业,做到税收政策和透明化和效能最大化;开展明查暗访,走访社会各界,广泛征求意见,不断改善和优化地税服务,切实转变了地税工作作风,提高了全行业的文明程度,在民主评议机关中位列全市第七,比上年前移五位。稽查局、长河所经复验,继续被认定为慈溪市级文明单位,多家单位被评为“青年文明号”、“巾帼示范岗”、行风建设示范窗口。

(慈溪市地方税务局供稿 毛立波撰写)

余姚市地方税务工作概述

局长 胡青

经济概况 2003年,余姚市实现国内生产总值213亿元,比上年增长14.8%。第一、二、三产业增加值分别为20亿元、126.24亿元、67.13亿元,分别比上年增长4.8%、17.3%、13.5%;余姚市规模以上工业总产值267.2亿元,增长29%,规模以上工业企业利税27.26亿元,比上年增长36.7%;实现社会消费品零售额81.29,比上年增长16.5%;完成全社会固定资产投资87.5亿元,比上年增长38.3%;全年自营出口总额11.4亿美元,比上年增长59%。在国民经济持续快速增长的基础上,财政收入实现较高速度增长,全市一般预算收入26.2亿元,比上年增长44.7%;其中地方级收入12亿元,比上年增长41.5%;全市财政完成一般预算支出15.7亿元,比上年增长42.5%。

税收概况 【任务完成情况】 2003年,全市地税系统共组织各项收入13.32亿元,比上年增长39.5%,其中完成地税收入9.56亿元,比上年增长43%,保持了收入快速增长的良好势头。

【税收特点】 一是税收收入继续快速增长,超收实现历史性突破。2003年税收在连年高基数增长的基础上,增收2.88亿元,增长43%。二是地方税收呈现主体税种增势明显,其它各税全面增长的局面。企业所得税、个人所得税、营业税税收继续保持高速、稳定的增长,三个税种对整体税收收入的贡献率达89%,拉动整体税收收入增幅的39个百分点。其它各税也都保持了两位数的增长。三是各经济类型中,个私经济成为推动税收快速增长的关键成分。各企业类型入库情况中,个私经济税收入库4.03亿元,同比增长55%;集体企业税收2.94亿元,同比增长43%;私营企业、个体经营及个人所得税形成的个私税收入库

5.85 亿元,同比增长 99.6%,占到税收收入入库额的 61%,比上年增加了 17 个百分点。四是建筑业、房地产业营业税继续呈高幅增长。全年建筑业税收征收 8351 万元,占 2003 年税收总额的 8.7%,同比增长 58.5%;房地产业税收征收 8928 万元,占 2003 年税收总额的 9.3%,同比增长 50.3%。

【税源分析】 1、营业税入库 3.05 亿元,比上年增收 7024 万元,增长 29.9%,主要是建筑业及房地产业发展迅速,从而促进营业税快速增长,具体分项目征收情况如下:(1)金融保险业入库 4950 万元,同比增长 12.1%。其中金融系统入库 4294 万元,同比增长 21.3%。保险业入库 656 万元,与上年持平。(2)建筑安装业入库 8351 万元,同比增长 58.5%,房地产业入库 8928 万元,增长 50.3%。其中销售不动产营业税入库 8238 万元,同比增长 32%。(3)社会服务业入库 5497 万元,同比增长 29.6%。其中代理业入库 162 万元,同比增长 21%,餐饮业入库 1008 万元,由于受"非典"减免影响同比下降 16%,其它社会服务业入库 4506 万元,同比增长 44.8%。(4)交通运输业入库 902 万元,同比增长 19%,其中公路运输业入库 800 万元,同比增长 20.2%。(5)邮政电讯业入库 1797 万元,同比下降 6.7%。

2、企业所得税入库 3.63 亿元,同比增收 1.30 亿元,增长 55.8%。其中:国有企业入库 4676 万元,增长 10.7%;集体企业入库 1.33 亿元,增长 77.7%;私营企业入库 1.51 亿元,增长 51.2%;股份企业入库 3205 万元,增长 102.6%。从分行业看,制造业增收 9566 万元,增长 84.8%;建筑业增收 678 万元,增长 50%;交通运输及批发、零售贸易餐饮分别增长 22%和 18%;房地产业减收 297 万元,下降 10.3%。2003 年企业所得税在无新增税源及纳税户数减少的情况下保持高幅增长,一是企业经济效益提高。工业经济产销两旺,技术创新继续推进,产业层次逐步提升,企业规模不断扩大,经济效益不断提高,全年完成工业产值 710 亿元,规模以上企业实现利税 27.26 亿元,其中利润总额 18.6 亿元。二是退库因素。因 2002 年有 2001 年校办、福利企业等退库 2416 万元及 2002 年的校办、福利企业退库 1870 万元。2003 年校办、福利企业应退未退 1390 万元,两年退库大于入库的企业 2002 年有 70 户,净退库 2184 万元;2003 年有 53 户,净退库 173 万元。三是加强税收征管,改变征收办法,对部分企业改按核定征收,扩大了查账征收面,使原分月缴纳,现为按季缴纳,促进了税收增长。

3、个人所得税入库 1.83 亿元,同比增收 6094 万元,增长 50%:其中个体工商户生产经营所得上缴个人所得税增收 3561 万元,增长 48%;工资薪金和利息股息红利个人所得税分别增收 1368 万元、1098 万元,增幅均达 56%。

4、其他地方小税继续快速增长。城市维护建设税入库 5487 万元,增长 22.2%;土地使用税入库 492 万元,增长 56.7%;印花税入库 1087 万元,增长 74.7%;房产税入库 3011 万元,增长 42.4%;车船使用税入库 420 万元,增长 32.8%。

各项工作情况 **【税收法制建设】** 严格依法治税,加强税收法制建设,对照新《征管法》和实施细则、其它有关法律法规,全面清理现行税收政策和文件。积极探索服务型稽查工作新机制,实施责成自查、查前告知、稽查服务建议、稽查执法回访等稽查服务新举措,稽查工作的服务水平得到了显著提高。在坚持依法治税和保护合法经营的同时,进一步加大税收稽查力度。

【征管改革】 建立工商地税登记信息共享机制,实现了工商地税联网,提高了全局税务登记率,进一步加强了税务登记管理工作。完善了储蓄卡纳税试点应用和"银税一体化"工作,进一步方便纳税户,解决了税款征收这一环节存在的诸多问题。与国税稽查部门建立联席会议制度,规范双方在移送案件的范围、案件线索的交流沟通方式,定期通报各自开展稽查工作情况,交流稽查线索,加强税务稽查工作。

【征收管理】 开展建筑业营业税、房地产税收等政策调研,落实国产设备投资抵免政策,落实有关"非典"、下岗职工的税收优惠政策。落实国家税务总局关于对"SARS" 影响对部分行业进行政策优惠的规定,对所涉及的六大行业的企业和个体工商户进行税收减免,累计减免营业税 468 万元、城建税 17 万元、个人所得税 2 万元。根据上级文件精神,结合余姚市实际,制订出台了相应的政策,对 150 人实现再就业的失业人员进行税费减免,累计减免税收 74 万元。根据国家税务总局文件精神,做好营业税起征点调整工作。做好福利企业年检工作,规范福利企业的税收管理。进一步优化税收服务,配合上级开展“12366”电话咨询服务工作,拉近税务机关与纳税人之间的距离。建立余姚市地方税务局政府网站,以网站为平台,增强税收工作透明度,方便纳税人办税,促进服务质量不断提高。加强企业所得税征管,规范对新办企业的认定工作。争取与有关部门、单位的配合,扎实做好委托代征工作。针对征管薄弱环节,加大房地产、建筑行业、高收入者个人所得税征收管理。根据上级税务机关精神,进一步整顿交通运输业的税收征管秩序。继续实行审核评税办法,重点加强对低于设定的最低申报警戒线的查账征收企业实行审核评税,督促企业提高纳税申报的正确性。按照“公平税负、合理负担、兼顾发展”的原则,对部分税收定额进行适当调整。继续抓好一线窗口单位和创建现场的软、硬件建设,为纳税人提供良好的办税环境,公开的办税程序和先进的办税手段。加强软件建设,继续坚持首问责任人、挂牌上岗、服务承诺等有效措施,提高广大干部的服务意识和服务质量,经常对基层税务分局政策执行、服务态度等方面进行暗访,下发暗访情况通报,督促有关单位及时改正存在问题。

【信息化建设】 进一步完善计算机应用软件,扩大”税典”软件在各业务科室的应用面,主要包括计会统、税务登记、发票管理、税务稽查、票证模块等方面的应用,发挥计算机在税收管理的重要作用。进一步加大对分局办税服务厅的建设力度,继续实行“税银一体化”办税,实现“一站式”开放办税,积极与建设银行、信用联社等金融单位联系,在余姚市城区和农村分局因地制宜组织推广银行扣税面,应用面达90%以上。实现了工商地税联网,促进全局税务登记管理工作,同时创造电子申报等多种纳税申报方式,方便纳税人办税,提高办税效率。

【社会保障基金征收】 会同劳动部门加强企业养老金、失业保险金政策宣传,加强与有关部门的配合,实行双向申报制度,在办税服务厅设立联合征收窗口,加强养老保险基金征收,企业职工基本养老保险金、失业保险金征收工作成绩突出。全年共征收正常参保人员养老金2.94亿元,失业保险金2217万元,为建立健全社会保障体系和维护社会稳定作出贡献。

【发票管理】 加强发票管理,在全市范围内部分行业实施有奖发票管理新办法。根据国家税务总局文件精神,加强对全市货物运输行业发票使用、管理进行清理整顿工作。进一步规范用票单位的发票领、用、存报表制度,加强对用票单位的检查,打击使用假票现象,维护良好的发票管理秩序。

【税务稽查】 从三方面采取措施,进一步规范和加强税务稽查工作。一是加强稽查人员业务培训,多次组织以计算机查账、企业财务、新的《税收征管法》及其实施细则等为主要内容的稽查业务培训,促进稽查人员业务素质的提高。二是继续完善税务案件集体会审制度、稽查主检员制度和稽查回访制度。三是继续实行计算机公开选案,对城区核定征收企业的日常检查、全市查账征收企业的专项检查的选案过程中,邀请人大、政协、宣传部、监察局以及有关经济部门的领导监督计算机选案过程,提高了稽查选案工作的公正、公平性和透明度。部署开展查账征收企业、建筑行业专项检查,全年共查补税款2620万元。

【税收宣传】 继续加大税法宣传力度,围绕“依法诚信纳税,共建小康社会”主题,开展全国第十二个月税收宣传月活动。主要开展了上街设摊宣传、接受税法咨询、送税法下乡文艺演出、“争做诚信纳税人”签名活动、举办第八届“地税杯”围棋赛等活动,开展中小学生征文比赛、公民道德与税收知识竞赛、财税业务辅导会和政策答疑会等活动,取得了较好效果。税收日常宣传得到进一步加强,公民税收意识普遍增强。

队伍建设 **【教育培训】** 开展党的十六大精神主题教育活动,组织全局干部参加学习会、座谈会,谈写心得体会。开展向郑培民同志学习活动,开展以牢固树立正确的地位观、权力观和利益观为主要内容的教育活动,提高干部的政治素质。积极组织业务学习,按照预先制订的学习培训计划,举办各类培训班,组织全局干部参加各类学习和培训。做好浙江财经学院余姚教育点专升本班工作,鼓励全局干部参加更高层次的学历知识学习,促使干部的业务素质有较大提高。

【廉政建设】 举行多次廉政建设报告会,增强干部勤政廉洁意识。建立内部财务审计制度,对各分局、各直属单位和有关科(室)的上一年财务情况进行检查,监督各单位的资金使用情况。严格按照要求,执行党风廉政建设责任制,及时发现干部队伍中苗头性问题,加以提醒和教育,杜绝了违纪违法现象的发生。切实加强外部监督，实行完善有效的外部监督机制，聘请义务党风廉政建设监督员，采用座谈、上门走访等形式听取他们的意见和建议，设立、公布行风举报电话和来信来访电话。拓宽对干部管理监督的领域，加强对干部"八小时"以外的管理和监督，出台《余姚市财税局干部社区监督办法》，并把干部在社区的行为列入干部考核的内容。继续实行廉政建设"一票否决制"。

【创建文明单位】 在巩固2002年机关民主评议成绩基础上，以坚持依法行政、提高优质服务、提高办事效率、改进工作作风为目标，以切实解决群众反映强烈的热点难点问题和机关作风中的有关问题为重点，加大行风建设力度，积极开展民主评议机关工作，并取得较好成绩，在余姚市32个政府部门行风评议排名第十位，比2002年前移了六位。

积极推进政务公开，按照国家税务总局提出的文明办税"八公开"要求，进一步深化政务公开的内容和范围，改进公开的手段和方法，增强地税工作的透明度。积极开展地税系统文明行业创建活动，积极做好各项创建工作，通过考核验收，被评为余姚市首批两大文明行业之一。市局党委被评为余姚市"六好"党委、宁波市先进基层党组织，有10个分局被评为宁波市局级文明单位，有5个单位被评为宁波市"青年文明号"，2个单位被评为"巾帼建功示范岗"。

（余姚市地方税务局供稿　宓贤勇撰写）

奉化市地方税务工作概述

局长　韩圣光

经济概况 2003年，奉化市实现国内生产总值95.15亿元，同比增长18%；完成工业总产值178.69亿元，同比增长36.1%；完成全社会固定资产投资26.46亿元，同比增长30.2%。主要经济指标呈较快增长，经济效益显著提高。全年财政收入实现历史性跨越，首破10亿元大关，达到11.29亿元，完成年度调整预算的107.5%，比上年增长31.9%。

税收概况 **【任务完成情况】** 2003年，全市地税系统共组织各项收入5.98亿元，其中收税收入3.93亿元，完成调整计划的103.29%，增长29.3%；其他各项基金费附加收入2.05亿元，同比增长35.7%，保持了收入增长的良好势头。

【税收特点】 一是税收收入超经济增长。全年税收收入接近4亿元，同比增收8893.27万元，增幅达29.30%，比全国税收20.30%的增长率高9个百分点，税收收入持续高位增长。二是股份、私营企业税收增长强劲，税收收入分别为1.61亿元、9064万元，增幅居各经济类型税收收入之首。三是重点企业在地方税收入中占重要地位。80家重点骨干企业全年累计入库税收2.49亿元，占总税收的63.47%。

【税源分析】 1、营业税、企业所得税、个人所得税三大主体税种增势强劲。三大主体税种中，营业税、企业所得税、个人所得税的增幅均接近或超过工商税收的增幅，分别达31.60%、20.90%、54.85%。三大主体税种共入库3.39亿元，占总收入的86.35%。

2、制造业税收增收额及行业税收贡献率居各行业之首，房地产业成为税收中的"绩优股"。今年来由于电子等新兴产业持续跨越式发展，服装等传统产业稳步发展，来自第二产业的制造业提供的税收为1.83亿元，占税收总量的46.58%，同比增收4594.47万元，占总增收额的51.66%，增收额及行业税收贡献率在各行业中独占鳌头,继续保持其绝对优势,成为税收的主导产业。全年房地产提供的税收达5170.87万元,同比增收1607.43万元,增幅达45.11%。

3、外向型经济成为地税收入的生力军。随着招商引资力度的加大和投资环境的改善,外商投资交通、仓储、社会服务业方兴未艾,呈现持续升温的局面,有力地拉动了地方税收收入同步增收。外商投资企业的增长引人注目,入库额达2647.67万元,而上年这一数字仅为1008.73万元,增收1638.94万元,增幅为162.48%,呈逐年快速上升的态势。

各项工作情况 **【征管改革】** 开展高收入个人申报建档、跟踪监控工作,强化个人所得税代扣代缴。大力提高税收“四率”,通过实施对税务登记率、纳税申报率、税收入库率和滞纳金加收率等“四率”的经常性监督考核,切实增强地税部门监控收入的能力,做到应收尽收。

【征收管理】 一是夯实税收管理基础。认真贯彻《税收征管法》,全面推行征管基础质量考核,加强与国税、工商等部门的协作配合,实施工商登记与税务登记信息交换共享办法,税务登记率从上年的60%左右提高到目前的80%多。二是加强税源管理。改进税源分析监控办法,建立税收事前预测和事后分析制度,及时掌握“非典”疫情、营业税起征点政策调整对税收的影响;实施《重点税源监控办法》,进一步扩大重点税源监控范围,重点监控户由上年的54家增加到2003年的80家,累计入库税收2.49亿元,占总税收的63.47%,有效增强了全市税收的稳定性。三是加强税收政策调研。改进和完善所得税、营业税征收管理,有针对地实施建筑、房地产等热点行业税收管理新措施,及时将经济热点转化为税收亮点。四是加强地方小税种征管,通过实施“按年计算,分月摊缴”等办法,确保了房产税、土地使用税收入稳步增长。五是加强税收源头控管。发挥社会护税协税网络作用,加大税收扣缴、代征力度,通过质监站代征建筑业税收一项,就增加税收800多万元。六是继续加强欠税管理。加强税收应征数核算和纳税申报等工作,全年税收应征入库率达到99.83%,基本实现了应收尽收。

【信息化建设】 突出“科技加管理”的征管模式,在加大硬件投入的同时,认真做好税典软件的维护工作,积极应用行政财务管理软件,投入使用会计集中核算系统,开通行政财务管理网站,为推进地税各项改革提供了技术支持。深入应用“综合信息查询系统”和“开思/OA”软件,加快了电子政务建设,办公自动化水平不断提高,有力地推动了税务工作规范高效运转。

【社会保障基金征收】 进一步加强社会保险费征收,构筑监控网络,加强催报催缴,坚持征收与清欠并举,做到应收尽收。养老保险金、失业保险金、医疗保险金分别征收7535.69万元、1037.01万元、4277.60万元,其中养老、失业“两金”年度征缴率分别达到98%和99%,超额完成了上级下达的征收指标。

【发票管理】 加强定额管理,规范以票管税和发票领用制度,积极推行税务有奖发票,从源头堵塞漏洞,减少了税收流失。针对营业税起征点提高、“非典”时期税收优惠、下岗失业职工税收减免等因素,切实加强这些行业发票的领购、保管、缴销等管理制度,严格做到以票管税,防止税款流失。

【税务稽查】 进一步整顿和规范税收管理秩序,推行日常稽查、专项稽查和大要案查处相结合的方法,突出“执法型”职能,组织开展各类税收检查,重点整顿货物运输市场税收及发票管理秩序,加大税收违法案件查处力度,全年累计查补税款350多万元,较好地保证了税收依法解缴、应收尽收。稽查工作对内加强监督管理,对外加大打击力度,促进了税收秩序的进一步规范。

【税收宣传】 以提高全社会纳税意识,改善税收环境为目标,四月份集中开展大型税法咨询宣传活动,共向市民分发了8000余份税收宣传资料,并在现场进行释疑解答。同时,利用电视、报刊等宣传载体,加大税收宣传力度,以问答形式普及税收小知识。各基层单位也开展了丰富多彩的宣传活动,如举办了税收知识有奖竞猜,在少年税校举行中小学生税收知识竞赛等,努力营造依法纳税、自觉纳税的良好社会氛围。加强税收政策宣传,积极探索纳税人分类管理办法,协同国税部门评定产生了首批A级纳税信誉企业,保护和激发了广大企业依法纳税的积极性。

队伍建设 **【教育培训】** 全局上下按照年初提出的打造“公正财税、效能财税、活力财税、满意财税”要求,以“创三优、树形象”活动和民主评议机关活动为载体,坚持内强素质、外树形象,队伍整体素质有了进一步提升。加强学习教育。组织干部职工认真学习党的十六大、十六届三中全会精神和“三个代表”重要思想等理论,采取个人自学与集中学习相结合、将武装思想与解决实际问题相结合,做到学以致用、学用相长,努力增强干部职工的工作水平。加强专业培训,组织了会计制度、税收征管法及计算机网页设计等学习培训活动,通过考学结合,取得了较好的效果。鼓励各类文化进修,全局有 60 多名干部取得了大专学历证书,近 100 名干部参加了在职本科学习,干部职工的文化素质和专业素质都有了显著提高。

【行风廉政建设】 全面实施民主评议机关各项工作,进一步规范地税执法行为,提高办事服务效率,机关作风有了进一步改善,在全市机关民主评议中我局取得了第五名的好成绩。建立健全局纪律检查委员会,重新落实了党风廉政建设责任分工,完善了廉政建设监察网络。认真执行地税干部廉洁从政“八要八不准”规定,加强对干部日常监督管理。

【创建文明单位】 积极开展机关、基层文明创建工作,全局文明创建有了新突破,涌现了一批团结拼搏作贡献、开拓创新求发展的先进集体和个人,溪口所、莼湖所分别获得“全国职工小家”、省级文明单位。

(奉化市地方税务局供稿　范莹珠撰写)

宁海县地方税务工作概述

局长　尤永强

经济概况 2003 年, 宁海县实现国内生产总值 100.2 亿元,按可比价格计算,比上年增长 17.7%。第一、二、三产业增加值分别为 14.06 亿元、58.57 亿元和 27.53 亿元,增长率分别为 7.1%、18.5%和 22.2%。进出口总额 4.21 亿美元, 比上年增长 26.4%; 其中出口 3.76 亿美元, 进口 0.45 亿美元, 分别比上年增长 23.1%和 62.5%。社会消费品零售总额完成 40.09 亿元,比上年增长 12.0%。居民消费价格指数比上年上升 1.5%。全县财政一般预算收入 13.01 亿元,按可比口径计算,增长 29.8%。其中,中央级财政收入 7.44 亿元, 增长 21.6%; 地方级财政收入 5.56 亿元, 增长 42.6%;财政一般预算支出 8.33 亿元,增长 18.7%。

税收概况 **【任务完成情况】** 2003 年,全县地税系统共组织各项收入 7.00 亿元,增收 1.75 亿元。比上年增长 33.3%, 其中地方税收入库 5.10 亿元, 增长 35%; 其他各项基金费附加入库 1.90 亿元增长 28.9%。

【税收特点】 一是增幅高、进度快。今年税收在上几年高增长、高基数基础上继续保持 35%的增长,并首次实现收入超 7 亿元、税收超 5 亿元,是近年来收入进度最快的一年。二是营业税、个人所得税、企业所得税增势强劲。其中营业税、个人所得税实现历史性跨越,首次突破亿元大关。三大主体税种营业税、个人所得税、企业所得税,分别入库和 1.63 亿元、1.21 亿元和 1.69 亿元,入库总量达 4.53 亿元,占全县税收入库额的 88.88%;分别增长 63.6%、54%、7.2%,共增收 1.17 亿元,占地方税收增收额的 88.63%,成为推动税收增长的主力。三是建筑房地产业税收高速增长。城市建设大发展和重点工程开工建设带动了相应税收的高幅增长,建筑房地产业入库税收 1.48 亿元,增收 9551 万元,增长 1.1 倍,占税收增收额的 72.2%。四是重点税源”龙头”带头作用明显,收入比重稳步上升,全年税收入库 100 万元以上的有 76 家,共入库税收

2.83亿元，占税收总量比重的55.4%，比上年户数增加6户，入库税收增加782.9万元。

【主要措施】一是依法治税、加强征管、应收尽收，有力地促进了税收收入的增长。充分运用信息化手段强化科学管理，税收征管基础进一步扎实，全县应征入库率达98.9%。二是严格加强欠缴税金管理。认真贯彻新《征管法》和欠缴税金核算、呆账税金清理办法，严格加收滞纳金制度，利用税收保全和强制执行等措施，大力压缩欠税。全年共压缩欠税875万元，占入库税收收入的1.7%。三是抓大不放小，切实做到应收尽收。在认真做好重点税种入库的同时，严格加强对各地方小税的管理，全年入库房产税和土地使用税2278万元，增长35%，印花税384万元，增长43%。

各项工作情况 **【税收法制建设】**认真贯彻落实各项税收扶持政策，促进经济税收良性循环。在"非典"疫情发生后，按照上级文件精神，一手抓"非典"防治，一手抓经济发展，及时调整餐饮、旅游和运输等行业的优惠政策和措施，努力减少疫情对全县经济的影响。认真贯彻落实税务总局和宁波市局关于做好下岗再就业扶持政策的落实工作。结合宁海实际，减少审批环节，严格把关。及时落实国有设备投资抵免企业所得税、校办、福利企业减免企业所得税政策等。通过一系列政策的扶持，促进县域经济税收的良性循环。

【征收管理】加强税源分析，做到应收尽收，确保收入任务的超额完成。以征管"六率"考核为抓手，以重点税源管理为中心，强化考核，进一步促进了征管质量的提高。坚持抓大不放小、抓小促平衡，自行开发重点税源监控系统，扩大税源监控范围，提高了纳税申报的真实性；切实加强企业所得税、营业税和个人所得税管理，重点在税基管理，政策落实和汇算清缴等环节取得实效；改进了收入考核办法，以质量指标为主，辅之以总量指标考核，杜绝新欠，压缩旧欠，努力做到应收尽收。

【信息化建设】及时开通"12366"咨询热线，形成了"集中管理，分部门协作处理，及时答复"的服务模式，解决纳税人在纳税过程中碰到的政策咨询、各种投诉、税收查询等事项，社会反映良好；完善"税典"功能，在电话报税的基础上，自行开发了集"催办登记、催报催缴、提醒、通知、公告"等内容为一体的综合信息服务系统，把人性化的服务引入日常征管之中，不仅及时提醒了纳税人，而且提高了征管效益；积极推行电话报税、简易报税等申报方式，把征收网点延伸到各银行储蓄所，方便了纳税人；积极推行"税银一体、实时扣税"及实时清算系统，保证了税款及时足额入库，有效解决了滞纳金加收问题。此外，内部综合查询系统和开思"O/A"办公自动化软件逐步规范，促进了工作效率的提高。

【税务稽查】认真贯彻落实《征管法》及其实施细则，积极开展多种形式税务稽查活动，规范税收秩序，强化税收稽查，努力营造公平的税收环境；深入调研，适时对营业税起征点进行调整，既公平了税负，又促进了税收的稳定增长；在对全县自备车全面清理的基础上，对货运行业的用票进行了调整规范，及时认定自开票、代开票纳税人，规范了货运行业的税收秩序；严格以票管税，率先在饮食、娱乐两个行业推行发票有奖管理工作，增强了消费者索要发票的意识，规范了纳税人的用票行为，促进了税收稳定增长；坚持以查促管，加大对税收违法案件的查处和曝光力度。全年共检查纳税户365户，查补各种税款418万元，罚款246万元。

【征管宣传】认真组织税收宣传辅导活动。开展以"依法诚信纳税、共建小康社会"为主题的税收宣传月活动，组织县重点骨干企业财务人员进行税收政策辅导，分片举办企业厂长经理和财务人员财税政策培训班，并以新《征管法》实施细则的出台为契机，广泛开展面向全县人民的税法普及教育，提高了全民纳税意识，优化了纳税环境。

队伍建设 **【教育培训】**分层次、有重点地组织干部学习胡锦涛总书记的"七一"重要讲话和《"三个代表"重要思想学习纲要》，通过办班培训、领导讲课辅导、观看录像和参观学习等多种形式，帮助干部领会"三个代表"重要思想的时代背景、实践基础、科学内涵、精神实质和历史地位。在学习过程中，坚持学习制度，做到时间、人员、内容、效果的"四落实"。利用活动载体，丰富教育形式，增强教育效果，把干部的思想和行动进一步统一到"三个代表"重要思想和党的十六大精神上来。狠抓公务员行为规范教育，把公务员行为规范教育、职业道德教育和先进人物、先进事迹学习教育结合起来，号召全体干部向郑培民、张祖安、徐亚芬等同志学习，组织干部积极参与公务员行为规范知识竞赛活动,引导广大干部认真学习和掌握公务员行为规范内容,学做并举,推进干部队伍的作风建设。业务教育上,采取"全员培训,人人参与"的办法,在全系统开展了财税文秘、会计业务和税收征管系列业务竞赛活动。积极开展计算机三级培训,不断拓宽计算机应用领域,工作效率得到提高。鼓励干部利用业余时间参加各类成人教育,晋升学历,更新知识结构,拓宽知识面。

【机关作风建设】 以民主评议机关作风为契机,加强财税"窗口"建设,努力改善硬件设施,完善办事制度,增强工作人员的竞争意识和服务意识。大力推行政务公开和服务承诺,采取明查暗访、专项检查、问卷调查、情况反馈等多种形式,加强监督检查,努力推进行风建设。积极响应县委、县政府的号召,组织干部参加"固本强基"和"周二下乡"活动,切实帮助农村解决实际困难。此外,各基层税务机关的扶贫接对、温情工程活动也做得有声有色,这些都大大提升了全县地税系统的形象,为机关作风评议取得好成绩打下了扎实基础。

【行风廉政建设】 召开了全县财税系统党风廉政建设工作会议,贯彻落实中纪委二次全会和财政部、国家税务总局以及县委县、政府党风廉政建设工作会议精神,层层签订了廉政责任书。按照市局《财税干部廉洁从政八要八不准规定》,完善领导廉政责任制,强化税收执法权的监督,落实内部审计制度,一年两次对局机关科室和基层单位内部的财务审计,加强内部财务监督。

【文明创建】 大力营造"爱心工程",关心干部职工的生活,消除干部的后顾之忧,做到"三必访"、"五必谈",使全体干部感受到组织的关爱和集体大家庭的温暖。认真组织形式多样的文体活动,举办"爱我财税,展我风采"新春联欢晚会、党员干部社区一人一岗活动增强了文明创建意识,提高了干部队伍的整体素质。 (宁海县地方税务局供稿 仇昌兴撰写)

象山县地方税务工作概述

局长 陈永忠

经济概况 2003年,象山县实现国内生产总值108亿元,比上年增长17%;人均国内生产总值20476元,比上年增加3100元。第一、二、三产业增加值分别为21.5亿元、57.3亿元、29.2亿元,增幅分别为4.8%、23.3%、15%。一、二、三产业增加值所占的比例由上年的22.5:50:27.5演变为19.9:53.1:27。全县规模以上企业(国有和年销售收入500万元及以上非国有工业企业)完成产值129.4亿元,比上年增长36.3%。实现社会消费品零售总额50.66亿元,比上年增长13.2%。完成全社会固定资产投资37.6亿元,比上年增长25.8%。全年自营进出口总额5.12亿美元,比上年增长52.6%,其中自营出口4.66亿美元,增长61.6%。城镇居民人均可支配收入13294元,比上年增长9%;农渔民人均纯收入6032元,增长5.5%。全县实现财政总收入10.71亿元,比上年增长31.4%,其中中央财政收入6.05亿元,增长31.8%;地方财政收入4.67亿元,增长30.9%。财政总支出7.64亿元,比上年增长30.7%。

税收概况 【任务完成情况】 2003年,全县地税系统共组织各项收入5.88亿元,比上年增长34.6%。其中税收收入5.20亿元,增长38.5%。

【税收特点】一是地税收入继续保持快速增长势头,连续第三年超过国税收入。国、地税部门组织收入之比为0.88:1。二是各税种全面增收。除营业税、资源税增幅小于10%外,其他各税种增幅均在10%以上,其中企业所得税、个人所得税、土地使用税增幅在30%以上。三是地方税收中非国有经济成分增大。全年非国有经济入库地方工商税收3.81亿元,占地方工商税收总额的73.1%,比上年提高了22.8个百分点。尤其是私营企业增幅达40.9%。

【税源分析】1、企业所得税快速增长。全年实现收入2.29亿元,同比增收6318万元,增长38%,占总增收额的41.8%。主要是随着经济发展,企业效益提高及税务部门采取各项措施,加强监控、规范征管、充分挖潜、取消缓缴税款转减免等因素的结果。从企业经济性质看,主要集中于私营、股份制和集体(含股份合作)企业。由于集体企业经转制后大部分改为股份合作和股份制企业,集体(含股份合作)企业入库6403万元,减少35.1%;国有、私营、股份有限公司分别入库3155万元、4647万元、8685万元,分别增长37.7%、11.3%、2639.7%。从产业结构分布状况看,主要集中于建筑业和制造业,尤其是制造业增势强劲。制造业、房地产业、电气水供应业呈现高幅增长态势,分别入库7353万元、442万元、391万元,分别增长98.4%、66.2%、339.3%;建筑业、批发零售业、社会服务等其他行业分别入库1.11亿元、2859万元、637万元,分别增长19.3%、14.3%、28.9%,属正常增长;交通运输和邮政业受"非典"疫情及车辆外挂外流等影响,入库141万元,减幅达42%。

2、营业税前跌后升,增幅较小。全年收入1.32亿元,同比增收799万元,增长6.4%,仅占总增收额的5.3%。由于受"非典"疫情、营业税起征点提高及其他特殊因素影响,营业税从7月份开始才止跌回升,但增长缓慢。分行业看,各产业增幅出现很大波动。房地产开发市场更加活跃,同时加强对房地产税收的征管,严把各项审核和审批关,房地产业入库3724万元,增长20.8%;金融业入库1847万元,增长45.8%;建筑业入库3924万元,减少13.8%,主要是县外建筑业受"非典"疫情冲击,业务款项未能得到及时结算;信息传输、计算机服务和软件业、交通运输及邮政业、住宿、餐饮、租赁和商务服务业分别入库920万元、915万元、1896万元,出现不同幅度减收。

3、个人所得税继续平稳增长。全县共入库1.04亿元,同比增收3313万元,增长47%,占总增收额的21.9%。由于单位增资、2002年年终考核奖集中发放和2003年部分预发等政策性因素,加上税务部门完善扣缴管理办法,对高收入行业和个人进行重点检查和监控,保证了个人所得税稳步增长。工资薪金所得类个人所得税入库5202万元,增长56.1%;个体企业、私营合伙和责任有限公司企业有了较大发展,在企业所得税改征个人所得税后,个体生产经营所得入库3781万元,增长34.8%;利息、股息、红利所得入库672万元,增长32%;劳务报酬所得入库562万元,增长47.1%。

4、各小税种均有不同幅度的增长。全年城建税入库2533万元,同比增长19.5%;房产税入库1490万元,增长18.2%;土地增值税入库520万元,增长21.8%;印花税入库499万元,增长27.3%;土地使用税入库328万元,增长382.4%;车船税入库79万元,增长11.3%;资源税入库65万元,增长4.8%。房产税、土地使用税因征收范围、征收标准调整,实现了较快增长。

各项工作情况 【税收法制建设】印发了《象山县税收行政复议审理规则》,成立了税收行政复议审理委员会,加强了对法制工作的领导。同时对2002年的执法情况进行了自查自纠,规范执法行为。

【征收管理】一是扩大重点税源监控范围。对年缴税在50万元以上或销售收入在500万元以上企业的生产经营和税收入库情况纳入电脑管理,提高了数据的时效性和共享性。建立健全税收的事前预测和事后分析制度,全面掌握税收的增减变化,牢牢把握组织收入的主动权。如对"非典"疫情、营业税起征点提高给税收收入带来的影响,均能迅速作出预测,及时提出应对措施,保证了收入稳定增长。二是加强对纳税大户的税收征管。各分局多次召集重点企业厂长、经理座谈,分析经济形势,通报财税情况,宣传国家税法,以取得纳税大户对税收工作的理解和支持。如城郊分局为驻外建筑企业开通服务热线,帮助驻外建筑企业解决燃眉之急,为建筑业税收的大幅增长作出了很大努力。全年建筑业税收入库达1.84亿元。三是切实抓好主体税种的征收。通过开展营业税税源调查，加强了交通运输、房地产开发及广告、砖瓦行业的税收监控与征收。通过严格代扣代缴，对高收入个人单独建立台账，强化监控，使个人所得税征收又有了新突破。通过严格实行汇算清缴，实现企业所得税应收尽收。四是加强“双定户”税收征管。在充分调研的基础上，出台了《象山县“双定户”税收征管最低定额标准》和《象山县起征点调整“双定户”管理办法》，并对饮食、宾馆、网吧、手机销售、娱乐业等双定户实行按地段、分行业评定税收定额。成立了“双定户”税收征管评议小组，对“双定户”税收大户实行定额集体会审。率先在石浦镇荔港路推行“征管示范一条街”管理，实现了定额评定面对面，亮证经营百分百，确保了定额的公平、公正、合理。认真做好货物运输业税收管理。一是做好宣传工作。通过组织有关纳税人召开会议，在征收大厅张贴公告、分发资料等方式，将有关精神及时传达到相关的每一个纳税人。二是设立专用窗口。在征收大厅设立了”货物运输业自(代)开票纳税人认定受理台”和”货物运输代开发票窗口”。三是建立双休日值班制。双休日在征收大厅安排人员值班，为纳税人提供服务。

【信息化建设】贯彻“科技加管理”思想，扩大“税银联网，实时扣税”系统的应用，与800多家企业签订“税银企一体化”协议，同时积极推行个体户储蓄卡缴税简易申报办法，方便了纳税人。全面安装出租车税控计价器，引进开发征管电子地图，进一步完善电话报税网络，加强税收源头控管。

【社会保障基金征收】加强部门协作，建立了与劳动部门的工作联系制度，将社保基金征收情况纳入征管质量考核范畴，狠抓社保基金征收扩面工作。全年分别征收养老、失业、医疗保险费5771万元、901万元、888万元，收缴率均达到98%以上。认真落实全县社会保障工作会议精神，通过对全县企业的生产经营情况和企业职工人数等进行核实和测算，把社保扩面工作责任落实到乡镇。全年新增扩面人数5440人。

【税务稽查】一是进一步理顺了稽查工作机制。在完善内部稽查规程基础上，建立健全国地税稽查局协调合作机制，密切联系公检法等部门，定期交换案件信息，形成工作合力。全年共实施稽查279件，查补罚收入990万元。执行案件142件，移送案件2件。二是大规模开展行业性税收秩序整治。对带征企业、广告行业、砖瓦行业和查账征收企业等进行专项稽查，重点整顿治理广告和砖瓦行业，规范了行业税收秩序。三是完善稽查预告制度。对自查对象进行查前税收财务辅导，提高自查质量，推进以查促管。全年共4次对79户纳税户开展预告自查，补缴税费420万元。逐步实现税务稽查向“管理型、服务型”转变。四是增强税务执法处罚力度。案件查处率明显提高，共处罚135户，处罚率达50.5%，提高了30个百分点。同时严格执行滞纳金加收制度。

【税收宣传】在抓好日常税法宣传的同时，集中精力搞好以“依法诚信纳税，共建小康社会”为主题的税收宣传月活动。对年缴纳地税100万元以上的纳税大户进行表彰；组织业务骨干上街开展税法咨询，举行税收知识有奖竞答；与国税局联合在主要街道、路段设置永久性宣传标志；在象山电视台常年播放税收公益广告。其中“税收与企业发展”学术讲座活动被宁波市地税局评为优秀宣传项目。

队伍建设 **【教育培训】**一是开展主题教育。以“学习贯彻党的十六大精神，创新服务立新功”为主题，坚持虚实结合，在局域网开辟大讨论专栏，与宣传部等单位联合举办“财税杯”演讲比赛，开展了创新项目申报评选活动和创窗口星级服务活动。通过学习教育，进一步树立了在解放思想中推进创新，发展是一个不断创新过程的理念，为做好地税工作提供了思想保证。二是加强从政道德教育，组织干部学习郑培民、张祖安等先进人物，增强干部为民服务意识。三是强化业务培训。组织行政许可法、新《征管法》及《实施细则》等法律知识培训，开展税收业务知识竞赛，促进干部自觉学法、守法，全系统依法行政水平有了较大提高。在全县依法行政知识竞赛中，地税代表队名列50个参赛队第一名。

【廉政建设】深入开展警示教育，通过剖析系统内外典型案例，观看廉政教育片等形式，引导干部弄清“当初进地税是为了什么？现在为地税做些什么？将来给地税留些什么？”提高了思想觉悟，增强了自我约束力。坚持党风廉政建设领导负责机制，由“一把手”

与各单位签定廉政责任状，落实了具有地税特色的“一把手”总负责、业务领导“一岗双责”的廉政负责制度，形成了廉政建设重任众人挑的局面。

【创建文明单位】 在争先创优活动中，丹城分局荣获全国税务系统文明单位，连续四年保持省级文明单位；爵溪分局自1997年起一直保持全国“青年文明号”称号，石浦分局被评为市级文明单位，西周分局成功创建市“巾帼文明示范岗”，丹城分局、城郊分局、石浦分局、爵溪分局、稽查局被评为市财税系统文明单位，各分局均被授予市(省)级“青年文明号”称号。

(象山县地方税务局供稿　徐永辉撰写)

温州市地方税务工作概述

局长　石文秀

经济概况 2003年，温州市实现国内生产总值1220.30亿元，比上年增长14.8%，增幅比上年提高1.8个百分点，达到1998年以来的最高增幅。其中，第一产业增加值56.89亿元，比上年增长1.5%；第二产业增加值698.76亿元，比上年增长16.3%；第三产业增加值464.65亿元，比上年增长14.4%。全市人均国内生产总值16475元，比上年增长14.8%。全年全社会固定资产投资额448.60亿元，比上年增长15.7%。城市居民人均可支配收入16035元，比上年增长9.9%；农村居民人均纯收入5548元，增长9.0%。2003年全市财政总收入151.77亿元，完成预算的105.0%，增长20.2%。其中：上划中央“四税”收入72.81亿元，增长20.4%；地方财政一般预算收入78.96亿元，增长20.0%。全市地方财政当年支出74.26亿元，增长12.9%。

税收概况 【任务完成情况】 2003年，全市地税系统共组织各项收入103.02亿元，同比增长22.1%，增收18.67亿元，其中：税收收入6.77亿元，同比增长18.6%，增收10.62亿元，完成省局下达年度计划的106.4%；其他收入34.51亿元、其他基金费收入8183万元，二者合计同比增长29.49%，其中养老保险基金17.28亿元，同比增长41.9%；医疗保险基金3.83亿元，同比增长19.4%。

【税收特点】 一是各县(市、区)完成年度计划不均衡，入库税收继续保持集中态势。市本级、瑞安市、乐清市占全市税收收入的83%，增收额占全市的总增收额的82.8%。苍南、永嘉、平阳占全市税收收入14.26%，洞头、文成、泰顺税收收入仅占全市税收收入的2.74%。二是两个所得税收入增速高，比重上升。个人所得税、企业所得税增幅分别达到31%和27.9%，高于税收收入18.6%的增幅且远远高于营业税8.5%的增幅。两个所得税占税收收入的47.83%(其中企业所得税占32.98%，个人所得税占14.85%)，比2002年上升3.8个百分点。三是营业税起伏极大、增长乏力。在2002年高增长的基础上，2003年房地产营业税增幅明显回落，同比仅增长0.8%。与此同时，由于金融保险业的发展和省级收入专项检查的开展，金融保险业的营业税增幅较快，达30.7%。四是规费收入增幅快于税收收入，比重逐步上升。全年非税收入35.33亿元，同比增长29.49%，高于税收收入增幅10.89个百分点，占地税组织收入比重由2002年的32.34%上升到34.29%。五是第二、第三产业税收比重保持2:3结构，上下微幅波动。第二、第三产业税收占整个税收收入的比重分别为41%、59%、分别增长22.3%、16.1%。

【税源分析】1、营业税起伏极大、增长乏力。全年入库26.2亿元,同比增收2.26亿元,增长8.5%,占增收总额的12.12%。增收原因:一是房地产业、建筑业占营业税总额的比例较大,分别达32.8%、22.4%,增幅分别为0.8%、7.3%。二是租赁和商务服务业、金融业、交通运输仓储及邮政业增长较快,比重分别为13.7%、13.5%、5.6%,其中租赁和商务服务业增幅为13.8%、金融业增幅高达30.7%、交通运输业增幅为4.3%、邮政电信业增幅为3.45%。三是住宿和餐饮业、文化体育和娱乐业也有明显增长,增幅分别为3.9%、27.8%。减增因素:一是在营业税分行业收入中,房地产业、建筑业所占份额较大,合计55.2%。但是上述二大行业的收入与2002年相比较,起伏较大,房地产业同比只增收686万元、建筑业只增收4039万元,而2002年房地产业增收4.12亿元、建筑业增收1.80亿元温州市市区新建项目不多以及2002年同期企业自行申报以及稽查查补以前年度欠税入库较多(市区就达1.6亿元)。二是住宿和餐饮营业税增幅低于营业税的整体增幅。这与餐饮业营业税税负相对偏低及2003年该两行业实行"非典"的相关扶持政策(5~9月减半征收)的落实和营业税起征点提高政策有关。

2、个人所得税入库10.05亿元,同比增收3.12亿元,增长31%,增幅较大。增收原因:一是个人所得税的高速增幅首先得益于个人收入的增长。据统计,截至2003年12月底,市民在各家金融机构及邮政部门的人民币储蓄存款余额达920.31亿元,市民人均储蓄额达12267元。二是采取有效征管办法,对代扣代缴的企业完善申报制度,对明显偏低的,实施稽核评税。

3、企业所得税入库22.32亿元,同比增收6.23亿元,增长27.9%。增收原因:一是企业效益尤其是规模企业的效益进一步提高形成水涨船高。二是在进一步规范预缴征收制度、所得税政策执行、征收管理的基础上,采取了针对房地产企业的特殊性,要求按每一工程项目进行成本利润核算,并对异常利润率的企业,要求其提供详细的财务报告说明等措施。三是部分行业利润率调高。

4、其他税种收入情况:城建税入库4.55亿元,同比增长14.5%,占总收入的6.72%。城建税的收入增长、比重比2002年分别下降13.1个百分点和0.3个百分点。小税种增长较2002年缓慢,除印花税、土地增值税外,其他税种(车船使用税、房产税、土地使用税)同比增长均低于2002年的增幅。总而言之,全市税收收入占全省税收收入的12.2%,完成年度计划低于全省平均水平7.8个百分点(上半年低于全省4.2个百分点),增幅低于全省平均水平8.68个百分点(上半年低于全省13.3个百分点),位居全省末位。综合因素:2003年前三季度,温州市国民经济呈明显的"U"型运行轨迹,即一季度开局良好,二季度明显回落,三季度恢复性回升。温州市的税收收入情况也呈现"U"态势,一季度增幅28.5%,二季度增幅6.9%,三季度增幅33.5%。

5、由于受"非典"影响,温州市5月份入库的营业税中相关行业曾出现滑坡,如道路运输、水上运输、航空运输同比分别下降2.32、5.68、36.34个百分点,餐饮业出现出前所未有的负增长,娱乐业、旅游业同比分别下降21.39、27.76个百分点。由于营业税起征点提高政策的实施,再加上"非典"的扶持政策(减半征收),二者共同对相关定额户税费的影响达4000多万元。其中对市本级影响估计达3090万元(其中税收收入达2597万元)。

各项工作情况 【税收法制建设】健全机构,加强法制工作体系的建设。坚持全面检查与重点检查相结合,日常检查与专项检查相结合.制定并下发了《全市地税系统法规工作考评办法》、《温州市地方税务局税收规范性文件会签与备案备查实施暂行办法》、《重大税务案件审理流程》等相关制度,认真开展地税执法检查,加强执法监督,做好税务行政执法证件的领发、换证工作。

【征管改革】启动市局全面导入ISO9000质量管理体系工作经中国方圆标志认证委员会浙江审核中心审核组现场审核,温州市局获得"建议批准"的审核结论。各县(市)地方税务局于2003年度全面导入ISO9000质量管理体系,顺利通过认证。

【征收管理】建立了岗职间相互协调、监督、制约的基层征管体制,新征管模式在温州市已全面到位。

加强稽核评税指标体系和相应数据库建设,提高税收征收质量。做好"12366"语音特服系统运行维护工作,优化纳税服务。

【税务登记】 2003年共办理开业税务登记16556户,变更税务登记7738户,注销税务登记7526户,各类办税员登记7303户,合计39123户,比2002年增加20.4%。加大漏征漏管户管理清理力度,全年共发催办税务登记通知书28528户次,促使漏征漏管户7117户办理税务登记。同时对逾期登记户实施行政处罚2097户,处罚金额33.4万元。

【信息化建设】 积极做好省地税系统税友2000管理层软件应用试点工作。开发了企业税收入库排名、轻工产业税收统计、货运稽查管理、房产税源登记申报、下岗人员管理、连续多年企业纳税清册、企业发票清册、减免税企业统计等系统。顺利通过了全省信息安全检查。

【社会保障基金征收】 加强政策宣传辅导,推进社保扩面,引导企业全员参保。稳妥开展"五费合一"的征收试点。截止2003年12月底,全市规费收入34.28亿元,同比增长26.59%,其中社会保险费(含地方养老金)收入28.23亿元,同比增长30.62%。2003年共组织基本养老保险费、基本医疗保险费入库4.9亿元,同比增收9949万元,增长26%。继续抓好社保费的扩面征收工作,2003年,共扩面征收498户。职工失业保险费于2003年5月份开始移交地税部门征收以来,共组织职工失业保险费入库3231万元,征收率达到91%。

【发票管理】 全年共组织印制统一发票8578万份,发放7117万份,受理317户次具名发票的申请,审批、印制具名发票15672万份。制订了《关于贯彻执行货物运输业税收征收管理的通知》,加强对货物运输业营业税纳税人的宣传和纳税申报、货物运输业发票数据采集申报的辅导。

【税务稽查】 规范稽查,严格执法。全市2003年共检查户数3575户,立案598件,结案594件,罚款2429万元,查补税款入库1.79亿元。查处10万元以上案件28件,50万元以上案件10件,补税罚款500万元以上的案件2件,查处假发票1500多份,已由公安机关刑拘4人。2003年,全市受理举报350件,查处316件,查补税款1904万元,罚款1185万元。

【税收宣传】 重点推出了"五个一"创新财税业绩宣传。制作一张反映财税发展的VCD光盘宣传片。推出一个"财税成就"电视节目专栏。打造一支财税信息宣传报道骨干。

队伍建设 **【教育培训】** 加强干部职工教育培训。利用学习辅导、读书班、研讨会、知识竞赛、心得交流等形式,开展了党的十六大主题教育活动,结合财税实际工作,充分利用财校教学资源,加强财税业务、法律法规、计算机应用、行政管理等知识的学习培训,共举办各类培训班35期,参加培训人数达1600多人次。

【廉政建设】 推进效能革命,干部队伍综合素质不断提高。2003年共上缴礼金、礼卡、礼券等,计价值75820元。组织了20多次督查,特别是对市区22个窗口单位进行不定期检查,并对违反"四条禁令"的当事人作出了相应的处理。

【创建文明单位】 深入开展"效能革命",切实提高工作效能。广泛征求了各方面意见,发放征求意见书300份,召开各类座谈会40多次。针对40多条意见和建议,深入剖析原因,对症下药,做好整改。2003年市局分别获得市级机关目标管理先进单位、最佳学习型机关、"双拥"工作先进集体、理论学习先进单位、十六大主题教育先进单位、行政审批中心"红旗窗口"和省局信息化建设先进单位、省厅省局信息及调研工作先进单位等荣誉。

(温州市地方税务局供稿 刘发顺 林坚撰写)

温州市地方税务局瓯海地税工作概述

局长　林江帆

经济概况　2003年，瓯海区实现国内生产总值91.87亿元,比上年增长14.8%。其中,第一产业增加值2.52亿元，比上年增长0.2%；第二产业增加值66.59亿元，比上年增长14.7%；第三产业增加值22.76亿元，比上年增长16.7%。实现工业总产值257.46亿元,增长15.9%;全社会外贸出口商品供货值81.35亿元,增长35.1%,其中自营出口总额3.85亿美元,增长48.3%;全社会消费品零售总额32.58亿元,增长11.6%;全社会固定资产投资24.37亿元，增长9.2%;农民人均纯收入6976元,增长5.9%。在国民经济稳步快速增长的同时,全区财政收入也保持了较快的增长态势。2003年全区财政总收入10.58亿元,比上年增长16.68%。其中,上划中央四税5.845亿元,比上年增长28.61%;地方财政收入4.73亿元,比上年增长4.68%。2003年财政支出5.780亿元,比上年增长37.37%。按现行财政体制结算,全区财政实现当年收支平衡,略有节余。

税收概况　**【任务完成情况】**2003年,全区地税系统共组织各项收入5.16亿元，比上年增收1.25亿元,增长32%。其中地方税收收入2.99亿元,同比增收5848万元,增长24.33%;完成各项地方基金、费收入2.17亿元,同比增收6670万元,增长44.25%,保持了收入增长的良好势头,为瓯海经济建设和社会进步提供了有力的资金保障。

【税收特点】一是主体税种和小税种保持了齐头并进的增长态势。主体税种中的营业税增长了10.97%，个人所得税、企业所得税增幅分别达到29.1%和40.57%，三大税种占税收收入的比重为85.90%;同时小税种土地增值税、房产税、印花税增长速度较快。小税种共入库4216万元，同比增长了18.99%,呈现出齐头并进的增长态势。二是重点税源企业收入比重加大。销售额在千万元以上的纳税大户为378户,占总户数的3.8%,同比增长34%;销售额为118亿元,占总销售额的67%,同比增长43%;税收收入为1.87亿元，占总收入的63%，同比增长25%。重点企业具备良好的发展势头和空间,是拉动瓯海区经济和税收持续增长的主要动力。三是支柱行业税收入库优势明显。大多数行业均呈上升趋势,尤其几大重点行业税收增势明显。皮鞋、眼镜、服装、锁具、汽摩配、建筑安装行业仍是瓯海区税收增长的主要来源，合计税收入库1.36亿元，占总收入的45.38%。

【税源分析】1、企业所得税入库1.24亿元,同比增长29.10%。增长的主要因素:一是2003年以来瓯海区工业生产增速呈稳步上升之势,整体经济运行态势良好,重点骨干企业发展较快,经济效益稳步提高,企业创税能力加强,成为企业所得税收入增长的首要原因。二是通过精心组织企业所得税汇算清缴工作,加强纳税辅导，强化企业最低利润率指标的控制管理,有效地促进了企业账务处理的规范化,2003年企业自行申报调整应纳税所得额1956万元，补报税费746万元,这也是企业所得税增长的重要原因。

2、个人所得税入库5627万元，同比增长45.57%。增长的主要因素:坚持个人所得税税法的宣传,促使纳税人诚信纳税意识逐步提高。积极推行个人所得税全员管理,加强对高收入者的个人所得税征管,结合税收稽核评税进行个人所得税征管,有效的促进了个人所得税稳步增长。另外,不可比因素也是导致税收增长因素之一。如个人购买体育彩票偶然所得以及明星为企业代言、演出等缴纳的个人所得税,以及行政事业单位个人所得税征收工作顺利完成等,都在一定程度上增加了个人所得税收入。

3、营业税入库7650万元,同比增长10.97%。增长的主要因素:及时分析和测算营业税税源、税负及入库情况,认真执行调整后的营业税起征点,加强建筑行业工程进度预收款营业税征管力度。但与其他主要税种相比,营业税同比增幅相对较低,主要原因:一是受建筑业营业税增幅下降的影响。建筑安装业营业税占全局营业税总收入的比重非常大,约占全部营业税收入的70%左右。由于2002年征收的税款中有相当部分是企业历年累积预收款的营业税,而2003年征收的是本年度的预收款营业税,同比基数较高是2003年增幅较低的原因之一;同时,2003年瓯海区限额以上固定投资额减少,增幅远低于全市平均水平,加上外驻温建筑企业税收由温州市征管分局统一征收,税源减少以及税收征管权限的分散也是造成瓯海区建筑业营业税收入增幅较低的重要原因。

4、其他各税入库4216万元,同比增长18.99%。增长的主要因素:继续发挥小税种在整个地税中的作用,抓大不放小,深挖房产税、印花税、城镇土地使用税等地方小税种的增长潜力,扩大征收面,拓宽税基,使小税种的征收再上新台阶。

各项工作情况 **【税收法制建设】**制订计划,讲求实效,开展新征管法及其实施细则的学习、宣传、落实工作,认真执行滞纳金、处罚下限、案件移送等基本规定。按照“内外并举,重在治内,以内促外”的指导方针,把征管质量管理体系内审工作与执法检查结合起来,边内审、边检查,及时纠正干部执法中的随意性行为,地税系统的整体执法水平、执法素质有了较大提高。

【征管改革】把ISO9000质量管理体系的导入工作作为全年工作的重中之重来抓,抽调业务骨干参加质量手册、程序文件、作业指导书编写组和内审小组,重新明确和调整各个岗位执法责任和建立各环节之间的制约措施,对税收管理上存在的不规范操作进行逐项整改、逐项落实。11月中旬,顺利通过中国方圆标志认证委员会专家组的现场审核。ISO9000质量管理体系的导入形成了“全员参与”、“持续改进”的地税管理新机制,由此,地税管理工作迈入了规范化、程序化、标准化轨道,税收管理服务工作又迈上了一个新的台阶。

【征收管理】一是不断提高税收计划管理水平。严格收入目标考核机制,对税收收入进度进行量化分析、质化考核,做到层层有责任,层层抓落实。二是突出抓好税源监控。通过强化“户籍、税负、税基、重点税源”四监控逐步实现从计划促收入到征管促收入的模式转变,有力地推动税收征管工作向深度拓展。三是进一步完善“双定”管理机制。采取“进笼子、广税基、抓深度、促规范、严考核、求公平”管理措施,健全和规范个体税收管理工作。2003年个体税收入库7039万元,比上年增长84%,超高幅完成收入任务。四是积极探索行业评税机制。在调查研究的基础上率先在温州市建立皮鞋制造业、眼镜制造业纳税评估指标参数体系,建立评税数据库,并成功开发皮鞋行业纳税评估分析管理软件。通过对部分利润率偏低、销售额偏小、税前弥补亏损和退税企业进行纳税评估,共核减亏损额215.72万元,补征税款110.83万元。五是大力清缴欠税。通过排查摸底,逐户分析,深入调查,在掌握情况的前提下,采用不同方法进行催欠,如走出去上门讲政策,说道理,分析情况,请进来谈话,制订清欠计划等,全年共清欠435万元,新欠得到了有效控制,纳税申报率和税款入库率大大提高。六是有计划有步骤地开展漏征漏管户清查。共清理出税收漏征漏管户3091户,查补税款、滞纳金、罚款合计58万元,通过漏征漏管户的专项清查,逐步消灭辖区内的征管“盲点”,进一步净化了税收环境。

【信息化建设】坚持贯彻“科技加管理”的方针,推进新的税收征管模式,让纳税人更加快捷地履行纳税义务。2003年全区共有5145家个体户实现了银行扣税,比2002年增加了3308户,占个体双定户总数的96%,基本实现了将双定户“请出”办税服务厅的战略目标。同时,加快推广电子申报,电子申报用户已达1100户,占企业申报户数的23%,月申报额1500多万元,占总申报额的55%,大大推进了电子税务的进程。

【社会保障基金征收】坚持象抓税收收入一样抓好社保基金征收工作,循序渐进,分类、分步做好社保扩面工作。不断推进社保非公扩面工作,增强社会保障功能。2003年新增参保人员4609人,入库1.02亿元,同比增长了60.9%,征缴率达98%以上,继续保持了高征收率、高增长率。

【税收宣传】不断拓展税收宣传空间,着重抓好宣传理念、宣传对象、宣传主体、宣传载体的创新。紧紧围绕“依法诚信纳税,共建小康社会”的宣传主题,深入开展税法宣传月活动,突出税法宣传的三个层次需求:针对企业家层面不定期举办“瓯海地税经济论坛”,发挥学习和交流的平台作用;针对办税人员进一步完善“税收政策沟通会”,加强纳税辅导;针对社会公众通过应用“前台纳税咨询助手”、“12366”纳税服务热线、地税网站、新闻媒体等多种宣传载体加强内外沟通,营造良好的税收舆论环境。其中,开展的“前台纳税咨询助手——架起税企沟通新桥梁”这一税收宣传项目荣获了 2003 年度浙江省地税系统税收宣传月的最佳项目。

队伍建设 **【教育培训】** 按照“抓教育促觉悟、抓培训精业务、抓素质强队伍”的教育培训思路,建立科学规范的学习制度,因岗因材因人施教,实施分类培训,先后组织了新征管法、电子商务、财会知识、稽核评税、网上申报、ISO9000 质量管理体系、NOTES 计划软件,英语口语等专题培训,切实提高干部职工的知识层次。经过努力,全员学习、终身学习已蔚然成风。

【制度建设】 通过落实四项管理机制进一步加强机关内部建设:一是编发《瓯海地税人员手册》,加强文化理念管理;二是制定《瓯海地税分局公共行为规范暂行规定》,加强行为规范管理;三是运行征管质量标准体系,加强工作质量管理;四是健全职能目标责任制,加强持续提升管理。2003 年全局共设定职能目标 64 项,完成 62 项目标,通过把考核结果与奖惩挂钩,激励与约束的考核机制得到了进一步完善。

【党风廉政建设】 始终把党风廉政教育列入重要的议事日程,通过落实“不想违反、不能违反、不敢违反”的“三不违反”廉政工作机制,增强思想教育工作的前瞻性、针对性、时效性,2003 年全局上下没有发生一起违纪违法案件,“干净干事” 的要求落到了实处。

【创建文明单位】 把开展“解放思想大讨论”、“效能革命”、创建“三型”机关、争创文明单位等活动有机结合,切实改进作风、提高效能。通过推行承诺服务制,微笑服务制,首问责任制,AB 岗工作制、一次性告知制、政务公开制等十几项制度,切实加强了地税工作的规范性和透明度。据 10 月底的一次问卷调查统计,地税系统的纳税服务满意率达到 99%,服务承诺兑现率达到 100%。瓯海地税分局党总支还荣获了“温州市直机关先进基层党组织”的荣誉称号,为温州财税系统树立典型,以点带面,促进了各项工作的顺利开展。

(温州市地方税务局瓯海分局供稿　缪健健撰写)

温州市地方税务局鹿城地税工作概述

局长　孙建伟

经济概况　2003 年,鹿城区人民面对突如其来的“非典”疫情,万众一心抗击“非典”,最大程度地降低疫情带来的影响,从而保持了全区经济社会稳定健康发展的良好势头。全区实现国内生产总值 158 亿元,同比增长 13.5%;工业总产值实现 367.9 亿元,同比增长 14.8%;规模以上企业完成产值 141.17 亿元,同比增长 16.6%;社会消费品零售总额 169.8 亿元,同比增长 11.5%;外贸出口供货值 94.5 亿元,同比增长 36.7%;财政收入 17.02 亿元,同比增长 24.4%,其中地方财政收入 8.5 亿元,同比增长 20.7%。

税收概况 **【任务完成情况】** 2003 年,全区地税系统共组织各项收入 16.16 亿元,同比增收 2.77 亿元,增长 20.68%,其中税收收入 11.9 亿元,同比增收 1.58 亿元,增长 15.3%,完成市局下达年度计划 11.73 亿元的 101.5%。

【税收特点】1、所得税仍然保持较快增长势头。个人所得税、企业所得税增幅分别达到45.91%和24.51%,比税收总收入增幅高了30.58和9.18个百分点。两个所得税占税收收入的比重为48.13%,与上年相比上升5.78个百分点。其中企业所得税占31.73%,比上年同期上升2.34个百分点;个人所得税占16.4%,比上年同期上升3.44个百分点。

2、营业税增幅回落。营业税作为鹿城地税最大的税种,增幅一直是高于税收总收入的增长幅度,但2003年在不可比因素影响下,营业税入库4.07亿元,与上年同比基本持平略有下降,减收21万元。

3、地方小税种充分发挥出增长潜力。特别是印花税、土地增值税的增长幅度都超过主体税种,分别增长了46.91%和49.51%,车船使用税和城建税增幅也超过两位数,分别是27.68%和11.39%。合计其他各税入库2.10亿元,同比增收2264万元,增长12.08%,占全部增收额的14.31%。

4、私营、股份制等非国有经济活跃,税收比重上升。非国有企业已经成为温州经济增长最有活力的板块,随着我市国有企业改制步伐明显加快,纯国有经济占税收收入比重呈逐年下降的趋势。鹿城辖区有限责任公司、私营企业、股份公司和联营企业税收比重,从2002年的34.39%、12.06%、0.24%和0.21%,分别上升了1.49%、3.26%、0.56%和0.55%。国有、集体企业税收比重从2002年的15.58%、15.21%,下降至13.03%、11.58%。

【税源分析】经济的持续增长是税收收入增长的首要原因。2003年以来鹿城区工业生产增速呈逐月稳步上升之势,重点骨干企业发展较快,经济效益稳步提高。分税种来看:

企业所得税收入增长因素:一是进一步规范所得税的预缴征收制度、所得税政策执行和征收管理,全年已预缴入库2.61亿元,同比增收2825万元,增长12.12%。二是加强了所得税汇算清缴工作,全年汇算清缴入库6087万元,同比增收309万元,增长5.34%。三是稽查查补入库2017万元,同比增收1296万元,增长2.98倍。

个人所得税收入增长因素,一是加强对企业的税后利润分配征收个人所得税,利息股息红利所得入库个人所得税6520万元,同比增收2124万元,增长48.32%。二是完善代扣代缴制度,堵塞了管理漏洞,工资薪金所得税入库个人所得税6776万元,同比增收2521万元,增长59.25%。三是强化个体税收征管,及时作好定额调整工作,个体工商业户的生产、经营所得入库个人所得税4998万元,同比增收774万元,增长18.32%。四是健全房产租赁征收方法,入库财产租赁所得个人所得税447万元,同比增收259万元,增长137.77%。

营业税增幅回落,建筑业的营业税收入下降是主要原因。2002年对前几年的工程预收款实行规范征收,工程预收款基本上都已征收入库,且稽查查补入库数额较大,共入库2632万元。2003年征收入库的都是当年工程预收款,稽查仅入库204万元,建筑业营业税全年入库1.28亿元,同比减收3092万元,下降19.43%。另一方面由于受"非典"影响,鹿城辖区餐饮、旅馆业、交通运输业、旅游和娱乐业等行业受冲击较大,随着税收优惠政策的出台,造成这几个行业营业税的下降,据统计,每月定额下调减少税款约248万元,6~10月份入库数共减少1240万元,企业申报部分减少税款约1146万元,合计减收2386万元。尽管存在以上不可比欠收因素,但经过努力2003年营业税收入没有出现大的回落并与上年基本持平,为确保超额完成全年收入任务奠定了基础。

小税种增长较快的主要原因,一是分局本着"抓大不放小"的原则,重视和加强对地方小税种的征管挖掘;二是今年国税收入形势较好,带动城建税增长,同比增收887万元;三是对企业的购销合同及实收资本增资额进行印花税补缴,使该税种同比增收296万元;四是房地产二级市场营业用房交易额增长,使土地增值税同比增收了555万元。

各项工作情况 【税收法制建设】坚持以建立诚信纳税的税收环境为目标,全面推进依法治税工作。深入学习贯彻落实新《征管法》及《征管法实施细则》,严格遵守税收行政执法程序,规范执法行为,进一步提高和完善税收征收和管理水平,努力创造诚信征税和诚信纳税的税收执法环境。认真审核,把好各项涉税政策落实关,严格按照政策规定、权限、程序办理,把审批工作纳入规范化的轨道。

【征管改革】根据税收工作的发展和征管改革后新征管模式运转的实际经验,2003年对企业和个体业务操作流程进一步予以理顺,制订、编写了《企业征管工作操作规范》和《个体税收业务手册》,对税收业务管理流程和内部管理各项规章制度予以进一步的完善。按照省、市局的部署,全局积极导入 ISO9001 质量管理体系,建立持续改进科学规范的税收管理新机制,切实提高了办事质量和办事效率,使税收征管业务朝着规范化和标准化迈进一大步,也使纳税人享受到更加规范、更令人满意的纳税服务。

【征收管理】为确保完成税收任务,加强了前瞻性收入分析工作,对重点企业重点行业进行调查测算,加强税源监控,做好收入预测,精心编制计划,合理考虑各单位税源变化情况,及时下达收入任务。在收入困难形势下,从加强征管上着手,在挖掘潜力上下功夫,全力以赴抓收入。一方面加强企业税收征管力度,全面贯彻执行《温州市企业所得税征收方式暂行管理办法》,对企业所得税征收方式进行了重新认定。认真开展所得税预交和汇算工作,入库所得税 2.97 亿元,同比增长 1 亿元。积极开展催缴欠税入库工作,完善了欠税滞纳金收缴制度,全年清理欠税 1579 万元,并采取多种措施加强催报催缴力度,切实提高纳税申报率和入库率。另一方面强化个体税收征管,认真开展定额调整工作,及时到基层了解情况,召开座谈会,针对不同的行业情况,进行重点调查和定额调整。加强了对定额管理工作的监督检查,制发了《关于加强税收定额管理监督检查和有关纪律规定的通知》,促进规范执法,做到定额工作“公正、公平、公开”。同时,加强了税种管理,在抓好所得税、营业税等主体税种征管工作的基础上,坚持抓大不放小,狠抓房产税、土地增值税、印花税等地方税种征管,做到应收尽收,确保了地税收入实现平稳持续增长。

【信息化建设】进一步深化信息化建设,积极推广多元化申报。取消了浙南农贸市场和东方灯具市场两个申报点,扩大税银联网,开辟了农行、建行、工商银行等多家银行扣税网络。大力推进企业网上申报纳税工作,制定企业上网申报培训计划,对企业办税员予以逐批培训、逐户指导,使企业成功实现上网申报。为了方便纳税人,针对部分中小型企业暂时不具备上网申报条件而又希望尽快上网的现实要求,创新服务方式,率先建立了“税吧”,免费供企业用于自助上网申报纳税,并专门配备技术人员在现场进行指导。同时,借助“税吧”这个新的服务平台,不断丰富纳税服务内容,又赋予了“税吧”许多新的服务功能,如网上申报培训、税收政策查询、办税指南查询等,使纳税人乐于到“税吧”上网申报纳税和查询税务信息。

【社会保障基金征收】社保费征收工作进一步完善。一是加强社保数据清理工作,删除各类无效数据 30000 条笔,计 13 亿元,清理删除重保未缴数据计 600 余户;二是对五千户养老金欠费企业(欠费金额 1211 万元)进行清缴;三是对基本户设在建行、农行、工行以外的 91 户行政事业单位给予开设缴纳社保金专户;四是加强同社保部门联系沟通制度,初步建立了重复征收,退还确认审批程序。2003 年,共组织社会保险基金收入 1.6 亿元,同比增收 8900 万元,增长 127.31%。

【发票管理】加强发票管理,严格执行发票管理制度,做好以票促管工作。一是根据 ISO9000 认证工作需要,及时制订了《发票库房的管理制度》;二是加强发票窗口管理,做到发票库存种类齐全,能确保纳税人的购领,认真做好发票缴销工作,发现问题,及时处理;三是加强具名发票管理,对企业的发票使用和管理进行深入调查,严格按规定程序审批;四是加强对逾期发票核销管理,及时对逾期的库存空白发票进行核销;五是加强工本费管理及时同市局办理结算票款;六是加大对发票违章处理的力度,全年查处 2 户,共罚款 3300 元。

【税务稽查】在科学分析经济指标和变化趋势的基础上,以广告、汽车销售、眼镜、建筑、娱乐五个行业为主要评税对象,以总资产周转率、税负率、异常申报、经营规模不配比、利润率、个人所得税、房产税等经济和税收指标为主要评税参数,分企业自评、重点稽核二个阶段,广泛开展稽核评税工作。全年通过稽核评税补税入库 1640 万元,其中自评补税入库 1100 万元,重点稽核查补入库 540 万元。在此基础上,筛选了一批利润率、个人所得税等指标未达标和涉税审批企业 340 户以及对平时在工作中发现有偷税嫌疑的企业 13 户,提供稽查部门作为稽查案源,进一步加大对偷税行为的打击力度,促进纳税人依法纳税。

【税收宣传】立足鹿城实际,紧紧围绕“依法诚信纳税,共建小康社会”的宣传主题,多渠道、多层次地开展各项税收宣传活动。一是到专业市场、闹市开展现场税收宣传咨询活动;二是举办税收知识有奖竞答活动;三是印制宣传材料、纳税指南等,赠送给纳税人;四是通过新闻媒体进行宣传,在温州都市报等报刊上于4月8日、18日和27日在主要版面通栏刊登税宣标语广告;五是对特殊群体,如地方政府部门、人大代表、政协委员、学生以及城镇乡村,开展有针对性的对话、宣传活动。在巩固原有税收宣传形式、宣传阵地的基础上,建立了各管理科与行业协会对口联系制度,充分发挥行业协会的桥梁纽带作用,促进税企之间信息交流,增进双方了解。通过各种宣传活动,全区纳税人的依法纳税意识有了进一步的提高。

队伍建设 **【教育培训】**在政治思想教育工作中,着重抓好基层教育阵地的巩固和扩展。完善分局"基层党校"教育基地建设。充分发挥党、工、青、妇等组织作用,通过基层党校、党的十六大知识竞赛、各种专题讲座、党员组织生活、文体比赛活动等多种形式,使教育不断深化推进。积极拓展教育渠道,建设学习型地税队伍。为了方便干部职工学习,投入专项资金建立了图书室,开展读书活动。围绕组织了学理论、学业务、学科技活动,加强地税干部的任职培训、专门业务培训、更新知识培训和执法培训,邀请专家前来作规范执法、职业道德、廉政教育讲座。与此同时,重视干部职工的学历教育,鼓励干部职工参加脱产、在职学习深造,全局45岁以下的干部具备大专以上学历的达100%,队伍整体素质有了很大提高。

【廉政建设】全局以"形象工程"建设、党的十六大精神学习活动等为载体大力加强廉政建设、行风建设。为了进一步加大党风廉政建设力度,开展了"六个一"廉政专题系列教育活动和廉政提醒工作,即:组织全局同志观看一部录像片;邀请上级纪检监察部门领导或检察院同志举办一次反腐败、预防税务人员职务犯罪专题讲座;开展一次先进模范学习教育活动;组织一次"说情也是腐败"专题座谈会;编辑一本《鹿城地税廉洁自律规定手册》;组织一次廉洁自律规定学习考试。在进行廉政教育的同时,创造性地开展全方位的"廉政提醒"工作:实行定期提醒、特殊时间适时提醒、发现问题及时告诫提醒、发动家属开展时时刻刻提醒。通过一系列廉政教育和廉政提醒工作的开展,起到强化教育、关口前移、预防在先的目的,使全局广大税务干部牢固筑起政治防线、思想防线、道德防线和法纪防线,从而推动党风廉政建设向纵深发展。

【效能建设】认真按照市委市府关于在全市机关部门开展"效能革命"的部署,发动全局干部职工查找薄弱环节,突出思想教育,强化制度建设,狠抓工作落实,深入开展"效能革命",取得了较好成效。一是坚持在依法治税、依法管理的基础上,从提高管理效能、方便纳税人的需要出发,对现有工作程序进行精简调整和规范,尽量缩短办事时限,提高办事效能。二是全面推行AB岗制度,确保纳税服务工作流畅、不停顿。三是深入贯彻ISO9000质量管理体系,明确规定各环节、岗位工作的质量和时限标准,便于监督。四是建立服务协调机制,保障整个业务流程的畅通运转。五是严格执行考勤制度,实行指纹机考勤,强化机关作风建设。六是在办税服务厅实行"导税"制,设立"导税台",开展引导、疏导、督导服务,切实提高办税服务厅运转效能。七是严明纪律,严格执行"四条禁令",实行"三个一律",凡是违反"四条禁令"者,一律严肃处理;凡有效能问题被投诉的,经查实后,一律严肃处理;凡违反禁令被查处的,所在科室领导一律负连带责任。通过"效能革命",各部门的办事效率明显提高,作风明显转变,纳税服务更加完善,内部管理更加规范,依法治税的环境得到进一步改善。

【创建文明单位】分局提出了全力创建市级文明单位的奋斗目标,采取有效措施积极开展文明单位创建工作。一是建立了深化文明机关创建活动领导小组,并下设办公室,建立"一把手"亲自抓、分管领导直接抓、职能部门具体抓、各科室配合共同抓的工作机制。二是制订了深化文明机关创建活动实施方案,提出了创建活动的意义、主题、标准、目标、工作步骤、阶段任务、具体措施和创建要求,强调各科的职责,明确了检查考核方法,从而使创建活动有计划、有步骤地进行。三是在全局进行广泛宣传发动,进一步提高认识,明确任务,以积极的姿态参与创建文明活动。四是分局领导班子以身作则,带领全局同志从我做起,从日常工作做起,从细微处做起,通过加强学习、依法治税、规范管理、优质服务、廉洁自律、社区共建等工作,全力投入到"两个文明"建设中去,形成全员发动、人人参与的文明单位创建良好氛围。五是基层单位按照局长室提出的"每个党员都是一面旗帜、每个鹿城地税人都是一个文明窗口"的口号,积极开展创建文明窗口、创建"青年文明号"活动,使创建工作深入到每个窗口、每个岗位。分局荣获温州市市级文明单位、温州市财政地税系统基层文明单位。

(温州市地方税务局鹿城分局供稿　胡永光撰写)

温州市地方税务局龙湾地税工作概述

局长 章炜

经济概况 2003 年，龙湾区实现国内生产总值 143.9 亿元，比上年增长 19.9%，其中第一产业增加值 2.4 亿元，增长 1.1%；第二产业增加值 111.3 亿元，增长 20.9%；第三产业增加值 30.2 亿元，增长 18.2%。第一、二、三产业增加值占全区生产总值的比重为 1.7:77.2:21.0，人均生产总值为 47167 元，比上年增长 20.8%。2003 年实现农村经济总收入 224.64 亿元，比上年增长 8.9%；实现农林牧渔业总产值 4.09 亿元，比上年增长 1.7%；实现工业总产值 408.2 亿元，比上年增长 23%，增幅比上年提高了 2.5 个百分点，增幅居温州市首位；完成全社会固定资产投资 57.79 亿元，比上年增长 20.1%；实现全社会消费品零售总额 35.23 亿元，比上年增长 15.4%；实现财政总收入 20.36 亿元，比上年增长 20.7%，其中地方财政收入 9.23 亿元，增长 10.8%；地方财政总支出 9.67 亿元，比上年增长 40.8%。

税收概况 **【任务完成情况】** 2003 年，全区地税系统共组织各项收入 5.08 亿元，同比增长 43.1%。其中：税收收入 2.88 亿元，同比增长 33.5%，完成计划 117.56%，其他收入 1.34 亿元，同比增长 76.4%，地方基金费收入 8633 万元，同比增长 35.9%，保持了收入增长的良好势头。

【税收特点】 一是企业所得税收入增幅高、比重上升，企业所得税增幅达到 38.7%，高于税收总收入 33.5%的增幅，所占的比重为 53.6%，超过全年税收收入的半数，比 2002 年上升 2 个百分点。二是营业税收入增幅较少，比重下降，全年营业税收入增幅为 10.4%，远远低于税收收入增幅的 33.5%，所占比重只有 11.2%，比 2002 年下降了 2.4 个百分点。三是个人所得税收入增幅较高，继续保持强劲的势头，增幅为 31.3%，与 2002 年持平，所占比重为 18.9%。四是社保基金收入增速快于税收收入增速，比重逐步上升。2003 年社保基金入库 7719 万元，同比增收 4314 万元，增长 126.7%，占地税组织各项收入的 26.8%，为进一步健全社会保障体系提供了财力保证。

【税源分析】 1、营业税入库 3236 万元，同比增收 306 万元，增长 10.4%，完成年度计划的 96%，离全年计划差 4 个百分点。增减因素：一是由于机场路建设有限公司 2002 年同期入库营业税 292 万元，而 2003 年营业税达到 400 万元，该企业已划给开发区管理，而龙湾地税分局的营业税收入基数却没有减少。二是受“非典”影响，如温州航空实业有限公司 2003 年上半年同比减少营业税收入 74.99 万元；“非典”对娱乐业、交通业和饮食业及其他相关行业的冲击，也导致了营业税的收入减少；三是落实抗“非典”扶持政策与提高营业税起征点的执行而减少营业税收入，由此带来收入工作难度增加。

2、企业所得税入库 1.54 亿元，同比增收 4298 万元，增长 38.7%，完成年计划的 127.2%，超计划进度 27.2 个百分点。增减因素：一是经济快速发展，2003 年全区 GDP 增长 16.4%，工业总产值 275.7 亿元，同比增长 19.6%，企业经济效益的提高，是所得税税收收入增长的有力保障；二是通过税法宣传，加强对企业所得税的汇算清缴和预缴工作，使企业的应纳税所得率有所上升；三是采取电话、专邮催缴和上门催报等措施，提高纳税“三率”，对迟申报企业实行罚款，并严格执行滞纳金制度，使申报率入库率有明显的提高。企业申报率达到92.8%,税种入库率达到99.7%。

3、个人所得税入库5450万元,同比增收1298万元,增长31.3%,占税收总量的18.9%,完成全年计划的109.2%,超计划进度9.2个百分点。增减因素:一是认真落实分局的个人所得税政策预征率的调整的方案;二是规范个人所得税源泉扣缴,抓好汇算企业的税后利润去向,有力的保障了个人所得税的税前增长。

4、其他税收入库4683万元,同比增收1328万元,增长39.6%,占税收总量的16.3%,完成计划的116.9%。增减因素:对小税种坚持"抓大不放小"的原则,开展各税种的调查研究,挖掘税源,寻找新的增长点,特别是加强对房产税和印花税的征管力度。城建税入库2797万元,同比增长31.8%,房产税入库1385万元,同比增长51.4%;印花税入库214万元,同比增长118.4%。

各项工作情况 **【征管改革】**ISO9000质理管理体系的贯标工作是2003年地税部门的一项重点工作,ISO9000质理管理体系进入试运行以后,就组织全局干部职工分为四个小组即征收管理组、发票管理组、计财和信息化管理组、综合组集中进行辅导、学习,并及时反馈二次内审中发现的问题,认真落实纠正措施,形成了科学性、系统性的管理体系。

【征收管理】一是对收入任务,实行量化考核,层层分解收入任务,明确时间,明确责任,督促全系统抓进度、保目标。二是坚持依法治税,大力规范管理,狠抓增收节支。认真抓好营业税、所得税等主体税种征管,强化和规范了小税种的管理。三是开展专项清欠工作,全年共对830户清缴欠税1397.4万元,费(基金)1664.4万元,加收滞纳金177.4万元,做到责任到人,落实到位,对个别钉子户将采取税收保全措施或税收强制措施,有力促进了税收任务的完成。四是进一步强化和规范个体税收定期定额管理,制定《温州市地方税务局龙湾分局2003年度个体税收征管"五单"工程质量考评办法》,实行简易纳税申报,每个月根据三个基层管理科上报的简易申报纳税协议书对双定户的实时扣税进行认定,目前已有500余户进行实时扣税认定。五是加强重点税源的监控。重点税源监控的企业户数,由2002年的20户上升为2003年的39户。六是加强稽核评税工作。对2003年首批25户与同行业相比,销售收入、应税所得率明显偏低的企业实施稽核评税,取得了明显的成效:调增应纳税所得额151万元,共查补企业所得税款64万元。七是落实税收优惠政策。对福利和国有改制等14户企业,减免企业所得税622万元,对技术改造国产设备投资22户企业,抵免企业所得税930万元,对6户技协和医院减免营业税105万元,对9户有困难和受灾企业减免房产税87.9万元。通过减免税,落实了优惠政策,涵养了税源,促进了地方经济的发展。

【信息化建设】大力推进办公自动化建设步伐,提高工作效率。注重以"科技加管理"为核心的地税征管体系建设,以科技促管理,以规范促效率,不断提高地税系统现代化征管水平。完善"12366"纳税服务热线,推出"税吧"、"网上申报纳税"等多种特色服务项目,为纳税人提供了更加优质、便捷的服务。在硬件方面,根据浙江省地税局的总体部署,集中经费,统筹规划,进一步做到人、财、物向基层倾斜,加强了基层单位基础设施建设。

【税务稽查】2002年企业所得税汇算清缴申报工作结束后,针对部分企申报的应税所得率明显偏低,且无正当理由的,根据市局的要求,同时结合龙湾区的实际,按企业经营规模、应税所得率及连续两年以上亏损的纳税人等几项指标,利用计算机进行筛选,第一批将其中的100户企业移送稽查局实行重点稽查,发挥了征管与稽查之间的桥梁作用,促进了征管与稽查之间协作关系。

【税法宣传】分局组织了以"依法诚信纳税、共建小康社会"为主题的税收宣传月活动。局领导到区重点企业召开座谈会,推出局长企访制,组织工作人员到永中二号横街设点进行税法宣传和政策咨询,并受理各种涉税投诉。同时,增设大型税法宣传广告牌、悬挂税收宣传横幅与发放税法宣传纸杯。通过开展税法宣传系列活动,广泛、深入地宣传新《征管法》及其实施细则,提高公民税收法制意识,改善税收环境,上报的宣传项目"龙湾地税精神"在全市税收宣传评比中荣获一等奖。

队伍建设 **【教育培训】**以创建"学习型"组织为契机。一方面,坚持每周半天的政治理论学习,通过学习辅导、知识竞赛、心得交流等形式,开展党的十六大主题教育活动,组织学习了十六大、十六届三中全会精神、“三个代表”重要思想、胡锦涛同志“七一”重要讲话等,不断把学习贯彻“三个代表”重要思想活动引向深入。通过不断学习,“三个代表”重要思想深入人心,并为指导财税工作实践,促进财税事业发展提供强大精神动力;另一方面,加强干部职工的培训,共组织2次公务员知识更新培训,7期电子商务培训,3期协税员综合知识培训。通过系列培训教育,干部职工的政治业务素质和执法水平进一步提高。

【效能建设】 为切实转变机关作风,实现速度与效率的统一,龙湾地税分局开展“效能革命”,实行“四项禁令”,以“三铁”精神抓好机关作风建设。2003年八月份在确保单位工作正常运转的前提下,下基层40人,共分8组,重点走访了结对户、全区重点百家企业,乡镇、行政事业等单位,发放征求意见表130多份。从纳税人希望做的实事做起,从纳税人不满意的地方改起,建立健全首问负责制、一次性告知、服务承诺制、政务公开制等效能建设十项制度。

【廉政建设】 设立举报箱、举报电话,做好来信来访工作,强化廉政建设,增强干部职工的拒腐防变的自觉性与能力。团组织被评为2003年区优秀团组织。9月,中华总工会授予龙湾地税分局工会“模范职工之家”称号。

【创建文明单位】 龙湾区地税分局获龙湾区“两个年”活动先进单位、农业农村工作先进单位、纪检监察工作先进单位、议案办理先进单位。

(温州市地方税务局龙湾分局供稿　黄君畅撰写)

温州市地方税务局开发区地税工作概述

局长　潘向捷

经济概况　2003年,开发区实现国内生产总值54.5亿元,同比增长25.9%,其中第二产业增加值42.9亿元,增长21.5%;第三产业增加值11.6亿元,增长45%。完成固定资产投资36.03亿元,增长43.1%;完成进出口总额5.06亿美元,增长80.71%,其中:出口总额3.88亿美元,增长60.59%。主要经济指标呈现较快增长,经济效益和运行质量也显著提高。全区实现工业销售产值128.27亿元,增长31.4%;工业利润达到7.4亿元,增长49.2%;工业产品产销率96.8%。在全区经济持续快速增长的基础上,各项收入呈现高速增长,全区实现财政总收入9.20亿元,同比增收1.19亿元,增长14.83%,其中:上划中央“四税”收入4.67亿元,同比增长37.3%;组织地方财政收入4.53亿元,同比增长0.34%。完成预算总支出3.58亿元。全区实现财政收支平衡,略有节余。

税收概况　【任务完成情况】 2003年,全区地税系统共组织税收收入1.90亿元,同比增收2362万元,增长14.2%,保持了收入增长的良好势头。

【税收特点】 一是分税种情况看,企业所得税占税收总收入的56%,为我分局第一大税种,同比下降6.6个百分点,;其次为营业税占税收收入的16%,同比下降0.3个百分点;城建税和个人所得税均占税收收入的10.2%,同比分别上升1.8个百分点和3.7个百分点。二是从经济类型上看,有限责任公司税收收入占主体地位,其入库1.50亿元,同比增收1405万元。增长10.3%;集体企业税收收入2649万元,同比增收639万元。增长31.8%;私营、个体、联营企业税收收入598万元,同比增收109万元。增长22.3%;外资企业税收收入449万元,同比增收130万元。增长40.8%;国有企业税收收入208万元,同比增收79万元。增长61.2%;股份企业税收收入14万元,同比减收1万元,下降6.7%。三是从行业角度来看:税收收入主要来自制造业,其入库9826万元,占税收收入的51.8%;其次为建筑业、批发零售餐饮业、社会服务业分别占税收收入的13%,12%,6%。

【税源分析】 1、营业税有一定的增幅。全年入库3112万元,同比增收325万元,增长11.66%,完成年度任务3108万元的100.14%。增幅较大的行业如:建筑业入库1629万元,占营业税的52.4%,同比增收411万元,增长34%。服务业入库986万元,同比增收171万元,增长21%。

2、企业所得税稳步增长。主要由于今年有计划地进行了汇算清缴工作,使企业所得税的申报入库、汇算入库、查补入库均能均衡进行。全年入库1.06亿元,同比增收221万元,增长2.12%,完成年度任务1.11亿元的95.71%。(1)分行业看,制造业入库6285万元,占本税种入库数的59%,同比减收1220万元,同比下降16.3%;建筑业入库2328万元,占本税种入库数的22%,同比增收1191万元,增长104.7%;批发零售、餐饮业入库1518万元,占本税种入库数的14%,同比减收19万元,下降1.2%。(2)分企业性质看,有限责任公司入库9384万元,占本税种的88.3%;集体企业入库1109万元,占本税种的10.4%;其他入库139万元,占本税种的1.3%。在各户企业入库中去年移入开发区的机场路建设有限公司以入库1063万元位列第一,此为净增数。下降幅度较大的有人本轴承有限公司,今年入库85万元,同比减收280万元,下降77%。

3、个人所得税入库1935万元,同比增收849万元,增长78.2%,完成年度任务1440万元的134%。我局今年狠抓个人所得税代扣代缴工作,卓有成效,工资薪金所得入库644万元,占本税种的33%;利息、股息、红利所得入库1079万元,占本税种的56%。其中:温州电力实业总公司职工集资利息到期分红,个人所得税入库646万元。

4、其他各税全面增长。城市维护建设税入库1935万元,同比增收541万元,增长38.86%;房产税入库1148万元,同比增收406万元,增长54.81%。对企业的房产税进行清算,补交上年房产税407万元,门征房产税38万元,合计445万元;印花税入库64万元,同比增收6万元,增长9.35%。

各项工作情况 **【征管改革】** 在市局的统一部署下,开发区地税分局深入调研、论证之后,将国际通行的ISO9000质量管理体系全面导入地税管理。全体税务干部积极参与,通过制定《作业指导书》、《质量手册》等规范了业务流程,持续改进,使涉税管理、服务在规范化的基础上向标准化迈进。

【征收管理】 一是加强协调管理。首先,要加强与其他各分局的联系,理顺税收征管的关系;其次,要加强与国税部门的联系,逐步理顺企业所得税征收的关系;第三,要加强与稽查局的联系,加大打击的力度;第四,要加强与招商局、工商局、经发局、国土规划局等部门联系,共同促进开发区招商引资工作,提升开发区整体经济实力的基础上,增加税收收入。二是加强税收计划管理和税源控管。制定了财源登记管理制度,密切与市局其他各分局联系,加强了区外企业的税收征管。定期召开收入分析会,及时掌握收入增减因素和重点税源变化动态,把握收入主动权。加强重点税源监控,逐步扩大监控面,通过相关审核分析,发现税收征管问题,估算税收能力、预测税收收入,并对企业建立税源监控档案。2003年度全区重点企业入库税收约为8770万元,占实际入库数1.90亿元的46.2%。三是加强税收征管。规范所得税征收管理,加强企业所得税汇算清缴工作;根据个人所得税征管的薄弱环节,加强高收入行业和个人的代扣代缴力度。加强了建筑安装业、服务业等营业税的征管,进一步巩固了营业税收入的主体地位。坚持"抓大不放小",加强了对房产税、印花税等小税种的征管。四是查漏补缺,挖掘潜力。积极开展税务登记户籍管理清查工作,共检查企业709户,个体户605户,查出漏征管企业2户,漏征管个体户359户,共补缴税款60余万元。

【信息化建设】 依托信息化,逐步实现了地税、银行的计算机联网和数据共享。继2002年3月份,在全市率先成功地的将个体经营户"请出"办税大厅,实行按计划实现了个体双定户税款按月批扣之后,今年8月1日起,又对开发区所属所有企业全部实现网上申报,率先成为温州税务系统第一家全面实现网上申报的单位。9月1日起,取消开发区纳税申报窗口。至此征纳双方全面实现零距离接触,此举大大提高了征管效率,提升了服务质量,又为将来推行多元化电子申报方式奠定了基础。

【税务稽查】组织开展稽查选案工作,全年向市局选案办共移交违法企业 42 户,有力的打击了税收违法行为,堵塞了税收漏洞。

【税收宣传】围绕“依法诚信纳税,共建小康社会”这一主题,精心组织了丰富多彩的税收宣传各项活动:一是在开发区主要商业街道张贴税法宣传标语,并设点开展税法宣传咨询活动,现场解答纳税人的咨询,提供纳税辅导,分发各种宣传资料,发放纸杯、气球等宣传物品。二是组织税法宣传小分队,深入居民小区、专业市场、企业、城乡结合部开展送税法活动,有重点、有针对地把各项税收政策送到千家万户。三是继续加大利用公益广告牌的税收宣传力度,在人流密集的场所树立大型公益广告宣传牌。四是利用我局主办的《开发区财税报》和开发区财税网站,大力的宣传了财税政策,提高了全民纳税意识,优化了外部环境。

队伍建设【教育培训】以创建“学习型”组织为契机,着眼于长远发展,本着普及大专、发展本科,重点培养研究生的方针,鼓励大家积极参加各种形式的学历教育。通过讲座、开设阅览室、开放网吧等多种形式,组织参加各类培训,还邀请中央党校函授学院在我局举办专升本班。力争二年内本科学历达到 95%以上,研究生学历达到 20%,从而提高干部队伍的整体素质。

【廉政建设】加强廉政建设教育,制定《党风廉政建设工作计划》落实廉政责任制,提高防腐拒变能力。通过典型案例分析、观看反腐败录像、开展党风廉政考核、邀请市纪委、监察局领导作“开发区财税干部廉政建设报告会”等多种形式,加强廉政教育,提高干部廉政意识。

【优化服务】深化“效能革命”切实转变工作作风。在“效能革命”活动中,我局多管齐下,专门成立效能革命领导小组,提出“制定一个标准、落实二项监督、推出三项制度”的具体措施,全面开展“效能革命”。“一个标准”,就是制定服务体系标准,树立“以服务纳税人为第一工作准则”的理念。“二项监督”,就是一是特邀行风监督员,二是设立效能监察小组,开通效能监督热线。“三项制度”,就是推出否决事项通知书制度、推出行政事项一次性告知制度、推出 AB 岗工作制度,方便了纳税人。此外,还免费为企业提供表格、涉税法规等各种资料,并设置咨询台,进一步方便了纳税人。

【创建文明单位】2003 年分局被评为温州市财税系统文明单位、开发区管委会党风廉政建设优秀单位。

(温州地方税务局开发区分局供稿　王立撰写)

瑞安市地方税务工作概述

局长　江孟甫

经济概况　2003 年,瑞安市实现国内生产总值 192.55 亿元,比上年增长 13.8%。其中,第一产业增加值 9.14 亿元,同比下降 6.0%;第二产业增加值 109.44 亿元,同比增长 16.1%;第三产业增加值 73.97 亿元,同比增长 13.6%。三项产业的比重为 4.8:56.8:38.4。工业总产值 370.9 亿元,增长 16.3%。农业总产值 15.99 亿元,同比下降 10.0%。全年财政总收入 19.49 亿元,完成预算的 108.25%,同比增长 25.66%。其中地方财政收入 9.49 亿元,完成预算的 105.88%,同比增长 27.04%,上划中央“四税”收入 9.99 亿元,完成计划的

110.6%，同比增长24.37%。地方财政支出10.40亿元，完成预算的104.3%，同比增长15.43%；筹集市本级政府预算外资金2.47亿元，完成计划的100.8%。

税收概况 **【任务完成情况】**2003年，全市地税系统共组织各项收入14.08亿元，比上年增长29.06%。其中税收收入8.62亿元，同比增长26.7%，完成省局下达计划的113.4%，完成市局下达计划的109.1%；社会保险基金收入4.72亿元(其中地方养老保险基金7899万元)，同比增长35.8%，保持了良好的增长势头。

【税收特点】1、从分税种来看，营业税，企业所得税，个人所得三大主体税种税增长幅度较高。三大税收合计入库7.53亿元，占全部地税收入的87.3%，三项合计增收额达6560万元，占全部增收额的91.1%。营业税、企业所得税、个人所得税分别比上年增收5671万元、7469万元、3420万元，分别增长24.3%、31.4%、29.5%。

2、从产业结构看，房地产业、建筑业高幅增长，制造业、批零及餐饮业和金融保险业增长较稳，交通及邮电通讯业、社会服务业出现负增长。房地产、建筑业比上年分别增收6399万元、2744万元，分别增长56.7%、38%；制造业、批零餐饮业、金融保险业分别增收3896万元、1858万元、716万元，分别增长15.4%、29.6%、16%；交通邮电通信业、社会服务业同比分别减收269万元、1236万元，分别下降5.1%、19.1%。

3、从经济性质来看，有限责任公司、股份有限公司和私营经济增势喜人，国有企业和个体经济增势不足，集体企业和股份合作企业呈现负增长态势。有限责任公司收入3.52亿元，占全部地税收入的41%，同比增长51.7%，对总增长额的贡献率为66%；股份有限公司收入8164万元，同比增长38.8%；私营经济税收收入6217万元，同比增长62.4%；国有经济、个体经济税收收入分别为1.68亿元、7415万元，同比分别增长17.9%和7.6%；集体经济税收收入3107万元，同比下降20.3%；股份合作经济收入7231万元，同比下降10.8.%。

4、从重点税源、重点企业来看，重点企业依然是拉动税收增长的主要力量。虽然个别税源监控企业税收增长幅度呈下降趋势，但从总体上看，重点税源监控企业税收同比增长还是较快，2003年，全市县级重点税源监控企业174户(不包括福利企业18户)共计税收入库4.86亿元，同比增长24.6%，占全年地税收入的56.4%。

5、从预算级次看，省级税收检查后省级税收收入增长加快。2003年省级税收入库3135万元，比上年增长34.4%。

【税源分析】1、营业税稳步增长。全年入库2.90亿元，比上年增收5671万元，增长24.3%，完成省局计划的109.9%，完成市局计划的101.4%。其中主要以房地产业、建筑业营业税增长为主。受城市化进程步伐的加快、房地产价格的上扬和道路交通建设的发展等因素影响，房地产业营业税和建筑业营业税增长迅猛，拉动了整个营业税的增长，两项的增长额合计为4693万元，占营业税总增长额5670的82.8%；其中建筑业营业税累计入库6943万元，比上年增长33.2%；房地产业营业税累计入库1.02亿元，比上年增长40.9%。由于受“非典”影响及税收优惠政策，交通运输业、饮食业和社会服务业营业税的增幅相比去年有较大下降。

2、企业所得税高幅增长。由于上年已消化了2001年高幅增长的因素，2003年又进一步加强了企业所得税的管理，因此企业所得税增幅较高，共入库3.13亿元，比上年增收7469万元，增长31.4%，超省局计划25个百分点，超市局计划23.9个百分点(如剔除因福利企业退税政策变动的因素，企业所得税实际增长率为37%)。

3、个人所得税增长较快。由于个人所得税税源的不断拓宽以及对高收入者和高收入行业管理力度的加大，2003年个人所得税保持较快增长，尤其是利息、股息、红利所得个人所得税增长迅猛。全年共入库1.50亿元，同比增收3420万元，增长29.5%，完成省局计划的107.9%，完成市局计划的107.6%。

增收因素：1、经济增长带来我市地税收入自然增长。(1)从总体看：努力克服“非典”疫情、供电紧张和高温干旱等不利因素的影响，国民经济在较高的增长平台上继续攀升，呈现出强劲的发展势头。各项主要经济指标均保持良好的发展势头，实现了供给和需求、速度和效益协调发展，顺利完成年初确定的预期调控目标。(2)从产业看：首先，工业生产快速增长，运行质量不断提高。2003年实现工业增加值97.6亿元，比上年增长15.2%，工业对GDP的贡献率达到51.2%,成为国民经济快速增长的强力引擎。同时工业经济运行质量不断提高,特别是规模以上工业经济增势强劲,规模效应进一步显现。其次,第三产业增幅稳步回升,内部各行业均衡协调发展。信息服务业、物流业等新兴第三产业也加快发展。我市经济的快速发展拉动了税收的快速增长。

2、强化征管实现地税收入稳步增长。(1)强化分税种分行业管理。一是加强企业所得税管理。做好企业所得税征收确认工作；对行业最低利润率进行控管。二是进一步强化个人所得税管理。除汇算清缴工作中加强对个人所得税的审核工作外,对查账征收企业还规定了个人所得税的最低负担率;加强对试行年薪制企业的个人所得税管理,另外还加强了高收入行业和高收入个人的个人所得税全员申报纳税管理。三是全面加强营业税和其他税种的管理。规范了对单位和个人销售转让不动产征收营业税的管理(2)积极开展税务稽查工作。注重创新稽查工作方法,积极开展各类税收专项检查和立案案件检查工作。在稽查工作中还加大了对稽查查补税陈欠的执行力度,有效防止了税源的流失,有力地打击了偷漏税行为。(3)完善稽核评税工作制度。采取TF2000信息数据库定量分析和基层征管单位定性分析相结合的办法,有计划的开展分片、分行业、分企业规模的稽核评税。促进了我市地税征管水平的提高，有效地防止了国家税款的流失。(4)加强重点税源监控工作。建立重点税源相关数据按月分析制度,及时反映重点税源企业生产经营态势和税源变化情况,为加强征管、稽查选案、组织收入等工作提供参考依据。同时,还进一步扩大了重点税源监控面,将2002年度我市规模企业、缴纳营业税或企业所得税10万元以上企业、2003年度汇算清缴企业全部列为重点税源企业监控对象，使监控户数达1030户，监控企业税收收入占我市地税总收入的比重从上年的60%增长到目前的75%。

减收因素 1、退库因素:福利企业所得税退税政策的变化影响收入。2003年需承担2002年度4890万元和2003年1300万元的福利企业所得税入库退税。

2、政策因素:(1)国产设备抵免政策的进一步落实减收2580万元;(2)调整个体税收起征点,减少税收145万;(3)对土地增值税的征收范围和减免税作了进一步明确,土地增值税减收133万元;(4)为贯彻落实中央关于再就业税收扶持政策,对符合要求的个体工商户批准了减免照顾;(5) 新批企业企业所得税由国税部门征收地税减收。

3、其他因素:(1)“非典”因素。“非典”疫情对我市经济造成一定影响,尤其是对我市支柱产业之——塑料行业、第三产业如餐饮业、交通运输业等行业影响较大,此外,我局对受“非典”疫情直接影响比较突出的行业实行的税收优惠政策也是减收原因之一。受“非典”影响我市地税收入减少约1600万元。(2)其他因素。上半年受美伊战争影响,我市很多产业受原材料涨价影响,经济效益整体状况有所下降,企业创税能力减弱。

各项工作情况 **【税收法制建设】**开展税收执法检查,进一步规范税收执法行为;组织税收法制宣传,增强全社会依法诚信纳税意识,营造良好的税收法制环境;做好税收法规清理工作,确保税收执法文件的质量。

【征管改革】加快地税征管信息化建设，深化地税征管信息系统的应用，推进网上申报试点工作,提高了征管效率和服务水平;积极探索稽核评税管理办法,推进征管方式创新,提高地税征管质量和水平;全面导入ISO9000质量管理体系,进一步提升我市地税系统的行政管理水平和税收执法水平,实现地税管理规范化、标准化。

【征收管理】加强纳税人户籍管理，建立工商登记与税务登记协查制度,全年比对并登记纳税人户籍9080户。健全重点税源监控体系,全年共有1030户纳税人被纳入重点税源监控,进一步提高了税源变动的预测和分析能力。强化税种管理,重点加强对企业所得税、房地产业营业税、房地产税等税种的征管,努力挖掘收入新的增长点,全年共增加收入1.08亿元。

【信息化建设】推进联网加快地税征管信息化建设,实现了地税、社保、银行三方联网,进一步深化了税务社会化工作。推进多元化纳税申报方式,开展网上申报试点工作,截止2003年底已有95户企业通过网上进行申报,提高了征管效率和服务水平。

【社会保障基金征收】加强规费征管，专设规费科和规费征缴中心,开展残疾人保障金等规费征收的调研工作,加强与社保、银行的部门协作,规范规费征管工作。实现了地税、社保、银行三方联网,抓好社保基金征管工作。

【税务稽查】 开展税收稽查工作。采取“踩点排摸法”和“外围调查法”对货运、机械、鞋类等行业进行专项稽查,全年共检查187户次,查补税款555万元,罚款326万元,治理和整顿了税收秩序。开展省级税收收入专项检查。责令全市22户省级税收收入企业进行自查,自查补征税款170.73万元,滞纳金44.56万元,共计215.29万元,其中省级税收收入40.8万元。

【税收宣传】 围绕“依法诚信纳税,共建小康社会”的主题,通过重点打造“十百千”工程,制作户外税收宣传路牌广告,在《瑞安日报》上开办“地税经纬专栏”等形式,大力开展税法宣传,增强全社会依法诚信纳税意识,营造良好的税收法制环境。

队伍建设 **【教育培训】** 加强干部职工的思想教育和业务培训。通过组织读书班、研讨会、知识竞赛等形式,深入开展党的十六大精神主题教育活动,兴起学习贯彻“三个代表”重要思想的新高潮。开展学历教育和业务培训,举办了财税英语、电子政务、行政管理等培训班,切实提高干部的业务水平。

【廉政建设】 落实党风廉政建设责任制。坚持“预防为主,教育为先”的方针,开展了郑培民同志先进事迹和以“五个一”活动为载体的廉政教育宣传月等活动,增强干部职工廉洁从政意识。积极实行税收分权制衡试点工作,加强“两权”监督,被瑞安市委、市政府授予“2003年度全市落实党风廉政建设责任制创新奖”。

【创建文明单位】 深入开展“效能革命”活动。继续深化行政审批制度改革,下放审批权,缩短时限,审批项目在原来的基础上再削减4项,削减率达19%;全面建立跟踪督办制度,推行主办责任制度,健全AB岗制度,有效解决了干部职工办事拖拉推诿、效率不高以及“人难找”问题。进一步完善目标责任考核办法,建立双月考核制度,突出日常考核监督,严格奖惩措施,调动了干部职工工作积极性。

(瑞安市地方税务局供稿 林孝昭撰写)

乐清市地方税务工作概述

局长 徐 扬

经济概况 2003年,乐清市实现国内生产总值217.1亿元,比上年增长14.6%,其中,第一产业增加值11.6亿元,增长4.3%;第二产业增加值129.0亿元,增长15.5%;第三产业增加值76.5亿元,增长14.8%。一、二、三产业增加值占国内生产总值的比重分别为5.3%、59.4%、35.2%。全市实现工业总产值476.7亿元,增长16.1%;农业总产值20亿元,增长5.5%;社会消费品零售总额52.8亿元,增长6.6%;外贸出口总额3亿元美元,增长30.3%;固定资产投资51.4亿元,增长14.9%;农民人均纯收入6795元,增长7.4%;城镇居民人均可支配收入13637元,增长7.4%。全年实现财政总收入22.23亿元,比上年收入实际数增长21.3%,按可比口径计算比上年增长13.8%。其中,地方财政收入9.72亿元,比上年收入实际数增长25%,按可比口径计算增长12.8%;全市财政完成一般预算支出11.3亿元,比上年支出实际数增长13.8%,按可比口径计算比上年增长12.5%,实现财政收支平衡,并略有结余。

税收概况 **【任务完成情况】** 2003年,全市地税系统共组织各项收入11.94亿元,比上年增收2.26亿元,增长23.38%;其中税收收入8.31亿元,增收1.45亿元,增长21.14%,完成年度计划的106.81%,保持了收入增长的良好势头。

【税收特点】一是税收在高基数、高增长的基础上继续保持快速增长。2003年税收收入增幅在前三年平均增长30%的基础上仍达到21.14%,同比增收1.45亿元。二是主体税种增减不平衡。三大主体税种中营业税增长缓慢,同比仅增长11.88%;个人所得税继续保持较快增长,同比增长33.76%;企业所得税稳步增长,同比增长22.89%。三项收入占税收总收入的90%,其中营业税占28%、企业所得税占45%、个人所得税占17%。三是小税种增速较快。车船使用税、印花税分别增长121.52%、51.19%,城建税增收984万元。四是股份制企业和制造行业税收所占比重较高。从经济性质来看,股份制企业税收收入所占地税部门组织税收收入比重高达63.12%;从行业来看,制造业所占税收收入比重达52.09%。

【税源分析】1、营业税收入增长较慢。全年实现收入2.31亿元,超年计划2.30亿元的0.4个百分点,同比增收2451万元,增长11.88%,占增收总额的16.9%,占增收额的比重偏低。增收因素:一是省级营业税增长势头强劲。四大国有商业银行共入库2462万元,同比增收723万元,增长41.57%。省级收入专项检查自查调整2002、2003年混库收入214万元,稽查入库56万元。二是加强房地产税收管理。随着中心区一些建设项目的开发建设,明显拉动了房地产业的发展,全年完成房地产投资7.45亿元,比上年增长47.2%。同时加大对房地产业销售不动产预收款申报纳税管理,确保营业税收收入及时足额入库,全市入库房地产业营业税4747万元,增长65.78%。三是规范第三产业税收管理。认真做好营业税普查,开展营业税政策调研,及时落实有关税收政策,加强"以票管税",增加了税收收入。四是加大代征代扣管理力度。实行源头控税,促进运输业税收增长较快,全市增收300余万元,增长20.71%。减收因素:一是建筑业营业税收下降。随着甬台温高速公路工程的结束,一次性减收建筑业营业税2152万元,比上年下降了19.12%。二是受"非典"影响,2003年第二季度,旅游业、服务业、娱乐业营业额大幅下降,落实国家税务总局关于对受"非典"影响行业的税收优惠政策共减免营业税114万元。三是提高营业税起征点,起征点以下的营业税免收也造成一定的减收。

2、企业所得税继续保持稳定增长。全年收入3.60亿元,完成年度计划3.25亿元的110.7%,增收6702万元,增长22.89%,占增收总额的46.19%。分经济性质来看,非公各经济类型企业所得税全面增收,国有企业则出现负增长。股份制企业入库2.94亿元,同比增长28.47%;私营企业入库761万元,同比增长21.18%;集体企业入库2208万元,同比增长25.10%;国有企业所得税入库3446万元,同比下降4.57%。增收因素:一是全市工业经济的快速稳定增长,企业效益良好,产销两旺,利润丰厚,为企业所得税带来充足的税源。全市规模工业企业利润总额达18.76亿元,比上年增长26.7%;工业产品销售率96.2%。如正泰集团入库5571万元,同比增长32.01%;德力西集团入库835万元,同比增长97.86%。全市制造业入库2.93亿元,同比增收7326万元,增长33.34%。二是加强税收征管,严肃税收政策。规范了企业所得税"按季预缴、年终汇算清缴"管理办法,加强对企业所得税减免、国有设备投资抵免、财产损失税前扣除等项目的审核。进一步明确了企业技术开发费税前扣除办法等政策。三是调高部分行业利润率带来增收。建筑业利润率由3%调至10%,工业企业利润率由6%调至7%。建筑业税收入库1160万元,同比增长93.14%。减收因素:一是受"非典"、连续高温干旱和严重缺电等不利因素的影响,加上原材料价格普遍上涨等因素,企业生产成本增加,利润减少,全市工业用电量同比仅增长3.5%,影响了企业的正常生产,加重了企业负担。二是技术改造使用国产设备抵免所得税减收。随着国家对技术改造扶持力度的进一步加大,抵免额逐年增加,2003年全市共抵免企业所得税2435万元。

3、个人所得税保持快速增长势头。全市共入库1.38亿元,完成年度计划1.24亿元的111.39%,同比增收3475万元,增长33.76%,占增收总额的23.95%。增收因素:一是加强个人所得税源头控管。进一步落实企事业单位代扣代缴制度,完善代扣代缴和自行申报制度,从"源头"上保证个人所得税税款及时足额入库,2003年工资、薪金所得入库7154万元,同比增收2550万元，增长54.18%。二是城镇居民收入水平提高及纳税意识日益增强，纳税人次由上年的37715人次增加到46028人次，同比增长22.04%。三是调整了个人所得税税收政策。对新办企业一律先按销售额预征0.2-0.5%的个人所得税，并对其结算进行严格控管。在房屋转让时征收0.3%个人所得税，加强个体工商户“双定”管理。通过调查摸底，调整、提高定额，使个体工商户的生产、经营所得个人所得税增长较快，全年入库3678万元。四是加强门征税收管理，劳务报酬所得入库416万元，比上年增收264万元。此外，民政部门发行福利彩票代扣偶然所得个人所得税174万元。

4、各小税种增长较快。全年城建税累计入库6793万元，同比增长16.95%；房产税累计入库1935万元，同比增长19.15%；车船使用税累计入库274万元，同比增长121.52%；印花税累计入库913万元，同比增长51.19%；土地使用税累计入库321万元，同比增长13.84%；土地增值税累计入库85万元。增收因素：全面开展了房产税、土地使用税普查，将房产原值、租金收入、土地使用面积等指标完整录入TF2000系统，进行有效的管理。自2003年6月份开始对房地产开发企业预收款收入按0.2%预征率征收土地增值税。市民购车热情高涨，并委托交巡警大队代征摩托车的车船使用税，委托航管所代征船泊的车船使用税，车船使用税快速增长。金融保险贷款合同代缴代扣印花税的措施逐步到位，印花税大幅增长。

各项工作情况 **【税收法制建设】**根据《浙江省重大税务案件审理暂行办法》，及时调整了重大税务案件审理委员会，制订了重大案件审理标准，保证了大要案审理质量。完善规范性文件管理，制订规范性文件会签和备查备案制度。认真办理了行政复议案件和行政诉讼应诉案件，切实维护税务行政管理相对人的合法权益。组织开展税收执法检查，进一步规范执法行为。积极做好受“非典”疫情影响行业、下岗再就业等税收优惠政策的跟踪问效工作，保证税收优惠政策及时落实到位。

【征管改革】随着现代化地税征管新框架的逐步建立，乐清市局以网络化征收、规范化管理为目标，实现征收社会化，管理科学化，稽查专业化，依靠现代化技术手段，走科技兴税之路。建立与工商登记系统户管联网协作管理制度，与银行、社保等部门信息资料库进行联网协作，信息共享，实现征收社会化。进一步完善个体工商业户理财卡申报纳税，企业银税库联网，实时扣缴税款方式，逐步从“一站式”服务向“无站式”服务转变。积极开展代理申报、邮寄申报和互联网电子申报等申报征收方式工作。同时，推行纳税评估制度，对纳税人由事后管理向事前管理转移，实现管理科学化。进一步规范选案外分离制度，建立了选案委员会，下设办公室与征管科合署办公。推行责成自查与重点检查相结合办法，加大对大要案查处力度，严厉打击偷税行为，实现稽查专业化。

【征收管理】一是全面导入ISO9000质量管理体系。按照省局统一部署，加强领导，精心组织，通过召开动员大会，现场调查、人员培训、编写质量管理体系文件、试运行、内审、管理评审等程序，形成了一套适合税收征收业务管理的质量体系，于6月25日顺利通过中方委的现场审核，获得了《质量管理体系认证证书》，并严格按照体系标准运行，提升了地税现代化管理水平。二是规范收入计划管理。积极开展收入测算，科学上报计划和下达任务，加强税收收入分析，深入开展税源调研，重视税源建设，确保收入持续稳定增长。进一步完善税源监控机制，依托TF2000重点税源监控模块，实现税源网络化监控。三是规范行业税收征管。根据建筑安装企业流动性大的状况，印发了《关于建筑安装企业纳税地点问题的补充通知》，对出租汽车统一安装了税控计价器，积极贯彻总局对货物运输行业“三个办法一个方案”精神，及时做好自开票纳税人和代开票纳税人的认定审批，税收征管逐步规范化。四是完善“分等量化、科学双定”定期定额评定办法。制定了定额等级标准，确定了定额调整系数，规范了定额核定和定额调整程序，统一启用了双定行业定额等级标准和行业分类对照表。五是加大代扣代缴力度，规范所得税征管。进一步完善企业所得税“按季预缴，年终汇算清缴”管理办法，加强对查账征收企业的行业最低利润率和核定征收企业的预征率管理，调整部分利润率和预征率，确保所得税收入。加大对高收入单位和个人代扣代缴管理力度，实行个人所得税代扣代缴重点税源户管理。实行高收入人员自行申报缴纳个人所得税管理办法。全市完成900多户企业2002年度汇算清缴工作，清缴入库企业所得税198

万元，批准48户企业的应纳税所得额1454万元,用于税前弥补亏损，同意115户企业财产损失4565万元在税前列支,所得税的管理逐步规范。

【信息化建设】 大力推进办公自动化建设步伐，提高工作效率。注重以“科技加管理”为核心的地税征管体系建设,以科技促管理,以规范促效率,不断提高地税系统现代化征管水平。加大了信息化资源配置投入,达到全体干部人手一机。加强对小型机和UPS的维护,积极启动了网络安全集成系统,确保信息网络安全运行。成功完成省局TF2000版管理层软件测试工作。成功切换了社保基金由集中征收向属地征收系统软件。加快推进征管多元化申报纳税方式,积极开展网上申报的各项前期工作。

【社会保障基金征收】 进一步加强信息传递网络建设,强化内部考核机制,加大清欠力度,确保基金征缴顺利,全年共清欠社保费423万元。继续加大宣传力度,提高群众参保意识,扩大非公企业参保面,全市72户明星企业参保率达80%。2003年10月份开始实现了纳税缴费户由各征管局属地征收,建立了“银税联网,税保挂钩”的新模式。同时还开征收职工生育保险基金,全市入库职工基本养老保险基金1.39亿元,医保基金2747万元，工伤基金、医疗救助金230万元,平均征集率均达到97%以上。

【发票管理】 加强对企业具名发票的审核、登记、送印和日常管理工作，确保企业具名发票使用的安全。加强货物运输业自开票和代开票纳税人的发票管理。抓好发票领、发、存和规范化填开等日常管理工作,开展建筑行业发票专项检查,严厉打击使用假发票和虚开发票等涉税违法行为。规范全市电信企业发票的管理和使用,统一启用经乐清市地方税务局监制并套印《全国统一发票监制章》的电信业务发票,规范电信业的经营行为。

【税务稽查】 全市地税系统继续开展整顿和规范税收秩序工作,以整治集贸市场税收为重点,以查处大要案为突破口,充分发挥以查促征,以查促管职能,维护税法的严肃性,改善税收环境。稽查局各检查股认真开展企业所得税专项检查,省级税收收入专项检查,三资企业、房地产企业、建筑安装业、交通运输业等专项检查。通过组织专项检查和行业检查,发现具有倾向性的问题和苗头,以召开征管、稽查联系会议、通报会和个案剖析会等形式进行交流,有力地促进了征管工作。全市共检查单位441户，其中责成自查305户;查补地方税费1367万元,罚款263万元,加收滞纳金44万元。结案率达98.3%，入库率达100.5%,检查案件处罚率达52.3%,“五率一面”均超过了省局的考核指标。

【税收宣传】 全市地税系统紧紧围绕“依法诚信纳税,共建小康社会”这一主题,以点带面,上下联动,开展了内容丰富、形式多样的系列宣传活动,营造了浓郁的宣传氛围。在税收宣传活动中,利用乐清电视台、乐清日报等新闻媒体深入宣传了依法诚信纳税的先进典型,对影响较大典型涉税案件予以曝光。表彰了全市“2002年度地方税收百强纳税企业”和“十佳依法诚信纳税个体户”,积极配合省局开展“寻找地税之最,共建小康社会”活动,组织广大税务干部和纳税人参加“税法百题知识竞赛”。精心组织好税法宣传文艺晚会、“地税杯”足球赛、税法游园等活动。在内容上以加强为纳税人服务和普及税收法律知识为重点,增强广大纳税人依法纳税意识，保护纳税人的合法权益。

队伍建设 【教育培训】 根据财税工作重点和形势发展,积极开展创建学习型地税组织活动。注重抓好干部职工政治思想教育,深入开展“思想大解放,促进乐清大发展”和“效能革命”活动,认真开展了学习党的十六大和十六届三中全会精神等思想政治教育活动,提升干部队伍的政治素质。提倡干部职工积极参加各类学历教育和培训学习，组织税务干部参加ISO9000质量管理体系培训、税收征管法及其实施细则的培训和考试,电子商(政)务培训考试,国家公务员依法行政培训和稽查干部培训,提高干部的业务能力和依法行政能力。

【廉政建设】 在全系统开展反腐倡廉专题教育活动。制订了《2003年乐清市地税局党风廉政建设和反腐败工作责任分工》,修订完善了《党风廉政建设责任书》,建立干部电子廉政档案,与温州市局联网实现档案动态管理。进一步深化政务公开和行风建设工作,加大防腐倡廉力度。开展了全局性的固定资产清理登记,继续加强礼品、礼金、礼券、礼卡的登记、上交和退还工作,加强财务管理,开展内部经费审计和票证等专项检查。结合效能革命,对局机关2003年1~7月份的办文效率进行全面的调查和统计,建立公文处理分类呈阅制度。组织干部职工听取现役犯人现身说法,防患于未然。

【创建文明单位】 全市地税部门继续深入开展基层税务人员工作作风建设,开展纳税人满意度调查,通过各种形式征求纳税人意见和建议,进行税法宣传和辅导,以改进工作。在2002年全局文明创建取得"满堂红"的基础上,2003年稽查局、沿江征管局被评为温州市级文明单位,至此,全局7个基层单位中拥有6个温州市级文明单位,其中,城关征管局连续14年荣获省级文明单位,稽查局连续6年被评为省地税稽查系统先进集体,王洪同志被评为全省地税系统优秀税务工作者。大荆征管局在全市千人评议基层站所试点活动中,被评为第一名。

(乐清市地方税务局供稿 赵海滨 仇德龙撰写)

永嘉县地方税务工作概述

局长 胡国强

经济概况 2003年,永嘉县实现国内生产总值95.05亿元,比上年增长13.10%,第一、二、三产业增加值分别为5.05亿元、60.32亿元、26.67亿元,增幅分别为4.01%、13.90%、12.70%。在国民经济持续快速增长的基础上,财政收入呈现高速增长,全年财政总收入8.66亿元,比上年增长23.20%。其中,上划中央收入4.28亿元,比上年增长20.89%。财政总支出5.55亿元,比上年增长12.01%。

税收概况 **【任务完成情况】** 2003年,全县地税系统共组织各项收入6.21亿元,同比增收1.60亿元,增长35.89%。其中税收收入3.36亿元,增长27.26%,完成年计划的114.47%,保持了收入增长的良好势头。地税各项收入占财政总收入的比重也由2002年的65.3%上升到2003年的71.72%。

【税收特点】一是税收在高基数、高增长的基础上继续保持快速增长。2003年税收收入增幅在前三年平均增长31.11%的基础上仍达到27.26%,同比增收7188万元。二是主体税种增减反差大。小税种土地增值税、房产税、印花税增长速度较快。三大主体税种中营业税、个人所得税快速增长,同比分别增长41.22%、22.96%;企业所得税继续稳步增长,同比增长14.36%。三者收入占总税收收入87.35%。三是非国有经济税收增幅大。私营经济和港澳台投资企业经济税收增长幅度列各经济类型收入前列,增幅分别为67.06%、225%。四是重点行业税收稳定,房地产业创下新高。制造业税收继续保持主导地位,占全年税收收入的33%;房地产业税收成为税收增长的新亮点,占全年税收收入的比重更是提高到了20.03%,成为地税收入增长的生力军。

【税源分析】 1、营业税收入快速增长。全年实现收入1.37亿元,超年度计划1.10亿元24个百分点,同比增收3997万元,增长41.22%,占增收总额的55.61%,是2003年增收的主要来源。增收因素:一是加强建筑业和房地产税收管理。全年房地产业营业税收入5456万元,同比增长了60.47%;建筑营业税收入3462万元,同比增长62.31%,是营业税中增长最快的二大行业。二是金融保险业快速发展。2003年金融保险业营业税收入1730万元,同比增长25.54%。

2、企业所得税稳步增长。全年收入9606万元,同比增收1206万元,增长14.36%。增收因素:东瓯工业园区的逐渐完善,促进了民营企业的快速发展,非国有经济税收均有不同程度的增长,尤其是私营企业所得税入库2429万元,同比增收995万元,增长

69.39%。

3、个人所得税增长较快。全年入库6009万元,同比增收1122万元,增长22.96%。增收因素:一是加强了个人所得税源头控管,加强对体育彩票和福利彩票偶然所得的个人所得税征缴,2003年偶然所得的个人所得税120万元,同比增收95万元,增长480%;工资薪金所得个人所得税入库2488万元,同比增收410万元,增长19.73%。二是加大个体工商业户的税收管理力度和定额调整工作。三是认真抓好核定征收企业2002年定额核定的结算清理。

4、其他税种增长较快。全年入库4248万元,同比增收864万元,增长25.53%。增收因素:随着瓯北镇房地产业的持续升温,土地转让频繁,带来土地增值税的大幅增长;我县车辆数量急剧增加带来了车船使用税的较快增长。

各项工作情况 **【税收法制建设】** 出台《税收规范性文件制定规则》和《税收执法过错责任追究办法》,建立以执法责任制为核心的管理制度,并对2002年度制定的税收规范性文件进行定期清理,为稳步推行执法责任制奠定基础。严格执行重大税务案件审理制度,认真落实税务行政救济和行政处罚工作,积极开展税收执法检查,规范执法行为。

【征管改革】 作为全省地税系统第一批导入ISO9000质量管理体系的推广应用单位,于2003年6月底通过了现场审核,为深化征管改革、实现地税管理由规范化向标准化过渡迈出了重要一步。积极实施《征管局、稽查局定岗定责实施方案》,促进征管与稽查的工作衔接。按照"大稽查、大集中"的思路,重新组建稽查机构、调整人员,集中办公、一级稽查全面到位。制定《稽核评税管理办法》和《稽查选案管理办法》。健全社会化征管体系,完善工商地税办证联系制度,与公安局、国税局联合建立欠税人员出入境通报备案制度;与高速公路指挥部建立税源协作监管联系制度,加强对重点建筑营业税的控管;与县人民法院建立地税征管协作制度,对销售不动产的营业税费进行代扣;与县邮政局联合出台《邮寄申报办法》,稳步推进多元化申报纳税方式。

【征收管理】 一是印发《永嘉县地税系统重点企业税源监控管理办法》,依托TF2000重点税源控模块,对县重点企业分省级、县级和基层实施监控,其中被列为省级的达15户,比上年新增5户。二是规范行业税收征管,严格规范全县建筑企业县内跨区域施工的税收征管规定和和程序,实行房产税费按月与房产使用人经营税收同时征收。对各征管单位有特色的行业税收管理经验进行总结、推广。三是加大代扣代缴力度,规范所得税征管。继续推行企业所得税核定征收管理办法,加大对高收入单位和个人代扣代缴管理力度,加强账证不健全企业代扣代缴和个人独资、合伙企业投资者个人所税征管。认真做好一年一度的企业所得税汇算清缴工作,巩固和完善了企业所得税预缴和最低利润控管制度。四是依托TF2000与工商地税办证联系制度,实行"六率"考核制度;按照ISO9000体系的要求,实行质量目标19项指标计划执行情况通报制度,促进了征管质量的提高。

【信息化建设】 进一步深化应用《浙江地税信息系统》,完善社保征收模块,全面推行"银税联网、实时扣款和批量扣款",成功启用电子印章,圆满完成TF2000管理层软件的测试任务;在互联网上申请建立永久域名网站。完成网络系统安全工程建设,建立防火墙及入侵检测系统,加强计算机病毒防范措施,落实信息化安全管理制度。充实计算机专业技术人员,建立信息中心人员下派基层锻炼和联系挂钩制度,熟悉基层地税征管工作,提高全系统信息化应用水平。

【社会保障基金征收】 通过社保信息化建设,增设征缴管理机构,加大社保宣传,推进社保非公扩面,大力加强社会保障基金征收。2003年共筹集基本养老保险、基本医疗保险两项社保基金2.07亿元,征缴率分别达97%和99%。

【发票管理】 召开发票管理专题会议,研究、讨论加强发票管理措施和办法。出台《永嘉县发票管理制度》,促进发票管理规范化。开展打击制售、购买假发票违法行为活动和具名发票专项检查,及时通知有关征管局和企业进行整改,确保具名发票的规范、正确使用。

【税务稽查】 发挥一级稽查的"拳头效应",加大对大要案的查处力度,实现以查促征、以查促管。结合稽核评税,以企业所得税负担率偏低为首要参数选取了103家企业进行稽查。通过组织专项检查和行业检查,发现具有倾向性的问题和苗头,以稽查建议书的形式反馈给征管部门,推行稽查公示书和“约谈式”稽查,做到税法宣传与责成自查同步,业务辅导与问题咨询齐下,收到较好的稽查效果。2003年共查处涉税金额10万元以上的大要案和疑难案件5起,稽查纳税人169户,检查面达6%,其中立案查处26件,结案率、公告率和复查率均达100%,全年查补税费及罚款、滞纳金总计615万元。

【税收宣传】 紧紧围绕“依法诚信纳税、共建小康社会”这一主题,开展了以《企业报》为载体开设企业家论坛、创办少年税校、向小学生分发《小学生税收知识》课外读本、开展百题税法知识竞赛、免费赠阅财税报刊杂志和税收政策小册子等系列宣传活动,共增创5所少年税校,为全县各企事业单位、纳税人免费赠阅财税报刊杂志1500多份,印发税收政策小册子5000多本,将税收政策全方位地交给纳税人,进一步扩大了宣传的深度和层面。

队伍建设 【教育培训】 以创建“学习型”组织为契机,注重抓好干部职工政治思想教育,积极开展党的十六大精神主题教育活动,兴起了学习贯彻“三个代表”重要思想新高潮。通过开展向郑培民同志学习和“两个务必”教育,巩固职业道德教育成果。认真实施干部培训计划,鼓励干部职工积极参加各类学历教育和培训学习。

【廉政建设】 在全系统开展反腐倡廉专题教育、预防职务犯罪教育和警示教育,继续开展“读书思廉”活动,加强党风廉政教育。

【人事制度改革】 制定中层干部竞争上岗实施办法,改革用人制度机制,对全局9名中层干部岗位实行公开竞争上岗,激发了干部学习工作的积极性,提高了干部任用的透明度。

【创建文明单位】 在全系统扎实开展“效能革命”和行风评议活动,利用“行风投拆咨询日”、明查暗访、模拟办事、下基层进企业听座谈等多种形式,向社会公开征求“50条不满意意见和合理化建议”,并制定了22条整改措施,建立和完善了政务公开、公务接待、政务督查等内部管理制度。采取“走出去”的方式,局领导带队深入27个骨干企业,为企业出谋划策、排忧解难,向企业赠送《中国税事指南》一书,开展“零距离”政策服务。经过努力,全系统列入当地乡镇政府评议的7个基层征管单位,共有5个获得前三名,稽查局在全县15个执法窗口单位的评议中获得第一名。各地以开展“效能革命”和行风评议活动为契机,开展基层文明单位和“青年文明号”创建活动,通过考核,上塘征管局、乌牛征管局分别被授予温州市地税系统“青年文明号”和文明单位。

(永嘉县地方税务局供稿 叶圣华撰写)

苍南县地方税务工作概述

局长 高友平

经济概况 2003年,苍南县实现国内生产总值109.8亿元,比上年增长10.7%,其中:第一产业10.4亿元,增长1.5%;第二产业58.4亿元,增长10.9%;第三产业41.0亿元,增长13.0%。全县人均国内生产总值达到8964元,比上年增长11.8%。全县实现工业总产值240亿元,同比增长11.8%,其中规模以上工业实现总产值60.25亿元,同比增长14.3%。实现农业总产值18.8亿元,比上年增长4.6%。完成全社会固定资产投资额24.71亿元,比上年增长28.9%。实现社会消费品零售总额48亿元,同比增长8.1%。实现进出口总额9671万美元,比上年增长89.1%,其中外贸出口额6565万美元,比上年增长54.4%,增幅列全市第一。主要经济指标呈现较快增长,产业结构不断优化,经济运行质量不断提高。在国民经济持续快速增长的基础上,全县实现财政总收入8.22亿元,比上年增长15.2%,其中,中央两税收入9614万元,同比增长32.1%;地方财政收入为4.58亿元,同比增长24.2%。全县完成财政总支出为7.08亿元,比上年增长7.4%。

税收概况 **【任务完成情况】**2003年,全县地税系统共组织各项收入4.84亿元,同比增长20.7%。其中税收收入3.48亿元,同比增长18.5%,超额完成省局年度计划8.5%,超额完成县人大预算计划5%,与2002年相比在全市各县市排名中前移2位,取得了显著成绩。

【税收特点】一是税种结构逐渐优化。2003年,地方税收收入同比增长26.7%,占税收收入总额的54%,比重上升19.1个百分点,为地方财政收入作出了较大的贡献;中央两个所得税增长10.1%,圆满完成省局年度任务。二是税、费收入结构更加合理。规费累计收入1.36亿元,同比增长26.7%,税、费收入比例达到7:3,形成税费并进的格局。三是“抓大不放小”的治税思想进一步落实。主体税种营业税、企业所得税、个人所得税分别增长24.6%、9.2%和11.4%,小税种同比增长33.1%;主体行业房地产业、建筑业税收收入分别增长63.9%和36.2%,建安房开税收收入9634万元,占税收收入总额的27.7%;第二产业税收收入比重下降,第三产业税收收入增幅明显,第二、三产业税收收入比为1:1.5。

【税源分析】1、从总体上看,税收收入保持稳定增长的态势。2003年,税收收入增幅18.5%,超省局计划要求8.5个百分点。主要原因是苍南县总体经济开始回升,税源紧张局面有所缓解;地税ISO9000的全面导入,税收征管工作更加规范。但是仍低于全省税收收入增幅27.3%、全市18.6%的平均水平,税收收入总额与永嘉(增幅27.3%)、瑞安(增幅26.7%)、乐清(增幅21.1%)差距拉大。

2、从税收收入的预算级次来看,各级收入均超额完成任务。2003年,中央级收入9614万元,同比增长32.1%,完成年度计划97.4%,同比下降的原因主要是去年“两个所得税”中央与地方由“五五”分成改为“六四”分成;县级收入2.37亿元,同比增长13%(同口径对比增长21.4%,超额完成预算计划107.2%);省级收入1504万元,同比增长31.9%,超额完成年度计划27.5%。

3、从税收收入的产业结构来看,第二产业税收收入比重下降,第三产业税收收入增幅明显。2003年,第二产业税收收入1.38亿元,同比增长16.4%,占税收总额39.6%。其中建筑业入库5352万元,同比增长36.2%;工业制造业税收入库8175万元,同比增长8.1%;电力煤气及水的生产和供应业入库243万元,同比下降29.5%,原因是重点纳税大户液化气供应部外迁宁波。第三产业税收收入2.10亿元,同比增长19.9%,占税收收入总额60.3%,其中房地产业税收收入4282万元,同比增长63.9%;租赁和商务服务业税收收入2152万元,同比增长60.4%;商业批发和零售业税收收入3924万元,同比增长10.5%。

4、从分税种收入结构来看,三大主体税种结构优势显著。2003年,营业税收入1.39亿元,占税收收入总额40%,同比增长比重2个百分点;企业所得税收入9509万元,占税收收入总额27.3%,同比下降比重2.3个百分点;个人所得税收入6515万元,占税收收入总额18.7%,同比下降比重1.2个百分点。这三个主体税种共收入2.99亿元,占税收收入总额86%,同比下降比重1.5个百分点。城建税2148万元、房产税1284万元、土地增值税807万元,分别占税收收入总额6.2%、3.7%和2.3%;其余小税种收入642万元,占税收收入总额1.8%。

5、从分税种收增减情况来看,各税种全面增收,增量主要来源于营业税和所得税。2003年同比增收额最大的税种依次是:营业税增收2745万元,占总增收额50.5%;企业所得税增收805万元,占总增收额14.8%;个人所得税增收668万元,占总增收额12.4%;这三个主体税种共增收4218万元,占总增收额77.6%;其他各税种增收1213万元,占总增额22.4%。同比增速最快的税种依次是:土地增值税增长76.4%,印花税增长75.2%,车船使用税增长49.9%,营业税增长24.6%,城建税增长19.3%,房产税增长30.9%,企业所得税增长9.2%,个人所得税增长11.4%。

各项工作情况 **【税收法制建设】**依照“有法必依、执法必严、违法必纠”和职权与责任相结合的原则,制定《苍南县地方税务局税务行政执法过错责任追究暂行办法》、《苍南县重大案件税务审理暂行办法》;并建立税收规范性文件会签审核制度,对县局或其他部门制定的涉及到税收政策的规范性文件,均由法规科按规定程序进行审核会签,努力把好政策关,强化执法过程中的事前监督审核,确保地税执法依据的合法性、规范性和统一性。

【征管改革】2003年4月,苍南局开始ISO9000质量管理体系的贯标,至11月止,如期完成导入工作,初步建立地税质量管理标准体系,为提高地税管理整体水平迈出了重要一步。在ISO9000成功导入的基础上,苍南县地税局将进一步规范内部机构设置和业务分工,以信息化为依托,优化业务流程;实行考核与奖惩办法挂钩,加强全员监督考核,切实提高工作效能,以推动地税管理现代化和规范化建设的进程,逐步实现以科学化程序为基础的标准化管理。

【征收管理】一是税源调研和税收计划管理进一步加强,收入结构更加合理。针对经济和税收发展的现状,详细调研产业结构、行业税负和征管质量情况,加大对重点税源的监控力度,增强税收组织工作的主动性和预见性,通过科学合理的税收计划管理,不断优化税收收入结构。二是积极拓展税源,"抓大不放小"的治税思想进一步落实。一方面加强主体税种的征管,确保地方税收入大幅增长,切实加强营业税税源管理,重点是进一步完善房地产业、建筑业和货物运输业的税收管理措施。加强小税种征管,多管齐下,扩大征收面和拓宽税源,推出行之有效的分税种管理措施,使小税种成为地税收入新的增长点。同时加强社保基金等规费的征管,进一步完善社保基金征管程序和征缴制度,努力提高社保基金征管质量,不断扩大社保覆盖范围。三是加强税源监控体系建设,搞好收入分析预测。在做好总体收入分析的同时,特别要针对税收征管中薄弱环节,深入开展全方位的分行业税源普查和分税种调研工作,逐步建立分行业与分税种税收数据库;进一步扩大税源监控覆盖面,逐步从重点税源监控向全面税源监控拓展,及时掌握、研究、分析影响税收收入变化的重大因素,提高防范税收风险的应变能力。

根据省、市局的要求,6月底与技术监督局、交通局联合发文,积极推广应用出租车税控装置,加强税收监控力度,要求全县所有出租车安装税控计价器工作;通过运用科学技术手段加强出租车行业管理,促进公平竞争,提高出租车行业的档次,保护消费者的合法权益,增加税收收入。

稽核评税。通过规范稽核评税规程,明确相关流程和人员职责;制定行业的稽核评税参数指标,发挥稽核评税的纳税辅导和征管监控作用,增强纳税人依法申报纳税的自觉性。通过全面推行稽核评税,更加有利于开展针对性重点稽查,促进了税收征管。全年共稽核441户,入库税款1530万元。

纳税服务。一是积极推进多元化申报方式与实时扣缴税款的有机结合,简化纳税程序,提高征管效率,方便了纳税人。二是出台《苍南县地方税务局业务流程》,细化基层征管单位岗位职责,规范业务流程,提高服务质量和办事效率,促进基层征管工作的规范化。三是在全县范围内大力推广应用"12366"电话语音特服系统,借助现代网络的优势,为纳税人提供更加快捷优质的纳税服务。四是在巩固"税友2000"征管软件应用的基础上,优化了操作权限配置,从地税征管业务角度加强"税友2000"的应用分析,为全面推行ISO9000质量管理体系打下了良好的基础。

【信息化建设】一是在巩固"TF2000"软件应用的基础上,大力推广管理层软件应用,利用海量信息的综合效能,实现管理层业务需求,支持领导层日常决策。二是大力推广应用"12366"电话语音特服系统,借助现代网络的优势,为纳税人提供更加快捷优质的纳税服务,拉近与纳税人的距离。三是出台《苍南县地方税务局业务流程》,细化基层征管单位岗位职责,规范业务流程,提高服务质量和办事效率,促进基层征管工作的规范化。四是加快OA办公系统应用,逐步推进地税办公自动化。搞好公文处理系统应用工作,切实提高公文处理的效率和质量,实现公文管理的规范化、制度化、科学化;认真做好苍南财政地税信息网全面改版工作,进一步发挥网站的学习、宣传作用。

【社会保障基金征收】一是对社会保障基金进行全面的清理,努力做到工作有的放矢。二是加大催缴力度,针对社保费征集率低下的现状,通过TF2000系统查询并打印出欠缴单位清册,通知各征管局进行催缴,逐步使征管部门形成规费催报工作与税款催缴工作同步。三是采取"先易后难,先小后大"的办法,即:先解决医保费后解决社会养老的问题,由于医保费刚开征,户数少(只有120户),容易发现问题,分析原因,找出解决办法;再解决规模较小征管局的征集率问题,由于规模小的征管局管辖的户数少,容易梳理,也就容易针对性地开展有效征管。

【税务稽查】 稽查工作一方面坚持依法治税,抓住重点,有的放矢,提高稽查威慑力,另一方面不断创新稽查机制,帮助企业逐步规范财务管理,达到以查促管、以查促征、服务于企业的目的。同时,进一步深化稽查局的机构改革,以达到高效合理运行。全年共稽查150户,立案79件,查处大要案16件,查补税款968.9万元。

【税收宣传】 紧紧围绕“依法诚信纳税,共建小康社会”主题,通过开展“财税之夜”经典电影回放等七项税法宣传活动,使广大纳税了解各项税收政策;通过开展多形式、多层次、全方位的宣传活动,提高纳税人诚信纳税的理念;通过互联网网站、电视新闻报刊等新闻媒体,大力宣传纳税大户对苍南经济和社会发展所做出的贡献,提高纳税大户的知名度,使企业家赢得社会各界的尊重;通过营造文明高效的工作氛围,进一步取得社会各界的理解和支持,从而树立地税“诚信服务,奉献社会”的新形象。

队伍建设 **【教育培训】** 认真组织学习党的十六大精神,用“三个代表”重要思想武装党员、教育干部,进一步端正思想作风,改进工作态度,充分发挥党员的先锋模范作用,地税干部队伍政治素质有了明显提高。同时,在全系统开展先进人物事迹学习活动,组织学习郑培民、张朝究、李玉国等同志先进事迹,增强干部职工做好地税工作的责任感和使命感。

【效能革命】 及时召开地税系统“效能革命”工作动员大会,制定效能建设的实施意见和办法,实行层层考评,层层把关,一级抓一级,级级抓落实,切实解决门难进、脸难看、话难听、事难办“四难现象”,实现服务质量、办事效率“两个提高”。

【人事改革】 根据新时期干部人事制度改革的要求,按照公正、公平、公开、择优的原则,开展中层干部竞争上岗工作,选拔任用了20名优秀的中层干部,在系统内营造爱岗敬业、积极向上的工作氛围,调动了广大地税干部的积极性。同时,认真贯彻执行县委、县政府的决定,积极、按时、稳妥地做好临时用工的清退工作。

【廉政建设】 制定和落实党风廉政建设责任制,加强考勤制度、着装制度执行情况检查,及时通报检查结果;认真开展内部审计,对存在的问题进行了认真整改。重新聘请19名党风廉政与行风建设特邀监督员,多渠道、多方位地接受社会各界的监督。

(苍南县地方税务局供稿　陈青友撰写)

平阳县地方税务工作概述

局长　温从岳

经济概况 2003年,平阳县实现国内生产总值96.46亿元,比上年增长10.1%,其中:第一、二、三产业增加值分别为6.81亿元、54.42亿元、35.22亿元,增长幅度分别为1.6%、9.1%、9.7%。全县规模以上工业企业(国有及年销售收入500万元以上非国有工业企业)总产值64.00亿元,经上年增长10.3%;在规模以上企业中,皮革和塑编两大支柱产业完成产值41.13亿元,占规模以上工业总产值比重64.3%。全社会固定资产投资23.15亿元(不包括高速公路),比上年增长12.1%。全县进出口总额1.48亿美元,增长25.0%,其中自营出口1.156亿美元,同比增长14.0%,进口总额3207万美元,增长92.0%。在国民经济保持稳步增长的基础上,财政收入继续保持增长态势,2003年全县实现财政总收入7.53亿元,增长10.2%,

其中上划中央四税收入3.66亿元,增长3.1%;地方财政收入3.87亿元,增长17.9%;全县财政总支出实绩为6.22亿元,增长14.1%。

税收概况 **【任务完成情况】** 2003年,全县地税系统共组织各项收入4.43亿元,同比增长9.5%,其中地方税收入库(含省级)2.81亿元,完成省局下达年度任务的101.0%,同比增收3006.0万元,增长12.0%,确保了收入任务完成和稳步增长。

【税收特点】 一是税收收入大部分来源于第三产业。第二产业税收入库1.09亿元,占全县地税收入比重的38.7%;第三产业税收入库1.73亿元,占全县地税收入比重的61.3%,仍占地税收入的主导地位。二是特色支柱产业税收收入出现负增长。塑编行业税收入库1059.4万元,同比减收14.6万元,增长-1.4%;皮革行业税收入库352.7万元,同比减收538.4万元,增长-60.4%,两大支柱产业税收的负增长对全县地税收入产生一定影响。

【税源分析】 1、营业税收入增长比例大为下降。全年实现收入1.28亿元,同比增收1078.8万元,增长9.2%,与2002年增长幅度47相比大为下降,主要原因是在高基数、高增长的基础上,难以继续保持高速增长。增收因素:一是加大对房地产业企业、建筑业企业的欠税清理力度,促进了营业税增长。房地产业入库3994.5万元,同比增收372.3万元,增长10.3%;建筑业入库3640.5万元,同比增收580.6万元,增长19.0%。二是金融业运行稳定,金融业营业收入稳步增长。全年入库1584.5万元,同比增收153.4万元,增长9.7%。减收因素:一是各信息传输运营商加大竞争力度,相继推出各种优惠套餐,造成邮政、信息传输、计算机服务和软件业小额减收。邮政、信息传输、计算机服务和软件业共入库1297.2万元,与上年同期1316.9万元相比,减少19.7万元。二是认真落实有关“非典”期间部分行业、下岗职工再就业和执行营业税起征点等一系列税收优惠政策,造成了营业税一定程度的减收。

2、企业所得税收入稳步增长。全年实现收入7833万元,同比增收762.8万元,增长10.8%。增收因素:一是加强所得税的日常管理,规范所得税预缴制度,并组织开展税收专项检查,通过对汇交企业进行责成自查,促使企业认真、如实申报税收,增加了企业所得税收入。全年建筑业企业、房地产业所得税入库分别为815.9万元和592万元,同比增长25.7%和47.4%。二是加大清欠力度。2003年,共清理企业所得税入库1082.5万元。减收因素:由于水源治污限产轮产的影响,企业开工不足,作为支柱产业之一的皮革加工制造业效益下降,影响了制造业税收,全年制造业企业所得税入库3577.2万元,同比减收39.6万元。

3、个人所得税增长较快。全年实现收入4091.5万元,同比增收586.0万元,增长16.7%。增收因素:开展个人所得税欠税清理工作,共清欠入库135.7万元;规范利息、股息及红利的个人所得税管理,入库税收391.9万元,同比增收120.6万元;加强偶然所得的个人所得税管理,对购买福利彩票中大奖的个人征收个人所得税,增加了99万元收入。

4、地方小税种增长快速。房产税入库948.6万元,同比增长36.3%;土地增值税入库398.4万元,同比增长59.3万元;印花税入库267.2万元,同比增长22.0%;土地使用税入库143.6万元,同比增长43.2%;车船使用税入库42.1万元,同比增长45.2%,各小税种增长比例均在22%以上。增收因素:开展昆阳、鳌江、水头三个经济强镇房产税的清理工作,对欠税“钉子户”采取查封、罚款等法律手段,促进了房产税大幅度增长;规范房地产二级市场的土地增值税管理,委托县土地部门代征土地增值税,要求纳税人办理土地过户手续时,必须提供土地增值税完税凭证,否则土地部门不予办理土地证,促进了土地增值税快速增长;强化印花税管理,加大贷款合同、建筑安装合同、商品房销售合同的印花税管理力度,促进印花税快速增长。

5、城建税增长缓慢。全年实现收入1576.3万元,同比增收80.4万元,增长5.4%。增收因素:增值税、消费税和营业税三税总体上仍然保持较小幅度增长。

各项工作情况 **【征管改革】** 进一步深化税收征管改革,调整地税机构,落实地税征管新框架,成立法规科、涉外税和昆阳、鳌江、水头、萧江四个地税征管局。全面导入ISO9000质量管理体系,成立领导小组,以“依法治税,以德治队,科学管理,优化服务”为质量目标,树立规范管理和持续改进两个意识,调动地税干部职工的工作积极性和主动性,推进依法治税,优化纳税服务,提高管理质量。

【征收管理】严格税收计划管理，科学分解落实税收任务，定期召开税源分析会，及时掌握税源变化，增强税收入库的预见性和平衡性。召开联席会议，协调国、地税工作关系，加强与县文化部门之间协作和联系，进一步规范文化娱乐业的税收管理，促进税收征管顺利开展。强化税源监控管理，完善监控网络，科学合理地对重点税源企业的各项经济指标进行监控，及时掌握税源和税负变化趋势。积极推广使用TF2000稽查子系统，规范日常稽查操作程序，提高工作效率。按照国家税务总局《关于加强货物运输业税收征收管理的通知》要求，认真贯彻落实"三个办法、一个方案"，规范我县货物运输业税收管理。加强税收执法监督，开展地方税收执法检查工作，查找执法过程中发生的问题，并认真加以整改，规范税收执法行为，提高执法水平。

【社会保障基金征收】抓好非公企业的社保扩面工作，在进行充分调查研究的基础上，多次向县政府请示和社保局协调，就500万产值以下非公企业的社保扩面工作，制定了详细、周密、操作性较强的扩面办法，使社保扩面不断深入，全年新增参保企业535户、参保人员3035人。同时，根据各基金、费的种类不同，分析收入结构变化和增减因素，制订出相应的征管办法，促进收入稳定增长。全年共征集各种基金费1.62亿元，其中企业职工基本养老金1.11亿元、地方养金1915.4万元。

【发票管理】一是狠抓工作落实，严格执行用票单位责任制度，做到责任到户、责任到人；充分利用TF2000发展管理模块，将企业具名发票纳入计算机管理；完善发展违章案件集中处理制度，加大案件处理力度；结合《浙江省地税发票实用手册》，编写ISO9000质量管理体系发票管理作业指导书，规范发票管理程序，进一步加强了发票管理。二是在对保险业发票、民办医院发票纳入管理的基础上，2003年又将电信业发票、民办学校学杂费收据、环卫所卫生费发票纳入地税发票管理，扩大发票管理范围，使管票与管税协调一致。三是开展货物运输业发展专项清理工作，对全县41户使用发票的货物运输企业进行清理检查，缴销空白发票1556份，摸清了货物运输企业的发票使用情况，为开展"自开票纳税人"、"代开票纳税人"认定工作提供第一手资料。

【税务稽查】完善税务违法案件举报奖励制度、稽查公告制度、稽查回访制度，充分发挥稽查职能作用，进一步重视举报案件的查处，加大案件处罚和执行力度；按照"责成自查与重点稽查"相结合的思路，积极开展重点行业、省属企业、私立学校和其他教育单位的专项检查，全年共查处各类涉税案件949个，查补罚税费602.3万元，有力地打击了偷税、逃税、抗税行为。

【税收宣传】紧紧围绕"依法诚信纳税，共建小康社会"这一主题，积极开展税法宣传活动。通过悬挂横幅标语、开辟宣传窗等形式，营造良好的税收宣传氛围；利用地税直通车和"12366"纳税服务热线，为纳税人提供服务；开展"地税杯"戏剧电视大奖赛，发动社会力量编演税收题材的戏曲节目，以群众喜疗乐见的形式进行税法宣传；加强与电视台、报社等媒体联系，深入、持久、有效地开展税法宣传，使税法宣传深入人心。

队伍建设**【教育培训】**为深化党的十六大精神主题教育，树立地税新形象，成立了"学《纲要》、转作风、优环境、促发展"主题活动领导小组，认真开展了主题教育活动，在全局兴起学习贯彻"三个代表"重要思想新高潮，使党员干部在转变作风上有明显成效。为加强公务员队伍建设，提高公务员综合素质，根据《平阳县人民政府关于印发平阳县国家公务员培训"十五"规划的通知》精神和《关于举办国家公务员更新知识和法律知识培训班的通知》要求，分批组织地税干部进行培训，并抓好电子商(政)务,《税收管理法》及实施细则等培训工作，激发干部职工的学习积极性，扩大干部职工知识面，提高干部职工依法行政能力和业务水平，努力培养一批"一专多能"的地税复合型人才。

【廉政建设】全面贯彻落实党风廉政建设责任制，按照领导工作分工划定党风廉政责任范围，明确责任，形成一级抓一级、层层抓落实的责任机制；认真开展了"廉洁从政、艰苦奋斗"为主题的党风廉政教育活动和"效能革命"增强党员干部使命感、责任感和廉洁从政意识，提高反腐拒变能力。

（平阳县地方税务局供稿　林川撰写）

洞头县地方税务工作概述

局长 邱海华

经济概况 2003年，洞头县实现国内生产总值13.33亿元,比上年增长14.9%。其中:第一、二、三产业增加值分别为2.95亿元、3.81亿元、6.57亿元,增幅分别为5.4%、33.2%、10.6%。工业总产值11.13亿元,增长23.3%。渔业总产值6.38亿元,增长8.2%。全年累计完成全社会固定资产投资5.78亿元，同比增长68.3%。城镇居民人均可支配收入突破万元大关,达到10238元,增长13.2%;渔农民人均纯收入4096元,增长9.6%。全年实现财政总收入1.51亿元,比上年增长20.3%。其中:地方财政收入8626万元,增长34.0%;上划中央"四税"收入6506万元,增长5.9%。全县财政总支出2.56亿元，其中当年预算支出1.43亿元,增长16.5%。

税收概况 **【任务完成情况】**2003年,全县地税系统共组织税收收入7213万元，完成省核计划108.6%,同比增收1138万元,增长18.7%。

【税收特点】从收入的预算级次看，省级税收与县级税收均有不同程度的增长。全年省级税收入库101万元，完成年省核计划的123.2%，同比增长23.9%;县级税收入库7112万元,完成年省核计划的108.4%,同比增长48.2%;个人所得税同比也有较大幅度增长,达21.6%;而企业所得税同比则呈下滑趋势,下降9.8%。从收入的经济性质看,各经济类型实现全面增长。全年国有经济入库1694万元,同比增收78万元,增长4.8%;集体经济入库1173万元,同比增收312万元,增长36.2%;股份经济入库2953万元,同比增收504万元,增长20.6%,;个体经济入库1248万元,同比增收195万元,增长18.5%。

【税源分析】1、营业税保持较大增幅。全年共入库3213万元,完成年省核计划的134.7%,同比增长48.2%,是各项税收中增幅最大的一个税种。而营业税各税目除交通运输业同比下滑外,其他各税目均有较大幅度增长。增收因素:一是基础设施建设带来了建筑安装业营业税的明显增长。2003年是洞头县基础设施建设年,县委、县政府提出了"大投入、大建设、大发展"的思路,加快了对新城建设、旧城改造、环岛公路、港口、水利等重点工程的建设步伐,由此带来了建筑安装业税收的增长。全年该行业营业税共入库1255万元,同比增收478万元,增长61.5%。二是房地产开发带动了销售不动产业的良性发展。2003年洞头县销售不动产业房地产开发形势良好,加上温州等周边地区炒房族的光顾,使得楼价节节攀升,成为地税税收增长的重要原因。全年全县入库销售不动产业营业税1059万元,同比增收458万元,增长76%。减收因素:一是受鱼粉产量减少影响,交通运输业税收也相应减少。2003年全县鱼粉生产企业共有9家,全年共生产鱼粉2.1万吨,同比下降44.1%。二是洞头县重点税源浙江华电能源有限公司水路运输业营业税改由国税征收,也是本期交通运输业税收下降的另一个原因。

2、企业所得税收入有所下降。全年收入2185万元,完成年省核计划86.8%,同比减收236万元,下降9.8%,与年初计划相比缺口333万元。减收原因:一是企业经济效益普遍不景气,效益大幅下降,直接影响企业所得税。二是受“非典”影响,产品出口减少,影响企业利润,企业所得税征收减少。如重点企业浙江诚意药业有限公司全年共入库企业所得税581万元,同比下降40.2%,减收389万元。三是税源后劲不足制约企业所得税增长。一方面,新办企业归国税管理,减少了地税税源;另一方面,受其他市地税税收政策的影响,部分企业外迁至上海等地经营,造成税源流失,影响了税收收入。

3、个人所得税稳步增长。全年个人所得税共入库1352万元,完成年省核计划101.3%,同比增收240万元,增长21.6%。与年初计划相比增收18万元。增收原因:一是完善个人所得税代扣代缴方式,强化源头控管带来个人所得税增长。依托县会计核算中心、县航管所等部门,进一步完善代扣代缴制度,从源头上保证个人所得税税款及时足额入库。2003年,全县工资、薪金所得入库524万,占个人所得税入库总额的38.76%。二是加强对个体工商户的“双定”管理,通过调整个体起征点、完善个体征管制度等措施,进一步加大个体税收征管工作力度。全年个体工商户个人所得入库432万,占个人所得税入库总额的31.95%。三是股息、红利所得成为个人所得税的一个征收亮点。全年入库322万,占个人所得税入库总额的23.82%。

4、其他税种收入有所增长。在抓好主体税种征管的同时,坚持“抓大不放小”的原则,切实抓好零星税源和小税种管理。全年其他税收入库463万元,占税收比重的6.4%,同比增长24.0%。其中:受营业税、增值税增长的拉动,城建税入库311万元,同比增长27.1%。

各项工作情况 **【税收法制建设】** 建立健全税收规范性文件管理制度,成立税务案件审理委员会。全面实行案件分级审理制度,并根据洞头实际,确定了重大税务案件审理标准,强化事前、事中监督。进一步规范重大税务案件审理工作,成立执法检查领导小组,开展税收执法检查。积极组织执法人员参加行政执法资格培训和考试,严格执行国家税务总局颁布的《税务执法过错责任追究办法(试行)》,将内部执法责任制落到实处,充分发挥法制机构的执法监督职能,提高执法水平。

【征管改革】 一是积极应用TF2000系统,不断升级扩容,软件功能得到不断开发和应用。开通使用了“征管质量考核”模块,并在确保TF2000正常应用的基础上,对TF2000管理层软件进行运行测试,逐步实现信息化建设的重点从操作层向管理层的转移。二是以ISO9000为抓手,进一步巩固征管改革成果。根据省地税局的部署,洞头县地税局被列为全省地税系统第二批全面导入ISO9000质量管理体系推广应用单位。整个工作于2003年4月份启动,并于11月通过了现场审核认证。通过导入ISO9000质量管理体系,在地税系统中树立了“科技加管理”的全新征管理念,进一步提升了地税管理质量。

【征收管理】 进一步完善征管制度,强化征管措施,规范税收管理。一是抓好税收计划调控。认真做好税源调查,精心进行测算,及时分解和下达税收计划,确保税收计划落到实处。搞好税收计划执行情况分析、预测工作,继续对全县地税收入前50名的企业实行税源监控,准确掌握收入进度和税源变动情况,使税收任务的完成有稳定的来源。二是加强稽核管理。印发了《洞头县地方税务局稽核评税管理暂行办法》,对企业纳税申报进行事后稽核。三是规范行业税收征管。进一步完善房地产和土地使用税的管理办法,对房产买卖和土地使用权转让行为实行核定计税价格标准的税收征管办法,加强了对该两种行业的税收控管。四是完善协管制度。继续落实工商、税务登记协作管理工作制度,每月定期与工商部门交流登记资料,获取工商登记信息,加强税收源头监管。

【信息化建设】 大力推进信息化建设步伐,提高工作效率。加大对信息化建设的投入,基本保证人手一台机,一个科室至少配备一台打印机。积极推行“科技加管理”的征管模式,继续完善推广TF2000,对TF2000管理层软件进行运行测试,对征管“七率”考核报、发票购领卡等模块进行调试运行,并定期对地税信息系统进行软件升级。充分利用现有设备,开发了FTP文件传输服务,加快了局机关及各基层单位的联系,使信息在网络上方便快速传递,提高了工作效率。全面改版升级“洞头财税”网站,在网上建立了政策法规、办税指南、最新公告等十几个栏目,建立上网信息审批制度,丰富网站内容,进一步发挥了网络优势,充分实现信息共享。

【社会保障基金征收】进一步建立健全社保基金征收考核制度,强化征收率的分级考核,并加强督促检查,保证全县社保基金的征收到位。加大信息技术在社保基金征收中的应用,充分运用《浙江地税信息系统》在网络功能和数据处理能力,对社保基金实行银税联网征收。加强与有关部门的协作,进一步建立健全协调配合机制。进一步加大宣传力度,积极协助社保部门开展宣传活动,切实增强全社会的社保意识。通过努力,全县入库社会养老保险基金1192万元,同比增长33.0%;基本医疗保险基金入库167万元,同比增长12.1%。

【发票管理】加强发票管理。组织开展税收票款检查和使用到期发票的清理工作,共对全县具名发票用户及县、所两级税务机关的24种具名发票和16种统一发票进行了清理。

【税务稽查】建立健全税收稽查选案、检查、审理制度,推行案件合议制度,成立稽查选案委员会、审理委员会和案件合议小组,进一步理顺关系,明确职责,确保规范执法。组织开展省级税收专项检查和房地产、建筑安装行业税收专项检查活动,加大稽查力度,突出重点地抓好企业所得税和个人所得税检查,以查促管,促使重点行业税收的规范化管理。狠抓各项稽查工作制度建设,规范稽查流程,提高稽查效率。对尚未入库的税款,积极会同公安经侦部门采取有效措施进行催缴,确保税收及时足额入库。全年共查处违纪案件48件,补税罚款950万元。"五率一面"指标均达到省、市局的要求。

【税收宣传】围绕"依法诚信纳税,建设小康社会"宣传主题,采取各种有效宣传形式,以进一步增强全社会对税收工作的理解和支持,增强公民依法纳税意识,推进依法治税和"信用洞头"建设。开展老干部志愿者自行车队税收宣传环岛游活动,在有线电视台开辟专栏,以访谈及对话形式开展"社会各界谈税法"活动,在广播电台设立"税务之声"进行税收专题宣传,充分利用办税服务厅,通过"地税12366语音系统"、纳税咨询服务窗口、咨询电话、触摸屏、政务公开栏等有效形式,广泛开展纳税咨询与服务。结合农村税费改革,开展农税宣传到渔农村活动。积极参与总局和司法部法制宣传司共同举办的"税法百题知识竞赛"活动。

队伍建设【教育培训】深入开展党的十六大精神主题教育和兴起学习贯彻"三个代表"重要思想新高潮活动,做到在学深学透、务求实效上下工夫,在解放思想、与时俱进上做文章,在虚实结合、谋求发展上抓落实,经常性地开展社会公德、职业道德和思想品德教育。使学习活动和做好地税工作有机地结合起来,取得了初步成效。组织学习郑培民先进事迹,以先进榜样指引人,引导干部职工勤奋工作。积极组织有关人员参加省、市举办的业务培训、公务员初任与知识更新、计算机应用、电子政务、ISO9000质量体系、行政执法资格等培训。2003年,各类培训达323人次。积极采取各种形式加强文化学历教育,认真组织人员参加湖南大学现代远程教育,促进全局干部队伍的文化知识水平有新的提高。

【廉政建设】以"平安工程"为载体,不断地把党风廉政建设推向深入。制定出台党风廉政建设责任制实施方案,明确党风廉政建设和反腐败工作要点和责任分工,按照"一级抓一级"原则,签订责任书,明确职责,层层抓落实。开展"读书思廉"活动,精心汇编廉政教育资料作为学习教材,提高全局干部职工的廉政意识。开展纠风肃纪树形象活动,抓好节日期间的廉政建设。

【创建文明单位】以"效能革命"活动为载体,立足部门实际,提出创建"五型"机关。即:注重素质塑造人,创建学习型机关;转变职能服务人,创建服务型机关;建章立制管理人,创建文明型机关;绩效考评激励人,创建高效型机关;严格监督约束人,创建廉政型机关。通过开展"一窗式"服务、在办税大厅设立导税窗口、实行职能科室联系骨干企业制度、AB岗工作制、一次性告知制、限时办结制等,进一步拓宽服务渠道,改进服务方式,树立地税部门勤政廉政新形象。继续组织开展创建和评选最佳办税服务厅活动,开展争创文明单位、优秀工作者和县"十杯"竞赛活动,推动全系统的争先创优活动。直属征管局被评为浙江省地税系统基层文明单位、温州市文明单位、温州市文明窗口示范点、温州市财税系统文明单位。

(洞头县地方税务局供稿 许晓斐撰写)

文成县地方税务工作概述

局长 陈永富

经济概况区 2003年，文成县实现国内生产总值17.23亿元,比上年增长12.0%。其中,第一产业增加值3.01亿元,增长3.6%;第二产业增加值5.02亿元,增长10.1%;第三产业增加值9.20亿元,增长16.2%。人均生产总值4711元,比上年增长14.0%,增幅较上年提高0.9个百分点。2003年,全县财政总收入1.41亿元,比上年增长14.0%,其中,上划中央"四税"收入4988万元,增长18.3%;地方财政收入9172万元,增长11.8%。地方财政总支出3.21亿元,增长2.8%。

税收概况【任务完成情况】2003年,全县地税系统共组织各项收入1.2亿元,比上年增长13%。其中税收收入5816万元,比上年增长13%,完成年计划数的103%;社会保险基金5347万元,比上年增长15.8%。

【税收特点】一是随着社会经济的持续发展,税收收入保持稳定增长,并稍高于同期GDP的增幅。二是主体税种发展不平衡。全年营业税入库2407万元,比上年增长15%;企业所得税出现负增长,全年入库1272万元,比上年减少7%;个人所得税增长迅猛,全年入库1303万元,比上年增长34%。三是地方小税种增长幅度参差不齐。其中,城建税比上年减少14%;房产税比上年增长134%;印花税比上年增长48%;土地使用税比上年增长260%。

【主要措施】1、大力发展地方后备税源。围绕"生态旅游县"发展战略,充分发挥百丈飞瀑、刘基故里、铜铃山等旅游资源优势,支持以旅游业为龙头的第三产业的发展。

2、加强税收征管,遏制税收流失。一是加强重点税种、重点行业和重点税源大户税收征管;二是进一步搞好与国税、工商、公安、银行等部门的配合,形成信息共享;三是拓宽代扣代缴领域,不断完善代扣代缴制度,建立税收源头控管档案,如委托建设局招投标中心对乡村道路建设工程进行代扣,委托旅游局对旅游景点设施的建筑安装实行代扣,委托水利部门对小水电的建造进行代扣等。

各项工作情况【税收法制建设】建立健全税收规范性文件管理制度,严格执行税收规范性文件会签审核制度和备查备案制度,确保地税执法依据的合法性、规范性和统一性。制定文成县重大税务案件审理制度,全面实行综合选案和案件分级审理机制,规范税收重大案件审理程序,全年共审理两个重大案件,补罚税费近100万元。认真组织开展税收执法检查工作,积极推行执法责任制、错案追究制,同时建立学习培训考核激励机制,激发干部学法、执法的主观能动性和责任感。做好营业税制、税收征收管理体制、支持下岗失业人员税收优惠政策落实情况等问题的调研及政策执行情况的跟踪访效。

【征管改革】一是成立导入ISO9000质量管理体系工作领导小组,制定《文成县地税局全面导入ISO9000质量管理体系的实施方案》,并就ISO9000质量管理体系有关内容组织了培训。二是由管理者代表策划主持,确定了本局的质量方针和质量目标,抽调业务骨干认真编写体系文件。共编写出本局的质量管理手册、26个程序文件、93个作业指导书和393份记录表单。三是体系文件发布后,要求全局干部职工在工作中严格按照"PDCA"循环的要求,通过内审、内部检查等系统方法,及时发现工作中存在的问题,并认真进行分析、预防和纠正,将问题解决在萌芽状态,有效解决了传统地税管理中工作职责不清、操作规程不统一及传统税收征管活动中可能存在的执法不严、随意性大等问题,使依法治税工作上了一个新台阶。进一步整顿和规范税收秩序,加强税法的威慑力。

【征收管理】面对“非典”疫情、电力短缺等各种困难,积极采取各种有效措施,坚持以组织收入为中心,挖掘各种增收潜力,坚定不移地推进依法治税,确保了收入任务的圆满完成。进一步完善税源管理办法,对全县的税源分布和税源结构进行认真排查摸底,对未受“非典”影响的行业做到应收尽收,确保税收及时足额入库;对受“非典”影响的行业认真落实减免税政策,并做好服务和支持工作,尽可能地将损失减少到最低限度。坚持规范所得税的政策执行和征收管理,促进企业所得税收入稳步增长。积极推行“人员全覆盖、管理全过程、联网全方位”的个人所得税全员管理。强化营业税征管,在摸清税源、掌握行业特点和动态的基础上及时完善征管措施,特别是加强了道路交通工程、建筑业、房地产等重点行业的营业税征管。坚持“抓大不放小”的方针,继续在小税种征管上下工夫,强化分税种、分行业的征管。

【社会保障基金征收】全面贯彻落实新修改的《浙江省职工基本养老保险条例》和国家税务总局有关社保费征收工作的指导意见,加强与社保、银行等部门的联系,全面加强对社会养老保险基金及各项金费的征管。

【税务稽查】在税务稽查中,严格实行“选案、稽查、审理、执行”四分离制度。加大稽查工作力度,深化企业所得税日常检查,采取自查和重点检查相结合的办法,有重点地开展了制售假发票专项整治和省级税收收入专项检查。全年共查补税款143万元,加收滞纳金20万元,罚款69万元,有力地打击了各类偷、逃税违法行为,达到了以查促管的目的。严格执行《举报中心工作操作办法》,及时查处涉税举报案件。全年共受理群众举报案件3起,全部立案查结,共查补税款24万元,滞纳金9万元,罚款15万元。

【税收宣传】一是巩固传统宣传阵地。在电视台上播放宣传标语;在交通要道悬挂宣传横幅;在《文成报》上刊登诚信纳税大户排行榜,并做好新税收征收管理法及其实施细则、12366语音特服系统、ISO9000质量管理体系等内容的宣传。二是举办税法宣传培训班。以“发票管理与做账的关系”、“纳税和账务处理”等为主要内容对企业办税人员、行政事业单位财务主办人员进行培训。三是发挥“小小税收宣传员”的作用。通过赠送印有税收常识的练习薄给县城各所小学,使税收观念深入小学生的意识,并通过他们宣传到各年龄阶层。四是积极组织税务干部和纳税人参加“税法百题知识竞赛”活动,进一步在公民中普及税收知识。

队伍建设【教育培训】加强党(政)校教育阵地建设,坚持每月组织上一次党课,突出以“三个代表”重要思想和党的十六大精神为重点,全年共集中上课13次,邀请县纪委、组织部等领导就党风廉政建设等内容讲课3次。2003年,文成县地税局党(政)校被评为市级示范党(政)校。坚持每周半天的政治学习制度,积极抓好党委理论学习中心组、各支部以及全体财税干部三个层次的学习教育。从“爱岗敬业,提高素质”教育着手,通过组织全局干部观看《郑培民事迹报告会》等电教片、高温季节到环卫所慰问和“八一”建军节到驻地武警慰问活动等多种方式,引导地税干部职工爱岗敬业、乐于奉献、齐心向上的文明之风。树立所有科室都是“窗口”的意识,开展“转变作风年、调查研究年”活动和“三声三语”服务等一系列的活动,提高了干部职工的服务意识。同时大力开展调查研究等活动,促进了机关作风的转变。举办ISO质量管理体系内审员培训班,组织ISO质量管理体系相关知识和新征管法及其实施细则的考试,提高干部业务素质和执法水平。举办电子政(商)务培训班、计算机二级培训,并进行考核,提高干部计算机操作技能和信息化普及面。制定三年学历教育规划,采取有效措施,为广大干部提供学习条件,改善干部学历结构和知识结构,提高45周岁以下大专以上人员的比例。

【党风廉政建设】制定地税系统年度党风廉政建设工作计划和检查考核办法,与各科室负责人签订党风廉政建设责任书,积极落实党风廉政建设一票否决制,并实行与经济利益相挂钩的办法。健全和完善党风廉政建设有关制度,出台车辆、接待、财产财务管理、考勤、干部考核等近20个制度。强化监督检查,进一步完善监督检查和党风廉政责任追究制度,健全和延伸监督网络,重点加强了对税收执法和行政管理权的监督,加强干部工作时间和八小时外的监督,使权力运行和干部行为都置于有效的监督之下,畅通信息反馈渠道,及时发现苗头性、倾向性问题。聘请离退休老干部、人大代表、政协委员为我局的行风监督员,定时召开座谈会,认真听取他们的意见和建议。

【创建文明单位】积极开展创建文明单位活动,从严格执法、文明服务入手,通过开展创建"巾帼文明示范岗"、"青年文明号"和文明科室等活动,激励干部职工的集体荣誉感和敬业、奉献精神。深入开展"一帮一"文明共建活动,组织干部职工与黄坦镇前巷村村民进行"一帮一、心连心"结对。积极开展省级卫生先进单位创建活动,巩固省级卫生先进单位创建成果。2003年局机关顺利通过了省级卫生先进单位和市级文明单位复评验收,征管局办税大厅被授予国家级"巾帼文明示范岗"称号。

(文成县地方税务局供稿　胡瑞雪撰写)

泰顺县地方税务工作概述

局长　蔡贻望

经济概况 2003年,泰顺县实现国内生产总值16.81亿元,比上年增长12.01%。第一、二、三产业增加值分别为2.8亿元,5.76亿元,8.25亿元,增幅分别为2%,13.9%,15%;全县工业企业完成产值9.3亿元,比上年增长12.8%;实现社会消费品零售总额5.46亿元,比上年增长15%;完成社会固定资产投资8.32亿元,比上年增长13.7%。主要经济指标呈现较快增长,经济效益运行质量显著提高。全县实现工业销售产值8.9亿元,比上年同期增长19.1%,增速比上年同期提高5.1个百分点。在国民经济持续快速增长的基础上,财产收入增势良好。全县实现财政总收入1.43亿元,比上年增长6.9%。其中,中央两税收入4788万元,增长3.8%,地方财政收入8928万元,比上年增长12.6%,全县财政完成一般预算支出3.13亿元,比上年增长12.5%。

税收概况 【任务完成情况】2003年,全县地税系统共组织各项收入9747.4万元,比上年增长22.3%,其中税收收入5512万元,增收844万元,增长7.97%,完成年度计划107.97%,保持了收入增长的良好势头。

【税收特点】1、从总体上看,税收收入保持着较快增长势头,完成情况较好,税收收入的增长快于经济增长,全县各征收单位均超额完成年度收入任务。

2、从收入的预算级次来看,县级、中央级收入完成情况较好。县级收入3812万元,比上年同期增收454万元,增长13.53%,完成年度计划110.98%;中央级收入1508万元,比上年同期增收399万元,增长35.95%,完成在年度计划102.59%。

3、从税收结构来看,(1)收入绝对额最高的税种依次是:营业税收入2491万元,占税收入总额45.19%;企业所得税收入1420万元,占税收收入总额25.76%;个人所得税收入1094万元,占税收入总额19.85%;这三大主体税种共收入5005万元,占税收收入总额90.8%;(2)同比增收额最大的税种依次是:营业税增收488万元,个人所得税收193万元,企业所得税增收103万元,这三个主体税种共增收784万元,占总增收额92.89%。

【税源分析】1、营业税较快增长。全年收入2491万元,完成省核计划任务2203万元的113.08%,增长24.36%。增长的主要原因:一是由于泰顺近年来房地产业发展迅速,带动了营业税收的增长,全年共入库274万元,同比增收151万元,增长122.76%;二是重点工程、重点行业小水电建设项目增多,建筑营业税继续稳定增长,共入库922万元,增收167万元,增长22.12%;三是由于保险业扩大了业务范围,各专业银行加大对重点工程和重点行业的贷款规模,使保险收入和贷款利息收入增加,共入库367万元,同比增收65万元,增长21.52%。

2、企业所得税有所增长。全年入库1420万元,完成省核计划任务1370万元的103.63%,增长7.18%。主要是国有企业,同比增长了13.55%。增长的主要原因:如烟草行业加大营售网络,利润增长,2003年入库了865万元,同比增收145万。

3、个的所得税稳定增长。全年共入库1094万元,完成省核计划任务1082万元的101.09%,增长21.36%。主要是加强了源头控管,完善了代扣代缴制度,调整了个人所得税预征率以及税收定额,如个人生产经营所得收入588万元,比去年同期增收139万元,增长30.96%。同时还加强对漏征漏管户的清理,从而增加了收入。增收的因素:今年泰顺地税部门克服了"非典"及干旱对经济和税收征收的影响,税收收入总体保持较快增长。一是经济发展的原因,泰顺经济发展总体上保持平衡运行适度发展的态势,经济的发展为税收的继续稳定增长打下了良好的基础。二是地税部门加强了税收收入的组织工作,紧紧围绕以组织收入为中心,加强税收征管,加大组织清理欠税,采取了一系列措施和办法:(1)科学合理地落实今年的地税收入任务;(2)加大税收宣传力度;(3)加强税收征管,加大稽查力度;(4)抓大不放小;(5)加强税源控管,完善征管网络。减收的主要因素:一是支柱行业电力税收收入因我县旱情严重,雨量偏少,发电量明显减少,如纳税大户三插溪电站2002年1~11月份应交企业税608万元,而2003年1~11月份应交企业所得税只有51万元,同比减少企业所得税577万元;二是石材行业由于目前开采量越来越少,开采难度越来越大,成本逐渐提高;三是落实再就业及"非典"影响,相继出台了相关税收优惠政策;四是因受周边地区优惠政策影响,有一部分合伙企业(如竹木、玩具等企业)搬到周边地区经营,使税收收入受到一定的影响。

各项工作情况　**【税收法制建设】**1、深入贯彻新税收征管法及其实施细则。在大力抓好新税收征管及其实施细则的学习、宣传、贯彻的同时,加强与有关部门的协作,进一步健全和落实配套的各项管理制度。突出抓好滞纳金、处罚金、司法移送工作,有力地促进地税执法和征管程序的进一步改善。

2、落实各项税收优惠政策和做好纳税服务。在全县开通12366纳税咨询服务热线,设立专门"非典"税收咨询专柜,简化申报纳税手续等各项措施。全面落实上级政府关于审批制度改革的各项措施,提高办事效率,搞好税收法规库建设,实行税收政策网上公告。贯彻好近几年中央出台的应对通货膨胀的税收政策和新实施的各项税收政策措施,特别是做好"非典"期间和"下岗职工再就业税收优惠政策"及营业税起征点调整落实,维护和加固"民生之本"。

3、切实完善税收执法监督制约机制。认真贯彻落实国家税务总局《关于全面加强税收执法监督的决定》和省局《关于进一步加强税收法制建设切实推进依法治税的意见》精神,增强执法监督效果。巩固和发展入世后税收政策法规清理工作的成果,动态地确保执法依据合法。结合导入ISO9000质量管理标准体系,全面加强对征收管理、稽查、税政等环节执法行为的监督。一是严格执行税收规范性文件会签制度和备案备查实施办法。二是实行减免税集体审定制度。三是执行重大税务案件审理制度和税务行政复议制度,保证重大税务案件的审理不少于全年税务案件的10%。四是建立税收执法情况通报制度,切实推行执法检查工作的日常化,并将检查情况进行通报。五是健全政务公开制度,及时将执行依据、执行程序、执法文件、执法责任向社会公开,采取发放评议卡、设立投拆箱等形式,主动听取社会各界对税收执法的意见和建议。

【征管改革和信息化建设】1、做好信息化的一体化工作。目前,全县已经实现《浙江地税信息系统》2000版切换到位,《公文处理系统》应用到位,基本覆盖了税收业务处理和行政管理的主要环节,基本实现了信息的数字化建设。按照我县信息化建设三年规划的要求,积极做好TF2000的升级和日常应用维护,逐步推广了TF2000的应用范围,提高了信息共享水平;不断完善全县地税计算机公文处理程序,积极应用档案系统,提高档案利用效率,延伸办公室自动化应用领域;完善了《浙江地税信息系统》2000版功能整合和地税管理应用系统等子系统的集成工作,实现了信息化建设重点从操作层向管理层的转移。在《浙江地税信息系统》2000 版的电子申报功能支持下,在全县推行以定期定额户委托银行实行扣税,方便了纳税人,积极探索多元化申报和网络化缴库一体化服务方式。

2、落实信息化安全管理各项措施,进一步加强信息安全体系建设。制定了计算机安全管理、网络设备、技术资料、事故处理等一系列计算机及网络管理制度,规范全局计算机及设备的使用,保证了计算机及网络系统的安全。在落实和完善信息化安全管理各项制度的基础上,优化安全设备配置,逐步建立了以县局为主,各征管局为辅的局域网,实现 TF2000 软件在全县范围的应用。组织开展了网络安全专项检查,认真检查防毒软件的安装和使用情况,发现问题,及时整改,确保计算机及网络系统安全运行。通过重点培训,提高计算机技术人员的安全意识和防范能力;通过普遍培训,提高广大地税干部的计算机操作技能。

3、全面完成了《税友 2000》管理层软件整体测试工作。推行管理层软件是全面提高地税管理水平、提升信息化应用层次、提高办事效率的需要,按照省、市局的部署,从 9 月份开始,制订方案,狠抓落实,认真做好管理层软件的测试工作,并充分运用管理层软件的各项功能,做深、做细各项管理工作。

4、认真落实 ISO9000 贯标工作。根据省局贯标工作要求,我局作为第三批贯标单位,8 月份及时在县地税系统启动了 ISO9000 标准的贯标工作。专门成立了工作领导小组的前提下,确立由征管科牵头,其他科室积极配合的工作机制,并抽调 18 位业务骨干担任 ISO9000 文件的编写设计工作。在贯标的过程中,通过召开动员会,进一步提高干部的贯标思想认识,促进该项目落到实处。确保了贯标工作在 11 月份顺利完成。

【征收管理】 1、税收计划管理和税源监控水平不断提高。根据省局核达我县 2003 年税收收入的任务,组织力量,深入基层调查税源,以各基层征收单位当地的税源和 GDP 增长情况为依据,及时编制了制度税收计划,分解落实到各征收单位;利用计算机信息网络,做好定期分析预测和计划进度的考核,确保税收收入及时、均衡入库。对年税收收入 10 万元以上的烟草、电信、移动、水电、金融、建筑等骨干企业、建立重点税源数据库,纳入计算机全程监控,实施动态跟踪管理。

2、坚持抓大不放小,小税种征管不断加强。(1)深化营业税管理。从行业入手加强营业税税源管理,搞好交通运输业、建筑安装业等营业税纳税人税收资料调查工作,及时分析和测算营业税税源、税负及入库情况。把握工作主动权。(2)强化所得税管理。切实解决所得税收分享体制改革后征管工作中遇到的问题,及时对我县企业所得税方面存在的一些业务问题进行分析、探讨,主动到企业进行有关财务和税收法规业务辅导和政策咨询、解答。认真开展 2002 年企业所得税汇算清缴工作,全县共汇算清缴了 130 户,调增应纳税所得额 151.7 万元,查补企业所得税 45.07 万元,并全部组织入库。为提高高收入行业和高收入者的个人所得税入库率,积极推行“人员全覆盖、管理全过程、联网全方位”的个人所得税全员管理。据统计,2003 年个人所得税征管再上新台阶,全年收入 1093.8 万元,同比增长 21.31%,有较地发挥了组织收,调节了社会分配的作用。

3、强化清理欠税工作,严格实行清欠考核。从澄清欠税底数入手,把清查出的欠税统一纳入核算,建立欠税底册,并根据欠税纳税户的生产经营性情况和资金状况划分欠税类别。在此基础上,层层制定清欠责任制,落实清欠目标,并狠抓落实。2003 年,全县共清欠税 69.7 万元。

4、认真开展省级税收专项检查。根据省、市局文件精神,成立省级税收专项检查领导小组,抽调骨干,认真布置,加强职能部门配合,发挥了铁的形象、铁的精神、铁的纪律、铁的手段、铁的力度等“五铁”精神,有效地对全县 8 户纳税户开展省级税收专项检查,取得了较好成绩,得到上级的好评,据统计省级专项检查共查补税款合计 23 万元。

5、积极布置货物运输业税收征管工作。认真贯彻落实国家税务总局发布的《关于加强化物运输业税收管理及运输发票增值税抵扣管理的公告》和“三个办法、一个方案”的工作要求,采取“边学习、边到位”的措施,对全县范围内的货物运输业营业税纳税人的基本情况和车(船)拥有权属进行调查摸底,并下发了泰顺县关于贯彻执行货物运输业税收征收管理的通知,及时做好货物运输业纳税人分类认定和现有发票的清理工作,就货物运输业发票管理软件的下载使用、代开发票、纳税申报、税款征收、开票信息登记、录入、传递等予以统一规定。以确保新办法如期贯彻落实。

【社会保障基金征收】 做好社保费征收工作。认真落实新修改的《浙江省职工基本养老保险条例》和国家税务总局有关社保费征收工作的指导意见,按照省局的要求,在全县进一步推广"义乌经验",积极探索有效的社保费征缴管理办法,积极推进社保费征收管理信息化。继续加强与有关部门协作,努力扩大社保覆盖面,加大征缴力度。2003年共征集社保基金3060.2万元,同比增长51%;医疗保险基金740万元,同比增长10.8%。教育附加和农村教育事业附加费等共征集342万元,同比增长11%。

【税务稽查】 1、地税稽查的威摄力得到进一步发挥。在积极开展日常稽查的同时,集中力量开展了专项检查。2003年,共检查税务违章案件47起,查补税款447万元,其中责成自查424万元,入库率达99.10%,罚款23万元,罚款率为50.56%;复查案件2起,复查率4.25%,公告案件20起,公告率为100%。

2、进一步健全稽查制度,规范执法行为。结合实际,制定《泰顺县地税稽查工作规程》、《地税稽查职责一般案件合议制度》、《税务错案责任追究制度》、《案件复查制度》等一系列制度,进一步明确了办案期限和办案责任,使稽查案件更加规范化、操作方便化、管理现代化。

3、进一步加大税务稽查力度。在抓好日常检查的同时,集中力量开展省级税收、企业所得税、石材、磨粉、交通运输等税种和行业的专项检查,共对74户纳税户实施检查,查补税款及罚款394.5万元。在专案结案中,做到税种查全、环节查到、查深查透、问题查清,违法问题查实,分清性质、依法予以惩处。一年来,共受理群众举报案件5起,上级转办举报案件1起,查处6起,立案2起,已查结4起,在查1起,在审1起,共查补税款26万多元,罚款13万多元,为进一步增强地税执法刚性,提高税法威摄力。

【税收宣传】 扎实有效地开展税收宣传。紧紧围绕"依法诚信纳税,共建小康社会"这一主题,创新形式,讲究实效,抓好税收宣传项目的落实。一是开展日常税收宣传活动。通过电视、广播、报刊等各种新闻媒体和广告牌、横幅等载体,以及印发赠送税收宣传纸杯等,将税收宣传融入人民群众日常工作生活中。二是开设专门税收宣传阵地,印刷实用的税收宣传材料,同时将《浙江税务》、《中国税务》、《浙江税务法规专刊》等报刊分送各部门、乡镇领导、离退休干部、扶贫挂钩单位及纳税人,以增强他们的税收法律意识。三是举办"地税之春"大型魔术晚会,让参加"两会"的全体人大代表和政协委员及纳税人、干部群众1000余人在欣赏精彩节目的同时学习了税收法规。四是"非典"期间通过用媒体公布"非典"期间的税收优惠政策,制定了"非典"期间税收优惠政策操作和规程,在各征管局设立"非典"期间税收政策咨询专柜等绿色通道,确保优惠政策及时到位,截止8月底止,对交通运输业、娱乐业、旅店饮食业等24户企业和个人,办理相关减免税手续,累计减免税款45.7万元。

队伍建设【教育培训】 注重提高干部素质坚持依法治税与以德治税相结合。一是注重学习内容,加强理想信念教育,认真学习、领会党的十六大和十六届三中全会精神,紧紧抓住学习"三个代表"重要思想这一主线,抓住与时俱进、改革创新的时代精神,坚持每月至少两次以上的政治理论学习,把思想政治工作融入税收执法的全过程。二是注重地税工作实际,加强干部的法治教育,新的税收征管法及其实施细则实施后,地税部门作为执法主体,依法享有应承担的责任和义务,必须深刻认识到依法治税的重要性,为此,我们对地税干部的法制教育特别重视,除了不定期地组织干部学习税收政策法律、法规知识外,还结合工作实际,积极参加各类业务知识培训和电子政务、商务培训考试,进一步提高地税干部的业务水平。积极开展全员培训和远程学历教育为主的学历教育,拓展复合型人才培养的途径,促进专业知识的更新。

【党风廉政建设】 认真落实廉洁从政各项规定,不断增强廉洁自律意识。坚持标兼治、立足教育、着眼防范,建立健全适应税收工作需要的监督制约机制,进一步落实党风廉政建设责任制,进一步强化"两权"监督制约,加大从源头上预防和治理腐败的力度。注重地税形象,加强廉洁自律教育。处处以一个党员严格要求自己,做到防微杜渐;利用观看警示片、现场劳教人员现身说法开展了正反两面教育,做到警钟长鸣;设立开公举报电话,接受社会各界监督,做到廉洁办事。

(泰顺县地方税务局供稿 刘化明撰写)

嘉兴市地方税务工作概述

局长 金锦根

经济概况 2003年，嘉兴市实现国内生产总值858.03亿元，比上年增长16.9%，第一、二、三产业增加值分别为68.37亿元、508.66亿元、281.00亿元，增幅分别为5.0%、20.3%、14.9%；全市规模以上工业总产值1269.52亿元，比上年增长33.4%；实现社会消费品零售总额279.39亿元，比上年增长12.1%；完成全社会固定资产投资525.53亿元，比上年增长38.7%；完成出口交货值408.87亿元，比上年增长32.3%。主要经济指标呈现较快增长，经济效益和运行质量显著提高。全市实现工业销售产值1096.68亿元，比上年增长41.7%；工业利润总额达到70.36亿元，比上年增长51.3%；工业产品销售率98.5%。在国民经济持续快速增长的基础上，财政收入呈现高速增长，全市实现财政总收入92.72亿元，比上年增长27.9%。其中，上划中央收入51.50亿元，增长20.9%；地方财政收入41.22亿元，增长37.8%；全市财政完成一般预算支出47.24亿元，比上年增长22.6%。

税收概况 **【任务完成情况】** 2003年，全市地税系统共组织各项收入60.64亿元，比上年增收12.46亿元，增长25.9%；其中地方税收收入37.33亿元，增收6.76亿元，增长22.1%，完成年计划的110.0%，保持了税收收入的可持续增长。

【税收特点】 一是主体税种税收收入全面增长，特别是个人所得税和营业税保持高幅增长，同比分别增长43.3%和22.7%；二是各县(市)都超额完成全年税收收入任务，但税收收入增幅不均衡，平湖市、嘉兴市本级同比分别增长37.8%和26.2%，而海宁市、海盐县同比分别增长15.1%、8.9%；三是房地产业税收成为税收增长的热点，全年入库税收5.70亿元，同比增收2.25亿元，增长65.3%，增收额占总增收额6.76亿元的31.3%；四是第三产业税收增长较快，全年入库税收20.62亿元，同比增长24.5%，占税收收入比重为55.2%。五是税收收入主要来源于内资企业的股份制企业、国有企业和私营企业，全年分别入库税收15.15亿元、7.22亿元和6.45亿元。

【税源分析】 1、营业税收入稳步增长。全年实现收入14.80亿元，同比增长22.7%，完成年度计划的110.2%。增收因素：主要来自建筑业和房地产业，共增收2.74亿元。由于房地产市场的活跃和城市化建设带来的基础设施投资增加，对外来建筑征收管理的强化，以及4季度房产销售形势良好和房交会的带动，房地产业和建筑业成为营业税增长的热点。减收因素：主要受缓缴因素影响。上年同期结转营业税缓交入库8106万元，而今年度缓交减少5965万元；电信业价格竞争日益激烈，以实际话费结算计税，本级移动通讯公司和联通公司本期共应征入库774万元，同比减少1074万元；另6~10月份由于“非典”特殊时期实行税收优惠政策影响营业税1610万元。

2、企业所得税略有增长。全年实现收入10.53亿元，同比增收1.04亿元，增长11.0%，完成年度计划的105.4%。其中：建筑业4749万元，同比增长25.4%；房地产业1.39亿元，同比增长191.5%；批发零售业1.92亿元，同比增长9.8%；社会服务业1.77亿元，同比增长19.1%。增收因素：一是企业效益明显好转，尤其房地产业出现快速增长，带动建筑业、批发零售业等相关行业发展；二是部分重点行业企业开发新产品或新增项目，通过技改更新设施，全面提升市场竞争力，经营效益较好；三是本级浙江嘉兴高速公路有限责任公司入库税收继续保持高幅增长，入库1.46亿元，同比增收2661万元；四是加强税收征管，对纳税大户进行全面稽核，做好年末企业所得税申报，保证企业所得税的及时入库。

3、个人所得税高幅增长。全年入库7.37亿元,同比增收2.23亿元,增长43.3%,完成省局下达年度计划的119.7%。增收因素:一是经济发展使居民总体收入提高,为个人所得税增长奠定了稳固的税源基础;二是通过多年的税法宣传,纳税人的依法纳税意识普遍提高;三是加强代扣代缴管理,扣缴义务人较好地履行扣缴义务;四是股息红利已成为个人所得税新的增收点。

4、城建税全年入库2.75亿元,同比增收6588万元,增长31.47%。主要是随主体税种而增收,如海盐秦山核电二期、三期相继建成发电,共入库3443万元,同比增收2786万元。

5、其他各税全年入库1.87亿元,同比增收965万元,增长5.45%。减收因素:一是房产税受退库因素影响,全年共办理退库3001万元,同比增收1672万元;二是屠宰税停征减收730万元。增收因素:主要来源于房产税和印花税,主要是加大对"小三税"的管理,加强对出租房屋的征管,使房产税得到一定的增长;印花税增收主要是房地产业商品房销售较好带动代售印花税增收。

各项工作情况【税收法制建设】结合导入ISO9000质量管理体系工作,进一步做好地税规范性文件的审核会签和备案备查工作,做好市委、市府发布的涉及地税规范性文件的审核工作。积极强化行政执法的规范管理和执法检查工作,组织开展对涉税文件、税收优惠政策的贯彻落实和征管稽查环节等几个方面进行税收执法检查,积极配合省局开展的行政执法责任制和行政执法过错责任追究试点工作,深化审批制度改革,简化审批手续,深化"两权"监督。

【征管改革】加快纳税申报方式多样化进程,市本级5个基层办税服务站均推行邮寄申报,户数达到1275户,积极推进实行网上电子申报,税收征管向"无站式"服务迈进。开展导入ISO9000质量管理体系工作,制定了《推广应用ISO9000质量管理体系实施方案》,确定27个程序文件和89个作业指导书,开展二次内审,汇总整理涉及50个体系文件、104条修改内容,9月市局经中国质量协会质量保证中心第三方现场审核,顺利通过ISO9000质量管理体系贯标认证,初步建立了地税质量管理标准体系。认真抓好征管改革"三年规划"的落实工作,逐一对照规划目标进度,明确职能处室和落实质量,并切实加强对县(市)地税局规划落实情况的督导,保证了规划的基本落实。选择开展纳税评估试点,在市本级选择丝织行业进行调查研究,摸清该行业生产经营情况,根据行业经济运行指标和测定的行业平均税负,将同行业中低于平均税负的纳税人列为重点评估对象,规范纳税行为。

【征收管理】大力组织各项收入,着重抓好税源管理和征收管理两个重要环节。进一步完善税源监控体系,拓宽重点税源监控面。2003年,市本级250户重点监控企业入库税收7.88亿元,占税收总收入的63.1%。加强税种征管,个人所得税在代扣代缴基础上逐步强化全员全额管理,营业税在调整起征点后强化起征点以上个体工商户的征管,企业所得税汇算清缴审核工作做到重点税源重点稽核;强化申报稽核,全年市本级实施稽核765件,补缴税款1108.5万元;大力清缴欠税,做好欠税人员不准出境通报备案工作,市本级成功追缴欠税90多万元。

【落实"非典"期间优惠政策】出台"非典"期间纳税便利和优惠措施:调整纳税申报期限,实行按区域分片分期申报。营业税起征点由月营业额400元调高至2000元。对受"非典"影响较大、并实行定期定额方式征收的饮食业、旅店业、客运出租车等9个行业的定额调减50%。对受"非典"影响较大的企业、事业、机关团体等出租房产及个人出租营业用房的房产税,经批准给予适当减免。对参加"非典"防治工作一线医务、防疫工作者的特殊临时性工作补助等所得免征个人所得税等。

【信息化建设】积极拓宽网络建设,完善连接省局——市局——征管局——服务站的四级广域网,形成高速、畅通、稳定和安全的信息交换平台,进一步推进与国税、工商、国库、社保等部门建立联网,逐步实现信息共享;积极推进网上申报和个人所得税网上全员申报试点工作,提高税收征管质量和效率;全面提升应用TF2000信息系统和ODPS办公自动化系统,提高办公效率;

【社会保障基金征收】2003年全市社会保险费共征缴入库16.71亿元,比上年增长40.5%。市本级养老保险基金全年扩面企业700多户,人数1.2万人,征收率达到98.5%,医疗保险基金的征收率保持在100%,职工工伤保险基金、生育保险基金征收率都达到97.5%。

【发票管理】做好货物运输业专用发票的管理和自开票、代开票纳税人的认定工作,切实加强货物运输业税收管理;加强发票定点印刷企业的管理,不定期抽查,同时做好局内发票安全管理,确保发票无质量问题和安全;积极稳妥推广税控装置,严厉打击制售和购买假发票行为,先后查处3起贩卖假发票案,收缴假发票15900份。

【税务稽查】组织实施省级税收收入专项检查,企业自查和重点检查共查实补税470.64万元,其中省级收入126.40万元;开展企业所得税和个人所得税专项检查,对156户企业查补税款462万元,查补个人所得税17.41万元;组织对30户外国企业、54户外来建筑企业和99户中介机构等企业专项检查,均取得较好效果。

【税收宣传】积极做好网络税收宣传,做好广播电视台税收宣传公益广告宣传和办税服务厅日常宣传;以点带面,上下联动,不断丰富税收宣传内容及形式,税收宣传进社区、入市场;融宣传与服务为一体,通过"12366"纳税服务热线、地税英特网站、各类窗口、各种宣传资料向纳税人提供方便快捷的服务。

队伍建设【教育培训】认真组织全体地税干部参加党的十六大主题教育、依法行政培训、电子商(政)务培训和ISO9000质量管理体系基本知识培训;组织地税干部参加财税业务知识培训,并选派干部参加省地税系统新征管法知识竞赛。

【廉政建设】通过开展警示教育、"两个务必"教育、从政道德教育,全面深化党风廉政教育;加大检查考核力度,全面落实党风廉政建设责任制;制定完善干部廉洁自律的各项制度,清理科以下干部住房,认真查处干部收受礼金、礼券及吃、拿、卡、要、报的不正之风,全面执行干部廉洁自律规定。

【创建文明单位】开展"群众满意是我的心愿"主题教育,巩固和深化市级文明单位创建成果,先后开展"捐赠幸福工程、帮助贫困母亲"、"扶贫结对帮困"、"献爱心行动"、"无偿献血"等活动,共有978人次捐款11.32万元,衣被1214件,45人参加无偿献血;开展创建基层文明单位、"青年文明号"、文明处室活动,全系统内共评出省级文明单位8个、"青年文明号"2个,市局基层文明单位5个、文明处室5个,系统精神文明建设取得良好成效。

(嘉兴市地方税务局供稿　周晓军撰写)

桐乡市地方税务工作概述

局长　赵洪亮

经济概况 2003年,桐乡市实现国内生产总值176.92亿元,比上年增长17.2%,第一、二、三产业增加值分别为11.90亿元、105.54亿元、59.48亿元,增幅分别为4.9%、20.1%、15.0%;全市规模以上(国有和年销售500万元以上非国有工业企业)工业总产值238.82亿元,比上年增长31.5%;实现社会消费品零售总额68.54亿元,比上年增长13.27%;完成出口总值3.75亿美元,比上年增长30%,比内销增幅高3.3个百分点。主要经济指标呈现较快增长,经济效益和运行质量显著提高。全市实现工业销售产值236.49亿元,比上年增长31.2%;工业利润达到14.28亿元,比上年增长42.7%,同比提高1个百分点;工业产品销售率99.02%。在国民经济持续快速增长的基础上,财政收入呈现高速增长,全市实现财政总收入16.38亿元,比上年增长29.7%。其中中央收入9.18亿元,增长25.1%;地方财政收入7.20亿元,增长36.1%;全市地方财政一般预算支出8.29亿元,比上年增长

27.6%。

税收概况 **【任务完成情况】**2003 年,全市地税系统共组织各项收入 10.25 亿元,实现了地方税费超 10 亿元,比上年增收 1.58 亿元,增长 18.17%;其中税收收入 6.00 亿元,增长 20.95%,完成年计划的 107.86%,保持了收入快速增长的良好态势。

【税收特点】一是税收在高基数、高增长的基础上继续保持快速增长。同比增收 1.04 亿元,增长 20.95%。二是主体税种增减有所变化。三大主体税种营业税快速增长,同比增长 28.06%;个人所得税继续稳步增长,同比增长 24.31%,企业所得税则增速减缓,同比增长 16.9%。三是部分小税种增长速度较快,有部分呈下降趋势。印花税同比增长 37.3%,城建税同比增长 20.29%,土地增值税同比下降 13.33%。

【税源分析】1、营业税收入快速增长。全年实现收入 2.08 亿元,同比增收 4559 万元,增长 28.06%,占增收总额的 44%,是 2003 年增收的主要来源。增收因素:一是加强了建筑业和房地产税收管理。工业园区建设、商品房建设速度加大和交通建设迅猛发展是营业税增收的主要原因。同时,加强对外来建筑企业的税源监控,加大对房地产业预售不动产预收款申报纳税管理,也确保了营业税收入的及时足额入库。全市建筑业、房地产分别增长了 47.41%、50.92%。二是金融业也是营业税的增收因素之一,全年共入库 2792 万元,比上年增收 662 万元,增长 31.08%。减收因素:服务业入库 2577 万元,减收 328 万元,比上年同期下降 11.29%,主要原因是饮食业、娱乐业由于受“非典”影响造成营业收入的下降和“非典”后税收优惠政策的执行。

2、企业所得税增速趋缓。全年收入 1.82 亿元,比上年同期增收 2637 万元,增长 16.9%。增收因素:一是加强税收征管。(1)规范了企业所得税核定征收办法。(2)做好 2002 年企业所得税汇算清缴工作,全市完成 1205 户企业汇算清缴工作,应缴企业所得税 3.60 亿元,其中减免税 1.68 亿元。(3)坚持减免税集体审批制度,严格执行减免税(费、基金)集体审核办法,对所得税减免及税前扣除项目严把审批关,规范政策执行。二是经济增长和企业效应拉动所得税增长。减收因素:一是后续税源不足制约了企业所得税增长。2002 年实行企业所得税分享改革后,新办企业所得税由国税征收,地税征收企业所得税户数只减不增,造成地税税源日益减少。二是政策性因素使企业所得税减收。对技术改造扶持力度的加大,使国产设备抵免企业所得税,税收减免的抵免额逐年增加,2003 年全市共抵免企业所得税 5441.84 万元。

3、个人所得税继续平稳增长。全市共入库 1.33 亿元,比上年增收 2592 万元,增长 16.9%。主要是前几年加大对行政事业单位个人所得税征管力度后,造成个人所得税增长比较平稳。

各项工作情况 **【税收法制建设】**推进和完善税收执法责任制工作,制定了《税收执法过错责任追究办法》,并从 6 月 1 日开始实行。至年底,对 23 件执法过错行为(28 人次)按《税收执法过错责任追究实施办法》规定给予过错责任追究,同时对 12 人次并处经济追究,总计经济追究金额 630 元。同时制订《税收执法责任制考核办法》,明确执法责任,规范执法行为。

【征管改革】利用现代信息技术,推行多元化纳税申报方式。制定了《桐乡市邮寄纳税申报暂行办法》,《关于开展 Internet 纳税申报工作的通知》及暂行办法,通过宣传发动,在自愿并核准的基础上,对全市 4378 户企业实行邮寄申报,网上申报在七户试点的基础上,分期分批组织实施。同时完善稽核(评估)管理办法,对纳税人由事后管理向事前管理转移,实现管理的科学化。进一步规范稽查工作程序,严格执行稽查选案与检查相分离,提高了选案的准确性、科学性及工作效率,有效地保证客观、有序地实施税务稽查。引进先进的管理理念,全面导入 ISO9000 质量管理体系。从 6 月中旬开始进行管理体系导入及贯标认证工作,通过二次内审、一次管理评审以及认证机构外审,11 月中旬通过认证。导入质量管理体系,把先进的管理理念和管理方法引进地税管理,规范了税务管理,优化了税收服务。

【征收管理】一是强化税收计划管理。按季召开税收分析会。分析预测税源变动情况,并根据经济发展趋势及税源变动,确定征管重点,实施有效的税务管理。二是实施税源监控管理。对税源大户实行分级监控管理,确定 186 户为局级以上监控对象,确定 26 户为分局级监控对象,监控户应纳税款占税收总额的 61%。三是实行巡回管理制度,划分片管责任区,实行巡回管理,开展有针对性的辅导、宣传,提高管理质量。四是实行批量扣税。在对非定期定额户全面实行“银税联网,实时扣税”的基础上,运用计算机网络的优势,对实行定期定额的业户,委托农业银行及信用联社批量扣税,既方便了办税人,又缓解了办税大厅征收期拥挤的现状。

【税务稽查】进一步规范和完善税务稽查工作。制定税务稽查选案办法,稽查案件选案工作计划,提高选案的规范性和科学性。编制税务稽查案审情况反馈,定期召开案件分析会议。在规范稽查办案水平的同时,坚持按月分级进行考核,进一步规范和提高了稽查行为。全年共查结各类案件431件,查补税款767万元,加收滞纳金84万元,处以罚款330万元。

【税收宣传】围绕“依法诚信纳税,共建小康社会”这一主题,开展系列宣传活动。在四月份税收宣传月开展了“地税杯知识竞赛”、“诚信纳税企业评选”、“税法知识进社区”等活动,进一步延伸税收宣传触角。同时拓宽思路,创新税收宣传方式,推出了税收宣传辅导点活动,将全市企业纳税人3857户分成45个片105个组,设立89个税收宣传辅导点,共开展片组宣传活动149次,参加人数达5272人次,并开展了送税法进农家、进社区、进学校等活动,发放各类宣传品3万条份,张贴、悬挂地税宣传标语600多幅,取得了良好效果。

队伍建设 **【教育培训】**注重干部队伍政治思想教育,组织开展政治辅导课,观看电教片,中层干部读书会等活动,提高干部职工的政治业务水平。并组织开展了税收业务知识考试,对前八名进行了通报表彰,营造良好的学习氛围,进一步加快了“学习型”组织的创建。

【廉政建设】落实党风廉政建设责任制,开展了中层干部住房专项清理,中层干部收入和重大事项报告制度,完善了特邀行风监督员制度,强化了对两权监督,全年共上交礼金、有价证券等20450元(不包括当场清退数)。

【创建文明单位】开展“万名群众评机关”活动,并在系统内开展文明科(所)、文明股(组)活动,制订具体的创建考核标准,在工作作风、服务水平等方面进行整改。通过下发调查问卷,征求纳税人和社会各界的意见建议,进一步优化服务。通过考核,2个单位被评为嘉兴市级基层文明单位,整个系统被评为市级先进部门,计财科王晓丹被评为全国税务系统先进工作者。（桐乡市地方税务局供稿　沈富春撰写）

平湖市地方税务工作概述

局长　俞明祥

经济概况　2003年,平湖市国民经济运行呈现快速增长,经济总量迈上新台阶。全年实现国内生产总值123.74亿元,比上年增长16.6%;实现工业增加值70.93亿元,增长20.5%;实现社会消费品零售总额29.5亿元,增长14.7%;全社会固定资产投资95.62亿元,增长80.1%;出口总额9.17亿美元,增长53.6%;合同利用外资4.0亿美元,增长56.5%,实际利用外资1.62亿美元,增长57.7%。平湖经济增长形势主要归功于工业的高速增长,且工业经济效益保持较高水平。据对全市403家国有及500万元以上非国有工业企业统计,产品销售收入203.61亿元,比上年增长25.4%,利润总额12.19亿元,增长43.6%。经济的高速增长,带来了财政收入的大幅度增加。全市实现财政总收入13.88亿元,增长41.3%,其中,中央级收入7.94亿元,比上年增长18.41%;地方级收入5.94亿元,比上年增长 54.29%。全市财政完成一般预算支出 6.56 亿元,比上年增长 35.86%。

税收概况 **【任务完成情况】** 2003 年,全市地税部门共组织各项收入 9.02 亿元,比上年增收 2.30 亿元,增长 31.63%;其中:地方税收收入 5.17 亿元,比上年增收 1.42 亿元,增长 37.80%,完成年度计划的 125.43%,地方税收继续保持高增长。

【税收特点】 一是税种结构实现稳步调整。三大主体税种占税收收入比重提高,2003 年我市三大主体税种占税收收入为 86.46%,其中营业税、企业所得税、个人所得税分别占税收收入的 45.83%、20.91%、19.75%。二是涉外企业税收同比增长幅度大。平湖市经济外向度不断提高,外资利用和外贸出口连续四年进入全省"十强",平湖经济开发区连续两年进入全省"十强"。涉外企业已先后进入税收收获期,特别是常住外国人的增加,带来了个人所得税的大幅增长,2003 年涉外企业税收收入 5511 万元,同比增收 2695 万元,增长 95.70%。三是省级收入增长 63.07%成为新亮点。省级收入自 2002 年 4 季度开始增长后,2003 年继续保持快速增长,省级收入 1890 万元,同比增收 731 万元,增长 63.07%。

【税源分析】 1、营业税收入快速增长。全年入库 2.37 亿元,比上年同期绝对增量 7314 万元,增长 44.63%。营业税增收的主要项目是建筑业营业税和房地产营业税。建筑业全年入库 1.05 亿元,同比增收 3601 万元,增长 52.33%。房地产业的发展为本地的建筑业营业税带来较大的增长。特殊因素是嘉兴发电厂二期项目增收 1288 万元,代征的外来建筑项目增收 1063 万元。房地产业入库 5709 万元,同比增收 2354 万元,增长 70.16%。增长较快的主要原因是今年房地产开发投资继续升温,带来销售不动产营业税的快速增长。另外,餐饮业尽管受"非典"影响,但发展迅猛,通过加强税收征管,全年入库 898 万元,同比增收 256 万元,增长 39.88%。营业税其余税目同比也都有不同程度的增长。

2、企业所得税稳步增长。全年入库 1.08 亿元,同比增收 1902 万元,增长 21.35%。增收的主要因素:一是 2001 年受所得税分享体制的影响,造成税款入库和退库时间不一致,同比口径不一致影响同比增收约 600 万元;二是享受政策性减免退库(福利、国产设备抵免等)企业同比增收约 903 万元;三是加大清欠力度,清缴以前年度欠税 195 万元;四是企业利润的增长,如浙江省烟草公司平湖市公司 2003 年入库企业所得税增收 966 万元,浙江景兴纸业股份有限公司 2003 年入库企业所得税增收 515 万元。

3、个人所得税增长迅速。全年入库 1.02 亿元,同比增收 3414 万元,增长 50.22%,首次突破亿元大关。增收的主要因素:加大了个人所得税的征管,进一步规范按月预缴等征收。行政事业单位统发工资扣缴个人所得税、外资企业工资薪金个人所得税、个体工商户经营个人所得税等增长幅度较大。减收的主要因素:是股息红利所得入库减收,主要是今年平湖茉织华实业发展有限公司股息红利入库减少。

4、各小税种同步增长。城建税累计入库 3977 万元,同比增收 764 万元,增长 23.78%;印花税全年累计入库 934 万元,同比增收 255 万元,增长 37.56%;土地增值税全年累计入库 560 万元,增收 533 万元。增收因素:房地产业的高速发展,以及加强土地增值税征管,使土地增值税成倍增长。工业生产稳步增长和进一步规范了印花税的征收管理,借款合同印花税和权利、许可、证照印花税也有较大增长等原因。

各项工作情况 **【税收法制建设】** 一是加强税收规范性会签、会审和备查备案工作。整理了税收规范性文件并报上级备案 38 个;整理编印了《下岗失业人员再就业税收优惠政策汇编》;开展税收规范性文件的会签、会审工作。二是做好重大税务案件审理工作。重新修订了《平湖市地方税务局重大税务案件审理暂行办法》,调整了重大税务案件审理委员会的组成人员,规范了重大税务案件的审理程序。全年对 3 起重大税务案件进行了集体审理。三是强化执法监督,规范执法行为,开展税收执法检查工作。及时落实了税收执法检查工作,在开展执法检查自查工作的基础上,抽调征管、税政、计财、法规和稽查部门的骨干人员,组成重点执法检查小组,对当湖、新埭征管局和稽查局进行了重点检查,对查出的问题进行了通报并要求整改。

【征管改革】 一是坚持"科技加管理"的征管改革方向,积极稳妥地开展网上申报工作。在 2002 年网上申报试点工作的基础上,2003 年对 300 户纳税人开展了网上申报工作。二是开展纳税评估,深化服务内涵。制定了《纳税评估实施办法》,通过简化征收手续来强化纳税评估,为纳税人提供了更优质、主动、完善的纳税服务,深化了服务内涵,从而使税务机关转化成服务型、更为人性化的行政管理机构。三是ISO质量管理体系持续改进。从2002年3月地税系统通过认证以来,严格按照质量管理体系运行,并通过内部审核、管理评审、外部监督审核,保证了质量管理体系运行的有效性、适宜性和充分性,使平湖市局的税收征管行为、执法行为和行政管理行为进一步规范化、程序化。一个全员参与、全面控制、高效运转的质量管理体系已经建立和实施,税收征管质量管理水平得到全面提升。

【征收管理】一是强化所得税管理。按照“突出重点专项检查，推行所得税审核评估和中介代理三结合”的汇缴工作新方法,使所得税工作重点从征收转移到了管理上。实施所得税复审制度,组织力量有重点地选择了不同行业类型的10户企业进行复查。通过所得税汇算清缴工作，结合所得税征收方式的确认、投资者个人资料的录入、个人所得税重点纳税人监控等,进一步健全了所得税基础资料的管理。加强企业所得税日常管理,做好国产设备投资抵免、弥补亏损和减免税等数据的整理汇总工作。二是落实优惠政策。认真贯彻落实国家税务总局制定的下岗失业人员再就业优惠政策,协调各相关部门制定了具体实施方案。为减轻“非典”疫情给我市部分行业的生产经营带来的影响,帮助企业渡过难关,就我市饮食业、旅店业、公路客运等部分行业实施税费优惠政策提出具体操作办法。三是加强小税种管理。加强房地产开发企业、土地二级市场的土地增值税征管,抓好土地使用税、房产税等基础资料的调查。

【信息化建设】以信息化工作为依托，进一步健全了各项税收征管制度,继续加强税收管理的基础性工作。同时,积极开展网上申报、纳税评估。2003年对税务经费管理软件进行了网络版升级。建立了数据应急处理中心,既保证了基础数据的安全性,又延伸了《税友2000》的管理功能。

【社会保障基金征收】按照从严规范管理、依法清欠的要求,切实抓好基本养老保险费清欠工作。核销、银行扣款、依法移送法院强制执行等严格依照传递单进行,使各环节切实符合法定程序;根据省地税局及市政府有关职工基本养老保险费征收管理的要求,从征收率、规范基础管理、报表和书面总结上报三大项内容强化内部管理和考核。地税系统全年共征收基本养老保险基金1.71亿元。2003年地税系统全面征收医疗保险基金和失业保险基金，全年分别征收6248万元和989万元，从8月份起开征了工伤保险基金和生育保险基金,分别征收54万元和43万元。

【税务稽查】2003年稽查局共检查户数365户,查出有问题的144户,其中立案查处139户,查补税款264万元,罚款133万元,加收滞纳金17万元。稽查力度的进一步加大，有力地打击了涉税违法行为,对规范税收征管、促进依法治税等方面发挥了应有的作用。

【税收宣传】围绕“依法诚信纳税，共建小康社会”主题,相继推出一系列活动,开展税收宣传工作:与有关部门联合开展“地税杯”青年创业先锋评选活动,倡导依法诚信纳税;开展“税收宣传直通车”活动,组织百名团员青年和地税干部送税法下乡、下企业;开展纳税咨询和签名声援活动,在关帝庙商城广场设立纳税咨询台,同时举办倡导“依法诚信纳税,共建小康社会”的签名声援;开展“诚信纳税欢乐游园”活动,在当湖公园开展税收知识有奖竞答,寓教于乐;邀请人大代表和政协委员参观征税一线;开展“税收宣传进社区”活动。

队伍建设【教育培训】一是继续加强政治理论学习教育,坚持把思想政治建设放在首位,重点开展了党的十六大精神主题教育、学习领会胡锦涛同志“七一”重要讲话精神等一系列学习活动。二是继续加强业务培训，重点开展了地税征管信息系统、电子商(政)务基础、企业会计制度、网络安全反病毒技术和行政执法基础知识等专题性业务培训;同时鼓励干部参加学历教育,改善学历结构和知识结构。三是积极组织参与技能比武,包括十六大知识竞赛、普通话和外语口语比赛、电子政务网上操作比赛、《征管法及其实施细则》知识竞赛等活动。

【廉政建设】继续加强党风廉政建设和行风建设,认真落实财税干部廉洁自律规定,制订了税收执法权和行政管理权监督制约的实施办法,将监督工作渗透到税务权力运行的各个环节,同时认真开展行风建设问卷调查,在4月份和11月份开展的两次满意度民意测评中,社会各界对平湖市局地税干部和地税工作的综合满意率分别达到了96.35%和98.1%。

【创建文明单位】 开展了争创文明科室、争当文明干部(职工)活动;全市范围内开展了“百姓评地税干部”活动,就地税干部的执法水平、政治思想、服务态度、征管技能、廉政状况等五个方面广泛征求社会各界的意见;在系统内开展了创建“效率优先、服务优质、作风优良、环境优美、业绩优异”的“五优”地税机关活动,进一步转变工作作风,提高办事效率,优化地税服务。 (平湖市地方税务局供稿 江全明撰写)

海宁市地方税务工作概述

局长 陈金明

经济概况 2003年,海宁市实现国内生产总值188.34亿元,比上年增长17.5%,第一、二、三产业增加值分别为12.20亿元、117.86亿元、58.29亿元,增幅分别为6.7%、20.5%、14.4%;全市规模以上(年销售收入500万元以上)工业总产值243.57亿元,比上年增长41.9%;实现社会消费品零售总额73.05亿元,比上年增长11.7%;完成全社会固定资产投资80.22亿元,比上年增长49.5%;完成出口交货值111.26亿元,比上年增长49.1%。主要经济指标呈现较快增长,经济效益和运行质量显著提高。全市实现工业销售产值241.07亿元,比上年增长43.2%;工业产品销售率98.97%。在国民经济持续快速增长的基础上,财政收入呈现高速增长,全市实现财政总收入18.08亿元,比上年增长23.2%。其中,中央两税收入10.44亿元,增长19.2%;地方财政收入7.65亿元,增长29.3%;全市财政完成一般预算支出8.65亿元,比上年增长19.4%。

税收概况 【任务完成情况】 2003年,全市地税系统共组织各项收入10.41亿元,同比增收2.26亿元,增长27.7%;其中税收收入6.45亿元,增长15.1%,完成年度计划的101.5%;费、基金收入3.95亿元,同比增长55.8%,其中养老保险基金2.56亿元,同比增长80.0%,保持了收入增长的良好势头。

【税收特点】 一是税收在高基数、高增长的基础上继续保持快速增长。在前三年高速增长的基础上仍达到27.7%,同比增收2.26亿元。二是主体税种增收明显。三大主税种中营业税成为增收的主力军,同比增长25.1%,占整个税收收入增收比例的56%;个人所得税继续快速增长,同比增长28.2%;企业所得税与上年基本持平,同比增长3.4%。三者收入总额占税收收入的88.7%,比上年上升了1个百分点。三是社保基金收入实现高幅增长。2003年,养老保险基金征收紧紧围绕全覆盖这个目标,加强与社保部门密切配合,实行养老金统一征缴,全年共入库养老保险基金2.56亿元,同比增收1.14亿元,增长79.96%,征收入库率达到99%,成为全国第二个社保基金全覆盖的县级市。医疗保险基金在去年实现零的突破基础上入库1055万元,同比增收1001万元。

【税源分析】 1、营业税收入快速增长。全年实现收入2.36亿元,同比增长25.04%,完成年初计划的104.23%,占增收总额的55.93%。增减因素:一是贯彻执行新的税收征管法,严格税款缓缴报批制度,并采取有效措施控制了新欠的增加。二是城市化进程的加快,为建筑业的发展注入了新的活力,本市建筑企业缴纳100万元以上营业税户数增加到9户。注重对外来建筑企业的税收管理,多渠道了解施工企业的工程信息,掌握工程动态,做好税务登记、开票、征收工作,使建筑业营业税同比增收532万元,增长20.5%。三是金融保险业累计入库营业税4061万元，同比增长40.42%,增收中包含了上年缓缴数572万元,如剔除缓缴这一因素同比增长20.6%。四是受土地供应制约,房地产业营业税增幅明显放慢。五是受“非典”影响,餐饮、住宿等行业受到一定程度的冲击,使营业税增幅放缓。

2、企业所得税收入基本持平。全年共入库2.17亿元，完成年计划的99.38%，同比增长3.35个百分点,比去年略有增长。增减因素:一是加强税种分析和日常稽核。针对严峻的收入形势,我局在开展行业利润率调查测算的基础上,对税收负担率明显偏低的企业进行日常稽核,促进其提高纳税申报的质量。二是强化税收政策管理。修订和完善了海宁市企业所得税管理办法,进一步规范亏损弥补、财产损失等税前扣除项目的审批管理,加强所得税税源调查,重点行业所得税管理。三是做好2002年度企业所得税汇算清缴工作。全市完成2208户企业汇算清缴工作,清缴入库企业所得税2.51亿元。四是以稽查促征促管。强化专项检查与责成自查的有效结合,加强建材、砖瓦行业税收管理,通过典型案例查处,严厉整治和规范了砖瓦行业的税收秩序。五是密切与国税部门的配合,实现信息资源共享,从而达到增加收入的目的。六是企业经济效益的普遍提高成为企业所得税增收的源动力,规模以上企业对税收的贡献率普遍增强。与此同时,受所得税分享改革、新办企业所得税由国税征收、技术改造所得税抵免等政策因素影响,使企业所得税增长缓慢。

3、个人所得税继续稳步增长。全年共入库1.20亿元,完成年计划的102.05%,同比增长28.17%,占增收总额的31.34%。增减因素:个人所得税的增收主要集中在个体工商户、工资薪金和股息红利三个主要税目上。一是开展个体工商户典型调查。加强个体工商户定期定额管理,2003年平均调高定额6.9个百分点;同时加强与国税的配合,巩固和完善国地税共管户开具国税发票的地税征管办法,此项手段的加强共增收个人所得税113万元;二是加强源头控管,落实个人所得税工资薪金代扣代缴管理办法,强化政策宣传,对重点行业、高收入人员列入个人所得税重点监控范围,使工资薪金所得同比增长19.27%。三是股息红利所得成为个人所得税增收的亮点,同比增收728万元,增长56.96%。

4、各小税种增长较快。坚持抓大不放小的征收原则,印花税、土地增值税等小税种均实现了较大比例的增收。城建税走出低迷状态,累计入库4034万元,同比增长14.12%;印花税累计入库454万元,同比增长40.56%,主要原因是今年开展省级企业检查中,企业自查补税数。土地增值税累计入库159万元,同比增长62.24%;房产税、土地使用税由于客观因素的影响,造成同比减收。

各项工作情况 **【税收法制建设】**全面推进依法治税,落实行政执法责任制,完善岗位责任制考核办法,强化监督约束和两错责任追究,对照新《征管法》等法律法规,梳理政策,加强政务公开,开展了行政执法责任制和执法质量检查,查找和总结了“四五”普法规划以来的落实情况,全面提高了行政执法水平。

【征管改革】按照全省地税“科技加管理”的指导思想,以规范管理、优化服务为目标,加强部门协作,积极探索新形势下的税收征管改革。一是顺利通过ISO9000质量管理认证。积极开展税收标准化、规范化管理,全面引入ISO9000质量管理体系内容,树立纳税服务理念,通过动员培训、体系文件编写、体系运行改进和体系认证审核四个阶段近五个月的实施运行，于10月底顺利通过了中质协质量保证中心ISO9000质量管理体系的现场审核,促进了整个地税征管质量的再提升和税务形象的再改善。二是国地税合作迈出新步伐。本着降低税收成本、提高工作效率、优化纳税服务这一目标,加强了国地税之间的沟通与协作,9月中旬召开了第一次国地税联席会议，对两局在组织收入管理、信息共享、政策宣传贯彻、税收征管、税务稽查、出口退税预结等六个方面达成的合作意向,初步建立起了以“宣传活动联办、政策沟通联席、税务稽查联查”为主要内容的合作机制。三是建立多元化的纳税申报体系。从优化服务、方便纳税人和提高办税效率出发,加快纳税申报的现代化、多元化建设步伐,进一步扩大邮寄申报的范围,对有条件的企业分批实行电子网络申报,初步建立起了基于电子申报纳税为主体,邮寄申报、上门申报方式为补充的纳税申报管理新模式,至12月底,已有160户实施了地税专邮,有208户率先推行了网络申报方式。四是建立纳税评估行业警戒指标体系。创新工作思路,在全省率先建立了纳税评估行业警戒指标体系，结合2002年度企业有关财务数据，研究确定了四项与纳税人经营情况密切相关的指标，定期与纳税人当期指标进行对比分析，并以此作为税务稽查和稽核选案的重要依据。

【征收管理】 一是规范收入计划管理。坚持从经济到税收的原则，强调税收计划的预测性、指导性，淡化税收计划的指令性，提高收入的预见性。完善重点税源监控办法，提高税收预测和分析能力，拓宽重点税源监控面，选择了188户企业作为我市重点税源监控企业，分月做好税源数据的采集、录入、汇总，同时把全市130名高收入个人列入个人所得税重点监控范围，为收入的分析预测提供第一手资料。2003年，全市重点监控企业共实现各项地方税收3.25亿元，确保了收入持续增长。二是加强个体工商户定期定额管理。结合国家税务总局及省局调整起征点的有关规定，有计划地选择一些重点行业和新兴行业开展重点调查，逐步规范行业定额指标，全年共对6094户次核定定额标准，调高定额799户次，调低定额138户次。三是认真开展2002年度纳税人信誉等级审核评定。依照纳税人上一年度企业经营规模、财务管理、纳税申报、缴纳税款、纳税档案等综合指标，完成了全市4342户企业的ABC分类评定工作，其中A类企业1176户占27%，B类企业2867户占66%，C类企业299户占3%，并对不同类别纳税人实行差别管理。四是落实非典时期各类税收优惠政策。贯彻落实了一系列税收扶持政策，对旅游、饮食、出租汽车行业和各类专业市场进行税收扶持，共落实税款减免177万元，最大限度上减轻非典疫情对经济的负面影响。五是规范主体税种征管。认真实施我市企业所得税管理暂行办法，加强所得税税源调查，积极搞好年度企业所得税汇算清缴工作。加大个人所得税征管力度，继续加强对高收入行业和高收入者的监控，严格工资薪金代扣代缴；继续抓好营业税重点应税项目的征收管理，重点加强建筑业和外来建筑市场的管理，营业税同比增长迅速。

【信息化建设】 进一步拓宽办公自动化应用领域，在全面应用公文处理系统、档案管理系统的基础上，建立了局内部邮件系统，加快了信息传递速度，提高了工作效率。注重征管业务的新拓展，更换新的服务器，有力地推进了《税友2000》税收征管系统的升级、网上电子申报、“银税联网、实时扣税”办法的实施，不断提高地税系统现代化征管水平。维护好海宁财税内网，充实各栏目内容，做到每日更新，提高信息共享率。同时，加强网络安全管理，安装统一的杀毒软件，建立重要数据的定期备份制度，确保了网络安全。

【社会保障基金征收】 进一步拓宽养老保险面，加强与社保等有关部门的协作，强化政策宣传4月份起，将全市352个机关事业单位的12772人员的养老金征收纳入地税征收范围，实行统一征缴，完成了三年养老保险全覆盖的目标，成为全国第二个实现社保全覆盖的县级市。2003年共征收入库养老保险基金2.56亿元，同比增长80.0%，征收入库率达99%，创历史最好成绩。

【发票管理】 加强对发票定点印刷企业的监督管理，积极做好企业具名发票的审核、登记、送印工作。及时贯彻落实国家税务总局加强货物运输业税收征管及发票管理“三个办法和一个方案”，加强政策宣传，出台办法完善了货物运输业税收征收及定额的代征办法，认真做好货运业自开票和代开票纳税人资格认定申请的受理、审核和旧版运输发票的缴销工作，切实提高货运业征管质量。注重发票审核的日常管理，开展年度发票清理检查，严格发票领购程序，制订门征发票和代开发票单项管理办法，建立起流动票箱等三项发票发售便民措施，极大的改善了特殊时期购票难的问题。

【税务稽查】 进一步规范稽查执法程序，积极推行主协查制度，强化实地检查与调帐检查、责成自查与专项检查的有效结合，提高稽查工作广度、深度，加大案件复查力度，实行错案退查制度。在稽查重点上，选择外资企业、所得税预征退税企业、建筑安装房地产企业作为专项检查和涉税大要案的对象，对申请注销、所得税预征退税以及二个月以上零申报等涉税行为进行重点检查，2003年，共检查纳税户581户，责成自查40户，受理举报73起，查补地方税费1894万元，罚款784万元，加收滞纳金53万元。结案率达100%，平均处罚率（剔除责成自查查补税款）达121%，“五率一面”均超过了省局的考核指标。

【税收宣传】 紧紧围绕“依法诚信纳税，共建小康社会”这一主题，拓宽税收宣传渠道，形成合力，选择了社区、政府、外企、学校和园区等作为此次税收宣传的重点,开展了"税收宣传进社区"系列活动;把4月份作为地税部门送政策下企业服务月,抽调一批业务精干主动上门与企业进行面对面的税收宣传、纳税辅导,切实提高企业财务人员业务水平及税收政策的知晓率。同时利用"12366"纳税服务热线、手机短信、纳税咨询服务窗口等形式,努力增强宣传效果,营造依法诚信纳税良好氛围。

队伍建设 **【教育培训】** 深入学习和贯彻"三个代表"、党的十六大和十六届三中全会精神,以开展"发展兴海宁,实现新跨越"和"千家企业评部门"活动为契机,切实加强干部学习教育,积极抓好干部队伍建设,提高了队伍整体素质。一是抓好了干部职工的政治思想教育。制订了理论学习教育和干部业务培训计划,坚持学习制度、保证学习时间,采取学报告、听讲座、谈体会的方式,深刻领会其精神实质,增强做好财税工作的紧迫感和责任感,整个财税干部队伍精神面貌焕然一新。二是积极组织了干部职工的业务学习培训。为适应新形势的要求,分批组织干部参加了公务员依法行政和电子商(政)务培训,完成了新录用公务员为期一个月的初任培训,调整了学历教育管理办法,积极鼓励干部参加高层次学习教育和多学历教育,进一步提高了系统干部的业务技能和综合素质。

【廉政建设】 认真落实系统廉政建设规定和党风廉政建设责任制,落实一岗两责,强化两权监督,向中层干部赠送了廉政赠言,走访社区、公安部门,加强了对干部八小时外的监督。前移关口,开展了"廉洁从政,艰苦奋斗"专题教育,利用会议、收看电教片和听取报告会等形式开展警示教育,增强拒腐防变的能力。开展廉洁自律自查,做好了礼金礼品收缴登记,真正把廉政建设落到了实处。

【创建文明单位】 积极开展"千家企业评部门"活动,制定了实施方案,采取走访纳税户、发放评议表、召开座谈会等形式,听取了广大群众对地税工作的意见和建议,对收集到的共性问题进行书面答复,并在服务质量、办事效率、执法水平和廉洁从政等四方面落实了整改措施,受到了群众的好评。积极开展文明单位创建活动,组织实施了年度岗位责任制考核和工作人员年度考核,表彰先进单位和先进个人,激发了科所和干部的积极性,2003年度分别被嘉兴市和海宁市评为嘉兴市级文明单位和海宁市文明行业。

(海宁市地方税务局供稿　杨一斐撰写)

海盐县地方税务工作概述

局长　扬月明

经济概况 2003年,海盐县实现国内生产总值110.80亿元,同比增长32.80%;全县完成全社会固定资产投资38.04亿元,比上年增长53.0%;全县社会消费和零售总额23.62亿元,比上年增长14.2%;全年自营进出口总额3.85亿美元,比上年增长50.0%;全年合同利用外资7857万美元,实际利用外资5119万美元。在国民经济快速健康发展的基础上,财政收入出现可持续增长的良好势头。2003年全县财政总收入实现8.01亿元,比上年增长25.4%,其中地方财政收入完成3.47亿元,比上年增长20.5%,地方财政支出4.31亿元,财政实现收支平衡。

税收概况 **【任务完成情况】** 2003年,全县地税系统共组织各项收入6.84亿元,比上年同期增收1.62亿元,增长31%。其中组织税收收入为3.64亿元,同比增长8.9%,完成省局年初下达计划。

【税收特点】一是地税收入在高基数平台上实现了可持续增长。2003年全县地税收入在2002年3.34亿元的基础上,通过加强征管、堵塞漏洞,实现了地税收入的可持续增长,同比增收2985万元。二是营业税收入降幅较大,地税结构不尽合理。营业税在税收中所占份额降幅明显,全年营业税占全县税收收入的比重从2002年的45%下降到2003年的34%,下降了11个百分点,地税收入结构不尽合理。三是地税入库受政策性因素影响较大。上半年税收收入呈"前低后高"特点,而下半年呈"前高后低"走势。2003年,全县地税收入进度比上年同期增长9个百分点,上半年税收收入呈明显的"前低后高"特点。特别是6月份,由于石料行业整顿,补报入库税款、滞纳金达2500多万元,拉动了6月份税款的大幅增长。6月份单月税款同比增收2663万元,增长140%。而2003年下半年随着税收优惠政策的落实到位,如抗击"非典"税收优惠政策、下岗再就业税收优惠政策以及用电紧张对工业经济的影响,税收收入形势出现"前高后低"走势。2003年12月份入库税收1988万元,同比减少2127万元,降幅达52%。四是秦山核电片税收对全县税收影响重大。秦山核电工程(二期、三期)的相继建成投产对全县地税收入影响明显,特别是对营业税的影响较大,秦山核电片营业税同比减少1530万元,降幅达26%。但从总量来看,2003年核电片税收入库合计1.23亿元,核电税收占全县地税收入的比重为34%,同比上升3个百分点,主要靠城建税和个人所得税拉动。

【税源分析】1、营业税收入有所下降。全年共入库1.23亿元,同比减少2797万元,降幅为11%。下降的主要原因:一是核电二期、三期土建相继结束,引起建筑业营业税大幅下降。核电片建筑业营业税2003年征收4364万元,同比减少1532万元,降幅达26%。建筑业营业税占全部营业税的比重也从2002年的43%下降到2003年的40%,下降3个百分点。如中国核工业中原核电建设公司今年入库营业税673万元,2002年同期为1365万元,同比减少692万元。2002年营业税排名前五位都是核电相关企业,而2003年只有2家入围前五名。二是"非典"期间税收优惠政策落实,住宿和餐饮业减收营业税200余万元。三是房地产开发地块逐步加强控制,预售房数量大幅减少,房地产业营业税减收1037万元。

2、企业所得税收入略有减少。全年共入库6677万元,同比期少收627万元,减收9%。影响企业所得税增长的主要因素是经济发展,企业效益的提高,同时税务稽查发挥了重要作用,石料行业税收专项整顿中,通过企业自查和专项稽查查补入库企业所得税达830万元;影响企业所得税减收的主要因素是及时落实税收优惠政策,为支持经济发展,办理资源综合利用和福利企业等退税达3291万元。

3、个人所得税保持稳定增长。全年共入库1.06亿元,比去年同期增收3534万元,增长50%,成为全县地税收入的一个亮点。个人所得税增收主要原因:一是经济的发展,居民总体收入的提高,为个人所得税增长奠定了稳固的税源基础。2003年入库工资薪金所得个人所得税6111万元,同比增收1172万元。二是通过多年的税法宣传,纳税人的依法纳税意识普遍提高。三是加强依法治税、规范管理工作力度,进一步完善代扣代缴个人所得税工作。如秦山第三核电有限公司入库工资薪金个人所得税921万元,同比增收417万元,核电秦山联营有限公司入库工资薪金个人所得税744万元,同比增收461万元。四是发挥稽查威慑力作用,在石料行业税收专项整顿中,通过企业自查和专项稽查查补入库个人所得税1621万元;个人所得税减收因素,主要是涉外个人所得税减少。因秦山核电三期相继投产发电,三家外国企业外国专家相继减少,涉外个人所得税也逐步减少。加拿大原子能有限公司2003年入库个人所得税704万元,同比减少550万元。美国柏克德公司2003年入库个人所得税31万元,同比减少67万元。日本日立公司入库个人所得税50万元,同比减少25万元。三家外国企业合计减少个人所得税642万元。

4、城建税增速迅猛。全年共入库5638万元,同比增收2836万,增长101%。主要原因是核电二期、三期相继建成发电,同比增幅较大。城建税入库前三名分别为秦山第三核电有限公司入库2087万元,核电秦山联营公司入库1307万元,秦山核电公司入库650万元。前三名核电企业缴纳的城建税占全县全部城建税的72%。

各项工作情况 **【税收法制建设】** 一是进一步深化行政执法责任制工作。层层签订行政执法责任书，切实做好行政执法责任制考核工作，不断提高依法治税水平。2003 年在海盐县政府组织的行政执法检查工作中，被县政府授予 2003 年度行政执法先进单位。二是开展税收执法检查。根据省局、市局关于开展 2003 年税收执法检查的通知精神，及时成立执法检查领导小组，拟发开展执法检查通知和自查提纲，部署开展自查工作。在此基础上，分政策执行、征收管理、收入管理三个方面共 12 条内容，对各分局 2003 年的税收执法情况，逐条进行对照检查，针对检查中发现的问题和薄弱环节提出整改意见，促进征管质量上台阶。三是做好税务行政处罚听证工作。周密部署，精心组织好“海盐县澉浦镇茶院石料三厂原投资人朱福琪涉税案件”听证会，并确保首次税务行政处罚听证会取得成功。四是抓好规范性文件审核和清理工作。为适应 WTO 规则，按照省局、市局和海盐县政府要求，对与 WTO 不相一致的地税规范性和政策性文件进行认真清理，确保规范性文件与国家税收法规相一致。2003 年共对 1997 年至 2002 年的 31 个地税规范性文件进行了清理鉴定。

【征管改革与信息化建设】 一是推进电子申报。以建立海盐新世纪之初现代地税征管新框架为目标，积极开展“电子申报”试点工作，大力推广“银税联网、批量扣税、银行开票”申报纳税，着力构建多元化纳税服务体系。至 2003 年底，已有 1017 户企业开始实行电子申报，占企业户数 42%，银行开具税票 1436 户，方便了征纳双方，提高了征管效率。二是坚持持续改进，强化内部考核。以 ISO9000 质量管理体系为标准，规范地税业务流程，强化岗位职责考核，提高征管效率。坚持贯彻“持续改进”质量理念，在内审基础上，顺利通过年审，实现了 ISO9000 质量管理体系的有效运行。三是大力加强基层建设。以基层建设为抓手，完善机制，理顺关系，进一步促进现代管理体系的形成。2003 年基层建设成绩显著，市局将县局作为基层建设“示范县”上报省局验收。四是依托海盐地税专邮，明确征纳责任。以推出海盐地税专邮管理办法为契机，规范送达程序，提高送达时效，明确征纳责任，有效弥补网上电子申报推广后带来的税企沟通问题。五是健全护税网络。以海盐县办税协税协会为保障，进一步拓宽协税护税渠道，健全协税护税网络，努力实现税源监控社会化，真正发挥其办税员之家和税企沟通纽带的作用，增进税企沟通，融洽征纳关系。至 2003 年底，已有会员 393 人，协税护税力量得到了进一步壮大。六是全面完成 12366 语音特服系统建设。在培训、测试的基础上，咨询、投诉和人工坐席服务等功能模块相继投入使用，各项系统运行制度逐步建立和规范，并定期进行运行状况抽查，在税法宣传月期间开展了广泛的使用宣传，12366 语音特服系统的效果已逐步显现。

【征收管理】 一是开展代征单位代征税款情况检查。抽调人员组成检查组，对 2002 年 1 月至 2003 年 3 月期间，全县 38 户代征单位和各分局门征业务进行检查，发现 20 余户存在各类问题，县局对建行海盐核电支行等几户存在严重问题的代征单位进行了查处，共追缴税费 53.6 万元。针对检查中暴露出来的一系列问题，及时制定加强管理的措施，对外来建筑业发票使用、税款征收和代征单位管理、分局外经证管理、建筑业、服务业发票管理等提出了明确的规范要求，并限期整改。二是强化欠税清理工作。按照新《征管法》及其实施细则的规定，为有效掌控欠缴税款的纳税人或其法定代表人出国(境)情况，限制其出国(境)，维护国家税收征收管理秩序，强化欠税管理，特制定了欠税企业法定代表人阻止出境报备制度。同时对全县欠税情况进行全面清理，针对个别企业长期拖欠税款现象(威康 - 房产税 - 124976.03 元)，首次启动阻止出境报备程序，及时、有效地将欠税追缴入库，充分显示了阻止出境制度在清理欠税工作中的威慑作用。三是加强个体税收管理。按照个体税收“五单”工程考核的要求，以提高申报率、入库率为重点，强化征管、堵塞漏洞，征管业务水平有明显的提高。2003 年共对 4000 余户纳税人进行了定额调整。结合定额调整，2003 年对边远、老弱病残等纳税人，采用简并征期、简易征收办法，以方便纳税人并减轻各分局的工作量，腾出时间、人力抓重点户搞调研。同时加强个人独资企业税收征管，分 8 期对 568 户个人独资企业进行业务培训，出台了个人独资企业核定应税所得率征收规定。四是规范全县交通运输业税收征管。2003

年2月重新确定交通货运业税收代征机构,修定了适用定额定率,10月开展了交通货运业税收整顿,全面清理货物运输业发票,审核认定了交通货运业自开票和代开票纳税人,委托了代开票中介机构,目前已批准自开票纳税人1户,代开票纳税人10户。五是开展出租房税收专项清理。成立领导小组,组织力量,逐街逐巷开展清查摸底,掌握一手资料,健全征管档案,积极开展催报催缴工作,加大稽查力度,努力将出租房全面纳入税收征管。通过努力,合计清理800户,查补入库地方税费200余万元。这场清理投入人力之多,工作难度之大,持续时间之长,在近年的税收征管工作中当属首例,也为以后全面推广行业管理积累了经验,奠定了基础。六是夯实税收征管基础。制定外来建筑业税收管理办法,规范建筑业税收管理;加强发票管理,启用娱乐业发票;进一步完善TF2000系统各模块的应用,参加省局开发的管理层模块测试工作;继续加强税务登记户籍管理,通过公告等途径开展非正常户清理;做好税收综合档案管理工作,澉通分局申报省二级达标,其他三个分局保持县一级达标。

【社会保障基金征收】坚持"税费并重"的征收原则,加强部门配合,创新工作机制,切实抓好养老保险基金扩面征收工作,积极落实和完善催缴制度,依托信息化,努力确保征收率,提高增长率。2003年地税部门合计征收养老保险基金1.98亿元,比上年增长79%;征收医疗保险基金3069万元,比上年增收2442万元;征收失业保险基金235万元。

【税务稽查】进一步发挥选案委员会的职能作用,规范选案行为,提高选案正确率,切实开展案件复查、复审工作,提高稽查质量,积极发挥案审委员会的作用,加大对大案、要案的查处力度。2003年开展了个人所得税专项检查,企业所得税汇算清缴,省级收入专项检查,其中石料行业税收秩序专项整顿意义深远,成效显著。石料行业税收秩序专项整顿,通过调查摸底、责成自查、重点稽查、整改提高四个阶段,合计查补地方税费、滞纳金达3900万元,有四个单位7个人因涉及偷税被依法逮捕。此次整治查补税款之多,处罚力度之大,逮捕人数之多在海盐税收史上史无前例。

【税收宣传】不断创新税收宣传形式,丰富税收宣传内容,拓展税收宣传范围,进一步净化了税收征管环境。一是制作发行"前进中的海盐地税"宣传彩页,开展"让税徽在社区闪烁"活动,开展"税法咨询日"活动,开展"税法宣传桌上铭"活动,举办"我爱地税"中小学生税收宣传书法大赛,利用政府信息网发送税收宣传短信等。"'小税官'齐行动"税收宣传三步曲获省税收宣传先进项目。

队伍建设 **【教育培训】**加强队伍政治教育,促进干部职工树立正确的人生观、价值观和世界观,牢固树立防变拒腐思想防线,全面推进依法治税;组织开展征管业务培训、NOTES培训、涉税文书培训,举办计算机操作能力比赛,优化干部职工知识结构,提高干部职工业务操作技能,着力培养复合型税务人才。在嘉兴市局组织的《征管法》知识竞赛中,县局荣获团体第一名。

【规范管理】以制定《海盐县地税局工作规程》为契机,进一步完善财务管理制度、考勤制度等,强化财务管理,严肃劳动纪律,内控制度日益健全,内部管理水平不断提高。

【调查研究】开展调研对2003年度个体工商户定期定额调整进行测算,对个体主要税源行业和税源大户建立典型调查档案;组织力量,落实《地税机关导入ISO9000质量管理体系研究》等8个调研课题,对当前征管工作中热点、难点问题开展调研;开展营业税、增值税起征点调整后对地税收入的影响调研测算,对国家税务总局关于纳税服务发展基本规划和实施大企业专业化管理等问题开展专题调研。

【创建文明单位】进一步深化文明单位创建活动,建立健全首问责任制,即时办理制,预约服务制,优化服务态度、提高办事效率,全面提升地税形象。2003年澉通税务分局获省级文明单位,被省地税局评为省级"青年文明号",西塘桥分局被市地税局授予市级文明单位。

(海盐县地方税务局供稿 姚建海撰写)

嘉善县地方税务工作概述

局长 沈恩达

经济概况 2003年，嘉善县实现国内生产总值102.30亿元，比上年增长16.0%。其中第一、二、三产业增加值分别为10.51亿元、54.13亿元、31.96亿元，增幅分别为1.9%、16.9%、15.9%；人均国内生产总值达到26861元。实现社会消费品零售总额23.62亿元，增长14.1%；完成全社会固定资产投资53.64亿元，增长36.6%。全县财政总收入在连续几年快速增长的基础上再创历史新高，达到10.30亿元，比上年增长32.5%，其中，上划中央"四税收入"5.95亿元，增长21.1%；地方财政收入4.35亿元，增长51.9%。全县财政支出4.87亿元，增长38.7%，实现当年财政收支基本平衡。

税收概况 **【任务完成情况】**2003年，全县地税系统共组织各项收入6.16亿元，比上年增长19.71%；其中税收收入3.56亿元，增收5700万元，增长18.88%，完成年计划的107.25%，保持了收入增长的良好势头。

【税收特点】一是税收在高基数、高增长的基础上继续保持快速增长。2003年税收收入增幅在前几年高幅增长的基础上仍达到18.88%，同比增收5652万元。二是主体税种增减反差大。小税种土地增值税、车船使用税、印花税增长速度较快。三大主税种中个人所得税快速增长，同比增长59.91%；营业税继续稳步增长，同比增长25.57%；企业所得税则出现了下降趋势，同比下降8.12%。三者收入占总税收收入87.78%，其中营业税占37.90%、企业所得税占28.47%、个人所得税占24.41%。三是非国有经济税收增幅大。个私企业、涉外企业和股份制企业的增长幅度列各经济类型收入前列，增幅分别为25.30%、50.25%、33.52%，三者已成为税收增长最活跃的生力军。

【税源分析】一是经济发展拉动税收增长。国民经济保持良好发展态势，木业、电子、五金机械、纺织等四大特色工业继续保持稳定增长，房地产、旅游、餐饮娱乐、各类中介、社区服务等行业也呈现迅猛发展势头，对外经济走势良好，有效拉动我县经济的总体增长，为地方税收快速增长奠定了基础。2003年营业税共征收1.35亿元，同比增收2747万元，增长25.57%，其中房地产业、建筑业、金融保险业、交通运输业、电信业同比分别增长38.81%、16.88%、38.30%、42.07%、23.81%。二是税收征管的加强和征管方式的改进，促进税收收入的增长。通过抓税务登记管理、抓重点企业税源监控、抓"漏征漏管户"清理、抓税收入退库管理、抓欠缓税管理、抓征管质量考核、抓地税稽查、抓政策规范等工作，成效明显。如进一步落实企事业单位代扣代缴制度，完善个人所得税代扣代缴和自行申报制度，2003年个人所得税共征收7624万元，同比增收2856万元，增长59.91%，是各税种中增长幅度最大、增收额最大的一个税种，其中代扣入库个人所得税3085万元，同比增长49.54%，代征入库个人所得税957万元，同比增长92.55%。企业所得税是唯一一个同比减少的税种，全年共征收1.01亿元，同比减收895万元，减少8.12%。其减收因素：一是退库的大幅度增加是全年企业所得税净入库减少的最主要原因。2003年共发生企业所得税退库7290万元。其中，减免退库6193万元，汇缴退库1097万元。二是税源后劲不足制约企业所得税增长。所得税分享改革后,新办企业所得税由国税征收,造成地税税源日益减少,2003 年同比减少征管户数 313 户, 影响税款 438 万元。

各项工作情况 **【税收法制建设】** 一是以提高税务执法队伍素质为着力点,经常对税务干部开展规范执法培训, 努力提高税务干部规范执法的意识和水平。二是全面收集整理全国各地税务败诉案件材料,总结分析其原因,并以《嘉善财税》为平台编发专辑,教育全系统广大税务干部,做到防患于未然。三是认真开展税收执法检查,强化执法监督,规范内部行政行为,切实做到实体合法,程序合法。

【征管改革】 以开展地税系统 ISO9000 质量认证体系为契机,按照科技加管理的改革目标,设置与现代化征管相适应的职责岗位,实现了服务、管理、稽查的有机结合。加强与银行、工商、交通、社保等部门协作,实现资料相互拷贝,信息共享;在上门申报纳税的基础上,继续推进银税一体化工作,加大"集中申报,批量扣税"的力度,并尝试推广邮寄申报和电子申报等其他申报方式。初步形成了税收征管规范化、征管手段现代化、税收保障网络化、协税护税社会化的地税征管新模式,从而大大提高了征管的质量和效率。

【征收管理】 一是规范收入计划管理。坚持每月召开税收形势分析会,把握收入进度,寻找征管薄弱环节,研究强化征管的对策措施。积极开展收入测算,组织调查研究,重视税源建设,确保收入持续增长。二是规范行业税收征管。重点加强对交通运输业、房地产业、建筑业、木业等县内主导行业的税收征收管理,制定和完善了相关的征管办法和措施,税收征管逐步规范化。三是进一步完善个体双定户的"三等九级"管理。修改部分不合理的参数指标,使个体双定管理更趋规范和合理。四是加大代扣代缴力度,规范所得税征管。实行个人所得税代扣代缴重点税源户管理,继续推行企业所得税核定征收管理办法,调整部分预征率,确保所得税收入。五是抓好所得税汇算清缴工作。采取"责成自查"和"重点稽查"相结合的办法,对纳税意识强、财务制度好的企业安排其责成自查,对通过县局选案委员会选出的企业进行重点检查。

【信息化建设】 大力推进办公自动化建设步伐,提高工作效率。注重以"科技加管理"为核心的地税征管体系建设,以科技促管理,以规范促效率,不断提高地税系统现代化征管水平。进一步完善实时扣税缴纳方式,2003 年,共有 3750 多户纳税户,通过与农行、中行的实时扣税系统进行税款缴纳,全年通过实时扣税共计入库 2.56 亿元, 加快了税款的入库进度。同时, 实现了双定户全面走出大厅,2003 年共有 5500 多户双定户通过银行电子化扣税,无需再到办税大厅申报缴纳,方便了纳税人,提高了税款缴纳的电子化水平。

【社会保障基金征收】 充分发挥地税对企业情况明、征管网络全的优势,进一步加强信息传递网络建设,大力开展清欠行动。同时,通过财政职能科室的配合,从企业资产处置、土地出让的收益中直接扣除企业欠费,确保了基金的顺利征缴。印发"养老保险"手册和职工养老保险知识问答等宣传资料; 编写标语、制作公益广告在电视台和电台播放;在报刊、地税网站、"嘉善政务网政务动态"上开辟专栏、编发专辑,进行专题宣传等等,提高了社会各界对基金征缴的认知度,征缴工作成效明显。全年入库养老金 1.62 亿元,征集率达 98.52%。2003 年 12 月 15 日全面完成养老金扩面工作,新增扩面人数 18011 人,企业参保面达 100%,职工参保率达 70%,基金支付能力达到 14 个月。

【税务稽查】 继续开展整顿和规范税收秩序工作,对偷税数额超过 1 万元,偷税比例达到 10%以上的 11 则案件全部按规定程序移送公安机关, 并选择 2 则典型案例在《嘉兴日报》嘉善版上予以曝光。组织开展了企业所得税专项检查、个人所得税收专项检查、建筑安装业营业税所得税和发票专项检查、外国企业取得利息特许使用费等征收企业所得税和营业税专项检查、省级税收收入专项检查、房地产行业专项检查等。同时,开展了对全县房地产行业、外来建筑企业、水泥预制行业(方桩企业)的税收责成自查,自查企业 85 户, 查补税款 1179.02 万元, 加收滞纳金 76.9 万元,取得了前所未有的成效。全年共检查单位 242 户,其中责成自查 85 户;查补地方税费 1158 万元,罚款 264 万元,加收滞纳金 72 万元,总计 1494 万元。检查面、复查率、入库率、结案率、公告率分别为 5.99%、380%(平均处罚率 30.38%)、12.94%、100%、100%,"五率一面"均超过了省局的考核指标。

【税收宣传】 充分利用城区大型电子屏幕、宣传牌(栏)、街道灯箱、办税服务厅、服务窗口,宣传“依法诚信纳税,共建小康社会”的重要意义;在《嘉兴日报》嘉善版、县广播电台开辟专栏进行全年定期税法宣传;通过设立税收宣传咨询点、有奖知识问答等形式,开展税收咨询日的上街、进社区咨询服务活动;委托中国联通、中国电信嘉善支公司向移动电话用户传送税收宣传短信;以客运中巴车为载体,喷刷税收宣传标语,在城乡形成一批“税收宣传流动站”等等,使税收法律法规进一步深入人心。

队伍建设 **【教育培训】** 组织开展了“学习月”和一系列的教育培训活动,坚持每年一次的政治思想工作研讨会制度、局中心组理论学习制度和全局干部职工的每周一次的思想政治学习制度,在全系统兴起学习“三个代表”重要思想新高潮,深入开展邓小平理论、党的十六大和十六届三中全会精神的学习。抓好公务员的更新知识培训考试和财务会计知识、计算机应用培训,拓宽干部职工的知识面。重视学历教育,支持和鼓励干部职工利用业余时间参加学历教育以及各类职称考试,提高自身的文化层次,成为复合型人才。

【廉政建设】 深入开展理想信念和党纪政纪教育、从政道德教育、警示教育、即时教育。修订完善行政执法岗位责任制考核办法等 8 项内部管理制度,实行诫勉谈话制度。开展科级以上干部住房专项清理、结合中层干部换届竞聘,与全体中层干部签订“党风廉政建设责任承诺书”、“不开公车承诺书”,进一步强化了对各级领导干部的监督管理。调整充实特邀行风监督员和内部兼职监察员,促进行风建设活动的进一步开展。

【文明创建单位】 全面开展以创建市级文明行业为龙头的各类创建活动,在全系统组织评选“十佳岗位能手“和学习型先进单位、家庭、个人,建立和完善“税企联系制度”、“服务承诺制度”、“首问人责任制”、“办税大厅征管局长值班制度”、“征期无双休无午休”等一系列服务群众、方便纳税人制度,进一步提高地税部门的整体形象。2003 年,被评为嘉兴市级文明行业,下属魏塘、西塘征管局分别被评为市级基层文明单位,开发区征管局被评为市级“青年文明号”,干窑、开发区征管局分别被评为县级文明单位。

(嘉善县地方税务局供稿 曹旭文撰写)

绍兴市地方税务工作概述

局长 梁建华

经济概况 2003 年,绍兴市国民经济和社会事业保持快速健康发展,主要经济指标呈现较快增长,经济效益和运行质量进一步提高。全市实现国内生产总值 1088.39 亿元,按可比价计算,比上年增长 15.0%,创 6 年来最高水平。其中,第一产业增加值 83.26 亿元,增长 4.0%;第二产业增加值 644.40 亿元,增长 17.1%;第三产业增加值 360.73 亿元,增长 14.0%。第一、二、三产业占 GDP 的比重由上年的 8.6:58.1:33.3 调整为 7.7:59.2:33.1。全市完成全部工业增加值 571.84 亿元,比上年增长 17.1%。全市 2448 家国有和年销售收入 500 万元及以上非国有工业企业实现总产值 1895.40 亿元,比上年增长 28.8%。全年实现社会消费品零售总额 291.98 亿元,比上年增长 12.6%。全年完成全社会固定资产投资 535.03 亿元,比上年增长 45.6%。全市进出口贸易总额达 59.61 亿美元,比上年增长 54.1%。其中,自营出口 45.33 亿美元,增长 56.3%;进口额 14.28 亿美元,增长 47.4%。依托国民经济持续快速增长的良好态势,财政收入继续保持快速增长势头。2003 年,全市财政总收入突破 100 亿元,累计完成107.34亿元,比上年同期增长26.3%;其中,地方财政收入完成50.49亿元,增长34.0%。全市财政总支出57.06亿元,比上年同期增长26.3%。

税收概况 **【任务完成情况】**2003年,全市地税系统组织各项收入突破60亿元,累计完成67.42亿元,比上年同期增收16.78亿元,增长33.14%。其中:税收收入突破40亿元,累计完成44.69亿元,完成年度计划的112.64%,比上年增收9.35亿元,增长26.40%;省级收入入库1.97亿元,增长32.09%。市本级组织各项收入突破20亿元,累计完成20.78亿元,比上年同期增收4.40亿元,增长24.13%。其中:税收收入入库14.28亿元,完成年度计划的109.14%,增长23.87%,省级收入入库8949万元,增长31.91%。

【税收特点】一是从收入构成看,营业税、企业所得税、个人所得税三大主要税种齐头并进,增幅明显。2003年,三大主要税种均实现26%以上的增幅,在收入总量中所占的比重达86.22%,增收贡献率达89.85%。二是从税源构成看,非公有制经济增长迅速,占税收比重日益上升。其中,国有企业、集体企业占税收比重由2002年的20.15%、12.67%分别下降为2003年的19.24%、9.95%,分别下降0.91%、2.72%;非公有制企业占税收比重则由2002年的67.18%上升到2003年70.81%,上升3.63%。三是从分级次收入看,受政策因素的影响,中央级、省级、县(市)级的增幅呈阶梯下降,分别为:中央级收入入库12.12亿元,比上年同期增长53.22%;省级收入入库19.97亿元,比上年同期增长32.09%;县(市)级收入入库30.60亿元,比上年同期增长17.91%。四是从产业分布看,第二、第三产业在收入中仍占主体地位,第三产业比重继续呈现上升态势,其中,第三产业在收入中所占的比重比2002年上升了2.09%,而第一产业、第二产业则分别下降了0.05%、2.04%。五是社保基金收入增速快,增收多。

【税源分析】1、经济快速增长为收入增长提供保障。经过一段时期的功效集聚,全市经济上行走势趋向明朗,国民经济继续保持较为强劲的发展态势,各项主要经济指标增速保持在高位运行,经济增长稳定性进一步增强,带来主要税种全面快速增长,为地税收入可持续增长提供了保障。

2、征管力度不断加大为收入增长给予支持。一是地税征管信息化程度不断提高,充分发挥了"税友2000"资源优势及银税联网、网上申报等现代化缴税手段优势。二是通过强化稽核评税、纳税辅导等促进税费收入快速增长。三是加强所得税汇算清缴工作,填补了征管过程中的漏洞。四是社会化征收体系不断完善,有效地堵塞了征管漏洞。五是加强税收日常稽查、专项检查和重点检查工作,震慑了一批税收违法分子,营造了依法诚信纳税的社会氛围。

3、主要税种增减因素分析。(1)营业税全年入库18.34亿元,同比增长27.99%。依托建筑业、房地产业的快速发展,建筑业和房地产业成为增收的主力军,增收贡献率达73.01%。受"非典"影响,餐饮业同比有所下降,但减收额比预计要好。(2)企业所得税全年入库12.86亿元,同比增长28.43%。增幅主要体现在国有企业、股份公司及私营企业上,三类企业在收入中所占的比重均比上年有所增加。(3)个人所得税全年入库7.33亿元,同比增长26.38%。企事业单位的承包、承租经营所得和利息、股息、红利所得成为增收主体。

各项工作情况 **【税收法制建设】**一是深入开展法制建设,制定了《稽查案件审理管理办法》、《规范性文件审核与备案实施办法》等制度,规范了案件审理程序,提高了案件审理标准,加强了对规范性文件的审理。二是开展了系统法制教育和培训,结合全年法制宣传教育计划,开展了3次集中培训,同时专门编印《违法案件检查处罚若干规程》,分4期对全局干部进行行政执法知识培训。

【征管改革】在全市地税部门全面导入ISO9000质量认证体系,对地税征管全部过程以质量方针目标、质量手册、程序文件、作业指导书及质量记录表单等形式进行描述,使每项工作从开始到结束都有清晰、完整的质量记录。期间,组织人员编写了具有地方特色的体系文件,增加了《民主评议作业指导书》、《稽核评税作业指导书》等6个作业指导书,使体系文件更具操作性。导入ISO9000质量认证体系工作于2003年9月通过浙江方圆认证中心现场注册审核,并于同年11月6日正式被中国方圆标志认证委员会方圆标志认证中心授予ISO9001:2000版国际质量认证证书。

【征收管理】一是夯实基础,强化税源监控。实行重点税源企业联系制度,掌握企业生产经营情况和税源情况,并在主要街道、市场推广实行亮证经营,亮证路段税务登记率达97%,亮证率达95%。二是加强清欠,提高申报入库率。加大对企业纳税申报催报、欠税企业催缴以及清欠管理的力度,全年企业纳税申报率达98.84%,入库率达99.81%;个体申报率达95.16%,入库率达97.21%。三是健全措施,完善管理制度。健全双定户定额核定办法,对个体定额实行年度计划、分季调整,扩大典型调查面,使定额更具准确性;规范稽核评税工作,明确了评税范围、对象、方法和处理程序;开展诚信纳税户评比活动,出台实施《诚信纳税企业评比办法》;完善企业注销税务清算管理,实行临时派工制、书面登记制、清算结果报告制、局长审批制和事后复查制。四是加大力度,开展专项检查。通过开展打击制售和购买假发票行为的专项检查、省级收入的专项检查、建筑安装企业涉税犯罪专项检查、外国企业纳税情况专项检查等,堵塞了征管漏洞。

【信息化建设】一是推行网上纳税申报。以方便纳税人自行申报纳税、降低申报成本为出发点,从2003年4月起对对具备条件的企业由电子申报逐步向网上申报纳税过渡,逐步扩大网上申报范围,到年底市本级共有1044家企业成功实行网上申报纳税。二是推广应用税控装置。加强对征管薄弱行业的税收控管,继2002年对临时用工服务站成功推广税控装置的基础上,选择建筑安装、广告、搬运装卸等3个行业全面推广应用税控装置,到年底市本级共有308户纳税人安装了税控装置。三是发挥"12366"语音特别服务系统功能。系统集人工座席服务、纳税申报、纳税信息查询、催报催缴、政策法规宣传、受理投诉及群众举报等多项功能于一体,全年市本级共受理"12366"来电6739人次,其中,人工坐席1680人次,办结率、反馈率、满意率"三率"均为100%。

【社会保障基金征收】从维护社会稳定的大局出发,努力克服社保基金征收过程中的诸多困难,进一步拓宽征收面,实行"社保、地税、银行"三方实时联网,实现网上定期扣款,方便了参保单位和个人缴纳社保基金,提高了基金的征缴率。2003年,全市养老保险基金入库11.54亿元,比上年同期增长33.64%;医疗保险基金入库4.59亿元,增长55.38%;残疾人就业保障金入库5234万元。其中,市本级养老保险基金入库3.61亿元,增长16.48%;医疗保险基金入库1.47亿元,增长22.8%;残疾人就业保障金入库1856万元。

【发票管理】坚持"以票管税"思想,一方面通过推广安装税控装置,加快发票管理电子化步伐,另一方面,对不规范使用发票较为突出的行业进行了重点检查,检查内容以发票填开是否规范、有无代开、财务核算是否健全为主,对于检查中暴露出来的问题,通过制定管理办法、控制用票数量等措施,进一步加强了发票管理。

【税务稽查】市本级全年共检查658户,立案334户,结案334户,查补税(费、基金)、罚款、滞纳金共计2834.18万元,并对其中的317件案件进行了公告,公告率达94.9%。加大案件查处的同时,从事前、事中、事后优化稽查程序、深化检查环节。事前,完善了稽查选案程序,制订了《市本级2003年度稽查选案工作计划》和《市本级纳税评估操作规程》,采取人机结合选案的方式,提高稽查选案的质量和效率。事中,推出了一系列优化检查工作的新方法、新举措,包括:完善主协查工作制度、推广运用"目录检查法"、改变责成自查辅导方法等,还加大了大要案件的移送力度,出台了《涉税犯罪案件移送暂行办法》,明确了案件移送的标准与程序。事后,规范案件的审理和复查,落实了稽查案件分级审理规定,建立了稽查每周工作例会、每月案件讲评等制度,实行了稽查复查制度,提高了对案件检查监控的针对性和有效性。

【税收宣传】一是向纳税人提供优质高效的程序性服务。针对部分涉税业务办理流程环节较多,涉及多个科室、窗口,部分办税能力较弱的纳税人容易搞错的情况,推出了"'一窗通'全程服务"业务,对纳税人有关不能当场办结或办税流程涉及多个科室、窗口的涉税业务,由窗口提供全过程代办服务或者引领办理服务。二是以税收政策发布会为平台,建立多层次的信息性服务。包括:编发《税收宣传》小报,发放至社区及企业纳税人手中;定期召开"税收政策发布会",及时向企业纳税人发布涉税政策规定;举办办班式政策辅导讲座,对纳税人开展政策辅导。三是提倡维权服务,导入权益性服务理念。在执法过程中通过口头、书面等形式告知纳税人有陈述、申辩、听证、行政复议、行政诉讼、行政赔偿的权利,充分尊重纳税人相应申请。四是结合税收宣传月活动,开展了“春风行动”、“六个一”、“税收进社区、连万家”等系列宣传活动,以举办咨询会、开设宣传窗、运用流动宣传车、树立纳税先进典型等新载体、新手段,使宣传进社区、宣传进农村、宣传进企业。

队伍建设 **【教育培训】**学习组织更加系统,制定了干部理论学习意见、干部教育培训工作计划等。学习内容更加丰富,组织开展了全面建设小康社会教育、党的十六大知识集中学习、十六届三中全会精神、绍兴市委五届一次会议精神等时政理论学习,开展了公务员依法行政知识考试、电子商务培训等业务培训,提高了干部的思想水平和行政能力。学习手段更加多样,做到集中学习与分散学习相结合,分班培训与集中辅导相结合,一般培训与学历教育相结合。

【廉政建设】落实廉政建设长效管理机制,建立了中层干部廉政档案,完善了民主集中制、重大事项报告制、收入申报制、廉政谈话制、内部审计制、上级领导同下级主要负责人谈话制等制度和措施。深化对中层以上领导干部的监督和管理,在对局领导班子成员述廉评廉的基础上,对中层干部的廉政承诺进行了公示,实现了述廉评廉工作向中层干部的延伸。不断创新廉政宣传教育的载体,利用局域网和公文流转系统发布党风廉政名言警句,开通绍兴财税纪检监察网站,开展多渠道、多层次、全方位地党风廉政教育。

【创建文明单位】在系统上下广泛开展争优创先活动,实现财税系统在群众中满意度稳中有升。据统计,2003 年,在“企业评行风”活动中,全市财税系统在群众中的满意度为 92.97%,在 18 个参与行风评议的部门中位列第 4,市本级群众满意度为 92.01%,在 37 个参评部门中位列第 2。此外,2003 年全市地税系统涌现了一批先进单位,其中,绍兴市地税局第一征管局被国家税务总局评为全国税务系统文明单位,全市共有 6 家单位被评为省级基层地税文明单位,3 家单位被授予省级“青年文明号”称号,6 家单位授予市级“青年文明号”称号。

(绍兴市地方税务局供稿　裘立周撰写)

绍兴县地方税务工作概述

局长　宋天平

经济概况 2003 年,绍兴县实现国内生产总值(GDP)272.00 亿元,按可比价格计算,比上年增长 15.2%。其中,第一产业增加值 14.39 亿元,比上年增长 4.9%;第二产业增加值 179.00 亿元,比上年增长 17.5%;第三产业增加值 78.61 亿元,比上年增长 12.2%。一、二、三产业结构由上年的 5.8:64.5:29.7 变为 5.3:65.8:28.9。人均生产总值 38787 元,比上年增长 15.1%。全年完成工业产品销售收入 861.10 亿元、利润总额 46.45 亿元,分别比上年增长 25.3%、19.1%。全社会固定资产投资 146.59 亿元,比上年增长 49.9%。实现全社会消费品零售总额 39.49 亿元,比上年增长 14.5%。对外贸易新高不断,全年进出口总额达 30.21 亿美元,比上年增长 56.6%,其中自营出口 23.67 亿美元,比上年增长 63.1%;进口总额 6.54 亿美元,比上年增长 36.9%,出口总量继续位居全省首位。合同利用外资 3.60 亿美元,比上年增长 56.9%;实际利用外资 2.30 亿美元,比上年增长 119.0%。在国民经济持续快速增长的基础上,财政收入呈现高速增长,全年完成财政总收入 30.83 亿元,比上年增长 28.2%,

其中地方财政收入 13.53 亿元,比上年增长 35.0%,全年完成财政支出 15.02 亿元,比上年增长 35.2%。

税收概况【任务完成情况】2003 年,全县地税系统共组织各项收入 14.92 亿元,比上年增收 2.72 亿元,增长 22.34%。其中税收收入 9.80 亿元,增收 8.29 亿元,增长 18.2%,完成年度计划的 107.16%,实现了收入的持续快速增长。

【税收特点】1、从税收收入趋势看,季度征收期税收入库更趋于集中,税收收入前高后低的趋势明显。具体见下图:

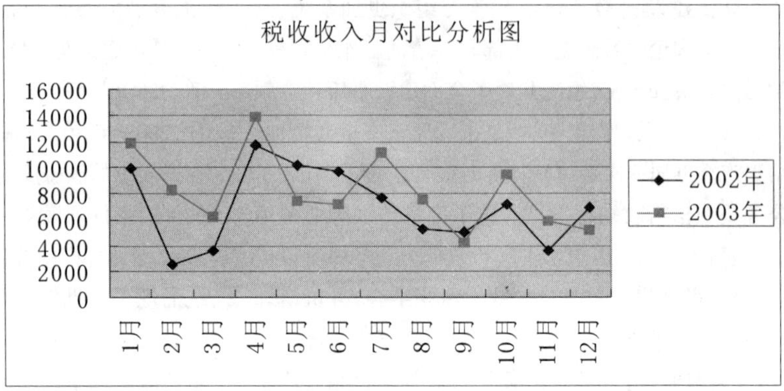

2003 年税收增长呈现季度征收期增长快于非季度征收期增长的趋势,1、4、7、10 月的季度征收期的月平均收入达 1.16 亿元,比上年增长 27.62%,其余非季度征收期的月平均收入为 6473 万元,比上年增长 10.91%,为季度征收期月平均的 55.96%。出现季度征期高现象,主要是由于企业所得税集中度提高,企业所得税季度征收期的月平均收入达 4176 万元,其余非季度征收期的月平均收入为 1609 万元,为季度征收期月平均的 38.53%。若按照季度来划分,第一季度、第二季度、第三季度、第四季度税收收入分别为 2.63 亿元、2.84 亿元,2.29 亿元、2.05 亿元,可以看出全年税收收入"前高后低"的趋势较明显。第二季度最高,比第四季度高出 7898 万元,主要是所得税汇算清缴税款较为集中在 4 月份入库,而预缴多征税款因税收计划安排较紧,大多在第二季度后逐月消化,导致收入产生先高后低的走向。

2、从省级收入看,增长幅度远远超出税收收入的增幅。全年共组织省级收入 3329 万元,同比增长 34.94%,超出全县税收收入增幅 16.72 个百分点。这主要是绍兴县县城迁址后,城市化步伐日益加快,各大银行存贷领域不断拓展,业务量迅速扩大,信贷质量明显提高,如绍兴县农业银行、中国银行、建设银行、工商银行四家银行入库省级金融保险营业税分别增收 359 万元、210 万元、178 万元、289 万元。

3、从税种结构看,主体税种全面增长,支撑作用进一步显现。全县营业税、企业所得税、个人所得税"三税"占税收比重分别为 37.3%、30.16%、16.14%,增收贡献率分别为 41.67%、44.51%、12.94%。三税累计入库 8.20 亿元,占全部税收收入的 83.61%,比上年增收 1.50 亿元,增收贡献率达到 99.13%。

4、股份制公司、私营企业保持强劲发展势头。全年入库股份制企业税收达到 5.12 亿元,同比增长 19.91%;占全部税收的比重达到了 52.21%,增收贡献率达 56.25%;私营企业入库税收 1.29 亿元,同比增长 78.91%,占税收收入比重由 2002 年的 8.68%上升到 2003 年的 13.14%,增收贡献率为 37.61%。

【税源分析】1、营业税计入库 3.66 亿元,同比增长 20.79%,完成省局计划的 106.01%。

其分行业税收入库情况如下:

行业	上半年入库税额(万元)	上年同期税额(万元)	比上年同期+、-%	增收(万元)
金融保险业	5855	4555	28.54	1300
交通运输业	1451	1467	-1.09	-16
建筑安装业	13886	10249	35.49	3637
服务业	6071	7601	-20.13	-1530
房地产业	9001	6067	48.36	2934
合计	36575	30280	20.79	6295

从上表可以看出，营业税增长主要来自房地产业、建筑安装业的快速增长，增收贡献率分别为57.75%、52.74%，是营业税增收主力军。其主要原因：(1)随着全县城市化建设进程的加快，带动商业用地拍卖火爆，新开楼盘的增加、房价上升、房地产热销，促进税款的增加。(2)由于技改的大投入，全县各镇工业园区建设热火朝天，特别是滨海开发区和柯桥经济开发区的建设项目数量和额度逐日上升，以及县政府各建设重点项目的按计划实施，使建筑业营业税增长较快。

金融业稳步增长，增长率达32.93%，主要是全县各大银行、县信用联社等金融企业资产运行均良好，住宅、汽车成为居民新的消费热点，贷款需求大量增加，银行业务有了较大幅度的增长。另外新增金融企业绍兴市商业银行股份有限公司轻纺城支行入库营业税289万元。而保险业却呈现下降趋势，比上年下降10.68%，主要是绍兴市、县区域划分后，导致业务分流较大，且行业竞争激烈。

交通运输业、服务业出现负增长，主要原因有：(1)由于铁路运输业的发展以及邻近市(县)运输业的竞争，且绍兴市区政策宽松使纳税人外逃，给全县联托运行业带来压力；(2)2002年7月份绍兴市区企业划入市地税局管辖影响餐饮服务业营业税约295万元；(3)2002年中国轻纺城市场租赁行业对租期在几年以上而一次性收取房租的收入进行一次性征收租赁营业税，从而抬高了2002年基数，同时减少2003年的税源；(4)服务业受“非典”影响较大。

2、企业所得税入库2.96亿元，比上年增长29.43%，完成省局下达计划的129.43%，成为2003年税收收入增长主力，但收入呈现先高后低现象。主要原因有：(1)2002年受所得税分享体制改革影响较大，企业所得税在2001年年底提前入库，影响2002年年初企业所得税收入基数。(2)加强稽查及日常稽核力度，2003年共入库查补企业所得税6740万元，占企业所得税入库数的22.79%。(3)抓清缴及时入库，2003年汇算清缴于4月份全部结束，累计入库汇算清缴企业所得税6955万元；(4)由于房地产企业开发的周期性，一些较早开发的项目开始进入竣工结算。(5)企业争取上市影响，如浙江展望股份有限公司为争取上市，2003年结清上年度企业所得税375万元。

3、个人所得税增势平稳。具体分项目增减情况如下表：

项目	2003年入库税额(万元)	2002年同期税额(万元)	2003年同比增长%
1、工资、薪金所得	6492	6320	2.72
2、个体工商户生产经营所得	6064	5630	7.71
3、企事业单位的承包、承租经营所得	1216	721	68.65
4、劳务报酬所得	143	79	81.01
5、稿酬所得			
6、特许权使用费所得	1		
7、利息、股息、红利所得	1140	456	250.00
8、财产租赁所得	72	104	-30.77
9、财产转让所得	8	0	100.00
10、偶然所得	46	109	-57.80
11、滞纳金罚款收入	641	450	42.44
合计	15823	13869	14.09

上表可以看出,2003 年个人所得税增收主要项目是企事业单位的承包、承租经营所得和利息、股息、红利所得,主要原因有:(1)不失时机抓好年终企业发放奖金、股息和红利的个人所得税的征收,2003 年共汇算清缴入库个人所得税 2231 万元。(2)加强对企业股权转让的监控,督促企业及时缴纳财产转让所得税。(3)加强了对个人所得税的稽查和处罚力度。(4)2002 年个人所得税代扣制度的进一步落实以及公民意识的增强,个人所得税得以高速增长,使 2003 年个人所得税的增长趋于平稳。

4、其它各税入库 1.61 亿元,比上年增长仅 0.83%。主要是占主导地位的城建税出现下降现象,原因是 2002 年入库以前年度欠税及稽核查补入库以前年度税款较多,分别为清欠入库 1701 万元、查补入库 474 万元,而 2003 年仅入库清欠税款 360 万元,查补税款 337 万元,两因素共计同比差额为 1478 万元,剔除该不可比因素后,城市维护建设税同比上升 14.61%,略低于税收合计增幅。

各项工作情况 **【税收法制建设】** 1、开展税收秩序整顿。开展集贸市场漏征漏管户清理,全年共清理集贸市场漏征漏管户 304 户。针对全县房地产交易税收流失现象开展了专项整治,共补缴房产交易行为税收 280 多万元。

2、规范税收行政执法。开展了两次内部税收执法检查,重点对减免税审批、稽核评税、违章处理、税务检查案件查处等方面进行抽查,对发现问题的单位,及时发出通知书督促整改。通过执法检查,加强了执法监督的力度,规范了各单位的执法行为,提高了全体干部的执法水平。坚持依法行政,认真落实税务行政救济制度,成功举行了两次听证会,维护了税收法律法规的严肃性,切实保障了纳税人的合法权益,妥善解决了税务行政争议。

3、贯彻落实税收政策。在依法征收、应收尽收的同时,及时贯彻落实好国家对下岗失业人员再就业的有关税收政策,同时为受"非典"影响相关行业企业减免税费 229.88 万元,维护了社会的稳定,帮助企业度过了难关。

【征管改革】 清理征管基础数据。为确保《浙江地税信息系统》基础数据的准确性和完整性,对已存基础数据进行了一次全面的清理审核,纠正差错,填补空缺,规范操作。通过清理,一些因软件升级过程中造成的行业差错现象得到了纠正,许多空缺的资料得到了补填,代扣代缴信息、税源信息等按要求进行了录入,夯实了征管基础资料。

持续改进 ISO9000 质量管理体系。根据省局要求和工作实际,对 ISO9000 质量管理体系文件进行了修订完善,实现了与省局版本的全面接轨。对系统干部进行了新版体系文件培训,开展了内审和外审,通过了认证公司新一轮贯标认证。

【征收管理】 1、开展特色行业地方税收征缴预警。对房地产、纺织、印染、机器机械、服装五个特色行业开展调查测算,根据调查测算情况,确定该五个特色行业的地方税收征缴预警率(预警额),作为各征管局内部衡量该行业所有企业缴纳地方税收的参数比率或参数值,对行业中低于该参数比率或参数值的企业,予以预警。

2、探索实践稽核评税和纳税评估。深入企业进行账册、凭证、纳税申报资料等的检查辅导,全年共稽核企业 500 户,稽核应补缴税费 2332.33 万元,入库 2181.99 万元,入库率达 94%,增强了纳税人依法纳税意识,为加强税收征管奠定了坚实的基础。拟定了《绍兴县地方税务局纳税评估工作暂行办法》,对 25 户企业开展纳税评估,以企业纳税申报资料、财务会计报表和《浙江地税信息系统》作为纳税评估依据,对企业的纳税申报情况进行纳税分析和综合评估。

【信息化建设】 在全县成功推行企业互联网纳税申报,到 12 月底,已对全县 4035 户企业进行了互联网纳税申报培训,已有 2111 户企业获得申报成功。实现了养老保险基金、工伤基金、女工生育基金、城镇职工基本医疗保险费四项社保费(基金)"社保、地税、银行"三方联网实时扣缴,实现了四项社保费的无纸化缴费。进一步推进税款缴库方式改革,启用电子转账专用完税证。

【社会保障基金征收】 全年共征收养老保险基金 2.17 亿元,比上年同期增长 45.74%,使全县养老保险支付能力达到 42 个月,比上年底提高了 18 个月。征收基本医疗保险基金 5313 万元、工伤保险基金 38 万元、生育保险基金 87 万元,并代征残疾人就业保障基金 1142 万元。

【发票管理】 根据国家税务总局《关于打击制售

和购买假发票违法行为的紧急通知》的精神，有针对性地对辖区内的交通运输企业、大宾馆进行了发票实地检查。加强货物运输业税收征管，严格把好货物运输业营业税自开票纳税人的认定关，加强对代开发票和代征税费的业务培训、指导和监督检查。

【税务稽查】以大要案为重点，严厉打击偷逃骗税行为。全年共稽查企业403户，查补地方税(费)、滞纳金2738万元，处以罚款1753万元，其中查补税(费)在30万元以上的大案20件，50万元以上的大案10件，100万元以上大案5件，偷税案件平均处罚率为74%，实际执行入库4401万元，入库率达98%。同时严格执行案件分级审理制度，召开案审会7次，讨论案件74件。进一步加大实地案审力度，共进行实地案审3次，抽查1次，执法检查企业对象4户，查增税费、滞纳金、罚款500余万元。

【税收宣传】在搞好日常税收政策宣传的同时，集中开展了以"依法诚信纳税，共建小康社会"为主题的税收宣传月活动。开展了百家诚信纳税企业评选，与绍兴县国税局联合每月在《绍兴县报》上对纳税500强企业进行公告，在《浙江日报》、《绍兴县报》、绍兴县电视台上开展系列宣传报道。对全县1.5万多户个体工商户定额定期在县电视台滚动播放，自觉接受社会各界和广大个体工商户的监督。通过全方位、多载体的宣传，提高了全社会依法诚信纳税意识，增进了对地税工作的理解支持。

队伍建设 **【教育培训】**加强思想政治教育，继续开展"三个代表"重要思想和党的十六大主题教育为主要内容的思想政治教育活动，学习贯彻好十六届三中全会精神。认真落实"三会一课"制度，制订了对四个党支部具体的考核细则与评级办法。举办了党建知识竞赛，组织中层干部举行了以"责任与形象"为主题的封闭式读书教育会。积极开展业务培训，全年共举办各类培训15期，培训总数达1637人次，人均培训达6次。特别是在借助外力开展高层次培训上进行了有益尝试，选派系统30名业务骨干到浙江财经学院进行了短期脱产集中培训，收到了良好效果，拓展了教育培训工作新领域。组织选拔系统干部参加全省、全市《税收征收管理法》考试和竞赛，包关云同志获全市个人第一名。

【内部管理】实现了政务督查专人负责制，制订了《绍兴县财政地税局政务督查实施办法》，使全局政务督查工作进一步专职化、制度化。全年共督查办理399件，真正做到了督办、督查的事项件件有着落，事事有回音，提高了办事效率。完善了局党工委和局长办公会议制度，实行对局领导班子成员每月工作通报制，对党工委会议和局长办公会议纪要在内部公文处理系统上进行公开，加强了班子的工作合力，增强了工作透明度。针对上年系统岗位责任制考评后的一些建议和当年全局工作重点，对系统岗位责任制考评办法作了较大的修改调整，对征管局的考核更突出收入任务和征管质量，对机关科室的考核则结合日常工作，突出重点工作，既简明扼要，又抓住了工作重点。

【廉政建设】切实转变工作作风，局领导先后两次带领科室人员到县机关部门、镇(街)及部分企业深入调研，征询意见，宣传政策，解决了一些部门、镇(街)、企业、群众反映的热点、难点问题，消除了一些工作上的误解。通过这次主题教育的开展，达到了使干部受教育，让群众更满意的效果，社会对地税工作的满意度明显提高，全县机关部门行风测评从2002年28个部门的第16位上升到2003年33个部门的第5位。岗位责任制考评从2002年的第15位上升到2003年的第4位。认真落实党风廉政责任制，层层签订党风廉政责任状，组织中层以上干部开展诺廉评廉活动。全年组织开展行风督查8次，特邀监察员明查暗访2次，并开展了公务活动中奢侈浪费行为专项检查。对中层干部进行"廉政谈话"6次，利用手机给中层干部发廉政提醒短信7批次，组织中层以上干部到省第四监狱接受特殊教育。

【创建文明单位】在系统内开展了"十佳能手"、"金点子"评选，积极开展"青年文明号"、"巾帼示范岗"、文明窗口等争创活动，局团总支被授予全国五四红旗团总支，下属福全征管局荣获全国"巾帼示范岗"。

(绍兴县地方税务局供稿　倪华丰撰写)

上虞市地方税务工作概述

局长　吴志育

经济概况 2003年，上虞市实现国内生产总值177.54亿元，比上年增长12.6%，其中第一产业增加值为18.11亿元，增长2.4%，第二产业增加值为105.27亿元，增长13.9%，第三产业增加值为54.16亿元，增长13.7%；实现社会消费品零售总额46.88亿元，同比增长12.6%；金融系统存款余额182.94元，同比增长33.4%；合同利用外资2.02亿美元，同比增长72.2%，实际利用外资1.08亿美元，同比增长71.2%；城镇居民人均可支配收入12680元，同比增长12.5%；农村居民人均纯收入6328元，同比增长7.8%，城镇居民和农民的生活水平进一步提高。在各项经济指标显著增长、经济运行质量不断提高的基础上，财政收入再创历史新高，全市实现财政总收入14.08亿元，同比增长27.2%，其中，上划中央"四税"收入7.92亿元，增长18.8%；实现地方财政收入5.95亿元，增长40.1%。实现财政支出7.42亿元，增长26.4%。全市当年实现财政收支平衡。

税收概况 【任务完成情况】 2003年，全市地税系统共组织各项收入9.11亿元，比上年增收2.19亿元，增长31.71%。其中，税收收入5.82亿元，比上年增收1.41亿元，增长31.91%，完成年计划的115.93%。

【税收特点】 一是从税源经济结构来看，非公有制经济增长迅速，占收入总量的比重日益上升。全年非公有制经济(除国有和集体企业外的其他经济类型)入库税收4.03亿元，占税收收入总量的69.24%，比去年提高了3个百分点，同比增长36.61%，而国有、集体企业入库税收占税收总收入的比重分别比去年下降1个百分点和2个百分点。二是从产业分布看，第二产业税收增速保持领先。全年税收入库3.28亿元，同比增收1.30亿元，增长65%。三是从税种结构看，主税和附税全面增长。企业所得税、个人所得税和营业税三大主税增长迅猛，托盘功能明显，全年累计入库5.15亿元，占全部工商税收的89%，增收1.30亿元，为近三年来增速最快、增收最多之年。地方小税同步跟进，增长势头不逊主税，全年累计入库3681万元，比去年同期增收976万元，增长36.08%。

【税源分析】 1、非公有制经济增长较快。一是国有、集体企业改制步伐继续加快，私人创业数量增多，非公有制经济企业数量增长较快。二是全市上下大力营造个私企业发展的良好氛围，鼓励和扶持中小企业的进一步发展，私营企业、个体经济入库税收分别比去年同期增长48.61%和68.76%。

2、第二产业税收增势迅猛。制造业、建筑业是第二产业税收大幅度增收的主要力量。其中：制造业合计入库2.09亿元，同比增收8315万元，增长65%；建筑业合计入库1.11亿元，同比增收4429万元，增长67%，两行业增收额占第二产业增收额的98%。建筑业税收快速增长，主要由于建安企业坚持做大、做强，不断外拓市场，仅沪办代征企所税就比去同期增收1249万元，增长177%。同时，随着城市化、工业化进程的推进，市内基础设施、市政工程、企业自建项目的动工，也带动了全市建筑业税收的快速增长。

3、各税种保持全面增长势头。(1)营业税全年入库1.86亿元，比上年增收1379万元，增长8.03%。由于市内缺少较大的楼盘开发，作为营业税主导税源的房地产业营业税收入略有下降，全年共入库3667万元，比上年减收931万元，下降16.38%。但随着金融贷款规模扩大、城市化进程的推进,金融业和建筑业营业税的增长有效地消化了房地产业萎缩的不利影响,营业税征收好于预期。其中:金融业增收733万元,增长26.84%;建筑业增收1254万元,增长30.28%,成为推动营业税增长的主要因素。(2)企业所得税入库2.04亿元,首次突破2亿元大关,比上年增收8073万元,增长65.27%,增幅居主要税种之首。从行业结构看,制造业所得税与建筑业所得税快速增长对收入总量起到了托盘作用。两行业所得税分别增收5059万元和2564万元,增长83.08%和164.25%,增收贡献率为94.43%。从经济性质看,非公有制经济企业所得税增长起到了有力的支撑作用,其中:有限责任公司企业所得税增收2998万元,增长70.96%,增收贡献率为37.14%;股份有限公司企业所得税增收2787万元,增长79.09%,增收贡献率为34.52%;私营企业企业所得税增收675万元,增长103.52%,增收贡献率为8.36%。从微观纳税主体看,"小型巨人"企业对企业所得税的增长起到了领头羊作用,全年共入库企业所得税8748万元,比上年增收4211万元,增长92.81%,占地税部门企业所得税收入总量的2.79%。(3)个人所得税入库1.26亿元,首次突破1亿元大关,同比增收3535万元,增长39.16%。其中:利息、股息、红利个所税增长最为明显,比上年增长92.51%,创下近年最高增幅记录,主要是由于地税部门加强了对企业分红派息情况监控和管理。其他方面,工资薪金个所税和个体工商户经营所得个所税分别增长36.34%和15.93%,也成为增收的主要来源。(4)其他税种。随着企业固定资产投资的增长和个人消费的明显增强,辅之以地税部门切实有效的征管措施和手段,保证了小税种的快速增长,成为地方税收收入增长的新生力量。其中,房产税增长24.73%,印花税增长38.77%,车船税增长56.88%,土地使用税增长60.61%,土地增值税增长125.51%。

各项工作情况 **【征管改革】** 修订完善ISO9000质量管理体系,规范税收业务流程,最大限度地减少税收管理自由裁量权。按照重点性和全面性并重的要求,加强税源监控的力度和深度,调整扩大监控面,提高了对收入的预测分析能力。健全地税、国税、工商工作联系制度,并实现网络互联互通、资源共享,提升了税务登记和定额管理水平。建立纳税信息披露制,每月在《上虞日报》上对重点企业纳税情况予以公布;完善个体户定额公示制,尝试在社区、街道的显要位置定期公布定额。

【征收管理】 积极贯彻落实各类涉税优惠政策,有效推动地方经济的可持续发展。认真落实企业所得税相关减免政策,全年到位各类抵免、减免税共计9336万元,切实增强了企业发展后劲。落实下岗再就业政策,全年累计为3702名下岗失业人员办理减免资质认定,为129个体经营户和1家企业办理减免税手续,减免税费350万元。对受"非典"影响行业减免各类税费254万元。落实营业税起征点调高政策,为全市937户纳税户减免各类税费152万元。强化个人所得税征管,特别是对个人投资股份实行动态管理,监控水平得到显著提高。积极稳妥地做好货运业税收征管方式的调整,进一步加强货运业发票管理,切实规范货运业税收征管秩序。

【信息化建设】 加快地税信息化建设,推广应用互联网申报手段,实施社保基金"三方联网、银行扣缴"和个体双定户"银税一体化"管理,不断提升地税征缴效能。继续深化基层征管改革,在百官征管局引入社会化征收机制,切实缓解了征收环节的工作压力;实施纳税评估改革试点工作,改革取得了初步成效,全年共对252户企业实行纳税评估,共入库地方税费510万元。

【社会保障基金征收】 加强社保费征缴力度,连续两年超额完成养老金征缴扩面任务,当年养老金、医保金年度征缴率分别达到99.8%和99.9%,分别比上年提高2.7和2个百分点,基金支付能力达到18个月。

【税务稽查】 突出"规范执法、强化管理、加大力度"三个重点,充分发挥稽查工作惩治违法和服务经济发展的双重效能。建立案件质量内部跟踪监控制度,健全选案、稽查、审理、执行等环节的制衡机制,完善大要案审理工作程序,稽查工作规范化水平得到显著提高。加大稽查打击力度,全年共查补税费1050万元,结案率、入库率、公告率均达到100%,切实维护了税收秩序。组织开展黄砂等资源性税收专项整治,有效堵塞了税收征管漏洞。

【税收宣传】 加强财税宣传,创办《上虞地税》专刊,及时全面地向纳税人提供政策信息,进一步树立了法治、公开、公正的地税形象。

队伍建设【教育培训】一是围绕"论思想大解放、谋财税新思路、促上虞大发展"的主题,深入开展解放思想大讨论活动,突破制约地税事业发展的思想瓶颈。二是创新干部教育管理机制,构建公务员讲台、管理服务台、技能比武台和强身健体台等"四大教育平台",深入开展"争创学习型机关,争做学习型干部"活动。开展"金点子"征集活动,开通"局长信箱",激活干部的创造性思维,提高了决策的民主化水平。建立健全考学评学机制,组织开展"十佳岗位能手"、优秀学习型科室(单位)和优秀学习型干部的评选活动,营造良好的学习氛围。在全市副局级后备干部选拔中,有27人入围,入围比例在全市市直机关中名列前茅,并获得个人得分第一名,充分展示了地税队伍的良好形象。

【行风建设】深入开展行风建设,实施以"经济壮财源、财税促经济"为主题的鱼水工程,进一步加强了税企沟通,在年度市直部门行风评议中获得总分第二名。

【创建文明单位】积极参与全市"省级文明城市"创建工作,深入开展形式多样的"文明单位送文明"活动。充分发挥党、团、工、妇等组织的整体优势,通过开展"家庭读书年"活动,举办演讲、书法比赛等多种形式,提高干部的人文素养,培育积极向上的财税文化。文明创建成绩显著,被授予省级文明单位和市级文明行业。

(上虞市地方税务局供稿　赵春峰撰写)

诸暨市地方税务工作概述

局长　寿纪祥

经济概况　2003年,诸暨市实现国内生产总值232.70亿元,比上年增长15%,第一、二、三产业增加值分别为21.93亿元、136.40亿元、74.37亿元,增幅分别为5.2%、16.5%、15.6%;全市规模以上(国有和年销售收入500万元以上非国有工业企业)工业总产值349.75亿元,比上年增长36.4%;实现社会消费品零售总额53.38亿元,比上年增长14.5%;完成全社会固定资产投资88.52亿元,比上年增长32.5%;完成出口交货额5.3亿美元,比上年增长69.5%。主要经济指标呈现较快增长,经济效益和运行质量显著提高,综合经济实力明显增强。在国民经济持续快速增长的基础上,财政收入呈现高速增长,全市实现财政总收入18.16亿元,比上年增长28.7%,完成年度预算的102.8%,其中中央收入9.19亿元,增长20.5%,地方财政收入8.97亿元,增长38.4%;全市财政支出9.91亿元,比上年增长24.7%。

税收概况【任务完成情况】2003年,全市地税系统共组织各项收入11.90亿元,比上年增收3.67亿元,增长44.5%,其中税收收入8.05亿元,比上年增收2.20亿元,增长37.6%,完成年计划的122.7%,继续保持了收入增长的良好势头。

【税收特点】一是税收收入在往年高基数、高增长的基础上继续保持高速平稳增长;二是各税种均实现增长。三大主税种中营业税、企业所得税实现快速增长,同比分别增长48.5%和40.5%,个人所得税继续稳步增长,同比增长20.3%,小税种印花税、土地增值税和资源税增长速度较快,增幅分别达到67.2%、103.8%、198.6%;三是各经济类型均实现增长。非国有经济中有限责任公司、私营企业、股份制企业增幅较大，分别达188.4%、33.3%、58.8%，受各种因素的影响，个体经济增幅较缓，仍达到22.9%，国有企业克服改制等因素的影响，增幅也达到33.3%；四是各产业均实现增长。第一产业增势迅猛，增长61.4%，以制造业和建筑业为代表的第二产业继续加快发展，增长35.5%，以房地产业为龙头的第三产业，增长40.1%。

【税源分析】 1、营业税收入快速增长。全年实现收入2.83亿元，比上年增长48.5%。增收因素：一是受旧城改造货币安置的影响，随着人们贷款消费意识的加强，房地产业持续升温，使销售不动产营业税入库8330万元，增收3683万元，增长78.7%，并相应带动建筑业市场繁荣，使建筑业营业税入库6468万元，增收1081万元，增长20.1%；二是通过清理整顿交通运输市场，规范交通运输开票管理，促使运输业税收增长较快，累计入库1435万元，增收786万元，增长121.2%；三是通过打造"信用诸暨"，各家银行加强内部管理，减少经营成本，促进银行资产质量提高，信贷规模扩大，使金融保险业营业税稳定增长，累计入库5020万元，增收2231万元，增长79.9%；四是随着移动通讯和电信事业的发展，邮电通信业营业税入库2047万元，增收165万元，增长8.77%；五是得益于杭金衢高速公路的全线贯通，服务业克服了"非典"影响，入库营业税4883万元，增收1281万元，增长35.6%。

2、企业所得税收入稳定增长，全年收入2.6亿元，比上年增收7476万元，增长40.5%。增收因素：一是宏观经济好转在带动企业产销的同时，带动所得税增长。规模企业实现较快发展，全市75家重点企业入库企业所得税1.68亿元，占总入库数的64.61%。当年实交税收在千万元以上的企业有19家。二是强化重点税源监控，加强企业所得税征管。(1)加强重点税源监控，每月对市级规模企业和苗子企业入库情况进行汇总分析，及时掌握税源动态，使税源监控面达到60%以上；(2)规范所得税的核定征收制度，督促引导企业规范申报，促使企业进一步加强财务管理；(3)做好2003年度企业所得税汇算清缴工作，进一步规范税前列支项目，全市纳税调整所得额达7371万元；(4)对"零申报"企业进行摸底排查，对其原因进行综合分析，杜绝漏征漏管户；(5)规范减免税和税前扣除的审批工作，严格把好政策关，规范审批程序，明确审批要求，保证审批质量。

3、个人所得税继续稳步增长。全年入库1.54亿元，比上年增收2613万元，增长20.3%。增收因素：一是加强个人所得税源头扣缴。以实行财政统一会计核算为契机，进一步完善企事业单位代扣代缴和自行申报制度，继续加强对高收入者个人所得税实行重点监控，从"源头"上保证个人所得税款及时足额入库，2003年度工资薪金所得个人所得税入库3770万元，同比增长7.5%，利息、股息、红利所得个人所得税入库1692万元，同比增长76.1%；二是进一步规范个体税收的征管，通过对个体双定户进行调查摸底，调整、提高定额，对个体企业、合伙企业采取核定最低利润率预征所得税办法，进一步扩大了个人所得税征收税基，生产经营所得全年入库9093万元，同比增长18.1%；三是着力抓好年终各类考核奖励以及偶然所得个人所得税征收，全年入库个人所得税254万元，同比增长70%。

4、各小税种增长较快。增长比例达32.8%,其中城建税、印花税、土地增值税和资源税增长比例较大。全年城建税累计入库5038万元，同比增收519万元，增长11.5%；印花税入库1067万元，同比增收429万元，增长67.2%；土地增值税入库1857万元，同比增收946万元，增长103.8%；资源税入库300万元，同比增长198.6%。增收因素：由于采取按销售收入额核定征收的方法，印花税实现大幅增长；房地产持续升温带来的购房热潮长升不减，导致土地增值税大幅增长。

各项工作情况 **【征管改革】** 为促进地税管理从规范化走向标准化，2003年全面导入和应用了ISO9000质量管理体系，顺利通过了认证验收。质量管理体系的建立，整合了内部管理体系，实现了从重结果到重过程的转变，使税收执法和内部管理过程始终处于受控状态，能随时进行自我监督和纠正，进一步规范了执法行为，促进了依法行政。为涵养税源，促进经济和税收的协调发展，推出了干部联系企业制度，作为深化为企业服务、为纳税人服务的又一重要举措。自实行以来，各科局纷纷下企业出谋划策，成立纳税辅导组，帮助企业规范财务行为，受到群众的好评。目前已与全市568家年销售500万元以上企业建立了联系制度,为企业办成实事200多件,免费培训企业财会人员1800人次。

【征收管理】一是规范收入计划管理。积极进行收入预测,组织开展调查研究,按季分解落实全年税收收入任务,重视税源建设,确保收入持续增长。二是规范行业税收征管。制订实施了《轻纺行业地方税收管理办法》,对轻纺业按生产、加工、销售等环节核定征收;根据城市发展状况,对城建税的征收范围和征收标准进行了调整。三是规范所得税征管。继续推行所得税核定征收管理办法,鼓励企业建账建制,确保所得税收入。加大对高收入单位和个人代扣代缴管理力度,重新调整了100名高收入者重点监控名单,对获市长特别奖的企业负责人进行重点检查,督促其入库个人所得税126.51万元。全年完成279户企业的2002年度汇算清缴工作,清缴入库企业所得税1741.5万元。

【信息化建设】充分重视以"科技加管理"为核心的地税信息化征管体系建设,不断提高地税系统现代化征管水平。一是加快办公自动化建设步伐,推广运行"公文处理系统"等办公自动化软件,提高工作效率;二是简化纳税手续,实行"网上申报"。至年末,全市网上申报纳税户已达到总数的70%以上。

【社会保障基金征收】继续完善以养老保险金为主体的社会保障体系建设。抓好社保基金的扩面征收工作,加大对社会保障基金的扩面和清欠力度,提高征收率。至12月底,养老保险金应征企业3334户,累计入库1.73亿元,征收率98.71%,同比增长38.2%;医疗保险金应征单位552户,累计入库1.45亿元,征收率99%,同比增长154%。同时积极配合劳动社保部门做好社会保险金的扩面工作,全年新扩面养老保险金应征企业1624户,同比增长95%,新扩面医疗保险金应征企业254户,同比增长85%。

【税务稽查】继续开展整顿和规范税收秩序工作,以开展行业检查为重点,以查处大要案为突破口,着力维护税法的严肃性,改善税收环境。组织开展了企业所得税专项检查、建筑业专项检查、房地产专项检查、法律服务所及金融保险业税收专项检查。在税务稽查的具体执法上,对每个纳税人实施查前权益先知,查中教育辅导,查后处理服务,做到边检查,边宣传,边教育,真正起到了以查促收、以查促管的目的。全年共检查纳税户480户,查补各种地方税费及基金1786万元。

【税收宣传】紧紧围绕"依法诚信纳税,共建小康社会"的主题,周密部署,广泛发动,开展了丰富多彩的税收宣传活动。与市国税局联合召开全市纳税大户表彰大会,表彰179家纳税先进企业,组织税收宣传大型文艺演出,举办"财税杯"征文竞赛,开展税收法规、社保知识咨询活动13次,张贴、悬挂地税宣传标语500多幅,发动各类税法宣传资料1万余份,在各种媒体播报、刊登地税信息500多条(次)。通过大张旗鼓的税收宣传,提高了广大群众的纳税意识。

队伍建设 【教育培训】围绕地税中心工作,坚持以人为本,抓干部思想教育、业务培训和管理考核。年初举办中层干部读书会,邀请专家、教授有针对性作专题讲座。为提高全体干部服务企业技能,进行地税业务知识培训。修改完善考核办法,实行以考绩为主,自评和考评相结合的考核办法,加强对干部的量化考核。

【廉政建设】把党风廉政建设列入工作日程,在全系统开展反腐倡廉专题教育活动。健全内外结合的监督网络,聘请了一批特邀监察员,加强内部制约和外部监督。进一步落实党风廉政建设责任制,科长以上干部全部作出"廉政承诺",并上墙公示。

【行风建设】继续深入开展行风建设,落实行风建设责任制,结合干部联系企业制度,组织税务人员走访企业,现场征求纳税人意见和建议,进行税法宣传和辅导,在全市"企业评部门"活动中,地税局满意度列各部门之首。

【创建文明单位】积极开展文明单位和"青年文明号"创建活动,通过考核,全系统2家单位分别被授予省级文明单位和省财税系统文明单位,1家单位被授予绍兴市级"青年文明号",2家单位被授予绍兴市财税系统文明单位,1家单位被授予诸暨市级文明单位。

(诸暨市地方税务局供稿 斯魏撰写)

嵊州市地方税务工作概述

局长 杜洪苗

经济概况 2003年，嵊州市实现国内生产总值103.00亿元，比上年增长13.3%。其中，第一产业13.87亿元，增长4.1%；第二产业56.19亿元，增长15.1%；第三产业32.93亿元，增长14.3%。全年完成固定资产投资45.03亿元，增长28.3%。其中，工业性投资26.96亿元，增长49.4%。全市城镇居民人均可支配收入12735元，农民人均纯收入5331元，分别增长12.6%和7.7%。全市财政总收入达到9.02亿元，增长21.7%。其中，地方财政收入4.40亿元，增长25.9%。上划中央"四税"收入4.62亿元。加上上年结余、省市补助、调入资金，合计可用资金5.62亿元。全年财政支出为5.28亿元，增长24.9%。当年财政实现收支平衡，略有结余。

税收概况 **【任务完成情况】** 2003年，全市地税系统共组织各项收入5.51亿元，比上年增长35%。其中，地方税收3.42亿元，完成省下达计划的116%，比上年增长28.5%；养老保险基金1.22亿元，增长27.7%。

【税收特点】 一是地税收入保持了较强的增长势头，增幅较大，远远高于本市同期GDP增幅。二是主体税种占税收的主导地位没有改变，但主体税种结构相应有变化。全市企业所得税收入8130万元，比上年增长28.5%；个人所得税收入5001万元，增长36.7%；营业税收入1.55亿元，增长25.4%。企业所得税、个人所得税、营业税占税收收入的比重分别从上年的22.8%、13.8%、46.5%调整为23.8%、14.6%、45.4%，作为地方税主要税种的营业税继续保持全市地方税收的主要来源。三是地方小税种均有不同幅度的增长，其中，城市维护建设税增长23.6%，房产税增长21.3%。

【税源分析】 增收因素：(1) 从经济增长来看，主要得益于市委市政府开展招商引资、园区建设及打造先进制造业基地，大力发展个私经济等重大举措出台和实施。全市经济的新一轮增长带来了税收收入的增加。(2)从行业税收来看，地方税收增长较好的是丝绸纺织业、服装业，分别增长39%、37%；其次是电声业、厨具业、领带业、电机业分别增长27%、22%、19%、17%；但绢丝、针织业受市场竞争激励，绢丝外销产品销售价格下降等因素影响下降8%。建筑、房地产业入库地税1.30亿元，占地方税收总额的39.4%，分别增长37%、66%。(3)从税收的经济成份来看，个私经济发展速度加快，税收高幅增长。全年个私经济税收1.36亿元，增长58%，占地方税收总额的40%，比上年提高8个百分点。国有经济随着改制推进，企业数量上不断减少，但由于烟草、电力等单位处于市场垄断地位，税收大幅增高，全年烟草税收2028万元，增长53%；电力税收2318万元，增长97%，这两家单位入库地方税收占地税总额的13.2%。

但在组织2003年收入过程中，也存在着一些不利因素，在一定程度上影响了税收增长。(1)绢丝业、电声业2003年产销形势不景气。由于市场竞争激烈，产品价格下跌，加之几家绢丝规模企业转向房地产投资，对绢丝新产品开发不足，缺少附加值高的新产品，使这些行业企业经济效益不佳，上缴税收与上年同比呈下降趋势。(2)内资企业转向中外合资增多。随着招商引资力度加大,2003年新增外资企业40家，在领带、绢丝业规模企业中中外合资企业居多,由于外资企业税负低于内资企业，对税收增长也有一定的影响。(3)地税收入结构发展不平衡,主要反映在两大主体税种。第一大税种营业税入库1.55亿元,比上年增长25.4%，占地税总额的46.5%。而2002年营业税1.15亿元,增长58.4%,占地税总额比重为44.7%。从增长率来看,回落33个百分点。主要受建筑业影响较大，建筑业营业税入库3786万元，同比增收130万元,增长3.6%。而2002年增长率为78%,绝对额增收1600万元。第二大税种企业所得税入库8130万元，增长28.5%,上年是负增长28%。所得税占地税总额比重从2002年的23.5%上升到24.5%。因此,从2003年分税种收入结构来看,呈现营业税税源缩减,企业所得税快速增长的态势,这一结构存在着对地方财力不利因素,由于建筑、房地产业占地方税收总额的比重过大,带来地方税收增收的不稳定因素。

各项工作情况 **【税收法制建设】** 开展税收秩序整顿,规范税收行政执法,坚持依法行政,制订了《嵊州市地税系统重大税务案件审理暂行办法》，明确重大税务案件标准及审理程序。

【征管改革】 一是改革税款缴库方式。着力抓好多元化纳税申报方式的推广和应用。在绍兴市率先推行“委托农行开票,实行批量扣税”的税款缴库方式,基本形成以网上申报、银税联网实时扣缴和银行账户预储扣款等现代申报方式为主体的多元化申报格局,全市共有1875户实行了网上纳税申报,有9200户个体工商户实行银税联网、实时扣缴方式或银行账户预储扣缴方式申报缴纳地方税费。二是全面导入ISO9000质量管理。在ISO9000贯标认证过程中,对税收管理的各项工作,按质量管理体系运行标准全面进行清理和梳理,把不符合规定的操作程序和运行方法全面作了整改，使各项工作的运行机制更通畅,一环紧扣一环,所有工作过程有记录,各项工作更具规划性、系统性、条理性。三是深化稽查方式。推行“责成自查”与“重点稽查”相结合的稽查方式,提高稽查威慑力,促进征管质量提高。

【征收管理】 一是以抓税源管理为突破口，积极开展行业税源调查,大力推进重点税源监控,对全市1000多家汇算清缴企业实行税源监控；加大对重点行业高收入者跟踪管理力度,逐步推行个人所得税全员管理。二是加强了对交通运输、饮食服务、建筑安装及房地产等行业的税收征管,对上述行业及广告等行业开展发票专项检查,进一步规范税收管理,;加强对个体营运业户和生猪屠宰销售行业的税收管理,委托其行业主管部门代征代缴。三是强化个私税收征管,完善个体税收“五单”工程质量考核办法,建立个体税收征管目标责任制;深化个体工商户“定期定额”办税规范,按照“公开、公平、公正”的原则,开展民主评税活动,对全市4385户个体工商户进行了定额调整,其中定额从起征点以下调整到起征点以上的个体户达3039户。四是进一步规范和加强社会化征管网络,完善协税护税机制,对全市地税委托代征工作进行了统一规范和管理,制定了《关于加强和规范地方税费委托代征工作的通知》,与全市30多家代征单位统一签订代征代缴协议书,2003年代征地方税收比上年有较大幅度增长。

【信息化建设】 积极推行了网上纳税申报。从上年九月开始,对全市1870多户纳税人,进行分期分批集中培训,推行网上纳税申报试点,为全市全面推行网上申报奠定了基础。同时,社会保障工作信息化不断提高,实现了与社保局、残联、银行联网,实时扣款。还利用计算机和网络通讯技术,对税款缴库方式进行了改革,简化征税方式。个体“双定户”已近2000户与农行联网,通过税务银行单边联网实时扣款,实现无纸化纳税；直属分局已有1500多户企业应缴地方税费委托农行开票,实行批量扣税;各基层税务所也已完成了实行网上申报的基础工作。

【社会保障基金征收】 在大量调查研究的基础上,出台了新的养老保险征缴办法,对养老保险计征依据、征缴方法作了重大调整,实行单位缴费与个人缴费完全分离,单位缴费实行由企业按上月实际发放工资总额的17%自行申报和专项申报,个人缴费按本人上年度月平均工资的7%由企业向劳动部门申报,并实行税费同征制。这一征缴办法既体现了依法征缴、公平公正原则,又解决了以往扩面难、参保率低、工作量大的矛盾。做到了应保尽保,全面覆盖。全年企业养老保险费征收首次突破亿元,达到1.22亿元,比上年9578万元增收2657万元,增长27.7%,当年结余9578万元,支付能力从原来的4.6个月提高到9.6个月；全市养老保险参保户数1958户，比上年增加594户;参保总人数62960人,比上年底净增10180

人。我局养老保险工作受到了市委市府和省局的充分肯定,走在了全省前列。去年,医疗保险和残保金征缴也取得了较好成效,分别征收入库4358万元和355万元。

【税务稽查】 加大了执法力度,发挥稽查的威慑作用。深化"责成自查"与"重点稽查"相结合的稽查方式,全年安排责成自查企业404户,立案查处189户,查结198户,检查面为9%,查补总额1075万元,有2户移交司法机关处理。

【税收宣传】 切实加大税收宣传力度,营造地税工作良好氛围。通过播放税收电视公益广告,在城镇街道悬挂宣传横幅,在城市广场举办税收宣传文艺晚会,召开纳税大户表彰大会,召开企业主管财务培训班和重点企业厂长经理座谈宣传会,在办税服务大厅发放宣传资料,上街开展税收知识咨询等活动,多形式多层次地宣传了地方税收,大力弘扬纳税光荣的社会风气。同时,向上级部门和社会各界及新闻单位报道了大量的地税信息,宣传报道工作名列全省地税系统前茅。

队伍建设 **【教育培训】** 坚持每周一晚上政治学习制度,由科长轮流上讲台给全体机关干部上辅导课,促进相互间的了解和沟通,提高干部全局意识。同时,结合ISO900贯标认证,开展了一系列的业务培训,进一步提高了干部业务素质。

【优质服务】 开展了"优质、及时、全天候"服务。各基层征收单位放弃休息日,在每月的征期实行正常上班或值班,极大地方便了纳税人办税。局机关咨询台还实行了一站式服务和全程服务措施,全年接待来访2486人次,办结2486件,办结率、满意率都达到100%;还建立了税企联络员工作制度和税收检查回访制度,挑选"精兵强将"定期到企业帮助聚财、理财、建账、建证,使企业的财务管理、纳税申报走上了规范化。

【完善制度】 在继续实行过去一系列制度的基础上,建立并实施了各科所每月初制订计划并总结上月情况的工作报告及交流制度,有效地促进了工作的计划性和针对性,提高了工作效率和质量。

【廉政建设】 组织开展了"依法办税、秉公理财、规范管理、完善服务"为主题的一系列行风建设活动,局党委班子成员划分了党风廉政建设责任区,各基层单位签订了党风廉政建设责任状,落实了党风廉政建设责任制,全年没有出现大的违纪违法行为,树立了地税干部高效廉洁、干净干事的良好社会形象。

(嵊州市地方税务局供稿 黄小明撰写)

新昌县地方税务工作概述

局长 丁复鸣

经济概况 2003年,新昌县实现国内生产总值90.60亿元,增长14.4%,第一、二、三产业增加值分别为8.43亿元、55.21亿元、26.93亿元,增幅分别4.7%、15.5%、15.5%,人均GDP达到2500美元;完成全社会固定资产投资41.48亿元,比上年增长35.2%;在全国百强县评比中列第90位,比2002年前进了10位。在经济增长的基础上,全县财政收入快速增长,全年共实现财政总收入8.8亿元,完成年度计划的103.01%,比上年同期增长22.2%;其中,上划中央收入5.33亿元,完成年度计划102.5%,增长18.3%;地方财政收入3.48亿元,完成年度计划的103.79%,增长28.7%。在财政收入继续保持较快增长的同时,全县的财政预算支出执行情况良好,全年累计支出4.79亿元,完成年度计划的100%,增长19.5%,保证了人员经费等法定支出和全县技改、重点项目建设、社会保障等重点资金的及时到位,促进了全县经济建设和社会各项事业的持续稳定发展。

税收概况【任务完成情况】 2003年,全县地税系统共组织各项收入3.31亿元,比上年增长27.09%,完成省局计划的113.87%。同时,入库其他收入2.11亿元,其中基本养老保险金入库1.01亿元,同比增长59.14%,医疗保险基金入库5811万元。

【税收特点】 一是税收总收入与各税种之间增长幅度较均衡,全年税收累计入库3.31亿元,同比增长27.09%,其中企业所得税同比增长24.91%,个人所得税同比增长33.87%,营业税同比增长31.04%。二是非公有制税收增速继续加快。全年国有企业、股份制企业、私营企业、涉外企业、个体经营入库税收分别为6389万元、1.89亿元、4161万元、794万元、1744万元,比去年同期分别增长14.31%、31.22%、72.51%、78.83%、18.8%。三是第三产业税收增幅超过第二产业。2003年,第二产业入库1.86亿元,同比增长16.13%,占税收收入56.22%,与上年比重61.53%,下降5.31个百分点。第三产业税收入库1.45亿元,同比增收44.66万元,占税收收入43.78%,与上年同期比重38.76%,增长5.32个百分点。

【税源分析】 1、营业税收入有较大增长。全年共收入1.04亿元,同比增长31.04%,完成省局计划的118.05%。增收因素:一是组织力量对各房地产开发公司、建筑企业单位的建设项目进行认真的排查、摸底和清理,并确定建筑、房地产企业作为责成自查对象,包括外地来新的建筑、房地产企业共120家,共自查税款1040万元。二是旅游业受"非典"影响后,从第三季度开始迅速恢复,比上年同期增长31.18%。

2、企业所得税和个人所得税继续稳步增长。全年共入库个人所得税4409万元,同比增长33.87%,完成省局计划的111.55%,企业所得税1.44亿元,同比增长24.91%,完成省局计划的113.46%。增收因素:一是认真做好2002年企业所得税汇算清缴工作,加强对税前财产损失扣除的审核,严格规范税前亏损弥补和技术改造国产设备抵免企业所得税的操作程序,全县企业所得税结算企业650户,其中企业所得税459户,个人所得税191户。二是对亏损企业进行专项检查,汇算清缴工作结束后,对全县57家亏损企业进行专项检查,共调减亏损额710万元,查补税收及滞纳金55万元,罚款19万元。三是所得税分享体制后,根据国家税务总局的划分规定,对少数企业利用国地税征管上的差异钻空子的情况进行稽查清理,从严掌握。

3、各小税种增长较快。全年共入库3876万元,同比增长18.3%,完成省局计划的107.67%,其中土地增值税同比增长200%,房产税同比增长48.34%。增收因素:一是组织力量对各建制镇进行了实地调研,形成了新的区划标准。二是对房产税进行摸底催交工作,对出租房的房产税如何管理进行调研,出台了新的征管办法。三是在对房地产全面进行清理的同时,加强对土地增值税的征管。

各项工作情况【税收法制建设】 开展法规宣传,提供咨询服务。开展了2003年税收执法检查和税收政策执行情况调查,成立税收执法检查领导小组,有重点地对地方性税收政策法规清理情况、优惠政策落实情况、执法行为的规范情况进行检查,进一步规范税收执法行为。

【征管改革】 建立起征管稽查协调会议制度,及时研究解决税收征管和稽查中反映的问题,实行税务稽查反馈制度。根据《ISO9000质量管理体系要求》的标准,经过宣传发动,体系文件编写,建立了一整套内部质量管理体系,并于6月1日开始实施,于9月16日顺利通过外审认证。使全局的税收征管工作走上了规范化、法规化的道路。同时结合ISO的贯标工作,对日常征管工作进行了规范,特别是对日常征管中的违章违规行为加强了处罚力度,全年处罚违章违规纳税人281户,处罚实施率达到78.93%;税务登记率达88.73%,企业申报率达96%以上,定期定额户的申报率达到90%以上,其他各项指标均已达到或超过质量目标的要求。

【征收管理】 根据年初省局下达的税收计划,正确编制全年税收计划,按税源分布情况及时下达各税务分局,并实行按季考核制度,做到均衡入库。建立重点企业税源监控网络,加强重点企业税收的监管,现进入监控的有省级16家,县级50家。加大对2002年度企业所得税汇算清缴工作的指导检查,对一些企业的财务状况进行了调研,尤其是对故意压低利润,逃避所得税预缴的企业进行了清理和督促。加强个人所得税控管,积极调研有关控管措施办法,对一些纳税大户的个人所得税征收情况进行了审核和规范,建立了相应的台帐和制度,为建立健全有关控管信息系统做好准备工作。

【税收秩序整顿】 一是对建筑业和房地产业的经营情况进行了普查。通过自查追缴税款1040万元。同时对企业固定资产投资(土建工程)的项目进行调查清理,追缴税款30多万元,进一步规范建筑业的税收管理;二是对双定户的起征点进行了调整。并结合起征点的调整,对不上起征点的双定户进行了全面调整,现已调整542户。对一些偏远山区的双定户用简并征期的办法进行地税的征收管理。三是对网吧和茶楼棋牌行业进行了定额规范和调整。两行业共调整双定户120多户,规范了税收秩序和征收管理。

【社会保障基金征收】 十分重视社保基金征收,做到社保基金的征收工作与税收的征收工作在思想上同等重视、工作布置上同时落实、对征管局实行同时考核。养老保险基金的征收扩面已达1182户,全年共入库养老保险基金1.01亿元,全局征集率达99.75%,医保基金累计入库5810.91万元,全局征集率达99.79%。残疾人就业保障金自10月开征,累计征收残疾人就业保障金200多万元。

【发票管理】 对代征单位和发票代开单位进行了规范。在调查研究的基础上,对代开地税发票和代征税款单位情况进行了清理和完善,对主要代开单位实行了计算机开票和合并发票种类的办法进行管理,并且对代开范围作了明确的规定。

【税务稽查】 完善稽查大要案报告制度和主协查制度,实行税务稽查选案分离制度,选案工作已由选案办办理。以日常检查和专项检查相结合,开展所得税预征企业的专项检查和亏损企业的专项检查。共检查307户,查补税款1206万元,罚款58万元,加收滞纳金12万元。

【税收宣传】 在税收宣传月活动过程中,围绕"依法诚信纳税,共建小康社会"这一主题,精心策划了一系列税收宣传活动。做到"规定动作"抓到位,"自选动作"有特色,同时做到税收宣传人员、经费、财物三落实。并充分利用新闻媒体加大宣传力度,如在新昌电视台开辟"点击财税"专栏、制作长年形象广告等,极大地提高了地税机关的知名度,掌握了地税工作的主动权。

【信息化建设】 进一步完善TF2000版模块的应用,对申报资料、内容、手续,内部流转程序等进行了严格的规范,对申报率、入库率、滞纳金加收率、申报准确率、欠税等各环节进行了重点规范,提高了企业数据信息的真实性,为进一步加强征管和数据分析决策夯实了基础。

队伍建设 【教育培训】 进一步完善了周一学习教育制度,在丰富周一学习内容的基础上,创新学习方法,采用由中层以上干部轮流主持讲授的方法,进一步拓宽了学习领域和提高了中层干部的表达能力和主持能力。同时积极鼓励干部参加各类学历考试,并实行学历奖励制度。开展了各种形式的教育,如敬业教育、警示教育,使干部形成珍惜生活、珍惜家庭、敬业爱岗、乐于奉献的良好氛围。

【廉政建设】 局领导与各科室、分局负责人签订了党风廉政建设责任制,层层落实责任,并继续严格执行一票否决制,严格执行责任考核和责任追究制度。进一步健全了监督管理机制,认真抓好各项党风廉政制度的落实,重新明确岗位职责,加大内部岗位责任考核,实行内部考核与外部监督的有机结合,促使干部严格依法办事。

【行风建设】 成立了行风建设领导小组和工作小组,制订了行风建设考核办法。于4月21日召开了系统行风建设工作会议。开展"一推二评三深化"活动。倡导"零距离服务"、"全方位服务"、"税务出珍"、"提醒服务"、"无差别服务"等一系列服务新措施,并在新昌电视台开设"点击财税"栏目,规定各单位选一个工作亮点作专题报道。同时,利用广播电台、《新昌报》等其它媒体,大力宣传财政、地税的政策法规及行风建设的做法,开通"12366"语音特服系统,接受纳税人的咨询、投诉和监督。加深人民群众对财税工作的了解,赢得人民群众的支持和拥护,提高了群众满意率。2003年,在全县21个重点部门行风评议中获得第二名。

(新昌县地方税务局供稿 张芝清撰写)

湖州市地方税务工作概述

局长 沈建平

经济概况 2003年，湖州市实现国内生产总值488.97亿元，比上年增长14.8%，是1997年以来的最高增幅。全市规模以上工业总产值完成588.6亿元，增长28.1%，工业性投入完成143.1亿元，增长33.1%。全市规模以上工业企业利税总额达到64.5亿元，同比增长46.8%。农林牧渔业总产值达到86.5亿元，同比增长7.5%。旅游业、商贸流通业克服“非典”影响，呈现出明显的恢复性增长势头。各类商品市场繁荣活跃，三产增加值完成165.7亿元，同比增长15.5%。全市社会消费品零售总额完成182.3亿元，同比增长11.8%。金融机构各项存款余额486.4亿元，比年初增加116.8亿元，各项贷款余额365.5亿元，比年初增加103.5亿元。在国民经济持续快速增长的基础上，财政收入继续保持高速增长，全市实现财政总收入达到51.20亿元，其中地方财政收入25.26亿元，同比分别增长32.85%和42.03%。长兴县、德清县财政总收入也双双突破10亿元。全市财政完成一般预算支出30.47亿元，增长25.18%，其中市本级13.90亿元，增长19.95%。

税收概况【任务完成情况】2003年，全市地税系统共组织各项收入32.25亿元，比上年增长31.68%。其中税收收入20.67亿元，同比增长32.18%；企业职工基本养老保险费7.50亿元，同比增长25.87%。市本级地税系统组织各项收入15.81亿元，同比增长28.46%。其中税收收入9.74亿元，同比增长28.26%，完成省局计划的112.72%；企业职工基本养老保险费4.16亿元，同比增长27.60%。

【税收特点】一是收入稳定增长。地税收入在近几年持续高速增长的基础上，继续保持较快的增长势头，增幅达到了28.26%，二是第三产业增势强劲。第三产业入库税收合计5.73亿元，同比增长30.38%，占全部税收收入的比重达到58.83%，比2002年上升了1个百分点。三是收入构成发生进一步变化。一方面流转税增长快于所得税税增长，增幅为36.96%，高出企业所得税和个人所得税增幅12个和6个百分点，占全部税收收入比重达到了的44.25%。另一方面有限责任公司成为增收的绝对主力。全年增收9987万元，占全部增收额的55.77%；占比达到了36.15%。

【税源分析】1、营业税入库4.31亿元，同比增长36.96%，其中市区级收入3.90亿元，增长38.28%。增收因素：一是房地产市场交为活跃，价格持续上涨。湖州市区房地产业自2002年以来，房价一路上升，均价上涨了300元/平方米，带来了房地产公司销售收入的大幅提高。2003年，销售不动产营业税入库1.23亿元，同比增收5000万元，增长了60%。二是房地产的火爆和城市基础设施建设力度的加大，带来了建筑业的繁荣。全年建筑营业税入库1.10亿元，同比增收2470万元，增长28.77%。三是由于工业经济景气回升，住宅、汽车成为居民新的消费热点，贷款需求大量增加，特别是国家为了应对“非典”可能带来的经济滑坡，一度放松了银根，使银行业务有了较大幅度的增长。2003年金融、保险、证券营业税入库5781万元，同比增收1387万元，同比增长31.87%。此外，各征管单位加强日常监控，完善纳税评估，强化“以票管税”，以及认真清理历年陈欠等，也是重要增收因素。

2、企业所得税入库2.65亿元，比上年增长14.73%。增收因素：随着产业结构调整的逐步深入，我市企业的竞争力进一步提高，经济效益稳步增长，有力促进了企业所得税的增长。分行业看，建筑业及其相关产业入库企业所得税有较大幅度增长。同时，各级地税部门通过加强企业所得税分类管理，加快汇缴进度，提高建筑房地产企业所得税带征率，强化稽核和纳税评估工作等，实现了企业所得税的可持续增收。全年还查补入库企业所得税 3344 万元，同比增长 44.32%。

3、个人所得税入库 1.48 亿元，同比增长 30.8%。增收因素：一是得益于税法宣传的深入人心，公民纳税意识的增强。二是企业经济效益明显趋好，企业兑现利息、股息和分红增多，以及公民收入的提高，都为个人所得税增加了税源。三是各征管局加强了征管力度，加强了对企业股权转让的监控，督促企业及时缴纳财产转让所得税。进一步规范了对个体及小企业个人所得税征收工作，在科学测算的基础上，合理提高带征率。四是加强了对个人所得税的稽查和处罚力度，全年个人所得税税款、滞纳金、罚款共入库 108 万元，增长 247.61%。

4、各小税种：城建税入库 7367 万元，同比增长 14.88%。与“三税”合计增幅基本保持一致。房产税入库 3929 万元，增长 36.96%。车船使用税入库 340 万元，增长 50.44%。印花税入库 858 万元，增长 75.46%。增收因素：一是加大了税收宣传力度。二是经济的发展和个人消费水平的提高，使银行放贷金额和汽车保有量增加，导致了印花税和车船使用税的增长。三是完善了日常征管办法。通过委托街道代征和对企业的销售合同征收印花税和核定征收合同印花税的办法，使私房出租房产税和购销合同印花税增长较快。加强了对公安局车管所代征工作的管理，保证了车船使用税的稳定增长。

各项工作情况【税收法制建设】先后出台了《规范性文件会签与备查备案实施意见》、《重大税务案件审理暂行办法》，以及规范了适用简易程序处罚的行政行为。对市本级 11 起重大税务案件进行了集体会审。7 月份，市局法规处会同监察室对市局稽查局查结案件质量进行了抽查，并针对税务案件中反映出来的问题延伸到各征管局进行了检查。

【征管改革】完善个体双定户申报缴纳方式，使纳税户可以不进办税服务厅就办完全部纳税手续。推行多种申报方式，扩大邮寄申报范围。加强与国税、工商等部门的协作，实现数据资料定期交换。全市地税系统全面完成 ISO9000 质量管理体系贯标，开始进入标准化管理新阶段。稽查选案职能从稽查局划转到了市局征管处。

【征收管理】一是不断完善征管手段。开展多种形式的纳税评估，纳税约谈等新的评估手段和评估方法得到初步运用；税源监控范围进一步扩大。加大清理欠税力度，对欠缴税款、滞纳金且没有提供纳税担保的纳税人和企业法定代表人实施限制出境的举措收到预期效果；以“12366”纳税服务热线为载体，提供优质纳税服务。二是全面加强各税种征管，各项收入保持较快增长。货运业“以票管税”初见成效，新老征管办法平稳过渡；进一步扩大和完善个人所得税源泉扣缴制度，规范企业所得税的预征率征收和核定征收的操作程序；认真开展省级税收收入专项检查工作；继续加大地方小税种征管力度。

【信息化建设】一是做好 TF2000 征管软件的应用。充分运用网络功能，拓展与银行的联网，实行税款缴库的网络化。二是增加设备投入，完善硬件设施，全局基本实现了人手一台计算机。三是从技术应用、设备保障等方面入手，落实信息化安全建设体系，制定了《湖州市地税局税友 2000 安全运行管理办法》等制度。

【社会保障基金征收】2003 年 4 月单设了规费处。推行了企业缴费与个人缴费相分离的养老保险费征缴办法。企业缴费部分从原来由社保部门提供应征数改变为由企业申报纳税时一并向地税机关申报缴纳，缴费单位从今年年初的 3000 多户增加到年底的 6000 多户，基本实现了企业养老保险费征缴的全覆盖。全年共征收职工基本养老保险费 4.16 亿元，比上年增长 27.60%，支出 3.95 亿元，首次实现了当年收支相抵略有结余。

【发票管理】修订了航运业委托代征办法，开发运用了运输业发票开具软件。在部分医疗诊所、旅游企业开始推行使用地税发票。迅速贯彻落实总局《关于加强货物运输业税务征收管理的通知》要求，按《关于加强货物运输业税收管理及运输发票增值税抵扣管理的公告》精神,对运输发票进行了全面清理。

【税务稽查】全市地税稽查共立案查处涉税案件314起,查补各类税款、滞纳金及罚款共计5972万元,入库5964万元,其中市局稽查局立案查处123起,查补合计3131万元,入库3101.50万元,结案率、入库率、处罚率分别为98.40%、99.10%、53.20%,均超过了省局的考核指标。市局稽查局全年先后组织了房地产、建筑、水泥砖瓦、服装印染等行业专项检查,成效显著,共查处40万元以上大案要案10起。进一步规范了责成自查工作。

【税收宣传】围绕"依法诚信纳税、共建小康社会"的主题,面向纳税人和用税人开展税收宣传活动。一是开展"税收宣传进社区"活动,市本级在10个重点社区和部分集贸市场设置了永久性的宣传牌。二是加强地税工作取得辉煌成就的宣传。编印了《与时俱进的湖州地税》宣传手册,在"两会"期间向人大代表、政协委员共计发放800册。三是继续深化对中小学生的税收宣传。原湖州菱湖征管局与青山少年税校联合主办了"少年税收宣传队乡镇巡回演讲"活动。四是配合总局、省局开展好"税法百题知识竞赛"和"寻找地税之最,共建小康社会"活动。

队伍建设【教育培训】深入学习贯彻"三个代表"重要思想,开展"贯彻党的十六大,推进新跨越"和"立党为公、执政为民"主题教育活动。抓好干部教育培训,全系统共举办各类培训班85期,培训4778人次。完成依法行政和公务员电子商(政)务、新《征管法》培训考核,在上海国家会计学院举办全系统中层干部培训班,制定出台在职干部学历教育暂行规定。

【廉政建设】认真落实责任制和各项廉政规章制度。推出中层领导干部廉政建设工作记事本制度,修订完善了干部职工实行告诫、待岗和受到处分(处理)扣发奖金的规定,对机构调整中岗位变动的干部进行了离岗审计。加大系统内执法检查和监督力度,行政执法行为进一步规范。

【创建文明单位】积极开展创建文明机关、文明单位活动。长兴李家巷征管局、德清武康征管局、南浔区征管局通过省级文明单位的复评,市局和长兴县局和平分局被评为市级文明单位,市审批办证中心地税窗口荣获"五星级窗口"。

(湖州市地方税务局供稿 孙华阳撰写)

德清县地方税务工作概述

局长 扬永林

经济概况 2003年,德清县实现国内生产总值86亿元,同比增长14.8%,其中第一产业9.1亿元,增长5.5%,第二产业48.8亿元,增长15.8%,第三产业28亿元,增长16.8%;全社会固定资产投资完成48.34亿元,同比增长58.3%;全社会消费品零售总额26.99亿元,同比增长11.5%;自营出口总额1.7亿美元,同比增长45.5%;城镇居民人均可支配收入11698元,农民人均纯收入5716元,同比分别增长15.1%和10.4%;人口自然增长率控制在2.5‰以内;城镇登记失业率为4.4%,新增就业岗位11313个;城市化水平达到42.9%;全县财政总收入完成10.15亿元,同比增长30.1%,其中:上划中央收入5.04亿元,增长15%,地方财政收入5.11亿元,增长49.4%,财政收入占GDP的比重为12%,比上年提高1.6个百分点。全县财政总支出5.78亿元,同比增长32.2%,按现行财政体制结算,全县财政实现当年收支平衡并略有结余。

税收概况【任务完成情况】2003年,全县地税系统共组织各项收入5.49亿元,同比增收1.2亿元,增长29.3%。其中税收收入3.91亿元,增收0.79亿元,增长25.4%,继续保持快速增长态势。

【税收特点】一是随着工业经济和第三产业的发展及城市化进程的加快推进,主体税种明显增长。营业税、企业所得税、个人所得税三大主体税种共征收3.45亿元,同比增收6811万元,增长24.3%。二是房地产业的税源成为税收增长的主要渠道。各征管局通过加强对房地产企业管理,及时征收预售房款的税款,确保了税款的及时入库,全年房地产企业入库税款6862万元,同比增收4047万元,增长244%,形成营业税高幅增长的一个主要因素。三是企业所得税入库由于国家对管辖权限的调整,该税种占税收收入比重逐年下降,2001年为44.45%,2002年为35.68%,2003年为29.64%,且仍有下降趋势。四是税收征管措施的加强成效显著。近两年砖瓦、石矿行业产销形势好、获利高,但账证不全,由于及时对这些企业采取核定征收等有效的征管措施,税收入库大幅增长。

【税源分析】1、营业税增幅明显。主要来源于房地产业、建筑业营业税的增长,两项全年入库9626万元,占整个营业税入库的比重为60.53%,同比增长63.8%。房地产业目前已成为地税收入中最主要的税源之一。今年我县的房地产市场十分兴旺,县城武康几个大的房地产项目相继开盘及预售,带动了购房人气,预售率达到80%以上,预售款收入巨大。另外,中等城市的发展前景吸引着外来建筑业及开发商的大量涌入,旧城的改造及拆迁,带来县城基础设施投资规模的扩大及房价的攀升,也带来税源的增长。

2、企业所得税稳中有升。企业所得税经过2001年度的大幅上升后,这两年已趋于平稳。全年入库企业所得税1.15亿元,同比增长3%,从行业看,房地产行业在目前还是个获利大的行业,庞大的消费市场吸引了越来越多的纳税人介入这个行业,也成为我县税收增长的一个支点。另外,加强对房地产企业所得税的专项税收稽查,也是企业所得税增长的一个重要因素。

3、个人所得税仍保持高速增长的态势。从2000年开始,我县的个人所得税入库增长率保持在一个较高的水准,从2000年的1160万元到2003年的7479万元,年平均增幅将近100%,大大高于工商税收的平均增长率。主要有两个原因:首先是我县个体经济的蓬勃发展,到2003年12月底,我县已办理税务登记的个体户近万户;其次,税务干部在加强税收征管、提高征管质量上狠下功夫:(1)加强税法宣传,提高公民的纳税意识。包括税法宣传咨询活动,税收征文、护税树活动,使每个公民了解国家税收的重要性和自己应履行的义务,营造了良好的纳税氛围。(2)加强纳税检查,做好个人所得税重点行业及重点个人的税源监控。对有限责任公司、股份制企业的红利发放扣缴个人所得税的专项检查;对重点行业如烟草、电力、证券等行业实行检查与申报相结合的征收管理办法;对纳入个人所得税重点税源监控的177人发放个人所得税纳税申报表,督促其自行申报纳税。(3)做好代征单位及协税网络建设。对全县的行政企事业单位设立代征点,实行源头代扣代缴。规范协税护税网络,委托乡镇财政工作站对当地个体工商业户进行税收征收管理;加强部门协作,委托县公管所代征全县个体交通运输业的税收征收,堵塞征管漏洞。

4、其他小税种入库4273万元,同比增收1107万元,增长34.97%。主要增收因素:一是加强了对小税种的管理,从严审核小税种的减免,对欠税进行清理,包括加大对私房出租户的管理,对拖欠不交户公开登报;加强对企事业单位房产税管理,对企业合同文本,按照销售性质核定额度,每月预征印花税。二是单位和居民购买使用车船数量不断增加,车船使用税稳中有升;全县土地出让额增长及房地产销售形势好,土地增值税大幅上升。

各项工作情况【税收法制建设】认真贯彻执行《税收征管法》及其实施细则,加大宣传力度,努力提高广大纳税人依法纳税观念,促进执法环境的有效改善,税法宣传不断深入,依法治税水平明显提高。努力加强财税法治建设,切实做好执法行为监督和规范性文件的清理工作,实行规范性文件会签、备案备查制度,抓好行政执法检查的经常化和制度化。

【征管改革】税收征管基础工作扎实推进。逐步实现了"申报在网上、缴税在银行、满意在地税"的税收征管新模式,为纳税人提供更加方便、灵活的纳税申报方式。继续推进征管体制改革和内部管理改革,积极导入ISO9000质量管理体系,自觉树立起质量意识和责任意识,切实把握好导入工作的有效性。经过近三个月的努力,顺利通过了ISO9000质量管理体系认证贯标,推动了地税管理现代化和规范化建设的进程,促进地税管理水平的全面提升。

【征收管理】我们始终把依法治税,加强征管,做大"蛋糕"作为一项主要任务,切实抓紧抓好。认真分析全县经济和税收形势,面对较为严峻的税收形势,提出了"收入中心"思想。加强税源分析,并多次召开收入形势分析会,对全县地税税源分区域、分行业、分税种进行调查和分析,掌握税源的分布及重点税源的发展变化趋势。加强税源监控力度,扩大重点税源监控面。采取指标管理、税源监控、纳税评估、专项检查和税收稽查等措施来抓收入进度。加强营业税征管,对建筑业、房地产业等营业税纳税大户进行跟踪管理,成效明显。实施货物运输业以票管税管理,新老征管办法平稳过渡。规范企业所得税征管,完善规模企业所得税"按季预缴、年终汇算清缴"的征收方式,继续实行中小企业所得税预征办法,开展所得税专项检查。强化个人所得税征管,完善个人所得税源泉扣缴制度,着力抓好高收入者和高收入行业个人所得税的征管,确定个人所得税重点管理纳税对象177人;在全面实行股权登记的基础上,加强对股息、红利个人所得税的征收,使个人所得税收入结构进一步趋向合理,成为地税收入中新的增长亮点。努力抓好地方小税种的征收和规范管理,保持私房出租税收、房产税、印花税等小税种的增长态势。加大财政性收入的征收力度,完善农业税收征收办法,重点抓好耕占税、契税的征收。实现了财政收入的持续快速增长。

【信息化建设】以完善《浙江地税信息系统》应用为抓手,提高税收征管效率和为纳税人服务的能力;建立网络防火墙、网络入侵检测系统和非法外联监控系统,保障全局网络安全有效运行;着手研究税收征收入库全程电子化工作,加快推进银税一体化建设,城关、新市两个征管局在全市率先实行批量扣税、银行开票的征收办法,56%的个体双定户纳入批扣纳税范围,同时成功进行了网上申报纳税的试点工作。

【社会保障基金征收】认真贯彻执行国务院《社会保险费征缴暂行条例》和全省社会保障工作会议精神,大力做好社保基金的征缴工作,切实加大对社保基金的征收力度,强化征管手段,提高征收效率,全年共征集社保基金1.58亿元。其中征收养老保险基金1.21亿元,同比增长32.1%,征集率97.6%;征收医疗保险基金3748万元,同比增长103.6%,征集率98.2%。

【税务稽查】加强税收稽查,以规范执法、加大力度、强化管理为重点,打击重大涉税违法行为,主要开展了个人所得税、企业所得税、建筑房地产企业、广告企业的专项检查和省级税收收入的专项检查,采取查前辅导办法,取得较好成效,全年责成自查补交税款3075万元。全年共查处案件226起,补交地方税764万元,罚款274万元,加收滞纳金27万元。其中受理群众举报案件16起,查补税款50万元,罚款25万元。

【税收宣传】一是突出宣传重点。主要围绕加强聚财为国、执法为民的宣传,加强税收"取之于民、用之于民"本质的宣传,加强贯彻下岗再就业和涉农税收优惠政策的宣传。二是进行形式多样的宣传活动。4月3日国、地税组织业务骨干联合上街进行纳税辅导、咨询、免费发放税收宣传资料。开展税收知识进社区活动,将与人民群众生活息息相关的税收优惠政策送到千家万户。在全县三大镇张挂税收宣传横幅、宣传标语和出租车车身税收宣传口号。开展诚信纳税和国地税形象建设的专版宣传。继续开展全县小学生"护税树"系列活动,把这项具有深远意义的宣传活动不断深入下去,培养未来纳税人的综合素质。

队伍建设【教育培训】制定"贯彻十六大、赶超十七强"主题教育活动实施方案。首先从抓ISO9000质量管理体系导入工作入手,规范工作程序;其次从抓机关工作作风入手,严肃上下班工作纪律,实行上班签到公示制和中层干部值日制度;第三从抓局机关内部管理制度入手,对内部管理制度进行修订和完善,从制度上来规范行政行为,促进作风的转变和效能的提高。加大教育培训力度,提高干部政治业务素质。认真落实干部教育三年规划和制定年度培训计划,以政治理论、业务、法规、技能知识为主要内容,按照归口管理、分级负责的原则抓好实施。

【廉政建设】加强党风廉政建设,认真落实党风廉政建设责任制。坚持"八个坚持、八个反对",牢记"两个务必",构筑防腐拒变的思想防线。完善内部管理制度,从机制上、制度上设置拒腐防变的防线。认真贯彻执行民主集中制的组织原则,讲政治、讲原则、讲纪律、讲团结,努力营造团结务实、干净干事的良好局面。开展领导干部述廉评廉工作。年初局班子成员就自觉接受党组织教育、监督、管理,转变作风、开拓创新,联系群众,廉洁奉公,艰苦奋斗、勤俭节约等八个方面作了大会承诺,并进行承诺公示,接受监督。年终县纪委对我局班子成员党风廉政建设情况分别在我局全体干部和县级机关、乡镇进行测评,局班子满意率(好、较好)在98%以上。由此带动了全局干部的党风廉政建设和行风建设,全年未发生一起投诉和举报案件。 (德清县地方税务局供稿 杨建忠撰写)

长兴县地方税务工作概述

局长 潘瑞祥

经济概况 2003年,长兴县实现国内生产总值108.1亿元,同比增长16.3%,其中:第一产业增加值13.6亿元,增长5.5%,第二产业增加值58.15亿元,增长18.3%,第三产业增加值36.35亿元,增长17.7%,规模以上工业产值98.42亿元,增长52.6%;全社会固定资产投资额完成58.06亿元,增长26.7%,其中技改投入30.56亿元,增长47.1%;外贸自营出口为7850万美元,增长77.2%;实际利用外资为1亿美元,增长46%;全社会消费品零售总额37.22亿元,增长11.6%。全县财政总收入取得历史性飞跃,首次突破10亿元,达到10.32亿元,比上年增长50.98%,其中:上划中央"四税"收入5.74亿元,比上年增长60.67%,地方财政收入4.58亿元,比上年增长40.35%,财政总收入的增幅名列全省第一;全县财政总支出5.90亿元,同比增长37.90%,其中:当年地方财政口径支出5亿元,同比增长45.48%。

税收概况【任务完成情况】2003年,全县地税系统共组织各项收入6.70亿元,同比增收1.95亿元,增长40.97%。其中地方税收入库4.48亿元,同比增收1.36亿元,增长43.76%,完成年计划的115.13%,继续保持收入增长的良好势头。

【税收特点】一是税收在高基数、高增长的基础上继续保持快速增长。2003年税收收入增幅在前五年平均增幅33.84%的基础上进一步增大,达到43.76%,增长1.36亿元。二是主体税种增幅大小不一,小税种土地增值税、印花税、房产税增长速度较快。三大主税种中税收增长主要集中在企业所得税,同比增长87.6%;营业税增长放慢,同比增长12.7%;个人所得税继续保持平稳增长态势,同比增长39.42%。三者占税收总收入的86.48%。其中:企业所得税占37.27%、营业税占31.26%、个人所得税占17.95%。三是国有、集体经济税收比重下降,股份公司、有限责任公司、外商投资企业税收增长迅猛。2003年有限责任公司税收增长最为迅猛,同比增长超过4倍,增收额达1.15亿元,占税收增收额的84.8%;外商投资企业地方税税收增幅同比增长超过一倍,增收957万元。

【税源分析】1、企业所得税快速增长。全年实现收入1.67亿元,同比增收7795万元,增长87.6%,占地方税收总增收额的57.17%,企业所得税首次超过营业税,成为地方税收第一大税种。增收因素:一是加强征管,依法治税,应收尽收,是保持企业所得税高速增长的前提。二是电力、烟草、机电行业企业所得税是我县地方企业所得税增长的重点,增长额分别为

6542万元、1153万元、566万元。三是2003年县域经济的高速增长为地方税收快速增长打下了良好的基础,企业所得税的高速增长也得益于各类企业经济效益的普遍提高。

2、营业税增长缓慢,比重下降。全年共入库1.4亿元,同比增收1578万元,增长12.7%。营业税占税收收入的比重由上年的39.88%下降到了31.26%,下降8.62个百分点。增长因素:一是2003年我县营业税增长重点是房地产业,入库3688万元,增收932万元,增长33.81%。长兴外来房地产投资进入销售旺季是增收的主要原因;企业转制及二手房交易频繁,带来交易房营业税增幅上升,销售不动产营业税相应增加。二是受我县经济大气候的推动,虽然受到“非典”的影响,但服务业、住宿餐饮、文化体育业营业税仍保持20%左右的增长速度。减收因素:影响最大的是建筑业,2002年占营业税总量37.7%的建筑业营业税,2003年仅入库4565万元,同比减少了117万元,使营业税比重下降到32.6%。另外,2002年由于一些大工程的结算,使建筑业营业税基数增大,相对而言,2003年大的工程结算不多。

3、个人所得税稳步增长,工资薪金所得个人所得税比重上升。全年入库8039万元,同比增收2265万元,增长39.24%。其中工资薪金所得个人所得税增收1220万元,同比增长84.51%。增收的主要因素:一是个人所得税税源不断拓宽,征收面不断扩大;二是加大对高收入者和高收入行业的管理;三是对A类企业及行政事业单位个人所得税按月申报入库;四是加强对股息红利所得的所得税管理。

4、其他小税种增长迅速。除主体税种营业税和所得税外,其他小税种入库6653万元,同比增收1996万元,增长49.17%,其中土地增值税首次超1000万元,达到1154万元,同比增收744万元,增长181.33%;印花税入库368万元,同比增收211万元,增长133.82%;房产税入库770万元,同比增收220万元,增长40.07%。土地增值税大幅度增长的主要因素:一是加强房地产专用收款收据的审核力度,严格土地增值税的征收管理;二是通过房地产交易中心,国土资源交易中心等单位,加强土地增值税税源的控管。印花税高幅增长主要是对印花税采用了按销售收入预征的办法。房产税的增长是因为通过连续几年的房产税清理,使房产税的征收日益规范。

各项工作情况 **【税收法制建设】**严格依法治税,建立健全行政执法责任制领导小组。对照新《征管法》对现行政策法规进行全面清理,组织全体干部学习新《征管法》及其《实施细则》,积极开展税收执法检查,规范执法行为。

【征管改革】以弱化征收、强化管理为目标,实现征收社会化,管理科学化,稽查专业化,依靠现代化技术手段,走科技兴税路子。通过建立与社保、银行等部门的数据传递、信息共享制度,实现征管社会化。借助科技力量,推进多元化纳税申报方式,初步建立网上申报体系,完善“银税联网、实时扣缴”的税款缴库方式,减少纳税成本。根据稽查四分离的要求,在2003年初组建了县局选案委员会,使稽查选案工作纳入专业化的正常轨道。通过积极导入ISO9000质量管理体系,自觉树立起质量意识和责任意识,切实把握好导入工作的有效性。在全面运行TF2000的基础上,经过近三个月的努力,顺利通过了ISO9000质量管理体系认证贯标,推动了地税管理现代化和规范化建设的进程,促进了管理水平的全面提升。真正实现了从经验管理向过程管理转变,从模糊管理向精致管理转变,从单纯管理向服务管理转变。

【征收管理】一是加强税源分析,对全县地税税源分区域、分行业、分税种进行调查和分析,掌握税源的分布及重点税源的发展变化趋势。二是开展纳税评估,提高纳税质量。对砖瓦、石子、石粉行业进行纳税评估,及时调整矿山、砖瓦、耐火等行业的税收征管办法,不仅使该项收入成倍增长,而且促进了环境治理和产业结构的调整。三是进一步规范企业所得税征收方式,全面实施纳税人ABC分类管理办法,完善预征率征收和核定征收的操作程序,同时开展所得税专项检查。四是强化个人所得税的征管,对82家单位进行个人所得税全员管理试点工作,其中46家单位通过县财务核算中心按月进行申报代扣代缴个人所得税,同时结合企业所得税汇算清缴及个人所得税专项检查工作,进一步加大工资、薪金个人所得税征收力度,着力抓好高收入行业和高收入者的个人所得税监控和征收,使个人所得税收入结构进一步趋向合理。五是继续加大小税种征管力度，完善购销合同印花税、土地增值税、资源税的征管措施。2003年对近50个有装潢业务的个体营业场所进行检查，在探索完善个体营业场所装潢业税收征管办法的基础上，加强对家庭装潢业税收征收管理，堵塞征管漏洞。

建立协税护税体系，积极挖掘增收潜力。结合实际探索分税种、分行业的管理机制，进一步强化征管基础，努力堵塞征管漏洞，做到“宽税基、广税源”。突出抓好地方税征收管理，加强与交通、公安、文化、建设、国土等职能部门及乡镇、街道、社区的配合协作，建立健全协税护税网络机制，促进对建筑、装潢、房地产等行业和房屋出租等行为的税收征管。2003年通过公安局、国土资源局共代征采矿业资源税2017万元，比上年增长16.18%；企业所得税1247万元，比上年增长76.9%。直属分局通过街道、社区协税护税网络的配合，2003年对个体房屋出租业征收房产税、营业税等278万元，比上年增长56.18%；加强和规范水陆运输管理，扩大税收征管的覆盖面，到2003年底已纳入税收征管并已办理税务登记的水陆运输户9000余户，通过协税护税网络征收地方税费1405万元。

【信息化建设】对DDN专线进行了光缆化改造，处于城区的直属分局改为使用100兆光纤连接，其他4个农村分局和办证中心全部改为使用10兆光纤连接，提升网络运行速率80倍，为信息集中、软件应用和办公自动化奠定基础。充分利用《浙江地税信息系统》强化征管基础工作，建立重点税源和行业税收管理相结合的监控机制，对税收收入、征管情况进行分析，发现征管薄弱环节问题及时加以改进，从而使质量管理和税源监控从静态管理向动态管理转变。建立网络防火墙、网络入侵检测系统和非法外联监控系统，保障全局网络安全有效运行。

【社会保障基金征收】坚持“税费并重”的指导思想，重视社会保障费政策的宣传工作。通过建立与社保、银行等部门的数据传递、信息共享制度，并会同劳动保障部门，对全县企业职工人数、参保人员、缴费基数等情况进行定期检查、核对，加强了社会保障费征收的各项基础工作，使扩面征缴工作取得明显进展，2003年征缴社会保障费1.73亿元，比上年增长40.46%，征集率达99.7%。

【税务稽查】全县地税稽查系统加强地税稽查工作，以整顿征管秩序，查处大案要案为突破口，充分发挥以查促征，以查促管职能，维护税法的严肃性，改善税收环境，提高广大纳税人依法诚信纳税的意识。根据稽查四分离要求，在2003年初组建了县局选案委员会，使稽查选案工作纳入正常轨道。加强税收稽查，以规范执法、加大力度、强化管理为重点，打击重大涉税违法行为，主要开展水泥行业、建筑房地产企业、个人所得税等专项检查和认真做好省级税收收入专项检查，采取查前辅导的办法，取得较好成效，全年责成自查企业79户，补交税款570万元。检查纳税户152户，入库查补税款罚款1295万元，案件结案率、入库率、立案案件罚款率分别达到98.46%、99.46%和87.5%。

【税收宣传】按照省局、市局的部署和要求，长兴县局紧紧围绕“依法诚信纳税，共建小康社会”这一主题，结合历年宣传工作的经验，精心策划，在全县范围内开展了形式多样、内容丰富的“税收宣传月”活动：一是在全县悬挂写有税法宣传口号的横幅28条，印发宣传资料6万多份，制作宣传品2000份，营造税收宣传的氛围。二是通过开展向领导干部送税法，进社区宣传税法、组织“税法百题知识竞赛”和集中交纳车船使用税，全方位多角度地宣传税法。三是组织企业人员参加了由市地税局和市电视台联合主办的税收知识趣味竞赛，竞赛通过电视向全市现场直播，扩大了影响。县局代表队在竞赛中取得了较好的成绩。三是通过在全县5万名小学生中开展将“12366”带回家活动，宣传浙江地税“12366”语言咨询服务热线，方便纳税人税法咨询，电话申报、举报投诉。

队伍建设【教育培训】一是结合“三个代表”重要思想的学习，在全局范围内认真开展以“一讲二评三服务”为主要内容的思想作风整顿活动，通过新闻媒体向社会各界做出公开服务承诺(即一讲)，在服务经济、服务基层、服务群众(即三服务)方面，自觉接受基层群众和其他部门的评议(即二评)。二是通过落实星期五集中学习制度，加强政治理论学习，不断增强干部的宗旨意识、开拓意识和敬业意识。三是深化人事制度改革，实行全员聘任制，竞争上岗制，构建有利于优秀人才脱颖而出的竞争激励机制，努力建设一支高素质的地税干部队伍。四是加大学历教育力度,鼓励自学成才,不断提升干部队伍的文化层次。坚持创新思路和务实的作风,扎实抓好干部教育培训。结合实际制订干部教育三年规划,精心组织,开展形式多样的政治理论、财税业务、政策法规、技术技能、网络知识为主要内容的教育培训。2003年共组织各类培训17次,受训人数达到1567人次。

【廉政建设】加强党风廉政建设,认真落实党风廉政建设责任制,加强理想、信念、宗旨教育,多次组织观看反腐倡廉宣教片,围绕干部服务形象、部门执法形象和环境管理形象三个方面,大力推进政务公开和行业作风建设,使全体地税干部置于依法监督和规范管理之中。

【创建文明单位】积极开展创建文明机关、文明单位活动,提高办事效率,提升服务水平,县局被评为县级文明机关,李家巷分局连续荣获省第六、第七、第八批省级文明单位,泗安分局、和平分局通过了市文明委的考核,成为市级文明单位。

(长兴县地方税务局供稿　陈家志撰写)

安吉县地方税务工作概述

局长　吴伟东

经济概况 2003年,安吉县经济快速增长,总量实现新的突破,全县实现国内生产总值70.15亿元,同比增长13.8%。其中,第一产业增加值9.54亿元,增长4.1%;第二产业增加值36.68亿元,增长15%(其中实现工业增加值29.1亿元,增长15.3%);第三产业增加值23.93亿元,增长16.3%;全年实现工业增加值29.1亿元,同比增长15.3%,国有及500万元销售收入以上工业企业完成产值68.55亿元,增长26.1%,实现利税总额8.69亿元,增长34.7%;招商引资取得新突破,全年实现出口交货值34.8亿元,同比增长44%,自营出口创汇1.23亿美元,增长58.6%,新批外资项目71项,协议利用外资2.61亿美元,实到外资9108万美元,分别比上年增长23.4%和51.0%;生态旅游业发展步伐加快,全年共接待游客202.3万人次,实现旅游收入5.4亿元,增长10.6%;全县金融机构年末存款余额达47.88亿元,贷款余额38.38亿元,分别比年初增加8.05亿元和11.56亿元;人民生活水平明显提高,人均生产总值15691元,增长14.8%,农民人均收入5402元,城镇居民人均可支配收入11430元,同比分别增长9.6%和7.2%;在国民经济快速健康发展的基础上,财政收入增势良好,全县实现财政总收入7.01亿元,增长33.6%,其中地方财政收入3.36亿元,增长43.8%。全年财政总支出4.90亿元,增长19.2%。财政收入占GDP的比重为9.99%,全年财政收支平衡。

税收概况【任务完成情况】2003年,全县地税系统共组织各项收入3.67亿元,同比增长37.2%。其中:税收收入入库2.54亿元,同比增长40.5%;其他收入入库1.131亿元,同比增长30.4%。

【税收特点】1、从总体税收来看,增幅高,进度快。全县地税收入在上年高基数、高增长的情况下,继续保持较快的增长态势,首次突破2.5亿大关,提前两个月完成省局计划。

2、从分税种情况看,主体税种和小税种全面增长。其中主税种营业税的税收总量及在总税收中的比重逐年攀升,与上年相比提高3.6个百分点,年度税收增加额为4498万元,增长率达50%。

3、从税源分布情况来看,建筑业、房地产业集中趋势明显,所占收入份额比上年提高。两行业全年入库税收1.23亿元,占税收收入比重的48.4%,比上年提高了7.7个百分点。

4、从经济类型来看,非公有制经济发展迅速,增长速度快于公有制经济。累计入库税收1.78亿元,比上年增长52.5%,占税收比重为70%。

【税源分析】1、营业税全年入库1.34亿元,完成省局计划数的124%,占税收比重的52.6%,同比增长50.7%。(1)建筑业和房地产业增收因素:房地产业形成持续增长的动力,全年入库营业税4330万元,增收2005万元,增幅达86.2%。房地产业的迅猛发展和基础设施建设投资规模的不断扩大,使建筑业市场同样充满商机,建筑业全年入库营业税4741万元,增收1553万元,增幅为48.7%。(2)金融保险业增收因素:一是保险行业资源不断挖掘,新业务拓展成功,使保险行业营业税增收;二是各家金融机构尤其是各大专业银行信贷有效需求旺盛,贷款出现新的增长势头,资产质量和经营效益明显提高。(3)交通运输业增收因素:主要是分局加强对公路运输、水上运输和农用车辆的代征税收管理,加大对安吉油船在外运输的税收征管,并且开展道路运输的专项整顿,2003年交通运输业营业税入库905万元,增收379万元,增幅为72.1%。(4)邮电通信业增收因素:主要得益于移动通讯的发展,仅浙江移动和联通两家安吉分公司就分别入库213万元和140万元。(5)服务业增收因素:服务业自4月下旬起受"非典"重创,但我县旅游二次创业和生态文化节效应仍使服务业税收入库1553万元(若剔除"非典"影响因素和减免因素,增幅达32.9%)。

2、企业所得税全年入库4585万元,完成省局计划数的126.3%,同比增长31.4%,国有企业及传统产业(如烟草等)仍为税收增长的主力。加强对民政福利企业的税收监控和管理,按照省局规费基金管理办法实行先征后返,使得集体企业所得税在上半年就增收150万元左右。另外,各分局严格执行A、B、C分类管理办法,把好各项所得税优惠政策关,切实加强征管,确保应收尽收。同时,企业所得税的增长也依托于经济运行质量的提高、企业效益的大幅增长。

3、个人所得税全年入库3968万元,同比增长30.4%。(1)各税务分局加强个人所得税税法宣传,规范和健全行政、企事业单位代扣代缴制度,积极开展个人所得税专项检查。另外,经济效益提高了居民总体收入,为个人所得税增长奠定了稳固的税源基础。(2)各税务分局合理调整了个体工商户的定额指标,同时个人独资、合伙企业发展势头良好。(3)继续加强对股份制企业、小水电行业个人所得税的征管,并通过实施投资者未分配利润个人所得税征收管理办法,使该项个人所得税成为税收增长的新亮点。

4、其他各税。其他各税全年入库3479万元,同比增长29.8%。其中城建税入库2013万元,同比增长10.8%。进一步规范了土地增值税的管理,对房地产企业按销售收入进行代征,确保了该项税收及时、足额入库,土地增值税入库861万元,同比增长117.4%;印花税通过实施合同印花税核定征收管理办法,入库196万元,增长122.7%。房产税和城镇土地使用税也有较快增长,分别入库321万元、44万元,增幅分别为13.8%和37.6%。

各项工作情况【征管改革】积极推行多元化纳税申报,巩固邮寄申报和电话申报,积极探索电子申报的有效办法,以"12366"语音特服系统为依托,在征收期前开设提示申报服务,征收期后开设催报催缴提示服务;进一步完善纳税人分类管理制度,使分类管理方法与组织收入有效结合,全县有1310户纳税人实行分类管理;地税征管基础进一步夯实,认真落实税务登记新的管理办法,加强与工商、银行等部门的协作,不断强化税务登记管理;开展了税务登记专项检查,税务登记率明显提高,企业税务登记率达到96.85%,个体达到97.34%;继续完善"银税联网,自动扣缴"办法,简化个体工商户的纳税手续,税收征管更加规范,服务更趋到位。全面导入ISO9000质量管理体系。按照省局对征管工作的要求,全县地税系统全面导入ISO9000质量管理体系。在确保税收任务完成的前提下,把贯标工作作为重点工作来抓。按照质量管理体系工作要求,认真编写和修改体系文件,组织自查并内审,坚持持续改进的方针,不断加以完善,经过全局上下历时六个月的辛勤努力,顺利通过第三方认证。贯标的成功,不仅引进了先进的管理理念,规范了税收征管，同时也增强了全局的合作协调意识，增强了凝聚力。

【征收管理】一是开展了所得税汇算清缴，规范了所得税减免程序和办法，全年企业所得税入库4585万元。加强个人所得税的征管，促进了我县个人所得税征收的快速增长，全年征收个人所得税3968万元。二是进一步摸清税源，根据行业特点和当地实际，完善征管措施，重点加强对建筑业、房地产业和旅游业的营业税征收管理，加强对营业税委托代征和代扣代缴管理，全县营业税入库1.34亿元。三是小税种征收管理工作逐步提高，开展全县矿产资源税调查，从源头加强对资源税的征管，填补了资源税征收空白。四是加强重点税源监控，全县重点税源监控户由上年的3户增加到13户，县局及税务分局新增自控户32户，监控户税收占全年全局比重的45%。

落实税收优惠政策。"非典"过后，根据税务总局的有关要求，及时对受"非典"影响较大的重点企业开展了税收调研，为受影响较大的餐饮、娱乐、交通运输等行业中的898家企业和个体工商户落实了减免税政策，减免税款150万元；为全县286名下岗再就业人员减免税款120万元、规费1.14万元。

【社会保障基金征收】社保基金等征管工作进一步加强，积极探索社保基金新的征管方式，建立健全监控制度、催报催缴制度，及时掌握收入进度。

【税务稽查】制定了合理的稽查工作计划，有针对性地开展对房地产、竹制品、转椅行业的税收专项检查，一年来共查处各类税务违法案件287起(含自查)，查补税款、罚款及滞纳金415.12万元，并全部收缴入库，维护了税法的尊严，真正起到以查促管作用，保证了地方经济健康有序发展。

【税收宣传】紧紧围绕"依法诚信纳税，共建小康社会"的税收宣传主题，深入开展税法宣传活动。以"税收宣传月"为抓手，组织"税收宣传进社区"活动，在全县各社区及县城主要街道张挂宣传横幅；与县交通局合作，在出租车后箱设置"流动宣传栏"；与教育局合作成立全县第三所"少年税校"，税收宣传从娃娃抓起；组织全局干部及部分纳税人参加"税法百题知识竞赛"活动。

队伍建设【班子建设】根据市局及县委、县政府的安排，年中对局领导班子进行了调整，班子成员年龄结构更趋年轻化，文化水平、知识结构得到显著提高和改善；新班子组成后，建立了领导班子议事规则，实行民主集中决策、分工分级负责等制度，各项工作决策更加民主、科学，领导班子凝聚力、号召力进一步增强。

【完善制度】结合导入ISO9000质量管理体系，及时制定了地税局工作规则，使各项工作更加科学化、规范化、制度化，用制度管人，用制度管事，进一步提高行政效能，建立行为规范的行政管理体制和民主科学决策机制。加强了县级预算管理与监督，建立健全内部监督制约机制。

【教育培训】坚持"以人为本，教育为先"的工作思路，建立干部教育培训考核登记制度，充分调动干部参加教育培训的积极性；组织开展了公务员依法行政知识、征管法实施细则、电子政务等内容的培训；为干部提供良好学习条件，干部大专以上学历从去年的51%提高到72%。

【廉政建设】认真落实《浙江省反腐倡廉防范体系实施意见》，推进构建反腐倡廉防范体系工作，党风廉政建设取得明显成效。

【创建文明单位】进一步深化文明单位创建活动。递铺税务分局被省地税系统评为省级基层文明单位，稽查局、孝丰税务分局被湖州市局评为基层文明单位。　　(安吉县地方税务局供稿　缪永永撰写)

金华市地方税务工作概述

局长 王建平

经济概况 2003年，金华市实现国内生产总值801.60亿元,比上年增长15.5%,增幅为1997年以来最高；人均生产总值达到17773元，增长15.2%;第一、二、三产业产值分别为57.40亿元、446.60亿元、297.60亿元,增幅分别为2.5%、16.7%、16.6%;完成全社会固定资产投资412.10亿元，比上年增长40.1%;外贸进出口25.3亿美元,比上年增长69.3%;农村居民人均纯收入达到4506元,比上年增长8.4%;年末城乡居民储蓄存款543.20亿元，比年初增长23.4%。主要经济指标的较快增长,带动经济效益和运行质量明显提高。全市实现工业销售产值706.39亿元,比上年增长34.7%;工业利润达到65.83亿元,比上年增长33.7%。在国民经济持续快速增长的基础上,财政收入呈现高速增长。全市实现财政总收入88.8亿元,为年度预算的114.73%,比上年增长33.6%。全市完成地方财政收入43.13亿元,为年度预算的118.95%,比上年增长41.4%。全市财政一般预算支出54.13亿元,比上年增长26.0%。

税收概况 【**任务完成情况**】2003年，全市地税系统共组织各项收入48.90亿元,比上年增收12.50亿元,增长34.33%;其中税收收入36.46亿元,增收8.98亿元,增长32.69%,完成年计划的116.20%,保持了收入持续增长的良好势头。

【**税收特点**】一是总收入和增收额双双实现历史性突破。税费总收入2001年为29.4亿元、2002年为36.4亿元、2003年达到48.9亿。增收额2001年为11.5亿元、2002年为7亿元、2003年为12.5亿元。2003年与1997年国、地税机构分设之时相比,总收入增长了5倍。二是省级收入增幅高于地方收入。全市省级收入累计入库1.90亿元,同比增长42.94%,首次增幅高于全部税收收入的10.3个百分点。三是各月份收入均衡性增强。在12个月份中,除了1月份由于上年同期基数较高收入增幅稍低,9~10月受高温和"非典"疫情减免影响较大外,其他月份收入增幅均在31%以上。四是主体税种收入实现较快增长。营业税入库14.81亿元,比上年增长35.97%;企业所得税入库10.10亿元，比上年增长22.36%；个人所得税7.21亿元,比上年增长45.46%,三项合计占税收收入的88.11%,占增收额的89.27%。五是行业税收收入热点突出。对地方税收影响最大的房地产业和建筑业,其中建筑业同比增收1.57亿元,增长37.63%;房地产业同比增收1.89亿元,增长82.35%,两者收入占税收收入27.22%；制造业同比增收2.00亿元，增长29.95%,占税收收入23.79%,制造业已成为推动经济增长的主要动力。

【**税源分析**】1、营业税收入持续增长。全市累计入库14.81亿元,完成省局计划的117.41%,比上年增收3.92亿元，增长35.97%。分行业营业税入库情况为：

行业	入库税额(万元)	上年同期税额(万元)	比上年同期±%
金融保险业	25236	18026	40.00
交通运输业	9106	7475	21.82
建筑安装业	42822	32855	30.34
房地产业	28381	16638	70.58

从上表可以看出,营业税税源集中分布于四大行业,房地产业、金融保险业营业税增长迅猛,交通运输业、建筑业营业税持续增长,增幅均在20%以上。

增收因素:(1)金融保险业:一是存贷款实现了历史性突破。截至2003年底,各项存款余额达1125.37亿元,增长32.44%,增幅居全省第三位;各项贷款余额达867.35亿元,增长43.18%,比年初增加261.56亿元,超过了前两年新增额度的总和,其增幅之高为1995年以来之最,居全省第一位。二是经营规模不断壮大,综合竞争力日趋增强,资产质量和经营效益有明显提高。同时保险代理、网上银行、银行卡等业务也有较大的发展,开拓了新的业务增长点。三是税收收入专项检查成效明显,全市共查补税费1015万元,加收滞纳金71万元,罚款157万元,并对个别金融保险业企业预算级次认定错误进行了及时纠正,实现了金融保险业税收收入的快速增长。(2)房地产业:一是一二级市场均供销两旺,增势强劲,交易火爆,促使房价不断上涨,税源大幅增长。房地产企业出现超千万元纳税大户,如金华永兴房地产有限公司入库营业税1982万元,浙江恒兴房地产开发公司入库营业税1079万元。二是对房地产企业进行全面清理稽核,规范征管增加收入,义乌市仅自查补交税款达1800余万元。三是加强了商品房预销和二级市场交易的税收管理。(3)建筑业:一是公路建设投资拓展了建筑业发展空间。市本级投入66亿多元加强交通基础设施建设。全市84项重点工程进展顺利,杭金衢高速公路金华管理处代扣代缴营业税1000多万元,成为营业税的一个新的税源增长点。二是城市化建设、工业园区建设推动建筑业发展。市本级60多万平方米旧城改造带动建筑业税收大幅增长。2003年,全市限额以上固定资产投资中,房地产开发投资48.64亿元,同比增长45%。全市园区建设项目投资84.22亿元,基础设施投资项目75.7亿元。三是各地加强了对建筑业的管理。各县(市)都根据本地实际情况,积极采取措施,完善建筑业管理。市本级继续落实源泉扣缴工作,重点交通建设及市政工程均采取委托代征方式,促使外来建安企业及时入库税款。义乌市对200多家外来建安企业,统一委托会计事务所代征入库,全年代征入库3000多万元。磐安县加强了对土地整理项目的营业税征管,对近几年有关项目进行清理补征。浦江县加强建筑业营业税征管,采取项目跟踪的办法,及时与县招投标办公室、工程建设、工程款拨付等单位联系,严格监控工程进展及资金拨付情况,确保税款应收尽收。东阳市加强中小建筑企业发票清理,促使税款及时足额入库。(4)交通运输业:一是大部分县(市)对所有自有运输车辆实行公司"挂靠"管理,其运输发票的开具只能通过其管理公司,改变以往运输业务票据分散、各地不一的情况,兰溪市通过对水泥运输车辆的管理,增加税收461万元。二是交通管理部门放开联托运市场后,激活了市场竞争,托运站日益增多,带动交通运输业快速发展。磐安县浙江恒通汽车销售有限公司,2003年入库交通运输业营业税818万元,占总体营业税的23%,同比增长315%。三是加强联托运行业的税收征管。义乌市做好税源调查摸底,组织人员了解各托运线点纳税申报情况,直接增加税收400万元。

2、企业所得税稳中有升。全市共入库10.10亿元,完成省局计划的116.15%,同比增收1.85亿元,增长22.36%。

增收因素:一是纳税大户经营状况良好,企业发展后劲和创利能力增强,为企业所得税的增收奠定基础。市本级烟草公司入库企业所得税3160万元,占国有企业所得税7151万元的44.15%;尼奥普兰公司入库企业所得税2910万元,同比增长195%,增加绝对额1924万元;燃机发电公司入库企业所得税750万元,同比增收697万元;环球制漆公司、佳环电子公司两家单位与同期相比净增收992万元。东阳横店集团东磁股份有限公司增收1100万元,东阳市三建公司增收207万元,东阳市二建公司增收386万元。兰溪华铝增收1240万元,一新增收105万元。二是私营企业增收较快。2003年底止全市共有私营企业25660家,比上年同期增长17.5%,私营企业共入库所得税2.72亿元,同比增长28.70%。三是各地采取有力措施,加强所得税管理。市本级加大对劳服和安置的房地产企业优惠政策清查力度,增收企业所得税5000万元。东阳市抓好驻沪建安企业的代征所得税工作。永康市进一步加大对最低利润率企业所得税的管理。

减收因素:一是集体企业所得税同比下降,主要是部分企业改制为股份制企业,原先挂靠集体实质私营的企业恢复真实身份,使集体企业所得税下降。二是落实经审核确认以前年度的亏损额,企业可自行在当年应纳税所得额中抵补的办法,减少了当年的预缴数。三是"四自"公路投资业主由于杭金衢、金丽温高速公路的开通使利润大幅度下降。四是受限电影响使企业生产不正常,对以工业为主的经济造成了很大的冲击,利润大幅下降,影响地方收入 5000 多万元。

3、个人所得税发展迅猛。全市共入库 7.21 亿元,为年度计划的 121.21%,同比增收 2.25 亿元,增长 45.46%。

增收因素:一是加大对社会各界缴纳个人所得税的宣传力度。为积极配合个人所得税的税收征管,在个人所得税代扣代缴实现全覆盖的基础上,通过赠送宣传资料、组织培训班等措施,提高纳税人和扣缴义务人的纳税意识。二是居民收入水平的提高。2003 年城镇人均可支配收入为 12450 元,居民收入水平的提高,扩大了工资薪金所得的税源,全市入库工资薪金所得个人所得税 2.45 亿元,同比增收 7386 万元,增长 43.13%,。三是抓好非工资性收入个人所得税的管理。严格执行"私营有限责任公司不投资、不分配挂账达一年以上的未分配利润征收 20%个人所得税"政策。开展定期定额调整工作,义乌市双定户税收同比增长 20%。个体工商户个人所得税增长较快,2003 年底全市共有个体工商户 169503 户,比上年同期增长 12.6%。四是个人所得税全员管理软件的全面推广应用。市本级 2003 年 6 月份始全面推广运用,成效较明显,截止 12 月底,已有 2788 家扣缴单位进行个人所得税全员管理,累计申报个人所得税人数 87781 人,申报个人所得税 7828 万元,同比增长 72%。五是加强对高收入行业、重点税源户、重点纳税人的管理。全市建立起较完善的个人所得税税源监控制度,对重点税源户和重点纳税人建立纸质档案,设立纳税台账,实行专人管理,促使税款及时入库。

4、各小税种全面增长。城建税累计入库 2.64 亿元,同比增长 31.55%;房产税累计入库 8302 万元,同比增长 14.78%;车船使用税累计入库 2007 万元,同比增长 14.69%;印花税累计入库 3259 万元,同比增长 59.13%;土地使用税累计入库 1322 万元,同比增长 71.02%;资源税累计入库 497 万元,同比增长 16.67%;土地增值税累计入库 1550 万元,同比增长 71.46%。

增收因素:一是扩大了房产税和土地使用税征收范围,提高了征收标准。二是城建税随营业税的增长而增长。三是加大了清缴力度。义乌市、永康市、浦江县开展房产租赁行业专项检查,对屡催不缴户进行报纸公告,取得了较好效果。四是加强车船使用税代扣代缴。五是加强印花税征收管理,对从事生产、加工的工业企业、货物购销的商业企业、货物运输等行业,按月预征合同应交印花税。加强了金融企业委托代征印花税的管理。六是强措施堵漏洞,加强资源税管理。市本级通过国土局矿采点登记,强化源泉控管。兰溪市通过销售收购矿产品分户明细账管理,减少税款流失。七是有的县市开征了土地增值税。

各项工作情况 **【税收法制建设】**修订和完善了责成自查、重大税务案件审理等制度,加大了对涉税大要案的查处、移送和曝光力度。开展执法检查,进一步规范了地税政策执行、征管秩序和执法行为。依法认真做好税务行政复议和应诉工作,保护纳税人合法权益。

【征管改革】一是积极推广多种纳税申报方式。全面开通以互联网申报为主,邮寄申报、电话申报等多种申报形式并存的新纳税申报方式,使 98%以上的纳税人走出办税大厅。2003 年底止,市本级有 5758 户企业实行网上申报,纳税人所有税(费、基金)均由银行扣缴、税票由银行填开。2003 年 2 月 28 日,市本级召开新闻发布会,宣告直属单位江北征管局办税服务厅退出征收舞台,办税大厅职能由数据处理中心和票证管理科取代,该征管局辖区内近万名纳税户全部实现网上申报。二是导入 ISO9000 质量管理体系。全面导入 ISO9000 质量管理体系,以此发现问题、剖析问题、解决问题,把地税征管中存在的问题解决在萌芽状态。积极采取预防措施,及时纠正不合格项目,密切协调配合。通过导入质量管理体系,把先进的管理理念运用到地税工作中,以进一步推进地税工作。

【征收管理】一是加强税源监控,实现网络管理。依靠浙江地税信息系统 2000 版重点税源监控模块,实现税源网络化管理。进一步拓宽税源监控面,加强对监控数据的整理分析,为组织收入服务。深入调研,建立税源及征收情况分析制度。2003 年市本级重点税源监控面已达到 60%以上,占当期税收收入的 65%。浦江县局加强建筑业营业税的征管,采取项目跟踪的办法，严格监控工程进展及资金拨付情况，确保税款应收尽收。二是完善各项制度，规范税收征管。修订《定期定额税收征收管理办法》，实行定额加发票全额和超定额申报的征收方式，对双定户纳入税银联网系统，实现社会化征收，2003年底止，市本级11979个双定户和29828户自然人养老保险参保户进入银税联网系统。制定稽核评税管理办法，通过开展管理稽核和纳税评估，及时发现企业在财务和经营方面存在的漏洞，加强对纳税人经常性的监督和管理，确保纳税申报准确性和真实性。开展税收数据库清理工作，规范征管程序。出台稽查选案管理办法，逐步实现由人工选案向计算机选案转变，增强稽查选案工作的针对性和科学性，实现以查促收、以查促管。三是严肃税收政策，强化行业管理。加强涉外税收管理，推行外商投资企业纳税年度评审制度。2003年市本级结合外商投资企业联合年检工作，对91户外商投资企业纳税情况和扣缴义务人扣缴情况进行综合评审，补缴税款793.98万元。通过评审，增强了外资企业的纳税意识。出台印花税征收管理办法，实行"核定征收、委托代征、三自缴纳"征收办法，加强印花税的征管。统一全市税收门征综合征收率，规范税收政策，维护税收公平。推行社会中介机构涉税资格年检制，2003年，市本级对12家中介机构的758份涉税报告随机抽取40份进行检查，对查出的问题立即整改。四是兑现优惠政策，加快经济发展。为缓解"非典"疫情对部分行业的冲击，及时深入企业了解情况，对受疫情直接影响较大的交通运输业、饮食业、旅店业、旅游业和娱乐业等行业实施8项税收优惠措施。积极落实下岗失业人员再就业税收优惠政策，认真做好营业税和增值税起征点调整后个体双定户税收征收工作。2003年市本级批准减免2002年度企业所得税1.42亿元，批准减免"四技"收入营业税431万元、房产税1940万元、土地使用税73万元、城市房地产税143.7万元和水利建设专项资金264.4万元。同意100户企业以前年度亏损3732万元在税前弥补和91户企业财产损失4937万元在税前列支。

【信息化建设】一是实施个人所得税全员管理试点。进一步加大对高收入者调节力度，缓解社会收入分配差距过于悬殊矛盾，在省地税局统一部署下，市本级2002年7月份接受了个人所得税全员管理软件开发任务，历经半年，完成全员申报管理软件。2003年进入个人所得税软件实质性的试点应用阶段，截止12月底，市本级已有2861户企业进行个人所得税全员管理，占应推广户的60%，累计申报个人所得税人数为93474人。其中孝顺分局和汤溪分局互联网申报纳税户已全部纳入个人所得税全员管理。二是开发个人房产租赁税收管理软件。市本级出台个人房产租赁税收征收管理办法，对个人房产租赁税收采取分等级核定征收方式，针对原有征管软件存在的征收管理弊端，在地理信息系统的基础上，增加开发个人房产租赁税收管理模块，加大税源监控力度，减少税收流失，2003年底止，市本级已有1450个房产租赁纳税户纳入管理。

【社会保障基金征收】进一步加强信息传递网络建设，完善内部考核机制，加强征缴工作。大力清理欠费，2003年市本级对862家单位和6142名个人欠费情况通过新闻媒体进行公告，督促其及时缴清欠费。1~12月份共清理欠费5426户，清欠额1233.84万元，清欠率为92%，超额完成市政府下达的清欠50%目标任务。建立个人责任联系制度，对欠缴户实行跟踪监管，对逾期不缴户加收滞纳金，1~12月对10945户未按规定缴费单位加收滞纳金77.43万元，对4户经催缴仍拒不缴纳养老金的参保户移送法院强制执行。到12月底止，养老金征缴率达97%，基金支付能力从年初的3.35个月提高到5.4个月。从2003年9月份开始，接手医保基金征收工作，共征收医保基金3839万元，征缴率达99%。东阳市对非国有、城镇集体企业实行单位和个人缴纳相分离的征缴办法，实现社保、银行、地税联网征缴。完善养老金征收工作考核办法，把养老金征收率与入库率作为岗位责任制考核的一个主要依据。严格落实养老金不缴的处罚措施，专门组织力量对欠缴养老金的企事业单位进行了全面清理，1~12月清缴入库221万元。

【税务稽查】全市地税稽查系统以规范执法为重点，充分发挥稽查的威慑作用，严厉打击涉税违法行为，在维护税法的严肃性，净化税收环境，推进依法治税等方面取得了新的业绩。2003年，全市地税稽查系统共检查4612户，查补金额7129万元。其中税款5580万元，罚款1042万元，滞纳金306万元。检查面为6%，结案率为100%，入库率为100%，检查罚款率为57%(平均处罚率为19%),复查率为16%,公告率为54%,各项指标均超过了省局要求。一是认真开展专项检查,规范税收秩序。开展了省级收入、企业所得税、广告业、印刷业、金融保险业、房地产业、建筑安装业、邮电业、拍卖业、化工业、砖瓦业、家电业、制锁业等专项检查。为配合全省省级税收收入专项检查,按照省局的部署和要求,市本级在全省率先开展了金融保险业专项检查,2003年9月,全市基本完成检查任务,共查补入库各项税费1015万元,滞纳金71万元,罚款157万元,合计1243万元,其中,省级税收收入233万元。通过组织专项检查和行业检查,发现具有倾向性的问题和苗头,以稽查建议书的形式反馈给征管部门,同时开展对企业的宣传活动,做到边检查,边宣传、边教育,严肃税收纪律,增强纳税人的税收法制观念,维护税收工作秩序。二是重视群众信访,发挥协税护税作用。2003年各地举报中心共受理群众举报案件504件,查结488件,查补税款376万元,罚款185万元,兑付举报奖金1.87万元。制订实施《涉税举报案件分类管理暂行办法》,对受理的举报案件分三类进行管理,细化案件受理程序,促进检查质量提高。进一步加强信访工作,统一程序,定期通报,加强考核,严格执行信访工作保密、转办等制度规定,让纳税人满意,使举报人放心。三是加大执行力度,清理历年欠税。加强与公安、法院、检察院、工商和房管等部门的联系,严格执行案件移送制度,提高执行质量和效率。全年采取税收保全措施107件,强制执行措施4件,申请强制执行1件,移送司法机关11件。市本级加大清理历年欠税力度,入库351多万元,有效地解决了执行难问题。四是查处大案要案,发挥威慑作用。2003年查补地方税费在10-50万元的案件69件,50-100万元的5件,100万元以上的2件。武义县局与国税部门共同查办了武义甲由彩印厂、武义钓鱼蚊香厂重大偷税案,其中涉及地方税费共计40余万元,法人代表被提起公诉。该局还查处了三港电站偷逃个人所得税案,补罚个人所得税60余万元,其中罚款54万元,为该县历史上查补个人所得税案件数额之最。兰溪市局移送因“大头小尾”开具发票而涉嫌偷税的兰溪市金威通信业偷税案。永康市局根据群众举报,查处某股份合作企业董事长应某偷逃个人所得税案,入库了该市有史以来数额最大的单笔个人所得税款28.4万元。

【税收宣传】全市地税系统在抓好日常宣传的同时,组织开展第13个“税收宣传月”活动。各地紧紧围绕“依法诚信纳税,共建小康社会”这一主题,结合实际开展税收宣传活动。市本级开展了“税法学校行”、“税法社区行”、“税法企业行”系列活动和“饮水思源保护水资源、保护母亲河”活动等;永康市局开展了“送税法进绿色军营”活动;东阳市局以景区为依托面向游客宣传税法活动;磐安县局围绕“生态”特色宣传税法活动;武义县局开展“一赛三送”系列宣传活动。此外,配合省局开展了“水·税·源”中学生未来宣言活动。通过开展宣传活动,进一步增强了公民依法诚信纳税意识,普及税收法律法规知识,营造良好的依法治税环境,推动全市地税工作顺利开展。税收宣传活动中,全市共制作大型广告宣传牌50个,组织大型税法宣传文艺活动30余次,共发放各类地税宣传资料35300余份,宣传手册11000余册,接受现场咨询3800余人次,开展问卷调查3800余张,培训办税人员5600余人次,送电影到乡村130余场,放映幻灯宣传标语3000多片次,组织1000余名小学生参加“小学生眼中的税收”为主题目的征文比赛活动,在各种媒体形式播出地税信息700余条(次),访问地税网站达80000多人次,切实地把税收法规送到千家万户,做到深入人心。

队伍建设【教育培训】以深入开展党的十六大主题教育和“两个务必”教育为主线,用十六大精神指导地税的改革和发展,用“两个务必”教育干部职工艰苦奋斗,组织实施“五个一”活动:开展一次问卷调查,召开一次专题座谈会,进行一次明察暗访,召开一次党员民主生活会和上好一堂党课。通过学习教育,解决党员干部职工中存在的问题,从根本上促进地税队伍思想作风建设。组织中青年干部学习英语,举办各种税收知识培训,对地税业务骨干进行重点培训,组织税务人员参加“国家公务员依法行政”培训等等。抓教育,强素质,努力造就一支召之即来,来之能战,战之能胜的新时代税务队伍。

【廉政建设】大力开展机关作风建设,强化内外部监督制约机制,市本级调整特邀监察员队伍,重新聘请14名素质好、责任心强的同志为特邀监察员。采用多渠道发放征集意见表方式,向社会征求机关作风、党风廉政建设等意见,全面了解社会各界的评价。根据ISO9000质量管理体系要求,从纳税人名单中随机抽样,通过征管局、稽查局和监察室三个口子向社会发放,调查表2000余份,通过征求意见,对不完善的方面进行整改,进一步提高了服务水平。

【创建文明单位】积极开展基层文明单位、先进处室、先进党支部等各项争先创优活动,加强行风建设。强化人人是投资环境的意识,推行首问责任制和服务承诺制,推行文明用语,倡导特事特办,急事急办,转变服务观念,由"要我服务"的被动服务向"我要服务"的主动服务转变,树立地税新形象,使地税工作更好地服务于经济工作,更好地服务于投资环境的改善。

(金华市地方税务局供稿　章文有撰写)

兰溪市地方税务工作概述

局长　吴一成

经济概况 2003年,兰溪市实现国内生产总值92.49亿元,同比增长13.5%,其中第一产业增加值7.85亿元,增长3.5%;第二产业增加值54.6亿元,增长16.5%;第三产业增加值30.03亿元,增长11%。一、二、三产业增加值占国内生产总值比重由上年的9.5:57.8:32.7调整为8.5:59:32.5,全市人均国内生产总值14115元,考虑价格因素,比上年实际增长13.9%。全年完成固定资产投资额36.22亿元,比上年增长40.3%。全市社会消费品零售额26.7亿元,同比增长11.2%,外贸出口总额1.09亿美元,同比增长111%。全市实现财政总收入7.62亿元,同比增长20.7%,其中地方财政收入3.39亿元,增长26.6%;全市地方财政支出4.15亿元,增长13.9%。

税收概况【任务完成情况】2003年,全市地税系统共组织各项收入2.95亿元,完成省局计划的106%,比上年同期2.48亿元增长19.1%。

【税收特点】一是税收收入在遭遇"非典"、干旱、限电的情况下继续保持稳定增长。2003年税收收入在前几年高增长、高基数的基础上仍然增收4728.9万元,增长19.1%。二是重点税源、重点税种对税收收入的支撑作用进一步凸现。重点税源监控的广度、深度、力度不断增强,监控户从202户增加到230户,缴纳税款占税收总收入的76.8%;营业税、企业所得税、个人所得税三大主体税种入库2.47亿元,占税收总收入的83.9%。三是税收收入结构发生较大变化。主要体现在"两个快速增长":第三产业税收快速增长,全年入库1.34亿元,同比增长47.1%,占总收入的比重从36.8%上升到45.4%,提升了8.6个百分点;股份制企业税收快速增长,全年入库1.67亿元,增收绝对额3776.6万元,同比增长29.1%,高于总收入增幅10个百分点。四是主体税种增幅不平衡。营业税增幅最大,同比增长46%,比平均增幅高26.9个百分点;个人所得税保持稳定增长,同比增长19.7%;企业所得税首次出现了负增长,下降了0.2个百分点。

【税源分析】1、营业税入库9893.2万元,占税收总收入的33.6%,同比增收3115.4万元,增长46%,为2003年税收增收额最大的税种。增收因素:一是加强货物交通运输业税收管理,规范代征点税收征管,相应增加收入,同比增收1198.9万元。二是建筑房地产业发展势头强劲,房价全面上涨,同时加强税收征管,房地产业企业所得税带征率从原来的2%调整为4%,促使税款及时申报入库。房地产业入库2674万元,同比增收1594万元。三是金融业呈现良好的发展态势,汽车消费贷款等业务实现成倍增长,网上银行、银行卡等业务迅速拓展,成为新的税收增长点,同时开展金融保险业省级收入专项检查,促进了行业税收征管不断加强。金融业入库 1337.4 万元,同比增收 277.8 万元,增长 26.2%。

2、企业所得税入库 1.17 亿元,同比下降 0.2%,首次出现了负增长,是 2003 年税收收入唯一下降的税种。其中:国有企业入库 1480.3 万元,同比增长 18.6%,集体企业入库 1062.7 万元,同比下降 25.7%,股份制企业入库 8712.9 万元,同比增长 2.4%。增收因素:一是部分企业完成技改,生产能力扩大,促进了销售增长,利润增加,相应的企业所得税同比大幅上升。如华东铝业的年产量由 25000 吨增加到 70000 吨,销售收入同比增长 85.7%。二是建材行业四条回转窑竣工投产,生产规模扩大,同时受限电、限量生产影响,水泥价格大幅上扬,企业效益迅速提高。三是部分国有、集体企业通过转、改制,企业资产不断优化,企业活力增强,成本减少,效益提升。四是完善企业所得税分类管理办法,确定行业最低税负率;加强企业所得税汇算清缴工作,把好所得税减免及扣除项目审批关,严肃税收政策,确保应收尽收。减收因素:一是医药行业因部分药品受国家调控导致价格下降,部分药品受"非典"影响禁止销售导致收入减少,造成企业利润下滑。二是部分行业特别是纺织行业企业受国际形势及"非典"的影响,出口业务量有所萎缩,同时因原材料价格上涨,产品利润减少。三是部分企业所得税征收方式改变及核定征收率调整,致使企业税收负担率下降,直接影响了企业所得税入库,如建材行业预征率从 1.2%调整为 0.8%,纺织行业从 1.2%调整为 1%。

3、个人所得税入库 3128.9 万元,同比增收 514.4 万元,增长 19.7%。增收因素:一是推行个人所得税全员申报制度,严格执行个人所得税源泉代扣代缴制度,促进了税款及时足额入库。二是加强个体工商户"双定户"管理,使个体工商户的生产、经营所得个人所得税快速增长,全年入库 944.1 万元,同比增收 558.6 万元。

各项工作情况【税收法制建设】一是积极开展"四五"普法活动,认真组织新税收《征管法》及《干部法律知识读本》的培训学习,增强干部法制意识和执法水平。二是全面开展税收执法检查,重点检查税收执法工作的程序性和规范性及"非典"和再就业税收优惠政策的落实情况,严格执行税务执法过错责任追究制度。三是推行重大税务案件集体审理制度,提高审理质量。全年共召开案审委集体审理会议三次,审理税务重大案件四起,退查二起,变更稽查处理意见三起。

【征管改革】一是"银税联网、实时扣缴"征税办法顺利实施。全市 1288 户建账申报企业实现"银税联网、实时扣缴";达到新起征点以上的个体双定户全部实行"银税联网、批量扣缴"。二是"12366"电话语音特服系统逐步推广应用。及时配置了"12366"语音系统硬件设备,并对系统的相关模块进行了相应修改,6 月 6 日系统全面运行。三是全面导入 ISO9000 质量管理体系,顺利通过体系贯标认证,实现了税收管理从规范化向标准化的根本性转变。

【征收管理】一是规范企业所得税征收管理。重新鉴定所得税征收方式,将企业分为 A、B、C 三类管理;调整部分行业的预征率,房地产业从 2%提高到 4%,建筑业从 1%提高到 2%。二是加强房产税征收管理。采取"定期定额、薄收面全、自行申报、银行扣缴"的方式,将全市各路段分为九个等级,确定单位面积年最低租金和纳税额,同时建立"纳税卡",以居民身份证为纳税登记号,建立营业用房档案。三是加强重点税源监控。明确重点监控纳税人的标准,凡达到年应缴地税收入 10 万元以上或年销售收入 500 万元以上的企业均列入重点监控范围,并实行动态跟踪分析。2003 年,全市重点监控企业达到 230 户,比 2002 年增加 28 户。四是加强个体税收征管。认真执行税收起征点提高的政策,明确达到起征点的双定户实行"银税联网、批量扣缴"征税办法;市区、集镇和专业市场未上起征点的双定户只征收个人所税,且税收负担不超过往年;农村及边远山区未上起征点的双定户实行日常税务管理。五是加强货物运输业税收征管。严格执行国家税务总局的"三个办法和一个方案"的有关规定,及时收回委托交通部门管理的运输发票,严格自开票纳税人和代开票纳税人的资质认定工作,确保政策贯彻落实到位。

【社会保障基金征收】一是加强政策宣传,增强参保意识,促进了城镇自由职业者参保人数的大幅提高。2003年,城镇自由职业者缴费入库2327.8万元,参保人数达17384人,同比增长21%。二是采取与财政税收奖励政策相挂钩的手段,加大征缴力度。全年养老基金征缴率达到96.3%,高于省下达考核指标3.3个百分点。三是将社保扩面任务单独列入考核,明确相关责任,扩面工作成效显著。全年乡镇扩面累计征缴1002万元,同比增长86.6%,扩面首次超千万元。2003年,全市共筹集社保基金1.37亿元,完成金华市下达任务1.25亿元的109.3%,其中养老保险费征缴首次突破亿元,达到1.15亿元。

【税务稽查】一是积极探索稽查工作新思路,切实推进"收入型"稽查向"执法型"稽查转变,"数量型"稽查向"质量型"稽查转变。针对稽查中暴露出的问题,及时反馈给征管部门,充分发挥以查促管作用。二是开展省级税收专项检查,确保省级收入及时足额入库。针对检查中发现的问题,召集单位负责人及财务负责人进行纳税辅导,切实改变"年年查,年年都是老问题"的现象。三是积极推行"责成自查"工作。全年共"责成自查"企业135户,查补税款269万元,各项基金附加7万元,滞纳金11万元。"责成自查"工作的开展,既优化了税企关系,又降低了稽查成本。2003年,全市共查结各类税收违法案件305起,查补地方税费419万元,其中罚款48万元,滞纳金11万元,检查案件处罚率达5.8%,入库率达100%,结案率达104%,公告率达72%。

【税收宣传】一是与城区各社区联合,在税收宣传日期间设立税务咨询点,解答纳税疑难问题,并发放下岗职工再就业税收优惠政策等宣传资料。二是组织税法知识有奖竞赛,在《兰溪日报》刊登竞赛试题。三是制作了20条横幅标语悬挂在市区主要街道及农村重要集镇,营造税收宣传月的氛围。四是与兰溪电视台联合,播放财政地税形象宣传广告片,全年播出。五是在兰溪电视台开辟《财税周末剧场》栏目,点播各类国产、进口优秀电影片,在每周六晚黄金时间播出,全年播出52场。六是对1997年以来五年财政地税工作成效进行总结,分10个专题片,在兰溪电视台播出,大力宣传财政地税工作对经济的支撑作用。七是制作税收宣传一次性纸杯20万只,分发给党政机关单位和企事业单位。八是印制社保基金征缴知识小册子1万份,广泛分发。九是组织力量走访乡镇和纳税户,征求地税工作意见。

队伍建设【教育培训】一是以学教活动为契机,大力推进机关作风建设。组织全体干部深入学习"三个代表"重要思想和党的十六大精神,在全局掀起了"学先进、比服务、争贡献"的学习高潮,切实提高了全体干部的中心意识、宗旨意识和服务意识,树立了干部正确的政治观、世界观和道德价值观。二是以创建学习型地税机关为目标,加强干部业务教育培训。全局有针对性地组织了一期《新征管法》培训和企业所得税、个人所得税知识培训,举办了《电子商务和电子政务》培训考试及会计业务知识培训,参加了全市组织的公务员知识培训考试。据统计,全年参加教育培训的干部达1300余人次,干部知识得到及时更新,素质明显提高。同时,通过"一个微笑、一句问候、一杯清茶、一个满意"四个一活动的开展,全局上下机关作风明显好转,服务意识大有提高,财税形象明显改观。在2003年全市机关部门综合考评中,地税局名列第五,荣获三等奖。

【廉政建设】以行政效能监察为手段,全力打造"诚信"地税。采取明查暗访、设立投诉热线、强化社会监督、加强工作考核等手段,对全局服务承诺制、全程代理制、审批制度改革、廉政建设等方面开展行政效能监察,切实促进依法行政和规范执法,大大提高了干部的服务水平和办事效率。

(兰溪市地方税务局供稿　方荣良撰写)

义乌市地方税务工作概述

局长 吴森民

经济概况 2003年，义乌市实现国内生产总值188.49亿元，比上年增长16.7%；第一产业、第二产业、第三产业增加值分别为7.86亿元、98.28亿元、82.35亿元，增长分别为2.7%、19.9%、14.5%；实现工业总产值402.6亿元，比上年增长21.7%；完成固定资产投资100.4亿元，比上年增长36.2%；社会消费品零售总额52.51亿元，比上年增长13.5%。小商品城实现市场成交额248.27亿元，比上年增长8%；城镇居民可支配收入14877元，比上年增长16.8%；农民人均纯收入6147元，同比增长8.1%。城市化进程不断推进，房地产开发投资达21.09亿元，同比增长72.81%；基础设施投资达16.27亿元，同比增长24.1%。在经济发展和城市化建设的带动下，财政收入继续保持较大的增幅，2003年完成财政总收入23.07亿元，同比增长38.8%，其中地方财政收入11.88亿元，同比增长43.2%。

税收概况【任务完成情况】2003年，全市地税系统共组织各项收入12.07亿元，比上年增收3.16亿元，增长35.46%。其中税收收入累计入库9.93亿元，比上年增收2.44亿元，同比增长32.62%。

【税收特点】一是税收收入增长快于GDP的增长，税收占GDP的比重上升了0.64个百分点，税收经济杠杆作用日渐明显；二是坚持以组织收入为中心，依法治税，保证了税收收入的高幅增长、均衡入库。四个季度增幅分别为23.85%、36.3%、32.6%和32.64%；三是除房产税和土地使用税外，其余各税种全面增收，但增幅不一，营业税、企业所得税、个人所得税增势喜人，共计绝对增长额2.27亿元，占总增长额93.1%。小税种增长幅度相对较缓；四是个体、私营、股份经济发展较为迅速，税收增幅分别为37.59%、49.07%、46.83%，三者绝对增长额为1.25亿元，占税收总增长额92.95%，为税收收入的主力军；五是义乌市产业结构得到不断升级和优化。随着经济增长方式的变化和经济体制改革的不断深入，第二产业增幅快于第三产业20.47个百分点，其产业结构比例由2002年度33.29:66.70变为36.72:63.28。

【税源分析】1、营业税累计入库4.11亿元，占入库地方税收的41.40%，比上年增收9364万元，增长29.5%。税收是经济的睛雨表，行业税收的增减变化直接反映行业发展态势。金融保险业入库税收6875万元，比上年增长26.10%。金融保险业运行质量良好，总量稳步增长，服务功能增强，对地方经济的支持不断加大；建筑业入库税收1.47亿元，比上年增长26.05%，房地产业入库税收6158万元，比上年增长108.75%。随着近几年我市基本建设投资规模加大，国际商贸城建设步伐加快，外来建安企业纷纷入驻我市，截止2003年底，共有300户外来建安企业。建筑、房地业的持续升温是营业税保持高速增长的主要原因；交通运输业入库税收1396万元，比上年负增长－2.24%。主要受"非典"影响、客流量减少及落实"非典"税收优惠政策的影响。

2、企业所得税入库2.69亿元，占地方税收收入的27.09%，比上年增收8489万元，增长46.13%。企业所得税增长的主要因素：一是义乌市积极实施贸工联动政策，制造业和批零业都得了长足发展，特别是纺织业、服装业、饰品业等已初具规模，企业经济效益明显，创税能力增强；二是强化所得税分类管理，规范企业财务制度，严格企业成本、费用列支，确保所得税税基更趋于真实；三是圆满完成所得税汇算清缴工作,共汇算清缴企业1784户,入库税款3583万元;四是会同国税部门,对工业企业开展联合评估,共补缴税款2241万元,为不可比增收因素。

3、个人所得税入库1.97亿元,占地方税收收入的19.83%,比上年增收4889万元,增长33.05%,随着居民收入水平不断提高,个私经济快速发展,促进了个人所得税增收,来自工资薪金、个体工商户的生产经营所得个人所得税共入库1.57亿元,同比增长28.93%。增收的主要因素:一是强化代扣代缴工作力度;二是加强对垄断行业和高收入行业个人所得税的税源监控,实行源头管理。

4、小税种征管喜忧参半。车船使用税和牌照税入库574万元,比上年增长36.67%;城建税入库6207万元,比上年增长24.51%;印花税入库711万元,比上年增长13.91%;房产税入库2988万元,比上年下降6%,城镇土地使用税入库259万元,比上年下降2.31%。

各项工作情况【税收法制建设】落实大要案审理制度,调整案审委。根据省局规定,将案审委办公室与法规科合署办公,由法规科负责重大税务案审委的日常工作。全年集体审议了三起重大税务案件,查补税费432万元。加强税收执法监督,对2002年1月至2003年8月税务稽查案件进行复查。组织开展房地产行业税收专项检查,从稽查局和各征管分局抽调10名业务骨干,分成5个检查组开展工作,11家房地产企业自查补税费2676万元。

【征管改革】引进国际先进管理理念,导入ISO9000质量管理体系,规范税收征管工作。2月初编制了贯标实施计划,编写作业指导书等文件。4月中旬开始ISO9000试运行,通过边运行、边整改、边规范,进一步完善了程序控制文件和作业指导书。于9月18日顺利通过方园认证公司的外审。制定进一步深化个体工商户税收征管文件,规范管理。针对我市个体工商户占总纳税户比重为93%,税收贡献率仅占地税总收入15%的情况,按照“统一块、放一块、抓一块”思路,转移征管重点,提出个体工商户征管新路子即对达不到起征点、或享受下岗职工再就业优惠政策的纳税户在规范管理的基础上免征;对在起征点以上,但月税额不高的纳税户实行按年征收;对经营规模达到一定标准的要求建账申报。

【征收管理】加强“双定户”征管,严格按照省局提出的“三等九级”规定核定双定户定额;公开办税,将税收定额核定程序、定额标准,定额方式等情况予以公开,实行阳光税收;强化货物运输业征收管理,促进税收公平、公正、合理;开展了工业企业国地税联合纳税评估。从国地税部门共抽调干部100名,设40多个检查评估小组,通过自查自纠、实施检查、纳税评估、重点稽查四个阶段,对工业企业展开联合检查,共计补缴税款2241余万元,促进行业税负公平;规范重点税源监控工作。改进监控手段,依托TF2000税源管理模块管理,全面实现税源监控网络化。扩大税源监控面,重点税源企业由94家扩大到127家。加强对重点税源的分析力度,为领导决策提供依据。

强化企业所得税管理。根据省局有关文件精神,将有关所得税政策进行汇编、组织干部业务培训,完善考核机制,圆满完成所得税汇算清缴工作。全年共清缴企业1784户,结算税款4118万元,入库税款3583万元,清缴面达97.8%,税款入库率96.8%;完善建筑业税收征管。出台了《关于加强建筑安装业税收管理若干问题的通知》,规范和完善了建筑行业的税收征管,2003年建筑业所得税同比增加近1000万;积极贯彻税收减免政策,支持地方经济建设。按照公开、公正、公平原则,审批落实各类扶持性减免税4079万元;落实“非典”有关税收优惠政策,共为1364户纳税户减免税收918万元;内外并举,加大宣传,积极落实下岗再就业税收优惠政策,全年共审批12户,减免税收3.67万元;出台了“关于残疾人员、烈属所得减免个人所得税的通知”,规范残疾人个人所得税减免。将残疾人划分为六类、四个级别,按残疾程度酌情减征个人所得税。

【信息化建设】确保网络安全运行,完善内部网络建设。建立了应用系统安全运行制度,加强计算机使用安全管理培训;采取了安全防范措施。增加了内外网络防火墙、外网非法外联检测系统、服务器安全入侵检测系统;通过广域网络主干线扩容,对广域网络IP地址制订规划,合理配置,优化性能,提高系统运行质量;完善网上电子申报模式,提供便捷纳税服务;完善地税与社保联网模式,增强实时扣款及时性、准确性;加强配套系统维护。优化了SYBASE数据库,对NOTES、办公自动化、通讯服务器等进行升级、维护。

【社会保障基金征收】继续推行地税部门产生社保应征数，稳妥推进社保扩面工作，2003年共扩面39587人，累计征收基金1.77亿元；进一步完善“税银联网、税保挂钩”的基金委托扣缴系统，增强了实时扣款的实时性；签订责任制，落实征收任务。一是义乌市政府与各镇、街道签订责任制，二是义乌市局与各征管局签订责任书，落实任务，列入各单位的年终考核；加强与劳动、社保部门合作，建立联席会议制度，及时交流信息，确保养老保险基金征收工作落到实处。根据省政府第155号令，经过细致、全面的调研，和有关部门制定了《义乌市残疾人就业保障金征收管理办法》。加强与义乌市残联、财政、人行等部门沟通、协调，建立残疾人就业保障金信息共享平台，确保征缴工作顺利开展。全年共征缴残疾人就业保障金482万元。

【发票管理】完善发票管理，严格自制发票审批、保管制度，加强发票的购领、缴销审核、检查监督工作；组织开展了货物运输业所有自开或代开票纳税人发票管理制度学习、增强发票管理意识，促其规范使用货运发票。

【税务稽查】规范税务稽查执法行为。按照“依法治税、内外并举、重在治内、以内促外”方针，推行了执法责任制和执法过错责任追究制，重大税务案件集体审议制和税务处罚听证制度，案件复审制度，促地税稽查的自我纠错机制不断健全和完善。依法稽查促征管。开展金融(证券)、保险企业税收专项检查，共检查20家金融、保险企业，查补税款198万元；开展服务业专项检查。对商贸区29家企业进行了突击检查，查补税费32万元，有效整顿服务行业的税收秩序；重视日常稽查，严厉打击涉税违法行为，2003年稽查各类案件1408起，立案查处涉税案件57起，查补税费829万元，净化了税收环境，维护依法纳税者的合法权益。

【税收宣传】围绕“依法诚信纳税，共建小康社会”宣传主题，开展第12个税收宣传月活动。早在年初，义乌市地税局就向全体税务干部征集税收宣传项目新思路、新点子，共征集税收宣传点子20余个，其中实用性强、宣传效果较好的点子有6个；其次召开各科室、征管局负责人会议，对第12个税收宣传月的计划进行了讨论，布置税收宣传工作，打好基础；第三是与国税局联合，开展了有声有色的税收宣传活动。充分发挥新闻媒体优势，在《义乌日报》公开表彰义乌市纳税大户；利用义乌电视台黄金时段插播新《税收征管法》及其实施细则内容，并在《新闻广角》栏目专题报道了重点纳税大户先进事迹，起到较好的宣传效果；举办税收宣传电影月活动，挑选40部优秀影片配合税收宣传等活动，在社会上营造了依法诚信纳税的氛围，税收宣传月收到了预期的效果。

队伍建设【教育培训】掀起“三个代表”重要思想学习新高潮，认真组织开展党的十六大主题教育，用党的十六大和十六届三中全会精神指导地税工作。开展从政道德教育，树立正确的人生观、价值观、道德观，克服拜金主义、享乐主义，自觉执行公务员廉洁规定，增强执政为民、依法行政、优质服务的观念。开展牢记“两个务必”教育，发扬艰苦奋斗精神。切实抓好教育培训工作，全面提高干部素质。一是组织参加了电子商务、政务考试、公务员英语考试、依法行政考试，合格率均达100%；二是举办了所得税汇算清缴及会计管理培训、办公自动化培训、新聘用临时工上岗培训；三是抓好学历教育。义乌市地税局45岁以下干部均达到大专以上文化程度。

【廉政建设】领导干部以身作则，在班子会议上多次强调廉政对地税部门的重要性和任务的艰巨性。定期邀请义乌市纪委书记给干部上廉政建设课，落实每月一次干部廉洁自律教育制定学习计划，每次学习实行签到制，保证到课率。完善管理监督机制。建立了分管局长与科长定期谈话制度，科长与科员谈心制度，实行党风廉政建设科长(主任)负责制、党风廉政建设情况班子会议通报制和群众举报严查制。保证了地税各项事业顺利进展。

（义乌市地方税务局供稿　斯丽红撰写）

东阳市地方税务工作概述

局长 陈军

经济概况 2003年，东阳市实现国内生产总值141.89亿元,比上年增长14.2%。全市共完成财政总收入10.77亿元，为年计划的102.6%，同比增长22.4%。实现地方财政收入4.95亿元,完成年初预算的118.2%,同比增长33.42%;实行财政总支出6.36亿元,为年初预算的115.5%,比上年同期增长29%。财政支出基本保证了全市改革、发展、稳定和重点项目的资金需要,连年实现了财政收支综合平衡。

税收概况【任务完成情况】2003年,全市地税系统紧紧围绕组织收入这个中心,采取有力措施,超额完成了地方税收计划任务,全年累计组织税收收入为4.03亿元,完成省局下达全年税收计划的110%,比上年同期3.23亿元，绝对额增加7976万元，增长24.71%。

【税收特点】1、三大主体税种所占比重突出。营业税、企业所得税、个人所得税全市分别组织入库1.18亿元、1.59亿元、8400万元，同比分别增长14.1%、31.75%、46.35%。三项收入所占比重为税收总额的89.8%。

2、经济结构收入所占比重差距明显。2003年国有企业入库8361万元；股份制企业入库1.46亿元,两种经济类型所占总收入比重为57%,其余六种经济类型占有比重为43%,由此可见,国有企业和通过改制、改组后的股份制及有限责任公司所占税收比重逐渐在增大，但私营企业所占税收比重只占到13%,且比重没有提高，说明私营企业经济后劲发展不足,税源的增长点不明显。

3、重点企业之间为国家贡献的税收收入畸轻畸重,很不均匀。高者一家企业近4000万元,少者在地方税务部门缴纳的税收近万元左右。从169家重点企业监控数据统计:2003年共入库税款2.43亿元,占入库税款总额60.44%。其中这东磁股份有限公司、烟草公司、中天建设集团、浙江北生药业汉生制药有限公司、康裕制药、农业银行、第二建筑工程公司、工商银行、第三建筑公司和浙江普洛化学有限公司等分别入库3945.3万元、3523.2万元、1646.4万元、910.9万元、826.8万元、815.5万元、770.3万元、707万元、643.5万元和452.2万元。同比分别增收857.2万元、2310万元、358万元、650.4万元、293.7万元、112.3万元、396万元、203.6万元、175万元和负32.6万元。10家企业合计比重已占到税款总额的35.4%。共计增收5323.6万元,占2003年总增额比重的66.73%。为国家和发展地方经济作出较大的贡献。而另外159户重点企业的税款只占税收总额比重的25%。

4、征管工作到位,促进税款按期入库。一是2003年对企业所得税实行A、B、C分类管理，按期预征了企业所得税,增加税款1200万元。二是对建安企业在开外销证时交纳纳税保证金改按合同工程款确定一定比例的预征率直接交纳个人所得税,使个人所得税提前入库,增加税款1000万元。

【税源分析】1、企业所得税共入库1.59亿元,同比绝对额增收3836万元,增长31.75%。一是抓企业所得税汇算清缴工作的落实。统计表明:今年汇算清缴企业683户,比2002年减少59户,但盈利企业比2002年增长6%,利润总额2.67亿元,比2002年增加7309万元(其中税收调整净额6012.6万元),亏损企业108户,比2002年减少54户,亏损面达15.8%,通过汇算结算,做到边清缴边入库,是企业所得税增长较快的一大因素。二是经济效益的增长使企业所得税随之增长。如几家龙头骨干企业由于善于及时调整产品结构,开拓新产品,加强经营管理,企业的经济效益都有明显提高。如:东阳市烟草公司扩大网点建设,调整产品结构, 加强会计核算,2003年创造利润7000万元,仅这家单位2003年中入库企业所得税3314万元。三是加强企业所得税管理。下发了关于印发《东阳市地方税务局所得税管理办法》的通知,对工商企业所得税分A、B、C三类进行管理(即:A类企业按季申报,税务机关查帐征收;B类工商企业确定预征率,按月预征,年终结算;C类企业确定行业预征率征收)征收。这项办法出台后大大规范了企业的纳税管理,税款得到按时入库,改变了以前多数企业要在年后汇算清缴中入库的现状,企业所得税明显增加。四是不可比因素增加较大。影响收入近1300万元左右。

2、个人所得税共入库8400万元。同比绝对额增收2660万元,增长46.34%。主要一是加强行政事业单位的工资、薪金和经营者劳务报酬所得的源头扣缴管理, 自2002年9月份开始其行政事业单位每月由会计核算中心对个人所得税进行扣缴, 增收效果明显; 二是对年销售收入在1000万元以上的企业单位高收入的负责人实行监控,并进行个人所得税自行申报,有效地加强了管理,2003年工资、薪金所得个人所得税入库2516万元,比同期增长30.36%。二是对个体、私营生产经营加强管理。2003年组织入库4602万元,同比增长37%。增收的主要因素:(1)对私营有限责任公司实现的税后利润挂账在一年以上不投资、不分配的个人所得税征缴工作。(2)各征管局采取不同方式,组织力量,集中精力对管辖范围内的个体经营户进行较为全面地清理(如:吴宁征管局的南马木线、木板行业、巍山征管局的金银丝、缝配市场)。(3)是股份制企业年终对股息红利进行分配, 增加收入266万元。其中仅广厦扣缴了个人所得税200万元。(4)是承包、承租个人所得税增幅较大,2003年入库517万元,同比增长608.23%。主要是在税收政策上改变征收方式,使个人所得税增幅较大。另外,企业改制、改组后,承包、承租形式经营的业务增加。

3、营业税和城建税分别入库1.18亿元和2566万元,同比分别增长14.1%和1.7%。(1)一是建筑业和房地产业营业税增加720万元。仅浙江北生药业制药有限公司一家企业入库建筑营业税750万元。二是第三产业的服务性行业有所增加,使租赁商务服务业税收增收319万元。(2)金融保险业入库3129万元,同比增收324万元,主要是专业银行拓宽营业业务项目增加收入。而保险业税款则减少71万元,主要是人寿保险公司人生意外损害综合险按金华地税有关文件可享受免税政策,还有几家保险公司性质属于金华分公司, 则今年的税款逐渐集中到金华缴纳而减少。另外几家保险公司之间业务也相对影响在本市交纳的税款。(3)城建税入库2566万元,同比增收43万元。主要是由于国税对出口企业增值税实行"抵、免、退"政策。

4、其他小税种共入库1536万元, 同比下降1.6%。增减的主要因素:一是房产税有较明显的下降。原因是由于2001年末吴宁区域的部分企业上报减免房产税而未被批准,故在2002年第一季度组织入库,同时2002年度的房产税也基本组织入库, 由此影响今年的收入,房产税绝对数减少400万元。二是加强了印花税管理,对从事生产、加工的工业企业、货物购销的商业企业、货物运输等行业其合同应交的印花税实行按月预征,年终结算的办法,行之有效的管理办法使印花税征收明显增加,同比增收240万元。三是房地产转让业务的增加使土地增值税比往年大幅增长,2003年共组织入库土地增值税84.9万元。

5、其它减少因素:一是由于"非典"和连续干旱供电量不足,使工商企业的经营受到一定影响,从而减少企业的经济效益和税收收入;二是国家为了扶持因受"非典"影响较大的企业摆脱困境,出台"非典"期间的一些减免政策,又减少一部分税收收入。从税政部门减免的数据统计:2003年减免营业税688万元,个人所得税23万元,城建税45万元。三是国产设备投资,抵免企业所得税640万元左右。

各项工作情况【征管改革】一是以信息化为依托,继续大力推进征管改革,进一步转变办税服务厅职能,完善多种申报方式并存的纳税申报制度,充分利用互联网发挥TF2000的依托作用, 切实方便纳税人,提高征管质量,继续推行网上电子申报,逐步建立起以电子申报纳税为主体,邮寄申报、上门申报方式为补充的纳税申报管理新模式。二是周密部署,全力做好ISO9000质量管理体系导入工作。根据省局的统一安排,按照依法治税、以德治队、科学管理、优质服务的质量方针和质量目标,从4月份开始进入导入的具体实施,经过二次内审,一次管理评审,以及三个月的试运行,10月21日正式取得了中质协质量保证中心的质量管理体系认证证书。导入后地税征收管理服务全过程按ISO9000质量标准规范运行,使得全局依法治税上了一个新台阶。

【征收管理】面对"非典"和停电两大不利因素,及时转变税收征管工作思路,认真开展调查研究,采取有力措施,在加强营业税等主体税种征管的同时"抓大不放小",确保了税收任务的全面完成:(1)分解任务,层层落实,确保税收均衡入库。年初就及时将全市的税收任务层层分解落实到各征收单位。实现收入目标按月考核、按季结算、绩效挂钩、奖惩结合。从而确保了全年税收收入的完成。(2)加强了所得税的征收管理。一是做实、做细企业所得税的汇算清缴工作。把好企业所得税税前列支、亏损弥补、财产损失核销等审批关,把企业所得税有关政策落到实处,共审批了弥补亏损金额1509.8万元,财产损失税前列支金额2525.5万元,对全市的683户企业所得税进行了清算,全市汇缴企业应缴所得税1.06亿元。二是加强个人所得税征管。全面总结过去几年来全市个人所得税征管的经验和方法,对照先进,寻找差距和问题,夯实基础,积极推行个人所得税"人员全覆盖,管理全过程,联网全方位"的管理机制,进一步扩大扣缴面,把握好会计核算中心代扣代缴个人所得税管理关。(3)强化营业税及小税种税收征管。认真抓好营业税普查工作。对调查数据进行横向与纵向的分析比较,为不断完善营业税税收政策提供了第一手的参考资料;在小税种管理中,今年对印花税的征收方式进行了改变,实行按收入的80%进行计征,并实行按月预征,年终结算;并扩大土地使用税、房产税征收范围。

【社会保障基金征收】加强养老保险金征收工作。大胆汲取外地经验,认真总结历年社保扩面工作的得失,采取了一系列有力措施保证了社会养老金的征收管理。实行社保、银行、地税联网征缴,制订完善养老金征收工作考核办法,加强内部考核力度,充分调动干部积极性,2003年新增扩面人数24721人,共征缴养老金1.26亿元,同比增长15.5%。

【税务稽查】先后开展了广告业、所得税、砖瓦行业、金融保险业和国税门征增值税开票企业的税收检查工作。共查处各类企业1098户,查补地方税费及罚款958万元,有力地打击了涉税违法行为,充分发挥了以查促管的职能作用。

【税收宣传】围绕"依法诚信纳税,共建小康社会"的宣传主题,点面结合,注重实效,积极开展了内容丰富、形式多样的系列宣传活动:在全市范围开展"讲诚信、守税法,共建小康社会"税法知识电视竞赛活动;在东阳报上刊登税法知识有奖活动;编印出版一本展示近年来财税工作主要成果的书籍;继续利用"东阳财税"网页进行地税知识宣传;继续办好广播电台《地税之声》专栏;在城区各主要街道悬挂地税宣传标语;在南街口、黉门广场财税专栏刊出三期;办好东阳天气预报栏地税宣传。通过宣传,使全社会关注、理解和支持地税,有力地推进依法治税和加快进入小康社会进程。

队伍建设【教育培训】掀起了学习"三个代表"重要思想新高潮。组织机关干部认真开展了以党的十六大为主要内容的理论学习,组织大讨论,写出心得体会。邀请了党校副校长、市委组织部、检察院等领导上党课、报告会。举行为期四天中层干部封闭式培训。组织干部进行ISO9000质量管理体系、征管法等有关知识的培训及参加英语及全国执法资格统一考试。

【党风廉政建设】与各基层单位签订《党风廉政建设和行风建设目标责任书》,把党风廉政建设目标责任制融化到各基层单位的工作目标考核之中,并实行一票否决制,并把班子述廉评廉活动延伸到各基层单位。同时进一步充实特邀监察员队伍。

【创建文明单位】开展文明单位、"青年文明号"、先进党支部等各项创建活动,进一步树立地税系统在社会上的良好形象。

(东阳市地方税务局供稿　陈洪升撰写)

永康市地方税务工作概述

局长 胡明星

经济概况 2003年，永康市克服"非典"疫情、高温干旱、电力紧缺等不利因素带来的困难，保持社会、经济稳定发展，主要经济指标持续增长，全年实现国内生产总值110.63亿元，同比增长16.2%，其中，第一产业增加值4.69亿元，增长6.7%；第二产业增加值73.50亿元，增长16.1%；第三产业增加值32.45亿元，增长18.1%。完成全社会固定资产投资总额47.46亿元，同比增长30.5%。在国民经济持续增长的基础上，财政收入呈现稳定增长，全市实现财政总收入13.11亿元，增长29.3%，其中地方财政收入5.92亿元，增长34.6%。全市完成财政一般预算总支出6.53亿元，比上年增长20.6%，根据现行分税制财政体制和国家有关政策规定计算，另加上省专项补助，实现了当年财政收支平衡；上划中央"两税"5.16亿元。综合经济实力居全国百强县(市)第46位。

税收概况【任务完成情况】2003年，全市地税系统共组织各项收入6.82亿元，比上年增长24.3%，其中地方税收收入4.87亿元，同比增收9642万元，增长24.7%，继续保持税收收入增长态势。

【税收特点】一是地方税种全面增收。除屠宰税停征减收35万元外，其他地方各税种均保持稳定增长。二是电动车行业对税收的拉升作用明显。电动车行业是永康市2003年的最大经济亮点，全市涉足电动车装配企业达200多家，带动税收增长2000万元以上。三是五金支柱产业发展平衡，税收增收难度加大。铜、铝行业受原材料供应紧张大环境带动，销售价格上扬，生产形势较好；不锈钢制品市场竞争激烈，生产企业出现两级分化；摩配行业萎缩、汽车配件行业规模扩大。摩配市场由于受城市禁摩、3C认证等影响，需求下降，前景不容乐观，而汽车配件行业则前景看好；电动工具与去年基本持平，内销萎缩，出口增长。

【税源分析】1、个人所得税继续保持高速增长。全年实现收入1.17亿元，同比增收3630万元，增长45.2%。增收因素：地税部门加大了对工资薪金所得的源头控管，在5月份，对286个行政事业单位进行了个人所得税专项检查，6月底又对26家垄断性企业进行了责成自查，工资薪金个人所得税查补收入达800多万元。

2、营业税继续稳居地税第一大税种地位。全年实现收入1.58亿元，同比增收2514万元，增长18.9%。增收因素：一是房地产业继续快速发展。全市投资上亿元的阳光都市、香格里拉花园和巴黎商街等相继投入销售，商品房价格也上涨较快；二是地税部门加强了商品房预销和二级市场交易的税收管理，全年征收房地产营业税3410万元，增长116.1%。减收因素：一是由于水泥、钢筋价格大幅上涨，加之停电因素，工程施工进度受到较大影响，建筑业营业税同比下降8.4%；二是受"非典"疫情影响，旅游、交通、饮食、旅馆、商业、娱乐等服务行业曾一度生意冷清，加之国家对部分受"非典"影响的行业进行减免，减少税收收入近800万元。

3、企业所得税增幅略有下降。全年实现收入1.45亿元，比上年增收1242万元，增长9.4%。增收因素："级别管理、核对征收"的所得税征管方式日益完善，企业财务核算逐渐规范，企业账面反映亏损面从

1997年的50%缩减到2003年的12%。减收因素:一是受"非典"疫情影响,工业企业销售渠道不畅,许多企业销售收入减少;二是受电力紧缺的影响。企业生产极不正常,自发电成本高,企业利润大幅下降,影响全市地方税收收入约3000万元以上;三是钢材、铁皮等原材料价格上涨,使防盗门、农用车等五金产业的发展受到严重影响。

4、地方小税增长较快,但增幅不一。土地使用税同比增长3倍多,城建税、房产税、印花税分别增收1432万元、415万元、248万元。房产税和城镇土地使用税增收因素:一是将所有工业区纳入征收范围,扩大了税基;二是根据租金变化提高了征收额度;三是成立了房产税、土地使用税征收组,实行专业化征管;四是实行房产税、土地使用税征收专项考核办法;五是对屡催不缴户进行报纸公告,清欠效果明显,全年入库房产税、土地使用税分别为1321万元、234万元,分别增长45.8%和333.3%。

各项工作情况【税收法制建设】深入企业开展电动工具、铜铝等行业税收政策调研,改进综合征收方式;根据经济发展状况,制定房产税、土地使用税税源登记有关规定,出台了《房地产开发企业所得税管理办法》等政策,在对营业税源进行详细调查的基础上,出台了《下岗失业人员再就业有关税收优惠政策》,对交通运输业等受"非典"疫情影响较大的部分行业实行税收优惠政策。全年共审批各类减免税户230多户,减免税收640多万元。

【征管改革】年初成立导入ISO9000质量管理体系领导小组,统一思想,周密部署。2月24日召开全局干部职工动员大会,随后抽调人员组成编写组,保质保量完成体系文件的编写,接着进行了内审员培训和全员培训和考试,以及内审和管理评审,多次查找问题、持续改进,运行体系不断完善,在7月初通过了中国方圆委浙江审核中心的第三方审核,并取得了由中国方圆标志认证委员会颁发的ISO9000质量管理体系认证证书,首开了永康市行政事业单位中引进质量管理体系之先河。

【征收管理】深化财政、国税、地税相互协作机制,明确了税务登记、企业所得税管辖权认定办法。推行税收会计一级核算,把508户重点纳税户纳入电脑监控。完善提高起征点的后续管理工作,推行税务公开,开展发票专项检查,采取措施切实加强货物运输业的税收征管。以行业管理为主线,对纳税户进行定额调整,对防盗门行业实行税收动态管理。推进税收法规建设,规范非正常户的认定、纳税户注销操作程序,开展《征管法》和行政执法检查。在全省各县(市)局中率先单设纳税评估机构,着手推行纳税评估。

【信息化建设】以"科技加管理"为税收征管的立足点,加快信息化建设步伐,开通12366语音特服系统,对"税银联网、银行扣缴"的税收征收方式作了进一步的改进。自10月初开始,在纳税户中大力推行"税银联网,网上申报"纳税方式,为申请网上申报的企业免费举办培训班,截至2003年底,全局共有2446户企业实行网上申报,大大地减轻了办税服务大厅征期的征收压力。

【社会保障基金征收】一方面与镇(街、区)、劳动等有关部门大力做好社保扩面工作,另一方面实行养老金征缴单项考核,加大清欠力度,尝试推行单位缴费和个人缴费相分离的征缴方式改革。全年共征收基本养老保险费1.34亿元,同比增长29.51%,保证了社会养老保险金的及时足额发放。与此同时,进一步提高对地税代征残疾人就业保障金重要意义的认识,克服种种困难,努力做好代征工作,全年征收残疾人就业保障金179万元,为维护社会稳定作出了贡献。

【税务稽查】以TF2000为依托,以导入ISO9000为契机,着重加强对拍卖企业、家电零售业、砖瓦行业、广告装潢业等第三产业的税收稽查。根据上级部署,对全市有16家单位进行了省级税收收入专项检查工作。自5月中旬开始,对全市行政事业单位个人所得税进行专项检查,286个单位自查补缴个人所得税219万元。此外还对金融保险等单位进行专项检查,查补个人所得税125万元。全年共检查纳税户510户,入库税款、基金、罚款986万元。

【税收宣传】精心组织开展全国第12个税收宣传月活动,组织机关党员进社区和师生上街宣传,对部分诚信纳税人进行电视专访,开展涉税案件大曝光,召开"依法诚信纳税,共建小康社会"座谈会,利用宣传车进行巡回宣传,在《永康日报》上开辟财税专栏,定期编刊《地税之窗》。连续11年每年隆重召开纳税百强和优胜单位表彰大会。税收新闻宣传考核名列全省第一名。

队伍建设【教育培训】坚持每周一的晚上组织全局干部进行集中学习培训,出台了《关于重申明确在职干部职工学历再教育问题的规定》,鼓励干部职工取得与财税工作相关的大专以上第二学历。创办了机关图书室,目前藏书1200多册,为干部职工搭建了学习平台。举办了全局"学精神、比奉献、爱岗位、创新业"演讲比赛和电脑打字比赛,结合"四五"普法工作,邀请相关领导进行了3场时事学习专题讲座,对全局干部进行了电子商(政)务、《征管法》知识培训和考试,以及开展其他形式多样的教育培训工作,努力打造"学习型机关"。

【党风廉政和效能建设】定期召开系统中层干部配偶座谈会和进行廉洁从政知识测试,组织观看反腐败资料片。督促副科(所)级以上领导干部落实年度收入申报、个人重大事项报告、礼品上交登记、拒礼报告登记等4个制度。制定了《永康市地税局规范财务费用的有关规定》,对全局的各项费用开支进行约束。制定下发《关于加强效能监督和形象建设工作的实施意见》,开展了第7个"优质服务月"活动,进行第二轮行政审批制度改革,先后两次开展明查暗访录音,并将相关情况通报全局。

【创建文明单位】开展评选合理化建议、最佳工作创新奖、文明窗口活动。倡导开展"扶村帮户爱心大行动",帮助永康市古山镇陈山头村寻找脱贫致富门路,与花街镇的31户贫困户"结亲",进行"一帮一"扶贫。永康市地税局被永康市委、市政府评为2003年度先进集体。

(永康市地方税务局供稿 应建武撰写)

武义县地方税务工作概述

局长 李国旗

经济概况 2003年,武义县实现国内生产总值42.3亿元,同比增长15.6%;人均国内生产总值12896元,增长19.2%;实现工业总产值82.6亿元,增长3.5%;全社会固定资产投资21.2亿元,增长46.3%;社会消费品零售总额10.6亿元,增长14.2%;外贸出口交货总值26.6亿元,增长64.7%;金融机构年末存款余额40.5亿元,增长28.6%,各项贷款余额30.4亿元,增长47.5%;农村居民人均纯收入3518元,增长9.9%。在国民经济持续快速发展的基础上,财政收入创历史新高,全县财政总收入实现4.55亿元,增长40.2%,其中,上划中央收入2.24亿元,增长37.8%,地方财政收入2.31亿元,增长42.6%;财政总支出3.79亿元,增长18.8%,连续第九年实现当年财政收支平衡。

税收概况【任务完成情况】2003年,全县地税系统共组织入库各项收入2.30亿元,增长21.7%,其中地方工商税收入库1.55亿元,增长21.3%。

【税收特点】1、地税收入稳步增长,主体税种增长快、增收多。2003年组织入库营业税、企业所得税和个人所得税分别为5865万元、5386万元和2440万元,分别增收263万元、1286万元和725万元,增长5%、31.4%和42.3%。三大税种的增收成为拉动武义县整个税收增长的主要因素。

2、"非典"疫情、持续高温停电对武义经济造成较大影响,税收增长呈前高后低之势。从4月下旬武义发现两例"非典"疑似病例后,给企业的原材料、产品销售等业务的正常运转带来严重影响,再加上连续干旱缺电,给企业生产带来困难,使武义企业发展一度受创,外贸出口严重受阻,各主体税种的增势在后期都有所回落。"非典"疫情对5、6月份税收收入产生影响最大，营业税和企业所得税均同比下降20%左右。一季度入库税收4625万，增长51%，二季度入库4032万，增长19%，比第一季度回落了32个百分点，第三季度入库3859，增长17%，第四季度入库2994万，与上年同期扯平。

3、所有制结构呈现多样化趋势。国有经济平稳发展，集体经济税收比重呈下滑之势；个体私营经济、股份制经济不断发展壮大，特别是私营企业税收，所占比重达37%。

【税源分析】1、营业税入库5865万元，增长5%，其中省级入库484万元，增长52.5%。营业税中主要行业均有所增长。一是建筑业累计入库1840万元，增长4%。主要是旧城改造步伐加大，全年拆迁面积20万平方米；基础设施建设重点工程项目的投入，如紫金五圣商业中业的建设投资约1.8亿；上松线武义-柳城段的改建、还有桐琴、泉溪工业园区的建造都促使建筑行业的不断升温。二是房地产业累计入库936万元，增长18%。随着城乡一体化建设步伐加快和经济的不断发展，武义的楼盘交易日趋活跃，价格上扬，促进了房地产业的发展。三是金融保险业累计入库731万元，增长51%。主要是基于国家出台对金融企业税收的优惠政策，工商银行、建设银行在2002年已将5年内应冲减应税营业总额冲销了，从而得以营业税收入比上年增加。同时，随着经济发展，金融环境的改善，银行存贷业务的活跃，贷款额度增加，也促进了金融业营业税的增长。四是受4月份"非典"疫情影响和相应税收优惠政策的落实以及起征点的调整，餐饮业、旅店业、娱乐业营业税增幅下降，特别是服务业比上年下降了17%。

2、企业所得税入库5386万元，增长31.4%。一是国有企业所得税增长幅度较大，国有企业入库506万元，增长68%。如烟草公司调整营销产品结构，加大农村销售网点后，销售额和利润明显上升，入库企业所得税984万元，增长90%；基础设施投入、工业经济发展带来了用电量的大幅增长，供电局入库80万元，同比增长129%。二是私营企业入库2971万元，增长52%。随着武义县招商引资、对外开放的力度进一步加大，私营企业已逐步走上正轨，经济效益日益显现。如三美化工有限工司入库440万，增收370万元；金东化工有限公司入库135万元，增长20%；恒友机电有限公司入库175万元，增长31%。三是集体企业入库企业所得税197万元，增长7%。四是股份制企业入库971万元，下降19%。

3、个人所得税入库2440万元，增长42.3%。在个人所得税构成中，工资薪金个人所得税占52.6%，个体工商户生产经营个人所得税占41.6%，利息股息红利所得税占4.7%。一是工资、薪金所得入库1283万元，增长44%。主要是公务员加薪、企事业单位职工工资收入增长；以及加强了高收入行业和高收入者的税收征管，规范了代扣代缴制度。二是个体工商户生产经营所得入库1015万元，增长40%，一部分为经济发展带来的自然增长，另一部分是新制订实施的三等九级办法，核定个体定额提高，以及个体工业(C类)个人所得税带征率从1%提高到1.5%。三是利息、股息、红利所得入库115万元，增长105%。

各项工作情况【征管改革】一是加快推进地税征管现代化。明确地税征管、稽查岗位职能划分，完善落实办税服务厅各项税收征管制度。二是推广多元化申报和网络化缴库服务方式。巩固"税银库联网，自动扣缴税款"申报纳税方式，截止2003年底实行这种新型申报方式的纳税户已占全部纳税户的95%以上；全面推行"网上申报"，提高征管质量和效率，截止2003年底，武义县共有1202家申报企业进行网络申报注册，占全部申报企业的99.3%。三是圆满完成了ISO9000质量管理体系的导入工作，初步建立了地税质量管理标准体系，地税管理从规范化走向标准化，为实现地税管理整体水平的又一次历史飞跃迈出了重要一步。

【征收管理】改进税源控管方式，拓宽重点税源监控面。重点税源监控面从原来18户扩大到106户，并将所有重点纳税户纳入计算机管理，实现从税源产生到税收入库的动态监控。完善个体税收管理，修订健全了个体税收定期定额管理办法和标准，规范完善定期定额民主评议、纳税人停歇业、非正常户审批等三项制度。强化所得税管理。制订实施所得税分类管理办法，将所得税纳税人划分为A、B、C三个类别，分别实行不同的征管办法，提高所得税征管水平。深入贯彻新征管法及其实施细则，抓好地税发票管理，开展税收票款大检查，确保税收票款的安全完整。积极探索纳税评估，落实上级统一部署的集贸市场整治和加强货运征管等工作,征管基础得到进一步加强。

【信息化建设】完善计算机设备、网络、系统、运行、安全、规范操作等各项管理制度,层层落实信息化安全责任制,促使各基层征管单位建立信息技术管理员制度。做好本局信息上网工作,建设本局INTRANET站点,将地税信息发布到INTERNET网上。更新防毒系统,采用性能更优的诺顿网络防病毒系统,网络安全得到保障。对税友2000中所有数据进行逻辑性清理,确保所有征管数据同步上传省地税局,实现数据的安全性和可恢复性。

【社会保障基金征收】抓好社会养老保险基金扩面任务的落实工作,将扩面任务及时分解下达到各征管局,明确了扩面工作的要求、做法和步骤。完善基本养老金征缴考核管理办法,努力扩大社保覆盖面,2003年企业职工基本养老保险基金征收入库5505万元,增长16.5%,2003年共完成扩面人数2413人,占年度任务数的101%。认真接手残疾人保障金的征收工作,加强宣传,在《武义日报》上开辟专栏,并编印残保金政策资料等,发放到私营企业。2003年残疾人就业保障金征收入库265万元。

【税务稽查】修订完善了责成自查、重大税务案件审理等制度、办法,加大了对涉税大要案的查处、移送和曝光力度,稽查工作的效率和质量得到了进一步提高。成立选案委员会,实施选案管理办法,规范稽查程序。加大税收稽查力度,严厉打击各种涉税违法行为,堵塞税收流失漏洞。2003年共查处涉税违法案件180起,查补税款334万元。2003年稽查案件的结案率和查补税款入库率均达100%。

【税收宣传】通过电视、报纸、广播、橱窗等媒介定期或不定期开展税收法规宣传,将新出台的各种法律法规政策及时告之纳税人。定期编印《税政指南》,寄送到企业财务人员手中,方便企业了解有关税收法规政策。围绕"依法诚信纳税,共建小康社会"主题,组织开展了丰富多彩的税收宣传月活动,"五个五系列"活动被评为全省税收宣传月优秀项目。开展办税员培训,建立健全税企联系制度,依靠协税护税组织做好纳税辅导,纳税人对税法的遵从程度不断提高。

队伍建设【教育培训】继续坚持每季一堂党课和每周一晚学习制度,筑牢干部的思想道德防线。认真组织开展学习郑培民同志活动,通过邀请领导上辅导课、以案说法论纪专题教育、干部撰写并交流自我剖析材料、百名干部下基层服务等活动,使全局干部在思想政治建设、勤政廉政意识、工作作风和服务水平等方面有了明显提高。组织进行干部远程教育,开展电子政务(商务)、英语、税收知识和国家公务员依法行政培训,改善干部知识结构,增强干部履行职责能力。

【党风廉政建设】按照一级抓一级,层层落实党风廉政建设责任制。制订党风廉政教育活动计划,邀请县纪委书记和检察院同志上以案说法课。组织党员干部观看反腐警示片,常敲警示钟。严肃处理本系统个别干部违法违纪问题,使广大干部深受教育。制订实施廉政听询办法,组织了三个科室进行廉政听询。实行重大节假日提醒制度,提高干部廉洁从政、干净干事的自觉性。坚持标本兼治、纠建并举的思路,进一步健全内外监督制约机制,调整特邀监督员队伍,组织开展了小型座谈会、社会满意度和纳税人满意度调查、明查暗访等活动,寻找存在的问题和不足,进一步转变部门作风。

【创建文明单位】以争创省级文明单位为龙头,广泛开展各项争先创优活动,增强队伍的凝聚力。2003年,武义县地税局被中共浙江省委、省人民政府授予省级文明单位称号。

(武义县地方税务局供稿　徐志凯撰写)

浦江县地方税务工作概述

局长 傅兴琰

经济概况 2003年，浦江县实现国内生产总值44.7亿元，比上年增长14.8%，其中第一产业增加值3.6亿元，增长4.1%；第二产业增加值27.7亿元，增长15.9%；第三产业增加值13.4亿元，增长15.7%。完成全社会固定资产投资23.5亿元，比上年增长47.6%；完成出口交货值23.6亿元，比上年增长27.1%；实现社会消费品零售总额14.3亿元，同比增长12.1%。全县实现工业产值120亿元，同比增长15.1%；其中规模以上(国有和年销售收入500万元以上非国有工业企业)工业总产值52.14亿元，同比增长31.5%；全县实现工业销售产值117.7亿元，比上年增长15.9%。财政收入保持较快增长，全年实现财政总收入5.07亿元，比上年增长28.1%，其中上划中央"四税"收入2.66亿元，增长24.5%，上划省级收入854万元，增长86.9%，地方一般预算收入2.33亿元，增长30.9%；完成一般预算支出3.33亿元，比上年增长20.9%，实现当年财政收支平衡。

税收概况【任务完成情况】2003年，全县地税系统共组织各项收入2.79亿元，比上年增长18.6%，其中地方税费收入2.01亿元，增长12.9%，其他收入777万元。为促进经济发展，维护社会稳定提供了有力的保障资金。

【税收特点】一是全县地税收入保持稳步增长，同比增长12.9%，地方税收增长与GDP增长基本同步。二是三大主体税种增幅较大，房产税、印花税等小税种增势较快。全年营业税入库7624万元，同比增长14.4%；企业所得税入库4761万元，同比增长12.6%；个人所得税入库4796万元，同比增长24.3%；三者收入占总税收收入89%，其中营业税占39.5%，企业所得税占24.7%，个人所得税占24.8%。城市维护建设税、印花税、房产税等其他各税增长144万元，同比增长7.4%；其中房产税同比增长24.3%，印花税增长57.8%，城建税增长4.7%。

【税源分析】第一产业税收收入79万元，分税种入库增减情况：房产税、印花税、土地使用税同比增收11万元，个人所得税同比减少1.5万元。第二产业税收收入1.02亿元，分税种、行业增减情况：一是采掘业同比增收20万元；二是制造业企业所得税减收536万元，其中由于经济效益下降造成企业所得税下降240万元，企业所得税划归国税征收造成该税种收入下降84万元，管理方面的因素造成企业所得税下降58万元；三是建筑业增收1356万元，主要是对建筑业税收实行跟踪管理，通过加强对建筑项目和开发区厂房建筑的征收管理增收营业税819万元，骨干建筑企业的效益全部好于2002年，从而使企业所得税增收311万元、个人所得税增收107万元。第三产业克服"非典"带来的不利影响，入库税收收入9020万元，分税种、行业增减情况：一是交通运输及邮政业减收273万元，主要是个人所得税减收172万元，车船使用税减收43万元；二是金融业增收612万元，主要是我县企业经济效益提高，金融运行形势良好，其中银行、保险营业税增收396万元，个人所得税增收91万元，房产税增收76万元，印花税增收18万元；三是房地产业增收503万元，主要是营业税增收165万元，企业所得税增收256万元。

各项工作情况【税收法制建设】围绕“依法治税”这一主题,坚持“内外并举、重在治内、以内促外”的依法治税方针,建立健全执法监督机制,制定完善制度措施,积极开展地方税收执法监督检查,规范税收执法行为。一是完善重大案件审理办法,做好重大税务案件审理工作;二是加强税收规范性文件的会签和备查备案工作,确保出台政策的合法性、规范性、统一性;三是认真开展地方税收的执法检查工作;四是做好普法和依法治理工作。

【征管改革】进一步推进和深化地税征管改革,及时修订完善ISO9000质量管理体系,坚持科技加管理的方针,继续大力推进信息化建设,初步实现了地税征管现代化,地税征管的质量和效率有较大提高,地税管理水平有了一个崭新的突破。一是进一步明晰以征管功能划分职能,建立完善地税征管组织体系;二是建立健全税源监控运行机制,加强对纳税人的有效管理。充分利用计算机网络的信息监控功能,建立分级的重点税源管理监控体系,实现对纳税人尤其是纳税大户以及重点行业、重点税源的全面监控,全县列入重点税源监控企业441户;三是建立完善多种申报方式并存的自行申报纳税制度。对个体工商户全面推行“银税联网、委托扣缴”的申报征收方式;四是持续改进ISO9000质量管理体系,进一步规范了税收征管;五是加强对基层单位行为的监管,制订出征管质量考核办法,对各基层局按季(月)实行考核;六是完善纳税服务社会化体系,成立个体税收民主评税组织,做到个体税收定额的“四公开”;七是进一步提高纳税服务质量,深化“地税365服务”,开通12366语音特服系统。

【征收管理】依法加强税收征管,大力组织收入,积极涵养税源,落实优惠政策,使今年的税收工作又迈上了新的台阶。一是重点抓好企业所得税管理工作,提高申报质量。全县所得税汇算清缴企业自核自缴面为100%,企业自查申报企业所得税1953万元;二是进一步加强个人所得税征收管理,对高收入阶层进行税源监控,继续完善个人所得税扣缴制度;三是加强建筑企业和房地产开发企业的税收征管,进行了2002年度营业税普查;四是加强小税种征收管理,出台《浦江县城区房产租赁税收管理办法》,开展行政事业单位房产税专项检查工作;五是加大欠税清理力度,确保欠税“零增长”;六是加强稽核评税,充分发挥稽核评税的税收监控作用,全年评估税款570万元;七是进一步完善了双定户“三等九级”制度,对定额征收全过程实行公开化,体现了公平税负;八是落实税收优惠政策,积极培育重点骨干企业,扶持发展第三产业,减免“非典”疫情影响行业税费,落实下岗失业人员再就业有关税收减免政策。

【信息化建设】深化应用《浙江地税信息系统》,以信息化促进管理规范化,提高税收征管质量和效益。一是进一步完善“银税联网、实时扣缴”,引入银行竞争机制,在原有与建行联网的基础上,与信用联社联网,在全县范围实行双定批量扣缴;二是与业务部门配合,实现会计、统计全局一级核算;三是启动运行网上申报的有关准备工作。

【税务稽查】一是加大稽查力度,发挥威慑作用,讲究工作方法,注重执法效果;二是开展专项检查,规范税收秩序;三是实行“责成自查”和重点稽查相结合,扩大稽查面,提高稽查效果;四是重视举报工作,及时受理查处;五是加大执行力度,清理历年欠税;六是进一步规范了案审工作。

【税收宣传】围绕“依法诚信纳税、共建小康社会”这一主题,开展一系列宣传活动。一是举办大型广场文艺活动,邀请知名演艺界人士表演节目,以群众喜闻乐见的形式为税收宣传摇旗呐喊;二是开展“最佳服务窗口”评选活动,由纳税人当评委,现场评选出纳税人最满意的办税窗口;三是组织义务税收宣传队,深入企业、农村、学校,开展形式多样的税收宣传活动;四是组织税务干部和纳税人共同参加税法百题知识竞赛;五是开展“诚信纳税奔小康”主题讨论;六是结合全县开展的工业经济服务月活动,将服务企业和税收宣传推向深入,注重为纳税人解决实际困难,全面提升税收宣传的效果。

【社会保障基金征收】在2002年全县五项社保基金全部由地税部门负责征收的基础上,开征残疾人保障金和代征工会经费。全年征缴社保五项基金共计7814万元,比上年增长36%,其中养老保险基金4460万元,比上年增长41.1%,征缴率达98%;征收医疗保险基金3015万元,比上年增长32.2%;征缴失业保险基金293万元、工伤保险基金42万元、女工生育保险基金4万元,残疾人保障金167万元,工会经费53.7

万元,全面完成了年度征缴任务。

队伍建设【教育培训】在全系统掀起学习“三个代表”重要思想的新高潮,创建“学习型”机关,加强业务培训,提高执法水平。一是抓制度。严格学习纪律,各单位每周安排固定时间组织思想政治学习或业务学习,并严格考勤;二是抓效果。不定期组织考试,以检验所学内容是否很好掌握,学习活动是否真正落实。在省地税局组织的电子商务(政务)考试和《税收征管法》考试中,成绩全部合格;三是抓典型。深入学习郑培民同志先进事迹,同时结合身边典型,将全国“五一”劳动奖章获得者、办税服务厅主任黄心莲同志的事迹作为先进典型,在系统内开展向他们学习的活动。

【党风廉政建设】一是加强教育。从一把手开始,以身作则,树立榜样,干净干事;进行革命传统教育,组织观看反腐题材教育片,强化廉政勤政意识。二是完善制度。健全廉政监督制约机制,实行廉政联系谈话制度,落实岗位目标责任制。三是源头治理。开展账户清理,确保了资金安全的同时,做到了关口前移,防范地税干部在这一环节出问题。四是开展行风评议,切实改进工作作风。

【创建文明单位】以新办公大楼投入使用为契机,以深化“地税365服务”为载体,进一步提高纳税服务质量,深入开展文明单位创建工作,树立良好的地税形象。县局通过全省地税系统基层三年建设考核验收,被评为市级文明单位;征管局办税大厅被评为省级“巾帼文明示范岗”和市级“青年文明号”、市级最佳办税服务厅、市级地税365优质服务窗口。

(浦江县地方税务局供稿　吕根暄撰写)

磐安县地方税务工作概述

局长　陈海明

经济概况 2003年,磐安县实现国内生产总值16.51亿元,比上年增长15.1%,一、二、三产业增加值分别为3.72亿元、8.59亿元、4.20亿元,增幅分别为6.5%、20.4%、13.0%;全县完成工业总产值40.1亿元,比上年增长26.46%,乡镇工业增势强劲,累计完成产值26.86亿元,比上年增长29.99%,规模工业继续保持快速增长,累计完成工业产值13.6亿元,比上年增长32.99%,完成出口交货值12.2亿元,比上年同期增长26.15%;实现社会商品零售总额5.2亿元,比上年增长10.2%;完成固定资产投资5.73亿元,比上年增长37.7%。在国民经济持续快速增长的基础上,财政收入呈现高速增长,财政收入和地方财政收入突破2亿元和1亿元。全县实现财政总收入2.38亿元,比上年增长35.88%。其中:地方财政收入1.12亿元,比上年增长42.51%;上划中央“四税”收入1.24亿元,比上年增长30.78%;省级收入204万元,比上年增长15.91%。全县财政支出2.84亿元,比上年增长16.50%。

税收概况【任务完成情况】2003年,全县地税系统共组织各项收入9552万元,比上年增收2307万元,增长31.84%;其中:税收收入7367万元,增收1757万元,增长31.32%,完成年计划的118.29%,保持了收入增长的良好势头。

【税收特点】一是税收在高基数、高增长的基础上,经历了“非典”对经济税收的负面影响,取得了分设以来最高的税收增加额。2003年税收收入增幅达到31.32%,同比增收1757万元。二是主体税种增幅相差悬殊。房产税、印花税等小税种增长速度较快,同比增长 31.19%。三大主体税种中营业税增长最快,增幅最强,税收贡献率大,同比增长 51.19%;个人所得税继续稳步增长,同比增长 20.05%;企业所得税则增长缓慢,同比增长 8.25%;三大主体税种收入占总收入 86.63%,其中营业税占 41.85%、企业所得税占 22.46%、个人所得税占 22.32%。三是规模以上企业税收增效显著。政府招商引资工作力度加大,扶优扶强措施的贯彻落实,2003 年重点骨干企业累计入库 4823 万元,占总税收额的 65%,为整体税收的增收打下了坚实的基础。四是非公有制经济增长速度快于公有制经济。2003 年非公有制经济的税收入库 5341 万元,同比增长 42%。五是建筑业和交通业成为税收增长的“新亮点”。2003 年建筑业和交通运输业税收入库分别为 1699 万元、878 万元,同比分别增收 771 万元、191 万元,分别增长 83%、28%。

【税源分析】1、营业税快速增长。全年入库 3550 万元(含省级收入),完成年计划 2582 万元的 137.49%,绝对增收额 968 万元,同比增长 51.19%,占增收总额的 84.99%,是 2003 年增收的主要来源。增收因素:一是城市化建设进一步加快,基础设施建设、基本工程建设项目陆续上马,如 40 省道拓宽改造二期工程、磐缙线、磐新线、维方线拓宽改造工程、旧城改造继续拓展、城区、乡镇防洪大堤建设加快,为建筑营业税的征收提供了充足的税源,扩充了税基,为增收创造了有利条件。二是随着人们生活水平的提高,房地产交易活跃,销售不动产营业税增长较快,全年入库 618 万元,同比增长 138.61%。三是随着市场经济的发展,商品贸易日趋昌盛,商业物流量逐渐增大,为交通运输业的快速发展,带来契机,全年组织交通运输业营业税 671 万元,同比增长 67.75%。四是金融企业不良资产的减压,使得银行存、贷业务更加活跃,为金融营业税的增长提供保证。五是加强建筑营业税和规范货物运输业税收的征管,开展全县农田水利建设项目纳税情况清理、工业园区企业厂房建设项目建筑营业税的清理,收到了明显的成效;在加强建筑营业税征管的同时,加强了建筑业监理收入营业税征管,全年入库 1364 万元,同比增长 73.32%。在贯彻执行总局的“三办法一方案”基础上,结合磐安县实际,采取有效措施,按规定条件及时认定自开票纳税人和代开票纳税人,加强了货物运输业税收的管理,确保税收及时入库。

2、企业所得税增速缓慢。全年入库 1364 万元,完成年度计划 103.10%,同比增收 104 万元,增长 8.25%。主要增收因素:一是重点骨干企业(如浙江烟草公司磐安公司、磐安县供电局、磐安县造纸淀粉公司)企业所得税同比快速增长,同比增收 211 万元,增长 49%。二是做好 2002 年企业所得税的汇算清缴工作,组织对城区 17 户企业所得税进行重点结算,清缴入库 179.6 万元。三是实行 A、B、C 分类管理办法,使所得税的征收和管理更加规范科学,从而保证了税款的及时入库。减收因素:所得税征管体制的改革,新办企业所得税改为国税部门征收后,地税部门整体所得税征收面的相对减少,税基萎缩,影响了地方税务部门征收所得税的增长速度。

3、个人所得税继续稳步增长。全年入库 1503 万元,完成年度计划的 100.07%,同比增收 251 万元,增长 20.05%。主要增收因素:一是加强个人所得税源头控管。完善个人所得税代扣代缴管理办法、“两票”集中填开制度的加强,从源头上杜绝了偷漏税的发生。二是利息、股息、红利个人所得税增长快速。主要是电信持股协会一次性持股分红,扣缴个人所得税 143 万元,成为个人所得税增长的“新亮点”。三是加强高收入行业和高收入人群的个人所得税的监控。进一步完善烟草、电信、供电等高收入行业和注册会计师、工程承包商、厨师等高收入人群的个人所得税档案,及时进行跟踪管理。

4、城建税和小税种增长较快。全年入库城建税 664 万元,同比增长 24.81%,其它各税 286 万元,同比增长 31.19%。增收主要原因:房产税和土地使用税列入电脑跟踪管理,同时抓好税源调查、核实工作,建立台账,做细、做实基础资料,促进了土地使用税和房产税的大幅增长。二是对代征代扣单位进行全面清理,重新确定代征代扣单位,并签订了新一轮的代征代扣合同,建立和完善了代扣代缴制度,并进行了印花税专项清理工作,印花税增长较快。

各项工作情况【税收法制建设】一是成立了磐安县地方税务局税务案件审理委员会及其办公室,制定了《重大税务案件审理试行办法》,建立了法规、稽查、财政监督等科室之间的信息传递和监督机制。二是充分利用全国税收宣传月和“12.4法制宣传日”认真开展政策法规宣传。三是对各基层单位开展税收执法检查和税收优惠政策贯彻执行情况复查,并做到边整边改。四是细致做好案件审理工作,坚持依法办案。五是切实抓好行政审批事项清理,进一步方便群众。

【征管改革】一是全力开展ISO9000质量管理体系导入地税工作,领导的重视,在深圳九千标准实业公司的咨询师指导下,通过全体干部的共同努力,于10月份顺利通过方圆标志认证公司的论证,获得ISO9000质量管理体系贯标证书,以国际标准体系规范了地税操作,增强了地税部门的工作效率。二是按照省局加快信息化建设、推进征管改革的要求,推行了多元化申报方式,在完善“银税联网、自动扣缴”税收征收方式的基础上,推行网上申报方式,全县536户企业成功运用网上申报方式进行了申报纳税。三是不断完善“12366”语音特服系统的功能,为纳税人提供优质的政策咨询服务。四是推行“一案一定制”的定岗定责办法,实施主协查制度,加大对大要案查处力度,严厉打击偷漏税行为。

【征收管理】一是加强规范化管理,夯实征管基础工作。完善税务登记委托工商代办制度,提高税务登记率,积极清理漏征漏管户;根据城区扩张的实际,适时调整房产税征收范围,加强房产税、土地使用税税源调查清理,建立台账;完善企业所得税分类管理办法,强化对账制不健全、无账可查的纳税人核定征收的管理。二是摸清税源底数,加强重点税源监控。将年纳营业税总额前14位的县供电局等企业列入市级税源监控网络,将2002年度年纳地方税收10万元以上的73户重点税源企业列入局级监控网络,进行重点监控,对重点企业经营情况出现重大差异进行重点分析,保证了税款及时足额均衡入库。三是科学进行“双定”,确保起征点提高的平稳过渡。以省局“三等九级”的要求为标准,结合个体征管实际,通过协税、护税小组、纳税人代表的共同参与,研究制定了起征点提高后的征管办法和定额标准,并按新的标准进行了定额,将新定额办法、定额标准及定额结果在电视台、《磐安报》进行公开,广泛接受群众监督,起征点提高工作得到平稳过渡。四是结合ISO9000质量管理体系,继续推行征管质量考核。按照ISO9000质量管理体系要求,各征管局建立健全征管资料档案,对登记率、申报率、申报准确率、税款入库率、滞纳金加收率、处罚率等指标进行考核,努力提高征管质量,使税收征管步入规范化管理轨道。

【信息化建设】根据《浙江地税计算机网络及信息安全规定》建立健全计算机网络系统运行、信息安全管理制度,签订计算机网络及信息安全责任书;大力推进办公自动化建设,提高工作效率,全面实现省、市、县公文的远程收发;加快多种申报和缴库方式的推广应用步伐;加强与社保、残联、银行的协作,实行信息共享,改革基金征收方式,自谋职业人员缴纳基金可直接在银行完成。从而进一步减轻了办税服务厅的压力,降低了征纳成本,提高了服务质量。

【社会保障基金征收】建立财政、地税、社保、残联等部门之间的联系协作制度,做细、做实基础资料;强化养老保险金和残疾人保障金征缴率和入库率的考核,加强基金清欠力度,基金征缴水平明显提高。全年共征收养老保险基金1879万元,比上年同期增长44%。

【发票管理】认真执行税收票证“双限”管理制度,提高填票质量,减少票证差错率;组织开展票证交叉互审和税收票款情况重点检查;加强建筑和运输业的发票管理,增强“以票管税”效能,进行基层征管单位发票领购、发售缴销、税款解缴和违章处理检查,进一步提高发票管理水平。

【税务稽查】以ISO9000质量管理体系导入地税工作为契机,推行稽查规范化建设,对机构设置、执法程序、内部管理、队伍建设以及装备进行了统一规划和部署,完善稽查工作职责和规程,推行“一案一定制”,稽查工作逐步规范,执法水平明显提高。开展各项税收专项检查,加大涉税案件查处力度,严厉打击偷逃税行为,提高稽查威慑力,保证税收征管的稳定。全年共检查纳税户72户,其中:立案22户,责成自查50户,查补地方税费82万元,滞纳金和罚款26万元。

【税收宣传】围绕“诚信纳税,利国利民”这一主题,运用新闻媒体等各种载体,动员社会各界力量,采取发放宣传资料、上街咨询、制作广告牌、张贴标语、刊出黑板报、开展税法知识竞赛等形式,大力开展“税收宣传月”的税法宣传活动,提高了全民纳税意识,优化了外部环境,营造了社会舆论氛围。

队伍建设【教育培训】一是深入贯彻学习党的十六大精神。坚持利用每周二晚上学习时间,开展以十六大为主要内容的理论学习和讨论,写心得体会,参加理论知识大竞赛,加深干部职工对十六大的理解,切实提高干部政治理论水平。二是提高干部业务素质。组织进行ISO9000质量管理体系有关知识培训、网上申报知识培训、征管法及实施细则考试、地税业务知识培训考试,使广大干部业务水平有了进一步提高。

【廉政建设】认真办理"两会"的议案、提案;按照磐安县人大常委会的安排,开展基层单位执法服务评议工作,得到人大常委会的充分肯定;与各基层单位签订了《党风行风和廉政建设目标责任书》,继续实行"一票否决制";开展"五个一"廉政教育周活动,通过学一本廉政专刊、听一个讲座、看一部廉政录像片、进行一次大讨论、写一篇心得体会,促使全体干部时刻紧绷廉政弦;充实调整财税特邀行风监察员,广泛接受外部监督,促进党风廉政建设。

【创建文明单位】按照"两手抓,两手都要硬"的方针,坚持以人为本,狠抓精神文明创建工作。加强乡镇扶贫联系,发动干部职工捐钱捐物,做好贫困户结对扶贫工作。干部职工踊跃为结对村和慈善机构捐钱捐物,累计捐款达4.4万元。深入开展"地税365为你服务"活动,进一步优化服务。充分发挥工会、共青团、妇委会的桥梁、纽带作用,凝聚人心,鼓舞士气,创建工作成效显著。努力和付出,得到了丰硕的回报,县地税局2003年获县考核一等奖,局机关支部和直属分局支部获"五星党支部",直属分局连续九年获省文明单位称号。地税局的工作得到了社会各级政府的肯定,受到了人民群众的好评。磐安县直属征管分局连续第九年被评为省级基层文明单位,办税服务厅连续六年被评为市级最佳办税服务厅和市级"青年文明号"。（磐安县地方税务局供稿　胡巧男撰写）

衢州市地方税务工作概述

局长　俞顺虎

经济概况 2003年,衢州市实现国内生产总值233.41亿元,按可比价格计算,比上年增长14.6%。人均国内生产总值9550元,首次超过1000美元(1150美元),增长14.3%。全市农业生产在结构调整中平稳发展,全年农林牧渔业总产值59.49亿元,增长9.9%。工业生产快速增长,全年完成工业增加值87.61亿元,增长20.0%。全社会固定资产投资160.4亿元,增长45.8%。社会消费品零售总额91.05亿元,增长12.5%,市场价格有所上涨,全年居民消费价格总水平比上年上涨1.8%。全年进出口总额2.29亿美元,增长48.7%,其中出口总额1.70亿美元,增长42.7%,进口总额0.59亿美元,增长69.3%。金融机构存贷款较快增长,年末全市金融机构各项人民币存款余额308.57亿元,同比增长62.65亿元。全市财政总收入23.21亿元,比上年增长25.6%,其中上划中央财政收入9.17亿元,增长11.27%;地方财政收入14.04亿元,增长37.2%。全市财政支出27.04亿元,增长21.2%。

税收概况【任务完成情况】2003年,全市地税系统共组织各项收入17.31亿元,同比增长22.9%,其中税收收入11.39亿元,同比增长24.5%,保持了收入增长的良好势头。

【税收特点】一是中央级、省级、市县级三级收入呈现了基本同步快速增长的良好势头。市县级收入同比增长 22.99%,省级收入同比增长 32.68%,中央级收入同比增长 28.53%。二是除企业所得税外,8 个税种和 5 个基金(费)同比均有不同程度的增长。三是主体税种地位突出,税源分布集中趋势明显。营业税、企业所得税、个人所得税三大税种的收入比重达到了 86%,其中营业税的比重更是高达 51.43%,而城建税、房产税、土地使用税、车船使用税、印花税、资源税等小税种只占收入总额的 14%。四是增收热点比较突出。全年税收增长主要集中在房地产业和建筑业,这二大行业实现税收占总税收收入的 40.02%,占总增收额的 67.92%。五是公有制经济税收增速明显慢于非公有制经济税收增速,所占比重逐年下降。公有制经济税收同比增长 11.43%,非公有制经济税收同比增长 30.75%,公有制经济税收占总税收收入的比重从 2002 年的 32.3%下降到今年 28.8%。

【**税源分析**】1、营业税全年入库 5.86 亿元,同比增长 37.89%。(1)建筑业增收因素:全市入库 1.96 亿元,同比增长 45.18%。一是城市旧城改造、农村电网改造、交通路网建设、花园岗新区和衢江新区建设、各县市区经济开发区的基础设施建设和标准厂房建设等等,直接带动建筑营业税的高速增长。二是完善了建筑业营业税的征收管理办法。及时与施工项目的源头控管单位交流信息;密切关注报社等新闻媒体的建筑工程的招投标公告,主动取得建筑单位的配合,将施工单位的有关情况纳入有效的监控管理;开展实地调查,及时掌握建筑施工单位的增减变动;制定建设施工单位管理办法、建立施工单位纳税户管档案、实施重点项目跟踪管理制度等,确保建筑工程税款及时足额入库。三是加强外来施工单位《外经证》的报验核销管理和严格以票管税制度,进一步规范外来施工单位的纳税行为。(2)房地产业增收因素:全市共入库 1.79 亿元,同比增长 54.57%。一是今年我市房地产市场购销两旺,房产销售面积均和售价均大幅上涨,带来了房产销售营业税的大幅增长。二是进一步完善房地产营业税征收管理办法,加大征管力度,开展房地产业税收专项检查,促使房地产企业税收及时足额入库。(3)金融保险业增收因素:一是全市金融总体呈现高速、稳定增长运行态势,资产质量和经营效益明显提高,存贷款出现了强劲的增长势头,促进了营业税收入的增加。二是太平洋、天安、泰康、中华联合等保险公司的进驻,使我市保险业新业务不断拓展,保费收入总量不断增长,营业税收入随之相应增加。

2、企业所得税全年入库 2.50 亿元,同比基本持平。(1)增收因素:企业所得税增收主要来自衢化氟化学有限公司、巨化股份公司、烟草公司等所得税大户和房地产企业。一是衢化氟化学有限公司氟化产品价格大幅上扬,增利 6500 万元,入库企业所得税 2748 万元。二是巨化股份有限公司电化厂产品因价格上涨因素增利 2757 万元,累计入库企业所得税 848 万元。三是市烟草公司衢州分公司和各县市分公司业绩稳步上升,累计入库企业所得税 4300 万元。四是房地产企业销售业绩良好,加上税务部门加强了房地产行业的所得税管理力度、完善房地产行业所得税管理办法,以及房地产税收专项检查的触动,使得房地产企业所得税增幅较快,累计入库 1412 万元,同比增长 135.33%。(2)减收因素:一是巨化集团公司经国税总局批准合并缴纳所得税后同比减收 255 万元。二是通衢公路经营有限公司由于杭衢高速公路全线开通,两个收费站通行费收入也大幅下降,同比减收企业所得税 1000 余万元。三是企业所得税减免通过正常退税的达 3902 万元,同比增加 2500 万元。四是今年夏季的电力紧缺拉闸限电对我市重点行业—建材、化工这样的高能耗行业影响严重,造成减收企业所得税 1000 余万元。

3、个人所得税全年入库 1.39 亿元,同比增长 23.12%。增收因素:一是加强个人所得税的税法宣传,规范和健全了行政、企事业单位代扣代缴制度,加强了个人所得税的征管。二是开展个人所得税专项检查,特别是对行政、事业单位实行全面检查,责成自查和查补税款已陆续入库。三是加强股息和红利的个人所得税管理,如常山四通轴承集团增资扩股入库个人所得税 400 万元、巨化股份股票分红入库个人所得税 250 万元。

4、其它税种:坚持“抓大不放小”,加强对小税种的征收管理,全市城市维护建设税入库 8723 万元,同比增长 22.19%,房产税入库 3261 万元,同比增长 16.42%,土地使用税入库 508 万元,同比增长 12.64%,印花税入库 858 万元,同比增长 50.79%,资源税入库 2475 万元,同比增长 74.91%,车船使用税入库 335 万元,同比增长 65.02%。

各项工作情况【税收法制建设】认真贯彻落实依法治国方略。制定落实年度普法宣传教育计划，开展“四五”普法检查，举办了多次干部法律知识专题讲座，会同中共衢州市依法治市领导小组等单位联合举办全市“税务杯”干部法律知识竞赛，在提高干部执法水平的同时，进一步改善我市税收执法环境。健全规范性文件会签、备查、备案和重大税务稽查案件分级审理工作制度，组织开展地税执法检查，认真做好税收优惠政策落实的跟踪问效工作。

【征管改革】依托现代科技，努力完善征管手段，加强了税收征管软硬件设施的投入和开发力度，积极发挥计算机在税收征管领域的应用功效，拓宽了《浙江地税信息系统》2000 版在税收征管各个环节的应用范围，提高了地税管理现代化水平。进一步推进了网络缴库一体化，完成了银税联网模式的转换，实现了税保联网。积极推行多种纳税申报方式，建立起一个以双定户委托银行实时扣税、超定额户电话申报纳税、账证健全的企业单位以网上申报纳税为主体，邮寄申报、上门申报、代理申报方式为补充的纳税申报管理模式。对“12366”语音特服系统的一些模块的内容进行了更新，进一步改进了软件，增加了新的功能，为纳税人提供了更优质的服务。

【征收管理】及时做好税收政策调整和征管方式变化的收入效应、经济效应的统计分析工作。加强对税收政策、征管经验的研究，加强组织收入的预见能力，把握组织收入的主动权。坚持强化普遍征管与突出重点监控相结合，进一步加大对重点税源的监管，充分发挥重点税源监控在税收预测、稽查选案、税政分析等方面的决策支持作用，实行对税源产生到税收入库的动态监控，包括应纳、减免、入库和欠缴等各环节的监控，以及潜在税源的估算分析。调整和扩大了重点税源监控面，全市有 861 户纳税户被纳入重点税源监控体系，2003 年度，税源监控对象税收收入达 7.33 亿元，占全部税收收入的 64%。根据省局统一部署，ISO9000 质量管理全市的导入工作分三批进行：江山市为第一批，市本级和开化县为第二批，龙游县为第三批(常山县局被列入全省导入 ISO9000 质量管理体系的试点单位，并于 2002 年 12 月通过认证)。各地开展了体系策划、文件编写、发布运行、内部审核、管理评审等一系列工作，于 2003 年 11 月全部通过第三方认证，从而建立和实施了一个以纳税人为关注焦点、实施过程控制的质量管理体系，进一步规范和统一了税收征管行为、执法行为和行政管理行为，现体系运转正常。

【信息化建设】全面落实《浙江地税信息化建设三年规划》，成立了信息化建设领导小组和信息安全领导小组，统一规划全市地税系统的信息化建设。进一步加强了计算机、网络管理制度的建设，实施安全建设一期规划，加大了对网络安全产品的投入，加强与外部单位进行数据交换的安全措施，规范操作权限，初步健全了安全操作监控体系。继续深化应用《浙江地税信息系统》2000 版软件，建立了先进的外部信息交换体系，利用信息技术与社保、国税、银行等部门建立信息交换系统，实现信息共享，开展因特网申报应用工作。建立了以地税内部网站为主的网上交流平台，开通了“处室动态”、“法律法规”、“技术讲座”、“电子信箱”、“网上论坛”、“下载中心”、“ISO9000”专题等栏目。

【社会保障基金征收】认真落实新修改的《浙江省职工基本养老保险条例》和国家税务总局有关社保费征收工作的指导意见，学习“义乌经验”，积极探索行之有效的社保费征缴管理办法，积极推进社保费征收管理信息化，完成了税务、社保联网。加强部门协作，形成工作合力，努力扩大社保覆盖面，加大征缴力度，积极催缴欠费，增强社会保障功能。做好医保基金、残保金、水利资金、教育费附加和农村教育事业费附加等其他规费的征管工作，调研存在的问题，研究应对的措施，使费(基金)的征管更加合理、规范。全市 2003 年共征收养老保险金 3.48 亿元，医疗保险金 1.63 亿元，同比分别增长 6.67%和 53.44%，征集率分别达到 98%和 98.94%。

【发票管理】一是改进和完善发票印刷管理体系，确保发票印刷质量。二是规范旅游业门票的使用和管理，将市本级 11 家旅游企业(景点)门票全部纳入税务发票管理。三是开展了历年旧版发票的缴销工作，对征管局库存和纳税人领用的过期旧版发票开展全面清理。四是严厉打击制售和购买假发票违法行为，确保发票安全。

【税务稽查】各级稽查局在信息装备上力求配足配强，达到人手一机，并全面起用 TF2000，将整个稽查工作列入微机管理,规范了稽查工作程序,减少了人为的干预,税务稽查管理更加规范化;进一步完善了责成自查和重点检查相结合的制度,提高了检查成效;相继开展了房地产业、建筑安装行业、打击和清理制售假发票行为、省级税收收入等专项检查,有力地整顿了税收秩序,堵塞了税收漏洞,确保了税收收入增长。全市共对803户纳税户开展了检查,其中责成自查521户,责成自查转重点检查240户,检查面达8.20%。重点检查中对达到立案标准的191件案件进行立案,立案案件结案194件,结案率达101.57%。已审结查补税款合计2400万元,入库2362万元,入库率98.42%。已复查案件68件,复查率达24.11%,公告155件,公告率达79.90%。

【税收宣传】充分利用广播、电视、报纸、网络等媒体宣传税法知识,多次举办各种形式的税收宣传报告会、座谈会、培训班等,及时地宣传新《征管法》及其实施细则,各征管局根据各自工作实际及纳税人的需求,分别通过自办的黑板报、《政策宣传》、《工作简报》等刊物向广大纳税户宣传税收政策,印制《办税指南》向纳税户进行分发。根据国家税务总局2003年税收宣传月确定的"依法诚信纳税、共建小康社会"的主题,密切结合我市实际,我们开展了"送税法进社区"、"送税法进农村"等活动,收到了良好的宣传效果。进一步增强了全民的纳税意识,优化了税收执法环境。

队伍建设【教育培训】深入开展了"转变机关作风、营造创业环境、创建'五型'机关"活动。提出了部门创建学习型、服务型、创新型、效率型、廉洁型机关的"五型"机关目标。出台了《学历教育暂行办法》,实行每月2次集中学习制度,开展了税收征管法等19项培训,培训干部2009人次。组织干部参加电子商(政)务和《税收征管法》及其实施细则知识考试,合格率分别为99.8%和88.2%。

【廉政建设】明确市局主要领导、班子成员党风廉政建设和反腐败工作的组织领导和责任分工,逐级签订党风廉政建设责任书,一级抓一级,层层抓落实。加强对税收执法权和行政管理权的监督,深化行风建设,完善服务承诺,全面推进了全市地税系统依法治税、依法行政和勤政廉政建设。

【制度建设】出台了党组议事规则、工作规则、工作目标责任制量化考核暂行办法等30余项内部管理制度,实行了工作目标责任制量化考核。

【创建文明单位】广泛开展了文明单位、"青年文明号"、最佳办税服务厅、优秀共产党员、优秀公务员等一系列争先创优活动,涌现出一批全省、全市先进集体和先进个人,其中市局直属分局被评为全国税务系统基层文明单位。

(衢州市地方税务局供稿　郑成岗　柴建明撰写)

江山市地方税务工作概述

局长　姜迎新

经济概况 2003年,江山市实现国内生产总值51.22亿元,同比增长16.1%;工业总产值实现72.85亿元,同比增长17.9%;社会消费品零售总额实现20.11亿元,同比增长13%;完成全社会固定资产总投资31.7亿元,同比增长61.5%。全市规模以上工业企业产品销售收入实现35.47亿元,增长25.9%;实现利润3.6亿元,增长91.4%。全市主要经济指标均呈现较快增长势头,经济效益和运行质量显著提高。在全市国民经济持续快速增长的基础上,财政收入也呈现高速增长势头,全市财政总收入实现4.44亿元,同比增长 19.4%，其中上划中央收入 1.73 亿元，同比增长 1.7%；地方财政收入 2.71 亿元，同比增长 28.6%；全市财政完成一般预算支出 4.39 亿元，比上年增长 19.7%。

税收概况【任务完成情况】2003 年，全市地税系统共组织各项收入 2.87 亿元，比上年增收 4316 万元，增长 17.72%。其中税收收入 2.04 亿元，比上年的增收 2590 万元，增长 16.87%，完成年计划 1.94 亿元的 105.42%，其他收入 8229 万元，比上年的增收 1366 万元，增长 19.9%。

【税收特点】一是税收收入增长曲线高开低走，全年呈“V”字形变化。同比 1 月份增幅最高达 30.84%，最低的 6 月份只有 4.64%，差距达 26.2 个百分点，8 月份以来增长幅度逐月上升，确保了全年税收收入的超额完成。二是税收收入结构呈多元化发展格局，非公有制经济占绝对优势。2003 年非公有制经济提供的地方税收为 1.13 亿元，占全部地方税收的 55.31%，同比提高 19.65 个百分点。三是房地产、建筑业提供的税收比重仍较大，进一步加大了税收收入稳定增长的风险。2000 年、2001 年、2002 年江山市房地产、建筑业提供的税收，占全部地税收入的比重分别为 15.96%、23.50%和 35.78%，2003 年继续攀升，达到 36.78%，比上年提高 1 个百分点。四是继“非典”以后，拉闸限电成为影响当年税收增长的主要因素。2003 年 7 月份以来，江山市拉闸限电较为频繁，供电负荷只有正常负荷的一半，全年因拉闸限电影响减少地方税收 1000 万元。五是各征收单位收入完成进度不平衡，税源进一步向市区和工业园区集聚，直属分局组织的收入同比增长 20.06%，占全局收入总额的比重达到 80.42%，同比增加 2.79 百分点。六是全年省级收入 876 万元，同比增收 226 万元，增长 34.77%，比市级增幅高 18.59 个百分点。

【税源分析】1、营业税全年入库 9600 万元，完成年计划 8769 万元的 109.47%，比上年同期增收 1629 万元，增长 20.44%。影响当年营业税的主要构成因素有：(1)城市化、工业化战略的持续实施加速了信贷规模扩张，各项存款余额达到 59.04 亿元，增长 27%；2003 年全市金融机构贷款余额为 47.68 亿元。2003 年全市财产、人寿保险业务总收入达到 1.74 亿元，增长 42.2%。从而促进金融、保险业营业税同比收 335 万元，增长 34.89%。(2)水利、公路、教育、城市基础设施建设以及房地产开发等投资继续增加，促进建筑业营业税同比增收 424 万元，增长 19.11%。一是近年来江山市加快了城市建设基础建设。新建市区鹿溪北路、南路、白水坑水库、江山港水利防洪堤工程以及 205 国道改造等建设项目的投入，使江山市的建筑业务量大增，直接增加了营业税。二是完善了营业税的征管办法，开展了建筑安装营业税的专项检查，对建安企业的税收采取分项目管理，提高了征管质量。(3)运输业的发展及征管的强化，促进运输业营业税同比增收 107 万元，增长 13.7%。一是交通运输的机动车辆增长较快，二是加强了税收征管，对交通运输业根据账证健全的程度，分别实行查账征收和发票加定额征收的方法，堵塞了收入的漏洞。(4)房地产业的持续升温及征管的加强促进房地产业营业税同比增收 379 万元，增长 13.32%。一是房地产业务增长。2003 年全市房地产开发投资 6.7 亿元，同比增长 109%，房地产开发商品房销售面积 17.25 万 m2，商品房销售额实现 3.14 亿元。二是开展房地产行业税收的专项检查，加强对房地产行业税收的征管。(5)其他行业增收 384 万元，其中住宿餐饮受“非典”影响仅入库 211 万元，同比减收 27 万元。

2、个人所得税全年入库 2282 万元，完成年计划 2953 万元的 77.28%，同比减收 178 万元，下降 22.72%。2003 年市烟草公司、电力有限责任公司等单位增收个人所得税 364 万元，但减收因素更多，同比减收 560 万元，主要是企业改制股权转让所得减少减收 360 多万元，以及建筑业、门征的个人所得税下降等，增收额不足以挽回全局，致使全年个人所得税下降。

3、企业所得税全年入库 4163 万元，与去年同期的 4395 万元相比，下降 5.28%。影响企业所得税减收的主要因素有：一是资源综合利用企业影响减收 800 多万元；二是江山饲料公司、须江双氧水公司减利减收 140 万元；三是房地产企业(全年仅入库 87 万元)减收 63 万元。入库所得税按产业构成看，主要集中在第二产业，第三产业次之，第一产业没有所得税入库。

4、资源税全年入库 1606 万元，与上年同期的相比增收1034万元,增长180.77%。其中查补历年陈欠税款1075万元。

5、城建税全年入库1916万元,与上年同期相比,增收375万元,增长24.33%。主要增收因素:一是随着流转税的增长而增长。2003年全市实缴的流转税1.53亿元,比上年增长18.1%,城建税同步增长。二是加强征管,清理欠税。

6、其他各税增收278万元,增长50.29%。印花税增收69万元,车船使用税增收43万元,房产税增收52万元,土地增值税消除空白增收160万元。

各项工作情况【**税收法制建设**】2003年5月,单设了政策法规科。在法制建设方面,重点抓了四项工作:一是大力推进依法治税,优化税收环境。组织《征管法》及实施细则的业务考试;二是组织开展2003年度地税执法检查,对全市5个基层征收单位和稽查局2003年度税法执行情况进行了一次全面检查,及时发现问题,研究整改措施。三是认真落实下岗失业人员、"非典"、资源综合利用、民政福利、四技服务、新办三产、高新技术等10多项税收优惠政策,把好审核关,年内通过审核,共减免税收1.56亿元,确保了减免税政策的贯彻落实到位。四是开展税收秩序整治活动,清欠堵漏。2003年重点开展了集贸市场和纳税环境专项整治活动,对欠税进行了清理,有针对性地采取清欠措施,清欠税85万元。净化了税收环境,增强了纳税户依法纳税的自觉性。

【**征管改革**】继续深化征管改革,进一步完善了税收征管体制。一是按照建立现代地税征管新格局的要求,全面应用TF2000系统各个模块,加强税种和行业税收专业化管理,健全协税护税组织。二是积极探索多元化申报方式与实时扣缴税款的有机结合,加强与金融、国库等部门的协作,推行税银联网,对个体双定户税款实行实时扣缴,进一步优化服务,降低纳税申报成本,减轻办税服务厅的征期压力,提高税收征管质量和效率。三是认真做好ISO9000质量管理体系的导入工作。从去年2月着手开展导入ISO9000质量管理体系的贯标工作,成立贯标领导小组和办公室,制定实施方案,编写体系文件,进行试运行,组织二次内部审核,针对内审中发现的问题及时分析存在原因、进行整改,促进了内部管理和工作质量的全面提高。10月23日顺利通过了北京三星玖仟质量认证中心的外部审核。

【**征收管理**】继续坚持"抓大不放小"原则,努力挖掘增收潜力。一是健全两级重点税源监控制度,及时完善重点税源征管办法,派员进驻市行政服务中心,进一步加强了与工商、国税等部门的联系,提高了税务登记率,促进了重点税源管理。二是加强主体税种的征管,进一步规范了建筑业营业税管理,加强了对重点工程的税收监管;完善货物运输的税收管理办法;认真开展企业所得汇算清缴工作,组织对全市建安、房地产企业的会计信息质量和税收申报情况进行了抽查,及时发现问题,研究整改措施。三是努力挖掘增收潜力,加强对小税种的征管。通过对房地产企业土地增值额的调查测算,制定了土地增值税的预征率,实现了土地增值税的顺利开征,全年征收土地增值税160万元;进一步完善了对资源税的代扣代缴办法,及时转发了省局《加强印花税征收管理试行办法》,全年资源税和印花税同比增长分别为181%和85%。

【**信息化建设**】坚持科技加管理,进一步加快了信息化建设的步伐。一是结合新办公大楼建设,投资200多万元,加强信息化基础建设。对新大楼实行综合布线,并建立财政、地税两个机房和信息化教室。二是加强地税信息化培训工作,全年举办各类信息化知识培训班五期,培训500多人次,还分批组织各基层单位的信息安全员到市局信息中心进行定期实践锻练,帮助他们提高技术水平。三是健全制度,加强信息网络安全管理。调整了局信息化安全领导小组及其办公室,健全信息网络安全员队伍,建立信息安全员的定期例会制度。

【**社会保障基金征收**】完善基金征收工作,重点加强了职工基本养老保险费和基本医疗保险费的征管,征收率达98%,全年新增职工基本养老保险1006人,超额完成了扩面任务,全年征收基本养老保险费4858万元,征收基本医疗保险费1794万元,同比分别增长15.3%和13.6%。

【**发票管理**】一步规范了地税发票的使用和管理。一是做好《浙江地税发票样本》的修订调研工作;二是组织做好自印发票企业的监督管理;三是组织地税发票年度清理和换票。

【税务稽查】进一步加强了地税稽查工作。一是规范地税稽查工作规程。实行征管选案、稽查分离制度,推行标准案件制,实施案件复查,健全案件两级审理制度,完善监督制约机制,规范了地税稽查工作。;二是做好查前的宣传发动和责成自查工作。组织开展多期被查企业财务人员查前辅导班,切实保障责成自查工作的高效开展;三是认真开展各项专项检查。先后开展了省级收入、建筑安装企业所得税、个人所得税、建筑安装发票等税收专项检查,共立案查处税务违章案件22起,查补税费97万元(其中责成自查入库58万元),加收滞纳金4万元,罚款21万元,处罚率达到100%。四是继续与国税、公安、检察、法院、司法等部门的协作,健全联合办案制度,提升稽查威慑力。

【税收宣传】开展以“依法诚信纳税,共建小康社会”为主题的税收宣传月活动。

队伍建设【内部管理】以机构改革为主线。一是圆满完成机构改革工作。江山市地税局的机构改革工作于2003年4月开始,经过中层干部双向选择和一般干部竞争上岗两个阶段,取得了圆满成功。根据本局工作职能,合理设置了内设机构;按照公开、公平、公正的原则,择优选配了中层领导干部,一批年富力强的年轻干部被选拔到中层领导岗位;一般干部实现在较大范围内的交流。新提拔16名(其中女同志4名),有11位中层干部从中层岗位上退下来,调整后的中层干部40人,有29人更换了岗位,交流面72.5%,中层干部平均年龄下降5岁,一般干部有53人交流了岗位,占117名一般干部的45.3%,其中城乡交流28人次,机关基层交流30人次。二是以制度建设为抓手,加强内部管理。按照ISO9000质量管理体系的要求,认真梳理各项内部管理制度,先后修订和完善了《工作目标责任制考核办法》、《江山市财政、地税局工作规则》、《公文处理办法》、《江山市地方税收违法处罚暂行规定》等多项内部管理制度。

【教育培训】突出作风教育,干部队伍素质明显提高。完善干部教育培训制度,制定了《二〇〇三年度干部学习教育培训工作计划》,通过制度鼓励干部积极参加学历教育、技术职称考试,提高业务水平。

【廉政建设】为加强党风廉政建设,一是认真落实党风廉政建设“一把手”负责制,继续与各征收单位、直属单位和机关科室签订党风廉政建设责任状;二是加强纪检监察工作,严肃查处税务干部违纪案件,对违纪干部的违纪行为给予相应的行政处分,严肃了地税纪律。三是扎实开展“作风转变年”和“调查研究年”活动,开展局领导班子与基层干部谈心活动,及时掌握基层干部思想动态,缩短了领导与干部之间的距离。

【创建文明单位】继续开展以“扶贫送温暖”、“一助一”为主题的扶贫帮困活动。每年开展“希望工作”助学和干部义务献血活动;开展与塘岭乡下西坂村结对、局领导班子与贫困家庭结对、支持受灾地区等扶贫帮困活动,组织干部捐款捐物;开展江山市城防大堤等工程的捐款活动,为地方经济建设贡献力量。深入开展示范群体建设。认真组织文明单位和“青年文明号”等创建活动。城南征管局被授予文明单位,峡口征管局被授予“青年文明号”称号。

(江山市地方税务局供稿　董志成撰写)

龙游县地方税务工作概述

局长 张绳伟

经济概况 2003年，龙游县实现国内生产总值35.1亿元,比上年增长15.0%;第一、二、三产业增加值分别为6.2亿元、17.2亿元、11.7亿元,增幅分别为5.1%、19.9%、13.9%;全县规模以上工业总产值26.4亿元,比上年增长34.4%;实现社会消费品零售总额19.4亿元,比上年增长12.2%;完成全社会固定资产投资23.5亿元,增长73.9%;完成全社会出口交货总值5.5亿元，增长52.1%;主要经济指标呈现较快增长,经济效益和运行质量显著提高。全县完成工业增加值13.7亿元,比上年增长23.8%,规模企业完成销售收入24.6亿元,利税收入2.8亿元,分别比上年增长36%和13%。在国民经济持续快速增长的基础上,财政收入呈现高速增长，全县实现财政总收入3.16亿元,比上年增长32.3%。其中上划中央收入1.08亿元，增长16.8%；地方财政收入2.08亿元，增长39.7%;全县财政完成一般预算支出3.59亿元,比上年增长23.7%。全县经济和社会进入大投入、大发展、大变化的启动期。

税收概况【**任务完成情况**】2003年,全县地税系统共组织各项收入2.34亿元,比上年增长30%,其中税收收入1.51亿元，增长31%，完成省局计划的117%,保持了收入增长的良好势头。

【**税收特点**】1、从分税种情况看,各税种实际全面增长。其中:营业税入库8712万元,同比增长34%;企业所得税入库2387万元,同比增长18%;个人所得税入库2093万元,同比增长23%;城建税入库889万元,同比增长25%;其它各税入库1015万元,同比增长45%。营业税、个人所得税、城建税、企业所得税共入库1.41亿元,占总收入1.51亿元的87%。其它小税种,由于今年局里采取一系列强大的促进增收的征管措施,使小税种实现较大的增收。

2、从预算级次看,省级税收增幅快于地方税收增幅。2003年省级收入达到667万元,同比增长60%。地方税收入库1.17亿元,增长27%。

3、从税源的固定性看,零星税收增长快于固定税收。全县城关税务分局5万元以上,其他税务分局3千元以上企业有197户,税收收入为7406万元,占总收入49%,增长17%。零星税收是4307万元,占总收入29%,增长49%。

4、从经济类型看,股份有限公司、私营、个体经济税收所占比重继续上升，在税收中起举足轻重作用。分别入库4322万元、1919万元、4280万元,占总收入70%。而国有、集体入库为3589万元、666万元,占总收入28%。

5、从分行业税收看,第三产业和第二产业中建筑业税收是整个税收主要来源。收入为1.31亿元,占总收入87%。第三产业税收收入为8293万元,占总收入55%。,增长20%;建筑业税收收入为4856万元,占总收入32%,同比增长69%。

【**税源分析**】2003年县委、县政府克服“非典”和营业税增值税起征点提高等不利因素,成功举办全国汽车拉力赛,加快旧城改造和新区开发,工业园区建设和高速公路建设相继上马，促进了经济良性循环,为保持税收可持续性增长奠定基础。

1、营业税收入快速增长。全年实现收入8712万元,同比增长34%,是2003年增收的主要来源。增收原因:一是经济增长良好态势,为税收增收奠定基础。

县委、县政府确立"工业立县、旅游名县、开放兴县"发展战略,对经济进行宏观调控,使交通公路、城市化建设、旅游业建设、水利防洪建设等建设发展很快,为营业税的快速增长提供良好的经济基础。二是规范营业税征收管理。不断完善金融、房地产业、建筑业营业税的征管办法,对城市重点基础设施建设和引资建设项目建筑营业税进行跟踪管理。城市建设的进一步发展,老城改造,新区建设,促使房地产行业发展势头迅猛。房地产业税收入库 2632 万元, 同比增收 995 万元,增长 57%。由于高速公路等重点建设项目的增多,建筑业营业税增长较快,全年共入库 4856 万元,增收 2856 万元。其中,交通公路代扣税收入库 1019 万元,增收 182 万元。

2、企业所得税有所增长。全年收入 2387 万元,同比增长 18%。进一步加强企业所得税的征管。按照"转移主体,明确责任,做好服务,强化检查"的指导思想,进一步规范规模型企业的所得税征收方式,严格执行"按月或按季预征,年终汇算清缴"制度,鼓励做好汇算清缴前的政策辅导。认真抓好中小企业所得税核定征收管理,调整核定面和核定率,对工业企业年销售额在 100 万元以下、商品流通企业年销售额在 180 万元以下和其他纯地税管理的企业实行企业所得税核定征收办法。仅此一项就增加了企业所得税 300 多万元。

3、个人所得税稳步增长。全年共入库 2093 万元,同比增长 23%。强化个人所得税的征收管理。在全面建立个人所得税代扣代缴制度的基础上,规范代扣代缴工作,提高代扣代缴质量,消除行政事业单位零扣缴的现象,个人所得税的收入结构日趋合理。

4、各小税种增长迅猛。其他各税共入库 1015 万元,同比增长 45%,主要是采取了一系列的促进增收的征管措施。坚持抓大不放小,不断开辟小税种征收新渠道。发扬"捡芝麻不怕多弯腰"的地税精神,加强和规范了房产税、印花税、城镇土地使用税、土地增值税等小税种的税收征管,进一步挖掘增收潜力。对印花税、房地税、土地使用税等采取建档造册、对比分析的征管方法,堵塞漏洞,应收尽收。

各项工作情况【税收法制建设】以迎接县人大对税收执法评议为契机,不断健全税收法制建设,严格依法治税,成立行政执法责任制领导小组,下设办公室,负责日常税收执法的监督与检查。对照新《征管法》,对现行政策法规进行了全面清理,并组织检查新《征管法》及其实施细则的贯彻落实情况。组织开展税收执法检查和税务稽查案件复查,对查出的问题进行梳理归类,落实整改措施,并作好总结反馈工作;进一步增强了全局依法行政意识,规范了干部的具体执法行为。

【征管改革】以信息化为依托,积极实践"科技加管理"的现代化税收事业发展方向,促进税务管理的现代化、规范化。一是全面导入 ISO9000 质量管理体系, 辅以应用 ISO9000 质量管理体系文件管理软件,以先进的管理理念和手段规范全系统的内外部管理,对内推动行政管理现代化, 对外推动征收管理现代化。二是组织贯彻落实《浙江省地方税务局关于推进现代化纳税申报方式的意见》,初步建立基于因特网、电话网的电子申报纳税为主体,邮寄申报、上门申报方式为补充的纳税申报管理模式。三是以"12366"纳税服务专线为载体,进一步做好纳税服务工作,有效拓展了专线的服务领域。

【征收管理】1、规范收入计划管理,加强税源监控。积极开展收入测算,深入重点企业进行调研,年初即科学合理地分配税收计划,确保收入持续增长。认真探索强化税源监控的有效办法, 充分利用 TF2000 重点税源监控模块,实现税源网络化监控。一是注重税种管理,坚持"抓大不放小"。对营业税起征点进行了调整测算, 并对我县 13 户企业进行了全国统一的营业税税收资料调查。二是规范企业所得税管理。针对当前存在的企业大都为个私企业,财务状况不甚规范等实际问题, 为了加强我县企业所得税的征管,确保税收的及时均衡入库,明确凡以工业企业年销售额 100 万元、商业企业年销售额 180 万元标准认定的增值税一般纳税人,实行查账征收,其它企业均实行核定预征收。三是加强对个人所得税重点纳税人监控,对监控对象全部进行建档管理,并将实施纳税跟踪管理。四是开展全县房地产行业土地增值税的税源调查,进一步规范土地增值税的征收管理。由于征管办法制定科学合理、征管措施落实到位,全年累计征收土地增值税 87.61 万元。五是开展土地使用税调查,健全土地使用税税源档案管理制度, 并为从 2004 年度起运用 TF2000 专用模块征收管理土地使用税打下基础。六是规范摩托车车船使用税的征管,采取委托县交警大队征收摩托车车船使用税,及时做好委托征收前期的相关政策法规的宣传工作。

2、加强个体税收管理。组织开展一次以重点税源监控市场为主的税收专项检查,加强市场税源监管,维护市场税收秩序。在组织 2002 年度全县个体税收“五单”工程质量考核工作的基础上,继续完善并组织实施全县 2003 年度的个体税收“五单”工程质量考核活动。

3、继续在全县开展税收征管质量考核工作。以《浙江地税信息系统》的自动统计汇总功能为依托,强化征管质量考核,真实反映全县税收征管工作质量,提高征管工作效率。与此同时,进一步完善考核办法,建立有效的激励机制,积极推动征管质量的全面提升。认真扎实地做好事 ISO9001 质量管理体系的导入和全面应用工作。将质量管理体系运用到税收管理业务的各项工作中,进一步促进税收执法规范化、制度化。在税种管理上坚持“抓大不放小”,积极开展对小税种及各项费的有序管理。

4、抓好纳税评估工作。开展纳税评估,实行稽核评税。对重点企业、重点行业进一步开展实行稽核评税。对纳税人日常经营财务状况和纳税申报情况的真实性、准确性进行分析评定,提出下一步提供优质服务的措施与加强税收征管的具体办法。去年重点抓了房地产业的纳税评估工作,不但促进了这些企业健全账证,提高税收申报质量,增加了税收 300 多万元;而且进一步规范了税务干部的具体执法行为,税收征管更加程序化、合法化,实现了税企双方互惠、双赢的良好效果。

5、加强社会化协税护税建设。针对地税税源少,分布面广的特点,利用新一轮乡镇财政包干体制优势,进一步调动乡镇配合支持税收工作的积极性。同时,完善部门间的协税护税制度。通过实施双方监控管理的办法,做好税源的源头管理,增收 150 万元。

【信息化建设】全面启动金财工程建设;根据我局实际情况,以网络建设、网络安全及制度建设为重点,大力贯彻实施《浙江地税信息化建设三年规划》;继续深化 TF2000、办公自动化等系统在税务部门的应用;全面导入 ISO9000 质量管理体系,以 ISO9000 质量管理体系信息化管理为依托,科学管理重点纳税户。对五万元以上纳税户做到:“资料齐全,信息全面,管理到位”,提高了税收征管效率。根据 ISO9000 规范要求升级修改了资产管理软件,实现全局计算机相关设备采购、分配、维修等电子化管理;完善 FTP 数据传输系统及内网网站内容,实现地税系统内部信息传递;做好 12366 系统升级、维护工作,保证系统正常运行;以网络安全建设为突破口,大力加强制度建设和网络管理。

【发票管理】加强税收发票管理。特别是对交通运输、饮食、服务业,采取源头管理、代管兼开、超定额统一大厅征收等进行管理,收效显著,增收税款 240 万元,其中交通运输超定额增收 180 万元。学习、宣传和贯彻落实新《中华人民共和国发票管理办法》及其实施细则,修改相关的配套管理制度和办法,进一步改进和完善我县地税发票管理体系。加强对发票定点印刷企业的监督管理,发票定点印刷企业的年检年审工作,组织开展普通发票的专项检查,整顿和规范了地税发票的使用、管理工作秩序。

【税务稽查】坚持以税收稽查凸显地税执法威慑力。在进一步落实责成自查、重点稽查和案件复查制度的基础上,充分运用新征管法及其实施细则赋予的执法手段,加大案件查处力度,扩大重点稽查面,提高稽查深度与工作效率。理顺了稽查与征管的关系,运用责成自查与重点稽查相结合的工作方法,依法加大了处罚、执行、司法移送的力度,在一定程序上打击了偷、逃、抗税行为。充分发挥以查促管功能,在做好所得税专项检查的同时,积极开展房地产业、建筑安装业的税收检查和 21 家民政福利企业的专项检查。对年纳税额 10 万元以上的重点纳税户,特别是疑点较多、反响较大的重点户逐个进行重点检查。不断地完善了稽查监督制约机制,全面实行选案、检查、审理、执行四分离制度,实行案件分级审理制度,对大案要案通过案审委员会集体会审,推行查前辅导和责成自查制度;实行了案件回访、定期公示、案件复查制度,进一步完善了工作中的监督机制。查补税款 200 多万元,促进了税收征管的加强和征管办法的完善,建立了良好的纳税秩序。

【税收宣传】紧紧围绕“依法诚信纳税、共建小康社会”的主题,抓好税收宣传活动。除利用广播、电视、报纸等形式进行常年宣传,与龙游镇联合组织“送税法进社区”活动,与团县委共同建立税校宣传基地,与县妇联联合举办征文比赛等活动;在全县21个乡镇重新粉刷税收宣传标语30余条;汇编税收基本政策法规资料,供全县党政部门领导及纳税人学习;分期分批举办了各类税法培训班,进一步增强了全民的纳税意识,优化了税收执法环境。

队伍建设【教育培训】以“创建学习型组织”活动为契机,注重抓好干部的政治思想教育,制订实施了《龙游县地税系统2003年思想政治工作要点》、《龙游县地税系统2003年干部理论学习意见》等。出台鼓励干部积极参加各类学历教育的奖励文件,注重业务培训,组织干部开展新征管法及其实施细则培训、电子商务(政务)培训班,有效地提高了干部思想素质和业务素质。

【廉政建设】以落实党风廉政责任制为龙头,以税收执法监察和稽查案件复查为载体,以抓内部监督为重点,开展党风廉政建设,建立健全监督网络,县局与各基层单位层层签订党风廉政建设责任书。开展警示教育和诫免谈话活动,坚持政务公开、上墙公布,做到内部物品采购、工程建设实行政府采购和招投标制度。开展检查监督,对干部的工作纪律进行定期和不定期地抽查,并对违反纪律的情况进行通报。进一步抓好干部廉洁自律承诺和各项制度的考核,建立中层干部廉政档案,根据工作好坏,实行奖惩。

【创建文明单位】全县地税系统深入开展“两抓两促”活动,加强基层税务人员工作作风建设。开展纳税人满意程度问卷调查,走访50多家纳税大户,征求意见建议,主动接受群众监督;纳税人对地税部门的工作和服务总体满意,综合满意程度达95.76%。深入开展“税务干部联系重点企业”活动,明确各税务管理人员在辖区内各自所联系的服务对象,实行“送税法上门”,优化税收服务。在2003年度开展的“满意不满意单位”评选活动中,综合评价得分82.93分,名列全县51个被评选县管部门前茅。

(龙游县地方税务局供稿 徐志震撰写)

常山县地方税务工作概述

局长 郑建华

经济概况 2003年,常山县实现国内生产总值25.42亿元,比上年增长15.1%,第一、二、三产业增加值分别为4.75亿元、11.04亿元、9.63亿元,增幅分别为4.6%、22.7%、12.9%;全县规模以上(国有及年销售收入500万元以上非国有工业企业)工业总产值4.18亿元,比上年增长34.2%;实现社会消费品零售总额10.3亿元,比上年增长9.0%;完成全社会固定资产投资17.2亿元,比上年增长83.1%;完成出口交货值3.0亿元,比上年增长22.4%。主要经济指标呈现较快增长,经济效益和运行质量显著提高。在国民经济持续快速增长的基础上,财政收入呈现高速增长,全县实现财政总收入2.71亿元,比上年增长36.8%。其中,地方财政收入1.61亿元,增长50.1%;全县财政完成一般预算支出3.90亿元,比上年增长21.0%。

税收概况【任务完成情况】2003年,全县地税系统共组织各项收入2.14亿元,比上年增长38.4%。其中税收收入1.48亿元,比上年增长42.9%,完成年度计划的127.8%,保持了收入增长的良好势头。

【税收特点】一是税收在高基数、高增长的基础上继续保持快速增长。2003年税收收入增幅在上年增长32%的基础上继续保持高幅增长,达到42.9%,

同比增收4445万元。二是各税种呈现普遍增长态势。营业税、企业所得税、个人所得税三大主税种继续保持强劲增长势头,同比分别增长70.1%、18.3%、37.5%外,其他小税种如资源税、房产税、印花税也保持了较快了增长速度,其中资源税增长幅度达45.7%,仅次于营业税增长速度。三是非公有制企业税收仍占较大比重。私营企业和股份制企业的税收合计占总税收的50.5%,其增收部分占全部增收税收的33.0%,已成为税收增长最活跃的生力军。

【税源分析】1、营业税收入快速增长。全年收入6487万元,超年计划47.9个百分点,同比增收2673万元,增长70.1%,占增收总额的60.1%。增收因素:一是高速公路建设带来不可比增收,入库税款1865万元,比上年增长1515万元。二是加强建筑业税收管理。由于我县实施"工业立县"战略,加快了旧城改造、新区开发和工业园建设步伐,相应带来了建筑营业税的增长。同时,地税机关加强了对外来建筑安装企业税源监控,严格要求凭票支付工程款,及时掌握工程进展情况,确保营业税收收入及时足额入库。全县入库建筑业营业税3664万元(含高速公路建筑营业税),为上年的2.7倍,增收2312万元。三是银行贷款规模继续增长,带来金融业营业税增长。全县入库金融业营业税453万元,同比增长41.0%。四是加强部门协作,进一步完善交通运输业税收管理,全年入库交通运输、仓储及邮政业营业税659万元,同比增长50.2%。

2、企业所得税收入稳步增长。全年收入3906万元,超年计划13.7个百分点,同比增收603万元,增长18.3%。增收因素:一是经济增长带来的税收增长,经过多年的培育,一些中小企业规模逐渐壮大,相应带动了电力煤气等生产供应业税收增长,全年收入达519万元,为上年同期的3.1倍。二是受建材行业水泥价格上升等影响,我县支柱型产业生产经营形势良好,并普遍出现效益较高现象。三是进一步加强企业所得税汇算清缴管理工作,完善了建筑企业所得税征收办法,逐步扩大企业所得税的汇算清缴户面,对财务制度不健全企业实行核定所得率办法征收企业所得税。建筑业全年收入达379万元,为上年同期的22.5倍。

3、个人所得税继续增长。全年收入2642万元,超年计划14.6个百分点,同比增收721万元,增长37.5%。增收因素:一是加强个人所得税源头控管。进一步落实企事业单位代扣代缴制度,完善代扣代缴和自行申报制度,从"源头"上保证个人所得税税款及时足额入库。二是加强对股份制企业、高收入行业个人所得税的征管,对其发放的奖金、股息和红利及时予以征缴。三是积极做好个人所得税专项检查工作和重点检查工作,达到以查促管、以查补收的预期效果。

4、各小税种增长较快。全年入库资源税589万元,同比增长45.7%,主要原因是税务部门加强与公安、民爆公司的联系,在炸药出售环节,实施了资源税源头预缴办法。全年入库城建税686万元,同比增长34.6%;房产税和土地使用税全年分别入库341万元、58万元,同比分别增长24.0%、17.3%,主要原因是在城区范围内开展了"两税"专项清理活动。

各项工作情况【税收法制建设】坚持"内外并举、重在治内、以内促外"的依法理财治税工作方针,以建立健全内部执法监督机制为突破口,依托现代信息化管理平台,建立以执法责任制为核心的考核管理机制,切实规范自身的执法行为,提高依法行政水平。印发了《关于推进财政地税系统依法行政的实施意见》。加强干部法制教育,不断提高依法行政能力、规范执法行为。健全信息公开、告知、听证、回避、调查工作、时效以及行政救济等相关的工作制度,使每一项工作都严格按制度办,做到有法可依,有法必依。强化行政监督机制,有效约束行政权力。

【征管改革】按照省局地税征管改革方案,结合我县实际,采用"机构不变、明晰管辖、划分职能、重点监控、业务对接、信息统管、以岗选人"办法,进一步明确地税局第一、第二征管局职能,简化办事手续,提高办事效率,规范税收执法,提高执法水平和服务质量。全面推行行政执法过错责任追究制度,对纳税人由事后管理向事前管理转移,实现管理科学化。

【征收管理】一是加强税源监控,规范征管抓收入,为全县查账征收企业建立管理台账,实行动态管理,推进全员监控。推行税收会计一级核算,强化税收分析与研究,科学涵养税源。二是建立部门协作机制,加强税收征管。将石灰石资源税、汽车运输业定额税、开发区建设零星工程营业税、"双定"户商业零售发票和临时开票地税部分税收分别委托县民爆公司、公路稽征所、招商局、国税局代征,取得了良好的成效。三是开展房产税、城镇土地使用税专项调查清理活动。统一了天马镇城区范围内房产税、城镇土地使用税征收标准,规范了“两税”征收行为。

【信息化建设】印发了《常山县财政地税局关于加快信息化建设步伐的实施意见》,制定了局信息化建设一体化方案。一方面加大硬件投入,建立管理平台。另一方面建立培训机制,培训信息化技术人才。采取鼓励与制约并举的办法,强化全员培训,通过学习进修,专题培训,内部培训研讨等多种形式,加快现有技术人员的知识更新,使其适应信息技术发展和信息化建设发展需要。注重以“科技加管理”为核心的地税征管体系建设,以科技促管理,以规范促效率,不断提高地税系统现代化征管水平。

【社会保障基金征收】加强失业保险基金收支两条线管理,委托地税机关代征失业保险金,率先在全市实行失业保险金“地税征、财政管、社保支”的管理模式。加强社保基金管理,将养老保险金及医保金纳入了银税联网的范围,方便医保、养老金户缴纳费金。共征收企业养老保险基金 3152 万元,同比增长 7.9%;医疗保险基金收入 1734 万元,同比增长 31.2%。

【税务稽查】以查处大要案为突破口,充分发挥以查促征,以查促管职能,维护税法的严肃性,改善税收环境。切实做好税务稽查规范化建设,制定实施了《税务检查业务质量控制办法》、《税务稽查操作办法及实施细则》、《税务稽查业务质量评比操作办法》等,增强了稽查各项制度的严谨性和可操作性。继续开展责成自查和纳税辅导活动,在做好日常稽查的基础上,开展对建筑安装业、交通运输业及部分行政事业单位和村级集体出租房税收的责成自查工作,与国税部门协作,抓好国税稽查查补地税税收的入库工作。2003 年,共对 94 户企业开展了检查,查补税费 168 万元,入库税费 171 万元,入库率达 102%。其中,加收滞纳金 7.8 万元,罚款 31 万元。

【税收宣传】紧紧围绕“依法诚信纳税,共建小康社会”这一主题,开展了各项宣传活动。税收宣传活动中做到两个结合:一是传统宣传与现代宣传相结合,在继续利用广播、电视、报纸等传统媒介做好税收宣传活动的同时,利用手机短信、电子邮件开展税收宣传活动。二是日常宣传与专题宣传结合,通过上一堂税收宣传法制课、赠阅一份中国税务报、刊发一期税收宣传社区报、举办一期税收宣传板报比赛、开辟一个税收宣传窗“五个一”活动,把税收知识送进社区千家万户。

队伍建设【教育培训】以建立“学习型”组织为契机,注重抓好干部职工政治思想教育。一是充实学习内容,在原有政治理论知识与业务知识学习的基础上,新增了法制理念知识学习。二是采用请进来与走出去相结合的方式方法,强化干部法制教育,先后派出 10 名干部外出参加了税务法制教育培训。三是利用县局的“常山地税网站”和《信息与动态》这两大阵地,进一步加大政治理论学习及行风建设、自律意识方面的宣传力度,为干部自学提供方便。

【廉政建设】完善了党风廉政建设制度,层层签订责任书,对工作时间吃请问题作了明确规定。建立干部廉政档案,领导干部公开了党风廉政建设承诺书。“七一”前夕,邀请县纪委和组织部领导为全体党员干部上党风廉政建设教育和作风建设专题教育辅导课,提高干部的廉政意识和作风意识。结合全县“创业富民”活动,开展我为营造良好经济发展环境大讨论和我为纳税人送服务活动,帮助干部把握好执法与服务关系。

【制度建设】坚持制度管人,各项制度得到进一步落实。完善了干部考核制度、加大了考核力度,奖金向一线征收人员倾斜。制订了在职学历文凭的奖励办法,鼓励干部在职参加不同层次的教育。把过去的学费报销制改为奖励制。加强了内部督查,成立了局调研工作小组和督查工作小组,在加强调研工作的同时,强化对日常执法全过程的监督,确保行事规范。

(常山县地方税务局供稿　樊有明撰写)

开化县地方税务工作概述

局长 马建雄

经济概况 2003年，开化县实现国内生产总值24.56亿元,比上年增长13.3%,第一、二、三产业增加值分别为6.79亿元、9.89亿元、7.88亿元，增幅分别为6%、17.9%、14.3%;全县规模以上(国有和年销售收入500元以上非国有工业企业)工业总产值11.61亿元,比上年增长40.76%;实现社会消费品零售总额9.76亿元,比上年增长9.59%;完成全社会固定资产投资11.1亿元,比上年增长34.7%;完成出口交货值3.63亿元,比上年增长16.94%。主要经济指标呈现较快增长,经济效益和运行质量显著提高。全县实现工业销售产值11.19亿元,比上年增长38.71%;工业利润达到0.40亿元,比上年增加0.42亿元;工业产品销售率96.4%。全县实现财政总收入1.88亿元,比上年增长10.04%。其中，中央四税收入0.73亿元，增长1.7%;地方财政收入1.15亿元,增长16.03%;县财政完成一般预算支出3.31亿元,比上年增长11.69%。

税收概况【任务完成情况】2003年,全县地税系统共组织各项收入1.36亿元，与上年同期基本持平。其中地方税收收入8767万元，同比增长4.46%,完成省局下达年度计划的100.67%。

【税收特点】一是主体税种增减反差大，小税种土地增值税、印花税增长较快。三大主体税种中营业税稳中有升,同比增长6.8%;个人所得税继续快速增长，同比增长25.57%；企业所得税则出现了下降趋势，同比下降1.49%。三者收入占总税收收入的86.18%;二是国有集体企业税收呈现下降趋势,但仍是税收的支柱,占地税收入比重的37.13%;三是私营企业和股份制企业的增长幅度列各经济类型收入前列,增幅分别为37.21%和12.57%,二者已成为地方税收新的增长点。四是非即期收入较多,累计达928万元。主要是审计部门查补入库及县供电局缴纳以前年度企业所得税所致。

【税源分析】1、分产业分析。(1)第三产业税收增长较快。全年第三产业税收达到5488万元,占全部税收的比重为63%,与去年同期相比,占全部税收收入比重增长了7.1个百分点。增收因素:因投资热潮,交通、市政、水利、房产等建筑安装工程大量增加,建筑、房地产税收成为地税主要增长点。全年建筑业、房地产业税收入库3433万元,比上年增收1263万元。交通运输和邮电通信业入库税收858万元,比上年增收151万元。信贷扩张使金融保险业税收比上年增收108万元。减收因素:受"非典"影响,商业贸易和餐饮业税收比上年减少151万元。落实5~9月"非典"期间减征30%的税收优惠,提高营业税、增值税起征点以及下岗失业人员减免税等，总计减少税收250万元。(2)工业税收基本稳定。全年工业税收1442万元,剔除388万元非即期收入,当年新产生地税1054万元,比上年增加270万元。增收因素:一是水泥企业呈现产销两旺的势头,水泥行业税收大幅增长;二是企业大量扩建技改,支柱行业"两硅两药"发展迅猛,产销好于往年。

2、分税种分析。(1)营业税收入稳中有升。全年入库4126万元,比上年增收263万元,增长6.8%。增收因素:一是加强建筑业和房地产税收的征管。随着固定资产投资加大,205国道及17省道改扩建完工,生态工业园建设、旧城改造的加快,拉动建筑业、房地产业飞速发展,使地方税源猛增。同时加大"以票控税"

力度,促进地方税稳步增长。二是对行政事业单位及个人的营业用房税收进行清理,使租赁业营业税成为稳定的税源。三是规范货物运输发票管理,促进运输业税收增长。(2)企业所得税有所下降。全年入库1947万元,比上年减少29万元,下降1.49%。其中国有企业所得税入库1238万元,同比增长24%;集体企业入库48万元,同比下降77.19%;私营企业入库188万元,同比下降7.92%;股份制企业入库473万元,同比下降16.24%。增收因素:国有企业经过改制,资源配置优化,实施"强强联合",企业经济效益提高。减收因素:受所得税分享改革影响,在高收入、高基数的基础上,新增税源锐减,原有税源分流,除国有企业外其他各经济类型企业所得税全面下降。(3)个人所得税稳步增长。全年入库1483万元,比上年增收302万元,增长25.57%,其中工资、薪金所得827万元,同比增收308万元,增长59.34%。增收因素:一是加薪因素增加个人所得税;二是加强个人所得税征收管理,强化协税护税,扩大了代征代缴面,使之成为继营业税、企业所得税之后的地税第三大税种。(4)其他地方小税种出现增减反差很大。全年房产税入库362万元,比上年实绩减少4万元,剔除上年清欠167万元,实际增收163万元;土地增值税入库56万元,同比增长165.24%;印花税入库49万元,同比增长46.68%;资源税入库118万元,同比减少179万元。增收因素:一是对沿街出租营业用房税收进行清理;二是规范土地增值税征管,制订土地增值税征管办法;三是加强印花税管理,实施了代征代扣源头控管的办法;减收因素:水泥企业受拉闸限电影响产量下降,导致资源税减收。

各项工作情况【税收法制建设】开展2002年至2003年6月间的税收执法检查。调整税务案件审理委员会成员,认真审理疑难案件。全国法制宣传日期间摆摊设点宣传税收法制,组织全局税务人员普法考试。做好"申报确认行政处罚实施主体资格"工作,将开化县地方税务局及其直属单位行政处罚实施主体资格向社会公布。

【征管改革】4月7日全面启动ISO9000质量管理体系导入工作。经过精心组织部署,全员共同参与,历经策划准备、体系设计、文件编写和体系试运行及两次内审、管理评审,于10月17日顺利通过注册认证。主动与国税部门合作,探索国、地税联合加强对全县木制品行业、定额共管户、发票结算、门征开票的税收征管,首次实现国、地税税收信息联网共享。

【征收管理】一是组织收入计划管理。分解落实税收计划 制定组织收入考核管理办法。开展重点行业、生产企业经济税源调查和分析,建立重点企业分类、分级税源监控体系,扩大重点监控范围。二是规范定额户税收管理。与国税局协作,出台起征点调整工作办法。三是强化行业税收管理。及时贯彻落实国家税务总局"三个办法和一个方案"的规定,对交通运输业发票及营业税代征点进行清理。委托中介机构代开货物运输业发票,启用新版的货物运输业代开统一发票,完成货物运输业营业税自开票、代开票纳税人的认定工作。实行竹木及其制品税收双向管理,恢复税收审核制。四是全面清理整顿房产税、城镇土地使用税,使房产税、城镇土地使用税税收政策和征收管理落实到位。五是发挥部门协作优势,加强对行政事业单位经营服务性收费营业税的管理,实施了经营服务性收费项目使用税务发票情况的重点抽查。六是完善个人独资企业和合伙企业所得税核定征收办法,出台小水电所得税核定征收办法,实行征管局与稽查局共同完成企业所得税汇算清缴的新办法。全年完成169户企业2002年所得税汇算清缴工作,清缴入库1488万元。

【信息化建设】推进办公自动化的应用,初步实现以网络为依托的办公无纸化。举办了网络知识、数据处理、办公自动化、网页制作等方面的培训,提高单位人员的计算机应用能力。建成并成功运行开化县地方税务局网站。扩大了税银联网扣缴税款的范围,实现个体户养老金银行扣缴。

【社会保障基金征收】与财政、社保、银行等部门紧密配合,发挥地税征收优势,实行税、费同征。全面清理了社保基金的历年欠费,巩固了银税批量扣款和基金征缴成果。首次开展残疾人就业保障金的征收管理工作。全年共征集各项社保基金4254万元。

【发票管理】开展"打击制售和购买假发票违法行为"活动,组织了服务业、住宿业、饮食业、娱乐业等重点行业发票使用情况的清理检查,严厉查处了假发票违法犯罪行为。清理自印发票,将全县4家客运公司的车票纳入统一管理,探索出"以票管税同按月纳税申报相结合严控客运税收”的征管新路。

【税务稽查】一是抓管理制度建设。建立健全了《稽查执法回访制度》、《地税稽查案件工作情况公开制度》和《地税稽查案件案例分析制度》等制度。二是着力规范稽查执法。全面实行责成自查办法,做到稽查职责分明。将 ISO9000 质量管理体系全面导入稽查工作,使各环节操作更加严密,案件处理中做到层层复核,案卷材料形成上做到环环把关,稽查质量得到进一步提高。三是开展省级税收收入和打击制售假发票以及建筑安装企业偷税等涉税违法犯罪专项活动。四是以服务社会经济发展为出发点,送税法、送服务进企业,着力转变稽查工作作风,纳税人综合满意度达 99.88%。全年共检查纳税户 188 户,查补入库地方税(费)133 万元,同比增长 53%。结案率、罚款率、入库率、公告率、复查率和检查面均超过省局规定的考核标准。

【税收宣传】围绕“依法诚信纳税,共建小康社会”这一主题,开展多种形式的税收宣传活动。在税收宣传活动中,通过举办新闻发布会,首次与国税联合咨询、悬挂 12 横幅宣传标语,发放税宣资料 4300 份,开辟图书馆地税学习园地,开展“税收宣传进社区”、有奖知识竞赛活动,开通地税“12366”纳税服务热线、触摸屏等,配合省地税局开展“寻找地税之最,共建小康社会”活动,为纳税人提供咨询服务、纳税辅导,架起征税人与纳税人沟通与互动的桥梁。

队伍建设【教育培训】以争做学习型干部、创建学习型组织为载体,以政治教育、业务培训、提升学历为重点,扎实开展干部教育培训工作,提升干部综合素质。开展了党的十六大精神主题教育活动和行政法、征管法、会计法、电子商(政)务等系列培训。

【廉政建设】定期召开党风廉政建设工作会议,出台党风廉政建设考核办法,层层签订党风廉政建设责任书,形成一级抓一级、层层抓落实的良好局面。严格执行“收支两条线”规定,加强内部资金管理,实行基层单位经费包干,取得较好的效果。开展“述廉评廉”活动,通过承诺、公示、述廉、评廉四个环节,加强对党员干部的监督。聘请党风廉政建设特邀监督员,通过座谈会、“明查暗访”、问卷调查等途径,构筑起全方位的社会监督网络。

【创建文明单位】开展“机关创文明、基层创五优、行业树新风”活动,着重抓好办税服务大厅、税务稽查流程建设,树立文明服务、高效运作、干净干事、廉洁奉公的地税形象。2003 年被县政府评为县级机关部门工作目标考核一等奖,在县级综合部门满意度测评中被评为一等奖;机关党支部被评为县级先进党支部;华埠征管局被省局授予省级基层文明单位;马金征管局被团省委和省局授予省级“青年文明号”。

(开化县地方税务局供稿 汪正华撰写)

台州市地方税务工作概述

局长 娄依兴

经济概况 2003 年,台州市实现国内生产总值 992.78 亿元,比上年增长 14.9%,为 1997 年以来增速最快的一年;财政总收入 108.68 亿元,增长 25.2%,连续六年位居全省第四,其中地方财政收入 52.7 亿元,增长 28.4%;完成全社会固定资产投资 386.1 亿元,增长 40.7%;实现社会消费品零售总额 262.3 亿元,增长 13%;外贸自营进出口总额 32.9 亿美元,增长 50.1%,其中自营出口 26.5 亿美元,增长 47.1%;实际利用外资 2.16 亿美元,增长 82.9%;第一、二、三产业结构由上年的 10.5:57.3:32.2 调整为 9.3:58.2:32.5;城镇居民人均可支配收入13609元，增长15.2%，农民人均纯收入5359元,增长7.8%。

税收概况【任务完成情况】2003年，全省地税系统共组织各项收入59.62亿元,比去年同期增长34.4%，其中地税收入43.72亿元，同比增长30.2%，完成省局下达年度收入计划的116.5%。

2003年台州市税收收入计划完成情况表：

项目	实际入库数（万元）	比去年同期		完成计划%
		+/-金额	+/-金额	
组织收入合计	596203	152452	34.36	
一、地税收入	437222	101318	30.16	116.53
其中：省级收入	15826	3183	25.18	
1、营业税	153289	35949	30.64	116.65
2、企业所得税	143953	32177	28.79	119.92
3、个人所得税	81264	20402	33.52	111.27
4其他各税	58716	12790	27.85	115.75
二、非税收入	158981	51144	47.43	
其中：社保基金	109982	41401	60.37	

【税收特点】一是三大主体税种全面增长。营业税、企业所得税和个人所得税年增长幅度分别达到30.64%、28.79%和33.53%。其他各税中,土地增值税、印花税、土地使用税和房地产税分别增长126.35%、49.90%、43.17%和29.38%。城建税增长19.79%,略低于各税平均增幅。二是建筑业、房地产业和制造业是地税收入增长的主要行业,分别增长46.18%、45.96%和28.28%。三行业合计增长6.7亿元,是全年地税增收总量的66.78%。三是股份制企业是地税收入增长的主要来源。全年股份制企业入库地税19.70亿元，同比增收7.1亿元,增长56.79%,占全年地税增长总量的70.42%。股份制企业地税收入占整个地税收入的比重也由去年的37.4%上升为45.05%，提高了7.65个百分点。四是各县(市、区)地税全面增收,全部完成省局年初下达的年度收入计划任务。增长幅度在全市平均水平以上的有市直属征管局、椒江、三门、温岭和路桥,其余5个单位略低于全市平均值。五是全年地税收入累计增幅呈现一条从高到低,年底略有回升的下降曲线。1月份收入曾以52.49%的高增幅开局，但之后累计增幅逐月下滑到11月份的28.39%，12月份收入同比增长50.94%，使全年收入增长回升到30.16%。六是非税收入同比增长47.43%,继续保持了快于地税收入增长的势头,但与2002年96.13%高速增长相比已有明显回落。非税收入增长主要是社保基金增长60.37%，残疾人就业保障金收入988万元,增长100%。

【税源分析】1、营业税收入15.33亿元,同比增长30.64%,完成年度计划116.65%。各县(市、区)中除黄岩完成96.14%外,其他县(市、区)都完成了省局下达的年度计划。同比增长较快的是天台、三门、椒江、直属分局和路桥，分别增长86.89%、47.72%、43.58%、36.67%和35.74%,其余各县(市、区)增幅都在全市平均增幅以下。营业税税收的增长主要集中在建筑业、房地产业和金融保险业,其中建筑业入库4.17亿元,同比增长50.66%；房地产业入库3.85亿元，增长34.98%;金融保险业入库2.20亿元,增长32.27%。这三个行业营业税收入的快速增长与全市固定资产投资大幅增加、房地产市场繁荣、信贷业务活跃的宏观经济状况是相适应的。但在全市房地产行业经过前几年的快速发展后,受房价高升和部分房地产商转向外地发展等影响,部分县(市、区)已进入调整时期,黄岩和路桥的房地产营业税收入已分别减收501万元和589万元,玉环同比也只增长5.41%。

2、企业所得税入库14.40亿元，同比增长28.79%,完成年度计划119.92%。各县(市、区)中除天台只完成计划93.9%外,其余各县(市、区)都超额完成了省局下达的年度收入任务。同比增幅较大的有直属征管局、椒江、黄岩和温岭，分别增长68.81%、63.24%、47.66%和45.53%，其余单位增幅多在10%-20%之间,天台负增长2.36%。在行业分布上,企业所得税增长主要集中在制造业、建筑业、房地产业和批发零售业。其中制造业入库7.76亿元，同比增长24.48%;建筑业入库1.08亿元,增长28.12%;房地产业入库1.27亿元,增长88.38%;批发零售业入库2.58亿元,增长45.20%。四个行业合计增收3.17亿元,占全年企业所得税增收总量的98.40%。

3、个人所得税入库8.13亿元,同比增长33.52%,完成省局下达年度计划的111.27%。各县(市、区)中除天台完成88.35%外,其余各单位均超额完成了省局下达的年度收入任务。在同比增幅上,天台增长6.03%,其他各县(市、区)都增长28%以上,增幅相对均衡。在收入构成项目上,工资薪金所得、个体工商户经营所得、利息股利所得是个人所得税收入增长的主体、三个项目分别增长33.86%、28.03%和40.21%,合计增收1.86亿元,为个人所得税增收总量的91.0%。在收入的行业分布上,制造业、建筑业、批零餐饮业和金融业分别同比增长38.06%、53.71%、23.40%和31.25%,四个行业合计增收1.40亿元,是全部个人所得税增收量的68.63%。

4、其他各税入库5.87亿元,同比增长27.85%,完成省局下达年度计划的115.75%。其中城建税入库3.38亿元,同比增长19.79%,增幅偏小,主要原因是受增值税等主体税种增长状况的影响。房地产税入库1.34亿元,增长29.38%;印花税入库4611万元,增长49.90%;土地增值税收入3805万元,增长126.35%。这些小税种收入的增长,一是相对应经济业务量增长的带动,二是税务征管部门坚持抓大不放小原则所取得的成果。

增收因素:(1)经济发展保持快速稳定的增长,为地税收入的增长奠定了基础。2003年,全市规模以上工业总产值同比增长24.1%,销售产值增长25.7%,全社会固定资产投资增长40.7%(其中工业性投资增长74.2%),社会消费品零售增长13.0%,外贸自营出口增长47.1%,金融机构存、贷余额分别增长29.6%和42.2%。生产、消费、投资、贸易全面兴旺的景气状况,反映到地税收入上,一是各主体税种收入全面增长;二是制造业、建筑业、房地产业和商品批发零售等经济主要行业入库税收大幅增长;三是一大批重点骨干企业经济效益明显提高,成为地税收入增长的主导力量,如温岭年地税入库200万元以上的49家企业合计入库3.71亿元,同比增长36.27%,椒江66家重点骨干企业入库3.42亿元,同比增长35.0%,天台17家重点企业入库1.13亿元,同比增长36.35%(如剔除育青科教公司去年不正常入库因素,增幅更高达76.36%),其他如临海的华海药业,玉环的苏泊尔公司,以及全市的烟草公司等入库税收都有较大幅度的增长。(2)强化税收征管和稽查力度,有力地促进了地税收入的增长。一是加强企业所得税年度汇算清缴和辅导工作,使企业所得税年度收入实现了较快的增长;二是加强对企业和高收入行业个人所得税的征管,使个人所得税的征管重点由行政事业单位向企业和高收入行业转移,在全年个人所得税收入实现较快增长的同时,也为以后年份个人所得税的增长打开了较广阔的空间;三是坚持抓大不放小的原则,在抓好三大主体税收征管的同时,加强对各小税种的征管工作,使土地增值税、印花税、土地使用税和城建税等各税种收入普遍实现了较好的增长。四是加大地税稽查力度,管查结合,以查促收,以查增收。

减收因素:(1)二季度的"非典"疫情对全年地税收入造成了较大的负面影响,特别是对旅店、餐饮、交通运输,以及食品罐头等行业影响最大。据不完全统计,全市因"非典"影响约减少地税收入3000万元。(2)夏季高温限电,对全市经济和地税收入造成了较大的影响,由于限电拉闸使相当一部分企业的生产经营活动无法正常进行,直接影响到企业的经济效益。(3)按照财政部财税【2003】16号文规定,电信部门销售的电话卡按实际使用量征税,原按销售量征收的多征部分予以抵退,约减收2000万元(其中市直属局抵退1049万元)。(4)部门县(市、区)政策性减收较大,如临海和椒江因民政福利企业等减免退库,同比分别减收1687万元和574万元。

省级收入情况分析:全市地税收入中,省级收入主要由金融保险企业营业税和新华书店企业所得税两块构成,其中金融保险营业税占99%以上。2003年全市省级收入1.58亿元,同比增长25.18%,省级收入的增长主要得益于全市国有商业银行业务的增长。

各项工作情况 **【税收法制建设】**税收法制建设有新的进展。全市地税系统法规队伍进一步壮大,初步建立了税收法制工作体系。制定了规范性文件制作办法和重大税务案件审理操作规程,明确规范性文件的出台、会签、归档等程序。规范重大税务案件接受、初审、审理和结案等操作。开展了税收执法责任制试点。根据总局和省局有关税收执法责任制工作的要求,组织温岭、黄岩开展税收执法责任制试点工作,并对每个单位实行千分制考核,考核结果与奖罚挂钩。调整重大案件审理委员会,提高税务案件的审理质量。认真开展税收执法检查,对发现的问题逐一整改。采取重实效查透切的检查方式，着重对椒江、路桥2002年税收执法情况进行了复查，同时对市局直属征管局、黄岩、临海进行税收执法检查。

【征收管理】认真落实“加强征管、堵塞漏洞、惩治腐败、清缴欠税”的税收工作方针,贯彻“在依法治税和规范管理的前提下，保持地税收入的可持续增长”的组织收入原则和“抓大不放小”的征管原则,不断完善征管办法,强化税收征管。加强税源管理。严格欠、缓缴税款管理,加强对重点税源的监控,强化分税种分行业的全面管理;制定了《台州市地税局纳税评估管理暂行办法》,纳税评估工作规范有序开展。进一步完善个体“双定户”三等九级科学测定制度。统一市本级土地增值税预征率和土地使用税、房产税、车船使用税纳税期限。

【信息化建设】完成了信息化建设三年规划,构建现代地税征管框架,征管基础工作更加扎实。以信息化为依托,开展多元纳税申报试点,积极推进网上申报工作,网上申报试点工作正式运行。市地税局实现了与市国库的联网,网络安全体系开始在市地税局试运行,12366热线顺利开通。地税管理进一步规范。全市地税系统ISO9001质量管理体系全面贯标成功。

【税务稽查】地税稽查力度不断加大。开展了三区一市医化行业专项检查,积极开展省级税收收入专项检查,开展了“税务稽查执行月”活动,全力做好“之江案”的协查工作。

【税收宣传】大力宣传地税系统依法治税工作业绩和以德治队的先进典型,增进社会各界对地税工作的理解和支持。围绕新《税收征管法》及其实施细则的基本原则和主要内容,宣传依法诚信纳税是全面建设小康社会的重要保障，宣传纳税人合法权益与义务，宣传地税部门的“服务”职能。市地税局与团市委联合,在市本级及各县(市、区)建立“税收宣传青年志愿者服务队”;通过上海市集邮总公司设计、发行了一套“税收宣传活动月”专题纪念邮折;编写了《台州税案实录》,利用反面事例,对企业管理者进行依法诚信纳税的警示教育;召开“重点企业诚信纳税座谈会”;组织“地税之光”文艺晚会、台州市第六届“地税杯”财政收入重点乡镇象棋比赛和首届“地税杯”市直机关乒乓球赛。

队伍建设【教育培训】积极组织开展党的十六大精神主题教育活动,组织全体干部职工深入细致地研读有关文献,坚持理论联系实际,采取报告会、座谈会等形式,深刻领会十六大和十六届三中全会精神。坚持学以致用,讲求效益,大力开展各种业务培训,先后开展了电子商务(政务)培训、ISO9000标准培训和质量管理体系培训、新《税收征管法》及其实施细则培训、税务筹划和国际税收培训、依法行政培训。

【廉政建设】加强廉政建设教育，组织学习胡锦涛总书记在西柏坡考察时的讲话精神,学习国家税务总局有关大力弘扬艰苦奋斗精神、制止奢侈浪费行为的通知精神,促使广大干部职工牢固树立正确的世界观、人生观、价值观,始终保持和发扬艰苦奋斗的优良传统,筑牢思想道德防线。全面落实党风廉政建设责任制,强化内外监督,健全监督员队伍,组织开展明查暗访等监督活动。

【创建文明单位】广泛深入开展创建文明行业、文明单位活动，进一步激发广大干部职工爱岗敬业、奋发进取的工作热情。在全系统开展了纳税人满意度调查活动,针对调查的情况及时总结分析行风建设中存在的问题,提出相应的措施,不断改进机关工作作风,提高基层窗口的办事效率和服务质量。开展“我为地税献一策”、青年干部读书会等一系列活动，激发地税干部敬业爱岗热情。宣传先进典型,大力弘扬正气,充分发挥先进典型的模范作用,鼓励地税干部争先创优的热情。干部队伍思想政治素质和业务水平不断提高,地税部门形象不断改善。市地税局王剑英同志被全国总工会授予五一劳动奖章,同时被省总工会授予浙江省劳动模范称号。

(台州市地方税务局供稿　陈静撰写)

台州市椒江地方税务工作概述

局长 邱奇友

经济概况 2003年，椒江区实现国内生产总值138.94亿元,比上年增长15%,第一、二、三产业增加值分别为5.37亿元、87.82亿元、45.75亿元，分别增长-5.3%、14.9%、18.3%；全区规模以上企业实现工业总产值163.27亿元,增长24.9%;实现社会消费品零售总额37.84亿元,增长15.1%;完成全社会固定资产投资67.95亿元，增长26.5%；外贸自营出口达到5.07亿美元,增长36.8%。一、二、三产业协调发展,经济发展势头强劲,主要经济指标创近几年新高。在国民经济持续快速增长的基础上,财政收入出现大幅增长,全区实现财政总收入14.60亿元,增长33.3%;其中上划中央"四税"收入6.34亿元,同比增长31.5%;地方财政收入8.26亿元,增长34.8%,全区地方财政预算支出6.59亿元,比上年增长24.7%。

税收概况 【任务完成情况】2003年,全区地税系统共组织各项收入8.90亿元，比上年增收2.62亿元,增长41.8%;其中税收收入6.70亿元,比上年增收1.91亿元,增长39.9%。

【税收特点】一是税收收入在高基数、高增长的基础上继续保持快速增长。2003年,税收收入增幅在2001年增长38.1%、2002年增长23.7%的基础上达到39.9%,增收1.91亿元,增长幅度和增收额均创历史新高。二是主体税种全面增长,小税种除其他资源税外均有不同程度增长。四大主体税种中,营业税快速增长,同比增长44%;企业所得税大幅度增长,同比增长63%;个人所得税稳步增长,同比增长29%;城建税平缓增长,同比增长7%。四项收入合计占总收入的92.2%，其中营业税占42.1%、企业所得税占24.6%、个人所得税占14.4%、城建税占11.1%。小税种中,土地增值税、印花税、房产税增长较快,分别比上年度增长141.1%、53.2%和21.6%。三是股份制企业入库税收大幅增长,增长幅度达到70.5%,同比增收1.56亿元,占全部税收增收额的81.5%,成为最具活力的经济主体。

【税源分析】1、营业税入库2.82亿元,同比增收8572万元，增长44%，占全部税收增收总额的44.9%。(1)增收因素:一是随着椒江城市化的推进,大规模旧城改造和新区开发的铺开，居民收入逐年增长,购买力不断增强,促进房地产市场的繁荣,带动了房地产业和建筑业的快速发展,为税收增长提供了充足的税源。同时,加强房地产销售预收款的申报纳税管理;对外来建筑安装企业加强《外经证》报验登记管理;加大税源监控力度,确保税收及时足额入库。其中房地产业入库1.03亿元,同比增收4250万元,增长70%;建筑业入库6927万元,同比增收2496万元,增长56%。二项合计增收6746万元,占营业税增收额的78.7%。二是由于国家实施积极的财政政策,全社会固定资产投资较快增长，年末金融机构贷款余额达到108.5亿元,比上年增长57.2%,金融业入库2653万元,同比增收590万元,增长29%。三是国际航运业的复苏,国内经济的快速发展为物流企业发展提供了发展平台,交通运输业入库1987万元,同比增收450万元,增长29%。(2)减收因素:一是受上半年"非典"疫情影响,服务业受到一定的冲击;二是证券市场的持续低迷,使证券业入库税收有所下降。

2、企业所得税入库1.65亿元,同比增收6400万元,增长63%,占全部税收增收额的33.5%。分经济类型看,各种经济类型企业所得税全面增长,增幅较大的有国有企业和集体企业,分别增长74.1%、63.7%;增收绝大额较大的有股份合作企业、集体企业和股份有限公司,分别增收1031万元、666万元、562万元。分行业看,企业所得税增长较快的行业有建筑业、交通运输业、制造业、批发和零售业,分别增长82%、69.5%、66.2%、66%;增收额较大的有制造业,增收4268万元,占企业所得税增收额的66.7%,批发和零售业增收760万元,占增收额的11.9%。增收因素:一是经济的快速发展和运行质量的明显提高,企业经济效益不断提升,为企业所得税增长奠定了基础。如浙江海翔医药化工公司、浙江九洲药业股份公司、台州染料化工二厂等三家医药化工企业合计入库2351万元,同比增收1592万元。二是强化税收征管,严把税前扣除项目审批关,对减免抵税项目坚持局务会议集体审批制度。三是加强企业所得税汇算清缴,严格执行企业所得税按季预缴制度。四是加大清欠力度,全年清理欠税入库700多万元。

3、个人所得税入库9625万元,同比增收2183万元,增长29%,占增收总额的11.4%。增收因素:一是企业经济效益提高、社会事业发展,居民收入增加,为个人所得税提供了丰富的税源;二是进一步完善个人所得税代扣代缴制度,工资、薪金项目入库4577万元,同比增收1324万元,增长41%;三是加强个体工商户的个人所得税征管,对财务不健全的个体工商户实行核定应税所得率的办法征收个人所得税,个体工商户生产经营所得入库2426万元,同比增收572万元,增长31%;四是开展个人所得税自查申报工作,发放个人所得税自查表,要求纳税人对照自查表上的收入项目进行逐项自查,对未申报的收入项目,限期申报缴纳。

4、城建税入库7438万元,同比增收498万元,增长7%,占增收总额的2.6%,是增长最慢的主体税种。(1)增收因素:城建税的税基是营业税、增值税、消费税,随着“三税”的增长,带动了城建税增长。(2)减收因素:台州发电厂是椒江区城建税的入库大户,全年入库城建税2660万元,同比减收14万元。

5、各小税种情况。除其他资源税外,各小税种均有不同程度的增长,其中房产税入库3071万元,同比增长21.6%;土地增值税入库1052万元,同比增长141.1%;印花税入库494万元,同比增长53.2%;城镇土地使用税入库318万元,同比增长25.3%;车船使用税入库277万元,同比增长27.4%;其他资源税入库4万元,同比增长-32.5%。增收因素:坚持“抓大不放小”的原则,加强小税种征管。大规模开展出租营业房房产税清理入库工作,仅个人出租营业房入库房产税110万元,促进了房产税增长;土地增值税实行按房地产销售额预征、待房产全部销售完毕进行结算的办法,此外,地价的持续上扬,促使土地增值税大幅增长;全区汽车零售额4.45亿元,同比增长84.2%,导致车船使用税快速增长;推行印花税代扣代缴制度,结合所得税汇算清缴工作,加强印花税自行申报情况的检查,印花税大幅度增长。

各项工作情况【税收法制建设】按照新《征管法》及其实施细则要求,严格规范执法的权限、行为和程序。把落实税收优惠政策作为依法治税的一项重点工作来抓,积极落实下岗再就业和涉农税收优惠政策。部署开展内部执法自查,确保执行税收政策不走样。

【征管改革】全面导入ISO9001质量管理体系,从2月底开始着手将ISO9001质量管理体系导入地税管理,以规范化和标准化再造税收业务流程,通过编写体系文件、体系试运行和验收,8月25日,正式获得《质量管理体系认证证书》,标志着椒江区地税系统征管水平达到一个新的高度。依托信息技术,改革传统的纳税申报方式,实现网上申报;与银行、工商、社保等部门联网协作,信息共享,实现征收社会化。开展纳税评估,通过建立纳税评估模型,分行业拟定纳税评估指标参数,对纳税人一定期限内的纳税情况的真实性、合法性、准确性进行审核分析,全年对42户纳税人实施评估,入库税款96万元。

【征收管理】一是加强税收计划管理。深入开展调查研究,做好总体收入的分析预测工作,科学编制税收计划;将税收计划及时分解到各基层征管单位,落实到人;完善收入进度预测和分析制度,加强税源监控,以重点税源监控为基础,依托信息技术,实现全面监控,掌握税源动态变化情况。二是夯实征管基础。认真落实《企业所得税分类管理办法》,做好企业所得税分类管理认定;及时安排年度企业所得税汇算清缴、税款入库工作。加强高收入者个人所得税的控管,对200名高收入者建立个人收入档案，进行重点控管;开展对行政企事业单位的个人所得税自查申报工作。坚持抓大不放小的原则,开展土地使用税、车船使用税等小税种的普查工作。加强个体税收管理,坚持“分等量化,科学双定”的原则,通过调查研究,分行业制订和完善税收征管办法和定额测算方法。制订《椒江区房屋出租税收征管办法》,加强出租房房产税征管。进一步健全协税护税网络，加强与公安部门的联系,加大对偷、逃、欠税行为的打击力度;建立与工商部门的办证、办照信息定期交换制度,从源头上控制漏征漏管户的产生;委托有关职能部门和各街道征收组征收零散税收,加大了个体集贸税收的征管力度。三是整顿和规范货物运输业税收秩序。在时间紧任务重的情况下,按照国家税务总局文件要求,对货物运输单位和个人进行清理整顿，对符合条件的首批11户纳税人及时报批认定为货物运输业自开票纳税人。同时,通过筛选,确定一家中介机构为代开票单位。严格执行《货物运输业营业税征收管理试行办法》和《货物运输业发票管理流程实施方案》，加强货物运输业税收征管。

【信息化建设】全面应用升级TF2000系统,依托TF2000系统试点应用网上申报，已有200多户纳税人通过互联网开通网上申报,实现申报纳税方式的多元化；开发TF2000系统辅助功能，拓展征管查询功能。与农业银行实行联网,全面推广应用转账完税凭证,实现“银税联网”、委托银行扣缴税款的纳税方式,全区3577户双定户纳税人，只要在银行存入足以缴纳当月税款的存款,足不出户也可以完成申报纳税手续。

【社会保障基金征收】加大宣传力度，全区召开社保扩面动员大会,编印《社会保险关乎国运、惠及子孙、恩泽本人》等宣传小册子分发到各企业,提高全社会对缴纳社保基金重要性的认识。坚持“税费并举、以税促费”的规费工作理念,完善“地税征缴、社保登记”和“税保挂钩、银税联网”的征缴机制。建立社保扩面工作责任考核制度，把扩面任务分解到各基层征管局,落实到责任人,年终进行考核。全年共组织社保基金收入1.40亿元,同比增收5952万元，增长73.6%,其中养老保险基金和医疗保险基金征集率分别达到98%和100%。

【发票管理】加强发票管理,做好发票的领发、保管、使用各环节的工作,定期开展库存盘点,确保账实相符;做好企业印制具名发票申请的申核、登记和上报工作。开展公路客运车票印制和使用情况调研工作,将调查中发现的问题和改进建议提交台州市地方税务局。

【税务稽查】加大执法力度,规范税收秩序。开展日常稽查、专项检查和专案检查，全年检查纳税人158户,立案查处33户,查补入库各项税款1960万元,滞纳金79万元,罚款464万元。其中2起案件移送司法机关,3起案件通过媒体进行曝光。对13家村级集体经济开展专项检查，共查补税款103万元,规范了村级经济组织的纳税行为。整顿规范房屋租赁行为,对城区街道营业房出租的营业税和房产税缴纳情况进行全面清理。加大欠税追缴力度,积极与法院和公安联络室联系,对拒不缴纳欠税的纳税人实施强制执行。同时,根据《税收征管法》规定,对欠缴税款达到一定标准的14位纳税人报送椒江公安分局出入境管理科,阻止其出国(境)活动。

【税收宣传】围绕“依法诚信纳税，共建小康社会”这一主题,积极配合省、市局落实好“寻找地税之最,共建小康社会”活动和“地税之光”广场文艺演出活动;同时,主动与椒江区有关部门联系,开展“地税杯”党的十六大精神主题教育知识竞赛、“税收宣传青年志愿服务队”进社区等多种形式的宣传活动,形成了税法宣传多方联动的社会效应，取得了良好的效果。

队伍建设【教育培训】围绕学习贯彻党的十六大精神,开展思想教育工作,通过每周一次的集中学习和内部网站网络平台自主学习相结合。在十六届三中全会召开后,迅速组织干部学习、讨论,全面领会十六届三中全会精神。同时,结合地税工作实际,深入开展“努力打造主城区地税新形象”和“解放思想,强化服务,促进发展”两个大讨论活动,深化十六大精神主题教育。加强干部的业务知识和业务技能培训,组织全体干部职工参加了电子政务、电子商务和依法行政为主题的法律知识培训、考试;建立了促学助学机制,对干部职工参加各种学历教育和培训,在时间和经费上给予充分保证,对学习成绩突出的干部给予物质和精神双重鼓励，使干部职工逐步树立终身学习的理念。全局130名干部职工,有100多位干部参加各类成人高校学习,大专以上学历干部102人,其中大学本科学历55人,研究生3人,其中1人获得硕士学位。

【廉政建设】深入实施"一靠教育、二靠制度、三靠监督、四靠领导干部以身作则"的廉政工作机制。在党员干部中积极开展"艰苦奋斗,廉洁从政"教育活动和"我与廉洁从政"征文活动。探索教育方式,开展廉政警示教育，组织干部到看守所听犯人现身说法,增强教育效果。以导入ISO9001质量管理体系为契机，建立各项廉政监督制度。完善行风监察员制度,特邀社会各界人士12人作为我局行风监察员，对税务干部的行为和表现进行检查、暗访;建立防范职务犯罪机制，与区检察院联合成立预防职务犯罪领导机构。从而形成"学习教育为重点,制度建设作保障,内外监督相结合"的廉政监督新机制。

【创建文明单位】积极开展创建文明单位活动，做到有计划、有部署、有落实、有考核。2003年在全局开展"写一篇调研文章,上一堂业务辅导课,做一项公益活动,开展一次思想交流,提一条合理化建议",即"五个一"活动。干部职工写出信息200多篇,调研文章50多篇;每个科室都为大家上了一堂业务辅导课;收到合理化建议25条;19人次参加无偿献血；为困难群众累计捐款四次。以办税服务厅为主阵地,积极开展"党员示范岗"、"文明岗"活动,为纳税人提供优质服务。团支部、妇联充分发挥群众团体作用,组织干部向社区捐书、到居委会参加"创建文明社区"义务劳动。通过创建活动,全局干部创新意识进一步树立,服务质量进一步提高。

（台州市椒江地方税务局供稿　卢金彩撰写）

台州市黄岩地方税务工作概述

局长 郑斌

经济概况 2003年，黄岩区实现国内生产总值108.8亿元,按可比价格计算,比2002年增长13.3%。其中第一产业增加值7.7亿元,增长2.4%;第二产业增加值72.2亿元,增长14.4%;第三产业增加值28.9亿元,增长13.9%。财政总收入14.50亿元,同口径比2002年同期11.63亿元增长24.7%。其中:地方财政收入6.92亿元，完成调整预算的110.5%，同口径比2002年同期5.45亿元增长27%，国有企业亏损补贴退库1523万元，比2002年同期3796万元下降59.9%;上划中央"四税"收入7.58亿元,比2002年同期6.18亿元增22.6%。地方财政支出6.38亿元,完成调整预算4.61亿元的138.5%，比2002年同期5.21亿元增长22.5%。按照现行分税制财政体制计算，2003年全区实现了财政收支平衡，收支执行情况良好。

税收概况 【任务完成情况】2003年,全区地税系统共组织各项收入7.17亿元,同比增收1.93亿元,增长36.8%,；其中税收收入4.67亿元，同比增收9893.3万元,增长26.9%,完成年度计划的126.91%,保持了收入增长的良好势头。

【税收特点】一是大小税种全面增长。2003年企业所得税和个人所得税成为亮点，分别入库1.64亿元和8068.2万元，同比分别增收5306.4万元和2080.5万元，增长47.7%和34.7%，占总增收额的74.7%；其它各税税种同比增收1515.1万元，增长26.5%。二是税收增长两高两低。一季度税收入库1.40亿元,增长48.3%,实现了开门红。二、三季度由于"非典”和“限电”的影响,分别入库7812.8万元和1.14亿元,四季度入库1.34亿元。三是第三产业有所回落。2003年第三产业入库2.48亿元,占总收入的53.12%,同比下降3.44个百分点,但制造业增长势头较猛,同比增长62.7%。四是省级收入增长较快。2003年省级税收入库1891.8万元,比上年同期增收438.4万元,增长30.2%,

【税源分析】1、营业税增幅最慢,同比增收991.3万元,增长7.1%。增收因素:一是由于政府对基础设施投入的加大,建筑业营业税入库增加。二是银行存贷形势很好,企业存款同比增长47.4%。三是社会服务性行业越来越广泛和完善,税款同比增收480万元。减收因素:一是受“非典”影响,减免政策到位。5~9月份餐饮业、交通运输业、旅游业等减免营业税180万元;二是房地产行业受土地指标的限制,房地产开发投资住宅同比下降20.7%,造成减收470万元。

2、企业所得税快速增长,同比增收5306.4万元,增长47.7%,成为今年的亮点。增收因素:一是经济发展,企业经济效益稳定。二是2003年基数偏低,一季度企业所得税入库同比增长95.8%,完成计划任务的48.7%。三是政策原因增加当期税款,如有的房地产企业结算方式改变使税款提前入库。从分企业性质看,国有企业同比增收1269万元,增长55.3%;股份制企业同比增收3195万元,增长66.2%,成为税款增收的主力军;集体企业同比增长19.4%,增收716万元,主要是企业规模不是很大,但效益普遍较好;私营企业同比增收128万元,增长42.5%。

3、个人所得税增幅有潜力,同比增收2080.5万元,增长34.7%。增收因素:一是公民纳税意识加强,如劳务报酬入库182.6万元,去年同期为38.7万元,同比增收143.9万元,增长371.8%。企事业单位的承包、承租经营所得入库同比增长449.7%。二是代扣代缴深入人心,如工资、薪金所得入库4363.3万元,同比增收1072.1万元,增长32.6%。利息、股息、红利所得入库954.5万元,同比增收313.4万元,增长48.9%。三是加强临时性工程和零星分散税款的代征,抓大不放小,同时对工艺品行业劳务所得也实行征收,增幅明显。

4、小税种同比增收1515万元,增长14%。其中房产税入库1310万元,同比增收454万元,增长53%,土地增值税入库657.4万元,同比增收315万元,增长92.3%。主要原因一是房产税征收方式改变,原来委托办事处代征,从2004年1月开始由征管局征收,考虑各种因素和房产税的不确定性,所以税款增幅较大。二是2002年对土地增值税实行专项检查,但有些企业税款没有及时入库,2003年督促检查按时缴纳,增加了税款入库。

各项工作情况【税收法制建设】积极开展税收执法责任制试点工作,成立税收执法责任制试点工作组织机构,制定了《关于推行税收执法责任制试点工作的实施方案》和《税收执法责任制试点考核办法》,按照“依法治税、从严治队”的原则,根据ISO9000质量手册中明确的工作职责和作业指导书中明确的工作流程及工作要求制定相应的岗位职责和具体的实施方案、考核办法,做到以事定岗、依法定责、权责相当。

【征管改革】导入了ISO9000质量管理体系,进一步提升了地税征管质量。使用《税务文书传递单》,有效地解决了文书传递过程中存在的责任不清、环节不明的难点;对征管过程中发现的税务违章严格按《税务行政处罚作业指导书》办理,规范了执法程序;规定了税收征管程序和内部管理程序,使各项工作事前有防范、过程有记录、责任有追溯,提高了过程的监控能力;使用《税务文书领取通知书》、《税务文书附送资料清单》,明确了税务机关和纳税人之间文书交接的责任。

【征收管理】加强企业ABC分类管理,有计划地组织纳税辅导,坚决贯彻“应收尽收,不收过头税”的工作方针不动摇,全年纳税辅导税款入库达到1200多万元。开展企业纳税评估试点工作,对纳税人进行纳税评估,全年累计补缴税费21.5万元,对已进入双定模块的2000多户双定户按科学核定定额,减少人为因素。推行多元化申报方式,开展纳税人网上申报试点,逐步建立现代化的纳税申报方式。

【社会保障基金征收】按照“地税征收、财政管理、社保支付”的要求,建立“地税先征缴、社保后登记”的养老基金征缴新机制,并落实多项配套措施。2003年养老保险金共入库1.90亿元,比2002年增长264%,征收户数达到4511户,70230人次,征集率96%,支付能力提高到34个月;医疗保险金入库3155万元,征集率100%;残疾人保障金共入库753万元,水利建设基金共入库 2073 万元。

【发票管理】重视和加强发票管理，实现以票控税。一是加强重点行业的发票管理力度，对工程作业收入未达到 200 万元或会计核算制度不够健全的建筑安装企业、外来建筑安装企业，严格执行发票代管监开制度；二是严格发票的审核，在发票领购和验旧购新环节严格把关，对重点企业、重点户勤检查、勤指导，及时纠正其在发票使用过程中的问题；三是加强对发票违章现象的查处力度，强化发票内部管理，从程序上对发票管理的各个环节加以规范。

【税务稽查】一是规范稽查行为，加大税务稽查力度。全年共对 420 户企业实施了纳税检查(含责成自查)，检查面达到 8.5%，共查补税(费)款、罚款、滞纳金 1830 万元，结案率和入库率都达到 100%；二是建立了规范性文件会签制度和地税案件分级审理工作制度，启用稽查工作状态流程表，增强了稽查工作的透明度和实效性；三是制定了《稽查综合选案工作实施办法》，对选案的有关指标信息进行测算，规范稽查选案工作，提升了税收管理水平，保护纳税人的合法权益。

【税收宣传】一是开展“税收宣传进社区”活动，组织青年地税干部成立“税收宣传青年志愿者服务队”，举办现场咨询，利用宣传橱窗开设税收知识专栏。二是举办“税收政策当车长”活动，通过在 500 多辆出租车和公交车上张贴个人所得税、房产税、契税等标语，扩大宣传面。三是举办以“税收与未来”为主题的黄岩区“地税杯”青少年科技大赛，内容丰富，时间长，效果突出。四是制作一块 600 平方米有深刻内涵的宣传牌，突出“依法诚信纳税，共建小康社会”的税宣主题。五是加大对涉税违法的新闻曝光，对三家娱乐业纳税钉子户采取税收强制措施，执行标的金额 43 万元，邀请电视台新闻记者到现场进行全过程拍摄，提高了地税威慑力和影响力。

队伍建设【教育培训】以人为本，以创建学习型基层组织为契机，创办了财税干部素质学校，用学校模式规范教育培训工作，先后聘请省委党校、市局干校等单位的学者授课，组织进行了党的十六大精神和“三个代表”重要思想教育、依法行政教育、新《征管法》及其实施细则教育，圆满完成了教学计划，提高了干部学习的紧迫感和自觉性，变“要我学”为“我要学”，提高了地税干部的理论修养、业务素质和服务水平。

【廉政建设】一是开展正反面典型教育，一方面开展学习郑培民、李友星同志先进事迹，树立公仆意识，杜绝以权谋私、吃拿卡要等现象，另一方面利用反面典型开展警示教育，查找漏洞，构筑思想防线。二是建立健全廉政建设和反腐败预防体系，完善内部监督，健全外部监督网络。三是优化服务，继续推行服务承诺制度，实行政务公开，简化办税程序，广泛推广“延时服务”、“贴近服务”，实行“便民纳税一条龙”等活动，纳税人综合满意度达到 98.3%。

【创建文明单位】全局深入开展基层建设，被省人事厅、省财政厅评为全省财政系统先进集体；在全区涉工部门服务质量评比活动中获得第二名，被评为十佳满意机关；城区征管局被浙江省委、省人民政府命名为省级文明单位，被省地税局评为省级基层文明单位；稽查局被省地税局评为稽查工作先进单位，头陀征管局获得省级“青年文明号”称号，中华会计函授学校黄岩分校被省中华会计函授学校评为全省先进办学单位。

(台州市黄岩地方税务局供稿　王圣洁撰写)

台州市路桥地方税务工作概述

局长　牟力群

经济概况 2003年，路桥区实现生产总值130亿元，增长15.1%，其中第一、第二、第三产业增加值分别是6.5亿元、73.3亿元、50.2亿元，增长分别为0.5%、16%、15.8%；全社会固定资产投资53.16亿元，增长41.64%，其中工业性投入32.9亿元。农民人均收入6640元，增长8.1%。全区形成了一、二、三产业协调发展、齐头并进的格局：工业经济持续增长，全区实现工业总产值370.89亿元，增长15.84%，其中国有及规模以上工业企业实现产值109.14亿元，增长29.6%；商贸业态稳步提升，市场成交额达222.56亿元，实现社会消费品零售总额37.71亿元；农业效益逐步增强，农业品牌经济不断涌现；经济外向度继续扩大，全社会出口交货总值达36.50亿元，同比增长55.1%，自营出口2.54亿美元，增长55.7%。全年实现财政总收入12.77亿元，增长24.8%，其中地方财政收入6.28亿元。

税收概况【任务完成情况】2003年，全区地税系统累计完成税收收入4.71亿元，完成计划4.05亿元的116.19%，同比净增收1.10亿元，增长30.35%，其中营业税入库1.55亿元，同比净增收4083万元，增长35.72%，；企业所得税入库1.33亿元，同比净增收1789万元，增长15.55%；个人所得税入库1.04亿元，同比增收3277万元，增长46.12%。

【税收特点】一是工商税收增收额高达1.10亿元，同比增长30.35%，创历史新高，实现了连年高基数上的高增长。二是主体税种增势良好，营业税、企业所得税、个人所得税三大税种共入库3.92亿元，占征收总额的83.3%，同比增长30%。三是各税呈普遍增长趋势。除企业所得税和土地使用税分别增长15.56%、11.8%外，其它各税增幅均超过30%。四是基金费收入增幅高于税收收入增幅。2003年共征收入库各项基金费收入1.83亿元，比上年增长96%，高于税收同比增幅。

【税源分析】2003年，围绕台州市提出的“台州制造”和融入长三角经济大发展这个发展目标，路桥区加快了工业园区及各项重点工程建设，同时调整改善产业结构，优化经济发展环境，确保经济持续健康发展。

1、营业税快速增长。全年入库1.55亿元，同比净增收4083万元，增长35.72%，。营业税增收部分主要集中在金融保险业和建筑业。由于加强对建筑业税源控管，同时以专项检查为手段促进其税收秩序规范化管理，建筑业税收大幅上升，达5087万元，同比增收2957万元；银行的存贷款规模逐年扩大，全年金融保险业入库3332万元，同比增收951万元。营业税减收部分主要集中在邮电通信业和房地产行业。造成邮电通信业营业税大幅下降的主要原因是当年对预收有价电话卡款不再按原来规定预先缴纳营业税。房地产行业新项目开发减少是该行业税收减收的直接原因。

2、个人所得税凸现高成长性。全年入库1.04亿元，同比增收3277万元，增长46.12%，其中以股份制企业、个体经营增长尤为显著。经济增长带动企事业单位从业人员的收入提高，此外，增收原因主要有以下几方面：(1)加强征管力度，完善个人所得税代扣代缴制度，加大税法宣传力度，增强纳税人、扣缴义务人的纳税意识，促进了个人所得税的快速增长；(2)开始对高收入阶层特别是A类企业的法人代表征收个人所得税,全年累计征收自报个人所得税3248人次,使工资薪金所得税约增收500万元;(3)加强源头控管和稽查清理,增收个人所得税1000多万元。

3、企业所得税增幅有限。全年入库1.33亿元,同比净增收1789万元,增长15.55%,。增长因素:(1)经济的增长是企业所得税增长的源动力,全区国有及规模以上工业企业累计实现产值109.14亿元,同比增长29.6%;出口产品交货总值36.50亿元,同比增长55.1%。(2)多年不懈的税法宣传成效显著,企业诚信纳税意识普遍提高,汇算清缴补缴税款增收360万元。(3)稽查入库大幅增长,开展了对全区各市场、建筑行业和省级税收等专项检查,全年入库企业所得税1250万元,同比增长808万元。但新办企业转入国税管辖,使地税所辖企业所得税税源户数减小,制约了企业所得税的持续增长。

4、小税种增长较快。城建税入库4465万元,同比增收1071万元,增长31.55%;房产税入库2004万元,同比增收619万元,增长44.69%,企业厂房扩建和新办企业的厂房建设为房产税的征收提供了充足税源,同时积极开展专项清理、加大对房产税的征管力度,诸如改委托代征为由征管局自行直接征收等措施促进了房产税的增长。印花税入库793万元,同比增收273万元,增长52.5%,企业销售增长使销售合同印花税增长是该项税款增长的主要原因。

各项工作情况【税收法制建设】规范税收执法。进一步完善税务案件审理委员会人员结构及工作规程,切实提高审理质量和效率,确保案件处理客观、公正、合法。全年共审理4起大案,查补税款、滞纳金及罚款合计418.8万元,其中1案被移送公安机关处理;认真开展重点执法检查,认真总结经验教训,积极落实整改纠正措施,对税收政策、征收管理、纳税申报、《税友2000》运用、征收单位税务行政处罚、稽查等六个方面存在的问题,进行逐项限期整改;严肃税收不规范文件清理工作,废止了《关于土地增值税若干问题的通知》等2个文件,有力地规范了税收执法行为。

【征管改革】1、积极开展纳税评估工作。根据市局的统一部署,于2003年7月初开始着手开展、落实纳税评估工作,首先在城区三家企业进行试点,取得一些经验,后在全区面上推开,截止12月15日,共完成23家企业的评估任务,评估税费共计15.9万元。

2、认真落实货物运输业税收改革。及时学习新出台的货物运输业税收管理改革办法,加强旧版发票的管理,做好新政策宣传和解释,在充分调查论证的基础上,确定与公管所的协作方案,即在12月底前接通《TF2000》专线,指派两名税务工作人员到公管所窗口开票,将该行业税收从源头开始控管。

3、不折不扣地执行ISO9000标准质量管理。于2003年1月28日顺利通过该管理体系认证,此后,本着务实与创新的精神,主要抓好第二次纳税人满意度调查和自审自纠工作,努力提高地税部门依法行政水平。

4、实现税收会计一级核算,促进会统核算质量不断提高,确保国家税款的准确、及时入库。

【征收管理】1、提高计划管理和税源监控水平。强化分阶段和总目标的责任考核,与此同时,加强了收入分析和特殊事件的具体分析,认真测算诸如"非典"疫情、各种优惠政策、两税起征点调高等因素对税收的影响,并对征收过程中发现的城建税增长与国税不同步等情况进行专题调研,为加强征管提供决策依据。税源监控网络不断扩大,全区年入库36万元税款以上的企业全部被纳入重点税源监控队列,重点税源监控户数由上年度的81户扩大到今年的100户,其中10户纳入省重点税源监控体系管理,市级重点税源监控面由上年度占全部税收比重的29%扩大到今年的44.7%。监控力度不断加强,监控手段得到完善,原来由SDMS系统的单机操作升级到TF2000中的网络管理。制定出台A类企业投资者个人所得税预征措施,并建立了高收入者个人所得税税源监控体系。

2、强化征收管理。遵循"依法治税,应收尽收"原则,分阶段、分层次在全区对销售在300万元—500万元的增值税企业、营业税收入在100万元—500万元的中小型企业进行自查与重点检查相结合的专项检查工作;加大重点纳税户的催报催缴力度;加强个人所得税代扣代缴和法人代表收入所得申报工作;搞好小税种的调查清理工作,确保圆满完成税收任务。

3、抓好个体、市场税收调整基础性工作。制定切合本区实际的有关提高营业税、增值税起征点的具体征管措施,及时解决其后续税收征管工作难题,使新政策得以稳妥实施,避免了社会不稳定因素的产生。

【信息化建设】1、软硬件投入方面:全局拥有服务器11台,在用工作站135台,实现全局干部人均一台电脑,将TF2000服务器、公文处理服务器功能进行升级,实施全局广域网线路的改造,对金清、新桥两个征管局的线路进行扩容,实现蓬街、峰江征收点以及办证中心联网和局广域网的联网,至此,全局行政管理和税收征管办公自动化水平又一次得到提升;成功完成网上申报的相关技术测试并积累经验,为2004年全面开展此项工作打下基础;健全内外网站建设,为公开地税税收工作情况、宣传税收政策提供极好的平台;加强数据安全管理:开展了一次全局性离线杀毒行动、将内外网完全物理隔离、在磁带备份的基础上每天对TF2000等重要数据进行自动异地备份,有效地防范了网络信息安全隐患。

2、人力和制度保障方面:大力引进信息化人才,信息中心在编5位工作人员目前全部到位,并在每个基层单位配置一至二名信息管理员,负责日常的维护和操作指导;经常性地组织信息管理员开展应用技术更新培训,并对信息管理员进行制度考核,促进信息安全管理。

【社会保障基金征收】认真总结上一年社保扩面工作经验的基础上,提出了改革思路,并得到当地政府的认可,即扩面指标分解后,应由镇(街道)牵头落实到各参保企业,地税部门应重点做好征收工作,此方法实施后,各镇(街道)、社保部门与地税部门形成了较强的工作合力。在社保基金征缴过程中,积极推广"义乌经验",创造性开展"先征缴,后登记"办法,极大地推动了扩面征缴工作的开展。全年社保扩面共征缴入库养老保险基金9262万元,同比增长91.21%,征收医疗保险基金2950万元,同比增长368%。顺利通过了省局的考核验收。

【税务稽查】拓展稽查深度与广度。以强化依法治税、优化税收环境为目标,开展层次有别的税收稽查活动:有针对性地组织对重要税源的日常检查,认真抓好对黄岩区的医化行业专项检查和省级税收专项检查,花大力气全面清理整顿集贸市场本级税收,并对销售额在500万以下企业开展全面的自查和重点检查,全年共查处84起案件,查补税款2327万元,对社会起到严厉的警示作用。重视群众举报案件,热情做好12366电话和来人来信举报登记工作,认真落实举报情况的核查、反馈以及举报奖金的兑现,不断扩大协税护税的社会网络,全年共查处群众举报案件30起,查补税款76万元。

【税收宣传】加强税收法制宣传,做好税法普及工作,提高全社会对税收法律的认知度。在4月份税法宣传月活动中,利用现代传媒进行了一系列税法宣传活动,与浙江交通之声(FM93)联合开展的"依法诚信纳税,共建小康社会"的税法宣传专题直播就是其中一个项目,曾获得省局授予的创新优秀奖。在直播活动中,两名干部在电台直播室向全省听众广泛宣传《税收征管法》及有关个人所得税、营业税方面的知识,问题竞答和热线咨询等与听众互动的交流形式,增强了宣传的趣味性,提升了宣传效果。开展了以"小康家园"为主题的广场小学生绘画比赛,组织青年志愿者进社区和业务骨干进企业宣传税法活动,做好每月一期1000份的《税收法规公告》发放工作,及时将税收政策发送到纳税人手里。税收宣传成效不断增强。

队伍建设【教育培训】干部职工素质进一步加强。制定详细的教育培训计划,分别开展公务员初任培训、任职培训,突出抓好专门业务知识培训和全员技能培训,如组织干部职工参加电子政务和电子商务培训,全局45周岁以下干部全部获得培训合格资格证书;特邀浙江师范大学财经教授讲授《征管法》实施细则,加深广大干部对实施细则的理解和掌握,在其后国家税务总局组织的执法资格考试中,全局干部考试成绩通过率达100%。积极鼓励在职人员参加在职学历教育,干部的学历构成有了很大变化,据最新统计,全局45周岁以下干部的大专以上文化程度已达到99%,比去年增长19%,较前年增长25%。

【党风廉政与行风建设】将廉政建设作为实践"三个代表"重要思想、加强党的建设,促进地税事业改革和发展的一件大事来抓,牢固建立预防体系,特别加强干部正确宗旨观念的认同感和各项规章制度的制订贯彻,狠抓责任落实。根据"谁主管、谁负责"的原则,制订《党风廉政建设领导班子成员分工》等系列规章制度,同时依托在本局已经运行一年之久的ISO9000质量管理体系框架,对廉政工作进行细化、量化、标准化规定,促进此项工作从最初的制度制订到最后责任考核全过程的有效落实。积极开展调查问卷活动,加大行风建设明察暗访力度,使行风建设中存在的问题得到及时整改。行业作风得到纳税人的认同,纳税人满意度从2002年的91%增长到2003年的93.4%。

【调查研究】 以学习型税务组织建设为载体,大兴调查研究之风,促进工作作风的转变和工作质量的进一步提高。年初制订并下达了调研计划,由于领导重视,措施得力,全年调研工作成效明显。全年共产生30篇调研论文,有5篇论文在省、市级专业刊物录用,本局信息刊物刊出48期,在市局发表13篇信息,省局发表9篇信息。活跃的调研活动服务了领导决策,其中一些有价值的意见和建议被转化成制度得以贯彻落实。

【创建文明单位】 深入开展争先创优创建文明单位活动。通过对系统内部工作满意度和纳税人满意度调查,反映出干部的敬业精神有很大的提高,从2002年的83%上升到了2003年的95%。创优工作得到上级的肯定,城区征管局先后被评为省地税系统基层文明单位,被国家税务总局授予全国税务系统文明单位。

(台州市路桥地方税务局供稿 徐丹微撰写)

临海市地方税务工作概述

局长 徐宏光

经济概况 2003年,临海市实现国内生产总值124.06亿元,比上年增长15.6%;城镇居民人均可支配收入11724元,比上年增长10%;农民人均纯收入4696元,比上年增长7%;全市实现社会消费品零售总额35.5亿元,比上年增长7.9%。全国县域经济基本竞争力百强县(市)评比中,从第67位前移到第47位。工业经济在较高增长平台上继续攀升,增长质量明显提高,全市实现工业总产值312.5亿元,比上年增长19.5%。支柱产业进一步发展壮大,规模企业增速喜人,全年新增50家,其中上亿元企业8家。企业技术创新能力不断增强,高新技术产业发展取得新的突破,有17个产品填补了国内空白。全市共引进企业207家,其中新批外资企业30家,引进市外内资企业177家,引进市外内资6.5亿元,同比增长54.8%;引进外资2512万美元,同比增长108.1%。全年自营进出口总额3.8亿美元,同比增长72.7%;其中出口3.1亿美元,同比增长68.8%。全市财政总收入完成13亿元,完成年度计划的103.2%,比上年增长20.4%,增收2.2亿元;其中地方财政收入8.25亿元,完成年初预算的110%,比上年增长25.9%,增收1.7亿元。所得税实行"五五"分享后地方财政收入为6.49亿元,完成预算的111.6%。财政支出完成8.56亿元,比上年增长17.8%。

税收概况【任务完成情况】 2003年,全市地税系统共组织各项收入8.2亿元,同比增收1.92亿元,增幅为30.6%;其中税收收入5.52亿元,完成省核任务的110.4%,比上年增长22%。

【税收特点】 一是地税收入在连续5年高增长的基础上继续保持良好增长态势。2003年地税收入在前5年平均增长28%的基础上仍达到22.0%,同比增收1亿多元。二是分税种收入增长幅度不均衡。主税种营业税、个人所得税增长较快,增幅分别为29.1%、34%,企业所得税增幅趋缓,增幅仅为7.8%。小税种土地增值税、城镇土地使用税、印花税等增长速度较快,增幅达50%以上。三是从分企业类型看,股份制企业税收保持强劲的增长势头。全年该企业类型入库税收2.43亿元,合计增收1.06亿元,占全市总增收量的106.9%。四是从分行业看,房地产业税收是我市地税收入增长的主要来源,全年共入库房地产业税收8801万元,同比增收3930万元,增长80.7%。

【税源分析】1、营业税保持稳步增长。全年入库2.03亿元,增收457万元,完成省局计划的116.3%,同比增长29.1%,占全部税收收入的36.8%,其增收额占税收总增量的46.0%。从营业税税源分布情况看,主要集中在房地产、建筑、交通运输、金融和服务业等几大行业上,特别是随着我市城市建设步伐的加快,基本建设投资力度的不断加大,有效地拉动了房地产业的持续增长,由于房地产市场的火爆和价格的上扬,房地产业营业税增长迅猛,全年入库5992万元,同比增收2313万元,增长62.9%。

2、企业所得税增幅趋缓。全年入库1.81亿元,同比增长7.8%,完成省局计划的100.3%。其增收原因为:一是重点骨干企业效益好转带动所致。如华海药业股份公司入库2528万元,同比增收673万元,增长36.3%;豪情汽车制造有限公司入库331万元,同比增收284万元,增长6倍。二是进一步加强了企业所得税管理,通过对A类企业的稽核筛选,对不符合A类企业条件的实行所得税带征,扩大征收预缴面,加快入库速度,全年增收税款300多万元;加大了企业所得税汇算清缴入度,确保了税款的及时足额入库。其减收因素为:一是竹木等行业形势下滑,利润减少,企业所得税同比减收。二是部分老企业关停或重新组合转为新企业,导致企业所得转移减收上千万元。三是企业所得税减免退库3000万元,而上年只有1480万元,相对减收1500万元。

3、个人所得税实现较快增长。全年入库9452万元,比上年增收2396万元,增长34.0%,完成省局计划的111.6%。个人所得税主要分布在工资、薪金所得,个体工商户生产经营所得以及利息、股息、红利所得等方面。其增长的主要原因是各征管单位进一步强化个人所得税的征管,针对个人所得税的税源分布和管理现状,抓住有利时机,采取各种有效的征管手段,开展调查摸底,重新核定和调整定额,不断完善代扣代缴制度,督促纳税人自查补报,深入纳税单位核查利息、股息、红利所得,对企业实行监控管理,确保了个人所得税的及时足额入库。

4、小税种增长迅猛。全年入库土地增值税176万元,比上年增收167万元;入库城镇土地使用税201万元,比上年增长59.5%;入库印花税647万元,比上年增长50.1%;入库城建税4522万元,比上年增长27.2%;入库房产税1606万元,比上年增长22%;增收主要原因是:建筑房地产业发展,以及强化了征收管理力度,使土地增值税实现了快速增长;进一步抓了《临海市房产税、城镇土地使用税管理办法》的落实,分街区、分地段核定纳税定额,修订完善了印花税管理办法,促进了房产税等小税种的全面增长。

各项工作情况【税收法制建设】完善了规范性文件审核制度,对历年规范性文件进行了全面清理。加强了内部执法监督工作,把ISO9000质量管理体系内审工作与执法检查结合起来,边内审、边检查,及时纠正干部执法中的随意性行为,地税系统的整体执法水平、执法素质有了较大提高。

【支持经济建设】认真贯彻落实国家税务总局、省局制定的有关税收优惠政策,批准企业财产损失税前扣除和企业税前弥补以前年度亏损229家,金额3330万元。全年为民政福利、校办企业、第三产业、个人出售普通住宅、销售空置商品房等减免税收4720万元。积极参与招商引资工作,引进企业4家,到位资金人民币561.95万元,外资20万美元,超额完成了临海市委、市政府下达的招商引资任务。

【征收管理】一是加强收入计划管理,实行按季、按月下指标任务制度,深入开展调查研究,加强收入预测,建立健全重点税源监控机制,确保收入持续稳定增长。二是全面推行纳税评估工作。制订了《临海市地方税务局纳税评估暂行办法》,选取了125户企业作为纳税评估对象,评估增收税款436万元。三是进一步完善"分等量化、科学双定"的定期定额管理办法。分行业核定定额等级标准,不断规范定额核定程序。推行了双定户的机器定额、能耗监控等民主评议征管方法,采取现场察看,分片排查等征管手段,有效地加强了双定户税收征管,全年增收税款200多万元。四是加强对建筑业、房地产业的税源跟踪管理。对外来建筑业户、重点工程项目实行跟踪监管,增收税款500多万元。五是ISO9000贯标认证工作。把这项工作作为全年工作的重中之重来抓,抽调业务骨干成立了质量手册、程序文件、作业指导书编写组和内审小组,制订了《文件控制程序》等24个控制程序和《税收规范性文件指导书》等87个管理作业指导书,重新明确和调整各个岗位执法责任和建立各环节之间的制约措施,对税收管理上存在的不规范操作进行逐项整改、逐项落实,并一次性通过了认证公司外审,顺利导入了ISO9000质量管理体系,使地税规范化管理迈上了一个新台阶。

【信息化建设】不断完善和提高了信息化应用平台,及时落实省局《税友2000》数据库后台升级和客户端升级工作,共完成了6次全局性的软件升级。积极推进网上申报等电子申报方式的改革,顺利完成了20户企业网上申报和银行实时扣税的试点工作,为全面推广应用网上报税系统打下了良好基础。加强了信息化网络安全建设,完成了电源供应设备的改扩建和实现了数据的异地备份,促进了信息化水平的进一步提高。

【社会保障基金征收】继续抓了社会保险费的扩面征缴工作,克服了企业从业人员流动性大和季节性生产等困难,在2002年扩面2万多人的基础上,2003年又扩保1.1万人。着力推进社会保险费的规范化征收,加大了对延期或者拒绝缴纳社会保险费的打击力度,全年征起社会保险费2.03亿元,比上年增收7501万元。使保障资金的支付能力从2002年底的5.8个月提高到2003年底的9.5个月。

【税务稽查】组织开展了企业所得税专项检查、医化行业责成自查及交叉专项检查、虚开发票专案检查、省级税收收入专项检查、清理整顿欠税等,全年查补税款、费、基金及罚款3432万元,检查结案率、入库率达100%,"五率一面"指标全部达到上级要求。全年移送公安涉税犯罪案件2起,逮捕2人,取保候审1人,电视重点曝光1户,有效地打击了偷逃税行为,增强了地税稽查威慑力。

【税收宣传】紧紧围绕"依法诚信纳税,共建小康社会"这一主题,组织了大型广场文艺税法宣传演出,举办了"地税杯"乒乓球赛。加强了对纳税人的素质宣传,选出近200户企业,上门送资料、送服务,进行面对面的业务辅导和税收政策法律法规宣传活动。同时,开通了"12366"税法宣传咨询特服系统,从而使税收的社会执法环境得到了进一步改善,广大公民依法纳税观念有了极大的提高。

队伍建设【思想政治教育】继续深化党的十六大精神主题教育活动。开展了"贴近实际、贴近群众、贴近自身"的"三贴近"教育活动和以"转变作风、改善服务、加快发展"为主要内容的大讨论活动。先后组织了"换位大思考、齐心促发展""梳理政策法规、促进经济发展"和"百名地税干部下基层"等活动,使干部队伍的思想作风、工作作风和服务态度有了进一步好转。构建了4个层次的教育学习平台,即党组中心组学习会、中层干部读书会、机关干部公务员讲台、基层干部学习讲台。通过这些学习平台的组建,全系统形成了人人讲学习、争当"学习型干部"的热潮。有10名同志参加台州市局组织的《征管法》及其实施细则考试,取得了好成绩,2位同志参加省局组织的《征管法》及其实施细则考试名列前茅。

【党风廉政建设】认真贯彻落实党风廉政建设责任制。坚持每周学习日、学习夜制度,做到干部教育经常化、制度化、规范化,组织干部观看了《使命》《贪婪的代价》《公仆本色》等19部教育录像片,并组织了以"艰苦奋斗创伟业、廉洁从政树新风"为主题的教育活动,重点学习了两个务必、艰苦奋斗典型——羊岩精神、党员干部廉洁从政手册和82个不准等,广大干部的勤政廉政意识和拒腐防变能力得到了进一步增强。

(临海市地方税务局供稿 朱崇胜撰写)

温岭市地方税务工作概述

局长　颜云初

经济概况 2003年,温岭市国民经济持续、快速增长,增速创三年来新高。全市实现国内生产总值248.41亿元,比上年增长13.1%。其中第一产业增加值26.48亿元,增长0.1%;第二产业增加值132.29亿元,增长15.5%;第三产业增加值8964亿元,增长13.9%。三次产业增加值占GDP比重由上年的12.0:52.1:35.9调整为10.6:53.3:36.1。人均GDP为21716元,比上年增长14.0%。全市实现工业增加值120.24亿元,比上年增长14.5%;实现社会消费品零售总额65.95亿元,比上年增长12.0%;实现自营进出口总额6.31亿美元,比上年增长55.5%;完成固定资产投资78.90亿元,比上年增长56.5%,增幅创"十五"时期以来新高。在此基础上,全市财政收入稳步增长,全年实现总收入22.29亿元,比上年增长25.3%;其中地方财政收入9.74亿元,增长29.2%。上划中央税收12.55亿元,比上年增长22.4%。预算内财政支出11.47亿元,比上年增长30.3%。

税收概况【任务完成情况】 2003年,全市地税系统共组织各项收入11.24亿元,比上年增长34.42%。其中税收收入8.98亿元,增长34.26%,完成省核年度计划的120.12%。

【税收特点】 一是从总体情况来看,主体税种普遍增长。本期四大主体税种共入库8.54亿元,占税收收入的比重为95.1%。其中营业税占31.64%,企业所得税占35.33%,个人所得税占21.94%,城建税占6.18%。二是从产业结构来看,第二产业税收增长快于第三产业。本期第二产业税收入库4.24亿元,比上年增长41.54%,主要集中在制造业、电力煤气及水的生产和供应、建筑业,分别比上年同期增收6468万元、1208万元、4785万元;第三产业税收入库4.74亿元,比上年增长28.39%,主要集中在金融保险和房地产行业,分别比上年同期增收1531万元,3807万元。三是从重点税源大户来看,税收大户的企业家数和入库份额不断扩大。本期税收入库1000万元以上的有11家,比上年增加5家,入库税款2.24亿元,占全市地税收入的34%;共增收税款7530万元,占全市地税增收额的46%。税收入库500万元–1000万元的9家,比去年增加1家。入库200万元–500万元的有29家,比去年增加7家。

【税源分析】 1、营业税入库2.84亿元,比上年增长25.72%,完成年度计划的103.56%。其中:(1)金融保险业入库3954万元,比上年增长39.47%。增收的主要因素有:一是全市根据市政府关于加快工业经济发展的若干政策意见中对重点工业企业进行扶持的精神,加大了对重点工业企业的信贷支持。据金融部门统计,2003年全市工业生产件贷款39.3亿元,比年初增10.43亿元;基建贷款20.83亿元,比年初增9.44亿元;消费性贷款33.25亿元,比年初增11亿元;支持"三农"贷款25.77亿元,比年初增9.11亿元。因以上因素,全市来自金融业的营业税高幅增长,如工行比上年增212万元,中行增228万元,农行增104万元,建行增长104万元,各信用社增150万元。二是市住房中心贷款利息收入增加,相应增加税收140万元。(2)建筑业入库7763万元,比上年增长39.9%。主要是我市为加快向中等城市跨越,加大了对基础设施的投入,如推进工业城、泽太一级公路、旧城改造、锦园小区等建设,同时税务机关开展自建厂房税收专项整治,为建筑业税收带来充实的税源。(3)房地产业入库7995万元,比上年增长34.21%。主要是本市房地产业不断看好,房价的居高不下,进一步刺激房地产商在本市的投资,从而带动了该行业税收较高增幅。

2、企业所得税入库3.17亿元,比上年增长45.53%,完成年度计划的138.6%,在主体税种中增幅居最高。增收原因为:一是因市烟草公司改变营销策略,扩大了利润较高的中高档品牌烟的销量,同时进一步降低单位成本,获利较高,增加企业所得税1013万元。二是因本市支柱企业钱江摩托股份公司加强经营管理,企业效益明显提高,增加企业所得1674万元。三是因本市对企业所得税实行定率带征,带动了企业所得税的增加。四是如鑫磊工贸公司、中马公司等其它骨干企业效益较好,税款增长较快。

3、个人所得税入库1.92亿元,比上年增长33.64%,完成年度计划的111.36%。该税种收入增加主要在工资薪金项目和个体工商户生产经营所得上,增长原因主要有:一是加强税收宣传,增强了公民纳税意识。二是加大了对行政事业单位的代扣代缴管理力度。三是继续强化对十大高收入行业的税源监控和征管力度,效果明显。如:市烟草公司为职工代缴社保基金补缴个人所得税580万元,市电力公司所代缴个人所得税比上年增加240万元。四是强化个体双定户"三等九级"定额管理和清漏工作,以及加强委托代征工作力度,增加个人所得税近1000万元。五是加强对C类企业和建筑行业定率带征管理,增加个人所得税近600万元。

4、各小税种增长较快。如印花税入库874万元,比上年增长68.4%;土地增值税入库392万元,而上年同期仅为33万元。

各项工作情况【税收法制建设】认真开展税收行政执法责任制试点,继续做好内部执法检查,着力抓了规范性文件的再次清理和重大税务案件的分级审理,扎实推进了税收法制建设。

【征管改革】开展了两项改革的试点。一是于7月份在城区征管局组织开展了纳税评估试点,较成功地完成预定任务,使全体人员对纳税评估有了一个感性认识,迈出了此项工作的全新步伐,为下阶段在全市范围内推广积累了一定经验。二是着手网上申报的前期准备,确定通过了网上申报试点的纳税户户数,拟订了具体的工作内容和时间安排,进行了模拟测试和业务培训,浙江钱江摩托股份有限公司等28家企业已于12月1日正式开始网上申报试运行。

【征收管理】首先是坚持抓早、抓紧、抓实的原则,重视抓了税收计划的分解落实和税源的重点监控,将全年7.69亿元的税收任务科学合理地分解到各征管局,并督促予以了落实;还分行业有重点地确定部分企业为我局2003年度重点税源监控对象,建立起月月有报表、季季有分析的监控体系,从而确保了税收计划的有序完成。其次,在认真贯彻营业税调整、下岗失业人员再就业和市政府关于防治"非典"对部分行业采取扶持的一系列政策,主动就所得税收入分享体制改革后税收征管范围与国税等部门协调,及时办理各项税前扣除和税收减免审核报批手续的同时,通过加强行业性和重点税种有计划的控管,进一步拓宽了收入的渠道。在对建安行业税收专项检查的基础上,通过抓源头控管、实行定期实地巡查制度和台账管理、实施重点监控,以及开展外出调查等办法,进一步完善了纳税额较大的建安行业的税收征管;针对本市私房出租行业税负偏轻、征收面狭、各地征收标准不一的情况,出台了统一的全市私房出租行业税收征管办法,预计此举增加税费300万元;认真部署开展企业所得税汇算清缴和地方各税结算,还将结算工作与税收政策宣传、企业财务辅导、查找征管薄弱环节有机结合起来,既保质保量地完成了任务,又为强化征管打下了基础。切实加强货物运输业税收征管,全面清理并依法收回原由公管、航管等部门代开的发票,落实税务师事务所为统一的代开票人,严格执行先征税后开票规定,确保了前后工作的顺利衔接。本市组织收入工作一直在高基数、低潜力,且各项不可比减收因素不断出现的困境中徘徊。上半年,碰到了"非典"对全市经济及至税收带来的负面影响;下半年,又面临财政需要大幅增收、而税源又极其匮乏的强大压力。为保证全市财政收入的适度增长,在全年持续不断的、紧张的、难度较大的抓收入过程中,本局全体同志思想上没有畏难情绪,更没有消极应付,而是树立起强烈的责任感和使命感;行动上把组织收入置于中心工作去把握和安排,应收尽收,又不收过头税,使地税收入保持较高增幅,从而使全市财政总收入顺利跨过20亿元大关。

【信息化建设】从2003年1月1日起,改变了原养老基金的单机征收方式,将全部数据纳入TF2000运行,使本局可以随时掌握养老金的入库情况,大大提高了工作效率。同时,在继续做好银税联网,将及时扣款联网方式改为前置机方式,确保数据安全的同时,对在信用社开户养老金缴费户也采用批量扣款方式,方便了缴费户。全年共进行4次TF2000版本升级,目前已升级到V4.0.01版。完成网上申报的前期技术准备,已安装调试好Internet申报前置服务器,顺利进行了技术测试。本局机关公文收发在确保与省局、台州市局正常运行的基础上,顺利加入市"政府网",从10月份开始实行政府公文以电子文件传输。首次采集建筑安装、制造业、餐饮业等8个行业的前25位或多或前50位纳税人的纳税情况、稽查记录等信息,建立了纳税人信息资料库,推进了稽查信息化建设。此外,还开通了12366语音系统,完成了局机关新办公大楼弱电设计和工程招标,将各征管局一线征收窗口的计算机显示器全部换成液晶显示器,提高了装备水平。

【社会保障基金征收】在养老保险金和残保金征收方面,本局树立税费并重观念,主动与各镇、市扩覆办、人劳社保局等加强联系和协作,做了大量既深又细的工作,从而确保了整个工作的顺利进展。全年累计征收养老保险金1.47亿元,比上年增长49.6%。

【税务稽查】通过重视稽查作用发挥,提升稽查队伍综合素质,严肃查处了泽国日杂商场有限公司偷税等大要案,认真开展了以金融保险业为主的省级税收收入、个人所得税代扣代缴情况、房地产业和建筑安装企业税收三大专项检查,有效实施了以清理欠税"钉子户"江志满为代表的税务案件"执行月"活动,提高了稽查威慑力,达到了以查促管的目的。全局共检查382户,查补税款累计1935万元。

【税收宣传】深入开展"依法诚信纳税、共建小康社会"为主题的税收宣传活动,实现了在宣传形式上有所创新,在宣传内容上注重实效,使税收更贴近了人心。

队伍建设【教育培训】把党的十六大精神主题教育贯穿于工作全过程,通过成立机构、制订计划、狠抓落实,实实在在地采取了干部轮岗交流、开辟网上学习论坛、举办业务培训班等举措,加深了全体干部对十六大精神的领会,赢得了台州市督查组的好评。扎实地开展创建学习型机关和人民满意机关活动,尝试性地在城区征管局开展全系统首次税收征管民主恳谈会,并在各征管局全面推行,取得了圆满成功。实施了我市财政地税发展史上首次机关中层干部竞争上岗和一般干部双向选择,19名干部走上中层岗位,10名干部实现了岗位轮换,整个工作第一次从内心深处触动了干部的思想灵魂,使大家真正感受到了人事制度改革的压力。新录用5名公务员充实基层队伍,为本局注入了新鲜"血液"。在全系统创建了12个兴趣小组,各项有益于身心健康的活动正在全面展开,有望成为增强干部凝聚力和活力的有效载体。

【廉政建设】认真落实党风廉政各项措施,通过层层签订责任书,组织专题教育、廉政承诺、"以德从政、廉洁自律"演讲比赛和系统内经费使用情况检查,进一步增强了广大干部对党风廉政建设紧迫性的认识,使党风廉政建设真正做到了常抓不懈。

(温岭市地方税务局供稿 潘方军撰写)

三门县地方税务工作概述

局长 奚建华

经济概况 2003年，三门县实现国内生产总值35.0亿元,比上年增长17.1%。其中,第一产业增加值9.0亿元,增长8.1%;第二产业增加值15.6亿元,增长23.3 %;第三产业增加值10.4亿元,增长16.8 %。全年国有及500万元以上工业企业总产值26.3亿元,增长23.8%;完成全社会固定资产投资16.3亿元,增长60.2%;完成社会消费品零售总额85亿元，增长23.4%;农村居民人均纯收入3865元,增长9.5%。全县实现财政总收入4.11亿元,增长30.1%,其中,地方财政收入2.14亿元,增长35.6%;上划中央"四税"收入1.96亿元,增长24.5%。财政一般预算支出4.10亿元,增长7.9%。当年财政收支实现平衡。

税收概况【任务完成情况】 2003年，全县地税部门共组织各项收入2.45亿元，比上年增收6158万,增长33.65%;其中税收收入1.92亿元,增收5051万元,增长35.78%。

【税收特点】一是股份制经济成为全县经济税源的一个重要增长点。全年股份制经济入库税收9721万元,增收5008万元,增长106.24%,远高于税收收入的平均增幅和其他各种经济类型税收的增长,股份制税收占整个税收收入比重由2002年的33.39%提升到50.72%，其他类型企业入库税收增长较快的有联营企业166.7%，国有企业和涉外企业分别比去年同期减少6.4%和37.24%。二是重点企业税收占总体税收的比重有所下降。2003年,20家重点税源监控企业中,12家企业与2002年同期相比有较大的增长,有8家企业与2002年同期相比有较大的减少。虽然20家重点税源监控企业2003年入库税款为7278万元,增收1460万元,增长25.15%,但占总税收的比重由2002年的41.20%下降至37.98%。三是产业结构发生变化。2003年第三产业入库税款8035万元,增收2376万元,增长41.98%,高于第二产业增幅10.37个百分点。

【税源分析】1、主要税种完成情况:(1)营业税全年入库6259万元,增收2023万元,增长47.75%,完成计划的128.5%，是完成计划最好和增幅最大的一个主要税种,主要得益于房地产业、建筑业和金融、保险业的增收。(2)企业所得税全年入库7312万元,增收1158万元,增长18.81%,完成年度计划108.21%。其增收的主要行业一是房地产业，入库381万元,增收295万元,增长342.67%。二是建筑业,入库690万元,增收323万元,增幅为87.8%。三是制造业,入库5093,增收952万元,增长23%。(3)个人所得税全年入库3492万元,增收896万元,增长34.53%,完成计划12.21%，主要来源于：工资薪金所得增收161万元，增幅13.45%，增收的主要原因是工业薪金的提高;利息、股息、红息增收270万元,增幅428.8%,主要原因来自于解氏公司和三变集团的股金分红;个体工商业户生产经营所得增收145万元，增幅14.6%,主要来源于企业经济效益提高。

2、增收因素:一是经济的增长是税收增长的主要因素。2003年,全县经济克服"非典"和缺电带来的严重影响,仍呈良好的发展态势。全县规模以上企业总产值为26.2亿元,同比增长243%,宏观经济的快速发展，为地税收入的较快增长奠定了良好的税源基础。二是加强对小税种的征收,逐步实行源头控管。对印花税种的征收实行委托全县金融机构对贷款方代征印花税制度,取得较好效果。2003年金融业共入库印花税23万元,增收15万元,增长183.8%,有效地堵塞了税款的漏征。同时,加强对土地增值税的征收管理,全年共征收土地增值税571万元,填补了该税种的征收空白。三是房地产业继续保持快速发展态势。政府部门为了提高城市品位,提升城市功能,使城市居民居住条件得到逐步改善,坚持把握总量适度开发的原则,加大了对房地产的开发力度。地税部门加强对建筑安装企业税源监控,确保建筑业税收及时足额入库。2003年入库税款1534万元,增收833万元,增长118.8%。四是股份分红增收个人所得税266万元。2003年解氏公司和三变科技股份有限公司实行股份分红,分别入库个人所得税96万元和170万元。

3、减收因素:一是"非典"影响收入。由于受到"非典"的影响,正常的生产、工作秩序被打乱,尤其是餐饮业、交通运输业、娱乐业、住宿业等出现萎缩现象,据统计,全县受"非典"影响减少税款约300万元,再加上为了落实各项优惠政策,办理减免退库22万元,两项合计减收322万元。二是国产设备抵免税收413万元。

各项工作情况【征管改革】2003年,ISO9000质量管理体系全面顺利导入,在全县地税系统初步建立了地税质量管理标准体系,促进了地税征管改革的继续深化,对内推动行政管理规范化,对外推动征收管理现代化。

【征收管理】进一步规范所得税管理,对所得税纳税人实行分类管理,将20户个人所得税重点纳税人列入监控对象,密切关注税源变化情况。适时开征土地增值税,全年共入库571万元,填补了土地增值税征收的空白。加强印花税管理,对六大行业实行按月预征年终结算,委托金融保险企业代征印花税,收到了良好效果,在连续几年较快增长的基础上又创新高,全年共入库202万元,同比增长74.2%。推行和完善纳税评估工作,并取得了阶段性成果。对全县24户纳税人进行了纳税评估,补征各类税费合计27万元,修订《三门县地方税务局纳税评估管理办法》,提高了日常税收监控能力。

【社会保障基金征收】养老金征缴扩面工作,学习"义乌经验"并通过省局考核验收。为提高社保基金征管质量和水平,切实解决长期以来存在的个人账户不能得到准确、及时地记清、做实等问题,以保证广大缴费人的切身利益,大力推进了信息化建设,实现地税、社保联网、资源共享。本着稳固基础,完善办法,确保征缴率,努力完成扩面任务这一指导思想,继续像抓税收收入一样抓好基金征缴工作。全年共征收社保基金3843万元,增长27.3%,征收率达到100%。

【税务稽查】开展个人所得税专项检查,对11家行政事业单位及其下属的38家独立核算机构,采取责成自查与重点检查相结合的方法进行检查,影响面广,效果比较显著,对进一步规范我县的个人所得税征收管理,起到了很好的促进作用。开展餐饮业、房地产开发行业税收专项检查。有重点、分步骤地对一些经营业绩较好,但定额偏低的连锁经营的餐饮业进行检查,共查补税款40万元,有效地促进了税收管理。对72家企业进行了所得税汇算清缴检查,查补税款280万元。

【税收宣传】为进一步提高公民依法纳税意识,营造良好的依法治税环境,突出"依法诚信纳税,共建小康社会"的税收宣传主题,开展了一系列的宣传活动。组织广大税务干部和近千名纳税人参加"税法百题知识竞赛"活动;与团县委联合组建了"税收宣传月志愿者服务队",上街进行税收宣传,分发宣传资料近千份;举办"地税杯"三门县乒乓球争霸赛;通过电视、报纸等宣传媒体充分展示了三门地税近年来的改革成果。

队伍建设【教育培训】一是强化思想政治教育,提高干部队伍的政治素质。实行每周集中学习制度,开展党的十六大精神主题教育和"三个代表"重要思想学习,统一组织理论考试,写体会文章,开展知识竞赛,进一步明确了十六大精神的伟大意义。二是加强业务培训,全面提升干部综合业务素质。开展征管法、ISO9000质量管理体系认证、会计知识更新、电子商(政)务、办公自动化、普通话等一系列培训学习,增强干部学习的紧迫感和自觉性,不断提升干部业务水平和工作能力,为打造学习型组织开辟通道。

【廉政建设】加强廉政教育,增强拒腐防变能力。开展艰苦奋斗、廉洁从政主题教育,开展"六个一"活动;开展财政地税法律法规教育,增强法纪观念,提高依法行政能力。

(三门县地方税务局供稿　方加舜撰写)

仙居县地方税务工作概述

局长 潘小燕

经济概况 2003年，仙居县实现国内生产总值37.3亿元，比上年增长12.2%，第一、二、三产业增加值分别为4.9亿元、18.2亿元、14.2亿元，增幅分别为7.8%、11.1%、15.4%；全县规模以上工业企业完成工业总产值31亿元，比上年增长9.2%；实现社会消费品零售总额12.5亿元，比上年增长16.4%；完成全社会固定资产投资16.5亿元，比上年增长45.7%；自营出口1.2亿美元，比上年增长21.4%。主要经济指标呈现较快增长，经济效益和运行质量明显提高。全县工业产品产销率达101.2%；规模以上工业企业实现利润比上年增长38.1%。在经济增长的基础上，财政收入也呈现较快增长，全县实现财政总收入4.89亿元，比上年增长15.2%，其中，上划中央四税收入2.84亿元，增长10.2%；地方财政收入2.05亿元，增长16.05%。全县财政总支出3.97亿元，比上年增长17.55%。

税收概况【任务完成情况】2003年，全县地税系统共组织各项收入1.81亿元，比上年增收2709万元，增长17.62%。其中税收收入1.33亿元，增收1873万元，增长16.45%，完成计划的103.6%，保持了良好的增长势头。

【税收特点】一是营业税、企业所得税、个人所得税三大税种仍是仙居县地方税的主要税种。2003年，三大税种收入1.14亿元，比上年增长16.94%，占全县税收收入的85.91%。个人所得税4321万元，增长29.49%，增收984万元，是仙居县地方税收的第一大税种。二是第二产业税收占据首位。2003年，全县产业税收顺序仍然为二三一，第二产业税收7136万元，比上年增长23.26%，占税收的53.84%；第三产业税收6107万元，比上年增长9.3%，占税收的46.08%。三是小税种和零散税收增长较快。2003年，车船使用税、房产税、土地使用税、印花税分别比上年增长32.86%、18.64%、53.49%、27.52%；个体税收比上年增长18.93%。四是非公有制经济税收比重增加。2003年，全县非公有经济税收9000万元，比上年增长25.31%，占收入的67.91%。私营企业、股份制企业、个体经营税收分别比上年增长9.22%、51.78%、52.17%，三者已成为仙居县地方税收的增长点。

【税源分析】1、营业税收入保持稳定增长。全年收入3551万元，比上年增长10.35%，增收333万元，完成计划的100.31%，占全县税收的26.79%。增收因素：一是随着经济的快速发展尤其是固定资产投资规模的扩大，拉动了金融贷款的增长和利息收入的增加。全县金融业营业税比上年增长16.92%。二是基础设施建设投资加大和加强建筑业、房地产业的税收管理。全年建筑业营业税比上年增长21.68%，房地产业营业税比上年增长32.91%。三是服务业的快速发展，带动了税收的增长。虽然受“非典”的影响，但由于纳税人的增加，税收收入反而增加，全县服务业营业税比上年增长17.70%。

2、企业所得税稳定增长。全年收入3513万元，完成年计划的110.47%，比上年增收332万元，增长10.44%，占全县税收的26.51%。各经济类型企业所得税税收收入有升有降，其中国有企业增长4.53%，集体企业因所有制改变而下降28.02%，股份制企业增长43.69%，私营企业增长4.53%。增收因素：一是认真做好2002年度企业所得税汇算清缴工作，明确企业所得税的列支范围、标准和税前扣除项目,按规定审批减免税,严格控制财产损失和弥补亏损的审批。二是进一步完善企业所得税分类管理,并对分类管理办法作了调整。在企业提出申请,征管局提出意见的基础上,委托中介机构对企业的会计核算情况进行全面审核,而后对企业所得税分类作出调整通知。完善和改革工艺品行业所得税管理办法。三是企业经济效益提高,利润增加。全县规模以上工业企业利润比上年增长22.1%。

3、个人所得税较快增长。全年收入4321万元,完成年计划的112.53%,比上年增收984万元,增长29.49%,占全县税收的32.6%。增收因素:一是加强个人所得税税源头控管。进一步落实行政、企事业单位代扣代缴制度,完善代扣代缴和自行申报制度,从”源头“上保证个人所得税及时足额入库。2003年全县工资、薪金所得税1811万元,比上年增收536万元,增长42.04%。二是税收政策的调整和管理制度的落实,使个体工商户的个人所得税有较快的增长。全县个体工商户的生产经营所得税入库2218万元,比上年增收428万元,增长23.91%。三是利息、股息、红利所得增加。全年利息、股息、红利所得个人所得税入库191万元,比上年增收71万元,增长59.17%。

4、各小税种有所增长。全县各小税种收入1868万元,比上年增收224万元,增长13.63%。车船使用税、土地使用税、印花税等税种增收比较大。车船使用税93万元,同比增长32.86%;土地使用税66万元,同比增长53.49%;印花税190万元,同比增长27.52%;房产税490万元,同比增长18.64%;城市维护建设税增幅较少,全年入库1008万元,增长5.55%。增收因素:一是做好房产税、土地使用税的普查,摸清税源情况,并将基础数据录入TF2000系统。在普查的同时,大力清理欠税。二是购车热度不减,车船使用税较快增长。

各项工作情况 **【税收法制建设】**按照依法治税、依法行政的要求,制定了《仙居县地方税务局规范性文件制定办法》,使规范性文件制定做到规范化。组织开展税收政策贯彻执行情况和执法行为的合法性、规范性进行检查。做好行政诉讼案件的应诉工作。认真开展涉税大案的审理,理顺重大案件审理工作机制,提高案件审理质量。依法举行仙居县电信公司涉税案件行政处罚听证会,取得了良好的效果。

【征管改革】税收征管改革的目标,是实现征收社会化、管理科学化,依靠现代化技术手段,走科技兴税的路子。一是建立现代化的纳税申报体系。在继续抓好集中办税的基础上,实施了银行实时扣款,试行网上申报、实行转账完税证解缴税款的办法。全县有4000多个体工商户被请出办税服务厅,既方便了纳税人,又减轻了办税服务厅的压力。二是社会化征管网络得到加强和巩固。与县工商、公安、城建、土管等部门建立了协税、护税关系,做到资源共享、信息互通。三是纳税服务进一步得到优化,依托办税服务厅的窗口,为纳税人提供了涉税事项的全方位服务,服务质量不断提高。开通“12366”服务热线,接受纳税人的咨询监督。

【征收管理】一是强化税收计划管理。积极开展税源测算,组织调查研究,重视税源建设。将税收计划分解到征收机关,每月每季分析税收计划执行情况,加强计划执行的监督,确保计划的完成。进一步完善税源监控机制,全县19家企业纳入省市重点企业税源监控范围。二是规范行业税收征管。根据建筑业、房地产业和货物运输业的税收特点,制定了《仙居县建筑行业税收管理办法》、《仙居县房地产业税收管理办法》和《仙居县货物运输业税收管理暂行办法》。对房产税、土地使用税基础资料进行全面普查,将数据录入TF2000系统。三是进一步完善个体税收“分等量化、科学双定”定期定额评定办法。制定了《仙居县“双定户”管理具体实施办法》。针对营业税起点提高后的实际,规范了税源管理、定额管理、征免界限、发票管理、部门协调等各环节的办事程序。四是开展纳税评估。制定了《仙居县地税局纳税评估暂行办法》,对28家企业进行了纳税评估,补缴税费13.5万元。五是进一步完善所得税分类管理。为更好地做好企业分类管理,对企业分类管理作了调整。委托中介机构对结算企业的会计核算情况进行全面审核,据此确定企业所得税管理的类别。六是加大代扣代缴力度。加大对高收入单位和个人代扣代缴管理力度,实行个人所得税代扣代缴重点税源的管理。加大个人所得税代扣代缴检查力度,防止个人所得税的漏征。七是导入

ISO9000 质量管理体系。仙居县地税局导入 ISO9000 质量管理体系在仙居县机关尚属首家。通过 3 个月的筹备,于 2003 年 6 月 20 日正式试运行。经过 3 个月的试运行,顺利通过了方圆认证公司的现场认证。八是税收征管质量全面提高。税务登记率 90%,企业纳税申报率 100%,个体户纳税申报率 92%,税款入库率 98%,滞纳金加收率 100%,处罚率 100%。

【信息化建设】大力推进办公自动化水平,提高工作效率。随着信息量的不断增大,原来的《仙居地税》网页很不适应信息的传递和维护,在台州市局的帮助下,改用市局模版《仙居财税》,做到信息及时,维护方便。大力改造网络,提高运行速度,将县局至各征管局的 DDN 线路改为光纤线路,速率提高了 50 倍。6 月,TF2000 系统 4.0 版顺利升级,运行平稳。实现多元化申报纳税方式,3 家企业网上申报试点成功,将在全县推开。

【社会保障基金征收】在做好正常性征收的同时,县地税局会同县社会保障部门深入欠缴企业进行全面清理,提高了征集率。根据养老保险基金扩保的要求,县局成立领导小组,加大宣传力度,提高群众参保意识。在仙居电视台、仙居广播电台、《仙居报》等媒体刊登公益广告、养老保险知识问答。将 2500 人扩保指标分配到征管局,征管局深入企业落实扩保人数,全年共扩保 2519 人。根据 ISO9000 质量管理体系 90%征集率指标的要求,对各征管局每月进行考核和分析,有效地促进养老保险基金的征收。全县征集养老保险基金 3235 万元,征集率 95.5%,比上年增收 588 万元,增长 22.2%。

【发票管理】一是进一步做好发票管理。举办发票管理知识培训班,提高发票管理水平和安全意识。把电信、通讯发票纳入管理范围。二是认真落实《货物运输业发票管理流程实施方案》,对货物运输发票进行清理,完善户管档案,规范台账。对运输业的纳税人进行分类认定管理。三是严厉打击制售和购买假发票违法行为。发挥政府和司法职能,于 3 月份组织了专项的发票打假活动。

【税务稽查】全县地税稽查以查处大要案为突破口,充分发挥以查促征,以查促管的职能,维护税法的严肃性,改善税收环境。开展了餐饮业、宾馆、娱乐业、广告业专项检查、个人所得税专项检查、化工业和制造业专项检查、造地改田工程纳税检查、省级税收专项检查、涉外税收专项检查和服务业发票检查等,并把检查中发现的问题及时反馈给征管部门。全年检查企业 131 户,立案检查 36 户,共查补税费、罚款、滞纳金 353.6 万元,入库率 100%,检查处罚率 75%。发布税案公告 26 起,其中在《仙居报》曝光 5 起,公告率 72%。

【税收宣传】在税收宣传月活动中,利用多种媒体,多种形式宣传税收法律法规,增强纳税人的税收知识。4—5 月份,县广播电台开展"地税之声"专题宣传,仙居电视台开展地税专题讲座,与仙居县团委组织青年志愿者服务队深入企业、街道、居民区开展税法宣传,举办"地税之光"文艺晚会等,把税收法律法规送到千家万户,深入人心。

队伍建设 **【教育培训】**以建立学习型组织为契机,着力抓好干部职工的思想教育,在系统内开展学习型组织创建活动,制定了一系列的创新激励措施。着力提高干部职工的业务水平和执法能力,积极选派干部参加省、市局组织的各种培训达 368 人次。在《仙居财税》网上开辟了"学教互动"专栏,开展网上大讨论。积极鼓励干部职工参加各类学历教育。组织税务干部职工学习《税收征收管理法》及其实施细则,并进行考试。

【廉政建设】在全系统开展"解放思想,实现跨越式发展"大讨论,进行"树立新形象,推动力新发展"和"艰苦奋斗、廉洁从政"等廉政专题教育。20 多名干部参加县纪委举办的执法部门党风廉政培训班,开展"我与廉洁从政"为主题的有奖征文活动,组织收看警示教育片,召开廉洁从政专题民主生活会,组织党风廉政知识考试。通过廉政教育,干部职工增强了廉洁自律的意识。县局聘请了 21 名特邀监察员,召开 2 次座谈会,组织明察暗访。设立举报投诉电话、信箱,发征求函,接受社会各界对地税系统廉政建设的监督。

【创建文明单位】县地税系统继续开展基层税务人员工作作风建设,深入开展基层文明单位、"青年文明号"和文明行业创建活动,通过考核和评审,稽查局被评为全省地税系统稽查工作先进集体,城区征管局被授予台州市级基层文明单位、白塔征管局被授予台州市级"青年文明号"称号。

(仙居县地方税务局供稿 周水龙撰写)

天台县地方税务工作概述

局长 施逢沪

经济概况 2003年，天台县实现国内生产总值47.43亿元,同比增长15.3%,其中,第一、二、三产业的增加值分别为5.35亿元、24.68亿元、17.40亿元,增幅分别为32.16%、17.0%、17.70%;全县国有及500万元以上非国有工业企业完成总产值32.56亿元,同比增长17.6%；实现社会消费品零售总额17.2亿元,同比增长14%；完成全社会固定资产投资23.98亿元,同比增长49.8%。在国民经济持续快速健康增长的基础上,财政收入呈现稳定增长,全县实现财政总收入5.6亿元,同比增长21.8%,其中,中央四税收入3.02亿元，同比增长10.39%；地方财政收入2.58亿元，同比增长38.36%。全县财政完成一般预算支出4.52亿元,同比增长21.10%。按照现行分税制财政体制和有关政策计算,加上省拨各项专项支出、调入预算外资金及上年各项专项结转,实现了当年财政收支平衡。

税收概况【任务完成情况】 2003年，全县地税系统共组织各项收入3.50亿元，同比增收7344万元,增长26.59%;其中地方税收收入2.37亿元,同比增收4270万元,增长21.98%,完成计划的111.90%,继续保持了收入稳定增长的良好态势。

【税收特点】一是主体税种完成程度不均衡。营业税提前5个月完成全年收入任务,而企业所得税和个人所得税均未完成省局下达的收入任务。二是第二产业税收增长快于第三产业,且第二产业税收占税收收入总额比重明显上升。第二产业同比增长40.13%,占税收比重为57.24%;第三产业同比增长3.95%,占税收比重为42.76%。三是税收收入及税收的增收主要来自于内资企业的股份制企业。股份制企业全年入库税收1.15亿元，占地方税收收入比重为48.6%,同比增收2118万元,占税收总增收额的49.6%。

【税源分析】1、营业税收入增长迅速。全年实现收入8029万元,同比增收3733万元,增长86.89%。营业税的增收主要表现在建筑业和房地产业上。增收因素：一是城市建设步伐的加快特别是旧城改造、始丰新城建设力度的加大以及房地产业的迅猛发展,建筑业税收呈现快速增长的态势;二是重点工程项目代征税款增收;三是对外来施工企业的征管加强,使门征征收的建筑业营业税增收较大,全年门征征收建筑业营业税1277万元,同比增收943万元。减收因素:一是旅店、餐饮、娱乐、交通运输等行业受"非典"疫情影响较大;二是严格执行"非典"时期有关减免税等优惠政策使税收减少;三是起征点调整后,达不到起征点的个体纳税人增多使税收减少。

2、企业所得税收入有所下降。全年实现收入9516万元,同比减收228万元,下降2.34%。减收因素:一是钢材、生胶等原材料价格上涨,成本支出增加,影响企业效益;二是缺电影响企业正常生产秩序;三是企业外流导致税源减少；四是有不可比因素存在,如育青科教发展有限公司在上年一次性转让土地使用权收益,同比减收857万元。

3、个人所得税收入稳步增长。全年实现收入3836万元,同比增收218万元,增长6.03%。增收因素:一是进一步完善代扣代缴个人所得税工作,加强代扣代缴的征管，扣缴义务人较好地履行扣缴义务,促进个人所得税的增收。机关事业单位的统一核算,更使各部门扣缴工作得到加强;二是开展个人所得税专项检查。

4、除印花税外,各小税种均有增长,但增幅不一。城建税、房产税、车船使用税、土地增值税和资源税同比分别增收296万元、112万元、33万元、113万元和6万元, 增长26.62%、29.32%、53.23%、297.37%和120%,。印花税同比下降11.19%,减收16万元。增收因素:一是不断加强对房屋租赁等行业的税收征管;二是坚持"抓大不放小"原则,进一步完善对地方各小税种的委托代征管理制度。

各项工作情况【税收法制建设】依法治税继续推进,调整充实了重大税务案件审理委员会,认真落实上级出台的重大税务案件审理操作规程,相继出台《天台县重大税务案件审理暂行办法》、《天台县地方税务局规范性文件制作办法》。重大税务案件审理委员会全年共审理重大税务案件5起,涉税金额400多万元,应诉行政诉讼一起,以原告撤诉而胜诉。结合ISO9000质量体系二次内审,组织开展了税收执法检查,税收执法水平有进一步提高。

【支持经济发展】认真贯彻中央精神,做好再就业税收优惠政策的落实工作,对登记在册的786名下岗职工保持后续跟踪管理;积极落实"非典"时期的税收优惠政策,对旅游、饮食、旅店等受"非典"影响较为严重的209户纳税人减免各项税费120多万元;抓好起征点调整的落实工作,全县减少2983户纳税人,占全县个体税务登记户数的74%,全年因此减少地方税收约150万元。

【导入ISO9000】年初开始,成立导入ISO9000质量管理体系领导小组,着手准备导入工作,在5月中旬开始形成涵盖全局税收征管服务全过程的ISO9000质量体系文件并试运行,严格按照内审程序进行内部审核和管理评审等工作,顺利通过第三方外审,于11月份获得了中国方圆标志认证中心的认证证书,成为天台第一家导入ISO9000质量管理的行政事业单位。

【征收管理】制定《天台县临时经营通用发票使用管理办法》,联合天台县国税部门下发《纳税申报和建账建证管理办法》,进一步规范了纳税申报、建账建证、临时经营通用发票开具等工作。对TF2000中税务登记的数据进行全面有效清理,积极稳妥地开展了纳税评估和网上申报,抓好货物运输发票专项整治,并取得阶段性成果。使征管水平进一步提高,促进了收入任务的完成。

【信息化建设】全年新配置40台计算机和2台服务器,建立起天台财政地税网站,认真落实各项信息化安全管理制度,并在公文流转、网络安全、税费征收中提供了很好的技术支持。

【社会保障基金征收】与劳动、社保、银行等部门密切配合,积极宣传和执行社保扩覆政策,把职工基本养老保险基金的征集工作视同税收征管,建立健全催报催缴和按月通报制度,认真做好任务分解落实、调查摸底、乡镇督查、部门协调工作。全年共征集职工养老保险金7529万元,同比增长24%,征集率为99.5%,扩面人数为1742人,年终净支付能力达到8.5个月;全年征收医疗保险金1168万元。

【税务稽查】继续开展责成自查和纳税辅导活动,在做好日常稽查的基础上,积极查处大案要案,抓好举报案件的审理。有步骤地开展了对国产设备投资抵免情况、个人所得税扣缴情况的专项检查。全年共对162户纳税人责成自查和检查,其中立案36件,查结35件;入库1122万元;公告立案35件,公告率100%;移送公安机关案件2件。通过加强与审计部门的联系协作,建立"跟踪稽查被审计单位涉税事项"的机制,全年查处10余起,涉税金额近百万元,有效地提高了选案针对性,社会治税合力明显增强。

【税收宣传】成功组织了广大财税干部和纳税人参加"税法百题知识竞赛"活动;在4月12日联同团县委组建了"天台地税青年志愿者服务队",开展了"税收宣传进社区"、"税收宣传进景区"等活动,分发宣传资料近千份,取得良好的宣传效果。全年免费向纳税人赠送《税收法规公告》共11期计5200份,及时传递新出台的税收政策;通过报刊、电视、广播、12366咨询热线等,多层次、多方位向纳税人宣传。通过一系列举措,使依法治税的环境进一步得到改善。

队伍建设【教育培训】从切实提高队伍政治素质角度出发,局班子制定了全年学习计划和每周集中学习制度,组织全体干部系统地学习了"三个代表"重要思想学习纲要、胡锦涛总书记在西柏坡考察时的讲话和《党章》等,加强干部党性修养教育,坚定政治立场,增强服务意识。并邀请县纪委和县党校的老师来作讲座,组织干部进行有益的理论探讨,树立聚财为国、执法为民的良好工作作风。依次分别组织了信息员培训、ISO9000质量管理体系内审员培训、《电子商务》培训、公务员依法行政培训、新《征管法》学习培训等，并对部分培训内容进行考试，有效地提高干部队伍的业务素质和技能。鼓励干部在职参加自学、函授和远程教育等不同层次的学历教育，取得更高层次的学历。

【党风廉政和效能建设】建立效能建设领导小组，设立效能投诉中心，完善效能建设各项制度，经常性地对各下级单位进行监督检查，有力地促进了干部队伍建设，进一步转变了干部的工作作风。加强对地税干部"八小时"外的监督管理，对地税干部中存在的苗头性、倾向性问题，及时提醒、督促整改，把问题解决在萌芽状态，做到关口前移、预防在先。坚持以制度管人，各项制度得到进一步落实。

（天台县地方税务局供稿　许宾撰写）

玉环县地方税务工作概述

局长　汪云傲

经济概况 2003年，玉环县实现国内生产总值116.29亿元，同比增长14.1%，其中第一产业增加值12.59亿元，负增长4.7%；第二产业增加值68.7亿元，增长16.1%；第三产业增加值35亿元，增长18.6%。全社会固定资产投资48.63亿元，增长63.1%；社会消费品零售总额18.92亿元，增长18.1%；城镇居民人均可支配收入17685元，增长11.2%，农民人均纯收入7225元，增长8.6%；人口自然增长率5.8‰。全县财政总收入12.21亿元，增长22%，其中：地方财政收入5.13亿元，增长17.9%；上划中央四税收入7.09亿元，增长25%；地方税收收入4.24亿元，增长17.1%。全县财政总支出7.33亿元，增长24.7%。

税收概况【任务完成情况】2003年，全县地税系统共组织各项收入5.92亿元，比上年增收1.12亿元，增长23.23%，。其中：税收收入4.24亿元，比上年增收6181万元，增长17.08%，完成省局下达年度计划的104.70%，完成地方财政预算计划的104.70%，其中省级收入1544万元，比上年增收193万元，增长14.29%。

【税收特点】一是基金、费收入增幅高于税收收入增幅。2003年全县地税系统征收入库各项基金、费1.68亿元，比上年增长42.04%；入库税收4.24亿元，比上年增长17.08%。基金、费收入增幅高于税收收入增幅24.96个百分点。二是第二产业税收收入增幅高于第三产业税收收入增幅。2003年，全县第一产业、第二产业和第三产业地方税收分别入库33万元、2.61亿元和1.68亿元，第二产业和第三产业税收，比上年分别增长21.43%和10.87%，第二产业税收增幅高于第三产业税收增幅10.56个百分点。三是非公有制经济税收收入增幅高于公有制经济税收收入增幅。2003年，公有制经济和非公有制经济的税收分别为1.77亿元和2.46亿元，比上年增收518万元和5663万元，增长3.01%和29.83%。非公有制经济的税收收入增幅比公有制经济高出26.82个百分点，增加的税收占整个增收额的91.62%。非公有制经济已成为我县地税税源增长的龙头主体。四是所得税类的收入增幅高于流转税类的收入增幅。2003年，全县营业税、企业所得税和个人所得税分别入库1.21亿元、11.74亿元和6132万元，营业税和所得税收入分别比上年增长 14.70%和 17.63%,所得税收入增长快于营业税收入增长。

【税源分析】1、营业税全年入库 1.21 亿元,比上年增收 1554 万元,增长 14.7%,完成计划的 101.86%。增收主要来自于建筑业和金融业。增收因素:(1)金融业入库 1763 万元,比上年增收 364 万元,增长 26.02%,增幅提升 3.73 个百分点。(2)建筑业入库 3364 万元,比上年增收 1098 万元,增长 48.46%,增幅提升 36.5 个百分点。主要表现在:经济发展拉动全县基础设施建设投入加大,以及外来建筑、个体建筑业税收、企业厂房建筑和固定资产安装应征税收得到控管。(3)房地产业入库 2593 万元,比上年增收 133 万元,增长 5.41%,增幅下降 64.25 个百分点。(4)交通运输业入库 705 万元,减收 118 万元,比上年增长 -14.34%,增幅下降 15.96 个百分点。(5)邮电通信业入库 1142 万元,减收 165 万元,比上年增长 -12.62%。(6)住宿和餐饮业入库 798 万元,减收 57 万元,比上年增长 -6.67%。

2、企业所得税。全年入库 1.74 亿元,比上年增收 2042 万元,增长 13.28%,增幅提升了 10.91 个百分点,完成年度计划的 105.59%。增收因素:(1)全县规模以上企业经济增长势头强劲,企业经济效益明显提高,增加了企业所得税收入。(2)许多企业经改制成为股份制企业,使股份制企业所得税总量相应增大。(3)企业所得税汇算清缴工作和税务稽查力度加大等因素促进税收增收。减收因素:一是因福利、劳务、校办企业及“三废”综合利用企业的减免税而减收。二是上年亏损和财产损失报批的企业结算多征税款等,以致退库增加。三是因化工化纤和专用设备等制造行业产业结构调整,经济效益下降而减收。四是县烟草公司办理延期纳税和自来水公司严重亏损造成国有企业减收。五是部分私营企业改制成股份制企业而减少企业所得税收入。六是欠税增加而减收。七是受“非典”和限电、缺水及铜和钢材等原材料大幅度涨价的影响,全县工业企业大幅减收。

3、个人所得税。全年入库 7883 万元,比上年增收 1751 万元,增长 28.56%,增幅提升 1.21 个百分点,完成年度计划的 107.14%。增收因素有:提高纳税起征点,调整个体工商户纳税定额,清理漏征漏管户,加强厂长、经理等高收入行业个人所得税收征管的措施得到落实,以及苏泊尔炊具股份有限公司因上市清算一次性入库股息红利所得税收。

4、城建税。全年入库 2797 万元,比上年增收 468 万元,增长 20.09%,增幅提升 3.93 个百分点。因全年增值税收入增幅提升较大,拉动了城建税的快速增长。

5、房产税。全年入库 1127 万元,比上年增收 234 万元,增长 26.20%,增幅下降 6.14 个百分点。

各项工作情况【征管改革】地税审批项目提速工作进展顺利,涉及地税的 4 项审批、核准和备案的项目得以逐项讨论、审定,办事效率和工作效能得到提升,提速率达 40%。

【征收管理】一是狠抓收入任务落实。坚持依法治税,把组织地方收入作为各项工作的重中之重来抓,实行收入计划目标管理,收入计划的测算、编报和分配落实工作到位,税收收入计划合理分解到各征管局,做到计划到基层、任务到人,努力做到应收尽收,及时足额入库。二是加大税收征管力度。全县高收入者个人所得税税源监控体系逐步建立健全,税源建设成效日益显现;主体税种与个体税收实现兼顾并重发展,“抓大不放小”成效明显。三是强化纳税服务。深入企业调研,主动地为企业排忧解难;设立了“绿色通道”方便企业;认真开展企业财务人员税收政策及财务辅导,为纳税人提供良好纳税环境。

全县地税系统 ISO9000 质量管理体系导入工作顺利,体系文件全员培训工作组织到位,质量管理体系诊断、文件编写、内审员培训、两次内部审核和管理评审等阶段性工作按部就班地有序推进,中国方圆委浙江审核中心第三方认证顺利通过,目前体系运行良好,质量手册、23 个程序文件、89 个作业指导书及各类记录表单得到规范操作,税收征管实现科学管理、依法行事。

【社会保障基金征收】基本养老保险金征收工作成绩突出,2003 年组织入库 8089 万元,同比增收 2683 万元,增长 49.6%,入库率达 98.2%。工会经费和残疾人保障金开征到位,共征收 520 万元和 950 万元。

【发票管理】发票管理实现新的突破,发票印、领、用、存环节得到严格管理,企业具名发票印制审批纳入 TF2000 发票管理模块操作,实现网上审批管理。

【税务稽查】稽查工作环节"四分离"制度效果明显,各环节操作程序规范运转,共受理检查案件136起,查补入库金额1547万元。省级税收收入专项检查工作成绩斐然,税收专项检查效果明显,检查范围广泛,共检查企业65户,查补税费达400多万元。涉税大要案和涉税举报案件查处工作取得良好成绩,查处涉税金额10万元以上大要案共23件,占查处案件数的20%,涉税金额达60%。共受理各类举报案件12起,涉税金额达317.5万元,税务执行效果显著,执行案件入库率达100%。税务案审的制约作用充分发挥,税收执法刚性和税法的严肃性得到集中体现,各类涉税违法行为得到了有效打击,正常的税收征管秩序得到整顿。

【税收宣传】税收宣传工作进一步强化,宣传思路得到创新,宣传内容得以丰富,宣传形式实现多样化,全县纳税大户、纳税先进企业首次在《中国税务报》上予以通报表彰,与县团委联合组成税收宣传青年志愿者服务队开展"税收宣传进社区"活动深受好评;探索建立定点村居税收宣传联络员的活动初见成效;还组织了全县小学生税法知识竞赛,将2003年"依法诚信纳税,共建小康社会"的宣传主题深入基层、深入社区、深入群众,营造依法诚信纳税良好的社会氛围。

队伍建设【教育培训】坚持"以人为本,教育为先",全面掀起"三个代表"重要思想学习新高潮,"讲学习、树形象、比奉献"主题教育月活动生动开展,机关作风纪律整顿取得良好效果,机关作风建设再上台阶。干部素质教育全面加强,干部参加理论知识学习和业务技能培训的积极性不断增强,新《税收征管法》及其实施细则、ISO9000知识、电子政(商)务、公务员依法行政知识、稽查业务培训等各类考试和培训工作取得了良好的成绩。学历教育在全系统蔚然成风,干部教育程度得到很大提高,干部的业务理论知识和相关文化技能有了很大的提高。全员积极参与省级文明城市创建活动,为该县获得"创建省级文明城市工作先进单位"称号作出了积极努力。

【党风廉政建设】"廉洁从政、艰苦奋斗"主题教育与"三个代表"重要思想学习有机结合,主体防腐倡廉体系逐步构建,月廉政教育日、述廉评廉活动和提示性谈话制度得到深化,党风廉政责任制不断健全完善,中层干部廉政档案初步建立,县管干部完成"廉政座右铭"上牌工作,并率先在全省财政地税系统颁布实施禁酒令,成效明显。

(玉环县地方税务局供稿　盛杰星撰写)

舟山市地方税务工作概述

局长　杜祖国

经济概况　2003年,舟山市实现国内生产总值171.8亿元,比上年增长15.5%,超过年初预期目标2.5个百分点,名列全省各市第2位,人均达到17633元,突破2000美元;财政总收入19.0亿元,增长20.8%,其中地方财政收入11.4亿元,增长31.8%;工业经济速度效益同步提升,规模工业成为经济发展主要力量,工业总产值240.1亿元,增长26.3%,工业化水平由上年的29.7%提高到32.1%,国有及年销售收入500万元以上工业实现产值153.5亿元,增长26.6%,占全部工业产值比重达到63.9%,实现利税11.4亿元,增长32.3%;全市水产品产量124.5万吨,与上年基本持平,其中海水养殖产量达到11万吨,增长30.7%,远洋渔业产量16.8万吨,增长26.2%;港口货物吞吐量5722万吨,增长40.7%;整体推出舟山旅游品牌,成功举办国际沙雕节、海鲜美食节、观音文化节活动,开展创建中国优秀旅游城市各项工作,旅游业在克服困难中稳步发展,接待国内外游客645.1万人次,增长2.1%;地方外贸进出口总额6.2亿美元,增长25.1%,其中地方外贸出口总额5.4亿美元,比上年增长21.5%;实际利用外资(新口径)1755万美元,增长2.4倍;全社会固定资产投资98.0亿元,增长51.9%;社会消费品零售总额75.1亿元,增长12.1%;城镇居民人均可支配收入12213元,渔农村居民人均纯收入5018元,分别增长11.2%和7.7%。

税收概况【任务完成情况】2003年,全市地税系统共组织各项收入12.8亿元,比上年增收2.7亿元,增长26.84%。其中税收收入10.12亿元,比上年增收2.07亿元,增长25.68%,完成年度计划112.67%。

【税收特点】一是税收收入总额历史性突破10亿元。二是主体税种营业税增幅超过25%,是税收收入增收的主力。全市营业税入库5.31亿元,同比增收1.17亿元,增长28.1%,占税收增收额的56.35%。三是省级收入快于市县级收入增长。全市完成省级收入4832万元,同比增长38.47%,市县级收入入库7.59亿元,同比增长22.06%。四是税收产业和企业结构进一步优化。从税收产业结构看,第二产业税收比重逐步上升,入库3.23亿元,占税收收入的比重为31.9%,比上年提升2.4个百分点。从税收企业结构看,内资企业中国有、集体企业税收比重继续下降,入库3.36亿元,由2002年占税收收入比重35%下降至33.17%。个私税收入库2.32亿元,比上年增长25.7%,占税收收入比重稳定。

【税源分析】1、建筑业、房地产业税收快速增长,比重大幅上升,成为我市地税收入的主要来源。2003年,这二大行业共创税收3.84亿元,比上年增收1.20亿元,增长45.64%,占整个地税收入的比重也从上年的32.74%上升到37.94%。其中建筑业创税1.74亿元,比上年增长45.12%,比重占17.16%;房地产业创税2.10亿元,增长46.07%,比重占20.78%,房地产业税收已经超过建筑业税收,并取代我市传统重点行业——交通运输业的位置,成为我市地税的第一大税源行业。

2、制造业、交通运输业及批发零售业税收增长较为缓慢,比重下降明显。制造业为我市近年来重点支持和发展行业,2003年制造业税收入库首次突破1亿元,达到1.05亿元,比2001年增长6.24%,但所占比重却从2001年的13.59%,下降到2003年的10.41%;交通运输业作为我市传统重点行业,2003年税收入库1.18亿元,与2001年相比基本持平,而比重却从2001年的15.79%,下降到2003年的11.70%,下降了4个多百分点;另外,批发零售业税收入库8911万元,比2001年只增长3.25%,比重也从原来的12.22%下降到现在的不到10%。

3、金融业和商务服务业税收保持良好增长,比重基本稳定。得益于住房贷款、基建贷款和工业技改贷款等规模的扩大,这两年金融业的发展并不落后,税收增长良好,全年金融业税收入库8097万元,比上年同期增长31.64%,比重继续维持在8%左右;同期商务服务业税收入库7131万元,增长27.07%,比重继续维持在7%左右。2003年制造业、交通运输业、批发零售业、金融业和商务服务业这五个行业税收合计4.68亿元,占地税收入总额的46.25%,尽管比重有所下跌,但仍是我市地税收入的基本来源。

4、住宿餐饮业税收下降,总额减少,比重下跌。全年税收入库4511万元,与上年比减少914万元,比重下跌到5%以下。

各项工作情况【税收法制建设】抓好"四五"普法规划落实,开展税收宣传活动,向地税干部职工、广大公民、法人、纳税人、财务人员、中小学生等分层次、全方位、多形式的法制宣传教育。推行行政执法责任制。继续实施执法过错责任追究制、行政执法证件管理制,组织开展行政执法检查,及时发现纠正问题,不断提高依法行政水平,行政执法逐步走上制度化轨道。严厉打击各种涉税违法行为。

【征管改革】进一步推进和深化全市地方税收征管改革,确保地方税收稳定增长,维护正常的税收征管秩序。根据国家税务总局税收征管改革的总体方针和省局《新世纪之初全省现代地税征管新框架的指导性意见》,按照"机构分设,属地征收,分级入库,平稳过渡"原则,对市区地税机构体制进行全面改革,实行垂直管理,建立执法统一、运转协调、办事高效,与社会主义市场经济相适应的地税管理新体制。市属两区的定海、普陀地税局与财政局机构分设,两区地方税务局同时更名,市局对定海地方税务局、普陀地方税务局实行垂直管理,优化税收征管资源,提高征管效率,强化税收征管,提升地税形象。

导入ISO9000质量管理体系。加快地税工作规范化建设,根据全省地税系统全面导入ISO9000的工作部署,2003年1月启动ISO9000质量管理体系导入工作,8月底全面完成ISO9000质量管理体系贯标工作,在全省率先以市为单位全面导入ISO9000质量管理体系,规范日常税收征管行为,将地税征收、管理、稽查全过程和各种涉税服务及内部管理的所有地税税收征收管理服务行为全部纳入质量管理体系范围,实现ISO9000管理思想与税收征管工作的有机融合,从经验管理向过程管理转变,从模糊管理向精致管理转变,从单纯管理向服务转变,从相对封闭型管理方式向包容开放型管理方式的转变。

【征收管理】 1、完成2002年度税费减免工作。市本级减免地方税费累计1568万元,涉及企业114户、个体工商户242户,有效地发挥了税收的杠杆作用,增强了地方经济发展后劲;积极应对"非典"对经济的影响,认真落实抗"非典"税收优惠政策,共落实政策性地方税费减免703万元;积极参与"招商引资年"活动,围绕舟山海洋经济建设思路,组织开展地方税源建设调研,努力促成对地方税源贡献较大的行业、企业落户舟山。

2、夯实征管基础工作。规范档案管理,做好征管资料积累工作。建立与新的地税征管模式相适应的档案管理体系,制定《舟山市地方税务局基层征管局税收征管档案管理办法》和《舟山市地方税务局基层征管局税收征管档案管理工作规范化认定标准》,基层征管局通过了市档案局组织的档案达标验收。加强发票管理,促进以票管税。下发《关于进一步规范发票印制和结算工作的通知》,明确市与县、市与各基层征管局发票印制权限、具体操作流程及结算规程,理顺省、市及县(区)局之间发票印制和结算关系,维护正常发票管理秩序,全面提高发票管理水平。加强个体税收管理,制定《舟山市地方税务局纯地税行业个体工商户税收征收管理办法》,在全市范围内对纯地税行业个体工商户推行定额加发票全额征收方式,进一步强化个体税收征管,完善和规范个体"分等量化、科学双定"定期定额管理办法。

3、强化纳税服务。充分发挥税收职能作用,营造公正、文明、优质、高效的税收环境,建立健康和谐的税收征纳关系,着力建设执法服务型税务机关,推进观念创新、制度创新、机制创新,不断提高为纳税人服务水平,从根本上提高征管质量和效率。依托12366语音特服系统和网络平台,开展电话语音、短信温馨提醒等形式服务,拓展和深化服务内涵和外延。

【信息化建设】 2003年3月1日起,在全面推广"银税联网、自动扣缴"申报征收方式以及成功推行网上申报纳税方式基础上,与市邮政部门密切配合,在全省地税系统率先推出地税专邮。在银行金库等部门配合下,进一步拓宽委托范围,扩大施行实时扣税范围,2003年底全市个体工商户已基本进入金融机构所属网点纳税,实现双定户不进办税服务厅纳税申报目标,推进电子化申报、无纸化税款解缴进程。初步建立起以定期定额户委托银行实时扣税、账证健全的企业单位以网上申报纳税为主体,邮寄申报、上门申报、代理申报等方式为补充的纳税申报管理模式。

【税务稽查】 充分发挥税务稽查"以查促管"效能,把普法教育和强化执法相结合,采用立案稽查、重点稽查、专项稽查等手段,严肃查处各种涉税案件。全年共检查纳税户252户,查补税款、罚款计912万元,有效地维护税法的严肃性和权威性。

队伍建设【教育培训】 深入开展以党的十六大精神为主题的教育和掀起学习贯彻"三个代表"重要思想新高潮活动。积极组织有关人员参加省市业务培训。在抓干部学历职称教育的同时组织开展各类培训。

【创建文明单位】 凭借各种载体适时开展争先创优活动,全市各级地税机关以办税服务厅为服务平台,开展最佳服务窗口、评选服务明星等活动,建立健全各项规章制度,为纳税人提供一站式全方位的优质高效服务。2003年,舟山市地税局荣获"市级文明单位"。

(舟山市地方税务局供稿　周士光　刘兴平撰写)

舟山市定海区地方税务工作概述

局长 李海定

经济概况 2003年，定海区实现国内生产总值62.74亿元，比上年增长15.2%，超过全省平均增长率1.2个百分点。其中第一、二、三产业增加值分别为5.1亿元、29.5亿元、28.1亿元，增幅分别为1.2%、20%、13.3%。完成工业总产值74.38亿元，增长24.7%；全年社会消费品零售总额24.21亿元，比上年增长13.2%。完成全社会固定资产投资10.61亿元，增长36.4%；完成出口交货量18.96亿元，增长35.3%，其中自营出口9644万美元，增长102.7%。主要经济指标呈现较快增长，经济效益和运行质量显著提高。全区规模以上工业企业（即国有及年产品销售收入500万元及以上的非国有工业企业）103家，实现销售产值41.09亿元，比上年增长28.9%；实现利税3.62亿元，比上年增长53.7%，其中利润达到2.32亿元，比上年增长68.0%；工业产品销售率99.1%。在国民经济持续快速增长的基础上，财政收入呈现高速增长，全区实现财政总收入2.79亿元，比上年增长29.23%。其中，中央四税收入1.41亿元，增长19.66%；地方财政收入1.38亿元，增长40.76%；全区财政总支出4.09亿元，比上年增长11.6%，其中本级财政支出3.19亿元，比上年增长12.13%。

税收概况【任务完成情况】2003年，全区地税系统共组织各项收入1.04亿元，比上年增收2505.81万元，增长31.7%。其中税收收入8441.32万元，比上年增收2328.93万元，增长38.1%，完成年度计划的125.4%，收入增长势头强劲，增幅居全市各县区首位。

【税收特点】一是主体税种增长快，且主导地位突出、发展比较均衡。营业税、企业所得税、个人所得税分别比上年增长37.5%、45.7%、23.2%，该三税的收入占到税收总量的89.7%；二是小税种总量小，增量不明显；三是收入的行业分布较集中，机械设备制造业、建筑业、水路运输业的收入占全部收入的八成；四是收入的增长点也主要体现在这三个行业上，其中：水运业增幅达74.12%，建筑业增幅达50.22%，机械设备制造业增幅为31.77%。

【税源分析】1、营业税全年共入库3240.59万元，同比增收882.94万元，增长37.45%。其中：水路运输业入库1108.94万元，同比增收442.45万元，增长66.39%；建筑业入库1535.21万元，同比增收387.87万元，增长33.81%；金融业入库122.05万元，同比增长22.11%；房地产业入库115.85万元，同比增长56.27%。增收的主要因素：一是得益于区政府对水路运输业税源的培植，出台了一系列鼓励和吸引投资的政策。各乡镇政府依靠本地近海优势，一方面积极引进外地的运输企业加盟入户，另一方面合理引导本地渔民转产转业，鼓励渔民利用技术优势发展海运业。地税部门也积极开拓思路，做好引导和服务工作，在加强税收征管的同时，树立服务创新意识，运用灵活的管理方式，积极主动为纳税人做好纳税服务和辅导工作，使海运业成为定海区地税收入增长前景较好的产业之一。二是本地建筑企业努力提高自身的竞争能力，积极参与本地房地产工程的招标，所承接的工程量比去年增加较多。同时，农村乡镇的各种基建工程项目开工较多，如乡镇的科技工业园区的建设及部队工程的建设，都直接增加了营业税收入。三是受市区火爆的房地产市场带动，农村房地产市场也逐渐升温，虽然收入所占份额较小，但增长显著；金融业营业税也随着乡镇工业经济的快速发展、贷款额度的增大,收入也有一定的增长。四是加强对门征业务的规范管理,扩大临时经营门征窗口,使零星税源流失情况得到有效遏制。

2、企业所得税入库3173. 18万元,同比增收991.61万元,增长45. 72%。增长的主要原因是区内企业特别是机械设备制造行业的销售和利润较上年有较大提高,带动了企业所得税收入的增长。另外,区内的上市企业金鹰股份有限公司从2002年起所得税税率调整为33%后,增加了304万元。其次,建筑行业建筑劳务的增加和建筑安装行业的所得税预征率由0. 5%调整到1%,使得全年企业所得税增加了344.5万元。同时,减免税和退税政策的落实也在很大程度上影响企业所得税的收入,2003年共办理企业所得税减免819. 6万元,其中民政福利企业减免248. 4万元,其它减免571. 2万元。发生退库582.8万元,其中减免退税274. 9万元,汇算清缴退税304. 4万元。办理国产设备投资抵免企业所得税470万元,退库和抵免比上年增加452万元。

3、个人所得税入库1161. 88万元,同比增收218. 9万元,增长23.21%。其中,工资薪金所得税228. 71万元,增收44. 89万元;个体工商户的生产、经营所得税438. 59万元,增收59. 46万元;企事业单位的承包经营、承租经营所得税196. 9万元,增收82. 76万元;劳务报酬所得税169. 2万元,增收38. 8万元;利息、股息、红利所得税127. 8万元,减收7万元,除利息、股息、红利所得外,其它各项所得个人所得税均有不同程度的增长。增长的因素:一是经济增长所带动的正常增长。二是企事业单位职工工资水平的提高,扣缴义务人扣缴意识的增强。三是地税部门加强对高收入行业和高收入个人所得税的管理,个人所得税征管水平进一步提高。

4、城建税共入库676.46万元,同比期增收216.46万元,增长47.06%,主要是受经济增长和流转税增加的带动影响。

5、其他税种相比于主体税种的高速增长,增长相对较缓。共入库189.21万元,同比增收15万元,增长8.62%。除印花税由于征管办法调整后,增长幅度较大外,其他小税种收入基本与去年持平。

各项工作情况 **【税收法制建设】**加强执法监督,规范执法行为,结合ISO9000质量管理体系进一步强化定岗定职,明确职责,使执法权得到有效分解并得以制约。结合机构分设,调整执法责任制领导小组,并重新在各部门签定执法责任制。积极推行政务公开,深化审批制度改革,对原有税收政策、法规进行清理,削减审批事项达34.8%。加强执法检查,对基层人员执行税收政策的规范性、税收优惠政策的落实及稽查案件的审理程序进行重点检查,实现税收执法检查的日常化。

【征管改革】坚持"科技加管理"的征管方向,本着"积极稳妥、循序渐进"的原则,稳步推进地税征管改革。2003年7月,根据舟委办【2003】43号关于调整市区地方税务机构管理体制通知精神,按照机构分设、属地征收、分级入库、平稳过渡的原则,顺利地完成财政、地税机构的分设工作,实现由市局垂直管理。全面成功导入ISO9000质量管理体系,并以此为契机,进行业务重组和流程再造,规范和加强征管业务水平。大力推广代理申报、网上申报、邮寄申报等多元化申报征收方式,2003年在试点成功的基础上又有39家企业实行网上申报。"12366"语音特服系统应用更加成熟,动作平稳,并在此基础上不断拓展应用功能。

【征收管理】一是进一步规范办税员管理,对临时办税员进行了全面清理摸底,加强上岗培训,规范办税员管理操作流程。二是制定出台加强委托代征的管理办法,并对全局范围内的委托代征单位进行全面的清理,规范委托代征工作。三是针对水路运输业流动性大、财务核算制度不健全的现状,出台相关的管理办法,规范管理,促进水路运输企业健康发展。四是进一步巩固和加强征管档案管理,组织各征管局进行档案清理和达标工作。五是积极开展纳税评估工作,对2002年度税费清缴进行专项纳税评估。六是加强个体征管,根据增值税、营业税起征点调整后管理的现状,对全区范围内的个体工商户进行了全面的摸底,制定相关办法,对未上起征点的个体户进行有效征管。七是落实好各项税收优惠政策,特别是落实"非典"减免税政策,共组织退税7.2万元,涉及纳税户172户。

【信息化建设】继续做好《浙江地税信息系统》的应用维护工作，不断完善稽查模块等的应用工作，不断解决工作中出现的问题。为实现全省税收业务数据的集中备份存储，根据省局要求较好地完成《税友2000》数据清理工作，并做好数据上传工作。加强税务经费核算的监督指导力度，做好网络版税务经费核算软件应用工作，提高经费管理水平。优化网络环境，完成10M光缆为主线、512K帧中继为备份线的网络改造。开通直属征收局征收大厅的电子触摸屏，为纳税人提供多项服务。加强网络信息安全管理，做好放火墙的管理和反病毒代码库的更新，并组织系统安全管理员进行系统安全管理的培训工作。

【发票管理】加强对未缴销发票的清理工作，做好企业具名发票的实地稽核工作。规范海洋运输专用发票和货物运输发票的管理，严格自开票纳税人和代开票纳税人的审核和认定工作，发票管理等得到进一步加强。

【税务稽查】开展农村信用合作社的个人所得税代扣代缴工作及省级收入单位等税收专项稽查和日常稽查工作，认真抓好移送督办案件的查处，积极探索责成自查与重点检查相结合的稽查办法。2003年度共稽查申报户97户，结案率达100%，入库率达100%，罚款率达70.8%，“五率一面”均超过了省局的考核指标，有力地打击了偷逃税违法犯罪行为，有效地发挥了以查促征、以查促管的积极作用，确保了国家税款的及时、足额入库。

【税收宣传】2003年定海地方税务局通过邀请区政府、乡镇等领导及纳税人代表参加ISO9000质量管理体系文件发布会；举办“地税五年成就回顾展”；组织地税干部到学生税收法制教育基地(全免费寄读学校——千荷学校)进行税收知识专题讲座；在新闻媒体或宣传窗上曝光典型涉税案件；建立乡村税收知识巡回宣传队，深入各乡村宣传税法；利用海上税收法制课堂，在岛际交通船上分发宣传资料；举办办税员税法知识竞赛；开展在各办税服务厅悬挂宣传横幅等一系列群众喜闻乐见的税收宣传活动，扩大了定海地税影响，提高了全社会纳税意识。

队伍建设 【教育培训】掀广泛开展党的十六大精神主题教育和掀起学习“三个代表”重要思想新高潮促进定海地方经济发展等活动，进一步转变工作作风，提高干部职工爱岗敬业、廉洁奉公的自律意识。鼓励干部职工积极参加各类学历教育和培训学习，组织税务干部参加《征管法》及实施细则的培训、电子 商(政)务培训、公务员双语培训、行政执法人员综合法律知识培训，及ISO9000业务知识培训等，全面提高税务干部职工的综合素质。

【制度建设】结合机构分设，出台《舟山市定海地方税务局经费管理规定》、《舟山市定海地方税务局业务招待费和业务会议费使用管理办法》、《定海地方税务局工作岗位目标考核办法》、《定海地方税务局工作人员考核办法》等规章制度，并在日常管理工作中严格加以执行，有效地优化内部运作，使局内部管理的制度化又向前迈进一大步。

【廉政建设】一是开展党风廉政教育。坚持每月二次政治学习，组织干部学习温家宝总理“3.27”讲话和省财政厅、省地税局《关于制止奢侈浪费行为严禁公款吃喝玩乐的规定》等。二是进一步落实了党风廉政建设责任制。与各部门负责人签订了党风廉政建设责任书。根据局领导班子调整情况，重新落实领导班子成员廉政建设责任制。三是进一步加强内外监督。调整了兼职监察员和特邀监察员两支队伍，进一步明确了监察员工作职责。四是广泛征求纳税人意见。设置廉政(行风)意见箱、意见簿，走访了10多个乡镇、街道和部分企业，开展纳税人服务满意度问卷调查，发放并收回服务满意程度调查问卷157份，满意率为99.7%。

【创建文明单位】全局深入开展文明单位创建活动，并在专业化、规范化、制度化上下功夫，建立健全各项内部规章制度，设立创建活动台账。加强对干部职工的政治思想教育和业务培训，广泛开展各项业务考核评比活动。通过考核评比，2003年度局本级被评为省地税系统征管工作目标责任制考核先进单位，稽查局被评为全市地税稽查系统先进集体。直属征管局和金塘征管局分别被评为区级先进集体和先进党支部。

(舟山市定海区地方税务局供稿 方晓撰写)

舟山市普陀区地方税务工作概述

局长 金伟平

经济概况 2003年，普陀区实现国内生产总值54.75亿元，首次突破50亿元，比上年增长14.8%，人均GDP达到16970元，突破2000美元。其中，第一、二、三产业增加值分别为12.23亿元、21.52亿元、21亿元。工业总产值达到63.11亿元，比上年增长27.5%；外贸自营进出口总额2.05亿元，比上年增加25.5%，其中，出口总额1.92亿美元，比上年增加26.2%。全社会固定资产投资13.9亿元，增长15.2%；旅游接待人数达到276万，旅游收入达16.56亿元，增长9.4%；城镇居民人均可支配收入11935元，渔农村居民人均纯收入5110元，分别增长10.3%和4.2%。全区国民经济持续快速增长，经济社会各项事业健康发展，财政总收入3.87亿元，增长13.4%，其中，上划中央"四税"收入1.35亿元，增长7.8%，地方财政收入2.51亿元，增长16.7%；全区一般预算支出5.18亿元，增长16.2%，其中，本级支出4.06亿元，增长15.6%。

税收概况【任务完成情况】2003年，全区地税系统共组织收入1.91亿元，同比增收3066万元，增长19.18%，完成省局下达任务的107.12%，增量创下历史新高；组织入库养老保险基金2697万元，同比增收689万元，增长34.31%，。

【税收特点】一是税收增幅大，保持了强劲的发展势头。全年税收收入增幅达19.18个百分点，创下历史新高。二是税收和经济呈现良性互动。全年税收收入月平均保持在1600万元左右，形成全年收入曲线的基础平台，受"非典"的影响，税收呈现前高后低的态势，1~4月份税收收入月平均在1800万元左右，充分体现了经济决定税收的作用。三是营业税成为税收增长的强力"引擎"，税种结构实现稳步调整。全年入库的营业税、企业所得税和个人所得税分别为1.05亿元、3354万元、2787万元，增长率分别为20.48%、14.00%、16.17%，由此可见三大主税种增长较均衡，而营业税占了地方税收的"半壁江山"。四是税源分布集中趋势明显。全区来自非公有制经济的税收收入比上年进一步增长，达1.42亿元，比重占74.44%。营业税重点税源中，房地产业、建筑业、交通运输业和住宿、餐饮业四大行业入库营业税8955万元，占全部营业税收入比重的85.38%。五是大多数小税种增幅明显高于主税种，成为今年一大特色。土地使用税增幅高达242.86%，其次是印花税、房产税和车船使用税，增幅分别为90.65%、43.78%、20.69%，只有资源税有一定幅度的减收，屠宰税因停征，收入为零。

【税源分析】一是经济持续保持良好的发展态势带动税收增长。今年虽然遭遇"非典"影响，但我区经济通过"非典"以后的生产自救，第一届民间民俗大会的召开，第五届国际沙雕节的继续举办，人们对商品房投资的预期和信心，政府实事工程的陆续到位，都在一定程度上拉动了经济的发展。通过测算，经济增长为税收提供了约2100万元的增长值。二是加强征管，坚持应收尽收，使地税收入增长。各税务分局未雨绸缪，从年初开始就把组织收入工作抓紧抓实，通过认真贯彻《征管法》及其实施细则，大力倡导诚信纳税，向科学管理和征管质量要收入。ISO9000质量管理体系的导入，使税收征管的各项工作都有明显的改进和提高。重点税源的监控进一步扩大和完善，《普陀区水路货物运输税收征收管理办法》、《普陀区地方税务局个体工商业户纯地税行业“定额加发票全额”征收方式实施办法》和《加强印花税征收管理试行办法》的贯彻落实有力地促进了收入的增长。同时,抓大不放小,使房产税、印花税、土地使用税等小税种增幅明显。三是管辖范围的变更影响税收。由于我区勾山块的划归,增加税收240万元。四是政策性因素影响税收。全年因执行财政部、国家税务总局《关于营业税若干政策问题的通知》(财税【2003】16号),减少销售不动产税收收入约130万元。起征点调整主要涉及商业零售业、饮食业、理发业、加工修理业、居民服务业、音像制品出租业、娱乐业、其他服务业、旅馆业等行业,受益户数达1844户,全年减少税收约45万元。执行国有资产投资抵免政策减少税收22万元。屠宰税因停征减少税收1万元。五是突发事件影响税收。“非典”和“非典”优惠政策的落实共涉及纳税户1000余户,减免地税收入近350万元,其中营业税约250万元,个人所得税约85万元,城建税约15万元。

各项工作情况【税收法制建设】一是加强税法宣传,积极利用现代传媒拓展宣传空间,不断提升12366纳税服务热线的服务质量,做好人工座席服务的联络工作,确保纳税咨询渠道畅通。二是建立依法行政责任制,强化干部的法律知识培训,使地税干部的法制意识和依法行政的观念不断强化;三是扎实有效地开展地税执法检查,2003年着重对有关下岗失业人员再就业税收优惠政策执行情况,“非典”期间税费优惠政策的执行情况,稽查部门2002年度查处的各类涉税案件查处情况进行检查。

【征管改革】一是全面导入ISO9000质量管理体系,使之贯穿于税收征管、稽查、服务全过程,精心设计和策划规范高效、简便易行的操作流程和协调有序的岗责体系,在全局范围内形成了全面规范和持续改进内外部管理的新机制,各项指标均已达到或超过质量目标要求。二是全面推进多元化纳税申报,积极创造条件推广网上申报方式;在规模较大的餐饮企业实行税控收款机试点;制订《双定户简易申报、简并征期税收征管办法》,对“双简”申报的适用对象、申报征收程序、发票领购等作了明确规定。三是健全完善征管基础制度,编印《税务登记业务规范》,清理税务登记基础资料,通过与工商、国税等部门的协作配合加强户籍管理,健全基层户管档案管理制度,扎实做好各项征管基础工作。

【征收管理】努力克服“非典”和干旱带来的影响,竭尽全力挖潜增收。以营业税、企业所得税、个人所得税、城建税等主体税种为重点,分税种分行业管理得到全面强化。加强企业所得税管理,严格把握税前列支项目、亏损弥补和投资抵免的审批,保质保量做好所得税汇算清缴工作。加强对高收入行业和高收入个人的个人所得税征管,扩大重点监控范围和代扣代缴面。强化对建筑业、交通运输业和房地产业的营业税征管和相关小税种的征管,及时完善各项征管措施和办法,使房产税、印花税、土地使用税等比上年有较大幅度的增长。

【发票管理】加强对具名发票和重点行业发票的管理,制定出台了具名发票管理办法,对纯地税行业“定额加发票全额”的征收管理办法实施后的税源变化情况进行调查,确保制定的办法适宜、有效。建立对用票大户的实时监管机制,制定下岗再就业税收优惠政策享受对象发票管理办法,加强水路运输发票稽核,及时掌握发票的流向,规范使用行为。

【税务稽查】地税检查的威慑力得到进一步发挥。2003年共实施税务稽查案件87件,执行入库税款、滞纳金和罚款共计312万元。积极推行责成自查与重点稽查相结合的办法,对27家房地产企业实施责成自查和查前辅导,做到查补一笔税款、留下一份建议、规范一户企业、,赢得一份信任,此举得到了纳税人的拥护和地方党政部门的支持。重视群众举报和上级交办案件的查处工作,做到快阅、快查、快审、快结,及时反馈查处结果,兑现举报奖金。加强对稽查执法的监督,落实对稽查案件的复查、抽查和回访制度。

【纳税服务】全局上下牢固树立了“以纳税人为关注焦点”的服务理念,整合现有的服务资源,针对不同情况、不同类别的纳税人通过新办企业辅导、纳税评估约谈、查前辅导等方式提供个性化的纳税服务。定期或不定期深入企业对服务质量进行回访调查,并将企业评价与干部年度考核相结合。通过简化程序、简化审批手续,实施提醒服务、预约服务、限时服务等措施,缩短办税时限,提高办税效率,方便纳税人。

队伍建设【教育培训】按照建立学习型组织的目的,通过组织全员培训和继续教育,加快培养复合型人才。通过ISO9000质量管理标准、电子商务、行政执法全员培训,提高干部适应现代化管理和依法行政的水平;组织中层干部参加市局举办的综合素质培训,通过谈话、培训、交流学习等形式,努力提高基层领导的综合素质、领导艺术、领导才能,完善中层干部考核制度,建立一套分类科学、指标具体的考核评价体系;认真组织"三个代表"学教活动,大力开展理想信念和廉洁从政教育,不断完善党员干部的行为准则和道德规范。

【廉政建设】全面落实党风廉政建设责任制,各级领导干部自觉坚持把党风廉政建设和反腐败工作作为一项基本职责,紧密结合税收中心工作,坚持同步部署、同步落实、同步检查、同步考核,逐步完善包括考核、报告、监督、奖惩等内容的一整套保障机制。一把手对涉及班子和党风廉政建设的重大问题,定期向上级作出报告。继续实施领导干部节日期间廉政告诫制度,认真抓好局中层以上干部个人重大事项报告和礼品登记制度的落实。对责任制落实不够,或有苗头性问题,群众反映较大的干部,及时进行提醒和诫勉。

【创建文明单位】坚持以人为本,高起点、高标准打造文明建设品牌,在硬件条件上为纳税人提供尽可能便捷的办税环境,通过开展"假如我是纳税人"的大讨论,引导全体地税干部站在纳税人的角度进行换位思考,审视税收工作,通过座谈、走访、问卷调查等渠道了解情况,寻找薄弱环节,推出了一系列有特色的服务举措,地税征管服务初步实现了"党政满意,社会各界满意,纳税人满意"。沈家门征管局被评为地税系统省级基层文明单位,桃花征管局被评为市级"青年文明号",普陀稽查局被省地税局稽查局评为先进集体,四个征管局全部荣获区级文明单位称号。

(舟山市普陀区地方税务局供稿　杨岚撰写)

岱山县地方税务工作概述

局长　童信宁

经济概况 2003年,岱山县实现国内生产总值30.9亿元,比上年增长13.3%,第一、二、三产业增加值分别为9.9亿元、10.0亿元、11.0亿元,增幅分别为0.5%、28%、14.5%。全县实现财政总收入1.94亿元,其中县级财政收入1.15亿元,比上年增长17.7%;财政一般预算支出3.28亿元,比上年增长12.5%。

税收概况【任务完成情况】2003年,全县地税系统共组织收入6249万元,完成年初预算5800万元的107.8%,比上年实绩5186万元同口径增长20.5%。

【税收特点】一是除营业税外,其他主体税种增加缓慢。三大税种中营业税快速增长,2003年完成营业税3606万元,比上年实绩增长28.8%;增值税25%部分收入1743万元,比上年实绩下降3.1%;企业所得税40%部分收入821万元,比上年实绩增长0.9%;个人所得税40%部分收入880万元,与上年实绩持平。二是各种经济成份实现税收占税收总量的比重有所变化。其中国有企业占27.8%,比上年28.3%下降了0.5个百分点;集体企业占13.2%,比上年17.1%下降3.9个百分点;个私及其他经济占59%,比上年54.6%增长4.4个百分点。可见,个私及其他经济在政府政策的引导下发展迅速,实现了地方税收收入不断增加,国有企业和集体经济因经济效益下降及数量逐渐减少,实现的地方税收收入相应呈下降趋势。三是按税种构成分析,营业税占整个地税收入的比重为45.3%,比上年40.7%上升了4.6个百分点;企业所得税比重为21.5%，比上年24.5%下降了3个百分点；个人所得税比重为18.9%，比上年20.9%下降了2个百分点。地方税源性质和结构构成上的变化基本反映了全县目前经济发展的现状。

【税源分析】全县财政收入继续保持较快增长，主要呈现以下特点：一是营业税增长较快。全年入库3606万元，同比增长28.8%。主要是加强了建筑市场税收管理，严密对外来企业的税务登记，严格实行纳税申报制度，规范建筑市场的税源监控，及时掌握工程进展情况，全年入库790万元，同比增收195万元，增长32.77%。房产业同比增收260万元，增长34.94%。同时，由于全县上下积极营造航运业发展良好环境，水路运输营业税有大幅增加，全年入库640万元，同比增长81.91%。二是增值税呈下降趋势。全年入库1743万元，比上年下降3.1%。原因是福利企业退税因素，使增值税减收。三是所得税较为平稳。全年完成企业、个人所得税地方分成部分分别为821万元和881万元，与上年基本持平。主要是重点做好企业所得税预交工作，在企业自检自查的基础上，认真核对企业财务报表，并逐户落实征收。积极组织人员，实行了重点稽查，有效防止了税款流失。四是土地增值税收入快速增长。全年入库土地增值税183万元，比上年增长144.0%。五是城市维护建设税增长较快。全年完成城建税590万元，比上年增长31.1%。各项工作情况

各项工作情况【税收法制建设】全面落实行政执法责任制，层层签订责任状，明确责任、内容和考核要求，严格税收管理权限，坚决制止各种越权减、免、缓税的错误做法，不断规范税收执法，努力营造公平竞争的税收环境。深入开展"四五"普法教育活动，全局干部依法行政、依法治税意识不断增强。

【征管改革】全面落实导入ISO9000质量管理体系各项工作，不断提升地税征管改革质量。结合岱山实际，及时完成了ISO9000质量管理体系文件编写，严格内审，持续改进，进一步规范了税收工作流程，于2003年10月顺利通过了ISO9000质量管理体系贯标认证，成为全县首家通过ISO9000质量认证的部门，为进一步完善税收管理打下了扎实基础。针对省局征管检查反馈的信息，认真查找征管工作中的薄弱环节和存在的问题，明确了主攻方向，落实了解决措施，地税征管机制不断完善。全面贯彻《征管法》及实施细则，理顺了征收、管理、稽查岗位职责，科学合理、相互分离、相互制约的征管工作机制得到进一步加强。

【征收管理】以航运业为切入点，努力开辟新生财源，挖掘和培植新的财源增长点。全面分析了全县航运业的发展现状和前景，不断优化航运业发展环境，全县航运业得到快速发展。半年时间，新增运力5万余吨，实现税收收入400多万元，比上年增收300多万元，成为全县税收增收的亮点。建立了收入定期分析制度，认真总结收入增减原因，提高了收入预测和财源分析的水平。针对税源不足、税基不宽这一现实，结合全县经济发展现状和今后发展方向，梳理税源重点，建立了县级重点税源监控户59户，实现了从税源产生到税收入库的动态监控，把握和组织收入的水平不断提高。以所得税、营业税为重点，完善税种管理。做好地方企业所得税汇算清缴，全县共自核自缴、自行申报企业602户，实际征收所得税1873万元。严格执行对房地产、私营企业的所得税预征管理，有效地防止了税款流失。加强对行政事业单位个人所得税代扣代缴工作。规范了营业税征管，强化了对营业税征收的源头控制。做好日常税收管理，重点抓好税收申报率和入库率，严格执行税收滞纳金和罚款制度。根据《稽核评税实施办法》，强化对企业申报纳税情况的稽核评税工作，有效堵塞了税收漏洞。认真组织农业税征收工作。针对渔业生产不景气、农业税征收进度慢这一实际，落实应对措施，充分调动相关部门的工作积极性，形成工作合力，重点加强生产环节和收购环节农业税征收，顺利完成了全年农业税征收任务，确保了全县农业税30年无尾欠。

【信息化建设】以科技促发展，向管理要效率，大力推进地税信息化建设，顺利完成了TF2000、ODPS公文处理系统和网上申报升级工作，及时办理12366语音特服系统来电咨询，优化了为纳税人服务的质量。

【社会保障基金征收】会同劳动社保部门加大对企业养老保险基金缴纳违规行为的查处力度，抓好养老保险扩面和征收管理操作系统的完善。2003年，养老保险基金参保人数达17699人，征集养老保险基金3784万元，比上年增长28.6%，征集率为97.6%；医疗保险基金参保人数22633人，征集医疗保险基金1880万元，比上年增长83.6%，征集率为99.2%。

【发票管理】认真落实上级部门下达的《关于加强货物运输业税收征管工作的"三个办法和一个方案"》,进一步规范了全县行业发票的管理秩序。全面清查国、地税分设以后历年使用的票据,有效地加强了地税发票管理工作。严格实行个体双定户票外定额制度,实现以票管税,确保应收尽收。

【税务稽查】强化地税稽查力度,以查促管。全年共稽查纳税户65户,补税罚款120万元,处罚率为55%,复查率和公告率分别为27%和57%。积极开展各项税收专项检查,重点做好省级税收收入和个人所得税专项检查。严格举报案件管理,全年共查处举报案件9起,补税罚款12万元。

【税收宣传】紧紧围绕"依法诚信纳税,共建小康社会"这一主题,结合全县地税工作实际和海岛特点,不断创新活动载体,优化宣传平台,认真策划了11项具体宣传活动,充分利用地税网站、电视、报刊、广告牌、宣传画等各种媒体加大宣传力度,深入基层举办了"税法宣传到船头"户外文艺活动,引起了巨大的反响;广泛宣传、积极动员,举办了"地税杯"全县机关干部射击比赛;赴小岛、下企业,深入开展"送税法"活动,全面征求广大纳税人对地税工作的意见和建议。通过一系列税收宣传活动的开展,进一步增强了公民依法诚信纳税意识,营造了良好的依法治税环境,有效地推动了税收工作的顺利开展,取得了良好的社会效果。其中"税法宣传到船头"获全省税收宣传最佳项目。

队伍建设 【教育培训】按照建立学习型组织的要求,不断完善各项学习机制,提高干部的思想政治素质和理论水平。积极鼓励干部参加各种类型的培训和教育,组织干部进行普通话培训,举办《征管法》及其实施细则专题讲座,干部的综合素质不断提高。深入开展"三个代表"重要思想学习活动,把学习教育的落脚点放在财税工作如何促进岱山经济的发展上,利用夜学习时间组织税务干部职工学习县两代会报告。

【廉政建设】出台了《岱山县财政地税局关于严禁党员干部参与赌博的规定》,严肃了队伍纪律。认真贯彻落实党风廉政建设责任制,及时查找存在的问题,分析原因,堵塞漏洞,不断完善廉政建设内外监督网络,重点做好各科室、各部门内部财务的清理工作,进一步严肃了财务管理制度。

【创建文明单位】以"带好队、收好税"为目标,在全面完成税收任务的基础上,继续开展行风建设、队伍建设和精神文明建设活动,加强对干部、职工的作风纪律教育和职业道德教育,树立服务至上的意识。2003年县局被评为全县宣传工作先进集体,泥峙征管局被市地税局评为地税征管工作先进单位。

(岱山县地方税务局供稿　王国文撰写)

嵊泗县地方税务工作概述

局长　朱再定

经济概况 2003年,嵊泗县实现国内生产总值22.27亿元,比上年增长23.0%,第一、二、三产业增加值分别为5.40亿元、8.44亿元、8.43亿元,增幅分别为-4.5%、73.6%、12.3%;全县规模以上工业总产值6.1亿元,比上年增长4.5%;实现社会消费品零售总额6.0亿元,比上年增长11.3%;完成全社会固定资产投资31.67亿元(含洋山深水港建设26亿元),比上年增长1.4倍。在国民经济持续快速增长的基础上,财政收入呈现高速增长,全县实现财政总收入1.33亿元,比上年增长28.5%。其中,地方财政收入9865万元,比上年增长39.8%;全县财政完成一般预算支出2.7亿元,比上年增长19.8%。

税收概况【任务完成情况】2003年,全县地税系统共组织各项收入1.14亿元,比上年增收4066万元,增长55.18%;其中税收收入8201万元,增收2334万元,增长39.78%,完成年度计划的108.19%。其他基金(费)累计入库3234万元,增收1732万元。

【税收特点】一是工程税收收入快速增长。随着上海国际航运中心洋山深水港的开工建设,该项工程的税收收入已成为全县税收收入增长的主要来源,2003年工程入库税收收入1919万元,比上年增收1509万元,占全县税收收入总增收额的84.96%。二是主体税种增减反差大。三大主税种中营业税快速增长,同比增长63.98%;个人所得税继续稳步增长,同比增长14.34%;企业所得税则出现了下降趋势,同比下降3.3%。三者收入占总税收收入92.46%,其中营业税占74.16%、企业所得税占10.72%、个人所得税占7.58%。三是重点税源企业收入比重加大。2003年,全县各级重点税源临控网进一步扩面,由2002年的38户增加到2003年的49户,重点税源企业税收收入占全县企业税收收入的70%。

【税源分析】1、营业税收入快速增长。全年实现收入6082万元,同比增收2373万元,增长63.98%。其中:金融业收入420万元,同比增收98万元,增长30.43%,主要因素是全县经济的快速发展,使各家金融单位不断加大贷款规模,以及房地产业的快速升温带动了个人住房贷款的大幅上扬。交通运输业收入814万元,同比增收329万,增长67.84%,主要得益于洋山港的开发及旅游业的不断发展,全县客运、货运业务大量增加,随之带动相关产业税收收入的增长。建筑业收入2927万元,同比增收1176万元,增长67.16%,主要增收因素是洋山港工程税收收入的大幅增长,以及全县各项基础设施、重点工程的不断开工建设,使建筑业税收收入不断增加。房地产业收入1057万元,同比增收641万元,增长1.54倍,主要原因是房价的上升刺激了房产销售量的不断上涨,带动整个行业的税收收入明显增加。

2、企业所得税收入有所下降。全年收入879万元,比上年减少30万元,降幅为3.3%。减收的主要原因是嵊泗县地处海岛,受交通运输、自然气候等不利因素的影响较大,企业经济效益普遍不好。从分项目来看,制造业、采矿业、服务业和批零贸易业构成了企业所得税的主要来源,四者合计占企业所得税总额的84.41%。

3、个人所得税稳步增长。全年入库622万元,同比增收78万元,增长14.34%。增收的主要来源是随着洋山港的开发,外来建筑单位个人所得税快速增长,入库80万元。个人所得税专项检查入库20万元。同时,由于源头扣缴及高收入者重点监控措施到位,使工资薪金所得和承包、承租经营所得分别入库247万元和118万元。

4、其他各税有所下降。全年入库618万元,同比减收87万元,下降12.34%,其中:城市维护建设税入库395万元,同比增收136万元,增长52.51%,主要是受营业税增长的带动;印花税入库67万元,同比减收38万元,下降36.19%,减收原因主要是2002年有大量建筑合同签订。房产税入库135万元,与去年持平。

各项工作情况【税收法制建设】严格依法治税,结合人事变动,重新调整"四五"普法领导小组。根据"四五"普法总体规划要求,对现行政策法规进行全面清理。组织开展税收执法检查,规范执法行为。

【征管改革】完善征管机构设置,健全岗位职责,落实相关征管措施。完善稽查选案办法,提高选案的科学性和及时性。推广应用多元化申报方式,积极创造条件,增加网上申报、邮寄申报等新型申报方式的应用。加大"12366"语音特服系统的宣传力度,提高使用质量。完善"银税联网、实时扣缴"的税款缴纳方式,扩大使用范围。完善个体工商户定额核定办法,增强定额核定的民主性,提高定额的科学性。

【征收管理】一是努力挖掘增收潜力。组织精干力量密切监控洋山深水港工程建设,对工程项目逐一清理、动态跟踪,根据工程进度及时组织税款入库,确保主体税源的收入。在抓好主体税种的同时,坚持抓"大"不放"小",切实加强对各项小税种的税收征管,加强对工程配套项目的税收征管,杜绝各项零星税收的流失,努力寻找新的税收增长点。二是加强对重点税源企业的税收管理和监控。按照省局重点税源监控向整体税源监控推进的目标,对各级重点税源监控网进一步扩面。确定省级重点税源监控户13户,县级重点税源监控户36户,同时对全县86户企业(包括外来建筑单位)按行业进行纳税情况监控,全面掌握整体税源变化情况。三是做好各项征管基础工作。加强与工商等部门的密切配合,及时获取各类征管信息。强化税源的源头控管,杜绝各类漏征漏管户的产生,严防征管死角的出现。完善发票管理办法,实现以票管税。严格执行催报催缴制度,保证税款及时足额入库。加大清理欠税力度,杜绝新欠发生。

【信息化建设】做好《浙江地税信息系统》升级工作,促进征管软件与税务征管流程的融合,提高系统模块应用水平。办公自动化工作进一步加强,利用网络信息技术开展多媒体电化教学,全局公文流转、信息传递网上运行良好。认真做好设备维护、数据备份、安全检测等工作,全年未发出系统崩溃、病毒严重破坏、数据丢失等重大事故。

【社会保障基金征收】全年共征收养老保险费1552万元,同比增收455万元,增长37%;医疗保险费入库1159万元。2003年,作为社会保险费地税征收试点单位,按照试点工作的要求,制定试点实施方案,局领导专门召集相关人员研究业务问题,布置落实工作步骤。多次与社保部门召开联席会议,研究解决资料传递、欠费清缴和数据传输等问题。通过各种媒介对社会保险费征缴工作进行宣传,专题举办社会保险费知识培训班。完善、充实社会保险费征收软件,实行银税联网征收。

【征管档案管理】根据《档案法》、《征管法》及相关规定的要求,结合工作实际,认真做好征管档案管理工作。制定税收征管档案管理制度,落实各项考核办法。加强兼职档案员队伍建设,对档案室重新进行配置,添加或重置档案必备器具和防范设备。对以前年度档案进行清理,按照档案管理要求重新进行整理、装订、保管及修复。

【税务稽查】继续以整顿和规范税收秩序为主线,加大执法力度,先后开展了采掘业、交通运输业发票、装饰工程作业、企业所得税等一系列专项检查。全年共实施各类稽查136户,查补各类税款、罚款共计107万元,对18起偷税案件通过办税大厅进行公告。实施税务案件合议制度,完善案件复查制度,推行工作内部汇报制度,以此提高稽查案件的办案质量,增强案件处罚透明度,规范稽查工作程序,提高办案人员素质。

【税收宣传】紧紧围绕"依法诚信纳税、共建小康社会"的宣传主题,开展丰富多彩的宣传活动。通过在县城主要街道悬挂宣传横幅,营造宣传气氛;借助电视媒体的广泛影响,点播电视连续剧,滚动播放税收宣传标语口号,扩大宣传效果。利用移动、联通等通信平台,采取手机短信群发形式进行宣传,扩大税收宣传影响范围。组织税务干部走访企业,倾听意见,了解情况,加强税收调研。举办"走近地税 -- 县人大代表、政协委员地税一日行"活动。

队伍建设【教育培训】一是继续抓好干部的政治理论学习,坚持每月两次的夜学习,开展向郑培民等先进事迹的专题学习活动。二是进行职业道德教育,组织干部职工学习《公民道德规范》,增强干部职工的社会意识和道德观念。三是加强法制教育,组织学习《征管法》及其《实施细则》,召开干部职工自觉学习各项法律知识,提高依法行政、依法治税能力。四是在抓干部学历、职称教育的同时,组织开展各类培训、测试活动,重点组织电子商(政)务和英语口语(初级)培训及测试。

【廉政建设】认真落实党风廉政建设责任制,逐级签订并落实《党风廉政建设责任书》,从制度上保证党风廉政建设的顺利实施。实施党政"一把手"廉政承诺制度,召开专题动员大会,党政"一把手"就个人廉政承诺内容进行宣读,并作出庄严承诺。通过政务公开栏、文件、网络等形式公示承诺内容,广泛接受来自社会各界的民主监督。以"一把手"廉政承诺为抓手,在全局干部职工中开展"艰苦奋斗、廉洁从政"主题教育活动,强化廉政教育,增强干部职工的拒腐防变能力,提高廉政意识。

【制度建设】根据县政府批转的机构改革实施方案,在完善内设机构的基础上,制定完善局内部各单位岗位目标考核办法,明确各部门、各岗位的工作职责和任务。重新修订基层征管局内部管理制度,对基层征管局的业务工作、内部管理、服务要求和队伍建设等作了全面的规定,使基层征管局的各方面建设做到有据可依。

(嵊泗县地方税务局供稿　李建纲撰写)

丽水市地方税务工作概述

局长 何赤峰

经济概况 2003年，丽水市实现国内生产总值218.19亿元，增长14.6%；人均国内生产总值8751元，增长14.4%；第一产业增加值38.42亿元，增长3.3%；第二产业增加值97.58亿元，增长21.4%；第三产业增加值82.19亿元，增长13.1%。第一、二、三产业占国内生产总值的比重由上年的20.3:42.7:37.0调整到17.6:44.7:37.7。全社会完成固定资产投资143.36亿元，增长41.0%；全社会消费品零售总额105.01亿元，增长12.1%；外贸进出口总额2.97亿美元，增长48.7%，其中出口2.69亿美元，增长47.4%；城镇居民人均可支配收入1万元，比上年实际增长8.0%；农民人均纯收入3047元，实际增长5.6%。全市完成工业增加值75.14亿元，增长18.3%；完成基础设施投资68.99亿元，增长53.9%。全市实现财政总收入25.63亿元，比上年增长22.53%；其中地方财政收入14.78亿元，增长26.71%；财政总支出35.60亿元，增长19.84%。

税收概况【任务完成情况】2003年，全市地税系统共组织各项收入16.65亿元，比上年增长24.91%；其中地方税收收入11.42亿元，增长19.02%，完成年度税收计划的107.72%；省级税收收入5558万元，增长28.75%；社保基金收入4.39亿元，增长42.59%。市本级共组织各项收入5.34亿元，增长29.17%，其中地方税收收入3.72亿元，增长11.77%；省级税收收入2358万元，增长31.88%；社保基金收入1.42亿元，增长121.21%。各项收入保持良好的增长势头，为丽水经济建设和社会发展提供了强有力的财力保障。

【税收特点】一是税收在高基数、高增长的基础上继续保持快速增长。2003年税收收入增幅在前5年年均增长28.39%的基础上仍达到19.02%，比上年增收1.83亿元。二是各税种收入增幅平衡。营业税、企业所得税、个人所得税和其他各税分别增长16.82%、16.23%、32.10%和13.14%，分别占总税收收入的45.76%、23.98%、19.91%和10.35%。三是非国有经济税收增幅高。私营企业和股份制企业的税收增幅列各经济类型收入前列，分别增长61.31%和35.73%，成为税收增长最活跃的生力军；非国有经济税收占总税收收入的比重近4年以每年提高10个百分点的速度上升，到2003年达60%。

【税源分析】1、营业税稳步增长。全年实现收入5.23亿元，完成年计划4.94亿元的105.79%，同比增收7526万元，增长16.82%，占税收增收总额的41.24%。增收主要因素是房地产业发展迅速，金融贷款规模扩大迅猛，重点工程项目较多。房地产业、金融保险业和建筑业营业税分别入库1.58亿元、6667万元和1.55亿元，分别增收3477万元、1474万元和958万元。

2、企业所得税增收因素集中。全年实现收入2.74亿元，完成年计划2.47亿元的110.84%，同比增收3825万元，增长16.23%，占税收增收总额的20.96%。增收经济类型主要是股份制企业和国有企业，其分别入库1.45亿元和8601万元，分别增收2301万元和1751万元；增收行业主要是批发零售业、房地产业和建筑业，其企业所得税分别入库8174万元、3814万元和4102万元，分别增收2233万元、1378万元和719万元，其中批发零售业的增收主要是烟草公司。

3、个人所得税快速增长。全年实现收入2.27亿元,完成年计划2.07亿元的110.08%,同比增收5526万元,增长32.10%,占税收增收总额的30.28%。增收主要因素是增发工资、分派股息红利、转让财产,以及来自个体工商户生产经营所得。来自工资薪金所得、个体工商户生产经营所得、股息红利所得和财产转让所得的个人所得税分别为9423万元、6127万元、3732万元和998万元,分别增收2333万元、1250万元、996万元和855万元。

4、各小税种收入增长较快。印花税、土地增值税和车船使用税高幅增长,分别增长了62.72%、30.40%和28.62%,主要因素是金融保险合同量增加,土地拍卖价上扬,以及购车热上升。

各项工作情况【征管改革】在全市地税系统全面导入ISO9000质量管理体系。组织力量对丽水市地税局质量管理体系文件进行全面修订并施行。推行多元化纳税申报方式,制定市本级未来3年推行申报缴库网络化实施意见,开展网上申报试点。规范全市地税系统税友2000操作权限的分配和应用管理,完成档案管理系统的升级和完善。8月,制定《全程纳税服务制度》,全面推行"一窗受理,全程服务"。

【征收管理】5月,制定《市政府行政审批中心地税办证窗口工作规程》;6月,制定《丽水市未达起征点纳税人地方税收管理试行办法》;7月,制定《丽水市地税局、丽水市工商局工商登记与税务登记管理联系与协作制度》和《教育劳务地方税收征管办法》;10月,制定《房地产转让市场税收征管办法》,加强与国税、工商、就业等部门的协作配合,规范教育劳务、房地产转让等行业的税收征管。组织力量对全市地税系统稽查局和城区征管局2002年度征管质量检查,实行征管目标责任制考核,开展岗位练兵和技能竞赛等活动,提高税收执法和税收管理水平。做好货物运输业营业税征收、增值税抵扣、纳税人认定及年审、发票管理流程实施方案等"三个办法一个方案"的落实工作。

落实税收优惠政策。制定个体工商户减免税、费、基金审批管理办法,规范各类减免项目的申请、审批行为。落实营业税起征点调整、新办企业所得税、下岗再就业及受"非典"影响行业等一系列税收优惠政策。2003年,全市共落实减免地方税收1.85亿元,其中市本级7846万元,分别比2002年增加1.12亿元和5992万元,有力促进了地方经济的发展。

税源监控。按照省地税局逐步实现全面税源监控的总体要求,依托信息化,发挥重点税源监控在税收预测、稽查选案、税源分析等方面的决策支持作用,扩大重点税源监控面。全市市级重点税源监控户658户,比2002年扩大70户,监控面63%;其中市本级137户,监控面65%。加强对非典、营业税起征点调整应对措施的调查研究和分析预测,做好市本级房地产业、建筑业、交通运输业等行业的税收专题调研分析,为缓解市本级税收收入增幅下降趋势提供决策依据。

【社会保障基金征收】克服人手少、征收难度大等困难,加强部门配合,建立和完善联席会议等制度,加大考核力度,实行催报催缴,对缴费大户和欠费大户实行重点监控,保证各项基金的顺利征收。2003年,全市共征收养老保险基金2.91亿元,比上年增长36.12%,征集率98%;征收入库医疗保险基金1.42亿元,增长50.32%。市本级征收养老保险基金1.04亿元,增长62.50%,征集率达到98%;医疗保险基金3120万元;残疾人劳动就业保障金280万元。

【税务稽查】7月,成立省级税收专项检查领导小组,开展省级税收专项检查工作,制定实施方案,自查企业91户,自查面100%;组织企业财务人员进行集中辅导,对65%的企业进行重点检查。9月,开展税收执法检查,组织抽调业务骨干,对市本级、青田县、缙云县、松阳县、景宁县2003年度税收执法情况进行重点检查,重点抽查面达56%,对自查和重点检查中发现的问题,落实措施加以整改,提高税收执法水平。开展企业所得税汇算清缴,对水电电力、房地产、通信邮电、拍卖等行业以及部分工业企业的地方税收进行专项检查,进一步规范行业税收秩序。重视群众举报案件的查处工作,全市共受理群众举报案件83起。全年全市地税稽查部门共查补入库税款和罚款2176万元。

【税收宣传】根据"依法诚信纳税,共建小康社会"的活动主题,开展"税收宣传进社区"活动,市本级利用市区22个社区的宣传阵地,重点宣传社区服务业、下岗再就业、房地产税收政策,并在8个社区开展税收宣传咨询活动。开展"税法知识百题竞赛"活动,全市共发放税法知识竞赛答题卡近16000份,回收13500份,促进了税法知识的普及;利用广播、电视、报纸等宣传媒体开展常规性的税法宣传,营造依法治税环境。

队伍建设【教育培训】组织干部学习党的十六届三中全会精神,以正确的理论指导工作实践。制订并实施《丽水市财政局地方税务局2003年公务员教育培训计划》,出台《关于进一步明确教育培训工作管理职能分工的通知》,成立丽水市财政地税系统公务员培训工作指导委员会,从组织和制度上保证教育培训工作的顺利开展。全市举办各类培训班91期,培训人数2840人次,45周岁以下干部大专以上学历达到90%,比上年提高2个百分点。

【廉政建设】开展"廉洁从政,艰苦奋斗"主题教育活动;健全干部廉政档案,实施中层以上干部收入和重大事项报告制度,开展科级以上干部述职述廉工作,制定进一步加强公务车辆管理办法,加强对领导干部的监督约束。结合行风建设评议活动,开展纳税人满意度和服务承诺兑现率调查,2003年纳税人满意度和服务承诺兑现率均达99%以上。

【创建文明单位】开展基层文明单位和"青年文明号"创建活动,有7个基层单位被评为县(市)级文明单位、3个单位被评为"巾帼文明示范岗"、7个单位被评为省级地税基层文明单位、2个单位被评为省级"青年文明号"、2个单位被评为省级文明单位。

(丽水市地方税务局供稿　方伟英撰写)

龙泉市地方税务工作概述

局长　徐建新

经济概况 2003年,龙泉市实现国内生产总值24.5亿元,比上年增长14.1%,第一、二、三产业增加值分别为5.38亿元、10.35亿元、8.76亿元,增幅分别为4%、19%、13%;完成工业总产值28亿元,比上年增长15.6%;实现社会消费品零售总额8.8亿元,比上年增长13.84%;完成全社会固定资产投资14.8亿元,比上年增长31.4%;自营出口3657万美元,比上年增长25.4%。主要经济指标呈现较快增长,经济效益和运行质量显著提高。全市实现工业增加值7.58亿元,比上年增长13.6%。在国民经济持续快速增长的基础上,财政收入呈现快速增长,全市实现财政总收入1.92亿元,增长20.2%,其中,中央四税收入8056万元,增长12.89%,地方财政收入1.12亿元,增长26.1%;全市财政完成一般预算支出3.41亿元,比上年增长43.4%。实现了年度财政收支平衡。

税收概况【任务完成情况】2003年,全市地税系统共组织各项收入1.4亿元,比上年增收2272万元,增长19.26%,其中地方税收收入9330万元,同比增收1242万元,增长15.36%,完成省局下达年计划9053万元的103.06%,保持了收入增长的良好势头。

【税收特点】一是各税种全面增长,几大主体税种增幅均在10%以上。二是各月度间税收收入增长较为均衡。除3月份因2002年同期入库2001年缓征税款350多万元,当月同比减少外,其它月份均保持10%以上增长。三是税收收入主要集中在非公有制企业。全年非公有制企业共入库税收6097万元,比上年同期增长15.80%,占全部税收收入的65.35%。四是税收收入主要集中在非工业性企业。第一产业税收几乎没有。征自第二产业税收4276万元,同比增长22.28%。征自第三产业税收5052万元,同比增长10.19%。2003年来自非工业性企业的税收7688万元,占全部税收收入的82.40%。五是重点税源行业仍是建筑业。重点税源行业中,收入比重前5位的依次是建筑业、房地产业、批发零售业、制造业和金融保险业，它们所占比重分别为28.25%、14.05%、11.92%、10.84%和7.32%。全年建筑业税收累计入库2636万元，同比增长30.04%，占税收收入总量的28.25%。

【税源分析】1、营业税收入持续增长。全年累计入库4581万元，比上年同期增长14.39%，占税收收入总量的49.1%。重点税源建筑业继续保持良好的增长势头，累计入库建筑业营业税2168万元，同比增收588万元，增长37.22%。增收因素：一是丽水龙泉一级公路全面开工和城区改造步伐加快，以及重点工程项目相继上马。其中丽水龙泉一级公路项目入库750多万元；龙泉剑川大桥、龙泉一中、行政中心大楼、实验小学、江南同心花园等项目入库500多万元；小水电工程建设项目入库300多万元。二是加强税收征管。进一步加强了私人建房、小水电建设等建筑业营业税的征管，开展行业性政策管理调查研究，抓好行业性的营业税政策管理工作，并对各征管局建筑业营业税采取单下计划、单独考核，以及采取委托代征方式，加强源头管理。三是经济的发展和多个项目上马，促进金融业信贷。丽水龙泉一级公路的全面动工拉动了各商业银行信贷有效需求，贷款出现强劲的增长势头，资产质量和经营效益明显提高，入库税收增长较快。其中中国银行龙泉市支行入库营业税66万元，同比增长98.21%；建设银行龙泉市支行入库79万元，同比增长49.34%；工商银行龙泉市支行入库70万元，同比增长70.32%。另外，利息核算办法调整，即2002年同期银行应收未收利息核销额较大，这也是2003年金融营业税增长因素之一。减收因素：一是由于2001年企业申请经省局批准缓交的税款，在2002年3月份入库不可比原因。二是由于2003年房地产开发项目比2002年有所减少。2003年房地产业营业税入库799万元，比上年同期920万元减收121万元。

2、企业所得税继续保持一定速度增长。全年累计入库1728万元，比上年同期增收253万元，增长17.15%。其中，国有企业所得税入库848万元，同比增收314万元，主要是烟草公司经济效益较好，入库596万元，同比增收252万元；水电总站入库119万元，同比增收91万元；股份制企业所得税入库612万元，同比增收53万元，主要是小水电行业的增收；集体企业所得税入库50万元，同比减少76万元，主要是集体企业改制等因素所致；私营企业所得税入库218万元，同比减少38万元。增收因素：一是推进依法治税，强化税收征管，堵塞征管漏洞。在做好企业所得税汇算清缴工作的同时，对企业财务人员进行业务培训，做好纳税辅导；强化税务稽查，加大稽查力度，充分发挥稽查威慑力作用；对未按规定建账的企业或达不到查账征收规模的企业采取按一定征收率征收的核定征收方式进行管理，这样既扩大了所得税税基，也增加了所得税收入。如小水电行业2003年就入库企业所得税157万元，同比增长24.6%。同时，针对企业所得税分享后征管方式的改变，对企业非正常转移情况，加强与工商和质量技术监督部门的联系和信息通报等制度，控制了企业的非正常转移，加强对企业所得税的征管。二是得益于国民经济快速增长，经济运行质量和企业效益明显提高，带来税源增加。2003年全市500万元以上工业企业产值达12.37亿元，同比增长29.2%，社会消费品零售总额8.8亿元，同比增长13.4%。

3、个人所得税继续稳步增长。全年入库1834万元，比上年同期增收289万元，增长18.71%。其中，股息、红利个人所得税入库423万元，同比增收243万元。增收因素：一是加强对个人所得税的税法宣传，规范和健全行政、企事业单位代扣代缴制度。二是经济效益的提高使居民的总体收入增加，这为个人所得税增长奠定了稳固的税源基础。三是合理调整了个体工商户的定额指标。四是由于建筑业和交通运输业发票填开制度的加强，使企事业单位承租经营所得个人所得税同比增长21.35%。五是加强对股份制等企业分红、转让的征管。2003年恒诚房地产开发有限公司分红入库股息、红利个人所得税220万元；个体工商业户生产、经营和企事业单位承包、承租经营入库所得个人所得税988万元，同比增收208万元。

4、各小税种都有增长。全年入库车船使用税64万元，同比增长6.67%；印花税67万元，同比增长63.41%；房产税314万元，同比增长19.85%；城建税669万元，同比增长7.3%。增收主要因素是：一是对车船使用税委托交警部门代征，堵塞了税收漏洞，增加了税收收入；二是对印花税一方面加强源头管理，委托各专业银行、房地产公司代扣代征，另一方面加强各个环节的管理，如对外来建筑工程企业立项时先缴纳印花税；三是加大清缴力度，开展对房产租赁行业的专项检查;四是加强城建税的征管,采取分行业责成自查、重点检查的征管办法。

各项工作情况【**税收法制建设**】一是认真执行《浙江省地税系统重大税务案件审理暂行办法》,做好重大税务案件审理工作。二是按照省局的要求,对龙泉市局制定的规范性文件进行认真的审核,做好备查备案工作,将规范性文件上报省局备案。三是做好税收政策法规服务工作。对需要在各媒体上公告的税收政策文件,及时予以公布。四是认真抓好2003年税收执法检查工作,不断规范执法程序与行为。

【**征管改革**】深化征管改革,ISO9000质量管理体系顺利通过认证。按照省局要求,成立了以局长徐建新为组长的贯标领导小组和工作组,召开动员大会和组织人员进行培训及编写,2003年9月份,龙泉市局在全市行政事业单位中第一家导入ISO9000质量管理体系认证。完善税务登记管理。因新《征管法》对税务登记有新的要求,在国家税务总局和省地税局尚未对税务登记证换证进行统一部署的情况下,龙泉市局结合实际,采取刻章验证,主动上门服务,做好税务登记证有效期的延期工作,服务纳税人。

【**征收管理**】坚持依法治税,加强税源监控,强化征管,狠抓考核,全面提升征管质量。一是做好税源监控工作,充分利用税友2000监控模块,实行对税源产生到税收入库的动态监控,做到均衡入库。二是强化所得税管理。加强与工商和质量技术监督局的联系和信息通报等制度,切实加强对企业所得税的征管。三是加强建筑安装和交通运输行业的营业税征收任务考核。2003年,对各征收单位总任务考核基础上,实行对建筑安装和交通运输行业营业税单列考核。全年入库营业税4581万元,占税收收入的49.1%,其中入库建筑、交通运输业营业税2376万元,同比增长32.6%。四是坚持抓大不放小,加强印花税、车船使用税等小税种的征管。

【**税收优惠**】一是对受"非典"影响突出行业的500多户纳税人和65户下岗职工再就业的纳税人及时办理减免税。二是对持有下岗证、失业证和特困证的纳税人办理税务登记免收工本费。三是按照省局要求,及时调整营业税起征点。

【**信息化建设**】一是进一步强化信息化基础设施建设。根据业务需求做好服务器材设备的升级和添置计算机相关设备,实现了"信息化建设三年规划"人手一机的目标。二是重视信息安全体系建设。制定了《龙泉市地税局网络与信息安全防范处置预案》,确保信息系统安全运行。三是按照ISO9000质量管理体系要求,制定了《计算机系统管理控制程序》和一系列作业指导书,进一步明确了岗位人员的职责。

【**社会保障基金征收**】努力做好社保基金的征收工作。会同社保部门学习各地经验,制定出台《关于加强养老保险扩面和基金征缴办法》,形成了"地税先征缴,社保后登记"的新工作机制,提高了征缴工作效率。全年征收养老保险基金3141万元,比上年增收693万元,增长28.48%,征缴率达98%。征收医疗保险金925万元,比上年增长42.65%

【**发票管理**】一是将ISO9000质量管理体系导入发票管理的实际工作中。二是根据《国家税务总局关于打击制售和购买假发票违法行为的紧急通知》,组织各征管局对本管辖区范围进行清理检查。三是做好货物运输业发票的清理及发放工作。四是出台《关于加强发票管理工作的通知》,加强对享受税收优惠政策纳税人使用地税发票的管理。

【**税务稽查**】进一步提高稽查效能,起到以查促管,以查促收作用。一是对全市范围内的大型商业超市和电信行业35户纳税人进行了专项检查,查补入库税款2.1万元。二是对青瓷、宝剑行业纳税户进行专项检查,查补入库税款21万元。三是对城建税收入情况进行专项检查,查补入库税、费48万元。四是按照省局要求,开展省级税收收入专项检查,查补入库税款30.89万元。五是做好企业所得税专项检查,查补税款50万元。全年共查处涉税案件189起,立案21件,入库税、费156万元。处罚率、入库率、结案率、公告率、复查率、检查面等六项指标均达到省局要求。

【**税收宣传**】全面开展税收宣传,营造良好的税收氛围。围绕"依法诚信纳税,共建小康社会"这一主题,开展税收宣传。一是在税收宣传月期间,上街开展税收知识咨询活动和地税12366语音特服系统宣传。二是为全市小学生送去《小学生税收知识读本》和在龙泉三中少年税校开展税收知识讲座。三是在《龙泉报》开设地税专刊和利用龙泉电视台等新闻媒体多层次加强税收宣传,营造良好的税收氛围。

队伍建设【**教育培训**】抓好干部政治业务知识学

习,提高干部素质。一是以开展党的十六大精神主题教育活动为中心,以局党组中心组理论学习为龙头,努力抓好干部学习教育。二是组织好每周一个晚上的政治业务学习制度,对十六届三中全会精神和地税业务知识、"四五"普法读本等进行学习。三是抓好干部电子商务和电子政务培训工作,并全部通过省组织考核。四是全面实行"竞争上岗,双向选择"用人机制。2003年,对基层单位全面进行了"竞争上岗,双向选择",选聘了城区征管局、稽查局股级干部8人,局机关工作人员2人,有3位农村征管局干部被选聘到局机关和城区征管局工作,5位城区干部被交流到农村征管局工作。

【廉政建设】加强党风廉政建设。一是在年初系统会上,从局长到每个科(室)办事员之间层层签定廉政责任状。二是结合地税工作特点,利用正反典型事例,以及组织观看电教片等开展警示教育,防患与未然。三是聘请社会监督员和兼职监督员,加强对干部的监督,确保干部廉洁自律。2003年龙泉市局纪检工作被龙泉市纪委授予纪检工作特色奖。

【创建文明单位】按照龙泉市委、市政府要求,做好龙南乡联系村工作。2003年初,局长徐建新和副书记张松玉带领驻村指导员深入龙南乡兴源联系村进行调查研究,并会同村两委制定出基础设施建设和经济发展计划,分步实施。2003年,在龙泉市地税局的关心帮助支持下,共投入八万多元,为联系村安装了自来水,解决了村民喝水难问题。同时,资助一名龙泉一中毕业的优秀贫困学生上大学。2003年,龙泉市局获得龙泉市委、市政府综合工作目标年度考核第一名,2003年4月,局长徐建新被丽水市政府授予丽水市首届劳动模范。

(龙泉市地方税务局供稿 张伟龙撰写)

青田县地方税务工作概述

局长 潘建青

经济概况 2003年,青田县实现国内生产总值32.80亿元,比上年增长19.4%;第一、二、三产业增加值分别为3.50亿元、17.27亿元、12.04亿元,增幅分别为3.0%、28.1%、15.1%;全县规模以上(国有和年销售收入500万元以上非国有工业企业)工业总产值26.55亿元,比上年增长43.2%;实现社会消费品零售总额15.17亿元,比上年增长13.6%;完成全社会固定资产投资30.59亿元,比上年增长144%;完成自营出口总额4975万美元,同比增长49.7%;金融机构年末存款余额63.10亿元,外币存款余额实现3.89亿美元。在国民经济持续快速增长的基础上,财政收入呈现持续高幅增长,全县实现财政总收入实现3.72亿元,比2002年绝对额净增1个亿,增长37%,其中地方财政收入2.26亿元,增长45.5%;中央两税收入1.46亿元,增长25.7%;全县财政完成一般预算支出4.85亿元,比上年增长29.8%。

税收概况【任务完成情况】2003年,全县地税系统共组织各项收入2.20亿元,比上年增收0.56亿元,增长34.1%;其中地方税收入库1.70亿元,比上年增收4076万元,增长38.4%,完成年度任务的125.59%,继续保持收入增长的良好势头。

【税收特点】一是税收收入总量保持高幅增长。

二是营业税占全部收入比重增大。三是个人所得税收入继续保持高速增长。四是各经济类型税收入库参差不齐。股份制企业、涉外企业、国有企业税收入库增辐较高,分别增长70.38%、34.51%、18.47%;而集体企业则同比下降13.69%。

【税源分析】1、营业税收入持续快速增长。全年入库8922万元,同比增收3242万元,增长57.08%,占税收收入总额的52.63%。其中建筑业与房地产业营业税增幅最大,建筑业入库2843万元,同比增收1356万元,增长91.19%;房地产业入库3415万元,同比增收1399万元,增长69.39%。增收因素:一是城市化步伐加快,城市基础建设投入巨大。县城旧城改造和油竹新区的开发,促使房地产市场日益火爆;同时加大招商引资力度,各类引资项目陆续上马。二是加强建筑业与房地产业的税收征管。确定专人负责,加强重点工程的税收征管;开展税收专项检查,逐步规范房地产业的税收征管。其中金丽温高速公路工程全面开工,辖区内18个标段有17个标段(企业)申报纳税,共入库建筑业营业税957万元;330国道青田复线工程入库111万元;金丽温高速丽青段入库225万元;新世纪房地产开发有限公司入库395万元;鹤翔房地产开发有限公司入库393万元;华光房地产公司入库307万元;金马房地产入库390万元等。三是社会服务业营业税增长较快。社会服务业入库617万元,同比增长42.17%。

2、企业所得税保持平稳增长。全年累计入库4093万元,同比增收172万元,增长4.39%。其中:国有企业入库1624万元,同比增收354万元,增长27.87%,主要是烟草公司入库1289万元,同比增收208万元;但同期集体企业所得税入库只有234万元,比上年减收60万元,下降20.41%,;私营企业所得税入库257万元,同比下降4.46%。增收因素:一是继续加强重点企业的税源监控,确保所得税及时足额入库。二是认真开展企业所得税汇算清缴工作,为企业办税人员提供热情主动的纳税服务。三是认真贯彻各类税收减免政策,确保各项税收政策规范落实到位。四是制订出台一系列"非典"期间的优惠政策措施,确保企业平稳渡过"非典"难关。

3、个人所得税继续保持高速增长。全年累计入库2748万元,同比增收1052万元,增长62.03%。其中工资薪金的增长带来的税收增收额497万元;个体工商户的生产、经营所得增收527万元。增收因素:一是不断加强税法宣传,居民的纳税意识普遍提高。二是切实强化个人所得税的代扣代缴工作,特别是县会计核算中心的作用日益明显。三是随着经济的发展,个人收入不断增加,特别是公务员和教师加薪,机关和事业单位个人收入大辐度增长,超起征点的人数越来越多。四是各征管机构建立健全代扣代缴制度,完善代扣代缴手续,扩大代扣代缴范围,从源头上控制个人所得税流失,来自工资薪金个人所得税大幅度增长。其中县会计核算中心全年代扣代缴个人所得税230万元,同比增加90万元。另外县烟草公司、县电力公司、县航务公司等,个人所得税同比分别增收53万元、37万元、15万元;建筑业预征的个人所得所比上年增收110万元,其中高速公路建设工程预征个人所得税150万元;去年下半年普遍调整双定户定额,使双定户个人所得税收入大大高于往年同期。

各项工作情况【税收法制建设】坚持依法行政和依法治税方针,认真清理涉税违规文件,严把四关落实税收优惠政策,制定出台了青田县涉税大要案审理管理办法,税收执法行为进一步规范,依法治税水平进一步提高。开展第二轮审批制度改革的要求,保留的审批事项办理速度平均提速47%;地税系统实行ISO9000质量管理,进一步规范了税收执法行为;在全县范围部署开展税收执法大检查,以加强税法宣传为手段,以税收执法检查为载体,加快税收法制建设。

【征管改革】树立"科技兴税"思想,做好"科技加管理"文章,与时俱进,坚持创新,致力征管改革。根据省局要求全面导入ISO9000质量管理体系,顺利通过杭州万泰公司的验收认证,树立起"以纳税人为关注焦点"、"过程控制"、"持续改进"、"全员参与"等先进管理理念,进一步规范了税收执法行为。加强与工商、社保、银行等部门的沟通联系,从5月份起与工商部门实现企业注册信息共享,大大加强了工商税收的税源管理。按照税费并重的要求,进一步理顺和规范了社保基金的征缴行为,将全县个人参加社会保险缴费信息纳入税友2000管理体系。在经济发展受到非典冲击时,积极推广邮寄申报和电子申报形式;在税收征管体系建设中,全面推行银税联网、自动扣款征税方式,税收征管逐步走向科学化、技术化、现代化,促进税收收入实现持续增长。

【征收管理】一是以导入ISO9000质量管理体系为契机，通过体系文件对税收征管行为进行过程控制，全面规范征管行为，提高征管质量。二是继续重视和加强重点税源监控工作，与工商局实现信息共享，2003年重点税源监控户数从2002年的47户扩大到56户，监控企业缴纳的税款占全县地税收入的比重为62.38%。三是认真开展营业税普查工作，对普查资料进行科学整理加工，掌握全县营业税的总体现状和税负基本情况。四是积极消除非典对经济发展的不利影响，结合营业税起征点提高和税收减免政策，认真落实国家和省局出台的各项税负减免政策。五是加强税务登记管理，明确全县所有税务登记一律在县政府办事大厅财税窗口统一办理，并加强协调使各征管机构按照属地管理原则进行税务管理。六是根据房地产业发展迅速的实际，及时召集房地产企业负责人和财务人员座谈会，研究出台了《关于加强青田县房地产行业税收征管办法的通知》，对房地产开发企业专用发票实行代管监开，逐步规范了房地产行业的税收管理。七是发动企业进行自查自纠，开展税务培训辅导，对全县212户企业进行汇算清缴，累计调增应纳税所得额2857.2万元，调减应纳税所得额557.3万元。八是加强个人所得税代扣代缴工作，加大高收入单位和个人的代扣代缴管理力度，完善了行政事业单位个人所得税的征管机制，个人所得税收入首次突破2000万元。九是规范和加强重点工程的税收管理，根据全县经济进入大投入、大项目、大建设的实际情况，对各重点工程税收落实专人负责制，加强督促检查，掌握建设进度，在重点建设部门的大力支持下，重点工程税收征收力度大大加强。

【信息化建设】加强部门沟通协作，与工商部门实现了企业注册信息共享；配合省局数据应急处理中心建设，建立了标准模板库，完成了数据清理校对和上传工作；为有关中介机构和企业下载了货物运输业发票填开系统软件，并主动提供操作指导和技术支持；根据地税系统实行ISO9000质量管理的要求，举办了税友2000操作技术强化培训班；开展全员电子商务和电子政务培训，提高了全局干部的办公自动化水平。严格执行信息安全考核制度，开展信息安全检查，并认真做好浙江地税信息系统的日常技术支持和维护工作，巩固地税征收信息化建设成果，县局信息中心再次被省局评为2003年度全省地税系统信息化建设工作先进单位。

【社会保障基金征收】加强养老保险金、医保金、残疾人保障金等社会保险基金的宣传工作，积极推进社保基金征收管理的信息化建设，5月份起全县个人参加社会保险缴费直接纳入税友2000系统，认真推广义乌经验，继续加强部门协作，与工商、社保等部门组织人员深入社区企业做好扩面工作。全年养老金入库1832万元，比上年增长20.9%，医保金入库2084万元，残疾人保障金入库148万元。

【发票管理】开展了个体行医行业的发票管理、具名发票的开具保管等专项检查；认真落实货物运输业发票管理改革各项政策，货物运输业发票实现了微机管理。在地税系统全面导入ISO9000质量管理后，根据发票管理作业指导书的要求，进一步规范了各类发票的印刷、领购、使用和保管，发票管理工作迈上了新台阶。

【税务稽查】充分发挥稽查工作的威慑力和堵塞漏洞、以查促管、以查促征和职能作用，以整顿和规范税收秩序为主线，以打击涉税违法行为为重点，在增强税务稽查的执法刚性的同时，推出了税企联系卡制度，做好税友2000的稽查模块应用工作，不断提高省局提出的处罚率、入库率、结案率、公告率、复查率、稽查面等“五率一面”的工作要求，着重开展了企业所得税、个人所得税、房地产等行业的责成自查和税收专项检查。全年责成企业自查50户，企业所得税重点检查24户，查结入库地方税费324万元，处罚款55万元，加收滞纳金102万元。

【税收宣传】紧紧围绕“依法诚信纳税，共建小康社会”的税收宣传主题，认真学习党的十六大关于税收的有关论述，在全国法制宣传日开展了“青田财税杯”书法大赛、寻地税之最、税法百题知识竞赛、致少年税校家长公开信等税法宣传活动。在《青田侨乡报》继续开设“地税之窗”栏目，在电视广播加强税收知识和政策的专题宣传，在“非典”期间深入社区企业宣传有关税收优惠政策，为纳税人提供高质量的税务辅导，公民的依法诚信纳税意识不断增强。

队伍建设 【教育培训】深入开展党的十六大精神主题教育活动，先后邀请市委党校教授、县政府领导、全国人大代表等为税务干部作专题辅导报告,采取举办学习论坛、组织集体测试、参加知识竞赛等形式学习邓小平理论和三个代表重要思想。完善内部各项考核制度,坚持周一晚上学习制度,注重培养新时期税务干部的复合型人才,开展各类业务培训15次,全体干部参加了电子政务和电子商务培训,4名新录用公务员参加了省局组织的公务员初任培训,干部知识结构和思想观念得到不同程度的更新,干部队伍整体素质普遍提高。

【廉政建设】 认真落实党风廉政建设责任制,县局领导带头在媒体上向社会进行廉政公开承诺,组织干部参加了全县反腐倡廉诗歌朗诵和征文比赛。加强节假日廉政教育、加强"两个务必"教育、加强执政为民教育等,做到警钟常鸣。开展向郑培民学习和局内先进人物学习等活动,积极营造干部队伍积极向上的正气氛围;向社会聘请10名行风监督员,主动接受社会监督和加强内部监督双管齐下;组织干部到监所亲身接受在拘犯人的现身说法,提高干部拒腐防变自觉性。

【创建文明单位】 在全系统导入ISO9000质量管理体系,规范税收执法行为,树立满意在地税的机关形象;在"非典"防治期间组织干部深入企业抗击非典,为纳税人提供税务辅导;在县审批中心加强税收窗口的服务形象建设,窗口全年三个季度被评为红旗窗口单位。认真组织实施财税大楼各项工程建设,坚持公平公正原则,规范各项工作程序,工程建设全面实行招投标制度,全力打造精品工程、廉政工程,得到了县纪委等有关部门的充分肯定。坚持依法治税,以人为本,勤政廉政,干净干事,各项工作走在全县前列,2003年度在全县涉工单位测评中再次荣获第一名,实现三连冠。

(青田县地方税务局供稿 刘小明撰写)

庆元县地方税务工作概述

局长 吴荣伟

经济概况 2003年,庆元县实现国内生产总值11.80亿元,比上年增长12%,第一、二、三产业增加值分别为3.27亿元、4.02亿元、4.51亿元,增幅分别为2.5%、20%、13%;全县规模以上(国有和年销售收入500万元以上非国有企业)工业总产值5.36亿元,比上年增长33.9%;实现社会消费品零售总额5.45亿元,比上年增长11.9%;完成全社会固定资产投资5.11亿元,比上年增长44.7%;完成出口交货值1.03亿元,比上年增长98.4%。主要经济指标呈现较快增长,经济效益和运行质量显著提高。全县实现规模以上工业销售产值4.94亿元,比上年增长35.7%;工业利润达到2259万元,比上年增长81.5%,同比提高76.2个百分点;工业产品销售率92.2%。在国民经济持续快速增长的基础上,财政收入呈现高速增长,全县实现财政总收入9596万元,比上年增长26.7%。其中,上划中央四税收入4481万元,增长26.6%;地方财政收入5115万元,增长26.7%;全县财政完成一般预算支出2.63亿元,比上年增长29.9%。

税收概况 **【任务完成情况】** 2003年,全县地税系统共组织各项收入7664万元,比上年增收1579万元,增长25.95%;其中税收收入4719万元,增收1113万元,增长30.87%,完成年计划的120.41%,保持了收入增长的良好势头。

【税收特点】一是税收在高增长的基础上继续保持快速增长。2003年税收收入增幅在前三年平均增长33.63%的基础上仍达到30.87%，同比增收1113万元。二是主体税种增幅反差大。小税种房产税、土地使用税、印花税、土地增值税增长速度较快。三大主税种中营业税、企业所得税继续稳步增长,同比分别增长10.82%、6.50%；个人所得税高幅增长，同比增长164.64%。三者收入占总税收收入91.25%,其中营业税占33.21%,企业所得税占31.23%,个人所得税占26.81%。三是非国有经济税收增幅大。有限责任公司、个体经济、私营企业、港澳台投资企业的增长幅度列各经济类型收入前列，增幅分别为202.28%、107.85%、40.86%、29.49%,四者已成为税收增长最活跃的生力军。

【税源分析】1、营业税收入稳步增长。全年实现收入1567万元，完成年计划1555万元的100.77%，同比增收153万元，增长10.82%，占增收总额的13.75%。增收因素:一是加强建筑业和房地产业税收管理。全县不断加快城市建设和基础设施建设,大量的基本建设工程(如市民广场、菊寿线过境公路建设工程、法院、供电办公大楼建设工程)全面上马,城市河道、旧城改造、电力农网和城网改造等全面展开。同时,进一步完善建筑业、房产业营业税征收管理办法,加强对外来建筑安装企业税源监控,定期与建设主管部门联系,及时掌握工程进展情况,加大对房地产业销售不动产税收申报纳税管理。房地产业入库228万元,同比增收111万元,增长94.87%。二是规范第三产业税收管理。通过调查摸底,加强对交通运输业的清理整顿,促使运输业税收得到稳步增长;加强对行政事业单位和企业租赁业务收入的清理,促使租赁业税收大幅增长。三是金融保险企业进一步拓宽理财思路,增加业务量,扩大信贷规模,也进一步促进了营业税收入的增加。金融业入库210万元,同比增收21万元,增长11.11%。

2、企业所得税稳步增长。全年实现收入1474万元，完成年计划1439万元的102.43%，同比增收90万元,增长6.50%,占增收总额的8.09%。增收因素:一是经济的增长和企业效益的好转带动企业所得税的增长。主要是烟草公司、电力公司、竹制品加工行业的销售收入和效益有了进一步的增长。二是加强税收征管,严肃税收政策。(1)规范小水电行业所得税征收管理，制定小水电行业所得税管理办法。(2)做好2002年企业所得税汇算清缴工作，完善小型企业所得税征收办法。(3)对"零申报"企业进行摸底清查,对其原因进行综合分析,杜绝漏征漏管户。(4)按照省局制定的所得税审批管理权限，严格审批规程操作,对享受优惠政策企业所得税进行重新审查认定,严把所得税减免及税前扣除项目审批关，确保政策规范运作。

3、个人所得税高幅增长。全年共入库1265万元，完成年计划574万元的220.38%，同比增长164.64%,占增收总额的70.71%。增收因素:一是加强个体工商户"双定"管理。通过调查摸底,调整、提高定额,使个体工商户的生产、经营所得税有所增加。二是加强个人所得税源头控管。进一步落实完善企事业单位代扣代缴和自行申报制度,特别是县会计核算中心的良好运作，更加规范了个人所得税的代扣代缴工作,从源头上保证个人所得税税款及时足额入库。三是积极贯彻落实加强高收入者个人所得税管理的各项政策措施，认真做好对高收入个人的重点控管工作。四是积极做好个人所得税专项检查工作和重点检查工作,达到以查促管、以查补收的预期效果。五是财产转让所得成为个人所得税增收的亮点。庆元县大岩坑水电开发公司四位股东的资本股权转让,一次性就缴纳个人所得税700万元，成为2003年个人所得税高幅增长的主要原因。

4、各小税种增长较快。其中房产税、土地使用税、印花税、土地增值税增长较快。全年入库房产税137.2万元,同比增长56.44%;土地使用税累计入库6.4万元,同比增长56.09%;印花税累计入库17.7万元,同比增长34.42%;土地增值税累计入库24.5万元,同比增长144.37%。增收因素:加强对房产税、土地使用税的征收管理和税源监控力度,抓好税源的调查、核实工作，确保了房产税和土地使用税的按时足额入库;积极落实省局有关印花税的征收管理规定,进一步完善印花税代征代扣措施;房产交易活跃,土地增值税快速增长。

各项工作情况 **【税收法制建设】**一是加强对税

务干部的法制教育和执法培训工作，如深入开展新《征管法》及其实施细则的学习、培训、落实工作，不断提高执法水平，强化严格执法意识。二是认真开展税收政策法规清理工作。根据世贸组织的统一性原则和透明度原则，对现行税收政策法规进行了全面清理。三是深化审批制度改革，全局审批事项削减42.1%，审批时限再提速30%。四是组织开展税收执法检查工作，加强税收执法日常监督检查。五是建立健全严密的内部执法监督机制，把税收执法责任制各项措施落到实处。

【征管改革】依托现代技术手段，融入先进的管理理念，实现征收社会化，管理科学化、标准化，不断深化税收征管改革。加强与银行、工商、社保等部门信息资料库联网协作，资料相互拷贝，信息共享，实现征收社会化；借助科技力量，在巩固“银税联网，批量扣税”缴税方式的基础上，积极推行网上申报、电话申报等非接触式的多元化申报方式；实行稽核评税制度，对纳税人由事后管理向事前管理转移，实现管理科学化；抓好地税“12366”语音特服系统建设，进一步完善服务功能，提升服务质量；深化基层征管机构改革，规范基层征管机构内设部门，明确各岗位工作职责与权限，建立科学合理的税收征管机构；把先进的管理理念融入地税征管中，2003年10月底全面完成ISO9000质量管理体系导入工作，初步建立了地税质量管理标准体系，地税管理从规范化走向标准化。

【征收管理】一是抓好税收计划管理。抓早、抓紧、抓好税收计划的落实，将收入目标任务分解到各基层征收单位，实行量化考核；在组织收入过程中，加强税源调查，及时了解收入情况及税收动态，做好税收分析、预测工作。同时，进一步完善税源监控机制，依托TF2000重点税源监控模块，实现税源网络化监控，确保税收任务的顺利完成。二是加强行业税收征管。认真做好小水电、交通运输、建筑安装等行业调研工作，完善行业税收管理办法，规范行业税收征管。三是巩固企业所得税和个人所得税征管工作。积极做好2002年度企业所得税汇算清缴工作；继续抓好事业单位、社会团体、民办非企业单位企业所得税管理；继续抓好个人所得税代扣代缴工作，逐步推行个人所得税自行申报制，进一步加强行政事业单位个人所得税征管。四是加强和规范征管基础性工作。全面加强税务登记和地税发票管理，加强停歇业户税收征管，继续加强集贸市场税收征管，巩固市场税收整治成果。五是认真开展委托代征单位的重新评定工作，共对36家委托代征单位进行评定。六是完善“三等九级”行业税收等级定额管理。组织力量对全县“双定户”进行全面实地调查，并按新“三等九级”及时落实等级定额核定工作。七是加强减免税审批管理，认真贯彻落实各项税费优惠政策。按照省局制定的所得税审批管理权限，及时落实好企业所得税减免工作；落实“非典”疫情期间税费优惠政策，减免税费20万元；落实下岗失业人员再就业税收优惠政策，减免税费2万元；落实提高营业税起征点税收优惠政策，减收地方税费60万元。八是积极开展税收执法检查和政策清理工作，进一步规范地税执法行为，做到依法行政、依法办事，确保税收政策落实到位。

【信息化建设】加快办公信息化建设步伐，提高工作效率。注重以“科技加管理”为核心的地税征管体系建设，以科技促管理，以规范促效率，不断提高地税系统现代化征管水平。加强与工商、社保、国税等部门信息资料库联网协作，提高信息资源共享率；切实抓好地税“12366”语音特服系统建设，完善“12366”语音特服系统各项功能；强化TF2000管理功能，在全面推广地方税收税银库联网的同时，积极做好税收网上申报的推广工作。

【社会保障基金征收】加强基金征收信息传递网络建设，强化基金征收管理考核办法，大力做好清欠工作，确保基金征缴顺利。积极做好信息技术在社保基金征收中的应用工作，实现联网征收，信息共享。加强破产清算企业养老保险基金征缴，配合有关部门扩大征收覆盖面，强化税务代征工作，进一步提高社会保障基金的征集率，全年征收养老保险基金1294万元，征集率达95.3%，医疗保险基金1229万元，征集率达97%。同时，还积极抓好残疾人劳动就业保障金的征收工作，确保残疾人劳动就业保障金的及时足额入库，全年共征收残疾人就业劳动保障金99万元。社会保障基金征收工作的有力开展，大大促进了社会的稳定。

【发票管理】加强发票管理工作。做好对发票购领的审核,严格按照法定的权限批准向纳税人发售发票;进一步加强发票的开具、取得、使用的管理,要求开具发票的单位和个人应当建立发票使用登记制,设置发票登记簿,并定期向主管税务机关报告发票的使用情况;做好发票的保管、缴销和检查工作,对所有发票进行集中管理,在管理过程中,又根据不同情况划分保管级次,分级保管,并建立健全一系列的发票保管制度,如专库保管制度、专人保管制度、专账登记制度、定期盘点制度等。

【税务稽查】 不断加大稽查力度,增强执法刚性,充分发挥以查促征、以查促管职能,较好地发挥了税务稽查的威慑力。一年来,共查处涉税违法案件81起,结案率达98%,查补税、罚款65万元,有力地打击了各种偷逃税行为,确保了税收的足额入库。进一步加强内部管理,完善内部监督机制,不断规范稽查文书使用和档案管理工作。同时,还积极开展好各项稽查工作,如组织力量开展了企业所得税专项检查、小水电和外来建筑企业建筑工程专项检查、省级税收收入专项检查、餐饮旅店业地税发票专项检查、专案检查等多项工作,有力地促进了征管工作,维护了正常的纳税秩序。

【税收宣传】 继续抓好税收宣传工作,建立稳定的税收宣传渠道。围绕"依法诚信纳税,共建小康社会"这一主题,加强与新闻单位的联系,利用报刊、电视、广播、公益广告牌等宣传工具并采取多种形式开展税收宣传工作,组织开展了庆元地税五周年成就展、税法百题知识竞赛、"税收宣传进社区"、"寻找地税之最,共建小康社会"等系列宣传活动,进一步增强公民税收法治观念和依法诚信纳税意识,为依法治税营造了一个良好的社会环境。

队伍建设【教育培训】 以创建"学习型、服务型、廉洁型"组织为契机,狠抓干部职工思想政治教育,组织全体税务干部职工深入学习思想政治理论,深化党的十六大精神主题教育,全面兴起学习贯彻"三个代表"重要思想新高潮;在集中学习理论的基础上认真抓好对照检查,开展"下基层、听意见、送服务、办实事"活动,紧密联系工作实际,认真落实整改措施,切实解决突出问题,取得较好成效。同时,还提倡干部职工参加各类学历教育,积极组织干部职工开展业务知识培训学习,如鼓励参加广播电视大学教育、湖南大学远程教育以及自学考试,组织开展电子商(政)务知识培训、导入ISO9000质量管理体系学习培训、《税务行政执法务实》业务培训等,通过教育培训不断更新干部知识,提高干部队伍自身素质。

【廉政建设】 加强党风廉政建设,切实改进机关工作作风。始终把党风廉政建设作为提高干部队伍整体素质的主要目标来抓,层层落实党风廉政建设责任制,做到工作、责任、督查三落实。与各科室、基层单位负责人签订党风廉政建设责任书,实行定期考核,严格责任追究,确保责任制落实到位。改进服务窗口工作作风,完善政务公开制度,公开办事,实行社会服务承诺制;深入开展反腐倡廉专题教育活动,进一步完善纪检监察谈话诫勉制度,切实提高干部职工廉洁自律意识,增强干部职工防腐、拒腐、反腐能力;积极完善全程办事代理制,深化行政审批制度改革,进一步转变行政职能,提高办事效率,受到了社会各方面的好评。

【创建文明单位】 继续抓好文明单位创建工作,努力提高文明单位创建水平。一年来,积极开展了县级文明单位争创活动,创建工作规范有序,卓有成效,深受好评;开展了走访基层纳税户活动,主动征求纳税人意见和建议,并提供税务咨询和纳税辅导等各项服务;除此之外,还深入开展争创"文明窗口"、"巾帼文明示范岗"活动,开展创建"服务型"机关等一系列活动,不断优化服务工作,提高服务水平,提升系统形象。经年度考核,被评为全省地税税收会统工作质量优胜单位、全省地税信息达标单位、市地方税务局财税信息工作先进单位、县级文明单位、县级机关先进单位、县级社会治安综合治理先进集体,局机关党委还被评为县级先进基层党组织。自1995年以来,庆元县地方税务局黄田税务分局连续8年被授予省级"青年文明号"称号。

(庆元县地方税务局供稿　吴林辉撰写)

遂昌县地方税务工作概述

局长 翁小瑜

经济概况 2003年,遂昌县实现国内生产总值21.6亿元,同比增长17%;全社会固定资产投资总额11.7亿元;实现农业总产值6.70亿元,同比增长5.5%;实现工业总产值35.16亿元,同比增长35.4%;骨干企业技术改造和工业园区建设取得成效;外向型经济形势喜人,自营出口高速增长,实现外贸自营出口3633万元,同比增长69.9%。在国民经济持续增长的基础上,财政收入呈现快速增长势头,全县实现财政总收入3.06亿元,同比增长28.04%,其中,地方财政收入1.55亿元,同比增长37.19%;全县财政总支出2.84亿元,同比增长11.07%,实现了当年财政收支平衡。

税收概况【任务完成情况】2003年,全县地税系统共组织各项收入1.95亿元,同比增收2949万元,增长17.8%。其中税收收入1.30亿元,同比增收1918万元,增长17.2%,保持了稳定增长势头。

【税收特点和税源分析】1、税源相对集中。2003年浙江凯恩特种纸有限公司、永新化工有限公司、县烟草公司、利民化工有限公司、浙江元立集团等五大重点企业共入库地方税收5892万元,占地方税收总额高达45.17%。

2、营业税收入高速增长。全年入库3859万元,同比增收1083万元,增长39%。营业税的增长额主要来自于房地产业和建筑业。房地产业在营业税各税目中增幅最高,其增长额占营业税增长总额的46.4%。重点建设为建筑营业税的增长带来了活力。金融保险业、交通运输业营业税收入增幅也都在18%以上。

3、个人所得税收入增势强劲。全年共入库3184万元,同比增收899万元,增长39.3%;。个人所得税中又以工资薪金所得和股息、红利所得占的份额最大。在入库税额中工资薪金所得1561万元,同比增收494万元,增长46.3%,占个人所得税总数的49%;股息、红利所得969万元,同比增收206万元,增长27%,占个人所得税总数的30.4%;两项合计占总数的79.4%。个体工商业户的生产、经营所得517万元,同比增收88万元,增长20.5%,占个人所得税总数的16.2%。

4、企业所得税同比减收。全年共入库4992万元,同比减收221万元,减少4.2%。企业所得税减收的主要原因为通过国库退税及直接抵缴浙江绿源木业有限公司及福利、劳服等企业的政策性减免税企业所得税1374万元,办理企业2002年度所得税减免退库及直接抵缴税款962万元。在企业所得税各经济性质中股份制企业所得税占了主导地位,占总额的82.2%。

5、分产业看,地税收入的主力军仍是第二产业,但第三产业的增长速度快于第二产业。来自第二产业的税收7704万元,同比增收987万元,增长14.7%,占税收总额的59.1%。来源于第三产业的税收5330万元,同比增收934万元,增长21.2%。

各项工作情况 【征管改革】做好"银税联网、实时扣款",初步实现了税费征收的网络化管理,为纳税人提供了简易、方便、快捷的缴税方式;做好"12366"语音服务系统的各项应用工作,为纳税人提供优质服务;积极导入ISO9000质量管理体系,8月份,地税系统ISO9000质量管理体系通过认证并全面运行,标志着地税征管质量和效率上了一个新的台阶。

【征收管理】一是做好税源监控工作,对全县18

家重点企业实行了税源监控，充分利用税友2000监控模块，实行对从税源产生到税收入库的动态监控，做到税收均衡入库。二是强化所得税管理。针对所得税分享政策的出台,加强了与工商等部门的联系和信息通报,切实加强企业所得税的征管。三是深化营业税管理,重点抓了建筑安装和交通运输行业的营业税管理。四是规范税收执法行为,根据省局的布置,开展了以税收优惠政策落实情况、省级税收收入征管情况、重大税务案件审理办法执行情况、稽查案件查处情况为重点的执法检查。五是做好各项税收优惠政策的落实工作,对下岗工人和受"非典"影响突出行业的纳税户落实了税收优惠政策,并按照省局提高营业税起征点的要求,及时做好未达到起征点纳税人的税收优惠,全年共办理减免税1584万元。

【社会保障基金征收】 基金(费)收入增长迅猛。随着社会养老保险基金征收面的进一步扩大,以及社会医疗保险基金的全面开征,地方基金(费)的增幅高于地方税收。税务部门征收的税(费)总额中,基金(费)收入6430万元,同比增长19.1%,占地税部门组织收入总额的33%。其中:养老保险金3601万元,同比增收617万元,增长20.7%;医疗保险基金1625万元,同比增收34万元,增长2.1%;教育费附加662万元,同比增收163万元,增长32.7%;水利建设基金441万元,同比增收133万元,增长43.2%;另外还征收了94万元的残疾人保障金。

【税务稽查】 进一步提高稽查效能，组织开展了对12户C类企业的重点检查和16户B类企业的专项检查,查处举报案件4起,共查补入库税费236万元,罚款32万元,有效地打击了偷逃税行为。

【税收宣传】 组织开展了以"依法诚信纳税、建设小康社会"为主题,以宣传新《税收征管法》及其《实施细则》为内容,以社区文化、少年税校等为载体的一系列税法宣传活动，充分调动了广大人民群众学习税法、了解税法的积极性。税收宣传月期间组织开展的"社区文化税收宣传文艺晚会"活动被评为年度全省税收宣传优秀项目。

队伍建设**【思想政治教育】** 认真落实中心组的学习计划,结合县委统一组织的电化教育,开展理想、信念和党的宗旨教育，努力使每位领导干部牢记宗旨，坚定理想信念。认真组织学习贯彻党的十六大精神，全面深入地领会"三个代表"重要思想的科学内涵和精神实质,努力用"三个代表"重要思想武装头脑,指导工作,不断提高全体干部的思想政治素质。机关和基层各党支部都坚持不定期地开展思想政治工作研讨,采用多种形式开展思想工作,努力激发人的动力,加大自身的压力,增强人的活力,充分调动了全体干部职工工作积极性和创造性。同时重视和研究干部在"8小时以外"的监管问题,内强素质,外树形象,较好地促进了税收事业健康发展。

【党风廉政建设】 一是抓好领导班子自身建设，建立健全领导班子的民主生活会制度和领导干部廉政档案制度,定期召开民主生活会。坚决贯彻落实纪委关于制止奢侈浪费的八项规定，认真落实县委、县政府、县纪委有关廉政建设和廉洁自律的规定。二是抓党风廉政建设责任制的落实。研究修订了《遂昌县财政地税局党风(行风)廉政建设责任状》,将党风廉政建设工作以责任状的形式分解落实到各科室和基层单位。三是抓好监督网络的建设,及时调整和充实了局纪检组成员,分级重新聘任了行风建设特邀监督员,建立了内外监督网络,明确职责,落实了工作责任,开展了卓有成效的监督活动。四是积极开展民主评议活动,通过开展纳税人满意度问卷调查、召开特邀监督员座谈会、纳税人恳谈会以及到企业明查暗访等形式,自上而下地查找问题,并针对人民群众反映突出的问题及时进行了整改。五是抓好制度建设,严格内部管理。全面开展了规范化建设,制订和修订了20多个规章制度,使机关工作事事有章可循,严格照章办事。坚持机关上下班签到制度,实行财务审核、审批制度和电话费包干使用制度，强化了小汽车管理。这些制度的施行收效显著,既转变了机关作风,又规范了干部职工的行为。

（遂昌县地方税务局供稿　蓝海撰写）

云和县地方税务工作概述

局长 李奋平

经济概况 2003 年，云和县实现国内生产总值 12.04 亿元，比上年增长 12.1%；完成工业总产值 14.3 亿元,增长 16.3 %,;实现社会消费品零售总额 3.7 亿元，增长 12%；完成全社会固定资产投资 7.94 亿元，增长 41.7%；全社会出口总额 7.4 亿元，增长 48.8%,其中自营出口 2009 万美元,增长 51.3%;规模以上工业企业实现利润总额为 3939 万元，增长 0.5%。全县国民经济平稳增长,工业经济效益明显提高。在此基础上,财政收入呈现稳定增长,全县财政总收入达到 1.37 亿元,增长 23.7%,其中:上划中央收入 5664 万元,增长 27.6%;地方财政收入 8035 万元,增长 25%。全县财政完成一般预算支出 2.6 亿元,比上年增长 31%。

税收概况【任务完成情况】 2003 年，全县地税系统共组织各项收入 1.05 亿元,首次突破亿元大关,比上年增长 22.81%。其中税收收入 6630 万元,比上年增长 22.47%,完成省局下达年计划的 116.13%。

【税收特点】 一是主体税种增长平稳。以流转税为税基的营业税和城建税累计入库 3717 万元，占总收入数的 56.06%,增收 845 万元;以收益额为税基的企业所得税和个人所得税累计入库 2484 万元，占总收入的 37.47%,增收 560 万元。二是其他零星小税种也有一定的增长。各小税种累计入库 892 万元,占总收入的 13.45%,增收 24 万元。三是第二、三产业为地方税收提供了稳定可靠的税源。第二产业累计入库地方税收 3233 万元,占入库数的 48.76%,主要为建筑业、电力生产、供应和制造业,分别入库 1810 万元、879 万元、544 万元；第三产业累计入库地方税收 3396 万元,占总入库数的 51.22%,主要为房地产业、社会服务业、餐饮业和金融保险业,分别入库 1458 万元、477 万元、165 万元和 375 万元。而第一产业累计入库地方税收 1 万元,只占总入库数的 0.016%,主要为个人所得税和房产税。

【税源分析】 1、营业税全年入库 3254 万元,同比增收 830 万元,增长 34.24%,营业税的高幅增长主要来自于房地产业高幅增长，其次社会服务业的增长。房地产业共入库 1361 万元,同比增收 756 万元,增长 124.34%。建筑企业入库 977 万元,同比减收 5 万元,下降 0.51%。金融、保险业入库 307 万元,同比增收 60 万元。社会服务业入库 344 万元,同比增收 32 万元,增长 10.26%，其主要收入来自于移动通讯事业的发展。

2、企业所得税全年入库 1042 万元，同比增收 148 万元,增长 16.55%。其增收因素:紧水滩电厂三产企业共入库 563 万元,同比增收 165 万元;烟草公司入库 146 万元,同比增收 69 万元;恒通汽车运输有限公司查补入库 57 万元;新云、振鹏、忠协等玩具厂 3 家企业所得税同比累计增收 32 万元。减收因素:云圣保持器有限公司、和一实业有限公司分别比去年同期减收 15 万元和 11 万元；宏信有限公司同比减收 16 万元;城市发展有限公司同比减收 35 万元;梅源、麻洋水电有限公司同比分别减收 17 万元和 16 万元(上年退库集中在今年)。

3、个人所得税全年入库 1442 万元，同比增收 412 万元,增长 40%。其增长主要的因素:(1)工资、薪金所得增长,全年共入库 669 万元,同比增收 147 万元,增长 28.16%。主要为紧水滩电厂入库 364 万元,同比增收 45 万元,增长 14.1%;县会计核算中心入库 92 万元,同比增收 58 万元,增长 170.58%;其他企、事业单位也有不同程度增长。(2)个体户生产、经营所得入库 432 万元,同比增收 64 万元,增长 17.39%。主要原因是从去年 7 月份起预征率调高 1.5 个百分点。(3)企事业单位承包、承租经营所得入库 115 万元,同比增收 17 万元。(4)金坑口电站个人转让股权所得入库 140 多万元(绝对增收)。(5)加强征管力度,财产转让所得增收 41 万元。

4、其他各税全年共入库 892 万元,同比增收 41 万元,增长 4.82%。增收主要原因是:印花税、城建税和车船使用税同比分别增收 20 万元、15 万元和 9 万元,但是房产税同比下降 16 万元(上年度存在查补入库情况)。

各项工作情况【税收法制建设】一是认真开展税收执法检查,坚持日常检查与专项检查相结合,进一步规范税收执法行为。在自查自纠的基础上,对 2002 年以来的税收法律、法规和规章执行、政策清理情况、税收行政执法案件进行了检查,发现问题及时落实了整改措施。二是完善重大案件审理办法,严格执行审理程序,做好重大税务案件审理工作。通过对两起涉税违法案件的审理,促进了重大税务案件审理的规范化。三是加强税收规范性文件备查、备案工作。落实税收规范性文件的备查、备案制度,对所有的规范性文件出台由局法规科审查会签,严格把关。

【征收管理】1、加强税收调研工作。开展行业税源调查,掌握税源变动情况,及时采取应对措施。强化税收征收规范化管理。对营业税起征点调整政策处理,通过走访调查、召开民主评议会等形式,广泛征求纳税人意见,合理确定政策界限,进行了税收定额调整。加强税务登记管理,完善与工商部门的信息协作传递关系,按月与工商登记核对,及时清理漏征漏管户。认真执行企业 ABC 分类管理办法和企业办税员管理办法,强化对企业税收的规范化管理,积极抓好企业的规范申报和审核。

2、夯实地税征管基础。一是巩固双定户“银税联网,实时扣缴”的纳税方式,并积极推行多元化申报方式。全县除房产税纳税人和委托代征的个体工商户外,其余“双定户”纳税人均采用了“银税联网,实时扣缴”的简易纳税方式,使纳税申报日趋简便。二是强化税源监控管理。充分利用税友 2000 版监控模块,实行对税源产生到税收入库的动态监控,做到均衡入库。三是积极导入 ISO9000 质量管理体系,使地税征管工作更趋制度化和规范化。按照省局的要求,成立了以局主要负责人为组长的贯标领导小组和工作组,召开动员大会和组织人员进行培训和编写。经过体系试运行等一系列阶段,10 月份,导入 ISO9000 质量管理体系工作顺利通过认证,云和县地税局成为全县第一家导入质量管理体系的行政单位。该体系涵盖了地税征管的各环节,促进了地税征管的制度化、标准化和规范化。

【社会保障基金征收】会同社保部门,将养老金和医保金的征收纳入“银税联网”系统,加强了征收管理,提高了征缴工作效率,使养老金征缴率达到 98% 以上。全年征缴入库养老金等各项费、基金收入 3885 万元,增长 15.52%。

【规范发票使用管理】将保险业、邮政、电信业的应税收入纳入发票管理范围。组织开展填票员业务培训,提高了填开发票的质量,认真做好地税发票的领用、缴销和保管等各环节工作,真正做到“以票管税”。

【税务稽查】加大稽查力度,坚持日常检查抓规范、专项检查抓深度、专案检查抓力度的工作方针,力求在办案力度和深度上实现新突破。把个体工商户、企业停歇业、注销检查作为日常检查的重点,全年共检查 650 户,查处涉税案件 37 件。开展税收专项检查,对金融保险业省级税收收入、建筑安装行业以及通信服务业进行了专项检查,使行业税收秩序得到根本的好转。加大对专案的查处力度,提高了稽查威慑力。全年,共查企业 46 户,查补入库税款 95 万元,滞纳金与罚款 44 万元,有力打击了涉税违法犯罪行为。

【税收宣传】围绕“税收与诚信”这一主题,深入地开展了“税收宣传月”活动,广泛开展税收宣传,营造良好的税收氛围。通过向“两会”代表发放税收宣传品、电视公益广告、《云和报》专版、横幅标语、中学生演讲比赛、税企座谈会及公路广告宣传牌等多种形式,进一步向广大纳税人及社会各界宣传了地方税收。

队伍建设【教育培训】深入开展了党的十六大精神主题教育,加强对干部的政治思想教育,创建“学习型”组织。利用政治学习、支部学习、上党课及专题辅导等多种形式,进一步增强干部的发展意识、大局意识和服务意识。组织党员开展庆“七一”活动,接受革命传统教育。积极鼓励干部参加学历学习,培养多层次的复合型人才。

【党风廉政建设】在年初,由局主要领导与各科、室、基层单位负责人签订廉政建设责任书,层层落实责任。健全约束机制,开展警示教育,强化内部监督,实施责任考核,多管齐下,加强了干部队伍的廉政建设。

【创建文明单位】开展争先创优活动,促进各项内部管理的规范化,激励干部的工作主动性和积极性。着力搞好基层“六大”建设,努力把地税基层建设成为“优美环境、优良秩序、优质服务”的“三优单位”。

(云和县地方税务局供稿 刘克华撰写)

松阳县地方税务工作概述

局长 单国亮

经济概况 2003年,松阳县国民经济开始步入加速发展时期,实现国内生产总值17.17亿元,按可比价格计算比上年增长12.5%。其中,第一、二、三产业增加值分别为5.62亿元、6.03亿元、5.52亿元,增幅分别为3.4%、22.3%、12.7%;全县经济结构发生重大变化,第二产业比重首次超过第一产业;全县规模以上工业完成增加值1.69亿元,比上年增长38.1%;实现社会消费品零售总额7.05亿元,比上年增长12.3%;完成全社会固定资产投资8.09亿元,比上年增长62.1%。在国民经济保持较快增长的基础上,财政收入继续高速增长,全县实现财政总收入1.50亿元,比上年增长25.19%。其中,中央四税收入6029万元,增长20.85%;地方财政收入9009万元,增长28.28%;全市财政完成一般预算支出2.48亿元,比上年增长18.4%。

税收概况【任务完成情况】2003年,全县地税系统共组织各项收入1.06亿元,比上年增收1737万元,增长19.6%;其中税收收入7053.9万元,增收1319万元,增长23%,完成年计划的109%,保持了收入增长的良好势头。

【税收特点】一是税收收入呈现平衡增长态势,中央级、省级和县级收入都有较大增长。2003年前三个季度收入在1600-1700万元之间,呈现平稳态势,收入分别为1709.6万元、1572.9万元和1672.7万元,四季度,由于建筑业和房地产业税增长迅速,拉动整体税收向上突破2000万元,达到2098.9万元。在各项税收收入中,中央级收入1958.1万元,增长48.2%,省级收入249.6万元,增长31.3%,县级收入4846.2万元,增长14.7%。二是我县制定的促进房地产业发展的各项措施已开始在税收上显现,房地产业税收成为地方税收新增长源。2003年,来自房地产业的税收收入达到了902万元,比去年同期增收430万元,是本年度地税收入最大的增长来源。三是国有企业、有限责任公司和个体工商户继续充当地方税收的“主力军”。2003年国有企业、有限责任公司和个体户分别入库地方税收2122万元、2510万元和987万元,分别占税收总收入的30.08%、35.58%和13.99%,继续保持在地方税收中的主体地位。四是主税种和小税种收入同步增长。主税种中,营业税入库2931.9万元,同比增收550.1万元,增长23.1%;企业所得税入库1639.9万元,同比增收139.2万元,增长9.3%;个人所得税入库1623.7万元,同比增收481.4万元,增长42.1%;小税种中,土地增值税和车船使用税首次超过百万元,分别收入了116.3万元和116.8万元,分别增长702.1%和26%。五是税收收入增长过份依赖少数企业,稳定的增长机制尚未形成。2003年,浙江省烟草公司松阳县公司、松阳县旧城改造发展有限公司、钱江水利开发股份有限公司松阳分公司等三家公司共纳税1533.8万元,比上年同期增加了1086万元,占到了全年增收总额1319万元的82.3%。

【税源分析】1、经济因素对税收收入的影响。宏观经济方面:全县经济发展克服了"非典"等不利因素的影响,继续保持较快增长态势。到年底,全县实现国内生产总值17.17亿元,增长12.5%,其中第二产业和第三产业增加值分别增长22.3%和12.7%,第二产业中建筑业增加值增长43.7%;全社会固定资产投资额增长32.1%;社会消费品零售总额增长12.3%;金融机构存、贷款余额分别增长16.3%和49.7%,经济增长是2003年地方税收增收的主要来源。全社会固定资产投资额和个人中长期基建贷款的大幅增长,刺激了建筑业、房地产业和金融业的发展,相关行业的税收收入连创新高,其中:建筑业入库税收1463.5万元,增长10.8%,房地产业税收入库901.8万元,增长91.1%,金融业入库493.9万元,增长20.5%。微观经济方面:行政企事业单位职工工资收入稳步增长,企业效益继续好转,为地方税收提供了丰厚税源。全年,工资薪金和股息红利所得个人所得税分别入库743.6万元和197万元,同比增长55.9%和7%。2003年烟草公司和钱江水利公司两家企业利润大幅增加,企业所得税分别增收330万元和232.3万元,其他企业由于政策因素影响,企业所得税总体减收。

2、政策因素对税收收入的影响。2003年是各项减收政策最多的一年,影响地方税收的政策因素主要有:对部分遭受"非典"影响损失较重行业的税收优惠,营业税、增值税起征点提高、再就业税收优惠政策、资源综合利用企业免征企业所得税政策、民政福利企业税收优惠、企业所得税汇算政策调整等。继续加强了各项税收优惠政策的落实工作,当年共办理各项税费减免415.3万元,同比增长8.77倍,其中税收退库363.8万元,征前减免51.5万元;为全县1862户纳税户落实不达营业税起征点政策,全年减少税收收入33万元;为57户下岗再就业纳税户减免地方税收12万元;落实"非典"税收优惠政策,为449户企业办理税收减免和退库65万元;为4家资源综合利用企业办理税收减免,全年共减少企业所得税等税费收入298万元;为12家民政福利企业减免税收230.3万元;另外,2003年企业所得税汇算政策调整,减少收入100万元左右。

3、加强税收征管对税收收入的影响。一是加强协税护税网络建设,充分发挥部门协调和全社会的作用,有效地堵塞征管漏洞,促进税收增长。全年,地税部门共与27个单位签订了委托代征协议,委托代征、代扣地方税费1257.5万元,同比增长48.1%;充分发挥会计师、税务师事务所等中介机构的协税护税作用。在办理所得税汇算清缴、财产损失报批、政策退(抵)税和企业注销前清算等涉税事项中,引入中介机构审核报告制度,有效地提高征管效率。二是加强重点税源监控、重视调研工作,搞好税源调查,摸清税源分布情况,全面掌握第一手资料。2003年共对65户重点企业进行税源监控,占上年税收总收入的60%以上;另一方面加强对重点行业的监控,对42项县级重点建设项目的总投资情况、工程进度、资金投入、纳税情况等进行重点监控,确保重点行业、重点企业税收及时、足额入库。深入开展税源调查,摸清税源变化情况。先后组织开展了建筑安装工程、房地产行业、房产税和土地使用税等不同行业和不同税种的调研。同时,认真研究征管工作中出现的新变化、新问题,逐步消除征管盲点,促进税收增长。

各项工作情况【税收法制建设】严格依法治税,结合机构改革需要,设立了税收政策法规科,重新调整了行政执法责任制领导小组;对照新《征管法》要求,对现行政策法规进行了全面清理。建立有效性文件备案备查制度;组织开展税收执法专项检查,有力地规范了执法行为。

【征管改革】一是全面导入ISO9000质量管理体系。11月中旬在全县政府机关中第一家通过ISO9000质量管理体系认证。在半年多的贯标过程中,确定了质量方针,明确了20项质量目标,制定了1个《质量手册》、18个《程序文件》、85个《作业指导书》及425个《记录表单》,开展了两次内审和一次管理评审,对具体的业务管理和行政管理进行了全面系统的磨合,确保了体系运行的符合性。初步建立和实施了一个全员参与、全面控制、高效运转、持续改进的质量管理体系,规范了税收征管活动,明确了工作职责,理顺了内部工作关系,取得了科学严谨、协调相容的实际效果,税收征管质量得到全面提升。二是加快现代征管新框架建设步伐。以弱化征收、强化管理为目标,初步实现征收社会化,管理科学化,稽查专业化,与银行、国税、工商、社保等部门进行协作,确保信息资料及时传递,加强协税护税网络建设,加快征收社会化进程;借助科技力量,改革转换申报征收方式,实行税银联网、实时扣缴,逐步将纳税人请出办税服务厅,提高服务质量和效率;进一步规范选案外分离制度,推行责成自查、质疑约谈与重点检查相结合的办法,全面实施主协查员制度,加大对大要案查处力度,严厉打击偷税行为,实现稽查向人性化执法型转变。

【征收管理】一是规范收入计划管理。积极开展年度收入测算,组织税源调研,加强税源建设,进一步完善监控机制,依托TF2000重点税源监控模块,实现税源网络化监控;二是分行业完善具体征管办法。在加强税源调研的基础上,分行业召开货物运输业、房地产业、建筑安装业、资源税涉税企业和委托代征单位等税收征管座谈会,及时研究、出台了一系列符合实际的具体征管措施,重点完善了房地产、建筑安装、小水电和资源税、房产税等征管办法,为组织收入奠定了扎实基础;三是加强税务登记管理,严格税务登记注销。通过定期比对工商税务登记信息、提前告知、及时催办和实施超期处罚等措施,使税务登记办证率达到94%。采取引入社会中介机构审核、开展实地稽核和提请重点检查等措施,加强了税务登记注销管理,追缴地方税费126余万元;四是进一步加强提高"两税"起征点后的个体税收管理。在认真落实各项个体税收优惠政策的基础上,重新规定了"三等六级"定额审批制度,调整成立了个体税收定额民主评议小组,进一步规范了定额核定和定额调整程序。

【信息化建设】大力推进办公自动化建设步伐,提高工作效率。注重以"科技加管理"为核心的地税征管体系建设,以科技促管理,以规范促效率,不断提高地税系统现代化征管水平。一是及时开通"12366"语音特服系统,实现了地方税务咨询业务管理工作现代化。二是建设中软税务办公系统,将档案管理纳入计算机,使管理更加规范,便于查询。三是建设应用了账册报表数据归档工具软件,更好地归档税收账册报表数据。四是对"税友2000"及时进行升级和完善、开发利用多项新功能。五是做好税友2000"数据应急处理中心"数据清理工作,对数据库中不合格数据进行了全面的清查及修改,实现税收业务数据的集中备份存储,为推行"扁平化"的先进管理组织形式和促进"信用浙江网"建设奠定基础。六是加强网络与信息安全管理,及时从技术上解决存在的问题,建设好新的外网网络,使之与内网完全物理隔离,基本消除了机密外涉、黑客入侵、病毒传入等隐患。

【社会保障基金征收】进一步加强信息传递网络建设,强化内部考核机制,大力开展扩面、征收、清欠等项工作,确保基金征缴顺利。继续加大宣传力度,提高群众参保意识。在县内各新闻媒体刊登公益广告、系列知识问答,在市区主要街道和乡镇悬挂宣传横幅,印发基本养老保险知识小册子分送给缴费单位和缴费人。全年共征收养老金1636.3万元、医保金1477.8万元。

【税务稽查】进一步转变执法方式,规范税收执法,改善征纳关系,加大税收秩序整治力度。在认真开展地税重点检查选案工作,进一步规范案审委员会工作,切实开展省级税收收入、建安企业、发票、所得税、营业税等多项税收专项检查,抓紧抓好税收案件和涉税举报案件的管理、查处和执行工作的同时,在全省率先推行了税务检查"质疑约谈"制度。税务检查人员与约谈对象就涉税疑点面对面地平等沟通,提醒约谈对象及时足额缴纳税款,在重点打击上区分非主观故意的漏税行为和恶意偷逃税行为,保护了纳税人权益,打击了恶意偷逃税行为,有力地整顿了税收秩序,增加了财政收入,受到了纳税人的普遍欢迎。全年共对35个行政企事业单位进行了约谈,共补交税款和滞纳金30万元。加强税务稽查,维护正常的税收秩序。全年共对111户纳税户进行了检查,检查面达到14%,其中立案检查30户,结案率97%;查补税款、加收滞纳金和罚款共计179万元,入库率100%,有力地打击了偷逃税行为。

【税收宣传】以政策宣传为重点,不断强化税收宣传。一是强化政策宣传和培训。今年,国家相继出台了"非典"、再就业、提高"两税"起征点等一系列税收优惠政策,调整了货物运输业发票管理规定,改革出口退税机制等重大政策,通过座谈会、培训会、上门讲解等措施加强了对相关纳税人的重点宣传,并对全县千名会计从业人员开展了税收政策培训,为税收政策迅速落实到位奠定了基础。二是以大型文艺晚会门票为载体,开展"地税杯"税法知识有奖竞答活动。共向广大干部群众分发税法答题5000余份,取得了较好的宣传效果。三是充分利用县内各新闻媒体,开展好面上宣传。继续开播"地税之声"广播专栏,面向广大农村定期播放税收宣传资料;制作税法宣传广告,在松阳电视台黄金时间播出;在《松阳报》上及时发布日常通告、公告、通知及办税公开有关事项;税收宣传月期间在主要街道悬挂税收宣传横幅30条,营造良好的宣传工作氛围。四是以办税员、社区为重点,进一步加强协税护税网络建设。五是举办以"树地税形象、展地税风采"为主题的摄影大赛。六是向全县纳税户发短信,欢迎拨打"12366"税收服务热线。七是认真开展税收宣传进校园活动。

队伍建设【教育培训】以建立"学习型"组织为契机,建立和完善干部职工教育培训机制,注重抓好干部职工文化、业务培训和政治思想教育,制定实施了《松阳县地方税务局2003年干部教育培训计划》、《松阳县地方税务局2003年思想政治工作要点》等。鼓励干部职工积极参加各类学历教育和职称考试,进一步学习"三个代表"重要思想和党的十六大、十六届三中全会精神,认真组织开展了ISO9000质量管理体系知识、会计与税收政策比较、普法、电子商务等培训和考试,不断提高干部职工综合素质。

【人事制度改革】成功开展了新一轮干部竞争上岗工作,推进干部人事制度改革。通过有计划地组织开展民主测评、公务员相关知识考试、竞聘演讲,把公开、公平、公正的干部选拔上岗机制引入地税队伍建设。共有114名干部职工参与本轮中层干部聘任,从副股长提任正股长6人,从一般干部提为副股长8人,中层干部交流面(含新提拨人员)达到65.6%,一般干部交流面为22%,共有2名中层干部落聘、2名干部待岗。通过建立优胜劣汰的干部进出机制,进一步增强了干部职工的工作责任心,激发了工作热情,推动了各项工作的顺利开展。

【廉政建设】一是深入开展反腐倡廉教育活动。利用各类会议、电教片、展览等载体,经常组织干部职工学习廉政教育相关内容,做到警钟长鸣,营造心理防线;二是进一步推进办税公开。从税收法规政策宣传、双定管理、税案公示到减免税等涉税事项实行全面公开,确保纳税人的知情权,主动接受纳税人监督;三是健全内外监督机制。对外聘请特约监督员、公布涉税举报电话、发放监督卡、设立举报箱,对内建立定期检查、责任追究、谈话和诫勉等各项制度,构筑内外一致的监督网络。

(松阳县地方税务局供稿　陈文俊撰写)

景宁县地方税务工作概述

局长　潘晓泉

经济概况 2003年,景宁畲族自治县国内生产总值11.37亿元,增长11.4%,其中第一产业增加值2.85亿元,增长0.6%;第二产业增加值4.57亿元,增长15.5%;第三产业增加值3.95亿元,增长14.8%。全社会固定资产投资完成5.02亿元,增长11%;社会消费品零售总额4.85亿元,增长12.2%;外贸自营出口1339万美元,增长%41;农民人均纯收入2397元,增长6%;城乡居民储蓄存款余额5.67亿元,增长12.5%。全县实现财政总收入1.69亿元,其中,地方财政收入8706万元(地方税收收入6219万元),完成年度预算的105.8%,增长20%;中央收入8194万元,完成年度预算的98.5%,增长5.5%。全县实现财政支出3.03亿元,完成预算指标的91.3%,增长15.5%。

税收概况【任务完成情况】2003年,全县地税系统共组织各项收入9858万元,比上年增长31%,增收2354万元;其中税收收入6219万元,增长17%,增收920万元,完成年度计划的106.3%,保持了收入增长的良好势头。

【税收特点】一是地税收入在上年高增长高基数的基础上继续保持增长态势;二是三大主体税种中营业税和个人所得税大幅度增长。全年营业税、个人所得税分别入库3354万元、1145万元,分别增长20.4%、37.3%,成为税收的增收主力军;企业所得税入库1109万元,同比减少66万元,出现了下降趋势;三是小税种收入增长加快。房产税、印花税、车船使用税等小税种分别比上年同期增长38%、92%、26%;四是非公有制经济税收在总收入占绝对优势,全年非公有制经济税收收入达4869万元,占总税收收入的78.3%;五是第三产业税收保持高幅增长。在入库的6219万元地税收入中,第二产业入库税收1694万元,同比下降15.5%,已连续二年下降,而第三产业税收入库4519万元,同比增收1229万元,增长37.4%,连续二年高幅增长,第三产业税收占总税收收入的比重达72.7%。

【税源分析】1、一是营业税收入增长主要来源于房地产业。全年入库3354万元,同比增收568万元,增长20.4%,占地税收入的53.9%。其中房地产业入库1043万元,同比增收274万元,增长35.6%,房地产税收有力地带动了营业税的高幅增长;

2、企业所得税入库1109万元,同比减收66万元,下降5.6%,减收主要是由于小水电行业入库企业所得税减少;

3、个人所得税收入持续快速增长。全年共入库1145万元,同比增收311万元,增长37.3%,已连续二年高速增长。

4、增收因素。(1)景鄣扶贫经济开发区地税收入增加,是拉动该县地税收入增长的主要因素;(2)经济良性发展带动地税收入增长。2003年,该县围绕"创畲乡生态优势,建风情旅游名城"的区域经济发展战略,积极推进城镇化建设,以加快基础设施建设为着力点,推动工业经济的发展;依托山水资源优势,培植新的经济增长点,以电兴县,加快把资源优势变成经济优势,实现国民经济健康发展和持续增长。经济的良好发展态势和不断增长促进了税收增收;(3)加强和规范税收管理促进收入增长。以ISO9000质量认证为契机,坚持把"依法治税、规范管理,努力保持地税收入的可持续增长"作为组织收入原则。一是进一步完善和规范小水电行业所得税管理;二是加强税收优惠政策审批管理和规范企业所得税先征后退工作,从严控制缓缴税款审批,清理压缩欠税;三是抓好企业所得税汇算清缴和重点企业检查的税款入库工作;四是加强建筑业税收检查,完善和健全建筑业税收管理办法;五是增强税收执法刚性,开展税收执法检查,进行税收征管质量考核,加大稽查力度,以查促管,保障税收收入;六是继续开展个人所得税专项检查工作,规范和完善个人所得税代扣代缴管理,加强对高收入者重点监控。股息分红等税源增加,会计核算中心代扣代缴力度加强和代扣代缴单位的纳税意识普遍增强;七是实施"银税联网,自动扣缴"工作,提高工作效率;八是积极开展重点税源监控工作,完善税收监控体系,扩大重点税源监控面,掌握重点企业生产经营税收情况,为税收收入持续稳定增长提供有力的保障。

各项工作情况【征管改革】根据省局《关于景宁畲族自治县地方税务局现代征管新框架的实施方案的批复》的要求,结合景宁地税征管实际,于8月中旬正式撤并原东坑中心税务所和沙湾中心税务所,组建景宁地税第二征管局;按照《新世纪之初全省现代地税征管新框架的指导性意见》的要求,规范设置基层征管机构内设部门,即单设了管理股、征收统计股。制定《景宁畲族自治县地方税务局关于征管局、稽查局定岗定责的实施意见》(景地税征【2003】39号),明确了征管局、稽查局的职能,内设部门定岗定职定人。第二征管局的成功组建,使景宁地税征管改革又迈上了新的台阶。

【征收管理】一是加强税收计划管理,强化重点税源监控,突出重点税源、重点行业,对72家年缴纳地方税收5万元以上企业及所有小水电行业实行重点监控。二是制定《关于做好受"非典"影响突出行业税收优惠政策措施落实工作的通知》,对受"非典"疫情影响的旅游业、娱乐业、饮食、出租车等行业的纳税人进行税收优惠政策扶持。按照提高营业税、增值税起征点有关规定,停征1248户(其中国、地税共管的722户)达不到起征点的个体税收。规范福利企业税收管理,取消1家不符合条件的福利企业资格。2003年审批企业所得税、营业税、房产税、水利建设专项资金减免共159户。三是于3月份举办了一期200人参加的办税员培训班,新办理办税员证174本,调整充实了选案工作委员会和案件审理委员会组成人员,成立减免税审批委员会,加强选案、大要案审理和减免税工作管理。四是与工商行政管理等部门配合,开展纳税户清查,清查个体工商户212户,企业73户,对412户企业进行了类别认定。五是制定《景宁畲族自治县2003年个体税收"五单"工程质量考评办法》,促进该县个体税收征管工作质量和效率的全面提高。对税收征管质量工作进行量化考核。贯彻落实货物运输业"三个办法和一个方案",认真开展货物运输业营业税纳税人认定工作,确保了货物运输业税收征收管理措施执行到位。六是着力将企业所得税汇算工作的重点转移到企业申报前的辅导和申报后的重点检查。2003年全县汇算清缴143户,汇算入库企业所得税325万元。改变以往企业申报、税务审核、企业调整重报的做法,直接根据企业的申报情况,结合平时实际和往年检查情况,通过选案办选择了30户企业由稽查局负责重点检查。对账证不全或不能正确核算收入或成本费用支出的企业,实行核定征收企业所得税,规定不得享受所得税各项优惠政策。督促企业建账建制,改善经营管理,积极引导企业向自行申报、税务机关查账征收方式过渡。

建立ISO9000质量管理体系。为促进税收管理的现代化和规范化,统一和规范征管行为、执法行为、行政管理行为。于8月开始,该局将ISO9000质量管理体系全面导入地税管理,简称"贯标"工作。经过近5个月的努力,按期进行了工作策划、宣传发动、体系设计、文件编写、发布运行、内部审核、管理评审及第三方现场审核等一系列工作,于12月27日通过中国方圆标志认证委浙江审核中心的审核认证,并于12月31日向该局颁发了认证证书。通过"贯标",税收征管活动已发生显著变化:一是实现了对税收征管的过程控制,统一了税收征管行为、执法行为和行政管理行为,依法治税工作又上新台阶。二是初步建立和实施了一个全员参与、全面控制、高效运转、持续改进的质量管理体系,税收征管质量得到全面提升。三是以纳税人为关注焦点、全员参与、预防为主、持续改进等征管理念深入人心,提高了税收服务能力。体系在转变服务观念、配备服务设施、建立"纳税人满意度调查"、处理纳税人投诉举报等方面采取了一系列有力的措施,使税收服务更贴近纳税人,税收服务的能力有较大提高,纳税人普遍反映满意,塑造了"满意在地税"的税务机关新形象。

【信息化建设】推进税收信息化建设,完善"银税联网,自动扣缴"纳税申报办法。加强信息化安全管理,制订计算机设备、网络系统和信息化安全管理制度,在征管服务器和办公自动化服务器上安装ARC-server2000备份系统,通过磁带机进行自动备份发。在各服务器及单机上安装反病毒体系KILL2000防病毒软件和金山毒霸2003,并定期通过因特网下载最新程序进行更新,采取内外物理隔离,不允许拨号上因特网,确保TF2000平稳运行。第二征局于9月份起应用《办公自动化系统》,标志景宁县地税系统《办公自动化系统》全面推广应用。

【社会保障基金征收】社会保障基金的征收工作在县委、县政府的支持下,得到人事劳动社保部门的积极配合,地税部门克服任务重,难度大的实际困难。全年入库基本养老保险金1448.76万元,同比增收518.37万元,增长55.72%。清欠77.53万元,含清欠综合征缴率为98.94%。根据《景宁畲族自治县城镇职工基本医疗保险实施细则》(景政办【2001】88号)文件规定,以及上年度《关于城镇职工基本医疗保险基金收缴问题的通知》,积极组织医保基金的征缴工作,征缴入库1339.14万元,征缴率达99.78%%。较好地完成医保基金的征缴任务。为进一步深化该县的医疗制度改革起到了积极作用。

【发票管理】认真贯彻落实浙江省委关于欠发达地区暂缓征收农业产品特产税文件的精神,针对该县农业产品生产较多的特点,印发了《关于进一步加强农业产品自产自销发票管理的通知》(景地税征【2003】13号)文件,规范了农业产品自产自销发票的使用和管理。加强饮食业、旅店业、建筑安装、交通运输和普通发票等重点发票的管理,及时与会计核算中心联手,进一步加强对受票单位的控管,充分发挥"以票管税"的作用。

【税务稽查】按照稽查内部"四分离"和稽查工作规程的要求,继续完善主协查制度、案件复查制度和案件审理分级管理办法,发挥案审委的把关作用,加强内部监督制约,增加案件定性处理的透明度,保证税务处理处罚决定的准确性、合法性和适当性,提高办案质量,与公安联手,严厉打击各种涉税违法行为。2003年组织实施了企业所得税、省级税收收入、建筑安装企业等专项税收检查,共对40个单位及70多户"双定户"进行税收重点检查或责成自查,共追缴税款、滞纳金及罚款91.6万元,结案率100%,处罚率56%,入库率100%。共对10个违法税案进行了公告,公告率达50%。开展复查工作,案件复查率5%。税务稽查工作的开展维护了国家税法的尊严,显示了税务稽查的威慑力。通过以查促收、以查促管,遏制税收流失。

【税收宣传】坚持不懈地开展税收法制宣传,以"税收宣传月"活动为契机,利用广播、有线电视、报刊、宣传栏等媒介向社会宣传《税收征管法》及税收法律、法规,优化治税环境,推进依法治税。充分发挥固定宣传栏的作用,定期更换宣传内容。向县小和镇小发放《小学生税收知识读本》1000多册,以寓教于乐的形式,在小学生中开展税收宣传教育,普及税收知识,增强公民的纳税意识。制作地税灯箱公益广告15只,张贴、悬挂地税宣传标语150多幅(张)。组织全体干部参加"四五"普法教育和干部普法建档考试,提高干部执法能力和水平。组织县妇联腰鼓队和全体税务干部进行文艺踩街宣传。

队伍建设【思想教育】健全学习制度。制订干部学习制度,每月学习三次,分党员学习、政治学习、业务学习。党员学习由局党支部主持,政治学习由办公室主持,业务学习由各业务股轮流主持。积极创建学习型机关。按计划开展党组中心组理论学习,坚持用批评与自我批评的方法召开班子民主生活会,班子凝聚力和战斗力进步增强。党建工作有序开展,2003年经批准,新组建第二征管局党支部,直属机关支部、第一征管局党支部、稽查局党支部等三个支部委员会换届选举成功。为加强和改进党的基层组织建设,借庆祝国庆节之际,组织党建知识竞赛活动,并取得圆满成功。加强年轻干部培养,发展新党员2名。积极开展党组织"一助一"爱心助学活动,发动干部捐款7300元,结对助学贫困生3人,结对贫困群众5人。

【党风廉政建设】邀请县纪委、县委宣传部领导为干部作加强党风廉政建设讲座和"三个代表"重要思想宣讲报告会,帮助干部树立正确的世界观、价值观、权力观。局党组与局机关各职能科室及下属单位签订《党风廉政建设责任书》、《行政执法责任书》,把党风廉政建设与日常工作相结合。重新调整成立特邀监督员和监察员队伍,从外部加强对干部职工职业道德、办事效率、廉洁自律等方面进行全方位监督。认真学习贯彻《行政效能监察处理办法》,组织党员干部收看电教片,提高干部拒腐防变能力。

【制度建设】把"以人为本"的管理理念贯穿地税工作全过程,8月份,在全系统首次实施中层干部竞聘上岗、一般干部双向选择的"双聘"人事管理制度改革,全体干部积极参与竞聘,结果有8位一般干部被聘为中层干部(其中4名女干部)。干部交流面达50%。本次"双聘"机制改革,打破了以往局机关与基层岗位难以交流的贯例。"双聘"机制实现了人才资源的优化配置,营造了一个激励与约束并存、富于竞争又充满活力的工作环境。按照县委、县政府的统一部署,稳步开展分权制衡工作。经县编委批准单立政策法规科。建立分权制衡工作领导小组,拟定工作计划,制订相关制度,试点工作进展顺利。

【文明创建】坚持"两手抓,两手都要硬"的工作方针,积极开展精神文明建设,认真推行文明用语,治安保卫责任到人,依法文明办事。组织在职党员进社区活动。要求每位党员根据自身特长选择夜间巡逻、公益劳动、宣传报告、电器维修、义务护绿等2项以上社区服务内容,创建文明社区。

(景宁县地方税务局供稿　柳小平撰写)

缙云县地方税务工作概述

局长 周静知

经济概况 2003年，缙云县实现国内生产总值34.57亿元,比上年增长16.2%,第一、二、三产业增加值分别为4.72亿元、16.57亿元、13.28亿元，增幅分别为1.0%、24.4%、13.7%;全县规模以上(国有和年销售收入500万元以上非国有工业企业）工业总产值28.94亿元,比上年增长53.1%;实现社会消费品零售总额13.82亿元,比上年增长12.4%;完成全社会固定资产投资15.28亿元,比上年增长53.7%;完成出口交货值13.83亿元,比上年增长60.5%。在国民经济持续快速增长的基础上,财政收入稳步增长,全县实现财政总收入3.57亿元,比上年增长16.0%。其中,上划中央四税收入1.80亿元,增长7.3%;地方一般预算收入1.77亿元,增长26.4%;全县财政完成一般预算支出3.82亿元,比上年增长11.4%。

税收概况【任务完成情况】2003年,全县地税系统共组织各项收入1.89亿元,比上年增长16.2%。其中地方税收收入1.31亿元,增长14.8%,完成省局年度计划任务的105.3%。

【税收特点】一是地方税收增长不平稳，走出了一条典型的"U"型长线。在年初高开高走开门红后,上半年地方税收收入整体保持低增长,因此未能实现"双过半",比平均时间进度差3个百分点;下半年(7月份开始)地方税收收入出现强劲反弹,税收收入增长速度较快。二是主体税种增长速度交错消长。营业税和企业所得税、个人所得税等主体税种不能协调同步增长,上半年两个所得税保持较快增长、营业税出现较大幅度负增长，下半年营业税出现较大幅度增长、两个所得税增长趋缓,呈现交错消长态势。三是基本实现了均衡入库。全年有75%月份(9个月)入库税额在任务月平均数(1036.5万元)以上。单月入库税额最多为7月份,达到1550万元,最少为3月份,只有690万元,月度税收收入个体差异较大,但符合经济税收运行规律。

【税源分析】1、营业税全年入库6130万元,占地税收入总额的46.8%，比上年增收876万元，增长16.7%。营业税的主要税源仍是房地产业和建筑业,全年房地产业和建筑业共入库营业税4013万元，占营业税总额的65.5%,占地税收入总额的30.6%,是带动地方税收收入增长的动力。主要增收因素:一是继续加强对建筑、房地产行业的征收监管。房地产业因价格因素增加收入1.25亿元，使营业税增收627万元。二是加大清欠力度。入库2001年查补销售房地产营业税共142万元，转让土地使用权营业税142万元。三是金融业运行质量良好,带动营业税的增长。全年金融企业存贷比例保持在130%以上，各商业银行贷款余额结算入库的营业税同步增长,共入库营业税775万元,增收193万元,增长33.1%。

2、企业所得税。全年入库3163万元,占地税收入总额的24.2%，比上年增收424万元，增长15.5%。增、减收的主要因素:1~5月份,由于地税部门扎实有效地开展企业所得税汇算清缴工作,企业所得税出现了月均47.3%高位增长,使企业所得税成为全县地税收入上半年唯一"双过半"的主体税种;2002年6月份入库企业所得税查补税款422万元，使2003年度企业所得税收入从6月份开始在累计、月度收入同比都出现了负增长;10月份后又转为正增长。

3、个人所得税全年共入库2306万元,占地税收入总额的17.6%,比上年增收217万元,增长10.4%。个人所得税在年初出现高开高走的增长势头后,1~12月各月份均保持较快增长,但总体上呈现平稳下降态势。全县个私企业缴纳的个人所得税占个人所得税入库总额的60%左右,个体私营经济的发展对个人所得税收入起到决定性作用。增、减收的主要因素:个人所得税多元化增长是个人所得税继续保持较快增长的主要原因,"非典"及政策性减收因素是下半年个人所得税收入增长速度趋缓的原因所在。

4.城建税及其他小税种:全年入库城市维护建设税897万元,比上年增收33.3万元,增长3.9%;入库房产税384.4万元,增收97.8万元,增长34.1%。其它各小税种增收37万元。主要增收因素:地税部门坚持"抓大不放小",加强房产税、印花税、资源税等小税种的征管。针对城镇商业用房租金不断上涨和企事业单位用房、居民住房出租具有较大隐蔽性的特点,重点加大了房产税征管力度。

各项工作情况【税收法制建设】按照省局统一部署,对下岗失业职工再就业和受"非典"影响行业税收减免政策执行情况、税务稽查案件、省级税收收入情况进行了检查,对滞纳金的加收、涉案数据的审核、个别案件的移交、《外经证》的管理、小税种的申报等内容进行了规范。开展第二轮行政审批改革,对地税审批事项进行了清理。组织全局干部进行了税收征管法及实施细则相关知识的考试。

【征管改革】一是导入ISO9000质量管理体系。从2月下旬开始,采取了转变服务观念、提供规范服务、建立满意度调查和处理投诉举报等一系列措施,分5个阶段导入ISO9000质量管理体系,于9月份通过认证。二是通过审核分析、约谈举证、评定处理等环节对26家企业开展了稽核评税,规范企业财务管理和地税征管,较好地处理了管理与服务的关系,取得了良好的效果。三是加强了与国税部门的协作。通过建立不定期联席会议制度,加强了国、地税征管、稽查等信息的共享,协调了新办企业认定、企业所得税等政策措施,联手抓好税收征管。

【征收管理】加强税源分析和监控,积极开展经济和地方税源情况专题调研;加强了对重点税源的监控。进一步扩大监控面,把重点税源监控对象从2002年的100家扩大为128家。继续加强建筑安装、交通运输、房屋出租、教育劳务、小水电、医疗机构、社会中介机构等行业的税收征管。规范所得税征收方式,对全县企业所得税征收进行全部重新鉴定,进一步明确了各企业征收方式,提高了所得税征管水平。按照省局提高营业税起征点的文件要求,及时对"双定户"进行了一次摸底调查,对实际经营高于2000元起征点而定额不到2000元的进行了相应的调整,对确实达不到起征点的纳税人按规定进行处理。同时根据现行的收入形势和行业经营情况,对其他的"双定户"进行了调整。制定了《关于支持经济发展 进一步为纳税人提供优质服务的若干措施》,提出了33条具体服务措施。认真兑现各项税收优惠政策,及时为企业办理地方税收政策性退税和减免税,尤其是在"非典"期间,认真贯彻落实对受"非典"影响行业税收优惠政策措施,对旅游业、娱乐业、饮食业、旅店业、出租车业等免征税费,或减征税费,或调低定额。

【社会保障基金征收】认真做好社保基金征收协调管理工作。全年共征收入库养老金3189万元,比上年增长16.0%,征缴率达99.0%;入库医保基金1474万元,增长11.0%,征缴率达98.0%;入库残疾人保障基金249万元(征收时间从7月份开始到8月底止结束),增长25.0%

【发票管理】进一步规范门征发票管理,要求填开人出具真实身份;按照省局开展打击制假和购买假发票违法行为的规定,联合相关部门对车站、宾馆等公共场所进行突击检查。

【税务稽查】抓好房地产业税收专项检查和企业所得税、金融保险业税收重点检查以及历年遗留案件的查处。全年共检查企业203户(含责成自查),查补入库税款及罚款、滞纳金共400万元。

【税收宣传】围绕"依法诚信纳税,共建小康社会"的主题,通过电视台、手机短讯、网站等形式,多渠道、全方位宣传税收知识,取得了良好的效果。

队伍建设【教育培训】广大干部职工积极参加党的十六大精神主题教育活动和掀起学习贯彻"三个代表"重要思想新高潮活动,通过原原本本学习十六大报告全文,学习谷文昌、郑培民先进事迹、学习"两个务必"的深刻含义等众多内容,有力地促进了政治思想素质的提高。组织干部参加了电子商(政)务培训、ISO9000贯标知识培训、四五普法知识培训、新录用公务员培训等。据统计,2003年全局共有480余人次参加了各种形式的知识培训,公务员培训率达4次/人。鼓励干部参加学历教育。2003年度,全局有17人取得了大专以上学历,全局公务员大专以上学历达到了79人,占全部公务员的82%。

【廉政建设】组织开展了“廉洁从政、艰苦奋斗”专题教育。认真落实中纪委、国家税务总局、省地税局的有关文件精神,在全系统开展党风廉政教育活动。组织党员干部积极参与党的十六大知识竞赛、干部任用条例知识竞赛和党风廉政知识测试等知识竞赛活动。

【创建文明单位】继续开展文明单位、文明县城、“青年文明号”和“巾帼文明示范岗”等争先创优活动。局获年度县级先进单位,稽查局获年度全市地税稽查工作先进集体,第一征管局赵国龙获首届市级劳动模范称号。 (缙云县地方税务局供稿 郑主华撰写)

ZHEJIANG DISHUI NIANJIAN

第五编

机构和人员情况

浙江省地方税务局领导名单

局长：	黄旭明(2003 年 3 月任职)
副局长兼机关党委书记：	单美娟
副局长：	钱子辉
总会计师：	劳晓峰(2003 年 10 月任职)

浙江省地方税务局处级领导名单

办公室	主任：	王　俭
	副主任：	王成林　徐　辉
		饶煜明(2003 年 11 月任职正处级)
	助理调研员：	马大明　沈一芳
人事教育处(基层工作处)	处长：	唐玉兰
基层工作处	副处长：	陈义礼
人事教育处	副处长：	赵　沛
机关党委	副书记：	武时品
监察室	主任：	杜明祥
	副主任：	顾忠静
政策法规处	处长：	项正国
	副处长：	边宏庆
计划财务处	处长：	何爱仙
	副处长：	朱岁良
	助理调研员：	李建荣
征收管理处	处长：	丁　丹
	副处长：	徐　建
		金　瓯(2003 年 11 月由助理调研员改任副处长)
税政管理一处	处长：	丁富根
	副处长：	陈伟军
	助理调研员：	袁亚芳
税政管理二处	处长：	徐敏俊
	副处长：	郭贤君
税政管理三处	处长：	劳晓峰(2003 年 10 月任总会计师)
	副处长：	杜肖苓
涉外税收管理处(涉外税征收管理分局)	副处长(副分局长)：	章　征
规费管理局	局长：	刘石浩
	副局长：	何建芳

直属征管一分局 直属征管二分局	分局长：	许小青
	副分局长：	郑立元 陈盛桂
	助理调研员：	王行军 金国农
直属征管二分局	副分局长：	林仕华(2003年10月任职)
稽查局	局长：	谢继良
	副局长：	王 平 许保国
信息中心	主任：	吴建萍
	副主任：	陈正奎 张雄伟
工会工作委员会	副主任(副处级)：	倪逸城
税务票证管理中心	副主任：	詹红成
《浙江税务》编辑部	副主任(正处级)：	周继忠

市、区、县地方税务局领导名单

杭州市地方税务局局长、副局长名录

杭州市地税局

局　长:陈锦梅

副局长:濮兰英　李广喜　金　翔

萧山地税局

局　长:贺放炼

副局长:金　伟

余杭地税局

局　长:孙炳松

副局长:石连忠

富阳市地税局

局　长:孙柏平

副局长:陈永信

临安市地税局

局　长:罗石荣

副局长:叶朝阳

淳安县地税局

局　长:翁江涛

副局长:詹　韧

建德市地税局

局　长:滕明湘

副局长:徐福君

桐庐县地税局

局　长:俞　谷

副局长:胡怡生

宁波市地方税务局局长、副局长名录

宁波市地税局

局　长:宋越舜
副局长:王跃鹏　陈宝根　章翠飞　胡望真　宋济青

海曙区地税局

局　长:金　波
副局长:周永章　曹　杰

江东区地税局

局　长:张立权
副局长:徐忠华　吴锡

江北区地税局

局　长:范国伟
副局长:林阿毛　姚蓓军　唐国穗

镇海区地税局

局　长:周雅珍
副局长:郎建铭　王信永

北仑区地税局

局　长:杨建民
副局长:郑林生　吴逸庭　白卫东

科技园区地税局

局　长:李　抱
副局长:汪光明　陈俊良　李　军

大榭开发区地税局

局　长:吴子富
副局长:刘黎勇　戴猛追

鄞州区地税局

局　长:张世华
副局长:戴自贤　陈富贵　张震宙

慈溪市地税局

局　长:黄柏寿
副局长:朱祖强　陈亚伟　胡国富

余姚市地税局

局　长:胡　青
副局长:王文益　徐强辉　周徐山

奉化市地税局

局　长:韩圣光
副局长:吴浩根　潘飞跃　刘海华

宁海县地税局

局　长:尤永强
副局长:金昌余　王祥满　柳正维

象山县地税局

局　长:陈永忠
副局长:陈柳松　许玉仙　王其伟

东钱湖区地税局

局　长:李盛伦

温州市地方税务局局长、副局长名录

温州市地税局

局　长:石文秀
副局长:马伟俊　黄天志

温州市地税局瓯海分局

局　长:林江帆
副局长:胡小爱　邵　宇

温州市地税局鹿城分局

局　长:孙建伟
副局长:陈文川　蓝天明

温州市地税局龙湾分局

局　长:章　炜
副局长:李永光　沈　节

温州市地税局开发区分局

局　长:潘向捷
副局长:王小冬

瑞安市地税局

局　长:江孟甫
副局长:郑扩社

乐清市地税局

局　长:徐　扬
副局长:林志勇　王成华

永嘉县地税局

局　长:胡国强
副局长:戴源涌　周云龙　柯温临

苍南县地税局

局　长:高友平
副局长:徐象广　任　一

平阳县地税局

局　长:温从岳
副局长:陈　杰

洞头县地税局

局　长:邱海华
副局长:陈后平

文成县地税局

局　长:陈永富
副局长:叶小荣

泰顺县地税局

局　长:蔡贻望
副局长:谢学久

嘉兴市地方税务局局长、副局长名录

嘉兴市地税局	桐乡市地税局
局　长:金锦根 副局长:张东生	局　长:赵洪亮 副局长:吴建勇
平湖市地税局	**海宁市地税局**
局　长:俞明祥 副局长:沈纪观	局　长:陈金明 副局长:崔德新　蒋钰明
海盐县地税局	**嘉善县地税局**
局　长:杨月明 副局长:胡玉明	局　长:沈恩达 副局长:沈建伟　邵勇春

绍兴市地方税务局局长、副局长名录

绍兴市地税局	绍兴县地税局
局　长:梁建华 副局长:潘旺明　叶　剑	局　长:宋天平 副局长:徐志芳
上虞市地税局	**诸暨市地税局**
局　长:吴志育 副局长:邵百尧	局　长:寿纪祥 副局长:张建林
嵊州市地税局	**新昌县地税局**
局　长:杜洪苗 副局长:楼苏津	局　长:丁复鸣 副局长:陈建军

湖州市地方税务局局长、副局长名录

湖州市地税局	德清县地税局
局　长:沈建平 副局长:王三星　杨新学　孔培康	局　长:杨永林 副局长:陆长江　周盛东
长兴县地税局	**安吉县地税局**
局　长:潘瑞祥 副局长:沈小平　毕悦芹　何志强	局　长:吴伟东 副局长:严明卯　陈作云

金华市地方税务局局长、副局长名录

金华市地税局	兰溪市地税局
局　长:王建平 副局长:方卫民　王　苹	局　长:吴一成 副局长:胡耀明
义乌市地税局	**东阳市地税局**
局　长:吴森民 副局长:于孝巍　陈月嫦　陈忠强　毛新生	局　长:陈　军 副局长:徐立刚　斯光浩
永康市地税局	**武义县地税局**
局　长:胡明星 副局长:施贺龙　施建民	局　长:李国旗 副局长:胡华荣　程云庆
浦江县地税局	**磐安县地税局**
局　长:傅兴琰 副局长:张健纯	局　长:陈海明 副局长:羊荣华

衢州市地方税务局局长、副局长名录

衢州市地税局 局　长:俞顺虎 副局长:杜老阔	**江山市地税局** 局　长:姜迎新 副局长:王智荣
龙游县地税局 局　长:张绳伟 副局长:邵司野	**常山县地税局** 局　长:郑建华 副局长:谢　诚
开化县地税局 局　长:马建雄 副局长:邱森源	

舟山市地方税务局局长、副局长名录

舟山市地税局 局　长:杜祖国 副局长:王志杰	**舟山市定海区地税局** 局　长:李海定 副局长:吴伟鸿
舟山市普陀区地税局 局　长:金伟平 副局长:乐　涛	**岱山县地税局** 局　长:童信宇 副局长:舒伟强　陈海平
嵊泗县地税局 局　长:朱再定 副局长:徐国飞	

台州市地方税务局局长、副局长名录

台州市地税局	台州市椒江地税局
局　长：娄依兴 副局长：郑　浩　陶　勇	局　长：邱奇友 副局长：陈海平　周仙光
台州市黄岩地税局	**台州市路桥地税局**
局　长：郑　斌 副局长：李　敏　喻文荣	局　长：牟力群 副局长：郦静波　伍群力
临海市地税局	**温岭市地税局**
局　长：徐宏光 副局长：冯荷琴	局　长：颜云初 副局长：江涌清　戴晨光
三门县地税局	**仙居县地税局**
局　长：奚建华 副局长：徐伟晖	局　长：潘小燕 副局长：徐林飞
天台县地税局	**玉环县地税局**
局　长：施逢沪 副局长：陈孟云　姜静英	局　长：汪云傲 副局长：李国跃　张定松

丽水市地税局局长、副局长名录

丽水市地税局

局　长:何赤峰
副局长:崔　军

龙泉市地税局

局　长:徐建新
副局长:项旭明

青田县地税局

局　长:潘建青
副局长:牛建民

庆元县地税局

局　长:吴荣伟
副局长:周必寿

遂昌县地税局

局　长:翁小瑜
副局长:叶宏放

云和县地税局

局　长:李奋平
副局长:柳少康　任乐群

松阳县地税局

局　长:单国亮
副局长:易　雄

景宁县地税局

局　长:潘晓泉
副局长:毛南荣　叶　峰

缙云县地税局

局　长:周静知
副局长:陈贵长　陶柳杨

ZHEJIANG DISHUI NIANJIAN

第六编

税收统计资料

2003年我省地税部门组织收入情况概述

2003年我省地税部门在省委、省政府和国家税务总局的正确领导下,深入学习贯彻"三个代表"重要思想,牢固树立大局意识、机遇意识和创新意识,紧紧抓住我省经济新一轮增长带来的良好机遇,努力发挥"八个优势"、推进"八项举措",较好克服非典、缺电、干旱等带来的不利影响,圆满完成年度各项组织收入任务,地税收入在上年高基数、快增长的基础上实现新跨越：全省地税部门组织各项收入首次突破800亿元,其中税收收入首次突破500亿元,营业税收入首次突破200亿元,社会保险基金收入首次突破200亿元。

2003年我省地税部门共组织各项收入830.30亿元,增长26.88%,增收175.92亿元,其中:税收收入554.85亿元,增长27.28%,增收118.90亿元,完成年度计划的114.17%;养老保险基金153.58亿元,增长26.20%;医疗保险基金45.94亿元,增长65.76%。不含宁波,全省共组织各项收入659.01亿元,增长26.24%,增收137.00亿元,其中:税收收入437.03亿元,增长27.23%,增收93.55亿元,完成年度计划的114.11%;省级税收收入37.65亿元,增长27.93%,按上年同口径增长34.55%(上年所得税五五分成);养老保险基金132.00亿元,增长26.25%;医疗保险基金35.32亿元,增长58.78%。

一、税收与经济在更深层次实现融合

2003年我省地税部门紧紧依托经济运行速度加快、质量提高、活力增强、效益提升的良好局面,大力组织收入,充分发挥税收调控经济和调节分配的作用,在更高层次、更深程度实现税收与经济的融合。一是税收收入占GDP比重进一步提升。据统计部门初步预测,2003年我省GDP达9050亿元,按可比价格计算,增幅达13.5%,为近8年来的最高点;2003年我省地税部门组织的税收收入占GDP的比重首次超过6%,达6.13%,比上年提升0.45个百分点,地税聚财能力又有新的提高。二是税收增长与经济增长的协调性进一步增强。2003年我省GDP按现价计算,增幅预计达18%,税收收入增幅27.28%,税收收入弹性系数为1.52,进入了合理的弹性系数区间,税收增长与经济增长更趋协调。三是税收亮点与经济热点的关联度进一步提高。2003年我省经济热点与税收亮点共同演绎精彩篇章,基础设施建设加速、房地产供需两旺、银行信贷快速扩张以及工业经济增长强劲,显示了我省经济开始进入新的增长周期;民营经济、混合经济、涉外经济的加速发展,不断激发我省经济的内在活力;经济热点带来税收亮点,2003年我省建筑业、房地产业、金融业和制造业四大行业税收占全部税收比重超过60%,非公有制经济税收占全部税收比重也超过60%。

二、税收征收管理向更高阶段迈进

2003年我省地税系统圆满完成了基层建设、信息化建设和征管新框架等三个方面的三年规划,税收征收管理向更高阶段迈进。一是税收征缴方式改革稳步推进。税收缴库方式改革取得了新的突破,推动了办税服务进一步从"一站"服务向"无站"服务转变;浙江地税数据应急处理中心顺利建成,初步实现了税收征管基础业务数据的实时上行;以网上报税为重点的多元化申报纳税体系不断完善,在降低纳税人纳税成本的同时也提高了税收征收效率。二是税源管理力度不断增强。大力推进从重点税源监控向全面税源监控转变,大部分县市重点税源监控面已达60%以上;加大对重点行业高收入阶层的跟踪管理力度,逐步推行个人所得税全员管理;加强对地方小税种的税源调研,逐步实现小税种的源泉控管;因地制宜推广"

义乌经验",积极参与社会保险扩面工作。2003年我省地税征管向更高阶段迈进的显著标志是地税收入中税费之间、税种之间、季度之间呈现全面、均衡的增长态势。2003年全省税收收入增长27.28%,费基金收入增长26.10%;营业税、企业所得税、个人所得税和城建税四大主税种平均增长27.16%,其他地方小税种平均增长29.34%;各季度税收收入总量均在120亿元以上,季度税收收入增幅均在20%以上。

三、乘势而上,努力抓好2004年地税组织收入工作

2004年是全面落实十六大和十六届三中全会精神,深化改革、扩大开放、促进发展的重要一年,是充分发挥"八个优势"、深入实施"八项举措",扎实推进我省全面、协调、可持续发展的狠抓落实年。据统计部门预测,2004年我省经济持续增长的态势不会改变,增长的基础将得到进一步巩固,增长的质量将得到进一步提高,GDP增幅有望在13%左右的平台上运行,这为抓好2004年地税组织收入工作提供了有力的税源保障。同时,2004年地税组织收入工作也面临着一些新的挑战,如在经济结构加速调整中,经济税源加速变化将成为一种常态,促进税源结构多元化,降低组织收入风险,建立稳定的收入增长机制,要求地税部门必须立足税法、立足全局、立足长远,做大组织收入"文章";在完善社会主义市场经济体制的进程中,税收政策在调控经济和调节分配方面的职能作用将更加突出,组织收入目标更趋多元化,要求地税工作必须与时俱进、统筹兼顾、协调发展,把组织收入指导思想统一到贯彻落实全面、协调、可持续的科学发展观上来。

2004年我省地税部门将加强调研、深化改革、求真务实,积极贯彻落实全面、协调、可持续的科学发展观,坚持在依法治税、规范管理的前提下,努力实现我省地税收入的可持续增长。一是不折不扣地落实好各项税收政策。认真落实促进下岗再就业税收优惠政策,强化个人所得税征管和社会保险基金征缴,推动就业、收入分配和社会保障制度的完善;严格执行保护生态环境、鼓励资源综合利用的税收政策,促进"绿色浙江"的建设;遵循国民待遇原则,营造公平竞争的税收环境,推动民营经济新的飞跃。二是未雨绸缪做好应对工作。通过加强经济税源调研、税收计划执行情况分析和税收收入预测,不断增强组织收入工作的前瞻性、主动性和科学性,积极应对组织收入前进过程中出现的新情况、新问题,全面推进我省地税事业持续向前发展,为促进我省经济和社会的繁荣进步作出更新、更大的贡献!

税务部门组织的

项 目	合 计	中央级	省 级	市县级
总计	8303045	1574237	664284	6064524
一、税收收入总计	5548490	1574231	376461	3597798
1.增值税收入	12	9	0	3
2.消费税收入	0	0	0	0
3.营业税	2200674	0	283341	1917333
(1)金融保险业营业税	318295	0	209746	108549
(2)其他营业税	1882379	0	73595	1808784
4.企业所得税	1641878	988017	62351	591510
5.外商投资企业和外国企业所得税	0	0	0	0
6.个人所得税	976800	586205	15540	375055
7.资源税	6342	0	0	6342
8.固定资产投资方向调节税	835	0	0	835
9.城市维护建设税	421743	0	0	421743
10.房产和城市房地产税	172576	0	9355	163221
11.印花税	64801	0	5249	59552
12.城镇土地使用税	16310	0	539	15771
13.土地增值税	29834	0	0	29834
14.车船使用和牌照税	16665	0	86	16579
15.车辆购置税	0	0	0	0
16.屠宰税	20	0	0	20
17.筵席税	0	0	0	0
18.燃油税	0	0	0	0
二、其他收入合计	2754555	6	287823	2464034

各项收入情况统计

单位:万元

项　目	合 计	中央级	省 级	市县级
1.教育费附加	191532	0	41164	150368
2.文化事业建设费收入	13863	6	11338	2519
3.税务部门其他罚没收入	3097	0	7	3090
4.税务行政性收费收入	0	0	0	0
5.社会保险基金收入	2037343	0	230720	1806623
(1)养老保险基金	1535719	0	186153	1349566
①企业、职工基本养老保险基金	1079760	0	8252	1071508
②行业基本养老保险基金	177493	0	177493	0
③机关事业基本 养老保险基金	62353	0	0	62353
④离休干部离休费	408	0	408	0
(2)医疗保险基金	459409	0	44567	414842
①单位个人缴纳医疗保险基金	314504	0	32823	281681
②公务员医疗补助	30408	0	8931	21477
③重大疾病医疗补助	5744	0	516	5228
④离休干部医药费	2494	0	2297	197
(3)失业保险基金	32806	0	0	32806
(4)工伤保险基金	4734	0	0	4734
(5)生育保险基金	4669	0	0	4669
(6)其他	6	0	0	6
6.水利建设专项资金	160303	0	4373	155930
7.农村教育费附加	244441	0	0	244441
8.残疾人就业保障金	21657	0	0	21657
9.其他	82319	0	221	82098

税务部门组织的各项收

项 目	合 计	中央级	省 级	市县级
总计	6590111	1207916	664284	4717911
一、税收收入总计	4370312	1207896	376461	2785955
1.增值税收入	12	9	0	3
2.消费税收入	0	0	0	0
3.营业税	1787524	0	283341	1504183
(1)金融保险业营业税	266073	0	209746	56327
(2)其他营业税	1521451	0	73595	1447856
4.企业所得税	1247518	751238	62351	433929
5.外商投资企业和外国企业所得税	0	0	0	0
6.个人所得税	761090	456649	15540	288901
7.资源税	6178	0	0	6178
8.固定资产投资方向调节税	852	0	0	852
9.城市维护建设税	327753	0	0	327753
10.房产和城市房地产税	139127	0	9355	129772
11.印花税	51170	0	5249	45921
12.城镇土地使用税	12530	0	539	11991
13.土地增值税	23053	0	0	23053
14.车船使用和牌照税	13489	0	86	13403
15.车辆购置税	0	0	0	0
16.屠宰税	16	0	0	16
17.筵席税	0	0	0	0
18.燃油税	0	0	0	0
二、其他收入合计	2219799	20	287823	1931956

入情况统计(不含宁波)

单位:万元

项目	合计	中央级	省级	市县级
1.教育费附加	146995	0	41164	105831
2.文化事业建设费收入	11344	6	11338	0
3.税务部门其他罚没收入	2786	0	7	2779
4.税务行政性收费收入	0	0	0	0
5.社会保险基金收入	1687821	0	230720	1457101
(1)养老保险基金	1320014	0	186153	1133861
①企业、职工基本养老保险基金	1079760	0	8252	1071508
②行业基本养老保险基金	177493	0	177493	0
③机关事业基本 养老保险基金	62353	0	0	62353
④离休干部离休费	408	0	408	0
(2)医疗保险基金	353150	0	44567	308583
①单位个人缴纳医疗保险基金	314504	0	32823	281681
②公务员医疗补助	30408	0	8931	21477
③重大疾病医疗补助	5744	0	516	5228
④离休干部医药费	2494	0	2297	197
(3)失业保险基金	8709	0	0	8709
(4)工伤保险基金	2599	0	0	2599
(5)生育保险基金	3349	0	0	3349
(6)其他	0	0	0	0
6.水利建设专项资金	123960	14	4373	119573
7.农村教育费附加	163203	0	0	163203
8.残疾人就业保障金	12721	0	0	12721
9.其他	70969	0	221	70748

分市县应

地区 项目	大浙江汇总	小浙江汇总	省直属一分局	省直属二分局	杭州市小计	杭 小　计
总计	9133944	7170582	616835	2990	1984796	1711506
一、税收收入总计	6281113	4874523	369574	2985	1342265	1141562
1.增值税收入	12	12	0	0	0	0
2.消费税收入	0	0	0	0	0	0
3.营业税	2342115	1884578	139073	2308	540380	468962
4.企业所得税	2161210	1612946	156475	677	376618	313132
5.外商投资企业和外国企业所得税	0	0	0	0	0	0
6.个人所得税	987333	469775	39265	0	237898	200404
7.资源税	6764	6600	0	0	871	6
8.固定资产投资方向调节税	843	853	0	0	291	291
9.城市维护建设税	455559	339327	18810	0	113435	99337
10.房产和城市房地产税	197751	158705	10023	0	47233	40852
11.印花税	65459	51773	5301	0	16310	14767
12.城镇土地使用税	17208	13168	541	0	2786	2074
13.土地增值税	30152	23260	0	0	4104	0
14.车船使用和牌照税	16684	13507	86	0	2339	1737
15.车辆购置税	0	0	0	0	0	0
16.屠宰税	23	19	0	0	0	0
17.筵席税	0	0	0	0	0	0
18.燃油税	0	0	0	0	0	0
二、其他收入合计	2852831	2296059	247261	5	642531	569944
1.教育费附加	152441	152441	10662	5	53617	48716
2.文化事业建设费收入	11575	11575	1864	0	4168	3974
3.税务部门其他罚没收入	2846	2846	8	0	1344	1101
4.税务行政性收费收入	0	0	0	0	0	0
5.社会保险基金收入	1726476	1726476	230720	0	501178	444496
(1)养老保险基金	1341247	1341247	186153	0	377059	329389
(2)医疗保险基金	369791	369791	44567	0	122879	114057
(3)失业保险基金	9214	9214	0	0	0	0
(4)工伤保险基金	2625	2625	0	0	742	591
(5)生育保险基金	3599	3599	0	0	498	459
(6)其他	0	0	0	0	0	0
6.水利建设专项资金	147325	147325	4000	0	39205	35255
7.农村教育费附加	170115	170115	0	0	42148	35686
8.残疾人就业保障金	13444	13444	0	0	457	457
9.其他	71837	71837	7	0	414	259

征税收收入

单位:万元

州				市			级		富阳市
开发区	上城区	下城区	江干区	拱墅区	西湖区	滨江区	余杭	萧山	
170665	269518	279096	106096	121398	189564	132825	140524	301821	108749
43771	204267	204247	70350	68442	143262	98908	99296	209015	81739
0	0	0	0	0	0	0	0	0	0
0	0	0	0	0	0	0	0	0	0
13423	83974	100198	26993	24357	69920	29291	45398	75406	25938
12144	41379	42761	20344	20553	34506	24794	29832	86824	26475
0	0	0	0	0	0	0	0	0	0
12187	29750	36641	12927	10876	22373	34066	14079	27501	16635
0	0	0	0	0	0	0	6	0	82
0	0	0	0	0	291	0	0	0	0
1710	37011	13232	5298	7059	8522	6480	6847	13176	6590
3135	8654	8111	3706	4398	5850	2089	1690	3216	2284
1051	3161	2757	786	847	1434	2031	810	1891	421
78	251	433	195	258	251	122	166	319	233
0	0	0	0	0	0	0	0	0	2879
43	87	114	101	94	115	35	468	682	202
0	0	0	0	0	0	0	0	0	0
0	0	0	0	0	0	0	0	0	0
0	0	0	0	0	0	0	0	0	0
0	0	0	0	0	0	0	0	0	0
126894	65251	74849	35746	52956	46302	33917	41228	92806	27010
1937	14165	7901	2732	4468	5241	3545	3407	5321	1339
170	333	2507	104	187	571	13	29	63	82
20	263	23	419	2	32	272	29	35	137
0	0	0	0	0	0	0	0	0	0
123068	47062	59446	28481	45331	37577	26417	27876	49224	25333
96599	26900	42315	20475	32397	25066	20042	23103	42479	23241
26469	20162	17131	8006	12934	12511	6375	4773	5695	2092
0	0	0	0	0	0	0	0	0	0
0	0	0	0	0	0	0	0	591	0
0	0	0	0	0	0	0	0	459	0
0	0	0	0	0	0	0	0	0	0
1683	3421	4569	2558	2059	2354	2745	3635	12253	63
44	0	245	1471	893	487	924	5782	25839	0
0	0	0	0	0	0	0	457	0	0
-28	7	158	-19	16	40	1	13	71	56

分市县应

项目 \ 地区	桐庐县	临安市	建德市	淳安县	嘉兴市小计	嘉兴市本级
总计	39028	56501	42384	26628	727304	216511
一、税收收入总计	26651	39564	34633	18116	469314	157930
1.增值税收入	0	0	0	0	12	12
2.消费税收入	0	0	0	0	0	0
3.营业税	10964	13733	11550	9233	158639	60230
4.企业所得税	6121	13577	112715	4598	185233	61556
5.外商投资企业和外国企业所得税	0	0	0	0	0	0
6.个人所得税	5779	7308	5562	2210	74051	20023
7.资源税	60	126	572	25	0	0
8.固定资产投资方向调节税	0	0	0	0	0	0
9.城市维护建设税	1541	2396	2650	921	28876	8184
10.房产和城市房地产税	1070	1338	1125	564	14286	5594
11.印花税	283	520	231	88	3463	1081
12.城镇土地使用税	75	192	189	23	1507	821
13.土地增值税	619	210	0	396	1385	3
14.车船使用和牌照税	139	164	39	58	1862	426
15.车辆购置税	0	0	0	0	0	0
16.屠宰税	0	0	0	0	0	0
17.筵席税	0	0	0	0	0	0
18.燃油税	0	0	0	0	0	0
二、其他收入合计	12377	16937	7751	8512	257990	58581
1.教育费附加	733	1125	1192	512	12271	4247
2.文化事业建设费收入	44	48	7	13	704	437
3.税务部门其他罚没收入	61	37	4	4	101	14
4.税务行政性收费收入	0	0	0	0	0	0
5.社会保险基金收入	8934	11175	3648	7592	185639	43712
(1)养老保险基金	6213	8633	3648	5935	138486	34476
(2)医疗保险基金	2601	2542	0	1587	43377	7698
(3)失业保险基金	0	0	0	0	2141	0
(4)工伤保险基金	93	0	0	58	843	789
(5)生育保险基金	27	0	0	12	792	749
(6)其他	0	0	0	0	0	0
6.水利建设专项资金	1153	1530	959	245	16833	4576
7.农村教育费附加	1452	3003	1861	146	38351	5581
8.残疾人就业保障金	0	0	0	0	2830	0
9.其他	0	19	80	0	1261	14

征税收收入

单位:万元

海宁市	桐乡市	平湖市	嘉善县	海盐县	湖州市小计	湖州市本级	长兴县	德清县	安吉县
121230	126334	104298	84031	74900	360765	179429	74876	68309	38151
80506	82819	63282	42502	42275	239552	115394	51876	45520	26762
0	0	0	0	0	0	0	0	0	0
0	0	0	0	0	0	0	0	0	0
23823	23355	25104	13670	12457	90657	44952	15330	16961	13414
36776	37669	20565	16832	11835	85202	41681	21258	16439	5824
0	0	0	0	0	0	0	0	0	0
12081	13295	10357	7639	10656	34952	14923	8461	7584	3984
0	0	0	0	0	1842	69	1751	15	7
0	0	0	0	0	0	0	0	0	0
4057	4393	4218	2115	5909	14064	7582	2392	2066	2024
2526	3065	1149	1130	822	7108	4555	865	1317	371
454	519	942	254	213	1971	864	397	514	196
155	212	83	134	102	644	394	136	70	44
159	91	576	538	18	2412	33	1229	289	861
475	220	288	190	263	700	341	57	265	37
0	0	0	0	0	0	0	0	0	0
0	0	0	0	0	0	0	0	0	0
0	0	0	0	0	0	0	0	0	0
0	0	0	0	0	0	0	0	0	0
40724	43515	41016	41529	32625	121213	64035	23000	22789	11389
2179	2648	1233	1198	766	6076	2744	774	1239	1319
113	81	38	26	9	370	260	59	50	1
14	6	8	5	54	9	0	0	0	9
0	0	0	0	0	0	0	0	0	0
26689	31027	25214	36089	22908	90980	48893	17462	16241	8384
25634	23858	17827	17121	19570	76112	42130	15019	12489	6474
1055	6321	6255	18968	3080	14355	6763	1930	3752	1910
0	848	1035	0	258	419	0	419	0	0
0	0	54	0	0	70	0	70	0	0
0	0	43	0	0	24	0	24	0	0
0	0	0	0	0	0	0	0	0	0
3756	3253	2933	821	1494	9909	5742	1605	2172	390
7302	5557	9785	3081	7045	12409	6368	2370	2844	827
670	943	560	309	348	599	0	335	0	264
1	0	1245	0	1	861	28	395	243	195

分市县应

项目 \ 地区	绍兴市小计	绍兴市本级	绍兴县	上虞市	嵊州市	新昌县
总计	730688	214200	176918	96246	55781	64075
一、税收收入总计	494446	148157	122303	62300	34795	42131
1.增值税收入	0	0	0	0	0	0
2.消费税收入	0	0	0	0	0	0
3.营业税	188920	75930	37577	20013	15593	10833
4.企业所得税	167980	33007	51464	22953	8635	22695
5.外商投资企业和外国企业所得税	0	0	0	0	0	0
6.个人所得税	74136	20052	16229	12646	5010	4677
7.资源税	430	103	26	0	1	0
8.固定资产投资方向调节税	5	5	0	0	0	0
9.城市维护建设税	31333	10278	7704	2999	2890	2316
10.房产和城市房地产税	18238	5422	6524	1857	1355	859
11.印花税	7231	1903	2184	1201	534	339
12.城镇土地使用税	1435	316	256	159	377	72
13.土地增值税	3221	875	0	221	182	81
14.车船使用和牌照税	1516	266	338	251	218	259
15.车辆购置税	0	0	0	0	0	0
16.屠宰税	1	0	1	0	0	0
17.筵席税	0	0	0	0	0	0
18.燃油税	0	0	0	0	0	0
二、其他收入合计	236242	66043	54615	33946	20986	21944
1.教育费附加	13385	5341	2265	1249	1446	1067
2.文化事业建设费收入	443	247	53	64	28	22
3.税务部门其他罚没收入	105	81	8	15	0	1
4.税务行政性收费收入	0	0	0	0	0	0
5.社会保险基金收入	162845	51266	27332	19337	16593	16523
(1)养老保险基金	116813	36587	22019	17995	12235	10672
(2)医疗保险基金	46032	14679	5313	1342	4358	5851
(3)失业保险基金	0	0	0	0	0	0
(4)工伤保险基金	0	0	0	0	0	0
(5)生育保险基金	0	0	0	0	0	0
(6)其他	0	0	0	0	0	0
6.水利建设专项资金	16933	2854	7414	2717	1519	1599
7.农村教育费附加	34003	4349	15843	6831	1045	2496
8.残疾人就业保障金	4541	1869	1493	0	355	225
9.其他	3987	36	207	3733	0	11

征税收收入

单位:万元

诸暨市	舟山市小计	舟山市本级	岱山县	嵊泗县	定海区	普陀区	温州市小计	温州市本级	平阳县	苍南县
123468	134993	71565	15436	11673	12162	24157	1073702	600103	49633	45137
84760	107970	59978	9065	8395	10963	19569	716837	398934	34377	35846
0	0	0	0	0	0	0	0	0	0	0
0	0	0	0	0	0	0	0	0	0	0
28974	53739	29911	3943	6105	3286	10494	271777	166591	15171	14018
29226	26347	13725	2232	968	5622	3800	253911	128669	10848	10156
0	0	0	0	0	0	0	0	0	0	0
15522	13541	7308	1647	622	1174	2790	101460	51535	4351	6676
300	202	61	111	1	0	29	1	0	0	0
0	-35	-33	-2	0	0	0	592	608	0	0
5146	6855	3922	590	396	684	1263	46276	25393	1812	2204
2221	3364	2015	273	216	131	729	28043	18264	1278	1336
1070	1032	693	32	67	36	204	6884	3937	287	393
255	252	122	25	7	26	72	2491	1365	171	151
1862	2529	2183	183	9	1	153	3417	1792	412	805
184	144	71	31	4	3	35	1980	780	42	107
0	0	0	0	0	0	0	0	0	0	0
0	0	0	0	0	0	0	5	0	5	0
0	0	0	0	0	0	0	0	0	0	0
0	0	0	0	0	0	0	0	0	0	0
38708	27023	11587	6371	3278	1199	4588	356865	201169	15256	9291
2017	3432	2138	246	347	0	701	15746	11614	263	936
29	241	203	3	7	0	28	1915	1471	23	63
0	144	118	0	3	0	23	401	232	16	10
0	0	0	0	0	0	0	0	0	0	0
31794	18195	7123	5664	2711	0	2697	225863	122154	11551	5868
17305	15156	7123	3784	1552	0	2697	179818	89424	11307	5119
14489	3039	0	1880	1159	0	0	39016	26885	192	590
0	0	0	0	0	0	0	3932	3818	0	0
0	0	0	0	0	0	0	895	114	52	153
0	0	0	0	0	0	0	2202	1913	0	6
0	0	0	0	0	0	0	0	0	0	0
830	3645	1952	284	201	426	782	23435	14271	1297	473
3439	1364	53	174	9	771	357	22585	7347	2104	1745
599	0	0	0	0	0	0	2072	466	0	186
0	2	0	0	0	2	0	64848	43614	2	10

分市县应

项目 \ 地区	瑞安市	永嘉县	乐清市	文成县	泰顺县	洞头县
总计	155693	65532	126658	12059	9002	9885
一、税收收入总计	101008	37490	90133	6052	5554	7443
1.增值税收入	0	0	0	0	0	0
2.消费税收入	0	0	0	0	0	0
3.营业税	30373	14157	23252	2494	2508	3213
4.企业所得税	44109	12676	42276	1334	1433	2410
5.外商投资企业和外国企业所得税	0	0	0	0	0	0
6.个人所得税	15079	6209	13835	1324	1099	1352
7.资源税	0	0	0	1	0	0
8.固定资产投资方向调节税	-16	0	0	0	0	0
9.城市维护建设税	6286	2554	6977	411	328	311
10.房产和城市房地产税	3289	1035	2190	408	159	84
11.印花税	842	402	918	40	15	50
12.城镇土地使用税	350	100	326	18	2	8
13.土地增值税	236	84	85	0	0	3
14.车船使用和牌照税	460	273	274	22	10	12
15.车辆购置税	0	0	0	0	0	0
16.屠宰税	0	0	0	0	0	0
17.筵席税	0	0	0	0	0	0
18.燃油税	0	0	0	0	0	0
二、其他收入合计	54685	28042	36525	6007	3448	2442
1.教育费附加	263	645	1361	328	138	198
2.文化事业建设费收入	119	64	151	7	9	8
3.税务部门其他罚没收入	38	6	91	2	2	4
4.税务行政性收费收入	0	0	0	0	0	0
5.社会保险基金收入	39304	20881	16209	5506	3018	1372
(1)养老保险基金	33253	19666	13448	4126	2271	1204
(2)医疗保险基金	5276	1215	2713	1230	747	168
(3)失业保险基金	0	0	0	114	0	0
(4)工伤保险基金	508	0	32	36	0	0
(5)生育保险基金	267	0	16	0	0	0
(6)其他	0	0	0	0	0	0
6.水利建设专项资金	2949	1008	3116	137	43	141
7.农村教育费附加	4101	1937	4881	27	229	214
8.残疾人就业保障金	0	0	1411	0	0	9
9.其他	7911	3501	9305	0	9	496

征税收入

单位:万元

丽水市小计	丽水市本级	云和县	景宁县	龙泉市	青田县	遂昌县	松阳县	缙云县	庆元县	金华市小计
175820	56343	10734	11943	14501	23160	20955	11137	19146	7901	554107
122658	39500	6876	8241	9727	18079	14477	7475	13335	4948	422636
0	0	0	0	0	0	0	0	0	0	0
0	0	0	0	0	0	0	0	0	0	0
52542	17796	3298	3373	4613	8922	3866	2965	6131	1578	168771
34770	9968	1209	3105	2084	5031	6367	1922	3394	1690	130089
0	0	0	0	0	0	0	0	0	0	0
22783	7193	1449	1145	1837	2748	3189	1649	2308	1265	76145
123	0	0	15	41	5	20	8	33	1	525
0	0	0	0	0	0	0	0	0	0	0
6674	2386	466	368	672	785	520	350	902	225	29235
3533	1244	295	130	318	424	354	247	384	137	9428
660	215	54	46	67	89	47	69	55	18	3441
299	99	53	7	30	19	26	33	26	6	1433
519	329	0	17	2	2	8	116	20	25	1550
755	270	52	35	63	54	80	116	82	3	2006
0	0	0	0	0	0	0	0	0	0	0
0	0	0	0	0	0	0	0	0	0	13
0	0	0	0	0	0	0	0	0	0	0
0	0	0	0	0	0	0	0	0	0	0
53162	16843	3858	3702	4774	5081	6478	3662	5811	2953	131471
5484	1458	407	597	427	481	686	312	923	193	9856
185	125	3	1	10	22	3	7	10	4	686
20	2	2	3	0	5	3	1	4	0	229
0	0	0	0	0	0	0	0	0	0	0
44513	14738	3334	2801	4067	3916	5226	3172	4736	2523	103926
29657	10968	2460	1462	3141	1832	3601	1661	3238	1294	95610
14206	3120	874	1339	926	2084	1625	1511	1498	1229	8316
650	650	0	0	0	0	0	0	0	0	0
0	0	0	0	0	0	0	0	0	0	0
0	0	0	0	0	0	0	0	0	0	0
0	0	0	0	0	0	0	0	0	0	0
2238	241	112	300	270	423	466	170	138	118	9890
250	0	0	0	0	234	0	0	0	16	5389
472	279	0	0	0	0	94	0	0	99	1477
0	0	0	0	0	0	0	0	0	0	18

分市县应

项目 \ 地区	金华市本级	兰溪市	永康市	武义县	东阳市	磐安县
总计	191271	47882	71776	25613	59493	11158
一、税收收入总计	148747	30216	51633	17837	45093	8826
1.增值税收入	0	0	0	0	0	0
2.消费税收入	0	0	0	0	0	0
3.营业税	70300	10007	16188	5772	13029	4513
4.企业所得税	40564	12021	16736	7097	19232	1672
5.外商投资企业和外国企业所得税	0	0	0	0	0	0
6.个人所得税	24035	3194	11752	2571	8408	1548
7.资源税	70	326	0	100	1	1
8.固定资产投资方向调节税	0	0	0	0	0	0
9.城市维护建设税	8925	3619	4572	1180	2676	758
10.房产和城市房地产税	2648	646	1391	762	801	216
11.印花税	1196	117	564	164	490	68
12.城镇土地使用税	558	159	249	105	78	31
13.土地增值税	0	0	0	0	85	0
14.车船使用和牌照税	438	127	181	86	293	19
15.车辆购置税	0	0	0	0	0	0
16.屠宰税	13	0	0	0	0	0
17.筵席税	0	0	0	0	0	0
18.燃油税	0	0	0	0	0	0
二、其他收入合计	42524	17666	20143	7776	14400	2332
1.教育费附加	5548	222	597	921	505	274
2.文化事业建设费收入	324	4	95	28	38	10
3.税务部门其他罚没收入	86	0	0	10	6	0
4.税务行政性收费收入	0	0	0	0	0	0
5.社会保险基金收入	32879	15348	13412	5519	12577	1936
(1)养老保险基金	28365	11546	13412	5519	12577	1936
(2)医疗保险基金	4514	3802	0	0	0	0
(3)失业保险基金	0	0	0	0	0	0
(4)工伤保险基金	0	0	0	0	0	0
(5)生育保险基金	0	0	0	0	0	0
(6)其他	0	0	0	0	0	0
6.水利建设专项资金	2933	698	2322	768	1273	105
7.农村教育费附加	296	1394	3532	167	0	0
8.残疾人就业保障金	456	0	179	361	0	0
9.其他	2	0	6	2	1	7

征税收入

单位:万元

义乌市	浦江县	衢州市小计	衢州市本级	龙游县	常山县	江山市	开化县	台州市小计	台州市本级	临海市
121188	25726	187945	92784	25720	22111	33102	14228	620637	274332	87694
99659	20625	128028	60825	17373	15463	25139	9228	458258	199644	60365
0	0	0	0	0	0	0	0	0	0	0
0	0	0	0	0	0	0	0	0	0	0
41101	7861	62617	31044	9402	6791	11044	4336	155155	75359	21096
27128	5639	34440	16879	3957	4165	7271	2168	161204	60820	22183
0	0	0	0	0	0	0	0	0	0	0
19683	4954	13944	5364	2100	2652	2345	1483	81600	32665	9480
3	24	2500	17	146	592	1616	129	106	5	8
0	0	0	0	0	0	0	0	0	0	0
6441	1064	8909	4805	892	712	1957	543	34860	18217	4722
2316	648	3583	1947	465	376	420	375	13866	6996	1625
737	105	867	431	142	92	153	49	4613	2125	650
211	42	512	252	101	62	48	49	1268	665	202
1465	0	319	8	88	0	167	56	3804	2162	176
574	288	337	78	80	21	118	40	1782	630	223
0	0	0	0	0	0	0	0	0	0	0
0	0	0	0	0	0	0	0	0	0	0
0	0	0	0	0	0	0	0	0	0	0
0	0	0	0	0	0	0	0	0	0	0
21529	5101	59917	31959	8347	6648	7963	5000	162379	74688	27329
1536	253	4750	2356	566	513	916	399	17157	9197	2481
185	2	160	100	14	4	34	8	839	561	45
127	0	27	14	1	3	8	1	458	33	12
0	0	0	0	0	0	0	0	0	0	0
17670	4585	51571	28206	7139	5150	6667	4409	111046	51270	20471
17670	4585	34910	19640	4864	3156	4864	2386	91473	37607	15729
0	0	16362	8566	2275	1734	1803	1984	17642	12329	4145
0	0	141	0	0	141	0	0	1931	1334	597
0	0	75	0	0	50	0	25	0	0	0
0	0	83	0	0	69	0	14	0	0	0
0	0	0	0	0	0	0	0	0	0	0
1530	261	2819	1283	627	388	338	183	18418	8804	2460
0	0	590	0	0	590	0	0	13026	3714	1786
481	0	0	0	0	0	0	0	996	761	0
0	0	0	0	0	0	0	0	439	348	74

分市县应

项目 \ 地区	温岭市	玉环县	三门县	仙居县	天台县	宁波市小计
总计	113868	63685	25481	20047	35530	1963362
一、税收收入总计	91126	48437	20100	14408	24178	1406590
1.增值税收入	0	0	0	0	0	0
2.消费税收入	0	0	0	0	0	0
3.营业税	28457	12163	6290	3622	8168	457537
4.企业所得税	32879	23129	8117	4263	9813	548264
5.外商投资企业和外国企业所得税	0	0	0	0	0	0
6.个人所得税	19696	7988	3529	4391	3851	217558
7.资源税	16	32	26	8	11	164
8.固定资产投资方向调节税	0	0	0	0	0	-10
9.城市维护建设税	5603	2964	834	1089	1431	116232
10.房产和城市房地产税	2426	1180	476	664	499	39046
11.印花税	874	442	203	192	127	13686
12.城镇土地使用税	168	100	30	71	32	4040
13.土地增值税	392	337	571	15	151	6892
14.车船使用和牌照税	615	102	24	93	95	3177
15.车辆购置税	0	0	0	0	0	0
16.屠宰税	0	0	0	0	0	4
17.筵席税	0	0	0	0	0	0
18.燃油税	0	0	0	0	0	0
二、其他收入合计	22742	15248	5381	5639	11352	556772
1.教育费附加	2128	1124	655	867	705	0
2.文化事业建设费收入	134	14	26	22	37	0
3.税务部门其他罚没收入	122	235	6	4	46	0
4.税务行政性收费收入	0	0	0	0	0	0
5.社会保险基金收入	14669	8182	3878	3864	8712	0
(1)养老保险基金	14669	8182	3878	3864	7544	0
(2)医疗保险基金	0	0	0	0	1168	0
(3)失业保险基金	0	0	0	0	0	0
(4)工伤保险基金	0	0	0	0	0	0
(5)生育保险基金	0	0	0	0	0	0
(6)其他	0	0	0	0	0	0
6.水利建设专项资金	3180	2273	526	667	508	0
7.农村教育费附加	2507	3409	290	213	1107	0
8.残疾人就业保障金	0	0	0	0	235	0
9.其他	2	11	0	2	2	0

征税收入

单位:万元

宁波市本级	鄞州区	慈溪市	余姚市	奉化市	宁海县	象山县	镇海区	北仑区	海曙区	江北区
500308	286113	202395	150082	60882	75078	76813	78052	79664	73571	56998
291290	218030	148928	110115	40369	56065	57716	55934	61242	55960	39998
0	0	0	0	0	0	0	0	0	0	0
0	0	0	0	0	0	0	0	0	0	0
113064	64689	54224	33181	11743	16980	14386	17492	22227	21922	11857
60059	112568	53498	47376	16393	20918	26869	22545	22604	20838	16805
0	0	0	0	0	0	0	0	0	0	0
42819	27467	26864	18691	6843	12295	10668	7909	9981	7363	6285
34	35	0	0	1	4	65	0	25	0	0
7	0	0	0	0	-17	0	0	0	0	0
54108	7518	8115	5672	3615	2909	2696	6009	4820	2927	3223
13295	2523	2732	3164	1051	1760	1580	1173	797	2245	1110
3650	1119	730	1100	245	384	511	525	531	573	417
1181	124	232	511	186	660	332	116	44	79	151
2489	1616	1606	0	98	36	530	5	46	0	94
584	371	927	420	194	136	79	160	163	13	56
0	0	0	0	0	0	0	0	0	0	0
0	0	0	0	0	0	0	0	4	0	0
0	0	0	0	0	0	0	0	0	0	0
0	0	0	0	0	0	0	0	0	0	0
209018	68083	53467	39967	20513	19013	19097	22118	18422	17611	17000
0	0	0	0	0	0	0	0	0	0	0
0	0	0	0	0	0	0	0	0	0	0
0	0	0	0	0	0	0	0	0	0	0
0	0	0	0	0	0	0	0	0	0	0
0	0	0	0	0	0	0	0	0	0	0
0	0	0	0	0	0	0	0	0	0	0
0	0	0	0	0	0	0	0	0	0	0
0	0	0	0	0	0	0	0	0	0	0
0	0	0	0	0	0	0	0	0	0	0
0	0	0	0	0	0	0	0	0	0	0
0	0	0	0	0	0	0	0	0	0	0
0	0	0	0	0	0	0	0	0	0	0
0	0	0	0	0	0	0	0	0	0	0
0	0	0	0	0	0	0	0	0	0	0
0	0	0	0	0	0	0	0	0	0	0

分市县应

项　目＼地　区	江东区	经济技术开发区	大榭开发区	保税区	东钱湖区
总计	57172	102710	79997	62714	9972
一、税收收入总计	43247	81353	75221	54669	6629
1.增值税收入	0	0	0	0	0
2.消费税收入	0	0	0	0	0
3.营业税	16406	27936	12135	13538	1387
4.企业所得税	15990	29366	48342	27940	3569
5.外商投资企业和外国企业所得税	0	0	0	0	0
6.个人所得税	6436	12558	10161	8238	1273
7.资源税	0	0	0	0	0
8.固定资产投资方向调节税	0	0	0	0	0
9.城市维护建设税	2682	5912	3012	2531	256
10.房产和城市房地产税	1068	3464	728	1630	116
11.印花税	513	1851	734	724	19
12.城镇土地使用税	139	119	79	63	8
13.土地增值税	0	122	0	0	1
14.车船使用和牌照税	13	25	30	5	0
15.车辆购置税	0	0	0	0	0
16.屠宰税	0	0	0	0	0
17.筵席税	0	0	0	0	0
18.燃油税	0	0	0	0	0
二、其他收入合计	13925	21357	4776	8045	3343
1.教育费附加	0	0	0	0	0
2.文化事业建设费收入	0	0	0	0	0
3.税务部门其他罚没收入	0	0	0	0	0
4.税务行政性收费收入	0	0	0	0	0
5.社会保险基金收入	0	0	0	0	0
(1)养老保险基金	0	0	0	0	0
(2)医疗保险基金	0	0	0	0	0
(3)失业保险基金	0	0	0	0	0
(4)工伤保险基金	0	0	0	0	0
(5)生育保险基金	0	0	0	0	0
(6)其他	0	0	0	0	0
6.水利建设专项资金	0	0	0	0	0
7.农村教育费附加	0	0	0	0	0
8.残疾人就业保障金	0	0	0	0	0
9.其他	0	0	0	0	0

征税收收入

单位:万元

	科技园区									
	10841									
	9824									
	0									
	0									
	4370									
	2584									
	0									
	1707									
	0									
	0									
	227									
	610									
	60									
	16									
	249									
	1									
	0									
	0									
	0									
	0									
	1017									
	0									
	0									
	0									
	0									
	0									
	0									
	0									
	0									
	0									
	0									
	0									
	0									
	0									
	0									
	0									

分市县税收收入

地　区	年度计划	全年收入	为计划%
大浙江合计	4860018	5548495	114.17
小浙江合计	3830018	4370313	114.11
省直属一分局	262528	344643	131.28
省直属二分局	2650	2985	112.64
杭州市小计	1025319	1187722	115.84
杭州市本级	865202	1009654	116.7
其中:余杭	82135	97330	118.5
萧山	134901	159554	118.27
富阳市	61688	70188	113.78
桐庐县	24098	25959	107.72
临安市	33038	35670	107.97
建德市	27162	31376	115.51
淳安县	14131	14875	105.27
嘉兴市小计	339364	373283	109.88
嘉兴市本级	109305	124971	114.33
海宁市	63642	64563	101.45
桐乡市	55645	60016	107.86
平湖市	41230	51714	125.43
嘉善县	33189	35596	107.25
海盐县	36353	36423	100.19
湖州市小计	181125	206697	114.12
湖州市本级	86402	97395	112.72
长兴县	38999	44785	114.84
德清县	34724	39118	112.65
安吉县	21000	25399	120.95
绍兴市小计	396745	446878	112.64
绍兴市本级	130823	142788	109.15
绍兴县	91493	98048	107.16
上虞市	50165	58154	115.93
嵊州市	29515	34213	115.92
新昌县	29104	33140	113.87
诸暨市	65645	80535	122.68
舟山市小计	89823	101200	112.67
舟山市本级	74007	84326	113.94
岱山县	8236	8673	105.31
嵊泗县	7580	8201	108.19
温州市小计	636433	676956	106.37
温州市本级	378012	392526	103.84
平阳县	27864	28139	100.99
苍南县	32084	34818	108.52

计划执行情况表

单位:万元

地　区	年度计划	全年收入	为计划%
瑞安市	76025	86218	113.41
永嘉县	29314	33557	114.47
乐清市	75766	83157	109.76
文成县	5621	5816	103.47
泰顺县	5105	5512	107.97
洞头县	6642	7213	108.6
丽水市小计	106038	114229	107.72
丽水市本级	36730	37187	101.24
云和县	5709	6630	116.13
景宁县	5849	6219	106.33
龙泉市	9053	9330	103.06
青田县	13497	16951	125.59
遂昌县	12372	13043	105.42
松阳县	6471	7054	109.01
缙云县	12438	13096	105.29
庆元县	3919	4719	120.41
金华市小计	313767	364605	116.2
金华市本级	78324	104765	133.76
兰溪市	27817	29485	106
永康市	43927	48678	110.82
武义县	14126	15510	109.8
东阳市	36589	40251	110.01
磐安县	6228	7367	118.29
义乌市	88195	99266	112.55
浦江县	18561	19283	103.89
衢州市小计	101018	113889	112.74
衢州市本级	48468	54774	113.01
龙游县	12863	15096	117.36
常山县	11593	14816	127.8
江山市	19385	20436	105.42
开化县	8709	8767	100.67
台州市小计	375208	437222	116.53
台州市本级	160071	193713	121.02
临海市	49942	55206	110.54
温岭市	74772	89818	120.12
玉环县	40467	42367	104.7
三门县	15986	19166	119.89
仙居县	12792	13253	10.6
天台县	21178	23699	111.9
宁波市小计	1030000	1178182	114.39

全省税收分税种、

项目	合计	内资				
		小计	国有企业	集体企业	股份合作企业	联营企业
税收收入合计	5548490	4911165	1246930	447758	214390	17214
1.增值税	12	0	0	0	0	0
2.消费税	0	0	0	0	0	0
3.营业税	2200674	1923700	558656	216888	58305	6895
4.企业所得税	1641878	1641878	293282	119638	103289	6894
5.外商投资企业和外国企业所得税	0	0	0	0	0	0
6.个人所得税	976800	696342	202419	53353	25059	1522
7.资源税	6342	5055	1248	1186	10	1
8.固定资产投资方向调节税	835	835	529	-17	9	1
9.城市维护建设税	421743	399977	116179	27777	18199	1138
10.房产税	172576	140979	45346	17313	5885	522
11.印花税	64801	53601	16921	5452	1630	93
12.城镇土地使用税	16310	15775	3678	1486	1003	79
13.土地增值税	29834	25524	4457	3301	968	62
14.车船使用税	16665	7480	4213	1371	33	7
15.车辆购置税	0	0	0	0	0	0
16.屠宰税	20	19	2	10	0	0
17.筵席税	0	0	0	0	0	0
18.燃油税	0	0	0	0	0	0

分企业类型统计表

单位：万元

业				港澳台及外资企业		个体经营	附列资料：乡（镇）企业
有限责任公司	股份有限公司	私营企业	其他企业	港澳台投资企业	外商投资企业		
1717950	460243	797263	9417	123063	128034	386228	704311
0	0	0	0	0	0	12	0
0	0	0	0	0	0	0	0
698000	134145	250676	135	84546	50231	142197	201840
629317	201767	286540	1151	0	0	0	279793
0	0	0	0	0	0	0	0
183813	65168	157067	7941	26041	60708	193709	125422
1843	175	592	0	12	66	1209	1048
309	0	4	0	0	0	0	-17
127749	38762	70162	11	35	110	21621	63711
42460	13425	16027	1	8482	10741	12374	19988
15911	4785	8631	178	2495	5630	3075	7042
5133	1124	3272	0	7	4	524	3245
12388	745	3603	0	1384	478	2448	1690
1024	147	685	0	61	66	9058	549
0	0	0	0	0	0	0	0
3	0	4	0	0	0	1	0
0	0	0	0	0	0	0	0
0	0	0	0	0	0	0	0

全省税收分税种、

项目	合计	内				资
		小计	国有企业	集体企业	股份合作企业	联营企业
总计	6590111	5668374	1730201	456534	236628	19021
税收收入合计	4370312	3853649	1008163	298114	160054	14374
1.增值税	12	0	0	0	0	0
2.消费税	0	0	0	0	0	0
3.营业税	1787524	1562925	452229	148612	42717	5728
4.企业所得税	1247518	1247518	241943	72083	74799	5684
5.外商投资企业和外国企业所得税	0	0	0	0	0	0
6.个人所得税	761090	533203	163612	38389	20878	1411
7.资源税	6178	4891	1148	1145	10	1
8.固定资产投资向调节税	852	852	529	0	9	1
9.城市维护建设税	327753	309174	87173	17886	14265	956
10.房产税	139127	114589	37994	12430	4345	406
11.印花税	51170	42842	14064	3612	1359	56
12.城镇土地使用税	12530	12080	2963	919	790	65
13.土地增值税	23053	19921	2888	1948	862	62
14.车船使用税	13489	5639	3618	1080	20	4
15.车辆购置税	0	0	0	0	0	0
16.屠宰税	16	15	2	10	0	0
17.筵席税	0	0	0	0	0	0
18.燃油税	0	0	0	0	0	0

分企业类型统计(不含宁波)

单位:万元

企业				港澳台及外资企业		个体经营	附列:资料	
有限责任公司	股份有限公司	私营企业	其他企业	港澳台投资企业	外商投资企业		乡(镇)企业	集贸市场税收
1994776	432914	701188	97112	154201	154201	507280	831888	65197
1538711	349721	475990	8522	94743	94743	320852	542770	52088
0	0	0	0	0	0	12	0	12
0	0	0	0	0	0	0	0	0
649060	95562	169017	0	65605	65605	122033	151993	13245
539699	161063	151096	1151	0	0	0	217405	8158
0	0	0	0	0	0	0	0	0
164372	51472	85872	7197	20542	20542	155472	96020	24066
1828	175	584	0	12	12	1209	1009	22
309	0	4	0	0	0	0	0	0
113512	26369	49013	0	35	35	18434	51705	5045
38986	9997	10431	0	6126	6126	11063	15413	1008
14166	4039	5372	174	1797	1797	2164	5880	402
4655	806	1882	0	7	7	439	2220	101
11432	199	2530	0	571	571	2274	804	13
689	39	189	0	48	48	7751	321	15
0	0	0	0	0	0	0	0	0
3	0	0	0	0	0	1	0	1
0	0	0	0	0	0	0	0	0
0	0	0	0	0	0	0	0	0

各项收入分市

项目 \ 地区	大浙江汇总	小浙江汇总	省直属一分局	省直属二分局	杭州市小计	杭州		州
						小计	开发区	上城区
总计	8303045	6590111	591296	2990	1815963	1567311	166220	256858
一、税收收入合计	5548490	4370312	344646	2985	1187724	1009656	40921	191898
1.增值税收入	12	12	0	0	0	0	0	0
2.消费税收入	0	0	0	0	0	0	0	0
3.营业税	2200674	1787524	135397	2308	500599	432859	12564	78976
4.企业所得税	1641878	1247518	136588	677	275904	229036	10425	35150
5.外商投资企业和外国企业所得税	0	0	0	0	0	0	0	0
6.个人所得税	976800	761090	38848	0	236863	200019	12186	29712
7.资源税	6342	6178	0	0	861	6	0	0
8.固定资产投资方向调节税	835	852	0	0	291	291	0	0
9.城市维护建设税	421743	327753	18584	0	109946	96154	1694	36631
10.房产和城市房地产税	172576	139127	9355	0	37986	32799	2880	7930
11.印花税	64801	51170	5249	0	16234	14695	1051	3162
12.城镇土地使用税	16310	12530	539	0	2652	2061	79	251
13.土地增值税	29834	23053	0	0	4055	0	0	0
14.车船使用和牌照税	16665	13489	86	0	2333	1736	42	86
15.车辆购置税	0	0	0	0	0	0	0	0
16.屠宰税	20	16	0	0	0	0	0	0
17.筵席税	0	0	0	0	0	0	0	0
18.燃油税	0	0	0	0	0	0	0	0
二、其他收入合计	2754555	2219799	246650	5	628239	557655	125299	64960
1.教育费附加	191532	146995	10567	5	51794	47098	1926	13986
2.文化事业建设费收入	13863	11344	1856	0	4060	3868	170	299
3.税务部门其他罚没收入	3097	2786	7	0	1298	1055	20	249
4.税务行政性收费收入	0	0	0	0	0	0	0	0
5.社会保险基金收入	2037343	1687821	230720	0	497322	441664	123062	47052
(1)养老保险基金	1320014	1320014	186153	0	373640	326921	96595	26892
(2)医疗保险基金	353150	353150	44567	0	122442	113693	26467	20160
(3)失业保险基金	8709	8709	0	0	0	0	0	0
(4)工伤保险基金	2599	2599	0	0	742	591	0	0
(5)生育保险基金	3349	3349	0	0	498	459	0	0
(6)其他	0	0	0	0	0	0	0	0
6.水利建设专项资金	123960	123960	3493	0	31657	28153	162	3368
7.农村教育费附加	163203	163203	0	0	41397	35157	43	0
8.残疾人就业保障金	12721	12721	0	0	457	457	0	0
9.其他	208836	70969	7	0	254	203	-84	6

县、分税种统计

单位:万元

市	本					级	富阳市	桐庐县	临安市	建德市	淳安县
下城区	江干区	拱墅区	西湖区	滨江区	余杭	萧山					
268005	99893	115860	170160	105545	135404	249366	96951	38132	52066	38599	22904
194341	64852	63207	124581	72971	97331	159554	70188	25959	35670	31376	14875
0	0	0	0	0	0	0	0	0	0	0	0
0	0	0	0	0	0	0	0	0	0	0	0
95423	25957	22701	60295	19574	45551	71814	24265	10902	13784	11339	7450
39382	17274	17916	27985	9882	28089	42935	17235	5635	10151	10148	3699
0	0	0	0	0	0	0	0	0	0	0	0
36760	12709	10867	22206	34067	14036	27476	16476	5762	7138	5453	2015
0	0	0	0	0	6	0	82	60	126	562	25
0	0	0	291	0	0	0	0	0	0	0	0
12898	5161	6842	7811	5443	6749	12925	6503	1525	2442	2472	850
6587	2709	3707	4194	1816	1459	1517	1913	959	1006	981	328
2747	746	830	1434	2031	809	1886	421	286	516	230	86
430	196	250	251	122	164	318	212	72	132	152	23
0	0	0	0	0	0	0	2879	619	211	0	346
114	100	94	114	36	468	683	202	139	164	39	53
0	0	0	0	0	0	0	0	0	0	0	0
0	0	0	0	0	0	0	0	0	0	0	0
0	0	0	0	0	0	0	0	0	0	0	0
0	0	0	0	0	0	0	0	0	0	0	0
73664	35041	52653	45579	32574	38073	89812	26763	12173	16396	7223	8029
7717	2690	4330	4878	2944	3339	5291	1336	731	1109	1071	449
2484	94	185	531	13	28	63	80	44	48	7	13
21	404	3	27	274	22	35	137	61	37	4	4
0	0	0	0	0	0	0	0	0	0	0	0
59252	28395	45225	37313	26416	25791	49157	25091	8841	10873	3609	7244
42229	20435	32331	24807	20041	21178	42412	23002	6120	8331	3609	5657
17023	7960	12894	12506	6375	4613	5695	2089	2601	2542	0	1517
0	0	0	0	0	0	0	0	0	0	0	0
0	0	0	0	0	0	591	0	93	0	0	58
0	0	0	0	0	0	459	0	27	0	0	12
0	0	0	0	0	0	0	0	0	0	0	0
3786	2018	2001	2303	2003	3008	9504	63	1044	1377	844	176
246	1459	893	487	923	5415	25691	0	1452	2958	1687	143
0	0	0	0	0	457	0	0	0	0	0	0
158	−19	16	40	1	13	71	56	0	−6	1	0

各项收入分市

项目 \ 地区	嘉兴市小计	嘉兴市本级	海宁市	桐乡市	平湖市	嘉善县	海盐县
总计	605441	179056	104069	102493	90190	61568	68065
一、税收收入合计	373283	124971	64563	60016	51714	35596	36423
1.增值税收入	12	12	0	0	0	0	0
2.消费税收入	0	0	0	0	0	0	0
3.营业税	148010	54162	23587	20809	23702	13490	12260
4.企业所得税	105326	37805	21657	18243	10811	10133	6677
5.外商投资企业和外国企业所得税	0	0	0	0	0	0	0
6.个人所得税	73739	19976	12042	13255	10212	7624	10630
7.资源税	0	0	0	0	0	0	0
8.固定资产投资方向调节税	0	0	0	0	0	0	0
9.城市维护建设税	27525	7573	4034	4192	3977	2111	5638
10.房产和城市房地产税	10610	3233	2005	2480	1147	1123	622
11.印花税	3451	1077	454	519	934	254	213
12.城镇土地使用税	1380	705	150	207	83	133	102
13.土地增值税	1369	3	159	91	560	538	18
14.车船使用和牌照税	1861	425	475	220	288	190	263
15.车辆购置税	0	0	0	0	0	0	0
16.屠宰税	0	0	0	0	0	0	0
17.筵席税	0	0	0	0	0	0	0
18.燃油税	0	0	0	0	0	0	0
二、其他收入合计	232158	54085	39506	42477	38476	25972	31642
1.教育费附加	11719	3886	2168	2630	1100	1178	757
2.文化事业建设费收入	689	428	113	81	34	26	7
3.税务部门其他罚没收入	101	14	14	6	8	5	54
4.税务行政性收费收入	0	0	0	0	0	0	0
5.社会保险基金收入	167119	41991	26609	30941	24445	20585	22548
(1)养老保险基金	134677	32789	25554	23772	17111	16207	19244
(2)医疗保险基金	28769	7698	1055	6321	6248	4378	3069
(3)失业保险基金	2072	0	0	848	989	0	235
(4)工伤保险基金	823	769	0	0	54	0	0
(5)生育保险基金	778	735	0	0	43	0	0
(6)其他	0	0	0	0	0	0	0
6.水利建设专项资金	11548	2227	2651	2381	2336	819	1134
7.农村教育费附加	37487	5539	7281	5495	9301	3051	6820
8.残疾人就业保障金	2631	0	669	943	389	308	322
9.其他	864	0	1	0	863	0	0

县、分税种统计

单位:万元

湖州市小计	湖州市本　级	长兴县	德清县	安吉县	绍兴市小　计	绍兴市本　级	绍兴县	上虞市	嵊州市	新昌县
322476	158102	66849	60807	36718	676878	207774	149013	91672	55107	54279
206697	97395	44785	39118	25399	446878	142788	98048	58154	34213	33140
0	0	0	0	0	0	0	0	0	0	0
0	0	0	0	0	0	0	0	0	0	0
86368	43099	14000	15902	13367	183354	74041	36575	18542	15544	10364
59282	26540	16693	11464	4585	128605	30093	295757	20442	8130	14410
0	0	0	0	0	0	0	0	0	0	0
34310	14824	8039	7479	3968	73333	19983	15823	12562	5001	4490
1495	54	1419	15	7	420	103	16	0	1	0
0	0	0	0	0	5	5	0	0	0	0
13501	7367	2150	1971	2013	30461	10091	7248	2927	2878	2279
6175	3929	770	1155	321	17493	5192	6109	1851	1351	850
1934	858	368	512	196	7162	1899	2128	1199	534	335
595	350	135	66	44	1312	238	234	159	375	72
2337	33	1154	289	861	3217	876	0	221	182	81
700	341	57	265	37	1515	267	339	251	217	259
0	0	0	0	0	0	0	0	0	0	0
0	0	0	0	0	1	0	1	0	0	0
0	0	0	0	0	0	0	0	0	0	0
0	0	0	0	0	0	0	0	0	0	0
115779	60707	22064	21689	11319	230000	64986	50965	33518	20894	21139
5767	2649	612	1188	1318	13157	5247	2223	1236	1435	1062
355	249	56	49	1	427	236	53	63	27	21
9	0	0	0	9	103	80	7	15	0	1
0	0	0	0	0	0	0	0	0	0	0
89849	48297	17344	15824	8384	161304	50737	26970	19337	16593	15891
75020	41569	14901	12076	6474	115361	36087	21658	17995	12235	10081
14316	6728	1930	3748	1910	45943	14650	5312	1342	4358	5810
419	0	419	0	0	0	0	0	0	0	0
70	0	70	0	0	0	0	0	0	0	0
24	0	24	0	0	0	0	0	0	0	0
0	0	0	0	0	0	0	0	0	0	0
7508	4210	1229	1724	345	15386	2526	6699	2425	1440	1503
10873	5291	2103	2669	810	31701	4296	13869	6709	1044	2435
594	0	334	0	260	4174	1860	1142	0	355	219
824	11	386	235	192	3746	4	2	3733	0	7

各项收入分市

项目＼地区	诸暨市	舟山市小计	舟山市本级	岱山县	嵊泗县	定海区
总计	119033	127976	68324	15044	11435	9554
一、税收收入合计	80535	101200	56834	8673	8201	8441
1.增值税收入	0	0	0	0	0	0
2.消费税收入	0	0	0	0	0	0
3.营业税	28288	53113	29376	3925	6082	3241
4.企业所得税	25955	20540	11269	1865	879	3173
5.外商投资企业和外国企业所得税	0	0	0	0	0	0
6.个人所得税	15474	13451	7239	1641	622	1162
7.资源税	300	202	61	111	1	0
8.固定资产投资方向调节税	0	-35	-33	-2	0	0
9.城市维护建设税	5038	6809	3980	590	395	676
10.房产和城市房地产税	2140	3191	1989	273	135	124
11.印花税	1067	1011	673	32	67	35
12.城镇土地使用税	234	252	122	25	7	26
13.土地增值税	1857	2523	2177	183	9	1
14.车船使用和牌照税	182	143	71	30	4	3
15.车辆购置税	0	0	0	0	0	0
16.屠宰税	0	0	0	0	0	0
17.筵席税	0	0	0	0	0	0
18.燃油税	0	0	0	0	0	0
二、其他收入合计	38498	26776	11490	6371	3234	1113
1.教育费附加	1954	3397	2109	246	344	0
2.文化事业建设费收入	29	240	202	3	7	0
3.税务部门其他罚没收入	0	142	116	0	3	0
4.税务行政性收费收入	0	0	0	0	0	0
5.社会保险基金收入	31776	18195	7123	5664	2711	0
(1)养老保险基金	17305	15156	7123	3784	1552	0
(2)医疗保险基金	14471	3039	0	1880	1159	0
(3)失业保险基金	0	0	0	0	0	0
(4)工伤保险基金	0	0	0	0	0	0
(5)生育保险基金	0	0	0	0	0	0
(6)其他	0	0	0	0	0	0
6.水利建设专项资金	793	3444	1887	284	160	348
7.农村教育费附加	3348	1356	53	174	9	763
8.残疾人就业保障金	598	0	0	0	0	0
9.其他	0	2	0	0	0	2

县、分税种统计

单位:万元

普陀区	温州市小　计	温州市本　级	平阳县	苍南县	瑞安市	永嘉县	乐清市	文成县	泰顺县
23619	1022028	583997	42305	43847	140829	61355	119441	11648	8951
19051	676956	392526	28139	34818	86218	33557	83157	5816	5512
0	0	0	0	0	0	0	0	0	0
10489	0	0	0	0	0	0	0	0	0
3354	266172	165516	12838	13914	29007	13694	23092	2407	2491
0	223242	124187	7833	9509	31255	9606	35976	1271	1420
2787	0	0	0	0	0	0	0	0	0
29	100532	51375	4092	6515	15024	6009	13768	1303	1094
0	1	0	0	0	0	0	0	1	0
1258	591	607	0	0	-16	0	0	0	0
670	45463	25341	1576	2148	6188	2382	6793	403	321
204	26424	17766	949	1284	2879	1022	1935	351	159
72	6751	3850	267	389	837	390	913	40	15
153	2439	1355	144	145	348	98	321	18	2
35	3367	1754	398	807	236	84	85	0	0
0	1974	775	42	107	460	272	274	22	10
0	0	0	0	0	0	0	0	0	0
0	0	0	0	0	0	0	0	0	0
0	0	0	0	0	0	0	0	0	0
0	0	0	0	0	0	0	0	0	0
4568	345072	191471	14166	9029	54611	27798	36284	5832	3439
698	15565	11594	259	887	222	618	1341	317	129
28	1908	1469	23	63	119	64	146	7	9
23	395	226	16	10	38	6	91	2	2
0	0	0	0	0	0	0	0	0	0
2697	217457	114383	11380	5716	39281	20751	16209	5347	3018
2697	172815	83043	11141	4967	33232	19536	13448	3973	2271
0	38284	26160	192	590	5274	1215	2713	1225	747
0	3502	3388	0	0	0	0	0	114	0
0	889	114	47	153	508	0	32	35	0
0	1967	1678	0	6	267	0	16	0	0
0	0	0	0	0	0	0	0	0	0
765	21202	12432	924	473	2943	1008	3105	133	43
357	21691	7299	1564	1700	4097	1854	4708	26	229
0	2024	460	0	176	0	0	1379	0	0
0	64830	43608	0	4	7911	3497	9305	0	9

各项收入分市

项目 \ 地区	洞头县	丽水市小计	丽水市本级	云和县	景宁县	龙泉市
总计	9655	166477	53448	10474	9858	14067
一、税收收入合计	7213	114229	37187	6630	6219	9330
1.增值税收入	0	0	0	0	0	0
2.消费税收入	0	0	0	0	0	0
3.营业税	3213	52269	17670	3254	3354	4581
4.企业所得税	2185	27389	8148	1042	1109	1728
5.外商投资企业和外国企业所得税	0	0	0	0	0	0
6.个人所得税	1352	22742	7192	1443	1145	1834
7.资源税	0	121	0	0	13	41
8.固定资产投资方向调节税	0	0	0	0	0	0
9.城市维护建设税	311	6516	2322	463	366	670
10.房产和城市房地产税	79	2973	954	269	127	314
11.印花税	50	659	215	54	46	67
12.城镇土地使用税	8	286	87	53	7	30
13.土地增值税	3	519	329	0	17	2
14.车船使用和牌照税	12	755	270	52	35	63
15.车辆购置税	0	0	0	0	0	0
16.屠宰税	0	0	0	0	0	0
17.筵席税	0	0	0	0	0	0
18.燃油税	0	0	0	0	0	0
二、其他收入合计	2442	52248	16261	3844	3639	4737
1.教育费附加	198	5369	1422	405	596	426
2.文化事业建设费收入	8	185	125	3	1	10
3.税务部门其他罚没收入	4	20	2	2	3	0
4.税务行政性收费收入	0	0	0	0	0	0
5.社会保险基金收入	1372	43899	14204	3333	2788	4067
(1)养老保险基金	1204	29083	10434	2459	1449	3141
(2)医疗保险基金	168	14166	3120	874	1339	926
(3)失业保险基金	0	650	650	0	0	0
(4)工伤保险基金	0	0	0	0	0	0
(5)生育保险基金	0	0	0	0	0	0
(6)其他	0	0	0	0	0	0
6.水利建设专项资金	141	2055	229	101	251	234
7.农村教育费附加	214	248	0	0	0	0
8.残疾人就业保障金	9	472	279	0	0	0
9.其他	496	0	0	0	0	0

县、分税种统计

单位：万元

青田县	遂昌县	松阳县	缙云县	庆元县	金华市小计	金华市本级	兰溪市	永康市	武义县
21997	19473	10601	18895	7664	488965	142239	47002	68198	22951
16951	13043	7054	13096	4719	364604	104764	29485	48678	15510
0	0	0	0	0	0	0	0	0	0
0	0	0	0	0	0	0	0	0	0
8922	3859	2932	6130	1567	148072	52792	9893	15781	5500
4093	4992	1640	3163	1474	101031	20489	11704	14518	5387
0	0	0	0	0	0	0	0	0	0
2748	3185	1624	2306	1265	72145	20540	3129	11653	2440
5	20	8	33	1	498	66	308	0	95
0	0	0	0	0	0	0	0	0	0
781	494	300	897	223	26408	6748	3459	4435	1055
239	332	217	384	137	8301	2159	599	1321	688
89	47	68	55	18	3258	1037	117	555	158
18	26	33	26	6	1322	482	149	234	101
2	8	116	20	25	1550	0	0	0	0
54	80	116	82	3	2006	438	127	181	86
0	0	0	0	0	0	0	0	0	0
0	0	0	0	0	13	13	0	0	0
0	0	0	0	0	0	0	0	0	0
0	0	0	0	0	0	0	0	0	0
5046	6430	3547	5799	2945	124361	37475	17517	19520	7441
480	662	267	919	192	8377	4230	218	578	861
22	3	7	10	4	633	272	4	94	28
5	3	1	4	0	226	83	0	0	10
0	0	0	0	0	0	0	0	0	0
3916	5226	3114	4728	2523	100579	29792	15348	13368	5505
1832	3601	1636	3237	1294	92938	25953	11546	13368	5505
2084	1625	1478	1491	1229	7641	3839	3802	0	0
0	0	0	0	0	0	0	0	0	0
0	0	0	0	0	0	0	0	0	0
0	0	0	0	0	0	0	0	0	0
0	0	0	0	0	0	0	0	0	0
391	442	158	138	111	8182	2370	636	2023	650
232	0	0	0	16	4975	270	1311	3272	122
0	94	0	0	99	1381	456	0	179	265
0	0	0	0	0	8	2	0	6	0

各项收入分市

项目 \ 地区	东阳市	磐安县	义乌市	浦江县	衢州市小计	衢州市本级
总计	54087	9552	120719	24217	173111	86372
一、税收收入合计	40251	7367	99266	19283	113888	54772
1.增值税收入	0	0	0	0	0	0
2.消费税收入	0	0	0	0	0	0
3.营业税	11831	3550	41101	7624	58573	29649
4.企业所得税	15917	1365	26890	4761	24980	12577
5.外商投资企业和外国企业所得税	0	0	0	0	0	0
6.个人所得税	8401	1503	19683	4796	13863	5363
7.资源税	1	1	3	24	2476	17
8.固定资产投资方向调节税	0	0	0	0	0	0
9.城市维护建设税	2566	664	6441	1040	8723	4694
10.房产和城市房地产税	589	176	2161	608	3261	1703
11.印花税	490	63	737	101	858	431
12.城镇土地使用税	78	26	211	41	508	252
13.土地增值税	85	0	1465	0	312	8
14.车船使用和牌照税	293	19	574	288	334	78
15.车辆购置税	0	0	0	0	0	0
16.屠宰税	0	0	0	0	0	0
17.筵席税	0	0	0	0	0	0
18.燃油税	0	0	0	0	0	0
二、其他收入合计	13836	2185	21453	4934	59223	31600
1.教育费附加	503	225	1536	226	4600	2292
2.文化事业建设费收入	38	10	185	2	159	100
3.税务部门其他罚没收入	6	0	127	0	27	14
4.税务行政性收费收入	0	0	0	0	0	0
5.社会保险基金收入	12557	1879	17670	4460	51394	28206
(1)养老保险基金	12557	1879	17670	4460	34753	19640
(2)医疗保险基金	0	0	0	0	16343	8566
(3)失业保险基金	0	0	0	0	141	0
(4)工伤保险基金	0	0	0	0	75	0
(5)生育保险基金	0	0	0	0	82	0
(6)其他	0	0	0	0	0	0
6.水利建设专项资金	732	71	1454	246	2454	988
7.农村教育费附加	0	0	0	0	589	0
8.残疾人就业保障金	0	0	481	0	0	0
9.其他	0	0	0	0	0	0

县、分税种统计

单位:万元

龙游县	常山县	江山市	开化县	台州市小　计	台州市本　级	临海市	温岭市	玉环县	三门县	仙居县
23363	21424	28361	13591	596510	267307	82006	112401	57300	24452	18077
15096	14816	20436	8768	437222	193713	55206	89818	42367	19166	13253
0	0	0	0	0	0	0	0	0	0	0
0	0	0	0	0	0	0	0	0	0	0
8712	6487	9599	4126	153289	74596	20313	28417	12124	6259	3551
2387	3906	4163	1947	143954	56397	18058	31735	17423	7312	3513
0	0	0	0	0	0	0	0	0	0	0
2093	2642	2282	1483	81264	32570	9452	19710	7883	3492	4321
146	589	1606	118	104	5	8	16	32	26	6
0	0	0	0	0	0	0	0	0	0	0
889	686	1916	538	33817	17711	4522	5555	2797	816	1008
458	341	397	362	13358	6869	1606	2338	1127	434	490
142	86	150	49	4603	2122	647	874	441	202	190
101	58	48	49	1245	651	201	166	99	30	66
88	0	160	56	3804	2162	176	392	337	571	15
80	21	115	40	1782	630	223	615	102	24	93
0	0	0	0	0	0	0	0	0	0	0
0	0	0	0	2	0	0	0	2	0	0
0	0	0	0	0	0	0	0	0	0	0
0	0	0	0	0	0	0	0	0	0	0
8267	6608	7925	4823	159288	73594	26800	22583	14933	5286	4824
517	492	903	396	16678	8940	2362	2128	1104	638	807
13	4	34	8	830	555	45	134	14	26	19
1	3	8	1	458	33	12	122	235	6	4
0	0	0	0	0	0	0	0	0	0	0
7138	5145	6652	4253	109983	51136	20312	14672	8089	3843	3234
4863	3152	4852	2246	90418	37473	15578	14672	8089	3843	3234
2275	1734	1800	1968	17640	12329	4143	0	0	0	0
0	141	0	0	1925	1334	591	0	0	0	0
0	50	0	25	0	0	0	0	0	0	0
0	68	0	14	0	0	0	0	0	0	0
0	0	0	0	0	0	0	0	0	0	0
598	375	328	165	17031	8175	2223	3022	2111	495	551
0	589	0	0	12886	3654	1772	2503	3371	281	207
0	0	0	0	988	753	0	0	0	0	0
0	0	0	0	434	348	74	2	9	-3	2

各项收入分市

项目 \ 地区	天台县	宁波市小计	宁波市本级	鄞州区	慈溪市	余姚市	奉化市
总计	3496	1712934	451619	192649	187199	133286	59685
一、税收收入合计	23699	1178178	253393	125260	135188	95565	39251
1.增值税收入	0	0	0	0	0	0	0
2.消费税收入	0	0	0	0	0	0	0
3.营业税	8029	413150	101356	48818	50977	30508	11648
4.企业所得税	9516	394360	57728	36584	43785	36283	15416
5.外商投资企业和外国企业所得税	0	0	0	0	0	0	0
6.个人所得税	3836	215710	42711	27450	26657	18277	6828
7.资源税	11	164	34	35	0	0	1
8.固定资产投资方向调节税	0	–17	0	0	0	0	0
9.城市维护建设税	1408	93990	33697	6804	7887	5487	3600
10.房产和城市房地产税	494	33449	10150	2339	2505	3011	1039
11.印花税	127	13631	3650	1119	714	1087	245
12.城镇土地使用税	32	3780	995	124	231	492	182
13.土地增值税	151	6781	2489	1616	1505	0	98
14.车船使用和牌照税	95	3176	583	371	927	420	194
15.车辆购置税	0	0	0	0	0	0	0
16.屠宰税	0	4	0	0	0	0	0
17.筵席税	0	0	0	0	0	0	0
18.燃油税	0	0	0	0	0	0	0
二、其他收入合计	11268	534756	198226	67389	52011	37721	20434
1.教育费附加	699	44537	24824	2733	2442	2620	852
2.文化事业建设费收入	37	2519	1450	92	163	114	11
3.税务部门其他罚没收入	46	311	26	18	11	47	5
4.税务行政性收费收入	0	0	0	0	0	0	0
5.社会保险基金收入	8697	349522	159431	33218	16953	15743	12850
(1)养老保险基金	7529	0	0	0	0	0	0
(2)医疗保险基金	1168	0	0	0	0	0	0
(3)失业保险基金	0	0	0	0	0	0	0
(4)工伤保险基金	0	0	0	0	0	0	0
(5)生育保险基金	0	0	0	0	0	0	0
(6)其他	0	0	0	0	0	0	0
6.水利建设专项资金	454	0	0	0	0	0	0
7.农村教育费附加	1098	0	0	0	0	0	0
8.残疾人就业保障金	235	0	0	0	0	0	0
9.其他	2	137867	12495	31328	32442	19197	6716

县、分税种统计

单位:万元

	宁海县	象山县	镇海区	北仑区	海曙区	江北区	江东区	经济技术开发区	大榭开发区	保税区	东钱湖区	科技园区
	70001	66403	69652	68653	67469	50057	46502	98818	74526	58197	7384	10834
	51012	52025	47744	50272	50245	33736	33168	77521	69755	50180	4046	9817
	0	0	0	0	0	0	0	0	0	0	0	0
	0	0	0	0	0	0	0	0	0	0	0	0
	16341	13226	16890	19923	21222	10895	13345	26758	12068	13459	1351	4365
	16917	22924	15072	14006	16067	11717	9578	27661	43024	23988	1027	2583
	0	0	0	0	0	0	0	0	0	0	0	0
	12083	10360	7847	9974	7206	6203	6192	12552	10160	8232	1272	1706
	4	65	0	25	0	0	0	0	0	0	0	0
	-17	0	0	0	0	0	0	0	0	0	0	0
	2850	2533	5980	4812	2877	3157	2506	5825	3011	2482	255	227
	1648	1491	1153	744	2219	1055	885	2611	649	1227	113	610
	384	499	524	531	563	417	510	1851	734	724	19	60
	630	328	113	44	78	142	139	116	79	63	8	16
	36	520	5	46	0	94	0	122	0	0	1	249
	136	79	160	163	13	56	13	25	30	5	0	1
	0	0	0	0	0	0	0	0	0	0	0	0
	0	0	0	4	0	0	0	0	0	0	0	0
	0	0	0	0	0	0	0	0	0	0	0	0
	0	0	0	0	0	0	0	0	0	0	0	0
	18989	14378	21908	18381	17224	16321	13334	21297	4771	8017	3338	1017
	714	313	1473	902	0	0	0	3789	2002	1626	113	134
	64	56	33	35	125	138	93	48	79	7	8	3
	88	23	8	7	40	9	11	12	3	3	0	0
	0	0	0	0	0	0	0	0	0	0	0	0
	7889	7561	14834	15849	1564	11941	10463	15940	2627	6381	1540	659
	0	0	0	0	0	0	0	0	0	0	0	0
	0	0	0	0	0	0	0	0	0	0	0	0
	0	0	0	0	0	0	0	0	0	0	0	0
	0	0	0	0	0	0	0	0	0	0	0	0
	0	0	0	0	0	0	0	0	0	0	0	0
	0	0	0	0	0	0	0	0	0	0	0	0
	0	0	0	0	0	0	0	0	0	0	0	0
	0	0	0	0	0	0	0	0	0	0	0	0
	0	0	0	0	0	0	0	0	0	0	0	0
	10234	6425	5560	1588	1416	4233	2767	1508	60	0	1677	221

税收收入分市县、

地　区	国有企业	集体企业	股份合作企业	联营企业	有限责任公司
大浙江合计	22.47	8.07	3.86	0.31	30.96
小浙江合计	23.07	6.82	3.66	0.33	35.21
省直属一分局	38.54	0.88	0.21	0.41	38.06
省直属二分局	17.35	0.87	0	0	0
杭州市小计	24.6	4.96	1.79	0.42	38.11
杭州市本级	25.37	4.79	1.52	0.4	39.56
其中:开发区	23.69	0.65	0.14	0.56	28.69
上城区	43.31	3.07	0.97	0.97	33.38
下城区	40.62	3.85	0.66	0.27	35.27
江干区	17.09	15.11	9.6	1.17	32.59
拱墅区	15.92	8.46	2.48	0.34	48.57
西湖区	23.12	3.33	0.56	0.12	56.26
滨江区	5.24	0.9	0.09	-0.01	40.06
余　杭	11.54	4.42	3.2	0.15	52.75
萧　山	12.17	6.58	0.29	0.08	32.92
富阳市	17.89	5.6	7.49	1.19	23.61
桐庐县	17.09	5.76	1.71	0.11	24.18
临安市	22.28	8.04	0.17	0	30.4
建德市	21.51	5.79	0.36	0.01	36.13
淳安县	28.97	2.8	0.43	0.55	54.94
嘉兴市小计	19.33	7.82	2.34	0.27	30.78
嘉兴市本级	16.86	5.72	3.38	0.21	41.53
海宁市	15.6	11.25	0.98	0.31	21.3
桐乡市	22.74	5.04	4.08	0.37	17.58

分企业类型比重统计

单位:%

股份有限公司	私营企业	其他企业	港澳台投资企业	外商投资企业	个体经营
8.29	14.37	0.17	2.22	2.31	6.96
8	10.89	0.19	2.17	2.31	7.34
19.69	0.01	0.03	1.77	0.32	0.06
81.78	0	0	0	0	0
6.25	11.49	0.04	3.2	4.94	4.21
6.65	9.56	0.03	3.34	5.61	3.17
5.81	6.07	0	6.76	26.87	0.76
7.95	3.82	0	1.17	4.36	0.99
8.62	3.27	0	4.56	1.72	1.15
2.06	13.07	0	3.01	1.28	5.01
2.1	12.1	0	2.07	5.12	2.84
1.08	3.76	0.27	4.87	1.43	5.19
8.38	9.45	0	4.49	30.34	1.06
4.13	13.05	0	1.47	0.87	8.43
11.64	25.03	0	3.62	3.21	4.45
3.24	30.34	0.19	3.13	1.41	5.91
5.25	20.09	0.02	3.5	2.32	19.97
2.7	23.65	0	1.5	0.72	10.54
7.5	15.12	0	1.4	0.61	11.58
1.24	1.63	0	1.42	0.13	7.89
9.79	17.28	0.01	1.74	3.02	7.63
16.27	8.6	0	1.71	1.96	3.75
12.36	24.43	0	1.78	1.13	10.85
5.36	30.15	0	1.69	1.46	11.53

税收收入分市县、

地　区	国有企业	集体企业	股份合作企业	联营企业	有限责任公司
平湖市	20.81	5.55	0.84	0.2	27.6
嘉善县	18.95	20.27	-0.06	0.33	34.61
海盐县	27.08	4.54	2.77	0.28	33.25
湖州市小计	19.86	9.96	1.41	0.85	35.58
湖州市本级	21.66	7.7	1.39	1.76	36.15
长兴县	19.43	17.89	0.43	0	36.38
德清县	14.78	7.52	3.4	0.05	32.96
安吉县	21.5	8.37	0.11	0.09	35.97
绍兴市小计	19.24	9.95	3.06	0.27	29.94
绍兴市本级	27.19	6.36	2.06	0.45	36.63
绍兴县	8.63	11.25	0.3	0.27	35.37
上虞市	16.87	13.89	0.43	0.07	30.78
嵊州市	20.75	12.74	2.03	0.1	14.21
新昌县	19.28	3.51	0.28	0.25	40.45
诸暨市	19.09	13.35	11.67	0.19	13.25
舟山市小计	26.16	5.89	1.12	0.24	35.39
舟山市本级	30.11	4.46	0.58	0.31	40.36
岱山县	27.08	9.35	4.04	0	26.03
嵊泗县	40.93	5.82	0.28	0.17	34.45
定海区	3.09	7.82	1.78	0.04	28.62
普陀区	17.8	7.75	1.49	0.28	28.21
温州市小计	19.58	8.88	9.69	0.31	39.18
温州市本级	18.96	8.25	8.96	0.42	43.56
平阳县	21.41	29.64	5.6	0.18	14.98

分企业类型比重统计

单位:%

股份有限公司	私营企业	其他企业	港澳台投资企业	外商投资企业	个体经营
3.7	23.72	0	1.69	8.97	6.93
4.84	7	0	2.04	2.11	9.92
3.81	14.05	0.06	1.58	4.98	7.6
4.07	12.45	0	2.3	1.57	11.97
4.16	13.57	0	2.45	1.36	9.79
2.04	8.59	0	2.79	1.5	10.95
8.74	16.33	0	1.83	2.24	12.15
0.1	9.04	0	1.59	1.42	21.82
10.95	13.98	0.59	2.31	1.77	7.94
6.09	1.18	0.79	3.45	1.97	2.84
16.84	13.14	0.24	1.87	3.13	8.96
14.8	8.69	0.19	2.23	2.21	9.84
4.5	29.34	3.34	2.07	0.49	10.42
16.01	12.55	0	1.68	0.72	5.26
10.24	16.06	0.05	1.25	0.42	14.43
5.2	12.57	0.05	2.39	0.65	10.32
3.33	10.41	0.1	3.54	0.75	6.05
3.7	8.36	0	1.93	1.11	18.4
3.77	3.33	0	2.68	0	8.57
24.48	20.93	0	0.05	0.08	13.11
3.54	21.23	0	0.08	0.7	18.91
4.27	7.5	0.35	1.52	1.82	6.89
2.96	8.4	0.37	1.62	2.35	4.14
3.65	6.67	0.04	2.17	0.92	14.72

税收收入分市县、

地　　区	国有企业	集体企业	股份合作企业	联营企业	有限责任公司
苍南县	27.53	12.94	7.16	0	28.59
瑞安市	19.5	3.6	8.39	0.03	40.88
永嘉县	19.8	9.22	12.15	0.21	24.72
乐清市	15.4	7.79	17.77	0.3	38.07
文成县	35.85	10.32	0.95	0.05	30.04
泰顺县	45.7	8.02	1.05	0	7.13
洞头县	23.49	16.26	2.62	0	38.31
丽水市小计	28.55	7.08	1.31	0.08	38.97
丽水市本级	32.15	8.95	1.15	0.01	44.48
云和县	44.57	6.8	0.33	1.3	22.97
景宁县	21.71	9.99	0.43	0	18.88
龙泉市	29.21	5.08	0.36	0.01	32.33
青田县	27.06	6.06	0.05	0.02	51.7
遂昌县	18.22	3.63	1.63	0.01	43.01
松阳县	30.08	4.1	0.85	0	35.58
缙云县	24.92	7.7	5.25	0	33.43
庆元县	27.19	8.77	0.42	0	21.28
金华市小计	21.91	8.25	1.16	0.15	25.6
金华市本级	29.87	6.07	1.33	0.07	28.13
兰溪市	20.73	7.72	2.87	0.42	45.22
永康市	19.37	8.8	0.37	0	19.22
武义县	21.86	5.05	0.34	0.04	18.05
东阳市	20.77	11.19	0.44	0	21.74
磐安县	19.04	8.46	0.14	0.04	2.14

分企业类型比重统计

单位:%

股份有限公司	私营企业	其他企业	港澳台投资企业	外商投资企业	个体经营
0.25	5.12	1.17	0.01	2.92	14.31
9.47	7.21	0.33	1.1	0.88	8.6
5.28	13.53	0.25	2.98	1.27	10.61
7.29	3.17	0.11	1.49	0.25	8.35
0.72	4.61	0.02	0.96	2.42	14.06
2.07	8.47	1.14	0	3.19	23.22
0.01	0.31	0	0.35	1.36	17.3
6.22	6.37	0.04	1.45	0.8	9.12
3.36	1.69	0	1.63	0.62	5.95
8.43	6.35	0	1.24	0.03	7.98
8.83	24.57	0	3.62	3.09	8.89
7.05	11.18	0.32	1.54	0.06	12.85
3.4	3.3	0.01	0.94	1.09	6.36
21.83	1.3	0	0.87	0.61	8.9
7.44	7.13	0	0.82	0	13.99
0.44	10.93	0.1	1.51	1.64	14.07
1.65	21.02	0	1.5	0	18.16
6.13	20.65	0.7	1.89	0.48	13.08
7.2	16.14	1.12	3.04	0.8	6.23
11.57	6.09	0.36	1.01	0.16	3.85
0.91	30.32	0.17	1.45	0.38	19
1.4	36.74	0.72	1	0.12	14.69
14.42	13.8	1.6	1.62	0.24	14.17
4.15	49.98	0	0.58	0.22	15.24

税收收入分市县、

地　区	国有企业	集体企业	股份合作企业	联营企业	有限责任公司
义乌市	14.14	8.55	1.51	0.19	27.85
浦江县	30.34	14.41	0.29	0.67	9.5
衢州市小计	22.6	6.25	0.45	0.02	32.55
衢州市本级	22.35	4.45	0.43	0.02	40.35
龙游县	23.77	4.41	0.25	0.03	19.08
常山县	18.6	17.81	0.13	0.03	35.66
江山市	21.37	4.44	0.95	0	26.28
开化县	31.77	5.36	0.34	0.05	16.34
台州市小计	19.71	6.97	9.1	0.24	35.84
台州市本级	21.64	6.94	7.03	0.37	39.49
临海市	19.57	7.99	12.77	0.03	32.88
温岭市	18.43	7.73	6.76	0.04	40
玉环县	10.87	7.04	23.9	0.65	23.83
三门县	20.75	4.62	9.59	0.01	43.23
仙居县	26.01	5.33	0.75	0	15.9
天台县	20.54	4.67	4.11	0.01	23.77
宁波市小计	20.27	12.7	4.61	0.24	15.21
宁波市本级	35.14	1.42	3.17	0.5	23.81
鄞州区	18.54	29.78	2.44	0.44	3.18
慈溪市	22.9	12.39	0.04	0	0.06
余姚市	14.62	30.67	0.09	0	5.78
奉化市	14.43	7.37	29.93	0.06	0.84
宁海县	16.31	12.22	0	0	0.95
象山县	17.35	9.53	10.28	0.09	0

分企业类型比重统计

单位:%

股份有限公司	私营企业	其他企业	港澳台投资企业	外商投资企业	个体经营
4.26	23.31	0.07	1.74	0.22	18.15
2.12	19.44	1.99	0.6	1.62	19.03
6.47	15.02	0.1	0.99	0.38	15.16
4.87	14.89	0.12	1.29	0.24	10.97
9.55	12.71	0.11	1.11	0.62	28.35
0.97	13.71	0	0.38	0.74	11.96
14.01	14.39	0.14	0.65	0.32	17.43
2.91	23.44	0	0.65	0.39	18.75
9.21	5.41	0.02	1.54	0.64	11.32
8.7	4.29	0.04	1.46	0.63	9.41
11.22	3.09	0	1.9	0.51	10.04
6.11	3.63	0	1.72	0.79	14.78
8.53	7.4	0	1.98	0.89	14.91
7.49	3.94	0.02	0.78	0.17	9.4
6.19	31.17	0.01	0.92	1.05	12.68
24.83	9.88	0	0.92	0.08	11.2
9.38	27.27	0.08	2.4	2.29	5.55
24.41	3.34	0	3.61	4.05	0.55
6.38	29.41	0.17	1.59	1.17	6.9
2.97	49.02	0.32	1.56	0.73	10
0.03	31.13	0.09	4.94	1.65	11
10.26	23.11	0.18	1.29	5.46	7.1
0.17	56.64	0.08	0.72	1.66	11.25
23.95	25.26	0	1.82	0.44	11.29

税收收入分市县、

地　区	国有企业	集体企业	股份合作企业	联营企业	有限责任公司
镇海区	34.88	17.94	1.16	0.35	0.8
北仑区	17.43	13.17	0.11	0.05	9.49
海曙区	0.32	13.8	41.27	0	0
江北区	0.74	29.25	3.87	0.51	20.46
江东区	0	15.02	4.51	0.08	27.92
经济技术开发区	21.36	2.2	0.8	0.18	39.78
大榭开发区	6.05	3.79	0	0.01	63.35
保税区	21.26	2.61	0.14	0.82	20.01
东钱湖区	27.53	6.62	0.07	0	9.07
科技园区	1.88	58.09	11.91	0.05	17.7

分企业类型比重统计

单位:%

股份有限公司	私营企业	其他企业	港澳台投资企业	外商投资企业	个体经营
7.03	31.49	0	2.06	1.5	2.79
7.46	31.47	0	3.32	3.76	13.75
2.4	34.52	0.1	0.23	0.36	7
0.11	38.3	0	0.78	0.91	5.06
3.33	39.67	0	1.96	1.5	6.01
2.84	23.25	0	4.02	4.75	0.82
0.21	25.13	0	0.2	0.91	0.35
16.09	33.8	0	2.92	2.33	0.01
2.99	38.68	0	1.68	0.87	12.48
0.6	4.9	0	0.68	3.48	0.69

税收收入分市县

地 区	合 计	内			资	
		小 计	国有企业	集体企业	股份合作企业	联营企业
大浙江合计	5548490	4911165	1246930	447758	214390	17214
小浙江合计	4370312	3853649	1008163	298114	160054	14374
省直属一分局	344646	337215	132833	3048	720	1410
省直属二分局	2985	2985	518	26	0	0
杭州市小计	1187724	1041083	292178	58918	21266	4969
杭州市本级	1009656	887265	256177	48394	15330	4023
其中:开发区	10921	26849	9696	267	57	228
上城区	191898	179369	83112	5883	1859	1866
下城区	194341	179896	78939	7488	1279	534
江干区	64852	58822	11086	9801	6229	758
拱墅区	63207	56865	10065	5345	1566	213
西湖区	124581	110266	28805	4154	697	155
滨江区	72971	46783	3822	660	65	-8
余 杭	97331	86854	11231	4299	3118	144
萧 山	159554	141561	19420	10497	459	134
富阳市	70188	62851	12556	3931	5257	832
桐庐县	25959	19264	4436	1494	443	29
临安市	35670	31119	7949	2867	60	0
建德市	31376	27113	6750	1816	112	3
淳安县	14875	13471	4310	416	64	82
嘉兴市小计	373283	327052	72158	29179	8727	1012
嘉兴市本级	124971	115696	21072	7153	4225	268
海宁市	64563	55679	10073	7261	635	203
桐乡市	60016	51207	13646	3026	2447	221

分企业类型统计

单位:万元

企业				港澳台及外资企业		个体经营	附列资料	
有限责任公司	股份有限公司	私营企业	其他企业	港澳台投资企业	外商投资企业		乡镇企业	集贸市场税收
1717950	460243	797263	9417	123063	128034	386228	704311	52088
1538711	349721	475990	8522	94743	101068	320852	542770	52088
131176	67873	37	118	6111	1120	200	0	0
0	2441	0	0	0	0	0	0	0
452583	74248	136445	476	37986	58710	49945	111657	11716
399379	67107	96516	339	33695	56651	32045	90604	9722
11742	2377	2482	0	2768	10995	309	1121	0
64059	15250	7335	5	2253	8369	1907	8	320
68553	16756	6347	0	8865	3336	2244	1839	599
21136	1334	8476	2	1954	830	3246	13878	601
30701	1326	7649	0	1306	3238	1798	16077	2473
70084	1351	4689	331	6071	1782	6462	10248	718
29234	6114	6895	1	3276	22137	775	2164	197
51339	4023	12700	0	1432	844	8201	6131	896
52530	18577	39944	0	5768	5119	7106	39137	3918
16573	2277	21293	132	2197	990	4150	9995	102
6278	1363	5216	5	909	602	5184	1108	1081
10844	964	8435	0	535	256	3760	1893	44
11336	2353	4743	0	439	191	3633	6885	754
8173	184	242	0	211	20	1173	1172	13
114908	36552	64494	22	6480	11260	28491	81432	3280
51897	20333	10748	0	2138	2450	4687	39746	1027
13755	7978	15774	0	1149	732	7003	11523	858
10552	3219	18096	0	1017	875	6917	8639	717

税收收入分市县

地　区	合　计	内			资	
		小　计	国有企业	集体企业	股份合作企业	联营企业
平湖市	51714	42616	10760	2868	434	101
嘉善县	35596	30590	6744	7216	-23	118
海盐县	36423	31264	9863	1655	1009	101
湖州市小计	206697	173972	41042	20579	2905	1755
湖州市本级	97395	84144	21098	7498	1357	1711
长兴县	44785	37962	8700	8014	191	2
德清县	39118	32771	5783	2941	1330	19
安吉县	25399	19095	5461	2126	27	23
绍兴市小计	446878	393153	85962	44466	13673	1216
绍兴市本级	142788	131003	38828	9082	2947	636
绍兴县	98048	84360	8460	11028	291	268
上虞市	58154	49848	9809	8079	248	42
嵊州市	34213	29771	7099	4358	695	35
新昌县	33140	30602	6389	1164	94	84
诸暨市	80535	67569	15377	10755	9398	151
舟山市小计	101200	87676	26474	5962	1137	245
舟山市本级	56834	50960	17115	2537	330	174
岱山县	8673	6814	2349	811	350	0
嵊泗县	8201	7278	3357	477	23	14
定海区	8441	7323	261	660	150	3
普陀区	19051	15301	3392	1477	284	54
温州市小计	676956	607733	132577	60146	65626	2069
温州市本级	392526	360671	74406	32402	35169	1667
平阳县	28139	23126	6024	8340	1577	52

分企业类型统计

单位：万元

	企		业		港澳台及外资企业		个体经营	附列资料	
	有限责任公司	股份有限公司	私营企业	其他企业	港澳台投资企业	外商投资企业		乡镇企业	集贸市场税收
	14273	1912	12268	0	875	4638	3585	17324	15
	12321	1724	2490	0	725	751	3530	1718	631
	12110	1386	5118	22	576	1814	2769	2482	32
	73537	8411	25743	0	4752	3238	24735	18815	5480
	35213	4055	13212	0	2384	1329	9538	12712	2990
	16294	914	3847	0	1249	672	4902	3306	94
	12894	3417	6387	0	716	877	4754	2175	754
	9136	25	2297	0	403	360	5541	622	1642
	133814	48915	62452	2655	10325	7913	35487	68912	10927
	52298	8700	17386	1126	4922	2814	4049	7950	2935
	34678	16512	12884	239	1832	3068	8788	24501	5713
	17901	8608	5053	108	1299	1286	5721	15388	102
	4863	1540	10037	1144	708	169	3565	7161	327
	13405	5306	4160	0	557	237	1744	3486	13
	10669	8249	12932	38	1007	339	11620	10426	1837
	35814	5264	12725	55	2417	662	10445	6633	199
	22940	1893	5916	55	2011	426	3437	301	5
	2258	321	725	0	167	96	1596	709	27
	2825	309	273	0	220	0	703	738	10
	2416	2066	1767	0	4	7	1107	4264	13
	5375	675	4044	0	15	133	3602	621	144
	265245	28902	50790	2378	10261	12300	46662	134471	6605
	170972	11636	32980	1439	6378	9209	16268	45743	4301
	4216	21027	1878	12	610	260	4143	6395	71

税收收入分市县

地　区	合　计	内			资	
		小　计	国有企业	集体企业	股份合作企业	联营企业
苍南县	34818	28814	9586	4506	2493	0
瑞安市	86218	77091	16813	3107	7231	27
永嘉县	33557	28572	6643	3094	4076	69
乐清市	83157	74760	12807	6482	14778	251
文成县	5816	4801	2085	600	55	3
泰顺县	5512	4056	2519	442	58	0
洞头县	7213	5842	1694	1173	189	0
丽水市小计	114229	101243	32618	8087	1498	97
丽水市本级	37187	34138	11956	3329	426	5
云和县	6630	6017	2955	451	22	86
景宁县	6219	5249	1350	621	27	0
龙泉市	9330	7981	2725	474	34	1
青田县	16951	15529	4587	1028	9	4
遂昌县	13043	11689	2376	473	213	1
松阳县	7054	6009	2122	289	60	0
缙云县	13096	10840	3264	1008	687	0
庆元县	4719	3791	1283	414	20	0
金华市小计	364604	308284	79882	30096	4214	530
金华市本级	104764	94213	31297	6358	1391	70
兰溪市	29485	28003	6113	2276	845	125
永康市	48678	38536	9427	4285	181	2
武义县	15510	13058	3390	783	53	6
东阳市	40251	33796	8361	4505	176	2
磐安县	7367	6185	1403	623	10	3

分企业类型统计

单位:万元

企	业			港澳台及外资企业		个体经营	附列资料	
有限责任公司	股份有限公司	私营企业	其他企业	港澳台投资企业	外商投资企业		乡镇企业	集贸市场税收
9955	87	1781	406	2	1018	4984	3769	164
35249	8164	6219	281	948	763	7416	23594	904
8295	1771	4539	85	1001	425	3559	4812	222
31655	6060	2636	91	1241	210	6946	47068	889
1747	42	268	1	56	141	818	555	9
393	114	467	63	0	176	1280	441	2
2763	1	22	0	25	98	1248	1794	43
44520	7102	7277	44	1658	910	10418	2429	350
16541	1251	630	0	607	231	2211	2	66
1523	559	421	0	82	2	529	9	3
1174	549	1528	0	225	192	553	77	13
3016	658	1043	30	144	6	1199	19	68
8764	577	559	1	160	184	1078	1052	162
5610	2847	169	0	113	80	1161	233	10
2510	525	503	0	58	0	987	187	5
4378	58	1432	13	198	215	1843	381	23
1004	78	992	0	71	0	857	469	0
93347	22363	75284	2568	6885	1735	47700	20360	8851
29470	7542	16911	1174	3185	841	6525	2761	54
13332	3410	1795	107	298	48	1136	2035	68
9355	445	14758	83	708	184	9250	5380	436
2799	217	5699	111	155	18	2279	326	65
8751	5803	5555	643	654	96	5705	3838	1476
158	306	3682	0	43	16	1123	1379	526

税收收入分市县

地区	合计	内资				
		小计	国有企业	集体企业	股份合作企业	联营企业
义乌市	99266	79306	14040	8487	1503	193
浦江县	19283	15187	5851	2779	55	129
衢州市小计	113888	95060	25742	7121	516	24
衢州市本级	54772	47921	12243	2439	234	11
龙游县	15096	10554	3589	666	37	4
常山县	14816	12878	2756	2639	20	5
江山市	20436	16674	4368	907	195	0
开化县	8768	7033	2786	470	30	4
台州市小计	437222	378193	86179	30486	39772	1047
台州市本级	193713	171439	41925	13450	13617	710
临海市	55206	48330	10802	4409	7050	19
温岭市	89818	74286	16556	6945	6070	37
玉环县	42367	34834	4604	2984	10125	277
三门县	19166	17183	3977	885	1838	2
仙居县	13253	11312	3447	706	99	0
天台县	23699	20809	4868	1107	973	2
宁波市小计	1178178	1057516	238767	149644	54336	2840
宁波市本级	253393	232603	89043	3598	8032	1273
鄞州区	125260	113161	23222	37306	3059	547
慈溪市	135188	118561	30954	16751	49	0
余姚市	95565	78755	13967	29311	90	1
奉化市	39251	33819	5663	2891	11746	22
宁海县	51012	44062	8321	6234	0	0
象山县	52025	44976	9024	4956	5350	45

分企业类型统计

单位:万元

	企业				港澳台及外资企业		个体经营	附列资料	
	有限责任公司	股份有限公司	私营企业	其他企业	港澳台投资企业	外商投资企业		乡镇企业	集贸市场税收
	27650	4232	23135	66	1727	220	18013	4597	5923
	1832	408	3749	384	115	312	3669	44	303
	37071	7367	17105	114	1122	437	17269	2876	1073
	22103	2665	8158	68	707	134	6010	1637	440
	2881	1441	1919	17	168	94	4280	363	66
	5283	143	2032	0	57	109	1772	211	79
	5371	2863	2941	29	133	66	3563	464	166
	1433	255	2055	0	57	34	1644	201	322
	156696	40283	23638	92	6746	2783	49500	95185	3607
	76500	16846	8304	87	2823	1226	18225	31801	3259
	18149	6193	1708	0	1050	282	5544	25517	132
	35924	5490	3264	0	1547	709	13276	7064	45
	10098	3612	3134	0	838	376	6319	24668	34
	8285	1436	756	4	149	33	1801	1717	28
	2107	821	4131	1	122	139	1680	1896	9
	5633	5885	2341	0	217	18	2655	2522	100
	179239	110522	321273	895	28320	26966	65376	161541	0
	60337	61855	8465	0	9142	10260	1388	0	0
	3988	7987	36842	210	1992	1465	8642	24883	0
	85	4020	66271	431	2113	991	13523	25188	0
	5523	24	29754	85	4720	1576	10514	0	0
	330	4026	9069	72	505	2142	2785	8895	0
	486	87	28891	43	369	848	5733	35652	0
	0	12460	13141	0	945	230	5874	2196	0

税收收入分市县、

地　区	合　计	内			资	
		小　计	国有企业	集体企业	股份合作企业	联营企业
镇海区	47744	44714	16652	8563	556	167
北仑区	50272	39805	8761	6619	57	24
海曙区	50245	46431	161	6933	20736	0
江北区	33736	31459	250	9869	1307	173
江东区	33168	30026	0	4982	1496	27
经济技术开发区	77521	70085	16560	1706	617	138
大榭开发区	69755	68740	4221	2642	0	5
保税区	50180	47541	10669	1312	69	413
东钱湖区	4046	3438	1114	268	3	0
科技园区	9817	9340	185	5703	1169	5

分企业类型统计

单位:万元

	企		业		港澳台及外资企业		个体经营	附列资料	
	有限责任公司	股份有限公司	私营企业	其他企业	港澳台投资企业	外商投资企业		乡镇企业	集贸市场税收
	383	3358	15035	0	983	715	1332	15877	0
	4771	3752	15821	0	1667	1889	6911	2728	0
	0	1207	17343	51	118	181	3515	7126	0
	6903	36	12921	0	262	307	1708	18466	0
	9261	1103	13157	0	649	499	1994	14610	0
	30835	2205	18024	0	3118	3682	636	0	0
	44192	146	17531	3	137	637	241	0	0
	10040	8076	16962	0	1465	1167	7	0	0
	367	121	1565	0	68	35	505	216	0
	1738	59	481	0	67	342	68	5704	0

分企业类型统计

ZHEJIANG DISHUI NIANJIAN

第七编

优秀科研论文选

"非典"疫情对我省经济及地方税收的影响和对策

浙江省地方税务局课题组

2003年4月19日我省出现"非典"疫情以来，部分服务行业经营一度全面受挫，消费需求增速明显回落，但随着中央和我省一手抓"非典"防治、一手抓经济发展等方针政策和措施的全面到位，全省"非典"疫情迅速得到有效控制，受"非典"影响的行业生产经营开始恢复回升。由于"非典"疫情在较短时间内得到有效控制，对经济的负面影响要小于预期，据省统计局预计，如果疫情不反弹，全年对GDP的影响将在1个百分点以内。"非典"疫情对税收收入的影响体现在两个方面，一是经济增长因"非典"而遭受的负面影响会传导至税收，带来税收收入的减少；另一方面是为应对非典冲击而采取的各种临时性税收优惠措施，将直接减少税收收入。从上半年税收情况看，"非典"疫情对我省税收的直接负面影响已经显现，下半年，随着经济的回升，政策性减免将进一步增大，总体看来，"非典"对税收收入的影响将大于对经济的影响。本调研报告在分析"非典"疫情对我省各产业及地方税收的影响、分税种及总收入的影响的基础上，总结近年来及今年以来全省地税干部职工共同努力取得的、已经受了"非典"疫情严峻考验的地税工作成效，提出努力消除非典疫情影响、进一步做好地税工作的对策建议。

一、"非典"疫情对各产业及地方税收的影响分析

(一)"非典"疫情对第三产业及地方税收的影响

1、"非典" 疫情对我省经济的短期负面影响主要在消费品市场，对第三产业中的旅游、娱乐、餐饮、交通运输和商贸业的影响较大。今年上半年，全省社会消费品零售额累计1501.9亿元，比去年同期增长8.6%，增幅比一季度回落2.4个百分点。城镇居民人均消费支出4597元，比去年同期实际增长7.3%，增幅比一季度回落4.7个百分点。"非典"疫情对消费品市场的负面影响主要集中在4月中旬至5月中旬。4月份、5月份全省社会消费品零售总额同比分别增长6.7%、5.2%，分别比一季度回落4.3个百分点和5.8个百分点。其中旅游、餐饮业受冲击最大，据测算，4、5月因旅游人数大幅减少，而直接减少消费品零售额20亿左右，餐饮业零售额增幅4、5月份分别下降4.8%和20.3%，而1季度全省餐饮业零售额增幅达23%。由于人流减少，4、5月份交通运输客运量分别下降了10.9%和28.3%。另据对杭州和温州十二家大型宾馆的调查，4月份、5月份住宿营业额分别下降了17%和67%。做为市场大省，我省绝大多数市场都受到较大冲击，据统计局监测，5月份全省十大市场成交额比去年同期下降27.6%，比4月份下降24.6%，市场内业户申请停业增加，如濮院羊毛衫市场据5月7~8日实地调查，整个市场开门户只占正常管理户的42.83%。同时全省各地的娱乐行业骤然变冷，部分地区的影剧院、娱乐场所已被统一停业，一些大型会展也纷纷取消。

进入5月下旬以来，随着疫情的控制，消费品市场人气开始回升，市场消费日趋正常。6月份，全省实现社会消费品零售总额已增长10.8%，比一季度增幅只差0.2个百分点。其中，批零贸易业"非典"过后商

品消费形成新亮点,被“非典”压抑了一段时间的购买欲望开始得到集中释放,当月零售额增长11.8%;餐饮业零售额6月份也已增长0.6%。6月份十大市场商品成交额已恢复到去年同期的95%,交通运输旅客客运量已恢复到去年同月的98%。据统计局预计,下半年社会消费品零售额增速将逐渐加快,全年我省社会消费品零售总额增幅将达到10%以上。旅游业的真正复苏尚需要一个过程,目前我省旅游业还主要以短线为主,而且以低价引客救市,因此,旅游业全面复苏可能要到明年,这也将影响到一些依赖旅游的交通运输、商贸、餐饮业的回升,如杭州楼外楼6月份营业额同比仍下降29.8%。从总体上分析,“非典”疫情对消费品市场带来影响是短暂的,局部的,其负面影响将逐步消除。

第三产业是地方税收的主要税源,目前来自于第三产业的税收已占了我省地方税收收入的60%,因此非典疫情对税收的影响主要是在地方税收。上半年“非典”疫情对第三产业部分行业的负面影响直接带来了二、三季度营业税、城建税的减收。同时由于“非典”疫情导致营业额大幅回落,企业今年的利润肯定会受到影响,这些企业的二季度利润将降至谷底,全年利润的增长情况要视下半年恢复情况而定;加上第三产业中个体工商业户停业户的增加,各地对相关行业个体工商业户的定额采取了不同程度的调低措施,因此也将影响到二、三季度企业所得税和个人所得税。

2、对房地产、邮电通信、金融业和社会服务业的总体影响不明显。上半年商品房销售面积增长在40%以上,商品房销售额增长81.6%,虽然“非典”时期使一些楼盘开盘推后,但“非典”疫情过后消费者受抑制的需求得到集中释放,2003年春季房交会4天就成交了4个亿,房价依然呈现上升趋势。金融保险和社会服务业增加值上半年分别增长20%、18.9%、12%,1~5月份,邮电业务总量增长28.1%,比1~4月增幅还提高了2.5个百分点。从经济指标数据显示,这些行业总体上并未因“非典”而受挫。

(二)“非典”对第二产业及地方税收的影响

1、对建筑业及地方税收的影响。“非典”时期,我省固定资产投资在高增长平台上继续加快,上半年,全省全社会固定资产投资增长38.8%,增幅同比提高15.3个百分点,限额以上投资增长46%,比1~4月份还快了1.1个百分点,其中房地产开发投资增长41.4%。一批重大项目动工建设,随着投资的加快,建筑业市场较为活跃,税收后劲仍然较足。5、6月份,全省建筑业营业税增幅逐月加快,分别增长32.05%和45.86%,也证明了“非典”并未对建筑业的经济和税收造成明显影响。

2、对工业及地方税收的影响。“非典”对工业的影响较为间接和滞后,主要表现在:部分企业生产流通秩序被打断,产品出口受阻,运输困难,业务量明显下降,市场拓展受影响,企业营运成本增加。特别是部分受消费较大影响的行业由于市场消费受到影响,开始出现销售不足,产品积压,生产能力空置现象。如杭州萧山区的纺织、服装、羽绒、装饰材料、卫浴设施等的市场在“非典”疫情期出现萎缩,绍兴市、嘉兴市的纺织化纤部分企业、金华市的电动工具等支柱产业也受到了较大影响。但“非典”对工业的影响是结构性的,可谓此消彼长,5月份,我省的饮料、服装等行业总产值累计增速分别比一季度回落了5.6和2.1个百分点,但医药制造、文化体育用品、食品等行业的增速有了加快,生产防“非典”产品的企业生产红红火火,加上随着疫情的控制,生产基本趋于稳定,总体上工业生产仍保持较快增长势头。上半年全省规模以上工业增加值累计增长21.8%,工业销售产值增长27.8%,企业利润增幅仍达30.6%。但“非典”对工业生产的滞后影响不容忽视,5月份合同外资和实际利用外资环比出现较大幅度回落,企业外贸订单位比往年减少,据统计局调查,我省有六成企业二季度的订货量比预期减少,其中有31%的企业认为下半年企业的订货(单)量将比上半年减少,从出口订单看,仅春季广交会一项就使我省全年出口损失13.88亿美元,出口总额少增长4.7%左右。而且对规模以下的企业影响可能更大,据统计局对772家规模以下工业企业调查,“非典”负面影响达到85.8%。虽然我省企业采取各项措施积极开展多元化贸易方式,如利用电子商务、网交会等形式弥补二季度造成的订单损失,但招商引资和外贸定单的弥补需要一个过程,部分生产季节性较强的行业的损失也较难以弥补,“非典”的潜在及滞后影响仍将成为下半年经济发展中的不确定因素。

"非典" 对工业的影响体现在地方税收上主要是对所得税和城建税的影响。部分企业销售的减少，运营成本的提高必将带来企业利润的下滑，从而导致企业所得税的减少；而企业效益的下滑，也将间接影响到个人所得税的征收。

二、"非典" 疫情对地方税收分税种及总收入的影响分析

今年上半年我省地方税收仍保持快速增长，全省共组织地方税收收入 289.13 亿元，同比增长 30.57%，但增幅比 1～4 月份回落 3.69 个百分点。由于税收滞后效应，"非典" 疫情对 5 月份起开始影响地税收入，5、6 月份全省当月税收收入分别增长 17.95% 和 22.33%，为上半年收入增幅最低的两个月份。

(一)"非典"疫情对地方税收分税种的影响

1、营业税受负面影响最为直接。上半年全省营业税收入增长 23.07%，比 1 季度增幅回落 4.27 个百分点。5、6 月份营业税增幅出现下滑，当月收入分别增长 10.12%、19.11%，比 4 月份分别下滑 12.35 个百分点和 3.36 个百分点。其中直接受"非典"负面影响的交通运输、餐饮、住宿、旅游和娱乐业税收回落明显。1～4 月餐饮业、住宿业、娱乐业、航空运输、公共交通分别增长 17.86%、19.33%、11.3%、76.87%、9.62%，5、6 月份餐饮业营业税分别下降 18.66%、50.80%；住宿业分别下降 26.85%、66.05%；娱乐业分别下降 18.09%、52.07%；航空运输分别下降 74.51%、71.04%；公共交通业分别下降 54.95%、11.62%；旅游业由于从 3 月份起已受到影响，1～4 月营业税下降 10.12%，5、6 月份分别下降幅度达 30.81%、84.81%；铁路运输和水上运输 5 月份仍保持了增长，但 6 月份也分别下降了 0.84%和 2.08%，公路运输虽然总体上仍保持较快增长，但部分地区也分别出现了增幅下滑和下降现象；文化体育业税收逐月下滑，1～4 月份增长 31.28%，5 月份当月仅增长 8.74%，6 月份下降了 35.99%。据测算，这些行业 5、6 月份共减少 2003 年营业税收入约 1.3 亿元，其中由于"非典"而出台的政策性减免约为 4000 万元。随着"非典"疫情负面影响的逐步消除，受影响行业的经营将逐渐回升，由于为应对"非典"冲击而采取的各种临时性税收优惠措施将持续到 9 月 30 日止，减免的税款将随之增加，因此到第三季度，旅游业、餐饮业、旅店业、航空运输、公共交通的税收仍不可能出现大的回升，预计全年将由于"非典"而减少营业税收入 3.5–4 亿左右，影响全年营业税增幅约 2–2.3 个百分点。

2、对企业所得税的影响较为滞后。今年上半年 "非典" 对企业所得税的影响已开始显现，1～6 月份全省企业所得税增长 34.89%%，比 1～4 月份增幅回落 5 个百分点，5、6 月份企业所得税分别只增长 17.5%、5.92%。但考虑到 1 季度由于去年基数较低而使增幅较高，5、6 月份应有一个自然回落的趋势，并且 5、6 月份减免税、汇算清缴退库多于去年而造成减收等因素，因此上半年因"非典"影响而带来的损失还只是部分显现。由于大部分企业所得税按季征收，"非典"对企业所得税的影响将从 7 月份税收开始全面显现。受"非典"冲击较大的一些第三产业的企业所得税影响将首当其冲。据统计，省级监控的近 100 家交通运输和餐饮住宿业企业中，三分之二企业 1–5 月的利润少于 1 季度，一半以上企业 4、5 月份利润为亏损；绍兴市二季度住宿、娱乐、商业服务、餐饮等行业的企业所得税均出现大幅下降。部分制造业企业所得税也受到影响，如洞头县的浙江诚意制药厂受"非典"影响出口受阻导致二季度利润下降，影响企业所得税达 300 万元。三、四季度的企业所得税也要视企业生产恢复情况而定。据省局直属一分局对 16 家外贸出口企业的进行调查后显示，由于这些企业上半年生产订单已在去年拿到，今年上半年企业所得税入库仍保持了较快增长，但二季度受"非典"影响订单减少，对全年利润的预计均少于年初预期，下半年将减少企业所得税达 6000 万元左右。因此，如果企业订单得不到及时弥补，下半年对企业所得税的影响将逐步加大，全年预计"非典"对企业所得税的影响将在 3 亿元左右，影响企业所得税增幅约 2 个百分点。

3、"非典" 对个人所得税的总体影响并不是很大。今年上半年个人所得税增长 52.86%，仍在高位运行。受"非典"影响的主要是个体工商业户所得税，5、6 月份由于受"非典"疫情影响其间个体业户停、歇业户增加，部分地区对受影响业户的定额采取了减征或免征措施，个体工商业户所得税的增幅有较大回落，1～

4月增幅为43.46%，而5、6月份分别增长30.48%和33.73%，增幅分别回落了12.98和9.73个百分点,5、6月份减收额约为3000万元,但由于加强对个人合伙、个人独资企业所得税和私营企业挂账利润的税收征管,该项目税收仍保持较快增长。工资薪金个人所得税仅在6月份由于部分行业工资发放水平受到影响而稍有回落,影响额约为2000万元左右,上半年增幅仍高达48.27%。对出租车司机免征个人所得税也减少了一部分税收。随着疫情的有效控制,个体业户重新开业,下半年对个体工商业户所得税的影响将逐渐减弱,而对工资薪金个人所得税的影响还要视相关企业效益的恢复程度而定,全年预计影响个人所得税在1个亿以内。

4、对其他税收的影响。“非典”对其他税收影响较大的主要是房产税和城建税。自5月份起,部分地区出台了对受“非典”影响较大企业的房产税和城市房地产税进行减免的政策。据7月份统计,前两个月已减免房产税759万元,据受“非典”影响最大的杭州市预计全年将影响税收1300万元。由于流转税受“非典”影响造成减收而使城建税相应减收,全年预计为3000–4000万元左右。

(二)“非典”疫情对地税收入影响的总体判断

综合上述分析,如果下半年“非典”疫情不再反弹,全省今年地方税收受“非典”影响将减少今年税收9亿元左右,影响全年税收收入增幅2个百分点左右。

虽然受“非典”疫情影响,对今年我省地方税收将造成一定压力,但由于全省直接受“非典”影响的行业所占税收比重以及其增收额占税收增收额的比重较小,上半年全省税收收入增长仍在较高位运行,因此,“非典” 造成的减收影响还不足以对整体税收产生大的向下拉动作用。今年1～6月份,全省地税收入增收额主要来自房地产、建筑业、制造业,三行业税收收入占税收比重为54%,增收贡献率达62%。目前房地产、建筑业市场活跃,受“非典”影响并不明显,后期仍有增长空间;而制造业由于去年企业效益较好,1～6月企业所得税增长较快,增长34.89%,为全年税收收入的增长已打下了良好基础，今年上半年生产和利润仍保持较快势头;同时随着我省打造先进制造业基地建设的推进,制造业又将迎来一个新的发展机遇,下半年,此三行业仍将成为拉动我省地方税收增长的主要行业。另外,全省各级地税机关贯彻“两手抓”方针,进一步加强征管和稽查,挖掘小税种潜力,将不断弥补“非典”对税收造成的影响,上半年全省对金融保险的税收专项检查已经展开,各地方小税种增幅较快,土地增幅税、印花税、车船使用税、资源税分别增长1.21倍,48.36%、43.43%、31.35%,经过努力,全年税收仍将保持稳定增长。

三、地税工作取得的成效经受了“非典”疫情的严峻考验

1997年10月我省税务机构进一步分设以来,全省地税系统在省委、省政府和国家税务总局的领导下,坚持把地税工作放到经济社会发展的大局中去思考和把握,坚持“以人为本、依法治税、规范管理”的工作思路,各项地税工作取得了显著的成效,经受了“非典”疫情的严峻考验:

——依法治税尤其是规范执法、优化服务、文明收税不断取得显著成绩,营造了前所未有的良好的执法环境和征管秩序。“非典”期间,全省地税系统为纳税人提供安全清洁的办税环境，确保纳税服务安全、方便和税收征管井然有序。

——信息化建设和征管改革取得突出成效。我局开发的《浙江地税信息系统》98版被国家信息产业部、国家税务总局等联合鉴定确认为“在全国地税系统居于领先地位”、2000版被授予浙江省科技进步奖;从1995年启动的税收征管改革至1999年在全省全部应用统一的征管软件，并在2001年实现全省升级,征管改革在推进依法治税、加强征收管理、提高工作效率、搞好队伍建设等方面取得了无法比拟的巨大成效。这使得我局在“非典”期间能够大力倡导应用网上申报、电话申报等非接触式申报方式,多方面保证申报纳税工作的正常进行和有力地保障各项税收工作高效推进。

——在组织地方税收收入和社保基金等非税收入方面，取得了历史性的巨大的成绩。从1998年到2002年，全省地税系统组织的各项收入从173.29亿元增加到654.38亿元,其中税收收入从150.9亿元增加到435.95亿元。2002年组织税收收入和教育费附

加451.76亿元，构成1167亿元财政总收入和567亿元地方财政收入的重要部分；征收社会保险费151.69亿元。地税部门作为省政府的职能部门，承担着地方财政的“托盘”责任，为全省各级党委、政府和广大人民群众抗击“非典”疫情提供了充足的财力保证。

——地税系统各级领导和广大干部的两个素质明显提高，读书的人包括读双学历(学位)的人大幅度增加，犯错误的人连年大幅度减少；各级地税机关的社会满意度不断提高，省局机关在2000年、2001年、2002年连续三年被省政府评为目标责任制考核优秀单位。“非典”期间，我局号召全省地税干部职工“一手抓防治“非典”、一手抓本职工作”，深入开展“打基础、练内功、抓完善”等工作，进一步转变工作方式和作风，确保全省地税工作正常进行。

今年以来，全省地税系统按照省委、省政府和国家税务总局“两手抓”的要求，一手抓抗击“非典”不动摇，一手抓组织收入不放松，把损失减少到最低程度，努力夺取抗击“非典”和组织收入的全面胜利。

(一)坚持抓好抗击“非典”与组织收入工作，地方税费收入保持了可持续增长

今年上半年，全省各级地税机关共组织各项收入414.66亿元，同比增长35.84%，其中：地税税收收入289.13亿元,同比增长30.57%，增收67.70亿元；养老保险费收入73.35亿元，同比增长39.35 %；医疗保险费收入21.19亿元，同比增长86.47%。不含宁波，共组织各项收入328.19亿元，同比增长34.48%，其中：地税税收收入227.88亿元,同比增长30.61%,增收53.41亿元，完成省政府考核目标的59.50%；养老保险费收入63.23亿元，同比增长40.40%；医疗保险费收入16.27亿元，同比增长77.42%。全省各级地税机关采取有效措施，税费并举，强化分税种分行业管理，把收入结构多元化作为长期的努力方向，着力建立税收收入的风险防范机制。

强化营业税征管。我局继续坚持从抓好行业性税收征收管理入手，带动营业税整体征管水平的提高。各地结合当地实际，采取多种有效措施加强了建筑业、服务业等重点行业的营业税征管，如通过以票管税、建立项目登记制度、调整征管范围等手段，加强建筑业营业税征管；采取完善委托代征等措施，加强代理业营业税征管。同时，通过深入调研，完善相关政策规定，进一步加强了金融保险业、文化体育业的营业税管理。认真做好提高营业税起征点后收入影响的测算工作，经过深入调研，在国家税务总局规定的幅度范围内，确定我省营业税的起征点从月营业额400元提高到2000元，全省各地需进一步提高的，要报经省局批准。今年上半年全省各级地税机关共组织入库营业税112.18亿元，同比增长23.01%；不含宁波，共组织入库营业税92.25亿元，同比增长24.29%。

强化所得税征管。为保证所得税收入分享体制改革后征收管理的落实到位，力争企业所得税收入稳定增长，我局多次与省国税局就具体遇到的问题进行协调沟通，统一政策，规范管理，全省企业所得税收入增势良好。今年上半年，全省各级地税机关共组织入库企业所得税87.08亿元，同比增长34.89%；不含宁波，共组织入库企业所得税65.62亿元，同比增长33.54%。加强对高收入行业和高收入者个人所得税的管理，在2002年完成个人所得税全员管理信息系统开发工作的基础上，从2003年1月份开始在金华市地税局试点，并制定了在全省地税系统推广应用计划。通过实行个人所得税全员管理，明确了法律责任，实现对高收入者真正意义上动态、实时监控，有效地提高了全省的个人所得税管理水平。今年上半年，全省各级地税机关共组织入库个人所得税52.98亿元，同比增长52.86%；不含宁波，共组织入库个人所得税41.15亿元，同比增长51.70%。

强化小税种征管。我局坚持“抓大不放小”的税收征管原则，每年在全面加强各税种征管的基础上，选择若干税种作为突破口，逐步全面规范各税种管理。今年年初要求全省各级地税机关对原有的车船使用税征管情况进行一次检查与总结，并结合各地的征管现状，加强与当地有关部门的联系，扩大征管面，强化源泉控管。各地积极采取有效措施，截至今年5月，全省已有41市、县(市、区)地税局将车船使用税全部或部分委托有关部门代征，既方便了纳税人，又做到了源泉管理，取得了良好的成效。今年上半年，全省各级地税机关共组织入库车船使用税1.05亿元，同比增长31.35%；不含宁波共组织入库车船使用税8532万元，同比增长30.92%。

强化社保费征缴。全省各级地税机关坚持象抓税收收入一样抓好社保费的征管,今年上半年养老保险费和已开征地区医疗保险费征收率均达90%以上。我局主要采取如下措施:一是认真落实《浙江省职工基本养老保险条例》,进一步加强制度建设。根据条例修订内容积极探索养老保险费征缴新路子,进一步规范征缴程序,夯实缴费基数;根据条例赋予的执法手段,加大清理欠费力度,使得上半年虽有“非典”影响,养老保险费仍有较大幅度的增长。二是全省各地因地制宜积极推广“义乌经验”,创新社保费征管办法,提高社保费征管水平。三是积极推进社保费征管信息化,实现了“税银联网”或“社保、地税、银行”三方实时联网。四是进一步深化社保费征管改革。如杭州市地税局与劳动社保、财政等部门改变市本级企业(用人单位)的缴费基数计算方法,取得了明显成效。

强化税源监控。按照重点税源监控向整体税源监控推进的目标,全省各级地税机关重点税源监控面进一步扩大,目前上报省局的重点税源监控户数已达1700户,比去年增加近800户,其中上报国家税务总局的重点税源企业500户,比去年增加380户。全省已有1万户以上的重点企业纳入各级重点税源管理网络,涉及税收收入约占全省税收收入的60%。随着监控面和监控数据量的大量增加,我局从三方面入手抓好重点税源监控工作:一是继续提高数据的准确性,细化对数据准确性的通报考核以及对各地反映问题的及时反馈。二是在调查摸底的基础上,全面了解目前全省重点税源监控工作的开展现状、存在问题和分析应用需求。三是不断深化重点税源测算分析应用工作,指导各地全面开展此项工作。

(二)不断优化服务和规范执法,依法治税环境继续改善

按照依法治税重在治内、以内促外的要求,对内通过规范执法提升依法征税,对外通过优化服务促进依法纳税,进一步改善依法治税的总体环境。

落实好税收优惠政策。不折不扣地贯彻落实好各项税收优惠政策,积极促进我省经济和社会各项事业发发展,今年以来重点抓好两项工作:一是认真及时做好促进下岗失业人员再就业税收政策的贯彻落实工作。为确保优惠政策落实到位,我局派人到有关市、县进行实地调研和督促落实,并会同国税、财政、社保等部门就落实优惠政策的难点和重点提出若干具体意见。同时,制定《下岗失业人员再就业有关税收减免程序具体操作意见》,以便于各地具体操作并规范减免税管理。二是迅速落实扶持部分受“非典”影响较大的行业的税费政策。为减轻非典疫情给我省部分行业生产经营所带来的影响,帮助企业渡过难关,根据财政部、国家税务总局和省政府的有关规定,及时明确部分行业在2003年5月1日至9月30日期间享受税费优惠政策的具体操作办法。5、6月份已减免税费6028万元,预计到9月份累计减免税费达1.5亿元以上。

成功运行12366纳税服务热线。12366纳税服务热线自2002年11月全省开通试运行以来,系统软件运行稳定,全省各级地税机关的12366语音服务中心正在为纳税人提供全天候的涉税服务。由于受“非典”影响,我局没有召开12366纳税服务热线在全省正式开通的新闻发布会,各地结合当地实际进行了广泛的宣传,同时对每天受理的纳税人咨询做到及时答复,目前已受话34000多人次,充分发挥了12366热线所具有的政策咨询、申报纳税、举报投诉、电话查询等多种涉税服务功能,纳税人和社会各界反应良好。

持续开展税收宣传。按照“喜闻乐见、降低成本、持之以恒、讲求实效”的原则要求,对纳税人和用税人持续进行温馨普法教育,提供及时、准确、完整、动态的法规服务。今年4月份以来,围绕“依法诚信纳税、共建小康社会”主题,开展“寻找地税之最、共建小康社会”、“税法宣传进社区”、“周末地税时间”等丰富多彩的税收宣传月活动,推动税收宣传的经常化。

加强地税法制建设。一是开展税收执法责任制和过错责任追究试点。根据国家税务总局《关于全面推行税收执法责任制的意见》和《税收执法过错责任追究办法(试行)》的要求,以桐乡市地税局为试点单位,在建立税收执法责任制度的基础上,积极探索税收执法过错责任追究办法。选择温岭市地税局为试点单位,进一步积累税收执法责任制的经验,为在全省地税系统全面推行该制度奠定坚实的基础。二是完成地税法规库开发。我局已完成《浙江省地方税务局法规库》的开发工作,并对整个法规库系统功能进行了测试和演示。待试用完毕和验收通过后,《法规库》将同时放置在省地税局内、外网上，供广大地税干部和纳税人查阅，以进一步提升我局的税收政策服务水平。

强化和规范税务稽查。全省各级地税机关以查处群众关心的热点、难点行业偷逃税款的重大违法案件为重点，继续加大对大要案的查处、打击力度，今年上半年，移送公安机关涉税案件29件，充分发挥了稽查威慑作用。今年年初下发了《2003年全省地税专项检查计划》，把大型餐饮业、娱乐业、金融保险业、房地产业、工业制造业等行业，高收入行业和高收入个人的个人所得税，普通发票等列为今年重点检查内容。在“非典”疫情发生后，按照中央和省里的有关要求，及时对专项检查内容进行了调整，要求各地暂缓对旅游业、医院、餐饮业等受“非典”影响较大行业的税收检查。今年上半年，全省各级地税机关稽查部门（不含宁波）共检查纳税户10429户，占纳税总户数的2.7%；查补税(费、基金)及罚款、滞纳金总计4.64亿元；案件结案率和查补税款入库率均达98%。

（三）推进信息化和标准化，地税管理水平跃上新台阶

全省地税系统全面落实浙江地税信息化建设三年规划和新世纪之初地税征管新框架，以信息化为依托深化地税征管改革，以导入ISO9000质量管理体系为抓手推进地税管理的标准化，推动全省地税管理水平跃上新台阶。

建设浙江地税数据应急处理中心。我局已制定数据处理中心建设的技术方案和实施计划，并选择若干市、县地税局进行实地测试，不断完善数据处理中心系统软件。预计到9月份，等设备及数据库采购到位后，我局将按地区做好数据集中工作，确保按期完成数据处理中心建设，实现全省税收业务数据的集中备份存储，为推行“扁平化”的先进管理组织形式、促进“信用浙江网”建设、配合做好“中国浙江”政府门户网站建设奠定基础。

导入ISO9000质量管理体系。我局将2003年确定为全省地税系统导入ISO9000质量管理体系全面贯标年，并于今年1月份召开了动员大会，总结了试点工作经验，并对ISO9000标准与税务管理如何结合、《全省地税系统全面导入ISO9000质量管理体系规范性大纲》的使用进行了培训。各导入单位按省局批复的批次，对导入工作进行了统筹安排，制定了导入工作实施方案，并认真开展导入工作。目前已有1/3的单位通过认证，年底前将全面完成认证，基本实现地税管理标准化的目标。

推广多元化申报纳税与网络化缴库。推行以定期定额户委托银行实时扣税、超定额个体户电话申报纳税、帐证健全的企业单位网上申报纳税为主体，邮寄申报、上门申报方式为补充的多种申报模式，试行一联电子缴税完税凭证。目前已有近70%的纳税人采用简易申报纳税、网上申报纳税、电话申报纳税和邮寄申报纳税。

开发应用管理层软件。遵循信息化建设层次从操作层向管理层转移，功能从事务型向决策型转移，重点从基层向机关转移的思路，开发应用管理层软件。目前已经完成管理层软件的开发工作，正在试运行。

（四）以学习贯彻十六大精神为动力，地税干部队伍建设进一步加强

深入学习贯彻党的十六大精神。全省地税系统广大干部职工通过学习断显著提升自己的综合素质。十六大精神和省第十一次党代会精神，切实增强了使命感、责任感，增强努力工作、刻苦学习的自觉性。一方面通过切实抓好组织收入工作，为实现十六大和省第十一次党代会提出的奋斗目标作出应有的贡献；一方面为适应日新月异的新形势要求而不断显著提升自己的综合素质。

确保实现基层建设三年规划。继续加大对基层建设的支持力度，形成加强基层建设的合力。全省地税系统基层单位中，列入今年办公用房基建项目的有142个，占规划任务的47.7%。

全面加强思想道德建设。继续认真贯彻公民道德建设实施纲要和浙江省公民道德规范，已制定《浙江省地税系统国家公务员职业道德行为规范》（征求意见稿），在全系统深入开展从政道德教育和以爱岗敬业、公正执法、诚信服务、廉洁奉公为基本内容的税务人员职业道德教育，提高队伍的道德素质。

加强党风廉政建设。认真落实廉洁从政各项规定，不断增强廉洁自律意识。深入落实党风廉政建设责任制，修订和完善《全省地税系统政务公开内容》。针对今年上半年系统信访举报和干部违纪案件有所反弹和上升的情况,及时制定和下发了《关于进一步加强党风廉政建设积极做好案件防范工作的通知》。

四、努力消除"非典"疫情影响进一步做好地税工作的对策

今年下半年,我们将继续不折不扣落实好受非典影响行业的税收优惠政策,促使经济尽快复苏,努力消除"非典"疫情的影响;同时继续挖掘增收潜力,强化税务稽查和税源监控;加强税收分析预测,找出增减收原因,采取针对性措施,保持地税收入的稳定增长,确保圆满完成全年组织收入任务和其他各项地税工作任务。

(一)加强征管,确保完成收入任务

按照省委、省政府的要求,采取针对性措施切实抓好省级收入,为增强省级调控力服务。进一步推进税源监控从重点监控向全面监控转变;以重点税源监控为基础,依托信息化,实现逐步扩面、批量处理、动态监控;搞好税收收入分析和预测。强化所得税管理,力争企业所得税收入稳定增长;进一步完善和试行"人员全覆盖、管理全过程、联网全方位"的个人所得税全员管理软件。切实加强营业税税源管理,及时分析和测算营业税税源、税负及入库情况。加强小税种和涉外税收管理,适时调整我省城镇土地使用税税额标准,加强对跨国纳税人的税收监管和反避税工作。进一步加强社保费征管,努力扩大社保覆盖面,加大征缴力度,增强社会保障功能。

(二)继续落实好税费优惠政策,积极促进地方经济发展

进一步落实好扶持部分受"非典"影响较大的行业发展、促进下岗失业人员再就业、鼓励国有大中型企业发挥内部潜力安置富余人员、国产设备投资抵免以及鼓励软件产业和集成电路产业发展等鼓励高新技术产业发展等各项税费优惠政策,认真贯彻国际税收协定及有关外税政策,并做好跟踪问效和检查指导工作,努力为促进地方经济发展发挥应有作用。

(三)推进依法治税,优化发展环境

完善纳税信誉等级评定管理办法与《浙江地税信息系统》的相应模块,推进税收信用体系建设。全面落实省政府关于审批制度改革的各项措施,提高办事效率;搞好地税法规库建设,实行税收政策的网上公告。进一步提高稽查效能,重点抓好省级收入专项检查,理顺省级税收收入征管秩序,规范省级预算收入管理。进一步加强执法监督,抓好对税务稽查案件的复查、执行税收政策情况的检查和征收管理行为是否符合规定的检查,进一步规范执法行为,提高执法水平。

(四)进一步以信息化为依托,全面推进地税管理现代化

完成浙江地税数据应急处理中心建设,实现全省税收业务数据的集中备份存储。在试运行的基础上推广应用管理层软件,全面"盘活"存量信息。进一步提高公文处理的效率和质量,不断拓展办公自动化应用领域。继续推广多元化申报和网络化缴库一体化服务方式,为在2004年底前把这一服务方式推广到所有纳税人奠定基础。年底前全面导入ISO9000质量管理体系,初步形成现代地税管理质量标准体系。进一步加强信息化安全体系建设,制定实施浙江地税信息化安全体系建设规划。

(五)迅速掀起学习贯彻"三个代表"重要思想的新高潮,促进地税干部的全面发展

加强领导、精心组织,以胡锦涛同志"七一"重要讲话和省委十一届四次全体(扩大)会议精神为指导,在全省地税系统深入学习贯彻"三个代表"重要思想,努力做到"学以致用,用以促学,学用相长",推进全省地税工作再上新台阶。深入落实"八个坚持、八个反对"的要求,广泛开展"两个务必"的教育,进一步转变作风。研究制定基层建设考核验收办法,对基层建设三年规划完成情况进行验收。广泛开展精神文明创建活动,组织开展文体活动,丰富业余文化生活;对获得省级以上荣誉称号的单位加大宣传力度,更好地发挥先进单位的示范作用。制定《全省地税系统深化学习型税务组织建设活动的指导性意见》,坚持以全员培训和继续教育加快培养复合型人才,努力把各级地税机关建设成为具有与时俱进理念与能力的学习型税务组织;抓好全省地税干部的电子商(政)务培训。坚持标本兼治、着力治本,立足教育、着眼防范,进一步强化税收执法权与行政管理权"两权"监督制约;深入落实党风廉政建设责任制,进一步加大从源头上预防和治理腐败的力度;指导各级地税机关开展效能监察,切实做好案件防范工作。

课题组组　长:黄旭明
副组长:单美娟　钱子辉
执　笔:徐　辉　周仕雅　戴　静

鼓励私人投资的税收政策研究

浙江省地方税务局课题组

改革开放二十多年的实践证明,民间投资是推动经济持续高速增长的支柱之一。私人投资在确保国民经济适度增长、促进就业、满足社会需求、实现科教兴国、优化经济结构等方面,发挥着越来越重要的作用,成为推动国民经济发展、构造市场主体、促进社会稳定的基础力量。党的十六届三中全会《决定》进一步指出,要"支持非公有制中小企业的发展,鼓励有条件的企业做强做大。"这既指明了民间资本和民营经济的发展方向,也为其发展提供了更为宽松的政策发展环境。因此,在新的形势下,认真研究进一步鼓励和促进私人投资的税收政策,不仅具有重要的现实意义,而且具有深远的历史意义。本研究课题所指的私人投资仅指国内个人资金投资兴办个体工商户、个人合伙和个人独资企业、私营企业,以及以参股形式对股份制企业和其他企业的投资。

一、私人投资在促进浙江经济发展中的作用

二十多年来,我国的经济建设取得举世瞩目的巨大成就,作为社会主义市场经济的重要组成部分,个体、私营等非国有经济,对增强国民经济活力,加快生产力发展具有不可替代的作用。这一阶段,浙江省抓住机遇,大力发展民营经济,努力清除民营企业与其他所有制企业间不合理的制度和政策障碍,走出了一条具有地方特色的经济发展之路,实现了浙江经济持续、快速增长,也为我省经济的可持续发展奠定了良好的体制和机制基础。

(一)民营经济已成为浙江体制机制优势的集中体现

浙江经济的活力在县域,县域经济的活力在于个私经济,近年来,浙江省民营经济发展在全国领先,占国民经济的比重较高,成为支撑浙江经济发展的主要因素之一。2002年,个体私营经济创造增加值3667.6亿元,占GDP的47.1%。1997~2002年,全省GDP的增量中有69.1%的贡献率来自于民营经济。到达2002年,民营经济实现GDP已占全省GDP的58%。同时,民营经济以其体制机制上的优势推进了我省公有制经济的转制和发展,并成为证券市场的"宠儿",为浙江经济协调、快速发展注入了生机的和活力。

(二)专业市场迅速崛起,已成为推动浙江经济发展的一支重要力量

截至2001年底,浙江全省共有商品交易市场4278个,全年成交额4652亿元,其中年成交额超亿元的市场465个、超10亿元的市场78个、超100亿元的市场6个。其中义乌小商品、绍兴的轻纺产品、海宁的皮革、嵊州的领带等商品成交量连续多年稳居全国同类市场第一。绍兴中国轻纺城是亚洲最大的纺织品面料交易中心;嵊州领带、诸暨珍珠均占全国交易量的80%。各类市场发展为地税收入的快速增长提供了重要支持。

(三)私人资金比较充裕,促进经济发展的潜力较大

截至2002年底,浙江城镇居民人均可支配收入达到12100元,农村居民人均可支配收入达到4940元,城乡收入差距远远小于全国平均水平;全省居民储蓄额超过1万亿元,这为浙江经济社会发展提供了较充足的资金支持和稳定的社会环境。经过不断的发展,由私人投资的民营企业日益壮大,逐渐成为浙江经济发展最重要力量。在我省刚刚奠基的总投资为118亿元的世界第一长跨海大桥——杭州湾大桥中,民间投资占了"半壁江山"。这座桥的建设不仅首开中国民间投资进入国家特大型基础设施建设的先例,也预示了未来中国民间投资发展的新方向。

(四)私人投资已成为浙江税收收入快速增长的"助推器"

2002年,浙江个私经济增加值达3660亿元,加上其他混合经济成份,占全省GDP的比重达53%。2002年,浙江个私经济总产值、销售总额、社会消费品零售额、出口创汇额、全国民营企业500强户数等5项指

标位居全国第一。

1994年税制改革以来，浙江税收收入始终保持着高速增长的态势，2002年全省税收收入1272亿元，比1994年的251亿元，增长了4倍，年均环比增长率达19%。其中个私经济税收收入230亿元，占税收总收入的比重达18%，比1994年的29亿元，增长了约7倍，年均环比增长率达30%。私人投资规模的扩大随着个私经济对浙江税收收入的贡献潜力不断增强，已成为浙江税收收入快速增长的“助推器”。

(五)私人投资已成为扩大就业的主渠道

浙江个私经济的快速发展，在扩大就业和再就业、维护社会稳定方面发挥了极为重要的作用。根据统计部门提供的材料显示，2003年1月至6月，浙江新增私企4.25万家，平均每天有234家私企诞生，创历史最高增速纪录。固定资产投资突破3000亿元，其中非国有投资占全社会总投资的67%。非国有投资2316亿元，比上年增长33.2%，占全社会投资的67.0%，比重比上年提高4.2个百分点。到今年6月底，浙江私营企业已达28.21万家，个体工商户156.29万户，个私从业人员达718万人，可以说个私企业已成为解决浙江就业问题的主要途径。

二、现行税收政策在鼓励私人投资方面存在的主要问题

虽然，近几年来，国家在鼓励私人投资方面已采取了一系列的税收政策措施，这对促进投资、加快经济发展起到了积极的作用。但现行的税收政策着力点在于扶持国有企业改革和区域发展，对私人投资缺乏明确导向；对私人投资优惠政策面窄，限定条件多，缺少对私人企业再投资的吸引力。主要表现为：

(一)个人所得税政策不合理，影响私人投资和再投资

一是按现行个人所得税政策规定，对企业以未分配利润转增资本金，已缴企业所得税的基础上还要对股东再征收20%个人所得税。这显然不利于私人投资集聚和个私经济做强做大。例如，由集体性质改制而成的台州市海翔医药股份有限公司1998年注册资本金仅360万元，到2001年该企业销售收入达2亿元，年底未分配利润4330万元，股东大会决定将年底未分配利润中的2640万元转增资本金，但按规定必须先缴纳528万元的个人所得税。这一方面减少了企业流动资金；另一方面也挫伤了私人资本再投资的欲望。

二是对个人技术成果转化税收优惠力度不够。现行税收政策规定，对个人因科技成果获得的股权奖励，暂缓征收个人所得税，待转让股权时仍应按规定征税。同时，对由此取得的股份红利所得照章纳税，这样的技术投资税收优惠力度显得不够。

三是私人多处投资设立个人独资企业和个人合伙企业，现行税收政策规定其取得的收益必须合并征税，但赢亏却不能相低，显然不够公平，在一定程度上影响了私人投资的积极性。

另外，提高增值税、营业税起征点后，扩大了小规模、低收入投资群体的受惠面。但根据规定，未达到起征点的纳税人只享受免征流转税的待遇，不能相应免征个人所得税，显得本末倒置。不征间接税的同时却征收直接税，不能体现国家对低收入者的照顾，也影响了低收入者通过自我投资、个人创业来解决自身生存的信心和能力。

(二)现行的企业所得税政策不合理，在一定程度上影响投资特别是私人投资

一是现行的内外资企业所得税政策不一致，使得国内私人投资者的待遇低于国外投资者，导致内资企业的税收成本高，制约了国内私人投资者投资积极性。如新办外资企业从获利年度起可享受“两免三减半”的企业所得税优惠，而新办内资企业所得税优惠除在产业和区域上限制外，还对减免年限以及减免幅度作出了限制；另外，外资企业的工资、公益性或社会救济性捐赠等可以全额扣除而内资企业只能在一定范围或幅度内扣除。

二是现行的部分税收政策对个私企业存在着一定的歧视。大多数税收优惠政策的受惠对象是所有企业，但也有个别优惠政策明确规定不适用于个私企业。如技术开发费再抵扣企业所得税政策，国家政策规定仅限于国有、集体企业和国有、集体企业控股企业享受，个私企业则不能享受到这项优惠政策。

三是现行的企业所得税计税工资金额限制政策不合理。内资企业所得税实行计税工资金额限制政策，计税工资标准为年人均9600元（或按规定上浮20%后的年人均11520元），与现行的实际经济发展要求和生活要求相比，差距较大，特别是对于高薪聘请科技人才解决智力短缺的私人投资来说差距更大。以个私经济比较发达的浙江省为例，2002年全省在

岗职工平均工资18227元,大大高于国家规定的计税工资标准。另外,对实际工资支出远远高于一般行业的高新技术企业、有毒有害行业以及"三班倒"等私人投资企业,也是按一般的计税工资标准税前扣除,显然不够合理,加重了企业的负担。

四是对个私企业允许税前列支的项目少、范围窄、标准低、限制多。如个私企业的车辆、通讯设备均以个人名义购置,虽以企业的生产经营使用为主,但税前却不能扣除。对私人投资企业的广告费、捐赠、折旧、佣金等税前扣除限制过多,直接影响私人投资的收益。

(三)独资、合伙性质企业比照个体工商业户征税不合理

独资、合伙企业是依照《中华人民共和国个人独资企业法》和《中华人民共和国合伙企业法》设立的与社会主义市场经济相适应的新型企业形式,它在发展社会生产力、安置劳动力就业、增加国家财政收入、方便人民生活方面起着比较重要的作用。虽与国有、集体企业有一定差别,但经营规模、管理水平、产品档次与其他企业比较接近。而现行税收政策却简单化地将个人独资、合伙企业以及私营独资、合伙企业比照个体工商业户征税。使得独资、合伙企业在享受优惠政策、税前扣除等方面受到不同程度的限制,这对独资、合伙企业的投资者来说是不公平的。

(四)增值税小规模纳税人税负重,制约了小规模私人资本投资的积极性

1994年开始实行的增值税制将增值税纳税人按其生产经营规模和财务核算水平分为一般纳税人和小规模纳税人,一般纳税人适用17%或13%的税率按实结算增值税;小规模纳税人按6%的征收率缴纳增值税。以私人投资为主的个体工商户和企业在创业初期往往达不到一般纳税人标准。由于6%的征收率是以总体税负为17%和一定的社会平均增值率计算得出的,使得新增值税制实施之初,许多小规模纳税人的税负就高于增值税一般纳税人;另外,由于增值税专用发票管理的难度以及由此形成的漏洞,许多企业都千方百计地人为扩大扣除税额,大大降低了其实际税负率。这以后出台的降低出口退税的退税率和降低商业流通企业小规模纳税人征收率政策都说明,增值税税制本身存在严重的税负不公问题。据调查,浙江工业企业、商业企业增值税一般纳税人的平均税负分别为3.97%、1.05%,明显低于小规模纳税人工业6%、商业4%的征收率。这就直接制约了小规模纳税人(绝大多数是民营经济)的正常发展。

三、国外在税收政策鼓励私人投资的主要做法

鼓励私人投资推进经济发展是一项系统工程,政府的支持,主要包括法律政策支持、金融服务支持、财政税收政策支持、环境支持、出口政策支持、科学技术支持和信息咨询支持等,税收作为宏观经济调控的重要手段,发挥着十分重要的推动作用。据了解,许多国家都围绕刺激私人投资、支持作为私人投资初始阶段重要形式的中小企业的发展,出台了一系列税收优惠政策,并取得了积极的成效。概括起来,主要有以下几方面的政策:

(一)推行减税政策

美国减少私人投资成本的重要措施之一,就是长期坚持减税政策。1978年美国"岁入法案"提出将资本增值税从49%降低到28%,该法案的出台使1979年高新技术产业投资比上一年增长了10倍。1981年经济税务法案进一步将资本增值税从28%降低到20%,使当年风险投资承诺的资金翻了一番,达到了13亿美元。美国总统克林顿允诺"永久性提供研究与开发税减免优惠待遇",对500万美元以下投资的小企业也实行"永久性的税收减免"。小布什的减税计划达13000亿美元,将鼓励更多的私人投资。欧盟近年来在降低企业成本方面也采取了多种措施。重点是降低公司税、所得税,尤其是降低所得税的最高税率和累进税率,近年来欧盟国家的降税幅率平均为15%。在日本,经济实力较弱的小企业适用28%的优惠税率缴纳法人税,低于37.5%的一般税率。2003年10月,俄罗斯从积极推进小企业发展出发,开始对小企业实行减税措施,即凡年营业额少于1500万卢布、雇员少于60人的小企业只缴纳营业额6%的统一税或利润额15%的税收。新法实施后,小企业的税负将下降50%-70%。

(二)新办中小企业税收优惠

英国税法规定,凡投资创办中小企业者,其投资额的60%可以免税,每年免税的最高限额为4万英镑;韩国政府对新创办的中小企业所得税和法人所得税实行"免三减二"(前三年免税,后二年减半征收)的优惠政策。

(三)实行已税扣除

日本所得税法遵循虚拟法人学说,认为在分红前法人所交纳的法人税(法人所得税)是个人所得税的预先纳税,因而在个人红利所得课税时做必要扣除,避免双重征税。美国税法规定,凡购买新的设备,法定使用年限在5年以上的,其购入价格的10%可直接抵扣当年的应付税款;若法定使用年限为3年的抵免6%;小型企业的应纳税款如果少于2500美元的,这部分税款可全用于投资抵免。

(四)技术创新税收优惠

美国在克林顿时期就对研究和实验的费用提供了永久性的税收优惠。法国政府建立了研究与开发(以下简称R&D)投资税收优惠制度,规定凡R&D投资比前两年R&D平均增加值的企业,可以免缴相当于R&D投资增加额50%的企业所得税;同时规定,中小企业以专利或获专利的发明、或工业生产方法等无形资产投资所获新增利润部分可以延迟5年纳税。德国税法规定,中小企业凡是购置设备或者建造大楼,只要1/3是用于科研开发的,就可以享受一定的税收减免优惠。日本政府规定,中小企业投入试验研究费用的6%可以从法人税或所得税中扣除,最高限额为当年法人税或所得税的15%。

(五)放宽法人所得税的扣除限制

如日本税法对折旧和捐赠的处理,对固定资产老化,导致使用年限明显少于法定使用年限时,可向税务部门提出补提折旧;对固定资产残值率核定为10%;对企业捐助给政府和政府指定捐助的可全额税前扣除。

(六)对经济欠发达地区实行必要的区域税收优惠政策

法国政府为了改造老工业区,对在老工业区新建的公司和企业采取免征地方税、公司税和所得税三年的优惠措施;意大利政府规定对南部地区和西西里岛地区的中小企业,免征10年的动产税和地区税,降低交易税等。

四、进一步鼓励私人投资的税收政策建议

投资是经济增长的主要动力,刺激私人投资是国家积极财政政策的目的之一。十六届三中全会明确提出,要大力发展和积极引导非公有制经济,放宽市场准入,允许非公有资本进入法律法规未禁止的基础设施、公用事业及其他行业和领域。非公有制企业在投融资、税收、土地使用和对外贸易等方面与其他企业享受同等待遇。借鉴国际发达国家税收促进私人投资的经验,结合我国现行的税收政策现状,我们认为,要鼓励私人投资必须实现税收优惠政策的战略性转变,及时调整和制定鼓励投资的相关税收政策。

(一)改变目前个人所得税方面对私人投资的限制

首先,要取消现行税法对企业以未分配利润转增资本金后个人股东所得部分征收20%个人所得税的规定;对私营业主和个人股东以税后利润用于投资再生产的,也一律暂缓征收个人所得税,待进入消费环节时再恢复征税。其次,对因技术创新获得股权奖励的个人,建议不但要对其在取得股权时暂缓征收个人所得税,同时在转让股权和取得的股份红利所得时给予减除一定的费用后计算纳税或减半征收个人所得税的优惠,鼓励以技术投资等知识产权进行的私人投资。第三,对私人多处投资于个人独资、个人合伙企业的,按其在各处所得的赢亏相抵后的收益计征个人所得税,赢亏相抵后的亏损额允许其在五年内弥补。同时,还应规定未达到增值税、营业税起征点的纳税人相应免征一切税费,鼓励低收入者自我投资、个人创业。

(二)深化企业所得税改革,营造公平竞争环境

对企业所得税的改革,一是要进一步规范税制,尽快实现内外资企业所得税的统一,促进内外资企业平等竞争,并适当保留外商投资企业和外国企业所得税中与国际惯例相一致的税前扣除、再投资退税等优惠政策;二是提高必要费用的扣除标准,扩大税前扣除范围,取消计税工资金额限制的政策;允许高新技术企业提取风险投资准备金;提高研究开发费用的增加扣除比例及取消对企业所有制性质的限制等;三是扩大私人投资企业税前扣除项目和范围等,特别对于用于高新技术的研究、开发和生产的仪器、设备,经批准后予以加速折旧。四是给予私人投资企业以税收"国民待遇",使当前民营企业也能享受一些仅适用于国有和集体企业的优惠政策。

(三)扩大投资税收抵免范围,实行民营企业所得税再投资税收抵免

对于高新技术企业用税后利润再投资于经认定的新的高新技术项目、产品和企业,再投资已缴的企

业所得税允许冲抵当年企业应纳的所得税额，超过当年应纳所得税额的，可向后结转。将投资税收抵免制度引入民营企业领域，不但可以增加民营企业的税后利润，缩短投资回收期，增加企业可支配资本，激发企业投资意愿，还可以促使民营企业走科技进步和扩大再生产的路子，有利于促进私人资本投资结构不断趋向优化。

（四）改革增值税，促进私人投资的增长

一是在目前全面实行“消费型”增值税的时机尚不成熟的情况下，对高新技术企业购进的机器设备实行消费型增值税，准许企业抵扣固定资产的进项税额，待条件成熟后再向其他行业推开。二是考虑重新划定小规模纳税人的认定标准，对从事货物零售业务的小规模企业，以及会计核算不健全的企业，可划定为增值税小规模纳税人；而对从事工业生产、商业批发的小规模企业则应划入一般纳税人管理，还可帮助小型企业组成松散的联合体，解决增值税专用发票的使用问题。四是降低小规模纳税人的税收负担。根据目前增值税一般纳税人的增值税税负率，建议将小规模纳税人的增值税征收率普遍调整为3%－4%。

（五）加大对高新技术产业、基础设施和农业等产业的税收优惠力度，正确导向私人投资

对高新技术企业建议统一实行"免三减五"，或者将从获利年度第3年至第5年适用15%的减半税率降为7.5%，从而以优厚的政策效益引导向私人投资。对国家鼓励类产业如基础设施和农业等产业的私人投资项目，在投资的税收抵扣和减免、成本摊提等方面应实行与国有投资和外商投资相同的优惠。

（六）加大对社会化服务体系建设的税收支持力度，为私营经济营造良好的投资环境

近几年来，各地为推进个私经济的发展，普遍以贯彻落实《中小企业促进法》为契机，建立健全社会化服务体系。对此，我们建议，对地方营利性的中小企业信用担保机构、再担保机构以及相应的中介服务、技术培训等机构，可以实行减征或免征营业税的优惠政策，充分发挥中介机构在引导私人资本转向投资领域、技术培训和技术服务以及信息传递等方面的重要作用。原国家经贸委《关于鼓励和促进中小企业发展的若干政策意见》中已经规定了对中小企业信用担保机构、再担保机构3年内免征营业税，考虑到当前中小企业信用担保、再担保机构建立过程中的实际困难，建议给予更长（如5至10年）减免期，为地方中小企业信用担保机构构造更加宽松的税收环境，从而促进民营经济的发展。

课题组组长：单美娟

课题组成员：项正国　边宏庆　吕　燕　林丽凤
叶芳儿　夏月龙　冯国跃　桑鸽引
王金康　李惠诚　毕　波　余华良
吕海金　许建国　陈正团

执笔：许建国　叶芳儿　陈正团

完善新型纳税服务体系 提升纳税服务水平

浙江省地方税务局征管处纳税服务课题组

随着我国社会主义市场经济体制的逐步完善以及我国参与经济全球化的不断深入，税务部门在管理观念、方式等方面面临一系列的重大变革。国家税务总局于1997年下发征管改革方案时，就将提供优质纳税服务作为税收征管新模式的重要组成部分。新《征管法》及其实施细则从法律、法规的高度，对税务机关规范税收执法行为、优化纳税服务、保护纳税人权益等方面提出了明确的要求。尔后，总局在多种场合提出纳税服务是构建现代税收征管新格局的首要任务，并于2002年总局征管司设置了纳税服务处。2003年以来，中国新一届政府“以民为本”，厉行“亲民政策”，具体到税务部门，显然是要求适应经济社会政治发展的需要和加入WTO后我国政府职能转变的需要，做好纳税服务工作。为贯彻落实上述精神，浙江地税积极参与创新纳税服务方式、手段，提升纳税服务水平，取得了初步的成效。本课题就是针对浙江地税系统在新形势下如何完善新型纳税服务体系而论的(某种意义上说,纳税人最为关注税制的公平公正,制定公平公正的税制可谓是最优质的服务;考虑到税制是因经济和社会发展要求,用于确定分配、宏观调控经济的,其决定权不在省以下税务部门,本文就暂且不论制定税制方面的服务问题)。

一、全省地税纳税服务的基本情况

伴随着浙江地税整个征管改革历程,"优化服务"一直是全省地税工作的重点。经过全省地税系统干部不懈的努力,我们在服务观念、服务作风、服务方式上,取得了长足的进展,既有力地促进了地税征管,又树立了地税部门的良好形象。

(一)工作进程

浙江地税的纳税服务工作,可分为两个阶段。第一阶段以"一站服务"为标志,第二阶段以"无站服务"为标志。目前正处于从"一站服务"向"无站服务"转变阶段。

第一阶段(1997年下半年~2000年底),"一站服务"体系

从1997年下半年全省地、国税机构进一步分设到2000年底,浙江地税着手建立"以纳税申报为基础,以《浙江地税信息系统》为依托,以新组织体系和社会化税收保障网络为保证,集中办税,优质服务,科学管理,重点稽查相结合"的征管新模式。这一时期,纳税服务上,遵循"合理、规范、齐全、实用"原则,在城市、县城和其他交通便利、纳税人较为集中的地方建立办税服务厅,同时在偏远乡村、海岛、山区设置办税服务站(点)或代征点,以集中、公开的一条龙服务形式为纳税人提供各种纳税服务,也就是通常所说的纳税人所享受的一站式服务。

以办税服务厅(站、点)为载体,全省各级地税机关对纳税服务工作进行了有益的探索,服务内容丰富、形式多样,贯穿于税收征管的各个环节,基本满足了纳税人多方面的需要:

1、税法宣传和税务咨询方面

建立了定期税法公告制度。通过《浙江经济报》地税专版、《浙江税务》公告一些税收政策,解答纳税人咨询的普遍性问题。在办税服务厅常备各种纳税指南和宣传手册,及时提供现行有效的税法资料和纳税实务知识简介。

配备了不同业务层次的咨询人员,采取面谈、上门服务、巡回服务、电话、信函等多种形式,进行针对性的纳税辅导,为纳税人释疑解惑。积极开发了计算机辅助服务系统,如电子显示屏、电子触摸屏等,用于电子公告、纳税人自行查询。

税法宣传注重下一代,在中小学校建立税法宣传教育基地。

2、办理涉税事务方面

重组业务规程,简化办税流程,提高办税效率;推行首问责任制、服务承诺制;设置"全程服务窗口",推行全程服务制;公布办税流程,在各办税服务厅陈设各种表格的填写式样,方便纳税人办税;探索多元化纳税申报方式;在办税场所提供笔墨、复写纸等办公用品,并提供传真、复印、打字等便利服务,等等。

3、保障纳税人权益方面

维护纳税人知情权、监督权、举报权,实行公开办税,使优质服务落到实处。广辟地税法规的宣传渠道;相关职责、制度、程序、服务标准、收费规定、廉政纪律等公开;聘请社会各界人士担任监督员,主动接受监督;设置举报箱,向纳税人发放征询单,接受服务投诉;成立集举报、投诉、反映、咨询、监督为一体"纳税人涉税权益保障中心";实行办税员制度,成立办税员协会,定期组织培训考试,不定期组织税收讲座;邀请部分纳税人参加有关税收问题的研讨、征求意见等等。

4、制度保障方面

制定了由办税服务厅文明服务规范、公开办税制度、服务承诺制度、首问责任人制度、特邀监察员工作办法等37个制度,以制度形式对基层纳税服务各环节逐一予以规范,使全省各地的纳税服务做到一致性、统一性和整体性。

5、服务观念转变方面

全省各级地税干部转变观念,自觉参预,积极投入,熟练掌握业务知识和服务技能,开展礼貌优质服务,推行文明规范用语,从身边的每一件事做起,从为每一位纳税人做好服务做起,长期坚持,树立了浙江地税文明服务、规范执法的良好职业形象。

6、社会化服务方面

推行社会中介机构代理纳税事务,大力支持社会中介机构接受纳税人的自愿委托代为办理有偿涉税事务。组织引导成立办税员协会、协税护税组织，宣传税收法律法规，维护纳税人权益。

第二阶段（2001年初——），“无站服务”体系

进入新世纪后，浙江地税的征管改革进入了以强化税务管理和信息技术应用互动为特征的发展阶段。2001年初，省局对全省的纳税服务工作进行了全面审视，针对涉税服务仍停留在提供面对面、点对点的服务为主，征纳双方办理涉税事项仍受到时间、空间制约的瓶颈问题，决定在信息化硬件平台基本建成的基础上，加快构建以信息服务为主要内容的纳税服务体系。近两年来，全省地税系统初步建立了由12366电话语音特服系统、《浙江地税网站》为主，传统的办税服务厅（站、点）为辅构成的开放的立体式的新型纳税服务体系。基于语音服务和网站服务的无形性，称之为“无站服务”。

1、“无站服务”载体的建设情况

（1）浙江地税网站。这是省局主办的地方税收类综合性因特网站，经过2001年的试运行，于2002年1月1日正式在互联网上开通运行。网站提供的主要服务项目有：地税概况、新闻中心、信息服务、税收法规、电子申报、税务公告、税企天地、办税指南、举报投诉、远程教育、税务专刊等。

此外，有些市、县局也在互联网上开通了“地税网站”，提供类似的服务项目，是省局网站的有益补充。

（2）浙江地税12366语音特服系统。从2001年10月开始，省局以1999年开发的语音系统为基础，重新开发并应用全省地税统一的语音特服系统。2002年11月底，新版语音特服系统已在全省地税系统全面开通试运行。该系统具有安全快捷、服务形式多样、双向运行、一键式拨号、即时传真、全省联网等特点，提供纳税咨询、信息查询、投诉举报、电话申报、主动提醒和通知等服务功能。目前，系统由人工座席服务，纳税人信息查询，申报纳税，办税指南，政策法规，最新通告和通知，咨询建议投诉举报自动录音，异地办税及查询等模块组成。各级地税机关都很重视此项工作，对每天受理的纳税人咨询做到及时答复，服务工作效率高，纳税人和社会各界反响良好。

2、无站服务在服务内容上的突破与延伸

在巩固“一站服务”各项服务方式和功能的基础上，全省地税系统充分利用网络技术和现代支付方式，扩展了纳税服务手段和内容，引入了先进的服务质量管理体系。

一是改进、完善纳税申报办法，确立科学简便的申报办法。积极推行多元化申报方式，目前有网上申报、电话申报、邮寄申报、上门申报等方式供纳税人选择。

二是改进缴税方式。根据方便、快捷、安全的原则，大力推行电子结算方式，如银税联网（或银税库联网）、实时扣税等网络化缴纳税款方式，方便纳税人，降低纳税成本。

三是进一步提升服务质量。全省地税系统导入ISO9000质量管理体系，用ISO9000标准的要求，规范提供各项纳税服务，持续满足并超越纳税人合法合理的要求，做到各项服务责任明确、流程清晰。

现在，越来越多的纳税人正在享受浙江地税新型纳税服务体系的建设成果，并从中获取便利。虽然，我们服务的初衷不图回报，但从近几年的行风评议、部门评比的情况来看，全省各级地税机关深受纳税人和社会各界的好评，评比名次位居前列。

（二）主要经验

总结近几年全省各地的纳税服务工作，主要有以下几点经验：

1、观念转变是行动的先导

实践表明，面对人少事多的管理现状，必须转变管理理念，即要从不信任态度转为相信纳税人是能自觉依法纳税的，再通过优质服务使纳税人知晓如何正确地依法纳税。省局领导多次强调如果把税收工作比作一座“金字塔”，那么，依法治税就是这座塔的塔尖，为纳税人服务则是塔基；如果把依法收税比作“砍柴”，那么，为纳税人服务就是“磨刀”，磨刀不误砍柴工。在此理念的导航下，夯实塔基成了工作要务。全省地税系统一改以往行风建设、部门评比等外来要求下的被动服务，想纳税人所想、急纳税人所急，主动地为纳税人提供服务。

2、服务工作自上而下，事半功倍

纳税服务属全局性的基础工作，服务形式的创新与服务内容的充实更新，需要强有力的组织与领导。无论是观念转变还是付诸行动，如果自下而上，往往困难重重，反之自上而下，事半功倍。以12366语音服务平台建设为例，省局一直充当项目负责人的角色。

较好地统一了各级税务机关的思想认识,在短短的一年时间里,如期完成全省联网、功能一致、内容丰富、服务全面的语音服务平台的建设工作。

3、纳税服务要与依法治税相结合

讲服务不能走极端,不能不讲法律、原则,一味地迁就纳税人。在坚持“依法治税、依法行政”的前提下,遵循“公平、公正、公开”的原则,坚持合法、高效、及时、便利、经济,提高税收行政执法程序的透明度,维护纳税人的合法权益,节省纳税人的时间和纳税成本,才能更好地寓管理于服务之中。

4、加强税务人员素质教育,保证服务质量

税务人员是纳税服务的供方,服务质量的好坏,取决于税务人员的政治、业务素质。因此,一定要注重提高税务人员的业务素质和工作应对能力,需要娴熟的业务水平、快速的办事能力、热情周到的服务态度。

5、强化内外部监督制约机制,提高服务质量

一是建立内部监督制约机制。将纳税服务工作纳入岗位责任制考核,明确纳税服务考核标准,按照纳税服务项目确定责任部门,层层落实到位。二是建立外部监督制约机制,以外促内,改进服务手段和完善服务措施。最大限度地缩短税务机关与纳税人的距离,融洽征纳关系。

6、与时俱进、舍得投入,创新服务形式

优质服务对征纳双方而言能产生互动双赢的结果。根据本地的经济承受力,在服务上作一些必要的投入,提升服务手段和技术以扩展服务的影响面和效用是值得的。以 12366 语音特服系统为例,到目前为止,全省地税系统共投入了 1200 多万元,而由此得到的回报却是乘数效应。

(三)主要问题

由于管理理念的转变并非朝夕之功,加之客观条件的差异,全省纳税服务存在地区间的不平衡,还有许多问题需要在实践中予以解决:

1、从体制上看,纳税服务工作还没有统一的组织方式、组织结构。服务工作基本上分散于各项传统的征管工作之中。纳税服务工作难以有组织、有计划、有步骤地开展。

2、纳税服务工作考核困难。由于对服务工作要求的细化、量化较为困难,建立的考核制度也往往难以操作。即使在纳税服务方面出现了过错,往往以思想教育为主要纠错手段。

3、部分税务人员为纳税人服务的观念没有真正建立起来。重监督轻服务的旧观念还没有完全改变。在具体征管工作中,某些税务人员的执法态度、方式和方法有伤纳税人尊严。

4、服务和管理未能充分有效地结合,没有充分发挥服务的功效。没有把纳税服务与日常税收管理有机地结合起来,未能实现由单纯服务向综合服务的转变,未能通过多种渠道多种形式的服务,全面掌握纳税人的生产经营情况,为组织收入、加强税收征管工作提供决策依据。

5、信息不对称现象普遍存在,在搜集信息上人力资源浪费现象仍比较严重。特别是与政府其他部门间的信息不共享或信息滞后,使得税务管理和服务较为被动。虽然各地税务部门都主动加强与部门间的工作联系,但由于部门间信息化建设的进度不同,阻碍了服务工作质量和效率的提高。

6、征管户数多、税费种多而人员相对不足,造成对纳税人的服务处于一般化、表面化、形式化,致使纳税服务不到位,未能针对纳税人的不同需求提供相应的服务。

二、当前纳税服务工作的国际比较

近几年来,随着各国税收制度的日趋完善,以及对纳税人要求的日益重视,为纳税人提供优质高效的服务已成为各国税务机关的共识,税收服务范围渗透到了涉税行为各个方面。美国、新加坡、澳大利亚、英国、法国、日本等国家的税务机关均在加强服务工作,服务方式各具千秋,服务模式都很有特色。

(一)美国“以服务为治税宗旨”型的纳税服务体系

美国国税局在 90 年代一直是社会各界,包括总统委员会和国会委员会批判的对象。美国国会告知国税局:应当在很好地理解纳税意图的基础上,为公众提供更好的服务。自 1999 年以来,美国国税局通过短短 3 年“伤筋动骨”,在纳税服务上做了努力。重新调整了机构,设置了 10 个税务服务中心,每年拿出税务经费的 10%至 15%用于为纳税人服务,并从工作方式上改变了与纳税人打交道的执行策略。具体执行策略有:一是通过信函、电话、互联网、亲自访问等各种渠道与纳税人增进沟通;二是将纳税人权利的扩展和具

体化到了70余个税法条款中；三是通过与税务代理机构、行业联合会等组织合作，改善对纳税人的培训和援助方案；四是有效利用信息资源，尽快鉴别出可能发现不遵从的问题纳税人，并通过信件、电话或直接询问等方式进行控制；五是重视蓄意的不遵从行为，由犯罪调查中心专门对其进行调查，等等。美国国税局利用计算机信息技术优势，研究开发了“纳税服务分析系统”，把纳税人咨询的问题进行收集、分类、归纳，进行定量定性分析，以支持服务部门进行不断适应纳税人需求变化的服务决策。在服务方式上寻求“共性”与“个性”上的突破。如果属纳税人应周知的事情，则主动向纳税人集中提供信息；如果是个性的问题，则通过柜台查询、电话查询、书面查询及其他个人联系方式提供信息。

（二）新加坡“信息推动”型的纳税服务体系

新加坡税务机关向纳税人公开承诺其服务工作目标和标准；成立了专门为纳税人服务或协助纳税人解决税务纠纷的机构，称作纳税人信息服务中心（办公室）。通过大力推进信息化进程，建立科学和高效的系统运作机制，数据信息高度共享。能够通过系统自动处理的工作，绝不采用手工方式处理，以减少人为因素。借助信息化进行了征管业务流程重组，同时，对原有机构进行了调整，撤销了全国4个税务分局，建立了一个数据处理中心和一个服务中心，负责税务登记、纳税申报、退税申请、信函咨询的受理、数据图像扫描录入、纳税人邮寄支票的分检，向银行传送入库信息等工作和纳税人上门咨询、信函咨询的回复工作。

（三）香港地区“以完备的咨询为主导”型的纳税服务体系

香港税务局将“优质服务，与时俱进”，“对纳税人待之以礼，并提供有实效的服务”作为税收使命之一。向社会发放服务承诺标准，并在内部成立服务承诺关注委员会，以监督各项服务承诺的实现。在税务大楼一楼大厅专门设立询问服务中心，配备有100多人，主要负责处理电话和柜台查询。该中心的电脑设施与税务局的综合资料库连接，对于纳税人递交报税表、评税及交税等各项查询，大部分能通过电脑联线给予答复，其他较为复杂的查询，则交由负责有关业务的职员处理。香港地区税务咨询服务方式有电话查询、柜台查询与书面查询。

（四）澳大利亚的“社会化”纳税服务

澳大利亚联邦税务局在纳税服务方面主要采取“以互联网和统一的电话咨询”为主要手段和借助社会中介力量进行税务代理和提供税务援助来实施。其中，通过社会中介机构提供税务代理和税务援助的做法：税务部门在出台新的政策规定时，先让税务代理人员理解、接受，再通过他们进行税务代理活动，帮助纳税人理解接受；对部分收入低而又需要特别帮助的纳税人，实施税务援助政策，即税务部门对所有参加税务援助的义务工作人员进行培训，之后，这些自愿者，本着免费和保密的原则，为有困难的纳税人提供纳税服务。

（五）英、法、日、加拿大等国多元化的纳税服务体系

英国最具特色的是以帮助社会弱势群体为目的的“税收志愿者行动”。1998年初，英国低收入者税制改革委员会（LITRG）成立，会员们通过电话答复、登门为老年纳税人办理税务手续、定期与帮助对象联络、免费发放纳税指南等形式，为无力承担税务咨询费的低收入者免费提供税务咨询，进而争取许多因从前不了解税法而没享受到的税收优惠。法国的纳税服务特别强调税务部门与纳税人之间的对话与沟通，强调咨询的针对性。比如，在每年个人所得税报税的3月1日至15日，由于报税项目多，内容复杂，税务总局除大量印制报税说明书作为参考之外，还专门设立录音电话，24小时解答问题；设立了税收咨询因特网站和电子信箱，在48小时内对来信给予答复。日本与美国类似，设有专门的广播电视部门，与新闻当局的电视、广播一道，负责传达纳税人应周知的税收信息；纳税人也可到税务部门、打电话或登陆相关网站，免费咨询或索取最新的税法资料。加拿大联邦税务局在纳税体系方面主要特点是建立了以税务服务、社会中介服务和司法服务三位一体的纳税服务体系。

比较上述各国（地区）建立和完善纳税服务的成功实践，如下几点经验可资借鉴：

一是树立现代纳税服务观：既要从对纳税人纳税过程控制导向向纳税过程服务导向转变，加快由单纯执法者向执法服务者角色的转换；又要着眼于降低税收成本，包括征税成本和纳税成本。

二是高度重视纳税客体地位,进一步提高全体税务人员的服务意识。要高度重视纳税人满意度,增进与纳税人的沟通。

三是着眼于提高纳税人遵从率,建立以"纳税人服务"为中心的工作模式。

四是要对纳税人进行分类管理,使纳税服务在普遍化的基础上兼顾个性化,以利用有限的资源实现更加有效的服务。

五是充分利用电子、通信等现代信息技术,推进纳税服务信息化。

六是建立健全纳税服务机构,在组织上保证实现优质、高效的服务。

三、完善新型纳税服务体系的设想

服务是一项长期性的工作,服务的内容与形式都要随着时间的推移而不断更新。针对当前纳税服务工作中存在的主要问题,借鉴国际、国内纳税服务工作的经验与做法,秉承近几年全省地税系统的实践经验,按照"服务于经济、服务于纳税人"的纳税服务宗旨,浙江地税系统尚须逐步完善新型纳税服务体系,使税收征管工作切实从"监督打击"型向"管理服务"型转化。

(一)继续引导各级税务机关和税务人员彻底转变管理理念

1、要认清形势

全省各级税务机关和税务人员要从国际、国内普遍积极提供纳税服务的思潮中,清醒认识纳税服务是社会发展的必然趋势,是转变政府职能的需要,是税务机关税收征管的内在要求;真正理解和把握"开展纳税服务工作,为纳税人提供一个公平、公开、公正、高效的税收环境,维护其合法权益,是实践"三个代表"重要思想的具体措施,是贯彻落实《征管法》、推进依法治税的重要内容,是构建现代税收征管新格局的基础环节,是税务行政行为的组成部分,是树立良好税务形象的有效途径。

2、要树立"人性本善"的正向管理思想

市场经济的主要特征是法治、公平与诚信,纳税人为了在市场中更好地获利,均希望别人能与自己一样遵守"游戏"规则,而税法是规则的重要组成部分。理论上,纳税人经营只要不是短期行为,都会在权衡利弊的前提下依法纳税。所以,要树立正确的纳税服务观念,要把整个税收征管的观念建立在基本上相信纳税人能够依法自觉地履行纳税义务的基础上,将管理的重点从监督打击转向更好地为纳税人提供服务。

3、要增强对纳税服务工作必要性的认识

国内外有关税务专家引用经济学上的"投入产出"、"博弈论"、"信息不对称"等理论对纳税服务工作的必要性及意义进行了分析。较为一致的结论是纳税服务的落足点是尽可能解决征纳双方信息不对称的问题,一方面使税务机关对纳税人的经营情况要进行全面了解,以便核实纳税情况是否真实、准确;另一方面使纳税人及时知晓税收法律法规及征管规定,便于履行自行申报纳税义务和行使正当权利。理由很简单,现行税制太复杂,税务机关的一般人员也难以准确、全面地把握,纳税人更加难以全面领会、掌握。知法才会守法。如果纳税人对税收法律、政策不知情或知之不多,要他自行申报纳税无差错谈何容易。所以,无偿提供服务是为了加强纳税人对税制与税收政策的理解而作的成本投入,目的是通过纳税服务进行双向沟通,促进依法征税和依法纳税。

4、要把握纳税服务的几个关键问题

一是服务要以纳税人为本,投纳税人所"好",即了解纳税人要什么然后予以满足。通常纳税人需要了解的是:如何正确地履行纳税义务,如何愉快地行使法律、法规所赋予的权利。二是提供服务时要做到不定向(面上的广泛性)、定向(点上的针对性)相结合。三是服务过程中要注意:整合现有资源(重点是信息资源);权衡投入与产出(要考虑社会效益);加强部门协调;要与时俱进、因时因地制宜完善与创新服务的渠道、措施、手段等。

(二)纳税服务应遵循的基本原则

何谓纳税服务?"仁者见仁,智者见智",国内外税务界有很多的提法。总局作了统一,将纳税服务定义为"纳税服务是税务机关根据税收法律、行政法规的规定,在纳税人依法履行纳税义务和行使权利的过程中,为纳税人提供的规范、全面、便捷、经济的各项服务措施的总称"。从纳税服务的概念出发结合实践体会,要做好今后的纳税服务工作,必须一以贯之地遵循如下几点基本原则:

1、服务法定原则

国家通过颁布相应的法律、法规,总局制定部门规章或下发规范性文件，明确税务部门提供和纳税人接受纳税服务的权利、义务、法律责任。同时，法律、法规要明确将税务部门与中介机构之间的服务职责予以明晰(无偿与有偿)。省局以此为基础，细化制订操作性强的服务规范，确保各级税务机关和税务人员在依法行政中做到依法服务、违法必究。

2、公开、公正、公平原则

公开、公正、公平是市场经济对行政管理的客观要求。税务机关作为调节经济运行的重要的宏观和微观调控部门，必须遵循这一原则，在纳税服务工作中，对纳税人应一视同仁，同时对不同纳税人的需求要区别对待；要公开办税程序、政策法规和税收服务内容，增强执法的透明度；在税收执法过程中，要严格执法、规范执法。

3、效率效益原则

效率高低是纳税服务工作质量好坏的关键指标，是税务部门树立良好社会形象的重要途径。在纳税服务中，必须重视办事效率和社会效益，尽可能考虑节约纳税人的金钱、时间和精力。办事效率高，纳税人就会认同服务举措，相应地，社会反响也就越好，社会效益和经济效益就越高。

4、实事求是原则

全省各地经济发展不平衡，各级税务机关的征管基础设施建设及管户情况均存在一定的差异。服务不能搞一刀切，各地可以有所为而有所不为，不必求大求全。省局在出台服务制度或办法时，指导性和指令性相结合，同时兼顾可操作性。

(三)完善新型纳税服务体系的建议

2001年省局从服务手段、服务场所角度描述了新型纳税服务体系，即提出建立"由12366电话语音特服系统、《浙江地税网站》为主，传统的办税服务厅(站、点)为辅构成的开放的立体式的新型纳税服务体系"。而就内容而言，纳税服务体系主要由相应的制度、体制、机制等三方面组成。因此，完善体系应从这三方面入手，同时考虑支撑体系平稳运转的各种方式与手段及社会化纳税服务环境。

1、制度建设方面

要将现有零散的纳税服务制度系统化，规范纳税服务标准，并适时进行充实和完善，为纳税服务工作提供高质量的制度规范。

第一，要提高办事效率。按照现代化税收工作的思路，确定任何一项涉及纳税人的办事流程分为前台受理与后台处理两部分，前台受理推行点对点服务方式，纳税人只要在规定的办税场所(包括有形或无形办税服务场所)提交或输入齐全的涉税资料，前台即予以受理，后台处理无论流转多少环节，均与纳税人无关。即时不能办理完毕的，纳税人只要按纸质(电子)回单上约定的日期上门领取或电子查询办理结果即可。在此前提下，要进一步完善后台的办税流程及操作规程，尽量简化办事手续、减少审批项目。

第二，要着手解决"信息不对称"的问题。一要落实纳税服务的公开原则，坚持文明办税"八公开"制度，进一步加强税法宣传工作，解决纳税人面上的共性需求。省局制订综合性的宣传制度，基本统一宣传内容、宣传标准、宣传程序，使宣传工作规范化、经常化，确保税收政策、具体办税程序等需要纳税人周知的事项宣传到位。二要采取各种方式开展辅导咨询，重点是建立和完善税务咨询回复制度，解决纳税人点上的个性需求。从制度上保证选调业务素质高的人员从事税收政策的内外部综合咨询解答工作，建立高效优质权威的人工为主、智能为辅的专家咨询系统，以提高业务解答水平。三要积极开展纳税评估工作，建立健全纳税评估工作制度，进行互动的点面结合信息交流。要从纳税评估工作入手，将日常检查从监督打击型转为管理服务型。通过征纳双方平等、公开、坦诚的沟通，帮助纳税人对因未能及时掌握税收政策而产生的问题进行纠正，从而融洽征纳关系。

第三，完善申报纳税制度，方便纳税人申报缴纳税款。重点是加快建立"定期定额纳税人采用简易纳税方式，逾期或超定额时辅以电话申报纳税方式；企业纳税人、扣缴义务人以网上申报为主体，传真申报、邮寄申报、上门申报方式为补充的纳税申报管理模式"。

2、体制建设方面

要明确纳税服务工作的组织机构、具体职能及人员配置等问题，保证纳税服务工作能有序、系统地组织开展。

第一，按照总局统一部署建立纳税服务专职机构，负责纳税服务工作的统一组织、管理和协调。考虑到纳税服务是全局性的工作，尤其与基层征管机构日常工作密不可分的实际，针对现行纳税服务工作比较零散,基本上分散在各个业务部门(如税法宣传与网站应用与维护放在办公室、政策公告与法规库建设放在法规处、语音服务中心日常管理放在征管处等)的现状,建议在省局及各市局设置一个正式组织机构,对内叫"纳税服务处",对外叫"纳税服务中心",将省局及各市局现在的"12366语音服务中心"改造为"纳税服务中心",采用正式行政编制和事业编制合署办公,将现有分散在各业务处室的纳税服务职能进行重新整合,以发挥集中管理优势。

第二,重新配置服务职能。要逐步改变现行多个部门部署服务工作,组织发布信息的现状。一是将所有面向纳税人的共性信息(纸质或电子)发布职能归并给"纳税服务中心",现有各职能部门兼职纳税服务的工作人员负责提供信息源,"纳税服务中心"受理信息后,按照规定更新服务数据库或付诸电视、广播、报纸、杂志、网络等社会媒体发布;二是整合无站服务平台的管理与服务职能,网站和12366语音特服系统的咨询受理、纳税人需求分析与后台维护(包括法规库建设与发布)归并到"纳税服务中心",省局网站作为门户网站,各市局网站作为子网站,彼此建立链接关系;三是面向纳税人的个性服务职能按产生方式分配,以上门方式产生的服务需求主要由各基层征管机构承担;其他方式(如电子邮件、电话、信函等方式)产生的服务需求主要由"纳税服务中心"承担(智能专家咨询系统提供后台支持)。四是调研职能主要由"纳税服务中心"承担,各基层征管机构配合。服务工作需要与时俱进创新服务方式与手段,各级"纳税服务中心"要围绕服务工作中的热点、难点和敏感点问题,借鉴国、内外同行好的做法,加强纳税服务理论研究,及时总结推广基层纳税服务的好措施和好办法,用于指导实践工作。

第三,人员配置方面。除纳税服务中心、各级基层征管机构相关人员外,为使纳税服务中心及时响应纳税人的个性服务需求,成立人工专家咨询小组,采取集中式(与纳税服务中心同址)或分散式(借助呼叫转移或三方会话功能)办公。

3、机制建设方面

重点是建立服务的评价机制与日常管理机制。

第一,进一步健全纳税服务工作的考核评价机制,强化内外部监督制约,严格实施考核,提高服务质量。外部评价以优质、方便、快捷、无偿(区分税务代理)为标准,如通过设立意见箱和意见簿、公布投诉电话、发放监督卡、聘请义务监督员、走访服务等开展纳税人满意度调查、第三方认证等,比较直接地收集纳税人对税务机关纳税服务的感受和意见。内部评价上,针对各级税务机关要将服务成效纳入征管质量考核,针对税务人员要建立考核与奖惩办法,引入激励竞争机制,奖优贬劣、奖勤罚懒。

第二,健全日常服务工作的监督运行机制。为使日常服务工作落到实处,以ISO9000质量管理体系加以约束,强化执法监督,规范税务行政执法、服务行为,确保全系统政令统一,执法公平、公正,形成一个以纳税人为关注焦点,以服务质量为最高目标,全员参与、持续改进的服务运作机制。

第三,建立税务系统内部协调运作机制。重点是解决各职能部门与纳税服务中心的信息传递与沟通。通盘考虑现有的资源,进行全面整合,架构立体式的现代化服务网络,避免服务网络各组成系统开发应用过程中硬件、软件、数据信息的重复建设。省局在全面利用现有硬件、软件基础设施基础上,充分考虑数据、信息的综合利用,统筹规划《浙江地税信息系统》数据库、法规库、《浙江地税网站》数据库、触摸屏查询系统数据库与12366语音特服系统数据库,确保数据的共享性、同步性。避免重复录入相同内容的数据资料或产生不一致的信息。

4、方式、手段建设方面

一要重视借助现代通讯技术、网络技术、信息技术,与纳税人非接触地实行互动交流,办理涉税事务。当前要加快税收信息化建设步伐,积极引导广大纳税人采用以现代化通讯技术和计算机网络为依托的、以电子货币为介质的申报缴税方式;畅通服务渠道,完善电子信息服务平台(虚拟办税服务系统),充分发挥"浙江地税网站"、"12366语音特服系统"的各项功能;实行文书审批电子化等措施缩短办税时限、提高办税时效。

二要引入人性化服务情境与手段。比如,随着办税服务厅征收功能的削弱,将尚须保留的办税服务厅改造为涉税事务处理中心(今后纳税评估工作的约谈环节可在此完成),引入当前商务活动偏爱于茶室、公园品茶商谈事务的方式,适当改造环境,实行敞开式办公，提供休闲式服务，使办税服务厅成为征纳双方沟通理解、税法宣传的重要场所；又如，通过短信息或电话语音提示，强化温馨服务，预先警醒纳税人因其银行账户余额不足等原因可能会发生逾期纳税的情形。

三要推行信用等级评定基础上的个性化服务。一般来说，纳税人的规模、经营状况、纳税意识不同，就有不同的纳税服务需求。通过信用等级评定，提高税收风险预警能力，实施区别对待，改善税收征管薄弱环节，有针对性地为纳税人提供重点服务，如推行预约服务、弹性服务等服务方式。

5、社会化纳税服务环境建设

一是加强税务代理机构建设，规范税务代理行为，为纳税人提供全方位的有偿服务。

二是积极探索建立和推广纳税人权益保障组织，切实维护纳税人的合法权益。各级税务机关应积极配合纳税人和社会各界相关人士组织设立“纳税人权益保障中心”，认真接受纳税人及社会各界的监督。

三是建立健全税务部门与其他部门的信息协作机制。依托各级政府政务信息发布平台，逐步实现真正意义上的银税联网、税企联网、工商税务联网等，努力实现通用信息“一次录入、各家共享”。这样，一方面可减少纳税人重复报送有关资料，使税务部门开放性地多渠道获取纳税人信息，缓解“信息不对称”的矛盾；另一方面，可在适当时机取消部分诸如税务登记验证、换证等管理项目。

展望未来，随着新型纳税服务体系的日趋完善，“以纳税人为关注焦点，以纳税人为顾客”的服务理念将落到实处，税务管理工作由传统的“监督打击”型转变为“管理服务”型，纳税服务工作真正成为税务行政行为的一部分，纳税人将因需获取高效、简捷的全方位的网络化涉税信息服务。

课题组组　长：单美娟
课题组副组长：丁　丹　徐　建
成　员：金　波　张夏琴　费国炎　胡东明
执　笔：徐　建　金　波

课题参考书目：
《纳税服务理论与实践》
《构建现代纳税服务体系的设想与实践》

关于土地增值税征管情况的调研报告

浙江省地方税务局税政三处

随着我省经济的快速发展，城市化进程大大加快，近几年房地产行业发展火爆，使得与其相关的税种的收入也不断增加，但土地增值税的征管情况全省各地很不平衡，还一度成为最具争议的一个税种，为了摸清土地增值税的征管现状，探索强化土地增值税征管的措施，我们组织力量对土地增值税有关征管情况进行了调研。

一、土地增值税的征管现状

（一）入库情况

土地增值税是对转让国有土地使用权、地上建筑物及其附着物并取得收入的行为征收的一种税，旨在运用税收杠杆抑制在转让国有土地使用权中获取暴利的行为，合理调节土地增值部分的收益分配，维护国家权益，促进房地产行业的健康发展，自1994年开征以来，发挥了一定的积极作用。

所属年度	入库金额(万元)	增幅(%)
1998年	2186	139.00
1999年	3477	63.78
2000年	3991	14.78
2001年	5512	38.11
2002年	10995	99.47
2003年	23051	127.151

但由于土地增值税税制复杂,控管较难,加之开征以来的几年中国家宏观政策导向有一定调整,我省土地增值税的征管也同全国各地一样遇到了许多困难。国地税机构进一步分设以后,我省地税干部努力规范管理,强化征收,使土地增值税有了一定起色,收入连年上升,详见下表:

所属所度	土地增值税入库金额
1998年	9.7万元
1999年	34万元
2000年	258万元
2001年	393万元
2002年	410万元
2003年	1154万元

据统计,全省2002年土地增值税入库数在1千万元左右的有4个市县,分别是温州市1216万元、台州市1120万元、诸暨市911万元和义乌市900万元。2003年土地增值税入库数在1千万元以上的有富阳市2879万元、舟山市2331万元、台州市2163万元、诸暨市1857万元、温州长市1754万元、义乌市1465万元、长兴市1154万元。近几年不少市县在征管中结合本地实际情况,采取了一些有效的方法,取得了较好的效果,但征管情况不平衡的现象仍然比较突出。从全省情况来看,2002年有土地增值税入库的共43个市县,平均每个单位入库150万元,而超过平均数的有17个市县,但仍有24个市县(其中有三个是市本级)到2002年止仍无土地增值税入库。

(二)征收方式

土地增值税条例规定,土地增值税以纳税人转让房地产所取得的增值额按四级超额累进税率计算征收。1995年我省根据实际情况,规定了对采取预售方式转让房地产的房地产企业,可在预收金额的3%以内预征土地增值税,等竣工结算后进行清算,多退少补。

到目前为止,全省各地在土地增值税实际征收中基本采用三种方式:一是对房地产企业采取预征的方式。如开化县实行对房地产企业按销售收入预征:绍兴市则是对纳税人开发转让营业房取得的收入实行预征:东阳市是对转让房地产的单位和个人一律按取得的收入预征。二是对企、事业单位、个人等二手房交易、房地产拍卖等行为,委托国土局、拍卖机构等有关部门代征土地增值税,如长兴县委托房地产交易中心或国地资源交易中心等单位,对非房地产企业和个人的土地使用权转移都实行一次性扣缴。台州市也对二手房交易实行代征。三是有少数市县实行由纳税人在应税行为发生时按土地增值税的有关规定如实申报缴纳或直接征收的方式,如义乌市2002年在国有企业改制中,企业在土地转让过程中发生了土地的增值,地税部门进行了纳税辅导,仅一户企业就缴纳土地增值税数百万元。

由于土地增值税大多数应税行为都是属于房地产企业销售房产,因此,在上述各项方式中,按预征率入库税款比重最高。有些原来未实行预征征收方式的市县,从采取了预征办法后,都取得了较好的效果。长兴县的情况较为典型,该县2000年前土地增值税征管进展不大,2000年实行预征办法后,当年入库数比99年增长7.6倍,而且年年大幅度增长(详见下表),有效地解决了房地产行业经营周期长、土地增值税管理难的情况。

(三)预征率的确定

对土地增值税征管采用了预征方法后,如何合理确定预征率就显得十分重要。由于各地的经济发展情况不一,所以在预征率的确定上也不相同,据对全省10多个市县的调查,各地确定的预征率最低的为0.2%,最高的是5%,大部分地方都在0.5%—1%。

为了既能保证国家税收的及时入库,又能使企业合理负担,各地在确定预征率时,都能通过到房地产企业调研、测算、到房管、土管部门听取意见和召开一定范围内的“听证会”等方法来确定预征率。如开化县,他们邀请了全县房地产开发企业、房管处、土管局等单位有关人员就土地增值税扣除项目的计算、分摊以及土地增值税预征率的合理确定等问题进行了“听证”座谈,有关部门就土地成本分摊方法、预征率的确定、房价地域因素等方面,从不同的角度各自发表了许多积极的意见和建议,然后又通过对不同地段房产增值率的测算,将预征率确定为1%。2003年入库56万元。

在确定预征率时,有的市县较为统一,有的市县则分类较细,分类方法也不尽一致。如长兴县的预征率统一为2%。诸暨市对查账征收与非查账征收的房地产开发企业，分别按月预征2%和3%。绍兴市对开发转让营业用房按1%预征，开发转让除普通标准住宅和营业用房外的其他房地产按0.5%预征。富阳市则对普通标准住宅的预征率为1%，其他住宅（高级公寓、别墅、度假村等）为2%，而苍南县采取的是工业用地（房）转让后用于工业的按1%，用于非工业的按2%，用于房地产开发的按3%；个人或企业的商业用房转让按1.5%。而开化县却根据土地获取的方式不同而采取不同的征收方式：对拍卖、招标取得土地的房地产开发企业，暂不实行预征率征收；对协议出让取得土地的房地产开发企业按1%预征。

（四）征免界限的掌握

《条例》规定，纳税人建造普通标准住宅出售，增值额未超过扣除项目金额20%的，免征土地增值税。而其它则应当按四级超率累进税率征收土地增值税。各地在掌握时采取了不同的方法，如绍兴市本级在刚刚开征土地增值税时，采取的是普通住宅商品房按0.5%预征，其它按1%预征。2002年他们重新进行了调研，调查测算结果显示，普通住宅商品房的增值额均未超过20%，而营业用房与办公楼、别墅等其他房产的增值额都超过20%，属应征收土地增值税。为公平税负他们将规定调整为：普通标准住宅暂不预征土地增值税，而营业用房按1%预征；其他房产按0.5%预征。对非房地产企业的土地增值税不实行预征，由纳税人在应税行为发生时按土地增值税的有关规定如实申报缴纳。

长兴县对普通标准住宅也暂不预征土地增值税，而只是对营业房、别墅按1%预征，但县局专门印制了预收购房款票据，规定房地产企业必须使用，要求各征管局设专人对领用的票据进行审核，堵塞了房地产企业在开具发票时混淆营业房、别墅及普通住宅房的漏洞，促进了土地增值税的征管，取得了较好效果。

二、目前存在的问题

（一）各地对强化土地增值税征管普遍存在疑虑

从调查情况看，各地对强化土地增值税征管普遍存在疑虑，疑虑主要有两方面：

首先是对经济效应的疑虑。土地增值税出台于房地产市场尚不规范、投机行为较为普遍的90年代初期，因此土地增值税税制针对性强，税负较重，调节力度大。我省97年国地税机构进一步分设后，不少市县地税部门正要开始着手强化土地增值税征管时，发生了97—98年亚洲金融危机，接着中央开始全面采取刺激消费、扩大内需的经济政策。强化土地增值税征管无疑会在一定程度上对房地产行业产生抑制作用，这就在客观上使不少市县的同志对征管取向产生了犹豫。近几年我省在房地产市场管理上采取了拍卖、竞标等管理方式，市场秩序已有了进一步规范。加上省内外有关媒体相继报道建议土地增值税停征的信息，更加重了基层同志的顾虑。

其次是对收入效应的疑虑。近几年房地产业是地税收入的主要增长点。2002年我省营业税中的房地产业收入为43.82亿元，同比增长75.87%，在营业税中增幅最高，房地产业营业税占了营业税收入的四分之一；2003年营业税中的房地产营业税收入为48.61亿元，同比增长36.5%，仍为营业税中的最大税源。不少地方政府也想通过促进房地产市场的活跃和发展来带动和促进相关产业发展，从而推动当地经济的发展与增长。有的地税部门担心，一旦加大对土地增值税的征收管理，会对房地产企业产生一定程度的影响，影响地税收入，影响地方经济发展，"吃力不讨好"。因此，管理上有消极等待的情绪。因此，土地增值税征管全省很不平衡，土地增值税的政策法规在一些市县没有得到有效的贯彻落实。

（二）普通标准住宅与非标准住宅客观上存在难以区分的问题

按省税务局[95]浙地税三（38）号《关于土地增值税若干问题的补充通知》规定，省局已授权各地对普通标准住宅具体标准作出规定。但问题是随着生活水平的提高，人们对住宅的要求不仅注重住宅质量，还更加关注环境质量、配套服务、地理位置等，房地产开发商也在逐步适应人们的这种需求，普通标准住宅与非标准住宅区分的界限也因此变得越来越模糊。在房价上，一些公寓、小区，因其地理位置优越，本身取得的土地成本高，加上独特的环境、先进的设计理念、完善的物业服务等，其售价就超过了一些别墅。在建筑面积上，目前大户型普通住宅增加，有的面积已扩大到200平方米以上，已相当于别墅。所以，地税部门对普通标准住宅与非标准住宅的具体划分，很难定出一个有充分依据的掌握标准。由于这个影响征免界限掌握的关键问题始终难以得到圆满解决，客观上制约了征管工作的向前推进。

(三)房地产行业的特殊性给土地增值税征管带来了许多困难

在增值额的确定方面,要计算增值额首先要确定房地产企业的收入,由于房地产开发的周期较长,易受各种主客观因素影响,有的尚未开工就收取预收款,有的完工后迟迟不竣工结算,其收入具有不确定性和滞后性。有的企业甚至虚立合同,压低房价,采取两套售房合同等,更使房地产经营收入难以普遍按实在帐面上反映。

在扣除额的确定方面,房地产开发周期较长,有的是成片开发,有的是滚动开发,有的一个项目中既有标准住宅又有非标准住宅的开发,有的是多个项目同时开发,其核算单位的大小不易确定,扣除不易分摊,对计算增值额的高低产生了很大影响。稍一调整计算方法,就可以把应税变为不征税。据台州市地税局调查就发现企业在计划土地增值税扣除额时存在以下问题:一是任意计提预提费用计入开发成本。二是利息的列支未能按开发项目确认一次性计入财务费用。三是土地征收拆迁补偿费超出有关部门规定部分列入开发成本。四是把非法凭证记入费用,以虚增开发成本。五是所缴纳的税金、地方政府收取的一些费用未按开发项目确认一次性记入费用。事实上成本核算已成为很多房地产企业的利润"调节阀",在多个项目、多个年度之间,有的企业常常故意混淆成本核算与分摊办法,造成土地增值税扣除项目难以正确计算。

(四)税收法规不够完善使土地增值税征管缺少充分依据

土地增值税调节力度大,但土地增值税规定大多比较原则。在当前纳税人法制观念日益增强、税务部门执法约束日渐增多的情况下,地税部门往往不敢贸然解释。如土地增值税对旧房买卖规定可扣除购入后的评估价为增值额计税,但对购入后进行装修的费用是否可以扣除并无规定。

对房地产转让时评估价的确定也存在类似问题。房产部门评估房产是连土地带房产一起评估的,而土管部门认为地价的评估只有土管部门才有法律效力,而且实际上两个部门评估差异往往很大,地税部门遇到这类问题往往难以取舍。

(五)部门配合上存在许多困难

一是不少地方地税与土管、房管部门之间尚没有建立有效的配合机制,土地增值税申报缴纳、房产交易管理、产权登记等工作互不关联,对土地使用权的转让、存量房地产的买卖、房地产的交换等二级市场的交易行为,地税部门无法掌握,部门之间缺乏有效的、必要的联系、协调和配合。

二是有的地方委托土管部门代征以后,由于土地增值税计算复杂,对征税项目增值额的确定仍需要地税部门认可,影响了征管效率。

三、意见和建议

(一)以经济税收观把握好土地增值税的基本政策取向

目前,关于房地产泡沫的讨论日益增多,今年以来,国务院先后下发了《关于暂停审批各类开发区的紧急通知》、《关于清理和整顿各类开发区加强建设用地管理的通知》,《关于促进房地产市场持续健康发展的通知》,最后一个通知指出,要"坚持加强宏观调控,使房地产业的发展与当地经济和社会发展相适应,与相关产业相协调,促进经济社会可持续发展"、"税务部门要调整和完善相关的政策措施"等等。可以认为,我国在宏观上已开始对房地产业进行调整。

从我省杭州市房地产市场来看,权威人士已明确指出存在不少问题:产品供不应求,供求关系失衡;住房供给结构不合理,高档住房和低价位住房,特别是经济适用房比例不协调;商品房和经济适用房在建设、管理、销售中不够规范,政府对房地产市场的监督和调控存在薄弱环节,特别是商品房价格上涨过快。据有关部门调查,杭州市当前房屋出租的年租金,只有房屋售价的5%左右,说明房地产价格确实存在虚高问题,专家们纷纷对房地产市场表示担忧。

同时我们也应看到,我省各地房地产业发展并不平衡,有些偏远地区还处于开始阶段。国务院下发《关于促进房地产市场持续健康发展的通知》时显然已注意到类似情况,因此在《关于促进房地产市场持续健康发展的通知》指出,"地方各级人民政府要认真贯彻国家宏观调控政策,从实际出发,完善房地产市场调控办法,建立有效的协调机制,并对本地房地产市场的健康发展负责。省级人民政府要加强对市、县房地产发展工作的指导和监督管理”。因此，我们认为在确定土地增值税征管取向前必须更多地听取地方各级政府的意见。我们建议，首先要加强与国家税务总局等部门的联系，了解中央税制改革的基本思路。其次，省内各级地税部门要与相应层级的政府及有关部门认真探讨本地房地产业的情况，达成对市场的共识，共同确定对土地增值税的政策取向。在确定强化征管的基本取向后，再着手研究出台有关的管理措施。

（二）简化征收，公平负担

要提高土地增值税征管效果，对土地增值税的征收方法要实行简化，通过简化政策，来扩大调节范围，提高土地增值税征管的有效性。我们考虑，原则上可将预征土地增值税的方法扩大到所有土地增值税纳税人。各市县地税局可在省局规定的1%-3%预征率幅度内，根据不同的项目、类型、土地取得的方式等情况自行确定，报各市地税局和省局备案。如个别特殊情况预征率要高于3%或低于1%的，要报各市地税局审批后执行。但对经当地市县人民政府批准并投资兴建的经济适用房、安置房、拆迁房等，经各市县地税部门确认，可暂时不实行预征的办法。

另一方面由于各地经济发展程度不同，房地产业发展的现状不一，在政策允许的范围内，应当在土地增值税的有关政策上，给各地一定的自主权，但相同经济区域各县市之间应公平税负，同一市地原则上要采取基本一致的政策，要消除同一地区的不同市县你征我免的现象，协调政策，营造公平竞争环境。

（三）努力完善土地增值税政策

土地增值税规定中有些问题需报国家税务总局明确，有些问题根据现有法规规定，可由省局研究明确。对普通标准住宅问题，原省局规定“普通标准住宅是指按普通住宅标准设计和建造的，物价部门按普通住宅标准核价的居民居住用房，具体标准由各地制定，报省地方税务局审定”。今后可将具体标准授权各市县地税局制定，报各市地税局审批后确定，并上报省局备案。

又如，为防止利用虚假合同偷逃土地增值税，可以规定，房地产与购房户交易价格明显偏低（主要指发票价格），又无正当理由的，根据《征管法》第三十五条规定，可由地税机关参照评估价格和当地市场价格确定。

（四）建立健全土地增值税信息交流和征管协作机制

各市县地税局要认真研究土地增值税政策，加强与房地产、土管等有关部门的配合和协作。建立健全土地增值税的纳税申报制度、委托代征办法等，进一步完善当地土地增值税的征收管理制度和操作规程。

要通过加强与土管、房管部门的联系获得全面准确的房地产权属及转让时间、价格等征管资料，并争取要求有关部门在纳税人未缴纳土地增值税之前，土管和房管部门不予办理有关的权属变更手续。

要加强对市场交易的土地增值税委托代征工作。为便于管理，对这些交易也可采用预征办法。在此基础上，如果纳税人认为没有增值额或预征率太高，可提出由地税部门按实计算征收。对转让房地产取得的收入与房地产交易价格出入较大、不符合市场基本常规的，又无正当理由的，可由评估机构进行评估，按评估价格计算征收土地增值税。

（五）强化纳税辅导，加强宣传力度，强化稽查

在目前土地增值税征收管理中，确有一些纳税人是因为不重视土地增值税或不了解具体缴纳方法而造成土地增值税未及时入库。为此，各地税部门要加大宣传力度，原则上可对房地产开发企业进行一次专门辅导，加强对房地产企业的重点管理，增强其纳税意识。要加强稽查力度，要把日常检查与重点检查结合起来，对企业的收入、成本、费用出现异常的依法实施检查，对检查中发现的未按规定按实申报和预征的土地增值税应及时追缴入库，并要按有关规定进行处理。

（六）克服畏难情绪，加强学习与检查

我们在调研中发现，在各地反映的土地增值税征管的问题中，有些是法规不明确，有些是由于对土地增值税掌握不熟练造成的。因此，

各级地税部门要提高对加强土地增值税征收管理工作的认识，克服对土地增值税政策学习的畏难情绪，进一步采取措施，加强对土地增值税的有关政策法规探讨与学习，同时还要注意学习掌握房地产方面的有关知识，只有这样，才能为强化征管打好基础。

我省非公有制经济养老保险参保及缴费情况调查及思考

浙江省地方税务局规费管理局课题组

改革开放以来,非公有制经济的发展很快,已经成为我国经济重要组成部分。但我国长期实行计划经济体制,与之相适应的养老保险制度,实施范围基本限定在公有制单位,特别是国有单位。为适应新形势发展的要求,必须扩大养老保险制度的覆盖面。自80年代中期开始,养老保险的覆盖范围逐步由国有单位扩大到集体单位,由公有制经济扩大到非公有制经济。浙江省委、省政府审时度势,早就决定把养老保险覆盖面扩大到非公有制经济,特别是从1999年以非公有制经济的养老保险扩面为重点集中力量开展扩大养老保险覆盖面的工作,取得了积极进展。但由于种种原因,非公有经济养老保险扩面及缴费还存在一定困难和问题。为深入了解我省非公制经济养老保险参保及缴费的基本情况,进一步做好养老保险费的征管及扩面工作,完善我省的养老保险制度,规费管理局今年专门对我省非公有制经济养老保险参保及缴费情况进行了专题调研。

一、非公有制经济已经成为我省经济的主要支柱,把养老保险覆盖面扩大到非公有制经济是发展的必然

从历史发展的角度看,我国养老保险覆盖范围的确定,总是与所有制经济结构密切相关。把包括养老保险在内有社会保险的覆盖面应该随着所有制结构的改变扩大到所有非公有制经济单位及其职工,落实非公有制经济单位劳动者的养老、医疗、失业等社会保险,解除非公有制经济单位劳动者的后顾之忧,促进非公有制经济的健康、持续、稳定和协调发展,这是发展之必然,也是现实之所需。

1、养老保险覆盖面扩大到非公有制经济是建立完善的市场经济体制的需要。改革开放以来,浙江的非公有制经济的经历了从无到有、从小到大的发展过程,到现在已经成为我省经济的重要组成部分。2003年,我省非公有制经济增加值达到5470亿元,占全省国内生产总值的比重已达到59.5%,其中个体私营经济增加值为4790亿元,占国内生产总值的52.1%,比上年上升4.7个百分点。如果不把占经济重要地位非公企业及其职工纳入养老保险覆盖范围,不为他们构筑一道规避风险的安全网,既不利于维护劳动者的合法权益和企业间的公平竞争,更构成一个潜在的社会问题。如果没有养老保险制度,劳动力就无法合理流动,企业组织结构就得不到有效调整,现代企业制度难以建立,建设完善的社会主义市场经济体制也就无从谈起。从这个意义上说,养老保险制度是市场经济体制的重要支柱,是所有企业健康有序运行的重要基石。因此,把养老保险覆盖面扩大到非公有制经济,是完善社会主义市场经济体制的需要。

2、养老保险覆盖面扩大到非公有制经济是顺应农村工业化、城市化,推进城乡一体化发展的需要。浙江省是依靠乡镇企业崛起的经济强省,很多县市已基本实现农村工业化,产业结构发生了很大变化,农民就业结构相应改变。2002年底,浙江省农业占GDP的比例只有8.9%,65%以上的农村劳动力转移到了二、三产业,务工经商成为绝大多数农民的主要生活来源,传统的农民已变成了现代工人。而非公有制经济是农民就业的重要渠道。2002年,全省非公有制经济从业人员已占到全部从业人员的49.9%。在1979–2002年全省新增就业人员1063.6万人中,其中公有制经济从业人数减少了355.57万人,非公有制经济从业人员增加了1419.17万人。"九五"期末,在城镇就业人员中,私营经济从业人员为285.2万人,比1995年增长1倍,年均增长15.5%,占城镇就业人员比重的48.9%。在城镇新就业人员中,有近70%在个体私营企业和“三资”企业就业，比 1995 年提高 2 1 %。到 2 0 0 2 年底，个体私营企业从业人员总数达 679.8 万人，加上外出务工人员，从业人员已达 1000 万人以上，占全省劳动力总数约 1/3。2003 年 1 至 9 月，我省新增就业岗位 38.5 万个，其中 75%以上在非公企业。非公有制企业已成为我省吸纳劳动力的主渠道。特别是随着城市化进程的加快，“失土农民”大量增加，“老有所养”已成为广大非公企业职工和“失土农民”的强烈要求和普遍心声。因此，在消除了城乡对立的二元经济结构后，必然要求我们打破城乡分割的二元养老保险格局，把养老保险由城市扩展到农村，由国有城镇集体企业扩展到非公有制企业，尽快建立起城乡一体化、管理社会化的养老保险制度。

3、养老保险覆盖面扩大到非公有制经济是顺应家庭小型化、人口老龄化，统筹经济与社会发展，维护社会长治久安的需要。随着计划生育这一基本国策的贯彻，我省已进入家庭小型化、人口老龄化社会。到 2000 年第五次全国人口普查时，浙江省全省户均家庭成员仅 3.0 人，65 岁以上老年人已占总人口的 8.92%，超过国际人口老龄化标准 1.92 个百分点。家庭保险功能严重弱化，“养儿防老”的观念和模式受到严峻挑战，依靠社会养老成为必然趋势。如据有关部门统计，永康市私营企业现有职工 10 多万人，他们当中的大多数是身强体壮农民工，他们是当今社会财富的创造者之一。但是，再过 10 年、20 年，他们就会年老体衰，许多人没有什么财产。如果不给他们以养老保障，其老年的基本生活难以保证，心里就会不平衡，就会成为社会的不安定因素。经济的增长离不开一个稳定的社会环境。为经济增长提供稳定的社会环境方面，社会保险网在保障老年人的经济安全方面起了很重要的作用。把养老保险覆盖面扩大到所有的经济单位包括非公有制经济正是正是顺应这一趋势的客观要求。

4、养老保险覆盖面扩大到非公有制经济是养老保险制度自身发展的需要。由于我国人口日益老龄化，退休人员比重和负担系数越来越大，养老保险基金入不敷出情况日益严重。我省由于二十世纪九十年代初以来，企业改制力度比较大，企业职工缴费人数每年以20 万左右的规模减少，离退休人员却以每年 8 万人左右的速度增加，导致全省 1997 年养老保险基金当年收支赤字 8700 万元，1998 年养老保险基金当年收支赤字 1.13 亿元，养老保险基金的收支形势十分严峻。许多县市养老保险基金收支缺口是越来越大，造成这种情况的原因是多方面的，但其中一个重要原因就是养老保险覆盖面窄，大多数非公有制经济没有纳入到养老保险的覆盖范围，他们不享受养老保险待遇，自然也不缴纳养老保险费，致使整个基金达不到应有的规模，削弱了养老保险固有的互助互济功能，使得养老保险制度难以为继。养老保险制度要发展必须把非公有制经济纳入到基覆盖范围之内。而且由于非公有制经济发展时间不长，很多非公有制经济单位就业人员年龄结构是比较年轻。据最近省劳动社会保障厅和省统计局联合开展的全省劳动力就业和社会保障调查显示，我省私营企业就业人口平均年龄较轻。在私营企业就业人口中，16–24 岁占 14.3%，25–39 岁占 47.6%，40–49 岁占 25.9%，50 岁以上占 10.8%，平均年龄为 37.1 岁，分别比国有企业、集体企业年轻 2.7 和 1.9 岁。这使得把养老保险覆盖面扩大到非公有制经济后有利于缓解当前的基金收支矛盾。如永康市这向年向私营企业征集养老保险费共计 1.5 亿元，而私营企业职工领取的退休金，仅仅只有 10 万元。

二、我省积极出台有关政策措施促进非公有制经济养老保险扩面工作

浙江省委、省政府审时度势，从推进经济与社会协调发展、城乡协调发展的战略高度出发，特别是从 1999 年以非公有制经济的养老保险扩面为重点集中力量开展扩大养老保险覆盖面的工作，取得了积极进展。全省到 2002 年底企业养老保险参保在职工 506.57 万人，其中非公有制企业参保人数为 289.55 万人，比上年增加 83.69 万人，私营企业、个体工商户及其他参保职工约占参保人员总数的 50%。2002 年全省地税部门（不含宁波）共征收入库养老保险费 104.55 亿元，其中国有经济（包括国有企业和集体企业）缴纳养老保险费 52.63 亿元，其他企业及个体工商户缴纳基本养老费 51.92 亿元。

1、加强立法工作，为非公有制经济养老保险建设创造一个良好的法制环境。1999 年浙江省从实际情况出发，制定了《浙江省职工基本养老保险条例》，明确了我省行政区域的“在城镇的有限责任公司、股份合作制企业、合伙企业、私营企业和与其形成劳动关系的职工”、“外商投资企业、外国企业驻浙办事机构和与其形成劳动关系的中方职工”应该参加基本养老保险,为我省在城镇的非公有制经济参加基本养老保险找到了法律依据。2002年,根据我省各地经济发展不平衡,企业结构和发展层次差异较大等实际情况,修改了《条例》,明确养老保险实行设区的市本级、县(市)级统筹和省级调剂制度。这一规定明确了县市政府是当地养老保险制度建设的第一责任人,强化了各地政府确保基金平衡的责任机制,增强了各地政府扩面的内在动力。

2、研究出台“低门槛准入,低标准享受”等政策,推进非公有制经济养老保险扩面工作。随着我省城市化进程的加快,城镇范围日益扩大,如果将基本养老保险仍局限于“城镇企业”,操作中已很难划清边界。更为重要的是,我省经济结构决定了量大面广的乡镇企业应该参保,否则这个养老保险体系将很不完整,失去了社会保障的本质意义,也从根本上制约着全社会人员流动和资源配置。鉴于以上情况,省里出台了“低门槛进入、低标准享受”的养老保险政策。这样,一方面,考虑到非公有制企业量大面广、情况各异,尤其是不少乡镇企业经济承受能力较弱,允许实行其低费率缴费,把其纳入养老保险体系,扩大保险覆盖面,切实保障职工享有最基本的养老待遇。另一方面,体现了权利与义务对等原则和公平原则。实行低标准缴费的非公有制企业,其职工养老待遇标准也低,这对高标准缴费的国有企业及其职工来说,相对也比较公平。各地的实践表明,允许实行"双低"政策,是现阶段对非公有制企业参保因势利导的有效办法。如绍兴县2001年初实行"双低"政策,到2001年底,全县参保职工达到10.36万人,占职工总数的65%,其中非公有制企业职工9.55万人,占已参保职工的92.2%。到2002年底,全省已有5个市本级、28个县(市、区)按要求实行了了“低门槛进入、低标准享受”办法,参保企业有2万余家、职工47.6万人。“双低”办法的实施,对推动我省非公有制经济养老保险覆盖面的扩大起到了十分积极的作用。

3、明确市县政府责任,落实工作目标责任制,切实扩大养老保险全覆盖。从1998年以来,全省各地根据中央要求及《浙江省职工基本养老保险条例》的规定,层层建立了工作目标责任制,积极开展以非公有制经济为重点的养老保险扩面工作。同时,又从全省各地经济发展水平不平衡的实际情况出发,对不同地方提出了不同的要求:经济发达县市率先建立起比较完善的城镇社会保障体系,要推进养老保险全覆盖,并以26个经济发达县(市、区)为龙头,以非公有制企业为重点,抓好养老保险扩面工作;对于经济欠发达的地区,特别是13个养老保险基金支付困难市、县(市、区),则要求扩面的同时要夯实缴费基数,切实加大基金征缴力度。下一级政府都与上一级政府签订扩面征缴责任状,定期通报,年终考核。1999年全省养老保险扩面人数净增53万人,2000年扩面人数净增30.36万人,2001年扩面人数净增25万人。而这些净增的扩面人数主要来自非公制经济。如杭州市萧山区到2003年12月全区所有企业(其中包括占萧山经济总量90%以上的非公有制企业)22万多名企业职工全部参加了养老保险,成为全国第一个实现城乡职工养老保险全覆盖的区。

三、全省地税部门这几年充分发挥主动性与创造性,积极推进非公有制经济养老保险扩面工作

自1998年10月起由地税部门征收养老保险费后,参保人员的感觉就有所不同了,他们看到的是头戴国徽的税务人员在收取养老保险费,是国家在为自己保险,不仅有了安全感和责任感,还有想到退休以后可以享受“国家劳保”的光荣感。地税部门充分利用这种优势,广泛宣传有关社会保险政策,并以非公制经济为重点积极参与养老保险的扩面工作,使得我省养老保险扩面及征缴工作取得很大成绩。

1、做好宣传工作。这几年,我省地税部门十分重视养老保险宣传工作,把养老保险宣传作为税法宣传月的一项重要内容,作为地税部门的一项重要工作来抓。各地地税部门通过电视、报纸、横幅和路牌广告、印发社会保险知识小册子、举办有关社会保险知识竞赛、社会保险知识讲座等多种形式全方位、多角度宣传社会保险。义乌市专门核定了一定的宣传经费用于社保宣传,同时取得宣传部门大力支持,做到电视有形、广播有声、报纸有文。另外,劳动社保与地税部门还对拒缴户在电视、报纸等新闻媒体上作了曝光,从而营造了良好的舆论氛围,为社保扩面鸣锣开道。绍兴县采取悬挂横幅,张贴标语,刊印宣传资料,上街设摊举办政策咨询，制作《老有所养靠保险》专题片，并结合当地文化编排了莲花落、小品等文艺节目，引导企业职工从“要我保”向“我要保”转变。金华市地税局充分发挥地税队伍各项优势，利用走亲访友、茶余饭后的时间开展宣传。同时针对企业业主愿意为职工参保而职工本人不愿意参保的情况，税务干部把宣传阵地深入到工厂车间，上门为职工举办养老保险知识讲座，取得了明显的效果，出现了参保对象"走后门"要求参保的可喜现象。

2、不断创新扩面工作机制。这几年，全省各级地税部门针对养老保险扩面过程中出现的问题，借鉴税收管理的成功做法，根据浙江省非公有制经济比较发达的实际情况，积极探索行之有效的养老保险扩面征缴办法，创新扩面工作机制。2001年义乌市地税局根据义乌个体私营经济发达、个体工商户户数众多的特点及原先扩面工作暴露出来的问题，在养老保险费扩面征收中实行“税银联网、税保挂钩”的征管办法，既扭转了征缴的被动局面，又理顺了地税征收与社保登记的关系。

2002年台州市各地实行“地税先征缴、社保后登记”的社保征缴新机制，牢牢把握了工作主动权，确保了基金征缴和人员登记双落实、双到位。如台州市地税局黄岩中心分局实行这一征缴机制后，2002年征收养老保险费8729万元，比上年增长177%，征收户数3577户，征收人数51791人，其中非公企业征收养老保险费5579万元，占全年征收总额的64%，企业2895户，占总征收户数的81%，扩面人数32520人，占总参保人数的63%，养老保险基金支付能力从2001年底的5.24个月迅速提高到12.7个月。

3、强化征缴措施。非公企业社保扩面工作的开展涉及到每个企业的切身利益，压力、阻力很大。全省各地地税部门为做好扩面这项工作，出台了一系列政策措施以强化扩面征缴工作。如黄岩地税部门对拒绝参保或不按规定缴费的企业、城镇个体工商户采取五项综合措施：一是建立工商、税务、社保等部门对企业的联合年检制度，在年审时不予以通过。二是加大劳动执法力度，督促及时参保登记。三是取消年度评先、评优、评“骨干企业”资格，取消享受相应的优惠政策。四是加强舆论监督，由新闻媒体予以公开曝光；五是对极少数企业经反复工作拒不缴费的，由征收部门申请人民法院强制征缴；等等。这些措施大大提高了非公企业养老保险扩面的针对性，增强了扩面征缴的刚性和力度。

四、我省非公有制经济养老保险扩面及缴费工作中存在的问题及原因分析

这几年，在全省各级党委、政府的高度重视下，在全省各地各部门的共同努力下，我省非公有制经济养老保险扩面及缴费工作取得一些成效，但还存在着一些问题。如我省非公有制经济总体养老保险覆盖面还不宽。据有关调查表明，我省只有近3成的私营企业从业人口参加养老保险。乐清市虽然通过多方引导，非公企业在参保绝对量上已有增长，但总体上非公经济规模相比参保相对量还是太低，2002年底，乐清市民营经济户数为7359户，实际参保户为1486户，参保率仅为20%。多数个体户、私营企业、三资企业“游离”于社会养老保险统筹之外。黄岩区目前有非公企业75942人，其中乡镇企业67572人，私营企业8370人，而扩面参保人数只占总人数48%。青田县，非公有制企业职工2万余人，仅1750人参保，参保率仅为8.25%。还有，非公有制经济还出现保面的问题，引起养老保险费欠费额上升。一些地方借助行政、法律的手段，使社会保险扩面工作取得了实质性进展，但部分企业迫于形势，参保只是权宜应付之计，并没有真正理解参保的重要意义，没有依法参保的意愿，从而给征收工作带来了隐患。部分企业则抱等待观望随大流思想，别人缴，我也缴，别人拖，我也拖。还有部分企业经营效益差，周转资金较为困难，拖欠养老保险费成为“理所当然”，即使动用硬性措施，收效也甚微。有些企业则视缴养老保险费为福利捐资施舍，缴几个月了事。如临海市2002年扩面企业的征集率达到97%，但在2003年1～11月征集为85%。黄岩区2002年底欠费额仅122万元，而到2003年5月底欠费额为223万元，欠费额有上升趋势。

造成以上问题的原因是多方面的，但主要有：

一是各方认识不到位。一是个别地方某些领导担心扩大养老保险覆盖面、加大养老保险费征缴力度会影响投资环境和招商引资，削弱企业的市场竞争力，对地方经济发展不利。二是企业主或雇主自觉性不平衡。有的认为，“参加养老保险是国有企业的事，与我们无关”，“我们已经付给员工工资，再为他们交养老保险是没有道理的"等等;还有企业主认为,企业发展已经为吸收劳动力就业作了贡献,而参加养老保险增加企业负担是不应该的;有的企业经营者认为偷逃税收是犯罪行为,会受到法律的惩处,但不参加社会保险问题不大,还能降低生产成本,增强企业的市场竞争力。三是非公有制企业单位从业人员素质差,没有认识到参加养老保险是维护自己的合法权益。据有关调查表明,我省私营企业就业人口中受教育程度在初中及以下的占81.1%,大专及以上的占4.1%,平均受教育年限为8.4年(相当于初中三年级),分别低于国有企业2.9年、集体企业1.6年。受教育程度影响员工的认识水平,很多职工尤其是流动人员,眼前利益考虑较多,怕缴纳养老保险费而减少工资收入,认为与其今后领取养老金,不如现领工资来得实惠,对参加养老保险积极性不高。

二是非公有制企业用工不规范的现实影响养老保险扩面及养老保险费的征收。非公有制企业尤其是私营企业和个体工商业户用工人员不固定、流动性大。据有关调查表明,我省私营企业就业人口主要来自于农业人口。从户口性质看,来自本省非农的占19.8%,本省农业的占70.4%,外省非农的占0.8%,外省农业的占8.8%,其他占0.2%。同时,私营企业就业人口55.6%居住在乡村,44.4%在城镇及城郊结合部。而且,企业受雇人员与雇主签订劳动合同的比例并不高。调查显示,只有28.4%的受雇人员与雇主签订了劳动合同,65.5%的人没有与雇主签订合同,6.1%的人不清楚有否签订劳动合同。乐清市2002年有外来务工人员30万,但在就业管理处登记的只有7万人,大量的务工人员处于"游离"状态。很多从业人员工作季节性强,流动性大,岗位调动后保费异地转移不通畅,参保积极性不高,即使部分有参保愿望但由于目前劳动力市场供过于求也不敢向雇主提出参保要求。这都给养老保险扩面及征收带来很大的影响。

三是非公有制企业存在一些现实困难。据有关测算,非劳动密集型企业平均工资含量为销售收入的3%,半劳动力密集型企业平均工资含量为销售收入的5.5%左右,劳动力密集型企业的平均工资含量为销售收入的10%,最高的达到20%,如果养老保险费按工资总额的20%计算,三种不同类型企业的负担分别为销售收入的0.6%、1.1%和2%-4%。一般情况是,非劳动力密集型或称科技型的企业利润率高,但社保费的负担率反而低,劳动力密集型的企业利润率低,而社保费的负担率反而高,许多企业不堪重负。而我省非公有制经济的目前产业分布主要集中于第二产业的工业领域。从工业内部行业分布看,虽然非公有制经济除了国家垄断的行业之外,几乎涉足工业各领域,但仍相对集中。2002年规模以上私营工业总产值中制造业所占比重达到99.4%。在制造业内部,私营工业企业又主要集中于纺织业、服装及其他纤维制品制造业、普通机械制造业、电气机械及器材制造业、金属制品业等行业。2002年这五个行业总产值占全部私营工业总产值的比重分别为21.6%、8.1%、7.7%、7.3%和6.1%,五大行业合计所占比重达50.8%。可以看出,我省非公企业主要还是劳动密集型企业。所以目前的养老保险政策对私营企业来说负担还是很重。而且很多私营企业资金少,分布广泛,涉及各类行业,抗风险能力较弱,企业停业、歇业、合并、转业等现象频繁,参保扩面工作难度较大。

四是相关法律、法规不够完善,执法刚性不强。目前,我们的征缴依据是《社会保险费征缴暂行条例》、《浙江省职工基本养老保险条例》,尽管也具有一定的法律效力,其效力与法律相比尚有差距,而且没有具体可依据的操作规程,使征收缺乏应有的执法刚性,地税部门实际操作难度较大。如《浙江省职工基本养老保险条例》第四十五条虽规定社会保险经办机构、地税部门有权核查用人单位的职工名册、工资发放表、财务会计账册等有关资料,但没有规定具体的操作流程。第五十五条规定用人单位、城镇个体劳动者逾期拒不缴纳基本养老保险费的,地方税务部门可以依法采取保全措施或强制征收措施。但对有哪些保全、强制措施及采取措施的相关程序都没有加以明确规定。当企业发生的拒缴、滞缴、欠缴和逃缴等行为时,《征管法》效力只针对税款征收,地税部门比照《征管法》处罚又没有依据,征收的强制性就显得苍白无力。这就更加助长了一些企业的侥幸心理,增加了扩面及征收的难度。

三、进一步推进我省非公有制经济养老保险扩面及缴费工作的几点对策建议

1、进一步加大宣传力度,使参加社会保险观念逐步深入人心。养老保险扩面工作之所以难做,关键在于社会公民对社会保险的内容、性质、作用等不了解，认识不到位。尽管社会保险工作开展了这么多年，但从当前实际情况看，社会环境不容乐观，真正懂得养老保险政策的人不多，特别是非公有制经济很多从业人员只顾眼前利益，不顾长远利益，对养老保险缺乏正确的认识。因此，必须进一步加大社会保险的社会宣传力度。建立全方位、多渠道的宣传体系，使社会保险政策家喻户晓、人人皆知。借鉴运用地税部门在税收宣传方面的手段、方法、机制，学习商业保险的宣传方法，并把税收宣传与社会保险宣传结合起来进行，进一步提高社会保险的社会宣传效果。

2、完善养老保险相关政策。进一步完善我省"低门槛准入，低标准享受"等相关政策及其他配套政策，逐步建立我省统一的养老保险制度，为我省非公有制经济参保创造一个良好的政策外部环境。

3、建立规范的养老保险费征管机制。针对现行养老保险费征管中存在的问题，地税部门要象抓税收一样抓社会保险费征收。充分利用现有的机构、人员和征管手段依法强制征收，降低征收成本，强化稽查，确保足额征收。一是要实现申报缴费。根据社会保险征收时间的具体安排，逐步建立起社会保险人员增减变动申报制度。二是要加强管理。实行划片管理，任务到片，责任到人，建立完善的社会保险费征收考核奖惩制度。三是加强费源监控。充分利用计算机等先进管理手段，结合税收征管资料和企业所得税管理，及时掌握社会保险费增减变化情况、缓缴滞纳情况等，并切实抓好欠费的清收工作，确保社会保险费及时、足额征收。

4、进一步健全养老保险扩面及征缴的工作机制，逐步实现按企业发放工资总额的一定比例来征收社会保险费。即将社会保险费中的社会统筹部分和个人自负部分分开征收，社会统筹部分：凡应参加社会保险的企业都必须定期按发放的工资总额，向地方税务机关申报缴纳社会保险费，不主动申报缴纳的，税务机关将采取强制措施予以征收。个人缴纳部分则在个人自愿参保登记的基础上，由单位发放工资时按月代扣代缴。这样既方便征收，保证养老保险基金收入的稳定增长，又可克服很多企业先缴费再确定参保人员，给社会保险登记管理带来的困难。同时也为社会保障税的出台打下良好基础。

5、提高养老保险费征管刚性。明确地税部门可通过税收强制手段，增强征收的刚性。如税务部门可根据《税收征管法》，对欠缴、拒缴社会保险费的单位个人采取保全措施和强制执行措施，手续简便，措施有力。从而大大提高社会保险缴费的固定性和强制性，进一步拓宽社会保险费的征收渠道。把养老保险费、失业保险费、医疗保险费、工伤保险费等合并，实行费改税，统一开征社会保障税。开征社会保障税后，一方面可提高征管的法律层次，增强人们对社保的认同度和缴纳的自觉性。

课题调研组组　长：刘石浩
副组长：何建芳
成　员：朱建军　邵丽丽
执　笔：朱建军

构筑税源监控体系有效途径的思考

杭州市地方税务局课题组

税源监控是指在税收征管过程中，通过对税源信息进行采集、整理、归类、传递、反馈、综合、预测、分析等一系列的监督管理活动，从而有效掌握税源的规模、结构及其发展变化，为税收管理提供数据支持和决策依据，保证税款应收尽收的税收管理活动。作为税收征管一项不可缺少的基础性工作，税源监控贯穿于税收征管的全过程，涉及税收征、管、查的各环节。面对经济主体的日益多元化、经营方式的日益多样化和税源分布的日益复杂化，科学分析税源监控现状、积极构筑税源监控途径、健全完善税源监控体系，对推进征管改革深化、新模式整体效能发挥、征管改革总体目标实现必然具有十分重要的现实意义。

一、当前税源监控现状分析

如果说税务信息是税收工作的神经系统,那么通过税源监控所获取的监控信息则可比作税收工作的中枢神经。要充分发挥税源监控职能作用,就必须全面掌握税源信息,从本质上说,税源监控就是信息监控。从信息链的角度看:能否采集充足的涉税信息是实施有效税源监控的前提;能否确保采集的涉税信息真实可靠是实施有效税源监控的关键;能否将采集到的涉税信息资源进行有效流动、综合利用是实施有效税源监控的核心。在税源监控措施不力、目标错位、执法不严、纳税人的准确信息不为税务机关所掌握的情况下,征纳双方就构成一种博弈关系,而税务机关在这种博弈中又经常处于不利地位。目前税源监控中存在的主要问题是:

(一)信息不多、渠道单一

目前税源信息主要来源于纳税人开业税务登记和换证时的一次性采集、发票领购缴销和纳税申报表上的数据以及18个财务指标,其它财务信息、经营信息、资金信息等资料并没有完整录入。税源信息采集数量有限还在于采集渠道的单一:税控收款机的发票管理和企业内部财务管理信息相结合的技术问题难以突破仍然制约着税控装置推广和实现企业财务信息共享的进程;部门信息共享工作刚刚处于起步阶段,部门间信息系统的不兼容和信息协作责任机制的不健全,使得与国税、财政、银行、公安、海关等部门实现信息共享,离建立完善的社会协税护税网络还相距甚远,纳税人实际生产经营情况的信息难以充分掌握。

(二)信息不真,依托不住

新征管模式以计算机为依托,忽略对税源信息的真实性掌握和对税源信息真实性的基础管理,再先进的信息技术也发挥不了依托的作用。目前征收软件只能稽核申报数据的逻辑关系,却无从识别申报数据的真实性与虚漏程度,负申报、低税负申报泛滥已是客观事实;税务机关在人少事多的压力下很少结合实地调查资料综合分析申报资料的真实性与合理性,也就难以发现因制度缺陷而造成的假“三资”、假福利、假停歇业户和假新办企业等纳税申报中存在的问题;原本就不完备、不准确的信息数据,在税务人员手工输入微机时又可能发生错误;税务信息管理系统和税务信息管理软件在运行、传递、储存过程中,由于死机又可能造成数据的部分丢失又使数据变得残缺不全。信息的失真和不全直接导致了税源监控的软弱无力,存在“依托不住”的问题。

(三)信息不畅、目标错位

新征管模式下,整个税收管理工作是一个环环相扣的链条,在对税务登记、税款征收、税务稽查、发票管理等业务实行块块管理后,征收与管理的事务性工作看似越来越规范,但规范却不实用:一方面计算机应用水平目前还仅局限在数据处理,在征收受理、稽核稽查、政策法规、管理服务等环节采集到的不同角度的税源信息,还不能进行有效畅通、综合利用;另一方面由于缺乏管户的要素,各环节缺乏对经济税源严密监控和对涉税资料收集整理的主动性,对取得的监控信息资料也因缺乏专门的税源监控信息处理部门的组织协调而不能在征管链条上有效流动。尽管少数决策者能在短期内掌握相关税源信息,但大部分征收一线的同志却不能在第一时间共享信息,没有计算机技术和组织体制的协调并进,税源监控决策和执行上的人为脱节就难以改变;税源信息共享、管理监控功能就难以充分发挥;深层次的税源变化趋势和预测分析就无从谈起。

可见,要改变税源监控不力的现状,切实提高税源监控的水平和效率,实现有效监控之目的,关键要从三个字着手,即让税源信息多起来、真起来、流起来。解决的基本思路:一是鉴于管理资源的相对稀缺,按照经济学的成本效益理论,分清轻重缓急,突出重点,实施分类管理;二是在充分借鉴传统管户制优势的基础上,坚持贴近式管理,将室内静态分析与深入企业实施动态跟踪管理有机结合起来;三是巩固扩展信息共享已取得的成绩,继续探索运用信息化手段实施税源监控的途径,坚持科技和管理并举、人工监控与网络监控并行,不断提高税源监控的科技含量;四是要注重内外平衡,既要对纳税人层面提出要求,也要在税务机关内部建立考核体系,从而形成纵横交错、逻辑严密、整分结合的税源监控网络。

二、汲取国际经验,积极构筑税源监控五大体系

(一)推进信息共享,着力采集充足信息,构筑严密的税源信息采集体系实施有效的税源监控,前提是要有充足的税源信息。随着以"信息化支持下的专业化"为主要特征的新一轮征管改革的深化,让税源信息多起来的根本途径是依靠部门协作,着力推进税务部门与社会相关部门信息共享的进程。应该看到:税务机关与社会信息的共享还存在现实困难,跨部门信息交流仅靠自行协调很难稳定和长久。借鉴发达国家的税源监控经验,以美国为例,首先是凭借完善的社会信用体系,用唯一的社会保险代码就实现税务机关对外部相关信息的充分利用以及对纳税人经济行为的动态跟踪;其次是各个社会部门向税务机关提供涉税信息的法律责任都通过立法确定;再次是相关政府部门的信息化建设水平也直接决定了双方信息交流的实效。因此,构筑严密的税源信息采集体系,还须在三个方面取得突破:一是要做好工商登记、税务登记、银行开户、技监代码、海关监管等统一分类编码的可行性探索,建立全国统一的纳税代码,把凡是与税基产生有直接或间接联系的信息都纳入信息采集的范围,条件成熟时,还可借鉴香港商业登记署归税务局管理的税务登记办法,实行工商登记与税务登记合一;二是要加大加快政府各部门信息交流方面法律法规的建设,出台协税护税法,并使这种成果长远地发挥作用;三是要增强税务信息管理系统的相容性、拓展性和开放性,克服跨部门信息交换由于相互间标准执行程度差异而存在的现实困难。

(二)加强基础工作,确保信息真实可靠,构筑有效的税源信息保真体系

实施有效的税源监控,必然要求税源信息真实准确。没有真实可靠的税源信息,税源监控也就失去了承载的意义。要提升信息的真实度,重在基础:一是严把税务登记年检关,借鉴驾照年检办法,推行按登记月份随年年检;二是对新办、变更、注销、改制企业、福利企业、代扣代缴、非正常户以及对纳税人申请减免退税、缓缴税款、呆账税金、滞留销项税额、留抵进项税额、弥补以前年度亏损、财产损失及所得税税前扣除项目等实施实地核查;三是加强发票稽核工作,开发发票防伪密码验证手段,扩充12366语音系统发票防伪查询功能,简易发票兑奖办法,推行即刮即奖,激发消费者索用发票热情;四是严格控制现金结算的范围和数量,广泛采用信用卡制度,引导纳税人的经济往来向票据化或电子化发展;五是借鉴上市公司重大事项披露制度,建立纳税人重大事项定期汇报制度;六是做好双定户定额的调查、核对、调整工作,实行民主评税、公开定税;七是对个人所得税代扣代缴零申报户开展清理检查,采取建档管理方式加强对高收入者的个人所得税管理;八是完善台帐建设,根据征管流程和税种征管需要分别设置相关台帐,同时有重点地开展管理性稽核工作,加强税源信息资料积累;九规范征管资料档案化管理,建立"谁受理采集谁整理归档"原则,及时准确地将纳税人申报资料和税收监控过程中掌握的信息录入计算机,针对人工录入易差错的问题,借鉴国际税收征管实践,要建立信息录入保障机制:一是积极推广电话、互联网、磁盘或IC卡等多元化申报方式和光电扫描采集技术,尽量减少人工录入和人工采集;二是在软件设计、应用、特别是操作权限设置做到各环节互相牵制、互相审核,能对原始数据的产生变化过程全面进行记录和监控,严密监控违规和异常操作,并及时预警,有利查处。

(三)依托科学技术,建立税源监控机构,构筑畅通的税源信息传递体系

实施有效的税源监控,核心是要通过科技手段实现对税源信息的畅通流动、集中处理和综合利用,这需要有高效的税源监控机构为其提供组织保障。如意大利每日能够处理高达200万笔交易业务,并通过公用数据网实现与政府其它部门及欧共体各国的信息交换和数据共享,就是在于有一个全国数据处理中心。着眼未来,随着集中征收进程的加快和多元化申报体系的完善和单纯意义上的征收淡化,要进一步把信息数据集中到省辖市级,建立市级数据管理局,专司信息处理中心和税源监控中心职能,一方面通过网络技术贯通各个管理层次,建立基于税收业务管理、税收行政管理、外部信息交换和为纳税人服务数据库之上的税务综合数据管理系统,构建税务信息管理平台,提高征管监控能力和上下级之间、部门间的税收信息共享水平;另一方面集中力量对税源监控过程中采集的各项原始、动态的税源信息进行筛选、分类、汇总、分析、加工、储存,并根据不同职能部门的需求生成各种指标,方便查询调用,实现税源信息的动态管理,为管理决策提供准确、及时、完整的分析预测。数据管理局成立后,基层税务部门采集税源信息的任务

将更加明确,因此业务职能要进一步突出:一是在科室设置上以尽可能多地获得纳税人信息为主要目的,实现“管事与管户”有机结合,实行两个层次的分类管理,即首先按重点税源、中小税源、个体工商户三块设置三个管理科室进行第一个层次的分类管理;其次是管理科室通过分行业纳税评估划分纳税信誉等级,根据信誉等级进行第二个层次的分类管理;二是与分行业纳税评估相对应,突出稽查专业化,实行专业化稽查,安排一个人或一个组长期负责稽查一个行业的纳税企业,使稽查人员成为某一类企业的查账行家,在此基础上,健全完善征管稽查工作例会制度,建立专业化分行业的征管与稽查工作例会,深入交流,促进全面掌握同一行业纳税人的深层次问题。

(四)开展纳税评估,推行信誉等级制度,构筑完善的税源信息评估体系

实施有效的税源监控,实践证明,纳税评估是一项行之有效的办法,如香港将纳税评估作为税源监控的重心,在申报、评税、稽核及反避税等环节中投入人力最多,相关制度和设备也最完善。评估工作的到位不仅使税源监控从事后走到事中事前,还提升了纳税人自行申报的真实度和准确性,保证了征管各环节各岗位采集的税源信息的真实性,经过评估后的税源信息在征管链条上的有效流动,全面提升了税收征管的能力和质量,也有力预防和扼止了偷、逃、骗税的发生。当前的重点:一是加强事前税源调查,根据国民经济行业代码体系,尽可能从细处着手,做好行业税负比较分析,按年确定行业税收平均负担率,进行同行业各企业间、各行业上下年度间的税源变化管理,掌握各行业间和行业内各企业间税源变化的动态,为企业异常申报提供预警线;二是参照西方成熟的电子化税源监控管理系统,由数据管理局着力开发分行业纳税评估软件,建立税情分析处理系统,将采集到的纳税申报资料、财务报表等有关数据和事前、事中掌握的企业税源信息传入应用软件,利用计算机来审核企业财务会计科目的勾稽关系、申报表和附表与明细表的逻辑关系,并自动分析同期的销售变化幅度、销售额与应纳税额的变化额度、存货的变动幅度、销售额与税负率的配比分析、销售利润率变化分析、产成品原材料比率分析、成本利润率变化分析、应收应付账款变化幅度等指标,结合行业税收平均负担率进行综合评估,考查纳税人是否真实申报;三是全面落实纳税申报约谈制度,集中力量对支柱产业、支柱行业和重点企业、关联企业以及财务核算方式独特、财务管理不善、长期零申报、低税负申报、享受税收优惠政策的纳税人进行重点评估,发现申报中有异常现象的,及时传送《纳税人异常质询书》,督促纳税人自查后真实准确地申报纳税,对自查不认真不彻底移送稽查环节;四是通过科学设置销售税金负担率、销售收入变化幅度、销售毛利率等若干选案指标,进行科学筛选选案对象,对销售收入与现实税金不成正比、税负与以前年度相比明显下降等税源变化异常企业以及在纳税评估中发现的涉嫌重大偷税案件进行重点稽查;五是根据纳税评估情况实行纳税人信誉等级管理,借鉴日本实施“白、蓝”报表分色申报的做法,实施科学的差别管理,给予不同纳税信誉等级的纳税人以不同的办税待遇,通过社会信用体系的不断完善,进而在银行贷款、离境期限等社会经济活动中也实行差别待遇,营造诚信纳税的氛围;六是借鉴国际税源监控经验,加大处罚力度,对偷税者在经济上不给好处,在政治上不给权力、在社会上不给地位,如法国对偷税者设置自费在报刊上登载犯罪情况、公开判决书、剥夺选举权和被选举权、剥夺驾驶执照等附加处罚;哥伦比亚对不向顾客开具发票、收据或开立一套以上帐户的公司处以吊销营业执照的处罚等,进而不断提高税源监控的主动性。

(五)转变考核目标,培育税源监控人才,构筑科学的税源监控考核体系

实施有效的税源监控,离不开管理的内外平衡,在对纳税人层面完善监控手段的同时,也要在税务机关内部建立科学的税源监控考核体系。当前,首要的是要围绕依法治税这一目标,进一步完善考核办法,建立科学合理的税源监控考核体系,达到对税源监控工作的科学评价:一是在组织上成立由分管业务局长挂帅的税源监控考核领导小组具体组织检查考核工作,定期开展抽查、验收活动,并将抽查、验收结果作为干部考核、晋级的依据;二是在内容上具体侧重于“质、量、廉”三个方面:“质”的考核主要看税源资料分类管理情况、税源资料是否完整与系统、税源变化动态分析资料、税源数据档案库管理等内容以及能否严格按监控规程操作、能否认真做好信息系统的应用运

行、能否有效实施分行业征管稽查例会制度;“量”的考核主要看能否按期完成上级税务机关下达的月、季监控户数、监控项目、监控指标任务;“廉”的考核主要通过纳税人反馈情况及定期走访的形式,征求纳税人对税务干部履行税源监控职责中的意见,对遵纪守法者给予表彰,对违反廉政规定的进行处罚。其次是要考核培育税源监控人才的力度,离开了人的决定性因素,没有一支精干的税源监控队伍,有效的税源监控无从谈起。要从根本上实施有效的税源监控,必须进一步创新干部管理的思路,要树立“干部素质就是第二税源”的治队理念,坚持以人为本,注重榜样示范效应,积极开展学习型组织创建活动,努力加大复合性干部培养力度,着力在提高干部现代化综合素质上下功夫,进而全面提高监控水平。

课题组负责人:李广喜

成　员:张　瑾　仵孟辉　陈少杰

郑月华　李兆兰

执　笔:陈少杰

企业外迁对税源的影响与应对措施

温州市地方税务局课题组

近年来,温州企业出现纷纷向上海、杭州等地“迁移”的现象。据我们调查,在上海的温州企业大约有4000多家。均瑶集团已把企业的营运、人才、科研中心全部迁移到了上海。正泰集团、人本集团、德力西集团、奥康集团、美特斯·邦威公司等行业的龙头企业已纷纷将触角伸进信息、人才等方面资源远比温州优越的上海、杭州等地。据报载,不仅我市有这种现象,浙江省宁波市、福建省泉州市等地也有较多的企业外迁现象。宁波比起温州,地理位置更具有区位优势,它本身就是长三角的一部分,但相当多的宁波本地企业,如彬彬集团等仍然将企业重心迁往上海。截至2002年底,宁波市企业整体外迁66家,注册资本总额4.2亿元,局部外迁2112家。福建泉州则与温州一样,“夹”在珠三角、长三角当中,稍有不同的仅是泉州更靠近珠三角,温州更靠近长三角,但两者都处于被“南北夹击”的状态。进入新世纪以来,福建大批本土企业外迁长三角。泉州一直以民营经济活跃为特征立足于闽南金三角一隅。但2000年晋江市就有28家企业外迁,2001年晋江、漳州11家企业上规模的饼干企业到江苏吴江市盛泽镇落户,去年泉州知名企业菲莉集团在浦东划地寻求发展;台资的热点,也逐渐从福建加速转移至长三角、珠三角、华北等地,导致福建产业“空心化”。在“长三角”、“珠三角”刮起企业、产业聚集的旋风之下,泉州与温州等三角中间地区,就不可避免地同样面临着由企业外迁带来的巨大压力。

可见,随着经济的全球化和国内经济交流的增加,企业流动已成为不可阻挡的趋势。企业迁移是经济发展过程中的正常现象,但是企业的迁移,对于迁出地来说,会带来一系列的影响。这个问题具有一定的普遍性,本文旨在分析企业外迁原因与企业外迁对于迁出地的经济影响,并提出应对措施。

一、企业外迁已经明显影响我市税收的可持继增长

对企业来说,外迁是拓展生存和发展空间的需要,是开拓市场、争取利润的需要。但是对政府来说,情况就很值得分析。企业外迁,最直接的影响就是当地的国民经济增长速度下降,进而导致政府的税收收入会减少,就业压力就会增大,消费拉动能力下降,宏观调控经济的能力削弱,社会稳定就可能受一定程度的影响,等等。

从我市工业经济的情况分析,2003年上半年规模以上工业企业实现总产值521.72亿元,同比增长18.5%,与去年同期相比,增幅回落了2.3个百分点。从全省工业经济发展情况看,我市工业总产值的增长速度低于全省平均水平9.8个百分点。规模以上工业经济总量退居全省第五,首次低于嘉兴市,生产、销售

增长速度均位居全省末位。我市无论在生产还是销售上,增长速度均为最低,增长速度远远落后于杭州、宁波、嘉兴、绍兴、台州等五个兄弟市。与近几年我市经济增长速度一直领跑于全省前列相比,2003年上半年我市经济"落后"了。造成上述状况的主要原因之一就是一部分大中型企业的外迁。

我们在调研中发现,一方面是本地企业大批外迁、本地资本大量外流,另一方面是外地到温州创业的企业却并不多,温州吸收的外资和国内其他地方的资本非常有限。从近年来我市新办企业与注销企业(均指地税部门登记,下同)对比,虽然企业户数增加,但新增的企业注册资本大大少于注销企业。下表可以从一个侧面反映出温州资本外流程度。

时间		2000	2001	2002
新办	户数	12387	18011	17809
	注册资本(万元)	2642910.44	5136107.97	931107.49
	户均注册资本(万元)	213.36	285.17	52.28
注销	户数	8013	7168	7371
	注册资本(万元)	183798.69	545130.68	2439835.23
	户均注册资本(万元)	22.94	76.05	331

与此同时,温州吸收外资和国内投资却非常有限。以引进外资为例,2002年全国利用外资达550亿美元,温州仅8000万美元,占1.45%,与苏州(48亿美元,占8.73%)、宁波(42.5亿美元,占7.73%)等省内外城市相比,差距很大。

外迁对我市税收的影响也已经显现出来。1998年至2002年,全市地税税收收入从22.94亿元增加到57.08亿元,年均增幅26.61%。但自2003年3月份以来,我市税收收入增长幅度出现回落。1-3季度,我市税收收入增幅仅为22.21%,大大低于全省29.26%的增长幅度,位于全省倒数第二。与杭州市35.25%和宁波市30.05%的增长速度相差更大。杭、甬、温三地税收收入占全省的60%以上,而温州市的税收收入仅占三地收入的22.70%。这一现象与本地企业外迁有着很大的关系,反映了我市税源建设持续增长乏力,经济可持续发展受到了挑战。因此,如何留住本地企业、积极吸引外来投资,已成为我市区域经济发展中需要认真研究、解决的紧迫课题。

二、我市企业外迁原因剖析

导致我市企业外迁的原因是多方面的。我们在调研中发现,主要存在以下四方面的因素:

(一)上海杭州等地的区位优势

温州人在全国各地建商场、办企业的报道不断见之于新闻媒体。几乎每月都有外省、市的招商团来温州招商引资。更有甚者在温州常设招商机构,常年招商。上海是国际化城市,是我国经济发展的龙头,有先进的开放思想观念,有更宽敞的信息渠道。上海等地的基础设施、科技和人才等区位优势,是外迁企业进一步发展所必需的。

另外,一些企业迁到经济并不发达的地区,是由于那些地区有优惠的政策,低的地价以及有原材料、市场的优势。随着我市主动接轨长三角经济区,会有更多的企业到上海寻求发展。而外迁的企业大都是相对成熟的企业。这批企业一旦开始外迁,会产生联动效应,往往带动整个行业大规模地外迁,如灯具市场、皮革行业、制药行业的企业等大规模外流,会使我市的税收收入大大减少,较为明显地影响到我市税收收入的增长,进而严重影响我市财政综合实力。

(二)土地因素制约我市企业发展

我市国有土地资源的稀缺和企业数量的众多造成了土地供求严重失衡。我市新开辟的滨海新区,目前就有700户企业排队等候入园,呈现明显的僧多粥少状况。加之温州过去"东移西扩"的城市发展战略,没有突破市区固有观念,直接造成土地资源扩张不足。工业园区散乱,面积小,起点低,配套设施不健全。仅在市区就出现30多个工业园区,导致土地开发成本高,与周边农民矛盾很大,企业进场难等问题。如瓯海区鞋业龙头企业"澳伦鞋业"征地两年未能进场,致使进口设备闲置,错过了良好的发展时机。

土地供求严重失衡导致土地价格抬高。市区工业用地每亩价格高达20-30万元,企业不堪重负,外迁另谋发展成为现实的选择。同时土地价格的节节攀高,诱使部分企业进行“圈地运动”等投机行为,进一步加剧土地价格上扬。此外,失地农民没有得到及时安置,或者补偿政策不统一,未能消除失地农民的后顾之忧,造成了已征土地落实不了的局面。而目前我国经济最发达的长三角地区,用于吸引外来资金的工业建设用地每亩价格仅3-12万元,一些经济不发达地区甚至免费提供土地。如上海某地采取财政补助的方式,对于外来企业征地,每亩补助十几、二十万元,吸引外资。致使我市相当一批企业纷纷外迁至上海等地。

(三)企业负担过重

一是宏观税负不断增加。从1998年到2002年,我市财政收入年均增幅28.7%,进入新世纪以来的前三年,我市财政收入增幅均在30%以上。期间最为明显的是2001年所得税分享改革,我市在2001年11、12月份增收两个所得税收入达8.63亿元,占全年收入34.7%。2002年,又抓紧了营业税的入库,增幅达38.5%。连年财政收入的持续、高速增长,形成了高基数,高税负。从1998年到2002年,我市财政收入年均增幅28.7%,GDP平均增幅为11.88%,前者高于后者16.9个百分点。财政总收入占GDP的比重从1998年的6.79%提高到2002年的11.9%。特别是2001年,GDP的增幅仅为12.6%,而税收的增幅却高达52.1%,前者高于后者39.5个百分点。

省内比较,除杭州、宁波由于卷烟、石油等高税率企业较多,具有不可比外,我市财政总收入占GDP的比重高于其他城市。2002年我市财政总收入占GDP比重已达到11.9%,分别高出嘉兴、绍兴和台州1.6、2.7和1.8个百分点,地税税收占GDP比重达到5.4%,分别高出嘉兴、绍兴和台州1.1、1.6和1.5个百分点。2002年市区更高,财政总收入和地税收入占GDP比重分别达到了14.74%和7.3%。

二是近年来温州成为资本输出地,企业大量外迁,本土的企业数量和资本投入数量都非常有限,于是进入了一个怪圈:税收任务增加→征收力度加大→企业税负增加→企业外迁→税收任务再增加→企业税负进一步加重……形成恶性循环。与之形成鲜明对照的是,长三角地区每年吸引大量的外来资本投入,新办企业如雨后春笋般涌现,企业的大量增加不仅有效稀释了税收负担,税收收入总量却不断增加。一种是靠企业不断迁入税收收入不断增加,另一种是靠加重负担增加税收收入,这两种截然不同的现象,非常值得我们深思。

三是企业收费负担过重。根据调查,上海、昆山、无锡等地除中央的规费外,地方实行零规费政策。上海市在青浦建立173园区,其目的就是以低商务成本应对江苏、浙江等地的竞争。而温州市地税部门2002年收税57亿元,收费27亿元,收费占收税比例的近一半。尤其是我市按照销售额征收的地方养老保险基金,对企业更是一个额外的负担。从2002年除税收以外的其他收入(收费项目)占地税部门组织的总收入比重看,我市为最高,达到了32.3%,而台州仅为24.3%。(见下表)

四是出口退税难以兑现。截止2003年8月份底,我市国税部门审核通过的累计应退未退税款28.43亿元,外贸企业大量资金被占用,加重了外贸企业负担。这种状况随着2004年国家出口退税机制的改革与“新账不欠,老账要还”原则的落实,或许会得到较快改善。

五是现行征管方法不合理造成企业额外负担。征管改革后,对纳税人实行了属地管理,却忽视了按行业进行专业化管理。在实际操作过程中按街道、乡镇设置征收科,由于各科征管宽严程度不同,纳税人实际承担的税负也不相同,引起税负不公。

对于财务制度及账证不健全或根本没有建帐的私营企业,税务部门在征税时往往采用定期定额的征税办法。对实际营业额超过定额20%以上的,一旦被稽查部门查获则视为偷税,导致一大批实行定额征收的中小企业和个体户对“定额”征收产生不安全感,经营上放不开手脚。

许多中小企业没有自己的经营场地,靠租赁场地进行生产经营。中小企业除负担高额房产租金外,房产租金要缴纳营业税、房产税等税费,综合负担率高达23.25%。这些本应由房东缴纳的税收在实际操作中都转嫁到了经营者身上,更增加了经营者的负担。如妙果市市场、灯具市场、桥头钮扣市场等外迁或者消失,均与高额的租金有关。

(四)投资软环境不尽人意

首先体现在观念的差异上。上海、江苏与省内其

2002年我省各市地税部门征收的其他收入情况表　　单位:亿元

单位	总收入	税收收入	比重	其他收入	比重
宁波	132.46	92.46	69.8%	40	30.2%
温州	84.36	57.08	67.7%	27.28	32.3%
台州	44.36	33.59	75.7%	10.77	24.3%
绍兴	50.64	35.35	69.8%	15.29	30.2%

他各市,招商引资氛围浓厚,不仅书记市长亲自抓,各部门、各单位都有任务,有的地方甚至落实到人。而温州迄今尚没有把留住本地企业、吸引外来企业提上重要议事日程。强调"招才引智",忽略了"招商引资"。

其次,"招商引资"观念的滞后,导致政策跟不上。上海为吸引国内企业进驻沪上,专门出台了一个《关于进一步服务全国扩大对内开放若干政策的意见》(即著名的"24条")。这"24条"不仅是企业的"发展"政策,更是"安心"政策。反观温州,至今还没有出台能适用于园区招商投资的规范性文件,在政策服务上就没有让企业吃定心丸。如由于市与区财政体制不合理,各有各的财政利益,企业流动这一看起来简单的事情,也变得异常的艰难。滨海园区是温州经济技术开发区的一部分,当地财税部门要求跨区域进入滨海园区的企业必须要注销老企业,在园区内才被视为新办企业。原因是老企业跨区入园,其所产生的税收大部分利益仍旧归原企业所在地的财政所有,只有注销老企业,入园新办企业才能使财政利益分配和企业所处区域一致。但老企业注销新办显然不是一件容易事,光注销清算就要企业投入大量时间、精力。康乐集团迁往外地与此也有一定的关系。

再次,服务环境没有得到大的提升。在各地普通强调投资软环境建设,大力提高投资的知名度和美誉度的同时,温州少数政府部门及其工作人员过去存在态度生硬、办事拖拉等现象,严重阻碍了经济发展。如媒体报道的"四十天奔波等于零"、"服务窗口没空调不上班"等现象,凸现了温州投资软环境的不尽如人意之处。对有的审批项目要求高,审批时间慢,与上海等地为企业服务的高效率形成了鲜明对比。我市一家企业到上海发展后,拟开发一个旧轮胎回收的项目,项目立项尚未完全启动,上海财政部门便为其落实到位了200万元的科研开发补助,其效率和支持力度是我们所不能及的。

我市属"吃饭财政",城市建设摊子过多,财政还贷压力大,对企业的财政支持力度不够,受惠面不广。如温州市政府没有实施财政奖励补贴政策,出口退税质押贷款仅给予50%贴息。

对于整个经济大环境而言,企业外迁是企业竞争力增长的结果,我们决不能因为外迁给我市带来的种种不利因素而阻止企业外迁。但是,关键是在一些企业外迁的同时,应该如何进行反思,应该积极想方设法吸引一些适合温州这种生存环境的外资和企业,利用温州特有的优势,扩大影响力和吸引力。

三、我市企业外迁的应对措施

为确保我市在全国的领先地位,市委、市政府提出了"一港三城"(东南沿海大商港、最具活力城市、山水文化名城、国际轻工城)战略。从我们财税部门而言,一定要从实施市委、市政府"一港三城"战略的高度出发,更新部门观念,主动树立竞争意识,具备"接轨大上海,融入长三角"概念,发挥财税职能,支持经济发展,积极涵养税源,努力组织税收收入,提高综合财力。采取积极措施应对我市企业外迁与资本外流的现状,是我市税务部门与其他政府部门的共同职责。针对上述导致本地企业外迁的众多因素,我市税务部门与其他政府部门应共同做好以下几方面的工作:

(一)更新观念,调整结构,支持经济持续发展

1、更新政府理财观念,确保税收收入持续增长

税务部门应该坚持先经济后税收的观念,实现税收收入与经济同步增长。只有经济持续发展,税收收入才能稳步增长。税务部门作为政府的一个经济职能部门,要为政府收好税,必须立足长远,根据统一部属,制订税收收入发展速度规划,使税收收入能持续、稳定增长。要研究支持经济增长的有效措施,要规范执行有关税收政策,以支持的态度去帮助解决企业发

展中遇到的困难，为不断改善温州的投资环境，留住本地企业，吸引和激发企业投资热情，引导企业发展。

2、树立招商引资观念，激发企业投资创业热情

海纳百川，有容乃大。企业外迁并不可怕，怕的是外地企业没有进入温州。宁波市虽然有大量的企业外迁，但是引进内资的力度也很大，仅2002年度，宁波协议引进内资52.8亿元，实际引进内资35.8亿元，总投资1亿元以上的项目有13个，流入资金大大超过企业外迁流失资金，资金流动呈现"双赢共荣"的局面。因此，我们要改变单纯"招才引智"的做法，大力提倡招商引资，切实树立"亲商、安商、富商"观念，做强"内资"，吸引"外资"。政府要从产业政策上，给企业出题目，吸引外来投资。要学习江苏上海等地在招商引资方面不仅有投资创业的园区，有明确的招商引资项目，配套的优惠政策，还有良好的服务环境，吸引企业投资创业。

3、合理调整产业结构，培养后继税源增强后劲

针对我市税源结构不合理，市委、市政府已经提出要以第二产业的进一步发展为支撑，打造"国际轻工城"。为突破土地的瓶颈限制，还提出了市区"退二进三"战略。我们要尽快尽可能改善企业用地环境，实现北接乐清、永嘉，南连瑞安、苍南、平阳。要优先保证工业用地，不能单纯上房地产项目，保持经济持续稳定地增长。其次，要抓好新老产业园区的整合，特别是要整合和淘汰一批小园区，建成一批有温州产业特色的大园区。加大园区基础设施建设的投入，使其产生规模效应。

针对我市地方收费项目比重过高的实际，建议市政府及早研究停征地方养老保险基金，通过扩大职工养老保险基金的征收面和提高征收比例来弥补地方养老保险基金取消后所造成的支出不足。

（二）控制规模，完善体制，推进产业转移战略

1、适当控制税收规模，积极调整收入结构，提高地方可用财力

增加我市的财政收入和可用财力，最根本的途径是发展经济，拓宽财路，养鸡生蛋，培养后续税源和新的税收增长点。要坚持财政、税收的可持续性增长原则，略高于GDP的速度增长，但不能增长过大过快，要给我市企业一个休养生息的时间。特别是针对今年的财政税收收入出现低增长的实际，我们应当实事求是，承认差距，不能再盲目追求速度，以争取今后年度财税增长更有动力。针对国家对出口退税政策的调整，地方财政增加了出口退税的负担，但我们仍然要从大局出发，支持企业扩大出口创汇，以拉动经济发展。

2、完善管理体制，促进企业合理流动，推进产业战略转移

由于我省实行省管县财政体制，市与县分灶吃饭，市区企业迁移到沿海各县（市）以后，税收收入就归县征收，将使市级财政收入大大减少。我们建议，其一是向省财政厅争取市管县的财政体制或再争取区划调整扩大市区范围，彻底解决市管县的事权与省管县的财权不相适应问题。其次是市级财政向各县投资重点工程项目以及市级企业向各县迁移后所产生的税收仍应归市局管辖和征收，以彻底解决市级向县投资、迁移企业后税收收入划分上争执不休的问题。其三，也可以借鉴江苏江阴市的做法。江阴市的企业迁移到邻近的靖江市后，两地签订税收分成协议，在十年之内税收由两地分成，目前这一协议正在江苏省财政厅审批之中。同时还完善市区财政体制，彻底解决人为限制企业正常流动以及争夺税源的状态。

（三）发挥职能，加大力度，支持企业做大做强

1、发挥财政职能，筑巢引凤发展经济

要引金凤凰，须栽梧桐树。财政充分发挥促进经济发展的职能，运用投入资本金的方式，以四两拨千斤，参与园区建设。还可以采取温州人在外地建造"温州城"的做法，引入市场机制，鼓励大企业投资造"城"。针对中小企业急需厂房的实际状况，引入企业微利厂房政策，财政投入一定的资本金，建立标准厂房，以优惠价格出租、出售，解决中小企业没有厂房的问题。如苍南龙港为了吸引小企业入驻工业园，推出了八个方面的优惠政策，不仅政府倒贴2000多万元，让利于入驻企业，还首创厂房按揭贷款，争取到建行、工行的支持，购买厂房的企业只需交付50%的资金便可入驻园区，其余部分则由银行办理五年期的按揭贷款来支付。这一做法，不仅有效地解决了入驻企业筹资难问题，也使企业有能力购置新设备，进行技改升级。

财政应积极参与制订支持工业园区、支持高科技园区建设的优惠政策，吸引各地各界资金。如继续对

企业投资技改、高科技项目、出口、创建知识产权等实行财政贴息政策或者奖励政策,对企业纳税比上年增长部分,财政可以按适当比例返还或者奖励,以更好地鼓励企业做大做强。如我市经济开发区就采取对上缴地方财政20万元以上的企业,6年内返还购地款80%的政策,吸引了一部分企业。

2、疏通银企渠道,引导企业扩大生产

我市中小企业数量多,是经济发展的主力军,也是税源的重要供给者。许多国有企业改制后,也成为中小企业。但是中小企业融资困难,常常会遇到"担保无人"、"借贷无门"的问题。针对企业贷款问题,政府在财政周转金这种直接的财政信用取消后,要参与建立社会担保体系,疏通企业贷款渠道。相对于我市已有的12家担保公司,财政投入的资金才500万元,对解决民营企业的担保需求可谓杯水车薪。财政资金应更多投入,以扩大中小企业担保规模。

利用我市金融改革城市的优势,争取中央的政策支持,鼓励个人通过银行把私人资金投入生产,以充分利用民间闲置资金支持企业发展。对企业集资支付利息,可在银行利息基础上上浮30%。

要继续实施财政贴息的办法,对鼓励发展的产业和项目进行财政贴息,激发企业扩大再生产的投资热情。

(四)完善改革,改进征管,不断提高地税管理水平

1、开展税源调查,开辟税源增长点

要通过调查研究,寻找和培育新的税源。如与建设、房管、车管等有关部门保持联系,加强对外驻温企业、温州驻外的办事处、分公司,以及房产出租、家居装璜、出租车行业、物业管理、车辆保管市场以及房地产交易二级市场的税收征管。

2、加强行业管理,公平税收负担

实行行业管理有利于公平税负。要充分利用行业协会(如鞋革协会、打火机协会、灯具协会、服装商会等)的力量,按照行业的特点,制定税收征管办法,对工业、商业、饮食业、娱乐业、各专业市场、专卖店、连锁店等采取分行业征管。如瓯海分局开发的皮鞋行业稽核评税体系就是实施专业管理的有效尝试。市局征管局开发企业纳税评估管理的4个小软件,也是实行行业管理的有效措施。

3、改进征收办法,消除后顾之忧

改进和完善现行的定额管理办法,使纳税人做到依法纳税,同时解决业户的后顾之忧。要引导业主按规定如实申报,尽量使申报的定额尽量接近销售额。要规范定期定额管理的程序。如发现业户实际发生额与定额相差过大的,或出现漏报税种的,税务部门应首先责成企业自查,由业户自行纠正,重新申报,给企业一个自我调整和改正的机会。

4、加强信息共享,提高工作效率

税务稽查不能以查补税款为目的,而是为了促进征管。稽查可以个案稽查或者行业稽查,以了解情况、发现问题、增强威慑力为工作重点。征管可以利用稽查在办案中发现问题改进征管措施,调整征管重点,防漏补缺。

5、引进好的机制,推广好的经验

在税务征管与税务稽查之间,引入稽核评税机制,给纳税人一个自我纠错的机会。稽核评税要适当体现税务机关对纳税人的宽容度,通过稽核对企业提出整改意见,帮助调整帐目,督促其自行申报,同时还要帮助纳税人落实税收优惠政策。

上海市实行税收服务"既要零距离又要远距离"的理念很值得我们学习。上海市对纳税人建立了税收信用等级制度,鼓励企业诚信纳税。通过纳税信用等级评定,对信用等级高的纳税大户,实行大客户优待服务,办理涉税事项有专人接待,发票领购预约服务等。对一般企业纳税正常的,采取"远距离"式征管。大力推行先进的申报技术手段,广泛采用网上、邮寄、电话传真等方便纳税人的申报方式,搞好优质服务,减少征收环节,提高办事效率,减轻纳税人负担,鼓励企业发展壮大。在纳税人需要税务咨询和办理涉税事务时,提供"零距离"的热情周到服务。建立纳税服务"超市",加大税法宣传,方便纳税人的咨询。

上海市、江苏昆山市等地的税务稽查,在强调严格执法也增进了服务观念。对企业的检查既要查应纳的税企业应纳税收是否已缴纳,也查其应当享受的政策企业是否已享受。税务稽查要适度,重点检查企业以前年度的偷税行为,当年度的税收违法只由评税机构处理。对企业实行税务稽查要实行责成自查、公告和公示等制度。推广这些经验和做法必将推进我市财税机关的效能革命。

综上所述，要涵养税源，就是要给企业创造一个良好的生存空间、发展环境和创业平台，不仅要留住现有企业，还要利用温州自身的优势，吸引外来企业，引入内资和外资，不断壮大地方经济实力。

课题组负责人：石文秀　马伟俊
成　员：调研组全体成员
执　笔：谢清法　王　荣　周丹凤
林　坚　詹子方

台州社保"五费合一"的实践与思考

台州市地方税务局课题组

扩大社会保障覆盖面，建立健全社会保障体系，是当前各级政府面临的一项十分重要的任务，也是地税部门服务于社会发展的重要环节。自从社会保险费由地税部门征收以来，台州市地方税务局积极探索社会保险费征管方式，加强与社会保障部门及财政部门的协作，确保社会保险费的顺利征收。2002 年，台州市各级地税机关共征收社会保险基金 6.86 亿元，比上年同期增收 2.20 亿元，增长 47.2%。

尽管台州市社会保障基金征收工作取得明显成绩，但也应看到，由于机制上的缺陷，台州的社会保障基金征收工作还不完善。

一、社会保险费征收中存在的问题

（一）社会保险费征收进展不同步

当前台州市各县（市、区）社会保险费征收进展不一。其中企业养老保险费各县（市、区）均已开展征收；失业保险只有椒江、黄岩、路桥、临海征收；医疗保险仅市本级、临海及天台征收。这表明台州市还有许多职工游离于社会保障之外，意味着未参加社会保险的职工在丧失劳动能力后将无法维持生计。

（二）征收标准上存在差异

在社会保障费征收上，台州各县（市、区）存在着较大差异。这不仅引起企业负担不均衡，而且导致地区间负担的不平等。征收上的差异表现为：

1、征收标准上的差异

从表一看出，台州市不同行政区域社会保险费征收标准各不相同。如市本级及椒江的养老保险均以上年全省职工平均工资为计费依据，而黄岩以上年全省职工平均工资的 60%为计费依据，路桥则按每月 790 元的标准征收；市本级及黄岩医疗保险费均以上年浙江省职工平均工资为计算标准，而椒江及路桥则每月按 1310 元征收。征收标准的差异，导致企业及职工负担上的差异。

表一：台州市本级及三区"五费"征收标准差异比较

项目 县市	养老保险 计费依据	医疗保险 计费依据	失业保险 计费依据	工伤保险 计费依据	生育保险 计费依据
市本级	上年全省职工平均工资	上年全省职工平均工资	820 元 / 月		
椒江	上年全省职工平均工资	1310 元 / 月	500 元	上年全省职工平均工资	上年全省职工平均工资
黄岩	上年全省职工平均工资的 60%	上年全省职工平均工资		1310 元 / 月	1310 元 / 月
路桥	790 元 / 月	1310 元 / 月			

2、征收费率上的差异

从表二看出，市本级与椒江、黄岩、路桥之间在失

表二:台州市本级及三区"五费"征收费率差异比较

项目 县市	失业保险	工伤保险	生育保险
	费率	费率	费率
市本级	3%		
椒江	10元/月		
黄岩	3%	0. 5%-1%	0. 5%
路桥	14元/月	0. 6%-1%	0. 5%

业保险、工伤保险、生育保险征收费率上均存在一定差异。如市本级及黄岩失业保险费率均为3%,椒江为每月10元,路桥为每月14元;工伤保险费率黄岩为0.5%-1%,而路桥则为0.6%-1%。

3、覆盖范围及征收力度的差异

按目前的标准,台州市参保企业需负担23.3%左右的费率,个人仅约为10%的费率,而未被社会保险覆盖的企业和个人则不承担社会保险费的义务。

此外,由于企业经济结构不同,参保对象不一,也是造成社会保险费负担差异的原因之一。如:黄岩区、仙居县工艺品厂较多,属于季节性生产,职工无法按正常方式参保;又如台州的方远集团,主要从事建筑业,职工主要为外来人员,他们中的大部分也不愿意参保。

(三)管理体制混乱,业务流程不顺

目前台州市的社保费采取多头管理,征收方式不同,执行标准不一,征收刚性不强。如在现行的社保费征收中,城镇企业职工的养老、医疗、失业、工伤和生育保险由劳动部门管理;机关事业单位的养老保险由人事部门管理。在劳动部门内部,又将养老、工伤保险归社保处管理,医疗保险归医保处管理,失业保险归就业处管理,使社会保险成"五马分肥"状态。

按照社会保险费征缴业务流程,参保单位缴费登记要到劳动、社保等部门办理;缴费基数分别由上述单位核定。由于地税部门仅负责征收养老保险基金,没有检查监督和调整数据的权利,有时明知数据失实,也无法纠正。

为了降低社会保障费征收成本、缓解不公平的征收现象,我们认为应对养老保险、医疗保险、失业保险、工伤保险、生育保险等实行统一征收。

二、实行"五费合一"的意义

"五费合一"是指统一规定养老保险、医疗保险、失业保险、工伤保险、生育保险征收管理办法和业务流程,统一缴费基数,统一费率以及统一数据库管理软件等。

设立"五费合一"征缴模式的意义在于:

1、有利于体现公平与效率

在"五费"统一由地税征缴的模式下,规范化的征收能解决目前存在的因缴费标准不统一而造成的不同部门、地区间负担悬殊的矛盾,有利于劳动者在不同部门、地区之间的合理流动。

2、有利于规范缴费双方的权利与义务,确保社保资金收入稳定可靠

在地税部门被确定为"五费"征收主体地位的前提下,社保资金的来源将更具约束力,有利于促使缴费义务人及时、足额地缴纳社保费,保证收入的稳定可靠。

3、有利于降低社保资金的筹集成本

"五费合一"后,地税部门可凭借人员素质、征收管理及硬件设施方面的优势,借助于日益完善的计算机网络,将会大幅度降低资金的筹集成本,提高工作效率。

4、为今后开征社会保障税创造条件

采用"五费合一"模式征集社保资金,其实质是"准税收制度"。有利于征收部门积累经验,为今后开征社会保障税打下良好基础。

三、建立"五费合一"的征管模式

我们认为应从统一征收主体、扩大征收范围、核定计费依据、核定征收费率等方面建立"五费合一"的

征管模式：

1、统一征收主体

为做到规范运作，讲究效率，确保社保费全面征缴，在具体操作上可以设定为：地税部门负责社保费的核定、基金征缴、缴费记录；社保部门负责社保费的审核和发放；财政部门负责基金的财务管理和监督。

2、扩大征收范围

"五费" 的覆盖面不仅限于城镇国有企事业单位和部分集体企业，而且应将个体户、乡镇集体企业、私营企业、外商投资企业均纳入社会保障行列。

3、核定计费依据

"五费"的计费依据要与劳动力价格相联系，即以职工取得的工资（包括工资性实物，不包括所得的股息、利息）为征收依据，由单位代扣代缴，自行申报缴纳。

在"五费"征缴过程中，应实行全员申报，以便公平费负，扩大社保覆盖面，降低费率，提高征收效率，减少征收成本。

4、核定征收费率

据我们的测算，当前台州市的"五费"费率应保持在23%左右比较妥当。假如采用上述综合费率，单位和个人的缴费总额将比以前有所增加，这对今后做实个人帐户和解决财政的隐性债务都有益处。若考虑到缴费人的负担问题，则可适当降低综合费率。

建立健全社会保障体系，是推进企业改革和发展社会主义市场经济的重要保障，是维护社会稳定的重要手段，也是实践"三个代表"的具体体现。目前世界上已建立社会保障制度的国家和地区，大多是靠立法来推进社会保障计划的。由于我国至今还没有专门的法律对社会保障范围、项目、标准等作出统一规定，社会保障法制滞后导致社会保障统筹强制性较弱，统筹层次较低，覆盖面较窄。随着社会进步，社会保障制度也要与时俱进，有必要加快社会保障立法、统一社会保障法规，增加政策透明度，扩大养老、失业、医疗、工伤、生育保险的覆盖范围，建立健全涵盖城镇各类企业的社会保障体系，为企业公平竞争创造环境。

课题组组长：郑　浩

成员：傅一峰　张露曦　梅临强

关于我省地税执法责任制试点工作情况的调查

浙江省地方税务局税收执法责任制试点工作调查课题组

为了进一步规范税收执法行为，提高税收执法水平，保障纳税人合法权益，根据《国家税务总局关于全面推行税收执法责任制的意见》(国税发[2001]127号)的精神和省局积极、稳妥地推行税收执法责任制的要求，2002年7月开始，省局首先在桐乡市地方税务局开展了税收执法责任制试点工作。2003年5月，为了多方面探索执法责任制工作，省局在桐乡市局开展税收执法责任制的试点工作的基础上扩大试点范围，将温岭市局增设为税收执法责任制试点单位。一年多来，试点单位始终把实行税收执法责任制作为推进依法治税的有效举措，从定岗定责入手，在监督和考核上下功夫，在过错追究上抓落实，在配套机制和制度上求完善，积极推行执法责任制，严格实施执法过错责任追究，初步建立了一个执法职责明确、执法程序规范、监督考核严格、过错追究到位的执法运行机制，有力地推动了税收工作法治化的进程，试点工作取得了一定的成效。

一、试点工作开展的基本情况

（一）统一思想，提高认识

认真做好推行执法责任制试点工作的组织动员，统一思想，切实提高对推行执法责任制试点工作重要性和必要性的认识，是试点工作如期圆满完成的保证。依法治税作为依法治国的重要组成部分，是依法治国方略在税收领域的具体体现，是税收工作的灵魂和生命线。省局关于税收执责任制试点工作的通知下发后,桐乡市局、温岭市局及时召开局党组会议,组织全体中层干部开展学习和讨论,研究部署税收执法责任制试点工作。通过学习和讨论,大家对开展税收执法责任制的必要性和重要性有了更清楚的认识,认为:长期以来,一些税务干部,包括一些领导干部对依法治税的理解仍相当片面,往往是强调行政相对人——纳税人是否自觉履行纳税义务,而忽略税务机关自身也必须依法征税,把依法治税片面理解为加强对纳税人的税收管理和税收违法行为的惩治。这种模糊认识和不正确的思想已严重阻碍了依法治税的进程,因此,在新的历史时期,全面贯彻落实依法治税思想必须首先正本清源,治权治官。税收作为国家财政收入的主要来源和国家宏观调控的主要手段,对国家和社会经济生活及人们的影响日益增强,税收工作已渗透到社会的方方面面,然而,税收工作中"有法不依,执法不严"的问题并未得到有效解决,税收工作面临着严峻的挑战。依法行政作为现代行政管理的重要方式,已成为我们解决目前面临的各种错综复杂矛盾和问题的重要途径,而执法责任制通过对税收执法行为的规范、约束、监督、激励,为我们税务机关依法行政的全面落实提供了制度与程序的重要保障,建立并推行执法责任制是贯彻依法治国基本方略,切实促进依法治税的重要措施。它对于强化地税执法人员的责任,提高地税执法人员的执法水平,规范地税执法行为,推进地税工作法制化,都将起到积极的促进作用。通过认真、扎实、细致的思想动员工作,试点单位广大地税干部对推行执法责任制工作的必要性和现实意义都有了很好的认识,确保了执法责任制试点工作顺利开展。

(二)建立组织机构,制定实施方案

根据省局试点工作要求,试点单位及时成立了以局长为组长,各科室负责人为成员的税收执法责任制试点工作领导小组,制定了《税收执法责任制实施方案》,明确了指导思想、基本原则、总体目标与实施步骤,提出了试行税收执法责任制工作的总体要求。试点单位严格按照《实施方案》要求,以明确岗位职责为切入点,以细化过错责任追究为落脚点,并有效结合ISO9000质量管理体系运行,有条不紊地开展了税收执法责任制试点工作。

(三)定岗定职,明确执法责任

执法岗位的科学设置和制定相应的工作职责,明确其执法责任,是实施执法责任制的基础。为此,试点单位首先根据税收业务工作和行政执法流程,依照税收征收、管理、稽查、法制等各方面税收管理的不同职能,并根据省局征管改革的要求,制定各执法机构、执法岗位工作职责;按照法定权限和工作实际,根据职务、职权确定执法权限和执法责任,做到以事定岗、以岗定责、权责相当,把整个税收管理工作细化到每一个执法机构和执法岗位,对税收执法权进行全面的分解和制衡。桐乡市局共设定执法岗位49个,其中,市局机关24个,征管局13个,稽查局12个。温岭市局共设定执法岗位41个,其中,市局机关20个,征管局13个,稽查局8个。其次,制定相应的岗位工作标准,量化各岗位目标和要求,规定了每个岗位应承担的工作内容和工作权限、工作标准,明确该岗位工作应达到什么要求。使各个岗位人员知道自己应当做什么、怎么做、有什么职权、承担何种职责。每一个执法岗位工作职责、执法权限、工作标准的严格界定,确保了税收执法权运行到哪里,对权力的规范和制约就延伸到哪里,从而切实有效地规范了各业务流程,杜绝了执法权力监控的"真空"。2003年7月,桐乡市局又结合省局关于全面推行ISO9000税收管理质量体系的要求,对岗位的设置及其工作规程及时作了相应的调整,使岗位的设置更加合理,工作流程更加规范。从温岭市局已经实施了两年的ISO9000税收管理质量体系来看,制定相应的岗位工作标准,量化各岗位目标和要求的作用是十分明显的。岗位职责明确了税收管理规范化的程序,工作效率和执法水平才能得到有效的提高。再次,根据各执法机构、执法岗位的工作职责及相应的工作目标,按照不同层级,制订各层级相应的《税收执法责任书》。桐乡市局局长与各科长、征管局长、稽查局长,稽查局长与稽查局各股股长签订了不同层级的《税收执法责任书》,做到层层签订执法责任书,明确责任目标,将执法责任落实到各执法机构、执法部门及执法岗位。然后,全面推行政务公开,切实加强内外监督。试点单位在市局和各基层征管局层层设立举报箱和举报电话,接受社会公众监督,有力地增强地税工作依法行政的透明度。

(四)制定考核办法,试行税收执法责任制考核良好的考核运行机制是推行执法责任制的关键。为此，试点单位从三个方面切实加强对执法责任制的督查考核。一是落实组织机构，切实加强领导。成立了执法责任制领导小组，由“一把手”任组长，分管领导具体抓落实，各科室负责人为成员，齐抓共管；合力推进。领导小组下设办公室，办公室设在政策法规科，负责处理日常工作，并定期向局执法责任制领导小组汇报工作进展情况。二是制定考核办法、确定考核方式。根据各执法机构、执法岗位的执法工作目标、要求和标准，制定相应的《税收执法责任制考核办法》，做到上一级考核下一级，基层所考核各执法岗位，层层考核抓落实，使税收执法责任制考核涵盖所有执法机构和执法岗位。通过对各执法机构和执法人员执法行为规范化与执法质量的考核，对各执法机构、执法人员是否规范执法作出评价，并与评比先进、年终奖励挂钩，将考核结果作为公务员考核的主要依据。从2002年9月开始，桐乡市局全面试行税收执法责任制考核。税收执法责任制考核采用日常考核与集中考核相结合的形式进行，日常考核贯穿于税收执法的全过程，对税收征收、管理、稽查等各执法环节进行全面考核。各科、征管局、稽查局所有执法岗位人员在日常税收征收管理、税务稽查、工作传递、资料审核等各环节过程中，发现其他执法机构或岗位人员有违反税收执法责任制行为的，必须按规定要求进行记录并上报部门负责人，每月汇总后，对属于反映本执法机构岗位人员的执法差错记录，纳入本机构对岗位人员的考核；对属于反映其他执法机构或岗位人员的执法差错记录，报送市局法规科，由法规科作为对各执法机构考核记分依据的同时，转相关执法机构纳入对岗位人员的考核。集中考核采用各基层征管局月终抽考，市局开展税收执法检查和年终考核等形式进行。温岭市局在制定执法责任制考核办法时，把执法责任制考核与ISO9000质量管理体系的考核作了很好的结合，在考核内容上采取“合二为一”，取两者之精华，在考核形式上，采取每年两次集中考核与平时自查和抽查相结合。

（五）积极探索，试行过错责任追究制

严格实施过错责任追究是税收执法责任制顺利推进的重要保障。试点单位“敢动真格”，把过错责任追究作为试行执法责任制的“重头戏”。如桐乡市局于2003年5月制定了《桐乡市地方税务局税收执法过错责任追究办法（试行）》，并从2003年6月起试行。《桐乡市地方税务局税收执法过错责任追究办法（试行）》规定，税收执法过错责任追究的形式为：批评教育、责令作出书面检查、通报批评、责令待岗、取消执法资格和扣发奖金的经济追究。对执法过错责任人员除按照规定进行追究外，可并处取消评选先进、优秀资格。该《办法》对每一项具体执法过错行为根据性质的不同，确定追究形式，同时处以50元至600元不等的扣发奖金的经济追究，并对责任的承担也作了明确的界定：1. 因承办人的个人原因造成执法过错的，由承办人承担全部过错责任；2.承办人为两人或两人以上的，根据过错责任大小分别承担主要责任、次要责任；3.承办人的执法行为明显过错，审核人、批准人仍予审核、批准的，由审核人、批准人和承办人按照责任大小分别承担主要、次要责任，其中审核人、批准人承担主要责任，承办人承担次要责任；4.因承办人弄虚作假导致错误审核或批准的，由承办人承担全部过错责任；5. 审核人或批准人改变或授意改变原执法内容，导致执法过错的，由审核人或批准人承担全部责任；6. 承办人的过错行为经税务行政复议维持的，由承办人和复议人员共同承担责任，其中复议人员承担主要责任，承办人员承担次要责任；7.执法过错行为由集体研究决定的，由主要领导承担主要责任，其他人员承担相应责任；8.对干部非主观过错原因而造成的未履行法定职责行为，从实际出发，坚持无过错不受追究的原则。为体现有错必纠、过罚相当、教育与惩戒相结合的原则，规定经济追究只限于各种奖金和津贴，且在同一年度内最高金额不超过1000元。为充分维护被追究人的权益，桐乡市地方税务局还规定被追究人不服过错追究处理决定的，可以在收到处理决定之日起七个工作日内，以书面形式向市局税收执法责任制领导小组申辩。接到申辩材料次日起，由市局税收执法责任制领导小组办公室在10个工作日内组织复核，并在一个月内作出书面答复。据统计，到2003年9底，桐乡市地方税务局共有14人（次）因执法过错受到追究，其中实施经济追究3人。例如，桐乡市局下属征管局一干部在受理邮寄申报时，将纳税人在规定时间内寄出的纳税申报表，在认定申报时间时，错误地认定为延期申报，致使计算机自行产生了滞纳金,并在征收时加征了滞纳金。针对这一执法过错行为,桐乡市局对责任人作了批评教育并给予60元的经济追究。同时责令其立即纠正,对多征收的滞纳金2.13元,按规定手续退库。

(六)持续改进,不断完善相关制度

针对执法责任制试行过程中遇到的问题和困难,试点单位始终坚持边实践边完善,反复修正,不断完善相关制度。一是与征管质量考核相结合,力求解决两项考核不够统一的矛盾。执法责任制重在对执法过程的规范,而征管质量重在执法结果的评价。因此,试点单位在检查考核中坚持把执法责任制考核与征管质量考核两者统一起来,避免重复多头考核,立足考核并规范执法行为,综合考虑执法结果,做到同步检查,同步考核,同步追究。二是用ISO9000质量管理体系的管理理念推进税收执法责任制工作,使税收执法责任制与ISO9000质量管理体系相互衔接、相互融合,形成互补。桐乡市局在ISO9000税收管理质量体系起草中,将税收执法责任制与ISO9000税收管理质量体系作了有机衔接,在省局全面导入《ISO9000质量管理体系规范性大纲》的基础上,增加了《税收执法责任制控制程序》、《税收执法责任制考核作业指导书》和《税收执法过错责任追究作业指导书》,并在质量手册、各管理控制程序和工作职责中都明确了有关税收执法责任制的内容。并通过ISO9000质量管理体系的自我检查、环节检查、内部检查评审等发现税收执法差错、执法过错行为,做到人人参与,全方位考核、监督,确保税收执法责任制更有效地试行。同时,通过税收执法责任制考核、过错追究弥补ISO9000质量管理体系对事不对人,对执法差错、执法过错行为只纠正、不追究等方面的不足,有效防止不合格项和不合格品的发生,促进ISO9000质量管理体系的有序运行。三是温岭市局把执法责任制与基层文明单位考核和个人先进评比有机地统一起来,在基层文明单位考核和个人先进评比时,把它作为一项重点内容去衡量,有的放矢地引导税务干部更好地规范执法,尽可能地减少执法过错。

二、积极探索,狠抓落实,取得了初步成效

经过一年多的实践和探索,执法责任制工作在试点单位已经逐渐深入人心,有效地规范了执法行为,提高了执法水平,推进了依法治税,树立了地税机关良好的执法形象,取得了初步成效。

(一)试行税收执法责任制,地税干部规范执法意识有了进一步的增强

执法责任制着眼于"治内",对地税干部的执法水平和行为规范提出了严格的要求,增强了执法人员的危机感,促使执法人员不断自觉加强学习,提高业务素质。由于以执法责任制为主体的监督制约机制的建立和逐步的完善,地税干部的规范执法意识有了进一步的增强,税收执法过程中以往重实体轻程序、随意执法的现象明显减少。

(二)试行税收执法责任制,税收执法行为得到了进一步规范

试行税收执法责任制后,各执法机构和执法人员严格按照执法工作职责、工作目标和要求开展税收执法工作,税收执法行为进一步规范。使过去"疏于管理、淡化责任、有章不循、执法随意"等问题得到了有效纠正。从2002年和今年桐乡市局对各基层税务所的税收执法检查情况看,开展税收执法责任制试点工作一年来,未按规定加收滞纳金、应处罚而未处罚等问题基本杜绝;各基层税务所对纳税人逾期申报、逾期纳税的处罚率和滞纳金加收率均达到了100%;对纳税人停歇业请假和非正常户的认定,均能开展实地检查,对假停业的纳税人严格按规定给予行政处罚;对个体双定户的税收定额,能严格按照典型调查、业户自报、民主评议、定额公开的程序进行等。税收执法不规范的现象大为减少,使税收执法行为成为"阳光"作业。

(三)试行税收执法责任制,税收执法水平有了进一步的提高

税收执法责任制明确了各执法机构、执法岗位的工作职责和目标要求,规定了每个执法岗位应做什么、怎么做、做错了怎么办,切实提高了税务干部的执法水平。桐乡市地方税务局2003年1至9月,税务登记率、按期申报率、月税月清率、社保费征收率等分别达到了93.38%、97.15%、99.22%和99.65%。税收新欠得到了基本控制、陈欠进一步下降;税收新欠发生额只有148万元,比上年同期下降61%;清理陈欠53万元。税务稽查查处税收违法案件263件,处罚率达到70%,但无一例行政复议和行政诉讼案件的发生。

(四)试行税收执法责任制,促进了税收收入的持

续、稳定增长

试行税收执法责任制，牢固树立规范执法、应收尽收的工作理念，加大了税收征管和税务稽查力度，提高税收征收、管理、稽查工作质量，营造了良好的税收法治公平环境，促进了税收收入的快速增长。桐乡市2002年度完成地方税收收入49620万元，比上年增长11.21%；2003年1到9月完成地方税收收入48370万元，比上年同期增长17.58%。税收收入的增长因素离不开当地经济的发展，但坚持依法治税、规范执法显然也是至关重要的。

（五）试行税收执法责任制，监督制约机制得到了有效完善

税收执法责任制对税收执法责任的分解渗透于税收征收、管理、稽查的各个环节，并对税收执法行为作出了详细、明确的规范规定，使税收执法在具体的执法过程中都有明确的执法规程，有利于税收执法机构和执法人员及时发现执法中存在的问题，及时纠正执法差错。通过税收执法责任制的考核和过错责任追究等，使税收执法行为在事前、事中、事后的监督制约中运行，时时、处处全方位监督执法行为，有效地完善了监督制约机制。

三、执法责任制试行中遇到的主要困难和问题

税收执法责任制试点工作虽然取得了一些成绩，但也遇到了不少的困难和问题，有待于进一步解决。

（一）少数干部在思想认识上仍有不小的偏差，有待进一步提高

一些地税干部对税收执法责任制的意义认识不足，存在片面、模糊的认识，甚至还有一些错误的认识。有的人认为，推行税收执法责任制现在条件还不成熟，税收执法责任制框死了我们地税机关自己，是我们自己给自己套上了"紧箍咒"；还有的人认为，税收执法责任制只对执法人员的执法过错行为给予责任追究，而对非税收执法人员不具备执法权，当然不会有执法的过错，也就不会有过错责任可以追究，这样对执法人员就显得很不公平。因此，一些执法人员对推行税收执法责任制只是个消极的接受者，甚至还存在抵触情绪，影响了税收执法责任制的深入开展。

（二）相关的征管工作制度还未出台，致使有些执法职能和责任还难以界定

目前，与《征管法》配套实施的22个征管制度，到现在只出台了一个，尚有21个没有出台，这给基层的地税执法机关规范执法带来很大的影响，从而执法岗位设置还不能很好地做到科学、规范，不尽合理；职责分解到不了位、不能很好地划分责任。

（三）执法责任考核工作还难以做到全面、客观，执法过错追究还难以真正到位

在内部考核方面，TF2000还没有执法考核的功能，现行计算机软件还不能完全实现对税收执法行为全过程的监控，有的过错行为不能及时发现，涉及多个环节的问题，一旦出现执法过错，也因技术上不能满足界定责任的需求，而难以实施过错责任追究。内部考核还只能是停留于最原始的自我测评和人工抽查上，这不仅工作量大，而且还会渗入不少的人为因素，产生考核不公等不应有的现象，有关的执法人员对此也是最关注的，深怕这一不公现象落到自己的头上，这不仅仅涉及到收入少了，更会损伤有关执法人员的名誉，挫伤执法人员的工作积极性。这也是试点单位在推行税收执法责任制工作中一个主要的难点。在外部评议上，虽发放了评议表，设立了公开的意见箱，公布了举报电话等，但从实际效果来看，还没有达到预期的目的。因此，税收执法过错责任追究还难以真正到位。

（四）相应的激励机制不配套，税收执法责任制的推行缺乏动力

实行税收执法责任制一方面对未按规定和不规范执法的行为要给予责任追究，另一方面对规范执法、无执法差错的也应该有相应的激励机制，做到奖罚分明，这样才能调动积极性。但是，目前我省实行"四统一"政策，奖励机制受到了一定的限制，不利于执法责任制的推进。

四、对推行税收执法责任制工作的几点思考

（一）提高认识、加强领导是做好税收执法责任制工作的前提

税收执法责任制是税务机关治内、治权的一项重要举措。试点单位十分重视广大干部职工的统一思想工作，切实提高对推行执法责任制工作必要性和重要性的认识，采取有力措施，加强组织领导，有效地促进了税收执法责任制试点工作的顺利进行，这是做好税收执法责任制工作的前提。

（二）划清岗位职责、完善岗责体系是推行税收执

法责任制的基础

以规范执法为着力点,完善岗责体系,这是做好税收执法责任制工作的基础。岗责体系应包括岗位职责和工作规程两个方面,只有通过将执法工作细化到具体的执法岗位,并明确每个岗位的职责,以岗定责,确定工作流程,才能确保税收执法责任的全面落实。目前,地税部门与财政部门合署在一起,相对人员较少,但工作量大,在这种情况下,要推行税收执法责任制,一是要避免混岗和职能不清的现象的发生;二是对一项工作涉及多个部门的,在工作规程中必须要确定牵头部门,确保各环节的相互衔接;三是要不断修正、完善各岗位职责的工作步骤、顺序、时限、形式和标准;四是要处理好推行地税执法责任制与效率的问题。岗责体系设置既要规范,又要保证效率,为纳税人提供优质高效的纳税服务。这也是做好税收执法责任制工作的一个重要目的。

(三)着力抓好评议考核和过错责任追究是推行税收执法责任制的保障

评议考核是实施税收执法责任制的关键,过错责任追究是实施税收执法责任制的保障。但是,评议考核工作就目前而言仍是一件难事,主要是考核评议过程中还存在着考核的程序不够规范,考核人又是被考核人,互相拉不开面子或诸多的人情因素等原因。因此,实施税收执法责任制一定要着力抓好评议考核,采取切实可行的形式定期组织以执法质量为主要内容的考核,并对执法过错行为严格按照规定进行责任追究。同时,为保障税收执法责任制的持续进行,对税收执法责任制的考核内容要不断完善,根据不同时期、不同的工作要求、不同的工作重点,适时调整。在严格执行各项过错责任追究时,还要严格把握过罚相当的原则。税收执法责任制工作要始终以充分调动执法人员的工作积极性为出发点,做到税收执法责任制工作的人性化,这是做好税收执法责任制工作,促进地税工作取得更好成效的一门行为科学。

(四)提高干部队伍素质,建立合理的激励机制是做好税收执法责任制工作的根本

税收执法责任制能否有效落实,根本在于有否一支纪律严明、作风过硬、秉公执法、廉洁奉公、训练有素、业务精通的执法干部队伍,有否一个好的激励机制。因此,推行税收执法责任制一定要加强地税干部的培训教育工作,通过培训,使全体地税干部政治素质、业务能力和相关的法律知识、法律意识得到整体提高,要以地税工作实际需求为导向,建立一个"能充分挖掘人的潜力、释放人的能量、提高人的素质"的有效激励机制,从而有力地推动税收执法责任制的顺利开展。

(五)实行电子化考核是推行税收执法责任制的技术支撑

随着税收信息化建设的不断推进,特别是TF2000的应用,绝大多数税收执法业务已纳入TF2000管理。但目前TF2000所包涵的内容与税收执法责任制需求的内容还很不适应,修正TF2000地税信息征管软件,使其能满足推行税收执法责任制定责定岗、考核、过错识别界定等的要求,用电子化技术支撑税收执法责任制考核,解决人工考核工作量大,避免人工考核人为因素多等,已成为一个亟待解决的问题。充分发挥计算机信息资源共享的特点,运用现代网络技术,发挥机器"管人"的作用,实行电子化考核机制,用电子化技术推动税收执法责任制进程,这是推行税收执法责任制的必然趋势和客观的要求,只有这样,才能提高检查考核的质量和效率,最大限度地防止弄虚作假和形式主义现象的发生。建议省局尽快开发执法责任制的考核软件,嵌入TF2000系统,以提高执法责任制考核的科技含量,使信息化建设与推税收执法责任制工作相互促进,共同发展。

(六)与ISO9000质量管理体系有机结合,是推行税收执法责任制的有效途径。ISO9000质量管理体系导入税务管理是新的事物,是一个管理理念的创新,这种创新将直接带来税务机关管理思想、管理机制和管理方法的改革与完善,带来管理过程的进一步优化,并为行政执法责任制工作的顺利推行打下了一个好的基础。当前,首要的工作是要制定税收执法责任制与ISO9000质量管理体系相互贯通、有机结合的工作规程和作业指导书,使ISO9000质量管理体系内审与执法责任制考核相结合,从而促使税收管理取得事半功倍的效果。这是推行税收执法责任制的一项有效途径。

课题组组　长:项正国
副组长:郑　浩　张东生
成　员:边宏庆　许建国　冯国跃
吴建勇　戴晨光　毕　波
吕　燕　林丽凤　王小寅
毛桂英
执　笔:冯国跃　王小寅

税收电子缴库管理方式的改革与探索

浙江省地方税务局计财处

长期以来,税款缴库的方法是由纳税人凭税务机关开具的税收缴款书通过银行转账等方式将税款缴入国库,或由纳税人直接将税款送交税务部门再由税务部门解缴入库。这种缴库方式手续繁杂,效率很低,税务机关难以及时掌握税款入库情况,不利于降低征纳双方的纳税成本,制约了税收征管的信息化,不能切实为纳税人提供快捷、方便的服务。

经过近几年税务部门信息化进程的不断提高,特别从2000年开始全省税务部门加快税收电子缴库管理方式的改革,从对全省税、银、库联网方式进行的调查情况看,上报的53家单位中,有2家没有与银行或国库联网,占总数的3.77%,1家通过清算中心实现税、银、库的完全联网,4家实现税务与银行、税务和国库的单边联网,44家实现了税务与银行的单边联网(其中1家仅对个体户纳税人数据实现税、银联网),实现联网缴库的单位占总数的96.23%,解放了基层工作人员的劳动,极大地提高了税款缴库的效率,同时为税务办税大厅从无到有、再从有到无转变打下坚实的基础。

一、原有税款缴库方式

原税款缴库方式一直采用由税务机关开具税收通用缴款书,交由纳税人持税票通过银行解缴税款的模式。

(一)企业采用转账方式缴税

在银行开有结算帐户的企业纳税人缴税时,由税务机关根据纳税申报表填开税收缴款书,纳税人在税票第一至五联上加盖财务章后,自行送其开户银行,开户银行加盖税款收讫章后将第一联退缴款人作为完税凭证;第二联作为开户银行的付出传票;第三、四联随银行划解报单一起上划管辖支行,再由支行划转国库,其中第三联作为国库收入凭证,第四联由金库随预算收入日报表退同级税务机关,作为其入库凭证;第五联直接由纳税人开户银行退送基层税务机关,作为基层税务机关掌握纳税人税款缴纳情况的凭据。

(二)个体户以现金方式缴税

个体纳税人以现金向税务部门缴纳税款时,由税务部门开具税收完税证,将第一联作为税收会计凭证,第二联交纳税人作为完税凭证,第三联作为汇总缴款书附件备查。税务部门根据票证管理办法的要求,将自收的现金汇总后开具汇总缴款书解缴入库。

(三)原税款缴库方式存在的缺陷

一是不能适应信息化发展的要求。现行的缴款方式,要求纳税人必须上门申报和上门开票办理纳税事宜。但随着征管改革的不断深入,特别是税务部门信息化水平的不断提高,出现了以电话申报、邮寄申报、电子申报等多种申报方式,这些申报方式的突出特点是纳税人不再上门办理申报事项,其目的在于方便纳税人。但现行的税款缴库方式下,纳税人必须到税务机关上门开票才能缴税,由于受税款缴库方式的制约,仅仅不到税务机关申报仍然未能达到方便纳税人和简化办税程序的目的。另一方面,征管信息化要求征管信息一次输入,多方共享,而原有税款缴库方式则依靠纸质凭证的传递实现信息交换,各部门信息无法共享,由此带来税务人员劳动强度大,工作效率低。

二是既不方便纳税人缴税又不方便税务部门及时掌握税款缴纳情况。原有税款缴库方式下,纳税人既要到税务机关开票,又要到开户银行办理缴款手续,往返奔波,缴纳税款极其不便。有的地区为解决这一矛盾,指定银行进入征收大厅,为纳税人在大厅银行开设“储税专户”,纳税人必须在纳税前将税款从其他账户转至储税专户,造成银行存款“搬家”。这种做法既没有从根本上解决方便纳税问题,反而造成银行存款垄断,不利于各银行间的公平竞争。另外,随着经济的发展,纳税人跨区经营的情况越来越多,流转税等在生产经营地缴纳,而纳税人的财务核算地一般只有一个。这样,纳税人缴税要分别到各经营地税务机关开票,极不方便。从税务部门的工作角度看,城市中纳税人跨区开设银行账户的情况极为普遍,税务机关为及时核对税款是否缴纳,必须及时从所辖各纳税人的开户行取得税收缴款书报查联,极不方便。

三是不利于保障税款安全。在原有税款缴库方式下,税务机关自收现金税款存放于税务机关或银行,不仅容易发生乱设"税款过渡户"存储税款、结报不及时造成积压税款等情况,甚至还会发生挪用、被盗税款等问题,不利于保障税款的安全。

四是不利于税款征收入库的规范化。原有税款缴库方式下,税务机关和国库对税款收纳和划解入库情况全凭纸质凭证的传递来控制和掌握,从纳税人在税务机关开具税票到国库将入库税票返回给税务机关这段时间,税务机关和国库对税款实际是处于失控状态,税款未入库,到底是由于纳税人压票或银行压票,还是税款划解处于正常在途,税务机关和国库均无法进行实时监控。税票手工填开,随意性大,一方面容易发生预算科目、预算级次的笔误错误,另一方面极容易发生有意混库等违规行为。

二、推行税款缴库方式改革

在原有纳税人直接向国库经收处缴纳税款、纳税人开设税款预储账户、由国库经收处统一办理扣款、持卡纳税和税务机关自收汇缴等方式外,随着税收征管模式的转变,税收征收管理法实施细则明确规定了"税务机关应当根据方便、快捷、安全的原则,积极推广使用支票、银行卡、电子结算方式缴纳税款"。针对原税款缴库方式中存在的问题,新的税款缴库方式主要根据税收征管改革的发展进程,充分利用现代计算机网络技术和现代支付手段,逐步实现税款申报缴库电子网络一体化,为纳税人申报纳税提供方便快捷的

图 1:税务银行直接联网缴税流程图

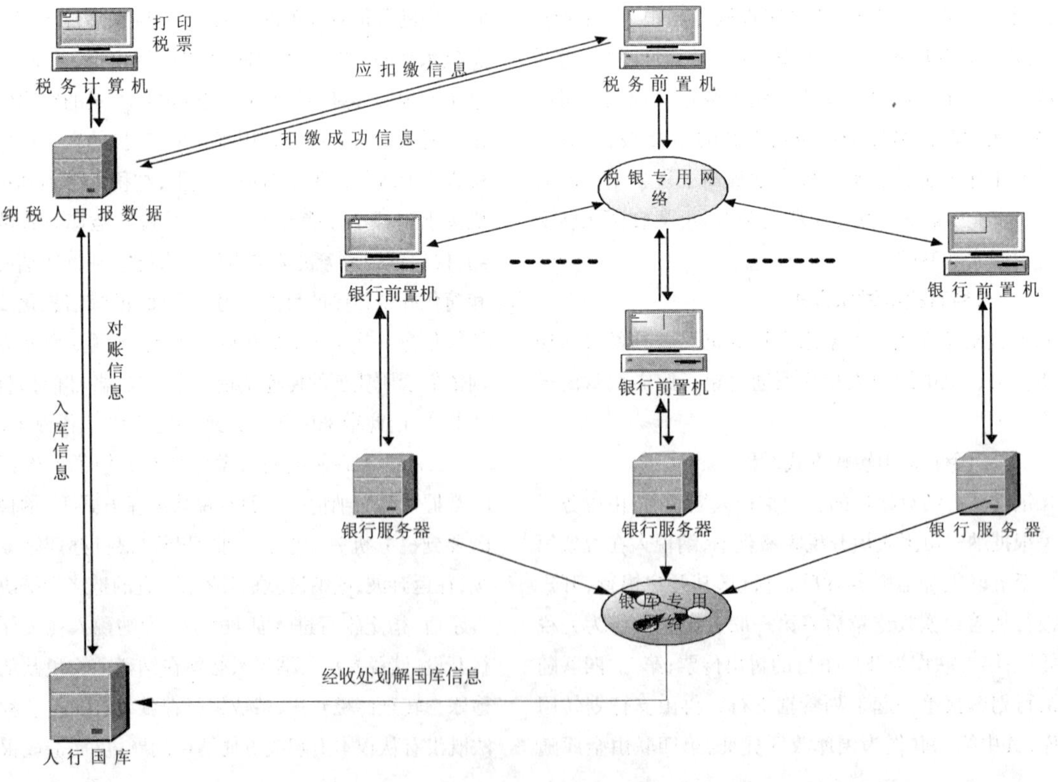

服务，提高申报征收和核算工作效率，加强税收征管。主要方式是建立基于人民银行电子清算系统的税、银、库联网电子转账缴税为主导，辅以银行、邮局网点代征现金税款的多元便捷的缴税方式。

(一)我省主要采用的税款缴库新模式

一是通过税务与银行直接联网扣缴税款。除了当地已经设有人民银行清算中心的市地和尚无有条件实现银税联网的地区，普遍采用了通过税务与银行单边联网缴税方式。我省除杭州市本级和嘉兴市本级通过清算中心及部分未实现税银联网的市、县外，其他市、县全部实现了税、银联网缴税，即由当地税务局指定某一家或几家商业银行为纳税人缴税(基本结算账户或预储账户)开户银行，由开户银行扣划税款解缴入库。

该方式由于采用的是税务与银行直接联网，除采用预储账户方式外，为了纳税人选择开户银行的自由，税务局必须与当地所有金融机构联网，联网成本较高，税务与银行的接口程序也比较复杂，不同的银行接口程序也不尽相同。但是，由于税务局与各金融机构实现实时联网，通过税务与银行的专用网络系统，能实时反馈纳税人缴税账户的余额，实时查询或冻结本次缴税金额，大大提高了税款的划解速度，具体信息流程如图 1 所示。

税务机关收到税款后，应当向纳税人开具完税凭证。完税凭证一般由税务机关根据金融机构返回的扣缴成功信息开具，并通过邮寄、协税员分发等方式传送给纳税人。完税凭证也可以由开户银行开具，即各银行扣税成功后打印完税凭证，通过邮寄或纳税人设在银行的专用“回单凭证箱”分送给纳税人，在这种方式下，税收票证的结报工作比较烦琐，银行内部对税收票证的管理必须与支票等有价票据一样管理，以防票证管理的混乱。该方式还存在“在途税金”情况，即

图 2:清算中心缴税流程图

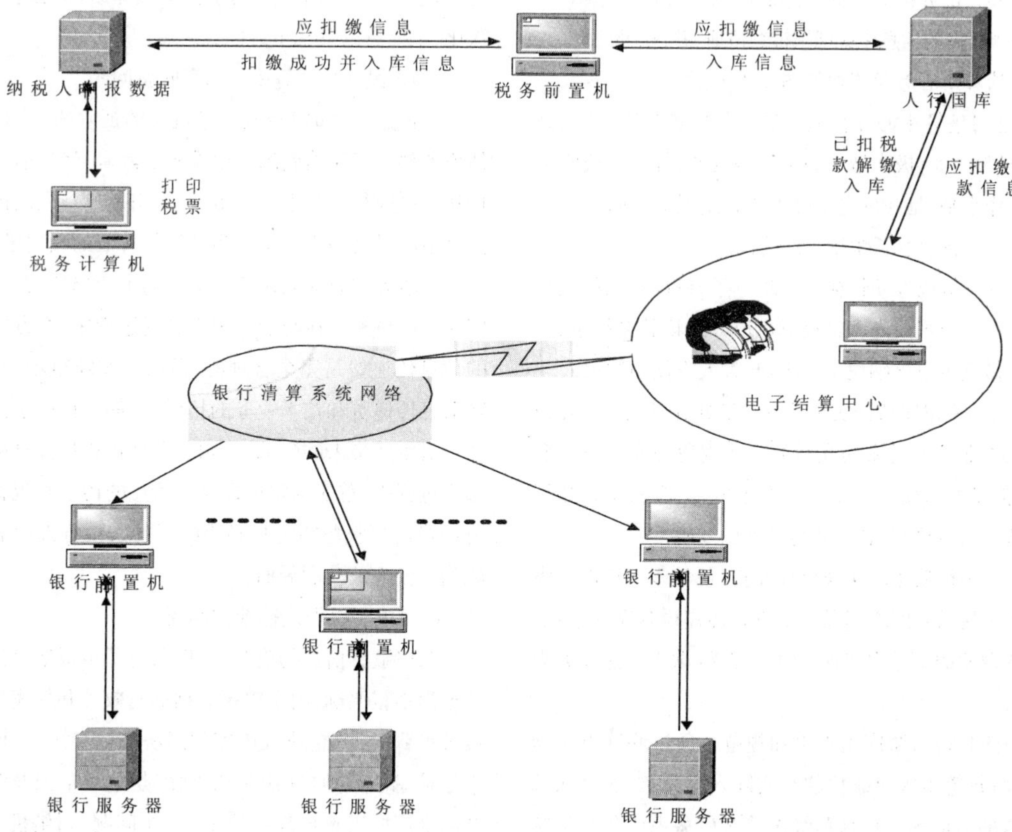

各银行已扣缴税款,但并未及时解缴入库,或者各银行扣缴成功返回税务机关的信息比国库返回的入库信息不同步,造成技术上的“在途”。

二是通过清算中心方式扣税缴库。为进一步降低征税成本,加快税款的入库时间,较为先进也符合我国国情的扣税缴库方式是通过人民银行清算中心扣税缴库。随着银行系统信息化的进一步完善,在不远的将来,地市级以上城市都将成立电子结算中心,届时税款的清算也将进一步方便、快捷。该方式的电子信息流程为:

1、根据纳税人申报信息产生应缴税款信息,并传送给人民银行国库,由国库将应扣缴税款信息实时传送给“电子结算中心”,“电子结算中心”提出扣划税款信息给各银行网点,银行网点依据协议(纳税人、税务局、开户银行联合签订)扣划税款。

2、各银行将扣划信息返回“电子结算中心”,“电子结算中心”将扣成功的信息及税款发送、解缴国库,再由国库将扣缴税款成功、不成功的信息全部返还税务机关,税务机关根据入库的信息直接做入库销号,根据未入库的信息生成摧报摧缴清册,并进行摧缴。通过清算中心缴税流程如图2所示。

通过清算中心扣税缴库后,各项税款能及时、准确、足额入库,极大地节约了征纳成本,提高了税收征管工作水平,是我国电子缴库方式发展的方向。

(二)新型电子缴库方式的优点

一是纳税方便快捷。实现电子缴税后,纳税人只需要上网申报或邮寄申报就可以办理税款缴纳事宜,真正做到了申报纳税足不出户,大大方便了纳税人。

二是税银库数据实现共享。税务、国库、银行在税款缴库业务上是密切联系的,实现税银库网络互联后,信息源由税务或银行一次生成,三方共享且数据一致,三方对账既省时省力又准确及时。

三是税款缴库实现全程监控,税款入库速度大大加快。税、银、库之间以电子方式传递税款缴库信息,税款缴库的全过程实现实时监控,税款入库速度大大加快。

四是税款缴库工作更加规范。通过联网电子缴税,将每笔申报应缴税款与实际入库税款、每笔入库税款的对应预算科目和级次等对应关系固化在系统程序中,只要税务机关将申报税款录入系统,其每笔税款的应缴、入库数据及其入库税款的预算科目和级次等均由系统自动产生和处理,大大减少了人为因素造成的不缴、少缴和混库现象。

五是有利于银行公平竞争。通过税务与人行电子清算系统联网,即实现了与所有银行的网络互联,纳税人可以在任何一家银行开设账户划缴税款,避免了因税务与少数银行点对点联网带来的存款"搬家"问题,有利于银行间公平竞争。

六是简化完税凭证的管理。为深化电子缴库方式的改革,我省适时转发国家税务总局《关于电子缴税完税凭证有关问题的通知》(浙地税发[2003]36号)。文件规定,实现税、银(库)联网,并采用电子信息扣缴税款的单位,可以开具一联式《税收电子转账专用完税凭证》作为纳税人的完税凭证,极大地简化了完税凭证的使用和管理。

三、当前电子缴库方式中存在的问题及对策

在税款缴库方式改革的过程中,也发现了一些问题,这些问题的存在,制约了税款缴库改革的进一步深化,主要有以下几个方面:

(一)人民银行清算中心信息收费问题

从长远看,如何降低税务机关的征收成本,是评估税务部门工作绩效的一项重要因素。虽然当前已经构建人民银行清算中心的市区,采用税务与人民银行清算中心联网的方式是最为简便与有效的缴税模式,但由于清算中心为人民银行下属的事业单位,存在联网垄断的事实。在与清算中心联网过程中,对方提出的信息传递费是完全合理的,但由于垄断市场,在联网信息传递费和技术业务的拓展上,都存在由于没有竞争对手所带来的弊端。为此,在推行通过清算中心缴库过程中,首先确定税款电子信息的传送和税款的清算费用和服务约定是必要的,否则,税务部门有可能陷入极为被动的局面。

(二)电子数据法律地位问题

保护敏感信息的隐私权,以及电子申报信息法律依据尚不很明确,由于申报数据的有效性和保密性直接关系到个人、企业或国家的经济利益和声誉,电子申报信息法律地位(法院认可性)是电子申报及缴库全面推广应用必须首先考虑的一个问题。对纳税人采取电子方式办理纳税申报和缴库，应当按照税务机关规定的期限和要求保存有关资料，并定期书面报送主管税务机关。申报电子信息必须与书面资料一并保存，当发现电子信息与书面资料内容不一致的情况时，目前还是以书面资料为准。实际上，如果电子申报和缴库中的信息错误，而书面资料是正确的，目前尚无法界定因电子信息与书面资料不一致而造成错误的责任问题。建议立法机关及早出台相关的法律和法规，确保电子信息的合法地位。我省采取CA认证制度，由第三方确保电子信息的一致性，一定程度上弥补了这一缺陷。

（三）电子申报与电子缴库同步问题

目前全省绝大部分税务机关都采用了税务局与银行联网实时或批量扣款方式，但实现电子申报的纳税人尚不是很多，占全省企业纳税人的小部分。电子缴库解决了纳税人缴纳税款的问题，而银行扣缴税款是基于已经确认应缴税款的基础上，纳税人还必须上门或邮寄（我省较少采用邮寄申报方式）申报，不能根本上方便纳税人的申报和缴税行为。另一方面，对当前已经采用电子申报的纳税人，也不能在Internet网上电子申报成功的同时，直接进行扣缴税款，以便及时返回纳税人扣缴税款是否成功的信息，电子申报与电子缴库分离的现状，不符合税收征管信息化发展的要求。在加强Internet申报系统的全面应用基础上，实现与电子缴库系统的无缝结合，即实现电子申报与缴库的一体化是时代发展的必然。

（四）集中征收形成的国库对账问题

杭州、嘉兴市地方税务局本级采用市局与人民银行清算中心联网模式，但由于入库级次的不同，与多家区支库及市国库的对账工作十分繁烦。主要原因是国库内部信息传递和税款划分信息化程度还不理想，国库内部划解对账的不方便，制约税款集中清算方式的进一步推广。随着电子申报的进一步运用，税款征收的前台向更高一级税务部门聚集，税务征收核算部门与同级国库对账应该成为将来电子缴库的主要对账方式。

（五）完税凭证开据问题

采用电子缴税方式后，全省各地完税凭证开具的模式各异，有的由税务机关开具，通过票据交换中心交换至各纳税人开户银行，由开户银行将完税凭证分置于纳税人在银行开设的回单箱中，有的采用税务机关自身开具税票，通过信件邮寄给纳税人，也有的税务机关将税票发给各开户银行，由开户银行打印税票后置于回单箱中。上述完税凭证开具后至纳税人手上之前，都有可能造成税票丢失问题，并且税票丢失的责任较难确认。国家税务总局金税三期项目已经立项，不远的将来，在全国税务系统全面联网的基础上，必将淡化对完税凭证的管理，进一步加强信息的有效性认证，由其他缴税凭证作为完税证明成为可能。

关于《税友2000》操作层软件应用情况的调研报告

浙江省地方税务局信息中心

如果把全省地税系统的各种应用比作金字塔的话，《税友2000》操作层软件（以下简称《税友2000》）就是塔基，为切实了解《税友2000》的实际应用情况，找到存在的问题，从而为今后的完善和升级做好准备，我们组织力量对《税友2000》的有关情况进行了调研。

一、《税友2000》操作层软件应用的总体情况

1998年省局组织开发了税收业务管理系统——

年度	应用基层单位数	当期处理纳税额(万元)	同比增幅(%)
1999年	613	2759819	
2000年	381	3714431	34.59
2001年	365	4489370	20.86
2002年	343	5261915	17.21
2003年1-6月	328	3063367	55.80(上半年同比增长)

《税友98》,2000年组织开发完成了升级版本《税友2000》,并于2001年底在全省应用到位。《税友2000》功能涵盖了征收、管理、稽查、计会统的全过程,提供了管理服务、征收核算、税务稽查、法制执行及信息交换等五个系列的基层税收征管系统和日常工作、查询分析等管理层、决策层业务,共分7个子系统,27个功能模块,768个功能。从1999年以来全省地税系统的税收收入全部通过《税友2000》(《税友98》)来完成的。

2000年进行的升级主要解决了《税友98》存在的设计缺陷,从而解决前台查询、统计时因占用大量系统资源而造成死机的问题,在《税友2000》的体系结构中已经考虑了大量的系统优化性能。具体表现在以下方面:

在《税友2000》中能自动进行程序下发,使得在程序升级和维护上节省了大量的人力;实现了一次登录,可以按照权限访问相关模块,减少了服务器的开销;界面友好,兼顾了《税友98》的风格和用户习惯,使得能平稳地从《税友98》切换到《税友2000》;《税友2000》中大大加强了查询功能,区分联机分析处理和联机事务处理的不同操作方法,把查询分为四种:前台查询、电子档案、管理查询和分析预测;强化税务机关和主要相关部门间的联网,开发了同银行、工商、社保、纳税人使用的财务软件之间实行数据交换或联网的程序;解决了《税友98》中票证结报与文书操作相对较不方便的问题,对票证操作实行一次输入,自动调拨,机器自动结报和手工结报相结合;对文书操作采用工作流形式处理;解决了《税友98》中前台业务功能(窗口业务)稳定性较差,受会统、查询操作的影响较大的问题,在《税友2000》中对数据字典,特别是编码体系作了最适合SYBASE运行效率的全面调整,同时在会统销号、生成凭证时不回写征收主表和征收主表明细,前后台可以同时操作;凭证数据是通过存储过程直接从前台产生,前台一天的工作结束后可以生成凭证;解决了《税友98》中报表系统维护工作复杂、处理速度慢的问题;对稽查涉及到的表证单书作全面修订,统一稽查业务,征管、稽查部门共同使用行政处罚模块,稽查的审理环节和行政处罚模块的有效结合,使得《税友2000》中稽查部门处理稽查违章更加流畅;在程序设计中,采用工作流的形式,并与流行的字处理软件(如WORD)实现无缝集成;解决了《税友98》中模块间接口不够清晰,如欠税、缓交等接口定义有隐患的问题;增加了数据校验功能,仔细定义描述勾稽关系,在征收前台一级就严格控制非法数据的进入;实现发票的二级库存管理;支持现缴、预缴、银行联网扣款等多种缴款方式;支持超定额有发票+全额、发票+超额、发票+比例等方式,可以实现一户多行业的超定额缴销购领控制;涉税文书按照文书流

问题种类	紧迫的	非紧迫的	合计	占总数的%
应用问题		8	10	9.1
业务需求问题	2	8	9	8.2
软件问题	1	19	21	19.1
体系结构问题	2	11	12	10.9
运行维护问题	1	10	11	10
其他问题	1	47	47	42.7

转过程，流程清晰，能处理大容量的文本、图片，同时能按接口规范接收和发送电子文书受理；对双定管理定额方式作了较大的调整，即不是通过直接定额，而是通过确定调整系数来确定最终某个双定户的定额，调整了双定户银行批量开票的功能；增加了社保基金征收管理模块，同时在基金的征收上增加了银行－地税、社保－地税的实时联网功能；有机性更强，《税友2000》中，征管能及时为稽查提供依据和线索，稽查能及时把结果反馈给征管，计财能准确、及时地提供征管、稽查所需的各类信息和数据，达到三者的高度融洽和统一；更加方便纳税人办理涉税事项，打破地域界限，纳税人可就近纳税，在同城任何一个办税中心均能便利地办理各项涉税事项；打破传统申报方式，实现并拓展Internet网络进行纳税申报的功能。

总体来说：与《税友98》相比，《税友2000》性能优良，集成度高，查询功能强大，可扩充性强，控制严格，界面友好，操作与维护方便。

为进一步提高为纳税人服务的质量，并为局领导提出的"尽快实现将纳税人请出大厅"的目标奠定技术基础，完善和应用《税友2000》的因特网申报系统迫在眉睫。因特网申报系统是《税友2000》的拓展，将客户端从办税大厅延伸到了企业，使得《税友2000》的应用从局域网（广域网）拓展到了因特网。经过努力，2002年7月1日，第一版因特网申报系统开始应用，2003年6月1日开始面向全省开放，截止2003年11月底，已有42个市、县（市、区）局的32307户企业通过该系统进行申报，月访问量达到14万次。

二、存在的问题

《税友2000》操作层软件目前的应用版本为v4.0.01，从实际调研的情况来看，存在的主要问题有：应用问题、新业务需求问题、软件存在的问题、体系结构问题、运行维护流程和体系问题、其他问题等六大类。具体如下：

（一）应用问题

在应用方面最为紧迫的问题有两个：进行数据清理和统一财务报表数据的接口格式。经过几年的运行，《税友2000》数据库中数据量不断增加，随之已积累了大量的重复、失效数据，这无论对管理层软件的应用，还是对省局数据集中来说都是有很大影响的。鉴于此，省局信息中心已经发文要求各地按照省局要求进行清理，并将清理结果及时报省局，省局信息中心根据各地清理情况研究分析后，下发了具体的解决方案。目前，《税友2000》中还没有实现从财务报表直接转换财务数据的功能，从而无法支持纳税评估和税务稽查，难以实现决策支持。这需要业务上统一财务报表数据指标，而后才能设计与各大财务软件的接口。

同时，《税友2000》的应用还不够深入和全面。票证管理、重点税源、税收计划、财务管理以及稽查管理等模块还没有在全省全部应用，在应用操作中对原始资料的把握还有待提高。经分析，主要有以下几个原因：

1、部分单位认为软件体现的业务流程与手工操作的业务流程不同，如票证管理模块中的票证结报流程，很多单位是按照税票开出后的数据作为填用数，而《税友2000》所依据的业务要求税票开出后并必须税款上解后才作为填用数。

2、部分业务人员对信息化的认识还有待进一步提高，认为有的数据不进入到《税友2000》系统，对工作没有影响，习惯于手工操作。如税收计划和稽查等模块，很多单位还没有完全应用。

3、《税友2000》的功能还不能满足业务的需求，使得部分单位不能使用，如重点税源管理模块，但该模块现在已按照有关业务部门的需求做了修改。

4、业务人员对纳税人的原始资料的审核还不够，导致部分单位《税友2000》系统中的数据质量不高。例如，在做税务登记时，存在基础数据登记错误，如行业或经济性质等登记错误，造成会统报表数据与实际情况不符；在做税种登记时，系统要求必须登记到税目，但实际发现有税种数据进入等等。

（二）新业务需求问题

随着业务的不断变化，目前版本的《税友2000》的部分功能已不能满足要求：

1、《税友2000》中不能满足重大案件审理功能。

2、与横向有关单位的数据交换还不够，如我们与工商、国税、劳动、民政等部门的信息共享还不能实现，但业务部门对这些信息的需求较迫切、要求也较高，如漏征漏管户的比对、下岗人员的重复安置等都需要这些部门的数据。

3、随着对重点税源监控力度的加强,现有系统已不能满足重点税源数据采集的要求。

4、社保基金方面,由于养老保险和医疗保险各地有不同的税目需求,目前尚未能形成一个完整、统一的业务需求,软件难以实现。

(三)软件存在的问题

1、各地对因特网申报系统的应用要求迫切,而目前在用的老版因特网申报软件在应用中容易出错,存在一定问题,需要尽快升级完善。

2、双定管理

主要有四个问题:(1)双定户因生产经营范围发生变动,在资质认定中修改了行业,其老行业的数据无法查找,且以前月份的申报户数和申报率均发生变化。(2)民主评定审批时,如果不同意,由于无法设定同意与否的标志,评定人员不知道是处于同意还是待批状态。(3)SD_QC与ZS_ZB_MX的数据没有能进行准确关联的条件,导致有关查询不是很准确。(4)双定户欠税不能及时反映到报表中。

3、会统管理

在报表处理中还没有提供"舍位平衡"的功能。

4、稽查管理

尚未提供重大案件审理功能;稽查查补欠税数据不能及时反映到报表中;通过系统进行稽查选案时,选案的结果不是很准确。

5、行政处罚

征管查补欠税数据不能及时反映到报表中。

6、发票管理

打印临时经营发票的票样不够灵活,完税证也只能允许输入一张;发票购领卡等在基于NT内核的Windows2000、WindowsXP操作系统下无法打印。

7、税源管理

从《税友2000》数据库中自动生成重点税源数据的功能还不能用;有些查询重点税源的口径与会统管理模块存在不一致的情况。

8、打印功能

打印税务登记证等部分打印功能不支持Windows2000及Windows XP操作系统,这是由于在开发《税友2000》时,考虑到各地应用的电脑配置不高(当时主要应用的是Windows98操作系统),因而打印功能都是在Windows98下开发的,但由于计算机技术的迅速发展,以及硬件价格的降低,各地普遍增加了新的硬件,并且安装的都是Windows2000或Windows XP操作系统,需要对现有打印程序进行升级完善。

(四)体系结构问题

《税友2000》是按照三层架构设计的,与其他客户端采用浏览器的方式不同的是,《税友2000》客户端采用了瘦客户端的模式,但是在程序分发时,采用了C/S结构方式。并且随着数据库中数据量的增加,由于安装Sybase时没有考虑采用分区功能,暴露出了整个体系结构的局限性,存在的问题也是明显的,主要有:

1、因业务逻辑变更引起的软件升级的工作量大

如软件版本升级后,则需要对遍布全省地税系统办税服务厅(或办公室)的每台客户端计算机进行升级,全省若有10000个客户端电脑,则需要对这10000台电脑升级,工作量是非常庞大的。若采用客户端为纯浏览器的多层架构技术,使得业务逻辑的调整在应用服务器上即可完成,这样软件升级或业务逻辑变更只要升级应用服务器即可,而客户端不受影响,可以大大减少工作量。

2、运行效率逐渐降低

各地普遍反应系统征收查询速度很慢,在做查询时要影响前台正常的申报和开票工作。经分析,这是由于现有数据库中的数据量较大,现在各地数据库中通常有4到5年的数据量,并且随着每年数据量的增加,运行效率会成指数地下降。

从本质上讲,是由于当初进行体系结构设计时属于开始应用阶段,尚未考虑到历史数据的分离问题,在安装数据库时没有使用Sybase的分区功能(当时服务器的配置现在看来也较低),使得数据量越多其查询和事务处理的效率也越低。因此,可以采用数据表分区功能,将大数据表的数据动态分离到不同的磁盘中(对用户来说,感觉不到数据是怎样组织的,逻辑上仍是一个整体),从而提高系统的运行效率。

(五)现有运行维护流程和体系问题

很多地方在应用《税友2000》中遇到的业务问题时,会把问题直接提交到省局信息中心,而实际上,对

于涉及到业务的问题,信息中心难以处理,如果不马上改,在他们那里问题也确实存在,如果改了,又可能会对全省其他地方有影响,因为毕竟各地情况会有些不一样。

因此,对这样的问题,尽管我们一再强调需要提交到对口业务处室来确定,待业务处室确认后,再转交省局信息中心。但是,很多人对这个流程不太熟悉,他们认为只要是在《税友 2000》中碰到的问题,提交到省局信息中心开发人员那里肯定没错。由于流程不对,以致于问题提交人以为问题已经向上反映,省局会给予解决,一旦得不到明确答复而产生不满的情绪。还有一些是数据质量上的问题,部分地方没有经过仔细审核数据就直接将问题反映到省局,导致省局花很大的精力来检查有关单位的数据问题,影响了维护效率。

当前最为紧迫的是要建立因特网申报运行维护体系。省局信息中心人员目前应对全省地税系统的技术支持已经很吃力,而因特网申报系统是面向所有企业纳税人的,需要分地区的建立面向本地纳税人的因特网申报维护体系,以保障应用、提高服务质量。

(六)其他问题

1、报表报送口径不一致

《税友 2000》中各模块对同一指标口径存在差别,主要是由于各业务部门的口径不同造成的,如规费的应征数与计财的应征数对同一月份统计就存在差别,规费部门是从社保部门的数据收到后就作为应征数,而计财部门是通过对接收到的数据开票后才作为应征数,这样在对外报送的报表中有关规费的数据与规费部门的统计不一致,影响了地税部门数据的正确性。

2、有的模块功能重复

《税友 2000》中,社保基金征收管理模块与申报征收开票模块的很多功能是相同的,实现的主要都是开票功能,前台操作人员除了一般的税收开票外,还要到社保基金征收管理模块开票,一方面增加开票人员的工作量,另一方面税票也较浪费。

3、外挂程序影响数据的采集

各地根据自己的业务需求开发了一些小型的外挂软件,这些软件基本上是一些查询系统,另一种情况是总局下发的单一用途的小软件,如重点税源管理的 SDMS 等。这些软件虽有各自的特点,但有的外挂程序却影响了《税友 2000》数据采集的完整性,如 SDMS 系统的应用,使得重点税源数据不能进入到《税友 2000》中,CTRS 系统的应用,使得最终的会统报表数据与《税友 2000》中会统报表数据不同,影响《税友 2000》数据的正确性。因此,为了确保《税友 2000》系统功能的不断完善,我们需要对这些外挂的软件进行分析,把好的功能增加到《税友 2000》中。

三、完善《税友 2000》的构想和建议

针对上述问题,对能够解决的信息中心人员尽快予以解决并将解决方案放在维护中心,对不能立即解决的,在维护中心上予以说明,同时针对某些急、难问题,省局信息中心还不定期地组织人员进行了讨论。

我们认为,解决目前版本《税友 2000》所存在的问题,主要从两方面着手:一是进一步加强业务与技术的结合,二是在体系结构方面进行大的升级,即在条件成熟的时候开发升级版本 ---《税友 XX》。《税友 XX》在功能上能满足所有应用要求,采用多层体系结构方式,从底层开始支持因特网办税服务和个人所得税管理,通过与工商、国税、质检、社保、银行、国库等外部门间的信息交换实现数据比对,运行模式为省局集中模式。《税友 XX》的运行效率高、数据口径一致、体系结构优良、模块有机统一,并建立科学、高效、稳定的运行维护体系。最终实现《税友 XX》满足各级地税机关、各环节的应用要求,满足纳税人任何时间、任意地点、任意方式(认可)的申报、咨询等办税服务要求,并为决策支持系统提供完整、优质的数据资源。

为实现上述目标,当前要着重解决以下问题:

(一)在现有模式下,尽可能完善《税友 2000》现有软件

1、新版因特网申报系统(《浙江地税因特网办税服务系统》)于 2003 年 9 月开发完成,已在金华市局测试应用,效果良好,预计 2004 年可以面向全省推开应用,目前要做好应用前的各项技术准备工作。

2、做好新增业务与《税友 2000》功能的有机结合。在业务部门提出具体需求后,尽快在《税友 2000》中实现,方便基层工作。

3、实现生产库中的历史数据迁移到历史库中,从而解决生产效率问题。可以通过两种途径来解决运行效率问题,一是升级硬件,通过提升硬件性能来提高运行效率,这种方案对数据量不是很大的地区短期内可以满足需求,但到一定数据量后就无法满足,如温州市现在应用的是小型机,硬件性能是比较好的,但查询速度还是比较慢。二是利用软件功能,将历史数据迁移到历史库中,根据调查统计,用户一般经常要查询的数据为当年的数据或上年的数据,因此可以把两年以前的数据迁移到历史库中,若要分析以前年度的数据,可以通过管理层软件获得。

4、对于双定管理的问题,通过修改数据表的结构及软件来解决,如:修改双定认定表、双定民主评定表的表结构,以使得每次修改都保留历史数据,并能区分是否已同意民主评定。同时,修改报表程序,增加双定清册数据转应征数功能,增加双定户的减免税功能,以便在报表中能够反应所有纳税人的减免情况。

5、对重大案件审理的功能问题,已安排有关人员进行开发。

6、对稽查管理问题,通过增加、取消相关数据表,修改程序,以使稽查查补欠税数据能及时反映到报表中。

7、对行政处罚模块的问题,修改表结构和软件,以实现征管查补欠税数据能及时反映到报表中。

8、部分打印问题目前已经修改好并安排海盐、上虞、新昌、拱墅区局等单位进行测试,套打程序不支持Windows2000和WindowsXP操作系统的问题也已组织力量进行修改。

9、利用数据库的规则、触发器机制,控制垃圾数据的进入、甄别失效数据,提高数据质量。

10、进一步完善界面,提高操作友好程度。

11、组织安排人员开发报表舍位平衡等问题。

同时,要做好整理、修订《税友2000》相应技术文档的工作,以提高市、县(市、区)局技术人员的维护水平。到目前为止,软件版本已发过27个,表结构已更新过22次,都需要整理修订。

(二)进一步规范、统一业务需求

针对指标口径不一致的问题,对各类统计报表,需要有一个业务部门牵头,把同指标的口径改为一致,使得对外报送的数据都一致。最终能有效衔接模块内部和各模块之间的数据关系:一是模块内部的数据一致性,例如发票管理内部的勾稽关系,二是模块之间的数据一致性,例如双定模块、社保基金模块与征收模块的关系,三是模块之间查询口径一致性,例如征收模块与电子档案模块查询出来的数据关系。

对社保基金、发票管理问题,需业务部门统一业务需求后进行开发。

对财务报表数据转换录入问题,建议相关业务部门尽快确定财务数据指标。

(三)规范从新业务需求提出到程序发行各环节的流程

我们觉得有必要从提出新业务需求到《税友2000》程序实现的整个流程作一个规定,并让所有省、市、县(市、区)局的相关人员了解整个流程。目前《税友2000》中的问题大体上可以分为三类:程序本身的问题、业务变动以及新业务产生而提出的需求,对于程序本身的错误,将相关现象描述清楚后可直接提交给省局信息中心,对于业务变动和新业务需求则建议由经手人提交到本地业务处(科)室,再由本地业务处(科)室提交到省局相关处室,省局处室将最后确定了的需求交给省局信息中心,然后省局信息中心根据业务需求开发出相应的程序。

(四)尽快完善运行维护体系

针对维护中存在的一些问题,需要重新建立一套高效的运行维护体系,参与运行维护的不应仅仅是有关技术人员,还应该需要有业务部门参与。

软件从刚推行到运行的逐步完善再到新需求的不断出现,大致上经历了三个阶段,与此同时,运行维护工作也经历了一个工作量从大到稍小再到大的过程。目前阶段,运行维护工作量大的主要原因是新业务需求的出现。相对于修改程序本身错误而言,因新业务需求而做的程序修改,具有业务尚未完全明确、修改代码量相对较大、需要充分考虑与原有程序代码的衔接等特点,所以,程序出错的可行性也要相对大一些。因此,若要保证程序的质量,减少存在的缺陷,必须要有专门的人员进行测试。

现阶段,解决这一问题的途径有两种:将市、县信息中心及业务人员组织成一个松散的测试小组;借助专业公司的力量。从而建立程序测试环境,进一步做好版本更新的控制工作，完善程序更新、发布工作制度。

针对因特网申报应用而出现的迫切建立维护体系的要求，我们建议以市为单位，建立各自的因特网应用维护服务支持体系，充分利用市局的管理、技术力量，提高为纳税人服务的质量。

（五）进一步提高应用质量

要求各地对《税友2000》各模块是否已完全应用做一自查，对没有完全应用到位的，省局必须要督促其应用，并进行检查。现在还未完全应用到位的模块除了票证管理外，还有税收计划、税源管理等。

对基础数据登记错误问题，各地的业务部门需要认真审核，尽可能做到登记数据与实际情况相符。同时加强基础数据的录入工作，使得计算机选案更准确。

（六）积极促进与外部门间的信息交换工作，提高基础数据质量

抓住国务院信息办把我省列为工商、税务联网试点省份的机遇，积极协同省信息办，制订与完善与工商、国税、质检等部门的数据交换标准，加强横向联网功能，以取得相关的基础数据。同时，做好与《税友2000》管理层软件、省局数据应急处理中心、纳税评估系统、账册报表归档工具软件的衔接，起到基础保障作用。

地方税收的国际避税与反避税初探

浙江省地税局外税处课题组

避税是指纳税人通过对个人或企业事务的人为安排，利用税法的漏洞、特例和缺陷，规避或减轻其纳税义务的行为。国际避税是国内避税在地域范围的延伸，它是指跨国纳税人利用两个或两个以上国家的税法和国际税收协定的差别、漏洞、特例和缺陷，规避或减轻其总纳税义务的行为。国际避税问题涉及两个或两个以上国家，比国内避税问题更复杂，矛盾更突出。

随着经济全球化的发展，跨国纳税人的经营决策面向全世界，在科技进步、通讯发达、交通便利的条件下，资金、技术、人才和信息等生产资料在全球范围内流动，经营管理可以任意选择最有利的地点和方式。因此，以跨国企业为代表的跨国纳税人大多比较重视"税收筹划"，把其世界范围内的纳税义务减至最低点，即把避税纳入企业经营管理策略范畴考虑，这正是在经济全球化环境下国际避税形势的主要特点。避税原本是一个中性的定义，指通过合法手段减轻纳税义务的行为。但后来避税的合法性为越来越多的国家政府所否定，认为是错用或滥用税法的行为。很多国家制定有反避税条例或规定，我国的税法也制定了反避税条款，虽然有关地方税收反避税的法律法规目前尚为空白，但近年来这个问题已逐步引起部分人士的关注，本文试图在调查研究的基础上就此问题作一初步探索。

一、国际避税的主要原因

国际避税之所以能迅速发展、蔓延，并形成一种世界潮流，有其主观原因和客观原因。

1、跨国纳税人谋求利润最大化是国际避税形成和发展的内在主观原因。纳税人进行避税的主观原因在于，税收强制、无偿地取走了纳税人的一部分收入，减少了纳税人可直接支配使用的财力。因此，在市场经济条件下，每个纳税人都有减轻自己的纳税义务以求企业财务或个人利益最大化，增加其最终实际可支配的财务利益的欲望，它所有的经营战略、经营策略、经营组织和经营方式无不服从于企业财务利益最大化这一最终目标。为了使这一目标得以实现，纳税人表现出各种不同的选择：偷税、逃税、欠税、抗税和避

税。在众多的选择中,避税是可以使纳税人逃脱或减轻纳税义务的、最为"安全"或"保险"的达到增加其最终实际可支配的财务利益的方式。

2、各国税收法规及相关的投资环境是国际避税形成和发展的外部的、客观的原因。国际避税的内在动因是避税产生的主观条件,而导致国际避税形成和发展则是各种税收的、非税收的客观条件。纵观国际避税活动,起诱发作用的客观条件主要有:

(1)各国之间税收法制上的差别。由于各国税收法规是有主权国家依据管辖权原则确定的,各国税收法规就存在较大的差异,而这种法规上的差异为跨国纳税人所利用,并成为国际避税的重要条件之一。一是各国税收管辖权选择和运用的差别。税收管辖权是主权国家或地区行使税收管理的权力,基于本国财政经济原因,各国选择和行使的税收管辖权存在差异。多数国家同时行使居民税收管辖权、所得来源地税收管辖权,但也有的国家则单一行使所得来源地税收管辖权,也有的国家同时行使居民税收管辖权、公民税收管辖权和所得来源地税收管辖权。不同的税收管辖权赋予纳税人不同的纳税义务。各国税收管辖权的差异在造成双重征税的同时,也使国际避税成为可能。二是各国税种选择和征收范围的差别。这种差别不仅表现在税种名称上、形式上,而且表现在征税范围的确定上。多数国家实行以所得税为主体税种,但在税制结构上存在较大差异,有的国家征收法人所得税、个人所得税、资本利得税、财产税等;而有的国家则不征所得税或财产税。三是各国税率的差别。这不仅表现在税率高低的差异,而且表现在税率结构的差异。各国选择的所得税税率形式有比例税率、累进税率;在累进税率中又有超额累进税率和全额累进税率。这就使得跨国纳税人在履行纳税义务时,人为地安排人和物的流动,以逃避高税率国家税收管辖权的控制。四是各国应纳税所得额计算上的差别。各国税法均对与应纳税所得额计算直接相关的成本费用规定了不同的扣除范围及标准,这就使得同一笔收入所得税税负轻重不一,从而为跨国纳税人进行避税提供机会。五是各国税收减免措施的差别。许多发展中国家为吸引外资,给跨国投资人提供了种种税收减免优惠,而这些优惠措施是因国而异的,由此造成跨国纳税人的税收负担的不平衡。六是各国免除双重征税办法的差别。为消除国际双重征税,各国政府在税收法规中均规定了免除办法,其中较为普遍的是免税法和抵免法。两种办法都有可能为跨国纳税人提供国际避税的机会。七是各国反避税法规的差别。针对跨国纳税人的国际避税活动,许多国家日益重视反避税工作,在反避税法规中,有的国家规定纳税人有延伸提供有关税收证明的义务,有的国家规定纳税人的某些交易必须事先取得政府同意,这都在不同程度上约束跨国纳税人的避税行为。而对于反避税法规尚未建立或虽有建立但仍不健全的国家而言,跨国纳税人仍有宽裕的避税活动空间。

(2)各国征管制度缺陷以及合作不充分。有关国家税收征管制度和执行中存在的漏洞和缺陷,以及各国税务机关之间由于各种原因和困难,没有进行及时、有效的合作,甚至相互不交换税收情报,可以使一个国际避税者有机可乘,达到其避税目的。比如一个在两个以上国家流动的自然人,可以利用有关国家情报交换不充分的机会,规避其在居住国的无限纳税义务。

(3)各国国内税法和国际税收协定的漏洞、特例和缺陷。有关国家税法和税收协定本身存在漏洞、特例和缺陷,也可以被国际避税者利用来进行国际避税,比如上述在两个国家流动的自然人,可能不是利用了有关国家不交换情报,而是利用了居住国关于居民规定的税法漏洞,规避了其在居住国的无限纳税义务。

(4)非税收因素的影响。成功的国际避税,不仅取决于有关国家之间税收法律的差别及实施的有效程度,非税收方面的因素对国际避税的形成、方式及程度也具有重要的影响。一是通货膨胀的影响,在通货膨胀的情况下,跨国纳税人可以利用应税所得的取得与纳税时间的时间差,通过人为延误造成税金贬值,以减轻税收负担。二是移民法的利用,国际避税的一种重要形式是通过人的移动设法成为高税国的非居民,以逃避高税国的无限纳税义务,而居民移动的难易,在很大程度上取决于该国移民法规的宽严。三是公司法。跨国纳税人通过机构的转移逃避高税国的税收"灾难",或在境外分设分支机构、控股公司等实现相关机构的国际流动，以规避一国的税收。但这种避税措施的实施程度，受到各国公司法的制约。四是资本流动的规定。跨国纳税人设法移居出境以逃避高税国税收管辖权的控制，人的流动往往伴随着资本的流动。五是银行保密程度。某些国家和地区银行特别的严格为客户保密的原则已成为跨国纳税人国际避税的掩体，而且是各国税务当局反避税斗争的障碍。

二、地方税收国际避税的主要方式

通过我省近期开展的地方税收国际避税的调研，我们初步了解到主要有下列几种避税方式。

1、运用境内外劳务划分的相关规定避税。按照现有营业税政策的有关规定，对发生在境外的设计、佣金、技术指导、安装、调试、培训等劳务免予征税，只对实际发生在境内的劳务部分征税。由于外国企业提供的劳务种类繁多，专业性很强，税务机关又不能对境外劳务进行实地核查，因此往往对此类劳务只能按照合同等纳税人提供的资料来确定劳务发生地和境内外劳务划分比例。有些企业就利用这一点在相关合同上不列或少列境内劳务，以达到避税目的。如某外国公司为我省某企业设计厂房及生产流水线，合同总金额为420万美元，境内劳务部分包括现场勘察、搜索资料、了解情况等部分，但合同未注明金额或比例，经主管税务机关多次工作，最终按工程进度表和工时分配表确定境内劳务占总劳务的15%。

2、通过关联企业交易避税。利用关联企业间转让定价转移收入和费用，是国际避税采用的惯用方法，对地方税收来说，常见的是关联企业间提供劳务不计报酬或不按常规计算报酬。如某企业从国外进口一条生产线，由于机器设备、相关技术在国外关联公司中已有使用，此关联公司就对国内企业的员工进行培训指导，国内企业并未专门为此劳务付费，而是通过压低销售给境外关联企业的货物价格来补偿外国企业。而且此类劳务的发生往往是一次性的，少有可比性和可供参考的市场价格，致使取证和调整的难度都很大。利用关联企业交易避税的另一种方法是压低无形资产的转让价格。目前我国对外国企业和外籍个人从事技术转让、技术开发和与之相关的技术咨询、技术服务取得收入全额免征营业税，如技术转让费中包含商标使用费则只能减免50%的营业税，此项政策也有可能被用来避税，例如，某世界著名的跨国公司与我省某企业签有技术转让合同，技术转让费按销售收入的一定比例每年提取，两年时间内就取得技术转让费近400万元，按现行政策可享受全额免税。而对商标使用费一次性收取60多万元后不再收取，相对于该商标的知名度而言，商标使用费明显偏低，而且计价方法不合理，因为通常商标使用费是按销售收入或销售量定额提取的。对此类情况目前尚无相应政策来调整。

3、利用个人所得税有关政策避税。目前我国对外籍个人从外商投资企业取得的股息、红利是免征个人所得税的。因此，一些外籍投资者及家属在所投资的企业任职时往往不列工资或只列支较低工资，其收入主要通过股息和红利取得，逃避个人所得税。例如某外方投资者在我省某地经营四家外资企业，在每家企业都没有工资、薪金所得。一方面利用国家"两免三减半"的企业所得税优惠政策，不必考虑因少计费用而多缴企业所得税，另一方面，利用分红免缴个人所得税的优惠政策，在收入上得到补偿。另外少申报或不申报来源于境外的所得和境外支付的所得、每月申报工资、薪金所得总在4000元左右而由企业大量报销、支付个人费用也是常见的避税方法。

三、反避税的措施和建议

1、加强反避税尤其是有关地方税收反避税的立法和政策建设。由于我国现行反避税法律法规十分欠缺，可操作性差，地方税收反避税法律法规更是几乎空白，这给反避税工作带来了极大的困难。当务之急是一方面要制定专门的反避税法规，另一方面急需将现行税法中有关反避税条款具体化。因此应尽快出台有关外籍个人个人所得税核定征收办法，进一步明确"境内外劳务"的具体解释和划分的原则、比例、标准，制定关联企业间提供劳务的调整依据和办法。

2、建立全国性的价格工资信息库。由于目前跨国应税业务规模日益增长，种类日趋繁多复杂，各地税务机关各自收集的信息总是有限的，反避税工作又离不开相关信息资料，因此应考虑建立全国性的信息库，收集国外有关商品、劳务、无形资产、工资的价格信息，促进反避税工作的开展。

3、加强反避税工作的指导与培训。目前地方税收的反避税工作尚处于摸索、起步阶段,干部的相关业务水平不高、经验不足也是制约当前反避税工作的一个重要因素,加强相应的业务指导和培训应提到议事日程上来。

4、加强反避税工作的国际合作。经济全球化和知识经济的兴起,使某些生产、流通方式和手段发生了重大变化,国际贸易和企业的生产和金融活动增加了很多复杂的因素,尤其是跨国公司、电子商务、网络贸易的迅速发展,使得在传统的局限于一国地域范围内经营活动形式中开始越来越多地出现了一些"跨国的成分",这样就对各国的税收征管提出了严峻挑战。因此,靠单个国家自身的力量难以单独建立起有效的管理,仅由一国对在各国从事经营活动的某些大型跨国公司进行调查和管理往往会显得力不从心,结果就是无法完全解决日益严重的避税问题。只有寻求国际合作,创新现代国际税收征管机制,制定建立在国际合作基础上的新措施,才不失为一条有效控制国际避税的路子。当前应首先加大国际税收情报交换力度,扩大情报交换的范围,提高工作效率,同时可尝试开展国际间共同审计来加强对避税嫌疑大户的调查。

关于对金华市金融保险业税收情况的调研报告

浙江省地方税务局课题组

为了解掌握全省金融保险业等省级税收收入的征缴情况,2003年4月,省局对金融保险业税收情况进行了专题调研。此次调研由钱子辉副局长任组长,稽查局具体牵头组织,采用深入检查与召开座谈会相结合的方法,调研重点是省级税收收入的征缴情况。调研期间,召开了由金华市局税政、计财、稽查、征管局等部门负责人参加的座谈会,市局方卫民副局长对金华市2003年一季度税收工作作了汇报。座谈会结束后,调研组对金华市局所属江南、江北两征管局2002年的省级收入征收情况、某信托投资股份有限公司(以下简称某信托公司)、某人寿保险股份有限公司金华支公司(以下简称某人保公司)、中国工商银行某分行(以下简称某工行)等三户金融保险企业2002年度地方税收的缴纳情况进行了调研,现将调研的有关情况综合如下:

一、金华市2003年一季度税收征缴主要情况

2003年一季度,金华全市组织各项收入128494万元,同比增长32.51%,增收31528万元。组织税收收入100722万元,完成省局下达年计划313767万元的32.10%,同比增长29.55%,增收22973万元。其中市本级税收收入27553万元,完成省局下达年计划78324万元的35.2%,同比增长22.79%,增收5113万元。全市税收分级次完成情况为:中央级收入入库21664万元,同比增长50.2%,增收7241万元;省级收入入库4838万元,同比下降1.77%,减收87万元;市级收入入库73959万元,同比增长26.55%,增收15517万元。

2003年一季度收入主要特点:一是养老保险基金增长速度快于税收收入增长。1-3月全市入库地方性费(基金)收入27772万元,同比增长44.52%,快于税收收入增幅21.73个百分点,其中养老保险基金收入22437万元,占地方性费(基金)收入的80.8%,同比增长54.14%,继续保持快速增长。二是个人所得税增长快于其它税种增长。三大主税种中个人所得税增幅居

各税种之首,同比增长65.9%,企业所得税快速增长,同比增长39.95%,营业税稳步增长,同比增长17.56%,三者收入占总税收收入89.08%,其中营业税占46.07%、所得税占24.2%、个人所得税占18.82%。三是增收热点突出。一季度全市地方税收增长集中在制造业、建筑业和房地产业三大行业,占税收收入49.52%。其中制造业本期入库18870万元,同比增长63.34%,建筑业本期入库20676万元、同比增长49.96%,房地产业本期入库10829万元、同比增长35.19%。

一季度收入快速增长的主要因素有两个:一是经济运行态势良好是税收增长的内在动因。2003年以来,金华市国民经济总体上延续了2002年的良好发展势头,1-3月份,工业增长速度继续加快,利用外资几何级数增长,大部分经济指标保持较快增长,从而保证了税收的持续增长;二是积极组织收入是税收增长的前提条件。全市各级地税部门做到早计划早落实,及时合理安排各项收入任务,在抓好营业税等大税种的同时,进一步完善房产税等小税种征管,"抓大不放小",促进了税收收入的持续稳定增长。

与地方收入快速增长相比,省级收入有关税种的收入增幅相对较低,如:该市一季度营业税累计入库46398万元,比上年同期增长17.56%,而金融保险业营业税入库6823万元,比上年同期增长2.1%(其中:省级金融保险业营业税入库4789万元,同比下降0.78%,减收38万元),且所增长的税款主要为往年缓缴税款的征收入库额。从2003年金融保险业营业税收入趋势来看,由于各大银行经营形势好转,消化不良贷款能力加强,全年拟冲减应收利息3.8亿元,将影响营业税金约1900万元,占2002年金融保险业营业税的10%。剔除冲减因素后,预计今年金融保险业营业税收入会有5%的增幅。

二、税收调研中发现的主要问题

(一)对金华市局所属江南、江北两征管局调研的基本情况

通过调阅金华市局计财处和江南、江北两个征管局省级收入入库明细账册、金融保险企业等有省级收入企业的税种登记和申报征收及欠税情况,以及对金华市局自查调整入库级次的情况进行核实后,发现主要存在以下问题。

1、收入预算级次认定问题

⑴部分省级金融保险企业营业税预算级次认定为县市级。金华市江南征管局管辖金融保险企业27户,江北征管局管辖金融保险企业51户(其中3户不单独纳税,1户没有申报记录)。在级次认定上,江南征管分局有2户银行(建行水电支行、农行婺城白龙桥分理处)的营业税预算级次被认定为县市级。江北征管局有3户非银行金融保险企业(金华市金信基础产业发展有限公司、金华市国信资产托管有限公司、金华市金东国有资产经营公司)的营业税预算级次被认定为县市级。

⑵浙江金融租赁股份公司金华分公司未按金融机构认定缴纳金融保险业营业税。

⑶省级单位参与投资的企业无法从TF2000中查找,省级企业所得税的征管情况未能核实。

⑷属金融保险企业的租赁和其他业务收入等的营业税及代扣代缴营业税的级次归属需进一步核实。征管分局对上述收入的营业税统一认定为一般营业税,入县市库。我们认为对于金融保险企业的租赁和其他业务收入的营业税到底应该入哪级,应视其按什么税目缴纳营业税而定。比如金通证券的代理业收入,如果是代理股票买卖,应属金融经纪业务,收入按金融保险业缴纳营业税,入省库。另如金信信托代扣代缴的营业税,如果属代扣代缴金融保险业营业税则应入省库。

2、省级收入欠税问题

通过查询预算级次为省级的欠税企业清册发现"其他金融"营业税欠缴金额较大。截至2003年4月18日,省级金融保险业营业税欠税余额达960余万元(2002年省级金融保险业营业税入库4027万元)。

3、县级收入误入省库问题

2003年4月1日金华市局下发了《关于重新明确金融保险营业税预算级次的函》(金市地税计[2003]5号),对于省级误入县市级和县市级收入误入省级的情况进行了调整。省级误入县市级主要是上述第1点中两家银行的营业税级次错误认定为县市级和非金融机构缴纳的金融业营业税入省库造成的。县级收入误入省级的情况,经查询发现,这些企业税种登记认

定时的预算级次是正确的(均为县市级),但在部分月份申报征收时预算级次和预算科目变成了省级,其中商业银行金城支行申报时预算科目为"金融保险业营业税(省级)",而预算级次为"县市级"。

4、征管方面问题

调查中发现,在对金融保险企业营业税税目认定和纳税期限认定上未严格按照营业税有关规定执行。比如,对银行的税目认定普遍认定为"其他金融业",在纳税期限方面有多家银行实行按月征收。

(二) 调研企业存在的问题

运用"检查方式"对有关金融保险企业税收缴纳情况进行重点调研是此次调研工作的中心任务,各个调研小组为此做了大量工作:一是查前充分准备。在下企业前,调研小组人员对金融保险业的相关税收政策进行了学习、整理和讨论,结合平时的稽查工作实践,分析这些企业可能存在的问题,统一、明确检查思路和方法。二是认真听取汇报。到公司后,先请公司负责人介绍了公司的组织结构、管理模式、经营状况、经营业绩、纳税申报等基本情况,又向财务人员了解了有关账务设置、业务核算等方面的内容。三是分项分头审核。根据企业情况和事先分工,检查组人员分头对有关项目进行审核,先后调阅了公司的总账、明细账、财务会计报表、纳税申报表、记账凭证、各类委托存、贷款合同,投资协议,询问了相关的部门经理、业务员和财务人员,对与省级收入相关的项目进行了重点审核。通过核实,基本掌握了被调研公司在缴纳地方税收方面的问题,主要有以下几个方面:

1、营业税方面存在的问题

(1)以"短期投资"形式进行出借资金取得利息收入未缴营业税。如:2002 年度,某信托公司以"短期投资"形式进行资金出借,累计周转金额 80.96 亿元,在"投资收益" 科目贷方收回出借资金收益 1960 多万元。此项业务经向公司业务部门经理询问、从绍兴市相关企业取证和从 2002 年末 "金华市人民银行监管认定书"认定看应属借款业务,因此收回的"投资收益"应属贷款利息收入,属金融保险业营业税征税范围。

(2)对应收未收利息未按规定缴纳营业税。如:2002 年,某信托公司将自有资金借给有关公司后,未按照国税发 (2001)38 号文件关于纳税人发放贷款后,其贷款利息自结息日起,逾期未满 180 天(含 180 天)的应收未收利息,应以取得利息收入权利的当天为其纳税义务发生时间的规定提取应收账款——应收利息申报纳税。应提未提应收利息有 48 万余元。

(3)以"委托投资"名义收取固定比例收益,未按贷款业务缴纳营业税。如:某信托公司 2002 年以"委托投资"名义,对外"投资"资金 12 亿多元,在应付帐款——委托投资收益科目贷方收取约定固定利率的收益 3400 多万元,按照国家税务总局关于《金融保险业营业税申报管理办法》规定,以货币资金投资但收取固定利润或保底利润的行为,也属于贷款业务,因此此项"委托投资"业务收回的投资收益应属金融保险业营业税征税范围。

(4)转让不动产未缴营业税。某信托公司收取转让房产收入 35 万元,未按规定申报缴纳销售不动产营业税。

(5)代收邮电费收入未缴营业税。如:某工行及营业部 2002 年度办理外汇结算向客户收取的邮电费红字挂营业费用——邮电费,截至 2002 年底营业费用——邮电费 187954.91 元,未并入收入申报缴纳营业税。

(6)销售的账单、凭证、支票等收入未缴营业税。如:某工行及营业部 2002 年度销售的账单、凭证、支票等收入 9196 元,未并计收入申报缴纳营业税。

(7)某工行所属支行 2002 年收取的抵贷房产房租收入 1177527.80 元记入营业外收入——其他营业外收入,未申报缴纳营业税金及附加。

(8)对取得的保户逾期缴纳保费而支付的利息收入未缴营业税及附加。如:某人保公司 2002 年寿险取得保户逾期缴纳保费而支付的利息收入 17056.40 元(价外费用)未按规定缴纳营业税及附加。

(9)对保险公司向其他保险公司的客户提供查勘劳务取得的收入未征收营业税金及附加。如:某人保公司 2002 年度财险向其他保险公司的客户提供查勘劳务取得收入 10.59 万元未缴纳营业税金及附加。

2、个人所得税方面的问题

(1)以单位名义(实为个人投资行为)与金融机构签订协议,金融机构向个人支付的固定利息收入未代扣个人所得税。如:某信托公司 2002 年在"其他应付款——委贷集合特约息”科目向个人发放以各企业、事业单位名义委托公司贷款的利息 999.8 万元，如果从委托贷款合同和公司付款凭证看，委托人为企业或事业单位，而委托合同中的受益人都为个人，并由个人直接向某信托公司领取，未代扣代缴个人所得税，目前初步确定代扣代缴义务人为委托单位，具体还须到有关委托单位取证核实。

（2）部分奖金未列入计税收入。如：某工行及营业部在计算应扣缴税款时未将全部收入（工资、考核奖已计算纳税，其它奖金如创文明奖、先进水平奖、收不良贷奖等未合并纳税）作为应税收入，存在未足额扣缴个人所得税的情况；全年共支付工资及奖金 8147232.27 元，已申报纳税总额 4784265 元，减除每月应扣的四金及通讯费 1576872 元，差额 1786095.25 元未按规定申报缴纳个人所税。

（3）发放手续费、奖金等未代扣代缴个人所得税。如：某人保公司 2002 年寿险向代理保险业务的银行临柜人员或主管人员直接发放手续费 20.5 万元未代扣代缴个人所得税。又如：某人保公司 2002 年寿险发放 2001 年优秀员工奖 9000 元、新兵实务营考核评比津贴 7900 元、利市红包（应付福利费）17140 元和支付营销三大保障分担部分 529779.52 元（指寿险承担非雇员营销员意外、医疗等保险的部分保费支出，属暗补）未代扣代缴个人所得税。

（4）保险公司投资分红个险业务的分红款、未领取分红累计款的复利等收入未征个人所得税。如：某人保公司寿险开展投资分红个险业务，由于该公司寿险对以上款项按免税前提进行财务核算，以致未合理设计核算科目，使得明细准确统计该类款项难度大而且工作量也过大，故本次调研未予统计。

3、其他地方税收方面的问题

（1）印花税方面。如：某信托公司的专项委托投资协议（实为贷款协议）均未贴印花税。又如：某人保公司 2002 年财险保费收入 7185 万元，已扣保险合同印花税 0.13 万元。2002 年财险取得的财产类险保费收入为 6200 万元，根据印花税有关征税规定及经验判断，当年应扣保险合同印花税应不低于 6.2 万元。又如：某工行所属支行代扣代缴了贷款合同应纳印花税 126030 元，但是房产出租（租入、租出）合同印花税未申报缴纳，其中：抵贷房产出租合同涉税金额 3934500 元、自有房产出租合同涉税金额 1040861 元。

（2）房产税方面。如：某工行及营业部申报 2002 年房产原值 43852643 元，已缴纳房产税 368362.20 元；经过对其固定资产明细账核对：2002 年房产原值 57171078.02 元，差额 10677540.95 元未合并纳税。又如：某工行所属支行已申报缴纳自有房产出租应纳房产税 124903.32 元，但对以该行名义出租并取得的抵贷房出租收入未申报缴纳房产税（注：该部分房产目前尚未办理过户手续，房产原值 68618500 元）。

三、对调研中发现问题的处理意见

（一）针对在收入预算级次、省级收入欠税等税收征管方面中存在的问题，应按规定予以及时纠正。

（二）对三家企业检查中发现的涉税问题，在有关税收政策明确后，应按照税务稽查工作要求，针对相关问题继续进行调查取证和核实，并作出税务处理。

（三）结合此次调研工作发现的问题，由金华市局对市本级其余金融保险企业组织进行一次专项清理，并做好税收入库工作。

（四）针对此次调研中发现的问题，结合对市本级其余金融保险企业的专项清理工作，要求金华市局认真进行总结，提出整改意见并上报省局。

四、对下一步工作的建议

（一）由计财处牵头，与省财政厅有关部门联系，并提供省级单位在省内参与投资企业的情况，供下一次专项检查时作参考。

（二）针对调研中发现的省级金融保险业营业税欠税较多的现象，由计财处负责，对全省金融保险企业的欠税情况作一次调查。

（三）在此次调研基础上，适时由省局统一部署在全省范围内组织实施一次对金融保险业税收的专项检查工作。

课题组组长：钱子辉

组员：谢继良　丁富根　徐敏俊　王　平
朱岁良　边宏庆　陈　岚　张美萍
蔡于革

执笔：谢继良　蔡于革

积极应对国际税收竞争
适时调整税收优惠政策

杭州市地方税务局课题组

税收竞争作为一种国家竞争的手段,具有其独特作用,其主要表现形式为税收优惠,其动机和目标不是取得当期税收收入,而是着眼于税源的培植和预期税基的扩大等中远期利益。

税收优惠相当于政府对企业的直接资金让与,对总体经济增长能产生积极的促进作用,政府通过灵活运用税收优惠政策来调节本国经济具有积极意义。在经济全球化的新形势下,面对日益激烈的国际税收竞争,政府通过加强税收优惠政策的合理运用,促进本国企业竞争力的提高尤有必要。

我国自改革开放以来,实行了一系列税收优惠政策,从总体上看,这些税收优惠政策对吸引外资、引进先进技术和管理经验、促进与世界各国之间的经济技术合作、发展涉外经济发挥了积极的作用。随着国际经济形势的变化,我国的市场化程度不断提高、经济体制改革不断深入,尤其在我国加入WTO以后,现行税收优惠政策的缺陷也不断暴露出来。

一、我国现行税收优惠政策存在的问题

(一)现行税收优惠政策规定的立法档次低,各种涉税优惠行政性文件过多,政策透明度和稳定性较差,与WTO的透明度和预见性原则要求还有一定差距

众所周知,我国的税收法制建设工作比较滞后,迄今只有《个人所得税法》和《外商投资企业和外国企业所得税法》、《税收征管法》属于法律,实际执法中普遍依据的是暂行条例、暂行规定等法规或规章。我国的税收优惠除了在各税的税法、条例或细则中作出原则性规定外,具体的一些优惠政策多散见于财政部、国家税务总局发布的各种通知、规定之中,规范性、整体性和透明度均比较欠缺。税收立法层次低直接影响了税收执法的效力,各地出于自身利益考虑竞相出台涉税行政规章,更使税收优惠政策缺乏统一性、透明度。

(二)现行税收优惠政策不符合税收中性要求

我国目前对企业按“出身”论优惠,对新办的生产性且经营期在10年以上的外资企业实行企业所得税“两免三减半”的优惠,有些地方政府还在此基础上对外资企业实行先征收后财政返还的政策,相当于“五免五减半”的优惠;再投资退税由外资企业专享;外资企业在一些地方税收上也享受着内资企业无法享受的待遇,如外资不需缴纳城市维护建设税、只需按中方出资比例缴纳教育费附加等等。WTO是以自由竞争的市场经济为基础的,反对差别待遇。按我国现行的税收优惠政策,同类产品、服务的不同供应商在国内不同地区可能享受到不同的税收政策待遇,造成不公平竞争,不仅影响对外经贸制度在全国的统一实施,而且极大地弱化了市场在资源配置中的基础性作用,与WTO倡导的公平原则严重相违。

(三)现行税收优惠政策弹性不足,对经济的调控不力

税收政策作为调控经济的工具,应根据税收环境的变化和经济发展阶段的变化而作适时调整,并且应该有相当弹性,而现行税制中对外资企业实行普遍优惠及区域性优惠并举的措施已达不到经济调控的优化产业结构的目标,而且随着经济特区和沿海开放地区经济发达程度的提高,税收优惠的刚性和滞后性进一步凸现出来,不利于我国产业结构的升级,也不利于我国西部大开发战略的顺利实施。我国涉外税收优惠政策的运用,对外资大量流入功不可没,但也存在不少问题:外资投向多属劳动密集型,技术含量不高,

外商投资先进技术企业和产品出口企业所占比重小；外资大多集中在东部沿海地区，在内陆省区所占比重小。而且外资来源结构中香港、台湾两地的外资占全部外资的比重高达53.12%，美国仅占8.9%，日本占8.11%，英国、德国和法国分别占1.78%、1.24%和1.07%。

(四)现行税收优惠政策没有处理好国民待遇与税收优惠之间的关系

突出表现在税收优惠形式单一和过分依靠税收优惠来吸引外资等方面，其结果导致过高的超国民待遇和次国民待遇并存的现状，与WTO的非歧视原则要求相去甚远。在一些行业和区域外资享有过于优厚的税收优惠，而在另一些行业和区域则由于市场准入限制和综合投资环境的不完善导致税收优惠流于形式，甚至抵消了税收优惠的引力作用。

(五)现行税收优惠政策层次过多、且不规范

现行的税收优惠政策是根据改革开放发展的需要，分别在不同时期、根据不同情况制定的，内容复杂、相互交叉，如对经济特区的税收优惠政策；对经济技术开发区的税收优惠政策；对高新技术开发区的税收优惠政策；对国家旅游度假区的税收优惠政策；对保税区的税收优惠政策；对工业园区的税收优惠政策；对台商投资地区的税收优惠政策等等。既不利于正确引导投资方向，也造成各地区之间经济发展的不平衡。

(六)现行税收优惠政策优惠方法单一，对产业结构的引导能力不强

现行税收优惠政策大多采用减税、免税这种直接优惠，较少采用加速折旧、税收抵免等间接优惠；地区性的税收优惠较多，特别对沿海经济发达地区较为有利，而对国家需要优先发展的产业和经济欠发达地区缺少鼓励措施。我国现行的产业政策是通过大力发展农林牧渔等落后产业、能源交通原材料等瓶颈产业及技术密集型等产业以达到优化产业结构的目的，总体上"区域性税收优惠为主，产业性税收优惠为辅"，优惠政策对资本密集型和技术密集型产业缺乏引力作用。现行对科技投入的税收优惠政策主要是对单位(高新技术企业、科研院所)、对科研成果，而不是针对具体的科研开发活动及其项目，不仅优惠享受对象较窄，而且优惠方式单一，对科技研究开发的扶持力度不够，影响企业对技术投入和研究开发新产品的积极性。

(七)现行税收优惠政策对其实施效果的跟踪评估机制比较欠缺

一些税收优惠政策出台时发挥过一定作用，但随着经济形势的变化，其预期作用日益减退甚至适得其反，对这些税收优惠政策未能及时调整、取消。现行税法中许多以企业经济性质为前提的税收优惠条款，如对民政福利企业、校办企业、乡镇企业的减免税政策等，随着经济体制改革的不断深入，这些政策已不再适应形势发展的需要。当前企业的资本结构已日趋多元化，过去那种单一投资主体已越来越少，客观上已不存在纯粹的校办企业、福利企业或乡镇企业，因此这些政策规定已失去存在的必要了。

随着各国对外开放的不断扩大及国际投资自由化的发展，国际上对国际资本的争夺日趋激烈，在这样的外部环境下，各国的引资优惠政策逐步由单一形式转向多种形式，由一般性优惠转向选择性优惠。二十世纪80年代以来全球兴起税制改革浪潮，延续到本世纪初，世界各国为了应对全球经济增长放缓和一些国家经济出现的衰退，又相继实施了减税政策，纷纷通过制订税收优惠政策，鼓励企业投资，或者制定专门政策鼓励和吸引外商投资。而且采取的税收优惠政策多是以促进资本、知识密集型产业为导向的。这些税收优惠政策大大地提高了发达国家在经济全球化中的竞争力，并产生连锁效应，带动了整个经济快速发展。

在世界各国新一轮减税浪潮的涌动下，我国现行税收优惠政策不顺应时势的现状亟需改变。

二、借鉴发达国家的经验，结合我国具体国情，建议我国税收优惠政策作如下调整

(一)提高立法层次，规范税收优惠政策

税收优惠是政府政策目标的风向标，通过法律法规制定优惠政策，表明一个国家政府实行相应政策的严肃性，也增强了本身的刚性，有利于实现政策目标，制定统一的税收优惠政策不仅是加入WTO的需要，也有利于促进公平统一的市场发育。如韩国在《技术开发促进法》中确立"技术开发准备金制度"，并颁布

《外资引进法》、《税收减免控制法》，全面系统地介绍国家的税收优惠条款。

(二)妥善处理国民待遇与税收优惠之间的关系

根据WTO的国民待遇原则，次国民待遇是应该被限制的；而该原则也是建立在非歧视原则基础上的。因此我们在逐步取消市场准入限制的同时，必须寻求涉外税收优惠的新形式，统一内外所得税制，促使内外资企业平等竞争；逐步取消外资企业普遍税收优惠的待遇，结合产业政策和区域政策的需要，对外资采取选择性税收优惠。

(三)从"普遍优惠"转变为"选择优惠"

着眼于政府的多重政策目标，实施有条件的引资优惠政策。实行税收优惠是政府利用税收调控经济的重要方式，必然要服从和服务于政府的宏观经济政策。制定税收优惠政策时，必须体现政府的政策目标，对政策重点实施税收优惠，以利于本国整体经济实力的提高。劳动力成本低廉是我国加入WTO最大的优势，而劳动力众多且普遍素质不高又是我国参与国际竞争的劣势。人才竞争决定未来发展潜力，建议考虑将纳税人的教育支出列为税前扣除项目，鼓励居民增加教育投资；企业加强对职工的培训，对职工再教育投入的费用，可以允许其在所得税前列支；对高层次人才可以考虑给予特殊的免税津贴，以宽松的环境优惠的政策留住高层次人才，吸引更多的优秀人才来我国创业等，这些政策对提高我国国民总体素质，提高我国未来竞争力将是十分有益的。而且通过劳动力素质的提高能促使产业结构的优化，完成劳动密集向知识密集、资本密集的转化；通过劳动力素质的提高也可促进剩余劳动输出劳务，缓解我国的就业压力。

(四)将"直接优惠为主"转变为"间接优惠为主、直接优惠为辅"

税收优惠形式可多样化，除直接针对企业实质性优惠外，可着重运用加速折旧、投资扣除、科研费用开支、投资抵免和再投资退税等间接优惠形式。实行加速折旧可以使企业在前几年的净所得大大减少，从而减少应纳税款，得到延期纳税的机会，实质相当于政府将税金作为无息贷款给企业使用。这是目前发达国家普遍采用的优惠方法。消费型增值税相较于生产型增值税的优势，在于前者相当于允许企业采用更大力度的加速折旧。投资抵免也是一种减税，其特点是即使适用不同税率的企业对于同样投资，所得到的税收减免是相等的。与加速折旧相比，投资的税收抵免对企业的投资决策具有更大的影响力。再投资退税目前只适用于外企，若能对内资企业、个人普遍适用，这一条款刺激投资的作用将是毋庸置疑的，而且能避免重复征税，促进公平竞争。

(五)将"区域性优惠为主、产业性优惠为辅"转变为"产业性优惠为主、区域性优惠为辅"

无论发达国家还是发展中国家，都注重两者的结合，不同的是前者采用的产业化优惠较多，而后者实施的区域性优惠较多，这取决于各国的实际情况。

1、WTO要求全国政策法规统一、贸易及与贸易有关的投资制度应具有透明度，并不反对某些地区政策优于全国统一的政策标准，为我国实施地区倾斜政策留有余地。出于发展地区经济的需要，各国普遍注重实行区域性税收优惠以吸引投资，甚至(如美国)对在特定地区经营并雇佣当地居民的企业，都给予相应的税收优惠。我国现行的税收优惠政策主要倾斜在东部沿海地区，使中西部地区的发展受到政策性阻碍。配合西部大开发战略的实施，急需调整税收优惠政策的倾斜方向和倾斜力度。考虑到中西部地区投资环境较差，税收政策作用效果受到抵消，因此在采用地区税收优惠的同时，国家应通过全方位的补偿性政策为中西部创造一个较好的市场环境，增大中西部对奇缺的生产要素——资金、技术、人才的吸引力，以期逐步缩小东西部的差距，实现我国整体均衡发展。

2、WTO对各国实施产业倾斜政策没有过多的限制性规定，这为我国实施产业性税收优惠政策创造了广阔的发展空间。通过调整产业结构，促使产业升级，使我国逐步摆脱目前作为"世界生产加工基地"的尴尬境地已是刻不容缓。恰当的产业支持政策和技术支持政策是形成并保持国际竞争中的国际战略优势的必要条件，有选择、有重点地引进外资发展本国的特定产业和项目，是国际上较普遍的做法，发达国家尤其重视以税收优惠鼓励企业促进科技进步和技术创新，纷纷在设备投资和更新、科技研究、技术转让等方面给予扶持。如日本规定：企业的研究开发费和科技发展支出，可选择作递延资产处理，也可选择即期全额扣除，或两者兼用；企业用于基础技术开发、研究的费用(包括研究人员的工资、材料费、设备折旧费)可直接抵免应纳税额;企业有效利用能源、废物等方面的专项支出,可按6%额外抵免税额。加拿大规定:以公司前3年平均支出水平为标准,额外抵扣50%,作为增加其研究与发展费用的附加津贴;同时加拿大科技研究税务制度还规定可将投资总额的14%(个人)至50%(企业)用以抵付政府税款。2001年美国为企业的研究与发展部门提供一定的减税额,并使这一减税条例永久化。各发达国家普遍允许企业采用加速折旧,许多实行增值税的国家大都实行了对科技型企业购买的资本货物的增值税额进行全额直接抵免的规定。上述规定对促进这些国家企业的科技进步,提高产品质量和竞争力起到了促进作用。发达国家由于科技进步创造的价值占整体的60%~70%,远远高于我国目前25%~30%的水平。借鉴发达国家的经验,我国现行税收优惠政策的调整,必须突出产业政策导向,鼓励资金流向先驱产业、高新技术产业、环保产业。在当今科技进步日新月异、以信息技术为核心的高新技术飞速发展、以经济为基础、科技为先导的综合国力竞争更趋激烈的国际经济形势下,尤其要增强税收政策的科技导向,拓宽税收科技优惠的领域,将按企业类型给予优惠改为按项目享受优惠,鼓励科技开发、科技研究的风险投入,鼓励科研成果的产业性转化。

三、在调整税收优惠政策的过程中必须注意以下几个问题

(一)肯定区域优惠、产业优惠的同时,必须防止地方政府为吸引投资竞相攀比出台减免税政策,导致由于地方税收竞争引起的税收流失现象。通过规范立法,严格执法,建立公开的税收信息披露机制,向WTO要求的透明度原则靠拢,也可避免政策实施过程中的扭曲和效率缺失。

(二)建立全程控制。注重税收优惠政策实施前论证的同时,也须注重税收优惠政策的落实工作和实施效果的评定反馈工作。

1、严格执法,以确保制定税收优惠政策目标的实现。完善立法为创建公平竞争的市场环境仅仅提供了可能,要把税收优惠真正落到实处必须严格执法,认真把关,杜绝企业利用税收优惠政策打擦边球、搞假合资、上假项目等规避纳税义务的不法行为;加强税务机关内部监督制约制度,防止企业为追求税收优惠待遇而寻租使国家利益遭受双重损失。税收优惠政策的落实是个系统工程,需要政府各相关部门的通力协作。相关部门在资格认定、政策落实中的严格把关是对实现税收优惠政策制定目标的有力保证。

2、税收优惠是对纳税人而言,站在国家财政的角度就是税式支出。从根本上说,实行税收优惠政策的终极目标仍是增加国家的财政收入,所以有必要建立税式支出管理办法,用成本效益核算方法对税收优惠政策的实施效果进行跟踪评估,建立反馈机制,从制度上加强对税收优惠效果及支出规模的控制,进一步保证制定税收优惠政策目标的实现。税式支出预算目前在我国还未起步。我们可在借鉴西方国家经验和做法的基础上,逐步探索建立适合我国国情的税式支出预算制度。西方国家对税式支出进行预算控制的做法有三种。一是临时的单项估计,即当政府决定以税式支出的形式对某一部门或行业提供财政补助时,对其减少的税收收入进行单独估算,没有形成统一、定期和系统的制度;二是主要税式支出项目定期报表制度;三是全部税式支出项目由国家制定统一的报表,按规定定期编报,构成国家预算的组成部分。就目前我国的财税管理水平和现代化数据处理系统与技术,可采取分步推进的模式,逐步建立税收优惠政策运用的效益评估机制,这将是我们的一个改革方向。

(三)利用对外税收协定优惠条款,同有关国家签订避免双重征税和防止偷漏税的协定,既有利于促进国际经济技术合作,也可改善我国的投资环境。在签订税收协定时,应将减免税视同已全额征税给予税收抵扣,将税收优惠真正落实到投资者身上。

(四)客观认识税收优惠政策的作用,注重总体投资环境的改善。对外国投资者而言,一国的市场潜力、经济政策的稳定性、劳动力的价值和素质往往起着更为重要的作用。所以,从长远来看,统一规范的税制、公开公正的执法、透明稳定的政策更有利于保持参与国际竞争的能力。

课题组负责人:李广喜
成　员:仟孟辉　张　瑾　李兆兰
郑月华　孟成培　李越洁
执　笔:李越洁

完善税源监控体系的探讨

杭州萧山地方税务局课题组

税收是国家财政收入的主要来源,随着经济体制改革和对外开放的深化,在税收收入不断增长的同时,税收"跑、冒、滴、漏"现象愈加隐蔽,绝对数额也不断增加。如何加强税源监控,避免税收流失,做到应收尽收,已成为税务部门竭力攻克的难点和引起大众关注的热点。本文从税源监控现状出发,借鉴国外关于税源监控的先进经验,立足于实际工作,运用比较和实证方法,进行粗浅的探讨。

一、税源监控现状及形成根源

税源监控,从宏观上说,指从税收的角度,对一国一定时期内的社会生产、分配、交换、消费诸环节整体进行监督和控制,实现税收随国民生产总值的增长而增长,确保税收经济的良性互动;从微观上说,是指各级税务机关在一定时期内对一定区域的纳税单位增减变动、规模扩缩、收入结构等情况进行监督、管理、把握、调节和控制。在当前税收征管模式的环境下,各级税务部门主要将着眼点定位在微观税源监控。为此普遍从机构设置、职责划分、岗位培训等方面进行了一系列的调整,将部门综合行使的执法权力在整体内部进一步细分,以增强相互制约、相互监督的力度;加强专业知识学习和业务技能测试,提高观察分析问题能力,配以严格的规章制度和考核指标,为足额征收提供制度保障。以提高监控能力为宗旨,对硬件设备进行了更新换代,相继开发了征管查功能各有侧重的税收软件;大力推行税控装置等,适应税收管理的需要,以期取得出其制胜的实效。一系列强化税源监控措施的出台,对夯实征管基础,堵塞税收漏洞,增加税收收入,提高人员素质,发挥了积极的作用。但不可否认,目前税源监控模式还囿于浅层次的、粗放型的监控,并不能起到监控防患于未然的作用。究其原因主要是由以下几方面造成的:

(一)税收法规不健全与税制缺陷,是税源监控存在部分"屏蔽"的基本原因

税收法律法规是税务机关行使征管查的法律依据和行为准则,因此客观上要求基本框架相对固定,体系规范严密,随环境变化而不断健全完善,为依法征税、依率计征、依法处罚提供法律支持。但事实上,我国税收法律存在的概念界定不清,税制设计欠缺,税负不公,客观上导致了实际工作中,税源监控之网出现了漏洞,即发生部分领域税收执法"屏蔽"的现象。如以经济性质作为享受税收优惠政策的标准,导致假合资、假福利、假资源企业的盛行,为逃避纳税义务提供了合法的可乘之机;而弹性过大,操作性不强的特点,既使税务部门自由裁量权过大,同时在清缴欠税、抗税等违法案件时,因强制执行手续过于繁琐,程序过于复杂,往往不了了之,抑制了税源监控的内在动力。尤其是立法早,层次低,补充规定多的税种,各地税务机关在税收管理过程中,更是大相径庭,执行依据各不相同,如对运输企业贴花问题,有规定依发票开具额贴花的,也有规定依运输合同贴花的。

(二)社会税收环境不理想,是税源监控存在疏漏的外部原因

多年来,税务机关千方百计通过各种媒体渠道,多层次、全方位地向社会进行税法宣传,加强与有关部门的沟通联络,逐渐形成了"政府重税、专业治税、部门协税、群众护税"的协护税监控网络,提升了公民的纳税意识,但与税法要求的纳税人自觉如实申报纳税还存在不少差距。首先表现在行政机关、事业单位

的纳税意识尚不能合乎税法要求;其次,部门协税难以落实到位。尽管《征管法》规定,各有关部门和单位应当支持、协助税务机关依法执行公务,但情况的千变万化,支持协助往往成为纸上条文。譬如税务机关对个体营运车船征收地方税费这一纳税事务,一般认为只要委托代征就可解决,实则不然。要根本解决这个难题,前提必须作为年检的前置条件,但在部门制度约束、媒体监督、纳税人纳税意识不强的情况下,实施有效的税源监控困难重重;第三,纳税主体的不稳定性。当前,"开关"企业的增多,企业转制、改组、兼并、收购、破产等经营行为日益增加,导致税源依存的基础变换频繁,征收管理愈加复杂,加剧了税务机关人少事杂的矛盾,也使得税源监控愈加艰难。此外,错综复杂的"人情网"、"保护伞"的客观存在,涉税举报的合法权益得不到有效的保护等情况,毫无疑问地影响了大众护税的积极性、税收执法的公正合理性,助长了不良纳税行为的滋生,无形中削弱了税收法律的权威性和威慑力。

(三)税收工作缺乏有效管理手段,是税源监控难以取得明显成效的根本原因

管理是一个过程,也是发挥团队成员合力实现既定目标的要素。税收管理则是税务机关在税务活动中,依据法律所赋予的权力,通过实施既定措施,对人力、物力、财力及其他资源进行协调与处理,以达到及时足额征收税款的过程,而这也是税源监控的实质。因此税源监控分析,更应以税务机关内部的运作作为突破口,由此结合实际工作,我们可以发现,明显存在以下几个方面的薄弱之处:

1、税源监控的必要前提——税务登记管理不能到位。税务登记是税收信息资料的主要来源,直接反映税源增减变动情况和税收收入规模,是有的放矢地进行税源监控的首要环节。但实际工作中,由于部门衔接的欠缺、财政体制的束缚、"管户制"向"管事制"模式的转变、检查手段的落后,使得漏征漏管户大量存在,严重影响了税源监控的真实性和全面性。

2、税源监控的保障手段——税务稽查效应没有显现。税务稽查作为税源监控的最后一个闸门,对于税收的足额入库起着事后监督控制的作用。但因技术手段所限,税务稽查选案环节存在着以人工选案为主的先天不足,带有很强的主观随意性,导致稽查的有效性、针对性大打折扣。与此同时,税务稽查的执法力度和打击力度弱化,存在着"以罚代刑"、"以补代罚"等现象,且偷逃税处罚一直在"低水平"徘徊,处罚不痛不痒,客观上造成偷逃税的风险成本低的概念,难以发挥稽查打击一个震慑一片的作用及以查促管的目的。

3、税源监控的关键因素——人员素质没有同步提高。任何社会活动中,人都是第一要素。进行税源监控也不例外,集税收管理要求总和的税源监控,涉及的现代化、专业化知识越来越全面,需要的是复合型人才,要求每个干部必须具备较高的政治素质、较精的业务素质、较强的管理素质。

二、借鉴国际先进经验,构筑高效严密的税源监控体系

税源监控,从监控主体所处的层次为标准出发,可划分为宏观税源监控和微观税源监控;以监控的环节为标准,可划分为登记监控、申报监控、欠缓税监控、稽查监控和执法监控;以监控税种比重的大小为标准,可划分为重点税种监控和小税种监控等等。税收工作的侧重点不同,就有不同的税源监控方法。有效的税源监控必须达到这样几点:一是监控手段必须以信息化技术为支撑,同时兼顾征税成本和纳税成本;二是监控要注重广度和深度,也即监控质量的有机结合;三是监控要讲究轻重缓急,突出重点,科学预测;四是监控要内外平衡,既要对纳税人层面提出要求,也要在税务机关内部建立考核体系,从而形成纵横交错、逻辑严密、整分结合的监控网络。根据上述设想,考察市场经济下税收制度具有典型特征的发达国家美国、法国和代表发展中国家的巴西、印度的税源监控状况,就不难发现,税收制度是跟国体、政体紧密相关的,税源监控即使同一国家在不同时期侧重点也各不相同,为此,结合我国实际情况,构筑理想的税源监控网络,应分为相互联动的三个层次。首先体现在税制的确立、税款的归属、管辖权限的划分有利于调动地方自主发展的积极性和减少税务机关之间的摩擦。其次体现在税源监控网络以社会力量为依靠。偷逃税收的原因也千差万别,但不论缘于何种原因,纳税人存在偷逃税的主观意念是一个主要方面,因此偷

逃税手段格外隐蔽,为此,设立以现代技术为依托的信息平台,在国地税、工商、海关、公安、交通、电力、金融等部门之间实行联网,共享信息,查找漏洞,为税源监控提供参数指标,从而遏止各种涉税违法行为的频频发生。第三,税源监控网络体现在有一整套定性和定量指标来检测工作的成果。税源监控不仅要具备对征纳双方进行考核的定性指标,更应体现在判断具体工作好坏的定量指标。考察成熟市场经济国家的税源监控方式,结合当前税源监控现状,税源监控体系应具备这样一些指标:

(一)对税务机关及纳税人素质考核的定性指标

1、税收执法能级指标:这一指标要求税源监控的不同岗位必须具备相应的执法资格证，达到以岗择人,避免因人设岗。

2、人员分配指标:这一指标要求将在职税务人员根据现代管理和信息技术要求,突出管理,强化稽查,合理分配人力资源。

3、纳税人信誉分类指标:这一指标要求根据纳税人的遵纪守法程度，对其纳税信用进行客观公正评价,划分不同等级,从而采取不同的征管手段。

(二)对税务机关内部监控考核的指标

1、税务登记管理质量指标:这一指标要求对所有可能发生纳税行为的主体进行准确、全面、及时和真实的登记,反映税源的分布状况。

2、申报管理质量指标:这一指标要求通过管理,使征收期纳税人自觉履行纳税申报义务,力求申报的真实性。

3、税款入库质量指标:这一指标要求对各种征收类型所产生的应征税款在限期内及时追缴入库。

4、欠税压缩质量指标:这一指标要求及时反映何种原因导致欠税额度变动。

5、税务稽查质量指标:这一指标要求各种形式的税务稽查要注重稽查面与查账深度的结合,切实起到发现问题,以查促管作用。

6、行政执法质量指标:这一指标要求对违法违章涉税行为按规定予以必要的惩罚,维护税收秩序。

7、税收完成质量指标:这一指标要求对组织收入的情况及时准确地汇总。

8、税收统计质量指标:这一指标要求对税收业务流程各环节所产生的数据和信息,进行精确的计算和分析,从而指出存在的问题。

9、税收预测质量指标:这一指标要求根据历年税收完成情况,结合对现实税源的了解和分析,预测税收收入水平,指导税收工作。

(三)对纳税人层次应设立的几个必要监控指标

1、税负率指标:这一指标要求具有选择性,可分行业、分税种、分规模、及量化到具体每个单位等形式,说明单个纳税人真实的税收负担情况。

2、资产销售率指标:这一指标要求一定时期的销售收入与资产进行配比,督促纳税人提高资产利用效率。

3、行业参数指标:这一指标要求税务机关分行业搜集、整理各种重要的代表性数据,以此督促纳税人加强财务核算的真实性。

三、加强税源监控的若干措施

(一)规范完善税制,正确界定管理职责

我国目前存在着机构设置不合理、税种不健全,征管权划分随意性较大等问题,使依法治税难以有效贯彻到位,也使国地税部门职责权力不相符,影响了税源监控工作的深入开展。为此,应进一步改革完善税制。一是制定税收基本法,明确界定国家税收体系及中央与地方税收体系、中央与地方的税收管理权、税款的归属划分、税务机构的设置与管理、税务机关与有关部门的职责关系等,避免政策随意性影响各级政府发展经济的内在动力，也带来税务机关间的摩擦。二是优化税制结构,好的税制应当切实贯彻社会发展的需要,与政治、经济、文化相协调,为公民自觉接受,能增强社会监控和专业治税的有机结合。三是科学界定国地税管理权限,在坚持立法统一、分级预算、独立征收、各司其职的前提下,规范划分财政与税务、国税与地税的职责,严格按照税源共享,分离征收的原则,组织中央收入与地方收入,构筑内容齐全、体系完整的税源监控体系。

(二)推进信息化进程,提高税收管理水平

税源监控是以计算机技术的应用为前提的,税务部门借助信息网络技术,一方面可以加强内部的分级管理,有利于管理层对执行层所做的具体工作、进展程度进行详细掌握,及时对完成情况统计分析,记录工作中存在的问题，使内部监控工作建立在客观真实的依据之上。另一方面，通过扩大与工商、国税、技术、金融等部门的即时联网，达到信息共享，快捷方便地收集纳税人的有关涉税信息；积极推行网上申报，准确无误地将纳税人的各项财务指标记录到计算机，满足税源监控方便调取分析各类数据的要求，也有助于人力资源的科学配置。同时，税收管理水平，直接影响税源的真实性和税款的足额征收，完善税收管理，应从每一个环节抓起。一是理顺机构职能部门设置，严格划分工作职责。二是加强税务登记的管理，税务登记是税源监控的基础环节，这就要求从源头抓起，落实和工商、卫生、教育等部门的衔接制度，防止漏登户发生。三是提高以票控税能力，发票作为商业交易的凭证，是构成销售和成本计算的重要依据。加强发票的管理，对于税源监控具有举足轻重的作用。首先要大力推行简便易行的有奖发票，并明确有关法律责任，激起消费者索要发票的欲望，促使纳税人如实开具发票；其次改进发票样式，采用定额发票与限额发票组合的模式，抑制大头小尾、抽蕊发票等违法行为；第三普及税控装置的应用面，采用滚筒连打发票进行源泉控制。四是加强税务稽查的执法力度，税务稽查是税源监控的最后防线，应发挥"四铁"精神，彻底扭转为营造投资环境而税收让路的错误税收经济观，严格执行征管法，摒弃稽查前的责任自查等放纵做法，真正实现税务稽查作为税源监控的震慑作用。

（三）加强税法宣传学习，提升税收主体的素质

税源监控的高效实施，税务机关自身综合能力的提高是主要方面，税务人员素质的提高是税源监控的根本保证。因此必须改革现有人事制度中不合理的方面，建立合理公正的德能勤绩考核制度，加强业务知识培训，实行定期的考试制度，克服多干不如少干，干好干坏一个样的现状，真正做到奖勤罚劣，激发工作热情。纳税人素质的提高是税源监控的又一重要因素，针对当前纳税人的纳税观念淡薄，一是要加大税法宣传力度，不能仅限于税收宣传月、办税大厅的常规宣传，而需将这项工作日常化、制度化，增强针对性、扩大覆盖面，培养纳税人自觉纳税的意识，形成如实纳税光荣、偷税可耻的社会风气；二是加强财务辅导，明确法律责任。针对当前个体、私营经济规模小，实行评定征收中普遍存在的重视不够、调查不透、行业不分、评定额上不去的情况，必须区分行业现状，采用不同的方法。在结合地段、规模、档次的前提下，对个体须区分行业、经营情况分类评定。

（四）加强对行业重点税源户监控，是税源监控的立足点

当前税源监控因技术、力量限制，对所有纳税人进行全方位监控条件还不成熟。针对这种客观实际情况，只有抓住税源监控的主要方面，才能事半功倍，稳步推进税源监控工作。这就要求善于找准切入点，根据"二八法则"就是抓行业龙头企业，集中主要精力，注重收集有关其生产经营、财务运作、税收缴纳情况等指标，并进行详尽的解剖分析，既为组织税收收入奠定基础，也为分析预测发展趋势、分行业监控管理提供参考，从而抓住工作的主动权。从萧山的情况看，2001 年萧山企业纳税总户数 9954 户，缴纳营业税、企业所得税、个人所得税、城建税四税合计 90352 万元。其中：杭州市级监控企业 57 户，四税入库 45621 万元，占同期入库数和总户数的比例分别为 50.49% 和 0.57%；若按照省局监控面达税收收入 60%的要求，监控企业为 122 户，所占同期总户数的比例为 1.23%；若将监控企业扩大到 500 户，则四税入库数为 70820 万元，税款和户数比例分别达到 78.4%和 5%。情况如表：

加强对重点税源户监控，更要结合地域经济，立

重点户四税收入比重一览表

重点户数	总纳税户数	户数比重	四税收入（万元）	总四税收入（万元）	所占比重
57	9954	0.57%	45621	90352	50.49%
122	9954	1.23%	54305	90352	60%
500	9954	5%	70820	90352	78.4%

各分局重点税源户标准及税收比重一览表

分局	监控最低税额	监控户数	户数比例	四税合计万元	收入比例
城厢	50万元	178	3.64%	51826	78%
开发	50万元	65	4.26%	17467	76%
瓜沥	20万元	63	5.64%	7251	68%
临浦	20万元	41	3.89%	4278	61%
义蓬	20万元	58	4.31%	4546	61%
戴村	10万元	34	5.39%	1197	54%
合计		439	4.15%	86565	74.13%

足于实际,针对所在地纳税人规模、经济结构和税务部门自身力量状况,实事求是地选择重点税源户划分标准,切忌搞一刀切。以2002年萧山局下辖六个征管局为例,也可说明这一点。

由以上两表可以发现,重点税源监控既要从整体考虑,选取部分纳税人作为监控对象,但更应调动基层部门的积极性,在遵守整体部署的前提下,因地制宜地补充本部门的监控重点,从而形成分级监控与属地监控相结合的交叉网络体系。

课题组负责人:金　伟

成　员:汤欢银　陶天松　陈吾国

执　笔:陈吾国

劳服安置企业和福利企业所得税减免政策急需完善

金华市地方税务局课题组

减免税是国家为了实行某种政策,达到一定的政治经济目的,对某些特殊情况给予减轻或免除税收负担的一种税收措施,是税收的严肃性和必要的灵活性相结合的体现。通过对金华市区2001-2002年度的企业所得税减免情况进行分析,我们发现在劳服、安置企业和福利企业的企业所得税减免政策上存在着不少问题,未能较好地实现当初制定政策时所预期达到的效果,亟需完善和改进。

一、我市2001-2002年度企业所得税减免税基本情况

我市2001-2002年度企业所得税减免情况如下(表1):

金华市本级企业所得税减免情况统计表(2001--2002年度)(表1)

2001年-2002年享受减免的企业所减免的企业所得税额分减免项目构成比例见下图(图1):

从上述图表以可以看出,我市的企业所得税减免额基本集中在劳服、安置企业和福利企业上,2002年两类企业的减免额占总减免额的比例比2001年又有了明显的提高,通过2001-2002年金华市企业所得税减免额比较图(图2),我们可以很直观地了解,由于劳服、安置企业和福利企业减免税额的增幅巨大,造成我市减免额占入库额比例大幅上升,2001年,我市企业所得税入库17273万元,减免5018万元,减免额

(表 1)　　金华市本级企业所得税减免情况统计表(2001--2002 年度)　　单位:万元

减免项目	减免企业数(户)		减免税额	
	2001 年	2002 年	2001 年	2002 年
劳服、安置企业	25	23	2265	5668
福利企业	46	73	1039	6874
新办第三产业	22	6	995	61
技术贸易	39	48	157	226
其它	22	29	562	1341
合计	133	179	5018	14170

(图 1)

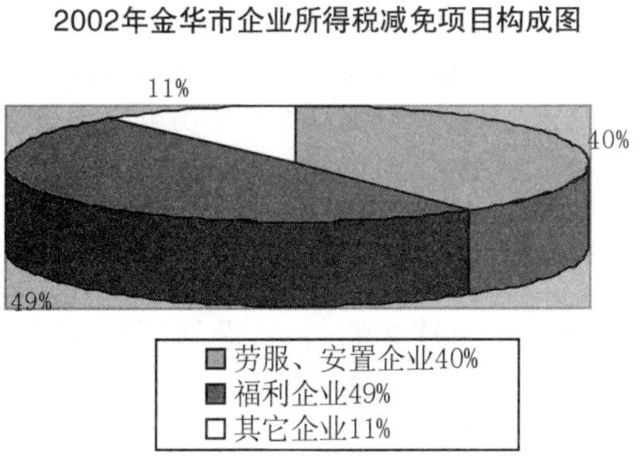

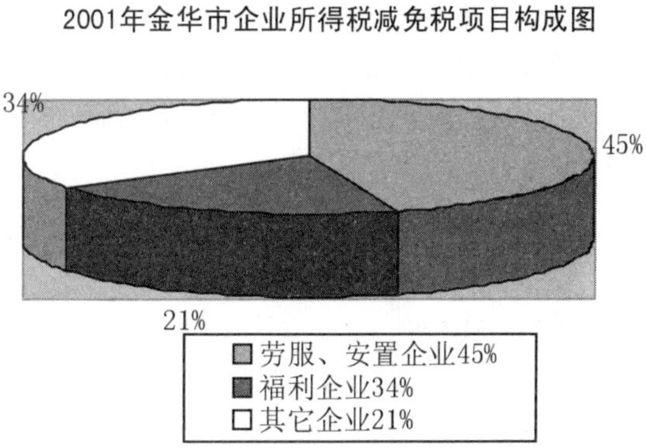

(图 2)

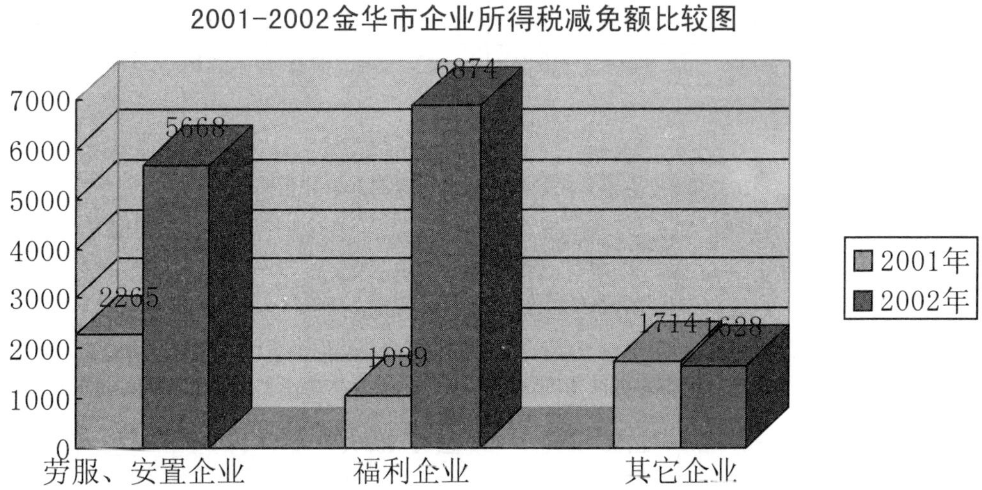

占入库额比例为29%,到了2002年,我市企业所得税入库17497万元,减免14170万元,减免额占入库额的比例达到了81%。

二、劳服、安置企业和福利企业减免比重及税额大幅攀升的原因

1、劳服、安置企业和福利企业的减免税政策规定与其它减免税政策相比可操作性不强。企业所得税减免税政策较多,但基本上操作容易,如新办企业、农口企业、监狱企业、技术贸易企业等的减免税规定,对减免条件的规定非常明确,一般具有时效性、减免对象的特定性等特点,税务机关审核也较为简单。而劳服、安置企业和福利企业则相反,政策性强、不易操作,它们是按照安置特定人员的比例来计算减免幅度的,由于企业的职工人数在一定的时期内并不是一成不变,而是经常发生变动的,因此税务机关无法实施有效的监督,只能依据企业送交税务机关的书面报告来确定人员的安置比例,无法做到严密监控,在利益的诱使下,不能排除一些企业为享受税收优惠政策而弄虚作假。

2、按人员比例减免税的优惠政策欠科学,与制定政策的初衷相违背。对劳服、安置企业和福利企业给予企业所得税优惠减免政策是国家针对就业弱势群体建立的一种就业援助制度,目的是通过政策引导,鼓励企业大量吸收、安置"四残"人员,下岗、失业人员,提高弱势群体的收入水平,在创造经济效益的同时,也创造社会效益。但由于此税收优惠是建立在安置人员比例的基础上的,在实际执行中,企业为达到减免税的目的,把着眼点放到了人员比例是否达标上,对职工的待遇、安置人员的多寡则尽量压缩,因此创办的企业基本上是用工人数较少的企业,体现不出该项政策的"多安置人员、多享受政策"的初衷,其中尤其以劳服、安置企业最为明显。以我市2002年为例,73家福利企业共安置2056名"四残人员",其中:职工总人数100人以上且雇佣"四残人员"40人以上的企业仅13户,占企业户数的18%,而职工总人数25人以下且雇佣"四残人员"不到10人的就有28户,占企业户数的38%;同样的,23户劳服、安置企业共安置下岗、失业人员763人,其中:安置下岗失业人员

(表2) **金华市2002年度劳服、安置企业、福利企业安置人员分布表**

户均安置人数区间	合计		劳服、安置企业		福利企业		安置人员总数(人)
	比例	户数(户)	比例	户数(户)	比例	户数(户)	
3-10人	45%	43	65%	15	38%	28	270
11-20人	23%	22	22%	5	23%	17	276
20-40人	16%	15	0%	0	21%	15	415
41-100人	8%	8	0%	0	11%	8	440
100-265人	8%	8	13%	3	7%	5	1458
合计	100%	96	100%	23	100%	73	2819

安置人员比例分布图(图3)

2002年度劳服安置福利企业安置人数分布图

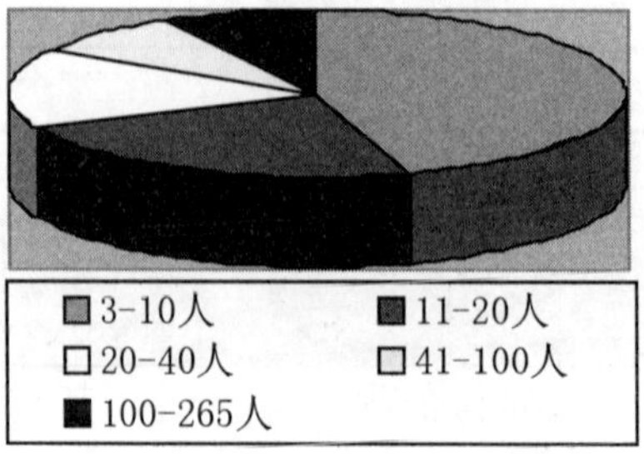

2002年度劳服安置企业安置人数分布图

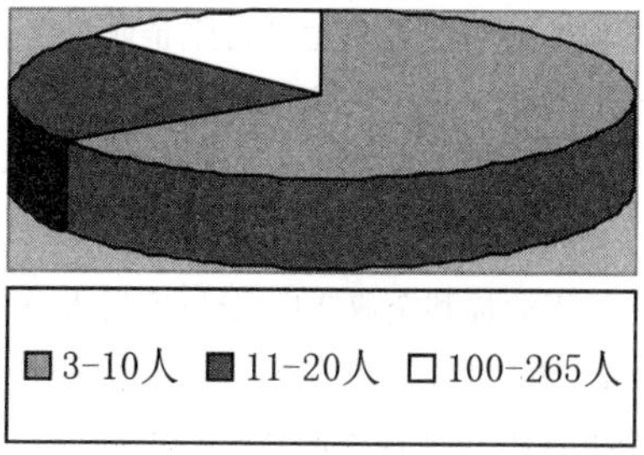

2002年度福利企业安置人数分布图

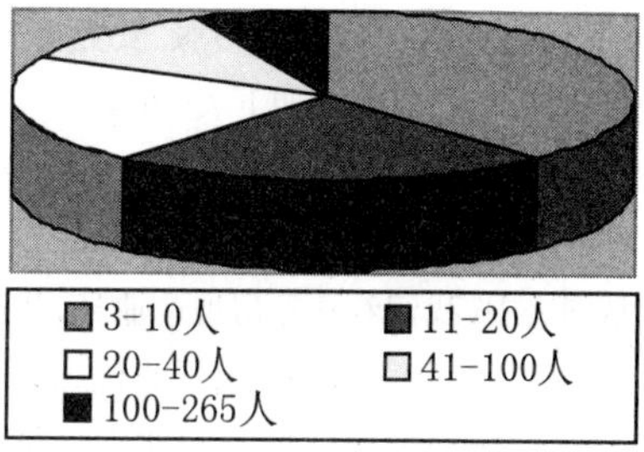

(表 3)　　**2002 年度劳服、安置企业、福利企业人员工资性收入与减免税额情况对比表**

单位:万元

类型	职工人数	安置人数	企业工资总额	其中:安置人员工资总额	减免税额	安置人员平均工资总额	人均免税额
劳服安置企业	1213	763	1636	989	5668	1.3	7.73
福利企业	4759	2056	4892	1609	6874	0.78	3.34
合计	5972	2819	6528	2598	12542	0.92	4.45

20 人以上的仅 3 户,占企业户数的 13%,而职工总人数 20 人以下且安置人员 10 人以下的却有 15 户,占企业户数的 65%。以下为我市 2002 年度劳服、安置企业、福利企业安置人员分布统计表(表 2)及安置人员比例企业分布图(图 3):

金华市 2002 年度劳服、安置企业、福利企业安置人员分布表(表 2)　安置人员比例分布图(图 3)

从被安置人员的工资待遇看,安置人员所取得的工资、养老保险等收入与企业所获得的减免税额相比,差距也较大,见表 3:

安置人员工资性收入与企业减免税的比较情况见图 4:

通过以上图表, 我们看到多数企业安置人员少,减免税额高,企业经济效益明显,社会效益不明显,说明以人员比例确定企业所得税优惠政策的方法无法有效实现当初制定优惠政策的初衷。

3、政策漏洞多,执行标准不明确,管理措施难以到位,给合法避税以可乘之机。

2002 年度劳服安置企业、福利企业安置人员收入与减免税额比较图(图 4)

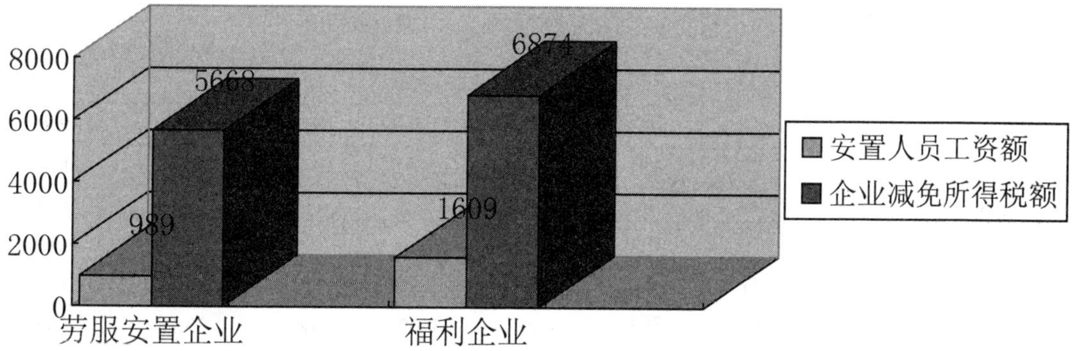

主要有:一是优惠政策的适用范围不明确。福利企业还规定了必须是生产型企业才可减免,而劳服、安置企业却没有规定具体的企业行业类型,导致了盈利水平高、人员少的房地产企业竞相往劳服、安置企业靠。以我市2002年度享受劳服、安置企业减免税政策企业为例,其行业分布如下表(表4):

2002年劳服、安置企业分行业减免税情况图如下:(图5)

从图表中,我们看到除房地产业外,我市劳服、安置企业基本上达到了国家出台税收优惠政策的目的,即通过创办劳服、安置企业,实现失业人员再就业,而房地产开发企业享受该项政策显然不符合政策导向。借助于城市化步伐的加快和市区旧城改造力度的加大,近两年来我市房地产业盈利能力水平较高,仅2001-2002年房地产企业通过成为劳服、安置企业,而享受税收优惠政策合理避交的企业所得税就达6070万元,占我市两年入库企业所得税额34770万元的17.5%。两年来,房地产企业安置下岗失业人员仅176人,平均每安置1人,支付工资1.21万元,减免税收34.69万元。如剔除减免额最多的一家(安置12人,减免3246万元、人均工资2.18万元)因素,平均每安置1人,支付工资1.14万元,减免税收17.22万元,投入与产出比达到了惊人的1:15,也就是说投入1元钱,两年后可获利约15元,投资回报率实在惊人,虽然不排除企业申报的应纳税额有虚假成份,但劳服、安置企业已成为房地产企业逃避税收的"避风港"却是事实。

二是对关联企业无法有效约束其成本核算,导致税款流失严重。通过对我市2002年企业所得税减免税情况分析,我们发现减免额最高的前三家企业均存在着一家或多家关联企业,这三户企业共减免了6599万元企业所得税,占当年减免额的47%。减免额最高的三家企业分别是房地产劳服企业1户,其法人代表原先已注册登记了一家房地产企业,从事房地产开发多年,积累了丰富的经验,通过新注册登记房地产企业,并安置下岗失业人员12名,获得了减免税3245万元。工业福利企业2户、分别安置人员153人、265人,减免税2317万元、1037万元,此两户企业分别向各自相关联企业提供产品或配件。

三是对安置人员没有明确的用工制度规定,对安置人员数缺乏有效认定办法。福利企业虽然建有"四表一册",在年审、年检中,由于职工上班实行"三班制"或淡旺季的用工不同而难以掌握实际残疾职工数;劳服、安置企业的人员认定权限在劳动就业部门,其计算方法和人员按置的标准与税务机关不尽相同。在人员就业方面,原来曾经规定安置企业必须与安置人员签定三年以上劳动合同,但后来省局又取消了此项规定,造成安置人员流动频繁,很难统计企业实际的安置人数。

四是劳服、安置企业减免政策存在漏洞。政策规定:"劳服、安置企业在免税期满后通过再安置人员达到30%比例的,继续减半征收两年。具体计算公式:当年新安置比例 = 当年新安置人员年平均人数 ÷ 企业原从业人员年平均人数 × 100%"。此项规定存在的问题是人员比例的计算方法不明确,在安置比例的计算公式中对分母(企业原从业人员年平均人数)的解释

(表4)　**金华市2002年度劳服、安置企业减免税分行业统计表**　单位:万元

行业	企业户数		安置人数		减免税情况		户均安置人数	人均减免额
	户数	比例	人数	比例	减免额	比例		
房地产业	12	52%	105	14%	5190.7	92%	8.75	49.44
服务业	1	4%	240	31%	8.8	0%	240	0.04
商业	7	30%	203	27%	168.9	3%	29	0.83
工业	2	10%	198	26%	296.7	5%	148.35	1.50
交通运输业	1	4%	17	2%	2.9	0%	17	0.17
合计	23	100%	763	100%	5668	100%	33.18	7.43

2002 年劳服、安置企业分行业减免税情况图如下：

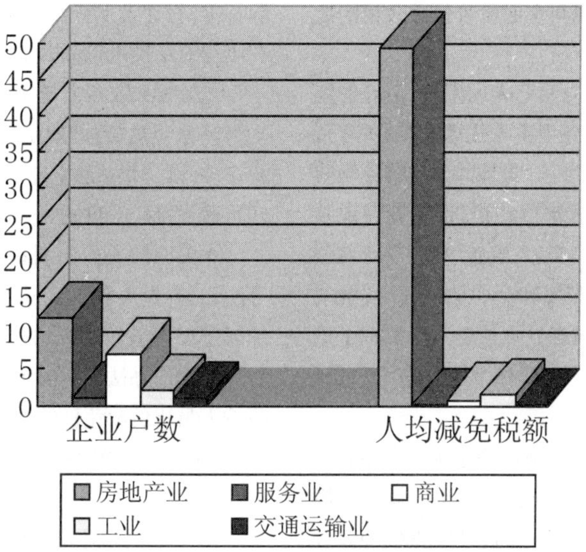

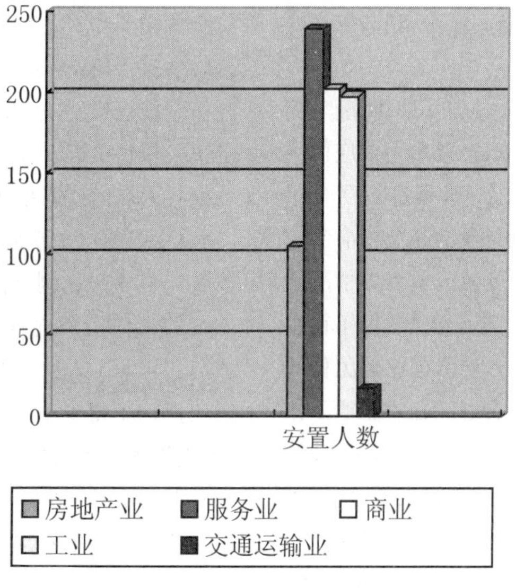

只是说明了人员构成，而没有对人数作要求，分子（当年新安置人员年平均人数）对新安置人员也没有具体的规定。我们在对近几年劳服企业在安置人员使用上的调查发现，多数企业利用了这一漏洞。举例来说，某劳服企业 2000 年共有职工 10 人，其中安置人员 3 人，企业在 2000-2001 年享受企业所得税两年减半征收的政策后，如要继续享受减半征收的政策，本来应安置 4 人，加上原先的 13 人，这样分子 / 分母 =4/13=31% 才能达到 30% 比例，但企业只需将原先 3 人辞退，再录用安置人员 3 人，这样分子 / 分母 =3/10=30%，也达到了安置比例。如此一来，在企业总人数不变的情况下，企业继续享受减半征收，如此一来，安置人员成了企业用于减免税收的工具，这也是我市一些劳服、安置企业多年来职工总数没有增长的原因。此外由于没有具体规定安置人员的条件，还存在劳服、安置企业间在减免政策到期后通过相互交换已享受减免税的安置人员达到规定比例得以继续享受优惠政策目的的可能。

三、完善劳服、安置、福利企业税收优惠政策的建议

从税收的财政、公平、效率三大原则看,最好的解决方法当然是取消现行的各项税收优惠政策,所有企业在税收法律面前一律平等,对弱势群体改暗补为明补,采取财政转移支付方式加以扶持,但从我国现阶段国情看这显然不太现实。劳服、安置、福利企业在分流安置下岗失业、残疾人员等社会弱势群体,缓解就业压力,保持国民经济发展和社会稳定方面发挥了重要作用,税收优惠政策应当继续保留,但可在以下几方面加以改进:

1、明确适用范围。福利企业已规定了生产型企业才能减免企业所得税,劳服、安置企业也应规定适用范围,可参照财政部、国家税务总局财税[2002]208号《关于下岗失业人员再就业就业政策问题的通知》中规定可享受优惠政策的企业类型,结合本省实际来制定,对房地产开发企业、广告业等人员少、利润率高的企业应取消政策优惠。

2、加强对下岗失业等安置人员的管理,明确享受优惠政策的使用次数。对劳服、安置、福利企业应由民政、劳动就业、税务机关联合认定,每年进行联合年检,税务机关对劳服、安置、福利企业的减免税应制定出一套专门的操作规程,加强对安置人员安置情况的管理,对下岗失业人员税收优惠享受次数,每年在企业申请减免时在下岗失业证件上登记企业减免税情况,下一年度无论该安置人员是否继续在本企业工作还是在其它单位工作,只要在证件上进行登记查阅,如优惠次数已满,则不再确认其为安置人员,这样可防止企业通过相互交换安置人员达到避税的目的。

3、改革或完善按安置比例享受优惠政策的办法。具体办法有:

⑴取消按人员比例减免税政策,改为确定人均扣除标准,按企业实际安置人数×人均扣除标准,在计算当年应纳税所得额时予以税前扣除的办法。

⑵继续采取按人员比例减免税的政策,但规定人均最高减免税额,即规定每安置一人,最多允许减免税多少,以防止关联企业通过关联交易进行成本利润转移达到避税的目的。

⑶采取按人员比例和按实际安置人数相接合的办法,对安置人数在20人以下的小型企业,实行按企业实际安置人数×人均扣除标准确定税前扣除应纳税所得额的办法,对安置人员在20人以上的企业实行按人员比例减免税的办法,同时规定人均最高减免税额。此方法可解决劳服、安置、福利企业人员安置少的问题。

⑷采取按企业给安置人员发放的工资性收入的倍数确定的办法,对企业给安置人员的教育培训支出可据实扣除,不在职工教育经费中列支。此办法应规定企业必须为安置人员办理社会基本养老保险、医疗保险参保手续,同时对安置人员实行代发工资制,委托指定银行代发安置人员的工资,指定银行按季向税务机关报送工资发放报表,这样能够做到减免税政策与安置人员的待遇相结合。

4、对劳服、安置企业在享受减免税期满后达到新安置人员30%比例,可继续减半征收的规定,如继续实行的,应加上"企业在申请享受减免税政策的第二或第三年职工人数发生变动的,企业当年从业人员总数(分母)不得少于上年度企业年平均从业人员总数(或安置人数不得低于上年安置人员数)",以保证企业安置职工不减少。

课题组组长:纪振华

执笔:纪振华 邹璇江 杨金辉

鼓励民营经济发展的税收对策研究

衢州市地方税务局

改革开放20多年的实践已经证明，民营经济在扩大就业渠道、提高居民收入，活跃市场、推进国有企业改革，拉动内需、扩大出口，以及增加税收收入等方面发挥了十分重要的作用。党的十六大和党的十六届三中全会进一步指明了民营经济的发展方向，也为民营经济的发展提供了更为宽松的政策环境。本文结合衢州市民营经济发展现状，就税收促进民营经济发展谈点看法。

一、衢州市民营经济的发展情况和特点

改革开放以来，我国在改革传统计划经济时代的投融资体制方面作了许多有益的探索，衢州市也作了不少努力，民间投资伴随着体制和政策环境的变化呈波浪式上长态势，并从1998年开始进入了快速发展阶段，投资量连上台阶。到2002年，全市民营经济实现GDP已占全市的82.1%。2003年1-6月份续保持蓬勃向上的发展势头，具体有以下几个特点：

1、以发展为第一要务，个体、私营经济实力不断增强。今年以来，衢州各级党委政府以贯彻落实十六大精神为动力，紧扣"发展是执政兴国的第一要务"这一主旋律，着力营造宽松、宽容、宽待的经济发展环境。1-6月份，全市个体企业新投入注册资金13.18亿元，同比增长59.7%。其中，私营企业户均注册资金81.89万元、个体户户均注册资金1.58万元，与去年同期相比，分别增长21.37%和43.27%；新设立私营企业注册资金在1000万元以上的就有12家。到2003年6月，全市实有个体工商户65917户、从业人员124944人、注册资金104068万元；登记注册私营企业6503户，拥有投资者13810人，雇工95515人，注册资金532576万元。

2、加大技改投入，发展后劲明显增强。1-6月份，全市118项重点技改项目完成投资额达9.16亿元，已开工建设项目86个，豪龙建材、龙驹乳业、青龙山水泥等11个项目新增产值14亿元。浙江海力标准件有限公司可称是注重技改与创新的典范，先后通过了ISO9000和ISO9001-2000质量保证体系和产品质量认证，年初通过省二级计量水平确认考核，过硬的产品质量使其外贸业务剧增。一大批规模企业的重点技改项目建成投产，将极大地带动我市个私经济的发展，提升了产品质量，优化了产品结构，为私营企业实现可持续发展提供了动力。

3、引进"外"资，激活民间资本。进一步加大"山海协作"、"招商引资"和项目推进力度，主动接轨沿海接受产业梯度转移。凭借着良好的软环境和强劲的招商引资工作力度，先后有22亿元的我市最大投资项目浙江光宇水泥、总投资15亿元的异地重点技改项目浙江元立钢铁有限公司等多家规模较大的知名企业在我市安家落户。截至2003年9月，全市协议引进市外资金142.76亿元，实际到位资金36.2亿元，分别完成年度计划的204%和103%。其中，新引进千万元以上的项目212个，完成年度计划的212%；引进工业项目到位资金占总数的74.46%。这不仅增强了我市经济发展的潜力，而且从很大程度上激活本地的民间资本，主动融入建设潮流，全市项目推进和外向型经济发展势头看好。

4、做大做强，重点企业经营绩效显著。今年以来，衢州民营企业重投资扩规模做大做强的趋势明显，上半年产值或销售收入500万元的私营企业292家，其中，超亿元的14家。特别是省放宽企业冠"浙江"省名的条件以来，全市就有49家私营企业冠"浙江"省名，使企业的知名度和信誉度得到进一步提升。如衢州富华皮革有限公司新筹建一条猪皮反绒服装革生产线，投资400万元扩建厂房，投产后公司的年销售额可突破亿元大关，将成为浙西制革龙头企业。一批规模民营企业的强劲发展，有力地支撑了全市工业经济的快速增长。

5、开放拉动，主动接轨“长三角”。面临新一轮产业结构调整和与“长三角”联动发展的战略机遇，我市一批颇有见识的企业家纷纷瞄准“长三角”的资本、技术、供求等市场，采取“走出去、请进来”等形式顺势应时，努力寻找商机，积极抢占市场，主动融入“长三角”经济圈。如衢州民心碳业有限公司与上海洋达炭业有限公司签订了350万元的竹碳销售合同，并在上海闵行区设立展销窗口，成立了产品配送中心。衢州奥科特食品有限公司与上海梅林公司合作组建公司，把系列鹅制品打进“家乐福”等知名超市、商场。由于企业积极应对，主动迎接挑战，我市一批市场竞争力和外向扩张能力较强的民营企业融入国际竞争行列，出口产品涉及食品、电子、化工、服装、纺织、机械等领域，营销网络不断扩大，占据了更广阔的发展空间。

6、推进农产品深加工，市场竞争力进一步增强。近年来，各地充分利用并依托农产品资源丰富的优势，普遍重视引导农业龙头骨干企业依靠科技进步，实施品牌战略，大力推进农产品深加工着力提高农产品附加值。

二、影响民营经济发展的税收政策分析

与全国各地一样，衢州民营经济大多起源于个体经济，发展于乡镇集体企业的转制，许多业已转向民营企业，有的已形成一定的规模。随着对外开放和国有企业改制的深入，“三资企业”和民营及民营控股企业不断增多。从目前民营经济的总体规模情况看，基本处于中小企业状态。面对经济全球化和知识经济时代的到来，特别是我国加入WTO后，大多靠生产低档次、低技术、低价格产品起步与维持的乡镇企业和个体私营企业等中小企业的优势逐步消失；而初放经营中“大而全”、“小而全”建设所带来的企业的专业化程度和企业的分工协作特别是大企业与中小企业之间缺乏较为密切的协作配套关系，甚至直接受到大企业的挤压。如我市遍地开花的中小水泥厂，不仅加工成本高、产品档次低，而且资源浪费和环境污染都很严重，经济效益和社会效益都不甚理想。

从政策支持情况看，我们一直强调鼓励、促进个体、私营等民营经济的发展，但政策支持的力度和各项政策的关联度不够大。反映到税收政策上，存在支持外资企业的政策力度强于内资企业、支持公有经济的政策力度强于民营经济、支持个体经济的政策成熟度强于民营企业等问题。具体体现在以下几个方面：

1、增值税一般纳税人的划分以及政策上的差异，影响了民营经济的发展。1994年新增值税制将增值税纳税人按其生产经营规模和财务核算水平分为一般纳税人和小规模纳税人，其中，增值税一般纳税人根据17%或13%的税率按实结算；小规模纳税人按6%的征收率缴纳增值税。由于6%的征收率是以总体税负为17%和一定的社会平均增值率计算得出的，使得新增值税制实施之初，许多小规模纳税人的税负就高于增值税一般纳税人；另外，由于增值税专用发票管理的难度以及由此形成的漏洞，许多企业都千方百计地人为扩大扣除税额，大大降低了其实际税负率。这以后出台的降低出口退税的退税率和降低商业流通企业小规模纳税人征收率政策，都充分说明增值税税制本身存在严重的税负不公问题。据调查，我省工业企业、商业企业增值税一般纳税人的平均税负分别为3.97%、1.05%，明显低于小规模纳税人工业6%、商业4%的征收率。这就直接制约了小规模纳税人(其中绝大多数是民营经济)的正常发展。

2、企业所得税前扣除规定不科学。目前，企业所得税计税工资标准为年人均9600元。相对于国有企业或国有企业改制后的民营企业而言，其他大多数民营企业的工资组成都比较单一，使得后者的实际工资扣除标准低于前者；而且，年人均9600元的工资标准与现行的实际经济发展要求和生活要求相比，差距较大，对于靠高薪聘请科技人才解决智力短缺的民营经济来说，困难较大。另外，像固定资产折旧年限偏长、加速折旧需报总局审批，许多民营企业因碍于程序上的烦琐，只好放弃加速折旧的申请。同时，在广告费、业务宣传费等方面按营业收入的一定比例税前列支的规定，势必加重民营经济初创时期宣传费用高而营业收入规模小这一反差所带来的困难。同时，《核定征收企业所得税暂行办法》规定的企业所得税所得率(7%-30%)偏离了中小企业3%-5%的实际情况。

3、有关税收政策和管理程序上的差异。一是税后利润再分配税收政策的不平等。《个人所得税法》规定，凡属于个人股东分得并再投入公司转增注册资本的部分，应按照“利息、股息、红利所得”项目征收20%的个人所得税。今年出台的《财政部 国家税务总局关于规范个人投资者个人所得税征收管理的通知》又进一步规定，个人投资者以企业（包括个人独资企业、合伙企业和其他企业）资金为本人、家庭成员及其相关人员支付消费性支出及购买家庭财产或投资者个人从其投资的企业借款长期不还的，按规定缴纳个人所得税。其政策精神明显严于《企业所得税暂行条例》和《外商投资企业和外国企业所得税法》。二是优惠政策执行范围的不平等。现有的一些税收优惠政策存在以企业性质或区域为界定标准，如一些特殊区域内执行的福利性、照顾性政策，许多民营企业难以享受。如1996年财政部、国家税务总局《关于促进企业技术进步有关财务问题的通知》和1999年国家税务总局《关于企业技术开发费税前扣除管理办法》中，都明确规定仅限于国有、集体工业及国有、集体控股的股份制企业、联营企业。又如国有农口企事业单位从事种植业、养殖业和农林产品初加工业取得的所得暂免征收企业所得税，又将大量非国有农口企业排除在外。三是执行时间上的差异。企业所得税减免对外资企业是从“获利年度起”，而对内资企业则是从“开办日期起算”。四是管理程序上宽严不一。如民资银行的呆账核销必须报批而国有银行只需报备；民资银行的房租费、修理费、装修费等须经国税机关批准，而国有银行则不用报批。凡此种种，不仅有悖于公平竞争，吸引更多的民间资本投入经济建设；而且也不利于民营企业主积极有效地积累资本，不断地扩大生产经营规模。

4、税收优惠政策执行上带来的不公平。目前，形式多样的税收优惠政策，虽然大多数是以所有企业为受惠对象，但由于民营经济本身的条件及所处的环境因素影响，造成一些政策事实上被边缘化。如国产设备投资抵免企业所得税政策，由于民营经济大多规模小、资金周围困难，许多企业主要依靠吸纳大企业或先进企业的产业转移来求发展，全新投入新设备的能力较小，难以享受到这项优惠政策。另外，根据规定，企业进行新技术、新产品开发的开发费，大多可按实在所得税前列支，但由于民营企业普遍规模较小，往往通过聘请专家辅导的形式从事一些小打小闹式的技术开发，有关技术辅导、技术转让费用只能在业务招待费中列支，无论在列支总额上还是时间上都要受到限制。据了解，《中共浙江省委、浙江省人民政府关于进一步加快民营科技企业发展的若干意见》确定了有关与公有经济相对称的税收优惠政策，但全省许多地区包括一些市场经济发达的地区至今尚未落实此项政策，这既有民营经济规模小的因素，也有政策宣传、企业统计等行政服务不到位的原因。

三、完善税收政策体系，促进民营经济发展

促进民营经济发展是一项系统工程，作为政府支持，主要包括法律政策支持、金融服务支持、财政税收政策支持、环境支持、出口政策支持、科学技术支持和信息咨询支持等。从税收的角度，主要应采取以下措施：

1、结合实施增值税转型的改革工作，在规范有序的前堤下，逐步构建有利于民营经济发展的管理机制。近期可以考虑重新划定小规模纳税人的认定标准，对从事货物零售业务的小规模企业，会计核算不健全者，可划定为增值税小规模纳税人；而对于从事工业生产、商业批发的小规模企业应划分为一般纳税人管理，对其中会计核算不健全者，基层税务机关应借助社会中介机构力量，尽快帮助其达到正确核算要求。还可帮助小型企业组成松散的联合体，解决增值税专用发票的使用问题。减轻小规模纳税人的税收负担，建议将小规模纳税人的增值税税率普遍调整为3%－4%。

2、规范企业所得税政策体系。目前，世界各国企业所得税的名义税率要比我国低得多。如美国实行15%-33%的四级累进税率，日本为30%，德国为25%，最高税率大多低于我国，加上西方国家的税前扣除项目又较多，实际税负大大低于我国。因此，在统一内外资企业所得税的基础上，可将33%的税率降为25%左右，并调整中小企业的企业所得税政策。一是将新办企业享受企业所得税优惠政策的时间改为“开始获利年度起”。二是考虑近期经济发展情况，建议将现行年应纳税所得额10万元以下的照顾政策改为10万元以下和10万元至20万元两档，税率由现在的18%和27%改为15%和20%，继续加大对中小企业的支持力度。三是扩大民营企业工资总额的范围，具体参照国有企业的标准，将工资外的住房补贴、通信补贴等工资外入确定一个额度，作为民营企业计税工资外的扣除标准。同时，允许民营企业职工教育经费按实在所得税前列支，支持企业进行人力资源开发。四是对个人独资和合伙中小企业（以小企业为主）的经营者,允许在企业所得税和个人所得税两者之间进行选择,只缴纳一种税。对于企业所得税后投资者个人所有的部分,凡未作分配或明确转增资本的,暂缓征收个人所得税,引导私人资本进一步转向投资领域,推进民营经济做强做大,也为股份制经济的发展奠定良好的收入分配基础。

3、鼓励民营经济技术创新。建议取消按区域给予税收优惠的作法,改按企业是否为高新技术产业为标准实行上述优惠政策;对于企业技术改造的设备投资按一定比例抵免企业所得税,鼓励中小企业逐步扩大生产经营规模。对民营经济用于R&D的投入,及时给予抵扣,以加快其发展。为充分发挥民营经济吸引科技人才以及科技人员创造发明的积极性,建议将现行免征个人所得税的规定扩大到县级科技发明奖及政府津贴,并对高科技人员的创造发明、成果转让收益减免营业税。

4、实行统一平等的出口退税政策。一方面,在出口退税指标分配上要公平合理;另一方面,在"免、抵、退"出口退税政策的执行上,要一视同仁地对待民营中小企业。

5、加大对社会化服务体系建设税收支持的力度。对地方营利性的中小企业信用担保机构、再担保机构以及相应的中介服务、技术培训等机构,可以实行减征或免征营业税的优惠政策措施,对中小企业信用担保、再担保机构即从现行3年营业税免征期延长到5-10年,充分发挥中介机构在引导私人资本转向投资领域、技术培训和技术服务,以及信息传递等方面的重要作用。对中小企业中介服务机构的业务收入采取免税措施,全力推进中小企业中介服务事业的启动和发展。

6、加快费税改革进程。一是明确政府提供公共物品和服务的费用都应主要由税收来承担,不应再向使用者或受益者收取额外费用,逐步剥离目前由企业承担的一些社会职责;二是逐步取消县市国有、集体中小企业上交管理费以及城市供水、供气、供电增容费的有关规定,坚决取消一切不合理收费,降低中小企业贷款抵押品登记收费标准,降低登记费和注册资本金要求;三是加强对公用部门经营行为的监督与检查,逐步建立公用部门产品与服务的价格听证制度,制止公用部门利用自己的垄断地位侵害其他企业的利益;四是积极创造条件,将社保基金等合理收费转化为收税,规范收入分配制度,为中小企业的发展提供良好的制度环境和经济环境。

7、优化税务管理。税收政策的制定,应体现效率优先、平等竞争的原则。因此,应适当增加省级地方政府拥有一定的地方税立法权和一定的减免税权,便于地方政府及时根据民营经济的发展需要,制定相应的税收政策,进一步凸现中小企业在活跃市场、解决就业、推动创新上的优势。同时,加大政务公开的力度,各级税务局应创造条件,实现税收政策网上公告制度,并纳入当地政府网站,降低纳税人获取税收政策信息、优化税收筹划的成本。

深化和完善地方税制改革的研究

江山市地方税务局课题组

地方税制是指分税制财政体制中相对中央税体制而言的地方税体制。在计划经济时期,我国长期实行的是统收统支的财政体制,对调动地方政府促产增收的积极性,不能不受到一定程度的制约影响,1994年税制改革并同时实行分税制财政体制,将现行税种划分为中央税、共享税、地方税,首次建立起较为完整的地方税体系,这对促进社会主义市场经济的发展,强化中央财政的调控能力,调动地方政府生财、聚财的积极性等方面发挥了重要作用。建立比较完善的地方税制，既涉及优化财力分配格局的财政体制，又涉及提高税制功能的税收体制，两者不可偏废。联系当前实际，我们感到现行地方税制仍然不够理想，体制不稳定，功能弱化的问题相当突出，有待于采取措施，进一步加以完善。

一、完善地方税制建设的重要意义

（一）有利于调动地方政府发展经济，生财、理财的积极性。完善地方税制是建立在中央与地方合理分配财权基础上的，地方政府能在经济发展中获得相应的财政收入，以满足社会经济各种建设的需要，必定能激励地方政府更好地抓发展、抓增长，实现经济财政的良性循环。

（二）有利于增强地方政府施政的主动性，加快地方建设发展步伐。按照公共财政的理念，各级地方政府负有建设并完善地方公共设施的职责，要实施这种职责，就必须做到事权与财权相对应，有必要的财力作支持。而建立完善的地方税制，就是为地方政府履行公共职责提供必要的财力保证。

（三）有利于从体制上提高财政收入分配的透明度，促进廉政建设。建立完善的地方税制，从体制上明确财权分配办法，可以减轻地方政府对中央财力转移支付的依赖性，在财力分配上要体现“法治”，克服“人治”因素，从而对简政廉政发挥促进作用。

二、现行地方税制建设存在的主要问题

（一）财政分配体制不稳定，地方税体系不完整。分税制财政体制将税种划分为中央税、地方税和共享税，又把地方税中的营业税、所得税收入的一部分划为中央收入，实行不彻底的分税制，虽然如此，营业税、企业所得税和个人所得税作为地方税制的三大主体税种，构成了地方政府的主要税收收入，也为地方经济建设发挥了重要作用。由于过多考虑中央集权的需要，中央继把储蓄利息所得个人所得税作为中央收入后，2001 年又将企业所得税和个人所得税调整为共享税，通过几次分配体制的调整，原已相对完善的地方税体系受到了冲击，而新的地方税体系尚不清晰。由于要考虑地方的既得利益，在收入上划分后又对地方进行体制补助等，可以说，当前的分配体制已不是真正意义的分税制，倒在一定的程度上更像是又恢复到走综合分成财政分配体制的老路子。并且酝酿中的增值税税制改革，有将建筑安装业、交通运输业的营业税改为增值税的倾向，如果付之实施，营业税的税基势必随之减少，其在地方税中的地位将会大大削弱。由于在财政体制上对企业所得税、个人所得税、营业税三大税种收入分配格局作了重大调整，其它十多个地方税种大多是收入不稳定、税源分散、征管难度大、征收成本高的小税种，不具备为地方筹集稳定收入的功能。地方税体系中缺乏对地方财力具有决定性影响长期稳定的主体税种，是地方税制建设中面临的最大问题。

（二）地方税收入规模过小，不能成为地方财政的收支主要来源。1994 年税制改革引起地方政府前所未有的关注，十分重视财源建设和积极支持地方税收的征管，地方税收得到较快增长，但由于没有建立起完整的地方税体系，地方税收入规模不仅在整体工商税收收入中比重较小，而且在地方财政预算收入中的规模也明显偏低，不能满足地方政府的支出需要。如我市 2002 年度财政预算收入为 3.072 亿元，财政支出为 3.67 亿元，地方税务机关组织征收的工商税收仅为 1.45 亿元，占工商各税收入的 48.62%、占全市财政收入的 38.98%，占财政支出的 39.51%。既然是实行分税制财政管理体制，地方税不能成为地方财政收支的主要来源，地方政府也只能是依赖中央的转移支付和增加预算外收入来弥补缺口，地方税收占地方财政收入和支出的比重过小，不仅制约了地方税务部门职能的充分发挥，不利于地方政府职能的实现，也是地方预算外收费资金不断扩大、国民收入分配秩序受到破坏的诱因。

（三）地方税管理权限过于集中。实行分税制后，虽然划分了中央税、共享税、地方税，但在管理体制上仍沿袭过去的做法，立法权、征免权、解释权等仍高度集中于中央，地方政府仅有征收管理权。我国不仅是人口大国，也是地域大国，各地的经济发展情况和差别很大，地方税权过分集中，并不符合我国经济发展不平衡的国情。如个人所得税税法规定工资薪金所得税费用扣除标准为每人每月 800 元，这个标准在我省及经济发达省份的工薪阶层差不多已是普遍纳税，调节收入作用不大，而地方政府无权适时对地方税种进行合理的调整。由于目前地方税立法权缺位,财权与事权不对称,转移支付制度尚有待进一步健全,地方政府履行其职能所需的财力明显不足,导致不规范的"准税收"权产生,造成现实中税费齐举,征收无序的不良状况。

(四)地方税税种改革不到位。我国现行地方税税种大多是在1985年至1990年制定或修订实施的,1994年税制改革方案的侧重点是流转税和所得税,而对多数地方税种的改革触动不大,随着我国经济体制改革的不断深入和经济建设的迅速发展,有的税种已显得不适应客观情势。

1、有些税种的征税范围和计税依据需要改正。如现行税法规定房产税只在城市、县城、建制镇和工矿区征收,在农村不征。几年来,农村经济发展变化很大,乡镇差别已不明显,有的乡经济规模甚至超过了镇的经济规模,对农村不征税有失公平合理。又如印花税以凭证、合同记载的金额为计税依据,由于经济合同种类繁多,税法用正列举的办法很难概全,征税漏洞大。征税办法采用自行计算税额、自行购买印花税票、自行粘贴、自行注销的纳税方式,偷逃税现象非常严重。

2、地方税内外税制不统一,内资企业和外资企业税收负担不公平。地方税目前内外税制统一的只有印花税、土地增值税、资源税。其他税种,如城建税只适用于内资企业,不适用于外商投资企业和外国企业。对内资企业征收车船使用税、房产税、土地使用税,对外商投资企业和外国企业征收的还是50年代立法的车船使用牌照税、房地产税和土地使用费。由于内外资企业税法不统一,造成税收负担悬殊较大,不利于公平税负、促进平等竞争。

3、有的税种税制设计不合理,不仅增大了管理难度,而且使企业税收负担畸重畸轻。城建税以企业实际缴纳的增值税、消费税和营业税税额为税基,按其所在城市、县城或镇和市、镇以外地区划分,分别按7%、5%、1%的比率征收,这种计征办法,造成"三税"缴纳多的城建税也多,缴纳少的城建税也少,不能完全体现享用与纳税相一致的原则。特别是以增值税和消费税为计税依据部分的城建税,由于分属国地税两个部门征收,对税收征管都有各自的程序,除纳税人自行申报方式外,其他方式征收的城建税难以确保与实缴增值税或消费税之间有严格的对应关系,容易引发征纳双方的税务争议。客观上讲,在国、地税机构分设的条件下,把地方税种的征收依据依附于国税部门征管税中的征收数,缺乏科学性,造成征管工作十分繁杂。

4、费改税的进展步伐缓慢,适应市场经济发展要求的地方税种迟迟不能出台。改革开放20年来,随着国民经济飞速发展,人民生活水平得到很大提高,少数先富起来的人拥有了大量财富。有必要通过开征遗产与赠与税对少数人拥有的巨额财产加以调节,以缓解社会分配不公的矛盾。社会保障税、燃油税等开征呼声很高的税种迟迟未出台,农村税费的改革受众多因素的制约,也是步履缓慢,在已实行税费改革的地区,农民负担能否做到不反弹,仍是人们十分担心的一个重要问题。

三、完善地方税制建设的具体设想

为适应地方经济发展的客观需要,必须加快改革步伐,健全和完善我国现有的地方税体制,具体改革设想是:

(一)完善分税制财政体制,确立地方主体税种。要完善地方税制必须完善分税制,离开分税制这一前提谈地方税制的建设是不现实的。一定要坚持实行稳定而彻底的分税制财政体制。要本着调动中央和地方两个积极性的原则,规范执行分税制的行为,理顺中央与地方的财政分配关系。大的体制变动要有前瞻性、全局性,要考虑财权与事权的统一。增强中央财政的可控财力,主要依靠经济总量的增长,而不应损害行之有效的分税制财政体制。同时,要确立地方主体税种,确保各级地方政府有比较稳定的可持续增长财源。当前中央把所得税列为共享税,并且设立每年递减的分配方案,不仅对地方财政收支冲击很大,而且由于同一税种实行国、地税交岔管理,人为造成税收征管体制上的复杂性。由于分税制分配体制的变动导致地方财政收入萎缩,从而增强了地方政府对非税收入的依赖性,与强税抑费的总体改革方针要求相违背。因此,明确把所得税、营业税作为地方的主体税种,是完善地方税制的客观要求。

(二)在合理划分事权基础上,实行适度分权型的模式。税收立法权主要集中于中央是必要的,但要赋予省级地方政府以较大的地方税执法裁量权。中央在地方税种立法时,在对税率高低、开征停征、加征减免等方面,给省级地方政府留出一定的空间,以增强税制对区域、时效上的适应性。为防止地方政府税收施政不当,国家税收主管部门可对各级地方政府税收执法裁量权的实施情况进行监督和干预,以保证各税种的立法精神在全国得到贯彻落实。

(三)调整和改革现有地方税种,优化地方税制结构。

1、统一内外两套税制。统一内外资企业所得税、房产税和车船使用税,对外资企业开征城建税等。现行税制对外商投资企业的优惠政策过多,造成内外资企业税负不公,加重了国内企业的负担,削弱了国内企业市场竞争能力。应对外商投资者实行与国内企业同等的国民待遇,在优惠政策方面应突出产业导向性,对于高科技的投资项目和基础设施建设投资项目,无论是内资企业还是外资企业投资都应给予同等的税收优惠。

2、调整计税依据和征税范围。把城建税税名改为城乡维护建设税。为从根本上克服以交纳的"三税"税额为税基计征办法所造成的弊端,把计税依据改为按纳税人的销售收入或营业收入为税基,按规定税率独立征收。房产税和土地使用税的计税依据改为按房屋的重置价和土地基准地价(面积)计税。优点是计税依据固定明确,收入稳定,征管难度小。同时把征税范围扩大到城乡,公平税负。资源税是一个较有前途的税种,从保护和合理利用资源,扩大税源来看,应结合"费改税"把矿产资源费改为征收资源税,并研究将水资源、海洋资源、森林资源等纳入征税范围。为适应经营主体多元化,经营方式多样化的客观情势,有必要对现行印花税制进行改革完善,把承包、承租经营合同增列为征税范围,并对《印花税暂行条例》附列税目税率表中的"征税范围"改正例举为反例举,即除对列举免税的凭证以外,其余与税目对应的凭证都征收印花税,同时对固定企业除营业账簿和权利许可证以外的印花税,由现行的"三自"缴税办法改为申报纳税,以提高征管质量。

3、明确取消屠宰税、筵席税,停征投资方向调节税。屠宰税是农耕时代的一个古老税种,我国建国后于50年代立法征收,由于税源分散,征管难度大,不少地区发生按人头或按田亩向农民摊派屠宰税的情况,财政收入不大,却严重损害了税务机关的形象;筵席税作为一个税种,本意是抑制消费,减少浪费,与当前扩大内需的政策导向不相符合,且管理难度很大,对财政收入无实际意义。建议明令废止上述两个税种的税收条例,在全国统一停止征收。

投资方向调节税是1994年新设的税种,本意是控制投资规模,引导投资方向。随着客观情势的变化,国务院已决定于2000年停征,但税种仍然保留,有必要时仍可恢复征收。

4、开征遗产税。根据我国目前社会综合管理水平,尽管征收遗产税的难度很大,有些条件尚不具备,但为鼓励勤劳和合法经营致富,抑制少数人不劳而获,仍应借鉴国外的有益经验,创造条件,本着免税点从高,税负率适当从低的原则,把这个税种先设立开征起来。

(四)借税费分流改革之机,将某些行政规费改为地方税。一是将与车船有关的收费行为如养路费、车辆购置费、交通管理费、公路基金等统一改费为税,要冲破阻力,加快实施燃油税。二是将社会保障收费改为社会保障税,社会保障税不必细分税目,其资金的使用目的是一样的,细分税目只会徒增征收的技术难度,使税制复杂化。当前要把养老保险、失业保险、医疗保险、工伤保险、生育保险五项基本保险作为社会保障税的征税范围。税率则实行比例税率,分单位税率和个人税率两种。过高的税率束缚企业的发展,过低的税率势必加重财政负担。本着减轻企业负担,突出个人责任,可适当减低总负担水平,提高个人负担率。以保证社会保障制度的实施。三是全面推进农村税费改革,完善农业税制,全面停征农业特产税,规范农村征收行为,确保农民明显减负,并加强监督管理,防止农民负担反弹。

课题组组长:王智荣

成员:祝维生　王雁冰

执笔:何汉忠　陆云水

税源监控与管理的研究及国际借鉴

桐乡市地方税务局课题组

税源,是指各类税收收入的价值源泉,也就是指税收收入渠道、源头。其内容包含两层涵义:一是根据税收与经济之间的关系,税源泛指国民收入创造和使用的全过程;二是从税收的征收对象看,税源就是指各个具体税种的征收对象。税源根据其存在状态可分为现实的税源和潜在的、待开发税源两种。

税源监控与管理是指从税收的角度对税收收入的来源和渠道,运用一系列的方法和手段,进行全方位的信息跟踪、监督、管理与控制。其实质就是税务机关围绕税源这个中心点,对税务登记管理、申报纳税管理、税收分析预测、税务稽查、协税护税网络等税务管理的全过程进行科学、系统、严密、有效的监督、管理,并在此基础对税源要素进行控制,保证税收收入的总体规模及发展趋势;通过对收入状况的信息反馈,进一步掌握税源发展、变化和趋势。税源监控。税源监控与管理是贯穿税务管理全过程的一项基础工作,是税收能能否及时足额征收到位的关键,也是各级领导层进行科学税收决策的重要依据,历来为各国税务机关所重视。世界各国在致力于国家经济的建设过程中,都创建了既符合各自的国情,又科学有效的税收管理方式,在税源的管理与监控方面形成了自己的特点。尽管他们与我们在社会制度、经济制度、所有制形式、经济发展水平等方面都存在着国情上的差异,但也有许多有益的方法和手段值得我们借鉴。

一、发达国家税源监控与管理的经验

(一)根据国情合理设置管理机构,强化税源监控与管理

发达国家基本上都根据各自的国情,合理设置管理机构,从事税收管理与税源监控工作。如:荷兰把纳税人分为个人、中小公司、大公司、从事进出口业务的公司等4种类型,并分别设置管理机构进行管理,使管理更有针对性,强化了对税源的监控与管理。乌拉圭成立了纳税人特别管理处,监督税收收入占全国税收收入近70%的2700个税源大户的申报和纳税情况。联邦德国从财政部到基层税务机关的内部都按税种设置征管机构,配备征管力量,把税收征管工作,尤其是税源监控与管理工作落到实处。

(二)推行统一的税务代码制度,加强对纳税人的源泉控制

一般而言,发达国家普遍通过统一的税务代码,来加强对纳税人的税务登记管理和税源监控。一个纳税人终生只能有一个税务代码,来办理一切纳税事宜。个人通常用身份证用作代码,以便交叉核对纳税人的各种信息,监督其照章纳税。对于公司而言,一家公司只能有一个代码,分支机构不能有与总公司不同的代码。如意大利规定年满16岁的公民均须到当地税务机关登记并领取税务代码卡,纳税人取得收入的各种活动都要与该代码相联系。美国人一出身就可以获得这一代码,而且终身唯一不变。外国人到美国工作也要申请一个代码作为税务代码,这项制度可以缩小潜在纳税人与注册纳税人之间的差异。玻利维亚和乌拉圭把纳税人登记管理作为改革的重点,并对纳税申报表和完税证中的数据进行加工处理,注重数据的有效性,使对不申报和不按时缴纳税款的纳税人采取合理的控制措施成为可能,加强了源泉控制。联邦德国税法规定,任何单位和个人在向政府有关部门申请登记开业的同时,必须向税务局(或财政局——联邦德国的财政和税务是在一起的)提供包括企业雇佣人员、营业规模、银行账户、家庭情况等有关纳税方面的资料,然后税务局将这些资料输入电脑作为征税的基础信息并给予纳税人编发纳税编码;新就业的公民在就业前,还要先向税务部门申领税卡,税务部门将税卡上的基础信息输入电脑,作为征收个人所得税的基本档案。纳税人通过税务编码进行纳税申报和缴纳税

款，雇主按税务编码代扣代缴雇员的所得税，这样税务局就可以按编码通过计算机网络汇总纳税人从不同地区、不同岗位取得的各种收入，将之与纳税人的申报相核对，从而确认纳税人是否完全缴纳了应纳税款。而税卡不仅为纳税所必要，同时也是合法就业的前提。因为联邦政府规定，任何雇主不得雇佣没有税卡的雇员。西班牙规定所有有纳税义务及扣缴义务的法人和自然人都必须进行税务登记。登记时，法人由税务机关授予号码，自然人则使用身份证号码。为税务部门实行税源监管，获取纳税人信息，从中进行综合分析处理奠定基础。

（三）采用多种申报方式，提高纳税申报的质量

自觉申报应纳税款是发达国家进行税源监控与管理的基础。这一点在法国更加明显。在法国，未实行源泉扣缴，税款的征收主要是以纳税人如实自行申报纳税为基础前提。雇主在支付工资等应纳所得时，不扣缴雇员的个人所得税。纳税人在取得收入后，年终以家庭为单位计算并自行申报缴纳个人所得税。此外，发达国家的纳税人及扣缴义务人大多采用自行申报和委托申报相结合的方式进行纳税申报，但更多的是委托税务代理人即执业会计 (税务) 师进行纳税申报，这样，大大地提高了税务申报质量。如联邦德国，由于税种较多，税负高，各税种的政策规定复杂多变，因此，除极少数纳税人(包括企业和个人)自行上门申报或邮寄申报纳税外，95%的企业纳税人、50%的自然个人纳税人聘请税务顾问，申报应纳税额。此外，德国的大型企业一般在内部都设有专门的办税机构和办税人员，并建立起一套较为完善的税务处理体系。办税机构的职责是为企业办理纳税申报，了解掌握税收政策，进行税收筹划，处理税务纠纷等。澳大利亚的大部分纳税人也是通过税务代理机构办理纳税申报的。

（四）利用信息管理系统，提高对纳税人信息监控

美国借助现代信息技术，实现了税源监控与管理的信息化、网络化，对税源信息资源达到高度占有和共享。意大利建立了税收情报信息系统，实行自动化管理，并通过公用数据网实现了与纳税人、政府部门及欧盟各国的信息交换和数据共享。德国的计算机运用已从单纯的报送数字发展到了信息储存、信息交流、税源控管、税款征收、档案管理等各个方面。纳税人在向政府有关部门申请登记开业的同时，必须向税务局提供包括企业雇佣人员、营业规模、银行账户、家庭情况等有关纳税方面的资料，然后税务局会将这些资料全部输入电脑备案，及时了解和掌握各类税源情况。法国全国联网的电子化档案可根据纳税人发生的经济活动随时对其档案进行更新。例如，某人在巴黎租了一套房子，既没有去税务部门登记，也没有人上门调查，但税务部门可以通过电子网络系统及时掌握房东的纳税档案，从而大大提高了税源监控与管理的针对性和实际效果。此外，德国与法、英、意等国家还打破了国与国的税收壁垒，做到税源情报互相交换，资源共享。只要不违反本国的法律、不泄漏本国的重大机密、不侵犯本国公民的权利、不影响本国的公共秩序等重要原则，一切税源资料情报都可以向盟国提供。如税收法令、税收数据、纳税人的纳税资料、已解密的涉税案件资料等。

（五）借助社会力量，实行税源监管社会化

发达国家都十分关注税源监控的社会化管理，如澳大利亚政府的社会化管理具体体现在以下几个方面。一是纳税人税号的运用在法律的保障下得到了有关部门的充分认可和有力支持。在澳大利亚，每个纳税个人都必须取得一个唯一的税号。如果没有税号，一方面将被税务部门课以 48.5%的惩罚性税款，另一方面，个人在银行的储蓄利息将被扣减 50%，从而促使纳税人自觉申请并取得税号，依法缴纳税款；二是实行税务部门与其他部门的信息共享，弥补和丰富税务部门的征收信息。澳大利亚在《1990 信息数据匹配核对法》中规定，联邦税务局、信息网络中心、复员军人事务部等部门间允许就应税项目、个人及家庭档案项目、税务申报号码项目等进行交叉匹配核对，从而使税务部门可以从其他部门数据库中找出纳税人未向税务局披露的应税信息，重新评估纳税人的收入，纠正个人数据信息，调查可能存在的逃税和骗税。新南威尔斯州 1988 年至 1999 年就此一项增加了 2600 万澳元的收入；三是开发计税软件，放在因特网上供纳税人免费下载，既减轻了纳税人的负担，拓展了为纳税人服务渠道，同时使税务局以前的手工操作变为基于知识、信息上的操作，使税务人员具备更好地适应外部变化的能力；四是澳大利亚联邦税务局与软件

开发行业合作开发注册的软件系统,以对财务软件产品是否符合标准提供可靠的测试信息。软件包括三大功能,提供澳大利亚税务局各项规则、规章、决定和方针;为财务软件开发者提供测试平台,验证他们的产品是否符合澳大利亚税务局的要求。提供经测试并确认能够作出正确结果的财务软件产品列表。从而使财务管理与税收管理互相衔接,为监督企业资产运动,确保诚实纳税提供了良好保障。美国政府推行了完善的社会保障号码制度,所有个人基础资料、工薪收入、信誉状况都记录在个人社会保障账号内,因此该号码成为联邦税务局控管个人所得税的有效途径。同时,美国建立了发达的个人信誉评级制度,纳税申报记录往往被作为衡量个人信誉水平的重要标准,并直接与个人商业信誉挂钩,凡是有不良纳税记录的个人和单位在申请商业贷款时会受到种种限制;五是广泛采用信用卡制度,大多数美国公司和个人都通过银行结算,因此,凡是涉及公司和个人的各项收支税务局中都可以通过银行进行监控。正是有了社会化监控体系,使税收管理延伸到社会经济的每一个角落,税收管理不再是税务部门一家的责任,而是全社会共同的义务。

(六)为纳税人的服务,同时对不履行纳税义务的纳税人进行曝光

发达国家普遍为纳税人提供广泛、周到、形式多样的税法宣传和免费咨询服务,平缓了纳税人的抵触心理,增强了纳税人依法纳税的自觉性和合作意识,为税源管理创造了条件。另一方面,充分利用公告媒体等对不履行纳税义务的纳税人进行曝光,并有权责成其停业。如哥伦比亚国家税务局就被授权对那些不向顾客开具发票(或收据)或开立一个以上账户的公司处以停业一天的商店门前贴出“因逃税而停业”的公告,电视节目也会作相应报道。土耳其税务机关为了防止纳税人不使用发票,在各地派出许多检查人员巡查,第一次发出警告、第二次给予罚款,第三次勒令停业。

二、当前我国税源监控与管理工作存在的问题

(一)监控观念淡薄,监控体系不全

税源监控与管理的地位举足轻重,但从目前情况看,对税源的监管工作仍缺乏足够的重视。表现为税源监控与管理体系内容、目标、机制尚不健全,税源监控与管理在税务部门的机构设置上尚属于空缺状态,从中央到地方的税务机构中,均没有专门从事税源监控与管理工作的人员,更没有专门的税源监控与管理部门,税源档案资料不全,纳税人的生产经营情况不明等等,使税源监控的依据和在管理程序上出现缺位、失据。税源监控与管理不仅包括税源的日常检查、税源调查、分析预测,还包括对纳税人税法的宣传、辅导、培训和普法教育等内容,但遗憾的是,我们目前的管理只停留在应付日常征管中碰到的问题,根本没有放到税源监控和管理上来。

(二)征管体制缺位,税源监控弱化

征管改革后,税源监控与管理改变了原来的专管员管户制度,实现了由管户制向管事制管理模式的转变。这是向现代化税收管理制度转变的重要一步。但随着机构的收缩,特别是征管模式转换后,征纳双方直接接触的机会相对减少,有些地方甚至于对纳税人的地址、产品、经营等基本情况都一无所知。税源监控与管理渐渐弱化具体表现在:一是税务登记管理不到位,有相当一部分纳税人没有按规定申报办理税务登记。对于已纳入税源管理户,存在税源底数不清的问题,虚假歇业,“空壳户”等漏征漏管户大量存在。税源监控流于形式;二是由于建账建证难推行,以及发票管理不到位,很多纳税人上报税务机关的财务报表和纳税申报表所反映的税源状况不真实,有隐匿收入和少报收入现象存在;三是税务机关对税源的掌握往往只停留在纳税人提供的资料所反映的静态信息上,一定程度上助长了纳税人不如实申报的侥幸心理,造成征纳双方掌握信息不对称,使税务机关对纳税人经营情况的了解深度和广度难于达到最好程度。

(三)监控方法单一,监控手段落后

尽管近年来税务系统不断加大对计算机硬件的投入,实现了从纳税登记、税款征收到税款划解全过程的计算机管理,但目前税务机关计算机应用水平普遍不高,动用程度也较低,储存资料不全,不能通过计算机实现征管全过程的有效监控。税源的监控与管理工作主要基本上还处于手工操作阶段,税源管理系统只能完成一些基本的统计工作,对税源的发展状况不能运用大量的信息数据库进行调研、分析和预测。而且由于现有监控体系不健全、不严密,内部的监控数据不能及时传递和共享,监控过程前后环节不配套,

使税源分析和税源监控缺乏真实、全面的信息数据来源，往往造成税源分析和税源监控的结果失真。税源的基础情况和数据的取得除了纳税人上报的财务报表外，也只能是以下户了解情况、电话咨询这两监控方式为主，通过这两种方式了解到的情况只是纳税人说什么税务机关就听什么，问什么纳税人答什么，缺乏主动性。由于监控方法的单一，税务机关对税源的掌握只停留在纳税人的税务登记资料、纳税申报资料以及企业财务报表等有限的静态基础资料上，而对重点企业的发展前景、发展规模的预计等最具有监控价值的动态资料掌握相当少，缺乏全程动态监控机制，直接影响税收分析和税收预测的质量，给税务机关对重点企业的经营发展趋势做科学预测带来一定难度，也在一定程度上助长了企业纳税申报时的侥幸心理，导致申报准确率不高。

（四）税源监控滞后，协税护税机制尚未形成

随着经济的不断发展，税源呈多元化的趋势，税收管理的广度和深度不断拓展，广泛依靠社会力量进行监控是必然趋势。但目前我国不仅整个监控环节滞后、范围狭窄，税源监控多侧重于对事后静态信息的分析、评价、对纳税人经营活动的全部信息进行事前、事中、动态监督做的不够，缺乏前瞻性和预见性信息资料，而且，由于种种原因，社会协税护税的整体意识还不高，政府各部门和税务机关之间还缺乏有效的信息传递和共享机制，其他部门和单位对税务机关依法执行公务、了解企业经营活动情况的配合不够，造成税务机关无法从其他部门了解到企业的具体、真实情况，社会力量没能得到充分调动，这在很大程度上制约了税源监控职能的发挥。

三、加强我国税源监控与管理的建议

（一）理顺机构设置，明确职责范围

目前，我国的经济已进入世界经济的大潮，要使税源的监控与管理适应这一形势，必须建立具有战略高度、科学合理和相对稳定的税源监控与管理体系，在内部设置专门的税源监控机构，或在现有征管模式的管理部门内，设置税源监管岗位，明确岗位职责，并由专人负责税源监控和管理工作，把征管机构的设置作为建立新的税收征管模式的核心。因此，建议在国家税务总局和省一级税务局，按税种类型和职能分工和纳税人类型相结合模式设置内部机构；在地市级和县级税务局，按职能分工和纳税人类型相结合模式设置内部机构。市级税务局应设立负责重点税源户监管的机构，县级税务局直接负责对重点税源户的监管，县以下不再设分局，恢复中心税务所建置。在理顺机构设置的同时，明确各机构的职责范围，实现四个“统一”，即统一机构名称，统一机构职能，统一征管流程，统一征管软件，规范征管工作，为强化税源管理提供组织保障。

（二）建立税源监控机制，完善各项征管制度

严密科学有效的税源监控机制是确保税源管理和接收制度实现的关键。我们要借鉴国际发达国家的一些做法，尽快建立起既适应现在，也适应将来一个时期，具有覆盖面广、相连性强和设备超前的税收监控体系，逐步建立完善各项征管制度，加大税源监管力度。

1、要完善和规范所有企业和个人的税务登记办法，为税源的直接监控创造条件。税务登记是纳税人依法履行纳税义务的第一道程序，也是税务机关对纳税人实施管理的第一道关口，直接关系到以后的税款征收和监督管理。为此，需要建立和完善全国统一的纳税代码，明确该代码的使用范围和监督管理要求，使该代码与企业、个人的生产经营活动、社会作信用等情况相关联，以便建立税收管理信息网络，实现信息共享和系统控制，及时发现未登记纳税人，解决目前存在的漏征漏管问题。并从税源产生的不同阶段、不同环节实施监督。把凡是与税基产生有直接或间接联系的信息，都应纳入税收信息采集的范围。通过对来自不同渠道的信息进行分类、加工，核对其纳税申报的真实性和准确性。提高税源监控的广度和深度。同时，要加强与工商部门的联系，并通过电脑互联网、合署办公等形式，对纳税人的产生、变化乃至消亡进行及时有效的监控与管理。

2、要健全分税种、分行业税源监控制度，拓宽税源监控渠道。对大中型企业要实行专人管理，定期轮换；对个体工商户实行按地段分行业管理。在农村，则设立征管员，实行划片管理。在抓好一般税源监管的基础上，各级税务部门还应确定重点税源户，确定专门机构或专门化人员实行跟踪监管，定期进行税源调查和统计，并逐级上报，供上级部门决策参考。对税源流动性较大、容易流失的税种，如车辆税收、个人所得

税、出租房产税等,要及时掌握应税项目,可实行委托代征或实行代扣代缴,做到源泉控管。对发生的每一笔应税收入,落实专人记载,登记造册,将税款解缴入库。

3、实行纳税评估,堵塞税源监管漏洞。税务部门应该在广泛调查研究,摸清税源监管和征管现状,了解情况纳税人生产经营情况的基础上,采用科学论证的方法,通过对纳税人的纳税申报情况进行审核评析,检验税源是否成确实和纳税人的申报是否真实,从而是发现税源监管的是否存在疏漏问题,加强税源的监控与管理。

4、加强宣传与培训,不断提高税务人员税源监控的能力和水平。尤其要抓好现有人员的培训,如税收法规的培训等。同时,要面向全社会深入持久地开展税收宣传教育活动,特别是加强税收法制和办税程序的宣传,让广大纳税人学习税法,了解税法,准确地掌握税收政策,正确履行纳税义务,及时、自觉、准确地进行纳税申报,从源头上保证税收收入做到应收尽收,从而不断提高征期申报率、申报准确率和税款入库率。

5、坚持依法治税,加大对偷税、逃税、暴力抗税的打击力度,该处罚的要依法从严处罚,触犯刑律的要绳之以法,决不能以罚代刑。

6、加强税务稽查,及时发现和堵塞税源监控的漏洞,同时要严格申报真实□审核和逾期申报处罚制度,以此强化对申报纳税全过程的监控,促进纳税人自行申报制度的落实。

(三)统一监控软件,完善监控办法

我们常说西方国家公民的纳税意识强,其基础是建立在严密的法律制度和高效的网络监控条件下的。只有加强了对纳税人应税收入的监控,使每一笔应税收入都有据可存、有据可查、有据能查,并加大对偷逃税的处罚力度,使偷税偷不了、漏税漏不了,那么,我国公民的纳税意识也会迅速提高,税源监控与管理的效果也会显著体现出来。因此,在现阶段一是要统一全国的税源监控与管理的软件(尤其是做到国地税统一软件),实行全国至少是全省联网,并按照《税收征管法》的要求登记纳税人的资料,进行统计分析,掌握经济增长变化对税收影响以及未来税收在增减变化趋势。同时,要适时地对税源户和重点行业、重点税源开展普遍性或专项性调查分析。要根据不同区域的经济税源特点,抓住重点行业、重点税源搞好登记、统计和税源发展变化分析、预测。二是税源监控与管理的软件的开发与应用要改变现有各自为政、相互封闭、重复开发、成本大的弊端,国家应加强宏观调控,避免质低且重复进行的软件开发,使与税收相关的信息系统紧密相联,特别是要与工商、银行、技术监督、海关、财政等系统的软件网络连在一起,做到资源共享,责任共担。在逐步形成点线面查结合、全方位、高效率的税源监控网络,及时掌握税源变化情况,提高税源监控效率。

(四)加强货币管理,从源头控制税源

我们都知道,应税收入是以货币形态体现的,存在于每一个单位、每一个人的生产经营活动和人们的日常工作、生活之中,加强税收监控,最好最有效的方法是对货币的收入、支出进行监控,建立严密的发票管理及防伪系统,改革银行结算方式,严格控制现金结算的范围和数量,使税源监控的方式更加科学严密。采用全国统一、固定的银行账号。企业事业单位以企业代码,个人以身份证号码作为终身唯一的账号,不管在哪家银行开户,一律采用这一账号,严禁多头开户,取销辅助账户,一家企业或一个人只能开设一个账户。限制现金交易。实行银行和税务机关联网,让每个纳税人的每一项应税收入都能及时反映在税务机关的电脑里,使税务机关对纳税人的每一项收入和支出都能准确、及时掌握。这样,既可以提高监控效率,又利于从源头管理各类税源。

(五)健全部门协调机制,完善协作护税网络

税收管理和税源监控不是孤立的,不可能只靠税务机关一家来完成。因此,要在注重社会依法纳税意识的提高,形成良好的外部环境前提下,与社会力量有机结合,凝聚社会协税护税体系。这就需要充分调动社会各阶层人员的积极性,建立起覆盖面广的社会协税护税网络,形成全方位协税护税的格局。具体来说,在税源户管上要强化与工商行政管理、公安、街道办事处的协作,尽量避免漏征漏管现象的发生;在纳税申报和税款入库上,要强化与金融、海关等部门的协作;在税收稽查上要强化与审计、公检法等部门的协作。同时,通过建立税收违法案件举报有奖制度,充分调动广大人民群众的协税护税积极性,建立"市、县

区、乡镇、村”四级协税护税网络，为了真正形成一个有效的协税护税机制，建议制定协税护税法或者税收保障法，依法明确有关部门和个人协税护税的义务及法律责任，对拒不履行或不当履行协税护税义务的单位和个人依法追究责任。并充分发挥舆论宣传和监督的作用，对无证经营和偷逃税行为，该公告的要公告，该曝光的要曝光，在全社会形成对无证经营和偷逃税行为人人喊打，使其无藏身之地的声势，为税务机关实施依法行政工作赢得社会的理解、配合和支持，创造良好的舆论环境。

课题组成员：吴建勇　陈敏娅　方联翩

建立企业所得税纳税调整项目备查簿的思考及调账处理

磐安县地方税务局

笔者从近期的税收征管中发现，许多企业在办理企业所得税年终汇算和接受税务机关检查后，对于一些纳税调整项目的金额，没有按规定在财务上作出调帐处理，只是在年终汇算清缴纳税申报表上反映增加额或减少额的一些数据，或者只是按税务部门的结论解缴税款。这样做不仅对税收征管工作带来一定的难处，同时，随着时间的推移，会使企业财务成果的延续核算失去真实性，从而影响到以后年度企业所得税计算的准确性。虽然，对于以前年度的损益调整，在会计核算上设有“以前年度损益调整”科目，我们可作为纳税调整项目账务处理的主要科目，但有些纳税增减项目，不涉及以前年度的损益调整。因此，笔者建议，对所得税按实结算企业，应设置“纳税调整项目备查簿”。本帐簿只作备查使用，不涉及会计核算的具体内容，其“增”方记录上期（或本期）纳税调整项目增加额，“减”方记录上期（或本期）纳税调整项目减少额。

一、建立纳税调整项目备查簿的必要性

以企业会计利润为基础，通过当期纳税调整项目增减额的调整，从而得出的应纳税所得额，是企业所得税的计税依据。但这种帐务调整，一般是事后调整，是在一个会计核算年度终了后的次年作出调整的，具有滞后性。所以在事后账务调整时，既要便于当年的会计核算，又要真实反映上一年度纳税调整项目的数据记录。显然，我们对于纳税调整后所产生的增、减额，有必要在财务处理上作出真实的反映。

（一）建立纳税调整项目备查簿，有利于一些永久性差异的纳税调整项目在会计上作出合理的记录与反映。

永久性差异，是指企业一个时期的纳税所得和税前会计利润之间的差异，在本期发生，但不在当期或以后各期转回。主要有以下三种情形：

1、会计核算时作为收入处理已计入税前会计利润，在计算纳税所得时不作为收入处理；

2、会计核算时不作为收入处理，不计入当期损益，而在计算纳税所得时应作为收入处理，需要缴纳所得税；

3、会计上作为费用或支出在计算税前会计利润时予以扣除，而在计算纳税所得时不予扣除或只能按比例扣除。对于这些永久性差异的纳税项目调整，按规定不作帐务调整，因此在财务上无法对这些纳税调整项目的内容作出真实的反映，但我们可以通过建立纳税调整项目备查簿的形式，把这些纳税调整项目的一些具体内容和金额作出记录。

（二）建立纳税调整项目备查簿，有利于一些时间性差异的纳税调整项目在会计上作出直观的记录与反映。

时间性差异，是指一个时期的纳税所得和税前会计利润之间的差额，在本期发生或预提，但应在当期或以后各期内转回。主要有以下三种情形：

1、会计上多提的费用已在计算税前会计利润时予以扣除，但在税收处理上应作纳税调整，如多提折旧费、“三项经费”、多提借款利息等；

2、会计核算上多列、虚列成本项目，在计算纳税所得时应予以调整，如原材料、在产品、产成品成本等；

3、会计上由于某些收入、费用项目虽然在计算税前会计利润和纳税所得中口径一致，但由于两者确认的时间不同产生的一些纳税调整项目，如《营业税暂行条例实施细则》规定，纳税人转让土地使用权或者销售不动产，采用预收款方式的，其纳税义务发生时间为收到预收款的当天，与会计上确认收入的实现不一致。对于这一类纳税调整项目，会计上虽然设置“以前年度损益调整”科目处理，但有些内容在实际操作中存在一定的难处，财务上也不便于全面反映当期的一些调整项目的有关内容。因此，可以通过建立纳税调整项目备查簿，将“以前年度损益调整”科目处理的一些会计内容，在该簿上进行详细记录，以便更直观、更全面地反映一个纳税期内纳税调整项目的一些具体内容。

(三)建立纳税调整项目备查簿，有利于税前会计利润和纳税所得在计算上相互衔接。

我们知道，尽管税前会计利润的计算与纳税所得的计算相互间存在差异，但是会计核算中计算出来的会计利润是计算纳税所得的主要依据，计算纳税所得是以会计计算出的税前会计利润为前提的，纳税所得与税前会计利润的关系，可以用下列公式表示：

应纳税所得额 = 利润总额 + 纳税调整项目金额

利润总额也即税前会计利润，是通过一定的会计核算程序慎密计算出来的财务成果数据，在账上是“有据可查”的，各科目之间一些数据的逻辑关系一目了然，而纳税调整项目金额，是通过税法计算得出的，从感观上看在账上是“无据可查”的，即不可能一目了然地看出哪些项目的具体内容已作了纳税调整。因此，建立纳税调整备查账簿，可以弥补会计核算方面的不足，在计算应纳税所得额时，能有效地与会计核算的一些具体内容相互衔接。

(四)建立纳税调整项目备查簿，便于税务机关对企业所得税的征收、管理和税务检查。

企业所得税这一税种不同于其它税种，它是以一定时期的净所得作为计税依据的，涉及一定时期的成本、费用的归集与分配，计算较为复杂，且财务核算要

(表一)　　纳税调整项目备查簿记录凭证

年　月　日　　项目：　　凭证号码：　　单位：千元

原会计凭证号　　码	调整项目摘要	纳税调整增加额	纳税调整减少额	记账
合计				

具体编制说明：

①“年月日”按作出纳税调整时的实际时间填写；

②“原会计凭证号码”，是指应作出纳税调整的、已登记入账的原始记账凭证号码；

③“调整项目摘要”，是指应作出纳税调整的具体内容；

④“纳税调整增加额和减少额”，是指实际应作出纳税调整的金额；

⑤同类纳税调整项目内容较多时可在记录凭证后面附贴清单；

⑥使用“纳税调整增加额”、“纳税调整减少额”两个科目记录时，不需要相关科目与之对应。

⑦对于同一类型的纳税调整项目，如发生的业务笔数较多，在编制记录凭证时，应随附项目调整的清单。

（表二） 纳税调整计算清单

单位：千元

纳税调整项目：		
会计凭证号	列支金额	纳税调整增、减额：
		调整金额计算：
合 计		

（表三） 纳税调整项目备查簿

年度 页码 单位：千元

日期	记录凭证号码	原会计凭证号码	调整项目摘要	增加额	减少额	增或减	余额

求也很高。纳税调整备查簿，是为企业所得税在财务上的税收处理而专门设置的一本备查账簿，它有利于记录企业各个纳税期在财务上的税收处理情况，便于税务机关在以后年度对企业各个纳税期的企业所得税结算情况进行管理和监督检查，有利于把企业所得税这一特殊税种引入规范征管的轨道。

二、调账处理及建立纳税调整项目备查簿的一些具体做法

(一)纳税调整项目备查簿设置的总体思路

根据会计核算的基本原理，从凭证到账簿遵循会计核算的客观性、及时性和明晰性原则，保持会计账簿和备查账簿的相对独立又相辅相成，备查账簿作为会计账簿的一种辅助账簿而存在。

1、编制记录凭证。记录凭证是登记备查账簿的原始依据，它是根据原会计记账凭证或调账凭证编制。具体格式见表一：

本凭证只作登记纳税调整备查账的记录使用，不改变原会计记账凭证的性质和内容。对于一些已通过“以前年度损益调整”处理的纳税调整项目，在编制损益调整会计凭证时，同时编制纳税调整记录凭证。

2、建立纳税调整备查簿，对一些纳税调整项目作出明晰记录。具体格式见表三：

通过编制记录凭证，将纳税调整项目的一些主要内容和金额，记入备查簿中，以便于汇总计算当期纳税调整项目金额的净额。备查簿属订本式账簿，根据业务需要，可分设总分类账簿和明细账簿。年度终了后办理所得税汇算清缴时，对于应作出纳税调整的项目，先在备查簿上进行登记，然后据此填报《企业所得税年度汇算清缴纳税申报表》。

（二）纳税调整项目的调账处理和记录凭证的编制

下面列举实例进行说明：

1、于永久性差异的，对于原成本、费用核算账户一般不作调账处理，只编制记录凭证，在纳税调整备查簿中予以记录。

例一 某企业2003年业务招待费支出总额为200000元，按规定可在税前列支80000元，超标准列支120000元，应调增应纳税所得额。

(1)在作出纳税调整时，应在账面计提所得税：

借：所得税 39600 贷：应缴税金——应缴所得税 39600

(2)实际上缴所得税时：

借：应缴税金——应缴所得税 39600 贷：银行存款 39600

(3)如属会计期间调账，年末将“所得税”转入“本年利润”科目；如属会计期间结束后事后调账，则可把“所得税”直接转入调账期间的“利润分配”科目。

会计期间：借：本年利润 39600 贷：所得税 39600

事后调账:借:利润分配 39600 贷:所得税 39600

(4)编制备查簿记录凭证:(税前多列业务招待费120000元调增2000年度应纳税所得额。)

增:纳税调整增加额 120000

2、对于一些时间性差异项目,如折旧、待摊费用、预提费用等,既要对原相关成本、费用核算账户作出调账处理,又要编制备查簿记录凭证。

例二 2004年3月税务机关发现某企业2003年度房屋、建筑物折旧额按10%年折旧率计提折旧200000元,但根据《所得税税前扣除办法》规定,房屋、建筑物最低折旧年限为20年,在不考虑残值情况下,多提折旧额100000元,应增加纳税所得。

(1)因计提折旧时,已进入制造费用、管理费用等科目核算,事后不便作出账务调整,因此,多提折旧额可考虑在借方结转:

借:累计折旧 100000 贷:以前年度损益调整 100000

(2)因2004年度调账时的以前年度损益调整额在会计上并入当期税前会计利润,因此还需把该笔调整额转入"利润分配"科目:

借:以前年度损益调整 100000 贷:利润分配 100000

综合以上两笔会计分录,我们可以直接借记"累计折旧"、贷记"利润分配"。

(3)在作出纳税调整时,应在账面计提所得税:

借:所得税 3000 贷:应缴税金——应缴所得税 33000

同时:

借:利润分配 33000 贷:所得税 33000

虽然在财务上可运用递延法中的"递延税款"科目处理,多提折旧部分不作调账,但笔者认为通过上述办法处理更为直观,也便于一般财务人员处理。

(4)编制备查簿记账凭证:(企业多提折旧额100000元调增2000年度应纳税所得额。)

增:纳税调整增加额 100000

3、对于一些成本结转性项目,可在账上直接冲正原会计分录,并同时填制备查簿记录凭证。

例三 2004年3月税务机关对某企业2003年度所得税审核时发现

原材料项目多结转成本50000元。

(1)在2004年度调账时用红字冲正原会计凭证:

借:生产成本 50000 贷:原材料 50000

(2)补缴所得税时:

借:所得税 16500 贷:应缴税金——应缴所得税 1650

因属事后会计处理,同时应做以下分录:

借:利润分配 16500 贷:所得税 16500

(3)缴纳所得税时:

借:应缴税金 -- 应缴所得税 16500 贷:银行存款 16500

(4)编制备查簿记账凭证:(企业多结转原材料成本50000元调增2000年度应纳税所得额。)

增:纳税调整增加额 50000

(三)根据上述编制的记录凭证,在纳税调整备查簿上作出登记

综上例一、例二、例三,通过编制备查簿记录凭证,据以登记"纳税调整备查账簿"(见表四):

(四)账务处理和纳税调整备查簿有关问题的解释

1、对于"所得税"、"应缴税金 -- 应缴所得税"、"利润分配"、"银行存款"等科目,可在编制好纳税调整备查簿后按增减余额及在解缴所得税税款时,一次

表四:纳税调整项目备查簿

年度:2003　　　　页码:01　　　　单位:千元

日期	记录凭证号码	原会计凭证号码	调整项目 摘要	增加额	减少额	增或减	余额
0103	01	**** 号	多列业务费	120000		增	120000
0103	02	**** 号	多提折旧	100000		增	100000
0103	03	**** 号	多转原材料	50000		增	50000
合计				270000	0	增	270000

性在账务上作出处理；

2、因“上年度损益调整”科目会影响当期（即记账期）的税前会计利润，而调整净额已并入前一会计核算期的应纳税所得额，因此，在本期内最好转入“利润分配”科目；

3、“所得税”科目通常和“本年利润”科目之间发生结转，但如将纳税调整项目计提的所得税转入本年利润，则会计处理上会影响本年利润净额的核算。因此，我们可以考虑直接在“利润分配”科目借方进行结转；

4、应纳税所得额等于利润总额与纳税调整增减额之和。其中，纳税调整增、减额，可直接从纳税调整备查簿中取得。

5、纳税调整项目备查簿在记录时不与原会计核算账簿发生数据上的逻辑关系，只为结算应纳税所得额而设立，是作为所得税结算的一本辅助账簿。

ZHEJIANG DISHUI NIANJIAN

第八编

附 录

浙江省税务学会
浙江省国际税收研究会

2003年,是全党全国人民认真学习贯彻"三个代表"重要思想和党的十六大精神、全面建设小康社会取得良好开局的一年,全国呈现出一派欣欣向荣的喜人景象,各族人民正满怀信心地朝着全面建设小康社会的宏伟目标阔步前进。税收工作在党中央、国务院的正确领导下,团结拼搏,开拓进取,取得了显著成绩,为经济发展和社会进步作出了积极贡献。我省地税系统、国税系统广大税务干部,在省委、省政府和国家税务总局的正确领导下,坚持以"三个代表"重要思想为指导,认真学习贯彻党的十六大和十六届三中全会精神,团结一心,扎实工作,不畏艰难,锐意进取,强化税收征管,大力组织收入,继续深化改革,圆满地完成了各项税收任务,工作取得显著成绩,为全省经济的持续快速增长和各项事业全面发展作出了积极贡献。浙江省税务学会、浙江省国际税收研究会,在中国税务学会、中国国际税收研究会的正确领导下,在浙江省地方税务局、浙江省国家税务局和浙江省民政厅、浙江省社会科学界联合会的重视支持下,在广大会员的积极努力下,认真贯彻"三个代表"重要思想和江泽民同志在上海社科联第四次代表大会上的重要讲话,在组织群众性的税收理论政策调研活动、开展税收学术研究成果的评选、配合行政进行税收法制宣传、搞好税务咨询代理为社会提供服务和加强学会、研究会的组织建设等方面,都取得了显著成绩。

一、积极组织群众开展税收理论政策调研活动

税务学会、国际税收研究会的中心任务是围绕建立社会主义市场经济体制深入开展群众性的税收理论政策研究。2003年国家税务总局领导在全国税务工作会议上提出,为了适应社会主义市场经济发展和加入世贸组织后的新形势,需要进一步完善税制,针对现实问题,借鉴国际经验,加强调查研究,提出完善税制的建议、方案,为领导决策提供参考。国家税务总局、中国税务学会2003年布置我省的税收调研课题是"税制改革的研究"和"进一步扩大内需的税收政策研究";中国国际税收研究会布置我省的税收调研课题是"国际税收竞争与税收优惠选择的国际借鉴研究"和"税源监控和管理的国际借鉴研究"。省确定35个市县进行重点调研。省局和各重点调研市县的局领导、学会领导都极为重视。杭州、台州、衢州等市税务学会、研究会都于2月份召开了各县(市、区)税务学会秘书长和局机关税务学组组长会议,根据省地方税务局、省国家税务局、省税务学会、省国际税收研究会的部署落实课题调研任务。宁波、金华等市税务学会还结合当地税收工作的热点、难点,增列了调研课题,布置基层深入开展调研。极大多数市县都是局领导、学会领导亲自任课题组长,带头搞调查研究,如衢州市有59篇税收调研报告或论文是市、县局长任课题组长深入调研亲自撰写的。台州市税务学会总结2003年税收理论政策调研工作的特点是:地税、国税两局领导都带头搞调研,十位局长都亲自动手写调研报告;中层干部调研工作的主动性空前高涨,调研内容涉及依法治税、税收征管、税源预测、信息采集、队伍建设等多方面;学会会员、广大税务干部开展群众性税收学术研究氛围已经形成,全市共撰写了近500篇税收调研报告。绍兴、丽水等多数市县都把税收调研工作列入行政考评的内容之一,并建立了优秀论文的评选和奖励机制。丽水市税务学会还举办了有学会会员80余人参加的税收调研培训班,讲解"调查研究和报告撰写"的基础知识,深受会员欢迎。诸暨市税务学会深有体会地说:2003年的税收调研工作呈现"三多":一是参与人员多,全市70%的税务干部参加调研;二是发表文章多,有305篇税收调研报告和论文在国家级、省级、市级报刊上发表;三是论文精品多,有48篇税收论文在市科协联合评选中获得优秀论文奖;税收学术研究硕果累累!

省于7月份召开了税收理论政策研讨会,会后撰写综合调研报告,已分别提交中国税务学会、中国国际税收研究会理论研讨会大会交流。据不完全统计,2003年全省广大税务干部和学会、研究会会员共撰写了4600多篇税收论文和调研报告,省局和很多市县局领导都带头搞税收调研,带头写税收论文。我省税收学术研究活动已蔚然成风!

各地研究认为,中小企业在我国不仅有利于国民经济持续快速健康发展,缓解社会就业压力,保持社会稳定,而且有利于推进技术进步,优化经济结构,满足社会多样化的需求,形成合理有序的社会化生产分工体系,保持经济活力。我省中小企业现状是:发展迅速面广量大,非国有企业为主体,区域块状经济初步形成,“小型巨人”不断涌现。当前中小企业在发展中面临的难点是:宏观经济环境已转变为供过于求的买方市场竞争激烈,资金不足且融资难度大,社会负担重,企业自身素质不高,政府在税收、市场准入等政策上的扶持力度不足。现行对中小企业税收政策上存在的问题是:增值税税制对两类纳税人的界定和对小规模纳税人过高的征收率存在对中小企业的歧视和限制;所得税税制对中小企业优惠少、税负重不利中小企业的发展;税收征管上也存在扩大“核定征收”范围等有碍中小企业发展的规定。世界多数经济发达国家都通过实行积极有效的税收政策,改善本国中小企业生存发展的税收环境,支持和鼓励中小企业的发展。税收政策是国家经济政策的重要组成部分,要通过完善税制、制订税收优惠政策和改进税收征管服务等以促进中小企业的发展。增值税制要扩大按一般纳税人征收的比重,要进一步调低小规模纳税人的征收率,要适当提高小规模纳税人的起征点,并抓住当前有利时机及早将现行“生产型”增值税转为“消费型”增值税,以维护中小企业的合法权益。所得税制要降低中小企业的优惠税率,要放宽税前费用列支标准,要缩短固定资产折旧年限,要扩大中小企业税收优惠范围。税收管理服务体系也必须改进,为中小企业营造良好的纳税环境;同时要坚决清理乱收费,减轻中小企业非税额外负担,为中小企业创造良好的生产经营环境,以积极促进中小企业持续快速健康发展。

各地研究认为,我国出口货物退(免)税制度,促进了外贸企业的发展,增强了我国产品在国际市场的竞争力,也带动了我国国民经济的快速发展。我国现行出口退(免)税制度存在的主要问题:税收法规的立法级次较低,政策变动频繁;退税不彻底,税负不公平;退税实行计划指标,拖欠企业应退税金;退税制度设计复杂,增加退税成本;部门配合不力,难以形成严密监控的合力。西方发达国家实施的出口退(免)税办法,有许多可供借鉴的共性:实行彻底退税;贯彻公平退税原则;不设财政指标限额退税;政策透明度高,手续简便;部门间信息共享;严厉打击骗税行为。我国完善出口退(免)税制度的总目标应该是:要严格遵循WTO的原则,与国际惯例接轨,要认真贯彻“三个代表”重要思想,落实“征多少、退多少、彻底退税”的要求,以增强我国出口货物在国际市场上的竞争力,促进对外贸易的蓬勃发展,从而带动我国国民经济的持续快速健康发展。在这一总目标下,切实遵循以下原则:一要贯彻税收中性原则,减少对经济行为的不当干扰;二要有利于生产经营的发展,有利于扩大出口创汇;三要转变理念,对于出口企业不仅要加强税收管理,而且要提供优质服务;四要从源头上加强出口货物征税环节的管理。要坚定地实施“彻底退税”;要取消指令性退税计划指标;要大力加强出口退税的信息化建设,要简化退税手续加快审批速度,促进我国对外贸易的发展。

二、开展税收优秀学术成果评选活动出版税收获奖论文集

为了使更多的高水平学术研究成果脱颖而出,进一步推动税收学术研究活动的蓬勃开展,更好地为税收工作服务,省税务学会、省国际税收研究会协同行政组织了2003年度全省税收优秀学术研究成果的评奖活动,组织各市县开展税收优秀学术成果的逐级评选;在诸暨召开了全省2003年度税收优秀论文评审会,聘请了省、市县和大专院校税收理论政策水平较高、税收实践经验丰富的33位同志组成评审委员会,对推荐送省的100篇税收优秀论文进行了认真评审,优中选优,共评出获奖税收优秀学术研究成果59篇,其中:特别奖8篇,一等奖9篇,二等奖18篇,佳作奖24篇。我们将这些获奖的优秀税收学术研究成果选送浙江人民出版社编辑出版《2003 年度浙江税收获奖论文集》,使税务战线各级领导、广大干部、学会研究会会员和理论界、教育界、社会各界关心热爱税收工作的人士能了解我省税收学术研究领域的丰硕成果。

这次获奖的税收优秀学术研究成果,大多是围绕国家税务总局、中国税务学会、中国国际税收研究会布置的重点调研课题撰写的,有税收学术论文,也有税收调研报告;有集体创作的,也有个人撰写的;有省局和市县局领导深入调研亲自动笔撰写的研究精品,也有学会、研究会会员和广大税务干部的调研成果,内容非常丰富。这次获奖的税收优秀学术成果,主题突出,观点鲜明,论据充分,说理透彻,具有时代特征,有开拓创新意识,有较高的理论水平和实用价值,充分展示了 2003 年全省地税系统、国税系统、税务学会、国际税收研究会在税收学术研究上为税收中心工作服务、为税制改革服务、为领导决策服务所取得的最新成果,也展现了我省税收学术研究领域不断开拓的深度。台州、衢州等市在评选活动中,也认真评出一、二、三等奖,以鼓励多出精品。杭州、台州、金华及东阳、浦江、永康等市县,在评选税收优秀学术成果的基础上,也都刊印市级、县(市)级《税收优秀论文集》,促进了税收学术研究活动的开展。

三、紧密配合行政搞好税法宣传

开展税法宣传,不断提高全社会的纳税意识,是税务学会、国际税收研究会又一重要任务。多数市县税务学会都积极配合行政,运用多种形式开展税法宣传活动。省税务学会、省国际税收研究会和杭州市税务学会、市国际税收研究会于 9 月份积极参加了省社科联组织的社会科学广场大型咨询活动,印发了“税务登记及纳税须知”、“下岗人员创业税收优惠”、“房产买卖缴纳契税”及“个人所得税纳税规定”等税收宣传资料 4000 余份,为社会各界提供税务咨询,深受广大群众的欢迎。宁波市税务学会在市社科联举办的“社会科学普及周”活动中,积极参加科普宣传,编写税收知识宣传板报,开展税务咨询活动;并深入基层开展税法宣传,使税收知识“进社区、下农村、上讲台、入课堂”,提高了广大群众的纳税意识;他们还积极组织学生参加“全国中小学生税收知识竞赛”活动,获得“优秀组织奖”。台州市税务学会不仅税收宣传月期间采取了多种形式开展税法宣传,而且在平时也积极参加市政府、社科联举办的全市性大型宣传活动,如在市召开“人大”、“政协”两会期间,给会议代表送去“依法诚信纳税,共建小康社会”为主题的税收宣传资料近千份,使会议代表关心、支持税收工作,还积极参加了市统一组织的百名科普专家进农家、下企业等活动,广泛宣传了税法知识。

省国际税收研究会和杭州市国际税收研究会紧密配合,认真贯彻中国国际税收研究会对纳税人开展税法远程教育的部署,在当地税务行政领导的大力支持下,选择具有上网条件的 300 户大中型企业,组织布置税法远程教育的试点工作,取得了较好成效。

省税务学会编印的《学会通讯》,2003 年编印了 12 期;杭州、宁波、温州、绍兴、衢州、台州、丽水、湖州等市都定期或不定期编印了税务刊物,宣传了税法,介绍了税收学术研究成果,也交流了税务学会活动经验。

四、创造条件开展税务咨询代理为纳税人提供服务

发展税务咨询和税务代理事业,是深化改革、扩大开放、建立和发展社会主义市场经济的客观要求。省和部份市县税务学会,根据自身条件,拓宽学会活动领域,开展税务咨询和税务代理活动。杭州市税务学会加强与市国税局、市地税局有关处室的联系,及时搜集新的政策法规文件,定期编辑、发行《税收法规汇编》。部份市县还举办税收业务知识和财会知识培训班。这些都深受纳税人欢迎,既宣传了税法,为纳税人提供了服务,也增加了学会一些经济收入,弥补了学术研究活动经费的不足。

五、加强学会、研究会组织建设

加强学会、研究会的组织建设,健全办事机构,是保证学会、研究会工作顺利开展的重要条件。浙江省税务学会、浙江省国际税收研究会在市县税务学会的积极配合下,开展了会员证的重新核发工作,有利增强广大会员的荣誉感和责任感,以利更好地开展学会、研究会的活动。

温州、湖州两市在地税、国税两局领导充分协商的基础上,先后召开了会员代表大会,进行换届选举,产生了新一届税务学会理事会,增强了学会的领导力量,也充实了学会秘书处工作人员,在经费上也给学会活动以保证。温州市税务学会还发展了部分新会员,使新一届学会理事会,更具生机活力。全省诸暨、建德、临安、兰溪、永康、武义、磐安等县(市)也都相继进行了换届选举,建立了新一届理事会。宁波市在国税、地税两局领导充分协商的基础上,已做好筹建国际税收研究会的各项准备工作,并已报经市民政局批准,即将召开国际税收研究会成立大会。杭州、台州等市税务学会都坚持按季召开县(市)税务学会秘书长会议,互通情况,研究工作,使学会成为联结地税、国税沟通信息、促进学术交流的桥梁、纽带。杭州市税务学会为了加强学会的内部管理,建立健全了"秘书处工作职责"、"会员登记"、"财产管理"、"档案管理"、"优秀学术成果奖励"等一系列制度,保证了学会活动的有序开展。宁波、绍兴等市税务学会还制订了《学会工作考评量化标准》,组织开展县与县间学会工作的考核,评比先进学会。杭州、宁波、金华等市都已连续几年被当地社科联评为先进学会;有的秘书处成员被评为学会先进工作者。

省国际税收研究会 12 月上旬还承办了中国国际税收研究会在浙江千岛湖税务培训中心召开的税制改革研讨会,到会的有部分财经院校校长和省级税务部门领导及专家、教授,根据党的十六届三中全会的提出的新一轮税制改革的部署,分别七个专题,深入进行了研讨。

2003 年,全省各级税务学会、研究会之所以取得一些成绩,主要是各级行政领导的重视支持;同时市、县税务学会、研究会秘书长在组织、协调各方面也发挥了一定作用。当前,学会工作中存在的主要问题是,地区之间学会活动的开展情况不够平衡;部分市县税务学会办事机构尚不健全;个别市县两局领导在组织和指导学会活动上友好商讨、紧密配合做得尚不够;个别省辖市对国际税收研究会的组建工作抓得还不够紧;个别市县税务学会理事会任期已满的换届工作也抓得不够紧。

2004 年,税务学会、国际税收研究会的任务十分繁重。我们一定要全面贯彻"三个代表"重要思想,紧紧依靠行政领导的重视支持,充分调动广大会员的积极性,与时俱进,开拓创新,奋发有为,扎实工作,为繁荣我省税收学术研究创造出新的成绩,为努力开创税收事业新局面、建立完善的社会主义市场经济体制作出新贡献!

国家税务总局 共青团中央关于命名和认定2003年度税务系统全国青年文明号的决定

2004年5月9日 国税发〔2004〕50号

各省、自治区、直辖市和计划单列市国家税务局、地方税务局、共青团各省、自治区、直辖市委：

近两年来，在党中央、国务院的正确领导下，全国税务系统各级机关和广大青年干部职工，以邓小平理论和“三个代表”重要思想为指导，按照总局党组提出的“依法治税、从严治队”的治税思想，紧紧围绕税收中心工作，努力学习和实践“三个代表”重要思想，在参与青年文明号活动过程中，加强诚信建设，规范执法行为，优化税收环境，提高服务质量，充分发挥了生力军作用，涌现出了一大批社会形象良好的先进青年集体。

为表彰先进，树立典型，进一步推动青年文明号创建活动在税务系统深入开展，在各地税务机关和团委共同评选、考核、推荐并对候选单位集中公示的基础上，国家税务总局、共青团中央决定：命名北京市延庆县国家税务局第一税务所等102个青年集体、继续认定北京市丰台区国家税务局第七税务所等333个青年集体为2003年度全国青年文明号（具体名单见附件）。

希望受到表彰的全国青年文明号集体要珍惜荣誉，继续努力，与时俱进，再创佳绩，在“三个文明”建设中更好地发挥示范带头作用，为国家税收事业做出新的更大的贡献。全国税务系统各级机关要以荣获全国青年文明号的先进集体为榜样，坚持依法治税，从严治队，进一步深化青年文明号创建活动，立足岗位，刻苦学习，勤奋工作，文明执法，优质服务，争创一流，增强献身税收事业的责任感和使命感，进一步树立科学的世界观、人生观、价值观和正确的权力观、地位观和利益观，在以胡锦涛同志为总书记的党中央领导下，把思想和行动进一步统一到邓小平理论和“三个代表”重要思想的伟大旗帜上来，与时俱进，开拓创新，艰苦奋斗，团结拼搏，为全面推进税务系统物质文明、政治文明和精神文明建设的协调发展作出新的贡献。

附件：2003年度税务系统全国青年文明号名单

2003年度税务系统全国青年文明号名单

浙江省地税系统获奖名单

一、新命名(2个)：

杭州市萧山地方税务局瓜沥分局办税服务厅

海盐县地方税务局澉通税务分局

二、继续认定(3个)：

台州市黄岩地方税务局头陀税务分局

绍兴市地方税务局第二税务分局

温州市地方税务局直属一分局

(其他单位名单略)

浙江省青年文明号青年岗位能手活动指导委员会关于命名表彰2003年度浙江省省级青年文明号的决定

2004年5月18日　浙青文〔2004〕1号

各市团委、公安局、建委、交通局、卫生局、旅游局、国土资源局、质检局、邮政局、电信局(分公司)、粮食局、经贸委(商贸主管部门)、地税局、供销社、海事局、工商局、个协、私协、石油分公司、移动通信分公司、联通分公司,浙江边防总队各边检站(边防支队、海警支队),浙江出入境检验检疫局各分支局,宁波出入境检验检疫局各分支机构,杭州海关各分支机构,省属企业团委、省直机关团工委:

2003年,全省各级团组织深入学习贯彻党的十六大和十六届三中全会精神,紧紧围绕省委"八八战略",全面落实《公民道德建设实施纲要》的有关要求,联合有关行业主管部门,扎实推进青年文明号活动,使青年文明号活动跃起上了新的台阶,在全省范围内又涌现出了一大批弘扬职业文明、创造一流业绩的优秀青年集体。

为树立典型,表彰先进,激励更多的青年投身青年文明号活动,以实际行动参与"八八战略"的实施,为我省全面建设小康社会、提前基本实现现代化作出更大贡献,经过对各地各行业推荐的候选单位严格考核和集中公示,浙江省"青年文明号、青年岗位能手"活动指导委员会决定,命名杭州市公安局交警支队西湖风景名胜区大队岳坟中队等222个青年集体、继续认定杭州市公安局余杭分局余杭派出所等785个青年集体为2003年度省级青年文明号。另根据《浙江省青年文明号管理办法》的有关规定,对杭州市公安局安康医院女病区医疗护理组等85个已经连续三年(或三年以上)被评为省级"青年文明号"的集体,经团省委与各行业主管部门协商决定,不再继续认定为2003年度省级青年文明号,而授予其2003年度省级青年文明号荣誉证书。

党的十六大指出,要以为人民服务为核心、以集体主义为原则、以诚实守信为重点,加强社会公德、职业道德和家庭美德教育。这对旨在加强青年职业道德建设的青年文明号活动提出了新的更高要求。希望受表彰的青年集体珍惜荣誉、再接再厉、扎实工作、率先垂范,不断取得新的成绩。希望获得荣誉证书的原省级青年文明号集体能够与时俱进、开拓创新,以积极的姿态投入新一轮争创省级青年文明号活动。希望各级团组织认真学习贯彻党的十六大和十六届三中全会精神,牢固树立和认真落实科学发展观,进一步动员和带领全省广大青年职工在构建社会主义道德体系和信用体系中发挥更大作用,为我省全面建设小康社会、提前基本实现现代化作出应有贡献。

附件一:2003年度浙江省省级青年文明号名单

2003年度浙江省省级青年文明号名单

地税系统(26个)

新命名:

杭州市地方税务局直属分局办税服务厅

杭州市萧山地方税务局瓜沥税务分局办税服务厅

富阳市地方税务局场口税务分局

温州市地方税务局直属一分局

温州市永嘉县地方税务局上塘税务分局

温州市泰顺县地方税务局司前税务分局

嘉兴市海盐县地方税务局澉通税务分局

嘉兴市嘉善县地方税务局开发区税务分局

湖州市地方税务局吴兴税务分局

湖州市安吉县地方税务局递铺税务分局

绍兴市地方税务局第二税务分局

绍兴市地方税务局第一税务分局办税服务厅

绍兴县地方税务局钱清税务分局

台州市地方税务局直属分局

台州市黄岩地方税务局头陀税务分局

温岭市地方税务局新河税务分局

台州市路桥地方税务局新桥税务分局

永康市地方税务局芝英税务分局

东阳市地方税务局吴宁税务分局

衢州市龙游县地方税务局溪口税务分局

衢州市开化县地方税务局马金税务分局

丽水市庆元县地方税务局黄田税务分局

丽水市缙云县地方税务局新建税务分局

舟山市地方税务局普陀山税务分局

舟山市普陀地方税务局桃花税务分局

浙江省税务票证管理中心

(其他名单略)

浙江省地方税务局关于命名表彰2003年度全省地税系统省级基层文明单位的决定

2005年1月24日　浙地税发〔2005〕11号

各市、县(市、区)地方税务局(不发宁波),省地方税务局局内各单位:

2003年全省地税系统各基层单位深入学习贯彻"三个代表"重要思想,紧紧围绕地税中心任务,富有创造性地开展文明创建工作,出色地完成各项工作任务,展示了良好的地税形象,为系统"三个文明"建设和全省经济社会发展作出了重要的贡献。为树立典型,表彰先进,根据《浙江省地税系统省级基层文明单位考核评选办法》,经推荐、考核,省地税局研究决定:命名表彰浙江省地方税务局直属一分局等69个基层单位为2003年度浙江省地税系统省级基层文明单位。

希望受到表彰的单位珍惜荣誉,再接再厉,再创佳绩,在进一步推进基层建设中更好地发挥先进典型的示范和辐射作用。全省各级地税机关要以省级基层文明单位为榜样,坚持依法治税,从严治队,与时俱进,开拓创新,不断深化基层文明单位创建活动,为推进地税事业持续发展、深入实施"八八战略"和全面建设"平安浙江"作出新的更大贡献。

附件:2003年度全省地税系统省级基层文明单位名单

附件:

2003年度全省地税系统
省级基层文明单位名单

浙江省地方税务局直属一(二)分局

杭州市(9个)

杭州市地方税务局稽查一局

杭州市地方税务局西湖税务分局

杭州市萧山地方税务局义蓬税务分局

杭州市余杭地方税务局良渚税务分局

富阳市地方税务局直属分局

建德市地方税务局直属分局

临安市地方税务局直属分局

淳安县地方税务局直属分局

桐庐县地方税务局城关税务分局

温州市(9个)

温州市地方税务局开发区税务分局

瑞安市地方税务局塘下税务分局

乐清市地方税务局城关税务分局

永嘉县地方税务局乌牛税务分局

洞头县地方税务局直属分局

平阳县地方税务局昆阳税务分局

文成县地方税务局大□税务分局

苍南县地方税务局灵溪税务分局

泰顺县地方税务局罗阳税务分局

嘉兴市(6个)

嘉兴市地方税务局第二税务分局

嘉善县地方税务局西塘税务分局

平湖市地方税务局当湖税务分局

海盐县地方税务局澉通税务分局

桐乡市地方税务局石门税务分局

海宁市地方税务局袁花税务分局

湖州市(5个)

湖州市地方税务局稽查局

湖州市地方税务局吴兴税务分局

德清县地方税务局武康税务分局

长兴县地方税务局泗安税务分局

安吉县地方税务局递铺税务分局

绍兴市(6个)

绍兴市地方税务局第二税务分局

绍兴县地方税务局柯桥税务分局

诸暨市地方税务局枫桥税务分局

上虞市地方税务局章镇税务分局

嵊州市地方税务局三界税务所

新昌县地方税务局直属分局

台州市(8个)

台州市地方税务局稽查局

台州市椒江地方税务局稽查局

台州市黄岩地方税务局城区税务分局

台州市路桥地方税务局城区税务分局

温岭市地方税务局大溪税务分局

三门县地方税务局城区税务分局

玉环县地方税务局楚门税务分局

天台县地方税务局城区税务分局

金华市(7个)

金华市地方税务局江北税务分局

金华市地方税务局江南税务分局

东阳市地方税务局吴宁税务分局

义乌市地方税务局佛堂税务分局

兰溪市地方税务局马涧税务分局

武义县地方税务局柳城税务分局

磐安县地方税务局直属分局

衢州市(6个)

衢州市地方税务局直属分局

江山市地方税务局直属分局

开化县地方税务局华埠税务分局

常山县地方税务局稽查局

龙游县地方税务局塔石税务分局

衢州市地方税务局衢江税务分局

丽水市(7个)

丽水市地方税务局第一税务分局

丽水市地方税务局稽查局

龙泉市地方税务局直属分局

缙云县地方税务局壶镇税务分局

松阳县地方税务局稽查局

青田县地方税务局稽查局

云和县地方税务局直属分局

舟山市(5个)

岱山县地方税务局桥头税务分局

嵊泗县地方税务局稽查局

舟山市地方税务局直属分局

舟山市定海地方税务局金塘税务分局

舟山市普陀地方税务局沈家门税务分局

浙江省地方税务局关于表彰全省地税系统基层建设、征管改革和信息化建设先进单位的通报

2005年1月7日 浙地税发〔2005〕4号

各市、县(市、区)地方税务局(不发宁波):

2001年至2003年,全省各市、县(市、区)地方税务局严格按照《浙江省地方税务局关于加强地税系统基层建设的意见》和《新世纪之初全省现代地税征管新框架的指导性意见》、《浙江地税信息化建设三年规划》的统一部署,紧紧围绕地税中心任务和基层“六大建设”、征管改革、信息化建设的具体目标,紧密结合实际,制定重点突出、统筹兼顾的实施方案,有计划、分步骤地抓好三个三年规划的落实,真正做到了领导重视、目标明确、机制健全、措施有力、成效显著。全省地税系统的基层单位已基本建设成为“优美环境、优良秩序、优质服务”的三优单位,全省地税系统已初步构建了以信息化建设为依托的现代地税征管新框架。三个三年规划的圆满完成,为浙江地税事业的发展和全省经济社会发展作出了重大贡献。

为树立典型,表彰先进,经考核、研究,决定命名表彰:富阳市地方税务局等9个单位为全省地税系统基层建设示范单位;临安市地方税务局等29个单位为全省地税系统基层建设达标或基本达标单位;杭州市地方税务局等25个单位为全省地税系统征管改革和信息化建设先进单位。

希望受到表彰的单位珍惜荣誉,继续努力,再创佳绩,在深化征管改革、加强信息化建设、提升基层建设水平等各方面工作中更好地发挥先进典型的示范和辐射作用。全系统各级地税机关要以先进单位为榜样,坚持在依法治税、规范管理、努力优化收入结构的前提下,保持地税收入的可持续增长。坚持与时俱进,开拓创新,为全面推进全省地税系统物质文明、政治文明和精神文明建设的协调发展作出新的贡献。

附件:1.全省地税系统2001~2003年基层建设示范单位、达标和基本达标单位名单

附件2:全省地税系统2001~2003年征管改革和信息化建设先进单位名单

附件1：

全省地税系统2001~2003年基层建设示范单位、达标和基本达标单位名单

一、示范单位

富阳市地方税务局

桐庐县地方税务局

台州市黄岩地方税务局

台州市路桥地方税务局

绍兴市地方税务局

海盐县地方税务局

浦江县地方税务局

遂昌县地方税务局

岱山县地方税务局

二、达标单位

临安市地方税务局

诸暨市地方税务局

新昌县地方税务局

湖州市地方税务局

安吉县地方税务局

金华市地方税务局

常山县地方税务局

庆元县地方税务局

松阳县地方税务局

龙泉市地方税务局

云和县地方税务局

三、基本达标单位

杭州市余杭地方税务局

温州市地方税务局

泰顺县地方税务局

台州市地方税务局

台州市椒江地方税务局

嘉兴市地方税务局

嘉善县地方税务局

平湖市地方税务局

武义县地方税务局

磐安县地方税务局

东阳市地方税务局

永康市地方税务局

兰溪市地方税务局

龙游县地方税务局

缙云县地方税务局

景宁县地方税务局

青田县地方税务局

嵊泗县地方税务局

附件2：

全省地税系统2001~2003年征管改革和信息化建设先进单位名单

杭州市地方税务局

杭州市萧山地方税务局

富阳市地方税务局

湖州市地方税务局

德清县地方税务局

海宁市地方税务局

海盐县地方税务局

绍兴市地方税务局

上虞市地方税务局

温岭市地方税务局

临海市地方税务局
台州市路桥地方税务局
温州市地方税务局
永嘉县地方税务局
乐清市地方税务局
丽水市地方税务局
缙云县地方税务局
金华市地方税务局
义乌市地方税务局
永康市地方税务局
衢州市地方税务局
开化县地方税务局
舟山市地方税务局
舟山市普陀地方税务局
省地方税务局直属一分局

浙江省地方税务局关于2003年度全省地税系统稽查工作的通报

2004年2月16日　浙地税函〔2004〕68号

各市、县(市、区)地方税务局(不发宁波),省地方税务局直属一分局、直属二分局、稽查局、外税分局:

2003年,全省地税系统稽查部门在各级领导的重视、关心和支持下,以"三个代表"重要思想为指导,以《税收征管法》及其《实施细则》的贯彻实施为契机,以查处涉税大要案为中心,加强内外监督和队伍建设,突出"规范执法、加大力度、强化管理"三个工作重点,充分发挥稽查在打击涉税违法行为、整顿规范税收秩序、推进税收征管改革三方面的职能,经过全省上下的共同努力,圆满完成了各项工作任务,稽查的各项考核指标在全国地税稽查系统均名列前茅。在一年来的工作中,全省地税系统涌现出一批稽查工作先进集体和个人,发挥了较强的模范表率作用。根据《浙江省地税稽查先进集体考核评比暂行办法》(浙地税稽〔1999〕2号)的规定,通过考核评比,经省局研究决定,授予杭州市局稽查处等28个市、县(市、区)局稽查局(处)为2003年度全省地税稽查工作先进集体,授予斯宏伟等51位同志为2003年度全省地税稽查工作先进个人,现予以通报表彰。

希望以上受表彰的单位和个人发扬成绩,戒骄戒躁,不断努力,为我省地税事业的发展作出更大贡献。

附件:全省地税系统稽查工作先进集体和先进个人名单

附件：

全省地税系统稽查工作先进集体和先进个人名单

一、稽查工作先进集体

杭州市局稽查处　台州市局稽查局
衢州市局稽查局　绍兴市局稽查局
温州市局稽查局　杭州市局稽查一局
杭州市局稽查二局　杭州市萧山局稽查局
杭州市余杭局稽查局　富阳市局稽查局
临安市局稽查局　乐清市局稽查局
平阳县局稽查局　文成县局稽查局
台州市局黄岩中心分局稽查局　仙居县局稽查局
台州市局路桥中心分局稽查局　诸暨市局稽查局
嵊州市局稽查局　桐乡市局稽查局
海盐县局稽查局　德清县局稽查局
武义县局稽查局　东阳市局稽查局
开化县局稽查局　青田县局稽查局
遂昌县局稽查局　岱山县局稽查局

二、稽查工作先进个人

斯宏伟(省局稽查局)
郑立元(省局直属一分局)
何岚(杭州市局稽查处)
何　敏(金华市局稽查局)
华维水(绍兴市局稽查局)
吕仁贤(台州市局稽查局)
袁学平(湖州市局稽查局)
袁　伟(嘉兴市局稽查局)
竺群力(舟山市局稽查局)
江　杰(丽水市局稽查局)
王　嫱(杭州市局稽查处)
王国荣(杭州市局稽查一局)
蒋晓恩(杭州市局稽查二局)
李明通(桐庐县局稽查局)
姜国华(淳安市局稽查局)
郜卫林(临安市局稽查局)
潘　王(温州市局稽查局)
蔡克西(温州市局稽查局)
董　海(温州市局稽查局)
苏守强(苍南县局稽查局)
唐福新(瑞安市局稽查局)
曲　崎(台州市局稽查局)
张贤鸣(台州市局稽查局)
潘秋江(天台县局稽查局)
戴海平(温岭市局稽查局)
陈森满(临海市局稽查局)
吴中来(台州市局椒江中心分局稽查局)
竹钟祥(上虞市局稽查局)
吕志英(新昌县局稽查局)
吕　泓(嘉兴市局稽查局)
诸剑伟(嘉兴市局稽查局)
周亚夫(海宁市局稽查局)
李　莉(嘉善县局稽查局)
朱学其(湖州市局稽查局)
卢宇宏(湖州市局稽查局)
朱季明(安吉县局稽查局)
张永红(长兴县局稽查局)
史莉君(金华市局稽查局)
徐锦华(金华市局稽查局)
夏如花(东阳市局稽查局)
王学军(永康市局稽查局)
沈澄清(磐安县局稽查局)
蓝建民(衢州市局稽查局)
陈兴华(衢州市局稽查局)
徐中汉(开化县局稽查局)
付松培(丽水市局稽查局)
徐卫平(龙泉市局稽查局)
徐关根(松阳县局稽查局)
齐文骏(舟山市局稽查局)
郑德清(舟山市局稽查局)
王俊恩(定海区局稽查局)

浙江省地方税务局关于表彰2003年度信息化建设先进单位的通报

2004年2月4日 浙地税函〔2004〕42号

各市、县(市、区)地方税务局(不发宁波):

根据《浙江省地方税务局关于印发<2003年浙江地税信息化建设考评办法>的通知》(浙地税函[2003]124号)规定,省局决定对在2003年度信息化建设工作中取得优异成绩的金华市地方税务局等21家单位进行表彰。

经考核评定,金华市地方税务局、温州市地方税务局、杭州市地方税务局、建德市地方税务局、永康市地方税务局、温岭市地方税务局、绍兴县地方税务局、永嘉县地方税务局、瑞安市地方税务局、诸暨市地方税务局、龙游县地方税务局、台州市地方税务局椒江区中心分局、海宁市地方税务局、义乌市地方税务局、东阳市地方税务局、长兴县地方税务局、桐庐县地方税务局、临海市地方税务局、海盐县地方税务局、青田县地方税务局、舟山市普陀地方税务局等21家单位为2003年度全省地税系统信息化建设先进单位。

希望受表彰单位再接再厉、开拓创新,推动信息化建设事业更上新台阶,为实现我省地税管理现代化作出新贡献。

浙江省地方税务局办公室关于表彰2002年度全省纳税人税收资料调查工作先进单位的通报

2004年3月31日 浙地税办函〔2004〕17号

各市地方税务局(不发宁波)、省地方税务局直属一分局:

2002年度全省纳税人税收资料调查工作,在各级地方税务机关领导的重视和支持下,经全体参加调查人员的共同努力,圆满完成了任务。为进一步做好今后的纳税人税收资料调查工作,根据《浙江省地方税务局关于印发〈营业税税收资料普查考核评比办法〉(试行稿)的通知》(浙地税一[1996]19号)规定,对各市局及省局直属一分局的调查工作情况进行综合考评,现将考评结果通报如下,特此表彰:

一等奖:杭州市局 省局直属一分局

二等奖:嘉兴市局 绍兴市局 衢州市局 丽水市局 舟山市局

三等奖:金华市局 台州市局 湖州市局 温州市局

图书在版编目(CIP)数据

浙江地税年鉴.2004/《浙江地税年鉴》编纂委员会编.
—北京:中华书局,2005
ISBN 7-101-04810-2/K·2063

Ⅰ.浙... Ⅱ.浙... Ⅲ.地方税收—浙江省—2004
—年鉴 Ⅳ.F812.755.42-54

中国版本图书馆 CIP 数据核字(2005)第 095235 号

浙江地税年鉴(2004年)

编　　著	《浙江地税年鉴》编纂委员会
责任编辑	金　锋
出版发行	中华书局(北京市丰台区太平桥西里 38 号　100073)
印　　刷	杭州余杭人民印刷有限公司
开　　本	787×1092　1/16
印　　张	44
插　　页	9
字　　数	1286 千字
印　　数	1-3500
版　　次	2005 年 7 月第 1 版
印　　次	2005 年 7 月第 1 次印刷
书　　号	ISBN 7-101-04810-2/K·2063
定　　价	180.00 元

浙江